KB041653

형법주해

[IX]

각 칙 (6)

[제269조 ~ 제306조]

편집대표 조균석
편집위원 이상원
　　　　 김성돈
　　　　 강수진

박영사

머 리 말

「형법주해」는 법서 출판의 명가인 박영사의 창업 70주년을 기념하기 위하여 출간되는 형법의 코멘타르(Kommentar)로서, 1992년 출간된 「민법주해」에 이어 30년 만에 이어지는 기본법 주해 시리즈의 제2탄에 해당한다.

그런 점에서 「민법주해」의 편집대표인 곽윤직 교수께서 '머리말'에서 강조하신 아래와 같은 「민법주해」의 내용과 목적은 세월은 흘렀지만 「형법주해」에도 여전히 타당하다고 생각된다.

> "이 주해서는 각 조문마다 관련되는 중요한 판결을 인용해 가면서 확정된 판례이론을 밝혀주고, 한편으로는 이론 내지 학설을 모두 그 출전을 정확하게 표시하고, 또한 논거를 객관적으로 서술하여 민법 각 조항의 구체적인 내용을 밝히려는 것이므로, (중략) 그 목적하는 바는, 위와 같은 서술을 통해서 우리의 민법학의 현재수준을 부각시키고, 아울러 우리 민법 아래에서 생기는 법적 분쟁에 대한 올바른 해답을 찾을 수 있게 하려는 데 있다."

이처럼 법률 주해(또는 주석)의 기능은 법률을 해석·운용함에 있어 도움이 되는 정보를 제공함으로써 구체적 사건을 해결하는 실무의 법적 판단에 봉사하는 데 있다고 할 수 있다. 주해서를 통해서 제공되어야 할 정보는 1차적으로 개별 조문에 대한 문리해석이다. 이러한 문리해석에 더하여, 주해서에는 각 규정들의 체계적 연관관계나 흠결된 부분을 메우는 보충적 법이론은 물론, 법률의 연혁과 외국 입법례 및 그 해석에 대한 정보가 담겨 있어야 하고, 때로는 사회문제를 해결할 수 있는 입법론이 제시되어야 한다.

그러나 무엇보다도 실무에서 중요한 역할을 하는 것은 판례이므로, 판례의 법리를 분석하고 그 의미를 체계적으로 정리하는 일은 주해서에서 빠뜨릴 수 없는 중요한 과제이다. 다만 성문법주의 법제에서 판례는 당해 사건에서의 기속력을 넘어 공식적인 법원(法源)으로 인정되지는 않으며, 판례 자체가 변경되기도 한다. 이러한 점에서 주해서는 단순한 판례의 정리를 넘어 판례에 대한 비판을 통해 판례를 보충하고 대안을 제시함으로써 장래 법원(法院)의 판단에 동원될 수 있는 법적 지식의 저장고 역할도 하여야 한다.

그런데 형사판결도 결국 형법률에 근거하여 내려진다. 형법률에 대한 법관의 해석으로 내려진 판결 및 그 속에서 선광(選鑛)되어 나오는 판례법리는 구체적인 사안과 접촉된 법률이 만들어 낸 개별적 결과이다. 그러므로 또 다른 사안을 마주하는 법관은 개별 법리의 원천으로 돌아갈 필요가 있다. 법관이 형법률을 적용함에 있어, 개별 사안에 나타난 기존의 판결이나 판례를 넘어 그러한 판례를 만들어 내는 형법률의 체계인 형법을 발견할 때 비로소 개별 법리의 원천으로 돌아가는 광맥을 찾은 것이다. 「형법주해」는 이러한 광맥을 찾는 작업에도 도움이 되고자 하였다. 즉, 「형법주해」는 판례의 눈을 통해서 형법을 바라보는 것을 넘어 형법원리 및 형법이론의 눈을 통해서도 형법을 관찰하려고 하였다.

이러한 작업은 이론만으로 이룰 수 있는 것도 아니고, 실무만으로 이룰 수 있는 것도 아니다. 이 때문에 형사법 교수, 판사, 검사, 변호사 등 62명이 뜻을 함께하여, 오랜 기간 각자의 직역에서 형법을 연구·해석하고 또 실무에 적용해 오면서 얻은 소중한 지식과 경험, 그리고 지혜를 집약함으로써, 이론과 실무의 조화와 융합을 꾀하였다.

우리의 소망은 「형법주해」가 올바른 판결과 결정을 지향하는 실무가들에게 의미 있는 이정표가 되고, 형법의 원점을 찾아가는 형법학자들에게는 새로운 생각의 장을 떠올리게 하는 단초가 되며, 형법의 숲 앞에 막 도착한 예비법률가들에는 그 숲의 전체를 바라볼 수 있는 안목을 키울 수 있도록 도와주는 안내자가 되는 것이다.

「형법주해」가 이러한 역할을 다할 수 있도록 최선의 노력을 다하였지만 부족한 부분이나 흠도 있으리라 생각된다. 모자란 부분은 개정판을 거듭하면서 시정·보충할 예정이다. 또한, 장래에는 「형법주해」가 형법의 실무적 활용에 봉사하고 기여하는 데에서 한 걸음 더 나아가 보다 높은 학문적인 차원에서의 형법 이해, 예컨대 형법의 정당성의 문제까지도 포섭할 수 있는 방안을 모색해 나갈 것을 다짐해 본다.

「형법주해」는 많은 분들의 헌신과 지원으로 출간하게 되었다. 먼저, 충실한 옥고를 집필하고 오랜 기간 정성을 다해 다듬어 주신 집필자들에게 감사드린다. 그리고 책 전체의 통일과 완성도를 높이기 위하여 각칙의 일부 조문에 한정된 것이기는 하지만, 독일과 일본의 중요 판례를 함께 검토해 주신 김성규 한국외국어대학 교수(독일)와 안성훈 한국형사·법무정책연구원 선임연구위원(일본)에게도 고마움을 전한다. 그리고 창업 70

주년 기념으로 「형법주해」의 출간을 허락해 주신 안종만 회장님과 안상준 대표님, 오랜 기간 편집위원들과 협의하면서 시종일관 열정을 보여주신 조성호 이사님과 편집부 여러 분께도 깊은 감사의 말씀을 드린다.

2024년 4월

편집대표 **조 균 석**
위원 **이 상 원**
위원 **김 성 돈**
위원 **강 수 진**

범 례

Ⅰ. 조 문

- 본문의 조문 인용은 '제○조 제○항 제○호'로 하고, 괄호 안에 조문을 표시할 때
  는 아래 (예)와 같이 한다. 달리 법령의 명칭 없이 인용하는 조문은 형법의 조문
  이고, 부칙의 경우 조문 앞에 '부칙'을 덧붙여 인용한다.

  예   § 49②(iii)   ← 형법 제49조 제2항 제3호
        § 12의2   ← 형법 제12조의2
        부칙 § 10   ← 형법 부칙 제10조

Ⅱ. 일 자

- 본문의 년, 월, 일은 그대로 표시함을 원칙으로 한다. 다만, 판례의 판시내용이나
  인용문을 그대로 인용할 경우 및 ( )안에 법령을 표시하는 등 필요한 경우에는
  년, 월, 일을 생략한다.

  예   (본문)   1990년 1월 1일
                        1953년 9월 18일 법령 제177호
  예   (판시 또는 괄호) "피고인이 1991. 1. 1. 어디에서 … 하였다."
                        기본법(1953. 9. 18. 법령 제177호)

Ⅲ. 재판례

1. 우리나라

대판 2013. 6. 27, 2013도4279
    ← 대법원 2013년 6월 27일 선고 2013도4279 판결
대판 2013. 2. 21, 2010도10500(전)
    ← 대법원 2013년 2월 21일 선고 2010도10500 전원합의체판결

대결 2016. 3. 16, 2015모2898

　　← 대법원 2016년 3월 16일 자 2015모2898 결정

대결 2015. 7. 16, 2011모1839(전)

　　← 대법원 2015 7월 16일 자 2011모1839 전원합의체결정

헌재 2005. 2. 3, 2001헌가9

　　← 헌법재판소 2005년 2월 3일 선고 2001헌가9 결정

서울고판 1979. 12. 19, 72노1208

　　← 서울고등법원 1979년 12월 19일 선고 72노1208 판결

* 재판례의 인용은 헌재, 대판(또는 대결), 하급심 순으로 하고, 같은 심급 재판례가 여럿인 경우 연도 순으로 인용하되, 가급적 최초 판결, 주요 판결, 최종 판결 등으로 개수를 제한한다.

2. 외 국

- 외국의 재판례는 그 나라의 인용방식에 따른다. 다만, 일본 판례의 경우에는 '연호'를 서기연도로 바꾸는 등 다음과 같이 인용한다.

　　最判 平成 20(2008). 4. 25. 刑集 62·5·1559

　　　　← 最判平成20. 4. 25刑集62卷5号1559頁

　- 판례집: 刑録(대심원형사판결록), 刑集(대심원형사판례집, 최고재판소형사판례집), 裁判集(刑事)(최고재판소재판집형사), 高刑集(고등재판소형사판례집), 特報(고등재판소형사판결특보), 裁特(高等裁判所刑事裁判特報), 下刑集(하급심재판소형사재판례집), 刑月(형사재판월보), 高刑速(고등재판소형사재판속보집), 判時(判例時報), 判夕(판례타임즈), LEX/DB(TKC Law Library) 등

Ⅳ. 문헌 약어 및 인용방식

* 같은 집필자라고 하여도 각주 번호는 조문별로 새로 붙인다.

1. 형법총칙/각칙 교과서

- 교과서 등 문헌은 가능한 한 최신의 판으로 인용한다.
- 각 조항의 주해마다 처음으로 인용하는 개소에서 판을 포함하는 서지사항을 밝히고, 그 후에 이를 다시 인용하는 경우에는 '저자, 면수'와 같은 형태로 한다.

[형법총칙]

　　김성돈, 형법총론(8판), 10

　　이재상·장영민·강동범, 형법총론(11판), §31/2

　　김성돈, 10(재인용인 경우)

[형법각칙]

　　이재상·장영민·강동범, 형법각론(12판), §31/2

　　이재상·장영민·강동범, §31/12(재인용인 경우)

2. 교과서 외 단행본

- 교과서 외 단행본은 각 조항마다 처음 인용하는 개소에서 제목, 판, 출판사, 연도를 포함하는 서지사항을 밝히고, 그 후에 이를 다시 인용하는 경우에는 '저자, 제목, 면수'와 같은 형태로 한다.

　　김성돈, 기업 처벌과 미래의 형법, 성균관대학교 출판부(2018), 259

　　양형위원회, 2022 양형기준, 100

　　김성돈, 기업 처벌과 미래의 형법, 300(재인용인 경우)

3. 논 문

- 각 조항의 주해마다 처음으로 인용하는 개소에서 정기간행물 등의 권·호수 및 간행연도를 포함하는 서지사항을 밝히고, 그 후에 이를 다시 인용하는 경우에는 "필자(주 ○), 인용면수"와 같은 형태로 한다.

　　신양균, "과실범에 있어서 의무위반과 결과의 관련", 형사판례연구 〔1〕, 한국
　　　형사판례연구회, 박영사(1993), 62

　　천진호, "금지착오사례의 논증과 정당한 이유의 구체적 판단", 비교형사법연
　　　구 2-2, 한국비교형사법학회(2000), 305

- 각 대학의 법학연구소 등에서 발간하는 정기간행물은 학교명의 약칭과 함께 인용하지만, 이미 학교명 내지 이에 준하는 표기를 포함하고 있는 경우에는 간행물 이름만으로 인용한다.

4. 정기간행물 약어

　　사논　　　　사법논집

　　사연　　　　사법연구자료

　　　자료　　　　　재판자료
　　　해설　　　　　대법원판례해설

5. 주석서

　　예　　주석형법〔각칙(1)〕(5판), 104(민철기)

6. 외국 문헌

- 외국 문헌 등은 각국에서 통용되는 방식으로 인용하는 것을 원칙으로 한다.
- 외국 문헌의 경우 최초로 인용할 때에 간행연도 및 판수〔논문의 경우는, 정기간 행물 및 그 권·호수 등〕를 표시하고, 이후 같은 조항에서 인용할 때는 "저자〔또 는 필자〕, 인용면수"의 방법으로 인용하되〔같은 필자의 문헌을 여럿 인용하는 경우 에는 '(주 ○)'를 필자 이름 아래 붙인다〕, 저자의 경우는 성만 표기하는 것을 원 칙으로 한다.
- 자주 인용되는 문헌은 별도로 다음과 같이 인용한다.
  大塚 外, 大コン(3版)(9), 113(河村 博) ← 大塚 外, 大コンメンタール 第3版 第9卷, 인용면수(집필자)

7. 학위논문 인용방식

　　예　　이은모, "약물범죄에 관한 연구", 연세대학교 박사학위논문(1991), 2
　　　　　이은모, "약물범죄에 관한 연구", 10(재인용인 경우)

8. 다수 문헌의 기재 순서

- 교과서 등 같은 종류인 경우 '가, 나, 다' 순으로, 다른 종류인 경우 '교과서, 주 석서, 교과서 외 단행본, 논문' 순으로 각 기재한다.

V. 법령 약어 및 인용방법

1. 법 률

(1) 본문

- 조항별로 처음 인용 시에는 법령의 제목 전체를 기재한다. 재차 인용 시에는 법제처 법령에 약칭이 있는 경우는 그 약칭을 인용하되, 처음 인용 법령을 아

래와 같이 한다.

* 현재 효력을 가지는 법률을 기준으로 작성하고, 폐지된 법률의 경우 법률명 다음에 '(폐지)'를, 조문만 변경된 경우에는 법률명 앞에 '구'를 붙인다.

예 **교통사고 처리특례법(이하, 교통사고처리법이라 한다.)**

(2) 괄호

• **일반법령(예: 의료법)을 쓰되, 약어(예시)의 경우 약어만을 인용한다.**

약어(예시)

가폭	가정폭력범죄의 처벌 등에 관한 법률
경범	경범죄 처벌법
경직	경찰관 직무집행법
공선	공직선거법
교특	교통사고처리 특례법
국보	국가보안법
군형	군형법
도교	도로교통법
독점	독점규제 및 공정거래에 관한 법률
마약거래방지	마약류 불법거래 방지에 관한 특례법
마약관리	마약류 관리에 관한 법률
민	민법
민소	민사소송법
민집	민사집행법
범죄수익	범죄수익은닉의 규제 및 처벌에 관한 법률
법조	법원조직법
변	변호사법
보호관찰	보호관찰 등에 관한 법률
보호소년	보호소년 등의 처우에 관한 법률
부경	부정경쟁방지 및 영업비밀보호에 관한 법률
부등	부동산등기법
부수	부정수표 단속법
부실명	부동산 실권리자명의 등기에 관한 법률
부재특조	부재선고 등에 관한 특별조치법

사면	사면법
사법경찰직무	사법경찰관리의 직무를 수행할 자와 그 직무범위에 관한 법률
상	상법
성매매	성매매알선 등 행위의 처벌에 관한 법률
성충동	성폭력범죄자의 성충동 약물치료에 관한 법률
성폭방지	성폭력방지 및 피해자보호 등에 관한 법률
성폭처벌	성폭력범죄의 처벌 등에 관한 법률
소년	소년법
아청	아동·청소년의 성보호에 관한 법률
아학	아동학대범죄의 처벌 등에 관한 특례법
여전	여신전문금융업법
전부	전자장치 부착 등에 관한 법률
정통망	정보통신망 이용촉진 및 정보보호 등에 관한 법률
집시	집회 및 시회에 관한 법률
출관	출입국관리법
치감	치료감호 등에 관한 법률
통비	통신비밀보호법
특가	특정범죄 가중처벌 등에 관한 법률
특강	특정강력범죄의 처벌에 관한 특례법
특경	특정경제범죄 가중처벌 등에 관한 법률
폭처	폭력행위 등 처벌에 관한 법률
헌	헌법
헌재	헌법재판소법
형소	형사소송법
형집	형의 집행 및 수용자의 처우 등에 관한 법률

2. 시행령 및 시행규칙은 법률의 예를 따르고, 괄호의 경우 일반법령(예: 의료법 시행령)을 쓰되, 법률약어의 경우 '령' 또는 '규'를 붙인다.

3. 부칙 및 별표는 법률명 뒤에 약칭 없이 '부칙', '별표'로 인용한다.

4. 외국법령의 조항 인용도 우리 법령의 인용과 같은 방식으로 한다.
   예   (괄호) 독형 § 312-b①(iii)   ←   독일형법 제312조의b 제1항 제3호

참고문헌

▮ 형법총론(총론·각론 통합 포함) 교과서

저자	서명	출판사	출판연도
강동욱	강의 형법총론	박영사	2020
	강의 형법총론(제2판)	박영사	2021
김성돈	형법총론(제5판)	성균관대학교 출판부	2017
	형법총론(제6판)	성균관대학교 출판부	2020
	형법총론(제7판)	성균관대학교 출판부	2021
	형법총론(제8판)	성균관대학교 출판부	2022
김성천	형법총론(제9판)	소진	2020
김성천·김형준	형법총론(제6판)	소진	2014
김신규	형법총론 강의	박영사	2018
김일수·서보학	새로쓴 형법총론(제11판)	박영사	2008
	새로쓴 형법총론(제12판)	박영사	2014
	새로쓴 형법총론(제13판)	박영사	2018
김태명	판례형법총론(제2판)	피앤씨미디어	2016
김형만	형법총론	박영사	2015
김혜정·박미숙·안경옥·원혜욱·이인영	형법총론(제2판)	정독	2019
	형법총론(제3판)	정독	2020
	형법총론(제5판)	정독	2024
남흥우	형법총론	박영사	1980
류전철	형법입문 총론편(제3판)	준커뮤니케이션즈	2020
박상기	형법강의	법문사	2010
	형법총론(제9판)	박영사	2012
	형법학(총론·각론 강의)(제3판)	집현재	2018
박상기·전지연	형법학(총론·각론 강의)(제4판)	집현재	2018
	형법학(총론·각론)(제5판)	집현재	2021
배종대	형법총론(제12판)	홍문사	2016
	형법총론(제13판)	홍문사	2017
	형법총론(제14판)	홍문사	2020
	형법총론(제15판)	홍문사	2021

저자	서명	출판사	출판연도
성낙현	형법총론(제3판)	박영사	2020
손동권 · 김재윤	새로운 형법총론	율곡출판사	2011
손해목	형법총론	법문사	1996
신동운	형법총론(제10판)	법문사	2017
	형법총론(제12판)	법문사	2020
	형법총론(제13판)	법문사	2021
	형법총론(제14판)	법문사	2022
안동준	형법총론	학현사	1998
오영근	형법총론(제4판)	박영사	2018
	형법총론(제5판)	박영사	2019
	형법총론(제6판)	박영사	2021
오영근 · 노수환	형법총론(제7판)	박영사	2024
원형식	판례중심 형법총론	진원사	2014
유기천	형법학 총론강의(개정판)	일조각	1980
이상돈	형법강의	법문사	2010
	형법강론(제2판)	박영사	2017
	형법강론(제3판)	박영사	2020
	형법강론(제4판)	박영사	2023
이영란	형법학 총론강의	형설출판사	2008
이용식	형법총론	박영사	2018
	형법총론(제2판)	박영사	2020
이재상 · 장영민 · 강동범	형법총론(제10판)	박영사	2019
	형법총론(제11판)	박영사	2022
이정원	형법총론(증보판)	법지사	2001
	형법총론	신론사	2012
이정원 · 이석배 · 정배근	형법총론	박영사	2023
이주원	형법총론	박영사	2022
	형법총론(제2판)	박영사	2023
	형법총론(제3판)	박영사	2024
이형국	형법총론	법문사	2007
이형국 · 김혜경	형법총론(제6판)	법문사	2021
임웅	형법총론(제10정판)	법문사	2018
	형법총론(제12정판)	법문사	2021
	형법총론(제13정판)	법문사	2022
임웅 · 김성규 · 박성민	형법총론(제14정판)	법문사	2024

참고문헌

저자	서명	출판사	출판연도
정성근·박광민	형법총론(전정판)	성균관대학교 출판부	2012
	형법총론(전정2판)	성균관대학교 출판부	2015
	형법총론(전정3판)	성균관대학교 출판부	2020
정성근·정준섭	형법강의 총론(제2판)	박영사	2019
정영석	형법총론(제5전정판)	법문사	1987
정영일	형법총론(제3판)	박영사	2010
	형법강의 총론(제3판)	학림	2017
	신형법총론	학림	2018
	형법총론(제2판)	학림	2020
	형법총론 강의(제3판)	학림	2020
	형법총론(신3판)	학림	2022
정웅석·최창호	형법총론	대명출판사	2019
조준현	형법총론(제4정판)	법문사	2012
주호노	형법총론	법문사	2019
	형법총론(제2판)	법문사	2022
진계호	형법총론(제7판)	대왕사	2003
진계호·이존걸	형법총론(제8판)	대왕사	2007
천진호	형법총론	준커뮤니케이션즈	2016
최병천	판례중심 형법총론	피앤씨미디어	2017
최호진	형법총론	박영사	2022
	형법총론(제2판)	박영사	2024
하태훈	판례중심 형법총·각론	법문사	2006
	사례판례중심 형법강의	법원사	2021
한상훈·안성조	형법입문	피앤씨미디어	2018
	형법개론(제3판)	정독	2022
한정환	형법총론(제1권)	한국학술정보	2010
홍영기	형법(총론과 각론)	박영사	2022
황산덕	형법총론(제7정판)	방문사	1982

② 형법각론 교과서

저자	서명	출판사	출판연도
강구진	형법강의 각론 I	박영사	1983
	형법강의 각론 I (중판)	박영사	1984
권오걸	형법각론	형설출판사	2009
	스마트 형법각론	형설출판사	2011

저자	서명	출판사	출판연도
김선복	신형법각론	세종출판사	2016
김성돈	형법각론(제5판)	성균관대학교 출판부	2018
	형법각론(제6판)	성균관대학교 출판부	2020
	형법각론(제7판)	성균관대학교 출판부	2021
	형법각론(제8판)	성균관대학교 출판부	2022
김성천 · 김형준	형법각론(제4판)	소진	2014
	형법각론(제6판)	소진	2017
김신규	형법각론	청목출판사	2015
	형법각론 강의	박영사	2020
김일수	새로쓴 형법각론	박영사	1999
김일수 · 서보학	새로쓴 형법각론(제8판 증보판)	박영사	2016
	새로쓴 형법각론(제9판)	박영사	2018
김종원	형법각론 상	법문사	1973
	형법각론 상(제3정판)	법문사	1978
김태명	판례형법각론(제2판)	피앤씨미디어	2016
김혜정 · 박미숙 · 안경옥 · 원혜욱 · 이인영	형법각론(제2판)	정독	2021
	형법각론(제3판)	정독	2023
남흥우	형법강의(각론)	고려대학교 출판부	1965
도중진 · 박광섭 · 정대관	형법각론	충남대학교 출판문화원	2014
류전철	형법각론(각론편)	준커뮤니케이션즈	2012
박강우	로스쿨 형법각론(제2판)	진원사	2014
박동률 · 임상규	판례중심 형법각론	경북대학교출판부	2015
박상기	형법각론(전정판)	박영사	1999
	형법각론(제8판)	박영사	2011
박찬걸	형법각론	박영사	2018
	형법각론(제2판)	박영사	2022
배종대	형법각론(제10전정판)	홍문사	2018
	형법각론(제11전정판)	홍문사	2020
	형법각론(제12판)	홍문사	2021
	형법각론(제13판)	홍문사	2022
	형법각론(제14판)	홍문사	2023
백형구	형법각론	청림출판	1999
	형법각론(개정판)	청림출판	2002
서일교	형법각론	박영사	1982
손동권	형법각론(제3개정판)	율곡출판사	2010
손동권 · 김재윤	새로운 형법각론	율곡출판사	2013

참고문헌

저자	서명	출판사	출판연도
	새로운 형법각론(제2판)	율곡출판사	2022
손해목	형법총론	법문사	1996
신동운	형법각론(제2판)	법문사	2018
	판례백선 형법각론 1	경세원	1999
	판례분석 형법각론(증보판)	법문사	2014
심재무	형법각론강의 Ⅰ	신지서원	2009
오영근	형법각론(제3판)	박영사	2014
	형법각론(제4판)	박영사	2017
	형법각론(제5판)	박영사	2019
	형법각론(제6판)	박영사	2021
	형법각론(제7판)	박영사	2022
	형법각론(제8판)	박영사	2023
원형식	형법각론(상)	청목출판사	2011
	판례중심 형법각론	동방문화사	2016
원혜욱	형법각론	피데스	2017
유기천	형법학(각론강의 상·하) (전정신판)	일조각	1982
이건호	형법학개론	고려대학교 출판부	1977
	신고형법각론	일신사	1976
	형법각론	일신사	1980
이영란	형법학 각론강의	형설출판사	2008
	형법학 각론강의(제3판)	형설출판사	2013
이용식	형법각론	박영사	2019
이재상·장영민·강동범	형법각론(제11판)	박영사	2019
	형법각론(제12판)	박영사	2021
	형법각론(제13판)	박영사	2023
이정원	형법각론(보정판)	법지사	1999
	형법각론	법지사	2003
	형법각론	신론사	2012
이정원·류석준	형법각론	법영사	2019
이형국	형법각론	법문사	2007
이형국·김혜경	형법각론(제2판)	법문사	2019
	형법각론(제3판)	법문사	2023
임웅	형법각론(제9정판)	법문사	2018
	형법각론(제10정판)	법문사	2019
	형법각론(제11정판)	법문사	2020

저자	서명	출판사	출판연도
	형법각론(제12정판)	법문사	2021
	형법각론(제13정판)	법문사	2023
정성근·박광민	형법각론(제4판)	삼영사	2011
	형법각론(전정2판)	성균관대학교 출판부	2015
	형법각론(전정3판)	성균관대학교 출판부	2019
정성근·정준섭	형법강의 각론	박영사	2017
	형법강의 각론(제2판)	박영사	2022
정영석	형법각론(제4전정판)	법문사	1980
	형법각론(제5전정판)	법문사	1992
정영일	형법각론(제3판)	박영사	2011
	형법강의 각론(제3판)	학림	2017
	형법각론	학림	2019
정웅석·최창호	형법각론	대명출판사	2018
정창운	형법학각론	정연사	1960
조준현	형법각론	법원사	2002
	형법각론(개정판)	법원사	2005
	형법각론(3판)	법원사	2012
조현욱	형법각론강의 (I)	진원사	2008
주호노	형법각론	법문사	2023
진계호	신고 형법각론	대왕사	1985
	형법각론(제5판)	대왕사	2003
진계호·이존걸	형법각론(제6판)	대왕사	2008
최관식	형법각론(개정판)	삼우사	2017
최호진	형법각론	준커뮤니케이션즈	2014
	형법각론 강의	준커뮤니케이션즈	2015
	형법각론	박영사	2022
한남현	형법각론	율곡출판사	2014
한정환	형법각론	법영사	2018
황산덕	형법각론(제6정판)	방문사	1986

③ 특별형법

저자(편자)	서명	출판사	출판연도
김정환·김슬기	형사특별법	박영사	2021
	형사특별법(제2판)	박영사	2022

참고문헌

저자(편자)	서명	출판사	출판연도
박상기 · 신동운 · 손동권 · 신양균 · 오영근 · 전지연	형사특별법론(개정판)	한국형사정책연구원	2012
박상기 · 전지연 · 한상훈	형사특별법(제2판)	집현재	2016
	형사특별법(제3판)	집현재	2020
박상기 · 전지연	형사특별법(제4판)	집현재	2023
이동희 · 류부곤	특별형법(제5판)	박영사	2021
이주원	특별형법(제5판)	홍문사	2018
	특별형법(제6판)	홍문사	2020
	특별형법(제7판)	홍문사	2021
	특별형법(제8판)	홍문사	2022
	특별형법(제9판)	홍문사	2023

4 주석서 · 실무서 등

저자(편자)	서명	출판사	출판연도
김종원	주석형법 총칙(상 · 하)	한국사법행정학회	1988, 1990
박재윤	주석형법 총칙(제2판)	한국사법행정학회	2011
김대휘 · 박상옥	주석형법 총칙(제3판)	한국사법행정학회	2019
김윤행	주석형법 각칙(상 · 하)	한국사법행정학회	1982
박재윤	주석형법 각칙(제4판)	한국사법행정학회	2006
김신 · 김대휘	주석형법 각칙(제5판)	한국사법행정학회	2017
한국형사판례연구회	형사판례연구 (1) - (30)	박영사	1993 - 2022
법원행정처	법원실무제요 형사 [I] · [II]		2014
사법연수원	법원실무제요 형사 [I] · [II] · [III]		2022

5 외국 문헌

저자(편자)	서명	출판사	출판연도
大塚 仁 外	大コンメンタール刑法 (第2版) (1) - (13)	青林書院	1999 - 2006
	大コンメンタール刑法 (第3版) (1) - (13)	青林書院	2013 - 2021
西田典之 外	注釈刑法 (1), (2), (4)	有斐閣	2010 - 2021

목 차

제 27 장 낙태의 죄

제 28 장 유기와 학대의 죄

제 29 장 체포와 감금의 죄

제30장 협박의 죄

제31장 약취, 유인 및 인신매매의 죄

제32장 강간과 추행의 죄

제27장 낙태의 죄

〔총 설〕

I. 규 정

   인간의 생명은 고귀하고, 이 세상에서 무엇과도 바꿀 수 없는 존엄한 인간 존재의 근원이며, 생명권은 비록 헌법에 명문의 규정이 없다 하더라도 인간의 생존본능과 존재목적에 바탕을 둔 선험적이고 자연법적인 권리로서 헌법에 규정된 모든 기본권의 전제로서 기능하는 기본권 중의 기본권이다.[1] 모든 인간은 헌법상 생명권의 주체가 되며, 형성 중의 생명인 태아에게도 생명에 대한 권리가 인정되어야 한다. 따라서 태아도 헌법상 생명권의 주체가 되며, 국가는 헌법 제10조에 따라 태아의 생명을 보호할 의무가 있다.[2] 태아가 비록 그 생명의 유지를 위하여 모(母)에게 의존해야 하지만, 그 자체로 모와 별개의 생명체이고, 특별한 사정이 없는 한, 인간으로 성장할 가능성이 크므로 태아에게도 생명권이 인정되어야 한다.[3]

1

---

1 헌재 1996. 11. 26, 95헌바1; 헌재 2019. 4. 11, 2017헌바127.
2 헌재 2008. 7. 31, 2004헌바81.

2   헌법재판소는 이와 같이 태아의 생명권을 수차 선언하였고, 대법원 역시 "인
간의 생명은 잉태된 때부터 시작되는 것이고 회임된 태아는 새로운 존재와 인격
의 근원으로서 존엄과 가치를 지니므로 그 자신이 이를 인식하고 있는지, 또 스
스로를 방어할 수 있는지에 관계없이 침해되지 않도록 보호되어야 함이 헌법 아
래에서 국민일반이 가지는 건전한 도의적 감정과 합치된다."고 판시하였다.[4]

3   형법은 생명과 신체를 보호법익으로 하는 죄로 각칙 제24장 살인의 죄, 제25
장 상해 및 폭행의 죄, 제26장 과실치사상의 죄에 이어 본장에 낙태의 죄를 규정
하고 있다. 본장에는 자기낙태(§ 269①), 동의낙태(§ 269②), 동의낙태치사·상(§ 269
③), 업무상낙태(§ 270①), 부동의낙태(§ 270②), 업무상낙태치사·상 및 부동의낙태
치사·상(§ 270③), 자격정지(§ 270④)가 규정되어 있다. 본장의 조문 구성은 아래
[표 1]과 같다(§ 269① 및 § 270① 중 일부 규정은 2021년 1일 1일부터 효력 상실).

[표 1] 제27장 조문 구성

조 문		제 목	구성요건	죄 명	공소시효
§ 269	①	낙태	ⓐ 부녀가 ⓑ 약물 기타의 방법으로 ⓒ 낙태	낙태	5년
	②		ⓐ 부녀의 촉탁 또는 승낙을 받아 ⓑ 낙태하게 함	(촉탁, 승낙)낙태	5년
	③		ⓐ ②의 죄를 범하여 ⓑ 부녀를 상해 또는 사망에 이르게 함	(제2항 죄명) (치상, 치사)	5년(치상) 7년(치사)
§ 270	①	의사 등의 낙태, 부동의낙태	ⓐ 의사, 한의사, 조산사, 약제사, 약종상이 ⓑ 부녀의 촉탁 또는 승낙을 받아 ⓒ 낙태하게 함	업무상(촉탁, 승낙)낙태	5년
	②		ⓐ 부녀의 촉탁 또는 승낙 없이 ⓑ 낙태하게 함	부동의낙태	5년
	③		ⓐ ①, ②의 죄를 범하여 ⓑ 부녀를 상해 또는 사망에 이르게 함	(제1항, 제2항 각 죄명)(치상, 치사)	7년(치상) 10년(치사)
	④		① 내지 ③의 경우 7년 이하 자격 정지 병과(필요적)		

---

3 헌재 2012. 8. 23, 2010헌바402.
4 대판 1985. 6. 11, 84도1958.

〔이 영 주〕

본장의 죄의 기본적 구성요건은 자기낙태죄(§ 269①)(죄명표상 죄명은 낙태죄이 **4**
지만 다른 낙태죄와의 구별 편의를 위하여 본장에서는 자기낙태죄라고도 한다.)라고 보는
것이 다수설이다.[5] 본장에서 첫 번째로 자기낙태죄를 규정하고 있는 점, 행위의
주체가 부녀인 자기낙태의 경우 부녀가 '낙태한 때'로 규정하고, 행위의 주체가
부녀 이외의 사람인 경우에는 '낙태하게 한 때'로 규정하고 있기 때문이다. 본장
의 죄 가운데에서 형이 가장 무거운 부동의낙태죄가 낙태죄의 기본적 구성요건
이고, 동의낙태죄(§ 269②)[죄명표상 죄명은 (촉탁·승낙)낙태죄이지만 다른 낙태죄와의 구
별 편의를 위하여 본장에서는 동의낙태죄라고도 한다.]나 업무상낙태죄(§ 270①)[죄명표상
죄명은 업무상(촉탁·승낙)낙태죄이지만 다른 낙태죄와의 구별 편의를 위하여 본장에서는 업
무상낙태죄라고도 한다.]는 부녀의 촉탁·승낙이 있음을 이유로 한 감경적 구성요
건이라는 견해[6]가 있으나, 제218조 제1항에서 자기낙태(자낙태)죄와 타낙태죄를
함께 규정하고 제218조 제3항에서 자기낙태죄의 경우 형을 감경한다고 규정하
고 있는 독일형법과 다른 체계를 취하고 있는 우리 형법에서는 부동의낙태죄가
기본적 구성요건이라고 보기 어렵다.

동의낙태죄에 대하여는, ① 자기낙태죄와 동의낙태죄 모두 기본적 구성요 **5**
건이라는 견해,[7] ② 자기낙태죄와 같이 처벌되는 변형구성요건이라는 견해,[8]
③ 자기낙태죄의 불법감경유형이라는 견해[9] 등이 있다. 한편, 동의낙태죄와 자
기낙태죄는 불법내용이나 책임내용에 있어 현저한 차이가 있으므로 낙태죄의 기
본적 구성요건을 동의낙태죄에 한정하고, 동의낙태죄보다 불법이나 책임이 경미
한 자기낙태죄를 감경적 구성요건으로 구성할 필요가 있다는 입법론이 있다.[10]

5　손동권·김재윤, 새로운 형법각론, § 6/4; 오영근, 형법각론(4판), 79; 이재상·장영민·강동범, 형
　　법각론(13판), § 5/4; 임웅, 형법각론(9정판), 114; 조준현, 형법각론, 78.
6　강구진, 형법강의 각론 I, 114.
7　김성돈, 형법각론(5판), 106; 김성천·김형준, 형법각론(5판), 44; 김일수·서보학, 새로쓴 형법총
　　론(9판), 35; 이영란, 형법학 각론강의, 96; 이정원·류석준, 형법각론, 81; 이형국·김혜경, 형법
　　각론(2판), 115; 정성근·박광민, 형법각론(전정2판), 112; 정웅석·최창호, 형법각론, 343.
8　손동권·김재윤, § 6/4.
9　임웅, 114. 이 견해는 공범인 동의낙태죄는 정범인 자기낙태죄보다 행위불법의 정도가 낮고, 불
　　법의 정도에 차이가 있어도 형사정책적 견지에서 또는 입법기술상 양자를 동일한 형으로 처벌할
　　수 있다고 한다.
10　이정원·류석준, 87; 이정원, "낙태죄의 구조와 문제점", 법제연구 54, 한국법제연구원(2018), 210-
　　211.

6   부동의낙태죄에 대하여는, ① 자기낙태죄에 대하여 불법이 가중된 가중적 구성요건이라는 견해[11]와 ② 동의낙태죄에 대하여 불법이 가중된 구성요건이라는 견해[12]가 나뉜다.

7   업무상낙태죄(§ 270①)에 대하여는, ① 동의낙태죄에 대하여 불법이 가중된 구성요건이라는 견해[13]와 ② 책임이 가중된 구성요건이라는 견해[14]가 있다.

8   낙태치사·상죄(§ 269③, § 270③)는 동의낙태죄, 업무상낙태죄, 부동의낙태죄에 대한 결과적 가중범이다.

II. 의의 및 보호법익

1. 의 의

9   낙태의 죄(이하, 낙태죄라고 약칭한다.)의 의의에 대하여는 견해의 대립이 있다.

10   ① 다수설은 낙태죄는 '자연의 분만기 이전에 태아를 인위적으로 모체 밖으로 배출하거나 모체 안에서 태아를 살해하는 행위를 내용으로 하는 범죄'라고 보고, 태아가 사망하였는지 여부는 낙태죄의 성립에 영향이 없다고 한다.[15]

11   다수설의 논거는, 낙태의 개념이 반드시 태아의 사망을 내포하는 것은 아니고,[16] 태아는 모체 안에 있을 때 가장 안전하므로 자연의 분만기 이전에 모체 밖으로 배출할 때 이미 생명에 위태를 초래하기 때문에 태아의 생명을 보다 더 두텁게 보호하기 위하여 이를 낙태의 개념에 포함시키는 것이 타당하다는 것이다.[17] 이 견해에 의하면, 태아의 생명에 위험을 주지 않는 인공출산은 낙태의 구성요건에 해당하지만 위법성이 조각되는 전형적인 행위이다.[18] 다만, 인공출

---

11 이재상·장영민·강동범, § 5/4; 정성근·박광민, 112; 정웅석·최창호, 343.
12 김일수·서보학, 35; 진계호·이존걸, 형법각론(6판), 110.
13 김일수·서보학, 41.
14 심재무, 형법각론강의 I(개정판), 75; 이재상·장영민·강동범, § 5/4; 이형국·김혜경, 115; 진계호·이존걸, 110.
15 강구진, 97; 김일수·서보학, 37; 박상기·전지연, 형법학(총론·각론 강의)(4판), 443; 배종대, 형법각론(14판), § 24/4; 신동운, 형법각론(2판), 617; 오영근, 79; 이영란, 94; 이형국·김혜경, 111; 임웅, 111; 정성근·박광민, 109; 정영일, 형법강의 각론(3판), 37; 정웅석·최창호, 342.
16 임웅, 112.
17 김성돈, 104.
18 오영근, 79; 이영란, 95.

산은 태아의 생명·신체에 대해 어떠한 침해도 수반하지 않으므로 낙태 개념에 포함되지 않는다고 보거나,[19] 태아와 모체의 건강을 위한 의료적 행위라는 이유로 구성요건해당성 자체를 부정하는 견해도 있다.[20]

다수설과 달리, ② 낙태죄가 성립하려면 태아를 모체 밖으로 배출하는 것만으로는 부족하고 이로 인하여 태아를 살해할 것을 요한다는 소수설이 있다.   12

낙태의 의도 아래, 모체 안에 있는 태아를 살해하였는가, 아니면 모체 밖에 있는 태아를 살해하였는가에 따라 살인죄의 성립이 추가될 수 있다고 보는 것은 어색하고,[21] 모체의 건강을 위하여 태아의 생명에 위험을 초래하지 않고 조기출산하도록 하는 인공출산도 낙태에 해당한다고 하는 것은 부당하다는 것이다.[22] 이 견해는 구체적으로, ⓐ 낙태죄는 임신중절에 의하여 태아를 살해하는 것을 내용으로 하는 범죄라고 보는 견해,[23] ⓑ 태아를 살해하기 위하여 자연의 분만기 이전에 인공적으로 모체 밖으로 배출하거나 태아를 모체 안에서 살해하는 범죄라고 보는 견해,[24] 또는 ⓒ 태아의 생명을 침해하는 범죄라고 보는 견해[25]로 나뉜다. 나아가, ⓓ 낙태죄의 구성요건에 초과주관적 구성요건요소인 목적이 명문으로 규정되어 있지 않지만 낙태죄는 태아를 살해하려는 목적에서 저질러지는 행위이므로 목적범으로 해석하여야 하면서, 낙태죄를 태아를 살해하기 위한 임신중절이라고 보는 견해[26]도 있다.   13

판례는 "낙태죄는 태아를 자연분만기에 앞서서 인위적으로 모체 밖으로 배출하거나 모체 안에서 살해함으로써 성립한다."고 판시하여,[27] 위 ①의 다수설과 같은 입장이다.   14

---

19 강구진, 98; 배종대, §22/1.

20 정웅석·최창호, 342.

21 주석형법 [각칙(2)](5판), 5(우인성).

22 이재상·장영민·강동범, §5/1.

23 이상돈, 형법강론(2판), 587; 이재상·장영민·강동범, §5/1.

24 손동권·김재윤, §6/1.

25 김성천·김형준, 41.

26 이정원·류석준, 78. 다만 이 견해는, 태아를 살해하기 위하여 임신중절을 하는 경우에는 태아의 사망이라는 결과를 기다릴 필요 없이 낙태죄의 성립을 인정한다.

27 대판 2005. 4. 15, 2003도2780. 본 판결 평석과 해설은 전지연, "낙태와 살인", 형사판례연구 [14], 한국형사판례연구회, 박영사(2006), 45-70; 최동열, "인터넷 홈페이지의 상담게시판을 이용한 낙태 관련 상담과 구 의료법 제25조 제3항의 '유인' 해당 여부", 해설 56, 법원도서관(2005), 493-532.

15 　　형법은 '낙태'라는 용어를 사용하나, 모자보건법에서는 '임신중절'이라는 용어를 사용하고 있다. 모자보건법 제2조 제7호는 인공임신중절수술을 '태아가 모체 밖에서는 생명을 유지할 수 없는 시기에 태아와 그 부속물을 인공적으로 모체 밖으로 배출시키는 수술'이라고 정의하고 있다. 낙태는 태아가 생존 가능한 시점에서의 인공적인 태아배출행위도 포함하므로 인공임신중절수술보다 더 넓은 개념이다.[28] 프랑스의 경우, 형법과 공중보건법에서 낙태(Avortemente)라는 용어는 사용하지 않고 임신중절(Interuppion volontaire de grossesse)이라는 용어를 사용하고 있다.[29] '낙태'는 종교적 윤리의 색채가 강하다거나, 부정적 이미지와 연관되므로 가치중립적인 '임신중절'이 바람직한 개념이라는 견해[30]가 있으나, 이에 대하여는 형법상 구성요건적 용어는 일반적 금지의 의미를 드러낼 수 있어야 한다는 이유로 반대하는 견해[31]가 있다.

2. 보호법익

(1) 보호법익

16 　　태아의 생명이 낙태죄의 보호법익이라는 점에는 견해가 일치한다. 태아의 생명 외에 태아의 신체, 부녀의 생명·신체도 그 보호법익인가에 대하여는 견해가 나뉜다. ① 오직 태아의 생명만이 보호법익이라는 견해,[32] ② 주된 보호법익은 태아의 생명이고, 부녀의 생명·신체는 부차적 보호법익이라는 견해,[33] ③ 주된 보호법익은 태아의 생명·신체이고, 부녀의 생명·신체는 부차적 보호법익이라는 견해,[34] ④ 주된 보호법익은 태아의 생명·신체이고, 부녀의 신체는 부차

---

28 임웅, 111.

29 전학선, "프랑스 헌법재판소의 임신중절 결정", 외법논집 36-4(2012. 11), 99.

30 이상돈, 585; 정현미, "모자보건법 제14조의 해석과 개정방향", 모자보건법 제14조의 해석과 개정방향 심포지엄, 한국여성변호사회(2017. 4. 24), 65.

31 이근우, "인공임신중절의 형사법적 쟁점", 한국의료윤리학회지 21-3(2018. 9), 214.

32 김성천·김형준 42; 이정원·류석준 79; 이정원·이석배·정배근, 형법각론, 60; 정성근·정준섭, 형법강의 각론(2판), 56-57; 박찬걸, "낙태죄의 합리화 정책에 관한 연구", 법학논총 27-1, 한양대학교 법학연구소(2010), 205-206.

33 권오걸, 스마트 형법각론, 66; 김신규, 형법각론 강의, 101; 김혜정·박미숙·안경옥·원혜욱·이인영, 형법각론(3판), 90; 배종대, §22/2; 손동권·김재윤, §6/2; 신동운, 615; 임웅, 112; 주호노, 형법각론, 187; 진계호·이존걸, 109; 최호진, 형법각론, 85.

34 정영일, 35; 오영근, 79.

6   〔이 영 주〕

적 보호법익이라는 견해[35]가 있다.

위 ①의 태아의 생명만이 보호법익이라는 견해는 태아의 신체침해는 형법   17
의 영역 밖의 문제이고,[36] 만일 태아의 신체도 보호법익에 포함시키게 되면 태
아의 건강침해가 있었으나 치유되어 정상적으로 출산된 경우도 낙태로 보아야
하는 문제점이 있다고 한다.[37] 그리고 보호법익은 범죄의 기본적 형태를 기준으
로 판단해야 하므로 임부의 생명·신체를 낙태의 보호법익이라고 볼 수 없다고
한다.[38] 즉 강간치상·치사 규정이 있다 해도 강간 자체는 성적 자기결정권을
보호법익으로 하는 범죄라고 보아야 하고 사람의 생명이 부차적 보호법익이 아
닌 것과 마찬가지로, 부녀의 생명·신체를 침해한 경우에 가중처벌하는 규정이
있다 하여 부녀의 생명·신체를 낙태의 보호법익이라고 볼 수 없다는 것이다.[39]
그러나 낙태에 대한 부녀의 동의 여부에 따라 법정형이 상이하고, 부녀에게 치
사·상의 결과가 발생한 경우 무겁게 처벌하고 있으므로, 태아의 생명 외에 부
녀의 생명·신체도 보호법익이 된다는 위 ②의 견해가 다수설이다.

낙태죄를 둘러싸고 인구의 유지와 성도덕의 보호 등에 대한 논의가 이루어   18
지기도 하지만, 인구정책의 변화가 낙태죄의 존폐를 좌우하는 것이 아니고, 성도
덕의 유지를 출산의 강제에서 구할 것도 아니므로, 인구의 유지와 성도덕의 보호
등 국가적·사회적 법익을 낙태죄의 보호법익으로 보는 것은 타당하지 않다.[40]

낙태죄의 종류에 따라 보호법익을 개별적으로 고찰하기도 한다. 즉, ① 주된   19
보호법익은 태아의 생명이고 부차적 보호법익은 부녀의 건강이나, 낙태치사·상
죄에 있어서는 부녀의 생명도 보호법익에 포함된다는 견해,[41] ② 자기낙태죄와
동의낙태죄는 부녀 자신의 자상행위이므로 태아의 생명만이 보호법익이고, 그 밖
의 낙태의 죄는 부차적으로 부녀의 생명·신체도 보호법익이라는 견해,[42] ③ 낙태
죄의 보호법익은 태아와 모체의 생명과 신체 안전이나 자기낙태죄와 동의낙태죄

35 이재상·장영민·강동범, §5/3.
36 박찬걸(주 32), 206.
37 김성돈, 105.
38 이정원·류석준, 79.
39 김성천·김형준, 41.
40 大塚 外, 大コン(3版)(11), 224(橫畠裕介).
41 이형국·김혜경, 114.
42 김성돈, 105.

는 태아의 생명·신체의 안전만이 보호법익이라는 견해,[43] ④ 자기낙태죄와 동의
낙태죄 및 업무상낙태죄에서는 태아의 생명이 보호법익이고, 부동의낙태죄에서는
태아의 생명이 주된 보호법익이지만 부녀의 의사결정의 자유도 부차적인 보호법
익이 되고, 낙태치사·상죄에서는 태아의 생명을 주된 보호법익으로 하지만 부녀
의 생명·신체의 완전성도 부차적인 보호법익으로 보아야 한다는 견해[44]가 있다.

(2) 보호의 정도

20   낙태로 인하여 치사·상의 결과가 발생한 경우에는 침해범으로 볼 수 있다.

21   낙태로 인하여 치사·상의 결과가 발생하지 아니한 경우, 이를 위험범으로
볼 것인가, 침해범으로 볼 것인가에 관하여는 견해가 나뉜다.

22   ① 낙태죄를 자연의 분만기 이전에 태아를 인위적으로 모체 밖으로 배출하
거나 모체 안에서 태아를 살해하는 행위를 내용으로 하는 범죄로 보는 견해는
위험범설을 취한다.[45] 위험범설은 독일형법(§ 218①. 3년 이하 자유형 또는 벌금형)에
비하여 낙태죄의 법정형이 현저히 가벼운 우리 형법(§ 269①. 1년 이하 징역 또는
200만 원 이하 벌금)의 해석상 침해범으로 볼 수 없고, 낙태미수에 대한 처벌규정
을 두지 않은 것은 분만기 이전에 태아를 모체 밖으로 배출시키는 행위 자체를
처벌하고자 하는 취지라고 한다.[46]

23   ② 태아의 생명이 종료하여야 낙태죄를 인정하는 침해범설[47]은 처벌범위를
좁히고 기수시기를 명확하게 하는 것이 타당하고,[48] 사람의 생명을 보호법익으
로 하는 살인죄를 침해범으로 보면서 태아의 생명을 보호법익으로 하는 낙태죄
를 위험범으로 보아 보호의 범위를 확대하여야 할 이유가 없으며, 낙태죄를 위
험범으로 보는 것은 사람의 생명에 대한 위험범인 유기죄 앞에 낙태죄를 규정
한 형법의 체계와 일치하지 않는다고 한다.[49]

24   ③ 태아의 생명·신체에 대하여는 추상적 위험범이고, 부녀의 생명·신체에

---

43 정성근·박광민, 110.
44 김일수·서보학, 35.
45 김성돈, 105; 김일수·서보학, 35-36; 정성근·박광민, 110; 정웅석·최창호, 342; 임웅, 112; 정영
   일, 35.
46 정웅석·최창호, 342.
47 손동권, 김재윤, § 6/10; 이재상·장영민·강동범, § 5/3; 박찬걸(주 32), 204.
48 손동권·김재윤, § 6/10.
49 이재상·장영민·강동범 § 5/3.

대하여는 침해범이라는 이원설도 있다.[50]

다수설과 판례[51]는 위 ①의 위험범설의 입장이다. 위험범설은 다시 ⓐ 추   25
상적 위험범설[52]과 ⓑ 구체적 위험범설[53]로 나뉜다. 위 ⓐ의 추상적 위험범설
은 태아가 생명에 위험을 받지 않고 출생되었다 하더라도 자연의 분만기 이전
에 모체로부터 배출시키는 행위 자체를 금지하는 것이므로 추상적 위험범으로
보아야 한다고 주장한다.[54] ⓑ의 구체적 위험범설은 태아가 모체 밖에 배출되
었다고 하더라도 구체적으로 태아나 부녀에게 어떤 위해를 가져오지 않는 경우
에는 낙태죄에 해당하지 않는 것으로 보아야 한다고 주장한다. 생존능력 있는
상태로 태아를 배출한 인공출산의 경우, 추상적 위험범설의 입장은 구체적 위험
이 야기되지 않았더라도 낙태에 해당한다고 보지만, 구체적 위험범설의 입장에
서는 구체적 위험이 야기되지 않는 이상 낙태에 해당하지 않는다고 본다.[55]

위 ⓑ의 구체적 위험범설이 타당하려면 태아의 생명에 대한 위험 발생이   26
낙태죄의 구성요건으로 기술되어야 하므로, 위 ⓐ의 추상적 위험범설이 타당하
다는 것이 다수설이다.

III. 연 혁

1. 낙태죄의 역사[56]

고대 탈리오(Talio)법에서는 싸우다가 발생한 낙태에 대하여 다른 손해가 없   27
는 한 그 남편이 청구하면 판결에 따라 벌금을 내야 했다. 그러나 고대 로마법

---

50 오영근, 79.
51 대판 2005. 4. 15, 2003도2780(태아가 사망하였는지 여부는 낙태죄의 성립에 영향이 없다고 판시).
52 권오걸, 67; 김성돈, 105; 김성천·김형준, 42; 김신규, 101-102; 김일수·서보학, 36; 김혜정·박
   미숙·안경옥·원혜욱·이인영, 91; 박상기·전지연, 444; 이정원·류석준, 80; 이형국·김혜경, 115;
   임웅, 113; 정성근·정준섭, 57; 정영일, 35; 진계호·이준걸, 109; 최호진, 85.
53 강구진, 98; 배종대, §22/1; 주호노, 188.
54 김성돈, 105.
55 이영란, 96. 다만 구체적 위험범설의 입장이면서, 태아를 자연분만기에 앞서서 모체 밖으로 배
   출하기만 하면 낙태죄기수가 성립한다는 견해도 있다(배종대, §24/4).
56 이재상·장영민·강동범, §5/1; 주석형법 〔각칙(2)〕(5판), 7-8(우인성); 김일수, "낙태죄의 해석론
   과 입법론", 법학논집 27, 고려대학교 법학연구원(1992), 86; 신동운·최병천, "형법개정과 관련
   하여 본 낙태죄 및 간통죄에 관한 연구", 한국형사정책연구원(1990), 51-55 참조.

에서는 태아를 모체의 일부라고 하는 스토아학파의 영향으로 낙태행위를 처벌하지 않았다. 200년경 후기 로마시대의 시베루스(Severus) 황제에 이르러 낙태가 처벌되기 시작하였다. 당시 낙태는 남편의 자녀에 대한 기대를 파괴한다는 이유에서 남자에 대한 범죄로 보았다.

28   낙태가 태아의 생명을 침해하는 것을 내용으로 하는 범죄로 처벌되기 시작한 것은 중세 교회법과 독일 보통법이다. 그 배경은 기독교사상으로, 수태된 후 10주 이내에 인간의 영혼이 태아 속에 들어간다는 영혼입주설을 근거로 수태 10주 이후 태아를 살해하는 것은 인간을 살해하는 것과 같다고 보았다.

29   독일 밤베르겐시스(Bambergensis) 형법과 1532년 카롤리나(Carolina) 형법은 최초로 낙태(abtreiben)라는 용어를 사용하였고, 태아를 '생명(영혼)이 있는 태아'와 '생명(영혼)이 없는 태아'로 구별하여, 전자를 낙태시킨 경우 살인죄로 처벌하였다.

30   1794년 프로이센 보통란트법은 생명 있는 태아와 생명 없는 태아를 구별하지 않고 태아의 생명 자체를 보호법익으로 파악하여 낙태죄를 처벌하기 시작하였다. 19세기에 이르러, 1813년 바이에른형법, 1851년 프로이센형법이 낙태를 처벌하고, 이후 각국에서 거의 예외 없이 낙태죄를 처벌하게 되었다.

31   우리나라의 경우, 조선시대에 기본법으로 작용한 대명률(大明律)에 현재의 자기낙태에 해당하는 죄는 없었고, 낙태죄를 타태죄(墮胎罪)라고 표현하여 처벌하였다. 타태죄는 낙태행위 자체를 처벌하는 것이 아니라 투구(鬪毆)행위의 결과적 가중범으로서 처벌하는 것이었다(형률 투구조). 즉, 보고기한(保辜期限)[57]내에 아이가 죽거나 태아가 90일이 지나 형상을 갖추어야 타태죄로 처벌하고[장(杖) 80 도(徒) 2년], 그렇지 아니한 경우 구상(毆傷)의 본법(本法)에 따랐다. 구한말인 1905년 제정된 형법대전(刑法大全)은 제5편 율례하(律例下) 제9장 살상소간율(殺傷所刊律) 제21절에 타태죄를 독립된 범죄로 규정하였으나(형법대전 § 533), 이때에도 부녀 자신의 낙태를 처벌하지 않고 다른 사람의 낙태행위만 규제하였다. 조선형사령에 의하여 1912년부터 의용된 일본형법은 부녀 자신의 낙태를 처벌하고, 행위의 주체에 따라 범죄유형을 구분하였으며, 낙태행위가 부녀를 사상에 이르

---

57 보고기한은 상해죄의 경우에 피해자의 상해의 경중이 결정될 때까지 가해자를 유치하는 것을 의미하는데, 타태죄의 보고기한은 50일이다(형률 투구조)[이에 대한 상세는 한상권 외 역, 대명률 직해 3, 한국고전번역원(2018), 343-346 참조].

게 한 때에는 상해와 비교하여 무거운 형으로 처벌하였다.

2. 현행 낙태 관련 법령의 제·개정 경과

(1) 형법58

대한민국정부 수립 후 법전편찬위원회는 형법초안을 작성할 때 낙태죄를 **32** 폐지하여야 할 것인가 논의한 끝에 일단 낙태죄를 규정해 놓고 국회에서 심의하기로 하였다. 국회 심의과정에서 낙태행위를 형법상 범죄로 처벌할 것인지에 대하여 논쟁이 전개되었다. 낙태죄를 존치하여야 한다는 입장은 인구정책적 관점, 성풍속의 유지, 태아의 생명권 등을 논거로 들었다. 낙태죄를 폐지하여야 한다는 입장은 인구증가에 대한 규제 장치의 필요성, 낙태죄를 통하여 출산을 강요받게 되는 여성의 열악한 사회적·경제적 지위, 영아살해 등 파생범죄 발생 우려, 무자격자에 의한 시술 횡행으로 인해 초래되는 임부의 생명·건강에 대한 중대한 침해 등을 논거로 들었다.

1953년 9월 18일 법률 제293호로 제정된 형법은 정부초안대로 낙태죄를 처 **33** 벌하고, 부녀의 촉탁 또는 승낙 없이 낙태하게 한 자를 처벌하는 규정을 삽입하였다. 구체적으로는 부녀의 자기낙태를 처벌하되 징역형 외에 벌금형을 규정하고(§ 269①), 부녀의 촉탁 또는 승낙을 받아 낙태하게 한 자를 동일한 형으로 처벌하였다(§ 269②). 동의낙태의 죄를 범하여 부녀를 치상하거나 치사한 경우를 가중처벌하였다(§ 269③). 의사 등의 업무상낙태에 대하여는 벌금형을 규정하지 않고 징역형으로 처벌하고 자격정지를 필요적으로 병과함으로써 낙태 빈발의 소지를 차단하고자 하였다(§ 270①, ④). 그리고 부녀의 촉탁 또는 승낙 없이 낙태하게 한 자를 처벌하고(§ 270②), 업무상낙태 또는 부동의낙태의 죄를 범하여 부녀를 치상하거나 치사한 경우를 가중처벌하였다(§ 270③). 처벌의 예외사유는 규정하지 아니하였다.

1992년 형법개정법률안은 낙태죄의 처벌규정은 유지하되, 업무상낙태에 해 **34** 당하는 의사 등의 낙태죄를 폐지하고 이를 영리낙태죄로 대체하였고, 적응 방식에 의하여 낙태의 허용범위를 결정하는 모자보건법의 기본입장을 유지하면서

---

58 법무부, 형법개정법률안 제안이유서(1992. 10), 133-137; 한국형사정책연구원, 형법 제·개정자료집(2009), 302-317; 신동운·최병천(주 56), 56-69 참조.

낙태의 허용범위를 형법에 규정하였다. 모자보건법과 같이 의학적, 우생학적, 윤리적 적응사유를 규정하고, 낙태를 할 수 있는 시기에 관하여 의학적 적응사유의 경우에는 제한을 두지 않고, 우생학적 적응사유의 경우는 임신 24주 이내, 윤리적 적응사유의 경우는 임신 20주 이내로 제한하였다. 그러나 이 개정안은 1995년 개정된 형법에 수용되지 못하였다.

35   1995년 12월 29일 법률 제5057호로 개정된 형법은 제269조 제1항의 '1만 환 이하의 벌금'을 '200만 원 이하의 벌금'으로, 제270조 제1항의 '조산원'을 '조산사'로 변경하고, 일부 자구의 수정이 있었으나, 낙태죄 조문의 실질적인 내용에는 변화가 없었다.

(2) 모자보건법

36   1973년 2월 8일 법률 제2514호로 제정된 모자보건법은 정부가 1960년대부터 가족계획사업을 추진하면서 낙태의 일부 합법화를 시도하다가 유신체제 아래의 비상국무회의에서 법안을 제출, 통과시킨 것이었다.[59]

37   제정 모자보건법은 형법의 낙태죄에 대하여 특별법의 성격을 지니고, 임신중절수술의 허용한계를 규정하였다. 즉 '인공임신중절수술'을 '태아가 모체 외에서 생명을 유지할 수 없는 시기에 태아와 그 부속물을 인공적으로 모체 외부에 배출시키는 수술'이라고 정의하고(모자보건법 § 2(iv)), ① 본인 또는 배우자가 대통령령으로 정하는 우생학적 또는 유전학적 정신장애나 신체질환이 있는 경우, ② 본인 또는 배우자가 대통령령으로 정하는 전염성질환이 있는 경우, ③ 강간 또는 준강간에 의하여 임신된 경우, ④ 법률상 혼인할 수 없는 혈족 또는 인척 간에 임신된 경우, ⑤ 임신의 지속이 보건의학적 이유로 모체의 건강을 심히 해하고 있거나 해할 우려가 있는 경우 중 어느 하나에 해당되는 경우에 한하여 의사가 본인과 배우자(사실상의 혼인관계에 있는 자 포함)의 동의를 얻어 인공임신중절수술을 할 수 있다고 규정하였다(모자보건법 § 8①). 이 법의 규정에 의한 인공임신중절수술을 받은 자 및 행한 자는 형법 제269조 제1항, 제2항 및 제270조 제1항의 규정에 불구하고 처벌하지 아니한다(모자보건법 § 12).

38   1973년 5월 28일 대통령령 제6713호로 제정된 모자보건법 시행령은 인공임

---

59 한국형사정책연구원, 형법 제·개정자료집(2009), 70.

신중절수술의 허용한계를 규정하였다. 시행령에 의하면, 모자보건법에 의한 인공임신중절수술은 임신한 날로부터 28주일 내에 있는 자에 한하여 할 수 있다(모자보건법 시행령 §3①).

　1986년 5월 10일 법률 제3824호로 전부 개정된 모자보건법은 조문의 위치 **39** 를 옮기고 일부 자구를 수정하였으나, 실질적인 내용은 동일하였다. 2009년 1월 7일 법률 제9333호로 개정된 모자보건법도 어려운 용어를 쉬운 용어로 바꾸고 복잡한 문장을 간결하게 하는 등 자구를 수정하였으나, 실질적인 내용에는 변화가 없이 현재에 이르고 있다.

　2009년 7월 7일 대통령령 제21618호로 개정된 모자보건법 시행령은 현대 **40** 의학기술의 발달을 고려하여 인공임신중절수술의 허용 기간을 임신 28주일 이내에서 임신 24주일 이내로 단축하였다(모자보건법 시행령 §15①). 임신중절을 할 수 있는 우생학적 또는 유전학적 정신장애나 신체질환으로 연골무형성증, 낭성섬유증 및 그 밖의 유전성 질환으로서 그 질환이 태아에 미치는 위험성이 높은 질환을 규정하고(모자보건법 시행령 §15②),[60] 인공임신중절수술을 할 수 있는 전염성질환은 풍진, 톡소플라즈마증 및 그 밖에 의학적으로 태아에 미치는 위험성이 높은 전염성 질환으로 규정하였다(모자보건법 시행령 §15③).[61] 현대 의학기술의 발전에 따라 치료가 가능하거나 의학적 근거가 불분명한 질환 등을 삭제하여 범위를 축소한 것이다.

IV. 낙태 규제 동향

1. 낙태를 허용하는 방식

　각국은 낙태의 전면적 금지에서 제한적 허용으로 낙태에 대한 처벌을 완화 **41**

---

60 2009년 7월 7일 개정되기 전 시행령에는 인공임신중절수술을 할 수 있는 우생학적 또는 유전학적 정신장애나 신체질환으로 유전성 정신분열증, 유전성 조울증, 유전성 간질증, 유전성 정신박약, 유전성 운동신경원 질환, 혈우병, 현저한 범죄경향이 있는 유전성 정신장애, 기타 유전성 질환으로서 그 질환이 태아에 미치는 위험성이 현저한 질환을 규정하고 있었다.

61 2009년 7월 7일 개정되기 전 시행령에는 인공임신중절수술을 할 수 있는 전염성질환으로 태아에 미치는 위험성이 높은 풍진·수두·간염·후천성면역결핍증 및 전염병예방법 제2조 제1항의 전염병을 규정하고 있었다.

해가는 추세이다. 낙태를 법률상 허용하는 방식은 기간 방식, 적응 방식, 상담 모델 방식, 그리고 결합 방식이 있다.

(1) 기간 방식

42 임신 후 일정기간 이내의 일정한 요건을 갖춘 낙태를 형사처벌 대상에서 제외하는 방식이다. 이 방식을 채택한 국가들은 대체로 임신 12주 이내 또는 임신 16주 이내의 낙태를 허용한다. 구 독일형법, 미국의 Roe V. Wade 판결[62](후술)이 채택한 방식이다.

(2) 적응 방식

43 원칙적으로 낙태를 범죄로 규정하면서 일정한 적응사유가 있는 경우에 예외적으로 낙태를 허용하는 방식이다. 낙태가 허용되는 사유로는 의학적 사유, 윤리적 사유, 우생학적 사유, 사회적·경제적 사유 등이 있다.[63] 우리나라와 일본이 이 방식을 채택하고 있다.

(3) 상담모델 방식

44 임부를 위한 조언과 도움을 제공할 수 있는 일정한 상담을 필요적으로 거치도록 한 후 임부 자신의 최종책임으로 돌아갈 자기결정에 따라 낙태를 허용하는 방식이다.

(4) 결합 방식

45 위 세 가지 방식의 전부 또는 일부를 결합하는 방식이다. 독일과 오스트리아 등 대륙법계 유럽 대다수 나라가 결합 방식을 채택하고 있다.

2. 외국의 입법례 및 판례

46 주요 국가의 입법례 및 판례를 살펴보면 다음과 같다.

(1) 일본[64]

47 일본은 1880년에 제정된 구 형법에 이어 1907년에 제정된 형법도 각칙 제29장에 낙태죄를 규정하고 있다.[65]

---

62 Jane ROE, et al., Appellants v. Henry WADE, 410 U.S. 113(1973).
63 배종대, §23/3-6.
64 박형민, 낙태의 실태와 대책에 관한 연구, 한국형사정책연구원(2011), 82-86; 김광재, "낙태 문제에 관한 비교법적 연구", 인권과 정의 473, 대한변호사협회(2018. 5), 232; 이기원, "낙태죄의 허용사유에 관한 비교법적 고찰", 법학논총 19-3, 조선대학교 법학연구원(2012), 413 참조.
65 법무부, 일본형법(2007. 12). 참고로 일본형법은 2022년 6월 17일 징역형과 금고형이 '구금형'으

제212조 (낙태) 임신 중의 여자가 약물을 사용하거나 그 밖의 방법에 의하여 낙태한 때에는 48
1년 이하의 징역에 처한다.

제213조 (동의낙태 및 동 치사상) 여자의 촉탁을 받거나 그 승낙을 얻고 낙태하게 한 자는 2년
이하의 징역에 처한다. 이로 인하여 여자를 사망 또는 상해에 이르게 한 자는 3월 이상 5년 이
하의 징역에 처한다.

제214조 (업무상낙태 및 동 치사상) 의사, 조산사, 약사 또는 의약품판매업자가 여자의 촉탁을
받거나 그 승낙을 얻고 낙태하게 한 때에는 3월 이상 5년 이하의 징역에 처한다. 이로 인하여
여자를 사망 또는 상해에 이르게 한 때에는 6월 이상 7년 이하의 징역에 처한다.

제215조(부동의 낙태) ① 여자의 촉탁을 받지 아니하거나 그 승낙을 얻지 아니하고 낙태하게
한 자는 6월 이상 7년 이하의 징역에 처한다.
② 전항의 죄의 미수는 벌한다.

제216조(부동의 낙태치사상) 전조의 죄를 범하여 여자를 사망 또는 상해에 이르게 한 자는 상
해의 죄와 비교하여 중한 형으로 처단한다.

우리나라와 일본의 낙태죄에 관한 형법 규정을 비교해보면 다음 [표 2]와 49
같다.

[표 2] 우리나라와 일본의 낙태죄에 관한 형법 규정

우리나라		일본	
§269①	(자기낙태) 부녀가 약물 기타 방법으로 낙태한 때에는 1년 이하의 징역 또는 200만원 이하의 벌금에 처한다.	§212	(자기낙태) 임신 중의 여자가 약물을 사용하거나 그 밖의 방법에 의하여 낙태한 때에는 1년 이하의 징역에 처한다.
§269②	(동의낙태) 부녀의 촉탁 또는 승낙을 받아 낙태하게 한 자도 제1항의 형과 같다.	§213 전문	(동의낙태) 여자의 촉탁을 받거나 그 승낙을 얻고 낙태하게 한 자는 2년 이하의 징역에 처한다.
§269③	(동의낙태치사상) 제2항의 죄를 범하여 부녀를 상해에 이르게 한때에는 3년 이하의 징역에 처한다. 사망에 이르게 한 때에는 7년 이하의 징역에 처한다.	§213 후문	(동의낙태치사상) 이로 인하여 여자를 사망 또는 상해에 이르게 한 자는 3월 이상 5년 이하의 징역에 처한다.
§270①	(업무상낙태) 의사, 한의사, 조산사, 약제사 또는 약종상이 부녀의 촉탁 또는 승낙을 받아 낙태하게 한 때에는 2년 이하의 징역에 처한다.	§214 전문	(업무상낙태) 의사, 조산사, 약사 또는 약품판매업자가 여자의 촉탁을 받거나 그 승낙을 얻고 낙태하게 한 때에는 3월 이상 5년 이하의 징역에 처한다.

로 단일화되어 형법전의 '징역', '구금', '징역 또는 구금'은 모두 '구금형'으로 개정(법률 제67호)
되었고, 2025년 6월 1일 시행될 예정이다. 본장에서 일본형법 조문을 인용할 때는 현행 조문의
'징역' 등의 용어를 그대로 사용한다.

	우리나라		일본
§270②	(부동의낙태) 부녀의 촉탁 또는 승낙없이 낙태하게 한 자는 3년 이하의 징역에 처한다.	§215	(부동의 낙태) ① 여자의 촉탁을 받지 아니하거나 그 승낙을 얻지 아니하고 낙태하게 한 자는 6월 이상 7년 이하의 징역에 처한다. ② 전항의 죄의 미수는 벌한다.
§270③	(업무상낙태치사상, 부동의낙태치사상)제1항 또는 제2항의 죄를 범하여 부녀를 상해에 이르게 한 때에는 5년 이하의 징역에 처한다. 사망에 이르게 한 때에는 10년 이하의 징역에 처한다.	§214 후문	(업무상낙태치사상) 이로 인하여 여자를 사망 또는 상해에 이르게 한 때에는 6월 이상 7년 이하의 징역에 처한다.
		§216	(부동의 낙태치사상) 전조의 죄를 범하여 여자를 사망 또는 상해에 이르게 한 자는 상해의 죄와 비교하여 중한 형으로 처단한다.
§270④	(자격정지의 병과) 전 3항의 경우에는 7년 이하의 자격정지를 병과한다.		

50　　　　한편 일본은 1948년 우생보호법을 제정하여 일정한 정당화사유가 있는 경우에는 인공임신중절을 허용하고, 이 법에 의하여 인공임신중절이 널리 가능한 것으로 해석함으로써 형법의 낙태죄 규정이 거의 사문화되었다.

51　　　　우생보호법은 1996년 강제불임시술의 폐지 등 내용이 개정되면서 법 제명이 모체보호법으로 변경되었다. 모체보호법은 불임수술과 임신중단 등에 대하여 규정하고 있다.

52　　**모체보호법**

제14조(의사의 인증을 통한 인공임신중절) ① 도도부현의 구역을 단위로 설립된 공익사단법인이 지정하는 의사(이하, "지정의사"라 한다)는 다음 각호의 하나에 해당하는 자에 대하여 본인 및 배우자의 동의를 얻어 인공임신중절을 할 수 있다.

　1. 임신의 계속 또는 분만이 신체적 또는 경제적인 이유로 모체의 건강을 크게 해칠 우려가 있을 것

　2. 폭행 또는 협박에 의하여 또는 저항 또는 거절할 수 없는 경우에 강간으로 임신한 것

② 전항의 동의는 배우자가 모르는 때 또는 그 의사를 표시할 수 없는 경우 또는 임신 후에 배우자가 아닌 경우에는 본인의 동의만으로 충분하다.

53　　　　낙태가 허용되는 기간은 후생사무차관통지(1996. 9. 25. 제122호)에 의하여 임신 22주 이내이다.[66]

66　大塚 外, 大コン(3版)(11), 225(橫畠裕介).

낙태 허용사유로 경제적 이유도 규정하고 있다. 모체보호법 제14조 제1항   54
제1호의 '경제적 이유'는 임신상태를 유지하거나 분만을 할 경우 임부의 일상생
활에 중대한 경제적 지장을 초래하여 그 결과 모체의 건강을 현저히 해할 우려
가 있는 경우를 의미한다. 동항 제2호의 '폭행'은 반드시 유형적인 폭력행위에
한정되지 않고, 강간의 경우 강간죄가 성립하거나 동죄로 처벌할 필요는 없다.
각 호의 사실인정은 지정의사의 합리적 판단에 따른다.[67]

(2) 독일[68]

독일은 1871년에 제국형법에 낙태죄를 규정하여 낙태를 처벌하였으나,   55
1974년 형법을 개정하여 낙태죄의 처벌을 완화하였다. 즉, 기간 방식을 채택하
여 수태 후 12주 이내의 임부가 자발적인 결정으로 의사와 상담 후 의사에 의하
여 이루어지는 낙태는 처벌하지 않는 것으로 규정하였다(독형 §218a).

독일형법 제218조a는 인간의 존엄과 가치 및 생명권 보호규정을 침해한다는   56
이유로 연방헌법재판소에 위헌법률심판이 제기되었다. 1975년 2월 25일 연방헌
법재판소는 "① 독일 기본법 제2조 생명권의 보호영역에는 태아도 포함된다. ②
태아의 생명이라는 법익에 대한 제3자로부터의 침해에 대하여 국가는 이 생명
을 보호할 의무가 있다. ③ 태아의 생명보호는 임부의 자기결정권보다 우월하
다. 다만, 의학적·우생학적·윤리적·사회적 적응사유가 있는 경우에는 기대가
능성이 없어 형벌을 사용할 수 없다. ④ 국가는 태아에 대한 생명보호의무의 수
행을 위하여 형벌을 사용할 의무가 있다. ⑤ 1974년 형법은 형벌을 완전히 배
제하고 있어 생명보호에 반하는 보호의 결험이 발생하여 위헌이다."라고 판시
하였다(1차 낙태판결[69]).

위 판결 후 독일 연방의회는 1976년 5월 18일 형법을 개정하여 낙태는 원   57
칙적으로 처벌되는 것으로 규정하고, 일정한 정당화사유가 있는 경우 예외적으
로 낙태를 허용하는 적응 방식을 채택하였다. 즉, 의학적 사유, 우생학적 사유,
강간 등 성범죄로 인한 사유, 임부가 임신으로 사회적·경제적으로 어려움에 처

---

67 大塚 外, 大コン(3版)(11), 226(橫畠裕介).

68 박형민, 낙태의 실태와 대책에 관한 연구, 58-63; 김광재(주 64), 228-230; 이기원(주 64), 412-413;
이희훈, "영국·미국·독일·프랑스의 낙태 규제 입법과 판례에 대한 비교법적 고찰", 일감법학
27, 건국대학교 법학연구소(2014), 721-725 참조.

69 BVerfGE, 39, 1.

한 사유 등이 있을 때는 예외적으로 낙태가 허용되었다.

58   1990년 독일 통일 당시 구 서독에서는 적응 방식이 적용되고 있었으나, 구
동독에서는 기간 방식이 적용되고 있었다. 연방의회는 통일조약 규정에 의거하
여 1992년 7월 27일 12주 이내 상담조건부 낙태허용을 규정한 「임부 및 가족원
조법」을 제정하였다.

59   1993년 5월 28일 연방헌법재판소의 위헌판결에 의하여 「임부 및 가족원조
법」은 그 주요부분이 무효로 선언되었다. 연방헌법재판소는 "인간의 가치는 태
아에 대하여도 인정되므로 법질서는 태아의 생명권을 보장해 주어야 하고, 낙태
의 원칙적인 금지와 아이의 원칙적 출산의무는 헌법이 요구하는 보호의 불가결
한 요소가 된다."고 판시하였다. 다만, "입법자가 태아를 보호함에 있어 임신 초
기의 갈등상태에 있는 임부와 상담하여 허용사유 방식에 의한 낙태의 처벌을
포기하는 것을 금지하는 것은 아니며, 이 경우에도 상담은 태아를 보호하기 위
한 적극적인 요건이어야 하고, 국가는 상담절차를 행함에 있어서 전적인 책임을
져야한다."고 하였다(2차 낙태판결[70]).

60   1995년 독일연방의회는 「임부 및 가족원조법」을 개정하고, 이에 따라 형법
의 낙태 규정을 개정하였다. 현행 형법은 각칙 제16장 생명의 죄에 모살, 고살,
낙태, 유기, 과실치사를 규정하고 있다.[71]

61   **제218조(낙태)** ① 낙태한 자는 3년 이하의 자유형 또는 벌금형에 처한다. 자궁 내 수정란의
착상완료 전에 이를 저지한 행위는 이 법에서 의미하는 낙태로 보지 아니한다.
② 특히 중한 경우에 6월 이상 5년 이하의 자유형에 처한다. 특히 중한 경우란 특별한 사정이
없는 한 행위자가 다음 각호의 1에 해당하는 경우를 말한다.
  1. 임부의 의사에 반하여 행위하는 자
  2. 중과실로 임사부에 대하여 사망 또는 중한 건강훼손의 위험을 야기한 자
③ 임부가 낙태한 경우에는 1년 이하의 자유형 또는 벌금형에 처한다.
④ 미수범은 처벌한다. 임부는 미수로 인해 처벌되지 아니한다.
제218조a(낙태의 처벌면제) ① 제218조의 구성요건은 다음 각호의 요건이 모두 충족되는 경우
에는 실현되지 아니한다.
  1. 임부가 낙태를 촉탁하고 제219조 제2항 제후문에 의한 확인서를 통해 최소한 수술 3일

---

70 BVerfGE, 88, 203.
71 법무부, 독일형법(2008. 5).

18   〔이 영 주〕

이전에 상담을 거친 사실을 의사에게 입증한 경우

2. 낙태가 의사에 의하여 시술된 경우

3. 착상 이후 12주 이상 경과하지 않은 경우

② 임부의 승낙을 받아서 의사가 시술한 낙태는 임부의 현재와 장래 생활관계를 고려하여 의사의 진단결과, 임부의 생명에 대한 위험 또는 신체적·정신적 건강상태의 중한 훼손의 위험을 방어하기에 적절하고 다른 기대될 수 있는 방법으로 그 위험을 방어할 수 없는 경우에는 위법하지 아니하다.

③ 의사의 진단과 임부에 대해 제176조 내지 제179조에 따른 위법행위가 범하여졌고 그로 인하여 임신한 것으로 인정할 만한 유력한 근거가 있고 착상 이후 12주 이상 경과하지 않은 경우로서 임부의 동의하에 의사에 의해 시술된 낙태에 있어서는 제2항의 조건은 적용된다.

④ 낙태가 제219조에서 규정한 상담 후 의사에 의해 시행되고 착상 이후 12주 이상이 경과되지 아니한 경우에는 임부는 제218조에 의해 처벌되지 아니한다. 법원은 임부가 수술 당시 특별한 곤경에 빠져있었던 경우에는 제218조에 의한 처벌을 면제할 수 있다.

제219조(긴급 및 갈등 상황에 처한 임부에 대한 상담) ① 상담은 태아의 생명보호에 기여한다. 상담은 임신의 지속을 위하여 임부를 격려하고 자녀와 함께하는 삶의 전망을 일깨워 주기 위한 노력을 이끌어야만 한다. 상담은 책임 있고 양심에 따른 결정을 하도록 임부를 조력해야 한다. 이 경우 태아가 임신의 각 단계에서 임부에 대하여 생명에 대한 독자적인 권리를 가지는 것과 출산을 통해 임부의 수인을 기대할 수 있는 피해의 한도를 초과하는 중대하고 비통상적인 고통이 야기되는 경우에 단지 예외적인 상황에서 법질서에 의해 낙태가 고려될 수 있다는 것을 임부에게 인식시켜야 한다. 상담은 조언과 원조를 통해 임신과 관련하여 존재하는 갈등상황을 제거하고 긴급상황을 시정하는 데 기여하여야 한다. 자세한 사항은 임신갈등법에서 규율한다.

② 상담은 임신갈등법에 따라 승인된 임신갈등상담소가 하여야 한다. 상담소는 상담종료 후 임부에게 최종 상담일자와 임부의 성명이 기재된 확인서를 임신갈등법에 따라서 발급하여야 한다. 낙태를 시술한 의사는 상담원이 될 수 없다.

현행 독일형법은 낙태를 원칙적으로 처벌한다. 자기낙태를 처벌하고, 자기 낙태 이외의 낙태에 대하여는 미수범도 처벌한다. 그러나 일정한 경우 낙태죄의 구성요건에 해당하지 않거나, 위법성이 조각되거나, 처벌을 면제할 수 있다. 기간 방식과 상담모델 방식을 결합한 방식을 채택하여 태아의 생명을 존중하면서도, 임신의 지속이 일정한 갈등상황에 처한 경우 의사와의 상담 후 낙태 여부를 최종적으로 임부의 자기결정에 맡기고 있다.

62

(3) 미국[72]

63　　미국은 1840년 메인 주에서 임신 중인 모든 기간 임부의 낙태행위를 처벌하였고, 1887년에는 거의 모든 주에서 임부의 낙태행위를 처벌하는 규정을 두게 되었다. 이로 인하여 불법적 낙태가 성행하게 되면서 사회문제화되었고, 1960년대 말 일부 주에서는 임부의 생명을 구하기 위한 경우, 강간이나 근친상간에 의한 임신, 태아가 기형인 경우 등에는 임부의 낙태를 허용하는 규정을 두게 되었고, 1973년 Roe v. Wade 판결[73]로 임신 초기 3개월 동안 낙태가 허용되었다.

64　　**[Roe v. Wade 판결]**

1969년 6월 텍사스 주에 살고 있던 여성인 Roe는 원하지 않는 임신을 하여 의사에게 낙태를 요청했지만 그 당시 텍사스 주 형법에서 규정한 '임부의 생명을 구하기 위한 낙태'에 해당하지 않는다는 이유로 거절당했다.

1973년 연방대법원은 이 텍사스 주 형법 조항에 대하여 위헌판결을 하고, '낙태에 대한 여성의 결정권은 수정헌법 제14조에 의해 보호되는 프라이버시권에 속하는 권리'라고 판시하였다.

이 판결은 임신의 기간을 3분기(trimester analysis)로 나누어 낙태의 기준을 정하고, 태아의 독자적 생존능력으로 낙태의 허용기준을 구분하였다. 즉, 임신 초기 3개월을 의미하는 제1분기에는 태아가 생존능력을 얻기 이전이라고 보아 임부의 프라이버시권을 절대적으로 보호하여 임부가 자유롭게 낙태를 할 수 있고, 국가는 낙태를 규제할 수 없다. 주는 이 시기에 자격 있는 의사가 낙태를 시술하여야 한다는 등 최소한의 의학적 안전장치만 요구할 수 있을 뿐이다. 임신 제2분기(임신 4개월-6개월)에는 원칙적으로 낙태를 허용하되 모의 건강상의 이익을 위해서 낙태를 규제할 수 있다. 임신 제3분기(임신 7개월 이후)에는 태아가 독자적인 생존능력을 가진 잠재적인 생명체로서 개인의 프라이버시권보다 태아의 생명을 보호하기 위한 주의 이익이 크다고 판단하여 낙태를 원칙적으로 금지하고, 임부의 생명이나 건강을 지키기 위하여 필요한 경우에만 예외적으로 낙태를 허용한다.

65　　위 판결 이후에도 미국에서는 낙태에 대한 찬반 논쟁이 계속되어 왔다. 연방 차원에서는 태아의 머리 전체나 몸통 일부가 모체 밖으로 나온 경우 낙태를 금지하는 「2003년 부분출산낙태금지법(Partial-Birth Abortion Ban Act of 2003)」이

---

72 박형민, 낙태의 실태와 대책에 관한 연구, 76-80; 김광재(주 64), 219-223; 이기원(주 64), 410-412; 이희훈(주 68), 721-730; 조홍석, "낙태죄와 임신중절의 문제", 법학연구 18-4, 한국법학회(2018), 183-185 참조.

73 Jane ROE, et al., Appellants v. Henry WADE, 410 U.S. 113(1973).

있다. 연방 하원에서 임신 20주 이후의 낙태를 금지하는 내용의 「고통을 느끼는 태아의 보호에 관한 법률안(Pain-capable Unborn Child Protection Act)」이 수차 통과되었으나 연방 상원에서 부결된 바 있다. 각 주의 낙태에 대한 규율은 상이하다. 41개 주에서 자격 있는 의사에 의해서만 낙태 시술이 가능하도록 규정하고 있고, 27개 주에서 낙태를 하려는 경우 일정한 숙려기간(보통 24시간, 최장 72시간)을 갖도록 규정하고 있다. 43개 주에서는 태아가 독자적인 생존능력이 있다고 판단할 수 있는 시점(약 20-24주 사이) 이후에는 원칙적으로 낙태를 금지하고 있으며, 19개의 주에서는 태아가 독자적인 생존능력이 있다고 판단할 수 있는 시점 이후부터는(예외적으로 낙태가 허용되는 경우) 담당 의사 이외에 다른 의사가 반드시 낙태를 하기 위한 진료에 참여하도록 규정하고 있다. 미국의 19개 주에서는 낙태를 하려는 임부로 하여금 의사의 상담절차를 거치도록 하고 있다.[74] 한편 2019년 조지아 주, 루이지애나 주, 오하이오 주, 미시시피 주, 아이오와 주, 켄터키 주에서는 태아의 심박동이 감지된 이후(대략 임신 6주) 낙태를 금지하는 법안이 통과하였고, 앨라배마 주의 경우 임부의 생명이 위급한 경우 외에는 낙태를 전면금지하는 법안이 통과하였다.[75] 이들 법안에 대하여 연방법원은 발효금지가처분 등으로 제동을 걸고 있었다.[76]

한편 각 주의 낙태 관련 법령과 관련하여 위헌 여부가 문제되었는데, 연방 대법원은 펜실베이니아 주와 텍사스 주의 법률에 대하여 위헌이라고 판시하기도 하였다.

66

[Planned Parenthood of Southeastern Pennsylvania. v. Casey 판결][77] 67

펜실베이니아 주의 낙태규제법은 "기혼 여성이 낙태를 하려 할 때 사전에 남편에게 위 사실을 고지하고 동의를 얻었다는 서면을 낙태 시술을 할 의사에게 제출해야 한다."고 규정하고 있었다. 1992년 연방대법원은 위 규정은 헌법상 보호되는 여성의 낙태에 실질적인 장애를 가져오므로 위헌이라고 판결하여, Roe v. Wade 판결의 주된 논지를 재확인하였다. 그러나 Roe v.

---

74 헌재 2019. 4. 11, 2017헌바127.
75 장지영, "태아심박동법 중심으로 살펴본 미국의 낙태금지법 추진 현황", 성산생명윤리연구소 10월 포럼(2019. 10).
76 네이버 검색, 연합뉴스, '미앨라배마주 초강력 낙태금지법 발효, 법원이 제동', 기사입력 2019. 10. 30. am 06:30.
77 Planned Parenthood v. Casey, 505 U.S. 833(1992).

Wade 판결에서 사용한 3분기 구분법 원칙을 폐기하고, 각 주는 임신의 기간과 상관없이 태아가 생존능력을 갖추기 전에는 여성의 낙태를 선택할 권리에 부당한 부담(undue burden)을 지워서는 아니 된다고 하여, 태아의 독자적 생존가능성 여부에 따라 주의 규제가 정당한지 여부를 판단하였다. 즉 태아가 독자적 생존능력을 갖게 되는 시점을 임신 후 23주 초반으로 보고, 태아가 모체에서 벗어나서 독자적 생존능력을 갖기 전까지는 임부가 주의 부당한 규제나 제한 없이 자유롭게 낙태를 할 수 있다고 하였다.

68   [Whole Women's Health v. Hellerstedt 판결][78]

2013년 텍사스 주는 "낙태수술을 하거나 낙태를 유도하는 의사는 낙태 시술소에서 30마일 이내에 위치한 병원에 환자를 입원시킬 수 있는 권한을 낙태가 시술되거나 유도되는 날에 가지고 있어야 한다."라는 내용의 환자이송특권 요건과 "낙태 시술소의 최소수준이 통원수술센터에 상응하는 수준이어야 한다."라는 수술센터요건을 규정하였다. 2017년 연방대법원은 위 조항들이 태아가 독자적 생존능력을 갖추기 전 낙태 시술을 원하는 여성들을 실질적으로 방해하여 낙태 접근권에 부당한 부담을 형성하므로 위헌이라고 판결하였다.

69   그러나 2022년 6월 24일 연방대법원은 낙태가 헌법상 기본권으로 보호된다고 한 위 Roe 판결과 Casey 판결을 폐기하였다.[79]

70   [Dobbs v. Jackson Women's Health Organization 판결][80]

미시시피 주는 2018년 응급의료상황 또는 태아가 심각한 기형인 경우를 제외하고는 임신 15주 이후의 낙태를 금지하는 법률을 제정하였다. 미시시피 주의 유일한 낙태 시술 의료기관인 Jackson Women's Health Organization과 소속 의사는 위 법률이 낙태를 헌법상 기본권으로 보장한 연방대법원 판결에 위반된다고 주장하면서 미시시피 보건당국을 상대로 위헌을 확인해달라는 심판을 연방지방법원에 청구하였다. 연방지방법원은 주 정부가 임신 15주 이후의 낙태도 금지한 것은 생존능력기 이전의 낙태를 기본권으로 보장한 헌법에 위반된다는 이유로 법률의 시행을 금지하는 결정을 내렸다. 연방항소법원은 미시시피 주 보건당국의 항소를 기각하였다.

그러나 연방대법원은 낙태가 헌법상 보장되는 기본권이 아니라고 하였다. 헌법이 낙태에 대한 아무런 언급이 없고, 낙태가 미국의 역사와 전통에 깊이 뿌리내린 권리라고 볼 수도 없으므로 헌법에 규정이 없지만 기본적인 권리들에 속하지도 않는다고 하였다. 그리하여 낙태를 어떻게 규제할 것인지에 대해 결정할 권한을 국민과 그들이 선출한 대표들에게 되돌려주어야 한다고

---

78 Whole Woman's Health v. Hellerstedt, 579 U.S. 582(2016).

79 Dobbs v. Jackson Women's Health Organization, 597 U.S. 215(2022).

80 이에 대한 상세는 전상현, "미국연방대법원의 돕스 판결에 나타난 헌법해석 논쟁", 세계헌법연구 28-2, 세계헌법학회 한국학회(2022), 31-66 참조.

판시하고, 이에 반하는 선례인 Roe v. Wade 판결 등을 폐기하였다. 낙태가 헌법상 보장되는 기본권이 아니므로 낙태를 규제하는 입법은 보건이나 안전에 관한 규제들과 같이 유효성이 강하게 추정되므로 정당한 이익에 기여할 것이라는 입법자의 판단에 합리적 근거가 있으면 유효하다고 하였다.

Dobbs 판결을 통해 미국 내 보수와 진보 간 뜨거운 논쟁거리였던 Roe 판결이 폐기되었다. 그러나 여성의 낙태권을 헌법상 권리로 인정하지 않고, 낙태 금지 여부를 주 정부 또는 연방 정부의 정치적 결정에 맡김으로써 낙태죄와 관련된 정치적 논쟁이 계속될 것으로 예상된다.[81]   71

(4) 영국[82]

「1861년 인신범죄법(The Offence Against the Person Act 1861)」 Section 58은 "유산을 시도하려는 임신한 여성이 불법적으로 독성이나 다른 유해한 물질을 투여하거나 불법적으로 기구나 다른 방법을 사용하여 낙태하거나, 여성에게 낙태하게 하려는 의도를 가진 사람이 불법적으로 그 여성에게 독성이나 다른 유해한 물질을 투여하거나 방조하거나 또는 불법적으로 기구나 다른 방법을 사용한 경우 중죄에 처한다."라고 규정하였다. 그리고 「1929년 유아생명보호법(The Infant Life Preservation Act 1929)」은 '임부의 생명이 위험에 빠지는 경우를 제외'하고 생존하여 출생할 가능성이 있는 아이를 유산시키는 것을 중죄로 규정하였다. 이때 생존능력이 추정되는 시기를 임신 28주로 보았다.   72

1938년 Bourne이라는 14세 소녀가 5명의 군인들에게 강간당하여 원치 않는 임신을 하게 되었다. 런던에 위치한 세인트메리 병원의 산부인과 전문의가 임신 6주 차였던 Bourne에게 낙태 시술을 하였고, '임부의 생명이 위험한 상태에서의 낙태에 해당되지 않으므로 불법적인 시술'이라는 이유로 공소제기되었다. 이 사건에서 영국의 중앙형사법원은 "여성의 삶을 보존하기 위한 목적으로 행해진 낙태는 불법적 낙태에 해당하지 않는다."고 무죄를 선고하였다(R. v. Bourne 판결[83]). 이 판결은 임부의 정신건강을 보호하는 합법적인 낙태 가능성에   73

---

81 문제완, "미국 낙태죄 논쟁 - 미국 보수주의 법률가들은 Roe v. Wade 판결을 어떻게 뒤집었나? -", 세계헌법연구 28-2, 세계헌법학회 한국학회(2022), 8-9.
82 박형민, 낙태의 실태와 대책에 관한 연구, 74-76; 김광재(주 64), 223-225; 이희훈(주 68), 713-715 참조.
83 [1939] 1 K. B. 687. 3 All E. R. 615(1938).

대한 선례를 남긴 것으로 평가된다.

74   안전하지 못한 낙태로 인하여 여성의 건강이 위협받는 문제가 빈발하자, 「1967년 낙태법(Abortion Act 1967)」을 제정하여 일정한 조건 아래 낙태를 허용하였다.

75   **Section 1 (1)** 2명의 등록된 의사가 다음 요건 중 하나에 해당한다고 결정하면 낙태는 처벌되지 않는다.

     (a) 임신의 지속이 임부의 생명에 위험이 되는 경우, 임신을 끝내는 것보다 임부 자신이나 그녀 가정의 현존하는 아이들의 신체적 또는 정신적 건강에 더 위해가 되는 경우

     (b) 아이가 태어났을 때 심각한 신체장애와 같은 신체적 또는 정신적 장애를 겪을 상당한 위험이 있는 경우

76   「1990년 인간수정 및 배아법(Human Fertilization and Embryology Act 1990)」 Section 37은 1967년 낙태법 Section 1 (1)의 낙태 가능사유를 다음과 같이 대체하였다.

77   (a) 임신 24주 이내에, 임신의 지속이 임신을 끝내는 것보다 임부 자신이나 그녀 가정의 현존하는 아이들의 신체적 또는 정신적 건강에 더 위해가 될 위험이 있는 경우

     (b) 임부의 신체적 또는 정신적 건강에 심각한 영구적 위해를 방지하기 위하여 낙태가 필요한 경우

     (c) 임신의 지속이 임신을 끝내는 것보다 임부의 생명에 더 위험이 되는 경우

     (d) 아이가 태어났을 때 심각한 신체장애와 같은 신체적 또는 정신적 장애를 겪을 상당한 위험이 있는 경우

78   2명의 등록된 의사가 의학적 근거가 충족되었다는 점을 증명한 이후에 낙태가 가능하다. 다만 임부의 육체적·정신적 건강에 대한 중대한 영구적 훼손을 즉각적으로 방지할 필요가 있는 경우에는, 등록된 의료인 1인이 사유에 해당함을 인정하면 낙태할 수 있다. 낙태 시술은 위급한 상황을 제외하면 국가보건의료서비스법 등에 따른 병원에서 행해져야 한다. 의료진에게는 낙태 시술을 하지 않을 선택권이 인정된다.

(5) 프랑스84

프랑스는 1810년 형법에서 임신중절을 금지하였으나, 1975년 임신초기 10
주 동안 임신중절을 합법화하는 「임신중절에 관한 법률」이 의회에 제출되어 의
회를 통과하였다.85 이 법률에 대하여 위헌심판이 청구되었으나, 프랑스 헌법재
판소는 1975년 1월 16일 이 법률이 프랑스 헌법에 위반되지 않고, 국가가 아동
의 건강을 보호해야 한다는 원칙은 태아가 출생한 이후부터 적용된다고 판시하
였다.

2001년 7월 4일 「임신중절과 피임에 관한 법률」은 임신중절을 할 수 있는
기간을 임신 10주에서 12주까지로 연장하였다. 이 법률에 대하여도 위헌법률심
판이 청구되었으나, 2001년 6월 27일 프랑스 헌법재판소는 이 법률이 헌법이나
1789년 인권선언에 위반되는 것이 아니라고 하여 합헌선언을 하였다.

프랑스형법은 사람을 위험에 처하게 하는 행위 중 하나로 동의 없는 임신
중절만을 규정하고, 공중보건법에서 임신중절을 허용하면서 절차 등에 관하여
규제하고 있다.86

제223-10조(동의없는 임신중절) 본인의 동의를 얻지 아니하고 부녀로 하여금 임신중절하게 한
자는 5년의 구금형 및 75,000유로의 벌금형에 처한다.

공중보건법에 의하여 곤궁한 상황에 있는 임부는 의사에게 임신중절을 요
청할 수 있고, 이러한 임신중절은 임신 12주 이내에만 행하여질 수 있다. 임신
중절은 공·사의 의료기관에서만 행하여질 수 있다. 임부의 요청을 받은 의사는
임부에게 임신중절의 방법 및 위험, 후유증 등에 관하여 설명을 할 의무가 있
다. 임부가 미성년자인 경우에는 의무적으로 자문을 받아야 하나, 부모의 동의
없이 임신중절이 가능하다. 의학적인 필요에 의한 임신중절은 임신기간에 상관
없이 가능하다. 임신 12주가 지난 후에 의학적인 이유가 아닌 이유로 임신중절

79

80

81

82

83

---

84 박형민, 낙태의 실태와 대책에 관한 연구, 65-66; 김광재(주 64), 225-228; 이희훈(주 68), 726-728;
   전학선(주 29) 참조.
85 보건부장관 Simone Veil(시몬 배유)가 의회에서 임신중절을 허용해야 하는 필요성을 역설하였
   고, 투표 결과 임신중절에 관한 법률이 과반수의 찬성을 얻어 의회를 통과하였다. 프랑스는
   2024년 3월 4일 세계에서 최초로 여성의 낙태할 자유를 명시한 헌법 개정을 하였다(프랑스헌법
   § 34 "여성이 자발적으로 임신을 중단할 수 있는 자유가 보장되는 조건을 법으로 정한다.").
86 법무부, 프랑스형법(2008. 11), 134.

을 하거나, 의사가 아닌 자가 임신중절수술을 하는 경우, 정해진 의료기관이 아
닌 곳에서 임신중절을 한 경우에는 2년의 구금형과 30,000유로의 벌금에 처한
다. 이러한 범죄가 상습적으로 행해진 경우에는 5년의 구금형과 75,000유로의
벌금에 처한다.

84   1주일의 최소 숙려기간 요건은 2016년 삭제되었다. 2017년에는 공중보건법
에 임신중절을 방해하는 행위에 대한 처벌규정을 도입하였다. 즉, 임신중절 시
설에의 접근성을 저해하거나, 시설 직원의 업무를 방해하거나, 임신중절에 관한
정보를 수집하려는 사람이나 직원을 심리적으로 압박하거나 협박함으로써 임신
중절 시술 또는 사전 절차를 방해하거나 임신중절 관련 정보의 수집을 방해하
는 행위를 처벌한다.

(6) 네덜란드[87]

85   네덜란드는 1981년 5월 1일 낙태 관련법을 대폭 개정하여 낙태를 수용하는
방향으로 전환하였다. 낙태 시술을 받으려는 여성은 의사와의 상담을 받은 후
6일 동안의 숙려기간을 거치고, 본인의 요청에 의해 낙태 시술 면허를 취득한
병원이나 의원에서 낙태 시술을 받을 수 있다. 1984년부터 여성은 정부가 지원
하는 국민건강보험체계에서 무료로 낙태 시술을 받을 수 있게 되었다. 임신 13주
이후에 시행되는 낙태는 여성의 건강에 다양한 침해를 발생시킬 수 있기 때문
에 정부가 정한 특별한 기준을 충족시키고 승인을 받은 병원이나 클리닉에서만
시행할 수 있다. 낙태를 원칙적으로 금지하는 규정이 없고, 허가된 시설 이외에
서 행하는 낙태 시술에 대해서만 처벌한다.

(7) 오스트리아[88]

86   오스트리아는 형법 각칙 제1장 생명과 신체에 관한 죄에 이어 제2장에 낙
태의 죄를 규정하고 있다.[89]

87   **제96조(낙태)** ① 임부의 동의하에 낙태한 자는 1년 이하의 자유형에 처한다. 낙태를 영업적으
로 행한 자는 3년 이하의 자유형에 처한다.
     ② 직접정범이 의사가 아닐 경우에는 3년 이상의 자유형에 처한다. 그 자가 영업적으로 행위

---

87 박형민, 낙태의 실태와 대책에 관한 연구, 69-70; 김광재(주 64), 230-231 참조.
88 박형민, 낙태의 실태와 대책에 관한 연구, 63-65.
89 법무부 오스트리아 형법(2009. 12), 63-64.

하였거나 임부의 사망을 초래하였다면 6월 이상 5년 이하의 자유형에 처한다.

③ 스스로 낙태하거나 다른 사람에게 낙태하도록 한 임부는 1년 이하의 자유형에 처한다.

제97조(낙태의 불벌) ① 다음의 경우에는 제96조로 벌하지 아니한다.

1. 임신 후 3개월 이내에 의사의 사전조언에 따라 의사가 낙태한 때

2. 임부의 생명에 대한 달리 피할 수 없는 심각한 위험이나 임부의 육체적 또는 정신적 건강에 대한 중한 피해를 방지하기 위하여 낙태가 필요하였거나 태아가 육체적 또는 정신적으로 크게 손상되었을 심각한 위험이 있거나 임부가 수태 당시 미성년자였고 이 모든 경우에 의사가 낙태한 때

3. 직접적이고 달리 피할 수 없는 생명의 위험에서 임부를 구하기 위해 낙태가 행해졌으며 적시에 의사의 도움을 받을 수 없었을 때

② 직접 임박하고 달리 피할 수 없는 생명의 위험에서 임부를 구하기 위하여 낙태가 지체없이 필요한 때를 제외하고 의사에게는 낙태를 실행하거나 협력할 의무가 없다. 이는 간호전문업무, 의료기술업무, 위생보조업무에 종사중인 자에게도 같다.

③ 누구도 불가벌적 낙태의 실행 또는 그에 대한 협력이나 실행 또는 협력에 대한 거부를 이유로 불이익을 받아서는 아니 된다.

제98조(부동의낙태) ① 임부의 동의 없이 낙태한 자는 3년 이하의 자유형에 처한다. 낙태를 통해 임부의 사망을 초래한 때에는 행위자를 6월 이상 5년 이하의 자유형에 처한다.

② 임부의 동의를 적시에 받을 수 없는 상황에서 직접적이고 다른 방법으로는 피할 수 없는 생명의 위험으로부터 임부를 구하기 위하여 낙태한 자는 제1항으로 벌하지 아니한다.

자기낙태를 포함하여 낙태는 원칙적으로 금지되나, 임신 3개월 이내에 의 **88** 사의 사전 상담을 받은 후 의사에 의해 행해지는 낙태는 처벌되지 않는다. 의학적 사유, 우생학적 사유, 사회적 사유(임신시점에 임부가 미성년자인 경우)의 경우에 의사가 시술한 낙태행위는 임신기간을 불문하고 처벌하지 않는다. 직접 임박하고 회피할 수 없는 생명의 위험에서 임부를 구하기 위한 낙태로 적시에 의사의 도움을 받을 수 없었을 때에도 처벌이 면제된다. 이 경우에는 동의 없는 낙태도 포함된다. 한편, 직접 임박하고 회피할 수 없는 생명의 위험에서 임부를 구하기 위하여 낙태가 지체 없이 필요한 경우 외에는 의사에게 낙태를 실행하거나 협력할 의무가 없음을 선언하고 있다.

(8) 이탈리아[90]

이탈리아는 1978년 제정된 법률 제194호에 낙태를 규정하고 있다. 이 법률 **89**

---

90 박형민, 낙태의 실태와 대책에 관한 연구, 70-71.

에 의하여 임신 90일 이내에는 임신의 지속, 출산 혹은 모성이 임부의 정신적
육체적인 건강에 중대한 위험을 주는 경우 낙태가 허용된다. 임부가 낙태를 원
하면 가족상담소, 사회 의료 담당기관 혹은 개인적으로 신뢰하는 의사와 상담을
해야 한다. 임신 90일 이후의 낙태는 임신 혹은 출산이 임부의 생명에 중대한
위험을 주거나 임부 혹은 태아가 병리적인 증상을 보여 태아가 임부에게 육체
적 혹은 정신적인 중대한 위험을 초래할 수 있을 정도의 이상 혹은 기형일 때만
허용된다. 이 요건은 공공병원의 산부인과 의사에 의해 확인되어야 한다. 긴급
한 상황이 아닌 경우, 임부는 상담 후 임신 경과기간과 낙태사유에 대한 확인을
받아 7일의 유보기간 후 낙태 시술이 가능하다. 낙태 시술은 공적으로 허가된
병원에서만 가능하다. 의사와 의료보조인은 양심상의 이유로 낙태 시술의 거부
가 가능하지만, 직접적인 위험으로부터 임부의 생명을 구하기 위하여 낙태가 필
수적인 상황에서는 반드시 시술하여야 한다.

(9) 스위스[91]

90 스위스는 형법 각칙 제1장 생명과 신체에 대한 범죄행위에 낙태를 규정하
고 있다.[92]

91 **제118조(낙태, 가벌적 낙태)** ① 임부의 승낙을 받아 임신을 중단하거나 또는 임부로 하여금 임
신을 중절하도록 교사하거나 또는 임신의 중절에 대하여 조력을 제공한 자는 제119조에 정한
요건을 충족하지 아니한 때에는 5년 이하의 자유형 또는 벌금에 처한다.
② 임부의 승낙 없이 임신을 중절한 자는 1년 이상 10년 이하의 징역에 처한다.
③ 마지막 생리가 시작된 이래 12주가 경과한 후 자신의 임신을 중절하거나 중절시키거나 또
는 다른 방식으로 중절에 가담한 임부는, 제119조에 정한 요건을 충족하지 아니한 때에는 3년
이하의 자유형 또는 벌금에 처한다.
④ 제1항과 제3항의 경우 그 시효는 3년이 경과함으로 인하여 완성한다.
제119조(낙태의 처벌면제) ① 낙태가 의사의 판단에 따라 임부의 중대한 신체적인 손상 또는
중대한 정신적 긴급상황을 모면하기 위하여 필요한 때에는 동 낙태는 벌하지 아니한다. 위험
은 임신의 계속이 진행되면 될수록 중대되는 것이어야 한다.
② 낙태가 마지막 생리가 시작된 이해 12주 이내에, 자신이 긴급한 수행의 허가를 받은 의사
에 의하여 시술된 때에는 동 낙태는 마찬가지로 벌하지 아니한다. 의사는 임부와 사전에 상세

91 박형민, 낙태의 실태와 대책에 관한 연구, 66-67.
92 한국형사정책연구원, 스위스 형법전(2009. 5), 73-75.

한 대화를 하고 상담하여야 한다.

③ 임부가 판단능력을 결여한 때에는 그의 법적 대리인의 동의가 필요하다.

④ 칸톤(Kanton)은 낙태의 전문적인 시술과 상세한 상담을 위한 요건을 충족하는 개인병원과 일반병원을 지정한다.

⑤ 낙태는 관할보건관청의 통계목적을 위하여 보고되며, 이때 해당 임부의 익명성이 보장되어야 하고 의사에게는 비밀을 유지하여야 할 의무가 있다.

제120조(의사의 질서위반행위) ① 제119조 제2항에 따라 임신을 중절하고 그리고 시술 전에 다음 각 호의 1에 정한 의무를 이행하지 아니한 의사는 과료에 처한다.

  a. 임부로부터 서면으로 된 신청서를 받을 것

  b. 개인적으로 임부와 상세한 대화를 하고 상담하고, 시술의 건강상 위험에 관하여 고지하고 그리고 임부의 서명을 받아 다음 각 호의 1에 정한 사항이 기재된 지침서를 전달할 것

    (1) 무료상담소의 목록

    (2) 도덕적 그리고 물질적 조력을 제공하는 단체와 기관의 목록

    (3) 출산한 아이를 입양시킬 수 있는 기회에 관한 정보

  c. 만 16세 미만인 임부가 청소년을 위한 상담기관에서 상담했었는지의 여부를 개인적으로 확인할 것

② 제119조 제5항에 따라 낙태를 관할보건관청에 보고하여야 하는 의무를 이행하지 아니한 의사도 전항의 형과 같다.

낙태는 원칙적으로 처벌되지만, 임신 12주 이내에는 임부가 위험에 처해있   **92** 다는 서면을 작성하고 상담을 받은 후 의사에 의해 낙태하는 것이 허용된다.

(10) 스페인[93]

스페인은 전통적으로 낙태를 금지하고 처벌하여 왔으나, 2010년 「재생산   **93** 및 성건강과 자발적 낙태에 관한 조직법」을 제정하여 임신 14주 이내의 낙태를 허용하였다. 임부는 낙태를 하기 전에 모성에 관한 공적 부조 및 권리에 관한 사항을 고지받아야 하며, 고지받은 날로부터 3일이 경과한 후에 낙태 시술을 받을 수 있다. 낙태 시술은 의사가 하여야 하며, 임부의 명시적인 서면에 의한 동의가 필요하다. 16세 이상의 여성은 미성년자라 하더라도 부모의 동의 없이 낙태를 할 수 있다.

---

93 박형민, 낙태의 실태와 대책에 관한 연구, 72.

(11) 아일랜드[94]

94   아일랜드는 「2013년 임신 중 생명보호법(Protection of Life During Pregnancy Act 2013」에서 임신한 여성의 생명이 위험한 경우 낙태를 합법화하였으나 그 외 사유에 의한 낙태는 허용하지 않았다. 그러나 2018년 5월 25일 낙태 허용 관련 국민투표를 실시하여 66.4%가 허용에 찬성하였고, 임신 12주 이내의 낙태를 허용하는 「2018년 건강(임신중절의 규제)법(Health(Regulation of Termination of Pregnancy) Act 2018」이 통과하였다. 이 법에서는 임신한 여성의 생명이나 건강이 위험한 경우 외에, 임신 12주 이내의 낙태와 태아가 출생 전 혹은 출생 후 28일 이내 사망할 수 있는 상황인 경우의 낙태를 합법적으로 허용하고 있다. 임신 12주 이내의 낙태는 의사가 임신 12주가 지나지 않았다는 것을 확인해야 한다. 임신한 여성과 태아의 위험을 이유로 낙태하는 경우에는 의사 2명의 확인이 있어야 한다.

(12) 호주[95]

95   호주는 주마다 낙태에 관한 규정이 모두 다르다. 퀸즈랜드 주는 2018년 10월 「임신중절법(Termination of Pregnancy Bill)」이 통과되었는데, 이 법에서는 임신 22주까지는 낙태를 허용하고 임신 22주 후에는 의사 2명의 승인이 있으면 낙태를 할 수 있다. 뉴사우스웨일즈 주는 여성의 신체적·정신적 건강에 심각한 위험이 있을 때만 낙태를 허용하고 있다. 빅토리아 주는 임신 24주까지 허용되고, 임신 24주 후에는 의사 2명의 승인이 있어야 한다. 사우스오스트레일리아 주는 의사 2명이 여성의 신체적·정신적 건강에 심각한 위험이 있다고 승인하거나 태아에게 심각한 이상이 있을 때만 낙태가 허용되고, 그 외의 낙태는 불법이다.

(13) 북한

96   북한형법은 제9장에 공민의 인신과 재산을 침해한 범죄를 규정하고, 제1절에 생명, 건강, 인격을 침해한 범죄로 살인죄, 상해죄, 폭행죄, 비법자유구속죄, 어린이훔친 죄, 유죄괴, 강간죄, 모욕 및 명예훼손죄 등을 규정하고 있으나, 낙태에 대하여는 규정하고 있지 않다.[96]

---

94 김동식·송효식·동제연·이인선, 여성의 성·재생산 건강 및 권리 보장을 위한 정책방향과 과제, 한국여성정책연구원(2018), 72-74.
95 김동식·송효식·동제연·이인선, 여성의 성·재생산 건강 및 권리 보장을 위한 정책방향과 과제, 84-86.
96 법무부, 북한형법 주석(2014), 1115-1207 참조.

(14) 중국[97]

중국은 낙태에 대한 처벌규정이 없다. 이는 과잉인구를 감소시키려는 목적, 부모가 태아에 대한 처분권을 가진다는 전통적인 사상과 관련이 있다. 다만, 의사업무자격을 취득하지 않은 자의 낙태수술 등을 처벌한다(중형 §336).

(15) 캐나다[98]

캐나다도 낙태에 대한 처벌규정이 없다.

V. 낙태죄의 비범죄화 논의

낙태는 태아의 생명권과 임부의 자기결정권이 충돌하는 문제이다. 생명권의 근거는 인간의 존엄과 가치(헌 §10)이고, 헌법에 규정된 모든 기본권의 전제가 되는 기본권이다. 자기결정권은 헌법의 인간의 존엄과 행복추구권(헌 §10)에 의하여 보장되는 개인의 일반적 인격권으로부터 파생된다.[99] 헌법상 사생활의 자유(헌 §17) 권리 내용 중에 성적 자기결정권이 포함된다고 보기도 한다.[100] 1994년 국제인구개발회의(ICPD)에서 채택된 카이로 행동강령에 '성(性)과 재생산 권리(sexual and reproductive rights)'[101]의 정의와 개념이 포함된 이후, 국제사회에서는 낙태 문제를 개인에게 보장된 생명권과 자유권 차원을 넘어서, 사회적 권리인 성과 재생산 권리 차원에서 논의하는 경향이 있다.[102]

낙태에 관하여는, ① 생명에 대한 침해는 다른 생명을 구하기 위해서만 인정되므로 낙태는 임부의 생명이 위험한 경우 외에는 허용될 수 없고 낙태죄를 존치하여야 한다는 견해[103]와 ② 임부의 자기결정권을 보장하기 위해 자기낙태

97

98

99

100

---

97 박형민, 낙태의 실태와 대책에 관한 연구, 86-87.
98 Global Abortion Policies Database(https://abortion-policies.srhr.org/).
99 헌재 2008. 7. 31, 2004헌바81; 헌재 2019. 4. 11, 2017헌바127.
100 헌재 2002. 10. 31, 99헌바40.
101 김동식·송효진·동제연·이인선, 여성의 성·재생산 건강 및 권리 보장을 위한 정책방향과 과제, 11(재생산 권리는 개개인의 성과 재생산 건강과 관련하여 주체적이고 자유롭게 책임있는 결정과 선택을 할 수 있는 자유를 포괄하고, 성과 재생산 건강을 위한 다양한 정보와 상담, 교육을 제공받을 수 있는 권리와 필요한 보건의료서비스로의 접근을 포괄한다).
102 장다혜, "여성의 임신중단 관련 법률 개정의 방향: 건강권 및 성과 재생산 권리의 평등실현을 중심으로", 한국형사정책연구원 유관학회 공동국제학술회의: 인간존엄과 가치의 형사사법적 실현 (2019), 251.
103 홍성방, "낙태와 헌법상의 기본가치", 서강법학연구 3(2001), 47-48.

죄와 동의낙태죄를 전면 폐지하여야 한다는 견해[104] 사이에 다양한 입장과 견해가 존재한다.

101   낙태죄의 위헌 여부는 2차례에 걸쳐 헌법재판소의 심판대상이 되었다. 헌법재판소는 과잉금지원칙에 의한 심사를 통해 낙태죄의 위헌 여부를 판단하였다.

VI. 낙태죄에 관한 헌법재판소의 판단

1. 2010헌바402 결정

102   업무상촉탁낙태죄로 기소되어 재판을 받던 조산사가 제270조 제1항이 헌법에 위반된다며 헌법소원심판을 청구한 사안에서, 2012년 8월 23일 헌법재판소는 제270조 제1항 중 '조산사'에 관한 부분이 헌법에 위반되지 아니한다고 선고하면서, 이유 부분에서 자기낙태죄 조항의 위헌 여부에 대하여 판단하였다.

103   당시 재판관 9인 중 1인이 공석인 상태에서 합헌의견과 위헌의견이 4 : 4로 나뉘어 위헌결정 정족수인 6인에 미치지 못하였으므로 합헌으로 선고된 것이다.

(1) 합헌의견

(가) 자기낙태죄 조항

104   자기낙태죄 조항은 헌법에 위반되지 아니한다. 그 논거는 다음과 같다.

105   ① 태아에게도 생명권이 인정되어야 하며, 태아가 독자적 생존능력을 갖추었는지 여부를 그에 대한 낙태 허용의 판단기준으로 삼을 수는 없다.

106   ② 낙태를 처벌하지 않거나 형벌보다 가벼운 제재를 가하게 된다면 현재보다도 훨씬 더 낙태가 만연하게 되어 자기낙태죄 조항의 입법목적을 달성할 수 없게 될 것이고, 성교육과 피임법의 보편적 상용, 임부에 대한 지원 등은 불법적인 낙태를 방지할 효과적인 수단이 되기에는 부족하다.

107   ③ 입법자는 일정한 우생학적 또는 유전학적 정신장애나 신체질환이 있는 경우와 같은 예외적인 경우에는 임신 24주 이내의 낙태를 허용하여(모자보건법 §14, 동법 시행령 §15), 불가피한 사정이 있는 경우에는 태아의 생명권을 제한할

---

104 임웅, "낙태죄의 비범죄화에 관한 연구", 성균관법학 17-2(2005. 12), 398; 정진주, "유럽 각국의 낙태 접근과 여성건강: 한국 낙태논쟁에 대한 함의", 페미니즘연구 10-1, 한국여성연구소(2010), 150.

수 있도록 하고 있다.

④ 자기낙태죄 조항으로 제한되는 사익인 임부의 자기결정권이 위 조항을 통하여 달성하려는 태아의 생명권 보호라는 공익에 비하여 결코 중하다고 볼 수 없다. 108

⑤ 자기낙태죄 조항이 임신 초기의 낙태나 사회적·경제적 사유에 의한 낙태를 허용하고 있지 아니한 것이 임부의 자기결정권에 대한 과도한 제한이라고 보기 어렵다. 109

(나) 제270조 제1항 중 '조산사'에 관한 부분

제270조 제1항 중 '조산사'에 관한 부분은 헌법에 위반되지 아니한다. 그 논거는 다음과 같다. 110

① 제270조 제1항 중 '조산사'에 관한 부분은 그 법정형의 상한이 2년 이하의 징역으로 되어 있어 법정형의 상한 자체가 높지 않을 뿐만 아니라, 비교적 죄질이 가벼운 낙태에 대하여는 작량감경이나 법률상 감경을 하지 않아도 선고유예 또는 집행유예 선고의 길이 열려 있으므로, 지나치게 과중한 형벌을 규정하고 있다고 볼 수 없다. 그러므로 책임과 형벌 간의 비례원칙에 위배되지 아니한다. 111

② 낙태는 행위태양에 관계없이 태아의 생명을 박탈하는 결과를 초래할 위험이 높고, 일반인에 의해서 행해지기는 어려워 대부분 낙태에 관한 지식이 있는 의료업무종사자를 통해 이루어지며, 태아의 생명을 보호해야 하는 업무에 종사하는 자가 태아의 생명을 박탈하는 시술을 한다는 점에서 비난가능성 또한 크다. 112

③ 경미한 벌금형은 영리행위를 추구하는 조산사에 대하여는 위하력을 가지기 어렵다는 점들을 고려하여 입법자가 제270조 제1항에 대하여 동의낙태죄(§ 269②)와 달리 벌금형을 규정하지 아니한 것이 형벌체계상의 균형에 반하여 헌법상 평등원칙에 위배된다고도 할 수 없다. 113

(2) 반대의견

(가) 자기낙태죄 조항

자기낙태죄 조항은 임신 초기의 낙태까지 전면적, 일률적으로 금지하고 처벌하고 있다는 점에서, 임부의 자기결정권을 침해하여 헌법에 위반한다. 구체적 114

인 논거는 다음과 같다.

115   ① 태아에 대한 국가의 보호의무에는 여성이 임신 중 또는 출산 후 겪게 되는 어려움을 도와주는 것까지 포함된다고 보아야 할 것이고, 국가는 생명을 보호하는 입법적 조치를 취함에 있어 인간생명의 발달단계에 따라 그 보호정도나 보호수단을 달리할 수 있다.

116   ② 현대 의학의 수준에서는 태아의 독자적 생존능력이 인정되는 임신 24주 이후에는 임부의 낙태를 원칙적으로 금지하고, 임부의 생명이나 건강에 현저한 위해가 생길 우려가 있는 등 특단의 사정이 있는 경우에만 낙태를 허용함이 바람직하다.

117   ③ 임신 중기(임신 13주-24주)의 낙태는 임신 초기(임신 1주-12주)의 낙태에 비하여 임부의 생명이나 건강에 위해가 생길 우려가 증가한다는 점에서 국가는 모성의 건강을 증진하기 위하여 낙태의 절차를 규제하는 등으로 임신중기의 낙태에 관여할 수 있다.

118   ④ 임신 초기의 태아는 고통을 느끼지 못하는 반면, 임신 초기의 낙태는 시술방법이 간단하여 낙태로 인한 합병증 및 모성사망률이 현저히 낮아지므로 임신 초기에는 임부의 자기결정권을 존중하여 낙태를 허용해 줄 여지가 크다. 따라서 임신 초기의 낙태까지 전면적, 일률적으로 금지하고 처벌하고 있는 자기낙태죄 조항은 침해의 최소성 원칙에 위배된다.

119   ⑤ 형법상 낙태죄 규정이 현재는 거의 사문화되어 자기낙태죄 조항으로 달성하려는 태아의 생명보호라는 공익은 더 이상 자기낙태죄 조항을 통하여 달성될 것으로 보기 어려운 반면, 자기낙태죄 조항으로 제한되는 사익인 임부의 자기결정권은 결코 가볍게 볼 수 없어 법익의 균형성 요건도 갖추지 못하였다. 자기낙태죄 조항은 헌법에 위반된다.

    (나) 제270조 제1항 중 '조산사'에 관한 부분

120   자기낙태죄 조항이 임부의 임신 초기의 낙태까지 전면적, 일률적으로 처벌하고 있다는 점에서 위헌이므로, 동일한 목표를 실현하기 위하여 임신 초기의 임부의 촉탁 또는 승낙을 받아 낙태 시술을 한 조산사를 형사처벌하는 법률조항도 위 범위 내에서 위헌이라는 것이다.

(3) 반대의견에 대한 보충의견

임부의 자기결정권을 존중하여 임신 초기의 낙태를 허용하더라도 임부가 121
낙태에 대하여 충분히 숙고한 뒤에 결정할 수 있도록 함과 동시에 의학적으로
안전한 낙태 시술이 이루어질 수 있도록 입법조치를 취하여야 한다.

2. 2017헌바127 결정

산부인과 의사가 업무상승낙낙태죄로 기소되어 재판 계속 중 제269조 제1 122
항, 제270조 제1항이 헌법에 위반된다고 주장하면서 헌법소원심판을 청구한 사
안에서, 2019년 4월 11일 헌법재판소는 "형법 제269조 제1항(자기낙태죄 조항), 제
270조 제1항 중 '의사'에 관한 부분(의사낙태죄 조항)은 모두 헌법에 합치되지 아
니한다. 위 조항들은 2020년 12월 31일을 시한으로 입법자가 개정할 때까지 계
속 적용된다."고 선고하였다.

재판관 9인 중 헌법불합치의견이 4인이고 단순위헌의견이 3인이므로 헌법 123
불합치의견과 단순위헌의견을 합산하여 법률의 위헌결정을 함에 필요한 심판정
족수에 이르게 된 것이다. 이 결정과 저촉되는 범위 내에서 위 2010헌바402 결
정은 변경되었다.

(1) 헌법불합치의견

(가) 자기낙태죄 조항

자기낙태죄 조항은 입법목적을 달성하기 위하여 필요한 최소한의 정도를 124
넘어 임신한 여성의 자기결정권을 제한하고 있어 침해의 최소성을 갖추지 못하
였고, 태아의 생명보호라는 공익에 대하여만 일방적이고 절대적인 우위를 부여
함으로써 법익균형성의 원칙도 위반하였으므로, 과잉금지원칙을 위반하여 임신
한 여성의 자기결정권을 침해한다.[105]

① 자기낙태죄 조항은 태아의 생명을 보호하기 위한 것으로서, 정당한 입 125
법목적을 달성하기 위한 적합한 수단이다. 그러나 자기낙태죄 조항은 모자보건

---

[105] 이 사건에서 청구인은 자기낙태죄 조항이 여성의 건강권, 평등권, 신체의 완전성에 관한 권리,
모성을 보호받을 권리 등도 침해한다고 주장하였는데, 헌법재판소는 자기낙태죄 조항이 임신한
여성의 자기결정권을 침해한다고 판단하면서 청구인의 나머지 주장들에 대하여 더 나아가 판단
하지는 아니하였다.

법이 정한 예외를 제외하고는 임신기간 전체를 통틀어 모든 낙태를 전면적·일률적으로 금지하고, 이를 위반할 경우 형벌을 부과함으로써 임신의 유지·출산을 강제하고 있으므로, 임신한 여성의 자기결정권을 제한한다.

126   ② 임신·출산·육아는 여성의 삶에 근본적이고 결정적인 영향을 미칠 수 있는 중요한 문제이므로, 임신한 여성이 임신을 유지 또는 종결할 것인지 여부를 결정하는 것은 스스로 선택한 인생관·사회관을 바탕으로 자신이 처한 신체적·심리적·사회적·경제적 상황에 대한 깊은 고민을 한 결과를 반영하는 전인적(全人的) 결정이다.

127   현 시점에서 최선의 의료기술과 의료 인력이 뒷받침될 경우 태아는 임신 22주 내외부터 독자적인 생존이 가능하다고 한다. 한편 자기결정권이 보장되려면 임신한 여성이 임신 유지와 출산 여부에 관하여 전인적 결정을 하고 그 결정을 실행함에 있어서 충분한 시간이 확보되어야 한다. 이러한 점들을 고려하면, 태아가 모체를 떠난 상태에서 독자적으로 생존할 수 있는 시점인 임신 22주 내외에 도달하기 전이면서 동시에 임신 유지와 출산 여부에 관한 자기결정권을 행사하기에 충분한 시간이 보장되는 시기(이하, 착상 시부터 이 시기까지를 '결정가능 기간'이라 한다.)까지의 낙태에 대해서는 국가가 생명보호의 수단 및 정도를 달리 정할 수 있다고 봄이 타당하다.

128   ③ 낙태갈등 상황에서 형벌의 위하가 임신종결 여부 결정에 미치는 영향이 제한적이라는 사정과 실제로 형사처벌되는 사례도 매우 드물다는 현실에 비추어 보면, 자기낙태죄 조항이 낙태갈등 상황에서 태아의 생명보호를 실효적으로 하지 못하고 있다고 볼 수 있다.

129   ④ 낙태갈등 상황에 처한 여성은 형벌의 위하로 말미암아 임신의 유지 여부와 관련하여 필요한 사회적 소통을 하지 못하고, 정신적 지지와 충분한 정보를 제공받지 못한 상태에서 안전하지 않은 방법으로 낙태를 실행하게 된다.

130   ⑤ 모자보건법상의 정당화사유에는 다양하고 광범위한 사회적·경제적 사유에 의한 낙태갈등 상황이 전혀 포섭되지 않는다. 예컨대, 학업이나 직장생활 등 사회활동에 지장이 있을 것에 대한 우려, 소득이 충분하지 않거나 불안정한 경우, 자녀가 이미 있어서 더 이상의 자녀를 감당할 여력이 되지 않는 경우, 상대 남성과 교제를 지속할 생각이 없거나 결혼 계획이 없는 경우, 혼인이 사실상

파탄에 이른 상태에서 배우자의 아이를 임신했음을 알게 된 경우, 결혼하지 않은 미성년자가 원치 않은 임신을 한 경우 등이 이에 해당할 수 있다.

자기낙태죄 조항은 모자보건법에서 정한 사유에 해당하지 않는다면 결정가능기간 중에 다양하고 광범위한 사회적·경제적 사유를 이유로 낙태갈등 상황을 겪고 있는 경우까지도 예외 없이 전면적·일률적으로 임신의 유지 및 출산을 강제하고, 이를 위반한 경우 형사처벌하고 있다.

(나) 의사낙태죄 조항

자기낙태죄 조항과 동일한 목표를 실현하기 위하여 임신한 여성의 촉탁 또는 승낙을 받아 낙태하게 한 의사를 처벌하는 의사낙태죄 조항도 같은 이유에서 위헌이라고 보아야 한다.

(다) 헌법불합치결정의 이유

자기낙태죄 조항과 의사낙태죄 조항에 대하여 각각 단순위헌결정을 할 경우, 임신기간 전체에 걸쳐 행해진 모든 낙태를 처벌할 수 없게 됨으로써 용인하기 어려운 법적 공백이 생기게 된다. 더욱이 입법자는 결정가능기간을 어떻게 정하고 결정가능기간의 종기를 언제까지로 할 것인지, 결정가능기간 중 일정한 시기까지는 사회적·경제적 사유에 대한 확인을 요구하지 않을 것인지 여부까지를 포함하여 결정가능기간과 사회적·경제적 사유를 구체적으로 어떻게 조합할 것인지, 상담요건이나 숙려기간 등과 같은 일정한 절차적 요건을 추가할 것인지 여부 등에 관하여 앞서 헌법재판소가 설시한 한계 내에서 입법재량을 가진다.

따라서 자기낙태죄 조항과 의사낙태죄 조항에 대하여 단순위헌결정을 하는 대신 각각 헌법불합치결정을 선고하되, 다만 입법자의 개선입법이 이루어질 때까지 계속적용을 명함이 타당하다.

(2) 단순위헌의견

헌법불합치의견이 지적하는 기간과 상황에서의 낙태까지도 전면적·일률적으로 금지하고, 이를 위반한 경우 형사처벌하는 것은 임신한 여성의 자기결정권을 침해한다는 점에 대하여 헌법불합치의견과 견해를 같이한다. 다만, 여기에서 더 나아가 이른바 '임신 제1삼분기(first trimester, 대략 마지막 생리기간의 첫날부터 14주 무렵까지)'에는 어떠한 사유를 요구함이 없이 임신한 여성이 자신의 숙고와 판단 아래 낙태할 수 있도록 하여야 한다. 자기낙태죄 조항 및 의사낙태죄 조항

131

132

133

134

135

('심판대상조항들')에 대하여 단순위헌결정을 하여야 한다. 그 논거는 다음과 같다.

136   ① 임신한 여성이 임신의 유지 또는 종결에 관하여 한 전인격적인 결정은 그 자체가 자기결정권의 행사로서 원칙적으로 보장되어야 한다.

137   ② 임신한 여성의 안전성이 보장되는 기간 내의 낙태를 허용할지 여부와 특정한 사유에 따른 낙태를 허용할지 여부의 문제가 결합한다면, 결과적으로 국가가 낙태를 불가피한 경우에만 예외적으로 허용하여 주는 것이 되어 임신한 여성의 자기결정권을 사실상 박탈하게 될 수 있다. 그러므로 태아가 덜 발달하고, 안전한 낙태 수술이 가능하며, 여성이 낙태 여부를 숙고하여 결정하기에 필요한 기간인 임신 제1삼분기에는 임신한 여성의 자기결정권을 최대한 존중하여 그가 자신의 존엄성과 자율성에 터 잡아 형성한 인생관·사회관을 바탕으로 자신이 처한 상황에 대하여 숙고한 뒤 낙태 여부를 스스로 결정할 수 있도록 하여야 한다.

138   ③ 다만, 이러한 자기결정권도 태아의 성장 정도, 임신 제1삼분기를 경과하여 이루어지는 낙태로 인한 임신한 여성의 생명·건강의 위험성 증가 등을 이유로 제한될 수 있다.

(3) 합헌의견

(가) 자기낙태죄 조항

139   자기낙태죄 조항은 헌법에 위반되지 아니한다. 그 논거는 다음과 같다.

140   ① 태아와 출생한 사람은 생명의 연속적인 발달과정 아래 놓여 있다고 볼 수 있으므로, 인간의 존엄성의 정도나 생명보호의 필요성과 관련하여 태아와 출생한 사람 사이에 근본적인 차이가 있다고 보기 어렵다. 따라서 태아 역시 헌법상 생명권의 주체가 된다.

141   ② 태아의 생명권 보호라는 입법목적은 매우 중대하고, 낙태를 원칙적으로 금지하고 이를 위반할 경우 형사처벌하는 것 외에 임신한 여성의 자기결정권을 보다 덜 제한하면서 태아의 생명보호라는 공익을 동등하게 효과적으로 보호할 수 있는 다른 수단이 있다고 보기 어렵다.

142   ③ 태아의 생명권을 보호하고자 하는 공익의 중요성은 태아의 성장 상태에 따라 달라진다고 볼 수 없으며, 임신 중의 특정한 기간 동안에는 임신한 여성의 인격권이나 자기결정권이 우선하고 그 이후에는 태아의 생명권이 우선한다고

할 수도 없다.

④ '사회적·경제적 사유'는 그 개념과 범위가 매우 모호하고 그 사유의 충 143
족 여부를 객관적으로 확인하기도 어렵다. 사회적·경제적 사유에 따른 낙태를
허용할 경우 현실적으로 낙태의 전면 허용과 동일한 결과를 초래하여 일반적인
생명경시 풍조를 유발할 우려가 있다.

⑤ 자기낙태죄 조항으로 인하여 임신한 여성의 자기결정권이 어느 정도 제 144
한되는 것은 사실이나, 그 제한의 정도가 자기낙태죄 조항을 통하여 달성하려는
태아의 생명권 보호라는 중대한 공익에 비하여 결코 크다고 볼 수 없으므로, 자
기낙태죄 조항은 법익균형성 원칙에도 반하지 아니한다.

(나) 의사낙태죄 조항

의사낙태죄 조항도 헌법에 위반되지 아니한다. 그 논거는 다음과 같다. 145

① 의사낙태죄 조항은 그 법정형의 상한 자체가 높지 않을 뿐만 아니라, 선 146
고유예 또는 집행유예 선고의 길이 열려 있으므로, 책임과 형벌 간의 비례원칙
에 위배되지 아니한다.

② 태아의 생명을 보호해야 하는 업무에 종사하는 자가 태아의 생명을 박 147
탈하는 시술을 한다는 점에서 비난가능성 또한 크므로, 의사낙태죄 조항에 대하
여 동의낙태죄(§ 269②)와 달리 벌금형을 규정하지 아니한 것이 형벌체계상의 균
형에 반하여 헌법상 평등원칙에 위배된다고도 할 수 없다.

Ⅶ. 헌법불합치결정에 따른 입법 동향

1. 입법시한 및 입법재량 사항

2019년 4월 11일 헌법재판소는 자기낙태죄 조항과 의사낙태죄 조항에 대하 148
여 각각 헌법불합치결정을 선고하면서, 입법자의 개선입법이 이루어질 때까지
계속 적용을 명하였다.

헌법재판소가 정한 개선입법 시한은 2020년 12월 31일이다. 그리고 입법자 149
에게 ① 결정가능기간을 어떻게 정하고 결정가능기간의 종기를 언제까지로 할
것인지, ② 결정가능기간과 사회적·경제적 사유를 구체적으로 어떻게 조합할 것
인지, ③ 상담요건이나 숙려기간 등과 같은 일정한 절차적 요건을 추가할 것인

지 여부 등에 관하여 헌법재판소가 설시한 한계 내에서 입법재량을 부여하였다.

2. 개선입법 추진 경과

150   정부는 헌법불합치결정이 내려진 낙태죄에 대한 형법과 모자보건법 개정작업에 착수하여 2020년 11월 19일 모자보건법일부개정법률안(이하, 모자보건법일부개정 정부안이라고 한다.)을 국회에 제출하고, 2020년 11월 26일 형법일부개정법률안(이하, 형법일부개정 정부안이라고 한다.)도 국회에 제출하였다(각 후술하는 **[특별법 등]** 부분 참조).

151   형법일부개정 정부안은 태아의 생명보호와 여성의 자기결정권 실현의 실제적 조화를 목표로 형법에 낙태 처벌규정과 허용요건을 함께 규정함으로써 국가가 낙태를 전면적·일률적으로 처벌하지 않는다는 점을 명시하였다. 주요 내용은 의사에 의하여 의학적으로 인정된 방법으로 임신 14주 이내에 이루어진 낙태행위를 처벌 대상에서 제외하고, 임신의 지속이 사회적 또는 경제적 이유로 임신한 여성을 심각한 곤경에 처하게 하거나 처하게 할 우려가 있는 경우 모자보건법에 따른 임신의 유지·종결 등에 대한 상담을 받고 24시간이 지난 후에 의사에 의하여 의학적으로 인정된 방법으로 임신 24주 이내에 이루어진 낙태행위 등을 처벌 대상에서 제외하려는 것이다.[106]

152   모자보건법일부개정 정부안은 인공임신중절수술의 허용 한계 및 형법 적용배제 규정을 삭제하는 한편, 인공임신중절 시 의사의 정신적·신체적 합병증 등에 관한 설명, 임신한 여성의 서면 동의 등 인공임신중절에 필요한 절차, 국가 및 지방자치단체가 임신출산에 관한 정보 제공 및 상담 등의 지원을 할 수 있는 근거규정을 규정하였다.

153   기존 법체계는 낙태의 형사처벌에 대한 규율을 형성함에 있어 형법과 모자보건법의 이원적인 체계를 취하여 왔다. 이는 일본, 영국과 유사한 방식이다. 형법일부개정 정부안은 일반 국민이 규제 범위를 명확히 알 수 있도록 낙태의 금지와 허용에 관한 규정을 형법으로 일원화하여야 한다는 견해[107]를 수용하였

---

106 형법일부개정 정부안은 먼저 국회에 제출된 모자보건법 정부안의 의결을 전제로 하므로, 이 법률안이 의결되지 아니하거나 수정의결되는 경우에는 이에 맞추어 조정되어야 한다.

107 이재학, "낙태죄의 비범죄화 논란에 대한 소고", 법학논고 5집, 경북대학교 법학연구원(2017. 8), 124; 정현미, "모자보건법 제14조의 해석과 개정방향", 모자보건법 제14조의 해석과 개정방향 심

다. 독일, 오스트리아, 스위스 등이 처벌규정과 허용요건을 모두 형법에 규정하고 있다. 독일의 경우, 상담소의 설치, 상담내용, 지원 프로그램의 구체적 내용, 특별한 경우의 상담사항(장애인 임신이나 장애가 예상되는 태아, 미성년 임신 등), 임부의 요청에 의한 익명출산과 입양, 익명출산 시 법적인 처리 등에 관하여 임신갈등법에 규정하고 있다.[108]

〔이 영 주〕

포지엄, 한국여성변호사회(2017. 4. 24), 65.

108 신동일, "낙태죄: 2019", 국회의원 박인숙 주최 낙태죄 헌법재판소 결정에 따른 입법과제 정책 토론회(2019. 7. 8), 63-64.

제269조(낙태)

① 부녀가 약물 기타 방법으로 낙태한 때에는 1년 이하의 징역 또는 200만원 이하의 벌금에 처한다. 〈개정 1995. 12. 29.〉

② 부녀의 촉탁 또는 승낙을 받아 낙태하게 한 자도 제1항의 형과 같다. 〈개정 1995. 12. 29.〉

③ 제2항의 죄를 범하여 부녀를 상해에 이르게 한때에는 3년 이하의 징역에 처한다. 사망에 이르게 한 때에는 7년 이하의 징역에 처한다. 〈개정 1995. 12. 29.〉

[헌법불합치, 2017헌바127, 2019. 4. 11. 형법(1995. 12. 29. 법률 제5057호로 개정된 것) 제269조 제1항, 제270조 제1항 중 '의사'에 관한 부분은 모두 헌법에 합치되지 아니한다. 위 조항들은 2020. 12. 31.을 시한으로 입법자가 개정할 때까지 계속 적용된다.][1]

---

1 위 헌법재판소의 결정에 따라, 정부는 2020년 11월 25일 국회에 헌법불합치결정이 내린 낙태죄에 대한 형법일부개정법률안을 제출하였으나, 형법이 개정되지 아니한 상태로 입법시한이 도과되었다. 따라서 본조 제1항 및 제270조 제1항 중 '의사'에 관한 부분은 실효된 상태이다. 그러나 기존 조항의 논의는 새로운 입법 시 해당 규정을 해석함에 있어 계속 중요한 의미를 가지므로, 여기서는 종전 규정을 전제로 기술하고, 별도로 정부의 개정안도 해설한다.

〔이 영 주〕

I. 자기낙태죄(제1항)

1. 주 체

본죄(낙태죄)의 주체는 부녀이다. 부녀는 임신한 부녀를 의미한다. '임신 중　　1
인 여자'로 규정하는 것이 더 명확하다.[2] 본죄의 주체를 임신한 부녀라는 신분
으로 인하여 형벌이 감경되는 부진정신분범이라고 보는 견해[3]도 있으나, 대체로
진정신분범으로 본다.[4]

본죄는 부녀가 스스로 낙태를 실행해야 하는 자수범이라는 견해가 있으나,[5]　　2
간접정범에 의하여도 가능하므로 자수범은 아니다.[6] 예를 들어 부녀가 낙태허
용사유가 없음에도 불구하고 낙태허용사유가 있는 것처럼 의사를 기망하여 낙
태를 하거나, 낙태를 시도한 부녀가 생명의 위험을 초래하여 의사의 긴급피난행
위를 이용해 낙태한 경우에 간접정범이 성립한다.[7]

부녀가 타인에게 부탁하여 낙태하게 한 때에도 본죄가 성립한다. 부녀가　　3
아닌 자는 본조 제1항의 직접정범은 물론 간접정범도 될 수 없고,[8] 부녀와 함께
공동정범이 되거나, 동의낙태죄 또는 부동의낙태죄의 직접정범이 될 수 있을 뿐
이다.[9] 절대적 강제력이나 부녀의 착오를 이용하여 약물을 복용시켜 낙태에 이
르게 하면 부동의낙태죄의 직접정범이 된다.

부녀가 임신하지 아니하였음에도 자신이 임신하였다고 생각하여 낙태행위　　4
에 나아갔을 경우 불능미수의 성립 여부가 문제될 수 있으나, 본죄는 미수범 처
벌규정이 없으므로 불가벌이다.

---

2 이영란, 형법학 각론강의, 96.
3 박상기·전지연, 형법학(총론·각론 강의)(4판), 444; 박찬걸, 형법각론(2판), 111; 이영란, 101.
4 권오걸, 스마트 형법각론, 68; 김성돈, 형법각론(5판), 107; 이형국·김혜경, 형법각론(2판), 116;
　정성근·박광민, 형법각론(전정2판), 113; 정영일, 형법강의 각론(3판), 36; 조준현, 형법각론, 80.
5 김혜정·박미숙·안경옥·원혜욱·이인영, 형법각론(3판), 97; 이상돈, 형법강론(2판), 588; 정영일,
　36.
6 김성돈, 109; 김신규, 형법각론 강의, 107; 오영근, 형법각론(4판), 80; 이정원·류석준, 형법각론,
　51: 이재상·장영민·강동범, 형법각론(12판), §5/20; 정성근·박광민, 113; 정웅석·최창호, 형법
　각론, 345.
7 정웅석·최창호, 345.
8 김성돈, 108; 김일수·서보학, 새로쓴 형법각론(9판), 36; 배종대, 형법각론(14판), §24/2; 손동
　권·김재윤, 새로운 형법각론, §6/7; 이재상·장영민·강동범, §5/17.
9 김일수·서보학, 36; 백형구, 형법각론(개정판), 84; 이재상·장영민·강동범, §5/17.

2. 객 체

5   본죄의 객체는 살아있는 태아이다. '태아'란 모체 안에서 수태되면서부터 사람이 되기 전까지의 생명체를 말한다.

6   수정란은 약 2주 후 자궁에 착상한다.[10] 태아가 되는 시기에 관하여는 수정된 때가 아니라 수정란이 자궁에 착상한 때로 보는 것이 통설이다.[11] 수정란이 착상에 이르는 비율은 약 50%에 불과하고, 수정란이 자궁에 착상하기 전 단계에는 수정사실을 부녀가 주관적으로 느끼거나 객관적으로 증명할 수도 없기 때문이다.[12]

7   생명윤리 및 안전에 관한 법률(이하, 생명윤리법이라 한다.) 제29조(잔여배아 연구)는 배아[13]의 보존기간이 지난 잔애배아는 발생학전으로 원시선(primitive streak)이 나타나기 전까지만 연구 목적으로 이용할 수 있도록 규정하고 있다. 헌법재판소는 "태아는 수정란이 자궁에 착상한 때로부터 낙태죄의 객체로 되는데 착상은 통상 수정 후 14일 경에 이루어지므로 그 이전의 생명에 대하여는 형법상 어떠한 보호도 행하고 있지 않다."고 판시하면서, "초기배아의 경우, 수정된 배아라는 점에서 형성 중인 생명의 첫걸음을 떼었다고 볼 여지가 있기는 하나 아직 모체에 착상되거나 원시선이 나타나지 않은 이상 현재의 자연과학적 인식 수준에서 독립된 인간과 배아 간의 개체적 연속성을 확정하기 어렵다고 봄이 일반적이라는 점, 배아의 경우 현재의 과학기술 수준에서 모태 속에서 수용될 때 비로소 독립적인 인간으로의 성장가능성을 기대할 수 있다는 점, 수정 후 착상 전의 배아가 인간으로 인식된다거나 그와 같이 취급하여야 할 필요성이 있다는 사회적 승인이 존재한다고 보기 어려운 점 등을 종합적으로 고려할 때, 초기배

---

10 대한산부인과학회, 산과학(6판), 군자출판사(2019), 37-39. 수정란은 자궁관의 섬모 운동과 연동으로 약 3일에 걸쳐 자궁쪽으로 이동한다. 수정이 이루어진 후 접합자는 분할하여 분할세포가 되고, 수정 후 약 3일 뒤 분할세포로 구성된 상실배가 자궁 내로 들어가게 되며, 상실배 내에 공간이 형성되어 주머니배로 변환된다. 수정 1주 후반부터 주머니배가 표면적으로 자궁내막에 착상되고, 2주에는 자궁내막에 완전히 착상하게 된다.

11 김성천·김형준, 형법각론(5판), 44; 이재상·장영민·강동범, §5/18; 임웅, 형법각론(9정판), 119; 정웅석·최창호, 345.

12 이재상·장영민·강동범, §5/18.

13 배아는 수정란 및 수정된 때부터 발생학적으로 모든 기관이 형성되는 시기까지의 분열된 세포군을 의미한다(생명윤리법 §2(iii)).

아에 대한 국가의 보호필요성이 있음은 별론으로 하고, 헌법상 기본권 주체성은 인정하기 어렵다."고 하였다.[14]

　　사후피임약을 이용해서 수정란이 자궁에 착상하지 못하도록 하는 행위는　　8
본죄의 구성요건에 해당하지 않는다.[15] 인공수정의 경우, 착상 전의 수정란은
본죄의 객체가 될 수 없다.[16] 자궁에 착상되어 태아가 된 이상 그 발육 정도나
모체 외에서 생존할 수 있는 시기인지 여부는 문제되지 아니한다.[17] 임신 1개월
의 태아도 객체가 된다.[18] 자궁외임신의 경우, 수정란이 자궁이 아닌 곳에 착상
되었다고 하더라도 인간으로서의 생명을 가진 존재임은 분명한데, 이를 구성요
건 단계에서부터 행위의 객체에서 제외시키는 것은 문제라는 지적이 있다.[19]

　　수태의 원인은 묻지 않는다. 사통(私通)의 결과로 수태한 태아는 물론, 강간　　9
등 범죄행위에 의해 수태한 태아도 본죄의 객체가 된다.[20]

　　태아의 종기는 사람의 시기와 겹치고, 사람의 시기에 관하여는 견해가 나뉜　　10
다. 자연분만의 과정은 진통, 모체 안 태아의 하강, 태아의 모체 외 노출(일부노
출), 전부노출, 독립호흡의 순서로 진행된다.[21] 그 과정 중 언제부터 사람으로
볼 것인지에 관하여 ① 진통설, ② 일부노출설, ③ 전부노출설, ④ 독립호흡설
로 견해가 나뉜다. 민법 해석상으로는 사람의 출생시기를 태아가 모체로부터 전
부 노출한 때를 기준으로 하고 있으나, 형법은 사람의 생명보호를 목적으로 하
므로 민법보다 사람의 시기를 좀 더 앞당겨 해석한다.[22] 대체적인 입장은 위 ①
의 진통설이다. 판례[23]도 "사람의 생명과 신체의 안전을 보호법익으로 하고 있
는 형법의 해석으로는 규칙적인 진통을 동반하면서 분만이 개시된 때(소위 진통
설 또는 분만개시설)이 사람의 시기라고 봄이 타당하다."고 판시하였다. 의학적으
로 진통이란 '자궁목의 명백한 소실 및 개대(開大)를 유발하는 자궁수축'을 의미

---

14 헌재 2010. 5. 27, 2005헌마346.
15 김성천·김형준, 44; 신동운, 형법각론(2판), 616.
16 大塚 外, 大コン(3版)(11), 225(橫畠裕介).
17 大塚 外, 大コン(3版)(11), 224(橫畠裕介).
18 大判 昭和 7(1932). 2. 1. 刑集 11·15.
19 김성천·김형준, 44.
20 大塚 外, 大コン(3版)(11), 225(橫畠裕介).
21 오영근, 15.
22 오영근, 15.
23 대판 2007. 6. 29, 2005도3832.

〔이 영 주〕　　　　**45**

하고, 임상적으로는 '통증이 있는 자궁수축이 규칙적으로 발생한 시점'을 진통의 시작시점으로 한다.[24] 진통설은 다시 ⓐ 자궁구와 자궁경부의 개방진통, 즉 분만 제1기를 의미하는 개방진통설[25]과 ⓑ 태아가 태반으로부터 이탈하는 분만 제2기를 의미하는 주기적인 압박진통설[26]로 나뉜다.

11   분만이 개시된 이후에는 분만 중인 '영아'로서 과실치사죄 등의 객체가 된 다.[27] 따라서 분만개시 후 완료 전에 정상분만이나 제왕절개수술조차 불가능한 난산이 되어 부득이 태아를 살해하여 배출시킨 경우에는 살인죄(§ 250①)에 해당할 뿐 낙태가 아니다.[28] 그러나 자연분만기에 있어서도 아직 분만개시 상태에 이르지 않은 단계에서 인위적으로 태아를 배출시키면 낙태가 된다.[29] 조산원에 입원할 당시 임신성 당뇨증상 및 이미 두 번의 제왕절개 출산 경험이 있는 37세의 고령의 임산부이었고 분만예정일을 14일이나 넘겨 태아가 5.2킬로그램까지 성장한 상태이었던 임산부에 대하여 검사가 입원시점을 분만의 시기로 볼 수 있다고 주장하였으나, "의학적으로 제왕절개 수술이 가능하였고, 규범적으로 수술이 필요하였던 시기는 판단하는 사람 및 상황에 따라 다를 수 있어 분만개시시점, 즉 사람의 시기도 불명확하게 된다는 점에서 채용하기 어렵다."고 판시한 사례가 있다.[30]

12   자연분만이 아닌 제왕절개에 의한 인공분만의 경우에는 사람의 시기를 언제로 볼 것인지 문제된다. 제왕절개수술 과정은 대략 복부 절개, 자궁 절개, 태아 분만(fetal delivery. 자궁 안으로 손을 넣어 태아의 머리를 들어 올리거나 다리를 잡고 자궁절개선 밖으로 끄집어내는 것), 탯줄 자르기, 자궁수축제 주사, 지혈, 봉합의 순서로 행해진다.[31] 이 과정 중 사람이 되는 시기에 관하여, ① 산모의 복부 절개 시라는 견해,[32] ② 자궁 절개 시라는 견해,[33] ③ 태아의 신체가 일부 노출되는

---

24 대한산부인과학회, 산과학(6판), 309.
25 이재상·장영민·강동범, § 2/9.
26 강구진, 형법강의 각론 I, 37; 유기천, 형법학(각론강의 상)(전정신판), 27.
27 신동운, 616.
28 김일수·서보학, 37.
29 진계호·이존걸, 형법각론(6판), 113.
30 대판 2007. 6. 29, 2005도3832. 본 판결 평석은 조균석, "사람의 시기", 형법판례 150선(3판), 박영사(2021), 168-169.
31 대한산부인과학회, 산과학(6판), 412-418 참조.
32 오영근, 16.

때라는 견해[34]가 있다.

사망한 태아는 낙태의 객체가 될 수 없다. 따라서 유산되었거나 이미 사망 **13** 한 태아를 인위적으로 배출시키더라도 낙태는 아니다.[35] 살아있는 한 기형아나 염색체 이상인 태아도 객체가 된다.[36] 일본에서는 교통사고로 조산된 태아를 사람으로 볼 것인지에 관하여, 의료조치를 취하더라도 생활능력을 구비할 수 없었고 의학적으로도 사망의 결과가 발생한 사안에서, '사람'이 아니라 '태아' 또는 '사산아'에 준하는 것으로 평가되어야 한다고 한 사례가 있다.[37]

3. 행 위

본죄의 행위는 '약물 기타 방법'으로 '낙태'하는 것이다. **14**

(1) 낙태의 의의

본죄를 위험범으로 보는 다수설에 의하면, 낙태는 자연분만기에 앞서 태아 **15** 를 모체 밖으로 배출하거나 모체 안에서 태아를 살해하는 것이고, 모체 밖으로 배출된 태아의 사망 여부는 상관없다.[38] 본죄를 침해범으로 보는 입장에서는 임신중절에 의하여 태아를 살해할 것을 요한다.[39]

(2) 낙태의 방법

낙태는 '약물 기타 방법'으로 하여야 한다. 약물은 예시적으로 규정한 것으 **16** 로, 그 방법에는 제한이 없다.[40] 약물 외에도 수술, 기구, 하복부에 대한 안마(按摩),[41] 높은 곳에서 뛰어내리는 방법 등 유형적 방법뿐 아니라, 화학적 작용, 정신적 충격에 의하여도 가능하다.[42] 부녀 스스로 할 수 있고, 부녀가 타인으로 하여금 하게 할 수도 있다. 부녀가 의사 등으로 하여금 낙태를 하게 하였을 경

---

33 이재상·장영민·강동범, §2/9.

34 이정원·류석준, 87.

35 김일수·서보학, 37.

36 大塚 外, 大コン(3版)(11), 225(橫畠裕介).

37 秋田地判 昭和 54(1979). 3. 29. 刑裁月報 11·3·264.

38 김일수·서보학, 37; 심재무, 형법각론강의 I(개정판), 77; 오영근, 79; 유기천, 80.

39 이재상·장영민·강동범, §5/19.

40 김신규, 108.

41 大判 昭和 9(1934). 3. 1 法律新聞 3679·17.

42 권오걸, 69; 김일수, "낙태죄의 해석론과 입법론", 법학논집 27, 고려대학교 법학연구원(1992), 89.

우, 부녀에게 본조 제2항이나 제270조 제1항 위반죄의 공범이 성립하는 것이 아니라 본죄가 성립한다.[43] 제3자가 낙태를 하겠다는 것에 동의하고 자신의 몸에서 이루어지는 낙태행위를 허용하여 태아에 대한 보증인적 지위에서 태아의 생명에 대한 침해를 방지할 수 있었음에도 불구하고 방지하지 않았음을 근거로 부작위에 의한 자기낙태의 정범 형태도 가능하다.[44]

17   부녀가 자살을 기도하였으나 자살은 미수에 그치고 낙태의 결과만 발생한 경우, 본죄가 성립하는지 여부가 문제된다. ① 부녀가 자살을 기도하여 자살에 실패하고 그 과정에서 낙태하는 경우에도 본죄가 성립한다는 견해,[45] ② 흡수관계에 있으므로 별도로 낙태를 벌하지 않는다고 보는 견해,[46] ③ 현행법의 해석상 구성요건해당성이 없다고 보고 본죄 성립을 부정하는 견해[47]가 있다. 낙태의 수단·방법에는 제한이 없으므로 부녀가 임신사실을 알고 자신의 자살행위에 의하여 낙태될 수 있음을 인식하면서도 그러한 행위로 나아간 경우라면 본죄가 성립할 수 있다. 그러나 부녀가 임신사실을 모르는 상태에서 자살을 시도하였으나 실패하고 낙태도 미수에 그쳤다면 아무런 죄도 성립하지 않는다.

(3) 기수시기

18   본죄의 의의 및 보호법익을 어떻게 보느냐에 따라 본죄의 기수시기에 관하여도 다른 결론에 이른다. 본죄를 자연의 분만기 이전에 태아를 인위적으로 모체 밖으로 배출하거나, 모체 안에서 태아를 살해하는 행위로서 위험범이라고 보는 견해(다수설)는, 기수시기를 태아를 모체 안에서 살해한 때에는 태아의 사망 시, 태아를 모체 밖으로 배출시키는 경우에는 배출 시로 본다. 본죄가 성립하려면 태아를 모체 밖으로 배출하는 것만으로는 부족하고 이로 인하여 태아를 살해할 것을 요한다며 침해범이라고 보는 견해는, 본죄의 기수시기를 태아를 사망시킨 때로 본다.

19   태아를 모체 안에서 살해하였을 경우 죄책에 관하여는 견해가 일치한다.

---

43 유기천, 80.
44 김성천·김형준, 48.
45 김성돈, 109; 김일수·서보학, 37; 손동권·김재윤, §6/9; 오영근, 80; 이재상·장영민·강동범, §5/20; 이형국·김혜경, 117.
46 조준현, 81.
47 유기천, 81.

그러나 모체 밖으로 인위적으로 배출된 살아있는 태아를 살해하거나 태아가 사망에 이르게 한 경우, 그 죄책에 관하여 견해가 대립된다. ① 다수설(추상적 위험범설)은 태아가 모체 밖으로 인위적으로 배출된 이상 태아가 사망하였는지 여부와 관련 없이 본죄는 기수에 이르고, 그 후 태아를 살해하거나 사망에 이르게 하면 본죄와 살인죄나 유기치사죄의 경합범이 된다고 한다. 이에 대하여, ② 소수설(침해범설)은 모체 밖으로 배출된 살아있는 태아를 살해한 때에는 이론적으로 본죄의 미수와 살인죄의 상상적 경합이 되지만, 형법이 본죄의 미수를 처벌하지 아니하므로 살인죄로만 처벌하게 되고, 모체 밖으로 배출된 살아있는 태아를 사망에 이르게 한 경우에는 본죄로만 처벌된다고 한다. 모체 밖으로 배출된 태아의 사망은 모체 밖에서 즉각 일어날 것을 요하지 않고 태아의 미성숙으로 인한 것이면 충분하다.[48]

　판례는 위 ①의 다수설과 같은 입장으로, 산부인과 의사인 피고인이 약물에 의한 유도분만의 방법으로 낙태 시술을 하였으나 태아가 살아서 미숙아 상태로 출생하자 그 미숙아에게 염화칼륨을 주입하여 사망하게 한 사안에서, "낙태죄는 태아를 자연분만기에 앞서서 인위적으로 모체 밖으로 배출하거나 모체 안에서 살해함으로써 성립하고, 그 결과 태아가 사망하였는지 여부는 낙태죄의 성립에 영향이 없다."고 판시하면서, 피고인이 살아서 출생한 미숙아에게 염화칼륨을 주입한 행위를 낙태를 완성하기 위한 행위에 불과한 것으로 볼 수 없고, 살아서 출생한 미숙아가 정상적으로 생존할 확률이 적다고 하더라도 그 상태에 대한 확인이나 최소한의 의료행위도 없이 적극적으로 염화칼륨을 주입하여 미숙아를 사망에 이르게 하였다면, 피고인에게는 미숙아를 살해하려는 범의가 인정된다고 판시한 사례가 있다.[49] 　　　　　　　　　　　　20

　모체 안의 태아를 살해 또는 배출하려 하였으나 모체 밖으로 배출시키지 못하고 태아가 생존하고 있으면 본죄의 미수가 되지만 현행법상 처벌할 수 없다.[50] 　21

---

48 독일형법 제218조는 낙태를 처벌의 대상으로 하면서 그 미수범도 처벌하도록 하고 있는데, 낙태죄의 구성요건적 결과는 태아의 사망이다. 이는 태아가 모체 안에서 사망한 경우뿐만 아니라 살아서 태어난 후에 낙태행위의 결과로 사망한 경우도 포함하는 것으로 해석된다. 후자의 경우에는 출생과 사망 사이의 시간적 접착성이 요구된다는 것이 판례의 입장이다(Entscheidungen des Bundesgerichtshofs in Strafsachen, Band 13, p. 24).

49 대판 2005. 4. 15, 2003도2780(업무상촉탁낙태죄와 살인죄 성립).

50 정웅석·최창호, 346.

그로 인하여 모체 안의 태아에 상해를 입힌 경우 본죄에 해당하지 않고, 태아는 사람이 아니기 때문에 상해죄의 구성요건에도 해당하지 않는다.[51] 태아에게 입힌 고의 또는 중과실로 인한 상해를 출산 후 사람에 대한 상해로 처벌하는 것도 유추해석금지의 원칙에 의하여 곤란하다.[52] 이와 관련하여, 태아의 신체도 보호법익이 되어야 하므로 고의로 임신 중인 태아에 대하여 약물 주입 등의 방법으로 상해를 가한 경우를 처벌하는 규정이 필요하다는 견해가 있다.[53] 태아를 모체 밖으로 배출함으로 인해 태아의 생존가능성이 없어져 사망한 경우에는 본죄만이 성립하게 된다.[54]

4. 주관적 구성요건

22   낙태에 대한 고의가 있어야 한다. 미필적 고의로도 충분하나, 과실로 인하여 낙태한 때에는 본죄가 성립하지 않는다.

23   태아를 모체 안에서 살해하는 행위의 경우, 고의의 내용은 태아를 모체 안에서 살해한다는 인식·인용을 말한다.

24   태아를 모체 밖으로 배출시키는 행위의 경우, 고의의 내용에 관하여는 견해가 나뉜다. ① 태아를 자연적 분만기에 앞서서 모체 밖으로 배출시킨다는 인식·의사가 있으면 충분하고, 태아의 사망에 대한 인식·의사가 필요한 것은 아니라는 견해,[55] ② 모체 밖으로 배출된 태아의 생명·신체에 위험을 가한다는 인식을 의미한다는 견해,[56] ③ 태아를 살해하려는 의사가 있어야 한다는 견해[57]로 나뉜다. 나아가 ④ 낙태는 본질적으로 태아를 살해하기 위한 임신중절이라는 입장에서, 고의 이외에도 초과주관적 구성요건요소로서 태아의 생명을 침해할 목적을 필요로 하고, 다만 이러한 목적의 달성 여부는 본죄의 성립에 영향을 주지 않는다는 견해[58]도 있으나, 목적이 구성요건요소라고 보기는 어렵다.

---

51 김일수·서보학, 37; 정영일 37.
52 김일수·서보학 37-38; 손동권·김재윤, § 6/10.
53 김태계, "낙태죄에 관한 문제점과 입법론", 법학연구 18-1, 경상대학교 법학연구소(2010), 250.
54 정영일, 37.
55 김일수·서보학, 38; 배종대, § 24/5; 신동운, 618; 정성근·박광민, 114; 진계호·이존걸, 114.
56 강구진, 104.
57 이상돈, 588; 이재상·장영민·강동범, § 5/22; 이형국·김혜경, 118(생명의 위험에 처한 태아를 살리기 위하여 부득이 모체 밖으로 배출시키는 경우는 낙태로 볼 수 없다).

　　여아인 줄 알고 낙태를 하였는데 남아였다고 하여 본죄의 고의가 조각되지　　**25**
않는다. 임신중절수술이 허용되는 우생학적 허용사유가 있다고 오인하였는데
정상이었을 경우에도 구성요건적 고의는 조각되지 아니하나, 위법성조각사유의
전제사실에 관한 착오가 문제될 수 있다.

　　수정란이 착상되지 아니하였음에도 착상이 되었다고 인식하여 낙태에 이른　　**26**
것은 불능미수로서 처벌되지 아니한다.[59] 수정란이 이미 착상되었음에도 착상
되지 아니하였다고 오인하여 착상이 되지 않는 조치를 취함으로써 낙태에 이르
게 된 경우, 구성요건적 사실의 착오로서 본죄의 고의가 없다고 보아야 한다.[60]

　　낙태가 가족계획의 국가시책에 순응한 행위라고 믿었다고 하더라도, 이는　　**27**
구성요건적 고의를 조각시키지 않고, 법률의 착오가 문제될 뿐이다.[61]

5. 위법성조각사유

　　본죄의 위법성조각사유에는 전통적으로 인정되어 온 긴급피난과 모자보건　　**28**
법상의 위법성조각사유(후술하는 **[특별법 등] 모자보건법** 부분 참조)가 있다. 임신 자
체는 현재의 부당한 침해가 아니므로 현재의 부당한 침해로부터 방어하는 정당
방위에 의한 위법성조각은 불가능하다.[62]

　　모자보건법 시행령은 임신 24주까지 인공임신중절수술이 가능한 것으로 규　　**29**
정하고 있으나, 임신 24주를 초과한 경우에도 임신의 지속이 부녀의 생명과 건
강을 해칠 우려가 현저하다면 긴급피난에 의하여 본죄의 위법성이 조각될 수
있다.[63]

　　'기형아나 불구아 등 출산 가능성'은 모자보건법상 인공임신중절수술 허용　　**30**
사유로 열거되어 있지 않지만, 판례[64]는 "임신의 지속이 모체의 건강을 해칠 우
려가 현저할 뿐더러 기형아 내지 불구아를 출산할 가능성마저도 없지 않다는
판단 아래 부득이 취하게 된 산부인과 의사의 낙태 수술행위는 정당행위 내지

　58 이정원·류석준, 89.
　59 김성돈, 109; 이재상·장영민·강동범, §5/22.
　60 이정원·류석준, 89.
　61 대판 1965. 11. 23, 65도876.
　62 이재상·장영민·강동범, §5/27.
　63 백형구, 93; 신동운, 619; 이재상·장영민·강동범, §5/27.
　64 대판 1976. 7. 13, 75도1205.

긴급피난에 해당되어 위법성이 없는 경우에 해당된다."고 판시한 바 있다.[65]

31   임신의 지속이 부녀나 그 가족의 경제적 상태를 현저히 위태롭게 하는 경우, 처녀나 과부가 임신을 하였을 경우 등 사회적·경제적으로 양육이 곤란한 경우에도 본죄의 위법성이 조각된다는 견해[66]가 있으나, 이는 현행법의 해석론으로 받아들이기 어렵고, 형법 및 모자보건법의 개정을 통해 해결할 문제이다.

6. 공범관계

(1) 공동정범

32   자기낙태는 다른 사람의 낙태 시술에 의하여 이루어지는 경우가 대부분이나, 임부 스스로 낙태하는 형태로 이루어질 수 있으므로 필요적 공범이 아니다.

33   부녀의 자기낙태행위에 가담하여 공동으로 낙태한 사람은 동의낙태죄(§ 269②) 또는 업무상낙태죄(§ 270①)가 성립하고, 부녀는 본죄(§ 269①)가 성립하며, 이들은 공동정범이 된다.[67]

(2) 교사 및 방조

34   부녀가 타인을 교사하여 낙태를 하였을 경우 부녀에게 교사범이 성립하는 것은 아니라, 부녀는 본죄가 성립하고, 타인은 동의낙태죄 또는 업무상낙태죄가 성립한다.

35   부녀 아닌 사람이 부녀에게 낙태를 교사하거나 부녀의 낙태행위를 방조한 경우, 부녀 아닌 사람에게는 본죄의 교사 내지 방조가 성립하고, 부녀에게는 본죄가 성립한다.[68] 부녀에게 수술자를 소개하여 낙태수술을 받게 한 후 자택에 머무르게 한 경우[69]나 부녀를 위하여 낙태비용을 지출한 경우,[70] 그 비용이 직접 수술자에게 지급되었는지 여부에 불문하고 방조범이 된다.

36   판례는 피고인이 결혼을 전제로 교제하던 여성 A의 임신 사실을 알고 수회에 걸쳐 낙태를 권유하였다가 거부당하자, A에게 출산 여부는 알아서 하되 더

---

65 일본 판례 중에는 치료가능한 탈장환자에 대한 낙태수술의 위법성도 조각되지 않는다고 한 것이 있다[大判 昭和 10(1935). 5. 25. 刑集 14·570.].
66 백형구, 93.
67 大判 大正 8(1919). 2. 27. 刑錄 25·261.
68 김신규, 109; 김혜정·박미숙·안경옥·원혜욱·이인영, 98.
69 大判 昭和 10(1935). 2. 7. 刑集 14·76.
70 大判 昭和 15(1940). 10. 14. 刑集 19·685.

이상 결혼을 진행하지 않겠다고 통보하고, 이후에도 아이에 대한 친권을 행사할 의사가 없다고 하면서 낙태할 병원을 물색해 주기도 하였는데, 그 후 A가 피고인에게 알리지 아니한 채 자신이 알아본 병원에서 낙태 시술을 받은 사안에서, 피고인은 A에게 직접 낙태를 권유할 당시뿐만 아니라 출산 여부는 알아서 하라고 통보한 이후에도 계속 낙태를 교사하였고, A는 이로 인하여 낙태를 결의 실행하게 되었다고 보는 것이 타당하며, A가 당초 아이를 낳을 것처럼 말한 사실이 있다는 사정만으로 피고인의 낙태교사행위와 A의 낙태결의 사이에 인과관계가 단절되는 것은 아니라는 이유로, 피고인에게 낙태교사죄를 인정하였다.[71]

7. 처 벌

1년 이하의 징역 또는 200만 원 이하의 벌금에 처한다.　　　　　　　　37

본죄는 다른 낙태죄에 비하여 법정형이 낮다. 그 근거에 대하여는 ① 부녀　　38
자신의 낙태행위이므로 부녀에 대한 관계에서는 일종의 자손(自損)행위라는 점에서 법정형이 다른 낙태죄에 비하여 감경된 것이라는 견해,[72] ② 낙태죄의 주된 보호법익은 태아의 생명권이므로 임부 자신이 이를 처분할 수 있는 주체라고 볼 수 없고, 임부의 특별한 사정을 고려한 책임감경이라고 보는 견해[73]가 있다.

II. 동의낙태죄(제2항)

1. 주 체

본죄(촉탁·승낙낙태죄)의 주체는 부녀의 촉탁 또는 승낙을 받은 사람으로서,　　39
제270조 제1항에 열거되어 있는 의사·조산사 등 특수한 업무에 종사하는 사람 이외의 사람이다. 행위의 주체에 제한이 없으므로 신분범이 아니다.[74]

---

71 대판 2013. 9. 12, 2012도2744.
72 주석형법 〔각칙(4)〕(4판), 49(전주혜).
73 이근우, "인공임신중절의 형사법적 쟁점", 한국의료윤리학회지 21-3(2018. 9), 206.
74 김혜정·박미숙·안경옥·원혜욱·이인영, 99; 신동운, 621; 정성근·정준섭, 58.

2. 객 체

40   본죄의 객체는 모체 안에 살아 있는 태아이다.

41   뇌사상태에 있는 부녀의 살아있는 태아도 객체가 되는지 문제가 될 수 있
다. 이에 대해서는, ① 뇌사상태에 있는 부녀의 생명연장장치를 제거하여 낙태
하는 행위도 원칙적으로 낙태에 해당한다는 견해,[75] ② 사람의 종기에 관한
뇌사설의 입장에 의하여 부녀는 살아있는 것이 아니고 낙태죄의 부녀는 살아
있는 부녀를 대상으로 하기 때문에 뇌사상태에 있는 임부에게 생명연장장치를
연결하지 않거나 제거하는 행위는 낙태죄에 해당하지 않는다고 보는 견해,[76]
③ 임부가 사망하거나 뇌사 또는 식물인간의 상태에 있는 경우 모체 안에 있음
으로 해서 오히려 태아의 생명에 위험하게 되므로 아직 살아있는 태아를 모체
밖으로 분리해 내는 것은 태아의 생존가능성 유무와 상관없이 낙태에 해당되지
않는다는 견해[77]가 있다. 낙태죄의 주된 보호법익은 태아의 생명이므로 뇌사상
태에 있는 부녀의 태아도 해당된다고 할 것이다. 그러나 생명연장장치에 의하여
도 태아의 생명연장이 불가능한 상황이어서 생명연장장치를 제거하였을 경우에
는 위법성이 조각되어 낙태죄가 성립하지 않는다.[78]

3. 행 위

42   행위는 부녀의 촉탁 또는 승낙을 받아 낙태하게 하는 것이다.

43   촉탁이란 부녀가 낙태를 의뢰·부탁하는 것이고, 승낙이란 시술자 쪽에서
먼저 부녀에게 낙태의 동의를 구하여 부녀로부터 낙태의 동의를 받는 것이다.
양자를 구별하는 실익은 크지 않다.

44   촉탁이나 승낙의 결과에 대한 인식과 이해를 갖고, 낙태의 의미에 대하여
판단능력이 있는 부녀가 자유로운 의사에 의하여 하자 없이 진의로 의사표시를
한 경우이어야 한다. 따라서 폭행·협박에 의하여 강요되었거나, 중대한 착오·
기망에 의한 진의 아닌 촉탁·승낙은 부동의낙태(§ 270②)에 해당한다. 내연관계

---

75 주석형법 〔각칙(2)〕(5판), 37(우인성).
76 박상기·전지연, 445.
77 정영일, 37.
78 주석형법 〔각칙(2)〕(5판), 37(우인성).

에 있는 임신한 부녀에게 사실은 낙태 후 헤어질 생각을 하고 있으면서 "낙태하지 않으면 이별하겠다."는 취지로 낙태를 강요하여 부녀의 승낙을 받아 낙태를 하게 하였다면, 이는 부동의낙태이다.[79]

형법은 부녀가 행하는 낙태행위를 '낙태하다'로 표현하고, 부녀 이외의 사람이 부녀에 대하여 행하는 낙태행위를 '낙태하게 하다'로 표현하고 있다.[80] 즉, '낙태하게 한'은 부녀 이외의 사람이 직접 부녀에 대하여 낙태행위를 한 것을 말한다. 甲이 직접 낙태행위를 하지 않고 부녀를 교사하거나 부녀에게 수술비나 낙태약을 주거나 의사를 소개하여 주는 등으로 방조하여 부녀가 낙태행위를 한 경우 甲은 낙태죄(§ 269①)의 교사범 내지 종범에 불과하다.[81] 다만, 부녀 이외의 사람이 간접정범이 되는 것도 가능하다. 남편 등 보증의무 있는 사람이 작위의무를 위반하여 타인의 낙태를 방치하면 부진정부작위범으로 본죄를 범할 수 있다.[82]

45

4. 주관적 구성요건

부녀의 촉탁·승낙을 받아 태아를 낙태시킨다는 인식이 필요하다.

46

부녀의 촉탁·승낙이 있음에도 부녀의 촉탁·승낙이 없는 것으로 인식하여 낙태를 하였을 경우, ① 부동의낙태죄가 성립한다는 견해[83]와 ② 본죄가 성립한다는 견해[84]가 대립한다. 기본적 구성요건과 가중적 구성요건 관계에서는 가벼운 죄의 고의가 무거운 죄의 고의에 포함되어 있고, 무거운 고의가 있더라도 발생된 사실의 범위 내에서 고의 책임을 지는 것이므로 본죄가 성립한다는 위 ②의 견해가 타당하다.

47

부녀의 촉탁·승낙이 없음에도 있는 것으로 오인하여 낙태를 하였을 경우에는, 사실의 착오로서 부동의낙태죄의 고의는 조각되고 본죄만 성립한다.[85]

48

---

79 仙台高判 昭和 36(1961). 10. 24. 高刑集 14·7·506.
80 신동운, 621.
81 김신규, 110; 이재상·장영민·강동범, § 5/24; 한상훈·안성조, 형법개론(3판), 415.
82 김성돈, 111; 손동권·김재윤, § 6/15.
83 오영근, 82; 이형국·김혜경, 121; 정웅석·최창호, 348; 한상훈·안성조, 416.
84 김일수·서보학, 40; 김혜정·박미숙·안경옥·원혜욱·이인영, 100; 조준현, 83.
85 오영근, 82; 이형국·김혜경, 121.

5. 위법성조각사유

49   낙태죄(§269①)에서 살펴본 것과 같다.

50   본죄는 태아의 생명을 주된 보호법익으로 하므로, 부녀의 동의나 승낙만으로는 위법성이 조각될 수 없다.

6. 공범관계

(1) 필요적 공범

51   부녀의 촉탁·승낙을 받아 낙태를 하면 부녀는 낙태죄로 처벌되고, 행위자는 본죄로 처벌되며, 부녀와 행위자는 필요적 공범관계에 있다.[86] 부녀를 교사하여 낙태의 승낙을 받고 행위자가 낙태를 스스로 하게 되면 낙태죄의 교사가 아니라 본죄에 해당한다. 부녀의 촉탁·승낙을 받아 낙태를 시도하다가 부녀의 생명이나 신체에 위험을 초래하고 의사의 긴급피난을 이용하여 낙태를 하게 한 경우에는 본죄의 간접정범이 된다.[87]

(2) 교사범

52   부녀의 촉탁·승낙을 받은 후 자신이 낙태를 하지 않고 타인에게 촉탁하여 낙태를 하게 하면, 촉탁을 받은 타인의 신분에 따라 본죄 또는 업무상낙태죄(§270①)의 교사범이 된다.[88]

53   부녀에게는 자기낙태를 교사하고, 의사에게는 업무상낙태를 교사한 경우의 죄책이 문제될 수 있다. ① 제33조 단서에 의하여 업무자가 아닌 타인은 포괄하여 본죄의 교사범이 된다는 견해,[89] ② 교사행위가 같은 비중으로 이루어졌으면 실체적 경합이고, 동의낙태를 전제로 부녀에게 낙태를 교사한 경우에는 본죄의 교사죄의 하나의 죄가 성립한다는 견해[90]가 있다. 일본 판례 중에는 포괄하여 낙태교사죄가 성립하고, 무거운 업무상낙태교사죄로 처벌해야 하지만, 공범과 신분규정(일형 §65②. 신분에 의하여 특히 형의 경중이 있는 때는 신분이 없는 사람에

---

86 김신규, 109.
87 김성돈, 111; 김신규, 110.
88 김일수·서보학, 40-41; 정성근·박광민, 117.
89 이형국·김혜경, 119.
90 김일수·서보학, 41.

게는 통상의 형을 과한다.)에 따라 동의낙태교사죄에 정한 형으로 처벌된다고 한 사례가 있다.[91]

7. 처 벌

1년 이하의 징역 또는 200만 원에 처한다.   54

본죄의 법정형은 낙태죄와 같다.[92] 본죄의 법정형을 상향하여야 한다는 견   55
해가 있다.[93] 임부의 자기낙태는 특별한 책임감경사유를 인정하여 감경할 필요
가 있지만, 본죄는 태아의 생명보호를 위하여 법정형을 상향해야 할 필요가 있
고,[94] 임부의 건강침해와 관련하여서도 적절한 의료지식이나 자격 없이 부녀의
낙태에 가담하는 행위는 업무상낙태죄보다 더 가중처벌하여야 한다는 것이다.[95]

불법시술이 주로 문제되는 간호사 등 다른 의료관련인은 업무상낙태죄의   56
주체로 열거되어 있지 않으므로 본죄로 처벌을 받게 된다.

III. 동의낙태치사·상죄(제3항)

1. 결과적 가중범

본죄[(촉탁·승낙)낙태(치상·사)죄]는 촉탁·승낙낙태죄(§269②)(이하, 편의상 동의   57
낙태죄라고 한다.)의 결과적 가중범이다. 따라서 고의의 낙태죄와 상해, 사망이라
는 중한 결과발생 사이에 인과관계가 있어야 하고(§17), 중한 결과발생에 대한
예견가능성이 있어야 한다(§15②).

2. 동의낙태죄의 기수 여부

고의의 동의낙태죄가 성립하여야 한다. 과실에 의하여 낙태하게 된 부녀에   58
게 상해 내지 사망의 결과가 발생하면 과실치사·상죄의 죄책만 문제된다.

---

91 大判 大正 9(1920). 6. 3. 刑錄 26·382.
92 일본형법의 경우 동의낙태죄(2년 이하의 징역)를 자기낙태죄(1년 이하의 징역)보다 무겁게 처벌
한다.
93 이영란, 96; 이정원·류석준, 90; 이근우(주 73), 206.
94 이정원·류석준, 90.
95 이근우(주 73), 206.

59　　　고의의 동의낙태죄가 기수에 이른 후에 상해 내지 사망의 결과가 발생하여야 성립하는지, 아니면 고의의 동의낙태죄가 기수에 이르지 않았다고 하더라도 상해 내지 사망의 결과가 발생하면 성립하는지에 관하여는 결과적 가중범에 관한 일반적 논의와 마찬가지로 ① 기수필요설과 ② 기수불필요설로 견해가 나뉜다.

60　　　위 ①의 기수필요설[96]은, 동의낙태죄에 관하여는 미수범 처벌규정이 없으므로 낙태의 기수에 이르지 아니한 채 부녀에게 상해 또는 사망의 결과가 발생하였다고 하더라도 '죄를 범하여'라는 법문을 충족시킬 수 없기 때문에 단지 과실치사·상죄의 죄책만 부담한다고 한다. 이에 대하여 ②의 기수불필요설[97]은, 낙태가 미수에 그쳤다는 이유로 법정형이 500만 원 이하의 벌금·구류 또는 과료에 불과한 과실치상죄(§266①)나 법정형이 2년 이하의 금고 또는 700만 원 이하의 벌금인 과실치사죄(§267)로 처벌하는 것은 형평에 어긋나므로, 낙태가 기수에 이르렀는지 여부를 불문하고 기본행위가 직접적인 원인이 되어서 부녀에게 상해 내지 사망이라는 중한 결과가 발생하면 본죄에 해당한다고 한다.

61　　　판례는 위 ①의 기수필요설의 입장이다.[98] 일본 판례는 동의낙태치사·상죄에서 낙태 자체의 기수, 미수는 묻지 않는다는 입장이다.[99]

62　　　부녀에게 사망의 결과가 발생할 경우에는 통상 태아도 사망에 이르지만, 태아가 반드시 사망하는 것은 아니다. 위 ①의 기수필요설에 따를 때 낙태행위가 행해지는 과정에서 부녀가 사망에 이르고 낙태는 미수에 그쳤다면, 과실치사죄나 업무상과실치사죄가 인정된다.[100]

3. 상해 또는 사망의 결과 발생

63　　　낙태가 이미 일종의 상해로서의 성질을 갖기는 하나, 동의낙태치상죄의 상해로 인정되기 위하여는 태아의 살해 또는 체외배출에 당연히 수반되는 신체적·정신적 손상이나 쇠약이 아니라, 자궁 또는 내장의 손상이나 정신분열적 징후처럼 생리상

---

96 김성돈, 113; 김성천·김형준, 52; 박상기·전지연, 446-447; 손동권·김재윤, §6/17; 이재상·장영민·강동범, §5/31; 오영근, 83; 유기천 61; 이상돈, 591; 이영란, 106; 임웅, 123; 정영일, 39; 정성근·박광민, 119; 조준현, 84.

97 권오걸, 74; 김일수·서보학, 43; 배종대, §24/10; 이정원·류석준, 92; 정웅석·최창호; 351.

98 대판 1971. 8. 31, 71도1254.

99 大判 大正 13(1924). 4. 28. 法律新聞 2263·17.

100 김성천·김형준, 52; 정영일, 39.

태를 불량하게 만드는 중한 결과가 발생하여야 한다.[101] 어느 정도가 이에 해당하는가는 구체적인 경우에 모든 정황을 고려하여 사회통념에 따라 판단해야 한다.[102]

판례는 "현행 형법이 사람에 대한 상해 및 과실치사상의 죄에 관한 규정과는 별도로 태아를 독립된 행위객체로 하는 낙태죄, 부동의낙태죄, 낙태치상 및 낙태치사의 죄 등에 관한 규정을 두어 포태한 부녀의 자기낙태행위 및 제3자의 부동의 낙태행위, 낙태로 인하여 위 부녀에게 상해 또는 사망에 이르게 한 행위 등에 대하여 처벌하도록 한 점, 과실낙태행위 및 낙태미수행위에 대하여 따로 처벌규정을 두지 아니한 점 등에 비추어보면, 우리 형법은 태아를 임산부 신체의 일부로 보거나, 낙태행위가 임산부의 태아 양육, 출산 기능의 침해라는 측면에서 낙태죄와는 별개로 임산부에 대한 상해죄를 구성하는 것으로 보지는 않는다고 해석된다. 따라서 태아를 사망에 이르게 하는 행위가 임산부 신체의 일부를 훼손하는 것이라거나 태아의 사망으로 인하여 그 태아를 양육, 출산하는 임산부의 생리적 기능이 침해되어 임산부에 대한 상해가 된다고 볼 수는 없다."고 판시하여,[103] 태아는 임산부 신체의 일부가 아니므로 낙태행위 그 자체가 임산부에 대한 상해죄(§257①)에 해당되지는 않는다고 하였다.

64

의사인 피고인들이 복부의 지속적인 심한 통증을 호소하며 내원한 임신 32주인 피해자를 진료함에 있어, 과실로 피해자의 뱃속에 있던 태아가 태반조기박리로 사망하게 하는 상해를 입게 하였다고 하더라도, 그러한 사정만으로는 산모인 피해자에 대한 상해가 된다고 할 수 없다고 한 판례도 있다.[104]

65

동의낙태치사죄가 인정된 사례로는, ① 이완성 자궁출혈로 인하여 사망한 경우,[105] ② 수술도구로 자궁천공을 발생시켜 심각한 출혈로 저혈량성 쇼크 때문에 사망한 경우,[106] ③ 인공임신중절시술 중 발생한 패혈증으로 사망한 경우,[107] ④ 자궁파열로 인한 실혈로 사망한 경우[108] 등이 있다.

66

---

101 정성근·박광민, 119.
102 이형국·김혜경, 125.
103 대판 2007. 7. 29, 2005도3832.
104 대판 2009. 7. 9, 2009도1025.
105 대판 1971. 8. 31, 71도1254.
106 대판 2016. 1. 28, 2015도19055(원심 서울동부지판 2015. 4. 1, 2013고단3210. 항소·상고기각).
107 부산지판 2007. 10. 23, 2007고단4845.
108 부산지판 2001. 12. 20, 2001고단7378.

4. 죄수 및 다른 죄와의 관계

67   낙태에 통상적으로 수반하는 부녀의 신체상해는 불가벌적 수반행위이므로 따로 범죄를 구성하지 않는다.[109] 통상적으로 발생할 수 있는 범위를 넘어서 발생한 상해에 대하여는, 상해에 대한 고의가 있는 경우에는 동의낙태죄와 상해죄의 상상적 경합이 되고, 상해의 고의가 없고 과실만 있는 경우에는 동의낙태치상죄가 성립한다.[110]

68   동의낙태치사죄는 낙태를 하기 위한 방법으로 부녀를 살해한 경우와 구별되어야 한다. 즉 낙태를 하기 위하여 부녀를 살해한 경우에는, 부녀가 낙태에 동의하였다면 동의낙태죄와 살인죄의 상상적 경합이 되고, 부녀가 낙태에 동의하지 않은 때에는 부동의낙태죄와 살인죄의 상상적 경합이 인정된다.[111]

5. 처 벌

69   부녀를 상해에 이르게 한 때에는 3년 이하의 징역에 처하고(전문), 부녀를 사망에 이르게 한 때에는 7년 이하의 징역에 처한다(후문).

70   부녀 아닌 사람이 부녀를 교사·방조하여 낙태하게 하고 그로 인하여 부녀에게 상해 또는 사망의 결과가 발생한 경우, 낙태죄의 결과적 가중범은 처벌되지 아니하므로 공범자에 대한 가중처벌도 불가능하게 되어 처벌의 불균형 문제가 생긴다. 낙태죄가 임신이라는 특수사정을 고려하여 부녀 자신의 치상(치상의 경우는 의미가 없음)의 결과를 벌하지 않는 특별규정이라는 점을 고려하면, 부녀를 교사 내지 방조한 사람도 공범종속성의 원칙에 따라 낙태죄의 공범으로만 처벌하여야 한다.[112]

〔이 영 주〕

---

109 심재무, 형법각론강의 I(개정판), 81; 이형국·김혜경, 123; 임웅, 116; 정성근·박광민, 118-119.
110 김일수·서보학, 42; 이재상·장영민·강동범, § 5/30; 이형국·김혜경, 123; 임웅, 123.
111 정영일, 39.
112 정웅석·최창호, 346.

제270조(의사 등의 낙태, 부동의낙태)

① 의사, 한의사, 조산사, 약제사 또는 약종상이 부녀의 촉탁 또는 승낙을 받아 낙태하게 한 때에는 2년 이하의 징역에 처한다. 〈개정 1995. 12. 29.〉

② 부녀의 촉탁 또는 승낙없이 낙태하게 한 자는 3년 이하의 징역에 처한다.

③ 제1항 또는 제2항의 죄를 범하여 부녀를 상해에 이르게 한 때에는 5년 이하의 징역에 처한다. 사망에 이르게 한 때에는 10년 이하의 징역에 처한다. 〈개정 1995. 12. 29.〉

④ 전3항의 경우에는 7년 이하의 자격정지를 병과한다.

[헌법불합치, 2017헌바127, 2019. 4. 11. 형법(1995. 12. 29. 법률 제5057호로 개정된 것) 제269조 제1항, 제270조 제1항 중 '의사'에 관한 부분은 모두 헌법에 합치되지 아니한다. 위 조항들은 2020. 12. 31.을 시한으로 입법자가 개정할 때까지 계속 적용된다.][1]

---

1 위 헌법재판소의 결정에 따라, 정부는 2020년 11월 25일 국회에 헌법불합치결정이 내린 낙태죄에 대한 형법일부개정법률안을 제출하였으나, 형법이 개정되지 아니한 상태로 입법시한이 도과되었다. 따라서 제269조 제1항 및 본조 제1항 중 '의사'에 관한 부분은 실효된 상태이다. 그러나 기존 조항의 논의는 새로운 입법 시 해당 규정을 해석함에 있어 계속 중요한 의미를 가지므로, 여기서는 종전 규정을 전제로 기술하고, 별도로 정부의 개정안도 해설한다.

Ⅰ. 업무상낙태죄(제1항)

1. 주 체

1   본죄[업무상(촉탁·승낙)낙태죄]는 신분으로 인하여 촉탁·승낙낙태죄(§ 269②)
(이하, 편의상 동의낙태죄라고 한다.)보다 무겁게 처벌하는 것으로 간접정범이 성립
하지 않는 부진정신분범이다.[2] ① 신분에 의하여 동의낙태죄보다 불법이 가중
된 형태라는 견해[3]와 ② 책임이 가중된 형태라는 견해[4]가 있다. 본죄의 주체는
비신분자에 비하여 보호법익 침해의 가능성이 낮지만, 직무 윤리에 비추어 비난
가능성이 높다는 이유로 가중처벌하는 것이므로 책임이 가중된 형태라는 위 ②
의 견해가 타당하다.

2   본죄의 주체는 의사,[5] 한의사, 조산사, 약제사 또는 약종상이다. 이들은 면
허가 있어야 하고, 면허가 없는 사람에게는 동의낙태죄(§ 269②)가 적용된다.

3   의사는 반드시 산부인과 의사나 전문의에 한하지 않는다. 현행 의료법은
의료인의 종별을 의사, 치과의사, 한의사, 조산사, 간호사로 구분하고(의료법 § 2
②), 면허에 관하여 규정하고 있다(의료법 § 5, § 6). 치과의사도 본죄의 의사에 포
함된다는 견해[6]도 있으나, 대부분은 포함되지 않는다고 해석한다.[7] 의료법상 종
별이 구별되고, 업무의 성질상 낙태 시술의 기능을 가진 것이 아니므로 포함되
지 않는다고 새기는 것이 타당하다. 수의사법에 의하여 수의업무를 담당하고,

---

2 김신규, 형법각론 강의, 110; 김혜정·박미숙·안경옥·원혜욱·이인영, 형법각론(3판), 100; 박상
   기·전지연, 형법학(총론·각론 강의)(4판), 447; 박찬걸, 형법각론(2판), 123; 이형국·김혜경, 형
   법각론(2판), 121; 정성근·정준섭, 형법강의 각론(2판), 59; 주호노, 형법각론, 199.
3 김일수·서보학, 새로쓴 형법총론(9판), 41.
4 오영근, 형법각론(4판), 81; 이재상·장영민·강동범, 형법각론(13판), § 5/4; 정성근·박광민, 형법
   각론(전정2판), 117.
5 헌법재판소는 본죄와 낙태죄는 대향범이므로, 임신한 여성의 자기낙태를 처벌하는 것이 위헌이
   라고 판단되는 경우에는 동일한 목표를 실현하기 위해 부녀의 촉탁 또는 승낙을 받아 낙태하게
   한 '의사'를 형사처벌하는 의사낙태죄 조항은 당연히 위헌이 되는 관계에 있다고 하면서 헌법불
   합치결정을 하였다(헌재 2019. 4. 11, 2017헌바127). '의사'에 대한 헌법재판소의 결정의 취지는
   다른 한의사, 조산사, 약제사 또는 약종상에게도 그대로 적용될 것이다.
6 백형구, 형법각론(개정판), 86.
7 김신규, 110; 김일수·서보학, 41; 김혜정·박미숙·안경옥·원혜욱·이인영, 101; 박찬걸, 124; 오
   영근, 81; 이재상·장영민·강동범, § 5/25; 정성근·박광민, 117; 한상훈·안성조, 형법개론(3판),
   416.

농림축산식품부장관의 면허를 받는 수의사 역시 본조의 의사에 포함되지 않는다.

약제사는 1953년 12월 18일 법률 제300호로 약사법이 제정되기 전에 존재   **4**
하던 명칭으로 현행법상 용어는 아니나, 제정 약사법 부칙 제54조에서 "본법 시
행 당시 종전규정에 의하여 약제사면허를 받은 자는 본법에 의하여 약사면허를
받은 자로 인정한다."고 규정하고 있으므로 약사를 의미한다고 볼 수 있다. 약
사에는 약사와 한약사가 있다(약사법 §2(ii)).

약종상도 현행법상 용어가 아니다. 제정 약사법은 약사가 아닌 자로서 의   **5**
약품판매업의 종별을 약종상, 한약종상, 매약청매상(賣藥請賣商)으로 구별하였으
나(제정 약사법 §26①), 1971년 1월 13일 일부 개정된 약사법은 의약품판매업의
종류로 한약업사와 의약품도매상을 규정하였고, 현행법도 마찬가지이다(약사법 §
44②(ii)). 그리고 약사법 부칙(2007. 4. 11. 법률 제8365호) 제5조(약업사 등에 관한 경
과조치)는 "법률 제2279호 약사법중개정법률의 시행일인 1971년 1월 13일 당시
종전의 법령에 따라 허가를 받은 약업사(종전의 약종상을 말한다)와 매약상은 종전
법령의 적용을 받는다."라고 규정하고 있다. 약종상에 대하여, 현행법[8]상의 한약
업사와 의약품도매상을 의미한다고 해석하는 견해,[9] 약종상은 한약업사에 제한
된다는 견해[10]가 있다. 입법적으로 명확히 할 필요가 있다.

죄형법정주의의 원칙상 본죄의 주체는 제한적 열거로 보는 것이 타당하다.   **6**
그렇지 않았다면 법문에 '등'이라고 규정하였을 것이고, 제한적 열거로 보는 것
이 행위자에게도 유리하기 때문이다. 따라서 간호사, 안마사, 제약업자 등에 대
하여는 본죄가 아니라 동의낙태죄(§269②)가 적용된다.

2. 주관적 구성요건

본죄의 주체에게는 낙태에 대한 고의 이외에도 자신이 업무상 신분자라는   **7**
사실, 임부의 촉탁 또는 승낙이 있다는 사실에 대한 인식이 있어야 한다.[11]

---

8 2015. 12. 29. 법률 제13655호로 일부 개정된 것.
9 김일수·서보학, 41; 박상기·전지연, 447; 정성근·박광민, 117; 정영일, 형법강의 각론(3판), 38;
  진계호·이존걸, 형법각론(6판), 116; 주석형법〔각칙(4)〕(4판), 60(전주혜).
10 주석형법〔각칙(2)〕(5판), 45(우인성).
11 이형국·김혜경, 122.

3. 위법성조각사유

8   낙태죄 및 동의낙태죄의 위법성조각사유와 같다.

9   대법원은 "비록 모자보건법이 특별한 의학적, 우생학적 또는 윤리적 적응이 인정되는 경우에 임산부와 배우자의 동의 아래 인공임신중절수술을 허용하고 있다 하더라도 이로써 의사가 부녀의 촉탁 또는 승낙을 받으면 일체의 낙태행위가 정상적인 행위이고 형법 제270조 제1항 소정의 업무상촉탁낙태죄에 의한 처벌을 무가치하게 되었다고 할 수는 없으며 임산부의 촉탁이 있으면 의사로서 낙태를 거절하는 것이 보통의 경우 도저히 기대할 수 없게 되었다고 할 수도 없다."고 판시하였다.[12]

10   일본 하급심 판례 중에는, 임신 4개월로 유산개시의 징후가 인정되는 때에는 의사로서는 오히려 유산방지의 처치를 시행하는 것이 통상 일반적 처치이기는 하지만, 임부 A에게는 당시 무엇인가 신체적 장애가 있다고 보여졌고, 피고인의 진료 시 이미 자궁에서 상당한 출혈이 있어 절박유산의 상태에 있었을 뿐만 아니라, A는 원래 출산을 바라지 않았고 약 1개월에 걸쳐서 다량의 통경제(通經劑)를 복용하여 상당한 하복통을 호소하고 있었으므로, 유산방지의 처치를 행하기보다는 오히려 모체의 생명의 위험을 우려하고 모체의 생명을 보다 중시하여 인공중절수술을 한 것은 지정의사의 치료행위로서 일률적으로 그 잘못을 나무랄 것이 아니라 오히려 타당한 처치라고 생각되고, 우생보호법은 이러한 경우 임기(臨機)의 처치를 일응 지정의사의 판단에 위임한 것으로 해석할 수 있으므로, 결국 피고인의 위 인공임신중절수술은 그 치료행위로서 적법한 것이라고 인정하는 것이 상당하다고 판시하여,[13] 위법성조각을 인정한 것이 있다.

4. 공범관계

11   업무상낙태죄와 낙태죄는 전체적인 구성요건의 내용상 2인 이상의 관여자가 낙태라는 동일한 목표를 향하여 서로 다른 방향에서 구성요건의 실현에 관여한다는 점에서 대향범에 해당한다.[14]

---

12 대판 1985. 6. 11, 84도1958.
13 高松高判 昭和 28(1953). 5. 12. 新判例体系刑法 7 各則 II 614／20.
14 헌재 2012. 8. 23, 2010헌바402.

본조 제1항의 주체들 사이에서 공동정범이 인정될 수 있으므로, 의사와 한 **12**
의사 등이 공동으로 낙태수술을 시행한 경우에는 본죄의 공동정범이 된다.[15] 본
조 제1항의 주체와 그 외의 사람이 공동하여 부녀의 촉탁 또는 승낙하에 낙태
행위를 하였을 경우, 본조 제1항의 주체에 대하여는 본조 제1항이, 그 외의 사
람에게는 제269조 제2항이 각 적용되고, 그들 사이에 공동정범이 성립한다.

본죄의 주체가 아닌 사람이 본죄의 주체에게 본죄를 범하도록 교사하거나 방 **13**
조한 경우 제33조 단서에 따라 동의낙태죄의 교사범 또는 종범으로 처벌받는다.

의사와 간호사가 낙태행위를 한 경우, 의사는 본죄의 정범이나 간호사에 대 **14**
하여는, ① 동의낙태죄의 공동정범이 된다는 견해,[16] ② 동의낙태죄의 방조범이
된다는 견해,[17] ③ 본죄의 방조범이 된다는 견해,[18] ④ 본죄의 공동정범이 된다
는 견해,[19] ⑤ 간호사의 관여 정도에 따라 동의낙태죄의 정범 또는 본죄의 방조
범이 된다는 견해[20]로 나뉜다.

부녀와 의사 아닌 타인, 예를 들어 부녀와 부녀의 동생이 함께 의사를 교사 **15**
하여 낙태 시술을 하도록 한 경우에 부녀는 낙태죄의 정범이 되고, 낙태 시술을
한 의사는 본죄의 정범이 되며, 부녀의 동생은 제33조 단서의 적용을 받아 동의
낙태죄의 교사범으로 처벌받는다.[21]

5. 다른 죄와의 관계

(1) 현행법상 조산사가 의료행위에 해당하는 낙태 시술을 업(業)으로 한 경 **16**
우에는, 본죄와 보건범죄단속에관한특별조치법위반(부정의료업자)죄[22]의 상상
적 경합범으로 처벌받게 된다.[23]

---

15 김일수·서보학, 42; 김혜정·박미숙·안경옥·원혜욱·이인영, 101.
16 이형국·김혜경, 122.
17 김일수·서보학, 42.
18 강구진, 형법강의 각론 I, 113; 김혜정·박미숙·안경옥·원혜욱·이인영, 101; 정영일, 38.
19 박찬걸, 124.
20 주석형법 〔각칙(2)〕(5판), 47(우인성).
21 임웅, 형법각론(9정판), 122.
22 보건범죄 단속에 관한 특별조치법 제5조(부정의료업자의 처벌) 「의료법」 제27조를 위반하여 영
   리를 목적으로 다음 각 호의 어느 하나에 해당하는 행위를 한 사람은 무기 또는 2년 이상의 징
   역에 처한다. 이 경우 100만원 이상 1천만원 이하의 벌금을 병과한다.
      1. 의사가 아닌 사람이 의료행위를 업(業)으로 한 행위
23 박찬걸, 124.

17   (2) 판례는 의사인 피고인이 낙태 시술을 하였으나 태아가 살아서 미숙아 상태로 출생하자 그 미숙아에게 염화칼륨을 주입하여 사망하게 한 사안에서, 살인죄와 업무상촉탁낙태죄의 실체적 경합관계에 있다고 판시하였다.[24]

18   (3) 일본 판례는 임부의 의뢰를 받아 낙태 시술한 의사가 그 결과 출생한 미숙아(임신 26주)를 적절한 치료를 받는다면 생육할 가능성이 있다는 것을 인지하고, 이러한 조치를 신속·용이하게 할 수 있음에도 이를 행하지 아니하고 병원 내에 방치하여 약 54시간 후에 사망에 이르게 한 경우, 업무상촉탁낙태죄와 함께 보호자의 유기치사죄(일형 § 219, § 218)가 성립한다고 한 사례가 있다.[25]

6. 처 벌

19   2년 이하의 징역에 처한다.

20   벌금형은 없고, 징역형으로 처벌한다. 이 경우, 7년 이하의 자격정지를 병과한다(§ 270④). 이는 필요적 자격정지의 병과에 관한 규정으로, 간접적으로 낙태 빈발의 소지를 차단하기 위한 것이다.[26]

21   본죄는 동의낙태죄에 비하여 무겁게 처벌한다. 일반인에 의한 낙태는 어렵고 대부분 등 의사 등을 통해 낙태가 행해지는데, 사람의 생명유지나 건강회복을 그 업무의 본지로 삼아야 할 사람이 이에 역행하여 태아의 생명을 해친다는 점에서 형법상 책임비난을 가중할 근거가 있다고 보는 것이다.[27] 이에 대하여 비전문가에 의한 낙태행위가 더 위험한데, 의사의 낙태행위를 동의낙태죄에 비하여 가중처벌하는 것은 바람직하지 않고,[28] 영리를 일삼는 경우에 한하여 가중처벌하여야 한다는[29] 비판이 있다.

22   본죄의 보호법익은 태아의 생명과 부녀의 생명 신체이고, 제269조 제2항과 비교하거나, 면허 없는 의사, 한의사, 조산사, 약제사 또는 약종상과 비교하여 볼 때 본조 제1항에 규정된 사람들의 행위는 보호법익 침해의 가능성이 더 낮다고

---

24 대판 2005. 4. 15, 2003도2780.
25 最決 昭和 63(1988). 1. 19. 刑集 42·1·1.
26 신동운, 형법각론(2판), 614.
27 오영근, 81; 이영란, 형법학 각론강의, 104; 정웅석·최창호, 형법각론, 348.
28 조준현, 형법각론, 130.
29 손동권·김재윤, 새로운 형법각론, § 6/22; 이재상·장영민·강동범, § 5/25.

할 수 있다. 따라서 보호법익 침해의 가능성이 높은 영리적인 낙태행위에 한하여 의사 등을 가중처벌하는 방향으로 법 개정이 이루어지는 것이 바람직하다.[30]

II. 부동의낙태죄(제2항)

1. 주 체

본죄(부동의낙태죄)는 주체에 제한이 없다. 본조 제1항에 규정된 사람들도 주체가 될 수 있으므로, 의사 등이 부녀의 승낙 없이 낙태행위를 하면 상대적으로 법정형이 가벼운 업무상승낙낙태죄가 아니라 본죄에 해당한다.[31] 부녀 자신은 본죄의 주체가 될 수 없다.

23

2. 행 위

부녀의 촉탁이나 승낙 없이 낙태하게 하는 것이다. 부녀가 반대의사를 표시할 필요는 없다.[32] 부녀의 의사에 반하지 않는다고 하더라도 부녀의 촉탁이나 승낙 없이 이루어지면 본죄가 성립한다. 따라서 부녀 모르게 낙태시킨 경우에도 본죄가 성립한다. 폭행, 협박, 기망 등에 의하여 부녀가 하자 있는 의사표시로 행한 촉탁이나 승낙으로 이루어진 낙태의 경우에도 본죄에 해당한다. 사전에 촉탁이나 승낙이 없었다면, 사후에 승낙이 있다고 할지라도 본죄가 성립한다.

24

촉탁·승낙낙태죄와 마찬가지로 '낙태하게 한 자'는 스스로 낙태행위를 행한 사람을 가리키는 것으로 해석하나, 직접 낙태하는 것은 물론 부녀를 강요하여 부녀로 하여금 낙태하게 하는 것도 포함되어야 한다.[33]

25

3. 고 의

낙태의 고의가 있어야 하고, 부녀의 촉탁 또는 승낙이 없다는 점에 대한 인식이 필요하다.

26

---

30 손동권·김재윤, §6/22.
31 김신규, 110; 박상기·전지연, 447.
32 大塚 外, 大コン(3版)(11), 234(橫畠裕介).
33 손동권·김재윤, §6/24.

27   부녀의 촉탁 또는 승낙이 없음에도 있다고 오인한 경우에는 제15조 제1항에 따라 본죄의 고의는 인정되지 않고, 행위의 주체의 신분에 따라 제269조 제2항 또는 본조 제1항의 죄가 성립한다.[34] 부녀의 촉탁·승낙이 있음에도 부녀의 촉탁·승낙이 없는 것으로 인식하여 낙태를 하였을 경우 본죄가 성립한다는 견해[35]가 있으나, 촉탁·승낙낙태죄가 성립한다는 견해가 타당하다.

4. 죄수 및 다른 죄와의 관계

28   (1) 낙태에 통상적으로 수반하는 부녀의 신체상해는 불가벌적 수반행위이므로 따로 범죄를 구성하지 않는다.[36] 그러나 본죄의 경우, ① 상해죄의 법정형이 더 높으므로 본죄와 상해죄의 상상적 경합으로 보아야 한다는 견해가 있다.[37] 이에 대하여, ② 낙태에서 통상 수반되는 부녀의 신체침해에 대하여 법익주체의 유효한 승낙이 없으므로 이에 대한 형법적 평가를 필요로 하고, 특히 임신 후 상당한 기간이 경과한 경우는 낙태행위로 수반되는 임부의 신체침해가 상당히 심각함에도 불구하고 본죄의 법정형은 3년 이하의 징역형이고 상해죄의 법정형은 7년 이하의 징역형(벌금형 제외)이므로 현행법의 해석상 본죄와 상해죄의 상상적 경합을, 경우에 따라서는 실체적 경합을 인정해야 한다고 한다는 견해도 있다.[38]

29   (2) 임신한 부녀라는 사실을 인식하고 살해한 경우에는, 살인죄와 본죄의 상상적 경합이 된다.[39]

30   (3) 임신한 부녀에게 낙태를 강요하여 낙태하게 하면, 본죄와 강요죄(§ 324 ①)의 상상적 경합이 된다.[40]

---

34 강구진, 114; 김일수·서보학, 42; 이형국·김혜경, 123.

35 이형국·김혜경, 123.

36 대판 2007. 6. 29, 2005도3832; 대판 2009. 7. 9, 2009도1025. 위 2005도3832 판결 평석은 박경춘, "분만 전 태아에 대한 낙태죄 이외의 형법상 보호가능성", 의료법학 9-1, 대한의료법학회(2008), 197-258; 조균석, "사람의 시기", 형법판례 150선(3판), 박영사(2021), 168-169.

37 김신규, 112. 상해가 극히 경미한 경우에는 상해죄가 성립하지 않고 낙태죄만이 성립한다는 견해도 있다(오영근, 82).

38 이정원·류석준, 형법각론, 102.

39 강구진, 115; 김신규, 112; 김일수·서보학, 42; 오영근, 82; 이재상·장영민·강동범, § 5/30.

40 김신규, 112; 김일수·서보학, 42; 김혜정·박미숙·안경옥·원혜욱·이인영, 103; 심재무, 81; 이재상·장영민·강동범 § 5/30; 정성근·박광민, 119.

           〔이 영 주〕

(4) 임부인 줄 알고 폭행·상해를 가하여 낙태하게 한 경우 낙태의 고의가　31
있으면 폭행죄·상해죄와 본죄는 상상적 경합관계에 있고, 낙태에 대한 고의가
없으면 폭행죄·상해죄만이 성립한다.[41]

(5) 성을 파는 행위를 하였거나 할 사람을 고용 또는 관리하는 것을 이용하　32
여 위계 또는 위력으로써 낙태하게 한 사람은 성매매알선 등 행위의 처벌에 관
한 법률(§18③(ii))에 의하여 가중처벌된다.

5. 처 벌

3년 이하의 징역에 처한다.　33

벌금형은 없고, 징역형으로 처벌한다. 이 경우, 7년 이하의 자격정지를 병　34
과한다(§270④).

본죄는 태아 및 임부의 생명·신체에 대한 일방적인 공격과 위법성이 높은　35
유형의 행위이므로 낙태의 죄 중에서 법정형이 가장 무겁다. 그러나 법정형이 7
년 이하의 징역형인 상해죄보다 낮다는 점에서 비판이 제기된다.[42] 낙태에 수반
되는 전형적인 부녀의 신체훼손을 포괄할 수 있도록 본죄의 법정형을 상향 조
정하는 것이 필요하다.

일본형법도 본죄를 낙태의 죄 가운데 가장 법정형이 무겁게 규정하고 있을　36
뿐 아니라, 행위의 위험성이 크기 때문에 미수죄도 처벌하고 있다.[43]

III. 업무상낙태치사·상죄 및 부동의낙태치사·상죄(제3항)

1. 결과적 가중범

본죄[업무상낙태(치사·상)죄·부동의낙태(치사·상)죄]는 업무상낙태죄 또는 부동　37
의낙태죄의 결과적 가중범이다.

상해 또는 사망의 의미는 **낙태치사·상죄**(§269③)의 상해 또는 사망의 의미　38
와 같다.

---

41 오영근, 82.
42 이정원·류석준, 90-91; 진계호·이존걸, 119.
43 大塚 外, 大コン(3版)(11), 234(橫畠裕介).

39　　　본죄가 성립하기 위하여 업무상낙태죄나 부동의낙태죄가 기수에 이르러야 하는지에 관하여는, 낙태치사·상죄에서와 마찬가지로 견해의 대립이 있다(① 기수필요설과 ② 기수불필요설). 판례는 의사인 피고인이 기구를 피해자의 자궁 내에 집어넣고 태아를 흡입하는 방법으로 낙태를 하려다 피해자의 자궁후벽에 천공이 생기고 위 천공으로 인하여 자궁복막염 및 유착발기의 상해를 입게 하고 즉시 낙태를 중단하여 낙태는 미수에 그친 사안에서, "형법 제270조 제1항은 의사가 부녀의 촉탁 또는 승낙을 받아 낙태하게 한 때에는 2년 이하의 징역에 처하도록 규정하고 같은 조 제3항은 제1항의 죄를 범하여 부녀를 상해에 이르게 한 때에는 5년 이하의 징역에 처한다고 규정하고 있으며, 낙태죄에 대하여는 미수범을 처벌하는 규정이 없는바, 형법 제270조 제3항의 죄는 낙태죄를 범하여 사람을 상해에 이르게 함으로써 성립하고 낙태죄는 미수범을 처벌하지 아니하므로 낙태가 기수에 이른 때에만 성립한다고 해석함이 죄형법정주의의 원칙에 합당한 것으로 보인다."고 판시하였다(기수불필요설의 입장).[44]

40　　　고의범인 업무상낙태죄와 부동의낙태죄에 대한 결과적 가중범이므로, 낙태의 고의 없이 과실로 태아를 낙태시키고 이로 인하여 부녀에게 상해 또는 사망의 결과가 발생하였다고 하더라도 이는 과실치사상 또는 업무상과실치사·상죄만이 문제될 뿐이다.

41　　　중한 결과발생에 대한 예견가능성에 관하여는, "낙태수술을 하고 태아를 낙태시킨 순간부터 심한 하출혈을 하는 것을 보고 자궁수축제와 지혈제를 주사하고 압박 담봉을 하였으나 아무런 효험이 없이 여전히 출혈이 계속되었을 경우 위 출혈상태로 보아 '이완성 자궁'으로 인한 출혈이라는 것을 예견하였거나 예견할 수 있었을 것이므로 의사로서는 출혈의 근원을 제거하기 위하여 환자로 하여금 자궁절개수술을 받도록 조치를 취하여 그 출혈로 인한 사망을 예방하여야 할 주의의무가 있다."고 한 판결이 있다.[45]

2. 처　벌

42　　　부녀를 상해에 이르게 한 때에는 5년 이하의 징역에 처하고, 부녀를 사망에

---

44 서울지판 2004. 1. 29, 2003노7759(대판 2004. 4. 9, 2004도996으로 확정).
45 대판 1971. 8. 31, 71도1254.

이르게 한 때에는 10년 이하의 징역에 처한다.

　벌금형은 없고, 징역형으로 처벌한다. 이 경우, 7년 이하의 자격정지를 병　　**43**
과한다(§270④).

　부동의낙태치사·상죄의 법정형에 대하여는 비판이 제기된다. 부동의낙태죄　　**44**
의 형(3년 이하 징역)은 폭행죄(2년 이하 징역 또는 500만 원 이하 벌금, 구류·과료)의 형
보다 무거운데도 결과적 가중범인 부동의낙태치사·상죄(치상 5년 이하, 치사 10년
이하 징역)는 폭행치사·상죄(치상 7년 이하, 치사 3년 이상 징역)에서 정한 형[46]보다
가볍게 처벌하는 것은 균형이 맞지 않는다는 것이다.[47] 부동의낙태치사·상죄는
낙태 시 통상 나타나는 부녀의 신체침해에 대하여 그 법익 주체의 동의가 결여되
어 기본범죄를 실현할 때 이미 고의에 의한 상해가 인정되고 있으므로, 상해치상
죄와 별도로 부동의낙태치상죄를 인정하는 것은 불합리하다는 견해도 있다.[48]

　업무상낙태치사·상죄와 부동의낙태치사·상죄의 법정형을 동일하게 규정하　　**45**
고 있으나, 후자의 법정형을 전자의 법정형보다 무겁게 하는 것이 타당하다는
견해도 있다.[49] 일본형법은 업무상낙태치사·상죄에 대하여 6월 이상 7년 이하
의 징역형을 규정하고(일형 §215①), 부동의낙태치사·상죄에 대하여 상해죄와 비
교하여 무거운 형으로 처단한다고 규정하여(일형 §216), 부동의낙태치상죄는 부
동의낙태죄(일형 §215①. 6월 이상 7년 이하 징역)와 상해죄(일형 §204. 15년 이하의 징
역)를 비교하여 상한과 하한이 모두 무거운[50] 6월 이상 15년 이하의 징역형에,
부동의낙태치사죄는 상해치사죄(일형 §205. 3년 이상의 유기징역)와 비교하여 3년
이상의 유기징역형에 처하도록 되어 있다.

〔이 영 주〕

46 제262조(폭행치사상)는 "제260조와 제261조의 죄를 지어 사람을 사망이나 상해에 이르게 한 경
　우에는 제257조부터 제259조까지의 예에 따른다."고 규정하고 있으므로, 발생한 결과에 따라 상
　해죄·존속상해죄·중상해죄·존속중상해죄 및 상해치사죄에 정한 형으로 처벌된다.
47 김성천·김형준, 형법각론(5판), 53; 김신규, 114; 김일수·서보학, 44; 유기천, 83; 이재상·장영
　민·강동범, §5/31; 정성근·박광민, 120; 정웅석·최창호, 350.
48 이정원·류석준, 91은 부동의낙태치사죄에 대하여는 최소한 상해치사죄보다 무거운 법정형이 요
　구된다고 한다.
49 백형구, 91.
50 最判 昭和 32(1957). 2. 14. 刑集 11·2·715.

[특별법 등] 모자보건법 및 형법일부개정법률안

Ⅰ. 모자보건법

제14조(인공임신중절수술의 허용한계)

① 의사는 다음 각 호의 어느 하나에 해당되는 경우에만 본인과 배우자(사실상의 혼인관계에 있는 사람을 포함한다. 이하 같다)의 동의를 받아 인공임신중절수술을 할 수 있다.

1. 본인이나 배우자가 대통령령으로 정하는 우생학적(優生學的) 또는 유전학적 정신장애나 신체질환이 있는 경우
2. 본인이나 배우자가 대통령령으로 정하는 전염성 질환이 있는 경우
3. 강간 또는 준강간(準强姦)에 의하여 임신된 경우
4. 법률상 혼인할 수 없는 혈족 또는 인척 간에 임신된 경우
5. 임신의 지속이 보건의학적 이유로 모체의 건강을 심각하게 해치고 있거나 해칠 우려가 있는 경우

② 제1항의 경우에 배우자의 사망·실종·행방불명, 그 밖에 부득이한 사유로 동의를 받을 수 없으면 본인의 동의만으로 그 수술을 할 수 있다.

③ 제1항의 경우 본인이나 배우자가 심신장애로 의사표시를 할 수 없을 때에는 그 친권자나 후견인의 동의로, 친권자나 후견인이 없을 때에는 부양의무자의 동의로 각각 그 동의를 갈음할 수 있다.

[전문개정 2009. 1. 7.]

제28조(「형법」의 적용 배제) 이 법에 따른 인공임신중절수술을 받은 자와 수술을 한 자는 「형법」 제269조제1항·제2항 및 제270조제1항에도 불구하고 처벌하지 아니한다.

[전문개정 2009. 1. 7.]

시행령 제15조(인공임신중절수술의 허용한계)

① 법 제14조에 따른 인공임신중절수술은 임신 24주일 이내인 사람만 할 수 있다.

② 법 제14조제1항제1호에 따라 인공임신중절수술을 할 수 있는 우생학적 또는

유전학적 정신장애나 신체질환은 연골무형성증, 낭성섬유증 및 그 밖의 유전성 질환으로서 그 질환이 태아에 미치는 위험성이 높은 질환으로 한다.
③ 법 제14조제1항제2호에 따라 인공임신중절수술을 할 수 있는 전염성 질환은 풍진, 톡소플라즈마증 및 그 밖에 의학적으로 태아에 미치는 위험성이 높은 전염성 질환으로 한다.
〈개정 2009. 7. 7.〉

Ⅱ. 형법일부개정법률안

제270조의2(낙태의 허용요건)

① 제269조제1항·제2항 또는 제270조제1항의 행위가 임신 14주 이내에 의사에 의하여 의학적으로 인정된 방법으로 이루어진 때에는 처벌하지 아니한다.
② 다음 각 호의 어느 하나에 해당하는 경우로서 제269조제1항·제2항 또는 제270조제1항의 행위가 임신 24주 이내에 의사에 의하여 의학적으로 인정된 방법으로 이루어진 때에는 처벌하지 아니한다.
  1. 강간 또는 준강간(準强姦) 등 범죄행위로 임신된 경우
  2. 법률상 혼인할 수 없는 혈족 또는 인척 사이에 임신된 경우
  3. 다음 각 목의 요건에 모두 해당하는 경우
    가. 임신의 지속이 사회적 또는 경제적 이유로 임신한 여성을 심각한 곤경에 처하게 하거나 처하게 할 우려가 있을 것
    나. 임신한 여성이 「모자보건법」에 따른 임신의 유지·종결에 대한 상담을 받고, 그 때부터 24시간이 지났을 것
  4. 임신의 지속이 보건의학적 이유로 임신한 여성의 건강을 심각하게 해치고 있거나 해칠 우려가 있는 경우
③ 임신한 여성이 「모자보건법」에 따른 임신의 유지·종결지속, 출산 및 양육에 관한 충분한 정보를 얻고 숙고(熟考)한 끝에 임신을 지속할 수 없다는 자기 결정에 이른 경우에는 제2항제3호가목에 해당하는 것으로 추정한다.

Ⅰ. 모자보건법

1. 규 정

1   모자보건법에 의한 인공임신중절수술을 받은 자와 수술을 행하는 자는 형법 제269조 제1항, 제2항 및 제270조 제1항의 규정에 불구하고 처벌하지 않는다(모자보건법 §28).

2   낙태와 관련하여, 우리 법체계는 낙태죄를 규정한 형법과 위법성조각사유를 규정한 모자보건법으로 이원화되어 있다. 즉, 형법은 제27장 낙태의 죄에서 자기낙태죄(§269①), 동의낙태죄(§269②), 업무상낙태죄(§270①), 부동의낙태죄(§270②), 낙태치사·상죄(§269③, §270③)를 처벌하는 규정을 두어 낙태를 전면 금지하고 있으며, 다만 모자보건법상 정당화사유가 있는 경우에 한해서 일정 기한 이내에는 형법상 낙태죄의 적용을 배제함으로써 낙태를 일부 허용하고 있다(모자보건법 §14, 동법 시행령 §15).

3   모자보건법은 인공임신중절을 할 수 있는 기한을 규정하지 않고, 시행령에서 이를 규정하고 있다. 인공임신중절 사유로 우생학적·윤리적 적응사유를 규정하고, 우생학적 또는 유전학적 정신장애나 신체질환, 전염성 질환에 대하여 대통령령으로 정하도록 위임하여 시행령에서 규정하고 있다. 사회적·경제적 사유는 낙태 허용사유에 해당되지 않는다. 낙태 허용사유 외에 낙태 허용사유의 판단기준 및 절차는 규정하고 있지 않다.

4   한편 2019년 4월 11일 헌법재판소가 형법상 임신한 여성의 자기낙태와 의사가 임신한 여성의 촉탁 또는 승낙을 받아 낙태하게 한 행위를 처벌하는 규정에 대하여 헌법불합치결정을 한 취지를 반영하여, 정부는 2020년 11월 18일 국회에 모자보건법일부개정법률안(의안번호 제5459호)을 제안하였다. 개정법률안은 헌법재판소의 헌법불합치결정의 취지를 반영하여 형법에 편입된 인공임신중절수술의 허용 한계에 관한 규정(모자보건법 §14①)과 형법 적용 배제규정(모자보건법 §28)을 삭제하는 한편, 인공임신중절 시 의사의 정신적·신체적 합병증 등에 관한 설명, 임신한 여성의 서면 동의 등 인공임신중절에 필요한 절차를 새로이 마련하고 있다.[1]

---

1 개정법률안 중 인공임신중절수술의 허용 한계 등의 삭제 및 인공임신중절 시 서면 동의 등 절차

2. 낙태 허용요건

(1) 의사에 의한 인공임신중절수술

의사가 정확하게 진단을 하고, 적절한 방법으로 인공임신중절수술이 행하여지도록 함으로써, 임부의 생명, 신체, 건강에 이익이 되도록 하기 위한 것이다. 의사는 산부인과 의사에 한정된다는 견해[2]도 있으나, 대체로 산부인과 의사에 한정되지 않는다고 본다.[3]　　　　　　　　　5

의사는 본인과 배우자의 동의를 받아 인공임신중절수술을 할 수 있다. 즉 의사가 낙태를 결정하는 주체이고, 임부는 결정에 대한 동의권자로 규정하고 있다.　　6

(2) 본인과 배우자의 동의

배우자는 법률상의 배우자 외에 사실혼 관계에 있는 배우자를 포함한다(모자보건법 §14① 본문). 다만, 배우자의 사망·실종·행방불명, 그 밖에 부득이한 사유로 동의를 받을 수 없으면 본인의 동의만으로 그 수술을 할 수 있다(모자보건법 §14②). 본인이나 배우자가 심신장애로 의사표시를 할 수 없을 때에는 그 친권자나 후견인의 동의로, 친권자나 후견인이 없을 때에는 부양의무자의 동의로 각각 그 동의를 갈음할 수 있다(모자보건법 §14③).　　7

동의는 자유롭고 진정한 의사에 기한 것이어야 한다.[4]　　8

마련(안 §14, 현행 §28 삭제)에 관한 사항은 아래와 같다[국회 법제사법위원회, 모자보건법 일부개정법률안, 주요내용(2020. 11. 18)].

① 낙태의 허용 요건이 「형법」에 신설되는 것에 맞추어 인공임신중절수술의 허용 한계 및 형법 적용 배제 규정을 삭제함

② 의사가 인공임신중절을 할 때에는 인공임신중절을 요청한 여성에게 인공임신중절에 따라 발생할 수 있는 정신적·신체적 합병증 등을 설명하고, 임신한 여성 본인의 자기결정에 따른 인공임신중절임을 확인하는 서면 동의를 받도록 함

③ 임신한 여성이 심신장애로 의사표시를 할 수 없거나 만 19세 미만인 경우에는 그 법정대리인에게도 인공임신중절에 따라 발생할 수 있는 정신적·신체적 합병증 등을 설명하고 서면 동의를 받도록 하되, 만 19세 미만인 여성이 법정대리인으로부터 학대를 받은 경우 등에는 상담사실확인서를 제출하면 법정대리인의 서면 동의 없이 인공임신중절을 할 수 있도록 함

2 이정원·류석준, 형법각론, 84.

3 김신규, 형법각론 강의, 103; 오영근, 형법각론(4판), 85; 이재상·장영민·강동범, 형법각론(13판), §5/6; 정성근·박광민, 형법각론(전정2판), 115.

4 한센병을 앓은 적이 있는 A 등이 국가가 한센병 환자의 치료 및 격리수용을 위하여 운영·통제해 온 국립소록도병원 등에 입원해 있다가 위 병원 등에 소속된 의사 등으로부터 정관절제수술 또는 임신중절수술을 받았음을 이유로 국가를 상대로 손해배상을 구한 사안에서, 의사 등이 한센인인 A 등에 대하여 시행한 정관절제수술과 임신중절수술은 법률상 근거가 없거나 적법 요건

(3) 임신한 날로부터 24주일 이내

9　　모자보건법 시행령이 2009년 7월 7일 개정되기 전까지 인공임신중절수술은 임신 28주일 이내에 있는 사람에 한하여 가능하였다. 그러나 시행령 개정으로 임신 24주일 이내로 축소되었다(모자보건법 시행령 §15①).

3. 낙태 허용사유

(1) 우생학적 사유

10　　우생학적 사유로 본인이나 배우자가 대통령령으로 정하는 우생학적 또는 유전학적 정신장애나 신체질환이 있는 경우(모자보건법 §14①(i))와 본인이나 배우자가 대통령령으로 정하는 전염성 질환이 있는 경우(모자보건법 §14①(ii))를 규정하고 있다. 태아가 출생한 후에 유적적 소질이나 임신 중의 충격으로 그 건강이 심히 침해되었을 때에 임부에게 그 출생을 강요할 수 없다는 취지에서 규정된 허용사유이다.[5]

11　　모자보건법 제14조 제1항 제1호에서 규정한 우생학적 또는 유학적 정신장애나 신체질환에 대하여, 모자보건법 시행령 제15조 제2항에서는 '연골무형성증, 낭성섬유증 및 그 밖의 유전성 질환으로서 그 질환이 태아에 미치는 위험성이 높은 질환'으로 규정하고 있다. 태아의 다운증후군은 낙태 허용사유에 해당하는 질환이 아니다.[6]

을 갖추었다고 볼 수 없는 점, 수술이 행해진 시점에서 의학적으로 밝혀진 한센병의 유전위험성과 전염위험성, 치료가능성 등을 고려해 볼 때 한센병 예방이라는 보건정책 목적을 고려하더라도 수단의 적정성이나 피해의 최소성을 인정하기 어려운 점, A 등이 수술에 동의 내지 승낙하였다 할지라도, A 등은 한센병이 유전되는지, 자녀에게 감염될 가능성이 어느 정도인지, 치료가 가능한지 등에 관하여 충분히 설명을 받지 못한 상태에서 한센인에 대한 사회적 편견과 차별, 열악한 사회·교육·경제적 여건 등으로 어쩔 수 없이 동의 내지 승낙한 것으로 보일 뿐 자유롭고 진정한 의사에 기한 것으로 볼 수 없는 점 등을 종합해 보면, 국가는 소속 의사 등이 행한 위와 같은 행위로 A 등이 입은 손해에 대하여 국가배상책임을 부담한다고 한 판례가 있다(대판 2017. 2. 15, 2014다230535).

5 이재상·장영민·강동범, §5/9.

6 대판 1999. 6. 11, 93다22857. 의사가 기형아 판별확률이 높은 검사 방법에 관하여 설명하지 아니하여 임산부가 태아의 기형 여부에 대한 판별확률이 높은 검사를 받지 못한 채 다운증후군에 걸린 아이를 출산한 사안에서, "모자보건법 제14조 제1항 제1호는 인공임신중절수술을 할 수 있는 경우로 임산부 본인 또는 배우자가 대통령령이 정하는 우생학적 또는 유전학적 정신장애나 신체질환이 있는 경우를 규정하고 있는데, 다운증후군은 유전성 질환이 아님이 명백하므로, 위 조항 소정의 인공임신중절사유에 해당하지 않음이 명백하여 부모가 태아가 다운증후군에 걸려

모자보건법 제14조 제1항 제2호에서 규정한 전염성 질환에 대하여, 모자보 12
건법 시행령 제15조 제3항은 '풍진, 톡소플라즈마증 및 그 밖에 의학적으로 태
아에 미치는 위험성이 높은 전염성 질환'으로 규정하고 있다.

(2) 윤리적 사유

윤리적 사유로 강간 또는 준강간에 의하여 임신된 경우(모자보건법 §14①(iii)), 13
법률상 혼인할 수 없는 혈족 또는 인척 간에 임신된 경우(모자보건법 §14①(iv))를
규정하고 있다. 불법한 성행위나 반윤리적 성행위로 인하여 수태된 경우에 그
임신의 계속이나 출산을 요구하는 것은 법질서에 반하고,[7] 범죄행위로 인하여
임신된 경우, 임신의 계속을 요구하는 것은 범죄피해자에게 가혹한 처사[8]라는
취지에서 낙태를 허용하는 것이다.

강간, 준강간에 의한 임신 외에도, 미성년자간음, 업무상 위력 등에 의한 간 14
음 등에 의한 임신의 경우에도 적용되는지 문제가 된다. 이에 관하여, ① 넓게
포섭하여 해석하는 것이 가능하다는 견해,[9] ② 대체로 강간·준강간에 의한 임
신에 한정된다고 해석하는 견해[10]로 나뉜다. 1992년 형법개정안은 윤리적 사유
로 강간, 준강간, 특수강간, 미성년자 간음, 업무상 위력 등에 의한 간음 등에
의하여 임신한 경우를 모두 포함하였으나(개정안 §135①(iii)),[11] 1995년 12월 29
일 개정된 현행 형법상 낙태죄 규정에 수용되지 못하였다.

법률상 혼인할 수 없는 경우라 함은 8촌 이내의 혈족(친양자의 입양 전의 혈족 15
을 포함) 사이(민 §809①), 6촌 이내의 혈족의 배우자, 배우자의 6촌 이내의 혈족,
배우자의 4촌 이내의 혈족의 배우자인 인척이거나 이러한 인척이었던 자 사이
(민 §809②), 6촌 이내의 양부모계의 혈족이었던 자와 4촌 이내의 양부모계의 인
척이었던 자 사이(민 §809③)를 말한다.

있음을 알았다고 하더라도 태아를 적법하게 낙태할 결정권을 가지고 있었다고 보기 어려우므로
부모의 적법한 낙태결정권이 침해되었음을 전제로 하는 손해배상 청구는 받아들이기 어렵다."고
판시하였다.

7 이재상·장영민·강동범, §5/10; 정성근·박광민, 113.

8 오영근, 85.

9 주석형법 [각칙(2)](5판), 20(우인성).

10 이재상·장영민·강동범, §5/10; 정성근·박광민, 115: 진계호·이존걸, 형법각론(6판), 120.

11 법무부, 형법개정법률안 제안이유서(1992. 10), 137.

(3) 의학적 사유

16   의학적 사유로 임신의 지속이 보건의학적 이유로 모체의 건강을 심각하게 해치고 있거나 해칠 우려가 있는 경우(모자보건법 §14①(v))를 규정하고 있다. 아직 태어나지 않은 태아를 위하여 임부의 생명이나 건강을 희생하도록 요구할 수 없다는 이유로 낙태를 허용하는 것이다.[12]

17   판례는 "'임신의 지속이 보건의학적 이유로 모체의 건강을 심히 해하고 있거나 해할 우려가 있는 경우'라 함은 임신의 지속이 모체의 생명과 건강에 심각한 위험을 초래하게 되어 모체의 생명과 건강만이라도 구하기 위하여는 인공임신중절 수술이 부득이하다고 인정되는 경우를 말한다."고 판시하였다.[13] 모체의 건강을 심히 해한다는 것은 모체의 생명에 대한 위험을 초래하는 경우뿐만 아니라 모체의 육체적·정신적 건강상태를 현저하게 해하는 경우를 포함한다.[14] 모체의 현재의 건강상태뿐 아니라 미래의 건강상태도 판단의 대상이 된다고 본다.[15] 의학적 사유에 장래의 정신적 건강까지 확장시켜 사회적·경제적 곤궁으로 인한 정신적 고통을 인한 낙태의 의학적 적응사유에 포함시키는 것에 대하여, ① 긍정적인 견해[16]와 ② 태아의 생명보호의 관점에서 부정적인 견해[17]가 있다. 현행 모자보건법의 해석상 사회적·경제적 곤궁으로 인한 정신적 고통을 의학적 허용사유에 해당한다고 보기는 어려울 것이다.

18   판례는 임신의 지속이 보건의학적 이유로 모체의 건강을 심히 해하고 있거나 해칠 우려가 있는 경우에 대한 판단은 치료행위에 임하는 의사의 건전하고도 신중한 판단에 위임되어 있다고 한다.[18]

4. 형법의 적용배제

19   모자보건법 제28조는 "모자보건법 제14조에 의하여 인공임신중절수술을 받은 자와 수술을 한 자는 「형법」 제269조제1항·제2항 및 제270조 제1항에도

---

12 이재상·장영민·강동범, §5/8.
13 대판 2005. 4. 15, 2003도2780.
14 정성근·박광민, 115.
15 이재상·장영민·강동범, §5/8.
16 이상돈, 형법강론(2판), 593.
17 김일수·서보학, 새로쓴 형법총론(9판), 39.
18 대판 1985. 6. 11, 84도1958.

불구하고 처벌하지 아니한다."고 규정하고 있다. 모자보건법 제14조에 의하여 정당화되는 낙태는 '의사에 의한 수술'로 시행되는 낙태이므로 형법 제269조 제2항은 모자보건법의 적용대상이 아님에도 불구하고 모자보건법 제28조의 적용이 배제되는 규정에 형법 제269조 제2항까지 포함한 것은 잘못된 규정으로 보인다.[19]

　　모자보건법 제14조 제1항에 따라 이루어진 낙태는 형법 제20조의 '법령에 의한 행위'로 위법성이 조각된다. 통설은 모자보건법상 낙태허용사유는 낙태죄의 특수한 위법성조각사유를 규정한 것으로 본다.[20] 의학적 허용사유는 정당행위 내지 긴급피난에 의한 위법성조각사유에 해당하나, 우생학적 허용사유, 윤리적 허용사유, 사회적 허용사유는 기대가능성 없는 책임조각사유로 보아야 한다는 견해[21]도 있다.　　　　　　　　　　　　　　　　　　　　　　　　　　　20

　　모자보건법은 형법 제 269조 제3항, 제270조 제3항에 관하여는 적용을 배제　　21
하지 않으므로, 모자보건법에 따라 적법하게 이루어진 낙태행위로 인하여 상해 또는 사망의 결과가 발생하였을 경우, 행위자에 대하여는 제 270조 제3항이 적용되는 것인지 문제가 된다. 낙태행위는 적법하므로 발생한 결과의 과실 유무에 따라 과실치사·상의 죄책만이 인정될 수 있을 것이다.[22]

5. 관련 쟁점

(1) 법 체계

　　모자보건법은 모성 및 영유아[출생 후 6년 미만인 사람(모자보건법 § 2(iii))]의 생　　22
명과 건강을 보호하고자 하는 법(모자보건법 § 1)임에도 낙태 허용사유를 모자보건법에 규정하는 것이 적절하지 않다는 비판이 있다.[23]

　　법률이 아닌 시행령에 낙태가 허용되는 기간을 규정한 것은 법률유보원칙　　23
에 반한다.[24]

---

19 이근우, "인공임신중절의 형사법적 쟁점", 한국의료윤리학회지 21-3(2018. 9), 210-211.
20 김일수·서보학, 38; 신동운, 형법각론(2판), 618; 오영근, 84; 이재상·장영민·강동범, § 5/6; 정성근·박광민, 114; 정웅석·최창호, 형법각론, 344.
21 심재무, 형법각론강의 I(개정판), 75.
22 주석형법 [각칙(2)](5판), 19(우인성).
23 이영란, 형법학 각론강의, 100.
24 조홍석, "낙태죄와 임신중절의 문제", 법학연구 18-4, 한국법학회(2018), 182.

24   모자보건법이 인공임신중절 사유가 될 수 있는 우생학적 또는 유전학적 정
신장애나 신체질환, 전염성 질환에 대하여 대통령령으로 정하도록 위임하여 시
행령에서 규정한 것도 법률이 위임의 한계를 정하지 않고 대통령령에 위임을
한 것이므로 헌법상 법률유보의 원칙에 반한다는 비판이 있다.[25]

(2) 낙태 허용요건 및 절차

25   낙태 허용기간을 임신 24주로 정하고 있으나, 현대 의료의 발달 수준을 고
려하여 태아의 생명보호의 관점에서 인공임신중절 가능기간을 22주로 단축하여
야 한다거나,[26] 낙태 허용기간을 일률적으로 정할 것이 아니라 낙태 허용사유별
로 구분하여 정하는 것이 타당하다는 견해가 있다.[27]

26   배우자의 동의를 요건으로 하는 것에 대하여 비판이 제기된다. 불법적 낙
태행위에 대해 책임을 지지 않는 배우자에게 임부의 낙태 시술에 대한 동의권
을 주는 것은 책임에 상응하는 권리의 속성을 고려할 때 비합리적이고 시대착
오적이라는 것이다.[28] 그러나 임신, 출산, 양육은 부부 공동의 권리와 의무 아래
이루어지므로 임부만의 자기결정으로 행할 수 없고, 다만 일본 모체보호법(§14
②. 배우자를 모르는 때, 그 의사를 표시할 수 없는 때, 임신 후에 배우자가 없어진 때는 본
인의 동의만으로 충분)을 참고하여 동의요건을 완화할 수 있다는 견해도 있다.[29]

27   낙태를 결정하는 주체로 의사를 규정한 것과 관련하여, 비록 낙태 시술에
관한 의학적 판단에 있어서 의사의 역할이 중요하지만, 임부의 자기결정권에 대
한 존중, 자신의 신체에 대한 결정권의 타인 배제 등 측면을 고려할 때, 임부의
신체에 행해지는 낙태의 최종적 핵심적 결정의 주체는 임부로 규정하는 것이
타당하다는 견해가 있다.[30]

28   모자보건법에는 낙태 허용사유 외에 낙태 허용사유의 판단기준 및 절차 등
이 규정되어 있지 않다. 그로 인하여 임부의 낙태 결정에 대한 타당성 판단이나
인공임신중절수술의 안전성 확보에 어려움이 있다. 유전성 질환은 과학적으로

---

25 조홍석(주 24), 181.
26 김일수, "낙태죄의 해석론과 입법론", 법학논집 27, 고려대학교 법학연구원(1992), 93-94; 김태
   계, "낙태죄에 관한 문제점과 입법론", 법학연구 18-1, 경상대학교 법학연구소(2010. 4), 254.
27 이근우(주 19), 213.
28 이재학, "낙태죄의 비범죄화 논란에 대한 소고", 법학논고 59, 경북대학교 법학연구원(2017. 8) 140.
29 신현호, "낙태죄의 제문제", 저스티스 121, 한국법학원(2010. 12), 409.
30 이재학(주 28), 140.

정확하게 판정하는 것이 곤란하다.[31] 강간 또는 준강간 여부도 의사가 판단하는
것이 곤란하고, 가해자에 대한 수사나 재판이 끝난 이후에 판단하는 경우 신속
하고 안전하게 낙태 시술을 받기 어렵게 되는 문제가 있다.[32]

(3) 낙태 허용사유

모자보건법 제14조 제1항 및 시행령 제15조 제2항, 제3항에 규정된 낙태   29
허용사유에 대하여는 상반된 입장에서 비판이 있다.

먼저, ① 태아의 생명권을 중시하여야 한다는 입장에서는 모자보건법이 낙   30
태 허용사유를 규정하여 인공임신중절수술을 통제하는 것으로 보이나, 실제로
는 허용사유가 포괄적으로 규정되어 낙태를 자유화하고 형법상 낙태금지규정을
사문화시키고 있다고 한다.

이와 반대로, ② 임신한 여성의 자기결정권을 중시하는 입장에서는 모자보   31
건법이 낙태 허용사유를 지나치게 제한적으로 규정하여 규범력을 잃었다고 본
다. 이 입장에 따르면, 양육의 기대가 절망적인 출생은 태아에 대하여는 물론
임부나 사회에 대하여도 불행의 원인이 되므로 사회적·경제적 사유까지 허용하
여야 한다.

각 입장의 개별적 낙태 허용사유에 대한 구체적인 비판 내용은 다음 [표 1],   32
[표 2]와 같다.

[표 1] 태아의 생명권 중시 입장[33]

1호	정신장애는 유전되는 질환으로 보기 어렵다.
	장애가 생명보호를 완화할 수 있는 적용사유가 될 수 없다.
	시행령에 규정된 '그 밖의 유전성 질환'은 너무 포괄적이다.
2호	임산부가 전염성 질환에 걸리면 치료의 대상이지 낙태의 원인은 아니다.
	시행령에 규정된 풍진, 톡소플라스마를 중병으로 보기 어렵다.[34]
	'태아에 미치는 위험성이 높은 질환'은 너무 포괄적이다.[35]

---

31 박찬걸, "낙태죄의 합리화 정책에 관한 연구", 법학논총 27-1, 한양대학교 법학연구소(2010), 213.
32 박남미, "낙태죄의 허용 한계 사유와 허용 한계 시기에 대한 고찰", 동아법학 78(2018), 35; 이근
   우(주 19), 211; 이미경, "모자보건법 개정을 넘어 낙태권을 처용하는 형법 개정으로", 한국여성
   변호사회 주최 모자보건법 제14조의 해석과 개정방향 심포지엄(2017. 4. 24), 70.
33 배종대, 형법각론(14판), §23/7-27.
34 조홍석(주 24), 181; 최안나, "모자의 보건을 해치는 모자보건법, 이제는 개정합시다", 모자보건
   법 제14조의 해석과 개정방향 심포지엄, 한국여성변호사회(2017. 4. 24), 10-11.
35 김태계(주 26), 255; 조홍석(주 24), 181.

3호	강간 등의 범죄자와 태아의 생명은 별개로 보아야 하는데, 양자를 구별하지 않고 태아의 생명까지 범죄시한다.
4호	법률상 혼인할 수 없는 혈족 또는 인척의 범위가 광범위하고, 혼인의 적법성이 태아의 생명권을 좌우할 수 없다.
5호	모체의 현재의 건강상태뿐 아니라 미래의 건강상태와 같은 불확정적인 사유를 이유로 태아의 생명권을 박탈하는 것은 바람직하지 않다.[36] 모체의 생명이 위협받는 상황으로 제한하고, 생명에 지장이 없는 신체에 대한 위험은 제외하여야 한다. 모체의 건강이 신체의 일반적 위험으로 확대해석될 가능성이 있고, 정신적 건강까지 포함하게 될 수도 있으므로, 명확성의 원칙에 반한다.[37]

[표 2] 여성의 자기결정권 중시 입장

1호	유전적 소질 이외에 임신 중에 있었던 충격과 질병, 약물복용, X선 촬영, 임신중독 등 유해한 영향을 받아 태아의 정상적 생육이 기대될 수 없는 경우에도 낙태가 허용될 수 있어야 한다.[38] 부모에게 정신질환이 있는 경우 정상적 양육이 어렵고 자녀의 정신에 부정적 영향을 끼치거나 자녀를 직접 해할 가능성이 높으므로 시행령 제14조 제2항에 규정하고 있는 우생학적·유전적 정신장애에 포함되지 않는 정신질환도 적용사유로 고려해야 한다.[39]
3호	강간, 준강간 외에 미성년자간음이나 업무상위력에 의한 간음 등 성범죄로 인하여 임산부가 원치 않는 임신이 되었을 경우에도 낙태가 허용되어야 한다.[40]

II. 형법일부개정법률안

1. 내 용

(1) 규정

33   2020년 11월 26일 국회에 제출된 형법일부개정법률안(이하, 형법일부개정 정부안이라고 한다.)은 제270조(의사 등의 낙태, 부동의낙태)에 이어 다음과 같이 제270조의2(낙태의 허용요건) 규정을 신설하는 것을 그 내용으로 하고 있다.

34   모자보건법과 형법일부개정 정부안을 대비하면, 다음 [표 3]과 같다.

---

36 박남미(주 32), 36.
37 조홍석(주 24), 182.
38 이재상·장영민·강동범, §5/9; 정성근·박광민, 115; 김일수(주 26), 92-93.
39 박남미(주 32), 38.
40 김일수(주 26), 93; 김태계(주 26), 256.

[표 3] 모자보건법과 형법일부개정 정부안 비교

	모자보건법	형법일부개정 정부안
허용 요건		§270의2(낙태의 허용요건) ① §269①·② 또는 §270①의 행위가 임신 14주 이내에 의사에 의하여 의학적으로 인정된 방법으로 이루어진 때에는 처벌하지 아니한다.
	§14(인공임신중절수술의 허용한계) ① 의사는 다음 각 호의 어느 하나에 해당되는 경우에만 본인과 배우자(사실상의 혼인관계에 있는 사람을 포함한다. 이하 같다)의 동의를 받아 인공임신중절수술을 할 수 있다.	§270의2② 다음 각 호의 어느 하나에 해당하는 경우로서 제§269①·② 또는 §270①의 행위가 임신 24주 이내에 의사에 의하여 의학적으로 인정된 방법으로 이루어진 때에는 처벌하지 아니한다.
	시행령 §15(인공임신중절수술의 허용한계) ① 법 §4에 따른 인공임신중절수술은 임신 24주일 이내인 사람만 할 수 있다.	
허용 사유	§14①(i) 본인이나 배우자가 대통령령으로 정하는 우생학적(優生學的) 또는 유전학적 정신장애나 신체질환이 있는 경우	〈삭제〉
	§14①(ii) 본인이나 배우자가 대통령령으로 정하는 전염성질환이 있는 경우	〈삭제〉
	§14①(iii) 강간 또는 준강간(準强姦)에 의하여 임신된 경우	§270의2②(i) 강간 또는 준강간(準强姦) 등 범죄행위로 임신된 경우
	§14①(iv) 법률상 혼인할 수 없는 혈족 또는 인척 간에 임신된 경우	§270의2②(ii) 법률상 혼인할 수 없는 혈족 또는 인척 사이에 임신된 경우
		§270의2②(iii) 다음 각 목의 요건에 모두 해당하는 경우 가. 임신의 지속이 사회적 또는 경제적 이유로 임신한 여성을 심각한 곤경에 처하게 하거나 처하게 할 우려가 있을 것 나. 임신한 여성이 「모자보건법」에 따른 임신의 유지·종결에 대한 상담을 받고, 그때부터 24시간이 지났을 것
	§14①(v) 임신의 지속이 보건의학적 이유로 모체의 건강을 심각하게 해치고 있거나 해칠 우려가 있는 경우	§270의2②(iv) 임신의 지속이 보건의학적 이유로 임신한 여성의 건강을 심각하게 해치고 있거나 해칠 우려가 있는 경우
추정		§270의2③ 임신한 여성이 「모자보건법」에 따른 임신의 유지·종결지속, 출산 및 양육에 관한 충분한 정보를 얻고 숙고(熟考)한 끝에 임신을 지속할 수 없다는 자기 결정에 이른 경우에는 ②(iii)가목에 해당하는 것으로 추정한다.

(2) 낙태 허용기간과 허용사유

(가) 임신 14주 이내

35   제269조 제1항, 제2항 또는 제 270조 제1항의 행위가 임신 14주 이내에 의사에 의하여 의학적으로 인정된 방법으로 이루어진 때에는 처벌하지 아니한다(안 §270의2①). 임신 초기에 어떤 사유도 요구하지 아니하고 낙태를 전면 허용하는 방안을 채택한 것이다. 이는 '결정가능기간' 내에 임부의 자기결정권을 보장하라는 헌법재판소 결정의 취지에 따르고, 나아가 단순위헌의견, 즉 '임신 제1삼분기(대략 마지막 생리기간의 첫날부터 14주 무렵까지)'에는 어떠한 사유를 요구함이 없이 임신한 여성이 자신의 숙고와 판단 아래 낙태할 수 있도록 하여야 한다는 의견에도 상응하려 한 것이다.

(나) 임신 24주 이내

36   모자보건법의 낙태 허용사유 중 범죄학적 사유, 윤리적 사유, 의학적 사유는 형법으로 편입시키되, 우생학적·유전적 사유 및 전염성 질환은 폐지하고, 사회적·경제적 사유를 추가하였다. 그리고 이들 사유의 허용기한은 모두 임신 24주 이내로 규정하였다(안 §270의2②).

37   모자보건법에서 낙태 허용사유로 규정한 우생학적·유전적 사유와 전염성 질환에 대하여는 장애아에 대한 생명 경시로 반인권적이고 유전되지 않거나 치료가 가능한 질환이 있다는 점 등을 이유로 비판을 받아왔으므로, 이와 같은 비판을 수용하여 낙태 허용사유에서 삭제한 것이다. 독일의 경우 1995년 형법 개정으로 우생학적 사유를 삭제하였다.

개별적인 허용사유는 다음과 같다.

(a) 성범죄로 인한 임신

38   모자보건법은 낙태 허용사유를 '강간 또는 준강간'으로 규정하고 있다(안 §270의2②(i)). 강간, 준강간 외에 업무상위력에 의한 간음 등 기타 성폭력범죄에 의한 임신도 윤리적 적응사유에 포함시켜야 한다는 비판이 있어 왔다. 이에 정부안은 '강간 또는 준강간 등 범죄행위로 임신된 경우'를 낙태 허용사유로 규정하였다.

(b) 근친관계로 인한 임신

39   모자보건법의 낙태 허용사유를 존치한 것이다(안 §270의2②(ii)). 근친관계로

인한 임신은 신설되는 낙태 허용사유인 사회적·경제적 사유에 포함된다고 볼
수도 있다.

(c) 사회적·경제적 사유

헌법재판소는 결정가능기간 중에 다양하고 광범위한 사회적·경제적 사유 40
로 인하여 낙태갈등 상황을 겪고 있는 경우까지도 예외 없이 전면적·일률적으
로 임신한 여성에게 임신의 유지 및 출산을 강제하고, 이를 위반하여 낙태한 경
우 형사처벌하고 있는 것은 그 입법목적을 달성하기 위하여 필요한 최소한의
정도를 넘어 임신한 여성의 자기결정권을 제한한다고 판단하였다. 이에 헌법재
판소에서 낙태 허용 필요 사유로 명시한 '사회적·경제적 사유'를 규정하였다(안
§270의2②(iii)가목).

(d) 임부의 건강

현행 모자보건법의 사유를 존치한 것이다(안 §270의2②(iv)). 허용기간은 임 41
신 24주 이내이지만, 임부의 생명 또는 건강의 위해로 인한 낙태는 일반적 위법
성조각사유인 긴급피난에 의해서 허용될 수 있다.

(3) 낙태의 방법

모자보건법상 인공임신중절수술의 주체를 의사로 한정하고 있는 점과 안정 42
성 등을 고려하여 낙태행위가 의사에 의하여 의학적으로 인정된 방법으로 이루
어진 때에는 처벌하지 않도록 규정하였다.

(4) 낙태의 요건

모자보건법에서 규정하고 있는 배우자 동의 요건을 삭제하였다. 법과 현실 43
의 괴리를 좁히려는 것이다. 임신한 여성이 19세 미만인 경우 법정대리인의 동
의도 형법상 낙태의 허용요건이 아니다.

사회적·경제적 사유에 의한 낙태에 한하여 상담 및 최소한의 숙려기간(24 44
시간)을 거치도록 하였다(안 §270의2②(iii)나목). 다양하고 광범위한 사회적·경제
적 사유의 충족 여부를 객관적으로 확인하기 어려운 측면이 있으므로, 임신한
여성이 모자보건법에서 정한 상담절차에 따라 충분한 정보를 제공받고 숙고하
였음에도 낙태를 결정한 경우 사회적·경제적 사유가 있는 것으로 추정하는 규
정을 마련한 것이다.

〔이 영 주〕

2. 관련 쟁점

(1) 낙태죄 폐지 여부

45   형법일부개정 정부안은 낙태죄 처벌을 유지하면서 낙태가 허용되는 사유·방법·절차를 규정하였다. 헌법재판소가 "자기낙태죄는 태아의 생명을 보호하기 위한 것으로서 정당한 입법목적을 달성하기 위한 적합한 수단이고, 다만 자기낙태죄 조항과 의사낙태죄 조항의 위헌성은 낙태를 예외없이 전면적·일률적으로 금지하고, 이를 위반한 경우 형사처벌하는 점에 있으며, 태아의 생명으로 보호하기 위하여 낙태를 금지하고 처벌하는 것 자체가 모든 경우에 헌법에 위반된다고 볼 수 없다."고 설시하였으므로, 자기낙태죄의 폐지는 헌법재판소가 설시한 한계를 넘어선다고 본 것이다.

46   이와 달리 본장(제27장)을 전부 삭제하여야 한다는 견해가 있다. 그 논거는 다음과 같다.

47   ① 낙태죄는 여성의 자기결정권을 제약하고, 원치 않는 임신의 유지와 출산을 강제하여 임신한 여성의 생물학적·정신적 건강을 훼손하며, 그 부담을 여성에게만 부과한다. ② 낙태의 처벌 기준과 범위를 허용사유와 시기 등으로 엄격하고 명확히 규정하는 것은 어렵다. ③ 형벌에 따른 위하가 임신한 여성의 낙태 여부 결정에 미치는 영향은 제한적이고, 실제 처벌되는 사례도 드물기에, 자기낙태죄 조항이 태아의 생명보호라는 공익에 기여하는 정도가 크다고 보기 어렵다. 오히려 ④ 낙태죄 처벌이 상대 남성 등의 복수나 괴롭힘의 수단으로 악용되거나, 임신한 여성이 임신 유지에 관하여 필요한 사회적 논의나 소통을 하지 못한 채 임신의 종결을 결정하여 안전하지 않은 방법으로 낙태를 실행하도록 만들기도 하였다. 그리고 ⑤ 일반인에 의한 낙태는 의사에 의한 낙태보다 더 위험하고 불법성이 큼에도 불구하고 동의낙태죄와 달리 의사낙태죄 조항은 징역형만을 규정하고 있고, 형량도 동의낙태죄보다 높으므로 불공평하다.

48   자기낙태죄, 동의낙태죄, 업무상낙태죄를 폐지한다면, 법체계 관점에서 부동의낙태죄를 폐지하고 임부에 대한 상해죄로 처벌하는 방안의 검토가 필요하다. 자기낙태죄 등을 폐지하지 않는 경우에는 부동의낙태죄도 존치하는 것이 바람직하다.

(2) 낙태 허용기간

(가) 특별한 사유가 없는 경우

형법일부개정 정부안은 헌재 2017헌바127호 사건에서 단순위헌의견이 "임 **49**
신 제1삼분기(대략 마지막 생리기간의 첫날부터 14주)에는 임신한 여성이 스스로 낙
태 여부를 결정할 수 있어야 한다."라고 설시한 것을 반영하여, 특별한 사유가
없는 경우에도 임신 14주 이내에는 낙태를 허용한다.

이에 대하여, ① 태아의 생명권을 중시하는 입장에서 비판이 제기된다. ⓐ **50**
낙태 허용기간은 태아의 장기와 팔, 다리가 모두 형성되어 사람의 모습을 완성
하고, 낙태수술도 여성 건강에 부담이 덜 되는 시기인 임신 10주[41] 이내로 제한
되어야 한다는 견해, ⓑ 낙태수술을 태아의 심장 박동이 감지되는 임신 6주 이
후에는 90에서 98퍼센트의 태아가 만기까지 성장하여 출생에 이르므로 임신
6주로 제한하여야 한다는 견해 등이다.[42] ⓒ 임신 8주 정도의 배아(embryo) 단
계를 지나 태아(fetus) 단계에 도달하고 배아단계의 인공임신중절은 낙태가 아니
라는 견해도 있다.[43]

반면, ② 여성의 자기결정권을 제한한다는 이유로 낙태 허용기간 제한을 **51**
반대하는 견해도 있다. 여성의 재생산 건강권 차원에서 태아의 생존능력을 추정
하는 임신기간이나 임신 중단이 여성의 건강에 미치는 영향이 중대한 기간에
대하여 법적으로 엄격하게 제한하여서는 안 된다는 것이다.[44]

(나) 낙태 허용사유가 있는 경우

형법일부개정 정부안은 낙태 허용사유가 있는 경우 임신 24주 이내까지 낙 **52**
태를 허용한다. 이는 현행 모자보건법 시행령에서 정한 인공임신중절 허용기간
과 같다. 헌재 2017헌바127 사건에서 결정가능기간의 기준을 임신 22주 내외로
설시하였으므로 임신 24주는 입법재량의 범위 내로 보고, 가능한 한 낙태허용
범위를 넓혀 임부에게 자기결정권을 더 보장하려는 취지이다.

---

41 박남미(주 32), 51; 박찬걸(주 31), 218.
42 장지영, "태아심박동법 중심으로 살펴본 미국의 낙태금지법 추진 현황", 성산생명윤리연구소 10
　월 포럼(2019. 10) 참조.
43 박찬걸(주 31), 218.
44 장다혜, "여성의 임신중단 관련 법률 개정의 방향: 건강권 및 성과 재생산 권리의 평등실현을 중
　심으로", 한국형사정책연구원 유관학회 공동국제학술회의: 인간존엄과 가치의 형사사법적 실현
　(2019), 261.

53   이에 대하여 태아의 발달 정도, 해외 입법례, 헌법재판소 결정 등에 비추어 낙태 허용기간을 임신 24주보다 단축하여야 한다는 견해가 있다. 이 견해는 헌재 2017헌바127 사건에서 태아가 독자적으로 생존할 수 있는 시점을 국제적 기준(WHO)에 따라 임신 22주로 보고 그때까지를 낙태 결정가능기간으로 보되, 그 때까지의 낙태에 대해 국가가 생명보호의 수단 및 정도를 달리 정할 수 있다고 설시하였는데, 그 기간을 넘는 것은 헌재 결정의 한계를 넘는다고 본다.[45] 독일은 임신 12주, 노르웨이는 임신 18주, 미국 조지아 주는 임신 20주, 러시아·스웨덴·일본은 임신 22주 이후에는 인공임신중절이 허용되지 않는다.

54   의학적 사유, 유생학적, 사유, 윤리적 사유 별로 결정가능기간을 구분하여 정하여야 한다는 견해가 있다.[46] 예를 들어, 윤리적 사유에 대하여는 임신 12주 이내로 단축하여야 한다는 견해이다.[47] 1992년의 형법개정안은 낙태를 할 수 있는 시기에 관하여 의학적 적응사유의 경우에는 제한을 두지 않고, 우생학적 적응사유의 경우는 임신 24주 이내, 윤리적 적응사유의 경우는 임신 20주 이내로 제한한 바 있다(개정안 §135②).[48]

      (다) 낙태 허용사유

      (a) 사회적·경제적 사유

55   형법일부개정 정부안에 규정된 사회적·경제적 사유에 대하여는 사실상 임신 24주 이내 낙태를 전면 허용하여 태아의 생명을 박탈하게 된다는 비판이 제기된다.

56   먼저 사회적·경제적 사유는 그 내용이 구체적이지 못하고 모호하며 광범위하여 법률의 명확성 원칙에 반한다는 것이다.[49] 국가는 생명보호를 위하여 필요한 모든 조치를 취해야 할 헌법적 의무를 지고 있으므로, 국가의 미흡한 복지정책의 사회적·경제적 정당화사유로 보상되는 일은 있어서는 안 된다는 주장도 있다.[50]

---

45 이홍락, "형법 일부개정법률안(정부) 검토", 국회 법제사법위원회 주최 낙태죄 개정 관련 공청회 자료집(2020. 12. 8), 36.

46 이근우(주 19), 213.

47 김일수(주 26), 94.

48 법무부, 형법개정법률안 제안이유서(1992. 10), 136.

49 이홍락(주 45), 31-32.

50 배종대, 형법각론(14판), §23/6.

사회적·경제적 사유로 낙태를 허용하는 경우 결정가능기간의 종기를 언제 **57**
까지로 할 것인지는 신중히 검토할 필요가 있다. 사회적·경제적 사유로 낙태를
허용하는 입법례의 경우 허용기간은 일본 22주, 핀란드 12주, 네덜란드 12주,
이탈리아 90일 등이다.

충분한 정보를 제공받고 숙고하는 경우 사회적·경제적 이유를 추정하여 처 **58**
벌을 면제하는 것에 대하여 비판이 제기된다. 법률명확성의 원칙에 반하고, 법
관에게 사회적·경제적 사유에 대한 판단을 하지 말 것을 강요하는 것으로서 사
법권 침해라는 것이다.[51]

(b) 그 밖의 낙태 허용사유

모자보건법에 규정된 개별적 낙태 허용사유에 관하여는, 태아의 생명권을 **59**
중시하는 입장과 임신한 여성의 자기결정권을 중시하는 입장에서 상반된 비판
이 제기된다.

성폭력에 의한 임신의 경우, 형법일부개정 정부안은 '강간 또는 준강간'에 **60**
국한하지 아니하고 '강간 또는 준강간 등 범죄행위로 인해 임신한 경우'를 낙태
허용사유로 규정하였다. 이에 대하여, ① 성범죄를 규정한 다수의 특별법이 있
으므로 모든 성범죄를 열거하는 것이 불가능하므로 정부안과 같은 규정이 합리
적이라고 보는 견해[52]와 ② 명확성의 원칙에 반한다는 견해[53]로 나뉜다. 독일의
경우, 해당 범죄행위의 조항을 특정하고 범죄행위 성립 여부에 대해 달리 규정
하고 있다. 즉, '임부에 대해 제176조(아동 강간 내지 성적 남용) 내지 제177조(성적
남용)에 따른 위법행위가 범하여졌고, 그로 인하여 임신한 것으로 인정할 만한
유력한 근거가 있는 경우'로 특정하고 있다.

(라) 낙태의 요건

형법일부개정 정부안은 임신한 여성이 배우자의 동의를 받도록 하는 규정 **61**
을 삭제하였다. 임신한 여성이 미성년자인 경우, 부모 동의를 받도록 할 것인지
는 견해가 나뉜다. ① 적절한 결정을 위해 부모의 동의를 받아야 한다는 견해와
② 부모 동의를 받게 하는 것은 자기결정권 행사를 제한한다는 이유로 반대하

---

51 이홍락(주 45), 32-33.
52 정현미, 국회 법제사법위원회 주최 낙태죄 개정 관련 공청회 자료집(2020. 12. 8), 15.
53 이홍락(주 45), 34.

는 견해가 있다. 정부의 모자보건법일부개정법률안은 임신한 여성이 만 19세 미만인 경우에는 법정대리인에게도 인공임신중절에 따라 발생할 수 있는 정신적·신체적 합병중 등을 설명하고 서면 동의를 받도록 하되, 만 19세 미만인 여성이 법정대리인으로부터 학대를 받은 경우 등에는 상담사실확인서를 제출하면 법정대리인의 서면 동의 없이 인공임신중절을 할 수 있도록 규정하였다(안 §14②).

62   상담요건이나 숙려기간 등과 같은 일정한 절차적 요건을 추가할 것인지 여부도 중요한 쟁점이다. 헌법재판소는 자기낙태죄 등에 대하여 헌법불합치결정을 하면서 상담요건이나 숙려기간 등과 같은 일정한 절차적 요건을 추가할 것인지 여부는 입법자에게 입법재량을 부여하였다. 한편 헌재 2010헌바402호 사건에서 반대의견에 대한 보충의견은, "임부의 자기결정권을 존중하여 임신 초기의 낙태를 허용하더라도 임부가 낙태에 대하여 충분히 숙고한 뒤에 결정할 수 있도록 함과 동시에 의학적으로 안전한 낙태 시술이 이루어질 수 있도록 입법조치를 취하여야 한다."고 설시한 바 있다.

63   이와 관련하여, ① 임신한 여성이 낙태갈등 상황에 처했을 때 전문가로부터 정신적 지지와 충분한 정보를 제공받으면서 충분히 숙고한 후 임신 유지 여부에 대한 결정을 할 수 있도록 상담절차를 도입하여야 한다는 견해[54]와, 반대로 ② 의무적인 상담 절차나 숙려기간으로 인하여 낙태가 늦어질 수 있고, 여성에게 상담 의무, 상담 이후 숙려기간을 강제하는 것은 여성이 스스로 결정할 수 있는 주체임을 부정하는 태도라는 견해[55]가 대립한다.

64   독일은 착상 후 12주 미만의 낙태의 경우 임신갈등상담소에서 발급받은 상담사실증명서를 제시하면 구성요건해당성을 배제하고, 착상 후 22주 미만의 낙태는 임신갈등상담소의 상담을 거쳐 의사가 시술하면 형을 면제하고 있다. 독일이나 미국 미주리 주의 법은 3일, 네덜란드 5일, 이탈리아 7일을 숙려기간으로 규정하고 있다. 미국의 다수 주는 의료적 상담을 요건으로 하거나, 상담 후 숙려기간을 의무화하고 있다. 프랑스도 2016년 숙려기간 요건을 삭제하였다.

---

54 성중탁, "낙태문제 해결을 위한 대안의 제시", 인권과 정의 441, 대한변호사협회(2014. 5), 21-23
  참조.
55 장다혜(주 44), 261.

(마) 낙태의 방법

헌재 2010헌바402 사건에서 반대의견의 보충의견은 의학적으로 안전한 낙　65
태 시술이 이루어질 수 있도록 병원이나 의사 등에 대한 일정한 요건을 마련하
여야 한다고 설시한 바 있다.

형법일부개정 정부안은 시술자를 '의사'로 규정하고 있는데, 산부인과 의사　66
등으로 제한하고 시술기관을 제한할 것인지 검토가 필요하다. 일본 모체보호법
은 각 지방자치단체의 의사회가 지정하는 의사만이 낙태 시술을 할 수 있도록
하고 있다(일 모체보호법 §14①). 영국의 경우, 두 명의 등록된 의사가 의학적 근
거가 충족되었다는 점을 증명한 이후에는 임신 24주까지 낙태가 가능하고, 원칙
적으로 국립의료원 등 승인된 장소에서 시술을 받도록 하고 있다.

낙태 방법과 관련하여, 의료계를 중심으로 약물 낙태 허용 여부, 소파술보　67
다 안전한 시술방법 도입 필요성, 낙태 시술 전 안정성 관련 상세 내용에 대한
고지의무 법제화나 태아 심박동을 듣거나 초음파를 보게 하는 방안 등 다양한
주장이 있다.

3. 결 어

자기낙태죄 등의 폐지 여부는 임부의 자기결정권과 태아의 생명권을 조화　68
롭게 보호하는 접점을 찾는 입법정책적 사항이다.

이미 헌법재판소에서 정한 입법시한을 경과하였으므로 특별한 사유가 없는　69
경우 어느 정도의 기간까지 낙태를 허용할 것인지, 낙태 허용사유별로 어느 정
도의 기간이 적정한 것인지, 상담 및 숙려기간 규정을 둘 것인지, 숙려기간을
둔다면 어느 정도로 정할 것인지 등에 관하여 임부와 태아의 법익을 보호하고
국가 등의 책임이 실질적으로 구현될 수 있는 제도를 조속히 정비하여야 한다.
헌법재판소의 결정 취지를 존중하면서, 외국의 입법례를 참조하여 낙태죄에 관
한 다양한 관점과 법률적 쟁점에 대한 충분한 논의와 사회적 합의가 이루어져
야 할 것이다.

〔이 영 주〕

제28장 유기와 학대의 죄〈개정 1995. 12. 29.〉

〔총 설〕

Ⅰ. 의의 및 규정

1. 의 의

　유기(遺棄)란 사전적 의미로는 내다 버리는 것을 의미하는데, 넓은 의미로는 **1**
내버려 두는 것까지 포함하고, 학대(虐待)는 몹시 괴롭히거나 가혹하게 대우하는
것을 의미한다. 형법은 이러한 의미의 유기와 학대 중에서도 도움을 필요로 하
는 사람을 보호할 의무 있는 사람이 유기한 경우, 자기의 보호 또는 감독을 받
는 사람을 학대한 경우를 처벌의 대상으로 하고 있다. 결국 도덕적 비난의 대상
이 될 수 있는 유기와 학대 중 특히 형사처벌이 필요할 정도로 중한 경우만을
금지 및 보호의 대상으로 삼고 있다고 할 수 있다. 나아가 행위자와 피해자 사
이에 특별한 관계가 있는 경우나 중한 결과가 발생하거나 그러한 위험이 발생
한 경우에 대해서는 형을 가중함으로써 금지 및 보호의 정도를 달리하고 있다.

　아동복지법은 아동학대행위를 유기·학대 등을 포함하는 넓은 개념으로 정 **2**
의하면서 보호영역에 따라 유형별로 구분하고 그 처벌의 정도를 달리 정하되
대체로 형법에 비하여 무겁게 처벌하고, 상습으로 범한 경우에는 가중하여 처벌
함으로써 아동에 대한 보호를 강화하고 있다(아동복지법 §17, §71①, §72). 이 밖

에도 노인학대행위에 관해서는 노인복지법이, 장애인학대행위에 관해서는 장애
인복지법이 각각 유사한 규율 태도를 보이고 있다.

3   나아가 아동학대범죄의 처벌 등에 관한 특례법(이하, 아동학대처벌법이라 한다.)
은 보호자에 의한 아동학대로서 유기·학대죄를 범하여 아동을 사망에 이르게
한 때, 아동의 생명에 대해 위험을 발생하게 하거나 불구 또는 난치의 질병에
이르게 한 때, 상습으로 범한 때, 아동학대 신고의무자가 범한 때에 각각 가중
하여 처벌하도록 규정함으로써 국가공동체의 미래에 대한 보호를 한층 강화하
고 있다(아학 § 2(iv)나목, §§ 4-7).

4   전체적으로 유기죄와 학대죄는 사회공동체 내에서 사회적 약자에 대한 국
가의 배려를 기본이념으로 하고 있다고 할 수 있다. 근래 들어 가족 구성의 변
화와 개인주의의 확산에 따른 부작용의 우려로 위와 같은 이념이 점차 강조되
고 있기 때문에, 그러한 이념이 사회공동체 내에서 유기·학대 관련 개개 형벌
규정을 통해 적절히 실현될 수 있도록 각 규정이 해석, 운용되어야 할 것이다.

2. 규 정

5   본장은 유기와 학대의 죄에 대하여 규정하고 있다. 구체적으로는 유기와
존속유기(§ 271), 학대와 존속학대(§ 273), 아동혹사(§ 274), 유기등 치사상(§ 275)이
규정되어 있다.[1] 독일에서는 유기죄를 생명에 관한 죄의 일종으로 규정하고 있
으나, 우리 형법은 유기죄와 살인죄를 분리하여, 학대죄, 아동혹사죄와 함께 유
기와 학대의 죄로 독립하여 규정하고 있다.[2] 본장의 조문 구성은 다음 [표 1]과
같다.

---

[1] 종래 영아유기죄(§ 272)도 규정되어 있었으나, 저항 능력이 없거나 현저히 부족한 사회적 약자인
　영아를 범죄로부터 두텁게 보호하기 위하여 2023년 8월 8일 형법를 개정하여 영아살해죄와 함
　께 이를 폐지하였다(2024. 2. 9. 시행).
[2] 주석형법 [각칙(4)](5판), 52(우인성).

[표 1] 제28장의 조문 구성

조 문		제 목	구성요건	죄 명	공소시효
§271	①	유기, 존속유기	ⓐ 나이가 많거나 어림, 질병 그 밖의 사정으로 도움이 필요한 사람을 ⓑ 보호할 법률상 또는 계약상 보호할 의무가 있는 자가 ⓒ 유기	유기	5년
	②		ⓐ 자기 또는 배우자의 직계존속에 대하여 ⓑ ①의 죄를 지음	존속유기	10년
	③		ⓐ ①의 죄를 지어 ⓑ 사람의 생명에 위험을 발생하게 함	중유기	7년
	④		ⓐ ②의 죄를 지어 ⓑ 사람의 생명에 위험을 발생하게 함	중존속유기	10년
§273	①	학대, 존속학대	ⓐ 자기의 보호 또는 감독을 받는 사람을 ⓑ 학대	학대	5년
	②		ⓐ 자기 또는 배우자의 직계존속에 대하여 ⓑ ①의 죄를 범함	존속학대	7년
§274		아동혹사	ⓐ 자기의 보호 또는 감독을 받는 16세 미만의 자를 ⓑ 그 생명 또는 신체에 위험한 업무에 사용할 영업자 또는 그 종업자에게 ⓒ 인도하거나 인도를 받음	아동혹사	7년
§275	①	유기등 치사상	ⓐ §271, §273의 죄를 범하여 ⓑ 사람을 상해 또는 사망에 이르게 함	(§271①, ③, §273① 각 죄명) (치상, 치사)	7년(치상) 10년(치사)
	②		ⓐ 자기 또는 배우자의 직계존속에 대하여 ⓑ §271, §273의 죄를 범하여 ⓒ 상해 또는 사망에 이르게 함	(§271②, ④, §273② 각 죄명) (치상, 치사)	10년(치상) 15년(치사)

    본장의 죄는 그 성질에 비추어 크게 유기의 죄와 학대의 죄로 나누어 볼 수   6
있다.

    유기의 죄는 나이가 많거나 어림, 질병 그 밖의 사정으로 인하여 도움이 필   7

요한 사람을 법률상 또는 계약상 보호할 의무가 있는 자가 유기한 경우인 단순유기죄(§ 271①)를 기본으로 한다.

8   여기에 특별구성요건으로 자기 또는 배우자의 직계존속에 대한 유기를 가중처벌하는 존속유기죄(§ 271②), 단순유기죄를 범하여 생명에 대한 위험을 야기한 때를 가중처벌하는 중유기죄(§ 271③), 존속유기죄를 범하여 생명에 대한 위험을 야기한 때를 가중처벌하는 중존속유기죄(§ 271④)가 있다.

9   나아가 중한 결과로서 실제 상해의 결과가 발생한 경우를 가중처벌하는 유기치상죄·중유기치상죄(§ 275① 전문) 및 존속유기치상죄·중존속유기치상죄(§ 275② 전문)가 있고, 사망의 결과가 발생한 경우를 가중처벌하는 유기치사죄·중유기치사죄(§ 275① 후문) 및 존속유기치사죄·중존속유기치사죄(§ 275② 후문)가 있다.

10   학대의 죄는 자기의 보호 또는 감독을 받는 사람을 학대한 경우인 단순학대죄(§ 273①)를 기본으로 하고, 여기에 자기 또는 배우자의 직계존속에 대한 학대를 가중처벌하는 존속학대죄(§ 273②)가 있다.

11   나아가 단순유기죄 또는 존속학대죄를 범하여 상해의 결과가 발생한 경우를 가중처벌하는 학대치상죄(§ 275① 전문) 및 존속학대치상죄(§ 275② 전문)가 있고, 사망의 결과가 발생한 경우를 가중처벌하는 학대치사죄(§ 275① 후문), 존속학대치사죄(§ 275② 후문)가 있다.

12   한편 학대의 특수한 경우인 자기의 보호 또는 감독을 받는 16세 미만의 자를 그 생명 또는 신체에 위험한 업무에 사용할 영업자 또는 그 종업자에게 인도하거나 인도받은 자를 가중처벌하는 아동혹사죄(§ 274)가 있다.

II. 연 혁

13   1953년 제정된 형법에서는 각칙 제28장의 제목을 유기의 죄라고 하였는데, 1995년 12월 29일 개정에 따라 본장의 제목이 유기와 학대의 죄가 되었고, 유기죄, 존속유기죄, 존속학대죄에 법정형으로 벌금형이 각 추가되었다. 또한 각 죄의 치사·상죄에 관하여 제정 형법에서는 치상과 치사의 구별 없이 상해죄와 비교하여 중한 형으로 처단하도록 하였으나, 1995년 12월 29일 개정에 따라 독립적인 형을 규정하면서 치사를 치상에 비해 무거운 형으로 처벌하고, 존속에

대한 경우를 가중하여 처벌하도록 규정하게 되었다. 2020년 12월 8일 개정에서는 법문의 표현만 알기 쉬운 우리말로 일부 수정하였고, 2023년 8월 8일 개정에서는 영아유기죄(§272)를 폐지하였다.

우리 형법은 보호의무 있는 자의 유기만을 처벌한다. 그렇지만 독일형법은 유기죄에 관하여 제221조(유기) 제1항 제1호에서 적극적 유기의 경우에 행위의 주체를 보호의무자로 제한하고 있지 않고, 제2호에서는 보호의무자의 유기를 처벌하며, 제2항 제1호에서는 자신의 아동에 대한 유기를 처벌하고,[3] 제323c조(구조불이행)는 구조의무 없는 자의 긴급구조의무위반죄(Unterlassene Hilfeleistung)를 명문화하고 있다.[4]

프랑스형법도 제223-3조(유기)에서 보호의무 없는 자의 일반적 유기를 처벌하고, 제227-1조(미성년자의 유기)에서는 15세 미만의 미성년자를 유기하는 행위를 처벌하고 있으며, 제227-3조(부양의무 불이행)에서는 가족관계에 기한 부양의무를 이행하지 않는 경제적 유기를 처벌하고 있고, 제223-6조(범죄의 불저지 및 구조불이행) 제2항에서 긴급구조의무위반죄를 규정하고 있다.[5]

오스트리아형법 또한 보호의무 없는 자의 유기(§8①), 보호의무자의 유기(§8②)를 각각 처벌하고 있고, 긴급구조의무위반죄(§95)도 규정하고 있다.[6]

일본형법[7]도 독일의 영향을 받아 보호의무 없는 자의 유기행위(§217)[8]와 보호책임자의 유기행위(§218)[9]를 규정하여, 전자는 1년 이하의 징역으로 벌하고,

14

15

16

17

---

3 임웅, 형법각론(9정판), 126.
4 독일형법 제323조c(구조불이행) 위난이나 위험 또는 긴급상황에서 필요한 도움을 줄 수 있고 이것이 기대되고, 이것이 자신에게 현저한 위험을 초래하지 않고, 또한 자신의 중요한 의무이행을 불가능하게 하지 않음에도 불구하고, 도움을 제공하지 않은 자는 1년 이하의 자유형 또는 벌금형에 처한다[오영근, 형법각론(8판), 88]. 한편 법무부, 독일형법(2008), 237은, 이 조항을 "사고, 공공위험 또는 긴급상황 발생 시 필요하고 제반 사정에 비추어 기대가능한 구조행위, 특히 자신에 대한 현저한 위험 및 기타 중요한 의무의 위반 없이도 가능한 구조행위를 행하지 아니한 자는 1년 이하의 징역 또는 벌금형에 처한다."라고 번역하였다.
5 임웅, 126.
6 임웅, 126.
7 참고로 일본형법은 2022년 6월 17일 징역형과 금고형이 '구금형'으로 단일화되어 형법전의 '징역', '구금', '징역 또는 구금'은 모두 '구금형'으로 개정(법률 제67호)되었고, 2025년 6월 1일 시행 예정이다. 아직 시행 전이므로 본장에서 일본형법 조문을 인용할 때는 현행 조문의 '징역' 등의 용어를 그대로 사용한다.
8 일본형법 제217조(유기) 노년, 유년, 신체장해 또는 질병 때문에 부조를 필요로 하는 자를 유기한 자는 1년 이하의 징역에 처한다.
9 일본형법 제218조(보호책임자유기등) 노년자, 유년자, 신체장애나 또는 병자를 보호할 책임이 있

후자는 3월 이상 5년 이하의 징역으로 벌하도록 함으로써 후자를 엄하게 처벌하고 있다.[10] 우리 형법이 제정되기 전까지는 위와 같은 구조의 1907년 일본형법이 의용되었는데,[11] 1953년 제정된 우리 형법은 그 구조를 달리하여 위와 같은 보호의무를 명시한 외에 부조를 필요로 하는 자의 범위를 '기타 사정'으로 인한 자에게까지 확대하고 있다.[12] 이렇게 보면 우리 형법은 수범자의 범위는 좁히면서도 보호가 요구되는 범위는 넓히고 있다고 할 수 있다.

18   로마법과 독일 중세법에서 유기행위는 범죄로 인정되지 않았으나, 기독교 사상에 뿌리를 둔 '선한(착한) 사마리아인법'(The Good Samaritan Law)의 영향을 받아,[13] 유기죄는 독립된 범죄로 인정되기 시작하였고, 그 범위도 점차 확대되는 추세를 보이고 있다.[14] 즉 중세 교회법(1532년 교회법)에서는 어머니가 자식을 버렸을 경우에 그 아이가 사망하면 살인의 죄로 벌하였고, 죽지 않은 때에도 처벌하는 제도가 있었으며, 프로이센 일반란트법은 유기죄를 생명에 대한 죄로 규정하면서 그 주체를 어머니로 제한하였는데, 1813년 바이에른형법에서는 누구나 유기죄의 주체로 될 수 있게 되었고, 그 객체도 모든 부조를 요하는 자로 확대되었다.[15] 우리 형법 역시 큰 틀에서는 고려장과 같은 불처벌의 습속을 범죄화로 전환하고 처벌의 범위를 넓혀가는 배경을 갖고 있다고 볼 수 있겠다.

19   원래 유기죄는 낙태죄, 영아살해죄(2023. 8. 8. 폐지) 등과 더불어 생활고 때문에 일어나는 경우가 많으며, 대체로 무력적(無力的) 곤궁범이라고 할 수 있다.[16] 따라서 생활난이 심할수록 도움이 필요한 사람이 증가하고, 유기죄가 발생할 가능성도 높아진다. 우리 형법의 입법자들은 형법전 심의 당시 6·25전쟁

는 자가 이들을 유기하거나 그 생존에 필요한 보호를 하지 아니한 때는 3월 이상 5년 이하의 징역에 처한다.

10 김성돈, 형법각론(5판), 114; 이재상·장영민·강동범, 형법각론(13판), §6/2.

11 일본형법 제217조, 제218조는 1995년 형법 개정으로 내용이 바뀌었는데, 이전에는 제217조(단순유기죄)의 객체는 '노유, 불구 또는 질병 때문에 부조를 요하는 자', 제218조(보호책임자유기죄)의 객체는 '노자, 유자, 불구자 또는 병자'로 되어 있었다.

12 신동운, 형법각론(2판), 629-630.

13 오영근, 88.

14 배종대, 형법각론(14판), §25/1.

15 이재상·장영민·강동범, §6/2; 임웅, 125. 각국에서 유기죄가 형법전에 편입된 연혁에 관하여는 강구진, 형법강의 각론 I, 116-117; 주석형법 〔각칙(4)〕(5판), 52-54(우인성) 참조.

16 강구진, 115.

98   〔정 상 규〕

으로 인한 극도의 경제적·사회적 궁핍상태를 목도하였다. 그리하여 입법자들은 한편으로는 요부조자의 범위를 확장하고, 다른 한편으로 부조의무자의 범위를 제한하였고, 영아유기죄 규정을 신설하여 유기죄의 성립범위를 적절히 조절하려고 노력하였다.[17]

이러한 입법취지를 이유로 현행 형법이 극단의 개인주의적 입장에서 유기죄를 취급하였다는 평가[18]도 있는 반면, 그와 같은 평가는 온당하지 않고 경제적·사회적 여건의 개선과 함께 유기죄의 성립 범위를 재조정하는 작업이 장래 입법자의 과제일 뿐이라는 견해도 있다.[19]

20

학대죄는 유기와 같이 그 자체만으로 생명·신체에 대한 위험을 야기하는 것은 아니라 하더라도 괴롭히고 못살게 구는 언행이 반복됨으로써 정신적 피해를 야기하고, 그것이 신체 또는 생명에 대한 위험이나 침해의 결과를 발생시키는 경우를 말한다. 의붓자식을 못살게 구는 것을 대표적인 예로 들 수 있다. 이 때문에 우리 입법자는 학대죄를 따로 규정하여 유기죄보다는 다소 가벼운 법정형으로 다스리고 있다.[20] 의용형법에는 없었던 범죄를 1953년 형법 제정 시 신설한 것이다.[21]

21

아동혹사죄는 미성년자 약취·유인죄(§ 287)의 보호법익을 보호감독자의 보호감독권에서 구할 경우, 아동을 생명·신체에 위험한 업무에 사용할 영업자나 그 종업원에게 인도·인수하더라도 보호감독자의 승낙이 있으면 미성년자 약취·유인죄로 처벌할 수 없는 미비점에 대처하기 위한 범죄유형이다.[22] 이러한 아동혹사죄는 아동보호의 측면에서 유기행위보다 도덕적 비난가능성이 더 높기 때문에 입법자는 법정형을 유기죄의 법정형보다 높이고 있다.[23]

22

연혁적으로 보면, 유기죄는 도덕적·종교적 영향을 크게 받는 범죄인데, 우리나라는 전통적인 대가족주의로부터 핵가족화하는 현상과 사회에 팽배한 개

23

---

17 신동운, 630. 이에 대한 상세는 신동운 편, 형법 제·개정 자료집, 한국형사정책연구원(2009), 318-320 국회속기록 참조.
18 유기천, 형법학(각론강의 상)(전정신판), 84; 이재상·장영민·강동범, § 6/3.
19 신동운, 630.
20 신동운, 625.
21 신동운, 640.
22 신동운, 625.
23 신동운, 625.

인주의의 부작용 우려 때문에 최근 유기죄의 의의가 재음미되고 있다고 할 수 있다.[24]

III. 보호법익

1. 유기죄

24   유기죄(abandonment, Aussetzung)는 도움이 필요한 사람의 생명 또는 신체의 안전을 보호법익으로 하는 위험범이다. 여기서 이러한 위험이 구체적 위험인지 추상적 위험인지에 관하여 견해가 대립한다.

(1) 학설

25   유기죄에서의 위험의 정도에 대하여, ① 유기 후 타인이 구조하는 사실을 확인하고 그곳을 떠난 경우에는 구체적 위험이 없으므로 유기죄는 성립하지 않는다는 구체적 위험범설이 있다.[25] 예를 들어, 경찰서나 고아원 앞, 사람의 통행이 많은 곳에 유기하는 것과 같이 구조가 처음부터 확실한 때도 위와 마찬가지로 볼 수 있다는 태도이다. 추상적 위험범으로 보는 것은 유기죄의 성립 범위를 지나치게 확장시키는 면이 있고, 추상적 위험범으로 보더라도 위험 발생이 의심스러운 일부 사안을 제외시킬 경우 추상적 위험범설과 구체적 위험범설의 견해 대립은 크게 의미를 갖지 않는다는 견해도 있다.[26]

26   독일형법은 명문으로 생명뿐만 아니라 건강침해, 즉 신체의 위험도 유기죄의 보호법익에 포함된다고 규정하고 있고, 행위의 주체를 반드시 보호의무 있는 자로 제한하고 있지 않기 때문에, 독일의 통설은 유기죄를 구체적 위험범으로 보아 구성요건해당성을 제한하고 있다.[27]

27   이처럼 구체적 위험범설은 독일형법의 해석론에 영향을 받은 것이다.

28   이에 대하여, ② 통설은 유기죄는 추상적 위험범이라는 추상적 위험범설[28]

---

24 임웅, 125.

25 이상돈, 형법강론(4판), 401; 유기천, 85.

26 주석형법 [각칙(4)](5판), 52(우인성).

27 박상기·전지연, 형법학(총론·각론 강의)(4판), 449.

28 김신규, 형법각론 강의, 115; 김혜정·박미숙·안경옥·원혜욱·이인영, 형법각론(3판), 107; 박찬걸, 형법각론(2판), 128; 배종대, §25/3; 오영근, 87; 이재상·장영민·강동범, §6/6; 이형국·김혜

을 취하고 있다.[29]

　　생각건대, 우리 형법은 주요한 부분에서 입법적 해결이 이루어졌다고 볼 수　　29
있다. 즉 형법은 유기죄의 행위의 주체를 부조의무 있는 자로 제한하고 있으므
로,[30] 유기죄는 보호의무위반죄로서의 성격을 가지고 있어서 일단 의무위반이
있으면 구체적 위험이 발생할 것을 요하지 않는다.[31] 또한 유기죄의 본질은 요
부조자를 보호 없는 상태에 둠으로써 생명·신체에 대한 위험에 빠지게 하는 데
에 있을 뿐만 아니라, 형법은 유기죄를 범하여 '사람의 생명에 대한 위험을 발생
케 한 때'를 결과적 가중범으로 구성하여 별도로 처벌하고 있다.[32] 따라서 유기
죄는 추상적 위험범이라고 하는 통설이 타당하다.

　　다만, 유기의 결과로 피유기자의 생명에 구체적 위험이 발생한 때에 특히　　30
형을 가중하고 있는 중유기죄는 '생명에 대한 위험 발생'이 구성요건적 결과에
해당하기 때문에 구체적 위험범이라고 해야 한다.[33]

(2) 판례

　　대판 2015. 11. 12, 2015도6809(전)(세월호 사건)은 "유기행위는 부조를 요하　　31
는 자를 보호 없는 상태로 둠으로써 생명·신체를 위태롭게 하는 것이므로 작위
뿐만 아니라 부작위에 의하여도 성립하며, 유기를 당한 사람의 생명·신체에 위
험을 발생하게 할 가능성이 있으면 유기행위의 요건은 충족되고 반드시 보호의
가능성이 전혀 없을 것을 요하는 것은 아니다."고 판시하였는데, 이러한 판례는
추상적 위험범설에 입각하고[34] 있다고 평가되고 있다.[35]

　　경, 형법각론(3판), 121; 정성근·정준섭, 형법강의 각론(2판), 63; 정웅석·최창호, 형법각론, 352;
　　최호진, 형법각론, 97; 한상훈·안성조, 형법개론(3판), 419; 홍영기, 형법(총론과 각론), §58/1.
29 일본에서도 추상적 위험설이 통설이다[大塚 外, 大コ(3版)(11), 251(小鳥吉晴)]. 이에 대하여
　　유기죄의 특성에 비추어 처벌대상인 구성요건해당행위가 행하여졌다고 인정되기 위해서는 어느
　　정도 구체적인 실질적 위험의 발생이 필요하므로 통상의 추상적 위험보다는 더 구체적인 추상적
　　위험을 요한다는 준추상적 위험범설도 주장되고 있다[山口厚, 危險犯の硏究, 東京大学出版会
　　(1982), 251].
30 박상기·전지연, 449; 정성근·박광민, 형법각론(전정2판), 121.
31 김성돈, 114.
32 신동운, 632; 이재상·장영민·강동범, §6/6; 정성근·박광민, 121.
33 김성돈, 114.
34 신동운, 632; 정웅석·최창호, 352.
35 일본 판례도 추상적 위험설의 입장이다[大判 大正 4(1915). 5. 21. 刑錄 21·670].

2. 학대죄

32   학대죄(mistreatment, Misshandlung)는 그 보호법익에 관하여, ① 피보호자나 피감독자의 생명 또는 신체의 안전을 보호하는 범죄라는 견해,[36] ② 신체의 안전만을 보호법익이라고 하는 견해, ③ 학대행위를 육체적 고통뿐 아니라 정신적 고통을 가하는 가혹한 대우라고 해석하는 한 생명 또는 신체의 안전 및 인격권까지 보호법익으로 한다는 견해,[37] ④ 인격권으로 보는 견해[38] 등이 대립하고 있는데, 위 ③의 견해가 다수설이다.

3. 아동혹사죄

33   아동혹사죄의 보호법익은 해당 죄 부분에서 살펴본다.

〔정 상 규〕

---

36 강구진, 125; 정성근·박광민, 129; 정영일, 형법강의 각론(3판), 45.
37 김성돈, 115; 김일수·서보학, 새로 쓴 형법각론(9판), 87; 손동권·김재윤, 새로운 형법각론, § 7/21; 오영근, 94; 이재상·장영민·강동범, § 6/21.
38 임웅, 134.

제271조(유기, 존속유기)

① 나이가 많거나 어림, 질병 그 밖의 사정으로 도움이 필요한 사람을 법률상 또는 계약상 보호할 의무가 있는 자가 유기한 경우에는 3년 이하의 징역 또는 500만원 이하의 벌금에 처한다.

② 자기 또는 배우자의 직계존속에 대하여 제1항의 죄를 지은 경우에는 10년 이하의 징역 또는 1천500만원 이하의 벌금에 처한다.

③ 제1항의 죄를 지어 사람의 생명에 위험을 발생하게 한 경우에는 7년 이하의 징역에 처한다.

④ 제2항의 죄를 지어 사람의 생명에 위험을 발생하게 한 경우에는 2년 이상의 유기징역에 처한다.

[전문개정 2020. 12. 8.]

구 조문

제271조(유기, 존속유기) ① <u>노유,</u> 질병 <u>기타</u> 사정으로 <u>인하여 부조를 요하는 자를 보호할</u> 법률상 또는 계약상 <u>의무</u> 있는 자가 유기한 <u>때에는</u> 3년 이하의 징역 또는 500만원 이하의 벌금에 처한다.

② 자기 또는 배우자의 직계존속에 대하여 제1항의 죄를 <u>범한 때에는</u> 10년 이하의 징역 또는 1천500만원 이하의 벌금에 처한다.

③ 제1항의 죄를 <u>범하여</u> 사람의 <u>생명에 대한</u> 위험을 발생하게 한 <u>때에는</u> 7년 이하의 징역에 처한다.

④ 제2항의 죄를 <u>범하여</u> 사람의 <u>생명에 대하여</u> 위험을 <u>발생한 때에는</u> 2년 이상의 유기징역에 처한다.

〔정 상 규〕

Ⅰ. 유기죄(제1항)

1. 취 지

1   본죄(유기죄)는 나이가 많거나 어림, 질병 그 밖의 사정으로 도움이 필요한 사람을 법률상 또는 계약상 보호할 의무가 있는 자가 유기함으로써 그의 생명·신체에 대한 추상적 위험을 야기한 때 성립하는 범죄이다. 앞서 본 것처럼 다른 입법례들과 달리, 우리 형법이 보호의무 있는 자의 유기행위만을 처벌하는 점에 비추어, 본죄는 보호의무자의 보호의무위반죄의 성격을 갖고 있고,[1] 즉시범, 거동범의 성격도 갖고 있다.[2]

2. 구성요건

(1) 행위의 주체

2   도움이 필요한 사람을 법률상 또는 계약상 보호할 의무가 있는 자이다. 이러한 의무 있는 자에 의해서만 범죄가 성립될 수 있다는 점에서 본죄는 진정신분범이다.[3]

(가) 법령상 보호의무

3   보호의무의 발생이 법령에 근거를 두고 있는 경우로서 경찰관 직무집행법 제4조[4]의 경찰관의 보호조치의무,[5] 도로교통법 제54조 제1항[6]의 사고운전자의

---

1 강구진, 형법강의 각론 I, 118; 김신규, 형법각론 강의, 115; 이재상·장영민·강동범, 형법각론(13판), §6/7; 정성근·박광민, 형법각론(전정2판), 120-121.
2 김일수·서보학, 새로쓴 형법각론(9판), 88; 정성근·정준섭, 형법강의 각론(2판), 63.
3 배종대, 형법각론(14판), §26/2; 손동권·김재윤, 새로운 형법각론, §7/4; 이재상·장영민·강동범, §6/8.
4 경찰관 직무집행법 제4조(보호조치 등) ① 경찰관은 수상한 행동이나 그 밖의 주위 사정을 합리적으로 판단해 볼 때 다음 각 호의 어느 하나에 해당하는 것이 명백하고 응급구호가 필요하다고 믿을 만한 상당한 이유가 있는 사람(이하 "구호대상자"라 한다)을 발견하였을 때에는 보건의료기관이나 공공구호기관에 긴급구호를 요청하거나 경찰관서에 보호하는 등 적절한 조치를 할 수 있다.
　　1. 정신착란을 일으키거나 술에 취하여 자신 또는 다른 사람의 생명·신체·재산에 위해를 끼칠 우려가 있는 사람
　　2. 자살을 시도하는 사람
　　3. 미아, 병자, 부상자 등으로서 적당한 보호자가 없으며 응급구호가 필요하다고 인정되는 사람. 다만, 본인이 구호를 거절하는 경우는 제외한다.
5 대판 1972. 6. 27, 72도863은 경찰관 직무집행법 제1조의 목적조항과 제4조의 보호조치의무를

구호의무와 같은 공법상 의무를 예로 들 수 있다. 다만, 위 사고운전자의 구호의무위반은 본죄로 처벌되기보다는 특별형법으로 규율되고 있다. 즉, 물적 피해 발생에 따른 교통 장애물 제거 등 불이행에 관련된 도로교통법 제148조의 사고 후 미조치 벌칙 규정과 상해나 사망의 인적 피해 발생에 따른 구호조치 불이행에 관련된 특정범죄 가중처벌 등에 관한 법률(이하, 특정범죄가중법이라 한다.) 제5조의3의 도주차량 운전자의 가중처벌 규정에 의하여 처벌되고 있다.[7]

근거로, 생명·신체의 안전을 보호하기 위한 응급의 조치를 강구하여야 할 직무를 가진 경찰관인 피고인으로서는, 술에 만취된 피해자가 향토예비군 4명에게 떠메어 운반되어, 경찰지서 나무의자에 눕혀 놓았을 때 숨이 가쁘게 쿨쿨 내뿜고 자신의 수족과 의사도 자제할 수 없을 상태로서 '부조를 요하는 자'이었다는 것을 충분히 인식하였음을 인정할 수 있으므로, 위 피해자의 숨소리, 용색 등 신체를 살펴보아 찬물을 먹이는 등 간단한 응급조치를 취한다든지 가족에게 통지를 한다든지, 나아가 위험한 상태에 있을 때에는 병원으로 옮겨 진료를 받도록 하는 등의 구호를 하여야 함에도 불구하고, 피해자를 그 사망 임박까지 근 3시간 동안을 전혀 아무런 응급 보호 조치를 취하지 않았음이 명백하다고 판단하면서, 유기에 대한 범의를 인정할 만한 자료가 없다는 이유로 무죄를 선고한 원심을 파기하였다.

6 도로교통법 제54조(사고발생 시의 조치) ① 차 또는 노면전차의 운전 등 교통으로 인하여 사람을 사상하거나 물건을 손괴(이하 "교통사고"라 한다)한 경우에는 그 차 또는 노면전차의 운전자나 그 밖의 승무원(이하 "운전자등"이라 한다)은 즉시 정차하여 다음 각 호의 조치를 하여야 한다.
　1. 사상자를 구호하는 등 필요한 조치
　2. 피해자에게 인적 사항(성명·전화번호·주소 등을 말한다. 이하 제148조 및 제156조제10호에서 같다) 제공

7 그러나 판례 중에는 유기치사죄가 성립한다고 한 것이 있다. 즉 서울고판 2014. 4. 22, 2013노2492는, 피고인이 승용차 조수석에 A를 태우고 고속도로를 주행하다가 A가 내려달라고 요구하자 감속하여 운행하던 중 A가 문을 열고 도로로 뛰어내렸음에도 그대로 진행함으로써 도로상에 정신을 잃고 쓰러져 있던 A가 그 직후 후행 차량에 역과되어 사망한 사안에서, 운전자인 피고인은 시속 약 40km로 진행하는 승용차에서 A가 문을 열고 도로로 뛰어내리게 될 경우 A의 머리 등 신체가 도로에 충격하여 상해를 입거나 일시 정신을 잃을 수 있으므로 신속히 정차하여 A의 상해 여부 등을 확인하여 의료기관으로 후송할 수 있도록 하는 등의 조치를 취하여야 할 의무가 있음에도, 피고인이 고속도로상에 정신을 잃고 쓰러져 있던 A를 그대로 방치한 채 사고현장을 이탈한 행위는 사고 후 미조치로 인한 도로교통법위반죄를 구성하고, 당시는 야간이고 사고지점이 자동차전용도로 구간이어서 도로 바닥에 누워 있던 A를 미처 발견하지 못한 후행 차량에 의한 2차 충격으로 A가 사망할 수 있다는 점도 예견가능하므로 유기치사죄를 구성한다고 판시하였다(위 판결은 대판 2016. 1. 28, 2014도5724로 그대로 유지).
　위 판결의 판시 내용은 다음과 같다. 「운전자로서는 자신의 차의 교통으로 인한 사고로 사상자가 발생한 경우라면 그 사고에 관한 자신의 고의·과실 혹은 유책·위법이 없더라도 일단 구호의무를 부담함에는 변함이 없고, 이러한 보호의무는 교통사고를 야기한 운전자에게 주어진 공법상 특수한 보호의무로서 당해 교통사고 사상자에 대한 관계에서 운전자는 형법 제271조 제1항 소정의 유기죄의 주체로 평가될 수 있는 여지가 남아 있다고 할 것이다. 다만 도로교통과 교통사고의 영역에서 통상적으로는 이러한 보호의무 위반은 형법상 유기죄의 특별법관계에 있는 사고 후 미조치에 관한 도로교통법 위반죄로만 의율하면 족하다. 그리고 특히 업무상 과실로 대인 교통사고를 야기한 운전자가 이러한 구호조치를 취하지 아니하고 도주한 경우라면 특정범죄 가

4   경범죄 처벌법 제3조 제1항 제6호는 자기가 관리하고 있는 곳에 도움을 받아야 할 노인, 어린이, 장애인, 다친 사람 등이 있음을 안 사람은 지체 없이 관계 공무원에게 신고할 의무가 있는 것으로 규정하고 있다. 그러나 이러한 신고의무만으로는 보호의무를 인정한 것이라 할 수 없다.[8] 보호의무는 행위자에게 신분상의 지위로 인해 특별히 주어진 것이어야 하므로, 법적 의무이긴 하지만 누구에게나 과하여져 있는 일반적 부조의무나 위와 같은 경범죄 처벌법상 신고의무는 보호의무의 근거가 될 수 없기 때문이다.[9]

5   수상에서의 수색·구조 등에 관한 법률에 따라 조난현장의 부근에 있는 선박 등의 선장, 기장 등은 구조요청을 받은 때에는 가능한 한 조난된 사람을 신속히 구조할 수 있도록 최대한 지원을 제공하여야 한다(동법 §18① 본문). 다만, 조난된 선박 또는 조난사고의 원인을 제공한 선박의 선장 및 승무원은 요청이 없더라도 조난된 사람을 신속히 구조하는 데 필요한 조치를 하여야 한다(동법 §18① 단서). 위 단서 중 '조난된 선박 또는' 부분은 2015년 7월 24일 법 개정에 따라 추가된 것으로서, 위 개정 전 '조난사고의 원인을 제공한 선박의 선장 및 승무원'에 '조난된 선박의 선장 및 승무원'도 포함되는지에 관하여 논란이 있었다. 대판 2015. 11. 12, 2015도6809(전)(세월호 사건)의 다수의견은 조난사고의 원인을 스스로 제공하여 '조난된 선박의 선장 및 승무원'도 포함된다고 하였고, 반대의견은 포함될 수 없다는 의견이었는데, 위 개정으로 논란은 해소되었다고 하

중처벌 등에 관한 법률(이하 '특가법'이라 한다) 제5조의3의 규정에 따라 당해 운전자를 가중처벌하도록 하고 있으므로 <u>교통사고 발생에 과실이 있는 운전자에 대하여는 특가법상 도주차량죄로 처벌하는 이외에 별도의 유기치사상죄를 논할 여지는 없</u>을 것이다(주: 이런 경우에도 검사가 도로교통법 위반죄 또는 특가법 위반죄를 의율하지 아니하고 그보다 법정형이 낮은 일반 형법상 유기죄로 의율하여 기소한 이상 여전히 유기죄 성부를 검토할 여지는 있을 것이다). 하지만 <u>이들 도로교통법 위반죄나 특가법 위반(도주차량)죄가 적용될 수 없는 여타의 영역에서는 여전히 유기죄에 관한 검토의 실익이 남아 있는 경우가 있다. 예컨대 운전자가 교통사고를 일으켰더라도 자신에게 과실이 없어 사고에 관한 책임을 부담하지는 아니하지만, 그러하더라도 사상자에 대한 구호의무만은 이를 부담하는 것으로 평가될 수 있는 경우를 상정해 볼 수 있다. 이때 운전자가 그 구호의무를 이행하지 아니한 채 사상자를 유기함으로써 당해 교통사고로 인한 사상 이후 추가적으로 초래된 사상의 결과에 대한 책임이 문제 되는 경우가 여기에 해당한다. 이런 경우라면 형법 제275조 제1항 소정의 유기치사상죄의 성부를 놓고 유기죄의 주체에 관하여 법령상 보호의무의 귀속에 관한 검토를 독자적으로 할 여지는 남아 있고, 이 한도에서 이 사건에서도 이 부분 검토의 실익이 있다고 판단된다.」</u>

8 강구진, 119; 김신규, 118; 이재상·장영민·강동범, §6/9; 정웅석·최창호, 형법각론, 353.
9 김성돈, 형법각론(5판), 117; 김일수·서보학, 89.

겠다.

하급심 판결 중에는 소비자기본법 제19조 제1항의 "사업자는 물품 등으로 6
인하여 소비자에게 생명·신체 또는 재산에 대한 위해가 발생하지 아니하도록
필요한 조치를 강구하여야 한다."는 규정을 근거로 보호의무를 긍정하는 재판례
도 있으나,10 대법원에서 그 정당성이 승인된 사례를 발견할 수는 없다(후술 주
24 참조).

또한 보호의무는 사법상으로도 발생할 수 있다. 민법 제826조 제1항의 부 7
부간의 부양의무,11 제974조의 친족의 부양의무와 같이 혼인관계, 친족관계 등
에 기한 보호의무가 이에 해당한다. 대판 2008. 2. 14, 2007도3952는 법률상 부
부는 아니지만 사실혼 관계에 있는 경우에도 민법 제826조 제1항의 취지 및 본
죄의 보호법익에 비추어 법률상 보호의무의 존재를 긍정하여야 하지만, 이러한
사실혼에 해당되어 법률혼에 준하는 보호를 받기 위하여는 단순한 동거 또는 간
헐적인 정교관계를 맺고 있다는 사정만으로는 부족하고, 그 당사자 사이에 주관

---

10 서울고판 2011. 9. 9, 2011노2024. 위 판결의 개략적 내용은 그 상고심 판결과 함께 계약상 보
호의무 부분에서 후술한다. 한편 서울고판 1992. 5. 29, 92노1085(확정)는, 술집을 경영하는 피
고인 1은 자신의 업소에서 술을 마신 손님이 밤늦은 시간에 술에 만취하여 의식이 분명치 않고
몸을 가눌 수 없는 정도의 상태가 된 경우, 특별한 사정이 없는 한 손님이 안전하게 귀가할 수
있도록 조치하거나 아니면 손님이 술이 깨어 스스로 행동할 수 있을 때까지 술집에 있을 수 있
도록 하여야 할 주의의무가 있는데, 피고인 甲으로부터 매상을 많이 올리기 위하여 의도적으로
피해자에게 술을 많이 마시게 하라는 지시를 받은 종업원인 피고인 乙의 계속된 권유로 말미암
아 피해자가 맥주 3병과 양주 2병을 마셔 인사불성이 될 정도의 주취상태에 이르렀고, 당시는
기온이 영하에 가까운 추운 겨울날 새벽이었고 밖에는 진눈깨비까지 내리는 등 기상조건이 극히
안 좋은 상태였기 때문에, 술에 취하여 인사불성이 된 피해자를 그대로 바깥에 방기할 경우 피
해자의 생명이나 신체에 어떠한 위험이 발생할지 알 수 없는 상황이었는데도 불구하고, 그날 새
벽 4시경 피해자를 아무런 보호조치 없이 길거리에 그냥 내려놓고 방치한 이상, 이는 제271조
제1항 소정의 "기타 사정으로 인하여 부조를 요하는 자를 보호할 법률상 의무가 있는 자가 유기
한 때"에 해당한다고 판시하였다. 이에 대해 주석형법 [각칙(4)](5판), 27(우인성)은 위 판결에
'보호할 법률상 의무'의 근거가 구체적으로 나타나지 않는데, 당시 시행되던 구 소비자보호법 제
15조(소비자보호에의 협력)에 규정된 "사업자는 그 공급하는 물품 또는 용역에 대하여 소비자보
호를 위하여 필요한 조치를 강구하여야 하며 국가 및 지방자치단체의 소비자보호시책에 적극 협
력하여야 한다."를 근거로 한 것일 수도 있다고 언급하고 있다.
11 대판 2018. 5. 11, 2018도4018은 본죄에서 말하는 법률상 보호의무에는 민법 제826조 제1항에
근거한 부부간의 부양의무도 포함된다고 판시하면서, 피고인이 피해자의 신분증을 절취하여 피
해자 몰래 혼인신고를 하였다는 피고인의 주장을 받아들이지 않고, 피고인에게 혼인신고 당시부
터 혼인 의사가 없었다고 보기 어려워 법률상 배우자인 피해자에 대한 법률상 보호의무가 인정
된다고 보아 유기치사죄를 유죄로 판단한 원심을 수긍하였다.

적으로 혼인의 의사가 있고 객관적으로도 사회관념상 가족질서적인 면에서 부부 공동생활을 인정할 만한 혼인생활의 실체가 존재하여야 한다고 판시하였다.[12]

8   민법상 부양의무는 기본적으로 경제적 곤궁을 이유로 하는 경제적 부양의무이다.[13] 그렇지만 형법상의 보호의무는 생존에 필요한 기본동작이 부자유한 사람에게 생명·신체의 안전을 보호하기 위하여 인정되므로, 형법상 보호의무와 민법상 부양의무가 반드시 일치하는 것은 아니다.[14] 형법상 보호의무는 경제적 성격보다는 물리적, 현실적 성격이 강하다.[15] 이 밖에도 민법 제913조의 친권자의 보호의무, 제945조의 미성년후견인의 의무, 제947조의 성년후견인의 의무를 민법상 보호의무의 예로 들 수 있다.[16]

9   형법상 보호의무를 인정하려면 구체적으로 도움을 필요로 하는 사정이 존재해야 한다. 민법상 부양의무의 순서(민 § 976)는 형법상 보호의무를 결정하는 직접적 기준이 되지 않는다. 민법상 선순위 부양의무자가 있더라도 그가 부양할 능력이 없거나 실제로 부양하지 않을 때에는 후순위자가 형법상 보호의무자가 될 수 있다.[17] 민법과 형법은 의무를 정하는 가치기준이 다르기 때문이다. 즉, 경제적 이유와 요부조자의 생명·신체에 대한 위험을 방지하는 것은 별개의 문제에 속한다고 할 수 있다.[18] 예를 들어 아동이 조부와 등산을 갔다가 부상을 당한 경우, 치료비용은 부모가 선순위 부담자이지만, 형법상 보호의무는 조부가 지게 된다.[19] 여러 사람의 부양의무자가 모두 요부조자와 동거하고 있는 경우와

---

12 위 판결은 피고인과 망인이 4년여 동안 동거하기도 하면서 내연관계를 맺어왔다는 사정만으로는 두 사람의 관계를 사실혼 관계라고 보거나 두 사람의 사이에 부부간의 상호 부양의무에 준하는 보호의무를 인정할 수 없을 뿐만 아니라, 망인이 치사량의 필로폰을 복용하여 부조를 요하는 상태에 있다고 피고인이 인식하였다는 점에 관하여 합리적인 의심이 생기지 않을 정도로 확신하기에는 부족하다면서, 유기치사죄의 공소사실에 대하여 무죄를 선고한 원심의 인정 및 판단은 옳다고 하였다.

13 오영근, 형법각론(4판), 88; 이재상·장영민·강동범, § 6/9.

14 김일수·서보학, 88; 신동운, 형법각론(2판), 633-634; 이재상·장영민·강동범, § 6/9.

15 오영근, 88.

16 김성돈, 116; 정영일, 형법강의 각론(3판), 41.

17 신동운, 634; 이재상·장영민·강동범, § 6/9. 일본 판례도 선순위 부양의무자가 있더라도 후순위자가 현실적으로 간호해야 할 상태에 있는 때는 후순위자에게 보호책임이 있고[大判 大正 7(1918). 3. 23. 刑錄 24·235], 선순위자가 부양의무를 이행하지 않는 경우에는 후순위자에게 보호책임이 인정되는 경우도 있다[大判 大正 8(1919). 8. 7. 刑錄 25·953]고 한다.

18 배종대, § 26/3.

19 오영근, 88.

같이 사실상 보호의 난이(難易)에 관하여 같은 조건에 있는 때에는 선순위의 부양의무자가 우선적으로 형법상 부조의무를 진다는 견해가 있는데,[20] 구체적으로 도움을 필요로 하는 사정에 따라 살필 필요가 있을 것이다.

제18조의 부작위범의 보증인지위가 법적 보호의무의 근거가 될 수 있는지　　10
에 대해서는 후술한다.

(나) 계약상 보호의무

계약상 보호의무는 계약이 유기자와 피유기자 사이에 맺어진 것 외에 제3　　11
자와 사이에 맺어진 것도 포함하고(예를 들어, 어린아이의 부모와 보모와의 계약,[21] 보호의무자와 제3자 간의 노인·장애인·환자에 대한 보호계약, 간호·간병계약[22] 등), 계약이 명시적이든 묵시적이든 관계가 없다.[23]

간호사나 보모와 같이 계약에 기한 주된 급무의무가 부조를 제공하는 것인　　12
경우에 계약상 보호의무가 발생함은 물론이다. 그러나 계약상 보호의무가 주된 급부의 경우가 아니더라도 계약의 해석상 상대방의 생명·신체에 대해 주의와 배려를 한다는 부수적 의무가 인정되는 때에는 본죄의 계약상 보호의무가 인정되는 경우도 있다.[24] 사용자의 근로자에 대한 보호의무,[25] 방범대원이 부담하는

20　주석형법〔각칙(4)〕(5판), 271(우인성).

21　박상기·전지연, 형법학(총론·각론)(5판), 451.

22　임웅, 형법각론(9정판), 128.

23　일본 판례 중에는 유아를 양자로 들이기 위하여 자택으로 데리고 온 부부의 경우, 법률상 입양 절차를 이행하지 않았더라도 보호책임이 있다고 한 것이 있는데〔大判 大正 5(1916). 2. 12. 刑錄 22·134〕, 유아의 조부와의 계약에 따라 의무가 발생한 것으로 보는 견해도 있고, 사실상의 양친자관계가 형성되었기 때문이라는 견해도 있다〔大塚 外, 大コン(3版)(11), 302(半田靖史)〕.

24　대판 2011. 11. 24, 2011도12302. 위 판결은 피고인이 자신이 운영하는 주점에 손님으로 와서 수일 동안 식사는 한 끼도 하지 않은 채 계속하여 술을 마시고 만취한 피해자를 주점 내에 그대로 방치하여 저체온중 등으로 사망에 이르게 하였다는 내용으로 예비적으로 공소제기(주위적으로는 강도치사로 공소제기)된 사안에서, 피해자가 피고인의 지배 아래 있는 주점에서 3일 동안 과도하게 술을 마시고 추운 날씨에 난방이 제대로 되지 아니한 주점 내 소파에서 잠을 자면서 정신을 잃은 상태에 있었다면, 피고인은 주점의 운영자로서 피해자의 생명 또는 신체에 대한 위해가 발생하지 아니하도록 피해자를 주점 내실로 옮기거나 인근에 있는 여관에 데려다 주어 쉬게 하거나 피해자의 지인 또는 경찰에 연락하는 등 필요한 조치를 강구하여야 할 계약상의 부조의무를 부담한다고 판단하여 유기치사죄를 인정한 원심판결을 수긍하였다(이 판결의 원심인 서울고판 2011. 9. 9, 2011노2024는 소비자기본법 제19조 제1항의 '사업자는 물품 등으로 인하여 소비자에게 생명·신체 또는 재산에 대한 위해가 발생하지 아니하도록 필요한 조치를 강구하여야 한다'는 규정을 근거로도 위와 같은 보호의무를 인정하였으나, 대법원은 위와 같이 계약상 부수적 의무로서 보호의무를 인정한 부분에 대해서만 그 정당성을 긍정하는 판시를 하였다).

25　강구진, 120; 이재상·장영민·강동범, §6/10.

경찰에 준한 계약상 보호의무도 같이 볼 수 있다.[26] 다만 그 의무위반의 효과로서 주로 손해배상책임이 문제되는 민사영역에서와는 달리 본죄의 경우에는 당사자의 인적 책임에 대한 형사적 제재가 문제된다는 점 등을 고려하여 보면, 단지 위와 같은 부수의무로서의 민사적 부조의무 또는 보호의무가 인정된다고 해서 본조 소정의 '계약상 의무'가 당연히 긍정된다고는 말할 수 없고, 당해 계약관계의 성질과 내용, 계약당사자 기타 관련자들 사이의 관계 및 그 전개 양상, 그들의 경제적·사회적 지위, 부조가 필요하기에 이른 전후의 경위, 필요로 하는 부조의 대체가능성을 포함하여 그 부조의 종류와 내용, 달리 부조를 제공할 사람 또는 설비가 있는지 여부 기타 제반 사정을 고려하여 위 '계약상의 부조의무'의 유무를 신중하게 판단하여야 한다.[27] 따라서 고용계약이 당연히 피용자에 대한 사용자의 질병치료의무까지 발생시키는 것은 아니다.[28] 스포츠레슨계약은 계약의 성격상 보호의무가 묵시적, 부수적으로 약정된 것이라고 할 수 있다.[29]

　　(다) 사회상규, 조리 등에 기한 보호의무

13　　사회상규나 조리에 근거하여 보호의무의 발생을 인정할 수 있는지가 문제된다.

14　　① 법률 또는 계약상의 보호의무를 예시에 불과한 것으로 파악하고 사무관리, 관습, 조리에 근거한 보호의무를 인정하는 견해,[30] ② 선행행위를 근거로 한 보호의무가 인정될 수 있다는 견해,[31] ③ 제18조(부작위범의 보증의무)를 '법률'에 포함시켜 보호의무를 실질적으로 확대하는 견해[32]도 있다. 이러한 견해(소수설)들은 조리상의 보호·감독자를 인정하는 학대죄와의 균형, 개인주의적 특성의 본죄에 대한 공동체정신의 고양 등을 근거로 들고 있다.[33]

---

26 강구진, 120; 배종대, §26/4.
27 대판 2011. 11. 24, 2011도12302. 본 판결 평석은 오병두, "계약상의 보조의무와 유기죄", 법조 720, 법조협회(2016. 12), 634-661.
28 김일수·서보학, 89. 일본 판례 중에는 고용주는 당사자의 묵시적 계약 등에 의하여 질병에 걸린 동거 피용자에 대한 보호의무가 있다고 판시한 것이 있다[大判 大正 8(1919). 8. 30. 刑錄 25·963].
29 정영일, 41.
30 유기천, 형법학(각론강의 상)(전정신판), 86.
31 이형국, 형법각론, 법문사(2007), 141.
32 유기천, 86; 이정원·이석배·정배근, 형법각론, 77; 임웅, 130.
33 임웅, 130.

〔정 상 규〕

    그러나 ④ 다수설은 이를 부정하고 있는데,[34] 그 근거는 다음과 같다. 의용   15
형법에서는 보호책임의 근거로 법률상, 계약상 의무 이외에 사무관리, 관습, 조
리 등이 넓게 인정되고 있었으나 우리 형법의 입법자가 법률상 또는 계약상 의
무 있는 자만을 본죄의 주체로 한정하는 것으로 입법적 결단을 하였음에 비추
어 부정적으로 보아야 한다.[35] 민법상 사무관리는 법률상 의무 없이 타인의 사
무를 처리한 경우에 그들 사이의 재산적 이해관계를 타당하게 규율하려는 제도
인데, 생명·신체에 관한 범죄인 본죄에 그대로 적용하는 데에는 문제가 있다.[36]
제18조를 근거로 하는 견해 역시 지나친 확장해석이다.[37] 총칙의 일반원칙은 특
별법 우선의 원칙에 따라 후퇴해야 한다.[38] 보호의무의 근거를 계약뿐만 아니라
사무관리, 관습 또는 조리에까지 확대하여 부작위범의 보증인지위와 같이 해석
하는 것은 보호의무의 근거를 제한하지 않고 단순히 보호할 의무 있는 자 또는
보호책임자라고만 규정하고 있는 독일형법 제221조나 일본형법 제218조[39]의 해
석에 있어 가능한 이론일 뿐이고, 이 이론이 들고 있는 관습 또는 조리에 의한
보호의무도 묵시적 계약 또는 법률상의 보호의무에 속하는 것에 지나지 않는
다.[40] 위 소수설은 학대죄의 보호감독자가 조리상의 보호감독까지 포함시키고
있는 것과의 균형을 말하지만, 학대죄와 본죄의 구성요건 객체가 다름에도 학대
죄의 해석을 본죄에 적용하는 것은 지나친 확대해석이다.[41] 유추적용금지 및 관

---

34 강구진, 121; 김성돈, 117; 김신규, 118; 김혜정·박미숙·안경옥·원혜욱·이인영, 형법각론(3판),
    109; 박찬걸, 형법각론, 133; 신동운, 635; 오영근, 89; 이재상·장영민·강동범, § 6/11; 이형국·김
    혜경, 형법각론(3판), 126; 정성근·정준섭, 64; 정영일, 41; 주호노, 형법각론, 205; 최호진, 형법
    각론, 102; 한상훈·안성조, 형법개론(3판), 418.

35 배종대, § 26/6; 손동권·김재윤, § 7/8; 신동운, 635; 이재상·장영민·강동범, § 6/11.

36 강구진, 121.

37 김성돈, 117; 신동운, 635.

38 신동운, 635.

39 일본의 통설과 판례는 보호책임자유기죄(일형 § 218)에서의 보호책임과 부작위에서의 작위의무를
    동일시하고, 유기치사죄와 부작위에 의한 살인죄를 살인의 고의 유무에 의하여 구별하고, 보호책
    임의 근거에는 법령, 계약뿐 아니라, 사무관리, 관습, 조리도 포함된다고 한다[大判 大正 4(1915).
    2. 10. 刑錄 21·90; 大判 大正 15(1926). 9. 28. 刑集 5·387]. 이에 따라 ① 임산부의 촉탁으로
    낙태 시술하여 출산한 미숙아에 대하여 생존에 필요한 조치를 취하지 않아 사망케 한 사안[最決
    昭和 63(1988). 1. 19. 刑集 42·1·1], ② 호텔 객실에서 함께 투숙한 소녀에게 필로폰을 주사
    하여 착란상태에 빠졌음에도 방치한 사안[最決 平成 1(1989). 12. 15. 刑集 43·13·879]에서 보
    호책임을 인정하였다.

40 이재상·장영민·강동범, § 6/11; 정성근·박광민, 124.

41 정성근·박광민, 123.

습법적용금지의 원칙에도 반한다.[42]

16   사례로 보면, 실화행위자가 실화 후에 불이 난 건물 안에 우연히 술에 취한 사람이 자고 있는 것을 발견했으나 살해의 고의 없이 방치하여 사망한 경우, 소수설에서는 선행행위에 기한 조리상의 보호의무가 인정된다고 긍정하여 실화죄와 유기치사죄의 실체적 경합범을 인정하게 되는 반면, 다수설에 의하면 보호의무를 부정하여 실화죄와 과실치사죄의 실체적 경합범을 인정하게 된다.[43]

17   판례는 위 ④의 부정설을 취하고 있다. ⓐ 대판 1977. 1. 11, 76도3419는 "현행 형법은 유기죄에 있어서 구법과는 달리 보호법익의 범위를 넓힌 반면에 보호책임 없는 자의 유기죄는 없애고, 법률상 또는 계약상의 의무 있는 자만을 유기죄의 주체로 규정하고 있으니, 명문상 사회상규상의 보호책임을 관념할 수 없다고 하겠으며, 유기죄의 죄책을 인정하려면 보호책임이 있게 된 경위, 사정관계 등을 설시하여 구성요건이 요구하는 법률상 또는 계약상 보호의무를 밝혀야 될 것이다."라고 판시하였다.[44] 또한 선행행위를 근거로 한 보호의무의 인정 여부에 관하여도, ⓑ 대판 1980. 6. 24, 80도726은 강간치상의 범행을 저지른 자가 그 범행으로 인하여 실신상태에 있는 피해자를 구호하지 아니하고 방치하였다 하더라도 그 행위는 포괄적으로 단일의 강간치상죄만을 구성하고, 별도로 본죄는 성립하지 아니한다고 판시하였다.

18   한편 독일 연방대법원의 판례 중에는, 술집 주인인 피고인이 술에 취하여 몸을 제대로 가누지 못하는 손님을 문 앞 계단에서 넘어지지 않도록 부축하고 술집 앞으로 나온 다음, 택시를 불러 귀가할 것을 권하였으나 손님이 계속 거절하자 혼자 두고 술집 안으로 들어왔는데, 잠시 후 피해자가 자동차 도로 방향으로 쓰러져 있다가 지나가던 자동차에 치어 5주 후에 사망한 사안에서, 손님의 생명·신체의 안전을 우연에 맡기고 현장을 떠난 술집 주인의 작위의무 불이행을 인정하고 유기치사죄의 성립을 인정한 사례가 있다.[45]

---

42 김일수·서보학, 89.

43 임웅, 129.

44 피고인과 피해자가 추운 겨울밤에 술에 취한 채 길을 가던 중 함께 실족하여 개울로 떨어져 잠이 들었다가 깨어난 후 피고인은 길을 발견하여 도로 위로 올라왔으나 피해자는 후두부타박상 등으로 정상적으로 움직이기 어려워 길을 헤매다 사망한 사안에서, 대법원은 위와 같은 이유로 피고인을 유기죄의 주체로 인정한 원심판결을 파기하였다.

45 BGHSt, 26, 35(박상기·전지연, 453에서 재인용).

〔정 상 규〕

그런데 대판 2011. 11. 24, 2011도12302도 손님이 주점에서 3일 동안 과도   19
하게 술을 마시고 추운 날씨에 주점 내 소파에서 잠을 자면서 정신을 잃은 상태
에 있는 것을 주점 운영자가 방치하여 사망에 이른 경우, 주점 운영자에게 계약
상 부수적 의무로서 부조의무를 부담한다고 하여 유기치사죄를 인정한 원심판
결을 수긍하였다. 두 나라의 판결이 유사한 사안에서, 법규정의 차이에 따라 이
론구성을 달리하면서도 동일한 결론에 이른 것은, 구체적 사안에서 조리상 의무
와 계약상 부수적 의무가 중첩되는 경우가 있음을 시사한다.

입법론적으로는 위험이 일상화하고 있는 현대사회에서는 명시적으로 법률상   20
혹은 계약상 보호의무를 부담하지 않았더라도 사실상 이에 준하는 경우에는 보
호의무를 인정하는 것이 타당하다는 견해가 있다.[46] '선한 사마리아인법' 규정을
둔 입법례처럼, 공동생활의 사회통합적 관점에서 보호의무 불이행을 처벌하는
일반규정을 두는 것이 필요하다는 견해도 있다.[47]

(2) 행위의 객체

본죄는 나이가 많거나 어림, 질병 그 밖의 사정으로 인하여 도움이 필요한   21
사람을 행위의 객체로 한다. 일본형법과 같이 부조를 요하는 원인을 노년, 유년,
신체장애 또는 질병으로 엄격하게 제한하고 있는 입법례도 있으나, 우리 형법은
나이가 많거나 어림, 질병 이외에 그 밖의 사정이라는 일반조항을 두어 그 범위
를 확대하고 있다.[48] 도움을 필요로 한다는 것은 정신적, 육체적 결함 때문에
타인의 도움 없이는 자신의 생명·신체에 대한 위험을 스스로 극복할 수 없는
상태를 말한다. 그에 해당하는지 여부는 행위 당시의 구체적 사정을 고려하여
판단해야 한다. 일상생활에 필요한 기초적 행동을 하기가 현저히 곤란한 사람은
도움이 필요한 사람에 포함되지만, 경제적인 도움이 필요한 사람은 여기에 포함
되지 않는다.[49] 즉 일단 행동이 가능하다면, 의식주에 필요한 기초물자를 자급
할 수 없는 경제적 궁핍상태에 있는 사람이라 하더라도 본죄의 객체에 해당하
지 않는다.[50]

---

46 박상기, 형법각론(8판), 87.
47 김일수·서보학, 90.
48 강구진, 122; 이재상·장영민·강동범, § 6/12.
49 김일수·서보학, 90-91; 박상기·전지연, 452.
50 강구진, 122; 배종대, § 26/8; 신동운, 636; 이재상·장영민·강동범, § 6/12. 일본 판례도 경제적
   으로 궁핍할 필요도 없고, 생활물품을 자급할 수 있는가 여부는 전혀 문제되지 않는다고 판시하

22   나이가 많거나 어림이란 노인과 어린아이를 말하는데, 연령만을 기준으로 정할 수는 없고, 구체적 사정을 고려하여 일상생활에 필요한 기초적 행동이 가능한지 여부를 판단하여야 한다.

23   질병에는 육체적, 정신적 질병이 모두 포함된다. 병원에 입원 중인 사람, 교통사고 등으로 부상당하여 쓰러져 있는 사람, 정신병자 등을 예로 들 수 있다.[51] 질병의 원인이나 치료기간의 장단, 치료의 가능성 등은 묻지 않는다.

24   그 밖의 사정은 나이가 많거나 어림, 질병과 같은 정도로 타인의 조력 없이는 자신의 생명·신체에 대한 위험을 스스로 극복할 수 없을 정도의 사정을 말한다.[52] 임신이나 출산, 과음, 마취, 최면, 실신, 불구, 백치, 기아 등으로 자신의 생명·신체에 대한 위험을 스스로 극복할 수 없는 상태에 이른 경우가 이에 해당한다. 그러한 사정이 일시적인지 계속적인지를 따질 필요는 없다. 도움을 필요로 하게 된 원인을 도움이 필요한 사람이 스스로 고의 또는 과실로 야기한 경우(예를 들어, 마약 등을 복용하여 의식이 몽롱한 상태에 있는 사람[53])에도, 행위 주체의 보호의무는 인정된다.[54]

(3) 행위

(가) 보호 없는 상태에 두는 행위

25   유기는 도움이 필요한 사람을 보호 없는 상태에 둠으로써 그 생명·신체에 위험을 야기하는 행위를 말한다. 적극적 유기행위와 소극적 유기행위를 불문한다. 간호사가 환자를 돌볼 다른 사람이 없는 상황에서 고의적으로 환자를 둔 채 병실을 떠난다든가, 병실에 있으면서도 환자를 돌보지 않는 경우, 아이가 학교에서 돌아오기 전에 보호의무자가 이사를 가버리는 경우 등에는 본죄가 적용될 수 있다.[55]

26   유기는 ① 도움이 필요한 사람을 생명·신체에 위험이 발생할 수 있는 장소로 이동시키는 행위[이치(移置)](협의의 유기), ② 위험한 장소에 두고 떠나는 행위

고 있다[大判 大正 4(1915). 5. 21. 刑錄 21·670].

51 박상기·전지연, 453.

52 강구진, 123; 김일수·서보학, 91.

53 最決 平成 1(1989). 12. 15. 刑集 43·13·879(호텔 객실에서 함께 투숙한 소녀에게 필로폰을 주사하여 착란상태에 빠졌음에도 방치한 사례).

54 김신규, 119; 박상기·전지연, 453; 임웅, 128; 정영일, 42.

55 박상기·전지연, 453.

[치거(置去)](광의의 유기),[56] ③ 도움이 필요한 사람의 생명·신체에 대한 위험을 실질적으로 차단할 수 있는 조치를 취하지 않는 행위(부작위)(최광의의 유기)로 구분하여 논하기도 한다.

대판 1980. 9. 24. 79도1387[57]도 모(母)가 만 11세 남짓한 딸을 병원에 입원시켜 놓고, 의사가 최선의 치료방법이라는 수혈을 하려 하여도 자신이 믿는 종교인 여호와의 증인의 교리에 어긋난다는 이유로 시종일관 완강히 거부하고 방해하였다면, 이는 결과적으로 요부조자를 위험한 장소에 두고 떠난 것이나 다름이 없어 치거에 해당한다고 하여, 이러한 개념을 일부 활용한 것으로 보인다. 이러한 구분은 1998년 개정 전 독일형법이 협의의 유기와 광의의 유기를 구별하여 규정함으로써, 해석상 전자는 부조의무 없는 자의 유기, 후자는 부조의무 있는 자의 유기로 구별한 것에 기인한다.[58] 그러나 우리 형법에서는 부조의무 있는 자의 유기만을 처벌하고 있기 때문에 유기를 협의, 광의, 최광의 등으로 구별하는 것에 별다른 실익은 없다.[59]

한편 제161조의 시체유기죄는 의무의 존재를 요건으로 하지 않고 있는데, 대판 1998. 3. 10. 98도51은 시체유기죄는 사자에 대한 사회적 풍속으로서의 종교적 감정 또는 종교적 평온을 보호법익으로 하는 것으로서, 법률, 계약 또는 조리상 시체에 대한 장제 또는 감호할 의무가 있는 자가 이를 방치하거나 그 의무 없는 자가 그 장소적 이전을 하면서 종교적, 사회적 풍습에 따른 의례에 의하지 아니하고 이를 방치하는 경우에 성립한다고 하고 있다. 같은 취지에서 대판 1984. 11. 27. 84도2263은 사람을 살해한 다음 그 범죄의 흔적을 은폐하기 위하여 그 시체를 다른 장소로 옮겨 유기하였을 때에는 살인죄와 시체유기죄의 경합범이 성립한다고 하고 있다.

대판 1991. 9. 10. 91도1737[60]은 특정범죄가중법 제5조의3 제2항에서 규정

27

28

29

---

56 일본에서는 단순유기죄에서의 '유기'(협의의 유기만 포함)와 보호책임자유기죄에서의 '유기'의 개념이 서로 다르다는 견해와 같다는 견해가 대립하는데, 판례는 보호책임자유기죄에서의 유기에는 치거(置去)도 포함된다고 판시하였다[最判 昭和 34(1959). 7. 24. 刑集 13·8·1163].

57 본 판결 평석은 최우찬, "유기치사죄와 부작위에 의한 살인죄 및 양심범과의 관계", 형사판례연구 [1], 한국형사판례연구회, 박영사(1993), 95-112.

58 류전철, "유기죄에 대한 해석론의 비판적 고찰", 비교형사법연구 6-2, 한국비교형사법학회(2004), 75-76.

59 배종대, §26/10; 정성근·박광민, 125.

60 본 판결 해설은 송진현, "특정범죄가중처벌등에 관한법률 제5조의3 제2항「피해자를 사고장소로

하고 있는 '피해자를 사고 장소로부터 옮겨 유기하고 도주한 때'라고 함은, 위 조항에 해당하는 경우에는 단순히 피해자를 구호조치하지 아니하고 방치한 채 도주한 경우에 비하여 그 법정형이 현저하게 가중되어 있는 점에 비추어 볼 때, 사고운전자가 범행을 은폐하거나 죄증을 인멸할 목적으로 사고 장소로부터 피해자를 옮기는 행위를 감행하였고, 그 결과 피해자를 단순히 방치하고 도주한 때에 비하여 피해자의 발견과 그 구호, 사고경위의 파악, 범인의 신원파악 등을 더 어렵게 만든 때를 말한다고 봄이 상당하다고 판시하였다.

(나) 부작위

30   유기의 방법은 묻지 않는다. 폭행, 협박에 의하여 강제로 유기하거나 위계의 방법에 의한 경우도 포함되지만, 반드시 이러한 방법에 의할 것을 요하지 않고, 단순히 요부조자가 위험에 빠지는 것을 내버려 두는 것으로도 충분하다.[61] 즉, 유기행위는 작위뿐만 아니라 부작위에 의해서도 성립한다. 작위의무자가 제3자에 의한 요부조자의 유기를 방치하거나, 영아를 집에 혼자 둔 채 하루가 지나서야 귀가한 행위를 예로 들 수 있고, 이런 의미에서 소극적 유기행위는 계속범으로 볼 수 있다.[62] 독일 연방대법원은, 남편이 수감 중인 상태에서 피고인이 1964. 12. 24. 밤에 생후 10개월 된 아이를 포함하여 10살 된 아이까지 세 명의 아이들을 집에 남겨 둔 채 성탄절 파티에 간 후 1964. 12. 28. 아침에야 귀가하였는데, 난방도 되지 않아 섭씨 0도의 추운 집안에서 10개월 된 아이는 사망하고 나머지 두 아이들은 추위와 굶주림에 지쳐 동사 직전에 있었던 사건에서, 유기치사죄 및 본죄를 인정하였다.[63]

31   그러나 본죄의 보호의무는 부작위범의 보증인지위와는 구별되기 때문에, 보증인지위에 있는 자의 부작위가 있더라도 법령이나 계약에 따른 보호의무가 인정되지 않으면 본죄가 부정된다. 보증인지위는 법령이나 계약 외에도 선행행위, 밀접한 연대관계, 그 밖의 위험발생방지의무에서도 인정될 수 있기 때문이다.[64] 같은 취지에서 **대판 1980. 6. 24, 80도726**은 강간치상의 범행을 저지른

부터 옮겨 유기하고 도주한 때」의 의미", 해설 16, 법원행정처(1992), 703-711.

61 이재상·장영민·강동범, §6/15; 정성근·박광민, 126.

62 박상기·전지연, 454.

63 BGHSt, 21, 4(박상기, 88에서 재인용).

64 배종대, §26/7.

사람이 그 범행으로 인하여 실신상태에 있는 피해자를 구호하지 아니하고 방치하였다 하더라도 그 행위는 포괄적으로 단일의 강간치상죄만을 구성하고, 별도로 본죄는 성립하지 아니한다고 판시하였다.[65] 본죄에 의하여 발생할 정도의 위험이 이미 다른 범죄에 의하여 발생한 때에는 그 범죄로 처벌될 뿐이고, 이로 인하여 보호의무가 발생하는 것은 아니다.[66]

한편 제122조의 직무유기죄와 관련하여, 대판 2007. 7. 12, 2006도1390은 직무유기죄는 공무원이 법령·내규 등에 의한 추상적 충근의무를 태만히 하는 일체의 경우에 성립하는 것이 아니라, 직장의 무단이탈이나 직무의 의식적인 포기 등과 같이 국가의 기능을 저해하고 국민에게 피해를 야기시킬 구체적 위험성이 있고 불법과 책임비난의 정도가 높은 법익침해의 경우에 한하여 성립하는 것이므로, 어떠한 형태로든 직무집행의 의사로 자신의 직무를 수행한 경우에는 그 직무집행의 내용이 위법한 것으로 평가된다는 점만으로 직무유기죄의 성립을 인정할 것은 아니라고 판시하였다.

또한 대판 1997. 8. 29, 97도675는 공무원이 태만, 분망, 착각 등으로 인하여 직무를 성실히 수행하지 아니한 경우나 형식적으로 또는 소홀히 직무를 수행하였기 때문에 성실한 직무수행을 못한 것에 불과한 경우에는 직무유기죄는 성립하지 아니한다고 할 것이고, 이 직무유기죄는 그 직무를 수행하여야 하는 작위의무의 존재와 그에 대한 위반을 전제로 하고 있는바, 그 작위의무를 수행하지 아니함으로써 구성요건에 해당하는 사실이 있었고 그 후에도 계속하여 그 작위의무를 수행하지 아니하는 위법한 부작위상태가 계속되는 한 가벌적 위법상태는 계속 존재하고 있다고 할 것이며, 제122조 후단은 이를 전체적으로 보아 1죄로 처벌하는 취지로 해석되므로, 이를 즉시범이라고 할 수 없다고 할 것이라고 판시하였다.

나아가 대판 2006. 10. 19, 2005도3909(전)은 경찰서 방범과장이던 피고인이 부하직원으로부터 오락실을 음반·비디오물 및 게임물에 관한 법률 위반 혐의로 단속하여 범죄행위에 제공된 증거물로 오락기의 변조 기판을 압수하여 위

32

33

34

---

65 다만, 대법원은 원심이 본죄에 대해 판결의 이유가 아닌 주문에서 무죄를 선고한 조처는 잘못이지만 이러한 잘못은 판결결과에는 영향이 없다면서 원심의 결론을 유지하였다.
66 이재상·장영민·강동범, §6/11.

방범과 사무실에 보관 중임을 보고받아 알고 있었음에도 그 직무상의 의무에
따라 위 압수물을 같은 경찰서 수사계에 인계하고 검찰에 송치하여 범죄 혐의
의 입증에 사용하도록 하는 등의 적절한 조치를 취하지 않고, 오히려 부하직원
에게 위와 같이 압수한 변조 기판을 돌려주라고 지시하여 오락실 업주에게 이
를 돌려주었다면, 직무위배의 위법상태가 증거인멸행위 속에 포함되어 있는 것
으로 보아야 할 것이므로, 이와 같은 경우에는 작위범인 증거인멸죄만이 성립하
고 부작위범인 직무유기(거부)죄는 따로 성립하지 아니한다고 봄이 상당하다고
판시하였다.

(4) 위험의 야기

35   위험 발생의 형태는 유형적인 경우와 무형적인 경우를 모두 포함한다.[67] 앞
서 보호법익에 관한 논의에서 본 것처럼, 다수설인 추상적 위험범설에 따르는
이상 생명·신체에 대한 위험을 야기할 가능성이 있으면 성립하고, 구체적 위험
이 발생할 필요는 없다. 다른 사정에 의해 보호의 가능성이 있었다고 하여 달리
볼 수 없다. 유기행위가 있으면 곧바로 기수가 되고, 따로 미수범 처벌규정이
없다. 타인의 구조를 확실히 기대할 수 있는 때(어린아이를 고아원이나 경찰서 앞에
버리는 경우, 노인을 양로원 앞에 버리는 경우)나 타인의 구조가 없으면 스스로 구조
할 의사로 근처에서 지켜보고 있는 때에도 본죄의 기수가 된다.[68] 유기한 곳은
사람의 통행의 유무와 관계없다.[69] 다만 추상적 위험범설을 취하면서도 영아를
고아원이나 파출소 앞에 버린 경우, 영아의 생명·신체에 대한 추상적 위험도
발생시키는 경우가 아니므로 본죄에 해당하지 않는다는 견해도 있다.[70] 비영리
단체가 운영하는 보호시설에 요부조자를 두고 떠나버릴 경우에도 본죄가 성립한
다고 하는 것은 다소 합리성이 떨어지고, 베이비박스에 영아를 두고 떠나는 미혼
모를 처벌하여야 하는지는 입법론적으로 검토될 필요가 있다는 견해도 있다.[71]

36   위험을 인식하지 못하는 어린아이나 정신병자 또는 강제하에 있는 사람을

67 신동운, 637.
68 김성돈, 119; 김신규, 120; 김일수·서보학, 91; 배종대, §26/9; 손동권·김재윤, §7/12; 이재상·장
영민·강동범, §6/14; 정웅석·최창호, 356; 주호노, 207.
69 강구진, 124.
70 오영근, 90.
71 주석형법 [각칙(4)](5판), 70(우인성).

위험한 장소로 가게 하는 것도 유기에 해당할 수 있다.[72] 그러나 종전의 장소보다 위험이 적은 장소로 옮기는 경우에는 유기가 된다고 할 수 없다.[73]

(5) 주관적 구성요건

행위자가 자신에게 법률상 또는 계약상 보호의무가 있다는 점과 생명·신체의 위험에 빠지는 것을 인식하면서 도움이 필요한 사람을 그 의무에 위배하여 유기한다는 점에 대한 인식과 의사가 있어야 한다. 　37

① 대판 2008. 2. 14, 2007도3952는 행위자가 본조 제1항이 정한 바에 따라 '법률상 또는 계약상 보호할 의무가 있는 자'에 해당하여야 할 뿐만 아니라, 요부조자에 대한 보호책임의 발생원인이 된 사실이 존재한다는 것을 인식하고 이에 기한 부조의무를 해태한다는 의식이 있음을 요한다고 판시하였다.[74] 　38

② 대판 1972. 6. 27, 72도863은 경찰관인 피고인은 당시 피해자가 술에 만취되어 있어서 술이 깰 때까지 피해자를 지서에 보호할 정도라고 생각했지 달리 피해자가 질병 기타 사정으로 인하여 병원으로 옮겨서 진료를 하게 할 정도라고 생각하지 아니하였다고 변소하여 그 범의를 부인하나, 술에 만취된 피해자가 향토예비군 4명에게 떠메어 운반되어 경찰지서 나무의자에 눕혀 놓았을 때 숨이 가쁘게 쿨쿨 내뿜고 자신의 수족과 의사도 자제할 수 없을 상태로서 '도움을 필요로 하는 자'이었다는 것을 충분히 인식하였음을 인정할 수 있으므로, 간단한 응급조치를 취한다던지 가족에게 통지를 한다든지, 나아가 병원으로 옮겨 진료를 받도록 하는 등의 구호를 하여야 할 의무가 있었다고 판시하였다. 다만 상황에 따라서는 그 경찰지서에 위와 같은 형태로 운반되어 오는 만취자들이 많았고, 그러한 만취자들에 대한 보호조치는 경찰지서에서 술이 깰 때까지 잠을 재우는 것이었다면, 위와 같은 사정만으로 바로 범의를 인정할 수는 없다는 견해도 있다.[75] 　39

③ 대판 1980. 9. 24, 79도1387은 모(母)가 전격성 간염에 걸려 장내출혈의 증세까지 생긴 만 11세 남짓한 딸을 병원에 입원시켜 놓고 의사가 그 당시 국내의 의료기술상 최선의 치료방법이라는 수혈을 하려 하여도 자신이 믿는 종교인 　40

---

72 강구진, 123-124;, 신동운, 637.
73 김성돈, 119.
74 대판 1988. 8. 9, 86도225의 판시를 인용한 것이다.
75 주석형법 〔각칙(4)〕(5판), 71(우인성).

여호와의 증인의 교리에 어긋난다는 이유로 시종일관 완강히 거부하고 방해하
였다면, 이는 결과적으로 요부조자를 위험한 장소에 두고 떠난 것이나 다름이
없어 치거에 해당하고, 그때에 사리를 변식할 지능이 없다고 보아야 마땅할 11
세 남짓의 환자 본인이 가사 그 생모와 마찬가지로 위의 수혈을 거부한 일이 있
다고 하여도 이것이 피고인의 위와 같은 수혈거부 행위가 위법한 것이라고 판
단하는데 어떠한 영향을 미칠만한 사유가 된다고 볼 수는 없으므로, 피고인의
행위가 유기치사죄에 해당한다고 판단한 원심은 정당하다고 판시하였다. 다만
이 사건에서 피고인은 여호와가 질병으로부터 자신의 딸을 보호하기 때문에 수
혈을 받지 않고도 살아날 수 있다고 믿었다고 볼 수는 없고, 만약 수혈을 받지
않으면 피고인의 딸이 사망할 가능성이 크다는 점을 알고 있었으므로 적어도
미필적 고의에 의한 살인죄가 인정되고, 본죄는 불가벌적 수반행위가 된다는 견
해도 있다.[76]

41   ④ 대판 2015. 11. 12, 2015도6809(전)은 승무원들인 피고인들이, 승객 등
이 선내 대기 안내방송에 따라 침몰하는 선박의 선내에서 구조를 기다리며 대
기 중에 있으므로, 퇴선을 위한 조치를 취하지 않을 경우 승객 등의 생명·신체
에 위험이 발생한다는 사실을 인식하였음에도, 09:26경 진도 VTS로부터 10분
후에 경비정이 도착한다는 말을 들은 이후로도 대피명령 및 퇴선명령, 퇴선유도
등 승객 등을 구조하기 위하여 필요하고도 가능한 조치를 전혀 취하지 아니한
사실을 인정하여, 피고인들이 유기의 고의로 공동하여 선박의 승객 등을 유기하
였다고 판단한 원심은 정당하다고 하였다.

42   도움이 필요한 사람에 대한 위험이 구체적으로 발생한다는 점에 대한 인식
은 요구되지 않는다. 행위자가 착오로 보호의무의 발생원인이 되는 사실을 인식
하지 못한 경우에는 구성요건적 착오로서(§ 13① 본문) 범의가 조각된다. 자신의
부모가 위험에 처하였음에도 자신의 부모임을 인식하지 못하였을 경우에는 구
성요건적 착오가 인정된다.[77] 형법상 보호의무가 없다고 착오한 때에는 위법성
의 착오가 될 것이다.[78] 보호의무의 내용과 범위에 관한 착오는 행위자가 자신

---

76 최우찬, "유기치사죄와 부작위에 의한 살인죄 및 양심범과의 관계", 형사판례연구 [1], 한국형사
   판례연구회, 박영사(1992), 100.
77 주석형법 [각칙(4)](5판), 71(우인성).
78 정성근·박광민, 126.

과 요부조자 사이의 관계가 형법상 보호의무 관계에 해당하지 않는다고 잘못 평가한 금지착오로서(§16) 그 오인에 정당한 이유가 있는 때에 한하여 책임이 조각된다는 견해와[79] 보호의무의 내용과 범위는 구성요건의 내용에 해당하므로 이에 대한 착오는 구성요건의 착오라는 견해가 있다.[80] 행위자가 자신의 부모임을 인식하였으나, 부모에 대하여는 보호의무가 없다고 잘못 평가하여 유기행위로 나아간 경우에는 금지착오가 문제되는데, 행위자가 부조의무의 내용, 범위, 기간 등에 관하여 착오를 일으킨 경우, 이것이 구성요건적 착오인가 금지착오인가가 문제될 수 있는 것이다.[81]

3. 위법성 등

피해자의 승낙이 있는 경우, 본죄는 공공성도 아울러 가지고 있어 사회상규에 반하여 위법성을 조각하지 못한다는 견해[82]도 있으나, 진정한 승낙으로서 사회상규에 위배되지 않아야 위법성이 조각된다고 본다.[83] 대판 1980. 9. 24, 79도1387은 모(母)가 자신이 믿는 종교의 교리에 어긋난다는 이유로 환자인 딸에 대한 의사의 수혈을 완강히 거부하고 방해하였다면, 그때에 사리를 변식할 지능이 없다고 보아야 마땅할 11세 남짓의 환자 본인 역시 수혈을 거부한 일이 있다고 하여도 이것이 피고인의 위와 같은 수혈거부 행위가 위법한 것이라고 판단하는데 어떠한 영향을 미칠만한 사유가 된다고 볼 수는 없어, 피고인의 행위가 유기치사죄에 해당한다고 하였다.

물론 긴급피난이나 그 밖의 정당행위 등의 일반적 위법성조각사유에 의하여 위법성이 조각되는 경우가 있을 수 있다.[84] 대판 2015. 11. 12, 2015도6809(전)은 제22조 제1항의 '긴급피난'이란 자기 또는 타인의 법익에 대한 현재의 위난을 피하기 위한 상당한 이유 있는 행위를 말하고, 여기서 '상당한 이유 있는 행위'에 해당하려면, 첫째 피난행위는 위난에 처한 법익을 보호하기 위한 유일

43

44

---

79 김성돈 120; 김일수·서보학, 92; 손동권·김재윤, §7/15; 신동운, 637; 이재상·장영민·강동범, §6/16.
80 박상기, 89; 정성근·박광민, 126.
81 주석형법 [각칙(4)](5판), 71(우인성).
82 정웅석·최창호, 356.
83 오영근, 90; 임웅, 131-132; 주호노, 208-209.
84 주석형법 [각칙(4)](5판), 72(우인성).

〔정 상 규〕

한 수단이어야 하고, 둘째 피해자에게 가장 경미한 손해를 주는 방법을 택하여
야 하며, 셋째 피난행위에 의하여 보전되는 이익은 이로 인하여 침해되는 이익
보다 우월해야 하고, 넷째 피난행위는 그 자체가 사회윤리나 법질서 전체의 정
신에 비추어 적합한 수단일 것을 요하는 등의 요건을 갖추어야 하고, 한편 피고
인에게 적법행위를 기대할 가능성이 있는지 여부를 판단하기 위해서는 행위 당
시의 구체적인 상황하에 행위자 대신에 사회적 평균인을 두고 이 평균인의 관
점에서 그 기대가능성 유무를 판단하여야 한다고 판시하면서, 승무원인 피고인
들이 승객 등에 대한 구호조치를 전혀 취하지 않고 선박을 탈출하여 승객 등으
로 하여금 사상에 이르게 한 행위가 위 '상당한 이유 있는 행위'에 해당한다고
볼 수 없고, 당시 이 사건 사고로 인하여 당황한 상태에 있었다고 하더라도 위
구호조치 등 적법행위에 대한 기대가능성이 없었다고 보기 어렵다고 판단한 원
심은 정당하다고 수긍하였다.

4. 죄수 및 다른 죄와의 관계

(1) 죄수

45　　1개의 유기행위로 여러 사람을 유기한 경우에는 각 피해자별로 본죄가 성
립하고, 각 죄는 상상적 경합관계가 된다.

(2) 다른 죄와의 관계

46　　피해자가 상해 또는 사망할 것임을 예견하면서 이를 용인하고(고의) 유기한
때에는 상해죄 또는 살인죄가 되고,[85] 이 경우 본죄는 상해죄나 살인죄에 대해
보충관계에 있다.[86]

47　　다른 범죄행위 도중에 그 범죄의 피해자에게 본죄에 의해 발생할 정도의
위험이 발생한 경우라도 보호의무가 존재하지 않는 이상 그 범죄만 성립할 뿐
본죄는 별도로 성립하지 않는다.[87] 대판 1980. 6. 24. 80도726은 강간치상의 범
행을 저지른 사람이 그 범행으로 인하여 실신상태에 있는 피해자를 구호하지

---

85 일본 판례도 마찬가지이다[大判 大正 4(1915). 2. 10. 刑録 21·90(부작위범); 大判 昭和 3(1928).
　4. 6. 刑集 7·291(작위범)].
86 김성돈, 120; 김일수·서보학, 92; 배종대, 26/12; 손동권·김재윤, §7/15; 이재상·장영민·강동
　범, §6/16; 이형국·김혜경, 129; 정성근·박광민, 126.
87 김성돈, 120; 손동권·김재윤, §7/15.

아니하고 방치하였다 하더라도 그 행위는 포괄적으로 단일의 강간치상죄(§301, §297)만을 구성한다고 봄이 상당하다고 판시하면서, 피고인의 강간미수행위로 인하여 상해를 입고 의식불명이 된 피해자를 그곳에 그대로 방치한 피고인의 행위에 대하여 강간치상죄만이 성립하고 별도로 본죄는 성립하지 아니한다고 판단한 원심에 대해 정당하다고 하였다.

5. 처 벌

3년 이하의 징역 또는 500만 원 이하의 벌금에 처한다.   48

1953년 제정 형법에서는 3년 이하의 징역에 처한다고만 되어 있다가, 1995   49
년 12월 29일 개정에 따라 법정형에 벌금형이 추가되었다.

Ⅱ. 존속유기죄(제2항)

본죄(존속유기죄)는 자기 또는 배우자의 직계존속에 대하여 유기죄를 지은   50
경우에 성립하는 유기죄의 가중적 구성요건이다. 신분관계로 인하여 형(책임)이 가중되는 경우인데, 직계존속은 존속살해죄(§250②)와 마찬가지로 법률상 개념으로서 사실적 관계를 포함하지 않고, 배우자 역시 마찬가지이다.

자기 또는 배우자의 직계존속임을 인식하고 있어야 하고, 이를 인식하지 못   51
한 경우 본죄로 처벌되지 않고 단순유기죄로만 처벌된다(§15①).[88]

직계비속의 직계존속에 대한 부조의무가 인정되어야 한다. 일반적으로 양   52
자의 관계는 부조의무가 인정되는 관계이지만, 구체적인 사안에서 직계존속과 직계비속이 수십 년간 왕래하지 않고 별거한 채로 지내다가 우연히 만난 상황에서 직계존속이 부조를 요하는 상황에 있음을 직계비속이 인식한 경우에는 부조의무가 인정되지 않을 수 있다는 견해가 있다.[89] 그러나 직계존속이 부조를 요하는 상황에 있음을 직계비속이 인식한 이상 직계비속에게 보호의무를 부정하기는 어려울 것이라는 견해도 가능하다.

---

88 이형국·김혜경, 130.
89 주석형법 〔각칙(4)〕(5판), 73(우인성).

〔정 상 규〕   123

53   본죄를 지은 경우에는, 10년 이하의 징역 또는 1,500만 원 이하의 벌금에 처한다.

54   단순유기죄의 형벌에 비해 본죄의 형벌이 너무 높아 헌법상 과잉금지원칙에 반한다는 견해가 있다.[90] 시대변화에 따라 이제는 입법론적으로 폐지되어도 무방한 구성요건이라는 견해도 있다.[91] 일본에서는 1995년 존속유기죄를 삭제하였다.[92] 1953년 제정 형법에서는 10년 이하의 징역에 처한다고만 되어 있다가, 1995년 12월 29일 개정에 따라 법정형에 벌금형이 추가되었다.

Ⅲ. 중유기죄(제3항)

55   본죄(중유기죄)는 유기죄를 지어 사람의 생명에 대한 위험을 발생하게 한 경우에 성립하는 유기죄의 가중적 구성요건이다. 중상해죄(§ 258①)와 마찬가지로 결과적 가중범으로서, 도움을 필요로 하는 사람의 생명에 대한 구체적 위험이 발생하고, 유기죄와 생명에 대한 위험 발생 사이에 인과관계가 존재하며, 그러한 위험 발생에 대한 예견가능성이 있어야 한다.[93]

56   생명에 대한 구체적 위험을 과실로 발생케 한 경우뿐만 아니라 이에 관하여 고의가 있는 때에도 본죄가 성립한다는 의미에서 본죄는 부진정결과적 가중범이다.[94]

57   유기죄를 지은 시점에 이미 도움을 필요로 하는 사람의 생명에 대한 위험 발생을 방지할 수 없는 상태였다면 본죄는 성립하지 않는다.[95]

58   본죄를 지은 경우에는, 7년 이하의 징역에 처한다.

59   1953년 제정 형법부터 법정형에 벌금형을 규정하지 않고 있다.

---

90 오영근, 91.
91 손동권·김재윤, § 7/16.
92 존속살해죄에 대한 위헌판결에 따라 함께 삭제되었다(구 일형 § 218②).
93 신동운, 638.
94 강구진, 125; 김신규, 122; 김일수·서보학, 87; 김혜정·박미숙·안경옥·원혜욱·이인영, 112; 박찬걸, 135; 이재상·장영민·강동범, § 6/18; 임웅, 132; 정성근·박광민, 127. 이와는 달리 결과적 가중범이 아니라는 견해도 있다[백형구, 형법각론(개정판), 105].
95 신동운, 638.

Ⅳ. 중존속유기죄(제4항)

본죄(중존속유기죄)는 존속유기죄를 지어 존속의 생명에 대한 위험을 발생하　　**60**
게 한 때 성립하는 존속유기죄의 결과적 가중범이다.

본죄를 지은 경우에는, 2년 이상의 유기징역에 처한다.　　**61**

1953년 제정 형법부터 법정형에 벌금형을 규정하지 않고 있다. 합의부 관　　**62**
할사건에 속한다(법조 §32①(iii) 본문).

Ⅴ. 특별법상의 유기죄

1. 특정범죄 가중처벌 등에 관한 법률상의 유기도주치사·상

특정범죄가중법 제5조의3 제2항은 사고운전자가 피해자를 사고 장소로부터　　**63**
옮겨 유기하고 도주한 경우에는 가중처벌한다고 규정하고 있다. 즉, 같은 항 제
1호에서는 피해자를 사망에 이르게 하고 도주하거나 도주 후에 피해자가 사망
한 경우에는 사형, 무기 또는 5년 이상의 징역에 처하고,[96] 제2호에서는 피해자
를 상해에 이르게 한 경우에는 3년 이상의 유기징역에 처한다고 각 규정하고
있다. 수사와 재판의 실무상 죄명은 특정범죄가중법위반(유기도주치사)죄, 특정
범죄가중법위반(유기도주치상)죄이다. 같은 조 제1항의 단순도주치사·상에 대
한 가중적 구성요건이다.

위 제2항에서 '유기'의 의미에 관하여 살펴보면, 형법상 유기죄에서는 적극　　**64**
적 유기와 소극적 유기를 모두 포함하여 처벌하고 있지만, 위 규정은 적극적 유
기만이 그 구성요건임을 명문으로 밝히고 있다.[97] 대판 1991. 9. 10, 91도1737
역시 같은 입장에서, "'피해자를 사고 장소로부터 옮겨 유기하고 도주한 때'라고

96　위 제1호는 2010년 3월 31일 개정된 것이다. 개정 전 제1호는 "1. 피해자를 치사하고 도주하거나
　　도주 후에 피해자가 사망한 때에는 사형·무기 또는 5년 이상의 징역에 처한다."라고 규정하고 있
　　었는데, 헌재 1992. 4. 28, 90헌바24가 이 법률조항의 경우에 살인죄와 비교하여 그 법정형을 더
　　무겁게 한 것은 형벌체계상의 정당성과 균형을 상실한 것으로서 헌법 제10조의 인간으로서의 존
　　엄과 가치를 보장한 국가의 의무와 헌법 제11조의 평등의 원칙 및 헌법 제37조 제2항의 과잉입
　　법금지의 원칙에 반한다는 이유로 위헌결정을 하여, 실효되었다가 위와 같이 개정되었다.
97　이주원, 특별형법(9판), 268.

함은, 위 조항에 해당하는 경우에는 단순히 피해자를 구호조치하지 아니하고 방치한 채 도주한 경우에 비하여 그 법정형이 현저하게 가중되어 있는 점에 비추어 볼 때, 사고운전자가 범행을 은폐하거나 죄증을 인멸할 목적으로 사고 장소로부터 피해자를 옮기는 행위를 감행하였고 그 결과 피해자를 단순히 방치하고 도주한 때에 비하여 피해자의 발견과 그 구호, 사고경위의 파악, 범인의 신원파악 등을 더 어렵게 만든 때를 말한다고 봄이 상당하다."고 판시하면서, 피고인이 오토바이를 운행 중 부주의로 도로 중앙선 부근을 걸어가던 피해자를 충격하여 외상성 뇌지주막하출혈상을 입히고도 구호조치를 취하지 아니하고 인적이 없는 틈을 이용하여 피해자를 그곳에서 약 9.4미터 떨어진 옆 인도로 들어내어 유기한 후 도주함으로써 피해자로 하여금 그 이틀 후 병원에서 사망에 이르게 하였다는 공소사실과 관련하여 원심이 유죄로 처단한 것에 대하여, 피고인이 피해자를 옆 인도로 옮긴 행위가 자신의 범행을 은폐하거나 죄증을 인멸하기 위한 방법으로 그렇게 한 것으로 보여지지도 아니하고, 또한 단순히 방치한 경우보다 피해자의 발견이나 그 구호가 훨씬 더 어려운 상태에 놓이게 되었다고 볼 수도 없다는 이유로, 원심을 파기하였다.

65   그런데 특정범죄가중법 제5조의3 제2항 제1호 전단의 '피해자를 사망에 이르게 하고 유기 후에 도주'한 경우의 유기는 사람을 유기하는 경우가 아니어서 그 의미를 어떻게 볼 것인가가 문제된다. 피해자가 이미 사망한 경우의 유기는 엄격한 의미에서 형법상 유기 개념에는 해당하지 않겠으나, 피해자가 이미 사망하였다면 사고운전자는 시체의 보호, 안치, 후송 등 필요한 조치를 하여야 한다는 점에서, 이러한 의무의 이행 없이 시체를 사고 장소로부터 옮겨 보호 없는 상태로 방기한다는 의미 정도로 이해할 수 있을 것이다.[98]

2. 아동, 노인, 장애인에 대한 유기

66   아동복지법은 '아동학대'를 "보호자를 포함한 성인이 아동의 건강 또는 복지를 해치거나 정상적 발달을 저해할 수 있는 신체적·정신적·성적 폭력이나 가혹행위를 하는 것과 아동의 보호자가 아동을 유기하거나 방임하는 것을 말한

---

98 손기식, 교통형법(4판), 한국사법행정학회(2008), 324; 이주원, 특별형법(9판), 268.

다."라고 정의하면서(아동복지법 §3(vii)), 자신의 보호·감독을 받는 아동을 유기하거나 의식주를 포함한 기본적 보호·양육·치료 및 교육을 소홀히 하는 방임행위(아동복지법 §17(vi))를 한 자는 5년 이하의 징역 또는 3천만 원 이하의 징역에 처한다고 규정하고 있다(아동복지법 §71①(ii)).

노인복지법 역시 '노인학대'라 함은 "노인에 대하여 신체적·정신적·정서적·성적 폭력 및 경제적 착취 또는 가혹행위를 하거나 유기 또는 방임을 하는 것을 말한다."고 정의하면서(노인복지법 §1의2(iv)), 자신의 보호·감독을 받는 노인을 유기하거나 의식주를 포함한 기본적 보호 및 치료를 소홀히 하는 방임행위를 한 자는 5년 이하의 징역 또는 5천만 원 이하의 벌금에 처한다고 규정하고 있다(노인복지법 §55의3①(ii), §39의9(iii)). 67

장애인복지법 또한 '장애인학대'란 "장애인에 대하여 신체적·정신적·정서적·언어적·성적 폭력이나 가혹행위, 경제적 착취, 유기 또는 방임을 하는 것을 말한다"고 정의하면서(장애인복지법 §2③), 자신의 보호·감독을 받는 장애인을 유기하거나 의식주를 포함한 기본적 보호 및 치료를 소홀히 하는 방임행위를 한 사람은 5년 이하의 징역 또는 5천만 원 이하의 벌금에 처한다고 규정하고 있다(장애인복지법 §86③(iii), §59의9(iii)). 68

이들 특별법은 아동, 노인, 장애인에 대한 학대의 개념을 폭넓게 정의하여 유기를 그 속에 포함시키면서 그에 대해 가중처벌을 하고 있는데, 상세한 내용은 **제273조(학대, 존속학대)**의 해당 부분에서 후술한다. 69

〔정 상 규〕

제272조(영아유기)

삭제 〈2023. 8. 8.〉

[삭제 전 조문] 직계존속이 치욕을 은폐하기 위하거나 양육할 수 없음을 예상하거나 특히 참작할 만한 동기로 인하여 영아를 유기한 때에는 2년 이하의 징역 또는 300만원 이하의 벌금에 처한다.

1   본조는 영아유기죄에 관한 규정이었는데, 2023년 7월에 드러난 이른바 '수원 영아살해 사건'(친모가 2018년 11월과 2019년 11월 각각 아기를 출산하고 곧바로 살해한 뒤 자신이 살고 있는 아파트 세대 내 냉장고에 시신을 보관해 오다가 발각된 사건)을 계기로 영아살해죄와 함께 영아유기죄를 폐지해야 한다는 여론이 높아지자, 국회는 저항 능력이 없거나 현저히 부족한 사회적 약자인 영아를 범죄로부터 두텁게 보호하기 위하여 2023년 8월 8일 형법을 개정하여 이를 폐지하였고, 개정된 형법은 2024년 2월 9일 시행되었다.

2   삭제 전의 영아유기죄는 직계존속이 치욕을 은폐하기 위하거나 양육할 수 없을 것을 예상하거나 특히 참작할 만한 동기로 인하여 분만 중 또는 분만 직후의 영아를 유기한 경우에 단순유기죄에 비하여 형을 감경한 것인데, 1953년 형법 제정 당시 6.25전쟁 직후라는 특수한 시대상황을 반영한 것이다.

3   그런데 형법 제정 이후 60여 년이 지난 현재, 도입 당시와 달라진 시대 상황을 반영할 필요가 있었고, 영아유기가 유기죄의 전형적인 모습임을 감안하면 단순유기죄에 비해 형을 감경할 합리적인 이유를 찾기 어려우며, 영아살해죄와 달리 행위의 주체도 산모에 국한되지 않아 책임을 감경할 특별한 이유가 없었다.

4   외국의 입법례를 보더라도, 독일은 아동에 대해 유기행위를 한 경우를 단순유기죄보다 더 무겁게 처벌하고 있으며, 대부분의 국가에서는 별도로 영아유기죄를 감경하는 구성요건을 두지 않고 있다.

5   이런 점들을 고려하여, 저항 능력이 없거나 현저히 부족한 사회적 약자인

영아를 범죄로부터 두텁게 보호하기 위하여 영아살해죄와 함께 영아유기죄를 폐지한 것이다.[1]

〔정 상 규〕

---

1 국회 법제사법위원회, 형법일부개정법률안(대안), 제안이유(2023. 7) 참조.

제273조(학대, 존속학대)

① 자기의 보호 또는 감독을 받는 사람을 학대한 자는 2년 이하의 징역 또는 500만원 이하의 벌금에 처한다. 〈개정 1995. 12. 29.〉

② 자기 또는 배우자의 직계존속에 대하여 전항의 죄를 범한 때에는 5년 이하의 징역 또는 700만원 이하의 벌금에 처한다. 〈개정 1995. 12. 29.〉

Ⅰ. 학대죄(제1항)

1. 취　지

1　　본죄(학대죄)는 자기의 보호 또는 감독을 받는 사람을 학대함으로써 성립하는 범죄이다. 우리 형법이 신설한 범죄유형[1]으로서,[2] 유기와 달리 그 자체만으로 생명·신체에 대한 위험을 야기하는 것은 아니어서 유기죄보다는 가벼운 법정형을 정하고 있다. 아울러 앞서 **[총설]** 부분에서 살펴본 것처럼 그 보호법익에 관하여는 견해가 대립한다.

2　　유기죄가 도움이 필요한 사람(요부조자), 보호의무자의 개념을 통해 보호관계로 그 성립 범위를 한정하고 있는 것과 비교하면, 본죄는 감독관계도 포함되어 그 인적 규율 범위가 더 넓고, 유기가 생명·신체에 대한 위험을 야기하는 여

1　신동운, 형법각론(2판), 640.
2　일본의 경우 형법전에는 학대죄에 관한 규정이 없고, 개정형법가안에는 규정되어 있었다(가안 § 366). 대상자별로 관련 법률(「아동학대의 방지 등에 관한 법률」, 「고령자학대의 방지, 고령자의 양호자에 대한 지원 등에 관한 법률」, 「장해자학대의 방지, 장해자의 양호자에 대한 지원 등에 관한 법률」)은 있으나, 학대범죄 자체를 처벌하는 규정은 없다.

러 유형의 작위와 부작위를 포함하는 것과 비교하면, 학대는 생명·신체에 위험을 야기할 정도는 아니더라도 그에 준하는 정도의 정신적·육체적 고통을 가하는 여러 유형의 작위와 부작위를 포함한다는 점에서 그 물적 범위도 상대적으로 더 넓다고 할 수 있다. 이처럼 양자는 일정한 연관성이 있고, 겹치는 부분도 있기 때문에 아동복지법, 노인복지법, 장애인복지법 등의 특별법에서는 학대의 개념에 유기도 포함하여 처벌하고 있지만, 사안에 따라서는 양자가 구별될 필요도 있다.

본죄는 학대행위를 함으로써 기수가 되는, 학대행위가 있음과 동시에 범죄가 완성되는 거동범,[3] 상태범 또는 즉시범이고,[4] 보호의 정도는 추상적 위험범이다.[5]

3

2. 구성요건

(1) 주체

본죄의 주체는 타인을 보호 또는 감독하는 자이다.

4

이러한 신분을 가진 사람만이 행위의 주체가 될 수 있으므로 진정신분범이다. 보호 또는 감독의 근거에 관해서는 유기죄와 균형상 법률 또는 계약에 의한 경우에 한한다는 견해도 있으나,[6] 통설은 본죄에는 유기죄와 같은 명시적 제한이 없으므로 그에 한하지 않고, 사무관리, 조리 또는 관습, 사회상규에 의한 경우도 포함되는 것으로 보고 있다.[7]

5

(2) 객체

본죄의 객체는 보호 또는 감독을 받는 사람이다.

6

---

3 박상기, 형법각론(8판), 92.
4 대판 1986. 7. 8, 84도2922.
5 김신규, 형법각론 강의, 123; 김일수·서보학, 새로쓴 형법각론(9판), 93; 김혜정·박미숙·안경욱·원혜욱·이인영, 형법각론(3판), 117; 박찬걸, 형법각론(2판), 136; 오영근, 형법각론(4판), 92; 이정원·이석배·정배근, 형법각론, 83; 이형국·김혜경, 형법각론(3판), 132; 정성근·정준섭, 형법강의 각론(2판), 68; 정웅석·최창호, 형법각론, 358; 주호노, 형법각론, 2114; 홍영기, 형법(총론과 각론), §58/9.
6 강구진, 형법강의 각론 I, 126.
7 김성돈, 형법각론(5판), 122; 김일수·서보학, 93; 배종대, 형법각론(14판), §29/1; 신동운, 640; 오영근, 92; 이상돈, 형법강론(4판), 405; 이재상·장영민·강동범, 형법각론(13판), §6/22; 정성근·박광민, 형법각론(전정2판), 130; 최호진, 형법각론, 107; 한상훈·안성조, 형법개론(3판), 421.

7   외국의 입법례에서는 아동, 소년, 병자, 불구자, 부녀 등으로 제한하는 경향
이 있으나, 우리 형법은 이러한 제한을 두고 있지 않다.[8] 대신 아동복지법은 18
세 미만의 사람을 '아동'으로 정의하고(아동복지법 §3(i)), 아동에 대한 성적 학대
행위, 신체적 학대행위, 정서적 학대행위 등을 구별하여(아동복지법 §17(ii), (iii),
(v)), 그 법정형을 달리하고(아동복지법 §71①(i의2), (iii)), 형법에 비해 법정형도 가
중하여 처벌하고 있다. 이러한 아동복지법위반죄는 본죄에 대해 법조경합 중 특
별관계에 있다고 하겠다(후술).[9] 독일형법은 신체의 완전성에 대한 죄의 장 제225
조에서 피보호자에 대한 학대죄를 규정하고, 행위의 객체를 18세 미만 자 또는
불구나 질병으로 인하여 저항력이 없는 자로서, 자신의 보호 또는 후견을 받는
자나 업무 또는 근로관계로 인하여 종속된 자 등을 규정하고 있다(독형 §225 ①).

(3) 행위

8   학대는 괴롭히고 못살게 구는 행위를 말한다. 전통적으로는 의붓아비나 의붓
어미가 의붓자식을 여러 가지 방법으로 괴롭히고 못살게 구는 것이 대표적이다.

9   학대의 개념에 대해서는, ① 학대가 유기의 일종이라고 볼 수 있을 정도에
이르러야 한다는 이유로, 생명 또는 신체의 안전을 위태롭게 할 육체적 고통을
가하는 처우를 의미하는 것으로 제한하는 견해(육체적 고통 제한설)도 있다.[10] 제
한설이 정신적 고통을 학대에서 제외하는 것은 학대행위를 가혹행위(§125)와 구
별하기 위한 것이다. 그러나 ② 유기죄와 본죄가 형법의 같은 장에 규정된 점
등에 비추어, 육체적으로나 정신적으로 고통을 가하는 가혹한 대우를 의미한다
고 보는 것이 다수설(육체적·정신적 고통설)이다.[11]

10   판례 역시 '학대'라 함은 육체적으로 고통을 주거나 정신적으로 차별대우를
하는 행위를 가리키고, 이러한 학대행위는 형법의 규정체제상 학대와 유기의 죄
가 같은 장에 위치하고 있는 점 등에 비추어 단순히 상대방의 인격에 대한 반인
륜적 침해만으로는 부족하고, 적어도 유기에 준할 정도에 이르러야 한다고 본다

---

8 강구진, 126; 신동운, 640.
9 신동운, 640.
10 이재상·장영민·강동범, §6/24.
11 김성돈, 122; 박상기·전지연, 형법학(총론·각론 강의)(4판), 456; 손동권·김재윤, 새로운 형법각
   론, §7/22; 신동운, 641; 오영근, 93; 임웅, 형법각론(9정판), 135; 정성근·박광민, 130-131; 정영
   일, 형법강의 각론(3판), 45.

(위 ②의 입장).[12] 학대행위의 법정형이 가혹행위보다 낮고 개념상 그 포섭 범위가 더 넓기 때문에 학대에서 정신적 고통을 제외시켜야 할 이유는 없어 보인다.[13]

학대는 유기와 같이 그 자체만으로 생명·신체에 대한 위험을 야기하는 것은 아니라 하더라도 괴롭히고 못살게 구는 언행이 반복됨으로써 정신적 피해를 야기하고 그것이 유기에 준할 정도로 신체 또는 생명에 대한 위험이나 침해의 결과를 발생시키는 경우를 말하므로, 단순히 반인륜적 침해만으로는 부족하다.[14] 학대행위가 정도를 넘어 폭행, 협박, 상해에 이르렀을 경우 또는 성적 추행, 음란행위를 저질렀을 경우에는 그 자체가 폭행죄, 협박죄, 상해죄, 성적 자유에 관한 죄를 구성할 뿐이고 학대행위는 여기에 흡수된다는 견해가 있고,[15] 유사한 이유에서 폭행, 협박, 음란행위는 학대에서 제외된다는 견해도 있다.[16] 그러나 대법원은 4세의 어린아이를 어두운 좁은 방에 감금하거나 대소변을 가리지 못한다고 닭장에 가두고 전신을 구타한 행위도 학대가 된다고 하였다.[17]

인신구속 관련 공무원의 가혹행위(§125), 중체포·감금죄의 가혹행위(§277) 등 가혹한 행위와 비교할 때, 가혹한 행위는 그 내용에 있어서 육체적·정신적으로 심한 고통을 주는 행위인 점에서 학대와 마찬가지이지만, 학대는 보호법익의 측면에서 생명·신체에 위험을 줄 정도임을 요하므로 가혹한 행위보다 좁은 의미를 갖는다고 할 수 있다.[18] 이러한 측면에서, 학대행위 속에는 폭행, 협박, 성추행, 음란행위 등이 제외되지만 가혹행위 속에는 이것이 포함된다는 견해도 있다.[19] 학대는 타인을 대우함에 있어서 해악을 가하는 것이지만, 가혹한 행위는 행위 자체가 공격적인 행위이고, 전자는 정신적인 침해가 되지만, 후자는 육체적인 침해가 되는 것이라는 견해도 있다.[20]

11

12

---

12 대판 2000. 4. 25, 2000도223. 본 판결 평석은 이균용, "아동복지법상의 '아동에게 음행을 시키는 행위'의 의의", 형사재판의 제문제(3권), 박영사(2000), 215-229.

13 배종대, §29/2.

14 신동운, 641; 임웅, 135.

15 김일수·서보학, 94; 주석형법 [각칙(4)](5판), 82(우인성).

16 배종대, §29/2; 정성근·박광민, 131.

17 대판 1969. 2. 4, 68도1793.

18 김일수·서보학, 94; 정영일, 46.

19 김일수·서보학, 94; 정웅석·최창호, 359

20 유기천, 형법학(각론강의 상)(전정신판), 90.

13　　　괴롭히거나 가해적인 적극적 학대행위뿐만 아니라 돌보아야 할 의무를 악의적으로 태만히 함으로써 피해자에게 정신적·육체적 고통을 가하는 행위도 부작위 형태의 학대행위이다. 잠을 못 자게 하는 행위, 필요한 정도의 휴식을 허용하지 않는 행위 등과 같은 작위행위, 음식물을 주지 않는 행위와 같은 부작위가 이에 해당할 수 있다. 폭행·구타뿐만 아니라 부패하거나 불결한 음식을 제공하는 행위,[21] 음란한 행위, 정신적 고통을 가하는 언행도 학대가 될 수 있다. 신체조건에 맞지 않는 혹독한 훈련을 계속 시키는 행위도 학대가 될 수 있다.[22] 남편이 처를 자녀 앞에서 수시로 폭행하여 자녀로 하여금 이를 지속적으로 목격하게 한다면, 이는 자녀에 대한 학대가 될 수 있다.

14　　　어느 정도에 이르면 학대에 해당하는지는 보호·감독의무자인 행위자와 피보호감독자의 지위, 사회적·개인적 관계, 생활환경 등 구체적인 사정에 따라 결정해야 한다.[23] 보호나 감독은 의무의 관점에서 볼 수도 있지만 권리나 권한의 관점에서 접근할 수도 있기 때문에, 보호권 또는 감독권의 범위를 넘어서는 과잉행위도 학대가 될 수 있다. 한두 차례의 욕설, 반인륜적 행위만으로 학대라고 할 수는 없겠지만, 반복된다면 견디기 어려운 정신적 고통을 줄 수도 있으므로 학대가 될 수 있다. 결국 학대에 이르렀다고 할 수 있는지 여부는 구체적 사정을 기초로 사회통념에 따라 판단하게 될 것이다.

(4) 주관적 구성요건

15　　　자신이 보호자 또는 감독자의 지위에 있다는 사실과 보호 또는 감독을 받은 사람을 학대한다는 사실에 대한 인식과 의사가 있어야 한다. 생명·신체에 대한 구체적 위험의 발생까지 인식할 필요는 없다. 학대죄는 경향범이므로 고의 외에 초과주관적 구성요건으로 행위자에게 학대의 내적 성향도 있어야 한다는 견해가 있다.[24]

21　임웅, 135.
22　박상기·전지연, 456; 임웅, 135.
23　강구진, 126; 김일수·서보학, 94; 신동운, 641; 정영일, 46.
24　김성돈, 123; 김신규, 125; 김일수·서보학, 95; 임웅, 136; 정성근·박광민, 131; 정웅석·최창호, 359; 주호노, 215; 최호진, 109; 주석형법 [각칙(4)](5판), 83(우인성). 이에 대하여, 학대 경향은 고의의 인정 여부 및 재범의 우려 등을 위시한 양형의 사유로 고려될 수 있을 뿐이라는 견해도 있다(박찬걸, 138).

대판 2015. 12. 23, 2015도13488은 정서적 학대행위가 문제된 아동복지법 위반죄 사건에서, '아동의 정신건강 및 발달에 해를 끼치는 정서적 학대행위'라 함은 현실적으로 아동의 정신건강과 그 정상적인 발달을 저해한 경우뿐만 아니라 그러한 결과를 초래할 위험 또는 가능성이 발생한 경우도 포함되며,[25] 반드시 아동에 대한 정서적 학대의 목적이나 의도가 있어야만 인정되는 것은 아니고 자기의 행위로 인하여 아동의 정신건강 및 발달을 저해하는 결과가 발생할 위험 또는 가능성이 있음을 미필적으로 인식하면 충분하다고 판시하였다. 16

3. 위법성

통설은 훈육 목적의 학대행위가 위법성이 조각될 수 있다고 한다. 판례도 같은 태도이다. 17

① 대판 1969. 2. 4, 68도1793은 피고인이 4세밖에 되지 아니하는 그 아들을 대소변을 가리지 못한다고 닭장에 가두고 전신을 구타한 것은 민법 915조(징계권)(2021. 1. 26. 삭제)에서 말하는 친권자가 그 아들을 보호 또는 교양하기 위하여 필요한 징계행위에 해당한다고는 볼 수 없다고 판시하였다. 18

② 대판 1986. 7. 8, 84도2922는 친권자의 심부름이나 지시를 잘 따르지 않아 피해자들을 폭행하게 된 경우는 친권의 정당한 행사라고 볼 수 있는 범위 내에서 징계권을 행사한 것으로 볼 수 있어 무죄이나, 그 정도나 방법 등으로 보아 사회통념상 인정되는 징계권의 범위를 일탈한 폭행 등의 행위는 유죄라고 판단한 원심을 정당하다고 수긍하였다. 즉 수십 회에 걸쳐서 계속되는 일련의 폭행행위가 있었다고 하더라도, 그중 친권자로서의 징계권의 범위에 속하여 위법성이 조각되는 부분이 있다면 그 부분을 따로 떼어 무죄판결을 할 수 있다는 것이다. 다만, 학대행위는 냉혈적 인간행위이기 때문에 친자관계 등을 이유로 정당화될 성질이 아니라는 견해도 있다.[26] 19

피해자의 승낙만으로 본죄의 위법성이 조각될 수 없고, 승낙에 의한 행위가 사회상규에 위배되지 않아야 위법성이 조각될 수 있다.[27] 20

---

25 같은 취지 대판 2020. 3. 12, 2017도5769.
26 박상기·전지연, 456.
27 오영근, 93.

21 하급심 중에는 학원 강사인 피고인이, 한자시험을 못 쳤다는 이유로 길이 40㎝ 가량의 나무 막대기로 피해아동(8세)의 발바닥을 수회 때리는 등의 행위를 하여 아동복지법상 신체적 학대행위 등에 해당하는지가 문제된 사안에서, 피고 인이 피해아동의 모친으로부터 체벌에 관한 승낙을 받았다고 주장한 것에 대해, 아동이 건강하게 출생하여 행복하고 안전하게 자랄 수 있도록 아동의 복지를 보장하는 것을 목적으로 하는 아동복지법의 취지 및 아동복지법 제17조에서 아동에 대한 신체적, 정서적 학대행위 등을 금지하면서 그 금지대상을 '누구든지'라고 규정하고 있는 점 등에 비추어 보면, 아동에 대한 학대행위에 의하여 훼손되는 아동의 복지권은 아동 본인 내지 법정대리인이 처분할 수 있는 승낙의 대상이 아니어서 피고인이 그 주장과 같은 승낙을 받았다고 하더라도, 피고인의 학대행위는 위법성이 조각된다고 볼 수 없고, 나아가 피고인의 행위가 다른 교육적 수단 및 방법으로는 피해자에 대한 교육이 불가능하여 부득이하게 이를 행할 수밖에 없는 상황에서 이루어졌다고 인정하기 어렵다는 등의 이유로 정당행위로 위법성이 조각된다고 보기도 어렵다고 한 사례가 있다.[28]

4. 죄수 및 다른 죄와의 관계

22 본죄는 학대행위가 있음과 동시에 범죄가 완성되는 거동범, 즉시범이므로, 수십 회에 걸쳐서 계속되는 가혹행위가 있는 경우 개개의 행위별로 범죄 성립 여부를 결정하여야 한다.[29]

23 앞서 본 것처럼 학대행위가 정도를 넘어 폭행, 협박, 상해, 성적 추행, 음란행위에 이르렀을 경우 학대행위는 폭행죄, 협박죄, 상해죄, 성적 자유에 관한 죄에 흡수된다는 견해가 있다.[30] 그러나 대법원은, ① 아버지가 4세의 어린아이를 대소변을 가리지 못한다고 전신을 구타한 행위도 학대가 된다고 하였고,[31] ② 계모가 화장실에서 지적장애가 있는 8세 의붓딸의 머리를 자르던 중 가슴을 밀쳐 뒷목 부분이 욕조에 부딪쳐 사망에 이르게 된 사안에서, 폭행치사죄와 아동

---

28 울산지판 2019. 6. 14, 2019노255(대결 2019. 8. 16, 2019도9049로 확정).
29 주석형법 [각칙(4)](5판), 83(우인성).
30 김일수·서보학, 94; 주석형법 [각칙(4)](5판), 82(우인성).
31 대판 1969. 2. 4, 68도1793.

복지법위반(아동학대)죄가 상상적 경합관계에 있다는 원심의 판단을 정당하다고 수긍하였다.[32]

5. 처 벌

2년 이하의 징역 또는 500만 원 이하의 벌금에 처한다. 24

1953년 제정 형법에서는 2년 이하의 징역에 처한다고만 되어 있다가, 1995 25
년 12월 29일 개정에 따라 법정형에 벌금형이 추가되었다. 이제 이 규정은 입법
론적으로 폐지되어도 무방한 시기가 되었다는 견해도 있다.[33]

Ⅱ. 존속학대죄(제2항)

본죄(존속학대죄)는 직계비속이 보호 또는 감독관계에 있는 직계존속을 학대 26
함으로써 성립하는 범죄로서, 학대죄에 비해 신분으로 인해 형(책임)이 가중되는
부진정신분범이다. 가중처벌을 위해서는 행위자가 자기 또는 배우자의 직계존
속이라는 사실을 인식하는 것이 필요하다. 배우자 및 직계존속의 개념은 존속살
해죄(§250②)의 경우와 다르지 않다〔주해 Ⅷ(각칙 5) §250② 부분 참조〕.

본죄를 범한 때에는 5년 이하의 징역 또는 700만 원 이하의 벌금에 처한다. 27

1953년 제정 형법에서는 5년 이하의 징역에 처한다고만 되어 있다가, 1995 28
년 12월 29일 개정에 따라 법정형에 벌금형이 추가되었다.

Ⅲ. 특별법상의 학대죄

1. 아동복지법

(1) 연혁

아동복지법은 아동이 건강하게 출생하여 행복하고 안전하게 자랄 수 있도 29
록 아동의 권리보장, 복지증진, 아동에 대한 보호와 지원에 관하여 규정하고 있

---

32 대판 2018. 1. 25, 2017도19187.
33 손동권·김재윤, §7/23.

다. 1961년 12월 30일 제정되어 1962년 1일 1일 시행된 아동복리법에 연원을 두고 있는데, 이 법률은 보호자로부터 유실, 유기, 이탈된 아동에 대한 구호에 중점을 두고 있었다. 이후 1981년 4년 13일 전체 아동의 복지 보장으로 중점을 옮겨 명칭 변경을 포함하여 전부개정된 이래 수차에 걸친 개정을 통해 현재에 이르렀다.

(2) 조문 구성

30   아래 [표 1]에서 보는 바와 같이 아동복지법상 벌칙규정은 아동학대행위(아동복지법[34] § 71①), 각종 행정상 의무 위반행위(§ 71②), 상습범(§ 72), 미수범(§ 73), 양벌규정(§ 74)으로 구성되어 있는데, 아래에서는 형법상 학대행위의 연장선상에서 아동학대행위(§ 71①)를 중심으로 논하기로 한다.

[표 1] 아동복지법상 벌칙규정

조 문			구성요건	죄 명	공소시효
§ 71 (벌칙)	①	(i)	아동을 매매하는 행위[§ 17(i)) 위반행위]를 함(아청 § 12에 따른 매매는 제외)	아동복지법위반 (아동매매)	10년
		(i의2)	아동에게 음란한 행위를 시키거나 이를 매개하는 행위 또는 아동에게 성적 수치심을 주는 성희롱 등의 성적 학대행위(§ 17(ii) 위반행위)를 함	아동복지법위반 (아동에 대한 음행강요 · 매개 · 성희롱 등)	10년
		(ii)	아동의 신체에 손상을 주거나 신체의 건강 및 발달을 해치는 신체적 학대행위(§ 17(iii) 위반행위)를 함	아동복지법위반 (아동학대)	7년
			아동의 정신건강 및 발달에 해를 끼치는 정서적 학대행위(가정폭력에 아동을 노출시키는 행위 포함)(§ 17(v) 위반행위)를 함		
			자신의 보호 · 감독을 받는 아동을 유기하거나 의식주를 포함한 기본적 보호 · 양육 · 치료 및 교육을 소홀히 하는 방임행위(§ 17(vi) 위반행위)를 함	아동복지법위반 (아동유기 · 방임)	
			장애를 가진 아동을 공중에 관람시키는 행위(§ 17(vii) 위반행위)를 함	아동복지법위반 (장애아동관람)	

---

34 이하, 아동복지법 부분 괄호 내 조문은 별도 법령 기재가 없는 경우 아동복지법의 조문을 말한다.

조 문		구성요건	죄 명	공소시효
		아동에게 구걸을 시키거나 아동을 이용하여 구걸하는 행위(§17(viii) 위반행위)를 함	아동복지법위반 (구걸강요·이용행위)	
	(iii)	정당한 권한을 가진 알선기관 외의 자가 아동의 양육을 알선하고 금품을 취득하거나 금품을 요구 또는 약속하는 행위(§17조(x) 위반행위)를 함	아동복지법위반 (양육알선금품취득)	5년
		아동을 위하여 증여 또는 급여된 금품을 그 목적 외의 용도로 사용하는 행위(§17(xi) 위반행위)를 함	아동복지법위반 (아동금품유용)	
	(iv)	공중의 오락 또는 흥행을 목적으로 아동의 건강 또는 안전에 유해한 곡예를 시키는 행위(§17(ix) 전단 위반행위)를 함	아동복지법위반 (곡예강요행위)	5년
		유해한 곡예를 위하여 아동을 제3자에게 인도하는 행위(§17(ix) 후단 위반행위)를 함	아동복지법위반 (제3자인도행위)	
②	(i)	§28의2⑤을 위반하여 피해아동관련 정보를 요청 목적 외로 사용하거나 다른 사람에게 제공 또는 누설	아동복지법위반	
	(ii)	§65를 위반하여 비밀 누설 또는 직무상 목적 외로 이용		
③	(i)	정당한 사유 없이 §51②에 따라 다른 아동복지시설로 옮기는 권익보호조치를 하지 아니함	아동복지법위반	5년
	(ii)	§22의5②을 위반하여 비밀을 누설하거나 부당한 이익을 취함		
	(iii)	아동복지법위반(무신고 아동복지시설 설치)		
	(iv)	아동복지법위반(허위서류 작성 아동복지시설 종사자 자격 취득)		
	(v)	아동복지법위반(시설폐쇄명령 위반)		
	(vii)	아동복지법위반(조사거부·방해 등)		
§72 (상습범)		ⓐ 상습으로 ⓑ §71① 각 호의 죄를 범함	아동복지법위반 〔상습(§71① 각 호 각 죄명)〕	5-10년
§73 (미수범)		§71①(i)의 미수범	아동복지법위반	10년
§74 (양벌규정)		법인의 대표자나 법인 또는 개인의 대리인, 사용인, 그 밖의 종업원이 그 법인 또는 개인의 업무에 관하	아동복지법위반	5년

조 문	구성요건	죄 명	공소시효
	여 §71의 위반행위를 한 경우 그 법인 또는 개인 (다만, 법인 또는 개인이 그 위반행위를 방지하기 위하여 해당 업무에 관하여 상당한 주의와 감독을 게을리하지 아니한 경우 제외)		

(3) 공통된 구성요건

(가) 행위의 주체

31   행위의 주체에 아무런 제한이 없다. 친권자, 후견인, 아동을 보호·양육·교육하거나 그러한 의무가 있는 자 또는 업무·고용 등의 관계로 사실상 아동을 보호·감독하는 보호자(§3(iii))뿐만 아니라 누구든지 아동복지법 제17조의 금지행위에 반하는 행위를 한 경우에는 처벌된다. 다만, 아동에 대한 유기·방임행위는 아동의 보호·감독자만이 그 주체가 될 수 있다(§3(vii)).

32   한편, 아동복지법 제3조 제7호는 뒤에서 보는 것처럼 아동학대는 성인이 아동에 대하여 학대행위를 하는 것을 말하는 것이라고 정의하고 있어, 성인만이 그 주체로 된다는 견해도 있을 수 있으나, 대판 2020. 10. 15, 2020도6422는 "아동복지법 제17조에서 "누구든지 다음 각호의 어느 하나에 해당하는 행위를 하여서는 아니 된다."고 하면서, 제2호로 '아동에게 음란한 행위를 시키거나 이를 매개하는 행위 또는 아동에게 성적 수치심을 주는 성희롱 등의 성적 학대행위'를 금지행위로 규정하고, 제71조 제1항에서 "제17조를 위반한 자를 처벌한다."고 규정하고 있는 등 아동복지법 규정의 각 문언과 조문의 체계 등을 종합하여 보면, 누구든지 제17조 제2호에서 정한 금지행위를 한 경우 제71조 제1항에 따라 처벌되는 것이고, 성인이 아니라고 하여 위 금지행위규정 및 처벌규정의 적용에서 배제된다고 할 수는 없다."고 판시하였다.[35]

(나) 행위의 객체

33   아동복지법에서 아동이란 18세 미만인 사람을 말한다(§2(i)). 통상적인 아동의 개념이나 형법상 아동혹사죄의 객체인 16세 미만의 사람과 차이가 있으므로, 아동학대의 범위를 논함에 있어 이러한 아동의 개념 차이를 고려할 필요가 있

---

35 같은 취지 대판 2021. 3. 25, 2020도11585.

다. 한편, ① 청소년 기본법은 청소년을 9세 이상 24세 이하인 사람을 말한다(다만, 다른 법률에서 청소년에 대한 적용을 다르게 할 필요가 있는 경우에는 따로 정할 수 있음)고 정하고 있고(동법 §3(i)), ② 청소년 보호법은 청소년을 19세 미만인 사람(다만, 만 19세가 되는 해의 1월 1일을 맞이한 사람은 제외)으로(동법 §2(i)), ③ 아동·청소년의 성보호에 관한 법률(이하, 청소년성보호법이라 한다.) 역시 청소년 보호법과 같이 규정하고 있으므로(아청 §2(i)), 각 법률상 차이를 유념할 필요가 있다.

아동복지법은 아동학대로 인하여 피해를 입은 아동을 '피해아동'으로 칭하고 있다(§3(viii)).　34

(다) 학대행위

아동복지법은 '아동학대'를 "보호자를 포함한 성인이 아동의 건강 또는 복지　35를 해치거나 정상적 발달을 저해할 수 있는 신체적·정신적·성적 폭력이나 가혹행위를 하는 것과 아동의 보호자가 아동을 유기하거나 방임하는 것을 말한다."라고 정의하고 있다(§3(vii)). 그런데 아동학대범죄의 처벌 등에 관한 특례법(이하, 아동학대처벌법이라 한다.) 제2조 제4호는 보호자에 의한 아동학대인 아동학대범죄를 열거하면서 그 (타)목에서 아동복지법 제71조 제1항 각 호의 범죄(다만, 제3호의 양육알선행위, 아동금전 유용행위는 제외)를 아동학대범죄에 포함시키고 있고(아학 §3(vii의2)가목), 위 각 호에서는 아동학대범죄를 아동매매(아학 §3(i), §17(i)), 성적 학대행위(아학 §3(i의2), §17(ii)), 신체적 학대행위, 정서적 학대행위, 유기·방임행위, 장애아동 관람행위, 구걸행위(아학 §3(iii), §17(iii), (iv) 내지 (viii)) 등으로 구분하고, 그 법정형도 달리하고 있다. 이렇게 보면, 전자인 정의규정에 의한 아동학대를 협의의 아동학대, 후자인 아동학대범죄에서의 아동학대를 광의의 아동학대라고 할 수도 있겠다.[36] 형법상 학대는 괴롭히고 못살게 구는 행위라고 일반적으로 정의되고, 유기와는 개념상 구별되고 있는 것과 비교하면, 보호의 대상이 아동임을 고려하여 형법과는 별개로 학대를 유기 등을 포함하는 개념으로 넓게 정의함으로써 단일개념을 통해 아동에 대한 두터운 보호를 도모하고 있다고 할 수 있다. 광의의 아동학대는 아동의 성장과 발달과정에 큰 영향을 미

---

36 나아가 아동복지법 제3조 제7의2호는 아동학대처벌법 제2조 제4호에 따른 아동학대범죄(가목)와 아동에 대한 형법 제2편 제24장 살인의 죄 중 제250조부터 제255조까지의 죄(나목)를 합하여 '아동학대관련범죄'라고 하고 있어, 이를 최광의의 아동학대라고 부를 수도 있겠다.

치고 성인이 된 이후까지도 후유증을 남기는 등 그 해악이 크다는 점에서 공통점이 있기 때문이다. 따라서 형법상 학대의 개념과 아동학대의 개념을 동일한 잣대로 접근하기는 어렵다.

(4) 아동학대행위 및 그에 대한 처벌

(가) 아동매매행위

36   아동을 매매하는 행위(§17(i))를 한 자는 10년 이하의 징역에 처한다(§71①(i)). 본죄의 죄명표[37]상 죄명은 아동복지법위반(아동매매)죄인데, 그 미수범은 처벌한다(§73).

37   '아동을 매매하는 행위'는 '보수나 대가를 받고 아동을 다른 사람에게 넘기거나 넘겨받음으로써 성립하는 범죄'이다.[38] 아동은 아직 가치관과 판단능력이 충분히 형성되지 아니하여 자기결정권을 자발적이고 진지하게 행사할 것을 기대하기가 어렵고, 자신을 보호할 신체적·정신적 능력이 부족할 뿐 아니라, 보호자 없이는 사회적·경제적으로 매우 취약한 상태에 있으므로, 이러한 처지에 있는 아동을 마치 물건처럼 대가를 받고 신체를 인계·인수함으로써 아동매매죄가 성립하고, 설령 위와 같은 행위에 대하여 아동이 명시적인 반대의사를 표시하지 아니하거나,[39] 더 나아가 동의·승낙의 의사를 표시하였다[40] 하더라도 이러한 사정은 본죄의 성립에 아무런 영향을 미치지 아니한다.

38   ① 대판 2015. 8. 27, 2015도6480은 피고인이 가출한 13세의 중학교 1학년생인 피해아동을 자신의 아는 형의 집에 수일간 머무르게 하면서 숙박과 식사를 제공하던 중, 인터넷으로 물색한 다른 사람으로부터 대가에 해당하는 돈을 받기로 하고 그에게 피해아동을 넘기려고 하였으나 현장에서 경찰관에게 체포된 사실에 대하여, 아동매매 미수의 공소사실을 유죄로 판단한 원심을 정당한 것으로 수긍하였다.

39   ② 대판 2014. 11. 27, 2014도7998은 피고인이 아내와 공모하여 인터넷에

---

37 공소장 및 불기소장에 기재할 죄명에 관한 예규(개정 대검예규 제1336호, 2023. 1. 18.) [별표 5]
   19. 아동복지법위반사건 죄명표.
38 대판 2014. 11. 27, 2014도7998; 대판 2015. 8. 27, 2015도6480.
39 대판 2015. 8. 27, 2015도6480. 본 판결 평석은 김종수, "아동·청소년 매매행위의 의미", 특별형법 판례100선, 한국형사판례연구회·대법원 형사법연구회, 박영사(2022), 276-278.
40 대판 2022. 7. 28, 2020도12419.

자신의 아이를 입양시킨다는 글을 게시한 후 위 글을 읽고 연락한 부부를 만나 200만 원을 받고 아이를 넘겨주어 아동을 매매하였다는 공소사실을 유죄로 인정한 원심에 대하여, 피고인 부부가 생활고로 둘째 아이를 입양시키기로 하여 글을 게시하게 된 것이고, 연락한 부부는 아이를 넘겨받은 당일 큰 아이 우유값으로 쓰라면서 200만 원을 현금인출기에서 인출하여 교부하고, 아이를 친생자로 출생신고하여 양육해 오고 있는 사정 등을 이유로 아동을 보수나 대가를 받고 매매한 것이라고 보기는 어렵다고 판단하여 원심을 파기하였다.

(나) 성적 학대행위

아동에게 음란한 행위를 시키거나 이를 매개하는 행위 또는 아동에게 성적 수치심을 주는 성희롱 등의 성적 학대행위(§17(i의2))를 한 자는 10년 이하의 징역 또는 1억 원 이하의 벌금에 처한다(§71①(ii)). 본죄의 죄명표상 죄명은 아동복지법위반(아동에 대한 음행강요·매개·성희롱 등)죄[41]인데, 청소년성보호법상 '아동·청소년대상 성범죄' 중 하나에 해당한다(아청 §2(ii)라목). **40**

판례는 '음란한 행위를 시킨다'는 것은 행위자가 아동으로 하여금 제3자를 상대방으로 하여 음란한 행위를 하게 하는 행위를 가리키는 것일 뿐 행위자 자신이 직접 그 아동의 음란한 행위의 상대방이 되는 것까지를 포함하는 의미로 볼 것은 아니라고 한다.[42] **41**

'성적 학대행위'에 관하여 판례는, 아동에게 성적 수치심을 주는 성희롱 등의 행위로서 아동의 건강·복지를 해치거나 정상적 발달을 저해할 수 있는 성적 폭력 또는 가혹행위를 의미하고, 이는 '음란한 행위를 시키는 행위'와는 별개의 행위로서, 성폭행의 정도에 이르지 아니한 성적 행위도 그것이 성적 도의관념에 어긋나고 아동의 건전한 성적 가치관의 형성 등 완전하고 조화로운 인격발달을 현저하게 저해할 우려가 있는 행위이면 이에 포함된다고 하고 있다.[43] **42**

판례는 그 논거에 관하여 다음과 같은 아동복지법의 입법목적과 기본이념, '아동에게 음란한 행위를 시키는 행위'와 '성적 학대행위'를 금지하는 규정의 개 **43**

---

41 실무상 아동복지법위반(아동에대한음행강요·매개·성희롱등)죄라고 표기한다.
42 대판 2000. 4. 25, 2000도223.
43 대판 2015. 7. 9, 2013도7787; 대판 2017. 6. 15, 2017도3448; 대판 2020. 8. 20, 2020도7143; 대판 2020. 12. 10, 2020도12174.

정 경과 등을 종합하여 도출한 것임을 밝히고 있다.[44] 아동복지법 제1조는 "이 법은 아동이 건강하게 출생하여 행복하고 안전하게 자랄 수 있도록 아동의 복지를 보장하는 것을 목적으로 한다."라고 규정하고 있고, 제2조는 "아동은 완전하고 조화로운 인격발달을 위하여 안정된 가정환경에서 행복하게 자라나야 한다(제2항). 아동에 관한 모든 활동에 있어서 아동의 이익이 최우선적으로 고려되어야 한다(제3항)."라고 규정하고 있다. 그리고 제3조 제7호에서는 아동학대를 "보호자를 포함한 성인이 아동의 건강 또는 복지를 해치거나 정상적 발달을 저해할 수 있는 신체적·정신적·성적 폭력이나 가혹행위를 하는 것과 아동의 보호자가 아동을 유기하거나 방임하는 것"이라고 정의하면서, 제17조 제2호에서 "누구든지 아동에게 음란한 행위를 시키거나 이를 매개하는 행위 또는 아동에게 성적 수치심을 주는 성희롱 등의 성적 학대행위를 하여서는 아니 된다."라고 하고 있다. '아동에게 음란한 행위를 시키는 행위'는 아동복지법 제정 당시부터 금지행위의 유형에 포함되어 있었으나, '성적 학대행위'는 2000년 1월 12일 아동복지법이 전부 개정되면서 처음으로 금지행위의 유형에 포함되었고, 그 문언도 처음에는 "아동에게 성적 수치심을 주는 성희롱, 성폭행 등의 학대행위"였다가 2011년 8월 4일 전부 개정 시 "아동에게 성적 수치심을 주는 성희롱·성폭력 등의 학대행위"로, 2014년 1월 28일 개정 시 "아동에게 성적 수치심을 주는 성희롱 등의 성적 학대행위"로 각 변경됨으로써 현재는 성적 학대행위의 예로 '성폭행'이나 '성폭력'은 삭제되고 '성희롱'만을 규정하고 있다. 그리고 '성적 학대행위'가 위와 같이 금지행위의 유형에 포함된 이후부터 아동복지법이 2014년 1월 28일 개정되기 전까지 아동복지법은 '아동에게 음행을 시키는 행위'와 '성적 학대행위'를 각각 다른 호에서 금지행위로 규정하면서 전자는 10년 이하의 징역 또는 5천만 원 이하의 벌금으로, 후자는 5년 이하의 징역 또는 3천만 원 이하의 벌금으로 처벌하는 등 법정형을 달리하였으나, 아동복지법이 2014년 1월 28일 개정되면서 같은 호에서 같은 법정형(10년 이하의 징역 또는 5천만 원 이하의 벌금)으로 처벌하게 되었다(§ 17(ii), § 71①(i의2) 참조).

44   성적 학대행위에 해당하는지 여부는 행위자 및 피해아동의 의사·성별·연

---

44 대판 2017. 6. 15, 2017도3448. 본 판결 해설은 민철기, "아동복지법상 금지되는 '성적 학대행위' 의 의미와 법원의 석명권 행사", 해설 112, 법원도서관(2017), 455-467.

령, 피해아동이 성적 자기결정권을 제대로 행사할 수 있을 정도의 성적 가치관과 판단능력을 갖추었는지 여부, 행위자와 피해아동의 관계, 행위에 이르게 된 경위, 구체적인 행위 태양, 행위가 피해아동의 인격 발달과 정신 건강에 미칠 수 있는 영향 등의 구체적인 사정을 종합적으로 고려하여 시대의 건전한 사회통념에 따라 객관적으로 판단하여야 한다.[45] 아동은 사회적·문화적 제약 등으로 아직 온전한 자기결정권을 행사하기 어려울 뿐만 아니라, 인지적·심리적·관계적 자원의 부족으로 타인의 성적 침해 또는 착취행위로부터 자신을 방어하기 어려운 처지에 있기 때문에, 아동이 명시적인 반대의사를 표시하지 아니하였더라도, 성적 자기결정권을 행사하여 자신을 보호할 능력이 부족한 상황에 기인한 것인지 가려보아야 한다.[46] 따라서 아동·청소년이 외관상 성적 결정 또는 동의로 보이는 언동을 하였다 하더라도, 그것이 타인의 기망이나 왜곡된 신뢰관계의 이용에 의한 것이라면, 아동·청소년의 온전한 성적 자기결정권의 행사에 의한 것이라고 평가하기 어렵다.[47]

성적 학대행위에 관한 판례를 살펴보면 아래와 같다.

① 대판 2017. 6. 15. 2017도3448(긍정) 14세의 아동인 피해자에게 옷을 벗으라고 시킨 후 미리 준비해 온 철제 개목걸이를 피해자의 목에 채운 뒤 피해자를 동물인 개처럼 취급하며 복종시키고, 손바닥으로 피해자의 엉덩이를 수회 때리는 등의 행위는 아동에게 성적 수치심을 주는 성희롱 등의 성적 학대행위에 해당한다.

② 대판 2015. 7. 9. 2013도7787(긍정) 인터넷 게임을 통하여 알게 된 초등학교 4학년의 피해자와 휴대폰을 이용하여 영상통화를 하던 중 "화장실에 가서 배 밑에 있는 부분을 보여달라."고 요구하였고, 이에 피해자는 영상통화를 하면서 피고인에게 바지와 팬티를 벗고 음부를 보여주거나 아예 옷을 전부 다 벗고 음부를 보여주기도 한 경우 성적 학대행위에 해당한다. 설령 피해자가 피고인의 위와 같은 요구에 특별한 저항 없이 응하였다거나 이 때문에 현실적으로 육체

45

46

47

---

45 대판 2015. 7. 9, 2013도7787; 대판 2020. 12. 10, 2020도12174.
46 대판 2015. 7. 9, 2013도7787; 대판 2020. 10. 29, 2018도16466; 대판 2022. 7. 28, 2020도12419.
47 대판 2020. 8. 27, 2015도9436(전); 대판 2022. 7. 28, 2020도12419.

적 또는 정신적 고통을 느끼지 아니한 사정이 있다 하더라도 당시 피해자가 자신의 성적 행위에 관한 자기결정권을 자발적이고 진지하게 행사한 것으로 보기는 어려우므로, 위와 같은 사정 때문에 피고인의 피해자에 대한 위와 같은 행위가 성적 학대행위에 해당하지 아니한다고 볼 수는 없다.

48   ③ 대판 2016. 8. 30, 2015도3095, 2015전도47(긍정) 초등학교 야구부 코치가 야구부를 오가며 알게 된 6학년 여학생을 야구부 숙소로 데려간 다음 안마를 해달라고 하고 "가슴살 좀 빼야겠다."라고 말한 행위와 숙소 밖으로 나가는 여학생에게 3회에 걸쳐 뽀뽀를 해달라고 요구한 행위는 피해아동에게 성적 수치심을 주는 성희롱으로서 피해아동의 정상적 발달을 저해할 수 있는 학대행위에 해당한다.

49   ④ 대판 2020. 8. 20, 2020도7143(긍정) 피고인이 스마트폰 채팅 어플리케이션을 이용하여 만난 15세의 피해자에게 잠을 재워주겠다는 제안을 하여 피해자를 차에 태우고 승용차 또는 모텔에서 여러 번의 성교행위를 하고, 그 과정에서 전동칫솔을 피해자의 음부에 집어넣거나 손가락을 피해자의 음부나 항문에 집어넣어 쑤시는 등 일련의 행위로 피해자에게 성적 학대행위를 하였다는 공소사실에 대하여, 원심이 아동복지법상 성적 학대행위의 유죄로 인정한 것은 정당하다고 하였다.

50   ⑤ 대판 2020. 10. 29, 2018도16466(긍정) 피고인이 2017. 10. 8. 피해자(여, 15세)와 성관계를 하던 중 피해자가 "그만하면 안 되냐. 힘들다. 그만하자."라고 하였음에도 계속하여 아동인 피해자를 간음함으로써 성적 학대행위를 하였다는 공소사실에 대하여, 원심이 "만 15세인 피해자의 경우 일반적으로 미숙하나마 자발적인 성적 자기결정권을 행사할 수 있는 연령대로 보이는 점, 검사 역시 피고인이 피해자와 성관계를 가진 자체에 대하여는 학대행위로 기소하지 아니한 점 등을 이유로 성적 학대행위에 해당하지 않는다."고 판단하였으나, 피해자가 성적 자기결정권을 제대로 행사할 수 있을 정도의 성적 가치관과 판단능력을 갖추었는지 여부 등을 신중하게 판단하였어야 하는데도, 그 판시와 같은 사정만을 들어 성적 자기결정권을 행사할 수 있다고 판단한 것은 잘못이라고 하였다.

51   ⑥ 대판 2020. 12. 10, 2020도12174(긍정) 50대 남성이 중학교 1학년 여자

피해아동 3명에게 자신의 펜션을 구경하라며 안으로 데려가 "남자 친구 생기면 여기 와서 자고 가라.", "저기서 남자랑 그것도 하고 자야 된다." 등의 말을 하고, 피해아동들을 쫓아가 "우리 카카오톡 만들어 톡하자." 등의 말을 한 행위에 대하여, 원심이 성적 도의관념에 어긋나고 아동의 건전한 성적 가치관의 형성 등 완전하고 조화로운 인격발달을 현저하게 저해할 우려가 있는 행위로서 성적 학대행위에 해당한다고 판단한 것을 정당하다고 하였다.

⑦ 대판 2024. 2. 29, 2023도15976(긍정) 고등학교 기간제 여교사인 피고인이 2학년에 재학 중인 피해자(남, 17세)를 승용차에 태우고 공원으로 가 그곳 주차장에서 성관계를 한 것을 비롯하여 11회에 걸쳐 성관계나 유사성행위를 한 행위에 대하여, 성적 학대행위에 해당한다고 판단한 것은 정당하다고 하였다.

그 밖에, ⑧ 피해 여학생들(13세, 16세)이 트위터에 비공개로 저장해 놓은 나체 사진과 신상정보를 수집한 다음, 이를 빌미로 피해자들에게 "트위터에 저장되어 있던 나체사진들을 주변 지인들에게 유포하겠다."라는 등의 말로 협박한 후 이들로 하여금 자위행위를 하는 영상, 성기 및 가슴이 노출된 사진 및 동영상을 촬영하게 하고, 이를 SNS 단체대화방에 전송·게시하도록 한 행위에 대해 성적 학대행위로 인정한 하급심 사례,[48] ⑨ 대학생이 게임에 접속하여 "초등학생 게임커플 구한다."고 게시하고, 이를 보고 연락한 아동(여, 10세)에게 카카오톡으로 말을 걸어 "초등학생인지 확실한 인증이 필요하다."고 하면서, 옷을 벗은 사진, 옷을 벗은 동영상 등을 전송하도록 하고, 위 아동에게 "너 자위해봤어? 섹스를 가르쳐줄게."라고 말한 행위에 대해 성적 학대행위로 인정한 하급심 사례,[49] ⑩ SNS '초딩연예방'이라는 밴드에 가입하여 아동(여, 12세)과 가학적인 성행위인 속칭 'SM성관계'로서 '주종관계(주인과 노예)'를 맺자고 채팅을 하고 만나 차량 뒷좌석에서 간음한 행위에 대해 성적 학대행위로 인정한 하급심 사례[50] 등이 있다.

52

---

48 춘천지판 2020. 6. 5, 2019고합120 등(항소 및 상고기각으로 확정).
49 대구지법 서부지판 2019. 7. 24, 2019고단549, 1295(항소기각으로 확정).
50 서울중앙지판 2020. 7. 2, 2020고합14, 2020전고2(항소심에서 일부 양형 감경, 상고기각으로 확정).

53　　　　죄수와 관련하여 대판 2020. 10. 29, 2020도11348은, 원심이 아동복지법 제 17조 제2호의 '성적 학대행위'에 아동의 건강·복지를 해치거나 정상적 발달을 저해할 수 있는 성폭력행위도 포함되고, 이는 성폭력범죄의처벌등에관한특례법위반 (13세미만미성년자위계등간음)죄와 상상적 경합관계에 있다고 판단한 것을 정당하다고 하였다. 또한, 재판실무는 청소년성보호법위반(강제추행)죄,[51] 미성년자의제강간죄[52] 등과 상상적 경합관계에 있는 것으로 보는 것이 보통이다.

　　　　(다) 신체적 학대행위

54　　　　아동의 신체에 손상을 주거나 신체의 건강 및 발달을 해치는 신체적 학대행위(§17(iii))를 한 자는 5년 이하의 징역 또는 3천만 원 이하의 징역에 처한다 (§71①(ii)). 본죄의 죄명표상 죄명은 아동복지법위반(아동학대)이다.

55　　　　'아동의 신체에 손상을 주는 학대행위'를 금지행위의 하나로 규정하고 있는데, 여기에서 '신체에 손상을 준다'라 함은 아동의 신체에 대한 유형력의 행사로 신체의 완전성을 훼손하거나 생리적 기능에 장애를 초래하는 '상해'의 정도에까지는 이르지 않더라도 그에 준하는 정도로 신체에 부정적인 변화를 가져오는 것을 의미한다.[53]

56　　　　신체적 학대행위에 해당하는지 여부를 판단함에 있어서는 아동이 건강하게 출생하여 행복하고 안전하게 자라나도록 복지를 보장하기 위한 아동복지법의 목적(§1)에 비추어 행위가 발생한 장소와 시기, 행위에 이른 동기와 경위, 행위의 정도와 태양, 아동의 반응 등 구체적인 행위 전후의 사정과 더불어 아동의 연령 및 건강 상태, 행위자의 평소 성향이나 유사 행위의 반복성 여부 및 기간까지도 고려하여 종합적으로 판단하여야 한다.[54]

57　　　　신체적 학대행위에 관한 판례를 살펴보면 아래와 같다.

58　　　　① 대판 2011. 10. 13, 2011도6015(긍정) 어린이집 보육교사가 23개월 아동이 음식을 잘 먹지 않고 토하려 한다는 이유로 아동의 팔과 다리 부위에 딱밤을 때려 점상출혈 등의 상해를 가한 것은 신체적 학대행위에 해당할 뿐, 정서적 학

---

51 춘천지판 2020. 6. 5, 2019고합120 등(항소 및 상고기각으로 확정).
52 서울중앙지판 2020. 7. 2, 2020고합14, 2020전고2.
53 대판 2016. 5. 12, 2015도6781.
54 대판 2020. 1. 16, 2017도12742; 대판 2022. 11. 10, 2020도6337.

대행위에도 해당한다고 볼 수는 없다는 원심의 판단을 정당하다고 수긍하였다.

② 대판 2016. 5. 12, 2015도6781(부정) 어린이집 보육교사가 3세 아동을 59
발로 밀치고, 좌측 팔을 손으로 때리고, 머리를 뒤로 세게 밀친 행위에 대하여,
신체의 손상에까지 이르진 않아 정서적 학대행위로만 인정하고, 신체적 학대행
위에 대한 증명이 없다는 원심의 판단을 정당하다고 수긍하였다. 다만 위 사례
는 이 부분 구성요건이 '아동의 신체에 손상을 주는 학대행위'로만 규정되어 있
던 때(2014. 1. 28. 현재와 같이 개정)의 사안이기 때문에, 개정된 구성요건으로는
달리 볼 여지도 있다.

③ 대판 2014. 4. 10, 2013도1615(긍정) 어린이집 운영자가 원아인 아동의 60
발바닥을 50㎝ 자로 수회 때린 것에 대하여, '아동의 신체에 손상을 주는 학대
행위'에 해당한다고 판단한 원심을 정당하다고 수긍하였다.

④ 대판 2017. 2. 9, 2016도19500(긍정) 특수교사인 피고인이 자폐성장애 2급 61
의 발달장애를 지닌 7세 아동의 머리를 손바닥으로 6회 내리친 행위는, 그 소리
가 유리창 너머로 크게 들릴 정도였고, 신체적인 강제력의 행사가 필요한 긴급
한 상황이었다고 보기도 어려우며, 발달장애가 있는 피해아동은 자신의 신체에
가해지는 고통에 더 민감하게 반응하거나 예상하지 못한 파급효과가 발생할 가
능성이 더 있고, 부정적인 변화를 가져올 가능성도 그만큼 커진다고 볼 수 있다
는 등의 이유로 피고인의 행위로 인하여 피해아동이 상해를 입거나 신체 외관
이 불량하게 변경된 것은 아니라고 하더라도, 신체의 건강 및 발달을 해치는 신
체적 학대행위에 해당한다는 원심의 판단을 정당하다고 수긍하였다.

⑤ 대판 2020. 1. 16, 2017도12742(부정) 어린이집 장애전담교사가 발달장 62
애증세를 앓고 있는 장애아동(5살) A가 놀이도구를 제대로 정리하지 않고 바닥
에 드러누웠다는 이유로 A의 팔을 세게 잡는 등 신체적 학대행위를 하였다는
아동복지법위반의 주위적 공소사실로 기소된 사안에서, 피고인은 장애아동 복
지지원법령에 따라 장애영유아를 위한 어린이집 특수교사로서 발달장애 등을
갖고 있는 A를 포함하여 장애아동 3명의 지도를 전담해 왔고, 한 달 반 정도 시
행착오를 거치면서 A의 행동을 교정하기 위하여 반복적으로 말로 지시하거나
무관심한 척하거나 일부만을 수행하도록 하고 나머지를 교사가 해주는 식으로
여러 가지 교육적 지도를 시도해 온 점, 당시에도 A가 놀이 후 정리하기를 거부

하고 드러눕는 등 고집을 부리는 문제 상황이 발생하여 훈육 목적으로 일시적으로 보다 단호한 지도방법으로서 A의 팔을 잡는 등의 행동을 하게 된 것으로 일련의 교육과정의 일환으로 볼 여지가 많으며, 또한 피고인의 위 행위 전후를 포함한 일련의 행위가 A의 지도에 관한 내용으로 일관되어 있고, 그 일련의 행위 중에 A를 손으로 때린다거나 발로 차는 등 적극적인 가해의사가 추인될 만한 행동은 없는 점, 이후 A는 피고인의 지도에 잘 따르고, 피고인은 수업시간에 A 옆에 앉아 A의 팔을 주물러 주고 머리를 쓰다듬는 등의 행위로 A를 정상적으로 지도한 점을 종합하면, 피고인이 합리적 범위 안에서 가장 적절하다고 생각하는 지도방법을 택하였고 이는 계속적인 훈육의 일환으로 볼 수 있다는 이유로 신체적 학대행위를 부정한 원심의 판단이 정당하다고 하였다.

63　　⑥ 대판 2022. 10. 27, 2022도1718(긍정) 중학교 교사인 피고인이 학교에서 13세 내지 14세인 중학생들에게 복장불량을 이유로 머리를 때리는 등 3회에 걸쳐 초·중등교육법 시행령과 학교의 생활지도 규정에서 금지하는 수단과 방법[55]을 사용하여 체벌한 사안에서, 훈육 또는 지도 목적으로 행하여졌다고 할지라도 신체적 학대행위에 해당한다는 이유로 피고인을 무죄로 판단한 원심을 파기·환송하였다.

64　　⑦ 대판 2022. 11. 10, 2020도6337(긍정) 장애아동 전문 어린이집 보육교사인 피고인이 뇌병변2급의 장애아동을 장시간 자세 교정용 의자에 앉히고 안전벨트를 착용하게 하여 신체적 학대행위를 하였다고 기소된 사안에서, 피고인의 행위가 아동에 대한 신체적 학대에 해당한다고 본 원심의 판단이 정당하다고 하였다.

65　　하급심 중에는 학원 강사인 피고인이 피해아동(8세)이 한자시험을 못 쳤다

---

55 초·중등교육법 제18조 제1항 본문은 "학교의 장은 교육을 위하여 필요한 경우에는 법령과 학칙으로 정하는 바에 따라 학생을 징계할 수 있다."고 규정하고, 제20조의2 제1항은 "학교의 장과 교원은 학생의 인권을 보호하고 교원의 교육활동을 위하여 필요한 경우에는 법령과 학칙으로 정하는 바에 따라 학생을 지도할 수 있다."고 규정하고 있고, 그 위임에 따른 초·중등교육법 시행령 제40조의3 제1항은 "학교의 장과 교원은 법 제20조의2에 따라 (중략) 조언, 상담, 주의, 훈육·훈계 등의 방법으로 학생을 지도할 수 있다. 이 경우 도구, 신체 등을 이용하여 학생의 신체에 고통을 가하는 방법을 사용해서는 안 된다."고 규정하고 있으며, 당시 해당 중학교의 생활지도 규정 제12조 제5항도 "징계지도 시 도구, 신체 등을 사용하는 체벌은 금지한다."고 규정하고 있었다.

는 이유로 길이 40㎝ 가량의 나무 막대기로 발바닥을 수회 때리고, 문제를 잘 풀지 못한다는 이유로 등 부위를 수회 때린 것에 대해 신체적 학대행위로 인정한 사례도 있다.[56]

공소사실의 특정과 관련하여, 대판 2021. 2. 25, 2020도3694는, 아버지가 2008. 4. 중순 자신의 집에서 친양자입양한 아들(당시 5세)이 목소리가 작고 표정이 밝지 않다는 얼굴을 때려 폭행한 것을 비롯하여 4회에 걸쳐 아동의 신체에 손상을 주거나 신체의 건강과 발달을 해치는 신체적 학대행위를 하고 아동의 정신건강과 발달에 해를 끼치는 정서적 학대행위를 하였다는 공소사실에 대하여, 원심이 '폭행의 수단과 방법, 폭행 부위와 횟수 등 범행의 구체적인 내용이 기재되어 있지 않고, 범행 장소 역시 구체적으로 거실인지 안방인지 특정되어 있지 않다'는 등의 이유로 공소사실이 충분히 특정되지 않았다면서 공소기각의 판결을 하였으나, '범행 일시와 장소가 구체적으로 특정되어 있고, 개략적인 범행 방법이 특정되어 있으며, 피고인이 다른 거주지에 거주하고 있었다고 다투고 있을 뿐'이라는 이유로 원심을 파기하였다. **66**

한편 죄수관계에 관하여 대판 2018. 1. 25, 2017도19187은, 계모가 화장실에서 지적장애가 있는 8세 의붓딸의 머리를 자르던 중 가슴을 밀쳐 뒷목 부분이 욕조에 부딪쳐 사망에 이르게 된 사안에서, 폭행치사죄와 본죄가 실체적 경합관계에 있다는 제1심의 판단을 번복하여 상상적 경합관계에 있다는 원심의 판단을 정당하다고 수긍하였다. **67**

(라) 정서적 학대행위

아동의 정신건강 및 발달에 해를 끼치는 정서적 학대행위(가정폭력범죄의 처벌 등에 관한 특례법 §2①에 따른 가정폭력에 아동을 노출시키는 행위로 인한 경우를 포함)(§17(v))를 한 자는 5년 이하의 징역 또는 3천만 원 이하의 징역에 처한다(§71①(ii)). 본죄의 죄명표상 죄명은 아동복지법위반(아동학대)죄이다. **68**

정서적 학대행위는 신체적 학대행위와 별도로 규정된 점, 아동의 신체에 손상을 주는 행위 가운데 아동의 정신건강 및 발달에 해를 끼치지 않는 행위를 상정할 수 없는 점 및 각 규정의 문언 등에 비추어 보면, 유형력 행사를 동반하지 **69**

---

56 울산지판 2019. 6. 14, 2019노255(대결 2019. 8. 16, 2019도9049로 확정).

아니한 정서적 학대행위나 유형력을 행사하였으나 신체의 손상에까지 이르지는 않고 정서적 학대에 해당하는 정신적 폭력이나 가혹행위로서, 아동의 정신건강 또는 복지를 해치거나 정신건강의 정상적 발달을 저해할 정도 혹은 그러한 결과를 초래할 위험을 발생시킬 정도에 이르는 것을 가리킨다.[57]

70　　　　여기에서 '아동의 정신건강 및 발달에 해를 끼치는 정서적 학대행위'란 '아동이 사물을 느끼고 생각하여 판단하는 마음의 자세나 태도가 정상적으로 유지되고 성장하는 것을 저해하거나 이에 대하여 현저한 위험을 초래할 수 있는 행위로서, 아동의 신체에 손상을 주거나 유기 또는 방임하는 것과 같은 정도의 행위'를 의미한다고 볼 수 있다.[58] 현실적으로 아동의 정신건강과 정상적인 발달을 저해한 경우뿐만 아니라 그러한 결과를 초래할 위험 또는 가능성이 발생한 경우도 포함되며, 반드시 아동에 대한 정서적 학대의 목적이나 의도가 있어야만 인정되는 것은 아니고 자기의 행위로 아동의 정신건강 및 발달을 저해하는 결과가 발생할 위험 또는 가능성이 있음을 미필적으로 인식하면 충분하다.[59]

71　　　　어떠한 행위가 이에 해당하는지 여부는, 행위자와 피해아동의 관계, 행위 당시 행위자가 피해아동에게 보인 태도, 피해아동의 연령, 성별, 성향, 정신적 발달 상태 및 건강상태, 행위에 대한 피해아동의 반응 및 행위를 전후로 한 피해아동의 상태 변화, 행위가 발생한 장소와 시기, 행위의 정도와 태양, 행위에 이르게 된 경위, 행위의 반복성이나 기간, 행위가 피해아동 정신건강의 정상적 발달에 미치는 영향 등을 종합적으로 고려하여 판단하여야 한다.[60]

　　　　정서적 학대행위에 관한 판례를 살펴보면 아래와 같다.

72　　　　① 대판 2015. 12. 23. 2015도13488(긍정) 어린이집 원장이 재롱잔치 준비 과정에서 말을 듣지 않는다는 이유로 빨간색 천으로 싼 스펀지로 4세 아동의 머리를 1회 세게 때린 행위는 정서적 학대행위에 해당한다는 원심의 판단을 정당하다고 수긍하였다.

73　　　　② 대판 2016. 9. 28. 2016도7273(긍정) 모(母)가 8-9세의 딸이 묻는 말에

---

57 대판 2011. 10. 13. 2011도6015; 대판 2015. 12. 23. 2015도13488; 대판 2020. 3. 12. 2017도5769.
58 헌재 2015. 10. 21. 2014헌바266.
59 대판 2015. 12. 23. 2015도13488.
60 대판 2020. 3. 12. 2017도5769.

제대로 대답을 하지 않는다는 이유로 남편에게 "쟤 버리고 와라."라고 말을 하고, 그 남편이 근처 개천까지 데리고 가게 한 것, 10세의 딸이 기흉으로 인해 병원비가 많이 든다는 이유로 "너 그냥 죽어라. 유서 써 놔라."라고 말을 한 것에 대해 정신건강 및 발달에 해를 끼치는 정서적 학대행위를 한 것으로 인정한 원심을 정당한 것으로 수긍하였다.

③ 대판 2020. 3. 12. 2017도5769(긍정) 어린이집 보육교사인 피고인이 아동 A(4세)가 창틀에 매달리는 등 위험한 행동을 한다는 이유로 A를 안아 바닥에서 약 78cm 높이의 교구장(110cm×29cm×63cm) 위에 올려둔 후 교구장을 1회 흔들고, A의 몸을 잡고는 교구장 뒤 창 쪽으로 흔들어 보이는 등 약 40분 동안 앉혀둠으로써 아동의 정신건강 및 발달에 해를 끼치는 정서적 학대행위를 하였다고 하여 기소된 사안에서, 피고인이 강압적이고 부정적인 태도를 보이며 4세인 A를 높이 78cm에 이르는 교구장 위에 약 40분 동안 앉혀놓은 것은 그 자체로 위험한 행위일 뿐만 아니라 그 과정에서 A는 공포감 내지 소외감을 느꼈을 것으로 보이고, 실제로 A가 정신적 고통 등을 호소하며 일주일이 넘도록 어린이집에 등원하지 못한 점 등 여러 사정에 비추어 피고인이 A를 정서적으로 학대하였다고 보아 유죄를 인정한 원심 판단을 수긍하였다. **74**

④ 대판 2020. 5. 28. 2019도12750(부정)[61] 초등학교 학교폭력 피해학생의 모친이 가해학생의 반을 바꾸어달라는 요구가 받아들여지지 않고 접촉 및 보복금지 등의 처분에 그치자, 학교수업에 참관하면서 가해학생에게 자신의 딸을 건들지 말고 아는 체도 말라고 하고 자신에게 왜 인사를 하지 않느냐고 하고 도서관에서 계속 지켜보는 등으로 정서적 학대행위를 하였다고 공소제기된 사안에서, 원심이 그 경위나 딸이 정신과치료를 받기도 한 점, 유형력을 행사하거나 모욕적 표현을 한 사실은 없는 점 등을 이유로 범죄의 증명이 없다는 이유로 무죄를 선고한 것은 정당하다고 하였다. **75**

이 밖에도 정서적 학대행위의 예로는, ⑤ 재혼한 부부가 부부싸움을 하면서 계모가 남편의 친자인 초등학생 아동(10세)에게 말을 듣지 않으면 고아원에 **76**

---

61 본 판결 평석은 김용수, "학교폭력 처리 과정에서 학교폭력 피해자 보호자의 가해학생에 대한 명예훼손 및 아동학대의 법적 문제", 판례연구 35, 서울지방변호사회(2021), 346-377.

게 보내겠다고 말하고, 겨울에 베란다 밖에 내보내 1시간 가량 방치하거나, 드럼 세탁기에 넣고 전원버튼을 눌러 잠시 세탁기를 회전시키고, 배설물이 묻은 휴지를 먹거나 입에 물게 하거나, 줄넘기 줄로 계단 난간에 30분간 묶어둔 사례,[62] ⑥ 학원 강사인 피고인이 아동들에게 수학문제를 풀게 하던 중 피해아동(8세)만 풀지 못하여 제자리로 돌아가지 못하자 피해아동의 바지를 잡아 당겨 팬티가 보이게 한 사례,[63] ⑦ 아버지가 아동(11세)이 보는 앞에서 아동의 어머니인 처에게 욕설(개 갈보 같은 년, 걸레 같은 년 등)과 폭행을 하고, 피해자에게 욕설(동생을 때렸음에도 때리지 않았다고 거짓말을 하면서 욕설을 하였다는 이유로 "정신병자"라고 욕설)을 한 사례,[64] ⑧ 아버지가 주거지에서 피해아동(여, 16세)이 거짓말을 하고 아는 남자를 만나고 왔다는 사실을 알고 화가 나, 손으로 머리를 수회 때리고, '엎드려뻗쳐'를 시키고, 가위로 머리카락을 자르려고 한 사례[65] 등에서 정서적 학대 행위를 인정하였다.

(마) 유기·방임행위

77   자신의 보호·감독을 받는 아동을 유기하거나 의식주를 포함한 기본적 보호·양육·치료 및 교육을 소홀히 하는 방임행위(§17(vi))를 한 자는 5년 이하의 징역 또는 3천만 원 이하의 징역에 처한다(§71①(ii)). 본죄의 죄명표상 죄명은 아동복지법위반(아동유기·방임)죄이다.

78   보호자가 아동을 방임함으로써 아동복지법 제71조 제1항 제2호를 위반하였는지 여부를 판단할 때에는 아동복지법의 입법목적과 더불어 아동의 보호자가 그 입법목적을 달성하기 위하여 일정한 책무를 부담한다는 점을 전제로 하여, 보호자와 피해아동의 관계, 피해아동의 나이, 방임행위의 경위와 그 태양 등의 사정을 종합적으로 고려하여야 할 필요가 있다. 특히 보호자가 친권자 또는 이에 준하는 주양육자인 경우에는, 피해아동을 보호하고 양육할 1차적 책임을 부담한다는 점을 중요하게 고려해야 한다.[66]

---

62 대구고판 2015. 5. 21, 2014노214, 2014노699[대판 2015. 9. 10, 2015도8119로 확정(칠곡 계모 아동학대 사건)].
63 울산지판 2019. 6. 14, 2019노255(대결 2019. 8. 16, 2019도9049로 확정).
64 서울고판 2020. 1. 30, 2019노630 등(대판 2020. 5. 14, 2020도2433으로 확정).
65 인천지판 2019. 2. 28, 2019고합152 등(항소 및 상고기각으로 확정).
66 대판 2020. 9. 3, 2020도7625.

유기·방임행위에 관한 판례를 살펴보면 아래와 같다.

79

① 대판 2015. 8. 27, 2015도7138, 2015전도166(긍정) 친부가 26개월된 아 80
들을 전기와 난방이 공급되지 않는 집 안에 혼자 남겨 두고 인터넷 게임을 하기
위해 8시간 가량 외출을 한 것에 대하여, 자신의 보호·감독을 받는 아동의 의
식주를 포함한 기본적 보호·양육을 소홀히 하는 방임행위에 해당한다고 한 원
심을 정당하다고 수긍하였다.

② 대판 2015. 10. 29, 2015도9760(울산 계모 아동학대 사건)(긍정) 친부가 피 81
해아동(5세)이 동거녀로부터 지속적으로 훈육을 빙자한 폭행을 당하고 있음을
직접 및 유치원 교사나 아동보호전문기관의 통보를 통해 알고 있었으며, 이후
피해자가 동거녀의 학대로 상당한 상해를 입어 보호와 치료가 필요한 상태에
있었음을 인식하였음에도 그때그때 피해자 보호를 위해 필요한 조치를 취하지
않고 그러한 상태에 그대로 둔 행위에 대하여, 기본적 보호를 소홀히 하는 방임
행위에 해당한다고 한 원심을 정당하다고 수긍하였다.

③ 대판 2016. 9. 28, 2016도7273(긍정) 모(母)가 초등학교 5학년의 딸을 5 82
개월 사이에 5차례 9-20일씩 합계 68일 동안 특별한 이유 없이 학교에 보내지
아니한 행위에 대하여 원심이 교육을 소홀히 하는 방임행위를 한 것으로 인정
한 것을 정당한 것으로 수긍하였다. 또한 위 판결은, 모가 10세의 딸이 기흉으
로 숨을 잘 쉬지 못해 고통을 호소함에도 병원비가 많이 든다고 병원에 데려가
지 않은 것에 대하여 치료를 소홀히 하는 방임행위를 한 것으로 인정한 원심을
정당한 것으로 수긍하였다.

④ 대판 2020. 9. 3, 2020도7625(긍정) 친부가 1세의 아이를 양육하면서 집 83
안 내부에 먹다 남은 음식물 쓰레기, 소주병, 담배꽁초가 방치된 상태로 청소를
하지 않아 악취가 나는 비위생적인 환경에서 제대로 세탁하지 않아 음식물이
묻어있는 옷을 입히고, 목욕을 주기적으로 시키지 않아 몸에서 악취를 풍기게
하는 등의 행위를 한 것에 대하여, 방임행위를 하였다고 판단한 원심을 정당하
다고 하였다.

(바) 장애아동 학대행위

84   장애를 가진 아동을 공중에 관람시키는 행위(§ 17(vii))를 한 자는 5년 이하의
징역 또는 3천만 원 이하의 징역에 처한다(§ 71①(ii)). 본죄의 죄명표상 죄명은
아동복지법위반(장애아동관람)죄이다.

(사) 구걸 학대행위

85   아동에게 구걸을 시키거나 아동을 이용하여 구걸하는 행위(§ 17(viii))를 한
자는 5년 이하의 징역 또는 3천만 원 이하의 징역에 처한다(§ 71①(ii)). 본죄의
죄명표상 죄명은 아동복지법위반(구걸강요·이용행위)죄이다.

(아) 곡예 학대행위

86   ① 공중의 오락 또는 흥행을 목적으로 아동의 건강 또는 안전에 유해한 곡예
를 시키는 행위, 또는 ② 이를 위하여 아동을 제3자에게 인도하는 행위(§ 17(ix))를
한 자는 1년 이하의 징역 또는 1천만 원 이하의 벌금에 처한다. 본죄의 죄명표
상 죄명은 위 ①은 아동복지법위반(곡예강요행위)죄이고, ②항은 아동복지법위
반(제3자인도행위)죄이다.

(자) 양육 알선 금품 취득행위, 아동금전 유용행위

87   ① 정당한 권한을 가진 알선기관 외의 자가 아동의 양육을 알선하고 금품
을 취득하거나 금품을 요구 또는 약속하는 행위(§ 17(x)), ② 아동을 위하여 증여
또는 급여된 금품을 그 목적 외의 용도로 사용하는 행위(§ 17(xi))를 한 자는 3년
이하의 징역 또는 3천만 원 이하의 징역에 처한다(§ 71①(iii)). 본죄의 죄명표상
죄명은 위 ①은 아동복지법위반(양육알선금품취득)죄이고, ②는 아동복지법위
반(아동금품유용)죄이다.

(차) 상습범에 대한 가중처벌

88   상습적으로 아동복지법 제71조 제1항 각 호의 죄를 범한 자는 그 죄에 정
한 형의 2분의 1까지 가중하여 처벌한다(§ 72).

(카) 아동복지시설 종사자 등에 대한 가중처벌 및 양벌규정

89   아동학대처벌법 제7조는 아동복지시설 종사자 등이 보호하는 아동에 대하
여 아동학대범죄(후술)를 범한 때에는 그 죄에 정한 형의 2분의 1까지 가중한다
고 규정하고 있다.

90   또한 법인의 대표자나 법인 또는 개인의 대리인, 사용인, 그 밖의 종업원이

그 법인 또는 개인의 업무에 관하여 제71조의 위반행위를 하면, 해당 업무에 관하여 상당한 주의와 감독을 게을리하지 아니한 경우가 아닌 한 법인 또는 개인에게도 해당 조문의 벌금형을 과한다(§74).

수사와 재판의 실무상 아동복지시설을 운영하는 법인이나 개인이 주로 문제되고 있다. 이러한 '양벌규정'에 있어서 법인이나 사용인 등이 상당한 주의 또는 관리감독 의무를 게을리하였는지 여부는 당해 위반행위와 관련된 모든 사정, 즉 당해 법률의 입법 취지, 처벌조항 위반으로 예상되는 법익 침해의 정도, 그 위반행위에 관하여 양벌조항을 마련한 취지 등은 물론 위반행위의 구체적인 모습과 그로 인하여 실제 야기된 피해 또는 결과의 정도, 법인의 영업 규모 및 행위자에 대한 감독 가능성 또는 구체적인 지휘·감독관계, 법인이 위반행위 방지를 위하여 실제 행한 조치 등을 전체적으로 종합하여 판단하여야 한다.[67] **91**

대판 2016. 5. 12, 2015도6781은 어린이집에 CCTV를 설치하여 간접적으로 소속교사들 감시, 원감을 통한 개별교육, 관련된 정기적 교사회의 실시, 중앙보육정보센터에 아동학대 예방교육 연수, 3일에 한 번씩 상담일지를 살펴 학부모와의 교류 확인, 오전과 오후 교실 관찰 등의 사정을 인정하면서, CCTV의 매일 확인, 매일 교사들과 관련 토론을 하지 않았다고 하더라도 어린이집 원장에 대하여 보육교사의 학대행위에 대한 주의감독의무 위반이 증명되었다고 보기에 부족하다고 판단한 원심을 정당한 것으로 수긍하였다. **92**

(5) 절차상 특례 및 특별 보안처분

(가) 절차상 특례

아동학대처벌법상 보호자에 의한 아동학대로서 아동복지법 제71조 제1항 각 호의 죄(제3호의 죄는 제외)는 아동학대범죄에 해당하고(아학 §2(iv)타목), 이에 대해서는 후술하는 위 특례법상의 절차상 특례규정들이 적용된다. **93**

(나) 아동학대관련범죄자에 대한 취업제한명령

2018년 12월 11일 법률 제15889호로 개정되기 전의 구 아동복지법 제29조의3 제1항은 아동학대관련범죄로 형 또는 치료감호를 선고받아 확정된 사람은 그 확정된 때부터 형 집행 종료 또는 부집행 확정 후 10년까지 일률적으로 아동관련기관에의 취업제한 등을 규정하고 있었다. **94**

---

67 대판 2016. 5. 12, 2015도6781.

95   그런데 이 규정은 아래 헌법재판소의 결정에 비추어 위헌으로 볼 소지가 있었다. 헌재 2016. 3. 31. 2013헌마585 등은 '구 청소년성보호법(2012. 2. 1. 법률 제11287호로 개정되고, 2012. 12. 18. 법률 제11572호로 전부개정되기 전의 것) 제44조 제1항 제13호 등에 의한 성인대상 성범죄로 형을 선고받아 확정된 자'에 대한 취업제한과 관련하여, 위 법률조항이 성범죄 전력만으로 그가 장래에 동일한 유형의 범죄를 다시 저지를 것을 당연시하고, 형의 집행이 종료된 때부터 10년이 경과하기 전에는 결코 재범의 위험성이 소멸하지 않는다고 보며, 각 행위의 죄질에 따른 상이한 제재의 필요성을 간과함으로써, 성범죄 전력자 중 재범의 위험성이 없는 자, 성범죄 전력이 있지만 10년의 기간 안에 재범의 위험성이 해소될 수 있는 자, 범행의 정도가 가볍고 재범의 위험성이 상대적으로 크지 않은 자에게까지 10년 동안 일률적인 취업제한을 부과하고 있는 것은 침해의 최소성 원칙과 법익의 균형성 원칙에 위배되므로, 위 법률조항은 청구인들의 직업선택의 자유를 침해한다면서 위헌으로 판단하였다.

96   한편 노인복지법 제39조의17 제1항은 법원이 노인학대관련범죄로 형 또는 치료감호를 선고하는 경우 판결과 동시에 취업제한명령을 선고(특별한 사정이 있는 경우에는 제외)하도록 하고 있으므로, 이와 유사하게 개정될 필요가 있었다.

97   2018년 12월 11일 개정되어(제15889호) 2019년 6월 12일 시행된 아동복지법 제29조의3은 법원은 아동학대관련범죄로 형 또는 치료감호를 선고하는 경우에는 판결로 취업제한기간 동안 아동관련기관을 운영하거나 아동관련기관에 취업 또는 사실상 노무를 제공할 수 없도록 하는 명령(이하, 취업제한명령이라 한다.)을 아동학대관련범죄 사건의 판결과 동시에 선고하여야 하되, 다만 재범의 위험성이 현저히 낮은 경우, 그 밖에 취업을 제한하여서는 아니 되는 특별한 사정이 있다고 판단하는 경우에는 취업제한명령을 선고하지 아니할 수 있다고 규정하고(제1항), 취업제한기간은 10년을 초과하지 못한다고 규정하고(제2항) 있다. 한편, 아동복지법 부칙(제15889호, 2018. 12. 11.) 제2조 제1항은 "제29조의3의 개정규정은 이 법 시행 전에 아동학대관련범죄를 범하고 확정판결을 받지 아니한 사람에 대해서도 적용한다."고 규정하고 있다.

98   아동복지법 제3조 제7의2호는 아동학대처벌법 제2조 제4호에 따른 아동학대범죄(가목)와 아동에 대한 형법 제2편 제24장 살인의 죄 중 제250조부터 제

255조까지의 죄(나목)를 아동학대관련범죄로 규정하고 있다. 위 아동학대범죄에 대하여는 아동학대처벌법위반죄 부분에서 후술한다.

결국 위와 같은 개정은 타당한 것이지만, 검사의 청구에 따라 법원이 판단 99 하도록 하는 것이 당사자 대립구조에 의한 변증법적 진실발견의 원리에 비추어 보다 적절할 것으로 보인다.

2. 아동학대범죄의 처벌 등에 관한 특례법

(1) 연혁

2013년 울산과 칠곡에서 발생한 아동학대 사망 사건을 계기로 아동학대처 100 벌법이 2014년 1월 28일 제정되어 2014년 9월 29일 시행되었고, 이후 여러 차례의 개정이 있었다. 아동학대가 개인에 대한 영구적 해악으로 작용할 뿐만 아니라 사회에도 커다란 영향을 미치는 해악임을 인식하여, 아동학대범죄에 대한 처벌을 강화하고 아동학대범죄가 발생한 경우 가정 내부에 개입하여 긴급한 조치 및 보호가 가능하도록 제도를 갖추게 된 것이다.

(2) 조문 구성

아동학대처벌법은 아래 [표 2]에서 보는 것과 같은 범죄 처벌규정 외에도 101 아동학대처벌법상 각종 의무와 보안처분의 이행을 담보하기 위한 벌칙규정들을 제59조부터 제62조의2까지에서 두고 있으나, 형법상 학대행위와 직접적 관련성이 적어 이하에서는 논외로 한다.

[표 2] 아동학대처벌법상 벌칙규정

조 문		구성요건	죄 명	공소시효
§4 (아동학대 살해·치사)	①	ⓐ §2(iv)가목부터 다목까지의 아동학대범죄를 범한 사람이 ⓑ 아동을 ⓒ 살해	아동학대처벌법위반 (아동학대살해)	배제
	②	ⓐ §2(iv)가목부터 다목까지의 아동학대범죄를 범한 사람이 ⓑ 아동을 ⓒ 사망에 이르게 함	아동학대처벌법위반 (아동학대치사)	15년

조　문	구성요건	죄　명	공소시효
§5 (아동학대중상해)	ⓐ § 2(iv)가목부터 다목까지의 아동 학대범죄를 범한 사람이 ⓑ 아동의 생명에 대한 위험을 발생 하게 하거나 불구 또는 난치의 질 병에 이르게 함	아동학대처벌법위반 (아동학대중상해)	10년
§6 (상습범)	ⓐ 상습적으로 ⓑ § 2(iv)가목부터 파목까지의 아동 학대범죄를 범함(다만, 다른 법률 에 따라 상습범으로 가중처벌되는 경우는 제외)	아동학대처벌법위반 [상습(제2조 제4호 가목 내지 카목의 각 죄명)]	
		타목과 파목은 아동학대처벌법위반	
§7 (아동복지시설의 종사자 등에 대한 가중처벌)	ⓐ § 10② 각 호에 따른 아동학대 신 고의무자가 ⓑ 보호하는 아동에 대하여 ⓒ 아동학대범죄를 범함	아동학대처벌법위반 (아동복지시설 종사자 등의 아동학대 가중처벌)	

(3) 공통된 구성요건

(가) 아동

102　　‘아동’이란 아동복지법 제3조 제1호에 따른 아동을 말한다(아학[68] § 2(i)). 아동
복지법 제3조 제1호는 아동이란 18세 미만의 사람을 말한다고 규정하고 있다.

(나) 보호자

103　　‘보호자’란 아동복지법 제3조 제3호에 따른 보호자를 말한다(§ 2(ii)). 아동복
지법 제3조 제3호는 보호자란 친권자, 후견인, 아동을 보호·양육·교육하거나
그러한 의무가 있는 자 또는 업무·고용 등의 관계로 사실상 아동을 보호·감독
하는 자를 말한다고 규정하고 있다.

(다) 아동학대

104　　‘아동학대’란 아동복지법 제3조 제7호에 따른 아동학대를 말하되, 다만 유아
교육법과 초·중등교육법에 따른 교원의 정당한 교육활동과 학생생활지도는 아
동학대로 보지 아니한다(§ 2(iii). 위 단서의 규정은 2023년 12월 26일 아동학대처
벌법 개정으로 신설되었는데, 최근 교원의 정당한 교육활동과 학생생활지도임
에도 이를 아동학대로 신고하거나 고발하여 많은 교원들이 우울감과 무력감에

---

68 이하, 아동학대처벌법 부분 괄호 내 조문은 별도 법령 기재가 없는 경우 아동학대처벌법의 조문
　을 말한다.

시달리고 그로 인하여 교원의 활동에 심각한 지장이 초래되고 있음을 고려한 것이다.[69]

아동복지법 제3조 제7호는 아동학대란 보호자를 포함한 성인이 아동의 건 **105** 강 또는 복지를 해치거나 정상적 발달을 저해할 수 있는 신체적·정신적·성적 폭력이나 가혹행위를 하는 것과 아동의 보호자가 아동을 유기하거나 방임하는 것을 말한다고 규정하고 있다. 이러한 규정의 맥락은 앞서 **Ⅲ. 1. 아동복지법** 부분에서 살펴본 것과 같다.

(라) 아동학대범죄

'아동학대범죄'란 보호자에 의한 아동학대로서 다음 각 목의 어느 하나에 **106** 해당하는 죄를 말한다고 규정하고 있다(§ 2(iv)).

가. 형법 제2편 제25장 상해와 폭행의 죄 중 제257조(상해) 제1항·제3항, 제258조 의2(특수상해) 제1항(제257조 제1항의 죄에만 해당한다)·제3항(제1항 중 제 257조 제1항의 죄에만 해당한다), 제260조(폭행) 제1항, 제261조(특수폭행) 및 제262조(폭행치사상)(상해에 이르게 한 때에만 해당한다)의 죄

나. 형법 제2편 제28장 유기와 학대의 죄 중 제271조(유기) 제1항, 제272조(영아유 기), 제273조(학대) 제1항, 제274조(아동혹사) 및 제275조(유기등 치사상)(상해 에 이르게 한 때에만 해당한다)의 죄

다. 형법 제2편 제29장 체포와 감금의 죄 중 제276조(체포, 감금) 제1항, 제277조 (중체포, 중감금) 제1항, 제278조(특수체포, 특수감금), 제280조(미수범) 및 제 281조(체포·감금등의 치사상)(상해에 이르게 한 때에만 해당한다)의 죄

라. 형법 제2편 제30장 협박의 죄 중 제283조(협박) 제1항, 제284조(특수협박) 및 제286조(미수범)의 죄

마. 형법 제2편 제31장 약취, 유인 및 인신매매의 죄 중 제287조(미성년자 약취, 유 인), 제288조(추행 등 목적 약취, 유인 등), 제289조(인신매매) 및 제290조(약 취, 유인, 매매, 이송 등 상해·치상)의 죄

---

69 국회 법제사법위원회, 아동학대범죄의 처벌 등에 관한 특례법 일부개정법률안(대안), 제안이유 (2023. 12).

바. 형법 제2편 제32장 강간과 추행의 죄 중 제297조(강간), 제297조의2(유사강간), 제298조(강제추행), 제299조(준강간, 준강제추행), 제300조(미수범), 제301조(강간 등 상해·치상), 제301조의2(강간 등 살인·치사), 제302조(미성년자 등에 대한 간음), 제303조(업무상위력 등에 의한 간음) 및 제305조(미성년자에 대한 간음, 추행)의 죄

사. 형법 제2편 제33장 명예에 관한 죄 중 제307조(명예훼손), 제309조(출판물 등에 의한 명예훼손) 및 제311조(모욕)의 죄

아. 형법 제2편 제36장 주거침입의 죄 중 제321조(주거·신체 수색)의 죄

자. 형법 제2편 제37장 권리행사를 방해하는 죄 중 제324조(강요) 및 제324조의5(미수범)(제324조의 죄에만 해당한다)의 죄

차. 형법 제2편 제39장 사기와 공갈의 죄 중 제350조(공갈), 제350조의2(특수공갈) 및 제352조(미수범)(제350조, 제350조의2의 죄에만 해당한다)의 죄

카. 형법 제2편 제42장 손괴의 죄 중 제366조(재물손괴 등)의 죄

타. 아동복지법 제71조 제1항 각 호의 죄(제3호의 죄는 제외한다)

파. 가목부터 타목까지의 죄로서 다른 법률에 따라 가중처벌되는 죄

하. 제4조(아동학대치사), 제5조(아동학대중상해) 및 제6조(상습범)의 죄

(마) 다른 법률과의 관계

107   아동학대범죄에 대하여는 아동학대처벌법을 우선 적용하되, 다만 성폭력범죄의 처벌 등에 관한 특례법(이하, 성폭력처벌법이라 한다.), 청소년성보호법에서 가중처벌되는 경우에는 그 법에서 정한 바에 따른다(§3).

(4) 규율 대상 아동학대행위와 강화된 처벌

(가) 아동학대살해·치사

108   아동학대처벌법 제4조는 제2조 제4호 (가)목부터 (다)목까지의 아동학대범죄를 범한 사람이 아동을 살해한 때에는 무기 또는 7년 이상의 징역에 처하고(제1항),[70] 아동을 사망에 이르게 한 때에는 무기 또는 5년 이상의 징역에 처한다(제2항)고 규정하고 있다. 형법상 학대치사(형 §275① 후문, §273①)의 법정형이

---

70 2021년 3월 16일 법률 제17932호로 개정되면서 신설된 규정이다.

3년 이상의 징역인 것과 비교하면 처벌이 크게 강화되었다고 할 수 있다. 죄명 표[71]상 제1항의 죄는 아동학대처벌법위반(아동학대살해)죄이고, 제2항의 죄는 아동학대처벌법위반(아동학대치사)죄이다.

① 대판 2018. 2. 13, 2017도18702는 친부가 법률상 배우자 외 다른 동거 109 녀와 따로 거주하면서 그 사이에 태어난 8개월의 아이를 외출하는 동거녀로부터 넘겨받은 후, 이중생활의 스트레스, 과도한 부채, 부모로서의 자괴감 등으로 짜증이 나자, 아이가 타고 있는 유모차를 아이의 몸과 머리가 심하게 들썩거릴 정도로 1분 5초 동안 23회 앞뒤로 강하게 흔들고, 집 안에 들어가서는 30분 정도 자다가 깨어난 아이가 심하게 울면서 울음을 그치지 않자, 아이를 머리 뒤로 들어 올렸다가 무릎까지 빠른 속도로 내리면서 흔드는 행위를 반복하다가 아이를 놓쳐 바닥에 떨어지게 하여 경막하 출혈, 양안 다발성 망막 출혈 등으로 사망에 이르게 한 것에 대하여, 아동학대처벌법위반(아동학대치사)죄의 유죄를 인정한 원심의 판단을 정당하다고 수긍하였다.

② 대판 2021. 9. 16, 2021도5000은 피해아동의 친모인 피고인 甲이 자신 110 과 연인관계인 피고인 乙과 공모하여 피해아동을 지속적으로 학대함으로써 사망에 이르게 한 사안에서, 아동학대처벌법 제4조는 보호자가 아동학대범죄를 범하여 그 아동을 사망에 이르게 한 경우를 처벌하는 규정으로 형법 제33조 본문의 '신분관계로 인하여 성립될 범죄'에 해당하므로, 피고인 乙에 대해 형법 제33조 본문에 따라 아동학대처벌법위반(아동학대치사)죄의 공동정범이 성립하고, 아동학대처벌법 제4조에서 정한 형에 따라 과형이 이루어져야 한다는 이유로, 이와 달리 乙에 대하여 형법 제33조 단서를 적용하여 형법 제259조 제1항의 상해치사죄에서 정한 형으로 처단한 원심판단에 법리오해의 위법이 있다고 판시하였다.

③ 대판 2024. 2. 8, 2023도17975는 어린이집 원장인 피고인이 피해아동(9 111 개월, 베트남 국적)이 낮잠을 자지 않는다는 이유로 바닥 요 위에 엎드린 자세로 눕힌 뒤 피해아동의 몸을 누르며 움직이지 못하게 하여 피해아동을 압착성 질식 등으로 사망에 이르게 한 것에 대하여, 아동학대처벌법위반(아동학대치사)죄

---

71 공소장 및 불기소장에 기재할 죄명에 관한 예규(개정 대검예규 제1336호, 2023. 1. 18.) [별표 5]
  18. 아동학대처벌법위반사건 죄명표.

의 유죄를 인정한 원심의 판단을 정당하다고 수긍하였다.

(나) 아동학대중상해

112   아동학대처벌법 제5조는 제2조 제4호 (가)목부터 (다)목까지의 아동학대범죄를 범한 사람이 아동의 생명에 대한 위험을 발생하게 하거나 불구 또는 난치의 질병에 이르게 한 때에는 3년 이상의 징역에 처한다고 규정하고 있다. 형법상 학대치상죄(형 § 275 전문, § 273①)의 법정형이 7년 이하의 징역인 것과 비교하면 처벌이 크게 강화되었다고 할 수 있다. 본죄의 죄명표상 죄명은 아동학대처벌법위반(아동학대중상해)죄이다.

(다) 상습범

113   아동학대처벌법 제6조는 상습적으로 제2조 제4호 (가)목부터 (파)목까지의 아동학대범죄를 범한 자는 그 죄에 정한 형의 2분의 1까지 가중하되, 다만 다른 법률에 따라 상습범으로 가중처벌되는 경우에는 그러하지 아니하다고 규정하고 있다. 본죄의 죄명표상 죄명은 위 (가)목부터 (카)목까지는 아동학대처벌법위반〔상습(제2조 제4호 가목부터 카목까지의 각 죄명)〕죄이고, (타)목〔아동복지법 제71조 제1항 각 호의 죄(제3호의 죄는 제외)〕과 (파)목(가목부터 타목까지의 죄로서 다른 법률에 따라 가중처벌되는 죄)은 단순히 아동학대처벌법위반죄이다.

(라) 신고의무자의 학대행위에 대한 가중처벌

114   아동학대처벌법 제7조는 아동복지시설의 종사자 등 제10조 제2항 각 호에 따른 아동학대 신고의무자[72]가 보호하는 아동에 대하여 아동학대범죄를 범한

---

72 아동학대처벌법 제10조(아동학대범죄 신고의무와 절차) ② 다음 각 호의 어느 하나에 해당하는 사람이 직무를 수행하면서 아동학대범죄를 알게 된 경우나 그 의심이 있는 경우에는 시·도, 시·군·구 또는 수사기관에 즉시 신고하여야 한다.
 1. 「아동복지법」 제10조의2에 따른 아동권리보장원(이하 "아동권리보장원"이라 한다) 및 가정위탁지원센터의 장과 그 종사자
 2. 아동복지시설의 장과 그 종사자(아동보호전문기관의 장과 그 종사자는 제외한다)
 3. 「아동복지법」 제13조에 따른 아동복지전담공무원
 4. 「가정폭력방지 및 피해자보호 등에 관한 법률」 제5조에 따른 가정폭력 관련 상담소 및 같은 법 제7조의2에 따른 가정폭력피해자 보호시설의 장과 그 종사자
 5. 「건강가정기본법」 제35조에 따른 건강가정지원센터의 장과 그 종사자
 6. 「다문화가족지원법」 제12조에 따른 다문화가족지원센터의 장과 그 종사자
 7. 「사회보장급여의 이용·제공 및 수급권자 발굴에 관한 법률」 제43조에 따른 사회복지전담공무원 및 「사회복지사업법」 제34조에 따른 사회복지시설의 장과 그 종사자
 8. 「성매매방지 및 피해자보호 등에 관한 법률」 제9조에 따른 지원시설 및 같은 법 제17조에

때에는 그 죄에 정한 형의 2분의 1까지 가중한다고 규정하고 있다. 신고의무자라는 신분에 따라 형이 가중되는 부진정신분범이다. 본죄의 죄명표상 죄명은 아동학대처벌법위반(아동복지시설 종사자 등의 아동학대 가중처벌)[73]이다.

하급심 판결 중에는, 어린이집 보육교사인 피고인이 보육 아동(만 1세)이 수업에 집중하지 않거나 잠을 자지 않는다는 등의 이유로 팔을 움켜잡아 강하게 흔들고, 이마에 딱밤을 때리고, 색연필 뒤 부분으로 볼을 찌르거나 손으로 볼을 꼬집고, 손으로 엉덩이를 때리거나 재우기 위해 자신의 다리를 아동의 몸 위에 올려놓고 누르는 등으로 5회에 걸쳐 신체적 학대행위를 하였다고 하여 아동학대처벌법위반(아동복지시설종사자등의아동학대가중처벌)죄로 기소된 사안에서,

115

따른 성매매피해상담소의 장과 그 종사자

9. 「성폭력방지 및 피해자보호 등에 관한 법률」 제10조에 따른 성폭력피해상담소, 같은 법 제12조에 따른 성폭력피해자보호시설의 장과 그 종사자 및 같은 법 제18조에 따른 성폭력피해자통합지원센터의 장과 그 종사자

10. 「119구조·구급에 관한 법률」 제2조제4호에 따른 119구급대의 대원

11. 「응급의료에 관한 법률」 제2조제7호에 따른 응급의료기관등에 종사하는 응급구조사

12. 「영유아보육법」 제7조에 따른 육아종합지원센터의 장과 그 종사자 및 제10조에 따른 어린이집의 원장 등 보육교직원

13. 「유아교육법」 제2조제2호에 따른 유치원의 장과 그 종사자

14. 아동보호전문기관의 장과 그 종사자

15. 「의료법」 제3조제1항에 따른 의료기관의 장과 그 의료기관에 종사하는 의료인 및 의료기사

16. 「장애인복지법」 제58조에 따른 장애인복지시설의 장과 그 종사자로서 시설에서 장애아동에 대한 상담·치료·훈련 또는 요양 업무를 수행하는 사람

17. 「정신건강증진 및 정신질환자 복지서비스 지원에 관한 법률」 제3조제3호에 따른 정신건강복지센터, 같은 조 제5호에 따른 정신의료기관, 같은 조 제6호에 따른 정신요양시설 및 같은 조 제7호에 따른 정신재활시설의 장과 그 종사자

18. 「청소년기본법」 제3조제6호에 따른 청소년시설 및 같은 조 제8호에 따른 청소년단체의 장과 그 종사자

19. 「청소년 보호법」 제35조에 따른 청소년 보호·재활센터의 장과 그 종사자

20. 「초·중등교육법」 제2조에 따른 학교의 장과 그 종사자

21. 「한부모가족지원법」 제19조에 따른 한부모가족복지시설의 장과 그 종사자

22. 「학원의 설립·운영 및 과외교습에 관한 법률」 제6조에 따른 학원의 운영자·강사·직원 및 같은 법 제14조에 따른 교습소의 교습자·직원

23. 「아이돌봄 지원법」 제2조제4호에 따른 아이돌보미

24. 「아동복지법」 제37조에 따른 취약계층 아동에 대한 통합서비스지원 수행인력

25. 「국내입양에 관한 특별법」 제37조제1항 및 「국제입양에 관한 법률」 제32조제1항에 따라 업무를 위탁받은 사회복지법인 및 단체의 장과 그 종사자

26. 「영유아보육법」 제8조에 따른 한국보육진흥원의 장과 그 종사자로서 같은 법 제30조에 따른 어린이집 평가 업무를 수행하는 사람

73 실무상으로는 아동학대처벌법위반(아동복지시설종사자등의아동학대가중처벌)죄라고 표기한다.

아동이 보육교사의 강한 훈육이나 신체적 유형력을 통한 지도가 필요할 정도로 잘못된 행위를 하지 아니하였음에도, 피고인이 위와 같은 행위를 한 것은 아동의 신체를 손상하거나 신체의 건강 및 발달을 해치는 신체적 학대행위에 해당하고, 피고인의 지위, 신체적 학대행위에 이르게 된 경위, 학대행위의 정도, 아동이 나름대로 아프다거나 싫다는 등의 의사를 표현한 점 등에 비추어 피고인에게 신체적 학대의 고의가 있었음을 충분히 인정할 수 있으며, 당시 아동에게 강한 훈육이나 신체적 유형력을 통한 지도가 필요한 상황이라고 보기 어려울 뿐더러, 설령 아동이 잘못된 행위를 하여 적정한 훈육이 필요한 상황이었더라도 정당한 보육 내지 훈육행위로서 사회통념상 객관적 타당성을 갖추었다고 보기 어려우므로, 피고인의 행위는 관계 법령 등에 의한 정당행위에 해당하지 않는다고 한 사례가 있다.[74]

116　　　헌재 2021. 3. 25. 2018헌바388은 위 아동학대처벌법 제10조 제2항 제20호(초·중등교육법 §2에 따른 학교의 장과 그 종사자)와 관련하여, 아동학대범죄를 발견하고 신고하여야 할 법적 의무를 지고 있는 초·중등교육법상 교원이 오히려 자신이 보호하는 아동에 대하여 아동학대범죄를 저지르는 행위에 대해서는 높은 비난가능성과 불법성이 인정되는 점, 심판대상조항이 각 죄에 정한 형의 2분의 1을 가중하도록 하고 있다고 하더라도 이는 법정형의 범위를 넓히는 것일 뿐이어서, 법관은 구체적인 행위의 태양, 죄질의 정도와 수법 등을 고려하여 법정형의 범위 내에서 행위자의 책임에 따른 적절한 형벌을 과하는 것이 가능한 점 등을 종합하여 보면, 심판대상조항이 책임과 형벌 간의 비례원칙에 어긋나는 과잉형벌을 규정하였다고 볼 수 없다고 하였다.

(5) 절차상 특례

117　　　아동학대범죄는 주로 가정 내부에서 일어나고, 외부에서 발견하기 어려우며, 재발가능성이 높다는 등 여러 가지 특성 때문에, 종래의 일반적 형사사건 처리절차만으로는 범죄로부터 평화의 회복이라는 형사사법 본래의 목적을 달성하기가 쉽지 않다. 이러한 문제의식에 따라 아동학대처벌법은 아동학대에 효과적으로 대처하기 위한 여러 가지 절차상 특례를 규정하고 있다.

---

74 울산지판 2017. 8. 4. 2017노542(확정).

(가) 신고, 고소, 공소시효에 관한 특례

아동학대범죄에 대해서는 신고의무(§10), 신고자에 대한 불이익조치 금지(§ 118
10의2) 및 보호조치(§10의3), 증인에 대한 신변안전조치(§17의2)[75]를 규정하고 있
다. 특히 누구든지 아동학대범죄에 대해 아동보호전문기관 또는 수사기관에 신
고할 수 있도록 하고(§10①), 아동복지시설 종사자 등에 대해서는 아동학대범죄
에 대한 신고를 의무화하였다(§10②).

제10조의4는 아동학대범죄에 대해 다음과 같이 고소권자의 범위를 넓히고 119
있다. 피해아동 또는 그 법정대리인은 아동학대행위자를 고소할 수 있고, 피해
아동의 법정대리인이 아동학대행위자인 경우 또는 아동학대행위자와 공동으로
아동학대범죄를 범한 경우에는 피해아동의 친족이 고소할 수 있다(제1항). 피해
아동은 형사소송법 제224조에도 불구하고 아동학대행위자가 자기 또는 배우자
의 직계존속인 경우에도 고소할 수 있고, 법정대리인이 고소하는 경우에도 같다
(제2항). 피해아동에게 고소할 법정대리인이나 친족이 없는 경우에 이해관계인이
신청하면 검사는 10일 이내에 고소할 수 있는 사람을 지정하여야 한다(제3항).

아동학대범죄의 공소시효는 형사소송법 제252조에도 불구하고 해당 아동학 120
대범죄의 피해아동이 성년에 달한 날부터 진행하고(§34①), 해당 아동보호사건
이 법원에 송치된 때부터 시효 진행이 정지되지만, 보호처분 부적당을 이유로
불처분 결정을 한 경우나 가정보호사건 부적당을 이유로 검찰청에 송치된 경우
다시 시효가 진행된다(§34②). 이는 아동학대범죄가 피해아동의 성년에 이르기
전에 공소시효가 완성되어 처벌대상에서 벗어나지 못하도록 진행을 정지시킴으
로써 보호자로부터 피해를 입은 18세 미만 아동을 실질적으로 보호하기 위한
것으로, 비록 부칙에 소급적용에 관한 명시적 규정이 없더라도 위 규정 시행일
인 2014년 9월 29일 당시 범죄행위가 종료되었으나 아직 공소시효가 완성되지
아니한 아동학대범죄에 대하여도 적용된다.[76]

---

75 2021년 1월 26일 법률 제17906호로 개정되면서 신설된 조항이다.
76 대판 2016. 9. 28, 2016도7273; 대판 2021. 2. 25, 2020도3694; 대판 2023. 9. 21, 2020도8444
  (위 규정 시행일 당시 이미 성년에 달한 경우에는 공소시효가 정지되지 않는다고 한 사례). 위
  2016도7273 판결 평석은 강동범, "공소시효의 정지·연장·배제와 소급효", 형사법의 신동향 58,
  대검찰청(2018), 299-331.

(나) 행정기관 및 수사기관에 대한 광범위한 초기 대응 권한의 부여

121   아동학대의 예방과 학대아동의 보호 등을 위해 설치된 아동보호전문기관(아동복지법 §45)과 아동학대범죄를 수사하는 사법경찰관리에 대하여 사건 발생 초기에 광범위한 대응 권한을 부여하였다. 제10조 제4항은 정당한 사유가 없으면 신고 즉시 조사 또는 수사의 착수, 제11조(현장출동), 제11조의2(조사), 제12조(피해아동 등에 대한 응급조치)는 아동학대범죄신고를 접수한 사법경찰관리나 아동보호전문기관 직원의 지체 없는 현장출동, 동행출동, 관계인에 대한 조사·질문권 및 응급조치의 방법에 대해 규정하고 있다. 제12조 제1항 각 호는 응급조치로, 아동학대범죄 행위의 제지(제1호), 아동학대행위자를 피해아동으로부터 격리(제2호), 피해아동을 아동학대 관련 보호시설로 인도(제3호), 긴급치료가 필요한 피해아동을 의료기관으로 인도(제4호)를 규정하고 있다. 격리나 인도와 같은 능동적 응급조치는 검사가 법원에 임시조치를 청구한 외에는 72시간을 넘을 수 없되(§ 12③ 본문), 공휴일이나 토요일이 포함되는 경우로서 피해아동 등의 보호를 위하여 필요하다고 인정되는 경우에는 48시간의 범위에서 그 기간을 연장할 수 있고(§ 12③ 단서),[77] 사법경찰관의 신청을 받은 검사는 응급조치가 있었던 때부터 72시간(연장된 경우에는 그 기간) 이내에 임시조치를 청구하여야 하며(§ 15②), 법원은 임시조치가 청구된 때로부터 24시간 이내에 임시조치 여부를 결정하여야 한다(§ 19③).

(다) 긴급임시조치

122   제13조(아동학대행위자에 대한 긴급임시조치)는 사법경찰관은 응급조치에도 불구하고 아동학대범죄가 재발될 우려가 있고, 긴급을 요하여 법원의 임시조치 결정을 받을 수 없을 때에는 직권이나 피해아동 등의 신청에 따라 제19조 제1항 제1호부터 제3호까지의 어느 하나(아동학대행위자의 격리, 100미터 이내 접근 금지, 전기통신을 이용한 접근 금지)에 해당하는 조치를 할 수 있음(제1항)과, 즉시 그와 관련된 범죄사실의 요지, 긴급임시조치가 필요한 사유, 긴급임시조치의 내용 등을 기재한 긴급임시조치결정서를 작성하여야 함(제2항, 제3항)을 규정하고 있다. 사법경찰관의 신청을 받은 검사는 응급조치가 있었던 때부터 72시간(기간이 연장된

---

77 2021년 1월 26일 법률 제17906호로 개정되면서 단서 조항이 신설되었다.

경우 그 기간) 이내에, 긴급임시조치가 있었던 때부터 48시간 이내에 법원에 임시조치를 청구하여야 한다(§15②).

(라) 수사단계 임시조치

수사단계에서 검사는 아동학대범죄가 재발될 우려가 있다고 인정하는 경우 123
에는 직권으로 또는 사법경찰관이나 보호관찰관의 신청에 따라 법원에 제19조
(아동학대행위자에 대한 임시조치) 제1항 각 호의 임시조치(아동학대행위자의 격리, 100
미터 이내 접근 금지, 전기통신을 이용한 접근 금지, 친권 또는 후견권의 제한 또는 정지, 상
담 및 교육 위탁, 치료 위탁, 구금장소 유치)를 청구할 수 있고(§14①), 법원은 2개월
범위 내에서 각 임시조치를 병과할 수 있고(§14②, ④), 1-2차례 기간을 연장할
수 있다(§14④).

(마) 보호처분

검사는 사안의 성격을 고려하여 아동학대범죄를 형사사건이 아닌 아동보호 124
사건으로 처리하여 관할 가정법원에 송치할 수 있고, 친고죄의 고소 부존재 또
는 취소의 경우나 반의사불벌죄의 처벌불원의 경우에도 마찬가지이다(§§ 26-28).

아동보호사건으로 송치된 이후, 판사는 아동학대범죄의 원활한 조사·심리 125
또는 피해아동 보호를 위하여 필요하다고 인정하는 경우 보호처분 전 결정으로
아동학대행위자에게 위와 같은 각 임시조치를 명할 수 있다(§19). 심리의 결과
에 따라 결정으로 보안처분 성격의 각종 보호처분(신체적 접근 제한, 전기통신을 이용
한 접근 제한, 친권 또는 후견권의 제한 또는 정지, 사회봉사·수강명령, 보호관찰, 감호 위탁,
치료 위탁, 상담 위탁)을 단수 또는 복수로 명할 수 있다(§36). 심리 결과 보호처분
을 할 수 없거나 할 필요가 없다고 인정한 때, 사건의 성질, 동기 및 결과, 행위
자의 성행, 습벽 등에 비추어 아동보호사건으로 처리함이 적당하지 아니하다고
인정한 때에는 처분을 하지 아니한다는 결정을 하여야 한다(§ 44, 가폭 §37①). 이
때 범행내용이 중한 경우나 보호처분만으로 실효적 대처가 어려운 경우 등에는
불처분결정과 동시에 대응 검찰청 검사에서 송치하는 결정을 할 수도 있다(§ 44
조, 가폭 § 37②).

한편, 일반 형사사건으로 공소제기된 경우에도, 법원은 아동학대행위자에 126
대한 피고사건을 심리한 결과 아동학대처벌법 제36조에 따른 보호처분을 하는
것이 적절하다고 인정하는 경우에는 결정으로 사건을 관할 법원에 송치할 수

있다(§ 29).

127　　위 보호처분이 확정된 때에는 보호처분이 취소된 경우 외에는 그 아동학대
행위자에 대하여 같은 범죄사실로 다시 공소를 제기할 수 없다(§ 40).

　　(바) 피해아동보호명령

128　　판사는 직권 또는 피해아동, 그 법정대리인, 변호사, 아동보호전문기관의
장의 청구에 따라 결정으로 피해아동의 보호를 위하여 아동학대처벌법 제47조
제1항 제1호 내지 제9호[78]의 피해아동보호명령을 단수 또는 복수로 명할 수 있
다(§ 47①, ②).

129　　피해아동보호명령과 보호처분은 각 효력에 영향을 미치지 아니한다(아동보
호심판규칙 § 78②). 민사신청이나 가사신청 사건처럼 수사기관이나 검사를 거치
지 않고 법원이 곧바로 개입하여 필요한 조치를 취하는 특징을 갖고 있다.

　　(사) 피해아동 변호사

130　　아동학대처벌법 제16조(피해아동에 대한 변호사 선임의 특례)는 아동학대범죄의
피해아동이 형사 및 아동보호 절차상 입을 수 있는 피해를 방지하고 법률적 조
력을 보장하기 위하여 피해아동 변호사의 선임(제1항), 수사절차상 의견진술권
(제2항), 재판절차상 의견진술권(제3항), 재판절차상 서류나 증거물의 열람·등사
권(제4항), 소송상 포괄대리권(제5항), 필요적 국선변호사의 선정(제6항)에[79] 관하
여 규정하고 있다.

---

78 제47조(가정법원의 피해아동에 대한 보호명령) ① 판사는 직권 또는 피해아동, 그 법정대리인,
　변호사, 시·도지사 또는 시장·군수·구청장의 청구에 따라 결정으로 피해아동의 보호를 위하여
　다음 각 호의 피해아동보호명령을 할 수 있다.
　　1. 아동학대행위자를 피해아동의 주거지 또는 점유하는 방실(방실)로부터의 퇴거 등 격리
　　2. 아동학대행위자가 피해아동 또는 가정구성원에게 접근하는 행위의 제한
　　3. 아동학대행위자가 피해아동 또는 가정구성원에게 「전기통신기본법」 제2조제1호의 전기통
　　　신을 이용하여 접근하는 행위의 제한
　　4. 피해아동을 아동복지시설 또는 장애인복지시설로의 보호위탁
　　5. 피해아동을 의료기관으로의 치료위탁
　　5의 2. 피해아동을 아동보호전문기관, 상담소 등으로의 상담·치료위탁
　　6. 피해아동을 연고자 등에게 가정위탁
　　7. 친권자인 아동학대행위자의 피해아동에 대한 친권 행사의 제한 또는 정지
　　8. 후견인인 아동학대행위자의 피해아동에 대한 후견인 권한의 제한 또는 정지
　　9. 친권자 또는 후견인의 의사표시를 갈음하는 결정
79 2021년 3월 16일 법률 제17932호로 개정되기 전에는 성폭력처벌법 제27조를 준용하여 성폭력
　피해자와 같이 임의적 국선변호사 선정으로 규정되고 있다가, 위와 같이 개정되었다.

(아) 피해아동 및 아동학대행위자에 대한 보호사건의 보조인

아동학대처벌법 제48조는 아동학대행위자뿐만 아니라 피해아동도 피해아동   131
보호명령사건에 대하여 보조인을 선임할 수 있고(제1항), 변호사 외에 보조인 자
격자(법정대리인·배우자·직계친족·형제자매, 아동보호전문기관의 상담원과 그 기관장)도
법원의 허가를 받아 보조인이 될 수 있음(제2항, 제3항)을 규정하고 있다. 나아가
제49조 제1항은 법원은 직권 또는 보조인 자격자의 신청에 따라 피해아동에게
신체적·정신적 장애가 의심되는 경우(제1호), 빈곤이나 그 밖의 사유로 보조인
을 선임할 수 없는 경우(제2호), 그 밖에 판사가 보조인이 필요하다고 인정하는
경우(제3호) 변호사를 피해아동의 국선보조인으로 선정할 수 있음을 규정하고
있다. 제2항은 아동학대행위자가 형사소송법 제33조 제1항의 필요적 국선변호
의 요건을 갖춘 경우 직권으로 변호사를 국선보조인으로 선정할 수 있음을 규
정하고 있다. 입법론적으로는 피해아동의 조력자와 아동학대행위자의 조력자를
모두 '보조인'으로 칭하는 것은 양자의 도입 취지나 자격, 권한에 차이가 있음에
도 양자를 동일한 것으로 오해하게 할 소지가 있어 적절하다고 보기 어렵다. 피
해아동의 보조인은 특정범죄신고자 등 보호법 제6조가 정하는 '범죄신고자 등
보좌인'과 유사하다고 할 수 있으므로, 그와 보조를 맞춘다는 차원에서 '보좌인'
이라는 호칭을 사용하는 것이 더 바람직할 것으로 생각된다.

또한 아동복지법 제21조는 학대아동사건의 심리에 있어서 변호사 외에 보   132
조인 자격자(법정대리인·직계친족·형제자매, 아동보호전문기관의 상담원)도 법원의 허
가를 받아 보조인이 될 수 있고(제1항), 피해아동을 증인으로 신문하는 경우 검
사, 피해아동과 그 보호자 또는 아동보호전문기관의 신청이 있는 경우에는 피해
아동과 신뢰관계에 있는 사람의 동석을 허가할 수 있으며(제2항), 수사기관이 피
해아동을 조사하는 경우에도 같은 방법으로 보조인이 피해아동을 도와 피해아
동의 이익을 도모하거나 신뢰관계 있는 사람이 피해자를 심리적으로 원조할 수
있다(제3항).

3. 노인복지법

(1) 연혁

노인복지증진을 목적으로 1981년 6월 5일 노인복지법이 제정되었고, 2004   133

년 1월 19일 개정에 따라 노인학대를 방지하고 학대받는 노인을 보호할 수 있도록 관련 규정 및 처벌규정이 신설되었으며, 수차의 개정을 거쳐 현재에 이르렀다. 아래에서는 형법상 학대행위의 연장선상에서 노인학대행위를 중심으로 논하기로 한다.

(2) 공통된 구성요건

(가) 행위의 주체

134　　누구든지 노인학대행위의 주체가 될 수 있고, 아무런 제한이 없다. 노인복지법상 부양의무자 또는 업무·고용 등의 관계로 사실상 노인을 보호하는 자를 '보호자'로 칭하는데, 보호자에 의한 노인학대는 노인학대관련범죄라 하여, 뒤에서 보는 것처럼 형사처벌 외에 취업제한의 제재가 이루어지고 있다. 또한, 노인복지기관 종사자가 노인학대행위를 한 경우에는 가중처벌된다(노인복지법[80] §59의2).

(나) 행위의 객체

135　　노인복지법에서 노인학대행위의 보호 대상 노인은 65세 이상의 사람을 말한다(§1의2(v), §39의9).

(다) 노인학대

136　　노인복지법은 '노인학대'라 함은 노인에 대하여 신체적·정신적·정서적·성적 폭력 및 경제적 착취 또는 가혹행위를 하거나 유기 또는 방임을 하는 것을 말한다고 정의하면서(§1의2(iv)), 노인에 대한 학대행위를 신체적 학대행위, 성적 학대행위, 유기·방임행위, 구걸행위, 노인금전 유용행위, 정서적 학대행위로 구분하고, 그 법정형도 달리하고 있다. 앞서 아동학대에서 살핀 것처럼 보호의 대상이 노인임을 고려하여 그 금지 및 보호의 범위를 형법상 학대에 비하여 더 넓게 보고 있다고 할 수 있다. 따라서 역시 형법상 학대의 개념과 노인학대의 개념을 동일한 잣대로 접근하기는 어렵다.

(라) 노인학대관련범죄

137　　보호자에 의한 65세 이상 노인에 대한 노인학대로서 다음의 어느 하나에 해당되는 죄를 말한다(§1의2(v)).

---

80 이하, 노인복지법 부분 괄호 내 조문은 별도 법령 기재가 없는 경우 노인복지법의 조문을 말한다.

가. 형법 제2편 제25장 상해와 폭행의 죄 중 제257조(상해, 존속상해), 제258조(중상해, 존속중상해), 제260조(폭행, 존속폭행) 제1항·제2항, 제261조(특수폭행) 및 제264조(상습범)의 죄

나. 형법 제2편 제28장 유기와 학대의 죄 중 제271조(유기, 존속유기) 제1항·제2항, 제273조(학대, 존속학대)의 죄

다. 형법 제2편 제29장 체포와 감금의 죄 중 제276조(체포, 감금, 존속체포, 존속감금), 제277조(중체포, 중감금, 존속중체포, 존속중감금), 제278조(특수체포, 특수감금), 제279조(상습범), 제280조(미수범) 및 제281조(체포·감금등의 치사상)(상해에 이르게 한 때에만 해당한다)의 죄

라. 형법 제2편 제30장 협박의 죄 중 제283조(협박, 존속협박) 제1항·제2항, 제284조(특수협박), 제285조(상습범)(제283조의 죄에만 해당한다) 및 제286조(미수범)의 죄

마. 형법 제2편 제32장 강간과 추행의 죄 중 제297조(강간), 제297조의2(유사강간), 제298조(강제추행), 제299조(준강간, 준강제추행), 제300조(미수범), 제301조(강간 등 상해·치상), 제301조의2(강간 등 살인·치사), 제305조의2(상습범)(제297조, 제297조의2, 제298조부터 제300조까지의 죄에 한정한다)의 죄

바. 형법 제2편 제33장 명예에 관한 죄 중 제307조(명예훼손), 제309조(출판물 등에 의한 명예훼손) 및 제311조(모욕)의 죄

사. 형법 제2편 제36장 주거침입의 죄 중 제321조(주거·신체 수색)의 죄

아. 형법 제2편 제37장 권리행사를 방해하는 죄 중 제324조(강요) 및 제324조의5(미수범)(제324조의 죄에만 해당한다)의 죄

자. 형법 제2편 제39장 사기와 공갈의 죄 중 제350조(공갈) 및 제352조(미수범)(제350조의 죄에만 해당한다)의 죄

차. 형법 제2편 제42장 손괴의 죄 중 제366조(재물손괴 등)의 죄

카. 제55조의2, 제55조의3 제1항 제2호, 제55조의4 제1호, 제59조의2의 죄

타. 가목부터 차목까지의 죄로서 다른 법률에 따라 가중처벌되는 죄

(3) 노인에 대한 개별 학대행위와 그에 대한 처벌

(가) 신체적 학대행위

노인의 신체에 상해를 입히는 행위를 한 자는 7년 이하의 징역 또는 7천만 원 이하의 벌금에 처한다(§55의2, §39의9(i) 후단). 형법상 상해죄를 7년 이하의 138

징역, 10년 이하의 자격정지 또는 1,000만 원 이하의 벌금에 처하도록 하고(형§257①), 존속상해죄를 10년 이하의 징역, 1,500만 원 이하의 벌금에 처하도록 하고 있는 것(형§257②)과 비교하면, 단순상해죄에 비해 벌금형의 액수가 크게 높아졌다고 할 수 있다.

139   노인의 신체에 폭행을 가한 자는 5년 이하의 징역 또는 5천만 원 이하의 벌금에 처한다(§55의3①(ii), §39의9(i) 전단). 형법상 폭행죄를 2년 이하의 징역, 500만 원 이하의 벌금, 구류 또는 과료에 처하도록 하고(형§260①), 존속폭행죄를 5년 이하의 징역, 700만 원 이하의 벌금에 처하도록 하고 있는 것(형§260②)과 비교하면, 단순폭행죄에 비해 법정형이 전체적으로 크게 높아졌다고 할 수 있다. 노인폭행죄의 법정형을 존속폭행죄의 법정형보다 높게 정한 것에는 논란이 있을 수 있겠으나, 재판실무에서 사안에 따라 입법자의 의도가 적절히 실현될 수 있도록 형을 양정할 필요가 있을 것이다.

140   사례로는 노인요양시설의 요양보호사가 83세의 노인이 치매기가 있어 대소변을 못 가리고 시설 내에서 소란을 피우는 등 통제에 잘 따르지 않는다는 이유로 때려 코뼈 골절 등의 상해를 입히고, 86세 노인을 목욕시키기 위해 옷을 벗지 않으려는 노인의 등 부위를 손바닥으로 때려 폭행하였다고 공소제기된 사안에서, 관련자들의 진술 등을 종합하여 유죄로 판단한 원심에 대하여, 대판 2013. 5. 23, 2013도3133은 원심의 판단을 정당한 것으로 수긍하였다.

   (나) 성적 학대행위

141   노인에게 성적 수치심을 주는 성폭행·성희롱 등의 행위를 한 자는 5년 이하의 징역 또는 5천만 원 이하의 벌금에 처한다(§55의3①(ii), §39의9(ii)).

142   성적 수치심을 주는 성희롱 등의 행위에 성희롱 외에 성적 수치심을 주는 그 밖의 행위도 포함되는지에 관하여 논란이 있을 수 있다. 노인학대행위의 정의규정이나 노인복지법 제39조의9 제6호의 정서적 학대행위 규정 등에 비추어 보면, 노인에게 성적 수치심을 주는 성폭행·성희롱 등의 성적 학대행위의 의미로 새겨, 그 밖의 행위도 포함되는 것으로 해석할 수는 있을 것이다. 다만, 그와 같은 해석이 구성요건의 명확성 원칙에 부합하는 것인지 의문이 있을 수 있다. 개정이 필요할 것으로 생각되고, 개정을 함에 있어서는 아동복지법 제71조 제1항 제1의2호도 참조할 수 있을 것이다.

(다) 유기·방임행위

자신의 보호·감독을 받는 노인을 유기하거나 의식주를 포함한 기본적 보호 143 및 치료를 소홀히 하는 방임행위를 한 자는 5년 이하의 징역 또는 5천만 원 이하의 벌금에 처한다(§55의3①(ii), §39의9(iii)).

여기서의 유기·방임은 형법상 유기죄의 여러 유기의 태양과 큰 차이가 있 144 다고 보기는 어렵고, 역시 보호·감독을 받는 노인의 생명·신체에 대한 추상적 위험의 발생을 그 요건으로 한다고 볼 것이다.

노인 유기 등이 문제된 사례로는, 피고인은 빚을 갚아준다는 제의 등에 따 145 라 29세가 많은 노인과 혼인하였는데, 4년 후 노인이 성인기저귀를 차야 할 정도의 건강악화로 자립적 일상생활이나 거동에 제약과 불편이 발생하고 가족들과 왕래가 없어 피고인에 크게 의존해야 하는 상황에서, 3개월 가량 노인을 주거지에 홀로 남겨둔 채 외출 후 밖에서 자거나 들어오더라도 30분 가량만 집에 머무르고, 식사를 제대로 제공하지 않고, 적절한 치료를 받지 못하게 하고, 식기 세척, 침구류나 집안 청소, 난방 등을 하지 않고 방치하여, 유기와 방임으로 공소제기된 사안에서, 이를 유죄로 판단한 원심에 대하여, 대판 2018. 12. 27. 2018도16325는 원심의 판단을 정당한 것으로 수긍하였다.

치료를 소홀히 하는 방임행위 여부가 문제된 사례로는 아래와 같은 것들이 146 있다.

① 노인요양시설의 요양보호사가 83세의 노인이 허리를 다쳐 12주간 치료 147 를 요하는 흉추 골절 등의 상해를 입었음에도 5일 후 가족들이 병원으로 후송할 때까지 병원 치료를 받게 하는 등의 조치를 취하지 않고 방임행위를 하였다고 공소제기된 사안에서, 상해 발생 전후 노인의 거동과 관련자들의 진술 등을 종합하여 유죄로 판단한 원심에 대하여, 대판 2013. 5. 23, 2013도3133은 원심의 판단을 정당한 것으로 수긍하였다.

② 요양원 운영자가 82세 노인에 대해 불상의 원인으로 지속적 설사와 혈 148 압 상승이 있었음에도 의사표현을 하지 못하는 피해자를 방치하여 탈수, 영양결핍을 발생시키는 등 방임하였다고 공소제기된 사안에서, 1년 6개월가량 요양원에서 생활한 노인으로, 당시 식사 거부 등에 따라 연식 내지 경관식(tube feeding)의 식사를 제공하고, 변비 증상으로 좌약을 투입하였으며, 경관식 제공 후 배변

상태가 양호해지기도 했던 사정을 인정한 후 그러한 사정에 따른 설사 등의 배변상태 유발 가능성을 배제할 수 없고, 보호조치가 일부 미흡하더라도 방치한 것으로 보기는 어렵다는 이유로 무죄라고 판단한 원심에 대하여, 대판 2017. 5. 11, 2016도20675는 원심의 판단을 정당한 것으로 수긍하였다.

149 　③ 요양원 운영자가 74세의 노인에 대해 욕창 등 질병의 조짐이 보이거나 실제 욕창이 발생한 경우 그 즉시 가족들에게 알리거나 병원 진료를 받도록 하는 등의 조치를 취하여야 함에도 그에 필요한 기본적인 치료를 소홀히 함으로써 피해자에게 욕창이 발생하게 하거나 그 욕창의 악화로 인하여 피부가 괴사되도록 하여, 보호·감독을 받는 노인인 피해자에 대한 치료를 소홀히 하는 방임행위를 하였다고 공소제기된 사안에서, 피고인이 욕창을 발견 후 환부 소독, 연고 처치, 체위 변경 등의 조치를 하고, 다음날 상태가 악화되자, 그 다음날 딸에게 병원치료를 권유한 사실을 인정한 후 피고인이 치료를 소홀히 하는 방임행위를 하였다고 보기 어렵다고 판단한 원심에 대하여, 대판 2019. 5. 10, 2019도3424는 원심의 판단을 정당한 것으로 수긍하였다.

　(라) 구걸행위

150 　노인에게 구걸을 하게 하거나 노인을 이용하여 구걸하는 행위를 한 자는 3년 이하의 징역 또는 3천만 원 이하의 벌금에 처한다(§ 55의3①(ii), § 39의9(iv)).

　(마) 노인금품 유용행위

151 　노인을 위하여 증여 또는 급여된 금품을 그 목적 외의 용도에 사용하는 행위를 한 자는 3년 이하의 징역 또는 3천만 원 이하의 벌금에 처한다(§ 55의3①(ii), § 39의9(v)).

　(바) 정서적 학대행위

152 　폭언, 협박, 위협 등으로 노인의 정신건강에 해를 끼치는 정서적 학대행위를 한 자는 3년 이하의 징역 또는 3천만 원 이하의 벌금에 처한다(§ 55의3①(ii), § 39의9(vi)).

　(사) 상습범 및 노인복지시설 종사자에 대한 가중처벌 및 양벌규정

153 　가중처벌에 관한 노인복지법 제59조의2는 노인학대 사례의 증가에 대응한 형사처벌 강화를 위해 2015년 12월 29일 신설된 후 2016년 12월 2일 개정된 규정으로, 상습적으로 또는 제31조에 따른 노인복지시설 종사자가 노인학대죄를

범한 때에는 그 죄에 정한 형의 2분의 1까지 가중한다고 규정하고 있다.

또한 법인의 대표자나 법인 또는 개인의 대리인, 사용인, 그 밖의 종업원이 **154**
그 법인 또는 개인의 업무에 관하여 노인학대행위 등을 하면, 해당 업무에 관하
여 상당한 주의와 감독을 게을리하지 아니한 경우가 아닌 한 법인 또는 개인에
게도 해당 조문의 벌금형을 과한다(§74).

(4) 노인학대관련범죄자에 대한 취업제한명령

노인복지법 제39조의17 제1항은 법원이 노인학대관련범죄로 형 또는 치료 **155**
감호를 선고하는 경우 판결과 동시에 취업제한명령을 선고(특별한 사정이 있는 경
우에는 제외)하도록 하고 있다. 입법론적으로는 검사의 청구에 따라 그 당부를 판
단하도록 하는 것이 이당사자 대립구조에 의한 변증법적 진실발견의 원리에 부
합하는 것으로 보인다.

4. 장애인복지법

(1) 연혁

1981년 6월 5일 제정된 심신장애자복지법이 1989년 12월 30일 장애인복지 **156**
법으로 전부개정되었고, 2012년 10월 22일 개정에 따라 장애인학대의 정의규정
(장애인복지법[81] §2③)과 장애인에 대해 금지되는 학대행위의 종류 규정(§59의7.
2017년 12월 19일 개정으로 현재의 §59의9로 이동)이 도입되었고, 2015년 6월 22일 개
정에 따라 장애인에 대해 금지되는 학대행위의 유형을 추가하고, 금지되는 학대
행위 위반자에 대한 벌칙규정(§86)이 마련되었으며, 이후 몇 차례의 개정을 거
쳐 현재에 이르렀다. 아래에서는 형법상 학대행위의 연장선상에서 장애인학대
행위를 중심으로 논하기로 한다.

(2) 공통된 구성요건

(가) 행위의 주체

누구든지 장애인학대행위의 주체가 될 수 있고, 아무런 제한이 없다. **157**

(나) 행위의 객체

장애인복지법에서 '장애인'이란 신체적·정신적 장애로 오랫동안 일상생활 **158**

---

81 이하, 장애인복지법 부분 괄호 내 조문은 별도 법령 기재가 없는 경우 장애인복지법의 조문을
　말한다.

이나 사회생활에서 상당한 제약을 받는 자를 말하고(§2①), 신체적 장애(주요 외부 신체 기능의 장애, 내부기관의 장애 등)나 정신적 장애(발달장애 또는 정신 질환으로 발생하는 장애)가 있는 자로서 대통령령으로 정하는 장애의 종류 및 기준에 해당하는 자를 말한다(§2②).

159　　　　장애인복지법은 장애인에 대해 관련 절차에 따라 등록하도록 하고, 장애 정도 조정을 위한 장애진단 등을 거쳐 장애인등록증을 교부하도록 하고 있다(§32). 그러나 장애인등록이 되어 있지 않더라도 장애인 보호의 목적이나 장애인학대 행위에 대한 처벌의 취지에 비추어 장애인복지법이 정하는 장애의 실질을 갖추고 있는 이상 행위의 객체로서 보호의 대상이 된다고 하겠다.

(다) 장애인학대

160　　　　장애인복지법은 '장애인학대'란 장애인에 대하여 신체적·정신적·정서적·언어적·성적 폭력이나 가혹행위, 경제적 착취, 유기 또는 방임을 하는 것을 말한다고 정의하면서(§2③), 장애인에 대한 금지 및 처벌 대상 학대행위를 성적 학대행위, 신체적 학대행위, 노동강요행위, 유기·방임행위, 구걸행위, 체포·감금행위, 장애인금전 유용행위, 곡예학대행위 등으로 구분하고, 그 법정형도 달리하고 있다. 앞서 아동학대와 노인학대에서 살핀 것처럼 보호의 대상이 장애인임을 고려하여 그 금지 및 보호의 범위를 형법상 학대에 비하여 더 넓게 보고 있다고 할 수 있다. 따라서 역시 형법상 학대의 개념과 장애인학대의 개념을 동일한 잣대로 접근하기는 어렵다.

(라) 장애인학대관련범죄

161　　　　장애인학대로서 다음의 어느 하나에 해당되는 죄를 말한다(§2④).

> 1. 「형법」 제2편제24장 살인의 죄 중 제250조(살인, 존속살해), 제252조(촉탁, 승낙에 의한 살인 등), 제253조(위계 등에 의한 촉탁살인 등) 및 제254조(미수범)의 죄
> 2. 「형법」 제2편제25장 상해와 폭행의 죄 중 제257조(상해, 존속상해), 제258조(중상해, 존속중상해), 제258조의2(특수상해), 제259조(상해치사), 제260조(폭행, 존속폭행)제1항·제2항, 제261조(특수폭행) 및 262조(폭행치사상)의 죄
> 3. 「형법」 제2편제28장 유기와 학대의 죄 중 제271조(유기, 존속유기)제1항·제2항, 제272조(영아유기), 제273조(학대, 존속학대), 제274조(아동혹사) 및 제275조(유

기등 치사상)의 죄

4. 「형법」제2편제29장 체포와 감금의 죄 중 제276조(체포, 감금, 존속체포, 존속감금), 제277조(중체포, 중감금, 존속중체포, 존속중감금), 제278조(특수체포, 특수감금), 제280조(미수범) 및 제281조(체포·감금등의 치사상)의 죄

5. 「형법」제2편제30장 협박의 죄 중 제283조(협박, 존속협박)제1항·제2항, 제284조(특수협박) 및 제286조(미수범)의 죄

6. 「형법」제2편제31장 약취, 유인 및 인신매매의 죄 중 제287조(미성년자의 약취, 유인), 제288조(추행 등 목적 약취, 유인 등), 제289조(인신매매) 및 제290조(약취, 유인, 매매, 이송 등 상해·치상), 제291조(약취, 유인, 매매, 이송 등 살인·치사) 및 제292조(약취, 유인, 매매, 이송된 사람의 수수·은닉 등) 및 제294조(미수범)의 죄

7. 「형법」제2편제32장 강간과 추행의 죄 중 제297조(강간), 제297조의2(유사강간), 제298조(강제추행), 제299조(준강간, 준강제추행), 제300조(미수범), 제301조(강간 등 상해·치상), 제301조의2(강간등 살인·치사), 제302조(미성년자 등에 대한 간음), 제303조(업무상위력 등에 의한 간음) 및 제305조(미성년자에 대한 간음, 추행)의 죄

8. 「형법」제2편제33장 명예에 관한 죄 중 제307조(명예훼손), 제309조(출판물 등에 의한 명예훼손) 및 제311조(모욕)의 죄

9. 「형법」제2편제36장 주거침입의 죄 중 제321조(주거·신체 수색)의 죄

10. 「형법」제2편제37장 권리행사를 방해하는 죄 중 제324조(강요) 및 제324조의5(미수범)(제324조의 죄에만 해당한다)의 죄

11. 「형법」제2편제39장 사기와 공갈의 죄 중 제347조(사기), 제347조의2(컴퓨터등 사용사기), 제348조(준사기), 제350조(공갈), 제350조의2(특수공갈) 및 제352조(미수범)의 죄

12. 「형법」제2편제40장 횡령과 배임의 죄 중 제355조(횡령, 배임), 제356조(업무상의 횡령과 배임) 및 제357조(배임수증재)의 죄

13. 「형법」제2편제42장 손괴의 죄 중 제366조(재물손괴등)의 죄

14. 제86조제1항·제2항, 같은 조 제3항제3호, 같은 조 제4항제2호 및 같은 조 제5항의 죄

15. 「성매매알선 등 행위의 처벌에 관한 법률」 제18조 및 제23조(제18조의 죄에만
해당한다)의 죄

16. 「장애인차별금지 및 권리구제 등에 관한 법률」 제49조제1항의 죄

17. 「정보통신망 이용촉진 및 정보보호 등에 관한 법률」 제70조제1항 및 제2항의 죄

18. 「정신건강증진 및 정신질환자 복지서비스 지원에 관한 법률」 제84조제1호 및
제11호의 죄

19. 제1호부터 제18호까지의 죄로서 다른 법률에 따라 가중처벌되는 죄

(3) 장애인에 대한 개별 학대행위와 그에 대한 처벌

(가) 성적 학대행위

162   장애인에게 성적 수치심을 주는 성희롱·성폭력 등의 행위를 한 사람은 10년
이하의 징역 또는 1억 원 이하의 벌금에 처한다(§86①, §59의9(i)). 성적 수치심을
주는 '성희롱 등의 행위'에 성희롱 외에 성적 수치심을 주는 그 밖의 행위도 포함
되는지에 관하여 논란이 있을 수 있다. 장애인학대행위의 정의규정, 제59조의9
제6호의 정서적 학대행위 규정 등에 비추어 보면, 장애인에게 성적 수치심을 주
는 성폭행·성희롱 등의 성적 학대행위의 의미로 새겨, 그 밖의 행위도 포함되
는 것으로 해석할 수 있을 것이다. 다만, 그와 같은 해석이 구성요건의 명확성
원칙에 부합하는 것인지 의문이 있을 수 있다. 개정이 필요할 것으로 생각되고,
개정을 함에 있어서는 아동복지법 제71조 제1항 제1의2호를 참조할 필요도 있
을 것이다.

163   ① 대판 2018. 3. 15, 2017도12201(부정)은 피고인이 채팅으로 만난 장애
여성(지적장애 2급, 언어장애 4급, 종합 장애등급 1급)과 광명과 부산에 있는 모텔에서
2차례 성관계를 갖기는 하였으나, 피해자가 대학교를 졸업하고 3년 정도 직장생
활 경험이 있는 등 일정한 수준의 판단능력과 의사표현 능력을 보유하고 있고,
대인관계, 성관계나 결혼생활의 의미를 이해하고, 피고인과 연락이 되지 않자 상
황이 이상하다는 것을 인식하고 경찰에 바로 도움을 요청할 정도의 판단력이 있는
등의 사정이 있고, 피고인이 피해자에게 성적 수치심을 초래할 정도로 폭행·협박
등이 수반되는 행위를 하였다거나 성희롱 등의 행위를 하였다고 볼 만한 사정
이 보이지 않으며, 피고인과 피해자가 상호 합의하에 자연스럽게 성관계를 갖게

되었을 가능성도 있다는 이유로, 장애인복지법위반의 점에 대해 무죄로 판단한 원심을 정당하다고 하였다.

② **대판 2018. 4. 12, 2018도2037**(긍정)은 피고인이 노숙생활로 쓰러져 있 164 던 피해 여성(정신지체 2급)을 운영하던 마사지 업소에서 아르바이트를 시키면서 동거하던 중 피해자에게 지적장애가 있음을 알고, "경찰에 아는 사람이 많으니까 신고할 생각도 하지 말고, 도망갈 생각도 마라."라고 협박하여 반항을 억압한 후 간음한 것에 대하여, 성폭력처벌법위반(장애인강간)죄와 장애인복지법위반죄의 상상적 경합관계를 인정하여 유죄로 판단한 원심을 정당하다고 하였다.

(나) 신체적 학대행위

장애인의 신체에 상해를 입히는 행위를 한 사람은 7년 이하의 징역 또는 7천 165 만 원 이하의 벌금에 처하고(§86②(i), §59의9(ii)), 폭행을 가한 사람은 5년 이하의 징역 또는 5천만 원 이하의 벌금에 처한다(§86③(iii), §59의9(ii)).

① **대판 2018. 3. 29, 2017도20740**(긍정)은 사회복지법인의 중증장애인 재 166 활교사가 16세의 2급 자폐성 장애인이 다른 아동을 때릴 듯한 행동을 보였다는 이유로 훈계하던 중, 머리를 쥐어박듯이 1회 때리고, 구석으로 몰아 머리카락을 잡아 흔들고, 등을 1회 가격하고, 멱살을 바닥으로 잡아끌어 넘어진 피해자의 몸통을 누르는 등의 폭행을 한 것에 대하여, 당시 피고인의 감정이 격앙된 상태였고, 적절하지 않은 방법으로 유형력을 행사했으며, 피해자가 두 손으로 빌었는데도 계속 폭행하였다는 등의 이유로 피고인의 정당방위 또는 과잉방위 주장을 배척하면서 유죄를 인정한 원심의 판단을 정당하다고 하였다.

② **대판 2018. 9. 13, 2018도10682**(긍정)는 중증장애인 거주시설을 운영하 167 던 목사가 지적장애 1급 장애인과 2급 장애인이 서로 싸웠다는 이유로 거주 장애인들을 생활실로 모은 다음 이들의 엉덩이를 죽도로 1회씩 때리고, 나머지 장애인들도 죽도로 엉덩이를 1회씩 때려 장애인인 피해자들 21명의 신체에 각각 폭행을 한 것에 대하여, 장애인복지법위반죄를 유죄로 인정한 원심의 결론을 정당한 것으로 수긍하였다.

(다) 노동강요행위

장애인을 폭행, 협박, 감금, 그 밖에 정신상 또는 신체상의 자유를 부당하게 168 구속하는 수단으로써 장애인의 자유의사에 어긋나는 노동을 강요하는 행위를 한 사람은 7년 이하의 징역 또는 7천만 원 이하의 벌금에 처한다(§86②(ii), §59의9(ii의2)).

169　　　자신의 의사를 명백하기 밝히기 어려운 장애인을 대상으로 감금·폭행하는 등의 방법으로 강제노동을 시키거나 임금을 착취하는 몇몇 사례가 사회문제로 제기되자, 그에 대한 대처를 위해 2017년 2월 8일 개정 시에 추가된 조문이다.

170　　　하급심 사례로는, 피고인이 자신의 논에서 지적장애가 있는 피해자에게 "너 PC방 가고 밥값 들어간 돈이 100만 원이다, 우리 집 일하면 되니까 일 좀 도와 달라, 그 돈 안 갚으면 고소할 것이다."라고 피해자를 협박하여 피해자에게 약 2시간 동안 비료 포대 운반하는 일을 시키고, 다음 날 같은 방법으로 피해자를 협박하여 약 1시간 동안 밭에 농약을 살포하게 하고, 계속해서 3시간 동안 논에 비료 포대 운반하는 일을 시켜 장애인의 자유의사에 어긋나는 노동을 강요하는 행위를 한 것에 대하여 유죄를 인정한 것이 있다.[82]

(라) 유기·방임행위

171　　　자신의 보호·감독을 받는 장애인을 유기하거나 의식주를 포함한 기본적 보호 및 치료를 소홀히 하는 방임행위를 한 사람은 5년 이하의 징역 또는 5천만 원 이하의 벌금에 처한다(§86③(iii), §59의9(iii)). 형법상 유기죄(형§271①)의 법정형과 비교하면, 징역형은 '3년 이하'보다 조금 더 높아지고, 벌금형은 '500만 원 이하'보다 10배 더 높아진 것이다.

172　　　대판 2018. 9. 13. 2018도10682는 목사 부부가 중증장애인 거주시설을 운영하면서 조리사로 하여금 유통기한이 경과하여 상한 냉동만두를 장애인들에게 저녁식사로 제공하게 하고, 곰팡이가 핀 칡냉면의 곰팡이 부분만 가위로 잘라내고 이를 조리하여 제공하게 하고, 점심식사 때 먹다 남은 콩국수 국물을 버리지 않고 모아두었다가 그 국물에 콩국수 면을 담아 저녁식사로 제공하게 하고, 껍질이 깨지거나 껍질에 곰팡이가 핀 계란을 후원받아 보관하던 중 내용물이 부패하였음에도 이를 조리하여 저녁식사로 제공하게 한 것에 대하여, 의식주를 포함한 기본적 보호를 소홀히 하는 방임행위를 한 것에 해당한다는 이유로 장애인복지법위반죄를 유죄로 인정한 원심의 결론을 정당한 것으로 수긍하였다.

82　대전지법 홍성지판 2019. 5. 28, 2018고정171(확정).

(마) 구걸행위

장애인에게 구걸을 하게 하거나 장애인을 이용하여 구걸하는 행위를 한 사 **173**
람은 5년 이하의 징역 또는 5천만 원 이하의 벌금에 처한다(§86③(iii), §59의9(iv)).

(바) 체포·감금행위

장애인을 체포 또는 감금하는 행위를 한 사람은 5년 이하의 징역 또는 5천 **174**
만 원 이하의 벌금에 처한다(§86③(iii), §59의9(v)). 형법상 체포·감금죄(형 §276
①)의 법정형과 비교하면, 징역형은 '5년 이하'로 동일하지만, 벌금형은 '700만
원 이하'보다 7배 넘게 높아진 것이다. 장애인학대의 정의규정이 예시하는 유형
중 하나인 신체적 학대에 해당하는 것으로 볼 수 있겠다.

대판 2018. 9. 13, 2018도10682는 중증장애인 거주시설을 운영하던 목사가 **175**
지적장애 2급의 장애인인 피해자가 김치통을 옮기다가 이를 땅에 떨어뜨렸다는
이유로 피해자를 그곳에 있는 쌀창고에 가두고 밖으로 나가지 못하게 한 것에
대하여, 비록 쌀창고에 특별히 시건장치가 되어 있지 않아 출입에 물리적, 유형
적 장해가 없었다고 하더라도, 피고인이 평소 거주 장애인들이 자신의 지시를
따르지 않으면 자주 화를 내며 야단을 치기도 하여 피해자로서는 그의 지시를
어길 경우 큰 불이익이 있을 것이라는 점에 대해 학습화가 되어 있어, 피해자가
쌀창고를 벗어나는 것에 대해 심리적 장해를 가졌고, 이로 인해 위 장소를 벗어
나는 것이 심히 곤란한 상황이었다고 봄이 타당하다는 등의 이유로 유죄로[83]
판단한 원심의 결론을 정당하다고 하였다.

(사) 정서적 학대행위

장애인의 정신건강 및 발달에 해를 끼치는 정서적 학대행위를 한 사람은 **176**
5년 이하의 징역 또는 5천만 원 이하의 벌금에 처한다(§86③(iii), §59의9(vi)).

대판 2021. 4. 8, 2021도1083은 사회복지사로 근무하는 피고인이 장애인보 **177**
호작업장에서 지적장애 3급인 A의 머리에 쇼핑백 끈 다발을 올려놓고 다른 장
애인 근로자들이 A를 보고 웃게 하고 A의 사진을 찍고, A에게 눈을 찌르고 우
는 시늉을 하도록 지시하여 A가 어쩔 수 없이 이를 따르도록 하는 방법으로 A
로 하여금 수치심을 느끼게 함으로써 정서적 학대행위를 하였다고 하여 장애인

---

83 다만, 검사는 이 부분을 장애인복지법위반죄가 아닌 감금죄로 공소제기하여 감금죄가 유죄로 인
   정되었다.

복지법위반으로 기소된 사안에서, 피고인에게 유죄를 선고하였다.

(아) 장애인금전 유용행위

178   장애인을 위하여 증여 또는 급여된 금품을 그 목적 외의 용도에 사용하는 행위를 한 사람은 3년 이하의 징역 또는 3천만 원 이하의 벌금에 처한다(§ 86③ (iii), § 59의9(vii)). 관념적으로 학대와 직접 연결되는 것은 아니어서 다소 어색한 면이 있지만, 장애인학대의 정의규정이 예시하는 유형 중 하나인 경제적 착취에 해당하는 것으로 볼 수 있다.

(자) 곡예학대행위

179   공중의 오락 또는 흥행을 목적으로 장애인의 건강 또는 안전에 유해한 곡예를 시키는 행위를 한 사람은 1년 이하의 징역 또는 1천만 원 이하의 벌금에 처한다(§ 86⑤, § 59의9(viii)).

(차) 상습범에 대한 가중처벌

180   상습적으로 장애인학대관련범죄를 범한 자는 그 죄에서 정한 형의 2분의 1 까지 가중하고(§ 88의2①), 제59조의4 제2항에 따른 신고의무자가 자기의 보호·감독 또는 진료를 받는 장애인을 대상으로 장애인학대관련범죄를 범한 때에는 그 죄에서 정한 형의 2분의 1까지 가중한다(§ 88의2②).

(카) 양벌규정

181   법인의 대표자나 법인 또는 개인의 대리인, 사용인, 그 밖의 종업원이 그 법인 또는 개인의 업무에 관하여 장애인학대행위를 포함한 제86조부터 제88조까지의 어느 하나에 해당하는 위반행위를 하면 그 행위자를 벌하는 외에 그 법인 또는 개인에게도 해당 조문의 벌금형을 과한다. 다만, 법인 또는 개인이 그 위반행위를 방지하기 위하여 해당 업무에 관하여 상당한 주의와 감독을 게을리 하지 아니한 경우에는 그러하지 아니하다(§ 89).

182   대판 2018. 3. 29. 2017도20740은 사회복지법인의 중증장애인 재활교사가 16세의 2급 자폐성 장애인이 다른 아동을 때릴 듯한 행동을 보였다는 이유로 훈계하던 중, 머리를 쥐어박듯이 1회 때리고, 구석으로 몰아 머리카락을 잡아 흔들고, 멱살을 바닥으로 잡아끌어 넘어진 피해자의 몸통을 누르는 등의 폭행을 한 것에 대하여, 장애인복지법위반죄의 유죄를 인정하면서, 사회복지법인에 대해서는 피해자가 이전부터 과격성 또는 폭력성을 보여왔고, 이에 대한 다른 장

애교사의 폭력 또는 과잉대응이 문제되었는데도, 적절한 대응을 하는 등으로 필요한 주의 또는 감독을 다하였다고 볼 수 없다는 이유로 양벌규정에 따른 벌금을 부과한 원심의 판단을 정당하다고 하였다.

(4) 절차상 특례

장애인복지법 제59조의4는 신고의무, 제59조의5는 신고인에 대한 불이익조치의 금지, 제59조의6은 장애인학대범죄신고인에 대한 보호조치, 제59조의7은 응급조치의무 등에 대하여 규정하고 있다. **183**

제59조의8은 장애인학대사건의 심리에 있어서 변호사 외에 보조인 자격자(법정대리인, 직계친족, 형제자매, 장애인권익옹호기관의 상담원)도 법원의 허가를 받아 학대받은 장애인의 보조인이 될 수 있고(제1항), 학대받은 장애인을 증인으로 신문하는 경우 본인 또는 검사의 신청이 있는 때에는 본인과 신뢰관계에 있는 사람의 동석을 허가할 수 있으며(제2항), 수사기관이 학대받은 장애인을 조사하는 경우에도 같은 방법으로 보조인이 장애인을 도와 장애인의 이익을 도모하거나 신뢰관계 있는 사람이 장애인을 심리적으로 원조할 수 있다(제3항)고 규정하고 있다. 앞서 아동학대 해당 부분에서 논한 것처럼, 여기의 보조인은 특정범죄신고자 등 보호법 제6조가 정하는 '범죄신고자 등 보좌인'과 유사하다고 할 수 있으므로, 그와 보조를 맞춘다는 차원에서 입법론적으로는 '보좌인'이라는 호칭을 사용하는 것이 더 바람직할 것으로 생각된다. 한편 신뢰관계 있는 사람의 동석 부분은, 형사소송법 제163조의2, 제221조 제3항이 장애인에 대한 증인신문 및 수사에서 필요적 동석을 규정하고 있으므로 그 실질적 의미는 별로 없다. **184**

제59조의15는 피해장애인에 대한 변호사 선임의 특례를 규정하고 있고, 제58조의16은 장애인학대 사건의 피해자인 장애인이 의사소통이나 의사표현에 어려움이 있는 경우, 수사와 재판절차에서 진술조력인의 참여 등을 규정하고 있다. **185**

제88조의3은 장애인학대관련범죄에 대해서는 형법 제328조의 친족 간 범행에 대한 형면제, 친고죄의 특례가 적용되지 아니함을 규정하고 있다. **186**

〔정 상 규〕

제274조(아동혹사)

자기의 보호 또는 감독을 받는 16세 미만의 자를 그 생명 또는 신체에 위험한 업무에 사용할 영업자 또는 그 종업자에게 인도한 자는 5년 이하의 징역에 처한다. 그 인도를 받은 자도 같다.

Ⅰ. 취 지

1   본죄(아동혹사죄)는 자기의 보호 또는 감독을 받는 16세 미만의 자를 그 생명 또는 신체에 위험한 업무에 사용할 영업자 또는 그 종업자에게 인도함으로써 성립하는 범죄이다. 전통적으로 아동에 대해 행해지기 쉬운 학대의 특수한 유형에 대해 학대죄의 가중적 구성요건으로 규정한 것이라고 할 수 있다.

2   본죄의 보호법익을 아동의 복지 내지 복지권으로 보는 견해[1]가 다수이나, 아동혹사는 아동학대의 특수한 경우이므로 본죄의 보호법익도 학대죄와 같이 아동의 생명·신체의 안전 및 인격권이라고 해야 한다는 견해[2]도 있다.

3   본죄는 추상적 위험범[3]이자[4] 거동범[5]이다.

---

1 강구진, 형법강의 각론 Ⅰ, 127; 배종대, 형법각론(14판), §29/4; 손동권·김재윤, 새로운 형법각론, §7/24; 이재상·장영민·강동범, 형법각론(13판), §6/26; 임웅, 형법각론(9정판), 136; 정성근·박광민, 형법각론(전정2판), 121.

2 김일수·서보학, 새로쓴 형법각론(9판), 87; 오영근, 형법각론(4판), 94.

3 김신규, 형법각론 강의, 126; 김혜정·박미숙·안경옥·원혜욱·이인영, 형법각론(3판), 121; 박찬걸, 형법각론(2판), 139; 이정원·이석배·정배근, 형법각론, 84; 이형국·김혜경, 형법각론(3판), 134; 정성근·정준섭, 형법강의 각론(2판), 71; 정웅석·최창호, 형법각론, 359; 주호노, 형법각론, 218; 최호진, 형법각론, 108.

4 이와는 달리 구체적 위험범이라는 견해도 있다[이상돈, 형법강론(4판), 408; 한상훈·안성조, 형법개론(3판), 421].

5 김신규, 126; 박찬걸, 139; 이형국·김혜경, 134; 정성근·정준섭, 71; 주호노, 218; 최호진, 109.

II. 구성요건

1. 주 체

본죄의 주체는 ① '16세 미만의 자'를 생명 또는 신체에 위험한 업무에 사 　　4
용할 영업자 또는 그 종업원에게 인도한 '보호 또는 감독자'(전문)와 ② 그 16세
미만의 자를 인도받는 위 '영업자 또는 종업자'(후문)이다.

인도한 자와 인도받는 자는 대향범으로서 필요적 공범이고,[6] 양자 모두 정 　　5
범으로 처벌된다. 진정신분범으로 보호·감독자 지위의 발생근거는 법률이나 계
약뿐만 아니라 관습, 사무관리, 사회상규, 조리 등도 포함한다.[7] 사실상 보호 또
는 감독하는 자도 본죄의 주체로 된다.[8]

2. 객 체

보호 또는 감독을 받는 16세 미만 아동이다. 　　6

16세 미만자이면 성별, 기혼, 미혼, 발육 정도는 묻지 않는다. 입법자가 본 　　7
죄의 객체를 16세 미만의 아동으로 제한한 것은 16세 이상이 되면 자유로운 의
사에 기초하여 위험업무에의 종사를 승낙할 수 있는 판단능력을 가졌다고 보았
기 때문이다.[9] 법률이 후견적 지위에서 아동의 복지권을 보호하고자[법률후견주
의(legal paternalism)] 하기 때문이라는 견해[10]도 있다. 따라서 16세 미만 아동의
경우, 그의 동의나 승낙은 위법성을 조각하지 않는다.[11]

3. 행 위

생명 또는 신체에 위험한 업무에 사용할 영업자 또는 그 종업자에게 인도 　　8
하거나 인도받는 것이다. 인도계약을 체결하는 것만으로 부족하고 현실적으로

---

6 김신규, 126; 박찬걸, 139; 이형국·김혜경, 135; 정성근·정준섭, 71; 주호노, 217; 정웅석·최창
　호, 359; 최호진, 109.
7 오영근, 94;
8 주석형법 [각칙(4)](5판), 85(우인성).
9 신동운, 형법각론(2판), 642.
10 임웅, 137.
11 김신규, 127; 박찬걸, 139; 주호노, 218.

인도가 있어야 한다. 인도계약의 유효·무효와 취소 여부는 불문한다.[12] 거동범
또는 형식범이기 때문에 현실적으로 위험한 업무에 종사할 필요는 없다. 위험한
업무에 종사까지 시키면 본죄와 학대죄의 실체적 경합이 될 수 있다.[13]

9   생명·신체에 위험한 업무라 함은 생명 또는 신체의 안전을 해할 가능성이
있는 업무를 가리키고, 생명 또는 신체의 안전과 직접적 관련성이 있는 업무라
야 한다.[14] 서커스의 줄타기, 용접업무, 용광로 작업은 이에 해당할 것이다.[15]
위험한 업무인지 여부는 업무의 구체적 내용을 기준으로 판단하여야 할 것이고,
간음이나 추행을 목적으로 하는 업무에 관하여는 견해가 대립할 수 있으나,[16]
특별한 사정이 없는 한 직접적 관련성을 인정하기는 쉽지 않을 것이다.

10   생명·신체에 위험한 업무의 구체적인 범위는 여자와 18세 미만자에게 '도
덕상 또는 보건상 유해·위험한 사업'에 종사하지 못하도록 금지하고 있는 근로
기준법 제65조의 사용 금지 직종[동법 시행령 §40 [별표 4]]보다 제한적으로 해석
해야 한다.[17] 왜냐하면 본죄의 업무는 생명·신체에 대한 위험한 업무라야 하고,
본죄의 법정형이 근로기준법 제65조 위반죄의 법정형인 3년 이하의 징역 또는
3천만 원 이하의 벌금(근로기준법 §109①)보다 무겁기 때문이다.

4. 주관적 구성요건

11   행위자에게 아동이 16세 미만이라는 점과 아동을 생명·신체에 위험한 업
무에 사용하게 한다는 점, 아동을 사용할 상대방에게 인도하거나 상대방으로부
터 사용할 아동을 인수한다는 점에 대한 인식과 의사가 있어야 한다. 본죄도 학
대죄와 마찬가지로 경향범이므로 초과주관적 구성요건요소로서 행위자에게 위
험한 행위경향이 있어야 한다는 견해가 있다.[18]

---

12 임웅, 137.
13 김성돈, 형법각론(5판), 124; 김일수·서보학, 96; 정성근·박광민, 132.
14 정영일, 형법강의 각론(3판), 47.
15 주석형법 [각칙(4)](5판), 85(우인성).
16 주석형법 [각칙(4)](5판), 85(우인성).
17 김성돈, 124;, 박상기·전지연, 형법학(총론·각론 강의)(4판) 456; 배종대, §29/5; 오영근, 95; 이
    재상·장영민·강동범, §6/27; 임웅, 137; 정성근·박광민, 132.
18 김성돈, 124; 김일수·서보학, 96; 정성근·정준섭, 71.

Ⅲ. 처 벌

5년 이하의 징역에 처한다. 12

1953년 제정 형법부터 법정형에 벌금형을 규정하지 않고 있다. 13

본죄의 경우에는 유기죄나 학대죄와 달리 결과적 가중범을 처벌하는 규정 14
이 없다. 16세 미만의 아동을 위험업무 종사자에게 인도하거나 이를 인도받는
행위 자체로 기수에 이르며, 이 단계에서는 일응 상해나 사망의 결과 발생을 상
정하기 곤란하기 때문이다. 그런데 아동학대범죄의 처벌 등에 관한 특례법(이하,
아동학대처벌법이라 한다.)이 적용되는 경우에는, 통상적인 경우와 달리 본죄의 전
후에 중한 결과가 발생하면 결과적 가중범으로 처벌된다. 즉 본죄를 범한 사람
이 아동의 생명에 대한 위험을 발생하게 하거나 불구 또는 난치의 질병에 이르
게 한 때에는 아동학대처벌법위반(아동학대중상해)죄(아학§5. 3년 이상의 징역)로,
본죄를 범한 사람이 아동을 사망에 이르게 한 때에는 아동학대처벌법위반(아동
학대치사)죄(아학§4②. 무기 또는 5년 이상의 징역)로 처벌된다.

Ⅳ. 특별법과의 관계

본죄에 대하여 특별관계에 있는 것으로 아동복지법 및 아동학대처벌법상 15
아동학대범죄가 있다. 아동복지법은 공중의 오락 또는 흥행을 목적으로 아동의
건강 또는 안전에 유해한 곡예를 시키는 행위 또는 이를 위하여 아동을 제3자
에게 인도하는 행위를 1년 이하의 징역 또는 5백만 원 이하의 벌금으로 처벌하
고 있다(아동복지법§17(ix), §71①(iv)). 아동복지법의 아동은 18세 미만의 사람이
라는 점(아동복지법§3(i))과 법정형이 본죄의 법정형보다 가볍다는 점을 생각하
면, 아동복지법위반(제3자인도)죄는 본죄에 대해 법조경합 중 보충관계에 있다
고 할 것이다.[19]

〔정 상 규〕

---

19 신동운, 643.

제275조(유기등 치사상)

① 제271조 내지 제273조의 죄를 범하여 사람을 상해에 이르게 한 때에는 7년 이하의 징역에 처한다. 사망에 이르게 한 때에는 3년 이상의 유기징역에 처한다.
② 자기 또는 배우자의 직계존속에 대하여 제271조 또는 제273조의 죄를 범하여 상해에 이르게 한 때에는 3년 이상의 유기징역에 처한다. 사망에 이르게 한 때에는 무기 또는 5년이상의 징역에 처한다.
[전문개정 1995. 12. 29.]

Ⅰ. 취 지

1　　　본조는 아동혹사죄를 제외한 제271조(유기, 존속유기)와 제273조(학대, 존속학대)의 죄[1]를 범하여 사람을 상해 또는 사망에 이르게 하는 행위를 처벌하고(제1항), 그 행위의 객체가 자기 또는 배우자의 직계존속인 경우에 가중처벌하는(제2항) 규정이다. 유기·학대로 인하여 상해 또는 사망의 결과가 발생한 경우에 형을 가중하여 처벌하는 결과적 가중범 규정이다. 상해에 이르렀을 뿐이지만 사망의 구체적 위험이 발생한 경우도 결과적 가중범이라 할 수 있는데, 우리 입법자는 제271조 제3항과 제4항에서 중유기죄, 중존속유기죄로 따로 규정하고 있다.

2　　　1953년 제정 형법에서는 치상과 치사를 구별하지 않고 상해죄와 비교하여 중한 형으로 처단하도록 규정하고 있다가, 1995년 12월 29일 개정에 따라 현재와 같이 치상과 치사의 법정형이 나뉘고, 형량도 따로 정해지게 되었다.

3　　　본조는 아동혹사죄를 결과적 가중범의 기본범죄로 규정하고 있지 않다. 그

---

1 조문상 '제271조 내지 제273의 죄'라고 되어 있으나, 제272조의 영아유기죄는 2023년 8월 8일 형법 개정으로 폐지되었다(2024. 2. 9. 시행).

　　　　　　　　　　　　　〔정 상 규〕

러나 아동학대범죄의 처벌 등에 관한 특례법상 아동학대치사죄(아학 §4. 무기 또는 5년 이상의 징역)나 아동학대중상해죄(아학 §5. 3년 이상의 징역)를 통해 결과적 가중범으로 처벌된다.[2] 다만 아동혹사죄를 범하여 사람을 사상에 이르게 한 경우에는, 아동혹사죄와 업무상과실치사·상죄의 경합범이 인정된다는 견해가 있다.[3]

II. 유기등 치사·상죄(제1항)

1. 유기등 치상죄

유기죄(§271①)를 범하여 상해의 결과를 야기한 경우에는 유기치상죄, 학대죄(§273①)를 범하여 상해의 결과를 야기한 경우에는 학대치상죄가 성립하게 되는데, 본조 제1항 전문에 따라 그 형태를 불문하고 법정형은 모두 7년 이하의 징역이다.

2. 유기등 치사죄

유기죄를 범하여 사망의 결과를 야기한 경우에는 유기치사죄, 학대죄를 범하여 사망의 결과를 야기한 경우에는 학대치사죄가 성립하게 되는데, 본조 제1항 후문에 따라 그 형태를 불문하고 법정형은 모두 3년 이상의 징역이다.

3. 인과관계

유기 등 행위와 사상의 결과 사이에 상당인과관계가 있어야 한다. 제3자의 행위가 일부 기여한 경우에도 상당인과관계가 인정될 수 있다.

대판 2015. 11. 12, 2015도6809(전)(세월호 사건)은 "형법 제275조 제1항의 유기치사·치상죄는 결과적 가중범이므로, 위 죄가 성립하려면 유기행위와 사상의 결과 사이에 상당인과관계가 있어야 하며 행위 시에 결과의 발생을 예견할 수 있어야 한다. 다만 유기행위가 피해자의 사상이라는 결과를 발생하게 한 유일하거나 직접적인 원인이 된 경우뿐만 아니라, 그 행위와 결과 사이에 제3자의 행

---

2 신동운, 형법각론(2판), 643.
3 정영일, 형법강의 각론(3판), 47; 홍영기, 형법(총론과 각론), §58/13.

위가 일부 기여하였다고 할지라도 유기행위로 초래된 위험이 그대로 또는 그 일부가 사상이라는 결과로 현실화된 경우라면 상당인과관계를 인정할 수 있다." 라고 판시하면서, 선박 침몰사고와 관련하여 사고지점의 수온과 조류의 세기, 구조세력의 대기 상태, 선내 이동의 용이성 등 제반 사정에 비추어 일부 피해자를 제외한 나머지 사망 피해자들이 적절하게 대피했더라면 모두 생존할 수 있었고, 생존 피해자들의 정신적·신체적 상해 역시 승무원인 피고인들의 유기행위로 인해 피해자들이 스스로 탈출하는 과정에서 발생하였다고 판단하여, 피고인들의 유기행위와 피해자 445명의 사망 또는 상해 결과 사이의 인과관계를 인정한 원심을 정당하다고 하였다.

8   유기 등 행위가 부작위인 경우에는 보호조치를 다하였더라도 마찬가지 결과가 발생하였을 가능성이 있으면 인과관계가 부정된다.[4]

9   대판 1967. 10. 31. 67도1151은 청산가리의 치사량은 0.1 내지 0.3그램의 극소량으로서 이것을 음독했을 경우 미처 인체에 흡수되기 전에 지체 없이 병원에서 위세척을 하는 등 응급치료를 받으면 혹 소생할 가능은 있을지 모르나, 이미 이것이 혈관에 흡수되어 피고인이 피해자를 변소에서 발견했을 때의 피해자의 증상처럼 환자의 안색이 변하고, 의식을 잃었을 때에는 우리의 의학기술과 의료시설로서는 그 치료가 불가능하여 결국 사망하게 되는 것이고, 또 일반적으로 병원에서 음독환자에게 위세척 호흡촉진제 강심제 주사 등으로 응급가료를 하나 이것이 청산가리 음독인 경우에는 아무런 도움도 되지 못하는 것이라면서, 피고인의 유기행위와 피해자의 사망 사이에는 상당인과관계가 존재할 수 없다고 본 원심을 수긍하였다.[5]

---

4 일본 판례도 피고인이 친모 B로부터 폭행을 당하여 피를 많이 흘리고 쓰러져 있는 처 A를 발견하고도 그 생존에 필요한 보호를 하지 않아 사망한 사안에서, 피고인이 구명조치를 취하였더라도 A가 사망할 가능성을 부정할 수 없다는 이유 등으로 인과관계를 부정하였다[札幌地判 平成 15(2003). 11. 27. 判タ 1159·292].

5 위 대법원 판결의 원심은 검사가 유기치사죄로 공소제기한 것에 대해 유기죄로만 인정하였고, 그 범죄사실은 다음과 같다. 「피고인은 농약중개상으로 친교가 있는 피해자를 피고인 집으로 초청하여 함께 술을 마시다가 21:40경 피해자가 약물중독으로 변소에서 졸도하여 의식불명 상태에 있음을 발견하고, 이러한 경우 동인을 보호할 법률상 의무가 있다 할 피고인으로서는 의당 즉시 의사의 왕진을 구하거나 가까운 병원에 운반하여 응급치료를 받게 하는 등 그 생존에 필요한 보호를 다할 의무가 있음에도 불구하고 피고인 자신이 음독시킨 혐의를 입지 않으려고 생각한 나머지 피해자의 생명의 안전에 대한 위험성을 인식하고서도 피해자를 유기할 것을 결의하고 이웃

인과관계가 부정될 때에는 유기 등 죄와 과실치사·상죄의 상상적 경합이 　10
될 뿐이며,[6] 행위자에게 치사·상에 대한 과실이 없는 때에는 유기죄, 학대죄 등
으로 처벌될 뿐이라는[7] 견해가 있는데, 죄수관계는 각 죄의 구체적 행위태양 등
을 살펴 개별적으로 판단하게 될 것이다.

유기 등의 죄가 기수에 이르러야 하고, 미수에 그친 경우에는 사망이나 상 　11
해의 결과가 발생하였더라도 유기등 치사·상죄가 성립하지 않는다는 견해가 있
다.[8] 법문이 '제271조 내지 제273조의 죄를 범하여'라고 규정하고 있으므로 형
법해석의 엄격성 원칙상 그와 같이 해석해야 한다는 것이다.

4. 주관적 구성요건

기본범죄인 유기죄나 학대죄의 고의가 있어야 하고, 행위 시에 중한 결과 　12
발생에 대한 예견가능성이 있어야 한다.[9] 통설은 진정결과적 가중범이라고 하
고 있다.[10] 사망의 결과가 발생하고 살해의사가 있는 것처럼 보이는 경우라 할
지라도, 그 의사가 단순한 희망이나 막연한 예감 정도에 그치는 경우에는 살인
의 고의를 인정할 수 없고, 이러한 경우에는 유기등 치사죄가 성립한다.[11] 그러
나 유기등 치상죄는 상해의 결과에 대해 과실이 있을 뿐만 아니라 고의가 있을
때에도 성립하는 부진정결과적 가중범이라는 견해도 있다.[12] 상해죄의 법정형
은 7년 이하의 징역, 10년 이하의 자격정지 또는 1천만 원 이하의 벌금으로, 유
기등 치상죄에 비하여 가볍기 때문에, 처벌의 균형상 그와 같이 해석해야 한다

집에서 빌려온 수하차에 피해자를 실고서 피고인 집을 나와 그 인근에 있는 여러 병원에 일부러
들리지 아니하고 공연히 배회함으로써 피해자를 유기한 것이다.」
　　다만 대법원 판결에서 쟁점이 되지는 않았으나, 원심의 범죄사실에서 언급되고 있는 '법률상
의무'가 구체적으로 어떤 법률에 근거한 의무인지에 관하여는 의문이 있다.
6 김성돈, 형법각론(5판), 125; 박찬걸, 형법각론(2판), 139.
7 정성근·정준섭, 형법강의 각론(2판), 70.
8 오영근, 형법각론(4판), 96.
9 대판 2015. 11. 12, 2015도6809(전)은 본조 제1항의 유기치사·상죄는 결과적 가중범이므로, 위
죄가 성립하려면 유기행위와 사상의 결과 사이에 상당인과관계가 있어야 하며, 행위 시에 결과
의 발생을 예견할 수 있어야 한다고 판시하였다.
10 김신규, 형법각론 강의, 128; 이정원·이석배·정배근, 형법각론, 82; 이형국·김혜경, 형법각론(3판),
136; 최호진, 형법각론, 110; 한상훈·안성조, 형법개론(3판), 423.
11 신동운, 644.
12 오영근, 95.

는 것이다. 사상의 결과에 대하여 과실도 없다면 단순히 유기죄 등으로 처벌될 뿐이다.[13]

13 　대판 1980. 9. 24. 79도1387[14]은 피고인이 전격성간염에 걸려 장내출혈의 증세까지 생긴 만 11세 남짓한 딸을 병원으로 데리고 다니면서 치료를 받게 함에 있어, 그 환자의 증세로 보아 회복의 가망성이 희박한 상태이어서 의사가 권하는 최선의 치료방법인 수혈이라도 하지 않으면 그 환자가 사망할 것이라는 위험이 예견가능한 경우여서, 자신이 믿는 종교인 여호와의 증인의 교리에 어긋난다는 이유로 시종일관 완강히 거부하는 언동을 하여 그 딸로 하여금 의학상의 적정한 치료를 받지 못하도록 하여 장내출혈 때문에 실혈사하게 한 것이라는 취지의 범죄사실을 인정하여 유기치사죄로 처단한 원심을 수긍하였다.

14 　처음부터 살해 또는 상해의 인식과 의사가 있는 때에는 유기등 치사·상죄가 성립하지 않고 살인죄 또는 상해죄만 성립하고 유기죄, 학대죄 등은 이에 흡수된다는 견해[15]가 있고, 상상적 경합관계라는 견해[16]도 있다. 전자에 따르면 양육의무자가 살의를 가지고 일부러 피양육자의 생존에 필요한 급식을 하지 않았기 때문에 피양육자가 사망하였다면 살인죄가 되고, 그저 양육의무에 위배하여 생존에 필요한 급식을 하지 않았더니 사망하였다면 유기치사죄가 된다고 한다.[17]

5. 처 벌

15 　상해에 이르게 한 때에는 7년 이하의 징역에 처하고(전문), 사망에 이르게 한 때에는 3년 이상의 유기징역에 처한다(후문). 치사죄의 경우 합의부 관할사건

---

13 김일수·서보학, 새로쓴 형법각론(9판), 95.

14 본 판결 평석은 최우찬, "유기치사죄와 부작위에 의한 살인죄 및 양심범과의 관계", 형사판례연구 〔1〕, 한국형사판례연구회, 박영사(1993), 95-112.

15 강구진, 형법강의 각론 I, 128; 김성돈, 125; 김신규, 128; 김일수·서보학, 95; 손동권·김재윤, 새로운 형법각론, § 7/19; 신동운, 644; 이재상·장영민·강동범, 형법각론(13판), § 6/20; 정성근·박광민, 형법각론(전정2판), 129; 주석형법 〔각칙(4)〕(5판), 88. 같은 취지에서, 술집의 주인과 종업원이 공모하여 대취로 인사불성인 손님에게서 금품을 훔친 후 범행을 숨기기 위해 추운 겨울날 인적 없는 노상에 방기하여 그 손님이 동사하였다면 유기치사죄가 아닌 살인죄와 절도죄의 경합범이 인정된다고 하는 견해도 있다(정영일, 44).

16 박상기·전지연, 형법학(총론·각론 강의)(4판), 457; 임웅, 형법각론(9정판), 133.

17 주석형법 〔각칙(4)〕(5판), 88(우인성).

〔정 상 규〕

에 속한다(법조 §32①(iii) 본문).

Ⅲ. 존속유기등 치사·상죄(제2항)

유기등 치사·상죄에 대하여 신분관계로 인해 형이 가중되는 가중적 구성요 　16
건으로서 부진정신분범이다.[18]

존속을 유기 또는 학대하여 상해의 결과가 발생한 경우 존속유기치상죄, 존 　17
속학대치상죄가 성립하고, 본조 제2항 전문에 따라 모두 3년 이상의 징역으로
처벌된다. 합의부 관할사건에 속한다(법조 §32①(iii) 본문).

존속을 유기 또는 학대하여 사망의 결과가 발생한 경우 존속유기치사죄, 존 　18
속학대치사죄가 성립하고, 본조 제2항 후문에 따라 그 형태를 묻지 않고 모두
무기 또는 3년 이상의 유기징역으로 처벌된다. 합의부 관할사건에 속한다(법조
§32①(iii) 본문).

〔정 상 규〕

---

18 정성근·정준섭, 70.

제29장 체포와 감금의 죄

〔총 설〕

I. 의 의

체포와 감금의 죄는 사람의 신체활동의 자유에 대한 범죄이다. 신체활동의   1
자유는 의사결정과 의사실현의 자유에 수반되는 행동의 자유로서 외부의 압력
때문에 신체활동이 부당하게 영향을 받지 않을 자유를 의미한다. 헌법 제12조
제1항은 "모든 국민은 신체의 자유를 가진다. 누구든지 법률에 의하지 아니하고
는 체포·구속·압수·수색 또는 심문을 받지 아니하며, 법률과 적법한 절차에
의하지 아니하고는 처벌·보안처분 또는 강제노역을 받지 아니한다."라고 규정
하고 있는데, 신체활동의 자유는 이러한 신체의 자유에서 파생된 자유라고 할
수 있다.

체포(arrest, Festnahme)란 사람의 신체에 직접적이고 현실적인 구속을 가하여   2
신체활동의 자유를 박탈하는 것[1]을 말하고, 감금(confinement, Einsperrung)은 사람
을 특정한 구역에서 나가지 못하게 하거나 현저히 곤란하게 하여 신체활동의
자유를 제한하는 것[2]을 말하므로, 양자는 개념적으로 구별된다. 그런데 체포와
감금은 시간적으로 연속하여 일어나는 일이 많기 때문에 입법자는 체포와 감금

---

1 대판 2018. 2. 28, 2017도21249; 대판 2020. 3. 27, 2016도18713.
2 대판 2000. 3. 24, 2000도102; 대판 2011. 9. 29, 2010도5962.

을 동일한 구성요건에서 병렬적으로 규정하고 있다.[3] 형법은 의사결정의 자유
와 의사실현의 자유를 보장하기 위하여 체포·감금죄 이외에도 약취·유인죄, 강
간죄, 강제추행죄, 강요죄 등을 규정하고 있다.

3   체포와 감금은 통상 그 자체가 행위의 목적이라기보다는 다른 중한 범죄
또는 다른 목적을 위한 수단으로 행해지는 경우가 많다. 이 때문에 체포·감금
이 다른 중한 범죄의 수단으로 되는 경우, 체포·감금죄와 다른 중한 범죄와의
관계가 문제된다. 사람을 체포·감금하여 이를 인질로 삼아 제3자에 대하여 권
리행사를 방해하거나 의무 없는 일을 하게 하면 인질강요죄(§324의2)로 처벌되
고, 이로 인하여 상해 또는 사망의 결과가 발생하면 인질상해·치상죄 또는 인
질살해·치사죄(§324의3)로 가중처벌된다. 또한 사람을 체포·감금하여 이를 인
질로 삼아 재물 또는 재산상의 이익을 취득하거나 제3자로 하여금 이를 취득하
게 하면 인질강도죄(§336)로 처벌되고, 이로 인해 상해 또는 사망의 결과가 발생
하면 강도상해·치상죄 또는 강도살인·치사죄(§338)로 가중처벌된다. 이러한 이
유로 체포·감금죄는 1차 범죄, 기본범죄의 성격을 갖는다고 할 수 있고, 이 때
문에 법정형도 상대적으로 높지 않다.

4   고소인·고발자·증인 등에 대한 보복 목적 또는 고소·고발·증언 저지나
왜곡 목적으로 체포·감금죄를 범한 경우는 특정범죄 가중처벌 등에 관한 법률
에 의하여 가중하여 처벌하고, 사망에 이르게 한 경우에는 더욱 가중하여 처벌
하고 있다(특가 §5의9②). 한편, 재판, 검찰, 경찰, 기타 인신구속에 관한 직무를
행하는 자가 그 직권을 남용하여 사람을 체포 또는 감금한 경우에는 불법체포·
감금죄(§124)가 성립하게 된다. 불법체포·감금죄를 범하여 상해나 사망의 결과
가 발생한 경우에는 가중하여 처벌된다(특가 §4의2②).

5   폭력행위 등 처벌에 관한 법률은 2명 이상이 공동하여 체포·감금죄를 범한
경우(폭처 §2②(ii)), 체포·감금죄로 2회 이상 징역형을 받은 사람이 다시 체포·
감금죄를 범한 경우(폭처 §2③(ii)) 등을 가중하여 처벌하고 있다.

6   아동학대범죄의 처벌 등에 관한 특례법은 보호자에 의한 아동학대로서 체
포·감금죄를 범하여 아동을 살해하거나 사망에 이르게 한 때(아학 §4, §2(iv)다

---

3 신동운, 형법각론(2판), 646.

목), 아동의 생명에 대해 위험을 발생하게 하거나 불구 또는 난치의 질병에 이르게 한 때(아학 §5, §2(iv)다목), 상습으로 범한 때(아학 §6, §2(iv)다목), 아동학대 신고의무자가 범한 때(아학 §7, §2(iv)다목)에 각각 가중하여 처벌하도록 규정하고 있다.

Ⅱ. 규 정

본장은 체포와 감금의 죄에 대하여 규정하고 있다. 구체적으로는 체포·감금(§276①), 존속체포·감금(§276②), 중체포·감금(§277①), 존속중체포·감금(§277②), 특수체포·감금(§278), 상습체포·감금(§279), 체포·감금미수(§280), 체포·감금 등 치사상(§281①), 존속체포·감금 등 치사상(§281②)이 규정되어 있다. 본장의 조문 구성은 아래 [표 1]과 같다.

7

[표 1] 제29장의 조문 구성

조 문		제 목	구성요건	죄 명	공소시효
§276	①	체포, 감금, 존속체포, 존속감금	ⓐ 사람을 ⓑ 체포 또는 감금	체포, 감금	7년
	②		ⓐ 자기 또는 배우자의 직계존속에 대하여 ⓑ ①의 죄를 범함	존속(체포, 감금)	10년
§277	①	중체포, 중감금, 존속중체포, 존속중감금	ⓐ 사람을 체포 또는 감금하여 ⓑ 가혹한 행위를 가함	중(체포, 감금)	7년
	②		ⓐ 자기 또는 배우자의 직계존속에 대하여 ⓑ ①의 죄를 범함	중존속(체포, 감금)	10년
§278		특수체포, 특수감금	ⓐ 단체 또는 다중의 위력을 보이거나 위험한 물건을 휴대하여 ⓑ §276, §277의 죄를 범함	특수 (§276, §277 각 죄명)	10년 (다만, 특수체포·감금 7년)
§279		상습범	상습으로 §276, §277를 범함	상습 (§276, §277 각 죄명)	

조 문		제 목	구성요건	죄 명	공소시효
§280		미수범	§276 내지 §279의 미수	(§276 내지 §279 각 죄명)미수	
§281	①	체포, 감금등의 치사상	ⓐ §276①, §277①, §278, §279, §280의 죄를 범하여 ⓑ 사람을 상해 또는 사망에 이르게 함	(§276①, §277① 각 죄명)(치상, 치사), (특수, 상습)(§276②, §277② 각 죄명) (치상, 치사)	10년
	②		ⓐ 자기 또는 배우자의 직계존속에 대하여 ⓑ §276 내지 §280을 범하여 ⓒ 상해 또는 사망에 이르게 함	(§276②, §277② 각 죄명)(치상, 치사), (특수, 상습)(§276②, §277② 각 죄명) (치상, 치사)	10년(치상) 15년(치사)
§282		자격정지의 병과	§276 내지 §281 10년 이하의 자격정지 병과(임의적)		

8   본장의 죄는 개념적으로는 체포죄와 감금죄로 나눌 수 있지만, 형법이 양자를 따로 나누지 않고 있고, 양자의 처벌에도 차이를 두고 있지 않기 때문에, 형법의 태도와 같이 양자를 함께 논하되, 체포와 감금의 수단이나 대상, 결과를 기준으로 유형을 나누어 살펴볼 필요가 있다.

9   체포와 감금의 죄의 기본적 구성요건은 체포죄와 감금죄(§276①)이다. 존속체포죄와 존속감금죄(§276②)는 신분관계로 인하여 형이 가중되는 가중적 구성요건이다.

10   중체포죄와 중감금죄(§277①)는 체포 또는 감금행위 중에 가혹행위를 함으로써 형이 가중되는 결합범적 성격의 가중적 구성요건이고, 그에 관하여 신분관계로 인하여 형이 가중되는 중존속체포죄와 중존속감금죄(§277②)가 있다.

11   특수체포죄와 특수감금죄(§278, §276①)는 수단이나 방법의 위험성 때문에 형이 가중되는 가중적 구성요건이고, 여기에 신분관계나 가혹행위가 더해지면 특수존속체포죄와 특수존속감금죄(§278, §276②), 특수중체포죄와 특수중감금죄(§278, §277①), 특수중존속체포죄와 특수중존속감금죄(§278, §277②)가 된다.

12   체포·감금의 습벽이 있는 사람이 각 유형의 체포죄와 감금죄를 범하면, 각 죄의 상습범으로서 형이 가중되어 상습체포죄, 상습감금죄, 상습존속체포죄, 상

습존속감금죄, 상습중체포죄, 상습중감금죄, 상습중존속체포죄, 상습중존속감금죄(§279)가 성립한다.

제276조부터 제279조의 각 범죄의 실행에 착수하여 행위를 종료하지 못하 **13**
였거나 결과가 발생하지 아니한 때에는 각 죄의 미수범(§280)으로 처벌한다.

제276조 제1항, 제277조 제1항, 제278조, 제279조, 제280조의 각 죄를 범하 **14**
여 상해의 결과가 발생한 때에는 각 죄의 치상죄(§281① 전문), 사망의 결과가 발
생한 때에는 각 죄의 치사죄(§281① 후문)가 각 성립하는데, 미수의 경우 죄명으
로 기수와 구별하지는 않는다. 자기 또는 배우자의 직계존속에 대하여 제276조
제2항, 제277조 제2항, 제278조, 제279조, 제280조의 각 죄를 범하여 상해의 결
과가 발생한 때에는 각 죄의 치상죄(§281② 전문), 사망의 결과가 발생한 때에는
각 죄의 치사죄(§281② 후문)가 각 성립하는데, 미수의 경우 역시 죄명으로 기수
와 구별하지는 않는다.

III. 연 혁

1953년 제정 형법 이래로 본장의 제목은 체포와 감금의 죄로서 동일하고, **15**
각 죄의 주된 형 역시 동일하다. 다만, 1995년 12월 29일 개정에 따라 체포죄,
감금죄, 존속체포죄, 존속감금죄의 법정형에 벌금형이 추가되었다. 또한 각 죄
의 치사·상죄에 관하여 제정 형법에서는 치상과 치사의 구별 없이 상해죄와 비
교하여 중한 형으로 처단하도록 하였으나, 1995년 12월 29일 개정에 따라 독립
적인 형을 규정하고, 치사를 치상에 비해 무거운 법정형으로 처벌하고, 존속에
대한 경우를 가중한 형으로 처벌하도록 규정하게 되었다.

체포·감금죄를 형법상 독립하여 범죄로 처벌하게 된 것은 비교적 최근의 **16**
일이다. 로마법에서는 신체의 자유에 대한 침해는 상해(injuria)가 되지 않는 한
처벌하지 않았고, 감금은 국가의 구금권을 침해할 경우에만 처벌대상이 되었다.
체포·감금죄가 독립된 범죄로 인정된 것은 1787년 조세핀 형법, 1794년 프로이
센 일반란트법이 처음이었다.[4]

---

4 강구진, 형법강의 각론 I, 145; 배종대, 형법각론(14판), §36/1; 이형국·김혜경, 형법각론(3판),
163.

17   자유박탈의 기간이 길면 형을 가중하는 입법례가 있고(독형[5] §239② 1주 이

상, 오스트리아형[6] §99② 1개월 이상 지속된 경우), 제281조와 같이 상해나 사망의 결

과를 초래한 경우에 형을 가중하는 것이 일반적 경향이라고 볼 수 있다(독형 §

239②, ③, 일형[7] §221, 프형[8] §224-2).[9] 이 밖에도 고문, 가혹행위, 학대(프형 §224-2),

범죄실행이나 범인의 도주를 용이하게 하거나(프형 §224-4), 중대한 불이익이 수반

되는 상황하에서 범행하는 경우(오스트리아형 §99②)에 형을 가중하는 입법례와 일

---

5 독일형법 제239조[자유박탈(Freiheitsberaubung)] ① 사람을 감금하거나 또는 기타의 방법으로
  자유를 박탈한 자는 5년 이하의 자유형 또는 벌금형에 처한다.
  ② 미수범은 처벌한다.
  ③ 행위자가 다음 각 호에 1에 해당하는 경우에는 1년 이상 10년 이하의 자유형에 처한다.
    1. 1주 이상 피해자의 자유를 박탈한 때
    2. 당해 행위 또는 당해 행위가 범해지는 동안의 행위로 인해 피해자에게 중한 건강훼손을 야
       기한 경우
  ④ 행위자가 당해 행위 또는 당해 행위가 범해지는 동안의 행위로 인해 피해자의 사망을 야기한
  경우에는 3년 이상의 자유형에 처한다.
  ⑤ 제3항의 중하지 아니한 경우에 대하여는 6월 이상 5년 이하의 자유형에 처하고, 제4항의 중
  하지 아니한 경우에 대하여는 1년 이상 10년 이하의 자유형에 처한다.
6 오스트리아형법 제99조[자유박탈(Freiheitsentziehung)] ① 불법하게 타인을 감금하거나 다른 방
  식으로 타인의 자유를 박탈한 자는 3년 이하의 자유형에 처한다.
  ② 1개월 이상 자유박탈을 유지하거나 피감금자에게 특별한 고통을 주는 방법으로 행하거나 특
  히 중한 불이익이 되는 상황에서 행하는 자는 1년 이상 10년 이하의 자유형에 처한다.
7 일본형법은 각칙 제31장 '체포 및 감금의 죄'에서 제220조(체포 및 감금)(불법으로 사람을 체포
  하거나 감금한 자는 3월 이상 7년 이하의 징역에 처한다), 제221조(체포등치사상)(전조의 죄를
  범함으로 인하여 사람을 사상케 한 자는 상해의 죄와 비교하여 중한 형에 의하여 처단한다)를
  두고 있다. 참고로 일본형법은 2022년 6월 17일 징역형과 금고형이 '구금형'으로 단일화되어 형
  법전의 '징역', '구금', '징역 또는 구금'은 모두 '구금형'으로 개정(법률 제67호)되었고, 2025년 6월
  1일 시행 예정이다. 아직 시행 이전이므로 본장에서 일본형법 조문을 인용할 때는 현행 조문의
  '징역' 등의 용어를 그대로 사용한다.
8 프랑스형법 제224-1조(체포·감금 등) ① 법률의 규정이나 적법한 기관의 명령에 의하지 아니하
  고 사람을 체포, 약취, 억류 또는 감금하는 행위는 20년의 징역형에 처한다.
  ② (생략)
  ③ 제1항의 규정에 불구하고, 억류 또는 감금한 날로부터 7일이 경과하기 전에 스스로 피해자를
  석방한 때에는 5년의 구금형 및 75,000유로의 벌금에 처한다. 다만, 제224-2조에 해당하는 경우
  에는 그러하지 아니하다.
  제224-2조(감금 등의 결과적 가중) ① 제224-1조의 죄를 범하여 피해자의 신체의 일부를 상실하
  게 하거나 영구적 신체장애를 초래한 경우, 그 원인이 고의적이거나 감금의 방법에서 비롯된 것
  이거나 또는 음식·간호의 미제공으로 인한 때에는 30년의 징역형에 처한다.
  ② 제224-1조의 죄의 실행행위 전이나 실행행위 중에 고문 또는 가혹행위를 저지르거나 제224-1
  조의 죄를 범하여 피해자를 사망에 이르게 한 때에는 무기징역형에 처한다.
  ③ (생략)
9 이형국, 형법각론, 176.

정한 기간 내에 피해자를 석방하면 형을 감경하는 입법례(프형 §224-1③)가 있다.[10]

IV. 보호법익

체포·감금죄의 보호법익은 사람의 신체활동의 자유, 행동의 자유이다. 구 18
체적으로는 장소선택의 자유를 의미하고,[11] 일정한 장소로부터 이동하는 것을
방해받지 않을 자유를 말한다. 장소선택의 자유에는 헌법 제14조의 거주이전의
자유가 포함된다고 볼 여지가 있으나,[12] 여기서의 장소선택의 자유는 신체의 자
유, 신체활동의 자유와 직접 관련되는 것만을 말하는 것이어서 거주이전의 자유
와는 구별된다. 피해자의 손을 뒤로 묶어둔 채로 방치하는 정도로는 아직 장소
적으로 자유가 속박된 것은 아니므로 체포에 해당하지 않는다.[13] 장소선택의 자
유는 일정한 장소로 들어갈 수 있는 자유가 아니라 일정한 장소를 떠날 수 있는
자유를 의미한다. 그러므로 단순히 어떤 장소에 들어오지 못하게 하거나 일정한
장소에서 나오게 하거나 일정한 장소에 나오도록 하는 것은 체포와 감금의 죄
에 해당하지 않고 경우에 따라 강요의 죄가 성립할 뿐이다.[14]

대법원은 감금죄는 사람의 행동의 자유를 그 보호법익으로 하여 사람이 특 19
정한 구역에서 나가는 것을 불가능하게 하거나 또는 심히 곤란하게 하는 죄로
서, 이와 같이 사람이 특정한 구역에서 나가는 것을 불가능하게 하거나 심히 곤
란하게 하는 그 장해는 물리적, 유형적 장해뿐만 아니라 심리적, 무형적 장해에
의하여서도 가능하고, 또 감금의 본질은 사람의 행동의 자유를 구속하는 것으
로, 행동의 자유를 구속하는 그 수단과 방법에는 아무런 제한이 없으므로 그 수
단과 방법에는 유형적인 것이거나 무형적인 것이거나를 가리지 아니하며, 감금
에 있어서의 사람의 행동의 자유의 박탈은 반드시 전면적이어야 할 필요가 없
으므로, 감금된 특정구역 내부에서 일정한 생활의 자유가 허용되어 있었다고 하

---

10 이형국, 176.
11 김신규, 형법각론 강의, 154; 이재상·장영민·강동범, 형법각론(13판), §8/1; 정웅석·최창호, 형
　법각론, 361.
12 주석형법 [각칙(4)](5판), 89(우인성).
13 신동운, 648.
14 김성돈, 형법각론(5판), 145; 박상기·전지연, 형법학(총론·각론 강의)(4판), 475; 오영근, 형법각
　론(4판), 97.

더라도 감금죄의 성립에는 아무 지장이 없다고 하고 있다.[15]

20 통설은 여기서의 자유는 현실적인 신체활동의 자유가 아니라 잠재적인 신체활동의 자유를 의미하고, 체포·감금죄는 침해범이므로[16] 보호법익이 침해되었느냐의 여부는 현실적으로 장소를 이전하려고 하였는가를 묻지 않고, 행위 시에 장소를 이전하려고 했다면 아무런 제한을 받지 않고 장소를 옮길 수 있었는가라는 가상적 판단을 기준으로 해야 한다고 본다. 다만, 보호법익을 현실적 신체활동의 자유로 보면서 체포나 감금을 하면 이와 같은 신체활동의 자유가 침해될 위험이 있는 것이라는 점에서 보면 추상적 위험범으로 해석하는 것이 타당하다는 견해도 있다.[17]

21 체포·감금죄는 사람의 신체활동의 자유 중 장소선택의 자유를 침해하는 범죄이고, 신체활동의 자유는 의사결정의 자유와 의사실현의 자유에 수반되는 행동의 자유라는 점에서, 일반적으로 사람의 의사결정의 자유를 보호법익으로 하고 있는 협박죄(§283①)나 사람의 의사실현의 자유를 보호법익으로 하고 있는 강요죄(§324)와 일정한 관련이 있지만, 직접적 보호의 대상에서는 구별된다.

〔정 상 규〕

---

15 대판 1984. 5. 15, 84도655; 대판 1998. 5. 26, 98도1036; 대판 2000. 3. 24, 2000도102.

16 김신규, 154; 이정원·이석배·정배근, 형법각론, 107; 최호진, 형법각론, 111; 홍영기, 형법(총론과 각론), §61/1.

17 김성돈, 145.

제276조(체포, 감금, 존속체포, 존속감금)

① 사람을 체포 또는 감금한 자는 5년 이하의 징역 또는 700만원 이하의 벌금에 처한다. 〈개정 1995. 12. 29.〉

② 자기 또는 배우자의 직계존속에 대하여 제1항의 죄를 범한 때에는 10년 이하의 징역 또는 1천500만원 이하의 벌금에 처한다. 〈개정 1995. 12. 29.〉

Ⅰ. 체포·감금죄(제1항)

1. 취 지

본죄(체포·감금죄)는 사람을 체포 또는 감금함으로써 성립하는 범죄이다. 계속범[1]이기 때문에 체포·감금행위가 종료되기 전까지는 공범 또는 공동정범의 성립이 가능하고, 피해자의 정당방위도 가능하며, 공소시효도 진행하지 않는다.[2] 공소시효는 체포·감금으로 인한 제한이 해제된 때부터 진행한다.[3] 미수범을 처벌한다(§280).

1

---

1 김신규, 형법각론 강의, 155; 김혜정·박미숙·안경옥·원혜욱·이인영, 형법각론(3판), 148; 박찬걸, 형법각론(2판), 141; 이상돈, 형법강론(4판), 423; 이용식, 형법각론, 113; 이정원·이석배·정배근, 형법각론, 107; 이형국·김혜경, 형법각론(3판), 168; 정성근·정준섭, 형법강의 각론(2판), 89; 정웅석·최창호, 형법각론, 361; 주호노, 형법각론, 240; 최호진, 형법각론, 112; 한상훈·안성조, 형법개론(3판), 437; 홍영기, 형법(총론과 각론), §61/1.
2 김성돈, 형법각론(5판), 146.
3 신동운, 형법각론(2판), 660.

2. 구성요건

(1) 주체

2　　본죄의 주체에는 아무런 제한이 없다. 다만, 재판, 검찰, 경찰, 기타 인신구속에 관한 직무를 행하는 자가 그 직권을 남용하여 사람을 체포 또는 감금한 경우에는 불법체포·감금죄(§ 124)가 성립하게 된다. 그렇더라도 이러한 사람들이 그 직무와 관련 없이 사람을 체포·감금한 경우에는 본죄만이 성립한다.[4]

(2) 객체

(가) 사람

3　　본죄의 객체는 사람이다. 사람은 법인 이외의 자연인을 말한다. 법인에 대하여는 그 구성원에 대한 체포·감금이 성립될 수 있고, 법인 자체에 대하여는 그러한 체포·감금에 의한 업무방해죄의 성립이 문제될 수 있다.[5]

(나) 의사능력이 없거나 신체활동이 곤란한 자연인의 경우에도 본죄의 객체가 될 수 있는지

(a) 견해의 대립

4　　① 최광의설(무제한설)은 신체활동의 가능성이나 의사 유무를 묻지 않고 모든 자연인이 본죄의 객체가 된다고 본다.[6] 이에 따르면 만취자, 수면자, 실신자, 정신병자, 갓난아이 등도 모두 본죄의 객체에 해당하게 된다. 예를 들어 어머니와 영아를 함께 감금한 경우, 어머니뿐만 아니라 영아에 대한 감금죄도 성립해야 한다고 본다.[7] 이 입장에서는 체포·감금을 행위태양으로 하고 있는 인질강요죄(§ 324의2)나 인질강도죄(§ 336)의 경우에, 피해자의 의사능력이나 행위능력이 아무런 영향을 미치지 않는다는 점을 지적한다.

5　　다음으로, ② 협의설(현실적 자유설)은 현실적으로 이동하려고 해도 이동을 저지당해서 이동할 수 없는 경우에만 본죄가 성립한다고 보는 견해이다.[8] 이에 따르면 만취자, 수면자, 정신병자, 갓난아이 등은 모두 본죄의 객체에 해당하지

4　주석형법 〔각칙(4)〕(5판). 93(우인성).

5　주석형법 〔각칙(4)〕(5판), 93(우인성).

6　김성천·김형준, 형법각론(6판), 131; 오영근, 형법각론(4판), 99.

7　오영근, 99. 이에 대하여 주석형법 〔각칙(4)〕(5판), 276(우인성)은 신체활동의 자유의 소극적인 측면에서 접근할 때, 접견교통을 받을 수 있는 권한도 그러한 자유에 포함된다고 본다면, 젖먹이라 하더라도 신체활동의 자유가 있다고 볼 수 있으므로, 경청할 필요가 있는 견해라고 하고 있다.

8　이정원·이석배·정배근, 110(가상적 이전의사설).

않게 된다. 예컨대, 방안에서 숙면 중인 사람이 있음에도 방 밖에서 자물쇠를 채워두었으나 그 사람이 깨어나기 전에 자물쇠를 열어 놓았다면 감금죄가 성립하지 않는다는 입장이다. 이는 감금죄를 잠재적 자유에 대한 범죄로 볼 경우 자유를 침해할 가능성이 있는 행위는 모두 처벌의 대상에 포함되어 감금죄의 처벌 범위가 지나치게 확장된다는 점, 우리 입법자가 본죄의 미수범을 처벌하기로 한 것은 본죄가 장소이동의 자유를 현실적으로 침해하는 범죄임을 전제로 하였기 때문이라는 점, 잠재적 자유설을 취할 경우 본죄의 미수범 처벌규정이 사문화된다는 점 등을 논거로 제시한다. ③ 장소이전의 현실적 자유를 가진 사람만이 객체가 될 수 있다고 하는 최협의설도 있다.

④ 광의설(잠재적 자유설)은 신체활동이 기대되는 잠재적인 활동의 자유를 **6** 가진 사람이면 현실적으로 활동의사가 없는 경우에도 본죄의 객체가 된다고 한다.[9] 감금되는 시점에 숙면 중이어서 현실적인 이동을 생각할 수 없다 할지라도 언제 잠이 깨서 이동하려고 할지 알 수 없으므로 숙면 중인 단계에서도 이동의 자유를 보호해야 한다고 본다. 이동하려고 생각할 때 이동할 수 없는 상태가 만들어져 있다면 이는 행동의 자유가 현실적으로 침해된 것과 마찬가지여서 처벌가치가 충분하다는 점, 피해자가 현실적으로 이동하려고 하는 것을 기준으로 감금죄를 결정하게 되면 감금죄의 성립 여부가 대단히 불안정하게 된다는 점 등을 논거로 한다.

⑤ 절충설로서 신체활동의 의사를 가질 수 없는 영아, 명정자, 수면자는 객 **7** 체가 될 수 없지만, 최소한의 활동의 가능성이 기대되는 정신병자, 불구자는 객체가 될 수 있다는 견해도 있다.

통설은 위 ④의 광의설(잠재적 자유설)을 취하고 있다. 위 ①의 최광의설(무제 **8** 한설)은 현실적 신체활동의 가능성이나 의사도 없는 사람에 대해 본죄를 인정하는 것은 아무런 실익이 없다는 비판을 받고 있다.[10] 최광의설은 인질강요죄나 인질강도죄의 예를 들고 있으나, 갓난아이 등을 인질로 하는 경우는 약취·유인의 표지를 통해 충분히 해결할 수 있다는 것이다. 위 ②의 협의설(현실적 자유설)

---

9 박찬걸, 143; 배종대, 형법각론(14판), §37/6; 이용식, 114; 이재상·장영민·강동범, 형법각론(13판), §8/5; 이형국·김혜경, 166.

10 배종대, §37/3; 정성근·박광민, 형법각론(전정2판), 136.

은 본죄에 해당하는 행위와 그 완성을 혼동하였다는 비판을 받고 있다.[11] 협의
설에 따르면 피해자의 구체적 사정에 따라서 본죄의 성립 여부가 달라져서 법
적 안정성을 크게 위협할 수 있다. 신체활동의 자유를 보호받는 범위는 현실적
자유를 의미하는 것이라기보다는 신체활동의 가능성, 보호의 필요성의 관점에
서 접근할 필요가 있다.

9   통설에 따르면 정신병자, 만취자, 수면자, 불구자, 위계에 의하여 신체구속
을 당하고 있는 사람도 본죄의 객체가 되나, 잠재적 활동의 자유도 애당초 없는
영아나 식물인간은 본죄의 객체가 될 수 없다. 한편 젖먹이에 대한 감금행위의
경우 행위자의 의사, 행위의 위험성에 따라 불능미수의 성립이 문제될 수 있고,
감금상태에 있는 젖먹이가 감금으로 인하여 신체적 상해의 결과를 입었을 경우
감금치상죄의 성립이 문제될 수 있다는 견해가 있다.[12] 나아가 의사능력이 결여
된 정신병자도 장소이동의 의사를 가질 수 없으므로 제외되고,[13] 심하게 술 취
한 사람, 깊이 잠든 사람도 이러한 상태가 존속하는 동안은 신체활동의 잠재적
인 자유조차 빼앗길 수 없으므로 본죄의 객체가 될 수 없다는 견해도 있는데,[14]
신체적 활동의 가능성이 있는 사람들인 이상 달리 보는 견해도 충분히 가능하
다. 다만 통설에 따르면 기수범과 미수범의 구별이 문제될 수 있는데, 이에 관
해서는 뒤에서 살펴본다. 한편, 이렇게 보면서도 체포죄의 경우에는 신체에 대
해 직접적인 속박이 가해지고 있으므로 의사능력과 관련한 문제는 제기되지 않
는다는 견해도 있다.[15]

        (b) 판례

10   판례는 명확하지 않으나, 정신병자라고 하더라도 감금죄의 객체가 될 수 있
다고[16] 한다.[17]

---

11 배종대, § 37/9.
12 주석형법 〔각칙(4)〕(5판), 94(우인성).
13 박상기, 형법각론(8판), 117.
14 김일수·서보학, 새로쓴 형법각론(9판), 111.
15 신동운, 648.
16 대판 2002. 10. 11, 2002도4315.
17 ① 일본 판례 가운데는 피해자가 피해의식을 가지고 있는지 여부는 감금죄(일형 § 220)의 성립과
   는 아무 관계가 없다고 하면서, 생후 1년 7개월의 유아에 대하여 의사능력과는 관계없이 당시에
   자연적·사실적 의미에서의 임의적인 보행 등을 할 수 있는 행동력을 가지고 있었다는 등의 이유
   로 감금죄의 객체의 적격성을 인정한 것이 있다〔京都地判 昭和 45(1970). 10. 12. 判時 614·104〕.

(3) 행위

(가) 체포

　체포는 사람의 신체에 대하여 직접적이고 현실적인 구속을 하여 신체활동　　11
의 자유를 박탈하는 행위를 의미하는데,[18] 그 수단이나 방법을 불문한다. 손발
을 밧줄로 묶거나 몸을 붙잡는 것과 같은 유형적인 방법뿐만 아니라 경찰관을
사칭하거나 협박과 같은 무형적인 방법도 사용할 수 있다. 체포는 신체의 자유
를 제한하면 충분하고, 피체포자의 저항을 억압하여야 할 필요는 없다.[19] 다만,
협박은 피해자의 저항을 억압할 정도의 것임을 요한다는 견해가 있다.[20] 제3자
의 조력 또는 기구의 보조를 받아야 비로소 행동할 수 있는 사람, 가령 신체마
비자나 맹인 등으로부터 그 조력자 또는 기구를 박탈하여 그를 행동불능상태에
놓이게 하는 것도 체포(또는 감금)에 해당한다.[21] 경찰관에게 상대방을 현행범이
라고 속여 체포하게 하는 것과 같이 제3자를 이용한 간접정범의 형태로도 가능
하다. 증언거부권에도 불구하고 진술하여 의도적으로 특정인을 체포당하게 하
는 경우를 그 예로서 거론하는 견해도 있다.[22] 작위뿐만 아니라 포박을 풀어주어
야 할 법적 의무가 있는 사람이 포박을 풀어주지 않는 것과 같이 부작위에 의한
체포도 가능하다. 다만 불법구속된 사람을 석방시켜야 할 의무가 있는 사람이 석
방조치를 취하지 않고 방치한 경우는, 체포행위가 없으므로 직무유기죄(§122) 또
는 부작위에 의한 불법감금죄(§124①)가 성립하는 것은 별론으로 하고, 불법체
포죄(§124①)는 성립하지 않는다는 견해도 있다.[23]

　감금과 마찬가지로 계속범이므로, 체포행위에 의하여 사람의 신체의 자유　　12
가 구속되었다고 인정할 수 있을 정도의 시간적 계속을 요한다. 신체에 대한 직
접 구속일 경우에도 순간적인 것은 폭행에 해당되거나,[24] 체포죄의 미수범에 불

---

　② 독일 판례 가운데에는 수면자라고 하더라도 - 신체활동의 잠재적(추정적) 의사[potentieller
(mutmaßlicher) Wille]가 인정되는 점에서 - 감금죄(Freiheitsberaubung)(독형 §239)의 객체가
된다고 본 것이 있다(BGH, 31.05.1960 - 1 StR 212/60).

18 대판 2018. 2. 28, 2017도21249; 대판 2020. 3. 27, 2016도18713.
19 강구진, 형법강의 각론 I, 149.
20 주석형법 [각칙(4)](5판), 95(우인성).
21 주석형법 [각칙(4)](5판), 96(우인성).
22 이형국, 형법각론, 179.
23 백형구, 형법각론(개정판), 292.
24 강구진, 149; 배종대, §37/8. 일본 판례도 같은 취지에서, 발을 걸어 피해자를 넘어뜨리고 구타

〔정 상 규〕　　　　　　　　　**209**

과하다.[25] 체포의 고의로써 타인의 신체적 활동의 자유를 현실적으로 침해하는 행위를 개시한 때 실행의 착수에 이르게 된다.[26]

13　　　체포는 상대방에 대한 현실적인 지배를 요한다. 일정한 장소에 출두할 것을 명하고 만일 출두하지 않으면 구인하겠다고 위협한 결과 출두한 경우, 그것만으로는 아직 체포라고 할 수 없다. 이 경우는 체포죄가 아니라 강요죄(§ 324①)를 구성한다.[27] 다만, 권총을 겨누거나 마취를 시키는 것은 신체구속의 직접성이 있으므로 체포가 될 수 있다.[28]

14　　　체포로 인해 침해되는 자유는 전면적 박탈일 필요가 없고, 어느 정도 자유롭게 활동할 수 있어도 전체적으로 신체활동의 자유가 제한되어 있으면 체포에 해당한다. 따라서 긴 밧줄로 사람을 묶어서 한쪽 끝은 잡고 있는 경우처럼 부분적 행동의 자유가 있어도 전체적으로 보아 행동의 자유가 박탈된 경우에는 체포가 된다.[29] 손을 등 뒤로 묶어놓고 이를 행위자의 감시 아래에 둔 경우 체포가 될 수 있음에 의문이 없지만, 손에 수갑을 채워 두고 방치한 경우에는, 피해자가 아무 곳에라도 갈 수 있어 아직 장소적으로 속박된 것은 아니므로 체포로 볼 수는 없고 단순히 폭행에 해당한다.[30] 다만, 자유의 박탈이 전면적일 필요가 없다는 이유로 신체 일부의 부분적 자유가 박탈되었더라도 체포죄에 해당한다는 견해도 있다.[31]

(나) 감금

(a) 의의

15　　　감금은 사람을 특정한 장소나 구역 밖으로 나가지 못하게 하거나 현저히 곤란하게 하여 신체활동의 자유를 장소적으로 제한하는 행위이다(통설[32]·판례[33]).

한 다음, 5분 동안 두 다리를 묶은 채 끌고 다닌 사안에서, 다소 시간을 계속해서 속박하였으므로 체포에 해당한다고 판시하였다[大判 昭和 7(1932). 2. 29. 刑集 11·141].

25 김일수·서보학, 113.

26 대판 2018. 2. 28, 2017도21249.

27 강구진, 149; 김일수·서보학, 112; 박상기, 118; 배종대, § 37/8; 손동권·김재윤, 새로운 형법각론, § 10/6; 신동운, 653; 이재상·장영민·강동범, § 8/6; 정성근·박광민, 137.

28 김성돈, 147-148; 김일수·서보학, 112.

29 김성돈, 147; 오영근, 99.

30 신동운, 648 주석형법 [각칙(4)](5판), 96(우인성).

31 강구진, 149.

32 배종대, § 37/9; 손동권·김재윤, § 10/6; 이재상·장영민·강동범, § 8/7.

33 대판 2000. 3. 24, 2000도102; 대판 2011. 9. 29, 2010도5962.

특정한 장소에 들어가지 못하도록 막는 것은 감금에 해당하지 않는다.[34] **대판 2000. 3. 24, 2000도102**는 피고인들이 피해자에게 "이번 일이 끝나면 신경 써 줄 테니 당분간 피해 다녀라."라고 말하여 검찰청에 출석하지 말라는 취지의 말을 하고, 다음 날에도 일부 피고인들이 폭력배 10여 명을 데리고 피해자를 만나 같은 취지의 말을 하였다는 행위를 체포·감금한 행위라고 볼 수는 없다고 하였다.

(b) 감금 공간

감금 공간은 가옥, 방실, 선박, 자동차와 같이 구획된 장소뿐만 아니라 한정된 구역도 포함한다(장소적 요건).[35] 즉, 피감금자의 자유가 완전히 박탈될 필요는 없다. 감금된 특정구역 내부에서 일정한 생활의 자유가 허용되어 있었다고 하더라도 감금죄의 성립에는 영향이 없다.[36] 실내에 상당한 설비를 하여 건강유지를 할 수 있고, 오락시설을 구비하였거나 감금자 자신이 함께 생활하고 있어도 감금죄는 성립한다.[37]

판례 중에는, ① 피해자가 여관 등에서 8일간 있는 동안 그의 처와 만났고 피고인 등과 같이 술을 마신 일이 있는 등 특정지역 내에서 일정한 생활의 자유가 허용되었더라도, 피고인 일행이 밤마다 괴롭히고 채무불이행을 추궁하면서 폭행하면서 여관에서 나가지 못하게 하였고, 결국 지인이 경찰에 신고하여 풀려난 경우라면, 감금에 해당한다고 판시한 것이 있다.[38]

또한, ② 피해자가 건설회사의 공사를 그 책임 아래 시공하면서 공사자재비, 현장노임의 일부를 결제하지 아니하여 공사의 수급 및 시공 명의자인 건설회사에 그 책임이 돌아올 상황이 되자, 건설회사의 현장직원과 대표이사가 피해자를 데리고 다니며 공사자재비 또는 현장노임의 변상을 요구하면서 피해자를 감금한 이상, 피해자가 처와 전화통화를 하고, 직원을 만났다는 등 일부 활동의 자유가 허용되었다고 하더라도 달리 볼 것은 아니라고 판단한 원심의 조치는

16

17

18

---

34 신동운, 653.
35 일본 판례는 피해자를 강간할 의도로 자신의 오토바이 뒷좌석에 태우고 질주한 사례[最判 昭和 38(1963). 4. 18. 刑集 17·3·248], 강간 피해자를 심야에 바다에 정박 중인 어선 안에 가둔 사례[最決 昭和 24(1949). 12. 20. 刑集 3·12·2036]에서 감금죄(일형 §220)의 성립을 인정하였다.
36 대판 2011. 9. 29, 2010도5962.
37 大判 大正 4(1915). 11. 5. 刑錄 21·1891(여공 기숙사의 출입구를 자물쇠로 잠그고 외부와의 교통을 차단한 사례).
38 대판 1984. 5. 15, 84도655.

옳다고 한 사례가 있다.[39]

19   ③ 피고인은 동거녀가 자신의 그만둔 운전기사와 바람을 피우고 재산을 빼돌려 잠적하였다고 생각하고 운전기사의 친구를 통해 운전기사를 찾기로 하여, 피고인 일행이 그 친구를 강원랜드에서 붙잡아 구리시까지 오는 동안 많은 검문소를 통과하였고, 휴게소에 들러 음료수 등을 마시고 구리시에 도착한 이후에는 룸살롱에서 노래를 부르고 함께 술을 마셨으며, 그 친구의 집에서 잠을 자고, 이후 붙잡힌 운전기사가 승용차를 운전하여 인천까지 갔다고 하더라도, 피고인 일행이 그 친구를 강제로 차에 태워 구리시로 데려와 계속 감시하였고, 피고인의 생가로 강제로 데리고 가 피해자들이 도망가지 못하게 밖에서 감시하고 피해자들을 강제로 차에 태워 인천으로 간 사실이 인정되는 이상, 이러한 행위는 피해자들이 피고인 일행으로부터 벗어나는 것을 심히 곤란하게 하는 행위로써 행동의 자유를 침해하는 감금에 해당하고, 그런 과정에서 피해자들에게 폭행을 하여 상해를 입혔다면 피고인들은 특수감금치상죄의 죄책을 면할 수 없다 할 것이어서, 유죄로 인정한 원심의 조치는 정당하다고 한 사례도 있다.[40]

20   ④ 피해자가 폭력조직 사람들과 술집에서 술을 마시고, 아는 사람들이나 검찰청에 전화를 걸고, 새벽에 한증막에 갔다가 잠을 자고 돌아오기도 하였지만, 피고인들이나 그 하수인들과 같은 장소에 있거나 감시되어 행동의 자유가 구속된 상태였음을 인정할 수 있어, 감금죄를 인정한 원심을 수긍한 사례도 있다.[41]

21   ⑤ 피해자가 도박을 하는 과정에서 빌린 도박 자금 200만 원을 갚지 못하자, 피고인 甲은 피해자를 같은 장소 내 빈 사무실로 데려가 "좋게 돈 내고 가라."는 등의 말을 하고, 피고인 乙은 피해자에게 문신을 보이면서 "내가 전주에서 생활을 하는 식구이다, 내 돈 안 갚고 병신된 놈 많다, 내 돈 안 갚고 나가서 살 수 있나 봐라."는 등의 말을 하고, 피고인 丙은 "쟤가 내 조직 2년 후배다, 좋은 말로 할 때 돈 주고 가라."는 등으로 도박빚을 갚아야만 떠날 수 있다는 취지의 위협적인 말을 하여, 이에 겁을 먹은 피해자로 하여금 그곳을 나가지 못하도록 한 것에 대하여, 피해자가 자신의 휴대폰을 이용하여 30여 차례에 걸쳐

39 대판 2003. 3. 28, 2002도4792.
40 대판 2003. 4. 25, 2003도945.
41 대판 2000. 3. 24, 2000도102.

전화통화를 하였다는 등의 사정을 들어 감금죄의 성립을 부정할 수 없다고 한 사례도 있다.[42]

한편 직권남용감금죄(§124①)와 관련하여, 대결 1991. 12. 30, 91모5는 피해 **22** 자가 경찰서 안에서 직장동료인 피의자들과 같이 식사도 하고 사무실 안팎을 내왕하였다 하여도 피해자를 경찰서 밖으로 나가지 못하도록 그 신체의 자유를 제한하는 유형, 무형의 억압이 있었다면 이는 바로 감금행위에 해당한다고 판시 하였고,[43] 대판 1997. 6. 13, 97도877은 설사 그 장소가 경찰서 내 대기실로서 일반인과 면회인 및 경찰관이 수시로 출입하는 곳이고 여닫이문만 열면 나갈 수 있도록 된 구조라 하여도 경찰서 밖으로 나가지 못하도록 그 신체의 자유를 제한하는 유형, 무형의 억압이 있었다면 이는 감금에 해당한다고 하였다.

(c) 수단과 방법

탈출을 불가능하게 하거나 현저히 곤란하게 하는 수단과 방법에는 아무런 **23** 제한이 없다.[44] 전형적인 것으로 유형적·물리적 방법으로서, 손발을 묶어 방이 나 자동차 내에 가두어 두는 행위[45]나 출입구를 봉쇄하는 것뿐만 아니라[46] 옥상 위나 우물 안에 사람이 있는 것을 알면서 사다리, 밧줄과 같은 탈출수단을 제거 하는 방법,[47] 신체장애인으로부터 보조기구를 탈취하여 장소 이동을 불가능하게 한 경우[48] 등도 가능하다. 피해자를 방안에 가두고 자물쇠를 잠그거나 출구에 감시인을 세우는 행위,[49] 맹견을 매어 두어 피감금자의 탈출을 방해하는 행위 등은 유형적·물리적 방법에 의한 감금행위라고 할 수 있다. 피감금자를 마취시 켜 사실상 출입을 불가능하게 하는 것도 이에 해당할 수 있다.[50]

---

42 대판 2011. 9. 29, 2010도5962.
43 대결 1994. 3. 16, 94모2도 같은 취지로 판시하였다.
44 最判 昭和 28(1953). 6. 17. 刑集 7·6·1289.
45 大判 大正 4(1915). 4. 11. 刑録 27·242(묶어서 창고 안에 방치한 사례); 最決 昭和 58(1983). 9. 27. 刑集 37·7·1078(어린 아이의 손발을 묶어서 차 안에 태우고 애인 집으로 데리고 가 7일 간 그 상태로 둔 사례).
46 대판 1983. 9. 13, 80도277.
47 배종대, §37/9; 손동권·김재윤, §10/6.
48 이형국, 180.
49 대판 1983. 9. 13, 80도277(피고인들이 호텔에서 시위하던 대한상이군경회원 80여 명과 공동하 여 호텔의 정면·후면 출입문을 봉쇄한 사례).
50 김성돈, 148.

24   피해자의 공포심이나 수치심을 이용하거나 위계로 피해자를 착오에 빠뜨리
는 등의 무형적·심리적 방법에 의한 감금도 가능하다. 즉, 사람을 특정한 장소
나 구역에서 나가는 것을 불가능하게 하거나 심히 곤란하게 하는 장애에는 물
리적·유형적 장애뿐만 아니라 심리적·무형적 장애를 포함한다. 피감금자가 특
정구역을 쉽사리 탈출할 수 있는 상태에 있을 때에는 감금이라고 말할 수 없지
만, 목욕 중인 부녀의 옷을 숨겨 출입하지 못하도록 하는 것과 같이 피감금자의
수치심을 이용하는 경우에는, 무형적인 방법에 의하여 피해자를 탈출할 수 없게
하는 감금에 해당한다. 현저히 곤란하게 한 것인지의 여부는 당시의 구체적 사
정을 고려하여 객관적으로 판단하여야 한다.[51] 야간에 보트에 태워 바다로 나간
경우,[52] 자동차를 고속으로 주행하여 두려움을 느낀 피해자로 하여금 차량에서
내리지 못하게 하는 경우는 무형적·심리적 방법에 의한 감금이라 할 수 있다.[53]
대법원은, ① 피해자가 피고인에 의하여 강제로 자동차에 태워지고 피해자의 하
차 요청을 묵살한 채 하차할 수 없는 상태로 운행을 강행한 것이라면, 그 운행자
가 피고인이 아닌 피고인의 친구이었다 하더라도, 그 감금행위에는 두 사람이 암
묵적으로 의사연락하여 범행에 공동가공한 것으로 못 볼 바 아니므로, 자동차의
운전을 피고인의 친구가 했다 하더라도 감금죄의 성립에는 아무런 영향이 없다
고 하였다.[54] 나아가 대법원은, ② 교제 목적으로 두 차례 만나고 전화통화 등으
로 연락하면서 서로 알아가는 과정에서, 피고인이 한동안 피해자에게 욕설을 하
고 피해자가 차에서 내리지도 못하게 계속 제압하다가, 갑자기 안전벨트를 매라
고 하더니 낯선 길로 차를 몰아갔고, 피해자가 집에 데려다 달라고 말하였음에도
계속 욕설을 하며 반대편으로 차를 몰아가 인적이 드문 산길의 한적한 모텔로
데리고 갔다면, 피해자가 모텔에 도착하여 피고인으로부터 적극적으로 벗어나려
고 하거나 모텔 직원에게 구조를 요청하지 아니하였다고 하여, 그것이 모텔에 오
기까지 피고인에 의해 감금당하였다는 피해자의 진술을 배척할 것은 아니라고
한다.[55]

---

51 주석형법 〔각칙(4)〕(5판), 99(우인성).
52 강구진, 149.
53 대판 1982. 6. 22, 82도705; 대판 1983. 4. 26, 83도323; 대판 1984. 8. 21, 84도1550; 대판 2000.
   2. 11, 99도5286.
54 대판 1984. 8. 21, 84도1550.
55 대판 2020. 6. 25, 2020도2473.

공포심을 이용하는 전형적인 방법은 피해자를 협박하는 것이다.[56] **대판 1985.**　25
6. 25, 84도2083은 피고인이 자신의 사무실에서 피해자에게 "대공분실장의 특
별지시로 조사하고 있으니 꼼짝 말고 앉아 있어라, 말을 듣지 않으면 대공분실
지하실로 데리고 가서 죽여버려도 쥐도 새도 모른다."는 등의 말을 하여 협박하
고, 얼굴과 전신을 구타하여 당일 11:00부터 다음 날 02:00까지 횡령의 자인서
를 쓰게 하면서 머무르게 한 사안에서, 피해자가 처음에 위 장소에 간 것이 자
발적인 것이고, 또 위 장소에 시정장치 등 출입에 물리적인 장애사유가 없었다
고 하여도, 폭행·협박으로 말미암아 야기된 공포심으로 떠나지 못한 것이라면
감금이 성립한다고 볼 것이고, 전화연락으로 피해자의 처가 관련 계약서를 주고
갔고, 피고인이 경찰서에 볼 일이 있어 1시간가량 위 장소를 떠나 있었더라도
그러한 사정을 감금성을 부인하는 근거로 삼기는 어렵다고 판시하였다.

대판 1991. 8. 27, 91도1604는 조직폭력배의 지시를 받은 사람이 피해자(조　26
직폭력배의 부하로서 마카오에서 조직폭력배의 돈을 관리하다 도박으로 탕진하여 국내로 도
피)의 소재를 알아내어 피해자를 호텔에 숙박시켰다가 비행기로 마카오로 데려
갔는데, 피해자가 충분히 탈출할 수 있는 기회가 있었거나 구조요청을 할 수도
있었던 사안에서, 피해자가 만약 도피하는 경우에는 생명, 신체에 심한 해를 당
할지도 모른다는 공포감에서 도피하기를 단념하고 있는 상태하에서 호텔로 데
리고 가서 함께 유숙한 후 그와 함께 항공기로 국외에 나간 행위는 감금죄를 구
성한다고 판시하였다.

대판 1998. 5. 26, 98도1036은 피고인이 피해자(당시 만 10세)를 화물차에 태　27
우고 데리고 다니면서 피해자에게 "네가 집에 돌아가면 경찰이 붙잡아 소년원에
보낸다."라고 위협하여 피해자를 집에 가지 못하도록 하여, 피해자가 겁을 먹은
나머지 부모에게 돌아갈 생각을 하지 못하고 어쩔 수 없이 화물차 운전기사인
피고인이 화물차를 운전하여 강원도, 대구, 부산 등지로 운행할 때에는 피고인
을 따라 화물차에 타고 다니고, 피고인이 자신의 셋방에 돌아와 있을 때에는 피
고인과 함께 그 곳에 기거한 것에 대하여, 화물차와 셋방에 감금한 것으로 감금
죄를 인정한 원심을 수긍하였다.

---

56 협박에 의한 감금사례로는, 最判 昭和 28(1953). 6. 17. 刑集 7·6·1289(노동쟁의 중에 탄광 소장
　과 부소장에게 요구사항을 들어줄 때까지는 돌려보내지 않겠다고 하면서 못 가도록 막은 사례).

28   협박뿐만 아니라 위계[57]를 사용하거나[58] 피해자의 착오를 이용하여 탈출을 방해하는 경우 등도 감금죄의 행위수단이 될 수 있다. 피감금자가 사실상 탈출할 수 있어도 출구나 출입방법을 모르거나 인식하기 어려운 상태에 있으면 감금이 된다. 예를 들어, 주위에 지뢰가 매설되어 있다고 속여 그 장소를 벗어나지 못하게 한 경우나[59] 문이 잠기지 않았는데도 잠겼다고 거짓말을 하여 피해자로 하여금 밖으로 나갈 것을 포기하는 경우처럼 기망의 수단에 의한 신체적 자유의 속박도 감금행위에 해당할 수 있다.[60] 그러나 본인 스스로의 판단에 따라 일정한 장소 밖으로 나오지 않는 것은 감금행위에 해당하지 않는다.[61]

29   사람이 방안에 있는 줄 모르고 문을 잠근 후 그 사실을 알고도 열어주지 않거나, 불법하게 구속되어 있는 사람을 석방해야 할 사람이 이를 알면서 방치하는 경우와 같이 부작위에 의한 감금도 가능하다.[62] 형 집행관이 형기 만료자를 석방하지 않고 그대로 두는 형태로도 가능하다.[63] 대판 2017. 8. 18. 2017도 7134는 관련 법령[현행 정신건강증진 및 정신질환자 복지서비스 지원에 관한 법률(이하, 정신건강복지법이라 한다.) §41②]상 정신의료기관의 장은 자의로 입원 등을 한 환자로부터 퇴원신청이 있는 경우 지체 없이 퇴원을 시켜야 한다고 정하고 있는데, 환자로부터 퇴원요구가 있는데도 관련 법령에 정해진 절차를 밟지 않은 채 방치하는 경우에는 위법한 감금행위가 있다고 보아야 한다고 판시하였다.

30   수형자나 포로와 같이 자유가 구속되어 있는 사람에 대하여 허위 사실에 근거한 징계를 이유로 독거실에 수용하는 경우와 같이 새로운 체포·감금에 의하여 그 자유박탈(이동제한)의 정도를 강화시키는 행위도 감금죄가 될 수 있다.[64]

---

57 最判 昭和 33(1958). 3. 19. 刑集 12·4·636(피고인이 A를 피고인 경영의 주점 접대부로 성매매 시키려고 하였는데, A가 도망가자 데리고 오기 위하여 A의 모친한테 가는 것이라고 속여 착오에 빠진 A를 택시에 태워 차에서 탈출하지 못하도록 한 사례).

58 대판 1985. 10. 8, 84도2424는 감금죄는 사람이 일정한 구역에서 나가는 것을 불가능하게 하거나 현저히 곤란하게 하여 신체적 활동의 자유를 제한하는 죄로서 유형, 무형의 강제력의 행사나 기망의 수단 등에 의하여 그 의사에 반하여 신체적 자유를 속박하는 경우에 성립된다고 판시하고 있다.

59 이형국, 180.

60 박상기·전지연, 형법학(총론·각론 강의)(4판), 475-476.

61 박상기·전지연, 476.

62 김성돈, 148; 이재상·장영민·강동범, §8/8.

63 손동권·김재윤, §10/6.

64 이형국, 181; 주석형법 [각칙(4)](5판), 103(우인성).

(d) 간접정범에 의한 감금

간접정범에 의한 감금도 가능하다. 사정을 모르는 형사미성년자나 정신병 **31**
자를 이용하여 타인을 가두어 놓는 경우가 이에 해당한다.[65] 피고인이 전처의
재산분할청구를 저지할 목적으로 그 사정을 모르는 정신건강의학과 전문의로부
터 입원결정을 받아 전처를 정신병원에 강제로 입원시키는 행위는 감금에 해당
한다.[66] 사람이 들어있는 줄 모르는 제3자를 시켜서 문을 잠그게 하는 경우도
이에 해당한다. 수사기관에 허위사실을 신고하여 구속하게 하는 경우도 이에 해
당한다고 보는 것이 보통이나,[67] 신고행위자의 수사기관에 대한 의사지배를 인
정할 수 있는 경우는 극히 드물기 때문에 원칙적으로 감금죄의 간접정범의 성
립이 어렵다는 견해도 있고,[68] 수사기관이나 법관이 신고자의 생명 있는 도구로
이용되는 경우가 아니고 법관은 심사를 거쳐 영장을 발부하기 때문에 간접정범
이 성립하지 않는다는 견해도 있다.[69]

감금죄에 관한 사안은 아니지만, 대판 2006. 5. 25, 2003도3945는 인신구속 **32**
에 관한 직무를 행하는 자 또는 이를 보조하는 자가 피해자를 구속하기 위하여
진술조서 등을 허위로 작성한 후 이를 기록에 첨부하여 구속영장을 신청하고,
진술조서 등이 허위로 작성된 정을 모르는 검사와 영장전담판사를 기망하여 구
속영장을 발부받은 후 그 영장에 의하여 피해자를 구금하였다면, 제124조 제1
항의 직권남용감금죄가 성립한다고 판시하였다.

(다) 체포와 감금의 구별

체포는 신체적 행동의 자유를 박탈하는 것임에 비해 감금은 장소이전의 자 **33**
유를 박탈함으로써 행동의 자유를 박탈하는 것이다.[70] 체포에 있어서는 피해자
의 신체적 활동의 자유가 박탈됨에 반하여, 감금에 있어서는 피해자의 신체적

---

65 정영일, 형법강의 각론(3판), 51.
66 대판 2015. 10. 29, 2015도8429.
67 大判 昭和 14(1939). 11. 4. 刑集 18·497(경찰관인 피고인이 직무집행을 가장하여 다른 경찰관에
　 게 피해자를 아편 밀수출 혐의로 조사하겠다며 경찰서 유치장에 유치시켜 주도록 의뢰하여 그 사
　 실을 모르는 다른 경찰관으로 하여금 피해자를 구금토록 한 사안에서, 감금죄의 성립을 인정한
　 사례).
68 정영일, 51.
69 백형구, 293.
70 오영근, 99.

활동의 자유가 일정한 구역 내로 제한되는 점에서 차이가 난다고 표현하기도
한다.[71] 체포가 신체에 대한 직접적인 제한을 가하는 것인 반면, 감금은 장소적
제한을 통해 신체에 간접적인 제한을 가하는 점에서 양자는 구별된다.[72] 노상에
서 사람에게 권총을 겨누어 움직이지 못하게 하는 행위의 경우, 구체적 상황에
따라 달리 볼 수 있겠지만 다른 사정이 없다면 그 행위의 속성상 원칙적으로 체
포에 해당한다고 보아야 할 것이다.[73] 한편, 권총을 겨누어 일정한 장소에서 도
주할 수 없도록 하는 경우는 직접적인 신체구속이 아니므로 감금에 해당한다.[74]
이처럼 양자의 구별이 다소 모호한 상황이 있을 수 있으나,[75] 법은 양자를 동일
한 조문에서 동일한 법정형으로 규율하고 있어 그 구별실익이 크지 않고, 실제
체포와 감금은 연속적으로 행해지는 경우가 많고, 이러한 경우 감금죄의 포괄일
죄가 성립한다고 본다.

(4) 주관적 구성요건

34　　　　체포·감금의 고의는 불법하게 사람의 신체활동의 자유를 속박한다는 점에
대한 인식과 의사를 의미하고, 미필적인 것으로 충분하다. 체포의 고의 없이 가
해지는 순간적인 신체의 속박은 폭행에 지나지 않는다.[76] 본죄가 다른 중한 범
죄 또는 다른 목적을 위한 수단이 되는 경우가 많지만, 그 동기나 목적이 무엇
인가는 죄의 성립에 영향이 없고,[77] 양형요소에 불과하다.

35　　　　체포·감금된 사람이 체포·감금된 사실을 인식하였는지 여부는 고의의 인
식대상이 되지 않는다.[78] 정신질환자를 강제입원시키는 과정에서 정신건강의학
과 전문의가 최선의 주의를 다하지 아니하거나 신중하지 못했던 점이 일부 있
었다고 하더라도 피해자를 정확히 진단하여 치료할 의사를 가지고 피해자를 입

71　임웅, 형법각론(9정판), 142.
72　最判 昭和 28(1953). 6. 17. 刑集 7·6·1289.
73　신동운, 656.
74　정성근·박광민, 139.
75　일본 판례 중에도 ① 피해자의 전신을 모포로 감아 끈으로 묶고 머리에도 모포를 씌워 수 시간
　　방치한 행위는 감금에 해당한다고 한 것[大判 昭和 11(1936). 4. 18. 刑集 15·507]이 있는가 하
　　면, ② 로프 등으로 피해자의 가슴과 다리 등을 나무기둥에 묶어 둔 행위는 감금이 아니라 체포
　　에 해당한다고 한 것[大阪高判 昭和 26(1951). 10. 26. 高刑集 4·9·1173]이 있다.
76　박상기·전지연, 478; 신동운, 653.
77　김성돈, 149.
78　신동운, 659.

원시킨 경우에는, 피해자에게 입원의 필요성이 없음을 알았다는 등의 특별한 사정이 없는 한 감금죄의 고의가 있었다고 보기 어렵다.[79] 또한 관련 법령상 보호의무자에 의한 입원의 경우에는, 보호의무자 2인이 동의하고, 정신건강의학과 전문의가 정신질환자를 직접 대면하여 진찰하고 입원이 필요하다고 진단한 다음 이에 기하여 정신의료기관의 장이 입원을 결정하게 되는데, 보호의무자의 동의를 제대로 얻지 못한 상태에서 정신의료기관의 장의 결정에 의하여 정신질환자에 대한 입원이 이루어졌다 하더라도, 정신건강의학과 전문의가 사실과 다르게 입원 진단을 하였다거나 또는 정신의료기관의 장 등과 공동하거나 공모하여 정신질환자를 강제입원시켰다는 등의 특별한 사정이 없는 이상, 정신의료기관의 장의 입원 결정과 구별되는 정신건강의학과 전문의의 입원 진단 내지 입원 권고서 작성행위만을 가지고 부적법한 입원행위라고 보아 감금죄로 처벌할 수 없다.[80]

본죄는 고의범만을 처벌하고, 과실범 처벌규정은 없다. 수위가 도서관 이용　　36
자 모두가 퇴실한 것으로 오신하고 출입문을 잠근 경우라도 본죄는 성립하지 않는다.[81]

피해자의 체포·감금사실에 대한 인식이 필요한지 여부와 본죄의 기수시기　　37
에 관한 상세는 **제280조의 미수범** 부분에서 살펴본다.

3. 위법성조각사유

(1) 피해자의 승낙에 의한 행위

피해자의 승낙에 의한 체포·감금이 정당한 것으로 승인되는 근거에 관하여　　38
는 견해가 대립한다. ① 피해자의 의사에 반하는 것을 본질적인 불법내용으로 하므로 피해자의 승낙을 인식한 행위자의 행위는 행위반가치가 탈락되기 때문에 구성요건해당성이 배제된다(양해)는 견해[82]가 있고, ② 자유박탈은 피해자의

---

79 대판 2015. 10. 29, 2015도8429.
80 대판 2017. 4. 28, 2013도13569.
81 신동운, 659.
82 김성돈, 150; 김신규, 150; 김혜정·박미숙·안경옥·원혜욱·이인영, 153; 박상기, 121; 박찬걸, 145; 이상돈, 424; 이재상·장영민·강동범, §8/11; 이정원·이석배·정배근, 113; 이형국·김혜경, 169; 정성근·박광민, 140; 정영일, 51; 정웅석·최창호, 364; 최호진, 117.

의사에 반할 것을 전제로 하지 않고 위계도 자유박탈의 수단이 되므로 위법성
이 조각된다는 견해[83]도 있다.

39   위계에 의한 감금의 경우에도, 피해자가 기망되어 외부로 표현된 의사가 아
니라 피해자의 진정한 의사(위계가 없었을 경우의 의사)가 감금에 동의한 경우라면,
역시 구성요건해당성이 없다고 보아야 한다는 견해도 있다.[84] 위계나 기망에 의
하여 이루어진 피해자의 의사라는 것 자체가 외부로 표현된 것으로는 의사에
반하지 않는 것처럼 보여도, 그 내부의 진정한 의사를 기준으로 할 경우 의사에
반하는 것으로 평가되어야 하기 때문이라는 것이다.

40   피의자의 승낙은 임의로 이루어져야 하고, 강제에 의한 경우나 동의의 내용
뿐 아니라 동기에 착오[85]가 있어 제대로 이해하지 못한 경우에는 승낙이 있다
고 할 수 없다.[86] 연주 중인 강당을 폐쇄하여 외부인의 출입을 통제하는 경우에
는 추정적 승낙에 의한 것으로 볼 수 있고,[87] 전동차와 버스의 문을 닫고 운행
하는 경우도 외형상 감금상태에 있게 되나 승객들이 사전에 승낙한 것으로 볼
수 있다.[88]

41   다만 이러한 피해자의 승낙에 관하여는 사회통념상 제약이 있을 수 있고,[89]
가령 사채업자가 피해자인 채무자의 채무 미변제를 이유로 채무자의 승낙 아래
채무자를 일주일 동안 감금한다면, 그러한 행위는 구성요건해당성이나 위법성
이 조각된다고 볼 수 없을 것이다.[90] 미성년자가 자기 자신을 불법하게 체포·
감금하는 것을 승낙할 경우 위법성 여부를 논하기에 앞서 구성요건해당성이 없

---

83 배종대, § 37/15; 임웅, 143; 주석형법 〔각칙(4)〕(5판), 113(우인성).

84 주석형법 〔각칙(4)〕(5판), 113(우인성).

85 最判 昭和 33(1958). 3. 19. 刑集 12·4·636(자동차에 타는 것 자체가 아니라 자동차의 행선지
   에 관하여 피해자를 속인 사안에서, 동기에 착오에 지나지 않아 승낙이 있었다고 할 수 없다며
   감금죄의 성립을 인정한 사례). 이 판결에 대해서는 법익관계적 착오설의 입장에서, 목적지에 도
   착하기까지는 하차하지 않겠다는 승낙이 있었으면 목적지나 승차 목적에 착오가 있더라도 승낙
   은 유효하고, 감금죄는 성립하지 않는다는 견해도 있다.

86 大塚 外, 大コン(3版)(11), 393(竹花俊德=荒井智也).

87 정성근·박광민, 140.

88 이형국, 182; 주석형법 〔각칙(4)〕(5판), 113(우인성).

89 名古屋地判 昭和 34(1959). 4. 27. 下刑集 1·4·1115(피해자의 양 손 등을 묶어 소형 욕조통에
   넣은 다음 덮개를 덮고 그 위에 못을 20개 박은 행위는 방법, 태양이 매우 잔혹하고 현저히 공
   서양속에 반하므로 위법성이 조각되지 않는다고 판시한 사례).

90 주석형법 〔각칙(4)〕(5판), 113(우인성).

다고 보아야 할 것이라는 견해가 있으나,[91] 미성년자의 연령이나 판단능력, 체
포·감금이나 그에 대한 승낙이 이루어진 전후의 경위 등 당시의 구체적인 사정
을 살펴 사회통념에 따라 그 정당성 여부를 판단해야 할 것이다.

(2) 법령에 의한 행위

체포영장 또는 구속영장에 의한 피의자·피고인에 대한 체포 및 구속(형소 §   42
200의2, § 201①), 검사 또는 사법경찰관의 긴급체포(형소 § 200의3), 현행범인 체포
(형소 § 212), 치료감호영장에 의한 보호구속(보호구금과 보호구인 포함. 치료감호 등에
관한 법률 § 6), 경찰관의 정신착란자·미아·주취자에 대한 보호조치(경직 § 4①(i))
등은 관련 법령의 요건을 충족하는 경우 법령에 의한 정당행위로서 위법성이
조각된다.

(가) 현행범인 체포, 긴급체포

현행범인을 체포한 사인(私人)이 즉시 수사기관에 현행범인을 인도하지 아   43
니하고 공분에 못 이겨 서너 시간 피체포자를 자신의 사무실에 감금하면, 정당
한 이유가 없는 한 위법성이 조각되기는 어렵다.[92]

아래 판례는 체포죄의 성립 여부나 위법성조각과 직접 관련된 사례는 아니   44
지만, 헌법과 형사소송법에 의한 적법절차에 위반한 체포와 관련된 것들이다.

① 대판 2002. 6. 11, 2000도5701은 뇌물 관련 참고인 진술 확보 후 현직군   45
수를 소환, 조사하기 위하여 검사의 명을 받은 검찰주사보가 군수의 자택 옆 농
장에서 그를 기다리고 있던 군수를 긴급체포하였는데, 검사로서 군수의 소재를
쉽게 알 수 있었고, 시간적 여유도 있었으며, 군수도 도망이나 증거인멸의 염려
도 없었음은 물론 언제든지 소환조사에 응할 태도를 갖추고 있었던 사안에서,
긴급체포는 영장주의원칙에 대한 예외인 만큼 형사소송법 제200조의3 제1항의
요건을 모두 갖춘 경우에 한하여 예외적으로 허용되어야 하고, 요건을 갖추지
못한 긴급체포는 법적 근거에 의하지 아니한 영장 없는 체포로서 위법한 체포

---

91 주석형법 [각칙(4)](5판), 113(우인성).
92 조준현, 형법각론, 168. 일본 판례 중에는 사인이 현행범인을 체포하더라도 경찰관에게 인도할
    의사 없이 협박을 하면 금원을 갈취할 수 있을지도 모르겠다는 생각으로 체포한 경우[仙台高判
    昭和 26(1951). 2. 12. 特報 22·6]나, 현행범인을 체포하였으나 피해자가 이전에 발생한 절도
    사건의 범인으로 생각하고 변상을 받을 목적 등으로 경찰관에게 인도할 의사 없이 구금을 계속
    한 경우[東京高判 昭和 55(1980). 10. 7. 刑裁月報 12·10·1101]에는 위법성이 조각되지 않는다
    고 한 것이 있다.

에 해당하는 것인데, 긴급체포의 요건을 갖추었는지 여부는 사후에 밝혀진 사정을 기초로 판단하는 것이 아니라 체포 당시의 상황을 기초로 판단하여야 하고, 이에 관한 검사나 사법경찰관 등 수사주체의 판단에는 상당한 재량의 여지가 있다고 할 것이나, 긴급체포 당시의 상황으로 보아서도 그 요건의 충족 여부에 관한 검사나 사법경찰관의 판단이 경험칙에 비추어 현저히 합리성을 잃은 경우에는 그 체포는 위법한 체포라 할 것이라고 판시하였다.[93]

② 대판 2002. 12. 10, 2002도4227은 군검찰관이 피체포자인 소령을 현행범인으로 체포할 당시 폭행시점으로부터 1시간 40분이 지나 시간적 접착성이 결여되어 있었고, 체포 장소도 폭행 장소와는 상당히 떨어진 장소로서 장소적 접착성도 결여되어 있어 피체포자에게 죄증의 명백성이 존재한다고 보기 어려워 그를 현행범인이라고 할 수 없는 상황이었고, 체포 당시 그가 찾아와 폭행사실을 인정하면서 선처를 부탁하였고, 현역 소령으로서 함대사령부 본부대장의 직에 있어 증거인멸이나 도망의 염려 등 체포의 필요성이 없었던 사안에서, 현행범체포의 요건을 갖추지 못한 현행범체포는 법적 근거에 의하지 아니한 영장없는 체포로서 위법한 체포에 해당하는 것으로, 여기서 현행범체포의 요건을 갖추었는지 여부는 체포 당시의 상황을 기초로 판단하여야 하고, 이에 관한 수사주체의 판단에는 상당한 재량의 여지가 있다고 할 것이나, 현행범체포 당시의 상황으로 보아서도 그 요건의 충족 여부에 관한 수사주체의 판단이 경험칙에 비추어 현저히 합리성을 잃은 경우에는 그 체포는 위법한 체포라고 할 것이라고 판시하였다.[94]

---

93 나아가 위 판결은 이러한 위법은 영장주의에 위배되는 중대한 것이니 그 체포에 의한 유치 중에 작성된 피의자신문조서는 위법하게 수집된 증거로서 특별한 사정이 없는 한 이를 유죄의 증거로 할 수 없다고 하고 있다. 다만, 직권남용의 범의가 있는 경우에는 직권남용체포죄 또는 직권남용감금죄로 처단될 것이다. 한편 대결 2003. 3. 27, 2002모81은 도로교통법위반 피의사건에서 기소유예 처분을 받은 재항고인이 그 후 혐의 없음을 주장함과 동시에 수사경찰관의 처벌을 요구하는 진정서를 검찰청에 제출함으로써 이루어진 진정사건을 담당한 검사가, 재항고인에 대한 위 피의사건을 재기한 후, 담당검사인 자신의 교체를 요구하고자 부장검사 부속실에서 면담 대기 중이던 재항고인을 위 도로교통법위반죄로 긴급체포하여 감금한 경우, 그 긴급체포는 형사소송법이 규정하는 긴급체포의 요건을 갖추지 못한 것으로서 당시의 상황과 경험칙에 비추어 현저히 합리성을 잃은 위법한 체포에 해당하고, 위 검사에게는 직권을 남용하여 재항고인을 체포·감금한다는 점에 대한 고의도 있었다고 봄이 상당하다고 판시하였다.
94 같은 취지에서 대판 2017. 4. 7, 2016도19907도 피고인이 전날 밤 술을 마신 때로부터 상당한 시간이 경과한 아침에 지구대의 연락을 받고 주차했던 차량을 2미터 가량 이동하였는데, 음주운

나아가, ③ 대판 2011. 5. 26. 2011도3682는 경찰관이 현행범인 체포 요건 47
을 갖추지 못하였는데도 실력으로 현행범인을 체포하려고 하였다면 적법한 공
무집행이라고 할 수 없고, 현행범인 체포행위가 적법한 공무집행을 벗어나 불법
인 것으로 볼 수밖에 없다면, 현행범이 체포를 면하려고 반항하는 과정에서 경
찰관에게 상해를 가한 것은 불법체포로 인한 신체에 대한 현재의 부당한 침해
에서 벗어나기 위한 행위로서 정당방위에 해당하여 위법성이 조각된다고 판시
하면서, 피고인이 심야에 술에 취한 상태에서 전화를 걸다가 경찰관의 불심검문
을 받아 운전면허증을 교부한 후 경찰관에게 큰 소리로 욕설을 하였는데, 경찰
관이 모욕죄의 현행범으로 체포하겠다고 고지한 후 피고인의 오른쪽 어깨를 붙
잡자 반항하면서 경찰관에게 상해를 가한 사안에서, 피고인은 경찰관의 불심검
문에 응하여 이미 운전면허증을 교부한 상태이고, 경찰관뿐 아니라 인근 주민도
욕설을 직접 들었으므로, 피고인이 도망하거나 증거를 인멸할 염려가 있다고 보
기는 어렵고, 피고인의 모욕 범행은 불심검문에 항의하는 과정에서 저지른 일시
적, 우발적인 행위로서 사안 자체가 경미할 뿐 아니라, 피해자인 경찰관이 범행
현장에서 즉시 범인을 체포할 급박한 사정이 있다고 보기도 어려우므로, 경찰관
이 피고인을 체포한 행위는 적법한 공무집행이라고 볼 수 없고, 피고인이 체포
를 면하려고 반항하는 과정에서 상해를 가한 것은 불법체포로 인한 신체에 대
한 현재의 부당한 침해에서 벗어나기 위한 행위로서 정당방위에 해당한다는 이
유로, 피고인에 대한 상해 및 공무집행방해의 공소사실을 무죄로 인정한 원심판
단을 수긍하였다.

(나) 정신질환자에 대한 입원 및 수용

정신질환자에 대한 입원 및 수용(정신건강복지법 §§41-44, §50) 역시 법령에 의 48
한 정당행위로서 위법성이 조각된다. 정신건강복지법은 정신질환자 스스로 입
원 등 신청서를 제출하여 하는 자의입원(동법 §41), 정신질환자가 보호의무자의
동의를 받아 입원 등 신청서를 제출하여 하는 동의입원(동법 §42), 보호의무자 2

전 신고를 받고 출동한 경찰관이 음주측정기 없이 음주감지기만 소지한 채로 음주 확인을 요구
하여, 거부하고 임의동행 요구도 거부하자 경찰관이 현행범체포를 한 사안에서, 음주운전 여부
가 명백하지 않고 피고인이 현장에서 도망하거나 증거를 인멸하였다고 단정하기도 어렵다는 이
유로 현행범체포의 적법성을 부정하였다.

명 이상의 신청과 정신건강의학과 전문의의 진단을 거치는 보호의무자에 의한 입원(동법 § 43), 시장·군수·구청장 등의 의뢰와 2명 이상의 정신건강의학과 전문의의 진단을 거치는 행정입원(동법 § 44), 자신이나 타인에 해를 끼칠 위험이 있는 사람에 대해 각종 입원절차를 거칠 시간적 여유가 없을 때 의사와 경찰관의 동의를 받아 단기간 이루어지는 응급입원(동법 § 50)을 규정하고 있다. 여기의 정신질환자는 망상, 환각, 사고나 기분의 장애 등으로 인하여 독립적으로 일상생활을 영위하는 데 중대한 제약이 있는 사람을 말한다(동법 § 3(i)).[95] 한편, 치료를 위한 의사의 정신병자 감금행위는 업무로 인한 정당행위로서 위법성이 조각된다는 견해도 있다.[96]

(3) 사회상규에 위배되지 아니하는 행위

49 　　정신건강복지법에 따른 보호의무자에 의한 입원이나 응급입원에 정신질환자가 저항할 때 의료종사자 등이 이를 제압하고 강제로 입원시키는 행위를 하는 경우, 정신의학적·사회적으로 보아 상당하다고 인정되는 범위 내의 물리력의 행사는 제20조 소정의 '사회상규에 위배되지 아니하는 행위'의 요건에 해당하면 위법성이 조각된다. 즉 이러한 강제입원행위는, 첫째 그 행위의 동기나 목적의 정당성, 둘째 행위의 수단이나 방법의 상당성, 셋째 보호이익과 침해이익과의 법익균형성, 넷째 긴급성, 다섯째 그 행위 외에 다른 수단이나 방법이 없다는 보충성 등의 요건을 갖추어야 한다.[97]

50 　　한편, 일반인이 정신질환자를 정신병원에 입원시키려면 자의입원을 설득하거나 행정입원을 요청하거나 응급입원의 절차를 취해야 한다. 이에 의하지 않고 일반인이 피해자를 강제로 정신병원에 데리고 가 입원시키는 행위는 위법하고,

---

95 2016년 5월 29일 정신건강복지법으로 전부개정되기 전 구 정신보건법의 해석과 관련하여 대법원은, "구 정신보건법 제3조 제1호는 정신질환자를 정신병(기질적 정신병을 포함한다)·인격장애·알코올 및 약물중독 기타 비정신병적 정신장애를 가진 사람으로 정의하고 있으나, 정신질환자의 치료 및 보호라는 법의 목적에 비추어 볼 때 여기서 말하는 정신질환자에는 의학적으로 정신병 또는 정신장애의 진단을 받은 사람뿐만 아니라 그러한 정신장애의 의심이 있는 사람도 포함된다고 할 것이다."라고 판시한 바 있다(대판 2001. 12. 24, 2001도5222; 대판 2015. 10. 29, 2015도8429 등). 그러나 위 법률이 전부개정되어 정신질환자의 개념이 달라지고 입원의 요건도 달라진 현행 법 아래에서는 일률적으로 그와 같이 해석하기는 어렵고, 각 입원의 종류나 단계 등에 따라 개별적으로 그 개념을 파악할 필요가 있다고 할 것이다.
96 강구진, 151; 정성근·박광민, 139-140; 주석형법 〔각칙(4)〕(5판), 110.
97 대판 2015. 10. 29, 2015도8429.

제20조의 사회상규의 위배되지 아니하는 행위에 해당한다고 보기도 어렵다.[98] 대법원은, 아들이 어머니인 피해자를 강제로 정신병원에 데려가기 전에 피해자가 자발적으로 정신과 치료를 받도록 설득하여 보거나 그것이 여의치 않을 경우 정신건강의학과 전문의와 상담하여 관련 법이 정한 바에 따라 시장·군수·구청장에 의한 입원절차를 취하거나 상황이 매우 급박한 경우에는 관련 법이 정한 바에 따라 의사와 경찰관의 동의를 얻어 응급입원절차를 취할 수 있었다는 이유로, 아들이 피해자를 강제로 정신병원에 데리고 가 입원시킨 행위를 사회상규에 위배되지 아니하는 행위로서 위법성이 조각된다고 보기 어렵다고 판단하여, 감금죄를 인정한 원심을 수긍하였다.[99] 다만, 구체적 상황에 따라 각 법령상 입원의 전단계에서 정신질환자의 안전과 보호를 위해 일시적으로 체포 또는 감금한 행위는 사회상규에 반하지 않는 정당행위가 될 수 있다. 따라서 정신병자의 신체의 안전과 보호 등을 위하여 정신병 환자 모친의 의뢰 및 승낙 아래 그 감호의 필요에 따라 보호실 출입문을 야간에 3일간 시정하여 출입을 못하게 한 것은 사회통념상 부득이한 조처로서 사회상규에 반하지 않는 정당행위에 해당한다.[100] 자살기도자의 안전한 보호를 위하여 일시 보호실에 감금한 경우, 사회상규에 위배되지 않는 정당행위가 될 수 있다.[101]

부산 형제복지원 사건에서 대판 1988. 3. 8, 87도2671은, 사회복지사업법, 생활보호법, 내무부훈령 제410호 등 관계법령에 의하면 부랑인의 선도보호를 위하여 설치된 사회복지시설의 장은 부랑인 보호기관으로부터 부랑인의 보호위탁을 받은 경우 정당한 이유 없이 이를 거절할 수 없을 뿐만 아니라 수용보호 중인 부랑인들의 이탈 방지를 위한 경비·경계를 철저히 할 의무가 있으므로, 부랑인의 수용보호를 목적으로 하는 사회복지시설의 시설장이 보호기관으로부터 위탁받은 부랑인들을 사회복지시설에 수용보호하고 수용기간 동안 수용시설로부터 이탈하지 못하도록 이들의 행동의 자유를 제한한 조처는 법령에 의한 정당한 직무행위로서 위법성이 조각되어 감금죄를 구성하지 아니한다고 판시하여 원심을 파기하고 환송하였고, 재상고심인 대판 1988. 11. 8, 88도1580은 사

51

---

98 신동운, 660.
99 대판 2015. 10. 29, 2015도8429.
100 대판 1980. 2. 12, 79도1349.
101 정영일, 51.

회복지시설인 형제복지원과 따로 떨어진 울주작업장에서 야간에 창문과 출입문에 철창시설이 되어 있는 기숙사에 가두어 취침하도록 하고 취침시간인 밤 10시부터 이튿날 아침 6시까지 출입문을 밖에서 시정한 행위에 대하여, 울주작업장도 형제복지원의 수용시설 중 일부이고, 수용시설에 수용 중인 부랑인들의 야간도주를 방지하기 위하여 그 취침시간 중 출입문을 안에서 시정조치한 행위가 그 행위에 이른 과정과 목적, 수단 및 행위자의 의사 등 제반사정에 비추어 사회적 상당성이 인정되는 제20조의 정당행위에 해당되어 위법성이 조각된다면서 이와 달리 유죄로 판단한 환송 후 원심을 파기하여 재환송하였고, 재재상고심인 대판 1989. 7. 11, 89도698은 그 취지에 따른 재환송 후 원심판결[102]을 정당하다고 하여 수긍하였다. 다만 이러한 복지시설 내 부랑인이나 장애인 수용의 적법성 판단에 대하여는 상당한 비판이 있고,[103] 현행 정신건강복지법 등의 관점에서는 그대로 수용되기 쉽지 않을 것이다.

52　　　　주정이 심하여 광포한 상태에 있는 사람을 그대로 방치하면 인신에 위해를 미칠 우려가 있는 경우에, 위해를 방지하기 위하여 부득이 포박하는 행위는 사회상규에 위배되지 아니하는 행위로 위법성이 조각된다.[104] 몇 달 전 절도를 당한 피해자가 절도범을 길에서 우연히 발견하고 그를 체포하여 경찰서에 끌고 가는 행위도 사회상규에 위배되지 아니하는 행위로 볼 수 있을 것이다.[105]

(4) 노동쟁의

53　　　　노동쟁의행위 시에 행한 감금도 사회통념상 일반적으로 허용된 범위 내에서

---

102 위 원심판결에 대하여, 검찰총장이 "이른바 '형제복지원 사건'은 과거 권위주의 체제 아래에서 국가가 국민의 기본권 보호 의무를 소홀히 함으로써 발생한 대표적인 인권유린 사건에 해당하므로, 피해자들에 대한 도의적인 책임을 다하고 우리 사회의 정의를 바로 세우기 위해서라도 가해자인 피고인에 대한 특수감금의 공소사실을 무죄로 판단한 원판결이 파기되어야 한다."고 주장하면서, 원판결이 위헌·무효인 내무부훈령을 근거로 무죄를 선고하였다는 이유로 비상상고한 사건과 관련하여 대법원은, 원판결에 대한 비상상고의 허용 여부는 이 사건의 본질에 대한 인식이나 피해자들에 대한 피해 회복 조치의 필요성과는 별개로 판단되어야 할 문제라고 하면서, "원판결 법원이 피고인의 특수감금 행위의 위법성이 조각된다고 판단하면서 적용한 법령은 이 사건 훈령이 아니라 정당행위에 관한 형법 제20조나 상급심 재판의 기속력에 관한 법원조직법 제8조이다."라고 판시하면서, 위 비상상고를 기각하였다(대판 2021. 3. 11, 2018오2).
103 신권철, "시설수용과 감금의 모호한 경계 - 형제복지원 판결과 그 이후", 사회보장법연구 3-1, 서울대 사회보장법연구회(2014) 참조.
104 이형국, 182; 주석형법 〔각칙(4)〕(5판), 110(우인성).
105 조준현, 168.

는 위법성이 조각되지만, 그 정도를 초월한 때에는 위법하다는 견해가 있다.[106]

　　이에 관한 판례를 보면, 대판 1989. 12. 12, 89도875는 회사의 관리사원으　　54
로 근무하는 사람들이 해고 근로자들을 봉고차에 강제로 태워 멀리 있는 경찰
서에 인계한 사안에서, 그들이 해고에 항의하는 농성을 제지하기 위하여 그 주
동자라고 생각되는 해고 근로자들을 다른 근로자와 분산시켜 귀가시키거나 불
응 시에는 경찰에 고발·인계할 목적으로 간부사원회의의 지시에 따라 위 근로
자들을 봉고차에 강제로 태운 다음 그곳에서 내리지 못하게 하여 감금행위를
한 것이라고 하더라도 이를 정당한 업무행위라거나 사회상규에 위배되지 않는
정당한 행위라고 보기는 어렵고, 또 현재의 부당한 침해를 방위하기 위하여 상
당성이 인정되는 정당방위행위라고 볼 수도 없다고 판시하였다.

　　한편, 노동쟁의행위 관련된 일본 재판례로는 아래와 같은 것들이 있다.[107]　　55

　　① 最判 昭和 24(1949). 12. 22. 裁判集(刑事) 15·495(정당행위 부정)는 오로지　　56
단체교섭 목적을 달성할 수단으로 사용자 측의 교섭위원 및 그 보조자를 약 35
시간에 걸쳐서 공장 내에 가두고 신체의 자유를 구속한 사안에서, 단체교섭권
행사의 정당한 범위를 일탈한 것으로 인정한 원심 판단을 정당하다고 하였다.

　　② 最判 昭和 29(1954). 12. 7. 裁判集(刑事) 101·361(정당행위 부정)은, 단체　　57
교섭의 개최를 요구하며 회사 간부에게 회사 구내 배구장에서 수십 시간이나
신체의 자유를 구속한 사안에서, 구 노동조합법 제1조 제2항의 규정은 같은 조
제1항의 목적달성을 위한 정당한 행위에 대해서만 일본형법 제35조(정당행위)의
적용을 인정한 것에 지나지 않고, 근로자의 단체교섭에서도 형법 소정의 폭행죄
또는 협박죄에 해당하는 행위가 이루어진 경우까지 그 적용을 정한 것은 아니
라고 해석해야 한다고 하였다.

　　③ 最判 昭和 28(1953). 6. 17. 刑集 7·6·1289(정당행위 부정)는 미츠비시(三　　58
菱)광업 비바이(美唄)광업소의 탄광노조가 임금개정 등을 요구하며 쟁의에 돌입
하고, 회사 측이 요구를 받아들이지 않자 데모 행진 후에 대중 앞에서 교섭하도
록 광업소장 및 광업소사무부장에게 요구하고, 쟁의단체부가 있는 회관에 이들
을 동행시킨 후 무대 위에 설치된 의자에 착석시키고 요구사항 승낙을 요구하

---

106 정성근·박광민, 140.
107 大塚 外, 大コン(3版)(11), 397-403(竹花俊德=荒井智也) 참조.

면서 그곳에서 나가는 것을 방해하고 수면도 인정하지 않은 채 계속해서 교섭을 진행하다가, 광업소장은 상해를 입어 입원을 위해 퇴관할 때까지, 사무부장은 직책을 걸고 조합 요구를 용인하도록 노력한다는 내용의 각서에 조인할 때까지 그 장소에 있을 수밖에 없도록 한 사안에서, 임금인상 요구를 위해 단체교섭을 하는 것 자체가 정당하다고 하더라도 그 수단으로서 한 피고인 등의 행위는 당시 사회정세를 고려해도 사회통념상 허용되는 한도를 넘어 일본형법 제35조의 정당행위라고는 할 수 없고, 피고인 등의 행위는 위법성이 조각되는 것은 아니라고 판시하였다.

59   ④ 最決 昭和 42(1967). 11. 25. 判時 504·92(정당행위 부정)는 니가타 철도관리국 관내 국철 노조와 당국 측과의 분쟁에 얽혀서 조합 전용 게시판에 게시된 인신공격 내용의 전단지를 전무구조역(電務区助役)(직책 이름)이 이를 떼어내자 피고인들이 그를 약 1시간 반에 걸쳐서 170-180미터 거리 동안 그 팔을 잡거나 혹은 바지의 벨트를 잡아 연행하여 신체구속을 한 사안에서, 설령 니가타철도관리국 측에 제2의 조합의 육성, 단체교섭 거부 등의 부당노동행위와 공안관의 소위 부당사용이 있고, 또한 위 조역이 전단지를 떼어낸 것이 국철노동조합의 권리 내지 자유에 대한 부당한 침해라고 하더라도, 피고인들의 행위는 명백한 폭력행사로 노동조합의 정당한 행위에는 해당하지 아니하므로 위 체포행위에 대해 위법성조각사유가 인정되지 않는다고 한 원심의 결론은 정당하다고 판시하였다.

60   ⑤ 最判 昭和 50(1975). 8. 27. 刑集 29·7·442(정당행위 부정)는 원심에서 일단 행위가 외형적으로 구성요건에 해당하는 경우에도 그 행위에 이르는 동기 및 목적의 정당성, 수단 및 방법의 상당성, 피해 정도 및 해당 행위에 의하여 침해된 법익과 이로 인하여 보호되어야 할 법익과의 균형 등의 여러 관점에서 당해 행위가 법질서상 허용되어야 할 한도를 넘어 그 위법 정도에서 가벌성을 띠고 있는 것까지 실질적인 검토를 한 결과, 각 행위는 실질적으로 고찰하는 경우 그 위법 정도에서 그 가벌성을 띠기에 이르기까지의 범죄행위라고는 보기 어렵고 죄가 되지 않는 행위로 인정해야 한다며 유죄로 판단한 제1심 판결을 파기하고 각 피고인에 대하여 무죄를 선고한 사안에서, 본건 각 행위는 '법질서 전체의 관점'에서 볼 때 원심이 판시하는 그 동기와 목적, 구체적인 상황, 그 밖의 '제반 사정'을 고려해도 도저히 허용되기 어렵다면서 원심을 파기하고 항소를

기각하여 제1심 판결을 유지하였다.[108]

61

⑥ 最判 昭和 50(1975). 11. 25. 刑集 29·10·928(정당행위 부정)은 피고인들이 피해자가 강하게 거부 의사를 표시하고 있는 것이 명백함에도 물리적인 힘을 사용하여 회사 근처에서 피해자의 신체를 230미터 정도 연행하는 동안 계속해서 구속한 사안에서, 원심은 피해자가 회사 근처까지 오면서 피고인들이 대기하고 있는 상황을 보고 돌아가려고 하자, 피해자를 설득할 기회가 당분간 없게 되는 것을 우려하여 이 기회를 놓치지 않고 어디든 경비원의 방해가 미치지 않는 장소에서 피해자를 설득하려고 위 행위를 하였고, 이러한 유형력의 행사는 유효하게 설득하기 위한 장소 선정에 수반하는 것으로 매우 짧은 시간에 지나지 않고, 피해자의 신체에 대하여 구타 등 폭행을 가하지 않은 것은 물론 그가 입고 있는 옷이나 그 밖의 물건에 대해서도 아무런 손상을 입히지 않은 정도였으며, 일반도로에서 매우 짧은 시간 더구나 긴박한 특수한 상황에서 우발적으로 발생하였고, 폭행·협박을 가할 의사는 물론 그러한 행동을 한 사실도 없었다고 보여지는 등의 상황에 비추어 보면, 외형적으로는 체포죄에 해당하는 것처럼 보이지만 피고인들이 지키고자 한 이익과 침해한 법익과의 균형, 노동조합법, 형법을 포함한 법 전체의 정신에서 보아 과연 위험한 반사회적인 행위, 특히 형법상의 범죄라고 해야 할 정도의 상식을 일탈한 것이라고 할 수 있는지 매우 의심스럽고, 결국 본건은 불법으로 타인을 체포하였다는 범죄로 처벌하기에 충분한 실질적 위법성을 갖추고 있지 못하다고 해석하는 것이 상당하다면서, 제1심 판결을 파기하고 무죄를 선고하였다. 이에 대하여 위 최고재판소 판결은, 원심의

---

108 본 판결을 시작으로 가벌적 위법성이 없다고 한 원심판결을 파기한 최고재판소 판례가 연이어 5건이 있었는데, 이들 판례가 가벌성 판단에 있어서 제반 사정의 고려를 여전히 강조하고 있는 점에서 본다면, 최고재판소는 가벌성 위법성 이론 그 자체를 부정하는 것은 아니고, 最判 昭和 31(1956). 12. 11. 刑集 10·12·1605 등에서 가벌적 위법성의 견해를 유지하고 있다고는 할 수 있지만, 본 판결을 포함한 새로운 판례는 이전 판례와 대비하면 위법성 판단기준에 대해 '사회통념'에서 '법질서 전체의 관점'이라는 사회적 존재보다 법률적 당위(sollen)에의 경향을 제시하고 있다는 점, 위법성 판단에서의 이익형량 중시의 경향, 특히 피해법익과 그 평가에 대한 엄격화, 즉 결과무가치론을 보다 중시하는 것으로 보이는 점에서 변화를 보이고 있고, 최고재판소가 기준이 애매하다고 비판받는 가벌적 위법성 이론에 관하여 이들 판례를 통하여 고려되어야 할 '제반 사정'을 점차적이기는 하지만 구체적으로 제시하려고 하고, 이들 요소의 비교형량에 의하여 '실질적 위법성' 판단을 하고자 하는 것은 정당하다고 평가하는 견해도 있다(町野朔, ジュリスト No. 615, 148)〔大塚 外, 大コン(3版)(11), 399(竹花俊德=荒井智也)에서 재인용〕.

판단은 본건이 노동쟁의 시에 불법하게 실력을 행사하여 타인의 신체 및 행동의 자유를 빼앗고 정당한 근로의 권리를 침해한 것이라는 실질을 통찰하지 않고 외형적인 사건 전개의 현상에만 빠진 것으로, 본건 행위에 대한 가벌성 유무를 결정하기에 충분한 근거로 볼 수는 없고, 결국 본건 체포행위는 법질서 전체적인 관점에서 볼 때 원심이 인정하는 동기, 목적, 행위의 구체적 태양, 주위의 객관적 상황, 그 밖의 여러 사정에 비추어, 용인되는 피케팅(picketing)의 합리적 한계를 넘는 공격적·위압적 행동으로서 평가할 수밖에 없다고 판시하여, 원심을 파기하고 제1심의 판단을 유지하였다.

62　　　　노동쟁의행위 등과 관련하여 위법성조각을 인정한 ⑦ 福岡地判 昭和 36 (1961). 7. 14. 下刑集 3·7=8·701(정당행위 긍정)은, 조합지부장이 제2조합 결성 움직임이 있는 조합부지부장에게 가능하면 함께 투쟁을 계속하도록 설득할 목적으로 카페로 동행하던 중에, 마침 분파 활동의 실정조사와 설득활동을 내용으로 하는 중앙투쟁위원회 결정에 근거하여 부지부장을 여관으로 부르려고 조합지부로 가던 중앙위원인 피고인들이 지부장과 부지부장을 발견하고 이들을 불렀는데, 부지부장이 알아차리지 못하고 그대로 가므로 지부장이 이를 정지시키고자 부지부장을 붙잡자 강제적으로 데려가려는 것으로 오해한 부지부장이 이를 뿌리치는 것을 피고인들이 함께 제압하고 조용히 이야기하고 싶다고 여러 차례 말하여 부지부장도 승낙하고 함께 택시를 타고 여관으로 간 사안에서, 피고인들의 위 행위는 택시에 타기 전 몇 분간 그 행동의 자유를 빼앗은 것으로 체포죄의 구성요건에 해당하지만, "본건은 투쟁 중인 조합 내부에서의 통제위반자에 대해 사정 청취와 설득을 위한 소환·전달과 관련하여 야기된 것이고, 피고인들은 그 실행과 관련하여 이 기회를 상실하면 달리 적당한 기회가 없을 것이라고 생각하고 성급하게 일을 저지른 것일 뿐 다른 뜻은 없었으며, 행위의 양태도 부지부장의 양 팔을 붙잡은 것에 지나지 않고, 여러 차례 조용히 이야기하고자 부탁하여 부지부장도 승낙을 하여 달리 아무런 폭행·협박도 이루어지지 않은 등의 제반 사정을 고려하면, 본건 행위는 사회통념상 공서양속에 반하는 것이라고는 할 수 없고, 실질적인 위법성이 결여된 것으로 해석하는 것이 상당하다."고 판시하여, 무죄를 선고하였다. 이 판결에 대하여 검찰이 항소, 상고하였으나 모두 기각되었다.

(5) 그 밖의 위법성조각사유 등

이 밖에도 정당방위, 긴급피난 등의 사유에 의해 본죄의 위법성이 조각될 63
수 있다.[109]

피해자가 행위자 본인이나 제3자에게 위해를 가할 것이 분명한 상황에서 64
행위자가 피해자를 감금한 경우, 정당방위나 긴급피난이 성립할 수 있다.[110] 절
도 범인이 침입한 방의 문을 잠그는 경우 정당방위가 될 수 있고,[111] 흉기 난동
자의 체포·감금은 타인을 위한 정당방위가 될 수 있다.[112] 판례는 무속인이 피
해자로부터 신내림굿을 해달라는 부탁을 받고 비용을 받은 후 굿을 하였으나
예상과 달리 비정상적인 행동을 하면서 난동을 부리자, 기도 등의 명목으로 여
기저기를 끌고 다니면서 피해자의 손과 발을 17시간 이상 묶어 두고 좁은 차량
속에서 움직이지 못하게 감금한 행위에 대하여, 정당방위나 긴급피난으로 볼 수
없다고 하였다.[113]

채무를 면하기 위하여 공항에서 외국으로 출국하여 이민을 가려는 피해자 65
를 체포한 경우, 자구행위가 성립하는 경우가 있을 수 있다.[114]

행위자가 자신의 행위가 정당화된다고 잘못 알고 타인을 체포 또는 감금한 66
경우는 금지착오(법률의 착오)로 되어 그 오인에 정당한 이유가 있는 경우에만 면
책된다.[115]

---

109 정영일, 51.
110 주석형법 [각칙(4)](5판), 114(우인성).
111 이형국, 182.
112 임웅, 143. 일본 판례 중에는 술에 취하여 광폭(狂暴)한 상태에 있어 만일 방치하면 다른 사람들
    에게 위해를 가할 우려가 있어 위해를 미리 막기 위하여 어쩔 수 없이 신체를 결박한 경우에는
    본죄가 성립하지 않는다고 한 것이 있다[大判 大正 12(1923). 2. 9. 法律新聞 2103·17].
113 대판 2002. 10. 11, 2002도4315.
114 이형국, 182; 주석형법 [각칙(4)](5판), 114(우인성).
115 이형국, 182.

4. 공 범

67　　　본죄는 계속범이다. 체포·감금상태가 지속되는 동안은 범죄가 완료되지 않는다.[116] 피해자의 신체적, 장소적 자유에 대한 제한이 계속되고 있는 도중 공동정범으로 관여한 사람은 관여 이후 진행된 본죄의 공동정범이 된다.[117] 2명 이상이 공동하여 본죄를 범한 때에는 폭력행위 등 처벌에 관한 법률(이하, 폭력행위처벌법이라 한다.) 제2조 제2항 제2호가 적용되어, 형법 제276조 제1항에 정해진 형의 2분의 1까지 가중하여 처벌된다. 공소시효는 피해자의 석방이 완료된 시점부터 기산해야 한다.[118]

5. 죄수 및 다른 죄와의 관계

(1) 죄수

(가) 체포와 감금

68　　　체포죄와 감금죄는 같은 성질의 범죄로서 그 방법이나 행위태양만을 달리하는 것이고,[119] 그 성질상 동일성 때문에 동일한 조문에서 동일한 법정형으로 규율하고 있다. 실제 체포와 감금은 연속적으로 행해지는 경우가 많고, 이러한 경우 체포는 감금에 흡수되어 감금죄의 포괄일죄가 성립한다.[120]

(나) 수인에 대한 체포·감금

69　　　신체활동의 자유는 일신전속적 법익이므로 1개의 행위로 같은 장소에서 수인을 체포·감금한 때에는 수개의 본죄가 성립하고,[121] 이들 죄는 상상적 경합관계가 된다.[122]

70　　　다만 행위자가 1개의 행위로 동시에 여러 장소에 떨어져 있는 사람들을 동시에 개별 장소에 감금하는 경우에는, 상상적 경합으로 보아야 할 것인지, 실체적 경합이라고 보아야 할 것인지에 관하여 견해가 대립할 수 있다.[123]

---

116 김일수·서보학, 113.
117 손동권·김재윤, §10/14; 신동운, 660; 임웅, 143.
118 손동권·김재윤, §10/14.
119 이재상·장영민·강동범, §8/12; 정성근·박광민, 140.
120 最判 昭和 28(1953). 6. 17. 刑集 7·6·1289.
121 大判 大正 8(1919). 8. 4. 刑錄 25·911.
122 김성돈, 150; 김신규, 161; 박찬걸, 145; 정웅석·최창호, 365.
123 주석형법 〔각칙(4)〕(5판), 114(우인성).

(2) 다른 죄와의 관계

(가) 폭행죄 및 협박죄와의 관계

체포·감금의 수단으로 사용된 폭행·협박은 본죄에 흡수되므로 따로 폭행 **71**
죄(§260①) 또는 협박죄(§283①)가 성립하지 않는다.[124] 폭행·협박이 도주 방지
를 위한 것인 경우에도 본죄에 흡수된다. 판례는 자동차에 타지 않으면 가만두
지 않겠다고 위협하여 승차시킨 후 내려주지 않고 20여 분간 계속 자동차를 운
행한 사안에서, 감금을 하기 위한 수단으로서 행사된 단순한 협박행위는 감금죄
에 흡수되어 따로 협박죄를 구성하는 것이 아니라고 판시하였다.[125]

한편 체포·감금의 수단으로 사용된 폭행·협박이 단체 또는 다중의 위력을 **72**
보이거나 위험한 물건을 휴대하여 특수폭행죄(§261. 5년 이하의 징역 또는 1천만 원
이하의 벌금)나 특수협박죄(§284. 7년 이하의 징역 또는 1천만 원 이하의 벌금)에 해당하
는 경우에도, 본죄(5년 이하의 징역 또는 700만 원 이하의 벌금)에 흡수되는지 문제된
다. 이때에는 법정형에 비추어 특수폭행·협박죄가 별도로 성립하고, 두 죄는
상상적 경합관계로 보아야 할 것이다.[126]

폭행·협박이 감금상태를 유지·존속시키는 수단이 아니라 별개의 동기에서 **73**
행해진 때에는 감금죄 외에 폭행죄·협박죄가 성립하고, 이들 죄는 실체적 경합관
계이다.[127] 다만, 행위태양에 따라 중감금죄가 성립하는 경우가 있을 수 있다.[128]

(나) 강간죄 및 강도죄와의 관계

감금 중에 이와 별개로 강간의 고의가 생겨 강간을 한 경우에는, 감금죄와 **74**
강간죄(§297)는 실체적 경합관계라고 할 것이다.[129]

---

124 大判 昭和 11(1936). 5. 30. 刑集 15·705.
125 대판 1982. 6. 22, 82도705.
126 일본의 경우, 본죄의 법정형은 3월 이상 7년 이하의 징역형이고, 폭력행위 등 처벌에 관한 법률
     제1조 위반죄(집단적 폭행, 협박, 훼기의 가중)〔단체 또는 다중의 위력을 보이거나, 단체 또는
     다중을 가장하여 위력을 보이거나, 흉기를 보이거나 수인이 공동하여 일본형법 제208조(폭행
     죄), 제222조(협박죄) 또는 제261조(기물손괴죄)의 죄를 점한 자〕의 법정형은 3년 이하의 징역
     또는 30만 엔 이하의 벌금으로 되어 있어, 두 죄의 관계가 문제되었는데, 판례는 폭력행위 등 처
     벌에 관한 법률 제1조의 폭행·협박도 감금죄에 흡수된다고 판시하였다〔最決 昭和 42(1967). 4.
     27. 刑集 21·3·470〕.
127 김성돈, 150; 김신규, 161; 김일수·서보학, 114; 배종대, §37/16; 이재상·장영민·강동범, §8/12;
     정성근·박광민, 140.
128 주석형법 〔각칙(4)〕(5판), 115(우인성).
129 김일수·서보학, 115; 배종대, §37/16; 정영일, 53. 일본 판례도 같은 취지이다〔最判 昭和 24(1949).

75　　　그런데 체포 또는 체포를 포함하는 감금행위가 강간죄나 강도죄(§333)의 수단이 된 경우의 죄수에 관하여는 견해가 대립한다.

76　　　이에 대하여, ① 그러한 감금은 강간죄 또는 강도죄의 폭행·협박에 포함된다는 견해가 있다.130 감금은 폭행과 마찬가지로 사람에 대한 폭행이라고 할 수 있고, 피해자를 체포하지 않고서는 강간이 불가능하다는 점을 그 논거로 한다.

77　　　그 밖에, ② 감금행위가 강간의 유일한 수단인 경우에는 상상적 경합관계, 유일한 수단으로 사용되지 않은 경우에는 감금죄와 강간죄는 실체적 경합관계로 보아야 한다는 견해도 있다.131 나아가, ③ 감금행위 도중에 다른 범죄를 범한 경우, 감금이 그 다른 범죄의 수단이 되면 두 죄는 상상적 경합관계에 있고, 그렇지 않은 경우에는 실체적 경합관계라는 견해도 있다.132

78　　　④ 폭행·협박에 의한 체포·감금이 강취·강간행위의 일부인 경우에는 강도·강간죄의 구성요건적 행위로서 폭행·협박에 포함되어 강도죄·강간죄만이 성립하지만, 강도·강간의 수단으로 체포·감금한 경우에 체포·감금이 강도·강취행위의 일부가 아닌 별개의 행위이면 본죄와 강도죄·강간죄 사이에 상상적 경합관계가 성립한다는 견해도 있다.133

79　　　판례는 강간죄의 성립에 언제나 직접적으로 또 필요한 수단으로서 감금행위를 수반하는 것은 아니므로 감금행위가 강간미수죄의 수단이 되었다 하여 감금행위는 강간미수죄에 흡수되어 범죄를 구성하지 않는다고 할 수는 없는 것이고, 그때에는 감금죄와 강간미수죄는 일개의 행위에 의하여 실현된 경우로서 상상적 경합관계에 있다고 하고,134 강도죄의 경우에도 같은 취지로 판시하고

---

7. 12. 刑集 3·8·1237].

130　박찬걸, 146; 오영근, 101.

131　박상기·전지연, 478; 정영일, 53.

132　김성돈, 151; 임웅, 144; 정성근·박광민, 140.

133　김일수·서보학, 115.

134　대판 1983. 4. 26, 83도323; 대판 1984. 8. 21, 84도1550 등. 한편 대판 2005. 9. 15, 2005도4843은 강제추행죄에 관하여도, 피고인이 승용차에서 피해자를 추행하던 중 피해자가 이를 뿌리치고 차문을 열고 도망치자 뒤쫓아 가 피해자의 팔을 잡고 승용차까지 약 10m 가량 강제로 끌고 왔다면 그 체포행위는 독립된 별개의 죄가 된다고 할 것이므로, (구 형법에 따라) 강제추행죄에 대한 고소가 없다고 하더라도 체포죄에 대하여는 아무런 영향을 미치지 않는다고 하였다. 대판 2003. 5. 30, 2003도1256은 야간감금의 구 폭력행위처벌법위반죄 부분과 구 성폭력범죄의처벌및피해자보호등에관한법률위반(강간등치상)죄는 상상적 경합관계에 있어, 피고인이 상고하지 아니한 위 야간감금 부분도 상고심에 이심되어 상고심의 심판대상이 된다고 하였다.

　　　　　　　　〔정 상 규〕

있다.[135]

사례 중에는, 피고인이 화물자동차를 운행 중 피해자로부터 일정 장소까지   80
태워 달라는 부탁을 받고 태우고 가다가 피해자가 자동차에서 내릴 수 없는 상
태를 이용하여 강간하려고 결의하고, 주행 중인 자동차에서 탈출 불가능하게 하
여 외포케 하고 50킬로미터를 운행하여 여관 앞까지 강제로 데려가 강간하려다
미수에 그친 경우, 위 협박은 감금죄의 실행의 착수임과 동시에 강간미수죄의
실행의 착수라고 할 것이고, 감금과 강간미수의 두 행위가 시간적·장소적으로
중복될 뿐 아니라 감금행위 그 자체가 강간의 수단인 협박행위를 이루고 있는
경우로서 감금과 강간미수죄는 일개의 행위에 의하여 실현된 경우로서 상상적
경합관계라고 한 것이 있다.[136]

대판 1984. 8. 21, 84도1550 역시 피고인이 알몸 상태인 피해자를 욕실 밖   81
으로 나오지 못하도록 몽둥이를 들고 때릴 듯이 위협하여 감금한 사안에서, 감
금행위가 강간죄의 목적을 달하려고 일정한 장소에 인치하기 위한 수단이 되었
다 하여 그 감금행위가 강간죄에 흡수되어 범죄를 구성하지 않는다고 할 수 없
다고 판시하였다.

한편, 강도나 강간의 범행이 끝난 후 이루어진 감금은 실체적 경합범이 된다.   82

대판 2003. 1. 10, 2002도4380은 감금행위가 단순히 강도상해 범행의 수단   83
이 되는데 그치지 아니하고 강도상해의 범행이 끝난 뒤에도 계속된 경우에는
1개의 행위가 감금죄와 강도상해죄(§337)에 해당하는 경우라고 볼 수 없고, 이
경우 감금죄와 강도상해죄는 실체적 경합범의 관계에 있다고 판시하면서, 피고
인 등이 피해자를 강제로 승용차에 태우고 가면서 돈을 빼앗고 상해를 가한 뒤
에도 계속하여 상당한 거리를 진행하여 가다가 교통사고를 일으켜 감금행위가
중단된 경우 감금죄와 강도상해죄는 제37조의 경합범관계에 있고, 따라서 위 감
금의 범행에 관한 확정판결의 효력은 강도상해의 공소사실에까지 미치지 아니
한다고 판시하였다.

---

135 대판 1997. 1. 21, 96도2715.
136 대판 1983. 4. 26, 83도323.

84   대판 2006. 4. 28. 2006도1651도 피고인 등이 합동하여 피해자를 강제로 승용차에 태우고 가서 강간 및 강간미수를 한 뒤에도 계속하여 피해자를 승용차에 태우고 상당한 거리를 진행하여 가다가 경찰관에게 검거되어 감금행위가 중단된 사안에서, 위 2002도4380 판결의 법리에 따라 이를 하나의 행위라고 볼 수는 없어, 감금행위와 강간상해행위는 상상적 경합범이 아니라 실체적 경합범으로 보아야 할 것이라고 판시하였다.

(다) 상해죄 및 살인죄와의 관계

85   감금 도중 살해한 경우 감금죄는 살인죄(§250①)에 흡수된다는 견해가 있고,[137] 감금 중에 살인 또는 상해한 경우 실체적 경합관계로 보는 견해도 있다.[138]

한편 체포·감금이 살인죄 또는 상해죄(§257①)의 수단으로 사용된 경우, 살해 또는 상해행위에 체포·감금행위가 항상 수반되는 것은 아니므로 상상적 경합관계이지만, 처음부터 살상의 의사를 가지고 체포·감금하여 살상한 경우 살상은 가혹행위의 전형이라 할 수 있으므로 중체포·감금죄와 살인죄나 상해죄의 상상적 경합이라는 견해,[139] 체포·감금 자체가 살인행위의 한 방법으로 인정될 수 있는 경우는 살인죄만 성립하고 살인행위 방법으로 인정될 수 없는 경우는 두 죄의 실체적 경합범이 된다는 견해[140] 등이 있다.

86   이에 관한 일본 재판례로는 아래와 같은 것들이 있다.[141]

87   ① 大判 大正 9(1920). 2. 16. 刑録 26·46은 아들이 정신 이상으로 평소 술에 찌들어 있고 가족 및 타인에게 종종 폭행을 휘둘러서 곤란을 겪던 노모가 다른 4명과 함께 공모하여 아들을 묶어 혼내줄 생각으로 쇠사슬 및 포승줄로 아들의 손과 발을 묶고 구석방으로 데려가 엎드리게 하고 발을 기둥에 묶고 신체의 양쪽에 무게 10관(1관은 3.75킬로그램) 내지 15관 정도의 포대를 세워서 올려놓고 그 위에 무게 34관 정도의 물건이 들어 있는 가마니를 쌓아 올려놓고 감금하였는데, 그 시점에 노모 등은 그대로 장시간 방치하면 아들이 가마니의 무게에 압박당해 결국은 죽음에 이를 것을 인식했지만 살의가 생겨서 이를 풀지 않고 그대로 두어 아들을 질식사시킨 사안에서, 원심이 감금치사죄와 살인죄가 성립

---

137 오영근, 100.
138 김일수·서보학, 115;, 배종대, 146; 이재상·장영민·강동범, §8/12.
139 김일수·서보학, 115.
140 정웅석·최창호, 366.
141 이 부분은 大塚 外, 大コン(3版)(11), 421-422(竹花俊德=荒井智也) 참조.

하고 두 죄는 상상적 경합관계에 있다고 판시한 것에 대하여, 살의 없이 한 감금치사행위는 감금치사죄에 해당하지만, 살인의 수단으로 그 고의를 가지고 한 감금행위는 당연히 살인죄 중에 포괄되고 그 구성요건을 이루는 것이라고 해석해야 한다면서, 피고인들은 살의를 가지고 피해자를 속박·감금하고 예측할 수 있는 죽음의 결과를 발생시킨 것이고, 속박·감금은 살인의 수단행위로서 해당행위는 살인의사 결정이 있는 시기의 전후에 걸쳐서 이루어졌지만 원래 1개의 행위에 지나지 않으므로 포괄적으로 관찰하여 살인죄의 수단인 1개의 속박·감금행위로 인정함이 상당하고, 따라서 피고인들의 행위는 하나의 살인죄로 처단해야 한다고 판시하였다. 이에 대해서는, 살의가 발생하기 전의 체포·감금행위는 살인행위와는 별개의 독립된 것이므로, 본죄와 살인죄의 경합범으로 해석하는 것이 타당하다는 비판이 있다. 또한 법적인 평가를 떠나 구성요건적 관점을 배제한 자연적인 관찰에서는 살의가 발생한 전후를 통하여 체포·감금행위는 하나로 보는 것이 상당하다고 할 수 있어서, 살인죄와 본죄의 상상적 경합으로 보는 것이 상당하다는 견해도 있다.

② 最判 昭和 63(1988). 1. 29. 刑集 41·1·38은 체포·감금행위가 살인의 　　88
수단인 행위여도 체포·감금행위 자체에 의하여 살해하는 경우가 아니면 체포·감금행위를 살인죄의 실행행위의 일부로 보는 것은 타당하지 않기 때문에, 그 이외의 경우에는 살인죄와 본죄가 성립하고 두 죄는 경합범이라고 하면서, 원심의 인정사실에서도 피고인은 체포·감금 이전에 살의를 굳혔다고는 하지만 체포·감금행위 자체에 의하여 피해자를 살해하고자 한 것은 아니고 나중에 별개의 살해행위를 예정하여 우선 체포·감금에 이르렀다고 하는 것이므로, 체포·감금의 사실을 살인의 실행행위의 일부로 보는 것은 상당하지 않고, 피고인에 대해서는 본죄와 살인죄가 함께 성립하고 두 죄는 경합범이라고 해석하는 것이 상당하다고 판시하였다.

(라) 그 밖의 죄와의 관계

① 사람을 체포·감금한 이외에 그를 협박하여 재물을 교부시킨 경우에는 　　89
두 죄의 본질 및 구성요건이 다르기 때문에, 본죄와 공갈죄(§350①)의 경합범이 된다는 견해가 있는데,[142] 앞서 본 감금죄와 강도죄 관련 논의와 비교해 볼 필

---

142 주석형법 [각칙(4)](5판), 116(우인성).

요가 있고, 수사와 재판의 실무상 감금과 관련된 피해자에 대해 강도죄가 아닌 공갈죄가 성립될 여지가 있는지는 구체적 사안을 살펴보아야 할 것이다.

90　　　② 미성년자를 유인한 사람이 계속하여 미성년자를 불법하게 감금하였을 때에는 미성년자유인죄(§ 287) 외에 감금죄가 별도로 성립하고,[143] 두 죄는 실체적 경합관계이다.[144] 한편 약취·유인의 수단으로 체포·감금이 행하여진 경우, 약취·유인의 죄와 본죄는 사람의 자유를 침해한다는 점에서 공통점을 갖지만, 후자는 사람의 신체활동의 자유를 침해하는 것임에 대하여 전자는 반드시 그것을 요하지 않는 것이어서, 양자는 그 본질 및 구성요건이 다르기 때문에 상상적 경합관계에 있게 된다.[145]

91　　　③ 사람을 체포·감금하여 인질로 삼고 석방의 대가로 금품을 강취한 때에는 인질강도죄(§ 336)가 성립하고, 사람을 체포·감금하여 이를 인질로 삼아 제3자에 대해 권리행사를 방해하거나 의무 없는 일을 하게 한 때에는 인질강요죄(§ 324의2)가 성립하고, 본죄는 별도로 성립하지 않는다.[146]

92　　　④ 공무집행 중인 공무원에 대하여 그 공무집행을 방해할 의도로 체포·감금한 경우, 공무집행방해죄(§ 136①)와 본죄의 상상적 경합이 되고, 경찰관을 사칭하여 사람을 연행한 경우 체포죄와 공무원자격사칭죄(§ 118)의 상상적 경합이 된다.[147]

93　　　⑤ 정신의료기관의 장이 자의로 입원한 환자로부터 퇴원요구가 있는데도 관련 법령에 정해진 절차를 밟지 않은 채 방치하여 성립하는 퇴원요구 불응으로 인한 정신건강복지법위반죄와 감금죄 상호 간에는 상상적 경합관계가 성립한다.[148]

---

143 대판 1998. 5. 26, 98도1036. 위 판결이 인용한 대판 1961. 9. 21, 4294형상455는 "유혹하는 수단으로 미성년자를 이끌어서 이를 자기의 실력지배 안에 옮긴 때에는 미성년자유인죄의 기수가 된다고 해석할 것이며 불법감금죄의 성립에는 자유의 속박이 다소 시간이 계속됨을 필요로 할 것이므로 양자는 그 범죄의 구성요건을 달리한다 할 것이고 따라서 미성년자를 유인한 사람이 계속하여 이를 불법하게 감금하였을 때에는 미성년자유인죄 이외에 감금죄가 구성한다."고 판시하였다.

144 最決 昭和 58(1983). 9. 27. 刑集 37·7·1078.

145 주석형법 〔각칙(4)〕(5판), 116(우인성). 일본 판례도 같은 취지이다〔最判 平成 15(2003). 7. 10. 刑集 57·7·10〕.

146 김신규, 162.

147 주석형법 〔각칙(4)〕(5판), 117(우인성).

148 대판 2017. 8. 18, 2017도7134.

6. 처 벌

5년 이하의 징역 또는 700만 원 이하의 벌금에 처한다. 94

1953년 제정 형법에서는 5년 이하의 징역에 처한다고만 되어 있다가, 1995 95
년 12월 29일 개정에 따라 법정형에 벌금형이 추가되었다. 본죄의 미수범은 처
벌된다(§ 280).

II. 존속체포·감금죄(제2항)

본죄(존속체포·감금죄)는 자기 또는 배우자의 직계존속에 대하여 체포·감금 96
죄를 범한 경우에 성립하는 체포·감금죄의 가중적 구성요건이다. 신분관계로
인하여 형이 가중되는 부진정신분범인데, 직계존속은 존속살해죄와 마찬가지로
법률상 개념으로서 사실적 관계를 포함하지 않고, 배우자 역시 마찬가지이다.

자기 또는 배우자의 직계존속임을 인식하고 있어야 하고, 이를 인식하지 못 97
한 경우 본죄로 처벌되지 않고 단순체포·감금죄로만 처벌된다(§ 15①).

본죄는 10년 이하의 징역 또는 1,500만 원 이하의 벌금에 처한다. 98

1953년 제정 형법에서는 10년 이하의 징역에 처한다고만 되어 있다가, 1995 99
년 12월 29일 개정에 따라 법정형에 벌금형이 추가되었다. 미수범을 처벌한다
(§ 280).

III. 특별법상의 체포·감금죄

1. 폭력행위 등 처벌에 관한 법률상의 체포·감금죄

폭력행위처벌법은 집단적 폭력, 상습적 폭력, 위험한 물건을 휴대한 폭력, 100
누범 등의 가중처벌을 목적으로 하고 있는데, 폭력행위 관련 8개의 범죄유형 중
하나로 체포·감금을 규정하고 있다[폭력행위처벌법에 대한 상세는 **주해 VIII(각칙 5)
제25장 [특별법]** 참조].

(1) 제2조 제2항의 공동범

101   2인 이상이 공동하여 체포·감금죄(§ 276①), 존속체포·감금죄(§ 276②)를 포함한 8개 유형의 폭력범죄를 범한 사람은 폭력행위처벌법 제2조 제2항 제2호, 제3호에 따라 각 해당 조항에서 정한 형의 2분의 1까지 가중하여 처벌하는데, 죄명표상 죄명은 폭력행위처벌법위반(공동체포, 공동감금, 공동존속체포, 공동존속감금)죄(이하, 본죄라고 한다.)이다.[149]

102   여기서 '2인 이상이 공동하여'의 의미에 관하여, 판례는 그 수인 간에 소위 공범관계가 존재하는 것을 요건으로 하고, 또 수인이 동일 장소에서 동일 기회에 상호 다른 사람의 범행을 인식하고 이를 이용하여 범행을 한 경우임을 요한다[150]고 하는 한편, 이와 달리 형법 제30조의 소위 공동정범은 공범자 전원 간에 범죄에 대한 공동가공의 의사가 있는 경우, 즉 범행자 상호 간에 범의의 연락이 있고 그 일부 사람이 범죄의 실행에 나아간 경우에 성립되고, 이때에는 그 전원이 공동 일체로서 범죄를 실행한 것이 되고 비록 스스로 직접 그 실행행위를 분담하지 아니한 사람이더라도 그 범죄 전체에 관하여 공동정범으로서의 책임을 져야 한다고 하고 있다.[151] 이러한 판례의 태도는 합동범의 '실행행위의 시간적·장소적 협동관계'와 유사하게 현장성을 요구하고 있는 것으로 보이지만, 수사와 재판의 실무에서는 그 표현상 차이 등으로 공동관계의 인정 범위가 합동관계의 인정 범위보다 다소 넓게 인정되고 있는 것으로 평가되고 있다.[152] 나아가 이러한 공동범에 대해 공모공동정범이 인정되는지에 관하여, 판례는 여러 사람이 폭력행위를 공모한 다음 그중 2인 이상이 범행장소에서 범죄를 실행한 경우에는, 범행장소에 가지 아니한 사람도 폭력행위처벌법 제2조 제2항에 규정된 죄의 공모공동정범으로 처벌할 수 있다고 하고 있다.[153] 이러한 공모공동정범의 공모는, 공모자 중 일부가 구성요건 행위 중 일부를 직접 분담하여 실행하지 않은 경우라 할지라도 전체 범죄에 있어서 그가 차지하는 지위, 역할이나 범

---

149 공소장 및 불기소장에 기재할 죄명에 관한 예규(개정 대검예규 제1336호, 2023. 1. 18.) [별표 5] 11. 폭력행위처벌법위반사건 죄명표.

150 대판 1996. 2. 23, 95도1642; 대판 1991. 1. 29, 90도2153; 대판 2000. 2. 25, 99도4305; 대판 2007. 6. 28, 2007도2590 등 참조.

151 대판 1986. 6. 10, 85도119.

152 이주원, 특별형법(9판), 575.

153 대판 1994. 4. 12, 94도128; 대판 1996. 12. 10, 96도2529.

죄 경과에 대한 지배 내지 장악력 등을 종합해 볼 때, 단순한 공모자에 그치는 것이 아니라 범죄에 대한 본질적 기여를 통한 기능적 행위지배가 존재하는 것으로 인정된다면, 이른바 공모공동정범으로서의 죄책을 면할 수 없고, 공모공동정범에 있어서 공모 또는 모의는 '범죄될 사실'의 주요부분에 해당하는 이상, 가능한 한 이를 구체적이고 상세하게 특정하여야 할 뿐 아니라 엄격한 증명의 대상에 해당한다 할 것이나, 범죄의 특성에 비추어 부득이한 예외적인 경우라면 형사소송법이 공소사실을 특정하도록 한 취지에 반하지 않는 범위 내에서 공소사실 중 일부가 다소 개괄적으로 기재되었다고 하여 위법하다고 할 수는 없다고 하고 있다.[154] 이에 대하여 단순 공모자를 폭력공동범의 공모공동정범으로 무한정 확대하는 것은 바람직하지 않으므로, 합동범의 공동정범에 준하여 제한이 필요하고, 그런 의미에서 실행행위의 분담이 없는 공모자가 폭력공동범의 정범성 표지를 갖춘 경우에만 제한적으로 공동범의 공동정범으로 인정하고, 그렇지 않은 단순 공모자의 경우(나아가 현장에 있더라도)에는 그 교사·방조범에 불과하다고 해야 한다는 견해가 있다.[155]

대판 2014. 7. 10. 2012도5041은 피고인과 그 모친이 가출한 재력가인 부친을 강제로 끌고 와 지정된 장소에 체포 및 감금할 것을 모의한 후 모친이 사촌동생 등에게 부친을 납치하여 지정 장소에 가두어 두고 결박하게 한 후 골프채와 삽으로 때려 살해할 때까지 약 3시간 동안 체포·감금함에 있어, 피고인이 모친의 지시에 따라 부친의 차량번호를 사촌동생에게 알려주어 거처를 확인하도록 하고, 진행상황을 확인하였으며, 피해자 살해에 사용된 골프채를 몰래 가져다 놓았으며, 납치비용 명목으로 사촌동생 등에게 수고비 500만 원을 건네주고, 모친의 부친 결박 지시에 의문을 품고 전화를 건 사촌동생에게 모친이 시키는 대로 하라고 한 것에 대하여, 피고인이 모친과 사촌동생 등의 피해자에 대한 체포·감금 범행에 가담하여 폭력행위처벌법위반(공동존속감금)의 범행을 저질렀다고 인정한 원심을 수긍하였다.　　103

체포·감금죄, 존속체포·감금죄를 범한 때에 국한되고, 특수체포·감금죄, 특수존속체포·감금죄, 상습체포·감금죄, 상습존속체포·감금죄 등을 범한 경우　　104

154 대판 2007. 4. 27, 2007도236.
155 이주원, 특별형법(9판), 579.

는 이에 해당하지 아니한다.[156]

105　　2인 이상에 의해 공동으로 행해지면 충분하므로, 개별행위가 독자적으로 체포나 감금에 이르지 못하는 경우라도, 2인 이상의 행위가 전체로서 체포나 감금 등으로 평가될 수 있다면 본죄가 성립한다.[157]

106　　미수범도 폭력행위처벌법 제6조에 따라 처벌된다.

107　　공동으로 체포·감금한 결과 상해나 사망의 결과가 발생한 경우, 본조는 그에 관하여 정하고 있지 않으므로 본조가 아니라 형법 제281조의 체포·감금 등 치사·상의 죄가 적용된다.[158]

(2) 제2조 제3항의 누범

(가) 규정

108　　폭력행위처벌법(8개 유형의 폭력범죄의 형법 각 해당 조항 및 각 해당 조항의 상습범, 특수범, 상습특수범, 각 해당 조항의 상습범의 미수범, 특수범의 미수범, 상습특수범의 미수범을[159] 포함)을 위반하여 2회 이상 징역형의 처벌을 받은 사람이 다시 체포·감금죄(§ 276①), 존속체포·감금죄(§ 276②) 등 8개 유형의 폭력범죄를 범하여 누범으로 처벌할 경우, 폭력행위처벌법 제2조 제3항 제2호, 제3호에 따라 체포·감금죄 등에 대하여는 1년 이상 12년 이하의 징역, 존속체포·감금죄 등에 대하여는 2년 이상 20년 이하의 징역으로 가중처벌한다. 죄명표상 죄명은 폭력행위처벌법위반(상습체포, 상습감금, 상습존속체포, 상습존속감금)죄이다. 법정형만으로는 합의부 관할사건에 속하나, 법원조직법은 예외적 단독판사 관할사건 중 하나로 정하고 있다(법조 § 32①(iii) 단서 나목).

(나) 누범 가중처벌의 법적 성격

109　　대법원은 특정범죄 가중처벌 등에 관한 법률(이하, 특정범죄가중법이라 한다.) 제5조의4 제6항의 상습 강도·절도죄 등의 누범 가중처벌과 관련, 그 입법취지, 조문의 체계, 적용요건이나 효과 등에 비추어 볼 때, 특정범죄가중법 제5조의4 제1항 또는 제2항의 죄로 2회 이상 실형을 받아 그 집행을 종료하거나 면제받

156　이주원, 특별형법(9판), 580.
157　이주원, 특별형법(9판), 580.
158　이주원, 특별형법(9판), 581.
159　각종 체포·감금죄(§ 276, § 277, § 278, § 279, § 280)가 모두 포함된다.

은 후 3년 이내에 다시 위 제1항 또는 제2항의 죄를 범한 때에는 그 죄에 정한 형의 단기의 2배까지 가중한 법정형에 의하여 처벌한다는 내용의 새로운 구성요건을 창설한 규정이라고 새기는 것이 옳고, 이와 달리 누범가중에 관한 형법 제35조를 보충하는 데 불과한 규정으로 새길 것이 아니므로, 법원이 위 제5조의4 제6항을 적용하기 위하여는 검사가 공소장에 위 조항을 기재하거나 적용법조의 추가·변경 절차에 의하여 법원에 그 적용을 구하여야 하고, 그러한 기재 등이 없는 한 법원이 직권으로 위 제5조의4 제6항을 적용할 수는 없다고 보아야 하고,[160] 이러한 경우 위 제6항에 정한 형에 다시 형법 제35조의 누범가중한 형기범위 내에서 처단형을 정하는 것이 옳다고 하고 있다.[161] 이러한 법리는 특정범죄가중법 제5조의4 제5항의 누범에 대해서도 같은 태도를 취하고 있다.[162]

또한, 대판 2007. 8. 23, 2007도4913은 폭력행위처벌법 제3조 제4항의 특수누범에 해당하여 처벌하는 경우에도 형법 제35조의 누범가중 규정의 적용은 면할 수 없다고 할 것이므로, 원심이 제35조를 적용한 것은 정당하고, 그것이 동일한 행위에 대한 이중처벌로서 헌법상의 인간의 존엄과 가치, 행복추구권을 침해하는 것이라고는 볼 수 없다고 판시하였다.   110

유사한 관점에서 폭력행위처벌법 제2조 제3항(이하, 본항이라 한다.)의 누범에 대하여도 새로운 구성요건을 창설한 규정으로, 검사의 공소제기 여부와 관계 없이 법원이 직권으로 적용할 수는 없고, 본항의 누범에 대해 다시 제35조의 누범가중이 허용된다는 견해가 있다.[163] 이에 대해 2016년 1월 6일 폭력행위처벌법의 개정을 통하여 제2조 제1항이 삭제되었으므로 독립구성요건설을 취하기는 어렵고, 여기의 누범은 법조경합의 특별법 규정으로 보아 특별누범으로 해석해야 한다는 견해도 있다.[164]   111

본항은 특정범죄가중법 제5조의4 제6항과 달리 그 구성요건에서 '누범으로 처벌할 경우'라고 명시하고 있어, 이러한 경우에까지 형법 제35조의 누범가중을   112

---

160 대판 2006. 4. 28, 2006도1296.
161 대판 2006. 12. 8, 2006도6886.
162 대판 2020. 5. 14, 2019도18947. 본 판결 평석은 이경렬, "특정범죄가중법 제5조의4의 성격 및 해석에 관한 판례 법리", 형사판례연구 [29], 한국형사판례연구회, 박영사(2021), 409-447.
163 이주원, 특별형법(9판), 583.
164 정영일, "폭력행위 등 처벌에 관한 법률의 일부 개정 필요성", 법률신문 2019. 7. 1. 자.

하는 것은 문언상 누범을 이중으로 가중처벌하는 셈이어서 적절한 것인지에 대해서는 재검토가 필요하고, 독립구성요건설을 취하면서도 그 문언에 따라 형법 제35조의 특별규정적 성격도 갖는 것으로 보는 방안도 생각해 볼 수 있을 것이다. 다만 형법 제35조의 누범가중은 그 죄에 정한 형의 장기의 2배까지 가중하는 것에 불과하고 형의 단기까지 가중하는 것은 아니므로, 종래의 판례와 같이 보더라도 법관의 양형재량에 커다란 제약이 되는 것은 아니다. 판례는 누범가중의 사유가 되는 전과사실은 범죄사실이 아니므로 공소장에 기재된 바 없다 하더라도 이를 심리·처단할 수 있고,[165] 피고인에게 누범에 해당하는 전과가 있음에도 불구하고 제35조 제2항에 의한 누범가중을 하지 아니한 것은 위법하다고 한다.[166]

(다) 2회 이상 징역형 처벌을 받은 사람

113   형의 실효에 관한 법률에 의하여 형이 실효된 경우에는 형의 선고에 의한 법적 효과가 장래에 향하여 소멸되기 때문에, 전과 횟수 계산에서 제외되어야 하고, 집행유예 기간의 경과로 형의 선고가 효력을 상실한 경우의 집행유예 전과도 여기의 징역형에는 해당되지 않는다.[167] 어느 징역형의 실효기간이 경과하기 전에 별도의 집행유예 선고가 있었지만 그 집행유예가 실효 또는 취소됨이 없이 유예기간이 경과하였고 그 무렵 집행유예 전에 선고되었던 징역형도 그 자체의 실효기간이 경과하였다면, 그 징역형 역시 실효되어 폭력행위처벌법 제2조 제3항에서 말하는 '징역형을 받은 경우'에 해당한다고 할 수 없다.[168]

(라) 다시 제2항 각 호의 규정된 죄를 범한 경우

114   다시 제2항 각 호의 규정된 죄를 범한 경우여야 하고, 제2항 각 호의 미수범은 제6조에 따라 처벌된다. 다시 범한 죄와 종전의 범죄는 8개 유형의 폭력범죄에 해당하기만 하면 되고, 서로 동일한 범죄일 필요는 없다.[169]

(마) 누범으로 처벌할 경우

115   누범으로 처벌할 경우이어야 하므로, 법정형의 선택형 중 벌금형을 선택하

---

165 대판 1971. 12. 21, 71도2004.
166 대판 1994. 8. 12, 94도1591.
167 대판 2016. 6. 23, 2016도5032.
168 대판 2016. 6. 23, 2016도5032.
169 이주원, 특별형법(9판), 585.

여 누범으로 처벌할 수 없는 경우에는 본항을 적용할 수 없다.[170]

(3) 제3조 제4항의 특수누범

폭력행위처벌법(8개 유형의 폭력범죄의 형법 각 해당 조항 및 각 해당 조항의 상습범,　116
특수범, 상습특수범, 각 해당 조항의 상습범의 미수범, 특수범의 미수범, 상습특수범의 미수범
을 포함[171])을 위반하여 2회 이상 징역형의 처벌을 받은 사람이 다시 특수체포·
감금죄, 특수존속체포·감금죄(§278)를 포함한 특수폭력범죄를 범하여 누범으로
처벌할 경우, 폭력행위처벌법 제3조 제4항 제2호, 제3호에 따라 특수체포·감금
죄 등에 대하여는 2년 이상 20년 이하의 징역, 특수존속체포·감금죄 등에 대하
여는 3년 이상 25년 이하의 징역으로 가중처벌한다. 죄명표상 죄명은 폭력행위
처벌법위반[특수(체포, 감금, 존속체포, 존속감금)]죄 등이다. 합의부 관할사건
에 속한다(법조 §32①(iii) 본문).

여기의 누범과 형법 제35조 제1항의 누범의 요건을 모두 충족하는 경우에　117
대하여는, 앞서 폭력행위처벌법 제2조 제3항의 죄에 관하여 살펴본 것과 같다.

(4) 미수범 처벌

위 각 죄의 미수범은 처벌한다(폭처 §6).　118

(5) 범죄단체 관련 가중처벌

폭력행위처벌법이 정하는 범죄를 목적으로 하는 단체 또는 집단을 구성하　119
거나 그러한 단체 또는 집단에 가입하거나 그 구성원으로 활동한 사람에 대하
여는 수괴는 사형, 무기 또는 10년 이상의 징역, 간부는 무기 또는 7년 이상의
징역, 그 외의 사람은 2년 이상의 유기징역에 처하고(폭처 §4①), 위와 같은 사람
이 앞서 본 각 죄를 범한 경우 그 죄에 대한 형의 장기 및 단기의 2분의 1까지
가중하여 처벌한다(폭처 §4②(ii)). 죄명표상 죄명은 전자는 폭력행위처벌법(단체
등의구성·활동)죄, 후자는 폭력행위등처벌에관한법률위반【단체등의[(상습, 공
동, 상습특수)(체포, 감금, 존속체포, 존속감금)]】죄 등이다.

'범죄를 목적으로 한 단체'는 폭력행위처벌법에서 규정한 범죄를 한다는 공　120
동의 목적 아래 특정 다수인에 의하여 이루어진 계속적인 결합체로서 그 단체
를 주도하거나 내부의 질서를 유지하는 최소한의 통솔체계를 갖추면 되는 것이

---

170 대판 1997. 4. 11, 95도1637.
171 각종 체포·감금죄(§276, §277, §278, §279, §280)가 모두 포함된다.

고, 그 범죄단체는 다양한 형태로 성립·존속할 수 있는 것으로서 정형을 요하는 것이 아닌 이상, 그 구성 또는 가입에 있어 반드시 단체의 명칭이나 강령이 명확하게 존재하고 단체 결성식이나 가입식과 같은 특별한 절차가 있어야만 하는 것은 아니다.[172]

121 '가입'이라 함은 이미 구성된 범죄단체의 구성원이 되기 위하여 그 범죄단체에 들어가거나 참여하는 것을 말하고, 단순히 조직구성원의 범죄행위에 가담하는 것만으로는 가입에 해당하지 않는다.[173] 대판 1983. 12. 13, 83도2605는 폭력행위처벌법 제4조 위반죄는 이미 구성된 폭력범죄단체에 가입함으로써도 성립하나, 피고인이 폭력범죄단체의 구성원들의 살인 등 범죄모의에 가담하고 실행행위를 하였다는 사실만으로 살인죄 등의 공동정범의 죄책을 지는 외에 곧 피고인에게 폭력범죄단체 가입죄의 죄책을 지울 수는 없다면서, 피고인이 우연히 친구를 따라갔다가 이 사건 폭력범죄단체의 구성원들의 살인 및 상해죄 범행 모의에 가담하게 되고 그 실행행위를 분담하기에 이른 사실이 인정될 뿐, 그가 위 폭력범죄단체 결성에 가담하였거나 그 조직에 가입하였다고 볼 아무런 증거가 없어, 살인 또는 상해죄 등의 공동정범의 죄책을 질 뿐 폭력범죄단체 가입죄의 죄책을 지울 수는 없다 하여 무죄를 선고한 원심을 정당하다고 하였다.

122 '활동'은 범죄단체 또는 집단의 내부 규율 및 통솔체계에 따른 조직적·집단적 의사결정에 의하여 행하는 범죄단체 또는 집단의 존속·유지를 지향하는 적극적인 행위로서,[174] 그 기여의 정도가 폭력행위처벌법 제4조 제3항, 제4항에 규정된 행위에 준하는 것을 의미한다고 할 것이다. 그리고 특정한 행위가 범죄단체 또는 집단의 구성원으로서의 '활동'에 해당하는지 여부는, 당해 행위가 행해진 일시, 장소 및 그 내용, 그 행위가 이루어지게 된 동기 및 경위, 목적, 의사결정자와 실행 행위자 사이의 관계 및 그 의사의 전달 과정 등의 구체적인 사정을 종합하여 실질적으로 판단하여야 할 것인바, 다수의 구성원이 관여되었다고 하더라도 범죄단체 또는 집단의 존속·유지를 목적으로 하는 조직적, 집단적 의사결정에 의한 것이 아니거나, 범죄단체 또는 집단의 수괴나 간부 등 상위 구성

---

172 대판 2007. 11. 29, 2007도7378; 대판 2010. 1. 28, 2009도9484.
173 이주원, 특별형법(9판), 612.
174 대판 2022. 9. 7, 2022도6993.

원으로부터 모임에 참가하라는 등의 지시나 명령을 소극적으로 받고 이에 단순히 응하는 데 그친 경우, 구성원 사이의 사적이고 의례적인 회식이나 경조사 모임 등을 개최하거나 참석하는 경우 등은 '활동'에 해당한다고 볼 수 없다.[175]

　　판례는 범죄단체의 구성이나 가입은 범죄행위의 실행 여부와 관계없이 범죄단체 구성원으로서의 활동을 예정하는 것이고, 범죄단체 구성원으로서의 활동은 범죄단체의 구성이나 가입을 당연히 전제로 하는 것이므로, 범죄단체를 구성하거나 가입한 사람이 더 나아가 구성원으로 활동하는 경우 이러한 일련의 행위는 포괄일죄의 관계가 있고, 포괄일죄의 공소시효는 최종적 범죄행위가 종료한 때로부터 진행한다고 본다.[176]

　　그러나 폭력행위처벌법위반(단체등의구성·활동)죄와 위 개별적 범행은 특별한 사정이 없는 한 법률상 1개의 행위로 평가되는 경우로 보기 어려워 상상적 경합이 아닌 실체적 경합관계에 있다고 보아야 한다.[177]

(6) 정당방위의 확장

　　폭력행위처벌법에 규정된 죄를 범한 사람이 흉기나 그 밖의 위험한 물건 등으로 사람에게 위해를 가하거나 가하려 할 때 이를 예방하거나 방위하기 위하여 한 행위는 벌하지 아니한다(폭처 §8①). 형법 제20조가 정하는 정당방위의 요건이 확장되어, 예방하기 위하여 한 행위에 대하여도 그 위법성을 조각하도록 한 것이다. 위와 같은 경우에 방위행위가 그 정도를 초과한 때에는 그 형을 감경하고(폭처 §8②), 그 행위가 야간이나 그 밖의 불안한 상태에서 공포·경악·흥분 또는 당황으로 인한 행위인 때에는 벌하지 아니한다(폭처 §8③). 형법 제20조 제2항, 제3항의 과잉방위, 오상방위에 대응하는 규정이다. 이러한 규정들은 폭력행위 등으로부터 피해자를 보호하기 위해, 피해자 또는 일반 시민의 방위행위의 위법성조각사유를 형법상 정당방위의 요건보다 완화하여 규정한 것이다.[178]

123

124

125

---

175 대판 2009. 9. 10, 2008도10177; 대판 2010. 1. 28, 2009도9484; 대판 2015. 5. 28, 2014도18006 등.
176 대판 2015. 9. 10, 2015도7081.
177 대판 2022. 9. 7, 2022도6993.
178 이주원, 특별형법(9판), 620.

2. 특정범죄 가중처벌 등에 관한 법률상의 체포·감금죄

(1) 직권남용체포·감금치사·상에 대한 가중처벌

126   특정범죄가중법 제4조의2는 '체포·감금 등의 가중처벌'이라는 제목 아래 형법 제124조, 제125조에 규정된 직권남용체포·감금죄나 독직폭행·가혹행위죄를 범하여 사람을 상해에 이르게 한 경우 1년 이상의 유기징역에 처하고(제1항), 사망에 이르게 한 경우에는 무기 또는 3년 이상의 징역에 처한다(제2항)고 규정하고 있다. 죄명표상 죄명은 체포, 감금의 경우 특정범죄가중법위반(체포, 감금)죄이다.[179] 중한 결과의 발생을 이유로 가중하여 처벌하는 결과적 가중범이다. 형법상 체포·감금 등의 죄에 대하여는 그 결과적 가중범인 체포·감금 등 치사상의 죄(§281)가 규정되어 있으나, 제124조와 제125조의 죄에 대해서는 그러한 결과적 가중에 관한 규정이 없어, 1983년 12월 31일 신설된 규정이다.

127   제124조의 직권남용체포·감금죄의 법적 성격을 체포·감금죄에 대한 부진정신분범으로 보는 견해와 체포·감금과 무관한 특수직무범죄로 보는 견해가 있는데, 인신구속 공무원의 행위에 일반인이 가공한 경우, 전자에 의하면 신분자에는 직권남용체포·감금죄, 비신분자에는 체포·감금죄로, 후자에 의하면 둘 다 직권남용체포·감금죄로 처단된다.[180] 이 조항의 결과적 가중범에 있어서도 동일하게 볼 수 있다.

128   대판 1997. 6. 13. 97도877은 피고인이 피해자의 정당한 귀가 요청을 거절한 채 경찰서 보호실 직원에게 피해자의 신병을 인도하고 다음날 즉결심판법정이 열릴 때까지 피해자를 경찰서 보호실에 강제 유치시키려고 함으로써 피해자를 즉결피의자 대기실에 10·20분 동안 있게 하고, 이로 인하여 피해자를 위 보호실에 밀어 넣으려 하는 과정에서 피해자로 하여금 치료일수를 알 수 없는 우견갑부좌상 등을 입게 한 것에 대하여, 원심이 특정범죄가중법위반(감금)죄를 인정하고, 피고인의 정당행위 주장에 대하여는 형사소송법이나 경찰관 직무집행법 등의 법률에 정하여진 구금 또는 보호유치 요건에 의하지 아니하고는 즉결심판 피의자라는 사유만으로 피의자를 구금, 유치할 수 있는 아무런 법률상

---

179 공소장 및 불기소장에 기재할 죄명에 관한 예규(개정 대검예규 제1336호, 2023. 1. 18.) [별표 3] 특정범죄가중법위반사건 죄명표.
180 신동운, 98-99.

근거가 없고, 경찰 업무상 그러한 관행이나 지침이 있었다 하더라도 이로써 원칙적으로 금지되어 있는 인신구속을 행할 수 있는 근거로 할 수 없다는 이유로 위 주장을 배척하고, 법률의 착오 내지 기대가능성에 관한 주장에 대하여는 피고인이 경찰서 보호실 근무자로부터 보호유치 지시를 받았다 하여 그러한 위법한 명령에 따라야 할 의무가 없는 이상 감금, 유치행위가 법령에 의하여 죄가 되지 아니하는 것으로 오인을 하게 된 데에 대하여 정당한 이유가 있다거나 피고인이 피해자의 보호실 유치를 회피할 가능성이 없었다고 인정하기 어렵다는 이유로 위 주장을 모두 배척한 것은 옳다고 하였다.

(2) 보복 목적 체포·감금에 대한 가중처벌

특정범죄가중법 제5조의9 제2항은 자기 또는 타인의 형사사건의 수사 또는 재판과 관련하여 고소·고발 등 수사단서의 제공, 진술, 증언 또는 자료제출에 대한 보복의 목적으로 체포·감금죄(§276①) 등을 범한 사람은 1년 이상의 유기징역에 처하도록 규정하고 있다. 같은 조 제3항은 나아가 사람을 사망에 이르게 한 경우에는 무기 또는 3년 이상의 징역에 처하도록 규정하고 있다. 이 규정은 국가형벌권 행사에 조력한 증인 등에 대한 보복범죄를 엄벌하여 범죄 척결에 국민이 안심하고 동참할 수 있는 여건을 조성하기 위한 규정으로, 1990년 12월 31일 신설되었다.[181] 죄명표상 죄명은 특정범죄가중법위반[보복(체포등, 감금등)]죄이다. **129**

위 조항은 피해자가 범죄행위로 피해를 당하고도 보복이 두려워 신고 등을 하지 못하거나 신고 등을 한 후의 피해자를 보호하기 위하여 체포·감금죄의 구성요건에 형사사건의 재판 또는 수사와 관련된 특정한 목적이라는 주관적 요소를 추가하고, 그 법정형을 형법상 체포·감금죄(§276①)보다 무겁게 규정하고 있다.[182] **130**

고의 외에 초과주관적 구성요건요소로 '보복의 목적'을 요구하고 있는 목적범이다. 그 목적은 적극적 의욕이나 확정적 인식임을 요하지 아니하고 미필적 인식으로 충분하다. 여기에서 행위자에게 그러한 목적이 있었는지 여부는 행위자의 나이, 직업 등 개인적인 요소, 범행의 동기 및 경위와 수단·방법, 행위의 내용과 태양, 피해자와의 인적 관계, 범행 전후의 정황 등 여러 사정을 종합하 **131**

181 이주원, 특별형법(9판), 378.
182 박상기·전지연·한상훈, 형사특별법(2판), 101; 이주원, 특별형법(9판), 378.

여 사회통념에 비추어 합리적으로 판단하여야 한다.[183]

132　　대판 2014. 9. 26. 2014도9030은 행위자에게 보복의 목적이 있었다는 점은 검사가 증명하여야 하고, 그러한 증명은 법관으로 하여금 합리적인 의심을 할 여지가 없을 정도의 확신을 생기게 하는 엄격한 증명에 의하여야 하며, 이와 같은 증명이 없다면 피고인의 이익으로 판단할 수밖에 없다고 할 것이지만, 피고인의 자백이 없는 이상 피고인에게 보복의 목적이 있었는지 여부는 피해자와의 인적 관계, 수사단서의 제공 등 보복의 대상이 된 피해자의 행위(이하, '수사단서의 제공 등'이라 한다.)에 대한 피고인의 반응과 이후 수사 또는 재판과정에서의 태도 변화, 수사단서의 제공 등으로 피고인이 입게 된 불이익의 내용과 그 정도, 피고인과 피해자가 범행 시점에 만나게 된 경위, 범행 시각과 장소 등 주변환경, 흉기 등 범행도구의 사용 여부를 비롯한 범행의 수단·방법, 범행의 내용과 태양, 수사단서의 제공 등 이후 범행에 이르기까지의 피고인과 피해자의 언행, 피고인의 성행과 평소 행동특성, 범행의 예견가능성, 범행 전후의 정황 등과 같은 여러 객관적인 사정을 종합적으로 고려하여 판단할 수밖에 없다고 판시하였다.

133　　위 규정이 신설되기 전 사례로, 피고인이 피해자의 신고로 구속되어 형사처벌을 받은 것에 불만을 품고 이를 보복하기 위하여 피해자에게 "자동차에 타라, 타지 않으면 가만 있지 않겠다."고 협박하면서 그녀를 그곳에 대기시켜 놓았던 자동차 뒷좌석에 강제로 밀어 넣어 앉히고 그녀가 내려. 달라고 애원했으나 내려주지 않고 그곳에서 망우리 공동묘지까지 자동차를 운전하여 약 20분간 피해자를 감금하였다는 공소사실에 대하여, 범죄의 증명이 없다는 이유로 무죄로 판단한 원심을 수긍한 것이 있다.[184]

3. 장애인복지법상의 체포·감금죄

134　　장애인복지법은 '장애인학대'란 장애인에 대하여 신체적·정신적·정서적·언어적·성적 폭력이나 가혹행위, 경제적 착취, 유기 또는 방임을 하는 것을 말한다고 정의하면서(장애인복지법 §2③), 신체적 폭력이나 가혹행위, 즉 신체적 학대행위 중 하나로 장애인에 대한 체포·감금의 금지 및 그 위반에 대한 처벌을

---

183 대판 2013. 6. 14, 2009도12055.
184 대판 1982. 6. 22, 82도705.

규정하고 있다.

　　장애인을 체포 또는 감금하는 행위를 한 사람은 5년 이하의 징역 또는 5천　　135
만 원 이하의 벌금에 처한다(장애인복지법 §86③(ⅲ), §59의9(ⅴ)). 형법상 감금죄의
법정형과 비교하면, 징역형은 '5년 이하'로 같지만, 벌금형은 '700만 원 이하'보
다 7배 넘게 높아진 것이다.

　　대판 2018. 9. 13, 2018도10682는 중증장애인 거주시설을 운영하던 목사가　　136
지적장애 2급의 장애인인 피해자가 김치통을 옮기다가 이를 땅에 떨어뜨렸다는
이유로 피해자를 그곳에 있는 쌀 창고에 가두고 밖으로 나가지 못하게 한 것에
대하여, 비록 쌀 창고에 특별히 시건장치가 되어 있지 않아 출입에 물리적·유
형적 장해가 없었다고 하더라도, 피고인이 평소 거주 장애인들이 자신의 지시를
따르지 않으면 자주 화를 내며 야단을 치기도 하여 피해자로서는 그의 지시를
어길 경우 큰 불이익이 있을 것이라는 점에 대해 학습화가 되어 있어, 피해자가
쌀 창고를 벗어나는 것에 대해 심리적 장해를 가졌고 이로 인해 위 장소를 벗어
나는 것이 심히 곤란한 상황이었다고 봄이 타당하다는 등의 이유로, 유죄로[185]
판단한 원심의 결론을 정당하다고 하였다.

〔정 상 규〕

---

185 다만, 검사는 이 부분을 장애인복지법위반죄가 아닌 감금죄로 공소제기하여 감금죄가 유죄로 인
　정되었다.

제277조(중체포, 중감금, 존속중체포, 존속중감금)

① 사람을 체포 또는 감금하여 가혹한 행위를 가한 자는 7년 이하의 징역에 처한다.
② 자기 또는 배우자의 직계존속에 대하여 전항의 죄를 범한 때에는 2년 이상의 유기징역에 처한다.

Ⅰ. 중체포·중감금죄(제1항)

1. 취 지

1　　본죄(중체포·감금죄)는 체포·감금행위 중에 다시 가혹한 행위를 함으로써 성립하는 범죄로서, 체포·감금죄의 가중적 구성요건이고, 체포·감금행위와 가혹행위가 결합된 결합범이다.[1] 본죄는 체포·감금행위에 가혹행위가 더해져서 행위불법이 가중되는 경우에 대처하기 위한 범죄유형으로서,[2] 중상해죄(§ 258①, ②), 중유기죄(§ 271③) 등과 달리 결과적 가중범이 아니다.[3]

2. 구성요건

(1) 주체

2　　체포·감금죄와 마찬가지로 주체에 아무런 제한이 없다.

(2) 객체

3　　체포·감금죄와 동일하다.

---

[1] 박찬걸, 형법각론(2판), 147; 주호노, 형법각론, 244.
[2] 김혜정·박미숙·안경옥·원혜욱·이인영, 형법각론(3판), 155; 정웅석·최창호, 형법각론, 366; 최호진, 형법각론, 120.
[3] 김신규, 형법각론 강의, 164.

(3) 행위

본죄의 행위는 사람을 체포 또는 감금하여 가혹한 행위를 가하는 것인데, 　**4**
체포·감금행위는 체포·감금죄에서와 같다.

가혹한 행위는 생명·신체에 위험을 줄 수 있는 육체적 또는 정신적 고통을 　**5**
가하는 일체의 유형적·무형적 행위를 의미한다.[4] 제125조의 독직가혹행위죄의
가혹행위와 동일하게 해석된다.[5] 반드시 생명 또는 신체에 위험을 줄 정도임을
요하지 않으므로 학대보다 넓은 개념으로 해석되어야 한다는 견해,[6] 가혹행위는
학대죄에서의 학대 정도로는 부족하고 적어도 폭행 정도는 되어야 한다는 견해
도 있다.[7] 감금죄와 폭행죄의 경합범가중 후의 처단형은 7년 이하의 징역 또는
1,050만 원 이하의 벌금으로서 본죄의 형벌보다 낮기 때문이라 한다.

체포·감금을 위하여 행한 가혹행위는 본죄에 해당하지 않는다.[8] 감금의 수 　**6**
단이 된 폭행 또는 협박만으로는 아직 가혹행위가 있다고 할 수 없다.[9] 감금 중
의 폭행·협박행위가 피해자의 도망을 저지하거나 감금상태를 유지·존속하기
위한 수단으로 이루어진 경우에는 그 폭행·협박행위는 감금죄에 흡수되어 따로
중감금죄를 구성하지 아니하나, 감금 중의 폭행·협박행위가 그러한 수단이나
목적에 그치지 않고 별개의 동기나 원인에 의하여 이루어졌다면 그 폭행·협박
행위는 감금죄에 흡수되는 것이 아니라 가혹한 행위로서 중감금죄를 구성한
다.[10] 감금 이후에 폭행하는 것, 여자를 발가벗겨서 수치심을 일으키게 하는 것,
음란한 행위를 하는 것 등은 유형적 방법에 의한 가혹행위의 예이다.[11] 일상생
활에 필요한 의식주를 제공하지 아니하거나, 수면을 허용하지 않는 것도 이에
해당하다.[12] 협박을 하는 것과 같이 무형적 방법에 의한 가혹행위도 가능하다.
다만 피해자에게 가해진 폭행·협박이 단순히 체포·감금의 수단 또는 체포·감

---

4 대판 2021. 3. 11, 2019도16256.
5 유기천, 형법학(각론강의 상)(전정신판), 98; 주석형법 [각칙(4)](5판), 119(우인성).
6 김성돈, 형법각론(4판), 152; 김일수·서보학, 새로쓴 형법각론(9판), 116; 배종대, 형법각론(14판),
　§38/3; 정성근·박광민, 형법각론(전정2판), 142.
7 오영근, 형법각론(4판), 102.
8 강구진, 형법강의 각론 I, 152; 박상기, 형법각론(8판), 122.
9 김일수·서보학, 116.
10 대판 2021. 3. 11, 2019도16256.
11 김일수·서보학, 116; 배종대, §38/3; 신동운, 형법각론(2판), 663.
12 김일수·서보학, 116; 이재상·장영민·강동범, 형법각론(13판), §8/14.

금을 유지하는 수단으로 사용된 것이라면, 폭행·협박은 체포·감금죄에 흡수되어 별죄를 구성하지 않는다.[13] 여기서 가혹행위는 체포·감금에 덧붙여진 정신적·육체적 고통을 의미하기 때문이다.[14]

7　　　가혹행위는 작위뿐만 아니라 부작위로도 가능하다. 일상생활을 영위하는데 필요한 최소한도의 의식주를 공급하지 않거나 필요한 정도의 휴식이나 수면을 허용하지 않는 것은 작위에 의한 가혹행위의 예가 될 수 있다.[15]

(4) 주관적 구성요건

8　　　체포·감금의 고의뿐만 아니라 가혹행위에 대한 고의도 필요하다. 처음 체포·감금행위 당시부터 고의가 있었던 경우뿐만 아니라 체포·감금 후 그 도중에 가혹행위의 고의가 생긴 경우를 포함한다.[16] 체포·감금죄가 계속범이기 때문이다.[17]

3. 처 벌

9　　　7년 이하의 징역에 처한다.

10　　　본죄의 미수범은 처벌한다(§280). 본죄의 미수범은 ① 체포·감금 후 가혹행위를 하려 하였으나 체포·감금이 미수에 그친 경우, ② 가혹행위를 하기 위해 체포·감금은 하였으나 가혹행위를 하지 못한 경우, ③ 체포감금 후 가혹행위를 하였으나 가혹행위 자체가 미수에 그친 경우에 성립한다는 견해가 있다.[18] 한편 체포·감금 후의 가혹행위를 성립요건으로 하므로, 위 ①의 경우에는 체포·감금죄의 미수범에 불과하다는 견해도 있다.[19]

---

13 강구진, 152; 김성돈, 152; 배종대, §37/16; 박상기·전지연, 형법학(총론·각론 강의)(4판), 479; 신동운, 663.
14 배종대, §38/3.
15 배종대, §38/3; 신동운, 663.
16 강구진, 152; 김성돈, 152; 김일수·서보학, 116; 손동권·김재윤, 새로운 형법각론, §10/19; 신동운, 663; 이재상·장영민·강동범, §8/14.
17 신동운, 663.
18 강구진, 152; 오영근, 102; 이재상·장영민·강동범, §8/15; 임웅, 형법각론(9정판), 145; 정성근·박광민, 142.
19 박상기·전지연, 479; 정영일, 형법강의 각론(3판), 52.

II. 중존속체포·중존속감금죄(제2항)

본죄(중존속체포·중존속감금죄)는 직계존속에 대하여 중체포·중감금죄를 범한 경우를 가중하여 처벌하는 부진정신분범이다.[20]   11

본죄를 범한 사람은 2년 이상의 유기징역에 처한다.   12

본죄의 미수범은 처벌하고(§230), 본죄는 합의부 관할사건에 속한다(법조 §32 ①(iii) 본문).   13

〔정 상 규〕

---

20 김혜정·박미숙·안경옥·원혜욱·이인영, 155; 이형국·김혜경, 형법각론(3판), 171; 정성근·정준섭, 형법강의 각론(2판), 94.

제278조(특수체포, 특수감금)

단체 또는 다중의 위력을 보이거나 위험한 물건을 휴대하여 전 2조의 죄를 범한 때에는 그 죄에 정한 형의 2분의 1까지 가중한다.

Ⅰ. 취 지

1　　　본죄[특수(체포·감금), 특수존속(체포·감금), 특수중(체포·감금), 특수존속중(체포·감금)죄]는 단체 또는 다중의 위력을 보이거나 위험한 물건을 휴대하여 제276조와 제277조가 규정하는 각종 체포·감금죄, 즉 체포·감금죄, 존속체포·감금죄, 중체포·감금죄, 중존속체포·중존속감금죄를 범함으로써 성립하는 범죄이다. 범행의 수단이나 방법이 위험하여 불법이 크기 때문에 형이 가중된 가중적 구성요건이다.

Ⅱ. 구성요건

1. 주 체

2　　　제276조와 제277조가 규정하는 각종 체포·감금죄, 즉 체포·감금죄, 존속체포·감금죄, 중체포·감금죄, 중존속체포·중존속감금죄에서 살펴본 것과 같다.

2. 객 체

3　　　제276조와 제277조가 규정하는 각종 체포·감금죄, 즉 체포·감금죄, 존속체포·감금죄, 중체포·감금죄, 중존속체포·중존속감금죄에서 살펴본 것과 같다.

3. 행 위

제276조와 제277조가 규정하는 각종 체포·감금죄, 즉 체포·감금죄, 존속 **4** 체포·감금죄, 중체포·감금죄, 중존속체포·중존속감금죄에서 살펴본 행위에 단 체 또는 다중의 위력을 보이거나 위험한 물건을 휴대하는 행위가 추가된 것이다.

'단체 또는 다중의 위력을 보이거나' '위험한 물건을 휴대한다'는 의미는 제 **5** 144조 제1항의 특수공무방해죄〔**주해 V(각칙 2)** 부분 참조〕나 제261조의 특수폭행죄 〔**주해 VIII(각칙 5)** 부분 참조〕에서 살펴본 것과 같다.

4. 주관적 구성요건

제276조와 제277조가 규정하는 각종 체포·감금죄, 즉 체포·감금죄, 존속 **6** 체포·감금죄, 중체포·감금죄, 중존속체포·중존속감금죄에 대한 인식과 의사뿐 만 아니라 단체 또는 다중의 위력을 보이거나 위험한 물건을 휴대한다는 것에 대한 인식과 의사가 필요하다.

III. 처 벌

각 체포·감금죄에 정한 형에 2분의 1까지 가중하여 처벌한다. **7**

2분의 1 가중은 각 조에 정한 법정형의 장기와 단기를 모두 가중한다는 의 **8** 미이다.[1]

본죄의 미수범은 처벌한다(§ 280). **9**

---

1 대판 2017. 6. 29, 2016도18194. 「형법은 제264조에서 상습으로 제258조의2의 죄를 범한 때에 는 그 죄에 정한 형의 2분의 1까지 가중한다고 규정하고, 제258조의2 제1항에서 위험한 물건을 휴대하여 상해죄를 범한 때에는 1년 이상 10년 이하의 징역에 처한다고 규정하고 있다. 위와 같은 형법 각 규정의 문언, 형의 장기만을 가중하는 형법 규정에서 그 죄에 정한 형의 장기를 가중한다고 명시하고 있는 점, 형법 제264조에서 상습범을 가중처벌하는 입법 취지 등을 종합하면, 형법 제264조는 상습특수상해죄를 범한 때에 형법 제258조의2 제1항에서 정한 법정형의 단기와 장기를 모두 가중하여 1년 6개월 이상 15년 이하의 징역에 처한다는 의미로 새겨야 한다.」

Ⅳ. 특별법상 특수체포·감금

10　　이에 대한 상세한 설명은 앞서 본 **제276조**(체포, 감금, 존속체포, 존속감금)의 해당 부분과 같다.

〔정 상 규〕

제279조(상습범)
상습으로 제276조 또는 제277조의 죄를 범한 때에는 전조의 예에 의한다.

I. 취 지

본죄[상습(체포·감금), 상습존속(체포·감금), 상습중(체포·감금), 상습존속중(체포·감 1
금)죄]는 제276조와 제277조가 규정하는 각종 체포·감금죄, 즉 체포·감금죄, 존
속체포·감금죄, 중체포·감금죄, 중존속체포·중존속감금죄를 상습으로 범함으
로써 성립하는 범죄이다. 상습성을 근거로 책임이 가중되는 구성요건이다.[1]

제279조의 상습체포·감금죄는 제278조의 특수체포·감금죄에 대해서는 상 2
습범 처벌대상으로 규정하고 있지 않다. 따라서 제278조의 특수체포·감금죄는
제279조의 상습체포·감금죄에 의한 가중처벌의 대상에 포함되지 않는다.[2] 다
만, 폭력행위 등 처벌에 관한 법률 제3조 제4항에 따라 처벌되는 경우가 있음은
앞서 **제276조**의 해당 부분에서 살펴본 것과 같다.

II. 구성요건

1. 주 체

제276조와 제277조가 규정하는 각종 체포·감금죄, 즉 체포·감금죄, 존속체 3
포·감금죄, 중체포·감금죄, 중존속체포·중존속감금죄에서 살펴본 것과 같다.

---

1 이재상·장영민·강동범, 형법각론(13판), 122.
2 김성돈, 형법각론(5판), 665; 김일수·서보학, 새로쓴 형법각론(9판), 116.

2. 객 체

4   제276조와 제277조가 규정하는 각종 체포·감금죄, 즉 체포·감금죄, 존속체포·감금죄, 중체포·감금죄, 중존속체포·중존속감금죄에서 살펴본 것과 같다.

3. 행 위

5   제276조와 제277조가 규정하는 각종 체포·감금죄, 즉 체포·감금죄, 존속체포·감금죄, 중체포·감금죄, 중존속체포·중존속감금죄에서 살펴본 것과 같다.

4. 상습성

6   여기의 상습성이란 제276조와 제277조가 규정하는 각종 체포·감금죄의 각 범죄행위별 상습성만을 의미하는 것이 아니라 각종 체포·감금죄의 모든 범죄행위 유형을 포괄한 체포·감금죄의 습벽을 의미한다. 따라서 체포·감금죄의 습벽을 가진 사람이 제279조에 열거된 체포·감금죄 중 서로 다른 수종의 죄를 범하였다면 그 각 행위는 그중 가장 무거운 법정형의 상습체포·감금죄의 포괄일죄에 해당한다.[3]

5. 주관적 구성요건

7   제276조와 제277조가 규정하는 각종 체포·감금죄, 즉 체포·감금죄, 존속체포·감금죄, 중체포·감금죄, 중존속체포·중존속감금죄에 대한 인식과 의사가 필요하다.

---

3 대판 2012. 8. 17, 2012도6815.「폭력행위 등 처벌에 관한 법률(이하 '폭처법'이라 한다) 제2조 제1항에서 말하는 상습이란 같은 항 각 호에 열거된 각 범죄행위 상호 간의 상습성만을 의미하는 것이 아니라 같은 항 각 호에 열거된 모든 범죄행위를 포괄한 폭력행위의 습벽을 의미하는 것이다. 따라서 위와 같은 습벽을 가진 자가 폭처법 제2조 제1항 각 호에 열거된 형법 각 조에서 정하는 다른 수종의 죄를 범하였다면 그 각 행위는 그 각 호 중 가장 중한 법정형의 상습폭력범죄의 포괄일죄에 해당한다.」

〔정 상 규〕

Ⅲ. 처 벌

각 체포·감금죄에 정한 형에 2분의 1까지 가중하여 처벌한다.   8

2분의 1 가중은 각 조에 정한 법정형의 장기와 단기를 모두 가중한다는 의   9
미이다.[4]

본죄의 미수범은 처벌한다(§ 280).   10

〔정 상 규〕

---

4 대판 2017. 6. 29, 2016도18194.

제280조(미수범)

전 4조의 미수범은 처벌한다.

Ⅰ. 취 지

1　　　제276조부터 제279조의 각 범죄의 실행에 착수하여 행위를 종료하지 못하였거나 결과가 발생하지 아니한 때에 성립하는 범죄이다. 일본형법에는 체포·감금죄의 미수범 처벌규정이 없다. 1927년 독일 형법개정안초안 제275조 제2항은 미수범 처벌규정을 두고 있었고, 이에 시사를 받은 1940년 발표된 일본 개정형법가안 제374조가 미수범 처벌규정을 두었던 것에 영향을 받아, 우리 형법은 체포·감금죄의 미수범을 처벌하고 있다. 독일형법은 미수범 처벌규정을 두고 있지 않다가, 1998년 개정된 독일형법에서 제239조 제2항에 미수범 처벌규정을 두었다.[1]

2　　　죄명표상 죄명은 각종 체포·감금죄의 명칭 뒷부분에 '미수'를 붙여 'ㅇㅇ미수죄'라고 부르고 있다.[2]

Ⅱ. 구성요건

1. 주　체

3　　　제276조부터 제279조가 규정하는 각종 체포·감금죄, 즉 체포·감금죄, 존속체포·감금죄, 중체포·감금죄, 중존속체포·중존속감금죄, 각 특수체포·감금

---

1 신동운, 형법각론(2판), 650-651.
2 공소장 및 불기소장에 기재할 죄명에 관한 예규(개정 대검예규 제1336호, 2023. 1. 18.) [별표 1] 형법 죄명표.

　　　　　　　　〔정 상 규〕

죄, 각 상습체포·감금죄에서 살펴본 것과 같다.

2. 객 체

제276조와 제279조가 규정하는 각종 체포·감금죄, 즉 체포·감금죄, 존속 **4**
체포·감금죄, 중체포·감금죄, 중존속체포·중존속감금죄, 각 특수체포·감금죄,
각 상습체포·감금죄에서 살펴본 것과 같다.

3. 행 위

제276조와 제279조가 규정하는 각종 체포·감금죄, 즉 체포·감금죄, 존속체 **5**
포·감금죄, 중체포·감금죄, 중존속체포·중존속감금죄, 각 특수체포·감금죄, 각
상습체포·감금죄에서 살펴본 것과 같다. 다만, 각 범죄의 실행에 착수하여 행위
를 종료하지 못하였거나 결과가 발생하지 아니한 경우에 성립한다. 체포·감금행
위와 신체활동의 자유에 대한 침해 사이의 인과관계가 인정되지 않는 경우도 본
죄의 미수범에 해당한다.[3] 중체포·감금죄, 중존속체포·중존속감금죄의 미수는,
① 체포·감금하여 가혹행위를 하려고 하였으나 체포·감금하지 못한 경우, ② 체
포·감금은 하였지만 가혹행위를 하지 못한 경우, ③ 가혹행위가 미수에 그친 경
우에 성립한다는 견해가 있다.[4] 한편 체포·감금 후의 가혹행위를 성립요건으로
하므로, 위 ①의 경우에는 체포·감금죄의 미수범에 불과하다는 견해도 있다.[5]

개념적으로 볼 때 사람의 행동의 자유를 속박하는 행위에 착수하면 체포·감 **6**
금죄의 실행의 착수가 인정된다. 예컨대, 사람을 체포·감금하려고 그 수단이
되는 폭행·협박을 개시할 때, 위계에 의한 감금의 경우에는 사람을 속여 안방
에 들어가게 하거나 자동차에 태우는 등의 행위를 할 때[6] 각각 체포·감금죄의
실행의 착수가 인정된다.[7] 피해자를 방안에 감금하고 문을 잠갔으나 바로 피해
자가 뒷문으로 도망간 경우 감금죄의 미수가 된다.[8] 대법원은, 피해자가 피고인

---

3 김일수·서보학, 새로쓴 형법각론(9판), 113; 정영일, 형법강의 각론(3판), 51.
4 오영근, 형법각론(4판), 102; 이재상·장영민·강동범, 형법각론(13판), §8/15; 정성근·박광민, 형
    법각론(전정2판), 142.
5 박상기·전지연, 형법학(총론·각론 강의)(4판), 479; 정영일, 52.
6 最判 昭和 33(1958). 3. 19. 刑集 12·4·636(속아서 택시에 탄 때).
7 신동운, 656-657.
8 오영근, 100.

으로부터 강간미수 피해를 입은 후 피고인의 집에서 나가려고 하였는데, 피고인이 피해자가 나가지 못하도록 현관에서 거실 쪽으로 피해자를 세 번 밀쳤고, 피해자가 피고인을 뿌리치고 현관문을 열고 나와 엘리베이터를 누르고 기다리는데 피고인이 팬티 바람으로 쫓아 나왔으며, 피해자가 엘리베이터를 탔는데도 피해자의 팔을 잡고 끌어내리려고 해서 이를 뿌리쳤고, 피고인이 닫히는 엘리베이터 문을 손으로 막으며 엘리베이터로 들어오려고 하자 피해자가 버튼을 누르고 손으로 피고인의 가슴을 밀어낸 사실을 인정한 다음, 피고인은 피해자의 신체적 활동의 자유를 박탈하려는 고의를 가지고 피해자의 신체에 대한 유형력의 행사를 통해 일시적으로나마 피해자의 신체를 구속하였다고 판단하여 체포미수죄의 유죄를 인정한 원심을 수긍하였다.9

7   한편 피해자가 신체의 속박으로부터 벗어나기가 불가능하거나 현저히 곤란한 상태에 이를 때, 또는 행동의 자유에 대한 속박으로부터 벗어나기가 불가능하거나 현저히 곤란한 상태에 이를 때 체포·감금죄의 기수에 이른다.10

4. 주관적 구성요건

8   제276조와 제279조가 규정하는 각종 체포·감금죄, 즉 체포·감금죄, 존속체포·감금죄, 중체포·감금죄, 중존속체포·중존속감금죄, 각 특수체포·감금죄, 각 상습체포·감금죄에서 살펴본 것과 같다.

9   체포·감금죄는 계속범이므로 통상적인 체포·감금의 고의를 가지고 실행에 착수하였으나 일시적 자유제한에 그쳤다면, 체포·감금죄의 미수에 해당한다.11 그 시간의 장단을 묻지 않는다.12 체포·감금의 고의 없이 일시적으로 신체의 속박을 가하는 행위는 단순한 폭행에 지나지 않거나,13 강요죄 등이 될 수 있을 뿐이다.14

---

9 대판 2018. 2. 28, 2017도21249.
10 신동운, 657.
11 대판 2018. 2. 28, 2017도21249. 「체포죄는 계속범으로서 체포의 행위에 확실히 사람의 신체의 자유를 구속한다고 인정할 수 있을 정도의 시간적 계속이 있어야 기수에 이르고, 신체의 자유에 대한 구속이 그와 같은 정도에 이르지 못하고 일시적인 것으로 그친 경우에는 체포죄의 미수범이 성립할 뿐이다.」
12 신동운, 653.
13 김일수·서보학, 114; 신동운, 658; 이재상·장영민·강동범, § 8/10.
14 정영일, 51.

Ⅲ. 기수와 미수의 구별

1. 기수의 시점

미수에서 기수로 되는 시기에 관하여 견해가 대립한다.   10

먼저, ① 객관적으로 피해자의 자유가 침해된 사실이 어느 정도 계속된 때   11
에 기수가 된다는 시간적 계속설이 있다.[15] 체포·감금죄가 계속범이라는 점에
착안한 입장으로,[16] 통설적 견해이다. 기수가 된 이후에도 체포·감금행위가 계
속될 수 있는 계속범으로서 피해자의 신체활동의 자유가 회복된 시점에 종료된
다고 한다.[17] 이에 따르면, 체포·감금의 의사로 체포·감금 자체를 완성하지 못
한 때, 또는 체포·감금이 일시적인 자유박탈에 그친 때에[18] 미수가 된다. 행위
자가 감금하고자 완력을 행사하여 피해자를 방안에 밀어 넣고 문을 잠그었으나
피해자가 곧바로 창문을 깨고 탈출하였다면, 신체적 활동의 자유에 대한 현실적
침해가 다소간 지속되지 않았으므로 감금미수죄가 성립한다고 한다.[19] 다만, 일
시적 자유박탈에도 미치지 못하는 순간적인 체포·감금, 예를 들면 체포·감금의
의사 없는 수초 또는 수분 간의 체포·감금은 폭행죄에 해당될 수 있을 뿐이라
고 본다.[20] 이에 대해서는 어느 정도 계속하여 신체의 자유가 제한될 때 체포·감
금죄가 기수에 이를 것인지 판단하기 곤란하다는 점과 체포와 감금이 동일한
구성요건에 규정되어 있는 관계로 극히 짧은 시간 동안의 감금도 체포죄의 기
수범으로 포착된다는 점 등이 난점으로 지적되고 있지만, 자유박탈이 어느 정도
계속되어야 기수에 이를 것인지는 건전한 사회통념에 따라 판단될 수 있고, 미
수범은 단순히 시간의 장단에 의해서만 결정되는 것이 아니라 주관적 구성요건
인 범행결의와 관련해서도 판단되어야 한다.[21] 즉 체포·감금행위가 기수에 도
달함에 있어 지속될 시간은 일률적으로 단정할 수 없고, 구체적 사정에 비추어

---

15 김신규, 형법각론 강의, 159; 이용식, 형법각론, 115; 이형국·김혜경, 형법각론(3판), 168; 정웅
   석·최창호, 형법각론, 363.
16 정영일, 51.
17 강구진, 형법강의 각론 I, 150; 오영근, 100.
18 이재상·장영민·강동범, §8/10.
19 임웅, 형법각론(9정판), 142.
20 배종대, 형법각론(14판), §37/11; 이재상·장영민·강동범, §8/10; 정성근·박광민, 139.
21 신동운, 658.

사회통념에 따라 판단할 성질의 것이라고 본다.[22] 한편 일시적 자유박탈이라도 어떠한 결정적 순간에 피해자의 신체활동의 자유를 수초 간 제약시켜 피해자가 의도한 행위를 하지 못하게 하는 경우처럼, 행위자의 고의의 내용, 그 체포·감금행위로 인해 피해자에게 발생한 결과, 행위에 이르게 된 경위, 행위자의 범행계획 등을 고려할 때 체포·감금의 기수로 평가할 수도 있는 경우도 있다는 견해가 있다.[23]

12   다음으로, ② 계속범의 계속성의 의미는 기수가 되기 전까지의 시간적 계속을 의미하는 것이 아니라 기수가 된 후의 법익침해행위가 부작위의 방법 등으로 일정한 시간 계속되는 것으로 이해하는 견해(기수계속설, 위법상태계속설)가 있다.[24] 이에 따르면 침해가 종료되는 시점(피해자가 신체적 활동의 자유를 회복한 시점)에 범행종료가 되고, 체포·감금이 일시적인 자유박탈인 경우도 기수가 되며, 체포·감금을 시도하였으나 실패한 경우에만 미수가 된다고 본다.[25] 이에 대하여는, 미수범 처벌규정이 없는 일본형법의 해석론으로 유력한 견해이지만, 이러한 견해는 제280조의 미수범 처벌규정을 사문화시키기 때문에 우리 형법의 해석론으로 채용하기는 곤란하다는 비판이 있다.[26] 즉 피해자의 자유가 박탈되는 순간 체포·감금죄가 기수가 되기 때문에 체포·감금죄의 미수범이 실제상 성립될 여지가 거의 없게 되고,[27] 피해자가 있다고 생각하여 그 장소의 출입문을 잠갔으나 실제로는 피해자가 그 곳에 없었던 경우와 같이 예외적으로 불능미수(§ 27)가 성립하는 경우에만 미수범으로 처벌되게 된다는 것이다.[28]

13   판례는 "체포죄는 계속범으로서 체포의 행위에 확실히 사람의 신체의 자유를 구속한다고 인정할 수 있을 정도의 시간적 계속이 있어야 하나, 체포의 고의로써 타인의 신체적 활동의 자유를 현실적으로 침해하는 행위를 개시한 때 체포죄의 실행에 착수하였다고 볼 것이다."라고 판시하였다.[29] 이는 통설인 위 ①

---

22 임웅, 142.
23 주석형법 [각칙(4)](5판), 106(우인성).
24 김성돈, 148-149; 박찬걸, 형법각론(2판), 142.
25 김성돈, 148-149.
26 신동운, 658.
27 신동운, 657; 정성근·박광민, 134.
28 신동운, 657.
29 대판 2018. 2. 28, 2017도21249.

의 시간적 계속설의 입장을 분명히 한 것으로 평가되고 있다.[30] 다만, 기수의 요건으로서 실행행위의 시간적 계속성과 계속범의 표지인 기수 후 법익침해의 계속과는 구별되어야 한다.[31]

2. 피해자의 인식 요부

기수가 되기 위해 자유박탈 또는 제한에 대한 피해자의 인식이 필요한지가 문제된다. 　14

① 자유박탈이나 제한에 대해 피해자의 인식이 있어야 기수가 되고, 인식 이전 단계에서는 미수가 된다고 하는 견해가 있다.[32] 침해범이라는 체포·감금죄의 성격상 자유박탈에 대한 피해자의 현실적인 인식이 없는 상태에서의 체포·감금은 아직 보호법익에 대한 침해의 위험성만을 갖고 있는 상태로서 미수로 평가하는 것이 옳다는 입장이다. 피해자가 인식하지 못한 자유박탈은 그에게 어떤 결과불법도 가질 수 없음을 근거로 하면서, 피해자가 알지도 못하는 자유박탈에 대해 기수를 인정하는 것은 공연히 처벌 범위만 확대시킬 뿐이라고 한다. 체포·감금행위가 다소의 시간 지속되어야만 기수에 도달한다고 해석한다면, 이러한 해석은 신체적 활동의 자유가 현실적으로 침해될 것을 전제로 하는 것이라고도 한다. 이에 의하면 만취자, 수면자에 대하여도 체포·감금죄의 구성요건에 해당하는 행위를 실행할 수 있으나(미수범), 피해자가 이에 대한 인식을 가질 때 비로소 기수에 이른다고 본다. 　15

이에 대하여는 피해자의 인식 유무라는 우연적이고 주관적인 사정에 의하여 기수와 미수가 좌우되게 되어, 법적 안정성의 관점에서 바람직하지 않다는 흠이 지적되고 있다.[33] 또한 피해자 인식 필요설에 따르면 감금된 사람이 잠을 잘 때에는 감금의 중단을 인정해야 하고, 최면술을 사용하여 일정한 장소에서 움직이지 못하게 한 때에는 감금이라 할 수 없게 된다는 비판도 있다.[34] 　16

---

30 신동운, 658.
31 임웅, 143.
32 강구진, 151; 김일수·서보학, 113; 배종대, §37/12; 유기천, 형법학(각론강의 상)(전정신판), 93-94; 임웅, 139·141.
33 신동운, 658.
34 정성근·박광민, 137.

17   ② 다수설은 객관적으로 잠재적 행동의 자유가 침해된 사실이 있으면 피해자의 현실적인 인식이 없어도 기수가 된다고 한다.[35] 여기서의 자유는 현실적인 신체활동의 자유가 아니라 잠재적인 신체활동의 자유를 의미하고, 체포·감금죄는 침해범이므로 보호법익이 침해되었느냐의 여부는 현실적으로 장소를 이전하려고 하였는가를 묻지 않고, 행위 시에 장소를 이전하려고 했다면 아무런 제한을 받지 않고 장소를 옮길 수 있었는가라는 가상적 판단을 기준으로 해야 한다는 입장이다. 예를 들어 강간을 목적으로 여성을 차에 태워 범행현장까지 간 경우에, 여성이 범인의 의도를 전혀 눈치채지 못하고 도중에 하차시켜 줄 것을 요구하지 않았더라도 감금죄가 성립한다.[36]

18   한편, ③ 체포·감금죄의 보호법익을 현실적 신체활동의 자유로 보면서 체포나 감금을 하면 이와 같은 신체활동의 자유가 침해될 위험이 있는 것이라는 점에서 보면, 체포·감금죄를 추상적 위험범으로 해석하는 것이 타당하다는 견해도 있는데,[37] 이러한 견해에 따르더라도 신체활동의 자유를 제약하는 객관적인 외부행위가 있으면 현실적인 신체활동의 자유가 침해될 위험이 있으므로 피해자의 현실적인 인식 여부는 체포·감금죄의 기수시기에 영향을 미치지 않게 된다. 따라서 이들 견해에 따르면 만취자나 수면자가 있는 방문을 열쇠로 잠그거나 연구에 몰두하여 외출 의사가 없는 학자의 연구실을 열쇠로 잠갔다가 본인이 모르는 사이에 문을 열어놓은 때에도 감금죄는 기수가 된다.[38]

IV. 처 벌

19   기수범과 법정형이 동일하다. 다만, 형을 감경할 수 있다(§ 25②).

〔정 상 규〕

---

35 김성돈, 149; 김신규, 159; 김혜정·박미숙·안경옥·원혜욱·이인영, 형법각론(3판), 151; 박상기, 형법각론(8판), 121; 손동권·김재윤, § 10/8; 신동운, 658; 이재상·장영민·강동범, § 8/9; 이형국·김혜경, 168; 정성근·박광민, 137; 정웅석·최창호, 364; 최호진, 형법각론, 116.

36 박상기·전지연, 477. 일본 판례도 같은 취지이다[広島高判 昭和 51(1976). 9. 21. 判時 847·196].

37 김성돈, 145.

38 강구진, 148; 김성돈, 149; 이재상·장영민·강동범, § 8/9; 정성근·박광민, 137.

제281조(체포·감금등의 치사상)

① 제276조 내지 제280조의 죄를 범하여 사람을 상해에 이르게 한 때에는 1년 이상의 유기징역에 처한다. 사망에 이르게 한 때에는 3년 이상의 유기징역에 처한다.
② 자기 또는 배우자의 직계존속에 대하여 제276조 내지 제280조의 죄를 범하여 상해에 이르게 한 때에는 2년 이상의 유기징역에 처한다. 사망에 이르게 한 때에는 무기 또는 5년 이상의 징역에 처한다.
〔전문개정 1995. 12. 29.〕

Ⅰ. 취　지

체포·감금 등 치사·상죄는 각종 체포·감금죄를 범하여 사람을 상해 또는 사망에 이르게 함으로써 성립하는 범죄이다. 체포·감금으로 인하여 상해 또는 사망의 결과가 발생한 경우에 형을 가중하여 처벌하는 결과적 가중범을 규정하고 있는 것이다. 1953년 제정 형법에서는 치상과 치사를 구별하지 않고 상해죄와 비교하여 중한 형으로 처단하도록 규정하고 있다가, 1995년 12월 29일 개정에 따라 현재와 같이 치상과 치사의 법정형이 나뉘고, 형량도 따로 정해지게 되었다.

죄명표상 죄명은 각종 체포·감금죄의 명칭 뒤에 '치상, 치사'를 붙여 '○○(치상, 치사)죄'라고 부르고 있다.[1]

1

2

---

1 공소장 및 불기소장에 기재할 죄명에 관한 예규(개정 대검예규 제1336호, 2023. 1. 18.) [별표 1] 형법 죄명표.

II. 체포·감금등 치사·상죄(제2항)

1. 체포·감금등 치상죄

3   ① 체포·감금죄를 범하여 상해의 결과를 야기한 경우에는 체포·감금치상죄, ② 체포·감금과 가혹행위를 하여 상해의 결과를 야기한 경우에는 중체포·중감금치상죄, ③ 단체 또는 다중의 위력을 보이거나 위험한 물건을 휴대하여 체포·감금죄를 범하여 상해의 결과를 야기한 경우에는 특수체포·특수감금치상죄, ④ 상습으로 체포·감금죄나 중체포·중감금죄를 범하여 상해의 결과를 야기한 경우에는 상습체포·상습감금치상죄 또는 상습중체포·상습중감금치상죄, ⑤ 위 각종 체포·감금미수죄를 범하여 상해의 결과를 야기한 경우에는 위 각종 체포·감금치상죄가 성립하게 되는데, 그 형태를 불문하고 법정형은 모두 1년 이상의 징역이다.

2. 체포·감금등 치사죄

4   ① 체포·감금죄를 범하여 사망의 결과를 야기한 경우에는 체포·감금치사죄, ② 체포·감금과 가혹행위를 하여 사망의 결과를 야기한 경우에는 중체포·중감금치사죄, ③ 단체 또는 다중의 위력을 보이거나 위험한 물건을 휴대하여 체포·감금죄를 범하여 사망의 결과를 야기한 경우에는 특수체포·특수감금치사죄, ④ 상습으로 체포·감금죄나 중체포·중감금죄를 범하여 사망의 결과를 야기한 경우에는 상습체포·상습감금치사죄 또는 상습중체포·상습중감금치사죄, ⑤ 위 각종 체포·감금미수죄를 범하여 사망의 결과를 야기한 경우에는 위 각종 체포·감금치사죄가 성립하게 되는데, 그 형태를 불문하고 법정형은 모두 3년 이상의 징역이다.

3. 인과관계

5   체포·감금 등 행위와 사상의 결과 사이에 상당인과관계가 있어야 한다.[2]

---

2 인과관계에 관한 일본 판례를 보면, ① 체포·감금 자체나 그 수단행위에 의하여 사상의 결과가 생긴 경우에는 인과관계를 인정하고, ② 체포·감금과 사상 사이에 피해자나 제3자의 행위가 개재되었으나 사상의 결과가 체포·감금의 위험이 현실화된 것으로 인정되는 경우에는 인과관계를 인정하지만, ③ 감금의 기회에 폭행이 가해졌으나 전혀 다른 동기에 따른 경우[最決 昭和 42(1967).

〔정 상 규〕

사상의 결과는 반드시 체포·감금의 직접 결과일 필요가 없고, 체포·감금 시에 일어난 것이면 충분하다.[3] 체포·감금의 죄가 미수에 그친 경우에도 사상의 결과가 발생하면 기수와 동일하게 체포·감금등 치사·상죄가 성립한다. 판례는 무속인이 피해자로부터 신내림굿을 해달라는 부탁을 받고 비용을 받은 후 굿을 하였으나 예상과 달리 비정상적인 행동을 하면서 난동을 부리자 기도 등의 명목으로 여기저기를 끌고 다니다 사망에 이르게 한 사안에서, 4일가량 물조차 제대로 마시지 못하고 잠도 자지 아니하여 거의 탈진 상태에 이른 피해자의 손과 발을 17시간 이상 묶어 두고 좁은 차량 속에서 움직이지 못하게 감금한 행위와 묶인 부위의 혈액 순환에 장애가 발생하여 혈전이 형성되고 그 혈전이 폐동맥을 막아 사망에 이르게 된 결과 사이에는 상당인과관계가 있다고 판시하였다.[4]

대판 2000. 5. 26, 2000도440은 피해자를 강제로 승용차에 태운 뒤 운전하 6
여 가자 겁에 질린 피해자가 차에서 뛰어 내리다가 상해를 입은 경우 감금치상죄로 인정한 원심은 정당하다고 판시하였다. 또한 피고인이 당초 그의 승용차로 피해자를 가로막음으로써 피해자로 하여금 할 수 없이 위 차량에 승차하게 한 후 피해자가 내려달라고 요청하였음에도 불구하고 당초 목적지라고 알려준 장소가 아닌 다른 장소를 향하여 시속 약 60㎞ 내지 70㎞의 속도로 진행하여서 피해자를 위 차량에서 내리지 못하도록 하였다면, 그와 같은 피고인의 행위는 감금죄에 해당함이 분명하고, 나아가 피해자가 위와 같은 감금상태를 벗어날 목적으로 위 차량의 뒷좌석 창문을 통하여 밖으로 빠져 나오려다가 길바닥에 떨어져 상해를 입고 그 결과 사망에 이르렀다면 피고인의 위 감금행위와 피해자의 사망 사이에는 상당인과관계가 있다고 하였다.[5]

체포·감금 후 가혹한 행위로 인하여 사상의 결과가 발생한 경우에는 체포·감 7
금등 치사·상죄는 중체포·중감금죄도 기본범죄로 하고 있으므로 체포·감금등 치사·상죄만 성립한다.[6] 판례도 마찬가지로 본다. 대판 1991. 10. 25, 91도2085

---

12. 21. 判時 506·59]에는 인과관계를 부정하고 있다[이에 대해서는 大塚 外, 大コン(3版)(11), 434-440(竹花俊德=荒井智也) 참조].

3 배종대, 형법각론(14판), §38/7; 이재상·장영민·강동범, 형법각론(13판), §8/18.

4 대판 2002. 10. 11, 2002도4315.

5 대판 2000. 2. 11, 99도5286.

6 강구진, 형법강의 각론 I, 154; 김성돈, 형법각론(4판), 153;, 김신규, 형법각론 강의, 166; 김일수·서보학, 새로쓴 형법각론(9판), 117; 배종대, §38/7; 오영근, 형법각론(4판), 104; 이재상·장영민·

는 동거하고 있던 피해자(당시 19세)가 술집에 나가 일을 하겠다고 한다는 이유로 피고인이 아파트 안방문에 못질을 하여 피해자를 밖으로 나갈 수 없게 감금한 후, 피해자를 때리고 옷을 벗긴 다음 가위로 모발을 자르는 등 가혹한 행위를 하여 피해자가 이를 피하기 위하여 창문을 통해 밖으로 뛰어내리려 하자 피고인이 2회에 걸쳐 이를 제지하였다가 밖에서 걸려온 인터폰을 받으려고 거실로 나오는 사이에 피해자가 갑자기 안방 창문을 통하여 알몸으로 아파트 아래 잔디밭에 뛰어 내려 다발성실질장기파열상 등을 입고 사망한 경우, 피고인의 중감금행위와 피해자의 사망 사이에는 인과관계가 있고, 피고인에게 그로 인한 결과에 대한 예측가능성도 있었다면서 피고인을 중감금치사죄로 처단한 원심을 수긍하였다. 다만 체포·감금 후 구타하든가 또는 가혹한 행위보다 더 심한 행위를 하였기 때문에 피해자가 사망한 것이라면, 체포·감금죄와 상해치사죄의 경합범이라는 견해도 있다.[7]

4. 주관적 구성요건

8   기본범죄인 체포·감금의 고의가 있어야 하고, 행위 시에 중한 결과 발생에 대한 예견가능성이 있어야 한다. ① 진정결과적 가중범이라는 견해[8]도 있으나, ② 체포·감금치사죄는 진정결과적 가중범이지만, 체포·감금치상죄는 부진정결과적 가중범이라는 견해[9]가 다수설이다.

9   처음부터 살해의 인식과 의사로 체포·감금을 살해하기 위한 수단으로 사용한 경우에는, ① 체포·감금죄와 살인죄의 상상적 경합이 된다는 견해가 있고,[10] ② 실체적 경합이 된다는 견해도 있으며,[11] ③ 체포·감금은 불가벌적 수반행위로서 살인죄에 흡수되어 살인죄만 성립한다는 견해도 있다.[12] 흡수설은 유기죄

강동범, § 8/18; 정성근·박광민, 형법각론(전정2판), 144.

7 황산덕, 형법각론(6정판), 206.
8 김혜정·박미숙·안경옥·원혜욱·이인영, 형법각론(3판), 157; 주호노, 형법각론, 247.
9 김신규, 166; 박상기·전지연, 형법학(총론·각론 강의)(4판), 479; 박찬걸, 형법각론(2판), 148; 오영근, 104; 이상돈, 형법강론(4판), 426; 이정원·이석배·정배근, 형법각론, 114; 이형국·김혜경, 형법각론(3판), 173; 정성근·정준섭, 형법강의 각론(2판), 96.
10 김성돈, 153; 이상돈, 426; 정성근·박광민, 144; 정성근·정준섭, 96. 중체포·감금죄와 살인죄의 상상적 경합이 된다는 견해도 있다(강구진, 154).
11 김신규, 167; 이재상·장영민·강동범, § 8/19.
12 김혜정·박미숙·안경옥·원혜욱·이인영, 158; 배종대, 149; 이형국·김혜경, 175.

나 학대죄의 경우와 같이 보는 견해라고 할 수 있다.

　　감금행위 도중에 살해의 고의가 생긴 때에는, ① 감금죄와 살인죄의 실체적 　　**10**
경합이 된다는 견해가 있고,[13] ② 감금죄가 살인죄에 흡수된다는 견해도 있다.[14]

　　대판 1982. 11. 23, 82도2024는 미성년자를 유인하여 포박 감금한 후 단지 　　**11**
그 상태를 유지하였을 뿐인데도 피감금자가 사망에 이르게 된 것이라면 감금치
사죄에만 해당한다 하겠으나, 나아가서 그 감금상태가 계속된 어느 시점에서 피
고인에게 살해의 범의가 생겨 위험발생을 방지함이 없이 포박 감금상태에 있던
피감금자를 그대로 방치함으로써 사망케 하였다면 피고인의 부작위는 살인죄의
구성요건적 행위를 충족하는 것이라고 평가하기에 충분하므로 부작위에 의한
살인죄를 구성한다고 보아야 한다고 판시하였다. 위 판결은 그러한 전제에서,
피고인이 피해자를 아파트에 유인하여 양 손목과 발목을 노끈으로 묶고 입에는
반창고를 두 겹으로 붙인 다음, 노끈을 창틀과 방문손잡이에 각각 잡아매고 얼
굴에는 모포를 씌워 포박 감금한 후 수차 그 방을 출입하던 중 이틀 후 07:30경
에 피해자가 탈진상태에 있어 박카스를 먹여보려 해도 입에서 흘려버릴 뿐 마
시지 못하기에 얼굴에 모포를 다시 덮어씌워 놓고 그대로 위 아파트에서 나와
버렸는데, 그때 피고인은 피해자를 그대로 두면 죽을 것 같은 생각이 들어 병원
에 옮기고 자수할 것인가, 그대로 두어 피해자가 죽으면 시체를 처리하고 범행
을 계속할 것인가 아니면 스스로 자살할 것인가 등을 두루 고민하였고, 그대로
나왔다가 14:00경에 돌아와 보니 이미 피해자가 죽어 있었다면, 피고인이 07:30
경 그 상태로 보아 피해자를 방치하면 사망할 가능성이 있다는 것을 내심으로
인정하고 있었음이 분명하고, 여기에 피고인이 피해자와는 물론 그 부모와도 면
식이 있는 사이였었다는 사정을 보태어 보면, 피고인이 위와 같은 결과발생의
가능성을 인정하고 있었으면서도 피해자를 그대로 방치한 행위에는 그로 인하
여 피해자가 사망하는 결과가 발생하더라도 용인할 수밖에 없다는 내심의 의사
즉 살인의 미필적 고의가 있었다고 볼 수 있어, 자기행위로 인하여 위험발생의
원인을 야기하였음에도 그 위험발생을 방지하지 아니한 피고인의 위와 같은 행

---

13 김성돈, 153; 김신규, 167; 이재상·장영민·강동범, §8/19; 이형국·김혜경, 175; 임웅, 146; 정성
　　근·박광민, 144; 정성근·정준섭, 96.
14 김혜정·박미숙·안경옥·원혜욱·이인영, 158; 오영근, 100-101.

위는 살인죄의 구성요건적 행위를 충족하는 부작위였었다고 평가하기에 충분하므로 피고인의 행위를 특정범죄 가중처벌 등에 관한 법률 제5조의2 제2항 제2호에 해당하는 (약취 또는 유인 미성년자) 살인죄로 판단한 원심판결은 정당하다고 하였다. 다만 위 사안에서는 검사가 감금 부분을 따로 기소하지는 않아 대법원이 감금죄와 살인죄의 죄수관계를 판단하지는 않았으므로, 그에 관해 대법원이 어떤 태도를 취했다고 말할 수는 없다.

5. 처 벌

12   상해에 이르게 한 때에는 1년 이상의 유기징역에, 사망에 이르게 한 때에는 3년 이상의 유기징역에 처한다.

13   모두 합의부의 사물관할에 속한다(법조 § 32①(iii) 본문).

Ⅲ. 존속체포·감금등 치사·상죄(제2항)

14   체포·감금등 치사상죄에 대하여 신분관계로 인해 형이 가중되는 가중적 구성요건으로서 부진정신분범이다.

15   존속에 대해 각종 체포·감금죄를 범하여 상해의 결과가 발생한 경우 각종 존속체포·감금의 치상죄가 성립하고, 그 형태를 묻지 않고 모두 2년 이상의 징역으로 처벌된다.

16   존속에 대해 각종 체포·감금죄를 범하여 사망의 결과가 발생한 경우 각종 존속체포·감금의 치사죄가 성립하고, 그 형태를 묻지 않고 모두 무기 또는 5년 이상의 유기징역으로 처벌된다.

17   모두 합의부의 사물관할에 속한다(법조 § 32①(iii) 본문).

〔정 상 규〕

제282조(자격정지의 병과)
본장의 죄에는 10년 이하의 자격정지를 병과할 수 있다.

I. 취 지

본조는 각종 체포·감금죄에 대해 10년 이하의 자격정지를 병과할 수 있음   1
을 규정하고 있다. 이는 1953년 제정 형법에서부터 계속 유지되어 온 규정이다.
형법은 재판, 검찰, 경찰 기타 인신구속에 관한 직무를 행하는 자 또는 이를 보
조하는 자가 그 직권을 남용하여 사람을 체포 또는 감금한 때에는 7년 이하의
징역과 10년 이하의 자격정지에 처하도록 하고 있다(§ 124①). 그런데 체포, 감금
은 위와 같은 직무 외에도 특정 자격에 의한 직무를 빙자해서 행해지는 경우도
종종 있기 때문에, 그와 같은 사정이 있는 경우에는 자격정지형을 병과할 수 있
음을 규정한 것이라고 할 수 있다.

II. 요건 및 효과

1. 요 건

본장의 죄로 유죄판결을 할 때 본형에 부가하여 자격정지형을 병과할 수   2
있다.

2. 효 과

제43조 제1항에 따라 사형, 무기징역 또는 무기금고의 판결을 받은 자는 네   3
가지의 자격, 즉 공무원이 되는 자격(제1호), 공법상의 선거권과 피선거권(제2호),
법률로 요건을 정한 공법상의 업무에 관한 자격(제3호), 법인의 이사, 감사 또는

지배인 기타 법인의 업무에 관한 검사역이나 재산관리인이 되는 자격(제4호)을 상실한다.

4   그리고 제43조 제2항에 따라 유기징역 또는 유기금고의 판결을 받은 자는 다른 법률에 특별한 규정이 없는 한 그 형의 집행이 종료하거나 면제될 때까지 위 제1호부터 제3호까지 세 가지의 자격이 정지된다. 위 네 가지 자격 중 전부 또는 일부에 대한 자격정지형은 1년 이상 15년 이하로 한다(§44①). 유기징역 또는 유기금고에 자격정지를 병과한 때에는 징역 또는 금고의 집행을 종료하거나 면제된 날로부터 정지기간을 기산한다(§44②). 징역형 또는 금고형의 집행유예를 하면서 자격정지형이 병과되는 경우 실무상 집행유예 기간이 종료한 날의 다음날부터 자격정지기간이 진행하는 것으로 처리하고 있다. 네 가지 자격 중 일부에 대하여만 정지를 선고할 경우에는 판결에서 정지의 대상이 되는 자격의 종류까지 구체적으로 명시되어야 할 것이다. 재판실무상 자격정지형은 1년 미만으로 감경할 수 없다고 보고 있다.[1]

5   본조에 따라 본장의 죄로 유죄판결을 선고할 때 본형에 부가하여 위 네 가지 중 전부 또는 일부에 대하여 1년 이상 10년 이하의 자격정지형이 병과될 수 있다.

6   다만 공무원은 금고 이상의 실형 또는 그 집행유예를 선고받거나 특정범죄(§129부터 §132까지, 성폭처벌 §2, 아청 §2(ii), 직무와 관련하여 §355 또는 §356에 규정된 죄)에 관하여 금고 이상의 선고유예를 받은 경우에는 당연퇴직이 되기 때문에(국가공무원법 §69(i), 지방공무원법 §61(i)), 따로 자격정지를 병과할 필요가 있는 경우는 제한적이다.

7   재판실무상 각종 체포·감금죄에 대하여 자격정지형이 병과되는 경우를 찾기는 힘들다.

〔정 상 규〕

---

[1] 사법연수원 형사판결서 작성론, 사법발전재단(2022), 37.

제30장 협박의 죄

〔총 설〕

Ⅰ. 의의와 보호법익

협박의 죄는 사람의 자유에 대한 죄 중 하나로 규정되어 있다. 협박의 죄의   1
보호법익은 의사결정의 자유, 즉 자유로운 활동의 전제가 되는 정신적 자유로
서, 외부로터 부당한 영향을 받지 않는 상태에서 개인이 자유롭게 의사결정을
할 수 있는 자유이다(통설[1] 및 판례[2]). 그러나 통설과는 달리 개인의 의사가 부당
한 외부적인 영향을 받지 아니하는 상태, 즉 '개인의 법적 안전의식' 내지 '개인
의 심리적 평온'을 보호법익으로 한다는 견해,[3] 통설과 같이 의사결정의 자유라
고 하면서도 합헌적 법률해석으로 개인의 의사결정의 자유 외에 '개인의 법적

---

1 강구진, 형법강의 각론1, 132; 김성돈, 형법각론(6판), 141; 김성천·김형준, 형법각론(6판), 144; 김일수·서보학, 새로쓴 형법각론(8판 증보판), 97; 박상기·전지연, 형법학(총론·각론 강의)(4판), 458; 배종대, 형법각론(14판), §30/1; 손동권·김재윤, 새로운 형법각론, §9/1; 신동운, 형법각론 (2판), 668; 오영근, 형법각론(5판), 106; 유기천, 형법학(각론강의 하)(전정신판), 100; 이영란, 형법학 각론강의, 133; 이용식, 형법각론, 109; 이재상·장영민·강동범, 형법각론(13판), §7/1; 이정원·류석준, 형법각론, 109; 이형국·김혜경, 형법각론(2판), 144; 임웅, 형법각론(9정판), 147; 정성근·박광민, 형법각론(전정3판), 134; 정영일, 형법각론, 83; 정웅석·최창호, 형법각론, 372; 진계호·이존걸, 형법각론(6판), 148.
2 대판 2007. 9. 28, 2007도606(전); 대판 2010. 7. 15, 2010도1017.
3 김종원, 형법각론 상(3정판), 97; 백형구, 형법각론(개정판), 386; 정영석, 형법각론(5전정판), 259; 황산덕, 형법각론(6정판), 207.

평온'까지 해치는 경우에 제한적으로 적용할 수 있다는 견해[4]도 있다. 일본에서
도 협박죄(일형 §222)[5]의 보호법익을 둘러싸고 마찬가지로 견해의 대립이 있는
데, 통설은 우리와 마찬가지로 의사결정의 자유라고 한다.[6]

2　　　　이처럼 협박의 죄의 보호법익이 의사결정의 자유라고 할 때, 그 보호의 정
도에 대해서는, ① 침해범설[7]과 ② 위험범설[8]이 대립한다. 이러한 견해의 대립
은 협박의 죄의 기수 처벌범위와 직결되는데, 위 ①설에 의하면 그 범위가 좁아
지고, ②설에 의하면 그 범위가 넓어진다. 위 ①설은 협박의 죄의 미수범 처벌
규정(§286)을 근거로 미수범의 처벌규정을 두고 있는 범죄는 위험발생만으로 기
수를 인정해야 할 경우를 제외하고는 원칙적으로 침해범이라고 해야 하는데, 협
박죄의 미수를 기수로 처벌해야 할 형사정책적 필요성이 인정되지 않으므로 침
해범이라고 하거나,[9] 미수범 처벌규정이 침해범으로 해석할 논리필연적 근거는

4　이상돈, 형법강론(3판), 481. 협박죄는 공갈죄와 강요죄가 성립하지 않는 경우에 보충적으로 성
　　립하는 범죄인데, 강요죄에 이르지 않는 협박행위는 형사처벌의 당위성과 필요성이 매우 약함에
　　도, 법정형이 3년 이하의 징역으로 2년 이하의 징역인 폭행죄 보다 높은 것은 과잉금지원칙에
　　위배된다고 한다.

5　일본형법 제222조(협박) ① 생명, 신체, 자유, 명예 또는 재산에 대하여 해를 가한다는 뜻을 고
　　지하여 사람을 협박한 자는, 2년 이하의 징역 또는 30만 엔 이하의 벌금에 처한다. ② 친족의
　　생명, 신체, 자유, 명예 또는 재산에 대하여 해를 가한다는 뜻을 고지하여 사람을 협박한 자도,
　　전항과 같다.

　　　참고로 일본형법은 2022년 6월 17일 징역형과 금고형이 '구금형'으로 단일화되어 형법전의 '징
　　역', '구금', '징역 또는 구금'은 모두 '구금형'으로 개정(법률 제67호)되었고, 2025년 6월 1일 시행
　　예정이다. 다만, 아직 시행 전이므로 본장에서 일본형법 조문을 인용할 때는 현행 조문의 '징역'
　　등의 용어를 그대로 사용한다.

6　大塚 外, 大コン(3版)(11), 442-445(伊藤 納). 일본에서의 위 ②의 견해는 모든 협박이 반드시 어떠
　　한 행위를 요구하기 위하여 이루어지는 것은 아니고, 특정한 목적이나 동기 없이 단지 해악만을 고
　　지하는 경우도 얼마든지 상정할 수 있기 때문에, '개인의 의사결정 자유'라는 보호법익만으로는 협
　　박행위를 처벌하는 근거를 완전하게 설명할 수 없다고 한다[최동열, "협박죄의 기수에 이르기 위하
　　여 상대방이 현실적으로 공포심을 일으킬 것을 요하는지 여부", 해설 74, 법원도서관(2008), 418].

　　　일본을 비롯한 해외 각국의 협박죄의 보호법익에 관한 보다 상세한 설명은 한영수, "협박의
　　의미와 대상", 형사판례연구 [19], 한국형사판례연구회, 박영사(2011), 337 이하 참조.

7　김신규, 형법각론 강의, 130; 김일수·서보학, 97; 배종대, §31/12; 원혜욱, 형법각론, 71; 이영란,
　　133; 이재상·장영민·강동범, §7/2; 이형국·김혜경, 145; 정성근·정준섭, 형법강의 각론(2판),
　　74; 정웅석·최창호, 372; 진계호·이존걸, 149.

8　김성돈, 142·146(추상적 위험범); 김혜정·박미숙·안경옥·원혜욱·이인영, 형법각론(3판), 126
　　(위험범); 박찬걸, 형법각론, 143(위험범); 이상돈, 481(추상적 위험범); 이정원·이석배·정배근,
　　형법각론, 87(추상적 위험범); 정영일, 84(구체적 위험범); 주호노, 형법각론, 222(위험범); 홍영
　　기, 형법(총론과 각론), §59/1(구체적 위험범).

9　이재상·장영민·강동범, §7/2.

아니지만 이를 고려할 때 해악을 고지하면 실행행위가 종료하고 상대방이 공포심을 느낄 때에 기수가 된다고 해석하는 것이 좀 더 자연스럽다고 한다.[10] ②설은 피해자의 심약(心弱)의 정도에 따라 기수·미수를 달라지지 않도록 하기 위해서는 위험범으로 해석하는 것이 타당하다고 한다.[11]

이에 대하여 판례는, "협박죄의 미수범을 처벌하는 조항을 두고 있으나 미수범 처벌조항이 있다 하여 반드시 침해범으로 해석할 것은 아니며, 지극히 주관적이고 복합적이며 종종 무의식의 영역에까지 걸쳐 있는 상대방의 정서적 반응을 객관적으로 심리·판단하는 것이 현실적으로 불가능에 가깝고, 상대방이 과거 자신의 정서적 반응이나 감정상태를 회고하여 표현한다 하여도 공포심을 일으켰는지 여부의 의미나 판단기준이 사람마다 다르며 그 정도를 측정할 객관적 척도도 존재하지 아니하는 점 등에 비추어 보면, 상대방이 현실적으로 공포심을 일으켰는지 여부에 따라 기수 여부가 결정되는 것으로 해석하는 것은 적절치 아니하기 때문이다. 결국, 협박죄는 사람의 의사결정의 자유를 보호법익으로 하는 위험범이라 봄이 상당하고, 위 미수범 처벌조항은 해악의 고지가 현실적으로 상대방에게 도달하지 아니한 경우나, 도달은 하였으나 전혀 지각하지 못한 경우, 혹은 고지된 해악의 의미를 상대방이 인식하지 못한 경우 등에 적용될 뿐이라 할 것이다."라고 판시하여,[12] 위 ②설의 입장이다. **3**

의사결정의 자유는 자유로운 활동의 전제가 된다는 점에서 협박죄는 자유를 침해하는 각종 범죄의 출발점이 된다고 볼 수 있다. 협박죄는 의사결정의 자유만을 보호법익으로 하고 있으므로 단순히 의사결정의 자유를 침해한 것에 그치지 않고 더 나아가 협박을 수단으로 하여 의사활동의 자유, 성적 자기결정의 자유, 재산권 등 다른 법익까지 침해한 경우, 협박은 이들 법익을 보호하는 강요죄나 강간죄, 공갈죄, 강도죄, 감금죄 등에 흡수되어 별도의 범죄를 구성하지 않는다.[13] **4**

---

10 오영근, 106.
11 김성돈, 132.
12 대판 2007. 9. 28, 2007도606(전). 본 판결 평석과 해설은 김성돈, "침해범/위험범, 결과범/거동범, 그리고 기수/미수의 구별기준", 형사판례연구 [17], 한국형사판례연구회, 박영사(2009), 1-24; 최동열(주 6), 412-431.
13 신동운, 668; 주석형법 [각칙(4)](5판), 130(이미선). 협박죄가 감금죄에 흡수되어 따로 성립하지

II. 구성요건의 체계

5　　　본장에서는 협박죄(§ 283①)를 기본구성요건으로 두고, 신분관계로 인한 가중구성요건으로 존속협박죄(§ 283②)를, 행위실행의 방법으로 인한 가중구성요건으로 특수협박죄(§ 284)를, 상습성으로 인한 가중구성요건으로 상습협박죄(§ 285)를 규정하고 있다. 본장의 조문 구성은 아래 [표 1]과 같다.

[표 1] 제30장 조문 구성

조　문		제　목	구성요건	죄　명	공소시효
§ 283	①	협박, 존속협박	ⓐ 사람을 ⓑ 협박	협박	5년
	②		ⓐ 자기 또는 배우자의 직계존속에 대하여 ⓑ ①의 죄를 범함	존속협박	7년
	③		①, ②(반의사불벌죄)		
§ 284		특수협박	ⓐ 단체 또는 다중의 위력을 보이거나 위험한 물건을 휴대하여 ⓑ § 283①, ②의 죄를 범함	특수 (§ 283 각 죄명)	7년
§ 285		상습범	상습으로 § 283①, ② 또는 § 284를 범함	상습 (§ 283, § 284 각 죄명)	
§ 286		미수범	§ 283 내지 § 285의 미수	(§ 283 내지 § 285 각 죄명)미수	

III. 연　혁

6　　　의용형법은 협박죄에 대하여 '생명, 신체, 자유, 명예 또는 재산에 대하여 해를 가할 것으로써 사람을 협박한 자'라고 규정하여 협박의 내용을 구체적으로 정하고 있었으나(구 § 222①), 1953년 9월 18일 제정된 형법은 단순히 '사람을 협박한 자'라고만 규정하여 협박의 내용에 관하여 아무런 제한을 두지 않고 있다. 또한, 의용형법은 협박에 대한 미수범 처벌 조항을 따로 마련하지 않고 있었으나, 제정 형법은 협박죄의 기본구성요건 및 가중구성요건들에 대하여 미수범 처

않는다는 판례로는 대판 1982. 6. 22, 82도705.

벌규정을 신설하였다(§ 286).[14]

그리고 1995년 12월 29일의 개정을 통하여 협박죄(§ 283①)의 법정형 중 벌금형을 '1만5천 환 이하에서 500만 원 이하'로, 존속협박죄(§ 283②)의 법정형을 '2만5천 환 이하에서 700만 원 이하'로, 특수협박죄(§ 284)의 법정형을 '5만 환 이하에서 1천만 원 이하'로 개정하였다.

〔권 내 건〕

---

14 협박죄의 조문 형태는 협박을 이루는 해악의 내용이나 보호법익 등을 해석함에 있어 중요한 고려 요소가 된다. 일본(각칙 제32장 협박의 죄의 장에 협박죄와 강요죄를 규정하고 있음)을 비롯한 독일, 스위스 등 다른 나라의 협박죄 조문에 대하여는 한영수(주 6), 331 이하 참조.

제283조(협박, 존속협박)

① 사람을 협박한 자는 3년 이하의 징역, 500만원 이하의 벌금, 구류 또는 과료에 처한다. 〈개정 1995. 12. 29.〉

② 자기 또는 배우자의 직계존속에 대하여 제1항의 죄를 범한 때에는 5년 이하의 징역 또는 700만원 이하의 벌금에 처한다. 〈개정 1995. 12. 29.〉

③ 제1항 및 제2항의 죄는 피해자의 명시한 의사에 반하여 공소를 제기할 수 없다. 〈개정 1995. 12. 29.〉

Ⅰ. 협박죄(제1항)

1. 객 체

(1) 자연인

1　　본죄(협박죄)는 사람의 의사결정의 자유를 보호법익으로 하는 범죄로서 형법규정의 체계상 개인적 법익, 특히 사람의 자유에 대한 죄 중 하나로 구성되어 있으므로, 자연인이 그 객체가 됨은 자명하다.

2　　문제는 법인도 객체가 될 수 있느냐 하는 것이다. 이에 대하여, ① 협박죄의 보호법익, 형법규정상 체계, 협박의 행위 개념 등에 비추어 볼 때, 본죄는 자연인만을 그 대상으로 예정하고 있고, 법인은 객체가 될 수 없다는 부정설이 통설[1]과

1 강구진, 형법강의 각론 I, 133; 김성돈, 형법각론(6판), 143; 김일수·서보학, 새로쓴 형법각론(8판 보정판), 98; 백형구, 형법각론(개정판), 388; 손동권·김재윤, 새로운 형법각론, §9/6; 신동운, 형법각론(2판), 669; 이상돈, 형법강론(3판), 482; 이영란, 형법학 각론강의, 134; 이재상·장영민·강동범, 형법각론(13판), §7/4; 이정원·류석준, 형법각론, 111; 이형국·김혜경, 형법각론(2판), 146; 임웅, 형법각론(9정판), 148; 정성근·박광민, 형법각론(전정3판), 136; 정웅석·최창호, 형법각론, 373; 진계호·이존걸, 형법각론(6판), 151; 황산덕, 형법각론(6정판), 207.

판례[2]의 입장이다. 일본의 통설[3]과 판례[4]도 마찬가지이다. 이에 대하여, ② 법인도 의사결정기관을 가지고 그 의사결정에 기초하여 활동하는 사회생활상의 존재로 인정되므로 보호할 필요가 있고, 법인도 의사결정기관을 매개로 하여 의사결정을 할 수 있으므로 본죄의 객체가 될 수 있다는 견해가 있다.[5] 그러나 법인이 의사결정기관을 통해 어떠한 의사결정을 내린다고 해도 법인을 대상으로 한 협박은 그 의사결정을 내리는 법인의 대리인 또는 대표와 같은 자연인을 상대로 이루어지는 것이므로 위 ①의 판례와 통설의 입장이 타당하다.[6]

다만, 법인이 본죄의 피해자가 될 수 있는가 하는 문제와 법인에 대한 법익 침해를 내용으로 하는 해악의 고지가 협박이 될 수 있는가 하는 문제는 전혀 그 차원을 달리한다. 후자는 협박의 상대방인 자연인과 가해의 대상인 법인과의 관계, 고지된 해악의 내용 등을 고려하여 그 인정 여부를 결정하면 된다. 이러한 기준에 따라 판례는, 채권추심회사의 지사장이 자신의 횡령행위에 대한 민·형사상 책임을 모면하기 위하여 회사 본사에 "회사의 내부비리 등을 관계 기관에 고발하겠다."라는 취지의 서면을 보내는 한편, 본사 임원인 경영지원본부장에게 전화를 걸어 위 서면의 내용과 같은 취지로 발언을 한 사안에서, 경영지원본부장에 대한 본죄를 인정한 바 있다.[7] 3

본죄는 개인적 법익을 보호하는 죄인만큼, 협박의 상대방이 되는 자연인은 특정되어 존재하고 있어야 하며, 협박의 상대방을 전혀 특정할 수 없다면 본죄는 성립할 수 없다.[8] 일본 판례 중에는 특정인이 평소 소행이 나쁘다는 내용을 적은 편지를 쓰면서 그 안에 편지를 주운 사람이 편지에 적힌 지시대로 하지 않 4

---

2 대판 2010. 7. 15, 2010도1017. 본 판결 평석은 강우예, "권리·권한실행 의사표시의 협박죄 성립", 형사판례연구 [19], 한국형사판례연구회, 박영사(2011), 179-209; 한영수, "협박의 의미와 대상", 형사판례연구 [19], 326-388.

3 大塚 外, 大コン(3版)(11), 449(伊藤 納).

4 高松高判 平成 8(1996). 1. 25. 判時 1571·148. 법인의 법익에 대한 해악의 고지에 대해서는, 그것이 법인의 대표자 등 자연인에 대한 해악의 고지에 해당하는 경우에는 그 자연인에 대한 협박죄(일형 §222)가 성립할 뿐 법인에 대한 협박죄는 성립하지 않는다고 한다.

5 임석원, "범죄피해자로서 법인의 본질", 피해자학연구 16-1, 한국피해자학회(2008), 247; 西田典之, 刑法各論(6版), 弘文堂(2012), 67 이하.

6 한영수(주 2), 351도 같은 취지.

7 대판 2010. 7. 15, 2010도1017

8 신동운, 669; 주석형법 [각칙(4)](5판), 136(이미선).

으면 방화하겠다는 취지를 함께 적은 편지를 써서 특정 가게 앞과 민가 뒤에 떨어뜨려 놓은 사안에서 강요죄(일형 § 223)에서의 협박에 해당한다고 인정한 것이 있는데,9 이 사안은 비록 편지를 떨어뜨린 시점에는 줍는 사람이 누가 될 것인지 불확정적이지만, 장소 등 주위의 사정에 비추어 가게 주인이나 민가의 거주자가 편지를 습득하리라고 예측할 수 있기 때문에 특정인에 대한 협박이 있었다고 이해할 수 있다.10

(2) 의사결정의 자유를 가진 사람(해악의 의미를 이해할 수 있는 사람)

5　　　본죄의 보호법익이 사람의 의사결정의 자유라는 점에서 본죄의 객체가 되는 자연인은 최소한의 의사결정의 자유를 가진 사람이어야 하며, 해악 고지의 의미를 이해할 수 있는 정신적 능력을 갖추지 못하였다면 본죄의 객체가 될 수 없다고 보는 것이 일반적인 설명이다.11

6　　　이에 따르면 유아, 심신장애자 등의 경우 협박의 내용으로 된 언동의 의미를 이해할 수 있는 수준이라면 본죄의 피해자가 될 수 있으나, 그 의미를 이해할 수 없는 정도라면 본죄의 객체가 될 수 없다는 결론에 이르게 된다. 이러한 결론은 본죄의 보호법익을 의사결정의 자유로 보는 통설과 판례의 입장에서는 논리적으로 당연한 귀결이라 할 것이나, 유아를 상대로 한 해악의 고지는 '아동의 정신건강 및 발달에 해를 끼치는 정서적 학대행위'에, 장애인에 대한 해악의 고지는 '장애인의 정신건강 및 발달에 해를 끼치는 정서적 학대행위'에 해당하여, 피해 아동이나 장애인이 해악의 정확한 의미를 이해하지 못했다고 해도 각각 아동복지법 내지 장애인복지법에 따라 처벌될 가능성이 있다(아동복지법 § 71 ①(ii), § 17(v), 장애인복지법 § 86③(iii), § 59의9(vi)).12

9　大判 昭和 16(1941). 2. 27. 刑集 20·6.
10　주석형법 〔각칙(4)〕(4판), 140(이강원); 大塚 外, 大コン(3版)(11), 451(伊藤 納).
11　강구진, 133; 김성돈, 143; 김일수·서보학, 98; 박상기·전지연, 형법학(총론·각론 강의)(4판), 460; 배종대, 형법각론(14판), § 31/3; 백형구, 388; 손동권·김재윤, § 9 /6; 신동운, 669; 오영근, 형법각론(5판), 107; 이상돈, 482; 이영란, 134; 이재상·장영민·강동범, § 7/4; 이정원·류석준, 111; 이형국·김혜경, 146; 임웅, 148; 정성근·박광민, 136; 정영일, 형법각론, 84; 정웅석·최창호, 373; 진계호·이존걸, 151; 황산덕, 208.
　　이와는 달리 본죄의 객체에는 제한이 없으며, 유아 등에 대한 해악의 고지가 협박이 되지 않는 이유는 이들이 본죄의 객체가 될 수 없기 때문에 아니라 해악의 고지가 제대로 전달되지 않았기 때문으로 이해해야 한다고 보는 견해도 있다〔김성천·김형준, 형법각론(6판), 145-146·149〕.
12　아동복지법 또는 장애인복지법상 정서적 학대행위란 '현실적으로 아동(또는 장애인)의 정신건강

2. 행 위

본죄의 행위는 사람을 협박하는 것이다. 의용형법은 '생명, 신체, 자유, 명 **7**
에 또는 재산에 대하여 해를 가할 것으로써 사람을 협박한 자'라고 규정하고 있
었으나, 1953년 9월 18일 제정 형법은 본죄의 실행행위에 '협박' 외 아무런 추가
요소도 규정하지 않고 있다.

(1) 협박의 개념

(가) 학설상의 개념 분류

형법은 폭행과 더불어 협박이라는 용어를 본죄에서 뿐만 아니라 다른 여러 **8**
범죄에서 사용하고 있는데, 다수설은 협박의 개념을 광의, 협의, 최협의 세 가지
로 분류하여 설명하고 있다.[13]

이에 따르면 우선, ① 광의의 협박은 공포심을 일으킬 목적으로 사람에게 **9**
해악을 고지하는 것을 의미하고, 해악의 고지로 상대방에게 실제 공포심이 일어
났는지는 문제되지 않는다. 내란죄(§ 87. 폭동), 소요죄(§ 115), 다중불해산죄(§ 116),
공무집행방해죄(§ 136①), 직무강요죄(§ 136②), 특수도주죄(§ 146)의 협박이 여기에
해당한다고 한다. 다음으로, ② 협의의 협박은 상대방이 현실적으로 공포감을 느
낄 수 있을 정도의 해악을 고지하는 것을 의미하고, 강요죄(§ 324), 공갈죄(§ 350),
강제추행죄(§ 298)[14]의 협박이 여기에 해당한다. 끝으로, ③ 최협의의 협박은 상

과 그 정상적인 발달을 저해한 경우뿐만 아니라 그러한 결과를 초래할 위험 또는 가능성이 발생
한 경우'도 포함하며(대판 2015. 12. 23, 2015도13488), 입법목적이나 문언 자체의 표현 등을 고
려할 때 정서적 학대행위는 의사결정의 자유를 침해하는 것보다 넓은 의미의 법익침해를 포함하
는 것으로 이해하는 것이 타당하다. 하급심 판례 중에는 아이돌보미인 피고인이 피해 아동(생후
10개월)의 집에서 아동이 잠을 자지 않고 계속 운다는 이유로 "미쳤네, 미쳤어, 돌았나, 제정신
이 아니제, 미친놈 아니가 진짜, 쯧, 또라이 아니가, 또라이, 쯧, 울고 지랄이고"라는 등 큰 소리
로 욕설을 하고, 아동이 울고 있는데도 울음을 그치도록 조치하지 않은 채 텔레비전을 시청한
행위가 아동복지법상 정서적 학대행위에 해당한다고 본 사례가 있는데(대구지판 2019. 1. 24,
2018노1809), 해당 판결은 피해아동이 피고인 음성의 높이나 강도 및 어조, 피고인이 말하는 태
도나 표정 등을 보고 피고인이 표출하는 말이나 감정의 의미를 받아들일 수 있다고 보이므로 피
고인의 폭언이 정서적 학대행위에 해당한다고 보았다.

13 강구진, 134; 김성돈, 143-144; 김일수·서보학, 98; 박상기·전지연, 458; 배종대, § 133/4-8; 오영
근, 109; 이재상·장영민·강동범, § 7/9; 이정원·류석준, 112; 이형국·김혜경, 147; 임웅, 149;
정성근·박광민, 136; 정영일, 84; 정웅석·최창호, 372.

14 대판 2023. 9. 21, 2018도13877(전). 「강제추행죄의 '폭행 또는 협박'은 상대방의 항거를 곤란하
게 할 정도로 강력할 것이 요구되지 아니하고, 상대방의 신체에 대하여 불법한 유형력을 행사
(폭행)하거나 일반적으로 보아 상대방으로 하여금 공포심을 일으킬 수 있는 정도의 해악을 고지

대방의 반항을 불가능하게 하거나, 현저히 곤란하게 할 정도의 해악을 고지하는 것을 의미하고, 강도죄(§ 333), 강간죄(§ 297)의 협박이 여기에 해당한다.

10   그러나 현행 형법은 일본형법과 달리 본죄에서 해악의 내용에 대하여 아무런 제한을 두지 않고 있다([총설] III. 연혁 부분 참조). 이 때문에 다수설과 같이 3분법을 취하는 것은 타당하지 않다고 하면서 광의의 협박과 최협의의 협박 두 가지로만 분류하는 것이 옳다는 견해도 있다.[15] 이 견해는 광의의 협박이란 공포심을 일으킬 수 있는 일체의 해악 고지를 의미하고, 협박으로 실제 공포심이 일어났는지는 문제되지 않으며, 최협의의 협박은 다수설과 같은 의미라고 이해한다.

(나) 본죄에서의 협박

11   협박 개념을 셋으로 나누는 다수설은 본죄가 의사결정의 자유를 침해하는 범죄라는 점에서 통상 본죄의 협박이 위 ②의 협의의 협박에 해당하는 것으로 설명하고 있다.[16] 그러나 다수설과 같이 협박의 개념을 세 가지로 분류하는 것은 형법에 등장하는 협박의 개념을 정리하는 데 도움이 된다는 의미가 있을 뿐, 구체적인 사안에서 협박의 성부를 판단하는 데 있어 특별한 도움이 되지 않는다고 평가하는 견해도 있다.[17]

12   대법원은 본죄에서의 협박이란 일반적으로 보아 사람으로 하여금 공포심을 일으킬 수 있는 정도의 해악을 고지하는 것을 의미한다고 설시하고 있는데,[18] 구체적으로 어떠한 해악의 고지가 일반적으로 공포심을 일으킬 수 있는 것인가

(협박)하는 것이라고 보아야 한다.」

15 신동운, 670. 이와 같이 이분법적 입장을 취하는 또 다른 견해로는 유기천, 형법학(각론강의 하)(전정신판), 104; 정영석, 형법각론(5정판), 259.

16 김신규, 형법각론 강의, 132; 김혜정·박미숙·안경옥·원혜욱·이인영, 형법각론(3판), 127-128; 이용식, 형법각론, 110; 정성근·정준섭, 형법강의 각론(2판), 75; 주호노, 형법각론, 224; 최호진, 형법각론, 126; 한상훈·안성조, 형법개론(3판), 424. 이와는 달리 본죄의 협박은 위 ①의 광의의 협박에 해당한다는 견해도 있다(이정원·이석배·정배, 형법각론, 88).

17 주석형법 [각칙(4)](5판), 132(이미선). 더 나아가 피해자가 실제로 공포심을 느꼈는지 여부는 협박의 성부에 관한 중요한 판단요소로서 협박의 성부를 판단함에 있어 일차적으로 검토되어야 할 사항임에도, 다수설과 같이 도식적으로 협박 개념을 분류할 경우 실제 피해자가 공포심을 느꼈는가와 무관하게 협박의 성부를 결정하는 오류를 범할 우려도 있다는 점을 지적하는 견해도 있다[한영수(주 2), 349].

18 대판 1991. 5. 10, 90도2102; 대판 1995. 9. 29, 94도2187; 대판 1998. 3. 10, 98도70; 대판 2022. 12. 15, 2022도9187.

〔권 내 건〕

하는 점은 결국 고지된 해악의 내용, 고지 당시의 주변 상황, 행위자와 상대방의 성향 및 상호관계 등 행위 전후의 여러 사정을 종합하여 판단하는 수밖에 없다.[19]

(2) 해악의 내용

(가) 해악 내용의 종류

고지된 해악의 내용에는 아무런 제한이 없다. 고지되는 해악은 구 형법에 언급된 생명, 신체, 자유, 명예,[20] 재산은 물론, 여기에 규정되지 않았던 성적 자기결정권,[21] 업무,[22] 신용[23] 등 일체의 해악을 포함하는 것으로 이해하는 것이 옳다.[24]   13

해악은 조건부인 것도 무방하다.[25] 폭언 사실을 인정하지 않으면 비위사실(또는 폭언사실)을 상부에 보고하겠다고 한 것을 협박으로 인정한 판례가 있는데,[26] 이러한 판례 사안을 조건부 협박을 인정한 예로 설명하기도 한다.[27]   14

---

19 대판 2007. 9. 28, 2007도606(전); 대판 2008. 5. 29, 2006도6347; 대판 2011. 1. 27, 2010도14316; 대판 2012. 8. 17, 2011도10451; 대판 2022. 12. 15, 2022도9187.

20 불륜관계에 있던 남성이 여성으로부터 이별을 통보받자 불륜관계 지속을 요구하며 불륜사실을 여성의 회사, 가족 등에게 알리겠다고 협박한 행위를 제1심 법원은 유죄로 인정하였고(서울남부지판 2016. 12. 21, 2016고단2066), 제1심 판결은 대법원까지 그대로 확정되었다(대판 2018. 4. 26, 2018도3585).

21 "특정 고등학교 앞에서 여고생을 강간하겠다."는 취지의 글을 인터넷에 게시하여 학생, 학부모, 교직원들이 겁에 질려 학교 시설을 폐쇄하고 실기연습을 하지 못한 사안에서, 제1심 법원은 업무방해죄와 본죄를 유죄로 인정하였고(서울동부지판 2017. 4. 6, 2017고단423), 제1심 판결은 대법원에 이르기까지 그대로 확정되었다(대판 2017. 9. 8, 2017도12095).

22 특정 기업에 대하여 "불매운동을 펼치겠다."며, 일부 신문에 대한 광고 중단을 요구한 사안에서 대법원은, 그와 같은 행위가 강요죄나 본죄의 수단인 협박에 해당한다고 판단하였다(대판 2013. 4. 11, 2010도13774).

23 "과거에 사채를 빌려 쓴 사실 등을 남편과 시댁에게 알리겠다."는 취지의 문자메시지를 보낸 행위는 협박에 해당한다(대판 2011. 5. 26, 2011도2412).

24 강구진, 135; 김성돈, 144; 김일수·서보학, 99; 김종원, 형법각론 상(3정판), 99; 박상기·전지연, 461; 배종대, §31/14; 백형구, 389; 손동권·김재윤, §9/10; 신동운, 671; 오영근, 108; 유기천, 103; 이영란, 136; 이재상·장영민·강동범, §7/7; 이정원·류석준, 113; 이형국·김혜경, 148; 임웅, 150; 정성근·박광민, 137; 정영석, 260; 정영일, 85; 정웅석·최창호, 376; 진계호·이존걸, 153; 황산덕, 208; 주석형법 [각칙(4)](5판), 136(이미선).

25 강구진, 136; 김성돈, 146; 김종원, 100; 배종대, §31/14; 손동권·김재윤, §9/10; 신동운, 673; 오영근, 108; 이영란, 136; 이재상·장영민·강동범, §7/8; 이형국·김혜경, 150; 임웅, 151; 정성근·박광민, 138; 정영석, 260; 진계호·이존걸, 154; 황산덕, 209.

26 대판 2008. 5. 29, 2006도6347; 대판 2008. 12. 11, 2008도8922.

27 주석형법 [각칙(4)](5판), 138(이미선). 그러나 협박은 순수한 해악의 고지만 있는 경우도 있겠으나, 해악과 관련하여 상대방의 어떠한 행동을 요구하는 경우가 더 보편적인 모습이라고 할 수 있고, (주 26)의 두 판결에서 언급된 '폭언 사실 인정'도 어떠한 조건이라기보다는 협박에 통상

(나) 해악 내용의 구체성

15　　　해악의 고지는 그 해악의 발생이 일응 가능할 것으로 생각될 수 있을 정도로 구체성을 가질 필요가 있다.[28] 판례는, ① "앞으로 수박이 없어지면 네 책임으로 한다."라고 말한 것은 구체적으로 어떠한 법익에 어떠한 해악을 가하겠다는 것인지 알 수 없어 이를 해악의 고지로 보기 어렵다고 하였다.[29] 이 외에도 판례는 ② 상간녀의 누나를 찾아가 "상간녀를 데려와 슬기롭게 해결하라."라고 말한 사안[30]에서, 동일한 이유로 협박죄의 성립을 부정하였다. 같은 맥락에서 판례는 단순한 폭언에 대하여도 본죄의 성립을 부정하고 있는데, ③ 같은 동리에 사는 동년배 간에 동장직을 못하게 하였다는 불만의 표시로서 "두고 보자."라는 말을 한 것은 협박이라고 보기 어렵다고 하였고,[31] ④ 피고인의 폭행 사건 증인으로 출석하여 로비에서 대기하고 증인에게 "막말로 표현하면 법정에 출석 시 그냥 넘어갈 수 없다, 증인 출석을 하면 나는 그냥 넘어가지는 않겠다."라고 말한 것 역시 단순한 폭언에 불과한 것으로서 본죄가 성립할 수 있을 정도의 구체적인 해악을 고지한 것으로 보기 어렵다고 판단하였다.[32]

(다) 해악 내용의 실현가능성

16　　　본죄의 해악으로 인정되기 위해서는 해악을 고지한 행위자 자신이 그 해악의 발생 여부를 사실상 지배하거나 그에 영향을 미칠 수 있는 것으로 상대방을 믿게 하는 명시적 또는 묵시적 행위가 있어야 한다. 따라서 해악에는 인위적인 것은 물론 천재지변 또는 신력이나 길흉화복[33]에 관한 것도 포함될 수 있으나,

---

수반되는 요구사항으로 이해할 수 있다는 점에서 '해악(또는 협박)이 조건부이어도 무방하다'는 설명이 특별한 의미를 갖는 것은 아니라고 생각된다. 일부 교과서나 문헌(예컨대, 황산덕, 209)에서 조건부 해악을 인정한 일본 판례로 소개하고 있는 大判 大正 11(1922). 4. 25. 刑集 1 · 303은 피고인이 모처에서 "승려로 근무할 때는 기습은 산처럼 하겠다. 생명은 각오하라."라는 메모를 우편으로 우송한 사안인데, "승려로 근무하면"이란 조건은 "승려로 근무하지 말라"라는 요구사항과 다름없으므로 이 역시 일반적인 해악의 형태와 본질적으로 그 모습에 차이가 있는 것은 아니라고 판단된다.

28 대판 1995. 9. 29, 94도2187; 대판 1998. 3. 10, 98도70; 대판 2003. 1. 10, 2000도5716; 대판 2016. 8. 30, 2016도8327.

29 대판 1995. 9. 29, 94도2187.

30 대판 1998. 3. 10, 98도70.

31 대판 1974. 10. 8, 74도1892.

32 대판 2016. 8. 30, 2016도8327. 위 판결에서 대법원은 위와 같은 이유로 본죄에 대하여 무죄를 선고한 원심 판단에 법리 오해의 잘못이 없다며 검찰의 상고를 기각하였다.

33 일본 판례 중에는 신력이나 길흉화복에 대한 고지를 협박으로 인정한 사례도 발견되는데, 最決

그와 같은 천재지변 등이 행위자에 의하여 직·간접적으로 좌우될 수 없는 것이거나, 해악의 발생가능성이 합리적으로 예견될 수 있는 것이 아니라면 협박이될 수 없다.[34] 학설상으로는 행위자가 영향을 미칠 수 없는 천재지변 등에 관하여 단순히 경계를 촉구하는 것을 협박과 구별되는 '경고'라는 개념을 사용하여구별하기도 한다.[35]

昭和 31(1956). 11. 20. 刑集 10·1·1542는 "신에게 원하고 있으면서 임의로 참배를 그만두면 신의 벌이 있다. 피고인이 노하여 신의 힘으로 얼굴을 진짜 검게 만든다."라는 등으로 말하여 참배를 그만둔 기도의뢰자로 하여금 계속 참배를 하게 하면서 기도비 명목의 돈을 받은 피고인에게 공갈죄가 성립한다."고 판시하였다. 국내 사례 중에는, 피고인의 신기(神氣)로 딸의 병세가 호전될 수 있다고 믿고 있는 피해자에게 "네가 이 사고로 죽을 운명이었는데 내가 대신 다쳤다. 나 덕분에 죽을 고비를 넘겼으니 앞으로 내 말을 잘 들어라. 목숨을 빚졌으니 앞으로 번 돈을 다 가져와도 모자를 것이다. 내가 너를 몇 번이나 살려줬느냐. 내 몸이 나아야 네 기도도 해 줄 수 있고 그래야 네 딸도 살 수 있다. 내가 네 딸을 위해 기도를 해주지 않으면 병이 있는 네 딸이 가출하고 왕따를 당하고, 너처럼 유흥가에서 몸이나 파는 똑같은 신세가 된다. 네 딸이 벌써 늙은 놈하고 잠을 잤고 먹을 것이 없어 쓰레기통을 뒤지고 다닌다. 그리고 네 딸이 급살을 맞아 죽게 되고 아니면 네가 그렇게 된다. 네가 기도비를 못 만들어 내가 기도를 안 해주면 죽은 네 엄마도 지옥에 가게 된다. 죽은 엄마를 두 번 죽게 만들고 네 딸도 네 엄마처럼 못 살게 만들 것이냐. 네 몸 속에 102마리 마귀가 있고 내 말이 곧 부처님 말인데, 네가 마귀 때문에 내 말을 듣지 않는 것이다."라고 말하며 마치 피고인의 기도 여부에 따라 피해자의 딸의 운명 등이 좌우되는 것처럼 겁을 줘 돈을 받은 피고인의 행위를 공갈로 평가하여 기소한 예가 있다(해당 사건의 제1심 법원은 이 부분 유죄를 선고하였으나, 항소심은 피해자의 진술을 믿을 수 없다는 이유로 원심을 파기하고 길흉화복 등의 고지와는 무관한 다른 내용의 공갈만을 인정하였고, 항소심 판결은 대판 2013. 12. 12, 2013도10810으로 확정되었다). 결국, 천재지변, 길흉화복 등에 대한 고지가 협박이 되는지 여부는 구체적인 사안마다 행위자가 천재지변 등을 좌우하거나 영향을 미칠 수 있는 것처럼 믿게 하였는지 여부에 대해 개별적으로 검토하여 결정해야 할 것이다.

34 대판 2002. 2. 8, 2000도3245. 대법원은 피고인이 독실한 불교집안의 피해자에게 "작은 아들이 자동차를 운전하면 교통사고가 나 크게 다치거나 죽거나 하게 된다. 조상천도를 하면 교통사고를 막을 수 있고 보살도 아픈 곳이 낫고, 사업도 잘 되고 모든 것이 잘 풀려 나간다. 조상천도비용으로 795,000원을 내라.", "묘소에 있는 시아버지 목뼈가 왼쪽으로 돌아가 아들이 형편없이 빗나가 학교에도 다니지 못하게 되고 부부가 이별하게 되고 하는 사업이 망하고 집도 다른 사람에게 넘어가게 된다. 조상천도를 하면 모든 것이 잘 된다. 조상천도를 하지 않으면 큰일 난다."라고 말한 사안에서, 피고인이 고지한 해악의 고지는 길흉화복이나 천재지변의 예고로서 행위자에 의하여 직·간접적으로 좌우될 수 없는 것이고, 가해자가 현실적으로 특정되어 있지도 않으며, 해악의 발생가능성이 합리적으로 예견될 수 있는 것이 아니므로 협박으로 평가될 수 없다고 판단하였다.

35 강구진, 136; 김성돈, 144; 김종원, 99; 박상기·전지연, 460; 배종대, §31/13; 백형구, 388; 손동권·김재윤, §9/7; 신동운, 674; 오영근, 108; 유기천, 103; 이상돈, 482; 이영란, 135; 이재상·장영민·강동범 §7/6; 이정원·류석준, 113; 이형국·김혜경, 148; 임웅, 151; 정성근·박광민, 137; 정영석, 261; 정영일, 85; 정웅석·최창호, 374; 진계호·이존걸, 152; 황산덕, 209.

(라) 해악 내용의 위법성

17   고지된 해악의 내용이 위법하거나 범죄를 구성하는 것일 필요가 있는 것인지에 대하여는 견해가 대립한다.

18   ① 다수설은 해악의 내용이 위법하거나 범죄를 구성할 필요가 없다고 보아, 해고, 형사 고소, 언론 제보 등을 고지하는 것도 협박이 될 수 있다고 한다.[36] 독일형법이 '타인 혹은 그와 가까운 자에 대하여 중죄를 범할 것을 협박한 경우'를 처벌하는 것으로 규정한 것과 달리 우리 형법은 협박의 내용에 관하여 아무런 제한을 두고 있지 않다는 점 등을 그 근거로 든다.[37] 이와 달리, ② 소수설은 본법의 협박죄는 다른 범죄의 수단이 아니라 협박 그 자체만을 독립된 불법행위로 보는 것이므로 고지된 해악의 실현은 최소한 불법을 구성할 수 있는 것이어야 한다고 해석한다.[38] 상대방에게 공포심을 일으키는 행위는 반드시 위법하거나 범죄를 구성하는 것에 국한되지 아니하며, 비행의 폭로, 범죄사실의 신고와 같이 그 자체로는 아무런 위법성을 띠지 않는 것들도 공포심을 일으키기에 충분한 수단이 될 수 있다는 점에서 위 ①의 다수설이 타당하며, 실무의 태도도 같다. 다만, 그 해악의 고지가 정당한 권리행사나 직무집행으로서 사회상규에 반하지 아니하는 경우 위법성이 조각될 수 있는 것은 별개의 문제이다(I. 5. **위법성** 부분 참조).

(마) 구체적 판단기준

19   고지된 해악이 예측가능하고 실현가능한 구체성 있는 내용이라고 해도 그것이 실제 협박에 해당하는지 여부는 단순히 고지된 해악의 표면적 내용만으로 판단할 수는 없으며, 행위자와 상대방의 성향, 고지 당시의 주변 상황, 행위자와 상대방 사이의 친숙함의 정도 및 지위 등의 상호관계, 제3자에 의한 해악을 고지한 경우에는 그에 포함되거나 암시된 제3자와 행위자 사이의 관계 등 행위

---

36 김성돈, 144; 김성천·김형준, 148; 김일수·서보학, 99; 박상기·전지연, 461; 백형구, 389; 손동권·김재윤, §9/10; 신동운, 671; 오영근, 108; 이영란, 136; 이재상·장영민·강동범, §7/7; 임웅, 150; 정성근·박광민, 138; 정영일, 85; 진계호·이존걸, 153; 황산덕, 209; 홍영기, 형법(총론과 각론), §59/5; 주석형법 [각칙(4)](5판), 139(이미선).

37 주석형법 [각칙(4)](5판), 139(이미선).

38 배종대, §31/14; 이형국·김혜경, 150. 고지된 해악이 형법상 불법을 구성해야만 하는 것은 아니지만 이에 준하는 것이어야 한다는 견해(이상돈, 482), 사회적 상당성의 기준에 따라 '상당한 정도의 해악'을 고지하는 정도에는 이르러야 한다고 보는 견해(이정원·류석준, 114)도 있다.

전후의 여러 사정을 종합하여 판단해야 한다.[39]

판례 중에는 단순한 욕설 또는 폭언으로서 협박에 해당하지 않는다고 하거 　　20
나,[40] 흥분된 상태에서 한 우발적 발언이라서 고의가 없다는 취지의 이유로 본
죄의 성립을 부정한 것이 있다.[41] 이러한 사안들은 피상적으로 고지된 해악의
표현 자체만을 놓고 보면 일반인으로 하여금 공포심을 일으킬 수 있을 것처럼
보이나 그 발언이 이루어진 전체 상황을 놓고 보면 상대방에게 공포심을 일으
킬 수 있는 발언이라고 할 수 없고, 협박의 고의 역시 인정될 수 없다는 의미로
이해할 수 있다.

판례는 본죄뿐만 아니라 공무집행방해죄의 협박에 있어서도 거의 동일한 　　21
기준을 적용하여, 고지된 해악의 내용이 그 경위, 행위 당시의 주위 상황, 행위
자의 성향, 행위자와 상대방과의 친숙함의 정도, 지위 등의 상호관계 등 행위
당시의 여러 사정을 종합하여 객관적으로 상대방으로 하여금 공포심을 느끼게
하는 것이어야 하고, 그 협박이 경미하여 상대방이 전혀 개의치 않을 정도인 경
우에는 협박에 해당하지 않는다고 보고 있다.[42] 이러한 맥락에서 판례는, 교도
관을 상대로 "군산 갔다 와서 죽여버린다."라고 말한 것은 공무집행방해죄가 인

39　대판 1991. 5. 10, 90도2102; 대판 2007. 9. 28, 2007도606(전); 대판 2008. 5. 29, 2006도6347;
　　대판 2011. 1. 27, 2010도14316; 대판 2011. 5. 26, 2011도2412; 대판 2012. 8. 17, 2011도
　　10451.

40　대판 1974. 10. 8, 74도1892(같은 동리에 사는 동년배 간에 동장직을 못하게 하였다는 데에 불
　　만의 표시로서 "두고 보자."라는 말을 하더라도 그 정도의 폭언은 협박에 해당하지 않는다고 본
　　사례. 이 부분 피고인의 발언은 애초에 해악 내용의 구체성이 결여되어 협박이 성립하지 않는다
　　고 볼 수도 있다); 대판 1986. 7. 22, 86도1140(피해자와 언쟁 중 "입을 찢어 버릴라."라고 말한
　　것은 당시의 주위사정 등에 비추어 단순한 감정적인 욕설에 불과하고, 피해자에게 해악을 가할
　　것을 고지한 행위라고 볼 수 없어 협박에 해당하지 않는다고 본 사례).

41　대판 1972. 8. 29, 72도1565(지서에 연행된 피고인이 경찰관으로부터 반공법위반 혐의사실을 추
　　궁당하고 뺨까지 얻어맞게 되자 술김에 흥분하여 항의조로 "내가 너희들의 목을 자른다. 내 동
　　생을 시켜서라도 자른다."라고 말을 하였다고 해도 당시 상황하에서는 본죄를 구성할 만한 해악
　　을 고지할 의사가 있었다고 볼 수 없다고 한 사례); 대판 2006. 8. 25, 2006도546(자신의 동거남
　　과 성관계를 가진 바 있던 피해자에게 "사람을 사서 쥐로 새로 모르게 파묻어 버리겠다. 너까지
　　것 쉽게 죽일 수 있다."라고 한 말에 관하여 이는 언성을 높이면서 말다툼으로 흥분한 나머지
　　단순히 감정적인 욕설 내지 일시적 분노의 표시를 한 것에 불과하고, 해악을 고지한다는 인식을
　　갖고 한 것이라고 보기 어렵다고 한 사례).

42　대판 2006. 1. 13, 2005도4799; 대판 2011. 2. 10, 2010도15986. 공무집행방해죄의 협박과 본죄
　　의 협박을 구별하는 다수설에 따르더라도, 공무집행방해죄의 협박은 광의의 협박으로 협의의 협
　　박인 본죄의 협박보다 넓은 개념이므로 공무집행방해죄의 협박이 되지 않는 협박은 당연히 본죄
　　의 협박도 될 수 없다.

정되기 위한 수단으로서의 협박에 해당하지 않는다고 하였다.[43]

(3) 해악의 실현

(가) 해악 실현의 주체

22 　　고지된 해악을 실현할 주체는 고지자인 경우가 대부분이겠으나, 고지자 자신이 아닌 제3자로 하여금 해악을 가하도록 하겠다고 고지하는 것 역시 가능하다. 다만, 본죄의 해악으로 인정되기 위해서는 해악을 고지한 행위자 자신이 그 해악의 발생 여부를 사실상 지배하거나 그에 영향을 미칠 수 있는 것으로 상대방을 믿게 하는 명시적 또는 묵시적 행위가 있어야 하므로,[44] 제3자를 통해 해악을 실현하는 경우에도 마찬가지로 고지자가 제3자의 행위를 사실상 지배하거나 제3자에게 영향을 미칠 수 있는 지위에 있는 것으로 믿게 하는 명시적·묵시적 언동을 하였거나, 제3자의 행위가 고지자의 의사에 의하여 좌우될 수 있는 것으로 상대방이 인식한 경우에만 협박이 인정될 수 있다.[45] 이와 달리 만약 고지자가 위와 같은 명시적·묵시적 언동을 하거나 상대방이 위와 같이 인식을 한 적이 없다면, 비록 상대방이 현실적으로 외포심을 느꼈다고 하더라도 이러한 고지자의 행위가 본죄를 구성한다고 볼 수는 없다.[46]

23 　　경찰청에 전화로 "내 휴대폰으로 'A역을 폭파시키겠다'는 문자메시지를 받았는데, 발신자 전화번호는 ○○○(휴대전화 번호 생략)인데 알아봐 달라."라고 말한 행위가 도시철도공사 관리자를 상대로 한 협박에 해당하는지 문제된 사안에서 대법원은, "피고인은 제3자가 피고인의 휴대전화에 A역을 폭파하겠다는 내용의 문자메시지를 보냈으니 알아서 하라는 취지의 고지를 한 것에 불과하여 그 제3자의 행위에 의한 해악의 발생이 피고인의 의사에 좌우될 수 있다는 취

---

43 대판 1970. 6. 30, 70도1121. 위 판결에 설시된 사실관계 이상으로 해당 발언이 이루어진 상황을 자세히 알기는 어려우나, 문제가 된 발언은 그 내용과 상대방을 고려할 때 수용자가 교도관을 상대로 한 것으로 생각된다.

44 대판 2002. 2. 8, 2000도3245(공갈죄의 수단으로서 협박). 본 판결 해설은 정형식, "가. 공갈죄의 수단으로써 협박의 의미, 나. 조상천도제를 지내지 아니하면 좋지 않은 일이 생긴다는 취지의 해악의 고지가 공갈죄의 수단으로써의 협박으로 평가될 수 없다고 한 사례", 해설 41, 법원도서관(2002), 636-646.

45 일본 판례는 고지자가 제3자에 대하여 가해행위의 결의에 대하여 영향을 미칠 수 있는 지위에 있다는 것을 알릴 필요는 있지만, 객관적으로 영향을 미칠 수 있는 입장에 있을 필요까지는 없다고 한다[最判 昭和 27(1952). 7. 25. 刑集 6·7·941].

46 대판 2006. 12. 8, 2006도6155.

지도 함께 고지되었다고 보기 어려워 협박에 해당하지 않는다."라고 본 원심판결이 타당하다고 하였다.[47] 그러나 이와 달리 피해자의 장모가 있는 자리에서 서류를 보이면서 "요구를 들어주지 않으면 서류를 세무서로 보내 세무조사를 받게 하여 피해자를 망하게 하겠다."라고 말하여 피해자의 장모로 하여금 피해자에게 위와 같은 사실을 전하게 하고, 그 다음날 피해자의 처에게 전화를 하여 "며칠 있으면 국세청에서 조사가 나올 것이니 그렇게 아시오."라고 말한 사안에서는 본죄의 성립을 인정하였다.[48]

해악을 실현하는 주체인 본인 혹은 제3자를 허무인으로 가장하는 것도 무방하나,[49] 제3자를 통해 해악을 실현하는 경우에는 앞의 법리와 같이 고지자가 허무인인 제3자의 행위를 사실상 지배하거나 영향을 미칠 수 있는 지위에 있는 것으로 믿게 하는 명시적·묵시적 언동이 필요하다.[50]

관련 하급심 판례를 살펴보면, ① 피고인이 피해자의 나체 사진을 확보하게 된 것을 기화로 제3자를 사칭하며 마치 우연히 위 나체 사진을 확보한 것처럼 행세하며 피해자에게 전화로 "돈을 주지 않으면 사진을 유포하겠다."고 한 사안에서, 협박을 통한 공갈죄가 인정되었고,[51] ② 피해자의 인터넷 사기사건을 해결해 준 척하며 돈을 요구하였으나 피해자가 이를 거절하자 "우리 형이 야쿠자 데리고 일을 하는데, 야쿠자 후배 시켜 묻어버린다."는 취지의 말을 한 사안에서, 역시 협박을 통한 공갈죄가 인정되었다.[52] ③ 허무인 A를 발신인으로 하여 "B(실존자)가 피해자의 개인정보를 유출하고, '피해자를 죽이고 싶다'는 등의 말을 하며 돌아다닌다."라는 거짓 편지를 피해자에게 보낸 사안에서, 제1심 법

24

25

---

47 대판 2006. 12. 8, 2006도6155.
48 대판 2007. 6. 1, 2006도1125. 세무조사를 통해 피해자의 재산에 어떠한 불이익을 발생시키는 해악은 제3자인 세무공무원을 통해 실현되고, 세무조사가 실시될 것인지 여부는 피고인의 서류 제출에 달려있다는 점에서 피고인은 해악의 발생 여부에 자신이 영향을 미칠 수 있는 것으로 피해자를 믿게 하였다고 평가할 수 있다.
49 주석형법 [각칙(4)](5판), 141(이미선).
50 강구진 136; 김종원 99; 정성근·박광민, 138; 정영석, 260; 황산덕, 208; 주석형법 [각칙(4)](5판), 141(이미선). 대판 2006. 12. 8, 2006도6155도 해악 실현의 주체인 제3자가 허무인인 사례로 볼 수 있다.
51 울산지판 2017. 6. 29, 2017고단1429.
52 서울중앙지판 2013. 6. 13, 2013고단2060[허무인인 야쿠자(제3자)가 해악을 가할 것처럼 고지한 사례].

원은 본죄의 성립을 인정하였으나, 항소심은 발신인 A가 해악을 실현하고자 하는 B의 행위를 사실상 지배하거나 영향을 미칠 수 있는 지위에 있는 것처럼 행세하였다고 볼 증거가 없다는 이유로 본죄가 성립하지 않는다고 판단하였다.[53]

26   누가 가해할 것인지 표시가 없는 경우에도 고지자의 수족으로 볼 수 있는 제3자가 가해자로 암시되는 상황이라면 본죄의 성립을 인정할 수 있다.[54]

(나) 해악 실현의 상대방(해악의 범위)

27   본조는 침해되는 법익의 향유 주체에 관하여 아무런 제한을 두고 있지 않다. 따라서 피해자 본인이나 그 친족뿐만 아니라 그 밖의 제3자에 대한 법익침해를 내용으로 하는 해악의 고지도 피해자 본인과 제3자가 밀접한 관계에 있는 경우에는 협박에 해당할 수 있다.[55] 피해자와 제3자의 밀접한 관계로는, 우선 친족,[56] 연인, 은사, 친구, 이웃 등을 생각할 수 있으나, 이에 한정되는 것은 아니다.[57] 이처럼 제3자에 대한 법익을 침해하겠다는 내용의 해악 고지가 피해자 본인에 대한 본죄에 해당하는지 여부는 고지된 해악의 구체적 내용 및 표현방법, 피해자와 제3자의 관계, 해악의 고지에 이르게 된 경위 등 여러 사정을 종합하여 판단하여야 한다.[58]

28   판례는, ① 채권추심회사의 지사장이 자신의 횡령행위에 대한 민·형사상 책임을 모면하기 위하여 회사 본사에 '회사의 내부비리 등을 관계 기관에 고발하겠다.'는 취지의 서면을 보내는 한편, 위 회사의 상무이사(경영지원 본부장)인 피해자에게 전화를 걸어 위 서면의 내용과 같은 취지로 발언한 사안에서, 피해자와 회사의 관계(피해자는 회사 대표이사의 처남으로서 경영에 참여), 당시 회사의 상황, 협박에 이르게 된 경위 및 동기, 고지한 내용 및 그 표현방법 등을 종합적으

---

53 서울중앙지판 2012. 9. 6, 2012노1994.

54 주석형법 〔각칙(4)〕(5판), 142(이미선); 주석형법 〔각칙(4)〕(4판), 146(이강원)에 따르면 누가 가해할 것인지 표시가 불명료한 경우, 이로 인해 상대방이 느끼는 위협이 더욱 증대되는 측면도 있어 처벌할 필요성이 크다고 한다.

55 대판 2010. 7. 15, 2010도1017.

56 일본형법 제222조 제2항은 '친족의 생명, 신체, 자유, 명예 또는 재산에 대하여 해를 가한다는 뜻을 고지하고 사람을 협박'한 경우 피해자에 대한 협박의 경우와 동일하게 처벌한다고 규정하고 있다.

57 강성수, "피고인이 경찰서에 전화를 걸어 정당의 당사를 폭파하겠다고 한 행위가 전화를 받은 경찰관에 대한 협박죄를 구성하는지 여부", 해설 94(2012년 하반기), 법원도서관(2013), 593.

58 대판 2010. 7. 15, 2010도1017.

로 고려할 때 협박이 성립한다고 하였다.[59]

이와 달리, ② A 정당이 국회에서 예산안을 강행처리한 것에 화가 나 공중 29
전화로 경찰서에 전화를 걸어 경찰관에게 경찰서 관할 구역 내에 있는 A 정당
의 당사를 폭파하겠다는 말을 한 사안에서는, 피고인이 경찰관 개인에 관한 해
악을 고지하였다고 볼 수 없고, 다른 특별한 사정이 없는 한 A 정당에 대한 해
악의 고지가 경찰관 개인에게 공포심을 일으킬 만큼 서로 밀접한 관계에 있다
고 보기 어렵다는 이유로 경찰관에 대한 본죄의 성립을 부정하였다.[60]

마찬가지로, ③ 여자친구와 헤어져 기분이 좋지 않은 상태에서 G20 정상회 30
의로 국가 전체가 축제분위기에 있는 것에 불만을 품고 G20 정상회의가 개최되
는 장소 인근에서 경찰청에 전화하여 경찰관에게 "폭탄물을 설치하였다."라고
말한 사안에서도, 대법원은 폭발물을 설치하였다는 취지의 말이 경찰관이나 그
와 밀접한 관계에 있는 사람의 법익침해를 고지한 것으로 볼 만한 구체적인 인
적, 장소적 관련성을 찾기 어려워 경찰관에 대한 협박이 성립하지 않는다고 본
원심의 판단이 옳다고 하였다.[61]

(다) 해악 실현의 방법

학설은 대체로 고지된 해악의 내용이 작위에 의해 실현되는 것뿐 아니라 31
부작위에 의해 실현되는 것도 포함된다고 보고 있다.[62] 다만, 그와 같은 부작위
가 본죄의 해악이 되기 위해서는, ① 행위자에게 해악을 제거해야 할 의무가 있
어야 한다고 보는 견해[63]와 ② 해악을 제거해야 할 의무와 무관하게 협박이 성
립할 수 있다고 보는 견해[64]로 나뉜다.

---

59 대판 2010. 7. 15, 2010도1017.
60 대판 2012. 8. 17, 2011도10451. 대법원은 피고인의 행위가 협박에 해당한다고 본 원심판결을
파기환송하였고, 피고인은 파기환송심에서 허위 신고를 통해 경찰관들로 하여금 현장에 긴급출
동하여 수색하도록 하는 등 위계로써 공무집행을 방해한 것으로 유죄를 선고받았고, 해당 판결
은 대판 2013. 4. 11, 2013도857로 확정되었다.
61 대판 2011. 6. 24, 2011도4358.
62 김성돈, 144; 김일수·서보학, 99; 박상기·전지연, 463; 배종대, §31/14; 오영근, 108; 이재상·장
영민·강동범, §7/7; 이정원·류석준, 114; 이형국·김혜경, 149; 임웅, 152; 정성근·박광민, 138;
정영일, 86; 진계호·이존걸 153; 황산덕, 209; 주석형법 [각칙(4)](5판), 137(이미선).
63 황산덕, 209.
64 박상기·전지연, 463; 정성근·박광민, 138; 진계호·이존걸; 153; 주석형법 [각칙(4)](5판), 137
(이미선).

32   위 ②의 견해는 그 이유에 대하여, 부작위는 해악의 내용일 뿐 부진정부작
위범의 성립 여부와는 아무런 관련이 없고, 부작위도 작위와 동등한 차원에서
평가되어야 하기 때문이라고 한다. 어떠한 부작위가 상대방으로 하여금 공포심
을 불러일으킬 만한 해악이라면 통상 그 내용은 피해자에게 필요한 이익 또는
도움을 주지 않아 곤경에 빠지게 한다거나 피해자에게 닥쳐있는 위험을 제거하
는 데 도움을 주지 않고 방치하겠다는 취지가 될 것이므로, 보증인의 지위 내지
위험제거의무가 없는 사람의 부작위가 새삼 상대방에게 공포심을 일으키는 경
우가 현실적으로 많지는 않을 것이다. 그러나 근로 거부, 제품구매 거부와 같은
부작위를 통해서도 상대에게 공포심을 일으킬 수 있으므로, 보증인지위나 위험
제거의무는 필요하지 않다고 보는 것이 타당하다.

33   판례도 '특정기업 제품에 대하여 불매운동을 하겠다.'는 취지의 고지는 해당
기업의 임원을 상대로 한 협박에 해당할 수 있다고 보았다.[65] 또한 대법원은 보
육원을 퇴소한 후 경제적으로 어려운 여건 속에서 공무원 시험을 준비하던 피
해자를 지속적으로 후원하던 피고인이 피해자가 자신의 말을 잘 듣지 않는다는
이유로 '경제적인 원조를 중단하겠다.'는 취지의 말을 한 것이 협박에 해당한다
고 본 원심 판단이 옳다고 수긍하기도 하였는데,[66] 이 역시 보증인지위가 인정
되지 않는 피고인의 부작위가 본죄의 해악에 해당할 수 있다는 것을 보여준 사
례라고 할 수 있다.

(4) 해악의 정도

34   본죄가 성립하기 위해서는 고지된 해악의 내용이 일반적으로 사람으로 하
여금 공포심을 일으키게 하기에 충분한 것이어야 한다.[67] 고지되는 해악 중에
가장 일반적인 것은 생명·신체에 대한 가해행위일 것이고, 이러한 해악의 고지
는 특별한 사정이 없는 한, 상대방으로 하여금 공포심을 일으키게 하기에 충분

---

65 대판 2013. 4. 11, 2010도13774. 본 판결 평석은 우인성, "특정신문사들의 광고주에 대한 소비자
   불매운동의 법적 한계", 올바른 재판 따뜻한 재판: 이인복 대법관 퇴임기념 논문집, 사법발전재
   단(2016), 405-467.
66 대판 2018. 10. 25, 2018도13450. 다만 본 사안에서는, '경제적인 원조 중단'이라는 부작위뿐만
   아니라 여성인 피해자가 개인적으로 남성 후원자의 지원을 받아왔다는 것을 주변에 알려 피해자
   의 평판에 악영향을 주겠다는 작위 역시 협박의 내용을 이루고 있었다.
67 대판 1991. 5. 10, 90도2102; 대판 1995. 9. 29, 94도2187; 대판 2006. 8. 25, 2006도546; 대판
   2007. 9. 28, 2007도606(전).

할 것이다.

일본 판례 중에는 이러한 경우, 발언의 상대방과의 관계, 발언에 이르게 된   35
경위, 발언의 장면·상황·문맥, 발언 시의 표정이나 목소리 등에 비추어 고지된
문언과 다른 취지나 의미로 해석되는 경우나, 상대방의 입장에서 발언자가 진의
로 한 것이 아니어서 실제로는 발언한 가해행위를 하지 않을 것임이 상당한 확
실성을 가지고 신뢰할 수 있는 사정이 있는 경우가 아니면, 달리 특별한 사정이
없는 한 사람으로 하여금 공포심을 일으키게 하기에 충분한 해악의 고지로 해
석하는 것이 상당하다고 판시한 것이 있다.[68]

이와 같은 공포심을 일으키는 정도에 이르지 않고 단순히 사람을 곤혹시키   36
는 정도에 그친다거나, 으스스함, 불쾌감, 불안감을 느끼게 하는 정도로는[69] 본
죄가 성립하지 않는다.[70]

대법원도, ① 피해자들로부터 횡령죄 고소와 가압류를 당한 피고인이 위   37
고소 등이 허위사실에 근거한 것이라고 주장하면서 이를 이유로 피해자들의 직
장에 진정을 하기에 앞서 고소 취하 등을 요구하며 장차 진정을 제기할 것임을
알린 것은, 비록 피해자들이 어느 정도의 불쾌감이나 불안감을 느꼈다고 하더라
도 본죄의 성립에 요구되는 공포심을 일으키기에 충분한 정도의 해악을 고지한
것에 해당하지 않는다고 하였다.[71]

② 자동차로 위협운전을 하여 특수협박죄로 기소된 사안에서도, 위협운전   38

---

68 大阪高判 平成 30(2018). 7. 5. 判時 2412·68(계속적으로 친밀한 교제를 해 온 남녀 사이의 말
   다툼 중의 발언에 대하여 본죄를 인정한 사례).

69 공포심에 이르지 않는 불안감 유발 등의 행위는 정보통신망이용촉진및정보보호등에관한법률위
   반죄나 경범죄처벌법위반죄로 처벌될 수 있다. 즉 정보통신망 이용촉진 및 정보보호 등에 관한
   법률은 제74조 제1항 제3호, 제44조의7 제1항 제3호에서 '공포심이나 불안감을 유발하는 부호·
   문언·음향·화상 또는 영상을 반복적으로 상대방에게 도달하게 한 자'를 1년 이하의 징역이나
   1,000만 원 이하의 벌금에 처하도록 하고 있고, 경범죄 처벌법은 제3조 제1항 제19호에서 '정당
   한 이유 없이 길을 막거나 시비를 걸거나 주위에 모여들거나 뒤따르거나 몹시 거칠게 겁을 주는
   말이나 행동으로 다른 사람을 불안하게 하거나 귀찮고 불쾌하게 한 사람 또는 여러 사람이 이용
   하거나 다니는 도로·공원 등 공공장소에서 고의로 험악한 문신을 드러내어 다른 사람에게 혐오
   감을 준 사람'을 10만 원 이하의 벌금, 구류 또는 과료에 처하도록 규정하고 있다.

70 신동운, 673; 주석형법 [각칙(4)](5판), 142(이미선).

71 대판 2016. 2. 18, 2015도14489. 피고인이 피해자들에게 "가압류 및 횡령 고소를 취하하지 않으
   면 A의 직장과 B의 직장에 진정을 제기하고, 국민고충처리위원회에 준사법기관 공직자가 법률
   적 지식을 이용하여 무고한 시민들과 B 학교에 피해를 준 점에 대한 탄원을 제기할 것이다."라
   는 취지의 내용증명을 발송한 사안으로, 제1·2심은 본죄의 성립을 인정하였으나, 대법원은 본죄
   의 성립을 부정하였다.

의 수준이 단순히 피해자에게 어느 정도 불쾌감이나 불안감을 느끼게 할 정도
에 불과한 경우에는 협박에 성립하지는 않는다고 보았다.[72]

39   또한, ③ A 정당이 국회에서 예산안을 강행처리한 것에 화가 나 공중전화
로 경찰서에 전화를 걸어 경찰관에게 경찰서 관할 구역 내에 있는 A 정당의 당
사를 폭파하겠다는 말을 한 사안[73]에서, 경찰관이 신고한 공중전화의 위치를 파
악하고, 현장에 긴급출동하여 수색을 벌이고, A 정당 당사를 관할하는 지구대에
전화를 하여 순찰을 강화하도록 통보하였으며, 이로 인해 해당 지구대 소속 경
찰관들이 A 정당 당사 주변을 수색하는 등 피고인의 행위로 경비조치 등이 불
필요하게 취해지는 결과가 초래되었다고 해도 이는 경찰관에 대한 협박으로 볼
수 없다고 판단한[74] 바 있다.[75]

40   이처럼 일상생활에서 상대방의 의사를 제압하려는 등의 목적으로 이루어지
는 고압적이거나 위압적인 언동에 대해 어느 범위까지 협박으로 볼 것인가의

---

72 대판 2017. 8. 23, 2017도6930. 검사가 자동차로 위험운전을 한 운전자를 특수협박죄로 기소하
   자, 제1심 법원은 "운전을 통해 해악을 고지하였다고 보려면 자신의 차로 상대방의 차를 충격하
   려 한다거나 상대방의 차 앞으로 갑자기 끼어들어 급정거를 하는 등 사고발생의 위험성이 매우
   높고 상대방에게 의도적으로 위해를 가하려고 하였음이 명백한 행위로 인해 상대방에게 공포심
   을 일으키기에 충분한 정도에 이르러야 한다."는 전제하에, 피해 차량과 가해 차량의 속도가 둘
   다 빠르지 않았던 점, 가해 차량이 차선을 바꾸어 끼어들었을 때 피해 차량이 급정거를 하지도
   않았으며, 살짝 정차하였다 다시 진행한 점, 피해 차량의 동승자가 가해 차량을 향해 불만을 표
   시하며 즉시 하차하여 증거확보를 위한 사진을 찍은 점, 이후 언쟁과정에서 가해 차량의 운전자
   가 특별히 욕설을 하거나 폭행을 하지도 않은 점 등에 비추어 피해자가 어느 정도 불쾌감이나
   불안감을 느꼈을 수는 있어도 공포심을 일으키기에 충분한 정도에 해당하지 않는다며 본죄의 성
   립을 부정하였고, 대법원은 이러한 판단이 옳다며 원심을 확정하였다.
73 해당 사안에서 제1심 법원은 피고인의 행위를 협박으로 인정하였고(서울중앙지판 2011. 4. 28,
   2010고단7083), 피고인의 변호인은 항소심에서 피고인의 행위가 경찰관들로 하여금 공포심을 느
   끼게 할 정도에 이르지 못하였다고 주장하였으나 항소심은 공공의 안녕과 질서유지의 임무를 수
   행하는 경찰관의 입장에서 피고인의 행위는 명백한 장난을 넘어, 실현가능성이 있다고 생각할 수
   있을 정도에 이르렀다며 피고인의 항소를 기각하였다(서울중앙지판 2011. 7. 22, 2011노1419).
74 대판 2012. 8. 17, 2011도10451. 본 판결 해설은 강성수(주 57), 585-594.
75 이와는 달리 남자프로배구대회 결승전이 열리고 있는 상황에서 해당 체육관의 시설물을 관리하
   는 시청 시설관리팀 소속 공무원에게 전화로 "지금 체육관에서 배구 결승전 경기를 하고 있느
   냐, 내가 체육관에 폭탄을 설치했다"라고 말하여 해당 공무원이 그 무렵부터 다른 공무원 등과
   함께 약 20여 분간 체육관 건물 내·외부를 수색한 사안에서, 공무원에 대한 본죄의 성립을 인
   정한 하급심 판결도 있다(청주지법 제천지판 2018. 11. 22, 2018고단342). 해당 사건은 피고인
   만이 양형부당으로 상소하였고, 대판 2019. 4. 9, 2019도3368로 유죄 확정되었다. 이 사안은 전
   화를 받은 공무원 본인도 체육관 내에 있었기 때문에 폭발물 신고로 인한 공포심을 느낄 수 있
   었다는 평가가 가능한 경우이다.

판단은 신중하게 할 필요가 있다. 본죄는 자유로운 활동의 전제가 되는 의사결정의 자유를 보호법익으로 하고 있고, 이러한 보호법익을 고려할 때 협박을 당하는 피해자의 구체적인 사정은 공포심을 일으키기에 충분한 것인지 여부를 판단하는 데 중요한 요소로 고려되어야 한다.[76] 이는 해악의 내용이 일반적으로 볼 때는 공포심을 일으키기에 충분하다고 볼 수 없으나 상대방이 지나치게 소심한 사람이어서 현실적으로 공포심을 일으킨 경우(전자), 반대로 일반적으로 공포심을 일으키기에 충분한 정도이지만 상대방 본인은 현실적으로 공포심을 일으키지 않은 경우(후자)를 어떻게 평가해야 할 것인지와도 관련된 문제이다.

전자와 관련하여, ① 보통 사람에게는 공포심이 생길 수 없는 정도의 해악이나 소심자나 미신자와 같이 특수한 심리상태를 가진 사람에게는 공포심을 일으킬 수 있는 경우 협박이 될 수 있다는 견해[77]와 ② 이를 부정하는 견해[78]가 있다. 위 ①의 견해 중에는 행위자가 특수한 사정을 알면서 고지한 때 협박이 될 수 있다고 설명하는 입장도 있고,[79] 위 ②의 견해 중에도 행위자가 알고 있는 상대방에 대한 개인의 특수사정은 고려되어야 한다고 하여 행위자의 인식 여하에 따라서는 협박이 성립할 수 있다는 입장을 취하기도 한다.[80]   41

일반적으로 공포심을 일으킬 수 있을 정도에 해당하는지 여부는, 평균적인 일반인이 피해자의 위치에 놓인 것을 가정하여 그 일반인이 해악의 고지를 당했을 때 공포심을 느낄 것인가 하는 기준으로 결정할 수 있는 문제가 아니고, 행위자와 상대방의 관계, 고지가 이루어진 배경, 고지 당시의 분위기, 상대방의 성향 등 행위자와 상대방을 둘러싸고 있는 모든 구체적인 사정을 함께 고려하여 일반인의 관점에서 객관적으로 결정해야 한다.[81] 그런 점에서 보면 이와 같은 구체적인 사정들을 모두 고려하여 일반인의 관점에서 객관적으로 판단하였을 때, 소심자나 미신자와 같은 상대방이 일반적으로 공포심을 일으킬 만한 해악의 고지라고 평가할 수 있다면 협박이 된다고 보는 것이 타당할 것이다.[82]   42

---

76 주석형법 〔각칙(4)〕(5판), 143(이미선).
77 김성돈, 143; 정성근·박광민, 형법각론(전정3판), 131; 진계호·이존걸, 153.
78 신동운, 673; 이정원·류석준, 114.
79 진계호·이존걸, 153.
80 이정원·류석준, 114.
81 주석형법 〔각칙(4)〕(5판), 143(이미선).
82 주석형법 〔각칙(4)〕(5판), 143(이미선). 협박의 성립을 긍정하는 견해들도 그 이유에 대하여 '(공포심을 일으킬 수 있을 정도인지에 대한 판단은) 고지내용을 주위의 사정에 비추어 객관적으로

43   판례 역시 고지된 해악의 내용이 사람으로 하여금 공포심을 일으키게 하기에 충분한 정도에 이르렀는지는 행위자와 상대방[83]의 성향, 고지 당시의 주변상황,[84] 행위자와 상대방 사이의 관계 및 지위, 그 친숙함의 정도, 제3자에 의한 해악을 고지한 경우에는 그에 포함되거나 암시된 제3자와 행위자 사이의 관계 등 행위 전후의 여러 사정을 종합하여 판단하여야 한다고 판시하였다.[85]

44   후자, 즉 일반적으로는 공포심을 일으키기에 충분하다고 평가되는 정도이지만 상대방의 특수한 사정으로 현실적인 공포심을 일으키지 않은 경우에 대하여는, ① 본죄의 미수죄가 성립한다는 견해,[86] ② 본죄의 기수가 성립한다는 견해,[87] ③ 단순협박죄는 침해범으로 협박미수가 성립하지만, 불법성이 더 큰 특수협박죄나 상습협박죄는 추상적 위험범으로 본죄의 기수가 성립한다고 보는 견해[88]가 대립하고 있다.

45   대법원은 전원합의체 판결[89]을 통해 고지된 해악의 내용이 일반적으로 사

판단하여야 하기 때문'이라는 취지로 기술하고 있는데, 사실상 같은 취지의 설명이라고 생각된다.

83 특별히 피해자에게 약점이 될 만한 것을 가지고 있지 않던 피고인이 13세의 소녀인 피해자와 채팅을 하던 중 피해자가 빨리 답신을 하지 않는다는 이유로 '걸레'라고 하면서 인적 사항과 함께 연락처를 사방에 공개하겠다는 취지의 메시지를 전송한 것을 협박으로 인정하거나(서울남부지판 2017. 1. 5, 2016고합205. 대판 2017. 8. 18, 2017도3859로 확정), 지적 능력이 다소 떨어지는 17세의 소녀인 피해자와 성관계를 가졌다는 사실 외 특별히 피해자의 약점이라고 할 만한 것을 가지고 있지 않았던 피고인이 피해자에게 카카오톡으로 '만나주지 않으면 걸레'라고 하면서 인적사항과 함께 연락처를 인터넷 등에 공개하고, 여동생과도 성관계를 맺겠다는 취지로 메시지를 전송한 것을 협박으로 인정(수원지법 안산지판 2016. 7. 15, 2016고합14. 대판 2017. 4. 27, 2017도3371로 확정)한 사례는, 협박의 성부를 판단함에 있어 피해자의 어린 나이나 낮은 지적 능력과 같은 특수한 사정들을 고려하여 피고인의 언행이 통상의 일반적인 성인에게는 공포심을 불러일으키기 어려운 경우라도 본죄가 성립할 수 있다는 것을 보여준 예로 이해할 수 있다.

84 일본 판례 중에는 2개의 범죄조직이 치열하게 항쟁하고 있던 시기에 한 조직의 주요인물 집으로 실제로는 불이 나지 않았음에도 '불난 것 위로드립니다. 불조심'이라고 적힌 엽서를 보낸 사안에서, 본죄를 인정한 것이 있다[最判 昭和 35(1960). 3. 18. 刑集 14·4·416]. 이 판결은 항쟁의 객관적 상황 등 주변상황, 상대방의 입장 등을 고려하여 판단한 것으로 보인다.

85 대판 2007. 9. 28, 2007도606(전); 대판 2012. 8. 17, 2011도10451 등.

86 김일수·서보학, 100; 김종원, 101; 박상기·전지연, 466; 백형구, 389; 유기천, 100; 이영란, 137; 이재상·장영민·강동범, §7/10; 이형국·김혜경, 151; 임웅, 153; 정웅석·최창호, 376; 진계호·이존걸, 154; 황산덕, 209.

87 김성돈, 146; 이정원·류석준, 116; 정영석, 261; 정영일, 89.

88 이상돈, 484.

89 대판 2007. 9. 28, 2007도606(전). 본 판결 평석과 해설은 김성돈, "침해범/위험범, 결과범/거동범, 그리고 기수/미수의 구별기준", 형사판례연구 [17], 한국형사판례연구회, 박영사(2009), 1-24; 최동열, "협박죄의 기수에 이르기 위하여 상대방이 현실적으로 공포심을 일으킬 것을 요하는지 여부", 해설 74, 법원도서관(2008), 412-431.

람으로 하여금 공포심을 일으키게 하기에 충분한 것이어야 하지만, 상대방이 그에 의하여 현실적으로 공포심을 일으킬 것까지 요구하는 것은 아니며, 그와 같은 정도의 해악을 고지함으로써 상대방이 그 의미를 인식한 이상, 상대방이 현실적으로 공포심을 일으켰는지 여부와 관계없이 그로써 구성요건은 충족되어 본죄는 기수에 이른다고 판단하였다(위 ②의 입장).

그 이유에 대하여 비록 우리 형법이 본죄의 미수범을 처벌하는 조항을 두고 있으나 미수범 처벌조항이 있다 하여 반드시 침해범으로 해석할 필요는 없는 점,[90] 지극히 주관적이고 복합적이며 종종 무의식의 영역에까지 걸쳐 있는 상대방의 정서적 반응을 객관적으로 심리·판단하는 것이 현실적으로 불가능에 가까운 점, 상대방이 과거 자신의 정서적 반응이나 감정상태를 회고하여 표현한다 하여도 공포심을 일으켰는지 여부의 의미나 판단기준이 사람마다 다르며 그 정도를 측정할 객관적 척도도 존재하지 아니하는 점[91] 등을 고려할 때, 상대방이 현실적으로 공포심을 일으켰는지 여부에 따라 기수 여부가 결정되는 것으로 해석하는 것은 적절치 아니하기 때문이라고 설명하고 있다. 결국 대법원에 따르면, 일반적으로 공포심을 일으키기에 충분한 것이라면 그 공포심의 정도는 문제되지 아니한다.[92]

다만, 위 전원합의체 판결의 소수의견은 현행 형법이 본죄의 미수범 처벌규정을 두고 있어 본죄를 침해범으로 보는 것이 자연스러운 점, 해악의 고지에 의해 현실적으로 공포심을 일으켰는지 여부나 그 정도는 사람마다 다를 수 있다고 하더라도 이를 판단할 수 없다거나 판단을 위한 객관적인 척도나 기준이 존

46

47

---

90 현주건조물방화(§ 164①), 공용건조물등에방화(§ 165), 일반건조물방화(§ 166①) 등은 미수범 처벌조항이 있으나 모두 추상적 위험범으로 보는 데 특별한 이견이 없다[최동열(주 89), 418].

91 고지된 해악을 오감의 작용에 의하여 인지했는지 여부, 즉 고지된 해악의 내용과 의미를 인식했는지 여부는 정도의 문제가 아닌 유무의 문제로서, 피해자가 이를 인지, 인식하였는지 여부를 쉽게 진술할 수 있을 뿐만 아니라, 이를 진술함에 특별한 표현이나 인식, 의사 소통상의 문제가 발생하지 않음에 반하여, 그 해악의 고지로서 공포심을 느꼈는가 하는 점은 물리적·객관적 상태에 관한 것이 아닌 심리적·정신적인 작용과 관련된 것이어서 그 정도를 측정할 객관적인 척도도 존재하지 아니함은 물론, 자기 자신의 감정상태를 표현하는 외포(겁을 먹은 상태)의 주관적 의미마저도 사람마다 다를 수 있어 어느 정도에 이르러야 스스로 '겁을 먹었다'고 말할 수 있는 수준인지 확정할 수 없다는 문제점 때문에 실무상 공포심을 느꼈는지 여부를 심리하는 데 일정한 한계가 있을 수밖에 없다[최동열(주 89), 425-428].

92 주석형법 [각칙(4)](5판), 142(이미선); 주석형법 [각칙(4)](4판), 143(이강원).

재하지 않는다고 단정할 것은 아닌 점 등에 비추어, 상대방이 현실적으로 공포
심을 일으키지 않았다면 본죄는 미수에 그친다고 보았다.

(5) 해악 고지의 방법

48   해악을 고지하는 방법에는 특별한 제한이 없다. 해악의 고지는 직접적으로
말을 하는 방법이든 문서 따위에 의한 방법이든 언어에 의해 이루어지는 것이
보편적이겠으나, 언어가 아닌 태도나 동작에 의한 고지도 가능하다.

49   판례는 아무런 말 없이 상대방에게 가위로 목을 찌를 듯이 겨눈 행위는 거
동에 의해 해악의 고지가 이루어진 것으로서 협박에 해당한다고 보았고,[93] 플라
스틱 통에 문구용 칼날(속칭 커터 칼날) 10개가 들어 있는 칼날세트의 뚜껑을 열
고 칼날 일부분을 밖으로 꺼내어 한 손으로 피해자의 목을 잡은 채 칼날 뒷부분
또는 칼등 부분을 피해자의 목 뒤에 댔다면, 설령 그 당시 아무런 말을 하지 않
았어도 거동에 의해 해악의 고지가 이루어진 것으로 볼 수 있으므로 협박이 될
수 있다[94]고 하였다. 이처럼 폭행을 가하려는 태도를 나타내면 동작에 의한 협
박이 될 수 있지만, 이러한 형태의 협박은 폭행과 그 태양에 있어 언제나 명확
히 구별되는 것은 아니다.[95]

50   해악의 고지는 상대방으로 하여금 어떠한 해악에 이르게 할 것이라는 인식
을 갖게 하는 것이면 반드시 명시의 방법에 의할 것을 요하지 아니하며, 제3자
를 통해서 간접적으로 할 수도 있다.[96]

---

93 대판 1975. 10. 7, 74도2727.

94 대판 2009. 9. 10, 2009도5146.

95 주석형법 〔각칙(4)〕(5판), 144(이미선). 실무상 그 구별이 명확하지 않은 대표적인 예가 자동차
   운전 중 발생한 위험운전 내지 난폭운전의 경우이다. 운전 중 고의로 갑작스럽게 끼어들거나 급
   정거를 한 행위, 부닥칠 듯 근접운전을 한 행위 등에 대하여 특수협박죄로 기소되어 유죄가 선
   고된 것과 특수폭행죄로 기소되어 유죄가 선고된 것이 혼재되어 존재하는 것으로 보인다. 예컨
   대, 의정부지판 2018. 1. 4, 2017고단4250(대판 2018. 11. 16, 2018도15649로 확정), 울산지판
   2019. 5. 3, 2018노1205(대판 2019. 6. 28, 2019도6680으로 확정)는 이러한 운전행위가 특수협
   박죄에 해당하는 것으로 보았으나, 유사한 행위를 특수폭행죄로 본 사례도 있다(춘천지법 원주
   지판 2016. 2. 2, 2015고단994).

96 대판 2001. 2. 23, 2000도4415; 대판 2002. 8. 27, 2001도6747; 대판 2002. 12. 10, 2001도7095;
   대판 2003. 5. 13, 2003도709; 대판 2005. 7. 15, 2004도1565; 대판 2013. 4. 11, 2010도13774
   등. 위 판결들은 공갈죄 내지 강요죄의 수단으로서 협박의 의미에 대하여 판시한 것들이나, 해
   당 법리는 본죄에서도 마찬가지로 적용될 수 있다.

3. 기수와 미수

본죄의 기수시기는 앞에서 기술한 해악의 정도와 깊은 관련이 있는 문제이 51
다(I. 1. (4). '**해악의 정도**' 부분 참조). 즉, 상대방에게 고지한 해악의 내용이 일반적
으로 사람으로 하여금 공포심을 일으키기에 충분한 것이면 되는지, 아니면 상대
방이 실제로 공포심을 느낄 것까지 요구하는지와 연관된 문제이다.

판례는 고지된 해악이 일반적으로 사람으로 하여금 공포심을 일으키게 하 52
기에 충분한 것이라면 상대방이 그 의미를 인식한 이상 현실적으로 공포심을
일으켰는지 여부와 관계없이 본죄는 기수에 이른다고 보았다. 이에 따르면, 본
죄의 미수는 ① 해악의 고지가 현실적으로 상대방에게 도달하지 아니한 경우,
② 도달은 하였으나 상대방이 이를 지각하지 못하였거나, ③ 고지된 해악의 의
미를 인식하지 못한 경우 등에 성립할 수 있다.[97]

본죄의 성질을 위험범으로 보는 견해는 판례와 같은 입장에서 본죄의 기수 53
와 미수를 판단하고 있으며, 침해범으로 보는 견해는 상대방이 현실로 공포심을
일으켰을 때 본죄의 기수가 되고, 해악의 고지가 상대방에게 도달하지 않는 등
의 경우는 물론, 도달하였으나 상대방이 공포심을 일으키지 않은 경우에도 미수
가 된다고 보는 것이 일반적이다.

4. 고 의

본죄에서의 협박이 일반적으로 보아 사람으로 하여금 공포심을 일으킬 수 54
있는 정도의 해악을 고지하는 것을 의미하므로, 그 주관적 구성요건으로서의 고
의는 행위자가 그러한 정도의 해악을 고지한다는 것을 인식, 인용하는 것을 내
용으로 하고,[98] 고지한 해악을 실제로 실현할 의도나 욕구는 필요로 하지 아니
한다.[99]

판례는 피고인이 피해자인 누나의 집에서 갑자기 온몸에 연소성이 높은 고 55
무놀(접착제의 일종)을 바르고 라이타 불을 켜는 동작을 하면서 이를 말리려는 피
해자 등에게 가위, 송곳을 휘두르면서 "방에 불을 지르겠다", "가족 전부를 죽여

---

97 대판 2007. 9. 28, 2007도606(전).
98 대판 1991. 5. 10, 90도2102; 대판 2006. 8. 25, 2006도546.
99 대판 1991. 5. 10, 90도2102; 대판 2006. 8. 25, 2006도546; 대판 2022. 12. 15, 2022도9187.

버리겠다."라고 소리쳤고, 피해자가 피고인의 행위를 약 1시간 가량 말렸으나 들지 아니하여 무섭고 두려워서 신고를 하였다면, 피고인의 행위는 피해자 등에 게 공포심을 일으키기에 충분할 정도의 해악을 고지한 것이고, 나아가 피고인에 게 실제로 피해자 등의 신체에 위해를 가할 의사나 불을 놓을 의사가 없었다고 할지라도 위와 같은 해악을 고지한다는 점에 대한 인식, 인용은 있었다고 봄이 상당하므로 본죄가 성립할 수 있다고 하였다.[100]

56   그러나 행위자의 언동이 단순한 감정적인 욕설 내지 일시적 분노의 표시에 불과하여 주위사정에 비추어 가해의 의사가 없음이 객관적으로 명백한 때에는 협박의 고의가 인정된다고 보기 어렵다.

57   판례도, ① 지서에 연행된 피고인이 경찰관으로부터 반공법위반 혐의사실 을 추궁당하고 뺨까지 얻어맞게 되자 술김에 흥분하여 항의조로 "내가 너희들의 목을 자른다. 내 동생을 시켜서라도 자른다."라고 말한 사안에서, 피고인에게 본죄를 구성할 만한 해악을 고지할 의사가 있었다고 볼 수 없다며 협박의 고의 가 인정되지 않는다는 취지로 판단하였고,[101] ② 자신의 동거남과 성관계를 가 진 바 있던 피해자에게 흥분한 나머지 "사람을 사서 쥐도 새도 모르게 파묻어버 리겠다. 너까지 것 쉽게 죽일 수 있다."라고 말한 사안에서도, 협박의 고의가 인 정되기 어렵다는 취지로 판시하였다.[102]

58   다만 어떠한 행위가 협박이 되는지 여부는 행위자와 상대방의 성향, 고지 당시의 주변 상황, 행위자와 상대방의 상호관계 등 행위 전후의 여러 사정을 종 합하여 판단해야 하는데,[103] 행위자의 언동이 단순한 감정적인 욕설 내지 일시 적 분노의 표시에 불과하여 주위사정에 비추어 가해의 의사가 없음이 객관적으 로 명백한 경우라면 협박의 고의가 인정되기 어려운 것은 물론, 그 행위 자체를 협박이라고 평가하기 어려운 경우가 대부분일 것이다.

59   판례도 피해자가 동년배로 피고인과 서로 잘 아는 사이임에도 이장선거에 서 다른 사람을 이장으로 선출하여 피고인으로 하여금 이장직을 못하게 하였다

---

100 대판 1991. 5. 10, 90도2102.
101 대판 1972. 8. 29, 72도1565.
102 대판 2006. 8. 25, 2006도546.
103 대판 1991. 5. 10, 90도2102 등.

는 이유로 "두고보자."라고 말한 사안,[104] 피해자와 언쟁 중 "입을 찢어 버릴라."
라고 말한 사안[105]에서는, 고의의 측면보다 객관적 구성요건의 측면에서 협박이
성립하지 않는 것으로 설시하였다.[106]

5. 위법성

(1) 권리행사 및 직무집행

권리행사나 직무집행의 일환으로 상대방에게 일정한 해악을 고지한 경우,　60
그 해악의 고지가 정당한 권리행사나 직무집행으로서 사회상규에 반하지 아니
하는 때에는 본죄가 성립하지 아니한다.[107] 매도인의 대리인에게 매매건물을 명
도하거나 명도소송비용을 내놓지 않으면 고소하여 구속시키겠다고 말한 것이
협박으로 볼 수 없다고 본 판례는 이러한 맥락에서 이해할 수 있다.[108] 그러나
외관상 권리행사나 직무집행으로 보이더라도 실질적으로 권리나 직무권한의 남
용이 되어 사회상규에 반하는 때에는 본죄가 성립한다. 구체적으로는 그 해악의
고지가 정당한 목적을 위한 상당한 수단이라고 볼 수 있는 경우라면 위법성이
조각된다고 할 것이지만, 위와 같은 관련성이 인정되지 아니하는 경우에는 그

---

104 대판 1974. 10. 8, 74도1892.
105 대판 1986. 7. 22, 86도1140.
106 대판 1972. 8. 29, 72도1565 및 대판 2006. 8. 25, 2006도546에서는 해악을 고지할 의사가 있었
다고 볼 수 없다고 하여 고의가 인정되지 않는다는 취지로 판시한 반면, 대판 1974. 10. 8, 74도
1892 및 대판 1986. 7. 22, 86도1140에서는 해악을 가할 것을 고지하였다고 볼 수 없다는 취지
로 판시하였다. 이처럼 판례는 가해의 의사가 없음이 객관적으로 명백한 단순한 감정적인 욕설
내지 일시적 분노의 표시에 대하여 때로는 고의의 측면에서, 때로는 객관적 구성요건의 측면에
서 협박의 성부를 판단하고 있으나, 양자의 경계가 언제나 명확한 것은 아니며, 판례도 본죄의
기본 법리를 설시함에 있어서는 "행위자의 언동이 단순한 감정적인 욕설 내지 일시적 분노의 표
시에 불과하여 주위사정에 비추어 가해의 의사가 없음이 객관적으로 명백한 때에는 협박행위 내
지 협박의 의사를 인정할 수 없다."는 식으로 양자를 함께 언급하기도 한다(대판 2005. 3. 25,
2005도329; 대판 2006. 8. 25, 2006도546).
107 대판 2007. 9. 28, 2007도606(전).
108 대판 1984. 6. 26, 84도648. 해당 사건은 피해자가 A를 대리하여 A 소유의 여관을 피고인에게
매도하고 피고인으로부터 계약금과 잔대금 일부를 수령하였는데, 그 후 A가 많은 부채로 도피해
버리고 A의 채권자들이 채무변제를 요구하면서 위 여관을 점거하여 피고인에게 여관을 명도하
기가 어렵게 되자 피고인이 피해자에게 여관을 명도해 주던가 명도소송비용을 내놓지 않으면 고
소하여 구속시키겠다고 말한 사안으로, 대법원은 이러한 경우 피고인이 매도인의 대리인인 위
피해자에게 위 여관의 명도 또는 명도소송비용을 요구한 것은 매수인으로서 정당한 권리행사라
할 것이며, 위와 같이 다소 위협적인 말을 하였다고 하여도 이는 사회통념상 용인될 정도의 것
으로서 협박으로 볼 수 없다고 판단하였다.

위법성이 조각되지 아니한다.[109]

61　　　이처럼 권리행사 내지 권리실현의 수단 또는 업무행위의 일환으로 이루어진 해악의 고지가 사회상규에 위배되지 아니하는 때에는 위법성이 조각된다고 보는 것이 대체적인 견해이나,[110] 목적과 수단의 관계에 비추어 사회적으로 상당한 행위는 처음부터 적법하기 때문에 구성요건해당성이 배제된다고 보는 견해도 있다.[111] 판례 중에는 "해악의 고지가 있다 하더라도 그것이 사회의 관습이나 윤리관념 등에 비추어 사회통념상 용인될 정도의 것이라면 협박죄는 성립하지 않는다."라고 하여 위법성을 부정한 것인지 구성요건해당성을 부정한 것인지 다소 명확하지 않게 표현한 것들도 있으나,[112] 이 판례들도 결국 위법성을 부정한 것으로 이해된다.[113]

(가) 정당행위를 인정한 사례

62　　　판례가 사회통념상 용인될 정도의 것으로 정당행위에 해당하는 것으로 인정한 것으로는, ① 앞서 언급한 매수인이 매도인의 대리인에게 매매건물을 명도하

109　대판 2007. 9. 28, 2007도606(전). 대법원은 정보보안과 소속 경찰관인 피고인이 자신의 지위를 내세우면서 타인의 민사분쟁에 개입하여 빨리 채무를 변제하지 않으면 상부에 보고하여 문제를 삼겠다고 말한 것은 범죄혐의가 드러나기 이전이라는 당시 상황 등에 비추어 정당한 직무집행의 일환으로 평가할 수 없을 뿐 아니라, 그 목적 달성을 위한 상당한 수단으로 인정할 수도 없으므로 정당행위로 볼 수 없어 협박에 해당한다고 보았다.

110　강구진, 137; 김성돈, 146; 김일수・서보학, 100; 박상기・전지연, 464; 배종대, § 31/18; 백형구, 389; 손동권・김재윤, § 9/14; 신동운, 676; 이재상・장영민・강동범, § 7/12; 이형국・김혜경, 152; 임웅, 154; 정성근・박광민, 139; 정영석, 263; 정영일, 87; 정웅석・최창호, 377; 진계호・이존걸, 155; 황산덕, 209.

111　오영근, 109; 이영란, 139; 이정원・류석준, 115.

112　대판 1998. 3. 10, 98도70; 대판 2011. 5. 26, 2011도2412; 대판 2022. 12. 15, 2022도9187.

113　주석형법 [각칙(4)](5판), 147(이미선). 그 이유에 대하여 판례가 제20조의 '사회상규에 위배되지 아니하는 행위'를 '법질서 전체의 정신이나 그 배후에 놓여 있는 사회윤리 내지 사회통념에 비추어 용인될 수 있는 행위'라고 개념정의하고 있는데(대판 2000. 4. 25, 98도2389; 대판 2013. 4. 11, 2010도13774 등), 일상적 업무 범위에 속하는 행위는 사회통념상 용인되는 행위임을 전제로 그러한 일상적 업무 범위 내에서 이루어진 해악의 고지는 사회상규에 반하지 아니하는 행위라고 판시하고 있는 점(대판 2011. 7. 14, 2011도639) 등을 고려하면, 협박의 성부와 관련하여 판례가 적시한 '사회의 관습이나 윤리관념 등에 비추어 사회통념상 용인될 정도의 것'이란 표현은 결국 위법성이 인정되지 않는 것을 의미한다고 이해하는 것이 자연스럽다는 취지로 설명하고 있다. 아울러 대판 2011. 5. 26, 2011도2412의 경우, 비록 그 표현이 위법성의 문제를 언급한 것인지 구성요건의 문제를 언급한 것인지 명확하지 않은 면이 있기는 하나, 대법원의 판단 자체가 '정당행위에 해당하여 위법성이 없다'는 피고인 측의 주장을 배척한 원심 판단이 정당하다는 것을 판시하는 과정에서 나온 것이라는 점을 고려하면, 이 부분 판시는 위법성과 관련된 것이라고 이해함이 상당해 보인다.

거나 명도소송비용을 내놓지 않으면 고소하여 구속시키겠다고 말한 사안[114] 외에도, ② 신문기자인 피고인이 피해자에게 증여세 포탈에 대한 취재를 요구하면서 이에 응하지 않으면 자신이 취재한 내용대로 보도하겠다고 말한 사안,[115] ③ 남편과 부정행위를 한 여성의 가족을 찾아가 그 여성을 찾아내 사과하게 할 것을 요구하며 그 뜻을 강조하기 위하여 고소를 하겠다거나 시집가는 데 방해를 하겠다고 말한 사안,[116] ④ 경영위기에 놓인 회사의 직원 중 일부가 동료 직원 및 주요 투자자와 협의를 거쳐 회사 갱생을 위한 자구책으로 마련한 '사임제안서'를 대표이사에게 전달한 사안[117] 등이 있다.

(나) 정당행위를 부정한 사례

판례는 ① 사채업자가 채무변제를 독촉하는 과정에서 피해자가 숨기고 싶어 하는 과거의 행적 및 사채를 쓴 사실 등을 남편과 시댁에 알리겠다는 취지의 문자메시지를 발송한 사안,[118] ② 경찰서 정보보안과 소속 경찰공무원이 피해자 A가 대학설립 추진을 빙자하여 대학부지 내 택지 및 상가지역 분양 명목으로 B로부터 받은 돈을 변제하지 못하여 독촉을 받고 있는 상황에서, 피해자 A에게 전화를 걸어 "나는 경찰서 정보과에 근무하는 형사다. B가 집안 동생인데 돈을 언제까지 해 줄 것이냐. 빨리 안 해주면 상부에 보고하여 문제를 삼겠다."라고 말한 사안[119] 등에서 정당행위로 볼 수 없다고 하였다.

(2) 노동쟁의

노동조합이 단체교섭·쟁의행위나 그 밖의 행위로서 노동조합 및 노동관계조정법이 정한 목적을 달성하기 위하여 한 정당한 행위는 정당행위에 해당하여

---

114 대판 1984. 6. 26, 84도648.
115 대판 2011. 7. 14, 2011도639.
116 대판 1998. 3. 10, 98도70.
117 대판 2022. 12. 15, 2022도9187. 「민사적 법률관계하에서 이해관계가 상충되는 당사자 사이에 권리의 실현·행사과정에서 이루어진 상대방에 대한 불이익이나 해악의 고지가 일반적으로 보아 공포심을 일으킬 수 있는 정도로서 협박죄의 '협박'에 해당하는지 여부와 그것이 사회상규에 비추어 용인할 수 있는 정도를 넘어선 것인지 여부를 판단할 때에는, 행위자와 상대방의 관계 및 사회경제적 위상의 차이, 고지된 불이익이나 해악의 내용이 당시 상황에 비추어 이해관계가 대립되는 당사자의 권리 실현·행사의 내용으로 통상적으로 예견·수용할 수 있는 범위를 현저히 벗어난 정도에 이르렀는지, 해악의 고지 방법과 그로써 추구하는 목적 사이에 합리적 관련성이 존재하는지 등 여러 사정을 세심히 살펴보아야 한다.」
118 대판 2011. 5. 26, 2011도2412.
119 대판 2007. 9. 28, 2007도666(전).

위법성이 없다. 따라서 노동조합 및 노동관계조정법 제4조[120]의 요건을 충족하여 정당행위로 볼 수 있는 쟁의행위 등에 해당한다면, 그 과정에서 쟁의행위 등에 수반되어 발생한 협박행위로 사용자 측이 공포심을 일으키더라도 위법성이 조각된다.[121]

(3) 훈육행위 등

65　　① 친권자는 자(子)를 보호하고 교양할 권리의무가 있지만(민 § 913), 그 교양은 인격의 건전한 육성을 위하여 필요한 범위 안에서 상당한 방법으로 행사되어야만 하므로, 피고인이 만 3세의 딸인 피해자가 거짓말을 하였다는 이유로 야구방망이로 때릴 듯한 태도를 취하며 "죽여 버린다."라고 말한 것은 교양권의 행사라고 볼 수 없어 본죄가 성립한다.[122]

66　　② 왜곡 보도를 한 언론사에 대하여 왜곡 보도의 시정을 요구하는 것은 정당행위의 요건인 목적의 정당성이 인정될 수 있으나, 기업이 특정 신문들에 광고를 편중했다는 이유로 기자회견을 열어 그 기업에 대한 불매운동 계획을 밝히면서 특정 신문들에 대한 광고 중단 및 타 신문사들에 대한 광고 집행을 요구하는 것은 그 방법의 상당성, 보호이익과 침해이익과의 법익균형성, 긴급성과 보충성 모두 인정될 수 없어 정당행위에 해당하지 않으므로 협박을 통한 공갈이나 강요가 성립한다.[123]

67　　③ 판례는 피고인이 상대방으로부터 갑작스럽게 뺨을 맞는 등 폭행을 당하여 서로 멱살을 잡고 싸우는 과정에서 깨진 병으로 상대방을 찌를 듯이 겨누어 협박한 경우라면, 이러한 행위는 현재의 부당한 침해를 방어하기 위한 것이라고 볼 수 있으나, 맨손으로 공격하는 상대방에 대하여 위험한 물건인 깨어진 병을 가지고 대항한다는 것은 사회통념상 그 정도를 초과한 방어행위로서 상당성이 결여되어 정당방위가 성립한다고 볼 수 없다고 하였다.[124]

---

120 노동조합 및 노동관계조정법 제4조(정당행위) 형법 제20조의 규정은 노동조합이 단체교섭·쟁의행위 기타의 행위로서 제1조의 목적을 달성하기 위하여 한 정당한 행위에 대하여 적용된다. 다만, 어떠한 경우에도 폭력이나 파괴행위는 정당한 행위로 해석되어서는 아니 된다.
121 김성돈, 147; 배종대, § 31/18; 이재상·장영민·강동범, § 7/12; 이형국·김혜경, 152; 정성근·박광민, 140; 정영일, 88; 진계호·이존걸, 156; 주석형법 〔각칙(4)〕(5판), 149(이미선).
122 대판 2002. 2. 8, 2001도6468.
123 대판 2013. 4. 11, 2010도13774.
124 대판 1991. 5. 28, 91도80.

④ 일반적으로 교제를 하거나 하지 않을 것을 결정하는 것은 개인의 자유 68
이고, 사교상 내지 도덕상의 제제로서의 절교는 위법성이 조각된다고 볼 수도
있을 것이다.[125] 일본 판례도 농촌의 여러 가호(家戸)가 단결하여 특정 주민에
대하여 절교통고[村八分(무라하치부)라고 함]를 하는 경우 명예 또는 자유에 대한
가해로서 본죄를 구성하지만, 피절교자의 배덕행위나 파렴치한 행위에 대한 사
교상·도덕상의 제재로서 정당한 도의상의 관념에 따른 것이라면 위법성이 조각
된다는 취지로 판시하고 있다.[126] 과거에 비해 개인주의적 성향이 강해진 오늘날
에는 애초에 절교통고가 공포심을 불러일으킬 수 있는 해악의 고지로서 협박에
해당한다고 볼 수 있는 것인지에 대하여 근본적인 의문이 제기될 수 있겠으나,
성인에 비해 집단의식이 비교적 강한 어린 나이의 학생들 사이에 발생하는 집단
따돌림 행위(이른바 '왕따')는 여전히 협박에 해당한다고 볼 수 있을 것이다.[127]

6. 죄수 및 다른 죄와의 관계

(1) 죄수

① 죄수에 관한 일반론에 따라 동시에 수명을 협박한 때는 수개의 본죄가 69
성립하고, 각 죄는 상상적 경합관계이다.[128]

② 동일한 기회에 동일인에 대하여 여러 법익에 해를 가하겠다는 취지를 70
고지한 경우에는, 본죄의 일죄가 성립한다.

③ 단독범으로서의 본죄와 폭력행위 등 처벌에 관한 법률(이하, 폭력행위처벌 71
법이라 한다.) 제2조의 공동협박죄가 계속해서 행해진 경우에는, 법정형이 무거운
폭력행위처벌법상의 공동협박죄에 본죄가 흡수되어 폭력행위처벌법상의 공동협
박죄만이 성립한다고 할 것이다.[129]

---

125 강구진, 138; 김종원, 101; 유기천, 101.
126 大判 大正 2(1913). 11. 29. 刑錄 19·1349.
127 특히, 절교통고가 협박이 될 수 있다고 보는 견해들 중에는 이러한 절교통고가 집단적으로 이루
   어진 경우 제284의 특수협박죄에 해당한다고 설명하는 견해도 있다(강구진, 138; 정성근·박광
   민, 138; 진계호·이존걸, 156).
128 김신규, 137; 정성근·정준섭, 78; 최호진, 133.
129 주석형법 [각칙(4)](5판), 150(이미선).

(2) 다른 죄와의 관계

(가) 일반론

72   본죄는 의사결정의 자유만을 보호법익으로 하고 있으므로 단순히 의사결정
의 자유를 침해한 것에 그치지 않고 더 나아가 협박을 수단으로 하여 다른 법익
까지 침해하는 경우, 협박은 이들 법익을 보호하는 강요죄나 강간죄, 공갈죄, 강
도죄 등에 흡수되어 별도의 범죄를 구성하지 않는다.[130]

73   어떠한 범죄를 저지를 것을 해악의 내용으로 하여 상대방에게 고지한 후
고지한 해악을 현실로 실현한 경우에는, 해악의 고지와 해악의 실현이 동일한
장소에서 시간적으로 근접하여 행하여졌다는 등의 특별한 사정이 없는 한, 본죄
와 실제 실현된 범죄는 실체적 경합관계에 있다고 보아야 할 것이다.[131] 예컨
대, 상대방에게 어떠한 요구를 하며 이를 들어주지 않을 경우 상해를 가하겠다
고 협박하고, 상대방이 요구를 들어주지 않자 나중에 실제로 협박했던 대로 상
해를 가한다면 본죄와 상해죄의 실체적 경합이 된다.

74   폭행을 고지하여 협박을 한 직후 동일한 장소에서 실제 고지한 내용대로
폭행에 나간 경우, ① 본죄(3년 이하의 징역)가 폭행죄(2년 이하의 징역)에 흡수된다
는 견해[132]와 ② 법정형의 경중을 고려할 때 폭행죄가 협박죄에 흡수되거나 상
상적 경합이라는 견해[133]가 있다.[134] 판례 중에는 상대방에게 행한 협박과 상해
가 같은 시간, 같은 장소에서 동일한 상대방에게 가해졌다면, 이 경우 협박은
단일한 상해의 범의하에서 이루어진 폭언에 불과하여 위 상해죄에 포함된다고
한 것이 있다.[135]

---

130 강간 등 성폭력범죄가 친고죄로 규정되어 있을 당시에는 성폭력범죄에 대해 고소 요건을 갖추지
   못한 경우 그 수단을 이루는 협박을 별도로 기소할 수 있는가 하는 점에 대한 이론적 논의가 있
   었으나, 판례는 이를 부정하였다(대판 2002. 5. 16, 2002도51).

131 大塚 外, 大コン(3版)(11), 497(伊藤 納).

132 김성돈, 147; 김신규, 137; 김일수·서보학, 101; 이형국·김혜경, 153; 정성근·박광민, 141; 진계
   호·이존걸, 157.

133 오영근, 111.

134 일본 판례 중에는 본죄가 폭행죄에 흡수된다고 판시한 것이 있는데[東京高判 昭和 42(1967). 9.
   19. 高検速報 1620], 일본에서는 협박죄와 폭행죄가 모두 2년 이하의 징역으로 되어 있다.

135 대판 1976. 12. 14, 76도3375. 다만, 이 판례는 협박의 내용이 가위를 들고 찌를 듯한 태도를
   보이며 "찔러 죽인다."라고 말한 것으로, 실제로 발생한 상해의 내용(소주병으로 머리를 1회 내
   리쳐 상해를 가한 것)과 고지한 해악의 내용이 일치하는 사안이 아니므로 학설이 논의의 전제로
   상정하고 있는 상황(예컨대, 소주병으로 머리를 1회 내리치겠다고 협박한 후 실제로 소주병으로

또한 판례는, 피고인이 슈퍼마켓사무실에서 식칼을 들고 피해자를 협박한 75
행위와 식칼을 들고 매장을 돌아다니며 손님을 내쫓아 피해자의 영업을 방해한
행위는 별개의 행위로 실체적 경합관계에 있다고 하였다.[136]

(나) 정보통신망이용촉진및정보보호등에관한법률위반죄와의 관계

정보통신망 이용촉진 및 정보보호 등에 관한 법률(이하, 정보통신망법이라 한다.) 76
은 공포심이나 불안감을 유발하는 부호·문언·음향·화상 또는 영상을 반복적
으로 상대방에게 도달하게 한 자를 1년 이하의 징역 또는 1천만 원 이하의 벌금
에 처하도록 규정하고 있다(정통망 §74①(iii), §44의7①(iii)).

범행 방법에 있어 부호·문언·음향·화상 또는 영상을 이용해야 하고, 상대 77
방에게 반복적으로 도달하게 할 것을 요한다는 점에서 본죄에서의 협박과 기본
적인 차이가 있으나, 부호·문언·음향·화상 또는 영상을 반복적으로 상대방에
게 도달하게 한 행위가 상대방에게 공포심을 유발한 경우에는 본죄와의 관계가
문제될 수 있다.

정보통신망법위반과 관련하여 판례는 일회성 내지 비연속적인 단발성 행위 78
가 수차 이루어진 것에 불과한 경우에는 그 문언의 구체적 내용 및 정도에 따라
본죄나 경범죄 처벌법 제3조 제1항 제19호[137]의 불안감조성행위 등 별개의 범
죄로 처벌함은 별론으로 하더라도 정보통신망법위반죄로 처벌할 수는 없다고
판시하여,[138] 반복적 도달 등 정보통신망법이 정한 요건을 충족하지 못하더라도
상대방에게 공포심을 일으킨 경우에는 본죄가 성립할 수 있다는 것을 밝혔다.

판례의 표현상으로는 정보통신망법위반죄가 성립하는 경우에는 본죄는 이 79
에 포함되어 별도로 성립하지 않고, 정보통신망법위반죄가 성립하지 않는 경우

머리를 내리쳐 폭행 내지 상해를 가한 상황)과는 사실관계에 차이가 있다.

136 대판 1991. 1. 29, 90도2445.

137 경범죄 처벌법 제3조(경범죄의 종류) ① 다음 각 호의 어느 하나에 해당하는 사람은 10만원 이
하의 벌금, 구류 또는 과료(科料)의 형으로 처벌한다.
　19. (불안감조성) 정당한 이유 없이 길을 막거나 시비를 걸거나 주위에 모여들거나 뒤따르거
　　나 몹시 거칠게 겁을 주는 말이나 행동으로 다른 사람을 불안하게 하거나 귀찮고 불쾌하
　　게 한 사람 또는 여러 사람이 이용하거나 다니는 도로·공원 등 공공장소에서 고의로 험
　　악한 문신(文身)을 드러내어 다른 사람에게 혐오감을 준 사람

138 대판 2009. 4. 23, 2008도11595. 본 판결 평석은 이강민, "정보통신망법상 불안감 등 유발문언
반복도달의 의미 및 판단 기준", 특별형법 판례100선, 한국형사판례연구회·대법원 형사법연구
회, 박영사(2022), 343-346.

에만 보충적으로 본죄가 검토될 수 있는 것처럼 읽히기도 하나, 해당 판례의 표현은 검사가 정보통신망법위반으로만 기소한 데에서 비롯된 것일 뿐이고, 본죄가 정보통신망법위반죄보다 법정형이 높은 더 무거운 죄라는 점을 고려하면 본죄가 정보통신망법위반죄에 포함된다고 볼 수는 없고, 두 죄가 모두 성립한다고 보는 것이 타당하다.[139] 두 죄는 1개의 행위가 수개의 죄에 해당하는 경우에 해당한다고 볼 수 있으므로 상상적 경합관계에 있다고 할 것이다.[140]

7. 처 벌

80   3년 이하의 징역 또는 500만 원 이하의 벌금, 구류 또는 과료에 처한다.

81   본죄의 미수범은 처벌하고(§ 286), 본죄는 반의사불벌죄이다(§ 288③).

82   한편 폭력행위처벌법은 2명 이상이 공동하여 본죄를 범하면 본죄에서 정한 형의 2분의 1까지 가중하고(폭처 § 2②(i)), 협박죄·상습협박죄·특수협박죄·상습특수협박죄(각 미수범 포함)로 2회 이상 징역형을 받은 사람이 다시 본죄를 범하여 누범으로 처벌할 경우, 7년 이하의 징역에 처한다(폭처 § 2③(i)). 이 경우, 형법 제283조 제3항의 반의사불벌 규정은 적용되지 않는다((폭처 § 2④).

83   특정범죄 가중처벌 등에 관한 법률(이하, 특정범죄가중법이라 한다.) 제5조의9 제2항은 자기 또는 타인의 형사사건의 수사 또는 재판과 관련하여 고소·고발 등 수사단서의 제공, 진술, 증언 또는 자료제출에 대한 보복의 목적으로 협박죄를 범한 경우, 1년 이상의 유기징역에 처하도록 규정하였다. 보복의 목적이 있었는지 여부는 행위자의 나이, 직업 등 개인적인 요소, 범행의 동기 및 경위와 수단·방법, 행위의 내용과 태양, 피해자와의 인적 관계, 범행 전후의 정황 등 여러 사정을 종합하여 사회통념에 비추어 합리적으로 판단하여야 한다.[141] 판례

---

139 다만, 하급심 판결 중에는 두 죄가 법조경합관계에 있어 정보통신망법위반죄가 성립하는 경우 본죄가 성립하지 않는다고 본 예도 있다(서울중앙지판 2012. 11. 27, 2011고정5716). 해당 사건에서 법조경합이라는 이유로 무죄가 선고된 협박 부분에 대하여 검사가 따로 항소를 하지 않아 정보통신망법위반 혐의로만 유죄가 확정되었다(대판 2013. 9. 26, 2013도7625). 그러나 본문에 기술한 바와 같이 법정형 등을 고려할 때 두 죄는 법조경합관계에 있다고 볼 수 없으며, 아래 (주 140)에서 보듯 두 죄가 상상적 경합관계에 있다고 본 하급심들도 발견된다.

140 이에 대하여 명시적인 판단을 내린 대법원 판례는 없으나, 서울중앙지판 2013. 4. 18, 2013고단217(대판 2013. 9. 12, 2013도7391로 확정), 수원지법 안양지판 2018. 2. 21, 2017고합180(서울고판 2018. 6. 21, 2018노791로 확정) 등은 두 죄가 상상적 경합관계에 있다고 보았다.

141 대판 2013. 6. 14, 2009도12055.

는 보복 목적의 협박을 가중처벌하는 취지 등을 고려할 때 특정범죄가중법 제5조의9 제2항에 해당하는 행위에 대하여 형법 제283조 제3항의 반의사불벌 규정은 적용될 여지가 없다고 하였다.[142]

II. 존속협박죄(제2항)

본죄(존속협박죄)는 자기 또는 배우자의 직계존속에 대한 협박죄를 가중처벌 　84
하고 있다. 신분관계로 인하여 책임이 가중되는 가중적 구성요건이다.[143] 직계
존속은 법률상의 개념으로서 사실상 혈족관계가 있는 부모일지라도 법적으로
인지절차를 완료하지 아니한 한 직계존속이라 볼 수 없고, 아무 특별한 관계가
없는 타인 사이라도 일단 합법한 절차에 의하여 입양관계가 성립한 뒤에는 직
계존속에 해당한다.[144]

본죄는 7년 이하의 징역 또는 1천만 원 이하의 벌금에 처한다. 　85

본죄의 미수범은 처벌하고(§ 286), 본죄는 반의사불벌죄이다(§ 283③). 　86

한편 폭력행위처벌법은 2명 이상이 공동하여 존속협박죄를 범하면 존속협 　87
박죄에서 정한 형의 2분의 1까지 가중하고(폭처 § 2②(ii)), 존속협박죄·상습존속
협박죄·특수존속협박죄·상습특수존속협박죄(각 미수범 포함)로 2회 이상 징역형
을 받은 사람이 다시 본죄를 범하여 누범으로 처벌할 경우, 1년 이상 12년 이하
의 징역에 처한다(§ 2③(ii)). 이 경우, 형법 제283조 제3항의 반의사불벌 규정은
적용되지 않는다((§ 2④).

---

142 대판 1998. 5. 8, 98도631.
143 이영란, 140; 이재상·장영민·강동범, § 7/14; 임웅, 156; 정성근·박광민, 141; 정영일, 88; 정웅
　　석·최창호, 378; 진계호·이존걸, 157.
144 대판 1981. 10. 13, 81도2466.

Ⅲ. 반의사불벌죄(제3항)

88   협박죄와 존속협박죄는 모두 피해자의 명시한 의사에 반하여 공소를 제기
할 수 없는 반의사불벌죄이다. 반의사불벌죄는 피해자의 일방적 의사표시만으
로 이미 개시된 국가의 형사사법절차가 일방적으로 중단·소멸되는 강력한 법률
효과가 발생하므로, 피고인 또는 피의자에 대하여 처벌을 원하지 않거나 처벌희
망의 의사표시를 철회하는 의사결정 그 자체는 특별한 규정이 없는 한 피해자
본인이 하여야 하고, 그 의사는 피해자의 진실한 의사에 기한 것이어야 하며,
명백하고 믿을 수 있는 방법으로 표현되어야 한다.[145]

89   협박죄가 사람의 의사결정의 자유를 보호법익으로 한다는 점을 고려하면
상대방의 의사에 반해서까지 처벌할 이유는 없을 것이다.[146] 구 형법은 협박죄
를 친고죄로 규정하고 있었으나, 친고죄로 할 때에는 피해자가 후환이 두려워
고소하지 못할 우려가 있다는 점을 고려하여 제정형법은 협박죄를 반의사불벌
죄로 규정하였다.[147]

90   조문의 순서와 구조상 반의사불벌죄인 것은 제283조 제1항, 제2항이 정한
협박죄와 존속협박죄에 한하며, 제284조의 특수협박죄나 제285조의 상습협박죄
는 반의사불벌죄가 아니라고 해석함이 상당하다.[148]

〔권 내 건〕

---

145 대판 2023. 7. 17, 2021도11126(전)〔교통사고처리특례법위반(치상)죄와 관련하여, 반의사불벌죄
　　에서 성년후견인이 명문의 규정 없이 의사무능력자인 피해자를 대리하여 피고인 또는 피의자에
　　대하여 처벌을 희망하지 않는다는 의사를 결정하거나 처벌을 희망하는 의사표시를 철회하는 행
　　위를 할 수 없다고 한 사례〕.
146 강구진, 137; 이재상·장영민·강동범, § 7/13.
147 강구진, 137; 이재상·장영민·강동범, § 7/13.
148 협박죄의 반의사불벌 규정과 동일한 구조를 갖고 있는 폭행죄와 관련하여, 판례는 반의사불벌
　　규정이 상습존속폭행죄에 적용되지 않는다고 한다(대판 1965. 1. 26, 64도687).

제284조(특수협박)

단체 또는 다중의 위력을 보이거나 위험한 물건을 휴대하여 전조 제1항, 제2항의 죄를 범한 때에는 7년 이하의 징역 또는 1천만원 이하의 벌금에 처한다. 〈개정 1995. 12. 29.〉

본조는 단체 또는 다중의 위력을 보이거나 위험한 물건을 휴대하여 협박죄   1
(§283①) 또는 존속협박죄(§283②)를 범한 경우를 가중처벌하고 있다. 행위 방법의 위험성 때문에 불법이 증가되는 가중적 구성요건이다.[1] '단체 또는 다중의 위력'이나 '위험한 물건의 휴대'는 특수공무집행방해죄(§144①), 특수상해죄(§258의2), 특수폭행죄(§261), 특수체포죄 및 특수감금죄(§278) 등에서의 그것과 같은 개념이다[이에 대한 상세는 **주해 VIII(각칙 5) §258의2(특수상해)** 부분 참조].

구 폭력행위 등 처벌에 관한 법률(이하, 폭력행위처벌법이라 한다.) 제3조 제1항   2
은 본조의 행위를 가중처벌하고 있었으나, 추가적인 구성요건요소 없이 법정형만을 무겁게 한 것은 헌법에 반한다는 취지로 위헌결정되어,[2] 2016년 1월 6일 법률 제13718호로 개정되면서 위 조항은 삭제되었다.

본죄[(특수·특수존속)협박죄]는 7년 이하의 징역 또는 1천만 원 이하의 벌금   3
에 처한다. 미수범은 처벌한다(§286).

한편 폭력행위처벌법은 특수(존속)협박죄·상습특수(존속)협박죄(각 미수범 포함)   4
로 2회 이상 징역형을 받은 사람이 다시 본죄를 범하여 누범으로 처벌할 경우 1년 이상 12년 이하의 징역에 처하고(폭처 §3④(i)), 다시 특수존속협박죄를 범하여 누범으로 처벌할 경우 2년 이상 20년 이하의 징역에 처한다(폭처 §3④(ii))고 규정하고 있다.

〔권 내 건〕

---

1 손동권·김재윤, 새로운 형법각론, §9/18; 유기천, 형법학(각론강의 하)(전정신판), 106; 이영란, 형법학 각론강의, 140; 이재상·장영민·강동범, 형법각론(13판), §7/15; 이형국·김혜경, 형법각론(2판), 154; 임웅, 형법각론(9정판), 156; 정성근·박광민, 형법각론(전정3판), 141; 정웅석·최창호, 형법각론, 379; 진계호·이존걸, 형법각론(6판), 158.
2 헌재 2015. 9. 24, 2014헌바154·398·2015헌가3·9·14·18·20·21·25(병합).

제285조(상습범)

상습으로 제283조제1항, 제2항 또는 전조의 죄를 범한 때에는 그 죄에 정한 형의 2분의 1까지 가중한다.

1　　본조는 상습으로 협박죄, 존속협박죄, 특수협박죄, 특수존속협박죄를 범한 경우를 가중처벌하도록 한 조항이다. 상습성 때문에 책임이 가중되는 가중적 구성요건이다.[1]

2　　여기서 상습이란 동종의 행위를 반복하여 행하는 행위자의 습벽을 말하며, 이는 행위의 본질을 이루는 성질이 아니라 행위자의 특성을 이루는 성질이다[이에 대한 상세는 **주해 VIII(각칙 5) § 264(상습범)** 부분 참조].[2]

3　　구 폭력행위 등 처벌에 관한 법률(이하, 폭력행위처벌법이라 한다.)은 상습협박죄, 상습존속협박죄, 상습특수협박죄를 본조보다 무겁게 처벌하는 가중처벌조항을 두고 있었으나(구 폭처 § 2①, § 3③), 폭력행위처벌법이 2016년 1월 6일 법률 제13718호로 개정되면서 가중처벌하는 조항들은 모두 삭제되었다.

〔권 내 건〕

---

1 이영란, 형법학 각론강의, 141; 이재상·장영민·강동범, 형법각론(13판), § 7/16; 정성근·박광민, 형법각론(전정3판), 142; 정웅석·최창호, 형법각론, 379; 진계호·이존걸, 형법각론(6판), 158.
2 대판 1972. 6. 27, 72도594.

제286조(미수범)
전3조의 미수범은 처벌한다.

본조는 협박죄, 존속협박죄, 특수협박죄, 특수존속협박죄, 상습협박죄, 상습   1
존속협박죄, 상습특수협박죄, 상습특수존속협박죄의 각 미수범을 처벌하도록 한
규정이다.

판례는 협박죄를 위험범으로 파악하여, 해악의 고지가 현실적으로 상대방   2
에게 도달하지 아니한 경우, 도달은 하였으나 상대방이 이를 지각하지 못하였거
나 고지된 해악의 의미를 인식하지 못한 경우에 협박죄의 미수가 성립하고, 상
대방이 실제로 공포심을 일으켰는지 여부는 미수와 무관하다고 보고 있다.[1] 그
러나 협박죄의 성질을 침해범으로 이해하는 견해는 해악의 고지가 상대방에게
도달하였으나 상대방이 공포심을 일으키지 않은 경우에도 협박죄의 미수가 성
립한다고 본다.

이에 대한 상세는 **제283조(협박, 존속협박)의 I. 3. '기수와 미수'** 부분 참조.   3

〔권 내 건〕

---

1 대판 2007. 9. 28, 2007도606(전).

제31장 약취, 유인 및 인신매매의 죄 〈개정 2013. 4. 5.〉

〔총 설〕

Ⅰ. 의 의

본장의 약취·유인·인신매매의 죄는 사람을 약취·유인 또는 매매하여 자   1
기 또는 제3자의 사실적 지배하에 둠으로써 개인의 자유를 침해하는 범죄이다.
신체의 자유를 침해하지만 장소적 제한이 필요하지 않다는 점에서 체포·감금죄
와 구분되며, 피해자에 대한 적극적이고 사실적인 지배를 설정한다는 점에서 유
기죄와 구분된다.[1]

약취·유인·인신매매의 죄를 규정한 본장은 형법 제정 당시부터 약취·유   2
인죄의 표제로 형법에 포함되어 신체의 자유 보호에 중요한 기능을 담당하여
왔다. 본장의 범죄들은 복잡한 연혁을 가지고 있으며, 본장에 속한 범죄의 내용

---

1 배종대, 형법각론(14판), §40/1; 이재상·장영민·강동범, 형법각론(13판), §9/1.

에는 완전히 동질적이라고 보기 어려운 부분들이 혼재하여 있다.[2]

3   2013년 4월 5일 본장 범죄들에 대한 대대적 개정은 우리나라가 가입한 국제
연합의 「초국가적 조직범죄 방지 협약」(United Nations Convention against Transnational
Organized Crime)(이하, 본장에서 초국가적 조직범죄방지협약이라 한다.)[3]과 위 협약에
부속된 「국제연합 초국가적 조직범죄 방지 협약을 보충하는 인신매매, 특히 여성
과 아동의 인신매매 방지, 억제 및 처벌을 위한 의정서」(Protocol to Prevent,
Suppress and Punish Trafficking in Persons, Especially Women and Children, supplementing
the United Nations Convention against Transnational Organized Crime)(이하, 본장에서 인
신매매방지의정서 또는 의정서라 한다.)[4]의 이행입법으로 이루어진 것이다. 이러한
개정으로 본장의 범죄들에는 조약범죄의 성격이 더해지게 되었으며, 형사법의
기본법인 형법 내에 이른바 '조약범죄'가 자리잡게 되었다.[5] 이러한 변화는 국제
형사규범이 국내 형사법에 영향을 미치는 '수직적 상호작용'의 대표적 사례 중
하나로 평가될 수 있을 것이다.[6]

4   이처럼 본장은 우리 국민의 법익 보호 필요성뿐만 아니라 국제조약 및 국
제형사규범과의 상호 작용하에 만들어진 것으로 형법각론의 각 장들 중 가장
독특하고 국제법적 함의를 가진 특수한 영역이라고 할 수 있다.[7]

5   본장의 조문 구성은 다음 [표 1]과 같다.

---

2 이에 대한 상세는 이재상·장영민·강동범, §9/2.

3 UNTOC 또는 팔레르모협약(Palermo Convention)으로 약칭된다. 초국가적 조직범죄방지협약은
  2000년 11월 15일 뉴욕에서 채택되어 2003년 9월 29일 국제적으로 발효되었다. 우리나라는
  2000년 12월 13일 서명하였으며, 2015년 5월 29일 국회 본회의 비준동의를 거쳐 2015년 12월
  5일 조약 제2258호로 발효되었다.

4 인신매매방지의정서는 2000년 11월 15일 뉴욕에서 채택되어 2003년 12월 25일 국제적으로 발효
  되었다. 우리나라는 2000년 12월 13일 서명을 하였으나 이를 비준하지 않고 있다가 형법 개정
  이후인 2015년 5월 29일 초국가적 조직범죄방지협약과 함께 국회의 비준동의가 이루어졌다. 이
  후 비준서 기탁 절차를 거쳐 2015년 12월 5일 조약 제2259호로 발효되었다.

5 조약범죄의 일반적 특성에 대하여는 김기준, 국제형사법, 박영사(2017), 15 등 참조.

6 국제형사법과 국내법의 수직적 상호작용의 내용과 방식, 국제규범을 도입한 국내규범 해석의 특
  수성 등에 대하여는 김기준, 국제형사법, 342 참조.

7 인신매매 관련 국제규범에 대한 역사적 고찰 등은 MüKoStGB/Renzikowski, 3. Aufl. 2017, StGB
  §232 Rn. 25-28.

[표 1] 제31장 조문 구성

조 문		제 목	구성요건	죄 명	공소시효
§ 287		미성년자의 약취, 유인	ⓐ 미성년자를 ⓑ 약취, 유인	미성년자 (약취, 유인)	10년
§ 288	①	추행 등 목적 약취, 유인 등	ⓐ 추행, 간음, 결혼 또는 영리의 목적으로 ⓑ 사람을 ⓒ 약취, 유인	(추행, 간음, 결혼, 영리) (약취, 유인)	10년
	②		ⓐ 노동력 착취, 성매매와 성적 착취, 장기적출을 목적으로 ⓑ 사람을 ⓒ 약취, 유인	(노동력착취, 성매매, 성적착취, 장기적출) (약취, 유인)	
	③		ⓐ 국외에 이송할 목적으로 ⓑ 사람을 ⓒ 약취, 유인	국외이송(약취, 유인), (피약취자, 피유인자) 국외이송	
			ⓐ 약취 또는 유인된 사람을 ⓑ 국외에 ⓒ 이송		
§ 289	①	인신매매	ⓐ 사람을 ⓑ 매매	인신매매	7년
	②		ⓐ 추행, 간음, 결혼 또는 영리의 목적으로 ⓑ 사람을 ⓒ 매매	(추행, 간음, 결혼, 영리) 인신매매	10년
	③		ⓐ 노동력 착취, 성매매와 성적 착취, 장기적출을 목적으로 ⓑ 사람을 ⓒ 매매	(노동력착취, 성매매, 성적착취, 장기적출) 인신매매	
	④		ⓐ 국외에 이송할 목적으로 ⓑ 사람을 ⓒ 매매	국외이송인신매매	
			ⓐ 매매된 사람을 ⓑ 국외에 이송	피매매자국외이송	
§ 290	①	약취, 유인, 매매, 이송 등 상해·치상	ⓐ § 287 내지 § 289를 범하여 ⓑ 약취, 유인, 매매 또는 이송된 사람을 ⓒ 상해	(피약취자, 유인자, 피매매자, 국외이송자) 상해	10년
	②		ⓐ § 287 내지 § 289를 범하여 ⓑ 약취, 유인, 매매 또는 이송된 사람을 ⓒ 상해에 이르게 함	(피약취자, 유인자, 피매매자, 국외이송자) 치상	

조 문		제 목	구성요건	죄 명	공소시효
§291	①	약취, 유인, 매매, 이송 등 살인·치사	ⓐ §287 내지 §289를 범하여 ⓑ 약취, 유인, 매매 또는 이송된 사람을 ⓒ 살해	(피약취자, 유인자, 피매매자, 국외이송자) 살해	배제
	②		ⓐ §287 내지 §289를 범하여 ⓑ 약취, 유인, 매매 또는 이송된 사람을 ⓒ 사망에 이르게 함	(피약취자, 유인자, 피매매자, 국외이송자) 치사	15년
§292	①	약취, 유인, 매매, 이송된 사람의 수수·은닉	ⓐ §287 내지 §289의 죄로 ⓑ 약취, 유인, 매매 또는 이송된 사람을 ⓒ 수수, 은닉	(피약취자, 유인자, 피매매자, 국외이송자) (수수, 은닉)	7년
	②		ⓐ §287 내지 §289를 범할 목적으로 ⓑ 사람을 ⓒ 모집, 운송, 전달	(§287 내지 §289 각 죄명) (모집, 운송, 전달)	
§294		미수범	§287 내지 §289, §290①, §291①, §292①의 미수	(§287 내지 §289, §290①, §291①, §292① 각 죄명)미수	
§295		벌금의 병과	§288 내지 §291, §292①과 그 미수범 5천만 원 이하 벌금 병과(임의적)		
§295의2		형의 감경	ⓐ §287 내지 §290, §292, §294를 범한 사람이 ⓑ 약취, 유인, 매매 또는 이송된 사람을 ⓒ 안전한 장소로 풀어줌 (임의적 감경)		
§296		예비, 음모	ⓐ §287 내지 §289, §290①, §291①, §292①를 범할 목적으로 ⓑ 예비, 음모	(§287 내지 §289, §290①, §291①, §292① 각 죄명) (예비, 음모)	5년
§296의2		세계주의	§287 내지 §292, §294 세계주의 적용		

II. 국제규범과의 관련성

1. 조약범죄

형법의 개정이 국제형사규범의 이행입법 형태로 이루어진 만큼 이러한 이행입법의 대상이 된 조약범죄가 무엇인지에 대하여 살펴볼 필요가 있다.

우선 '조약범죄'와 구분되는 개념으로 '국제범죄'가 존재한다. 엄격한 의미에서의 국제범죄에 대한 형사책임은 국제법에 직접 근거하여 발생하며, 이러한 범죄는 과거 뉘른베르크재판과 동경재판에서 직접 국제형사법원의 재판권 대상이 되었다. 현재는 로마규정[8] 제5조에서 제8조의2까지 규정된 국제범죄가 2002년 설립된 국제형사재판소의 재판권 대상이 되고 있다. 우리나라 역시 이러한 국제범죄의 국내적 처벌을 위하여 2011년부터 국제형사재판소 관할 범죄의 처벌 등에 관한 법률을 제정·시행하고 있다.

이러한 '국제범죄' 이외에도 인류의 안녕과 세계 경제에 심대한 영향을 미치며 실제적 혹은 잠재적으로 초국가적인 영향력을 갖는 일련의 범죄들이 존재한다.[9] 초국가적 특성을 가지는 이러한 범죄들 역시 국제적 우려의 대상이 되는 비난받는 행위들로서 전체 국제사회의 도덕, 평화와 안정이라는 이해관계에 영향을 미치게 된다. 국제사회에서는 이른바 '억제조약(suppression convention)'을 체결하여 이들 범죄에 대한 체계적이고 조화로운 대응을 모색하고 있다. 억제조약에서는 체약당사국에 대하여 조약범죄의 처벌과 기소 및 이와 관련된 국제적 협력의무를 부과하는 등 조약범죄에 대한 효율적 대응체제를 구축하고 있다. 이러한 범죄들은 억제조약 체제하에 규율되고 있다는 점에서 '조약범죄(Treaty Crime)'로 지칭되며, 때로는 대상범죄의 초국가적 성격에 주목하여 '초국가범죄(Transnational Crime)'로 지칭되기도 한다. 그러나 조약범죄의 경우 국제사회가 직

6

7

8

---

8 국제형사재판소에 관한 로마규정(Rome Statute of the International Criminal Court)은 1998년 7월 17일 로마에서 채택되어 2002년 7월 1일 발효되었다. 로마규정은 국회의 동의가 필요한 조약으로 2002년 11월 8일 제234회 국회 제14차 본회의를 통과하여 우리나라에 대하여는 2003년 2월 1일 조약 제1619호로 발효되었다.

9 상세한 것은 Cryer, Robert; Friman, Hakan; Robinson, Darryl; Wilmshurst, Elizabeth, An Introduction to International Criminal Law and Procedure: Cambridge University Press, Kindle Edition(2014), p. 329 이하 등.

접 이들 범죄를 처벌할 수 있는 초국가적 재판권이 존재하지 않아 국제재판소
가 직접 개입할 수 없으며, 억제조약에 따라 각 국가가 범죄자를 처벌하는 경우
에도 그 처벌근거는 국제법이 아닌 개별 국가의 국내법이다.[10]

9   그동안 뇌물, 인신매매, 테러 등과 같이 국제사회에서 문제되는 사태에 대
응하여 많은 억제조약들이 만들어져 현재 이러한 체제의 다자조약들이 200개가
넘고,[11] 그 숫자는 계속 증가하는 추세이다.[12]

10   2013년 형법 개정의 근거가 된 초국가적 조직범죄방지협약과 위 협약에 부
속된 인신매매방지의정서는 조약범죄인 인신매매죄를 규율하는 억제조약의 대
표적 사례이다. 유엔은 이러한 협약이 국제적 차원에서 체결되도록 하는 것에
그치지 않고, 체약당사국들이 협약 내용을 국내법에 도입하고 이들 범죄의 처벌
을 위한 체약당사국들 사이의 국제적 협력이 원활히 이루어질 수 있도록 다양
한 노력을 기울이고 있다.[13]

2. 인신매매방지의정서상의 인신매매의 개념

11   우리 형법 개정의 전제가 된 인신매매방지의정서의 인신매매(Human Trafficking)

---

10 Ambos, Kai. Treatise on International Criminal Law: Volume II: The Crimes and Sentencing:
   Oxford University Press. Kindle Edition (2014), p. 223 등.
11 대표적인 것으로는 테러, 고문, 마약(UN Convention against Illicit Trafficking in Narcotic
   Drugs and Psychotropic Substances 1988), 해적행위(UN Law of the Sea Convention 1982), 노
   예화(1926 Slavery Convention; the UN Supplementary Convention on the Abolition of
   Slavery, the Slave Trade and Institutions and Practices Similar to Slavery 1956; the UN
   Convention on the Law of the Sea 1982, Art. 99.), 인종차별(International Convention on the
   Suppression and Punishment of the Crime of Apartheid 1973.), 강제적 실종(International
   Convention for the Protection of All Persons from Enforced Disappearance 2006.), 뇌물(UN
   Convention against Corruption 2003.), 인신매매·불법이민·무기밀매 등이 포함된 초국가적 조
   직범죄(UN Convention against Transnational Organized Crime 2000; Protocol to Prevent,
   Suppress and Punish Trafficking in Persons, Especially Women and Children, supplementing
   that Convention; Protocol against the Smuggling of Migrants by Land, Air and Sea,
   supplementing that Convention; Protocol against the Illicit Manufacturing of and Trafficking
   in Firearms, their Parts and Components and Ammunition, supplementing that Convention.)
   등이 있다.
12 Ambos, Kai, Treatise on International Criminal Law: Volume II, p. 223.
13 국제연합은 인디아, 우즈베키스탄 등의 국내법령 정비에 자문 역할을 담당하는 등 협약과 의정
   서가 원활한 기능을 수행할 수 있도록 매우 다양한 활동들을 벌이고 있다. 이에 대하여 상세한
   것은 Conference of the Parties to the United Nations Convention against Transnational
   Organized Crime(CTOC/COP/2018/2).

개념[14]은 매우 광범위하게 규정되어 있다.[15]

    의정서 제3조 제1호의 인신매매 개념은 '착취를 목적으로(for the purpose of exploitation) 위협, 기망, 통제력을 가진 사람의 이용 등을 통하여 사람을 모집, 운송, 이송, 은닉 또는 인수하는 것'으로 매우 포괄적이다. 의정서상 범죄가 성립하기 위해서는 우선 착취의 목적이 인정되어야 하는데, 의정서는 예시적 열거 조항을 두어 적어도 타인에 대한 매춘 방식의 착취나 그 밖의 형태의 성적 착취, 강제노동이나 강제고용, 노예제도나 그와 유사한 관행, 장기의 적출 등이 착취의 목적에 포함되는 것으로 규정하고 있다(의정서 §3(가)). 그리고 이러한 착취 목적과 함께 위협, 기망, 통제력을 가진 사람의 이용 등의 수단을 동원하여 인신매매 대상자를 모집, 운송하는 행위 등이 인정되어야 한다.[16]

    특히 주목할 점은 의정서가 아동에 대한 특례를 두고 있다는 점이다. 의정서는 18세 미만의 아동(의정서 §3(라))에 대하여 착취를 목적으로 하고 있다면, 이들 아동의 모집, 운송, 이송, 은닉 또는 인수에 대하여는 위협, 기망 등 의정서 제3조 가호에 규정된 수단이 사용되지 않더라도 인신매매로 간주된다고 규정하고 있다(의정서 §3(다)).

12

13

---

14 의정서 제3조 용어의 사용
  이 의정서의 목적상,
  가. "인신매매"란 착취를 목적으로 위협이나 무력의 행사 또는 그 밖의 형태의 강박, 납치, 사기, 기만, 권력의 남용이나 취약한 지위의 악용, 또는 타인에 대한 통제력을 가진 사람의 동의를 얻기 위한 보수나 이익의 제공이나 수령에 의하여 사람을 모집, 운송, 이송, 은닉 또는 인수하는 것을 말한다. 착취는 최소한, 타인에 대한 매춘의 착취나 그 밖의 형태의 성적 착취, 강제노동이나 강제고용, 노예제도나 그와 유사한 관행, 예속 또는 장기의 적출을 포함한다.
  나. 이 조 가호에 규정된 수단 중 어떠한 것이든 사용된 경우에는, 이 조 가호에 규정된 의도된 착취에 대한 인신매매 피해자의 동의는 문제가 되지 아니한다.
  다. 착취를 목적으로 한 아동의 모집, 운송, 이송, 은닉 또는 인수는 그것이 이 조 가호에 규정된 수단 중 어떠한 것을 포함하지 아니하더라도 "인신매매"로 간주된다.
  라. "아동"이란 18세 미만의 모든 사람을 말한다.
15 의정서 제1조는 의정서상의 범죄를 초국가적 조직범죄방지협약상의 범죄로 간주하고 있어 인신매매죄는 모두 초국가적 조직범죄방지협약 제15조와 제16조의 적용대상이 된다.
16 의정서 제3조 나호에서는 가호에 규정된 어떠한 수단이 사용된 경우에는 의도된 착취에 대한 인신매매 피해자의 동의 여부는 범죄의 성립에 영향을 미치지 않는다고 규정하고 있다.

3. 2013년 형법 개정의 의의와 주요 내용

14   앞서 살펴본 바와 같이 우리나라가 초국가적 조직범죄방지협약과 의정서의 체약당사국이 되었으므로 위 협약상의 범죄를 국내법에서 범죄화할 의무를 부담한다.[17] 그럼에도 의정서상의 인신매매의 개념과 현재 우리 형법에서 사용되는 인신매매 개념 사이에는 상당한 간극이 존재하며, 구체적 규범내용들도 동일하지는 않다. 그러나 조약의 체약당사국들은 그들이 가입한 협약의 국내적 이행과정에서 국제협약의 내용을 그대로 복제하여 받아들일 필요는 없으며, 국내 입법에 관한 주권적 권리를 보유하고 있다. 국내법의 실질적 내용이 조약에서 규정한 주요 처벌대상 행위를 범죄화하는 등 국제협약의 요구 수준에 상응하는 것이라면 반드시 협약상의 개념을 그대로 도입할 필요가 없으며, 입법형식 등은 실질적으로 중요한 요소가 아니다.

15   우리나라의 경우 2013년 형법 개정 이전에도 위 협약들에서 요구하는 범죄화의 내용과 관련하여 국내법의 공백 상태는 아니었다. 형법은 이미 영리·국외이송 목적 등의 인신매매를 처벌하고 있었으며, 약취·유인죄의 적용으로 어느정도 협약에서 요구하는 범죄화의 내용을 충족시키고 있었기 때문이다. 그러나 일반적·포괄적 형태의 인신매매죄를 두고 있지 않아 특별한 목적이 없거나 그 입증이 어려운 경우 등을 처벌할 수 없는 문제가 있었다. 또한, 외국인의 국외범죄 등 우리 재판권의 범위에 속하지 않는 범죄를 저지른 범죄자가 우리나라 영역 내에 존재하더라도 이들을 처벌할 수 있는 근거를 가지고 있지 않았다. 따라서 조약의 체약당사국으로 부담하는 국제법적 의무와 국내 형벌규범 사이에 존재하는 이러한 간극을 메우는 이행입법이 필요한 상황이었다.

16   우리 입법자들은 2013년 형법 개정 당시 국제형사규범과 관련한 이행입법을 만듦에 있어 국제규범을 그대로 복제하여 국내에 도입하는 방식이 아닌 우리의 기존 형사법 체제를 토대로 개정이 필요한 국제형사규범 부분을 국내법에 변형하여 규정하는 입법방식을 취하였다.[18] 이미 존재하던 각칙 제31장의 범죄구성요건의 골격들을 상당 부분 유지한 채 협약상 처벌범위를 충족시킬 수 있

---

17 초국가적 조직범죄방지협약 제15조, 의정서 제1조, 제4조, 제5조 등 참조.
18 국제규범의 도입방식에 대하여 상세한 것은 김기준, 국제형사법, 339 이하 참조.

도록 형법의 처벌범위를 확대하는 내용의 개정이 이루어진 것이다.

이러한 입법방식은 기존에 존재하던 본장의 규범들과 그 해석론을 바탕으 17
로 국제형사규범이 요구하는 범죄화의 요청을 우리의 실정에 맞게 도입하였음
을 의미하는 것으로, 국내법 질서와 국제법 질서를 원활하게 조화시키는 타당한
방식이라고 할 것이다.

2013년 형법 개정의 주요 내용을 살펴보면 다음과 같다. 18

① 형법 제정 당시부터 2013년 형법 개정 전까지 본장의 표제는 '약취와 유 19
인의 죄'였으나, 2013년 개정 시 '약취·유인 및 인신매매죄'로 변경되었다.

② 범죄의 처벌범위 확대와 관련하여, 개정 전에는 추업에 사용할 목적 또 20
는 국외에 이송할 목적으로 사람을 매매한 경우만을 처벌대상으로 삼았다. 그러
나 개정법에서는 범죄의 성립에 특별한 목적이 요구되지 않는 단순 인신매매죄
를 신설하였다(§ 289①). 나아가 노동력 착취, 성매매와 성적 착취, 장기적출 등
신종범죄를 목적으로 하는 약취·유인 및 인신매매죄도 추가하였다. 그리고 불
합리하게 감경처벌하였던 결혼 목적 약취·유인죄를 다른 목적을 가진 범죄와
동일하게 처벌할 수 있도록 정비하였다(§ 288①).

③ 범죄의 태양에 따른 결과적 가중범 조항을 새로이 두었으며(§ 290, § 291), 21
종래에는 방조범으로 취급되던 약취, 유인, 인신매매 등을 위하여 사람을 모집,
운송, 전달하는 행위를 독자적 구성요건으로 처벌하도록 하였다(§ 292②). 그리고
예비·음모죄의 적용대상을 대폭 확대하여 처벌 가능 범위를 넓혔다(§ 296).

특히, ④ 본장에 규정된 범죄들의 국제적 함의를 잘 보여주는 것은 세계주의 22
를 도입하였다는 점이다. 세계주의는 새로 입법된 조항들뿐 아니라 본장의 모든
기존 범죄들도 그 대상으로 한다(§ 296의2). 따라서 형법의 속인주의, 속지주의, 보
호주의 등 일반적 재판권 원칙과 달리 대한민국 영역 밖에서 외국인이 외국인에
대하여 저지른 이들 범죄에 대하여도 우리 형법이 적용될 수 있게 되었다.

이처럼 기존 형법 조항의 상당 부분을 존치한 상태에서 개정이 이루어졌기 23
때문에 형법상의 인신매매 개념이 국제협약상의 인신매매(Human Trafficking) 개
념에 그대로 상응하지는 않는다. 그러나 이행입법으로서의 실질적 타당성 여부
는 본장의 죄 전체를 포괄하여 평가되어야 한다. 본장에 규정된 범죄들의 처벌
범위를 살펴보면 다소 불분명한 점이 없지는 않으나 이와 같은 큰 폭의 개정을

〔김 기 준〕

통하여 협약에서 규정한 대부분의 범죄행위에 대한 처벌요건이 구비된 것으로 보인다. 특히, 약취·유인 또는 인신매매라는 특정범죄군을 인권을 유린하는 인류 보편적 범죄로 보아 기본법인 형법에 이들 범죄들을 세계주의의 대상으로 규정한 것은 법이론적 측면에서도 큰 의미를 갖는 것으로 생각된다.[19]

24   이처럼 2013년 형법 개정을 통하여 국제규범에서 처벌대상으로 삼는 범죄들을 국내에서 처벌할 수 있는 체계를 갖춤은 물론 세계주의 도입 등을 통하여 책임 있는 국제사회 일원으로서의 역할을 적극적으로 수행할 수 있는 기반을 마련한 것으로 평가된다.

Ⅲ. 본장 범죄들의 기본 구조

1. 보호법익 등

25   본장의 죄의 보호법익은 약취, 유인, 매매된 사람의 자유 내지 자유로운 생활관계이다.[20] 보호의 정도는 침해범이다.[21]

26   피해자가 미성년자인 경우 보호법익에 대한 논란이 있으나, 피해자의 자유권이 주된 보호법익이며, 감독권자의 감독권도 부차적인 보호법익이라고 할 것이다[이에 대한 상세는 §287(**미성년자의 약취, 유인**) 부분 참조].

---

19 세계주의나 보편적 관할권에 대한 상세한 고찰은 김기준, 일사부재리 원칙의 국제적 전개 - 국제적 이중처벌 방지를 위한 새로운 모색, 경인문화사(2013), 49 등 참조. 우리나라의 인신매매 관련 법령을 포함한 인신매매방지 정책 등에 대한 국제사회의 개괄적 평가자료의 하나로는 주한 미대사관 2019 Trafficking in Persons Report: Republic of Korea June 20, 2019 참조.

20 김신규, 형법각론 강의, 169(개인의 자유); 배종대, §40/2(개인 자유); 이상돈, 형법강론(4판), 427(자유로운 인격발현권); 이용식, 형법각론, 116(피인취자의 자유); 이재상·장영민·강동범, §9/4; 이정원·이석배·정근배, 형법각론, 115(사람의 신체적 활동 내지 행동이라는 개인의 자유권); 이형국·김혜경, 형법각론(3판), 177(개인의 자유, 특히 거처의 자유); 정성근·정준섭, 형법강의 각론(2판), 97(사람의 신체활동의 자유, 특히 장소선택의 자유); 정웅석·최창호, 형법각론, 380(개인의 자유, 특히 장소선택의 자유); 주호노, 형법각론, 249(개인의 신체의 자유); 최호진, 형법각론, 135(피인취자의 자유).

21 김신규, 169; 배종대, §40/2; 이재상·장영민·강동범, §9/5; 이정원·이석배·정근배, 115; 정성근·정준섭, 97; 정웅석·최창호, 380; 주호노, 249. 이에 대하여 신체의 자유라는 법익과 관련해서는 침해범이지만, 자유로운 인격실현권이라는 법익과 관련해서는 구체적 위험범이라는 견해도 있다(이상돈, 427).

2. 법적 성격

본장에 규정된 범죄의 법적 성격에 대하여는, 약취·유인죄를 중심으로 ① 계   27
속범설과 ② 상태범설이 대립하고 있다. 이에 대하여 어떤 입장을 취하는가에
따라 공소시효 기산점, 신·구법의 적용문제, 공범의 성립 가능성 등이 달라진다.

위 ①의 계속범설이 다수설의 입장인 것으로 보인다.[22] 계속범설을 취하는   28
입장에서는 약취·유인된 사람을 자기 또는 제3자의 사실적 지배 아래에 두고
있다면 약취·유인죄는 계속된다고 본다. 따라서 사실적 지배가 계속되는 상태
에서는 공범의 성립이 가능하며, 피해자가 자유를 회복하거나 사망하여 사실적
지배관계가 종료되어야만 공소시효가 진행된다. 약취·유인 행위의 본질을 범죄
자가 피해자를 그의 사실적 지배 아래 두는 것으로 보고 이러한 사실적 지배는
어느 정도 시간적 계속성을 전제로 하는 개념으로 파악하는 것이다.[23]

이에 반하여, 위 ②의 상태범설에서는 피해자를 자기 또는 제3자의 사실적   29
지배 아래에 옮김으로써 기수에 이르고, 그 이후는 위법상태의 계속에 불과하다
고 본다. 이러한 견해에 따르면 약취·유인된 사람을 자기 또는 제3자의 사실적
지배 아래에 옮길 때부터 공소시효가 진행되기 시작하고, 그 이후에 제3자가 범
죄에 가담하더라도 공동정범이 성립될 수 없다. 사실적 지배관계를 설정한 이후
계속하여 약취·유인된 사람을 감금한 때에는 약취·유인죄와 별도로 성립하는
감금죄는 그 논리적 귀결로 약취·유인죄와 실체적 경합관계에 있다고 본다. 본
죄의 본질을 새로운 사실적 지배관계를 설정하는 것으로 보는 입장이다. 사실적
지배관계가 계속되는 상태에서 발생하는 후속적 가담행위는 별도의 구성요건인
약취, 유인, 매매, 이송된 사람의 수수·은닉죄 등으로 처벌할 수 있고, 그 밖의
별도의 법익 침해행위에 대하여는 아동혹사죄나 인질강요죄 등으로 처벌할 수
있음을 근거로 하고 있다.[24]

판례는 위 ②의 상태범설에 입각하고 있는 것으로 보인다. 미성년자를 유   30
인한 후 불법 감금한 대판 1998. 5. 26, 98도1036에서 대법원은, 약취·유인죄와

---

22 김성돈, 형법각론(7판), 176; 배종대, §41/6; 이재상·장영민·강동범, §9/12; 임웅, 형법각론(10
    정판), 173; 정웅석·최창호, 380.
23 이재상·장영민·강동범, §9/12.
24 신동운, 형법각론(2판), 683 이하.

감금죄의 상상적 경합이 아닌 실체적 경합을 인정하고 있다. 위 판례에서 인용
한 대판 1961. 9. 21. 61도455에서도 "유혹하는 수단으로 미성년자를 이끌어서
이를 자기의 실력지배 안에 옮긴 때에는 미성년자 유인죄의 기수가 있다고 해
석할 것이며 불법 감금죄의 성립에는 자유의 속박이 다소 시간이 계속함을 필
요로 할 것이므로 양자는 그 범죄의 구성요건을 달리한다 할 것이고 따라서 미
성년자를 유인한 자가 계속하여 이를 불법하게 감금하였을 때에는 미성년자 유
인죄 이외에 감금죄가 구성한다 할 것이다."라고 판시하고 있다.

31   그런데 특정범죄 가중처벌 등에 관한 법률(이하, 특정범죄가중법이라 한다.) 제5
조의2는 약취·유인죄의 가중처벌이라는 죄명으로 약취·유인죄의 가중처벌 조
항을 두고 있고, 특히 동조 제3항에서는 동조 제1항과 제2항에 규정된 13세 미
만자에 대한 특수 목적 약취·유인죄 등을 범한 사람을 방조(幇助)하여 약취 또
는 유인된 미성년자를 은닉하거나 그 밖의 방법으로 귀가하지 못하게 한 사람
에 대한 가중처벌을 규정하고 있다. 그리고 방조행위의 예시로 사실적 지배관계
의 유지와 직접 관련된 약취·유인된 미성년자를 은닉하는 행위를 규정하고 있
어 본 조항을 계속범으로 파악하는 근거를 제공하는 것으로 생각된다.

32   사실적 지배상태 자체가 어느 정도 시간적 계속성을 전제로 하는 개념으로
보이고, 폭행, 협박 또는 사실상의 힘이나 기망의 방법으로 피해자를 자기 또는
제3자의 사실상 지배하에 일단 옮겼다 하더라도 그러한 사실적 지배가 계속되
는 동안에는 이러한 위법상황을 유지하기 위하여 사실적 지배상태의 설정 시
사용된 것과 동일하거나 유사한 기망이나 사실적 힘이 명시적·잠재적으로 계속
작용할 것으로 보인다. 이처럼 일단 사실적 지배상태가 설정되었다 하더라도 피
해자에 대하여 폭행, 협박 등 사실적 지배상태의 유지를 위한 위법행위가 반복
되거나 지속될 수 있다는 점에서 위 ①의 계속범설에 찬성한다.[25]

---

25 독일에서도 독일형법 제235조의 미성년자 약취·유인죄(Entziehung Minderjähriger)를 계속범
   (Dauerdelikt)으로 보고 있다(MüKoStGB/Wieck-Noodt, 3. Aufl. 2017, StGB § 235 Rn. 10-11,
   NK-StGB/ Bernd-Rüdeger Sonnen, 5. Aufl. 2017, StGB § 235 Rn. 34. BGHSt, 44, 355, 360 등
   참조). 일본에서의 논의에 대해서는 大塚 外, 大コン(3版)(11), 528-531(山室 惠) 참조.

3. 본장의 구성 체계

본장의 범죄는 크게 약취·유인의 죄와 인신매매의 죄로 나뉜다.   33

폭행, 협박 또는 사실상의 힘이나 기망 또는 유혹을 수단으로 사용하는 약   34
취·유인죄의 경우, 대상자가 미성년자이거나 특별한 목적을 가진 경우만을 처
벌대상으로 삼고 있다(§§ 287-288). 범죄자에게 특별한 목적이 있을 경우 처벌하
는 제288조는 피해자가 성년인 경우에도 적용되며, 그 법정형은 미성년자에게
만 적용되는 제287조에 비하여 가중되어 있다. 따라서 제288조는 미성년자를
대상으로 처벌하는 제287조에 대하여는 가중처벌규정인 반면, 성인의 약취·유
인죄에 대한 기본 처벌규정으로의 성격을 갖는다고 볼 것이다.

사실적 지배에 대한 대가가 수수되는 인신매매죄의 경우, 대상자가 미성년   35
자인가 여부, 범죄자가 특별한 목적을 가지고 있었는가 여부에 관계없이 처벌된
다(§ 289①). 이는 2013년 형법 개정으로 도입된 조항이다. 다만, 범죄자가 특별
한 목적을 가지고 있었던 경우에는 법정형이 가중된다(§ 289② 내지 ④). 피해자
가 미성년자인가 여부를 불문하고 성립하는 인신매매죄의 경우에는 제289조 제
1항이 기본적 구성요건이며, 이에 대한 특별규정으로 동조 제2항, 제3항, 제4항
을 두어 가중처벌하는 형태를 취하고 있다.

약취·유인죄와 인신매매죄에 대하여는 각각 결합범과 결과적 가중범인 약   36
취 등 상해죄 및 치상죄(§ 290), 약취 등 살인 및 치사죄(§ 291)가 규정되어 있다.
특히 약취·유인 또는 인신매매죄의 피해자를 모집·운송·전달하는 사전적 관
여 행위(§ 292②)와 약취·유인 또는 매매된 자를 수수 또는 은닉하는 사후적 관
여 행위(§ 292①)를 별도의 구성요건을 두어 처벌하고 있다.

또한, 약취 등 치상죄 및 치사죄 등 결과적 가중범과 약취 등 목적 모집·   37
운송·전달죄를 제외한 모든 죄에 대한 미수범을 처벌한다. 그리고 이러한 범
죄에 대하여는 예비·음모까지 처벌범위를 확대하고 있다(§ 294, § 296). 나아가
제288조부터 제291조까지, 제292조 제1항의 죄와 그 미수범에 대하여는 5천만
원 이하의 벌금을 병과할 수 있도록 규정하고 있다(§ 295).

〔김 기 준〕   **331**

4. 특수한 규율조항

(1) 세계주의

38   제296조의2는 본장의 범죄의 경우 외국인의 국외범에 대한 처벌을 규정하여 우리 형법의 역외적용을 인정하고 있다[이에 대한 상세는 §296의2(세계주의) 부분 참조].

(2) 형의 임의적 감경

39   제295조의2는 미성년자 약취·유인죄(§287), 추행 등 목적 약취·유인죄(§288), 인신매매의 죄(§289), 약취 등 상해·치상죄(§290), 약취·유인·매매·이송된 사람의 수수·은닉죄 및 약취 등 목적 모집 운송·전달죄(§292)와 이들 범죄의 미수죄(§294)를 범한 사람이 약취, 유인, 매매 또는 이송된 사람을 안전한 장소에 풀어준 때에는 그 형을 감경할 수 있도록 하고 있다. 피해자를 보호하기 위한 사후중지의 특례를 인정한 것이다[이에 대한 상세는 §295의2(형의 감경) 부분 참조].

Ⅳ. 관련 법령들

1. 특정범죄 가중처벌 등에 관한 법률 제5조의2

40   특정범죄가중법 제5조의2는 13세 미만의 미성년자 약취·유인죄와 관련된 가중처벌규정을 두고 있다.

41   동조 제1항은 미성년자의 부모나 미성년자의 안전을 염려하는 사람의 우려를 이용하여 재물이나 재산상의 이익을 취득할 목적으로 미성년자를 약취 유인한 경우 무기 또는 5년 이상의 징역에 처하도록 규정하고, 미성년자를 살해할 목적으로 약취·유인한 경우에는 사형, 무기 또는 7년 이상의 징역에 처하도록 하고 있다.

42   동조 제2항에서는 약취·유인한 미성년자의 부모나 미성년자의 안전을 염려하는 사람의 우려를 이용하여 실제 재물이나 재산상의 이익을 취득하거나 요구한 경우에는 무기 또는 10년 이상의 징역에 처하도록 규정하고, 약취·유인한 미성년자를 살해한 경우에는 사형 또는 무기징역에 처하도록 규정한다. 또한 약취·유인한 미성년자를 폭행, 상해, 감금 또는 유기하거나 가혹한 행위를 한 경우

에는 무기 또는 5년 이상의 징역에 처하며, 그 결과 미성년자를 사망에 이르게
한 경우에는 사형, 무기 또는 7년 이상의 징역에 처하도록 각 규정하고 있다.

동조 제3항에서는 위 제1항과 제2항의 범죄를 방조하여 약취·유인된 미성   43
년자를 은닉하거나 그 밖의 방법으로 귀가하지 못하게 한 사람은 5년 이상의
유기징역에 처하도록 하고 있다.

또한, 동조 제6항과 제8항에서는 이들 대부분의 범죄에 대한 미수와 예비·   44
음모에 대한 처벌조항을 두고 있다. 특히, 동조 제7항에서는 형법상 범인은닉
죄에 대한 특별규정으로 이러한 범죄를 저지른 사람을 은닉하거나 도피하게 한
경우 3년 이상 25년 이하의 징역에 처하도록 형을 가중하고 있다.

2. 아동·청소년의 성보호에 관한 법률 제12조

아동·청소년의 성보호에 관한 법률 제12조는 아동·청소년의 성을 사는 행   45
위 또는 아동·청소년성착취물을 제작하는 행위의 대상이 될 것을 알면서 아동
·청소년을 매매 또는 국외에 이송하거나 국외에 거주하는 아동·청소년을 국내
에 이송한 자는 무기징역 또는 5년 이상의 징역에 처하도록 규정하고 있다(아청
§12①). 여기에서의 아동·청소년은 19세 미만의 사람이고, 다만 19세에 도달하
는 연도의 1월 1일을 맞이한 자는 제외한다(아청 §2(i)).

3. 성폭력범죄의 처벌 등에 관한 특례법 제2조 제1항 제2호

성폭력범죄의 처벌 등에 관한 특례법 제2조 제1항 제2호는 본장의 죄 중   46
추행, 간음 또는 성매매와 성적 착취를 목적으로 범하여진 형법 제288조, 제289
조의 범죄와 기본범죄가 추행, 간음 또는 성매매와 성적 착취를 목적으로 범하
여진 제290조, 제291조, 제292조, 제294조 등의 범죄를 성폭력범죄로 규정하고
있다(성폭처벌 §2①(ii)). 따라서 공소시효에 대한 특례(성폭처벌 §21), 피해자, 신고
인 등에 대한 보호조치(성폭처벌 §23), 피의자의 얼굴 등 공개(성폭처벌 §25) 등의
특례조항이 적용되게 된다.

4. 특정강력범죄의 처벌에 관한 특례법 제2조 제1항 제2호

47   특정강력범죄의 처벌에 관한 특례법은 본장의 죄 중 제287조부터 제291조의 범죄와 이에 대한 미수범을 특정강력범죄로 규정하고 있다(특강 §2①(ii)). 따라서 이들 범죄에 대하여는 누범가중의 특별조항(특강 §3), 집행유예결격 기간의 연장(특강 §5) 등이 적용된다.

5. 아동복지법 제71조 제1항

48   아동복지법 제71조 제1항은 18세 미만의 아동을 매매하는 행위를 한 자는 10년 이하의 징역에 처하도록 규정하고 있다. 그 미수범도 처벌되며(아동복지법 §73), 상습적으로 이러한 범죄를 범한 경우 형의 2분의 1까지 가중하는 조항을 두고 있다(아동복지법 §72). 양벌규정도 두고 있어 위반행위와 관련한 법인이나 사용자도 처벌된다(아동복지법 §74).

6. 국가보안법 제4조 제1항

49   국가보안법 제4조 제1항에서는 반국가단체의 구성원 또는 그 지령을 받은 자가 그 목적수행을 위하여 사람을 약취·유인한 때에는 사형·무기 또는 5년 이상의 징역에 처하도록 규정하고 있다.

7. 국제형사재판소 관할 범죄의 처벌 등에 관한 법률 제9조 제2항 제8호 가목

50   국제형사재판소 관할 범죄의 처벌 등에 관한 법률 제9조 제2항 제8호 가목에서는 사람을 장기간 법의 보호로부터 배제시킬 목적으로 체포·감금·약취 또는 유인한 후 그 사람에 대한 체포 등의 사실, 인적 사항, 생존 여부 및 소재지 등에 대한 정보 제공을 거부하거나 거짓 정보를 제공하는 행위를 인도에 반한 죄의 하나로 규정하여 무기 또는 5년 이상의 징역형에 처하도록 규정하고 있다.

〔김 기 준〕

제287조(미성년자의 약취, 유인)

미성년자를 약취 또는 유인한 사람은 10년 이하의 징역에 처한다.
[전문개정 2013. 4. 5.]

Ⅰ. 의 의

본죄(미성년자약취·유인죄)는 미성년자를 약취 또는 유인하는 행위를 한 때에 성립한다. 피해자가 미성년자인 경우에는 인신매매죄의 경우와 같이 범죄자에게 특별한 목적이 없는 경우에도 처벌되나, 피해자가 성인인 경우에는 범죄자가 특별한 목적을 가지고 있는 경우에만 본조가 아닌 제288조(추행 등 목적 약취, 유인 등)에 의하여 처벌된다.

폭행, 협박 또는 사실상의 힘이나 기망 또는 유혹을 수단으로 한다는 점에서 대가관계가 요건인 인신매매죄와 구분된다.

Ⅱ. 보호법익

본죄의 보호법익에 대하여, 종래 ① 미성년자의 자유권으로 보는 견해, ② 보호감독자의 보호·양육권으로 보는 견해 등도 있었으나, ③ 현재의 통설은 주된 보호법익을 미성년자의 자유권으로 보고 보호감독자의 보호·양육권은 부차적 보호법익으로 보고 있다.[1]

---

1 김성돈, 형법각론(7판), 173; 김신규, 형법각론 강의, 169; 김혜정·박미숙·안경옥·원혜욱·이인영,

〔김 기 준〕 **335**

4　　　　독립된 법인격을 가진 미성년자의 자유권은 독자적 보호의 대상인 독립적 보호법익으로 보아야 할 것이다. 또한, 성년과 달리 미성년자에 대한 약취·유인행위를 일반적으로 처벌하는 것은 정신적·육체적으로 미성숙한 미성년자의 보호를 위한 측면이 있다. 따라서 미성년자 본인의 동의 여부와 관계없이 본죄의 성립이 인정될 필요가 있으므로 보호감독자의 보호·양육권 역시 보호법익으로 파악하는 위 ③의 통설의 태도가 타당한 것으로 생각된다.

5　　　　판례 역시 본조의 입법취지를 심신의 발육이 불충분하고 지려와 경험이 풍부하지 못한 미성년자를 특별히 보호하는 데 있다고 보면서 미성년자의 동의가 있다 하더라도 미성년자약취죄가 성립할 수 있다고 판시하여, 미성년자의 자유 외에 보호감독자의 보호·양육권 역시 보호법익으로 파악하고 있다.[2] 일본의 판례도 같은 입장이다.[3]

6　　　　그러나 보호법익으로서의 보호·양육권은 물건에 대한 물권적 권리와 같은 배타적 지배권을 의미하는 것이 아니다. 보호법익으로서의 보호·양육권은 미성년자에 대한 지배권이 아니라 미성년자의 복리 실현을 위하여 인정된 보호감독자의 권리인 동시에 의무로 이해된다.[4] 따라서 보호·양육권 그 자체가 절대적인 보호대상은 아니며, 보호감독자의 보호·양육권에 대한 침해가 미성년자의 복리 침해로 이어질 수 있다는 점에서 본죄의 보호법익으로 보는 것이 타당할 것이다.[5]

7　　　　대법원은 베트남 국적 여성이 남편과 함께 13개월된 아들을 양육하여 오던 중 남편과의 갈등으로 아들을 데리고 베트남으로 돌아가 국외이송목적약취죄

형법각론(3판), 162; 박상기·전지연, 형법학(총론·각론 강의)(4판), 480; 박찬걸, 형법각론(2판), 159; 신동운, 형법각론(2판), 628; 오영근, 형법각론(5판), 112; 이용식, 형법각론, 116; 이재상·장영민·강동범, 형법각론(13판), §9/4; 이정원·이석배·정배근, 형법각론, 119; 이형국·김혜경, 형법각론(3판), 180; 임웅, 형법각론(10정판), 168; 정성근·정준섭, 형법강의 각론(2판), 98; 정웅석·최창호, 형법각론, 380; 주호노, 형법각론, 249; 최호진, 형법각론, 137; 주석형법 [각칙(4)](5판), 161(이미선).

2　대판 2003. 2. 11, 2002도7115.

3　大判 大正 7(1918). 11. 11. 刑錄 24·1326; 大判 大正 13(1924). 6. 19. 刑集 3·502.

4　이러한 맥락에서 대판 2013. 6. 20, 2010도14328(전)에서는 종전에 사용하던 '감호권' 대신 '보호·양육권'이라는 용어를 사용하고 있다.

5　독일형법 제235조(미성년자 약취·유인)와 관련하여 양자 모두를 보호법익으로 보는 입장은 BeckOK StGB/Valerius, 44. Ed. 1.11.2019, StGB §235 Rn. 1, MüKoStGB/Wieck-Noodt, 3. Aufl. 2017, StGB §235 Rn. 8.

및 피약취자국외이송죄로 기소된 사안[6]에서, 부모가 함께 동거하면서 미성년의 자녀를 보호·양육하여 오던 중 부모의 일방이 가정법원의 결정 또는 상대방 부모의 동의 없이 그 자녀를 데리고 종전 거소를 벗어나 다른 곳으로 옮겼다 하더라도, 상대방 부모나 그 자녀에게 폭행, 협박 또는 불법적인 사실상의 힘을 행사하지 않았으며 자녀에 대한 보호·양육을 계속한 경우에는, 자녀를 데리고 나온 행위를 '약취'로 볼 수 없어 국외이송약취죄(§288③ 전단)로 처벌할 수 없다고 판시하였다.[7]

판례는 공동양육하던 부모 일방이 자녀를 다른 곳으로 옮긴 이후에도 계속해서 자녀를 보호·양육하였고, 자녀를 다른 곳으로 옮긴 행위와 관련하여, 폭행이나 협박과 같이 형사적으로 비난가능성이 있다고 평가할 만한 요소가 없는 점 등을 고려할 때 기존의 보호관계가 사실상 계속되는 것으로 평가할 수 있으며, 이 경우 단지 순수한 권리 측면에서의 보호·양육권 침해만이 문제가 되므로 미성년자에 대한 약취죄가 성립되지 않는다고 본 것이다. 결국 상대방 부모의 동의 없이 자녀를 일방적으로 다른 장소로 옮기는 행위는 상대방 부모의 친권행사를 사실상 제한하는 행위에는 해당할 수 있으나, 보호감독자의 보호·양육권을 본죄의 보호법익으로 인정하는 것은 보호감독자에 의한 보호·양육 상태의 유지가 미성년자의 자유와 안전 보장을 위하여 중요하고 필요한 조치이기 때문이라는 점을 근거로 한 판결이다.[8]

8

---

6 구체적인 사실관계 및 경과는 다음과 같다.
① 피고인은 베트남 국적의 여성으로서 2006. 2. 16. 대한민국 국적의 A와 혼인하고, 같은 해 4. 30. 입국하여 대한민국 내에서 거주하던 중 2007. 8. 12. 아들인 B를 출산하였다. ② A와 공동으로 B를 보호·양육하던 피고인은 A로부터 학대를 받거나 가혹행위를 당한 적은 없으나, 평소 A나 시집 식구들이 자신이 외국인이라는 이유로 차별하고 무시한다는 생각을 갖고 있었다. ③ 2008. 9. 3.경 피고인은 A가 출근한 사이에 B를 데리고 베트남으로 출국하였고, 이후 피고인은 B의 양육비를 벌기 위해 B를 베트남 친정에 맡겨 둔 채 2008. 9. 17. 다시 우리나라에 입국하였다. ④ A에게 발각된 피고인은 A의 고소에 의해 2010. 4. 16. 구속되었고, 같은 해 5. 27. 보석으로 석방되었으며, 구속 중이던 2010. 5. 13. 피고인과 A는 협의이혼의사확인을 받으면서 B에 대한 양육자를 피고인으로 정하였다.
7 대판 2013. 6. 20, 2010도14328(전). 본 판결 평석은 김일연, "미성년 자녀의 부모 일방에 대하여 자녀 약취죄가 성립하기 위한 요건", 양승태 대법원장 재임 3년 주요 판례 평석, 사법발전재단(2015), 461-474; 오영근, "다문화가정에서 미성년자약취 및 국외이송죄의 문제", 형사법연구 25-3, 한국형사법학회(2013), 367-392; 윤지영, "보호감독자에 의한 미성년자약취죄와 국외이송약취죄 - 베트남 여성의 자녀 약취 사건 -", 형사판례연구 [22], 한국형사판례연구회, 박영사(2014), 71-108.
8 대판 2013. 6. 20, 2010도14328(전)의 보충의견.

〔김 기 준〕

9   그러나 이와 달리 미성년 자녀와 별거 중이던 부모 일방이 보호감독자 몰래 미성년자를 종전 거소에서 이탈시켜 데리고 간 경우는 달리 취급된다. 부모 일방이 보호·양육의 목적을 가지고 있었다 하더라도 상대방 보호감독자의 보호·양육권뿐만 아니라 당해 미성년자를 종전 생활관계 및 보호관계에서 이탈시키는 피해가 발생하는 경우이므로, 특별한 사정이 없는 이상 미성년자에 대한 약취죄가 성립한다고 보는 것이다.[9]

III. 주 체

10   본죄의 주체에는 제한이 없다.

11   미성년자를 보호·감독하는 사람이라 하더라도 다른 보호감독자의 보호·양육권을 침해하거나 자신의 보호·양육권을 남용하여 미성년자 본인의 이익을 침해할 때에는 본죄의 주체가 될 수 있다.[10] 따라서 부모가 이혼하였거나 별거하는 상황에서 미성년의 자녀를 부모의 일방이 평온하게 보호·양육하고 있음에도 상대방 부모가 폭행, 협박 또는 불법적인 사실상의 힘을 행사하여 그 보호·양육 상태를 깨뜨리고 자녀를 탈취하여 자기 또는 제3자의 사실상 지배하에 옮기는 행위는 미성년자에 대한 약취죄를 구성한다.[11]

IV. 객 체

12   본죄의 객체는 미성년자이다.

13   미성년자의 개념은 민법에 따라 정해진다. 따라서 19세 미만의 사람이 그 대상이다(민 §4). 19세 미만의 사람이라면 신체조건, 성별, 보호감독의 상태 등을 불문한다.[12]

---

9 대판 2017. 12. 13, 2015도10032[위 판례의 상세한 내용은 후술하는 **IV. 4. 공동양육권자의 문제** 참조].

10 대판 2008. 1. 31, 2007도8011; 대판 2013. 6. 20, 2010도14328(전); 대판 2017. 12. 13, 2015도10032. 일본 판례도 같은 입장이다[最決 平成 15(2003). 3. 18. 刑集 57·3·18; 最決 平成 17(2005). 12. 6. 刑集 59·10·1901].

11 대판 2017. 12. 13, 2015도10032.

12 김성돈, 176; 신동운, 687; 이재상·장영민·강동범, §9/8; 임웅, 168.

〔김 기 준〕

19세 미만의 미성년자가 혼인을 하여 성년으로 간주되는 경우 본죄의 객체 　14
가 되는가 여부에 대하여 논란이 있다. 민법 제826조의2는 "미성년자가 혼인을
한 때에는 성년자로 본다."는 성년의제 규정을 두고 있기 때문이다. 이에 대하
여, ① 혼인한 미성년자는 성년으로 의제되므로 죄형법정주의 원칙에 따라 본
죄의 대상이 될 수 없다는 견해[13]가 있으나, ② 미성숙한 미성년자 보호의 강화
라는 입법취지에 비추어 혼인한 미성년자도 본죄의 객체가 된다는 것이 통설의
입장이다.[14]

민법의 성년의제제도는 미성년자가 혼인을 하였다는 점을 특별히 고려하여 　15
민사법률 관계의 안전이라는 민사법의 목적에 따라 기본적으로 민사 법률관계
에 적용되는 것이다. 따라서 정신적·육체적 성장이 완전하지 않은 19세 미만자
가 혼인을 하였다고 하여 형법의 보호 범위에서 제외하는 것은 타당하지 않은
것으로 생각된다. 본죄는 1953년 형법 제정 당시부터 존재하였던 조항이나, 민
법의 성년의제 조항은 1977년 신설되었다. 혼인한 미성년자를 민사 법률관계에
서 성년으로 취급하려던 민법개정 당시의 입법자의 의도를 형법상 특별히 보호
되던 미성년자를 형사법의 보호대상에서 배제하려 한 것으로 보기는 어려울 것
이다.

피해자가 13세 미만일 경우 추가적 요건 구비 여부에 따라 특정범죄 가중 　16
처벌 등에 관한 법률(이하, 특정범죄가중법이라 한다.) 제5조의2의 처벌대상이 될 수
있다.

V. 구성요건적 행위

본죄의 실행행위는 '폭행, 협박 또는 사실상의 힘(약취의 경우)'이나 '기망 또 　17
는 유혹(유인의 경우)'을 수단으로 미성년자를 자유로운 생활관계 또는 보호관계로
부터 이탈시켜 자기 또는 제3자의 사실상 지배하에 옮기는 것이다. 약취와 유인[15]

---

13 이재상·장영민·강동범, §8/9.
14 김성돈, 177; 김신규, 172; 배종대, 형법각론(14판), §41/2; 신동운, 687; 임웅, 171; 정응석·최창
　　호, 381; 홍영기, 형법(총론과 각론), §62/3.
15 일본형법은 '유괴(誘拐)'라고 하는데[§224(미성년자약취·유괴죄) 미성년자를 약취하거나 유괴한
　　자는 3월 이상 7년 이하의 징역에 처한다], 유인과 같은 의미이다[大塚 外, 大コン(3版)(11),

을 합하여 인취(引取)라고도 한다.

1. 약 취

18　약취는 폭행, 협박 또는 사실상의 힘을 수단으로 피해자를 그 의사에 반하여 자유로운 생활관계 또는 보호관계로부터 이탈시켜 자기 또는 제3자의 사실상 지배하에 옮기는 행위를 말한다.[16]

19　여기에서의 폭행, 협박은 상대방의 반항을 억압할 정도에 이를 필요는 없으며, 상대방을 실력적 지배하에 둘 수 있을 정도이면 충분하다.[17] 폭행 또는 협박 등이 미성년자 본인이 아닌 보호감독자에 대하여 행하여져도 무방하다.[18]

20　약취에 해당하는가 여부는 구체적 사건에서 나타난 행위의 목적과 의도, 행위 당시의 정황, 행위의 태양과 종류, 수단과 방법, 피해자의 상태 등 관련 사정을 종합하여 판단하여야 한다.[19] 미성년 자녀의 양육권자에 의한 행위가 약취에 해당하는가 여부도 관련 사정을 종합하여 판단하여야 한다.[20]

2. 유 인

21　유인은 기망 또는 유혹을 수단으로 미성년자를 꾀어 하자 있는 의사에 따라 자유로운 생활관계 또는 보호관계로부터 이탈시키고 자기 또는 제3자의 사실적 지배하에 옮기는 행위를 말한다.[21]

22　기망이란 허위의 사실로 상대방을 착오에 빠뜨리는 것을 말한다. 유혹은

531(山室 惠)]. 참고로 일본형법은 2022년 6월 17일 징역형과 금고형이 '구금형'으로 단일화되어 형법전의 '징역', '구금', '징역 또는 구금'은 모두 '구금형'으로 개정(법률 제67호)되었고, 2025년 6월 1일 시행될 예정이다. 아직 시행 이전이므로 본장에서 일본형법 조문을 인용할 때는 현행 조문의 '징역' 등의 용어를 그대로 사용한다.

16 대판 2022. 6. 16, 2022도2236.
17 대판 1990. 2. 13, 89도2558; 대판 1991. 8. 13, 91도1184; 대판 2009. 7. 9, 2009도3816.
18 김성돈, 177, 이재상·장영민·강동범, §9/9; 임웅, 172; 주석형법 〔각칙(4)〕(5판), 171(이미선).
19 대판 2009. 7. 9, 2009도3816(술에 만취한 사람이 초등학교 5학년 여학생의 소매를 잡아끌면서 "우리 집에 같이 자러 가자."고 한 행위가 제288조의 약취행위의 수단인 '폭행'에 해당한다고 한 사례); 대판 2017. 12. 13, 2015도10032; 대판 2022. 6. 16, 2022도2236.
20 약취의 성립을 부정한 사례로는 대판 2013. 6. 20, 2010도14328(전), 약취의 성립을 긍정한 사례로는 대판 2017. 12. 13, 2015도10032 등(이에 대한 상세는 **IV. 4. 공동양육권자의 문제** 참조).
21 대판 1976. 9. 14, 76도2072; 대판 1996. 2. 27, 95도2980; 대판 1998. 5. 15, 98도690; 대판 2007. 5. 11, 2007도2318.

〔김 기 준〕

감언이설로 상대방을 현혹시켜 판단의 적정을 그르치게 하는 것으로 기망의 정도에는 이르지 않은 것을 말한다.[22] 기망과 유혹이 미성년자 본인뿐만 아니라 보호감독자에 대하여 행하여져도 무방함은 약취의 경우와 같다.[23]

유인은 사실상의 힘이 아닌 기망이나 유혹에 따른 피해자의 하자 있는 의사를 이용한다는 점에서 약취와 구분된다. 따라서 의사능력조차 갖추지 못한 심신상실자나 영아 등은 유인의 대상이 될 수 없다.[24]

폭행과 기망이 동시에 사용된 경우는 본죄의 단순일죄가 된다.[25]

3. 사실적 지배관계의 이전

약취·유인 행위가 성립하기 위해서는 미성년자를 종전의 자유로운 생활관계 또는 보호관계로부터 이탈하게 하여 자기 또는 제3자의 사실적 지배 아래로 옮겨야 한다. 여기서 '사실적 지배'란 물리적·실력적 지배관계를 의미한다.[26]

물리적·실력적 지배관계의 이전이 있으면 충분하고, 피해자가 반드시 장소적으로 이전될 필요는 없다.[27] 그러나 미성년자와 보호감독자가 같이 생활하는 장소에서 일시적으로 이루어진 보호관계의 모든 제한이 약취·유인에 해당하는 것은 아니다. 목적과 수단, 시간적 간격 등을 고려할 때 사회통념상 실제로 기존의 생활관계 및 보호관계로부터 이탈시킨 것으로 인정되어야만 한다. 미성년자가 혼자 머무는 주거에 침입하여 강도 범행을 하는 과정에서 미성년자와 그 부모에게 폭행·협박을 가하여 일시적으로 부모와의 보호관계가 사실상 침해·배제되었더라도, 미성년자가 기존의 생활관계로부터 완전히 이탈되었다거나 새로운 생활관계가 형성되었다고 볼 수 없고, 범인의 의도도 위와 같은 생활관계의 이탈이 아니라 단지 금품 강취를 위한 반항 억압에 있었으므로 본죄가 성립

22 대판 1996. 2. 27, 95도2980.
23 김성돈, 177; 이재상·장영민·강동범, §9/9; 임웅, 172; 주석형법 〔각칙(4)〕(5판), 171(이미선).
24 김성돈, 177; 신동운, 688, 이재상·장영민·강동범, §9/9; 주석형법 〔각칙(4)〕(5판), 172(이미선); 독일형법 제232조 이하의 자유에 대한 죄에 있어서 행위태양으로서의 기망(List)의 경우, 의사형성 내지 의사활동의 능력이 없는 영·유아 또는 의식상실자를 대상으로 하는 때에는, 그를 보호하는 사람에 대하여 행해질 수 있다는 것이 독일 판례의 입장이다(BGH, 24.10.1973 - 2 StR 362/73).
25 주석형법 〔각칙(4)〕(5판), 172(이미선).
26 대판 2007. 5. 11, 2007도2318; 대판 1998. 5. 15, 98도690.
27 김성돈, 178; 신동운, 689; 이재상·장영민·강동범, §9/11; 주석형법 〔각칙(4)〕(5판), 173(이미선).

〔김 기 준〕　　　　　**341**

하지 않는다.[28]

27   약취·유인된 미성년자를 다시 약취·유인하는 것도 가능하며, 부작위에 의해서도 본죄는 성립할 수 있다.[29]

4. 공동양육권자의 문제

28   다른 양육권자와 협의 없이 이루어진 타방 양육권자의 일방적 행위가 약취·유인에 해당하는가 여부는 관련 상황들을 종합적으로 고려하여 특히 세심하게 결정되어야 한다.

29   미성년자의 자유뿐만 아니라 보호감독자의 보호·양육권도 본죄의 보호법익에 포함되어 있다. 따라서 양육권이 공동으로 귀속하고 있는 상황에서 일방 양육권자가 다른 상대방 양육권자의 동의 없이 자녀를 데리고 가는 일방적·사실적 행위는 타방 양육권자의 양육권에 대한 위법한 침해로 평가되는 경우가 적지 않을 것이다.

30   대법원 역시 이러한 관점에서 '부모가 이혼하였거나 별거하는 상황에서 미성년의 자녀를 부모의 일방이 평온하게 보호·양육하고 있는데, 상대방 부모가 폭행, 협박 또는 불법적인 사실상의 힘을 행사하여 그 보호·양육 상태를 깨뜨리고 자녀를 탈취하여 자기 또는 제3자의 사실상 지배하에 옮긴 행위'는 본죄에 해당한다고 판시하여,[30] 양육권자에 의한 행위라 할지라도 본죄가 성립할 수 있

---

28 대판 2008. 1. 17, 2007도8485.

29 임웅, 174; 주석형법 [각칙(4)](5판), 174(이미선).

30 대판 2008. 1. 31, 2007도8011(외조부가 맡아서 양육해 오던 미성년자를 그 의사에 반하여 사실상 자신의 지배하에 옮긴 사례); 대판 2017. 12. 13, 2015도10032[피고인의 배우자였던 A가 피고인을 상대로 미국 법원에 A와 자녀들에 대한 접근금지를 신청하여, 위 법원이 접근금지명령과 함께 자녀들에 대한 Temporary custody(임시 보호)를 A에게 부여하는 결정을 하였는데, 피고인이 Parenting time(면접교섭시간)을 이용하여 자녀들을 인계받은 후, A의 동의 없이 곧바로 미국을 떠나 대한민국으로 입국한 사안에서, 피고인의 행위는 불법적인 사실상의 힘을 수단으로 사용하여 당시 6세, 4세인 자녀들의 의사에 반하여 그들을 자유로운 생활관계 또는 A의 보호관계로부터 이탈시켜 피고인의 사실상 지배하에 옮기는 행위라고 평가할 수 있다는 이유로 유죄를 선고한 사례]; 대판 2021. 9. 9, 2019도16421[이혼소송 중 비양육친인 피고인(남, 한국인)이 면접교섭권을 행사하기 위하여 프랑스에서 양육친(여, 프랑스인)과 함께 생활하던 피해아동(만 5세)을 대한민국으로 데려온 후, 면접교섭기간이 종료하였음에도 프랑스에 있는 양육친에게 데려다 주지 않고 양육친과 연락을 두절한 채 가정법원의 유아인도명령 등에도 불응한 사안에서, 피고인의 행위는 불법적인 사실상의 힘을 수단으로 피해아동을 그 의사와 복리에 반하여 자유로운 생활 및 보호관계로부터 이탈시켜 자기의 사실상 지배하에 옮긴 적극적 행위와 형법적으로 같은

음을 명시적으로 승인하고 있다.[31]

한편, 대법원은 상대방 공동양육권자의 양육권을 침해한다는 이유만으로 타방 양육권자의 동의 없는 모든 행위에 대하여 본죄의 성립을 인정하고 있지는 않다.

31

대판 2013. 6. 20. 2010도14328(전)에서는 약취의 수단으로서의 '사실상의 힘'은 폭행 또는 협박에 준하여 형법의 규율 대상이 될 만한 불법성을 갖춘 것이어야 하며, 따라서 폭행, 협박 또는 불법적인 사실상의 힘을 사용하여 그 미성년자를 평온하던 종전의 보호·양육 상태로부터 이탈시키지 않는 행위에 대하여서까지 다른 보호감독자의 보호·양육권을 침해한다는 이유로 약취죄의 성립을 인정하는 것은 형벌법규의 문언 범위를 벗어나는 해석으로 죄형법정주의의 원칙에 비추어 허용될 수 없다고 판시하고 있다. 그리고 위 판결의 보충의견은 제295조의2는 약취죄를 범한 사람이 피해자를 안전한 장소에 풀어준 때에는 그 형을 감경할 수 있도록 규정하고 있는데, 이는 미성년자 관련 약취죄의 궁극적인 보호법익이 미성년자의 자유와 안전이라는 점을 시사하는 것이며, 미성년자의 자유와 안전, 그리고 미성년자에 대한 보호·양육 상태의 유지라는 보호법익이 직접 침해되는 경우와 순수한 권리 측면에서의 부모의 보호·양육권 침해만이 문제가 되는 경우는, 형법상 미성년자 관련 약취죄의 성립 여부와 관련하여 본질적인 차이를 두지 않을 수 없다고 설시하고 있다.[32]

32

이러한 판례에 태도는 보호감독자의 보호·양육권을 절대적 보호대상이 아닌 보호·양육권의 침해가 미성년자의 복리 침해로 이어질 수 있다는 점에서 인

33

정도의 행위로 평가할 수 있으므로, 미성년자약취죄의 약취행위에 해당한다고 한 사례].

위 2019도16421 판결 해설은 전아람, "이혼소송 중 비양육친인 피고인이 면접교섭권 행사로 한국으로 데려온 피해아동을 면접교섭 기간 종료 후 프랑스로 돌려보내지 않은 경우 부작위에 의한 미성년자약취죄가 성립하는지 여부", 해설 130, 법원도서관(2022), 463-478.

31 일본 판례도 같은 입장이다. 일본 판례는 모친의 감호 아래 있는 2세의 자녀를 별거 중인 부친이 유형력을 행사하여 데리고 간 사안에서, 감호·양육상 약취행위가 현실적으로 필요한 경우와 같은 특별한 사정이 인정되지 않으면 위법성이 조각되지 않는다고 판시하였다[最決 平成 17(2005). 12. 6. 刑集 59·10·1901].

32 위 2010도14328 전원합의체 판결에는 다수의견과 보충의견 외에, 보호·양육권이 단순한 권리만이 아니라 자녀의 복리를 위한 부모의 의무이기도 하다는 점 등을 분석한 보충의견과 공동양육권자에 동의 없는 아동 이동 행위 등은 원칙적으로 미성년자약취죄에 해당한다는 취지의 반대의견이 있다.

〔김 기 준〕

정되는 부차적 법익으로 파악하는 것이다. 따라서 구체적 사건에서 어떤 행위가 약취에 해당하는가 여부는 행위의 목적과 의도, 행위 당시의 정황, 행위의 태양과 종류, 수단과 방법, 피해자의 상태 등 관련 사정을 종합하여 판단해야[33] 할 것이며,[34] 특히 상대방 부모의 보호·양육권을 침해하는가 여부뿐만 아니라 미성년자 본인의 이익이나 복리를 침해하는 것인가 여부를 종합적으로 함께 살펴 매우 신중하게 결정하여야 할 것으로 보인다.

5. 실행의 착수 및 기수시기

34   실행행위에 해당하는 폭행, 협박, 사실상의 힘, 기망, 유혹 등의 구체적 행위를 개시한 때에 실행의 착수가 있고, 피해자를 자기 또는 제3자의 사실적 지배 아래로 옮긴 때에 기수에 이른다.[35] 따라서 피해자에 대한 실력적 지배를 완성하지 못한 경우에는 미수에 그친다고 볼 것이다.[36]

VI. 고 의

35   본죄가 성립하기 위해서는 폭행, 협박, 불법적인 사실상의 힘 또는 기망, 유혹을 수단으로 미성년자를 기존의 생활관계 내지 보호관계로부터 이탈시켜 자기 또는 제3자의 사실적 지배 아래로 옮긴다는 고의가 있어야 한다.[37] 미필적 고의로도 충분하다.[38]

36   판례는 강도 범행 과정에서 미성년자와 그 부모에게 폭행·협박을 가하여

---

33 대판 2022. 6. 16, 2022도2236.「피고인은 피해자의 외할머니이므로, 설사 피고인이 쟁점 공소사실 기재와 같이 피해자를 이 사건 여아와 바꿔치기한 후 데리고 간 사실관계가 인정된다고 하더라도, 그러한 행위가 피해자의 친권자인 A, B의 의사에 반하지 않고 피해자의 자유와 안전을 침해하는 것으로 볼 수 없는 어떤 사정이 있다면, 이는 약취행위로 평가되지 않을 가능성도 있다. 따라서 피고인의 행위가 약취에 해당하는지를 판단하기 위해서는 위와 같은 구체적인 관련 사정들, 즉 피고인의 목적과 의도, 행위 당시의 정황, 행위의 태양과 종류, 수단과 방법, 피해자의 상태 등에 관한 추가적인 심리가 필요하다.」
34 일본 판례는 행위의 태양, 미성년자의 연령, 약취 후의 감호양육에 관한 앞으로의 전망 등의 관점에서 판단해야 한다고 판시하고 있다[最決 平成 17(2005). 12. 6. 刑集 59·10·1901].
35 김성돈, 178; 이재상·장영민·강동범, § 9/12.
36 신동운, 689; 주석형법 〔각칙(4)〕(5판), 207(이미선).
37 김성돈, 179; 이재상·장영민·강동범, § 9/14.
38 김성돈, 179; 주석형법 〔각칙(4)〕(5판), 174(이미선).

일시적으로 미성년자에 대한 부모의 보호관계가 사실상 침해·배제되었더라도, 범인의 의도가 단지 금품 강취를 위한 반항 억압에 있었던 경우에는 고의를 인정할 수 없다고 판시하였다.[39]

본죄는 목적범이 아니다. 따라서 약취, 유인 범행에 이르게 된 동기나 목적 은 범죄의 성립에 영향이 없으며 미성년자를 보호 또는 양육하기 위한 경우에 도 본죄가 성립할 수 있다.   37

미성년자 유인의 경우, 유인하는 행위가 피해자의 의사에 반한다는 사실까지 인식할 필요는 없다.[40]   38

VII. 피해자의 승낙

본죄의 보호법익에는 미성년자의 자유뿐만 아니라 보호감독자의 보호·양 육권도 포함된다. 따라서 미성년자와 보호감독자 모두의 동의나 승낙이 있을 경 우에만 본죄가 성립하지 않는다.[41] 그 근거에 관하여는, ① 위법성이 조각되기 때문이라는 견해도 있으나,[42] ② 구성요건해당성이 부정된다고 보는 것(양해)이 타당할 것이다.[43]   39

동의나 승낙은 사전에 있어야 한다. 따라서 사전 동의나 승낙 없이 약취· 유인 행위가 이루어진 경우 본죄는 성립하며, 사후적으로 이루어지는 동의나 승낙은 범죄의 성립에 영향을 미치지 않는다.   40

동의나 승낙은 하자 없는 진정한 의사에 기한 것이어야 한다. 따라서 미성 년자의 승낙이 기망 등에 따른 하자 있는 의사에 의한 것이라면 본죄의 성립에 영향을 미치지 않는다.[44]   41

---

39 대판 2008. 1. 17, 2007도8485.
40 대판 1976. 9. 14, 76도2072.
41 김성돈, 179; 주석형법 [각칙(4)](5판), 174(이미선).
42 김성돈, 179; 배종대, §41/8; 최호진, 143.
43 김신규, 175; 김혜정·박미숙·안경옥·원혜욱·이인영, 167; 오영근, 116; 이재상·장영민·강동 범, §9/15; 이형국·김혜경, 185; 정성근·정준섭, 101; 정웅석·최창호, 384.
44 대판 1982. 4. 27, 82도186.

〔김 기 준〕   **345**

Ⅷ. 죄수 및 다른 죄와의 관계

1. 죄 수

42   폭행, 협박이나 사실적 힘이 기망과 동시에 사용된 경우, 하나의 본죄만 성립한다.[45]

2. 다른 죄와의 관계

43   (1) 미성년자약취죄의 수단으로 행하여진 폭행 또는 협박은 미성년자약취죄에 흡수되어 별도의 범죄로 성립하지 않으나, 약취의 수단으로 체포 또는 감금이 행하여진 경우에는 미성년자약취죄와 제포·감금죄(§ 276①)의 상상적 경합이 성립한다.[46]

44   약취·유인행위가 완성된 이후에 계속하여 불법하게 감금한 경우에도 본죄 이외에 감금죄가 별도로 성립하고 두 죄는 실체적 경합관계에 있다는 것이 우리 판례의 입장이나,[47] 약취·유인 상태가 계속되던 중 감금행위가 이루어진 경우에는 본죄의 본질을 계속범으로 보아 상상적 경합관계에 있다고 보아야 할 것이다.

45   (2) 제288조 제1항에서 제3항까지 규정된 추행 등의 목적을 가지고 미성년자를 약취·유인한 경우, 제288조의 법정형이 본조보다 무겁게 규정되어 있을 뿐 아니라 특별한 목적을 요건으로 규정한 288조의 입법취지 등을 고려하여 본죄가 아닌 제288조 제1항부터 제3항의 범죄만 성립한다고 볼 것이다.[48] 마찬가지로 특정범죄가중법 제5조의2 제1항에서 규정한 몸값 취득 또는 살해 목적으

---

45 신동운, 688; 주석형법 [각칙(4)](5판), 175(이미선). 일본 판례도 마찬가지이다[大判 昭和 10(1935). 5. 1. 刑集 14·454].

46 김성돈, 180; 임웅, 174. 일본 하급심 판례도 감금을 수단으로 영리약취를 한 경우, 감금죄와 영리약취죄의 상상적 경합이라고 판시하였다[大阪高判 昭和 53(1978). 7. 28. 高刑集 31·2·118].

47 대판 1998. 5. 26, 98도1036. 일본 판례는 금품목적유괴죄와 금품요구죄는 일본 학계에서 인정하는 견련범관계에 있고, 이들 죄는 감금죄와 경합범관계에 있다는 입장이다[最決 昭和 58(1983). 9. 27. 刑集 37·7·1078].

48 이재상·장영민·강동범, § 9/14; 주석형법 [각칙(4)](5판), 175(이미선). 일본 판례도 영리의 목적으로 미성년자를 유괴(인)한 때는 영리유괴죄만 성립하고[大判 明治 44(1911). 12. 8. 刑錄 17·2186], 국외이송 목적으로 미성년자를 유괴한 때는 국외이송유괴죄만 성립한다[大判 昭和 12(1937). 9. 30. 刑集 16·254]고 판시하였다.

로 13세 미만의 미성년자를 약취·유인한 경우 등에도, 특정범죄가중법위반(13세미만 약취·유인, 영리약취·유인등)죄만 성립하고 본죄는 별도로 성립하지 않는다고 볼 것이다.

IX. 처 벌

10년 이하의 징역에 처한다. 본죄는 벌금 병과의 대상이 아니다(§295).　　　46

본죄의 미수(§294)와 예비 또는 음모(§296)는 처벌된다.　　　47

본죄를 범한 자가 약취·유인된 사람을 안전한 장소에 풀어준 때에는 형을 　48
감경할 수 있다(§295의2).

본죄는 대한민국 영역 밖에서 죄를 범한 외국인에게도 적용된다(세계주의) 　49
(§296의2).

〔김 기 준〕

제288조(추행 등 목적 약취, 유인 등)
① 추행, 간음, 결혼 또는 영리의 목적으로 사람을 약취 또는 유인한 사람은 1년 이상 10년 이하의 징역에 처한다.
② 노동력 착취, 성매매와 성적 착취, 장기적출을 목적으로 사람을 약취 또는 유인한 사람은 2년 이상 15년 이하의 징역에 처한다.
③ 국외에 이송할 목적으로 사람을 약취 또는 유인하거나 약취 또는 유인된 사람을 이송한 사람도 제2항과 동일한 형으로 처벌한다.
[전문개정 2013. 4. 5.]

Ⅰ. 의 의

1　　본조에서는 추행, 간음, 결혼 또는 영리의 목적(§ 288①)이나 노동력 착취, 성매매와 성적 착취, 장기적출의 목적(§ 288②), 국외이송의 목적(§ 288③ 전단)을 가지고 범하여진 약취·유인범죄와 위와 같이 약취·유인된 사람의 국외이송범죄(§ 288③ 후단)를 처벌하고 있다.

2　　범죄자가 이러한 목적을 가지고 있다면, 제287조의 피해자가 미성년자로 제한되는 것과 달리 성인을 포함한 모든 사람을 대상으로 본조가 적용된다.

3　　2013년 4월 5일 형법 개정 시 종전에는 처벌되지 않던 노동력 착취, 성매매와 성적 착취, 장기적출 목적 약취·유인죄가 신설되었다. 이는 우리가 가입한 인신매매방지의정서 등 국제규범의 처벌범위에 부합하도록 하기 위한 것이었다.

형법은 범죄자의 목적에 따라 법정형을 달리 규정하고 있다. 특히 개정 전 제299조는 결혼 목적 약취·유인죄를 별도 조문에서 5년 이하의 징역으로 가볍게 처벌하도록 규정하여 비판을 받았으나, 2013년 형법 개정으로 위 조항을 삭제하고 제288조 제1항에 통합 규정하면서 추행, 간음 등의 목적을 가진 경우와 동일하게 법정형을 상향하였다. 그리고 개정 전 제289조에서 3년 이상의 징역에 처하도록 규정하였던 국외이송 목적 약취·유인죄를 제288조 제3항에 통합 규정하면서 법정형을 신설된 노동력 착취 등 약취·유인죄와 동일하게 2년 이상 15년 이하의 징역에 처하도록 다소 감경하는 등 법정형을 변경하였다.

특정범죄 가중처벌 등에 관한 법률(이하, 특정범죄가중법이라 한다.) 제5조의2는 재물이나 재산상 이익을 취득하거나 피해자를 살해할 목적으로 13세 미만의 미성년자에 대하여 제287조(미성년자의 약취, 유인)의 죄를 범하는 경우에 대하여 가중처벌하고 있다.

Ⅱ. 추행 등 목적 약취·유인죄(제1항, 제2항, 제3항 전단)

1. 주체와 객체

(1) 주체

본조 제1항의 죄[(추행·간음·결혼·영리)(약취·유인죄)], 제2항의 죄[(노동력착취·성매매·성적착취·장기적출)(약취·유인죄)], 제3항 전단의 죄(국외이송약취·유인죄)(위 죄들을 합하여 Ⅱ. 부분에서 본죄라 한다.)의 주체에는 아무런 제한이 없다.

앞서 살펴본 대로, 본죄의 보호법익은 피해자의 신체적 자유이나, 피해자가 미성년자인 경우에는 제287조의 경우와 같이 보호감독자의 보호·양육권도 부차적 보호법익으로 보아야 할 것이며, 그 경우 보호감독자도 그 주체가 될 수 있다.[1]

(2) 객체

본죄의 객체인 피해자에 대하여도 특별한 제한이 없다. 성별, 나이, 건강상태 등도 불문한다. 피해자가 의사능력이나 행위능력을 반드시 갖추고 있어야 하는 것도 아니므로 혼수상태에 있는 사람이나 영아 등을 상대로도 본죄는 범하

---

1 김성돈, 형법각론(7판), 181; 주석형법 [각칙(4)](5판), 184(이미선).

여질 수 있다.[2]

2. 본죄를 범하는 목적

9　　본죄는 목적범이다. 따라서 범죄행위 당시 범죄자는 각 조항에 규정된 목적을 가지고 있어야 한다.

10　　본조는 항을 나누어 제1항에는 추행, 간음, 결혼 또는 영리의 목적이 있는 경우, 제2항에는 노동력 착취, 성매매와 성적 착취, 장기적출 목적이 있는 경우, 제3항 전단에는 국외이송 목적이 있는 경우 등을 구분하여 규정하고 있으며, 법정형 역시 차별화하고 있다.

(1) 추행, 간음, 결혼 또는 영리의 목적(제1항)

(가) 추행의 목적

11　　추행의 목적이란 약취·유인한 사람을 추행의 대상으로 삼으려는 목적을 말한다.

12　　'추행'이란 객관적으로 피해자와 같은 처지에 있는 일반적·평균적 사람에게 성적 수치심이나 혐오감을 일으키게 하고 선량한 성적 도덕관념에 반하는 행위로서 구체적인 피해자를 대상으로 성적 자유를 침해하는 것을 의미한다.[3] 어떤 행위가 추행에 해당하는가 여부는 피해자의 의사, 성별, 연령, 행위자와 피해자의 관계, 행위에 이르게 된 경위, 피해자에 대하여 이루어진 구체적 행위 태양, 주위의 객관적 상황과 그 시대의 성적 도덕관념 등을 종합적으로 고려하여 판단하여야 한다.[4]

13　　본 조항에서의 추행의 목적은 약취·유인된 사람을 추행행위의 주체 또는 객체로 할 목적으로 이해하는 것이 일반적이다(통설).[5] 그러나 본조의 추행은 개

2　김성돈, 181; 주석형법 〔각칙(4)〕(5판), 184(이미선).

3　대판 2019. 6. 13, 2019도3341. 본 판결 평석은 이근우, "강간죄에서 법원의 피해자 동의에 대한 해석 권한", 형사판례연구 〔30〕, 한국형사판례연구회, 박영사(2022), 227-263.

4　'성적 자유'는 적극적으로 성행위를 할 수 있는 자유가 아니라 소극적으로 원치 않는 성행위를 하지 않을 자유를 말하고, '성적 자기결정권'은 성행위를 할 것인가 여부, 성행위를 할 때 상대방을 누구로 할 것인가 여부, 성행위의 방법 등을 스스로 결정할 수 있는 권리를 의미한다(대판 2012. 7. 26, 2011도8805; 대판 2019. 6. 13, 2019도3341).

5　김성돈, 181; 배종대, 형법각론(14판), § 42/2; 이재상·장영민·강동범, 형법각론(13판), § 9/18; 주석형법 〔각칙(4)〕(5판), 184(이미선).

정 전 형법에 규정되었던 추업에 종사하게 하는 목적과는 구분되어야 할 것으로 생각된다. 성폭력범죄의 처벌 등에 관한 특례법 제2조 제1항 제2호는 추행 등 목적으로 본죄를 범한 경우를 성폭력범죄로 규정하고 있는 점 등을 고려할 때, 피해자를 추행의 객체로 삼는 것만을 의미하는 것으로 해석하는 것이 타당하지 않을까 생각된다.[6]

(나) 간음의 목적

간음의 목적이란 성교행위의 대상이 되게 할 목적을 말한다. 약취·유인자 14 스스로 추행이나 간음의 당사자가 될 것을 목적으로 할 필요까지는 없다.[7]

(다) 결혼의 목적

결혼의 목적이란 행위자 또는 제3자와 결혼하게 할 목적을 의미한다. 여기 15 에서의 결혼은 혼인관계를 사실상 성립시키는 것을 의미한다. 따라서 법률혼뿐만 아니라 사실혼도 포함된다고 볼 것이다.[8]

(라) 영리의 목적

영리의 목적이란 자기 또는 제3자로 하여금 재물 또는 재산상 이익을 얻게 16 하려는 목적을 의미한다. 재물이나 재산상 이익의 취득 등이 약취·유인행위와 연계되어 있으면 충분하므로 매우 광범위하게 본 조항이 적용될 수 있다.

범죄자가 대가를 받고 약취·유인에 가담한 경우, 약취·유인된 사람을 인질 17 로 금품을 요구하는 경우뿐만 아니라 약취·유인한 피해자를 노동에 종사하게 하여 금품을 취득하는 경우도 포함된다. 재산상 이익의 공여가 제3자에 의하여 이루어지더라도 무방하며,[9] 얻어지는 이익이 반드시 불법적인 것이거나 계속적

---

6 통설에서 추행행위의 주체를 포함시킨 것은 약취·유인한 피해자로 하여금 강제로 다른 피해자에 대한 추행을 실행시키고 음란물을 제작하는 등의 상황을 상정한 것이 아닌가 생각된다. 그러나 이러한 상황 역시 약취·유인된 피해자를 추행의 객체로 삼은 것으로 볼 수 있을 것이며, 이와 달리 피해자가 자발적으로 이러한 추행에 임할 것이라는 가정하에 이루어지는 약취·유인은 통상적으로 상정하기 어려운 것으로 생각된다.

7 김성돈, 181; 신동운, 형법각론(2판), 693; 이재상·장영민·강동범, §9/18; 주석형법〔각칙(4)〕(5판), 185(이미선).

8 김성돈, 181; 신동운, 693; 이재상·장영민·강동범, §9/18; 임웅, 형법각론(10정판), 176; 주석형법〔각칙(4)〕(5판), 185(이미선).

9 最決 昭和 37(1962). 11. 21. 刑集 16·11·1570. 「영리의 목적이란 유괴행위에 의하여 재산상 이익을 얻는 것을 동기로 하는 경우를 말하며, 그 이익은 반드시 피유괴자 자신의 부담으로 취득하는 것에 한정되지 않고, 유괴행위에 대하여 제3자로부터 보수로 받는 재산상 이익도 포함하는 것으로 해석하는 것이 상당하다.」

〔김 기 준〕 **351**

·반복적인 것일 필요도 없다.[10] 채권을 변제받기 위하여 채무자를 약취·유인하는 경우 역시 본조가 적용된다.[11]

18　　영리약취·유인죄와 인질강도죄(§ 336[12])와의 관계에 대하여 논란이 있다.

19　　우선 영리 목적으로 사람을 약취·유인한 후 피해자를 인질로 삼아 재산상 이익을 취득하였다면, 영리약취·유인죄와 인질강도죄는 순차적으로 성립하고, 두 죄는 실체적 경합관계에 있다고 할 것이다.[13] 그러나 이와 달리 약취·유인 행위가 인질강도죄의 수단으로 행하여진 경우에는, 인질강도죄만 성립하고 영리약취·유인죄는 별도로 성립하지 않는다고 볼 것이다.[14]

20　　사람을 인질로 삼아 재물 또는 재산상의 이익을 취득할 목적으로 피해자를 약취·유인하였으나 아직 재물 또는 재산상의 이익을 요구하지 않은 경우, 약취·유인행위만으로는 인질강도죄의 실행의 착수가 있다고 보기 어려워 영리약취·유인죄가 성립한다는 견해[15]가 있다. 그러나 인질강도죄는 사람을 체포·감금·약취 또는 유인하고 이러한 피해자를 인질로 삼아 재물 또는 재산상의 이익을 취득하려는 것이다. 따라서 그 수단인 체포·감금·약취 또는 유인 행위에 착수한 경우 실행의 착수가 있다고 보는 것이 타당한 것으로 생각되며,[16] 따라서 결합범의 성격을 가진 인질강도죄와 영리약취·유인죄의 관계를 흡수관계로 보아 인질강도죄의 미수만이 성립한다는 견해[17]가 타당하다.

(2) 노동력 착취, 성매매와 성적 착취, 장기적출 목적(제2항)

(가) 노동력 착취 목적

21　　노동력 착취는 통상의 경우와 비교하여 현저히 균형에 맞지 않는 조건으로

10　大判 大正 9(1920). 3. 31. 刑録 26·223.

11　김성돈, 182; 신동운, 693; 이재상·장영민·강동범, § 9/18; 임웅, 176; 주석형법〔각칙(4)〕(5판), 185(이미선). 일본 판례도 같은 입장이다〔大判 大正 14(1925). 1. 28. 刑集 4·1·14〕.

12　제336조(인질강도) 사람을 체포·감금·약취 또는 유인하여 이를 인질로 삼아 재물 또는 재산상의 이익을 취득하거나 제3자로 하여금 이를 취득하게 한 자는 3년 이상의 유기징역에 처한다.

13　신동운, 693.

14　신동운, 681; 이형국·김혜경, 형법각론, 188; 임웅, 176; 홍영기, 형법(총론과 각론), § 62/9. 이와 달리 영리약취·유인죄와 인질강도죄의 상상적 경합이라는 견해도 있다〔박상기·전지연, 형법학 (총론·각론 강의)(4판), 486〕.

15　김신규, 형법각론 강의, 178; 이재상·장영민·강동범, § 9/19; 이형국·김혜경, 188; 정웅석·최창호, 형법각론, 387.

16　신동운, 996.

17　임웅, 176.

노동을 하게 하는 것을 말한다.[18] 사람을 약취·유인하여 임금을 주지 않거나 매우 적은 금액만을 주고 염전이나 원양어선 등에서 일하게 하는 경우가 대표적인 사례이다.

(나) 성매매 목적

성매매란 약취·유인된 사람으로 하여금 금품이나 그 밖의 재산상의 이익을 수수하거나 수수하기로 약속하고 성교행위 또는 유사성교행위를 하게 하거나 그 상대방이 되게 하는 것을 의미한다.[19] 전형적인 사례가 가출 청소년을 대상으로 포주 노릇을 하면서 금전적 이득을 취득하는 경우이다.[20]

22

(다) 성적 착취 목적

성적 착취의 목적이란 대가적 급부를 주지 않거나 현저히 낮은 대가적 급부를 주고 성매매를 시킬 목적을 의미한다.[21] 이 경우 제3자뿐만 아니라 행위자 스스로도 성매매 또는 성적 착취의 상대방이 될 수 있다.[22]

23

(라) 장기적출 목적

장기적출은 사람의 장기를 몸에서 분리하여 떼어 내는 것을 말한다. 적출행위의 불법성 여부, 장기 적출의 동기 등은 장기적출약취·유인죄의 성립에 영향이 없다. 반드시 약취 또는 유인한 사람에게 장기를 이식할 것을 요하는 것도 아니며,[23] 합법적인 절차에 따른 장기적출을 위하여 약취·유인행위가 이루어진 경우에도 본조의 적용이 있다고 볼 것이다.[24] 이와 같은 장기적출은 다른 사람에게 장기를 이식시키기 위하여 이루어지는 경우가 많을 것이나, 불법 생체실험 등을 위하여 이루어지는 경우도 있을 수 있다는 점에서 반드시 다른 사람에게 장기를 이식시키기 위한 경우로 한정하여 해석할 필요도 없다.

24

(3) 국외이송 목적(제3항 전단)

본조 제3항 전단에서는 피해자를 국외에 이송할 목적으로 약취·유인하는

25

---

18 이재상·장영민·강동범, § 9/21.
19 성매매알선 등 행위의 처벌에 관한 법률 제2조 제1항은 성매매를 불특정인을 상대로 성교행위 등을 하는 것으로 규정하고 있다.
20 창원지판 2015. 4. 30, 2014고합266, 2014고합320.
21 임웅, 177.
22 이재상·장영민·강동범, § 9/21.
23 이재상·장영민·강동범, § 9/21; 주석형법 [각칙(4)](5판), 187(이미선).
24 합법적 장기이식 등에 요구되는 요건과 절차 등은 장기등 이식에 관한 법률 등 참조.

행위를 처벌한다.

26   통설은 여기에 규정된 '국외'에서 '국'을 대한민국으로만 해석하고 있다.[25] 따라서 통설에 의할 경우, 우리나라에서 외국으로 대상자를 이송할 목적이 있었을 경우에만 국외이송약취·유인죄가 성립하며, 외국에서 대한민국으로 대상자를 이송할 목적을 가지거나 혹은 외국에서 외국으로 이송할 목적을 가지고 약취·유인행위가 있었던 경우는 국외이송약취·유인죄에 해당하지 않는 결과를 가져온다. 그러나 이러한 통설의 견해는 제296조의2에서 국외이송약취·유인죄를 세계주의 적용대상으로 규정하였다는 점에서 더 이상 타당하다고 보기 어려울 것으로 생각된다.[26]

27   본 조항에 대하여는 세계주의 재판권이 인정되어 외국인이 외국에서 외국인을 상대로 저지른 범죄에도 적용될 수 있도록 그 적용범위가 확장되어 있다. 이처럼 우리 형사법의 적용범위를 확대한 것은 인류의 안녕과 인류 전체의 보편적 가치를 침해하는 범죄에 대하여 전통적인 재판권의 범위를 넘어 모든 체약당사국들에게 처벌 및 국제적 협력의무를 부과하려는 조약법 등에 기초한 것이다. 이처럼 세계주의가 도입되었고, 형법 문언에 대한민국으로 국가를 제한하고 있지 않음에도 종래와 같이 국외의 개념을 대한민국의 국외로 좁게 해석하여 외국인이 외국에서 다른 나라로 피해자를 약취·유인하려는 목적을 가지고 저지른 범행을 국내법원에서 처벌할 수는 없도록 하는 것은 타당하다고 볼 수 없을 것이다. 그러므로 본 조항에서의 국외이송의 개념은 피해자가 소재하고 있던 국가 바깥으로 이전시키려는 모든 행위를 포함한다고 해석해야 할 것이다. 이러한 견해에 의하면 외국인이 외국에 체류하고 있던 우리 국민을 다른 외국으로 이송할 목적으로 약취·유인한 경우 역시 본조에 해당하는 것으로 해석된다. 해외여행과 국제교류가 확대되어 가는 상황에서 이러한 경우도 형법의 규율범위에 포함시키는 것이 형사정책적 측면에서도 타당할[27] 것으로 생각된다.[28]

---

25 김성돈, 183; 김신규, 181; 김혜정·박미숙·안경옥·원혜욱·이인영, 형법각론(3판), 171; 박찬걸, 형법각론(2판), 166; 배종대, §42/5; 이재상·장영민·강동범, §9/24; 임웅, 179; 이형국·김혜경, 189; 정성근·정준섭, 106; 정웅석·최창호, 387.
26 신동운, 693; 주석형법 [각칙(4)](5판), 187(이미선).
27 김성천·김형준, 형법각론(6판), 167.
28 일본형법 제226조(소재국외 이송 목적 약취 및 유괴)는 2005년 개정 전에는 '일본국외에 이송할

범죄자가 피해자를 특정 국가의 외부로 이송할 목적을 가지고 있으면 충분   28
하다. 반드시 특정 국가를 지정하여 그 국가의 영역 내로 들어갈 목적까지 필요
한 것은 아니다. 따라서 인신매매범들이 공해상에서 다른 범죄집단에 피해자를
인계할 목적으로 약취·유인한 경우도 본 조항에 해당한다고 할 것이다. 범죄자
에게 이러한 목적이 있으면 충분하며, 국외이송의 구체적 동기는 범죄의 성립에
영향을 미치지 않는다.[29]

3. 구성요건적 행위

본죄의 실행행위 역시 폭행, 협박, 사실상의 힘이나 기망 또는 유혹을 수단   29
으로 대상자를 자유로운 생활관계 또는 보호관계로부터 이탈시켜 자기 또는 제
3자의 사실상 지배하에 옮기는 것이다. 이러한 행위의 구체적 내용은 **제287조
(미성년자 약취, 유인)**의 경우와 같다.

추행이나 국외이송 등의 목적은 약취·유인행위 시에 존재하여야 한다. 행   30
위자가 이러한 목적을 가지고 약취·유인행위를 실행하면 기수에 이르고, 목적
의 달성 여부는 범죄의 성립 여부에 영향을 미치지 않는다.[30]

4. 공 범

목적범죄인 본죄의 행위에 가담한 목적 없는 사람에 대하여 본죄의 공범이   31
성립하는가 여부가 문제된다.[31]

본죄에서의 목적이 제33조의 '신분'에 해당하는가 여부와 관련하여, 통설은   32
본죄에서의 목적은 신분에 해당하지 않으므로 추행 등의 목적을 갖지 않은 사람
에 대하여는 본죄가 성립하지 않는다고 한다.[32] 대법원 판결 중에는 모해목적위증

목적'으로 되어 있었으나, '소재국외(所在國外)에 이송할 목적'로 개정되었다. 이처럼 처벌범위가
확대된 것은 소재국에 계속하여 머무를 자유, 현재 소재하고 있다는 사실상태 자체를 보호할 필
요성이 높았기 때문이라고 한다[大塚 外, 大コン(3版)(11), 558((山室 惠)].

29 이재상·장영민·강동범, §9/24; 주석형법 [각칙(4)](5판), 187(이미선).

30 이재상·장영민·강동범, §9/24.

31 국제범죄 영역에서의 목적범에 대한 공범의 주관적 요소에 대한 상세한 논의는 김기준, 국제형
사법, 박영사(2017), 201 이하 참조.

32 김성돈, 183; 신동운, 694; 이재상·장영민·강동범, §9/20; 이형국·김혜경, 190. 사안에 따라서는
체포나 감금죄의 죄책은 지울 수 있다는 견해도 있다[주석형법 [각칙(4)](5판), 188(이미선)].

죄(§ 152②)에서의 모해 목적은 제33조의 신분에 해당한다고 판시한 것이 있다.[33]

33   일본에서도 본죄에서의 목적은 신분에 해당하지 않는다는 것이 통설의 입장이다.[34] 일본 판례 중에는 영리목적등약취·유괴죄(일형 § 295)에서의 '영리의 목적'에 대하여 신분범이 아니라고 한 것이 있는가 하면,[35] 마약수입죄에서의 영리 목적에 대하여 신분범이라고 한 것이 있다.[36]

34   피해자가 미성년자인 경우에는 추행 등의 목적을 갖지 아니한 사람은 제287조의 미성년자약취·유인죄에 의하여 처벌받게 될 것이다.[37]

5. 죄수 및 다른 죄와의 관계

(1) 죄수

35   미성년자를 본조 제1항부터 제3항까지 규정된 목적을 가지고 약취·유인한 경우에는 법정형이 무거운 본죄가 성립한다.[38]

36   영리의 목적으로 동시에 여러 사람을 유인한 때는, 영리유인죄의 상상적 경합이 된다.[39]

37   범죄자가 제1항에 규정된 추행, 간음, 결혼 등의 목적을 함께 가지고 있었던 경우에는, 제1항의 약취·유인죄의 포괄일죄가 성립될 것이다. 제2항에 규정된 목적들이 서로 경합하는 경우에도, 제2항의 약취·유인죄의 포괄일죄가 성립

---

33 대판 1994. 12. 23, 93도1002. 「형법 제33조 소정의 이른바 신분관계라 함은 남녀의 성별, 내외국인의 구별, 친족관계, 공무원인 자격과 같은 관계뿐만 아니라 널리 일정한 범죄행위에 관련된 범인의 인적관계인 특수한 지위 또는 상태를 지칭하는 것인 바, 형법 제152조 제1항은 '법률에 의하여 선서한 증인이 허위의 공술을 한 때에는 5년 이하의 징역 또는 2만 5천원 이하의 벌금에 처한다'고 규정하고, 같은 법조 제2항은 '형사사건 또는 징계사건에 관하여 피고인, 피의자 또는 징계혐의자를 모해할 목적으로 전항의 죄를 범한 때에는 10년 이하의 징역에 처한다'고 규정함으로써 위증을 한 범인이 형사사건의 피고인 등을 '모해할 목적'을 가지고 있었는가 아니면 그러한 목적이 없었는가 하는 범인의 특수한 상태의 차이에 따라 범인에게 과할 형의 경중을 구별하고 있으므로, 이는 바로 형법 제33조 단서 소정의 "신분관계로 인하여 형의 경중이 있는 경우"에 해당한다고 봄이 상당하다.」

34 大塚 外, 大コン(3版)(11), 544(山室 惠).

35 大判 大正 14(1925). 1. 18. 刑集 4·1·14.

36 最判 昭和 42(1967). 3. 7. 刑集 21·2·417.

37 신동운, 694; 이재상·장영민·강동범, § 9/20; 주석형법 [각칙(4)](5판), 188(이미선)(그 구성논리에는 위 대판 1994. 12. 23, 93도1002에 따라 제33조에 의하는 입장과 제15조 제2항에 의하는 입장이 있을 수 있다).

38 주석형법 [각칙(4)](5판), 189(이미선).

39 東京高判 昭和 31(1956). 5. 26. 裁特 3·11·583.

한다.[40] 동일한 약취·유인행위에 제1항과 제2항 또는 제1항과 제3항의 목적이 경합하는 경우, 제1항의 약취·유인죄는 제2항 또는 제3항의 약취·유인죄에 흡수되어 법정형이 무거운 제2항 또는 제3항의 약취·유인죄가 성립한다고 볼 것이다.[41] 하나의 약취·유인행위가 법정형이 동일한 제2항과 제3항의 목적을 동시에 충족하는 경우, 각각의 약취·유인행위의 개별적 불법성을 반영하여 별도의 구성요건을 마련한 입법취지에 따라 제2항과 제3항의 약취·유인죄가 각각 성립하며, 이들은 상상적 경합관계에 있다고 볼 것이다.[42]

　　그런데 일정한 목적을 가진 상태에서 약취·유인행위가 있었으나 사후적으로 목적이 변경된 경우에 대하여는 논란이 있을 수 있다. 예를 들면, 당초 노동력 착취 목적으로 피해자를 약취·유인하였으나 대상자에 대한 사실적 지배관계가 계속되는 상황에서 장기적출의 목적으로 목적이 변경된 경우 등이다. 이에 대해서는, ① 본죄의 본질을 상태범으로 보고 사실적 지배관계를 설정하였을 때 종전 범죄는 이미 기수에 이르렀으며 이후 새로운 목적으로 기존의 사실적 지배관계를 계속하는 경우에는 새롭게 약취·유인죄가 성립하여 두 죄가 실체적 경합관계에 있다고 보는 견해[43]와, ② 약취·유인죄를 계속범으로 보고 본조 제2항의 약취·유인죄의 포괄일죄로 보는 견해[44]가 있다. 본장 **[총론]** 부분에서 살펴본 대로, 약취·유인죄는 계속범이라는 입장에 따라 위 ②의 견해에 찬성한다. 일본 판례도 추행 목적으로 사람을 유괴하여 자신의 지배 아래 둔 다음에, 그 지배상태가 계속되는 중에 다시 영리의 목적으로 동일인을 다른 곳에 유괴한 때는 포괄일죄가 성립한다고 판시하고 있다.[45]

(2) 다른 죄와의 관계

　　약취·유인 당시 가지고 있었던 목적을 현실적으로 실현하는 행위를 하였다면, 각각 그 실현된 행위에 따라 강제추행죄, 성매매알선등행위의처벌에관한법률위반죄 등의 범죄가 별도로 성립한다. 이 경우, 약취·유인죄와 이후 성립한

38

39

---

40 신동운, 694.
41 신동운, 694; 주석형법 [각칙(4)](5판), 189(이미선).
42 신동운, 695.
43 신동운, 695.
44 주석형법 [각칙(4)](4판), 200(이강원)(추행의 목적으로 사람을 약취·유인한 후에 영리의 목적으로 동일인에 대한 사실적 지배를 계속하는 경우, 본조 제1항의 죄의 포괄일죄가 성립).
45 大判 大正 13(1924). 12. 12. 刑集 3·871.

범죄는 실체적 경합관계에 있다.[46]

40   영리의 목적으로 사람을 유인하고 피해자를 이용하여 제3자를 기망하여 재물을 편취한 경우, 영리유인죄와 사기죄(§347①)의 실체적 경합이 된다.[47] 영리의 목적으로 사람을 유인한 후 피해자를 기망하여 재물을 편취한 경우에도, 마찬가지로 영리유인죄와 사기죄의 실체적 경합이 된다.[48]

6. 처 벌

41   추행, 간음, 결혼 또는 영리 목적의 약취·유인죄는 1년 이상 10년 이하의 징역(제1항), 노동력 착취, 성매매와 성적 착취, 장기적출 목적의 약취·유인죄는 2년 이상 15년 이하의 징역(제2항), 국외이송 목적의 약취·유인죄는 2년 이상 15년 이하의 징역(제3항 전단)에 각 처한다.

42   본죄의 미수는 처벌되며(§294), 본죄와 그 미수범에 대하여는 5천만 원 이하의 벌금을 병과할 수 있다(§295). 본죄의 예비 또는 음모도 처벌된다(§296).

43   본죄를 범한 자가 약취·유인된 사람을 안전한 장소에 풀어준 때에는 형을 감경할 수 있다(§295의2).

44   본죄는 대한민국 영역 밖에서 죄를 범한 외국인에게도 적용된다(세계주의)(§296의2).

III. 피약취·유인자 국외이송죄(제3항 후단)

1. 주체와 객체

(1) 주체

45   본죄[(피약취자·피유인자)국외이송죄]는 약취·유인된 사람을 국외로 이송하는 행위를 처벌한다. 추행 등 목적 약취·유인죄와 마찬가지로 주체에는 아무런 제한이 없으며, 보호감독자도 본죄의 주체가 될 수 있다.[49]

---

46 주석형법 [각칙(4)](5판), 190(이미선).
47 大判 大正 14(1925). 4. 11. 刑集 4·4·258.
48 大判 昭和 17(1942). 1. 30. 刑集 21·1·1.
49 大塚 外, 大コン(3版)(11), 569((山室 惠).

(2) 객체

본죄의 객체 역시 약취·유인된 사람이면 충분하고, 다른 특별한 제한은 없다. **46**

법적 성격이 전혀 다른 국외이송 목적 약취·유인죄와 피약취·유인자에 대 **47** 한 국외이송죄가 본조 제3항에 함께 규정되어 있어 국외에 이송할 목적으로 약취·유인된 사람만을 본죄의 대상으로 하는가에 대한 의문이 제기될 수 있다. 그러나 본조가 명시적으로 국외이송 외에 다른 목적 약취·유인죄나 미성년자 약취·유인죄를 배제하고 있지 않다. 본죄를 특히 국외이송 목적 범죄와 연계된 범죄로 제한적으로 해석할 이유가 없고, 국외이송 목적 없이 약취·유인된 피해 자를 국외로 이송하는 경우를 본죄의 적용범위에서 배제할 합리적 이유도 발견 하기 어렵다. 따라서 본죄의 피해자에는 약취·유인된 모든 사람이 포함된다고 할 것이다.[50]

2. 구성요건적 행위

본죄의 실행행위는 약취·유인된 사람을 국외로 이송하는 것이다. 범죄자는 **48** 자신이 이송하는 사람이 약취·유인된 사람이란 점을 인식하면 충분하다.

국외이송약취·유인죄의 경우와 같이 본죄의 '국외'라는 개념이 우리나라의 **49** 국외만을 의미하는 것인지 아니면 대상자가 소재하는 소재지국의 국외를 의미 하는가에 대하여 논란이 있을 수 있다. 본죄 역시 세계주의의 적용을 받는 범죄 로서 우리나라 영토만을 벗어나는 것을 전제로 하는 것으로 보기는 어려운 점, 법 정책적으로도 외국에 체류하고 있던 우리나라 국민을 납치하여 제3국으로 이송하는 경우를 제외하는 것으로 해석할 필요도 없다는 점 등을 고려할 때 본 죄의 '국외'에서의 '국' 역시 국외이송약취·유인죄의 경우와 같이 소재지국을 의 미한다고 할 것이다.

본죄는 대상자를 해당 국가의 영토나 영해, 영공을 벗어나 이송하는 경우에 **50** 기수에 이르며, 본죄가 성립하기 위하여 반드시 다른 국가의 영토 내로 들어갈 필요는 없다.[51]

---

50 김성돈, 187; 손동권·김재윤, 새로운 형법각론, §11/21; 이재상·장영민·강동범, §9/25; 주석형 법〔각칙(4)〕(5판), 190(이미선).

51 김성돈, 187; 배종대, §42/6; 손동권·김재윤, §11/22; 이재상·장영민·강동범, §9/26; 주석형법

3. 국외이송 목적 약취·유인죄와의 관계

51　　국외이송약취·유인죄를 범한 사람이 본죄를 함께 저지른 경우 죄수관계에 대하여는, ① 상상적 경합설,[52] ② 실체적 경합설,[53] ③ 국외이송 목적 약취·유 인행위와 국외이송행위가 동일한 범행계획 또는 하나의 고의하에 이루어진 경 우에는 국외이송약취·유인죄만 성립하고, 국외이송행위가 별개의 고의로 이루 어진 경우에는 본죄와의 실체적 경합관계가 된다는 견해,[54] ④ 약취·유인행위 와 국외이송행위라는 2개의 행위가 협의의 포괄적 일죄관계로서 본죄의 단순일 죄가 성립한다는 견해,[55] ⑤ 두 죄가 목적과 수단의 관계에 있어 포괄일죄에 해 당한다는 견해[56] 등이 나뉘고 있다.

52　　범죄자가 하나의 계획을 가지고 있었는가 여부에 관계없이 약취·유인행위 와 국외이송행위는 별개의 구분되는 행위로 보이고, 약취·유인을 넘어서 국외 이송 단계까지 이를 경우 국외로 이송된 피해자는 자신의 생활근거를 완전히 상실하고 법적 구호 가능성이 현저히 떨어질 수 있어 피해자에 대한 법익침해 의 정도가 매우 커진다고 볼 것이다. 형법에서 규정하는 다른 목적범의 경우에 도 사문서위조죄와 위조사문서행사죄와 같이 선행 목적 범죄의 존재에도 불구 하고 목적을 실현하는 후행 범죄가 새로운 법익을 침해할 경우, 이를 실체적 경 합범으로 보는 것이 판례의 입장이다.[57] 또한 약취·유인된 사람에 대한 상해 등 후속적 법익침해행위는 약취·유인죄와 실체적 경합범으로 파악되고 있으며, 약취·유인범죄와 국외이송범죄를 함께 범한 사람과 국외이송범죄만을 범한 사 람을 동일하게 취급할 특별한 이유도 없는 점, 약취·유인행위와 국외이송행위 는 행위의 태양을 전혀 달리하는 범죄인 점 등을 고려할 때, 실체적 경합범으로 보아야 할 것으로 생각된다.[58]

　　　[각칙(4)](5판), 190(이미선).

52　이재상·장영민·강동범, § 9/26.

53　김신규, 181; 김혜정·박미숙·안경옥·원혜욱·이인영, 171; 박찬걸, 167; 이형국·김혜경, 191; 정성근·정준섭, 108; 정웅석·최창호, 390; 주석형법 [각칙(4)](5판), 191(이미선).

54　김일수·서보학, 새로쓴 형법각론(9판), 127; 정영일, 형법각론(3판), 132.

55　임웅, 179.

56　오영근, 형법각론(8판), 125.

57　대판 1991. 9. 10, 91도1722.

58　이와 관련한 일본에서의 논의 상황은 大塚 外, 大コン(3版)(11), 560((山室 惠) 참조. 일본 판례 는 견련범(牽連犯)(일형 § 54① 후문. 범죄의 수단 또는 결과인 행위가 다른 죄명에 해당하는 때

4. 처 벌

2년 이상 15년 이하의 징역에 처한다(제3항 후단). 53

본죄의 미수범은 처벌한다(§ 294). 피해자가 영토, 영해, 영공 밖으로 보내진 54
때에 기수가 되고, 그 이전 단계에서 발각되거나 국경에서 체포된 경우에는 미
수에 그친다.[59] 본죄와 그 미수범에 대하여는 5천만 원 이하의 벌금을 병과할
수 있다(§ 295). 본죄의 예비 또는 음모도 처벌된다(§ 296).

본죄를 범한 자가 약취·유인된 사람을 안전한 장소에 풀어준 때에는 형을 55
감경할 수 있다(§ 295의2).

본죄는 대한민국 영역 밖에서 죄를 범한 외국인에게도 적용된다(세계주의) 56
(§ 296의2).

〔김 기 준〕

는 가장 중한 형으로 처단한다)이라는 입장이다[大判 昭和 12(1937). 3. 5. 刑集 16·254].
59 주석형법 〔각칙(4)〕(5판), 207(이미선).

제289조(인신매매)

① 사람을 매매한 사람은 7년 이하의 징역에 처한다.

② 추행, 간음, 결혼 또는 영리의 목적으로 사람을 매매한 사람은 1년 이상 10년 이하의 징역에 처한다.

③ 노동력 착취, 성매매와 성적 착취, 장기적출을 목적으로 사람을 매매한 사람은 2년 이상 15년 이하의 징역에 처한다.

④ 국외에 이송할 목적으로 사람을 매매하거나 매매된 사람을 국외로 이송한 사람도 제3항과 동일한 형으로 처벌한다.

[전문개정 2013. 4. 5.]

Ⅰ. 의 의

1   본조는 재산적 거래의 대상이 될 수 없는 존엄성을 가진 인간을 매매의 대상으로 삼아 대가관계를 통하여 인간에 대한 사실적 지배관계를 취득하는 인신매매행위를 처벌한다.

2   인신매매라는 용어는 다의적으로 해석되거나 다양한 현상들을 지칭하는 데 사용될 수 있다. 그러나 형법은 일상생활에서 인신매매라고 지칭될 수 있는 광범위한 행위들 중 거래 일방의 사실적 지배 아래 있는 사람을 대가를 수수하고 상대방의 사실적 지배로 옮기는 행위[1]만을 인신매매로 보아 처벌하고 있다.[2]

---

1 대판 2015. 8. 27, 2015도6480 참조. 위 판결은 아동복지법 제17조 제1호의 '아동을 매매하는 행위'는 '보수나 대가를 받고 아동을 다른 사람에게 넘기거나 넘겨받음으로써 성립하는 범죄'라고 판시하고 있다.
2 신동운, 형법각론(2판), 696.

우리 법제에서의 인신매매 금지는 1946년 5월 17일 제정된 군정법령 제70   3
호「부녀자의 매매 또는 그 계약의 금지」에서 처음 등장한 것으로 보이며,[3] 이
후 형법에도 추업(醜業) 목적 부녀매매죄 등이 도입되어 있었다. 그러나 이러한
과거 형법의 인신매매 처벌 조항은 매우 협소한 범위에서 규정된 것으로, 2013
년 4월 5일 인신매매방지의정서의 이행입법을 위한 형법 개정 과정에서 현행
조문과 같이 대폭적인 정비가 이루어졌다.

II. 2013년 주요 개정 내용

형법 제정 당시에는 추업 목적 부녀매매와 국외이송 목적 인신매매 등에   4
대한 처벌조항만이 규정되어 있었다. 2012년 형법 개정으로 '부녀' 매매를 '사람'
에 대한 매매로 변경하여 성별에 따른 차별을 없앴으나(2012. 12. 18. 법률 제15574
호), 이러한 개정만으로는 국제사회의 공통적 우려와 관심사인 인신매매에 대한
합리적이고 적절한 대처에는 부족한 상황이었다.

2013년 형법 개정(2013. 4. 5. 법률 제11731호)은 국내법을 우리나라가 서명하   5
거나 가입한 초국가적 조직범죄방지협약과 인신매매방지의정서에 부합하도록
하기 위한 것이었다.

위 형법 개정을 통하여, ① 제31장(章)의 명칭이 '약취와 유인의 죄'에서 '약   6
취, 유인 및 인신매매의 죄'로 변경되었다. 그리고 ② 인신매매에 대한 일반적
처벌조항을 신설하고, ③ 형벌이 가중되는 목적범 형태의 인신매매에 '추행, 간
음, 결혼, 영리, 국외이송 목적' 외에 '노동력 착취, 성매매와 성적 착취, 장기적
출' 등 새로운 목적을 추가하였다. ④ 결과적 가중범을 신설하면서 상해와 치상,
살인과 치사 등의 법정형을 구분하여 책임주의에 부합하도록 하였으며, ⑤ 종
래 방조범 형태로 인정되던 인신매매 등을 위하여 사람을 모집, 운송, 전달하는
행위를 독자적인 구성요건으로 규정하여 처벌하도록 하였다. 특히, ⑥ 인신매매
가 인류에 대한 공통적 범죄라는 점에서 대한민국 영역 밖에서 죄를 범한 외국
인에게도 적용될 수 있도록 본죄를 세계주의 대상으로 규정하였다.

---

3 부녀자의 매매 또는 그 매매계약의 금지(시행 1946. 5. 27.) (군정법령 제70호, 1946. 5. 17. 제정).

7   우리 입법자들은 국제규범에 부합하도록 국내법을 개정함에 있어서 국제법
상의 인신매매(Human Trafficking) 개념을 포함한 국제규범을 그대로 복제하여 국
내법에 이식하는 이른바 동일입법 방식을 채택하지 않았다. 법체계와 법률이론
이 상이한 국제규범의 내용을 그대로 도입할 경우 발생할 수 있는 혼란을 고려
하여, 국제규범을 우리의 기존 법질서 체계에 부합하도록 적절히 변경하여 입법
하는 수정입법 방식을 채택한 것이다.[4]

III. 인신매매의 죄의 구성 체제

8   인신매매의 죄는 특별한 목적이 요구되지 않는 단순인신매매죄(§ 290①. 7년
이하 징역)를 기본적 구성요건으로 이러한 인신매매죄를 범하는 목적들을 세분화
한 가중적 구성요건을 두고 있다. 이는 약취·유인의 죄의 구성 체제와 유사한
데, 이를 비교해 보면 [표 1]과 같다.

[표 1] 약취·유인의 죄와 인신매매의 죄의 구성 체제 비교

	약취·유인		인신매매	
기본 구성요건	미성년자 (§ 287)	10년 이하 징역	사람 (§ 289①)	7년 이하 징역
추행·간음·결혼·영리 목적	§ 288①	1년 이상 10년 이하 징역	§ 289②	1년 이상 10년 이하 징역
노동력 착취·성매매· 성적 착취·장기적출 목적	§ 288②	2년 이상 15년 이하 징역	§ 289③	2년 이상 15년 이하 징역
국외이송 목적	§ 288③ 전단		§ 289④ 전단	
국외이송	§ 288③ 후단		§ 289④ 후단	

---

4 국제규범의 도입방식에 대하여는 김기준, 국제형사법, 박영사(2017), 339 등 참조.

형법은 인신매매 범죄자에게 추행, 간음, 결혼 또는 영리의 목적이 있을 경 9
우 1년 이상 10년 이하의 징역에 처하도록 규정하고 있으며(§290②), 노동력 착
취, 성매매와 성적 착취, 장기적출을 목적으로 매매한 사람은 2년 이상 15년 이
하에 처하도록 형을 더욱 가중하고 있다(§290③). 또한, 국외에 이송할 목적으로
사람을 매매한 경우도 2년 이상 15년 이하의 징역에 처하도록 하고 있다(§290④
전단).

나아가 인신매매와 관련되어 발생하는 전형적인 범죄들도 결합범의 형태로 10
함께 규율하고 있다. 우선 인신매매의 대상이 된 피해자에게 고의로 상해를 가
한 경우에는 3년 이상 25년 이하의 징역(§290①), 상해에 이르게 한 때에는 2년
이상 20년 이하의 징역에 처하도록 규정하고 있다(§290②). 인신매매된 사람을
살해한 경우에는 사형, 무기 또는 7년 이상의 징역(§291①), 사망에 이르게 한
때에는 무기 또는 5년 이상의 징역에 처하도록 규정하고 있다(§291②).

형법은 인신매매 범죄의 전후 시점에 가담한 사람들에 대한 특별구성요건 11
도 두고 있다. 인신매매죄를 범할 목적으로 사람을 모집, 운송, 전달한 사람은
7년 이하의 징역에 처하도록 하고 있으며(§292②), 실제로 인신매매되거나 인신
매매되어 이송된 사람을 수수(授受) 또는 은닉한 사람은 7년 이하의 징역에 처하
도록 규정하고 있다. 나아가 인신매매된 사람을 국외로 이송한 사람도 2년 이상
15년 이하에 처하도록 하고 있다(§289④ 후단). 그리고 이들 대부분의 범죄들에
대한 미수와 예비와 음모도 처벌하도록 규정하여 그 처벌범위를 확대하고 있
다(§294, §296).

본조의 죄들을 세계주의 적용대상으로 규정하여 형법의 적용범위를 확대하 12
고 있으며(§296의2), 인신매매나 이송의 대상이 된 피해자를 안전한 장소로 풀어
준 때에는 그 형을 감경할 수 있도록 하는 특례규정도 두고 있다(§295의2).

Ⅳ. 단순인신매매죄(제1항)

1. 의의 및 보호법익

본죄(인신매매죄)는 인신매매, 즉 사람을 매매하는 때에 성립한다. 본죄의 보 13

호법익은 신체의 자유이며,[5] 보호의 정도는 침해범이다.[6]

14   본조의 개정 이전에도 인신매매와 관련하여 국제형사재판소 관할 범죄의 처벌 등에 관한 법률에서는 노예화를 "사람에 대한 소유권에 부속되는 모든 권한의 행사를 말하며, 사람 특히 여성과 아동을 거래하는 과정에서 그러한 권한을 행사하는 것을 포함한다."고 정의하고, 특정한 요건하에서 이를 인도에 반한 죄 등의 처벌대상으로 삼고 있었다(동법 § 2(v)).

2. 주체 및 객체

(1) 주체

15   본죄의 주체에는 아무런 제한이 없다. 따라서 대상자가 미성년자일 경우 보호감독자도 본죄의 주체가 될 수 있다.

(2) 객체

16   본죄의 객체에도 아무런 제한이 없어 대상자가 부녀자인가 여부, 성별, 미성년자인가 여부 등은 본죄의 성립에 영향이 없다. 피해자가 미성년자인 경우 피해자의 동의만으로는 본죄의 성립에 영향이 없다고 볼 것이다.

17   아동복지법 제71조 제1항 제1호는 18세 미만의 아동을 매매하는 행위를 한 자는 10년 이하의 징역에 처하도록 규정하고 있는데, 본죄(§ 289①)와 아동복지법위반(아동매매)죄는 법조경합관계에 있다.[7]

3. 구성요건적 행위

18   본죄의 행위는 인신매매, 즉 사람을 매매하는 것이다.

(1) 인신매매의 개념

19   본조 개정의 전제가 된 인신매매방지의정서 제3조 제1호는 인신매매(Human Trafficking) 개념을 강제노동이나 성적 착취 등 착취의 목적(for the purpose of exploitation)을 가지고 강박, 사기, 보수의 제공 등을 통하여 사람을 모집, 운송, 이송, 은닉 또는 인수하는 것으로 규정하면서, 별도로 착취 목적의 예시, 당사자

---

5 대판 1992. 1. 21, 91도1402(전).
6 임웅, 형법각론(10정판), 179; 주석형법 〔각칙(4)〕(5판), 192(이미선).
7 신동운, 696.

동의 배제요건, 미성년자에 특례 등을 규정하고 있다.[8]

　　본조는 인신매매방지의정서의 인신매매 개념을 그대로 받아들인 것이 아니 **20**
라 종래 우리 형법에 규정되어 있던 부녀매매죄와 국외이송 목적 매매죄를 중
심으로 우리의 학설과 판례 등에서 도그마틱으로 인정되어 왔던 인신매매의 개
념을 전제로 입법된 것으로 해석된다.

　　즉 학설은 대체로 인신매매란 거래 일방의 사실적 지배 아래 있는 사람을 **21**
대가관계하에서 유상으로 상대방의 사실적 지배 아래로 옮기는 행위라고 하고,[9]
판례도 '사람에 대한 실력적 지배를 대가를 받고 그 상대방에게 넘기는 행위'라
거나,[10] '보수나 대가를 받고 사람을 다른 사람에게 넘기거나 넘겨받는 행위'라
며[11] 같은 취지로 판시하고 있다.

　　한편 인신매매 등을 예방하고 인신매매등범죄[12]의 피해자를 보호·지원함 **22**

8　인신매매방지의정서 제3조 용어의 사용
　　이 의정서의 목적상,
　가. "인신매매"란 착취를 목적으로 위협이나 무력의 행사 또는 그 밖의 형태의 강박, 납치, 사기,
　　　기만, 권력의 남용이나 취약한 지위의 악용, 또는 타인에 대한 통제력을 가진 사람의 동의를
　　　얻기 위한 보수나 이익의 제공이나 수령에 의하여 사람을 모집, 운송, 이송, 은닉 또는 인수
　　　하는 것을 말한다. 착취는 최소한, 타인에 대한 매춘의 착취나 그 밖의 형태의 성적 착취,
　　　강제노동이나 강제고용, 노예제도나 그와 유사한 관행, 예속 또는 장기의 적출을 포함한다.
　나. 이 조 가호에 규정된 수단 중 어떠한 것이든 사용된 경우에는, 이 조 가호에 규정된 의도된
　　　착취에 대한 인신매매 피해자의 동의는 문제가 되지 아니한다.
　다. 착취를 목적으로 한 아동의 모집, 운송, 이송, 은닉 또는 인수는 그것이 이 조 가호에 규정
　　　된 수단 중 어떠한 것을 포함하지 아니하더라도 "인신매매"로 간주된다.
　라. "아동"이란 18세 미만의 모든 사람을 말한다.
9　김신규, 형법각론 강의, 183; 김혜정·박미숙·안경옥·원혜욱·이인영, 형법각론(3판), 172; 박찬걸,
　　형법각론(2판), 169; 박상기·전지연, 형법학(총론·각론 강의)(4판), 489; 신동운, 696; 오영근,
　　형법각론(5판), 122; 이용식, 형법각론, 120; 이형국·김혜경, 형법각론(3판), 192-193; 정성근·정
　　준섭, 형법강의 각론(2판), 102; 정웅석·최창호, 388; 주호노, 형법각론, 265; 최호진, 형법각론,
　　147; 홍영기, 형법(총론과 각론), §62/11; 주석형법 〔각칙(4)〕(5판), 193(이미선).
10　대판 1992. 1. 21, 91도1402(전)(부녀매매죄). 본 판결 평석은 석동현, "부녀매매죄의 성립요건에
　　관하여", 형사판례연구 〔1〕, 한국형사판례연구회, 박영사(1993), 113-125.
11　대판 2015. 3. 27, 2015도6480(아동복지법상 아동매매죄). 본 판결 평석은 김봉수, "아동·청소
　　년 매매행위의 의미", 특별형법 판례100선, 한국형사판례연구회·대법원 형사법연구회, 박영사
　　(2022), 276-278.
12　인신매매등방지 및 피해자보호 등에 관한 법률 제2조(정의) 이 법에서 사용하는 용어의 뜻은 다
　　음과 같다.
　　2. "인신매매등범죄"란 인신매매등으로서 다음 각 목의 어느 하나에 해당하는 죄를 말한다.
　　　가. 「형법」 제2편제28장 유기와 학대의 죄 중 제274조(아동혹사)의 죄, 제31장 약취(약취),
　　　　　유인(유인) 및 인신매매의 죄 중 제287조(미성년자의 약취, 유인), 제288조(추행 등 목

으로써[13] 인권증진에 이바지함을 목적으로 2021년 4월 20일 제정된 인신매매등
방지 및 피해자보호 등에 관한 법률은 인신매매의 개념을 보다 확장한 '인신매
매등'에 대한 정의규정을 두고 있다.

23   즉, 동법 제2조 제1호는 '인신매매등'이란 성매매와 성적 착취, 노동력 착취,
장기적출 등의 착취를 목적으로, ① 사람을 폭행, 협박, 강요, 체포·감금, 약
취·유인·매매하는 행위, ② 사람에게 위계 또는 위력을 행사하거나 사람의 궁
박한 상태를 이용하는 행위, ③ 업무관계, 고용관계, 그 밖의 관계로 인하여 사
람을 보호·감독하는 자에게 금품이나 재산상의 이익을 제공하거나 제공하기로
약속하는 행위 중 어느 하나에 해당하는 행위를 하여 사람을 모집, 운송, 전달,
은닉, 인계 또는 인수하는 것을 말하되, 아동·청소년의 성보호에 관한 법률 제2
조 제1호에 따른 아동·청소년 또는 장애인복지법 제2조에 따른 장애인을 모집,
운송, 전달, 은닉, 인계 또는 인수하는 경우에는 다음 각 목의 어느 하나에 해당
하는 행위를 요하지 아니한다고 정의하고 있다.

(2) 인신매매의 요소

24   인신매매가 성립하기 위해서는 매도자와 매수자 쌍방이 존재하여야 하며,

적 약취, 유인 등), 제289조(인신매매), 제290조(약취, 유인, 매매, 이송 등 상해·치상),
제291조(약취, 유인, 매매, 이송 등 살인·치사), 제292조(약취, 유인, 매매, 이송된 사
람의 수수·은닉 등), 제294조(미수범) 및 제296조(예비, 음모)의 죄

나. 「성매매알선 등 행위의 처벌에 관한 법률」 제18조 및 제23조(미수범)의 죄(같은 법 제
18조의 미수범에 한한다)

다. 「아동·청소년의 성보호에 관한 법률」 제12조(아동·청소년 매매행위)부터 제15조(알선
영업행위 등)까지의 죄

라. 「청소년 보호법」 제55조부터 제57조까지의 죄

마. 「아동복지법」 제71조제1항제1호, 제2호(같은 법 제17조제7호 및 제8호에 해당하는 행
위에 한한다), 제3호(같은 법 제17조제10호에 해당하는 행위에 한한다) 및 제4호의 죄

바. 「근로기준법」 제107조(같은 법 제7조에 해당하는 행위에 한한다)의 죄

사. 「선원법」 제167조제3호의 죄

아. 「장애인복지법」 제86조제2항제2호의 죄

자. 「정신건강증진 및 정신질환자 복지서비스 지원에 관한 법률」 제85조제5호의 죄

차. 「노숙인 등의 복지 및 자립지원에 관한 법률」 제26조제1항의 죄

카. 「장기등 이식에 관한 법률」 제44조(같은 조 제1항제2호부터 제6호까지, 제8호 및 제9
호의 죄에 한한다), 제45조 및 제48조(같은 조 제3호부터 제7호의 죄에 한한다)의 죄

타. 가목부터 카목까지의 죄로서 다른 법률에 따라 가중처벌되는 죄

13 이를 위하여 인신매매등범죄의 수사와 재판 절차에 있어, ① 변호사선임의 특례(동법 § 16), ② 신
뢰관계에 있는 사람의 동석(§ 17), ③ 진술조력인 지원(§ 18), ④ 수사 및 재판 절차에서의 배려
(§ 19), ⑤ 심리의 비공개(§ 20) 등 특례를 규정하고 있다.

본조의 매매에는 매수와 매도가 모두 포함된다. 본죄는 대향범으로 필요적 공범에 해당하여 매도인과 매수인 모두 본조로 처벌된다.[14]

    인신매매의 요소에는 일반적으로는 인신에 대한 불법적인 실력적 지배와 [25] 대가관계를 근거로 사람의 신체를 유상으로 넘기는 것이 포함되어 있다. 따라서 인신매매에 해당하기 위해서는 매도인이 피해자를 실력으로 지배하고 있어야 한다고 해석된다.[15] 이러한 실력적 지배는 계속된 협박이나 명시적 혹은 묵시적인 폭행의 위협 등으로 인하여 보통의 사람이라면 법질서에 대하여 보호를 호소하는 것을 단념할 정도의 상태인지 여부로 판단된다.[16]

    다만, 미성년자 또는 장애인 등의 보호자에 의하여 이루어지는 인신매매의 [26] 경우 실력적 지배에 대한 불법적 요소는 불필요한 것으로 보인다. 이러한 해석이 이행이법의 근거인 인신매매방지의정서의 내용과도 부합하는 것이며, 합법적 보호자 등을 인신매매죄의 적용대상에서 제외시키는 불합리를 피할 수 있기 때문이다. 대법원 역시 아동복지법상의 매매에 있어서는 사실적 지배관계의 불법성을 강조하지 않고 있으며,[17] 독일형법 제236조(아동거래, Kinderhandel)도 18세 미만의 아동 등에 대한 보호의무자의 아동거래에 대하여 이러한 요건을 규정하고 있지 않다.[18]

    실력적 지배의 이전에 있어서 대가관계가 존재하면 충분하고, 이러한 대가 [27] 관계는 반드시 민법상 매매에 한정되지 않는다. 따라서 명칭 여부를 불문하고 교환 등과 같이 금전이 아닌 대가를 수수하고 피해자에 대한 사실적 지배를 이

---

14 김신규, 182; 배종대, 형법각론(14판), §42/3; 손동권·김재윤, 새로운 형법각론, §11/24; 신동운, 696; 이재상·장영민·강동범, 형법각론(13판), §9/28; 최호진, 147.

15 신동운, 696.

16 대판 1992. 1. 21, 91도1402(전). 따라서 이와 같은 실력적 지배가 수반되지 않은 상태에서 체결된 인신매매 계약이나 금품을 미리 수수하는 등의 행위는 경우에 따라서는 제296조의 예비·음모에 의하여 처벌될 수 있을 것이다.

17 대법원은 가출한 13세의 중학교 1학년생을 지인의 집에 수일간 머무르게 하면서 숙박과 식사를 제공하던 중 인터넷으로 물색한 다른 사람으로부터 대가에 해당하는 돈을 받기로 하고 그에게 피해 아동을 넘기려고 하였으나 현장에서 경찰관에게 체포된 사안에서, 피해 아동을 인계할 당시 폭행·협박을 사용하지 않았다거나 피해 아동이 다른 사람의 집으로 옮겨 가는 것에 대하여 동의하였다 하더라도 아동복지법상의 매매에 해당한다고 판시한 바 있다(대판 2015. 8. 27, 2015도6480).

18 독일형법 제236조에 아동거래(Kinderhandel)가 규정되게 된 경위, 국제규범과의 관계 등 상세한 것은 MüKoStGB/Wieck-Noodt, 4. Aufl. 2021, StGB §236 Rn. 1 이하 참조.

전하는 행위도 포함된다고 할 것이다.[19] 대가관계가 존재하면 충분하고, 실력적 지배를 넘길 당시 현실적으로 금원이 수수되는 등 대가의 지급이 완성되어야 하는 것도 아니다.[20] 이와 같은 대가관계가 존재한다면 약취·유인죄와 달리 매매과정에서 폭행이나 협박 등 사실상의 힘이나 기망 등의 수단이 사용되어야 하는 것도 아니다.

28   우리 이행입법의 근거가 된 인신매매방지의정서에는 아동을 만 18세 미만의 사람으로 규정하면서, 착취를 목적으로 한 아동의 모집, 운송, 이송, 은닉 또는 인수 등 아동을 상대로 한 일정한 목적이 규명된 인신매매는 협약에서 규정한 위협이나 무력의 행사 또는 그 밖의 형태의 강박, 납치, 보수나 이익의 제공 등의 수단이 사용되지 않더라도 인신매매로 간주된다고 규정하고 있다(의정서 § 3 참조). 형법의 경우 제287조의 미성년자의 약취·유인죄나 제288조의 추행 등 목적 약취·유인죄와 본 조항 모두 사실상의 힘이나 대가관계의 수수 등을 요건으로 규정하여 위 의정서와 같은 아동에 대한 특별취급 조항을 두고 있지는 않다. 아동에 대한 사실적 지배를 불법적 목적을 가지고 이전하는 행위에는 대가관계가 수반되거나 사실적 힘이나 기망 등의 수단이 사용되는 경우가 대부분일 것이다. 그러나 아동을 피해자로 하는 범죄에 대하여는 이러한 요소들의 입증이 더욱 어려운 측면도 있으므로, 성매매나 성적 착취, 강제노동 등 불법적 목적이 인정된다면 다른 요건을 다소 완화하여 더욱 폭넓은 보호를 부여하는 방안도 입법론적으로 검토할 필요가 있을 것이다.

4. 실행의 착수 및 기수시기

(1) 실행의 착수시기

29   본죄의 실행의 착수시기에 대하여 ① 매매계약시설,[21] ② 매매청약시설, ③ 매매계약의 체결을 본죄의 예비·음모 단계로 보면서 매매할 사람을 사실상 인도·인수하려는 행위에 착수한 때라는 견해[22] 등이 대립한다.

---

19 신동운, 696; 이재상·장영민·강동범, § 19/30. 한 걸음 더 나아가 교환, 증여 등 인신의 수수를 내용으로 하는 일체의 계약을 포함한다는 주장도 있다(임웅, 180).

20 이재상·장영민·강동범, § 9/30.

21 김신규, 183; 이형국·김혜경, 193; 정성근·박광민, 형법각론(전정3판), 159; 정웅석·최창호, 388.

22 임웅, 181.

〔김 기 준〕

본장에 함께 규정된 범죄들은 폭행 등 사실상의 힘이나 기망(약취·유인의 죄) 30
혹은 대가관계(인신매매의 죄)를 요건으로 사람에 대한 사실적 지배와 관련된 자
유 침해를 처벌하고 있다. 따라서 피해자에 대한 사실적 지배가 이루어지고 있
는 상황에서 매매계약이 체결되었다면, 실제로 대상자에 대한 인수·인도에 착
수하였는가 여부에 관계없이 실행의 착수에 이르렀다고 보는 것이 타당할 것이
다.23 또한 사실적 지배에 대하여는 변화가 없는 상황에서 이루어지는 대가관계
약정은 매우 다양한 형태와 단계를 거칠 수 있는 점, 본죄의 예비·음모를 별도
로 처벌하고 있는 점 등을 고려하여 위 ①의 매매계약시설에 찬성한다.

(2) 기수시기

본죄가 기수에 이르기 위해서는 매매의 약속만으로는 부족하고 현실적으로 31
사람의 신체를 수수(授受)하여야 한다.24 현실적으로 신체의 수수가 이루어졌다
면 매매대가의 지급 등과는 무관하게 기수에 이른다고 볼 것이다.25

5. 처 벌

7년 이하의 징역에 처한다(제1항). 32

본죄의 미수범은 처벌하고(§ 294), 본죄와 미수범에 대하여는 5천만 원 이하 33
의 벌금을 병과할 수 있다(§ 295). 본죄를 범할 목적으로 예비 또는 음모한 자는
3년 이하의 징역에 처한다(§ 296).

본죄를 범한 자가 약취·유인된 사람을 안전한 장소에 풀어준 때에는 형을 34
감경할 수 있고(§ 259의2), 본죄에 대해서는 세계주의가 적용된다(§ 296의2).

V. 추행, 간음, 결혼, 영리 목적 인신매매죄(제2항)

본죄[(추행·간음·결혼·영리)인신매매죄]는 추행, 간음, 결혼, 영리의 목적으로 35
사람을 매매함으로써 성립하는 목적범이다.

---

23 약취·유인죄의 경우에도 폭행, 협박, 사실상의 힘, 기망, 유혹 등의 구체적 행위를 개시한 때에
  실행의 착수가 있고, 피해자를 자기 또는 제3자의 사실적 지배 아래로 옮긴 때에 기수에 이른다
  (김성돈, 178; 이재상·장영민·강동범, § 9/12).
24 신동운, 697; 주석형법 [각칙(4)](5판), 194(이미선).
25 이재상·장영민·강동범, § 9/30; 이형국·김혜경, 193; 최호진, 148.

36 단순인신매매죄와 달리 범죄자에게 불법적 목적이 인정되어 그 법정형이 가중되어 있다.

37 본죄에서의 추행 등의 개념은 **제288조(추행 등 목적 약취, 유인)**에서와 같고, 그 밖에 주체, 객체, 매매의 개념 등은 단순인신매매죄의 경우와 같다.

38 본죄를 범한 사람은 1년 이상 10년 이하의 징역에 처한다(제2항). 미수범(§ 294)과 예비·음모의 처벌(§ 296), 벌금의 병과(§ 295), 해방규정(§ 259의2) 및 세계주의(§ 296의2)의 적용은 본조 제1항의 인신매매죄에서와 같다.

VI. 노동력 착취, 성매매와 성적 착취, 장기적출 목적 인신매매죄(제3항)

39 본죄[(노동력착취·성매매·성적착취·장기적출)인신매매죄]는 노동력 착취, 성매매와 성적 착취, 장기적출을 목적으로 사람을 매매함으로써 성립하는 목적범이다.

40 범죄자가 특별한 불법적 목적을 가지고 있을 뿐 아니라 목적의 불법성이 더욱 중하다고 보아 본조 제2항의 인신매매죄보다도 형이 가중되어 있다.

41 본조에서의 노동력 착취, 성매매, 성적 착취 등의 개념은 **제288조**에서와 같고, 그 밖에 주체, 객체, 매매의 개념 등은 단순인신매매죄의 경우와 같다.

42 본죄를 범한 사람은 2년 이상 15년 이하의 징역에 처한다(제3항). 미수범(§ 294)과 예비·음모의 처벌(§ 296), 벌금의 병과(§ 295), 해방규정(§ 259의2) 및 세계주의(§ 296의2)의 적용은 본조 제1항의 인신매매죄에서와 같다.

VII. 국외이송 목적 인신매매죄(제4항 전단)

43 본죄(국외이송인신매매죄)는 피해자를 국외로 이송할 목적으로 사람을 매매함으로써 성립한다. 본죄는 목적범으로 범죄자는 행위 당시 이러한 목적을 가지고 있어야 한다.

44 대상자가 불법적으로 국외로 이송되어 실질적으로 보호를 받을 수 없는 상태를 초래하는 심각성 등을 고려하여 본조 제2항의 인신매매죄보다 형이 가중되어 있다.

본조에서의 국외이송의 개념 등은 **제288조**에서와 같도, 그 밖에 주체, 객　　45
체, 매매의 개념 등은 단순인신매매죄의 경우와 같다.

본죄를 범한 사람은 2년 이상 15년 이하의 징역에 처한다(제4항 전단). 미수　　46
범(§294)과 예비·음모의 처벌(§296), 벌금의 병과(§295), 해방규정(§259의2) 및 세
계주의(§296의2)의 적용은 본조 제1항의 인신매매죄에서와 같다.

Ⅷ. 피매매자 국외이송죄(제4항 후단)

본죄(피매매자국외이송죄)는 인신매매된 피해자를 국외로 이송함으로써 성립　　47
한다.

본죄의 다른 죄와는 달리 본죄는 목적범이 아니다. 따라서 본죄가 성립되기　　48
위해서는 범죄자가 자신이 이송하는 사람이 인신매매된 사람이란 점을 알고 국
외이송행위를 하면 충분하고, 성매매 등의 목적을 가지고 있었을 필요는 없다.

본죄의 주체에는 특별한 제한이 없으며, 본죄의 객체는 인신매매된 사람이　　49
다. 그 밖에 본죄에서의 이송의 개념 등은 **제288조 제3항 후단**에서와 같다.

본죄를 범한 사람은 2년 이상 15년 이하의 징역에 처한다(제4항 후단). 미수　　50
범(§294)과 예비·음모의 처벌(§296), 벌금의 병과(§295), 해방규정(§259의2) 및 세
계주의(§296의2)의 적용은 본조 제1항의 인신매매죄에서와 같다.

〔김 기 준〕

제290조(약취, 유인, 매매, 이송 등 상해·치상)

① 제287조부터 제289조까지의 죄를 범하여 약취, 유인, 매매 또는 이송된 사람을 상해한 때에는 3년 이상 25년 이하의 징역에 처한다.

② 제287조부터 제289조까지의 죄를 범하여 약취, 유인, 매매 또는 이송된 사람을 상해에 이르게 한 때에는 2년 이상 20년 이하의 징역에 처한다.

[전문개정 2013. 4. 5.]

Ⅰ. 의　의

1　　본조는 제287조부터 제289조까지 규정된 약취·유인죄, 인신매매죄, 국외이송죄를 범한 사람이 대상자에게 상해하거나(제1항) 상해에 이르게 한(제2항) 경우에 적용된다.

2　　2013년 4월 5일 형법 개정 전 제290조는 예비·음모 조항이었으나 이를 제296조로 옮기고 본조를 완전히 새로운 내용으로 개정하였다.

3　　약취·유인죄 등을 저지른 사람이 실력적 지배관계에 있는 사람에 대하여 상해 등의 범죄를 저지르는 심각성을 고려하여 일반 상해죄(§ 257①)나 폭행치상죄(§ 262)보다 법정형을 가중하였다.

4　　다만, 본조의 죄의 전제가 된 기본범죄의 법정형이 불법성의 정도에 따라 차이가 있음에도 불구하고 본조의 죄의 법정형이 동일하게 규정되어 있는 것에 대하여는 비판적 견해가 있다.[1]

1　이재상·장영민·강동범, 형법각론(13판), § 9/32.

〔김 기 준〕

II. 약취, 유인, 매매, 이송 등 상해죄(제1항)

본죄[(피약취자·피유인자·피매매자·피국외이송자)상해죄]는 제287조의 미성년자 **5**
의 약취·유인, 제288조의 추행 등 목적 약취·유인죄, 제289조의 인신매매죄
와 상해죄가 결합된 결합범이다.[2] 따라서 본죄가 성립하기 위해서는 기본범죄
에 대한 고의와 상해의 결과에 대한 고의가 함께 인정되어야 한다.

약취 등의 대상이 된 피해자가 13세 미만의 미성년자인 경우, 2016년 1월 **6**
6일 개정된 특정범죄 가중처벌 등에 관한 법률(이하, 특정범죄가중법이라 한다.) 제5
조의2 제2항 제3호가 적용되어 5년 이상의 징역으로 가중처벌된다.[3]

기본적 구성요건의 법정형이 그 불법의 정도에 따라 상당한 차이가 있음에 **7**
도 결합범인 본죄에 대한 법정형은 모두 3년 이상 25년 이하의 징역으로 동일
하게 규정되어 있다.

본죄의 미수(§ 294)와 예비 또는 음모도 처벌된다(§ 296). 본죄를 범한 자가 약 **8**
취·유인된 사람을 안전한 장소에 풀어준 때에는 형을 감경할 수 있다(§ 295의2).
본조는 대한민국 영역 밖에서 죄를 범한 외국인에게도 적용되며(§ 296의2), 본죄
와 그 미수범에 대하여는 5천만 원 이하의 벌금을 병과할 수 있다(§ 295).

III. 약취, 유인, 매매, 이송 등 치상죄(제2항)

본죄[(피약취자·피유인자·피매매자·피국외이송자)치상죄]는 제287조의 미성년자의 **9**
약취·유인죄, 제288조의 추행 등 목적 약취·유인죄, 제289조의 인신매매죄를
기본범죄로 하여 상해의 결과가 발생하는 경우 성립하는 결과적 가중범이다(진

---

2 김신규, 형법각론 강의, 186; 김혜정·박미숙·안경옥·원혜욱·이인영, 형법각론(3판), 174; 박찬
걸, 형법각론(2판), 173; 신동운, 형법각론(2판), 698; 이재상·장영민·강동범, § 9/32; 이형국·김
혜경, 형법각론(3판), 195; 정성근·정준섭, 형법강의 각론(2판), 109; 정웅석·최창호, 형법각론,
391; 주호노, 형법각론, 267.
3 특정범죄가중법 제5조의2(약취·유인죄의 가중처벌) ② 13세 미만의 미성년자에 대하여 「형법」
제287조의 죄를 범한 사람이 다음 각 호의 어느 하나에 해당하는 행위를 한 경우에는 다음 각
호와 같이 가중처벌한다.
　3. 약취 또는 유인한 미성년자를 폭행·상해·감금 또는 유기(遺棄)하거나 그 미성년자에게 가
　　혹한 행위를 한 경우에는 무기 또는 5년 이상의 징역에 처한다.

〔김 기 준〕　　　　　**375**

정결과적 가중범).[4] 따라서 결과적 가중범의 일반원칙에 따라 기본범죄와의 인과 관계와 상해의 결과에 대한 예견가능성이 필요하다.

10　　　특정범죄가중법 제5조의2는 상해의 경우 고의범만을 대상으로 한다. 따라 서 약취 등의 대상이 된 피해자가 13세 미만의 미성년자라 하더라도 특정범죄 가중법이 아닌 형법이 적용된다.

11　　　본죄를 범한 사람은 2년 이상 20년 이하의 징역에 처한다.

12　　　결과적 가중범인 본죄의 미수나 예비·음모는 처벌되지 않는다. 본죄를 범 한 자가 약취·유인된 사람을 안전한 장소에 풀어준 때에는 형을 감경할 수 있 으며(§ 295의2), 본조는 대한민국 영역 밖에서 죄를 범한 외국인에게도 적용된다 (§ 296의2). 또한, 본죄와 그 미수범에 대하여는 5천만 원 이하의 벌금을 병과할 수 있다(§ 295).

〔김 기 준〕

---

4 김신규, 186; 김혜정·박미숙·안경옥·원혜욱·이인영, 174; 박찬걸, 173; 신동운, 699; 이재상·
　장영민·강동범, § 9/32; 이형국·김혜경, 195; 정성근·정준섭, 109; 정웅석·최창호, 391; 주호노,
　267.

　　　　　　　〔김 기 준〕

제291조(약취, 유인, 매매, 이송 등 살인·치사)

① 제287조부터 제289조까지의 죄를 범하여 약취, 유인, 매매 또는 이송된 사람을 살해한 때에는 사형, 무기 또는 7년 이상의 징역에 처한다.

② 제287조부터 제289조까지의 죄를 범하여 약취, 유인, 매매 또는 이송된 사람을 사망에 이르게 한 때에는 무기 또는 5년 이상의 징역에 처한다.

[전문개정 2013. 4. 5.]

I. 의 의

본조는 제287조부터 제289조까지 규정된 약취·유인죄, 인신매매죄, 국외이송죄를 범한 사람이 대상자를 살해하거나(제1항) 사망에 이르게 한(제2항) 경우에 적용된다.　　　1

2013년 4월 5일 형법 개정 시 신설된 조항이다.　　　2

약취·유인죄 등을 저지른 사람이 실력적 지배관계에 있는 사람에 대하여 살인 등의 범죄를 저지르는 심각성을 고려하여 일반 살인죄(§ 250①)나 상해치사죄(§ 259①)에 비하여 형을 가중하고 있다.　　　3

II. 약취, 유인, 매매, 이송 등 살인죄(제1항)

본죄[(피약취자·피유인자·피매매자·피국외이송자)살해죄]는 제287조의 미성년자의 약취·유인죄, 제288조의 추행 등 목적 약취·유인죄, 제289조의 인신매매죄와 살인죄가 결합된 결합범이다.[1] 따라서 기본범죄에 대한 고의와 살인의 결과　　　4

1　김신규, 형법각론 강의, 186; 김혜정·박미숙·안경옥·원혜욱·이인영, 형법각론(3판), 174; 박찬걸, 형법각론(2판), 173; 신동운, 형법각론(2판), 700; 이재상·장영민·강동범, 형법각론(13판),

에 대한 고의도 인정되어야 한다.

5   피해자가 13세 미만의 미성년자인 경우 특정범죄 가중처벌 등에 관한 법률
(이하, 특정범죄가중법이라 한다.) 제5조의2 제2항 제2호에 의하여 무기 또는 5년 이
상의 징역으로 가중처벌된다.[2]

6   본죄를 범한 사람은 사형, 무기 또는 7년 이상의 징역에 처한다.

7   본죄의 미수(§ 294)와 예비 또는 음모도 처벌된다(§ 296). 본죄를 범한 자가 약
취·유인된 사람을 안전한 장소에 풀어준 때에는 형을 감경할 수 있다(§ 295의2).
본조는 대한민국 영역 밖에서 죄를 범한 외국인에게도 적용되며(§ 296의2), 본죄
와 그 미수범에 대하여는 5천만 원 이하의 벌금을 병과할 수 있다(§ 295).

Ⅲ. 약취, 유인, 매매, 이송 등 치사죄(제2항)

8   본죄〔(피약취자·피유인자·피매매자·피국외이송자)치사죄〕는 제287조의 미성년자
의 약취·유인죄, 제288조의 추행 등 목적 약취·유인죄, 제289조의 인신매매죄
를 기본범죄로 하여 사망의 결과가 발생하는 경우 성립하는 결과적 가중범이다
(진정결과적 가중범).[3] 따라서 결과적 가중범의 일반원칙에 따라 기본범죄와의 인
과관계와 사망의 결과에 대한 예견가능성이 필요하다.

9   특정범죄가중법 제5조의2는 피해자가 13세 미만의 미성년자인 경우 약취
또는 유인한 미성년자를 폭행·상해·감금 또는 유기(遺棄)하거나 그 미성년자에
게 가혹한 행위를 하여 미성년자를 사망에 이르게 한 경우에 대하여 가중처벌
하고 있다.[4]

---

§9/32; 정성근·정준섭, 형법강의 각론(2판), 109; 정웅석·최창호, 형법각론, 391; 주호노, 형법
각론, 268.

2 특정범죄가중법 제5조의2(약취·유인죄의 가중처벌) ② 13세 미만의 미성년자에 대하여 「형법」
제287조의 죄를 범한 사람이 다음 각 호의 어느 하나에 해당하는 행위를 한 경우에는 다음 각
호와 같이 가중처벌한다.
   2. 약취 또는 유인한 미성년자를 살해한 경우에는 사형 또는 무기징역에 처한다.
   ⑥ 제1항 및 제2항(제2항제4호는 제외한다)에 규정된 죄의 미수범은 처벌한다.

3 김신규, 186; 김혜정·박미숙·안경옥·원혜욱·이인영, 174; 박찬걸, 173; 신동운, 70; 이재상·장
영민·강동범, §9/32; 정성근·정준섭, 109; 정웅석·최창호, 391; 주호노, 268.

4 특정범죄가중법 제5조의2(약취·유인죄의 가중처벌) ② 13세 미만의 미성년자에 대하여 「형법」
제287조의 죄를 범한 사람이 다음 각 호의 어느 하나에 해당하는 행위를 한 경우에는 다음 각

본죄를 범한 사람은 무기 또는 5년 이상의 징역에 처한다.   10

결과적 가중범인 본죄의 미수나 예비·음모는 처벌되지 않는다. 본조는 대   11
한민국 영역 밖에서 죄를 범한 외국인에게도 적용되며(§ 296의2), 본죄와 그 미수
범에 대하여는 5천만 원 이하의 벌금을 병과할 수 있다(§ 295).

〔김 기 준〕

호와 같이 가중처벌한다.

   3. 약취 또는 유인한 미성년자를 폭행·상해·감금 또는 유기(遺棄)하거나 그 미성년자에게 가
      혹한 행위를 한 경우에는 무기 또는 5년 이상의 징역에 처한다.
   4. 제3호의 죄를 범하여 미성년자를 사망에 이르게 한 경우에는 사형, 무기 또는 7년 이상의
      징역에 처한다.
   ⑥ 제1항 및 제2항(제2항제4호는 제외한다)에 규정된 죄의 미수범은 처벌한다.

제292조(약취, 유인, 매매, 이송된 사람의 수수·은닉 등)
① 제287조부터 제289조까지의 죄로 약취, 유인, 매매 또는 이송된 사람을 수수
(授受) 또는 은닉한 사람은 7년 이하의 징역에 처한다.
② 제287조부터 제289조까지의 죄를 범할 목적으로 사람을 모집, 운송, 전달한
사람도 제1항과 동일한 형으로 처벌한다.
[전문개정 2013. 4. 5.]

I. 의 의

1　　본조 제1항은 제287조의 미성년자약취·유인죄, 제288조의 추행 등 목적 약
취·유인죄, 제289조의 인신매매죄 등에 규정된 범죄에 의하여 약취·유인·매
매·이송된 사람을 수수하거나 은닉하는 행위를 처벌하고, 본조 제2항은 제287
조 내지 제289조의 죄를 범할 목적으로 사람을 모집. 운송, 전달하는 행위를 처
벌하는 규정이다.

2　　본조 제2항은 2013년 4월 5일 형법 개정 시에 신설되었다.

1. 피약취·유인자 등 수수·은닉죄(제1항)

3　　본조 제1항은 인신매매죄 등이 발생한 이후의 후속적 관여행위를 별도 조
항을 두어 처벌함으로써 피해자를 더욱 두텁게 보호하기 위하여 마련된 조항으
로, 인신매매방지의정서에서 범죄화를 요구하는 범위에 상응하는 것이다.

4　　형법은 약취·유인죄와 인신매매죄의 개념을 사실적 지배관계의 설정을 중
심으로 이해하고 있으나, 인신매매방지의정서에서는 피해자를 모집, 운송, 이송,

은닉, 인수하는 행위가 인신매매(Human Trafficking) 개념에 포함되어 있으며(의정서 § 3(가)), 이에 대한 공범까지도 처벌하도록 규정되어 있다(의정서 § 5②).

2013년 형법 개정 이전에도 약취·유인·매매된 자의 수수·은닉은 처벌되고 있었으나, 개정 전 제292조는 개정 전 제287조의 미성년자 약취·유인죄와 제291조의 결혼 목적 약취·유인죄의 피해자를 수수·은닉한 행위에 대하여는 형을 감경하도록 규정하고 있었다. 그러나 이러한 법정형의 구분은 비합리적인 것으로 특별한 근거를 가지지 못한 것이어서, 2013년 형법 개정 당시 모든 약취·유인죄와 인신매매죄의 관여행위에 대하여 동일한 법정형이 적용될 수 있도록 개정되었다.

본조 제1항의 죄의 법적 성격에 대하여는, ① 약취·유인죄가 계속되는 상황에서 본범의 실행행위를 돕는 것이므로 제32조의 방조범으로 처벌할 수 있음에도 별도의 독립된 구성요건으로 규정한 것이라는 견해가 통설이다.[1] 이에 반하여, ② 약취·유인죄가 종료한 이후 이루어진 사후종범에 불과한 경우를 특별히 독립된 범죄로서 처벌하는 것으로 보는 견해도 있다.[2] 위 ①의 견해가 타당하다.

일본형법은 방조의 목적을 명시하고 있으나,[3] 우리 형법은 방조의 목적을 특별히 규정하고 있지 않다.

2. 약취 등 목적 모집·운송·전달죄(제2항)

본조 제2항의 적용대상인 모집·운송·전달행위는 약취·유인죄나 인신매매죄의 예비 단계에서 이루어지는 경우가 많을 것이다. 제296조가 이들 범죄에 대한 예비·음모를 처벌하고 있으나(§ 296), 이는 약취·유인죄나 인신매매죄를

1　김신규, 형법각론 강의, 187; 김혜정·박미숙·안경옥·원혜욱·이인영, 형법각론(3판), 175; 박찬걸, 형법각론(2판), 174; 정성근·정준섭, 형법강의 각론(2판), 110; 정웅석·최창호, 형법각론, 391.
2　신동운, 형법각론(2판), 702; 이정원·이석배·정배근, 형법각론, 125; 이형국·김혜경, 형법각론(3판), 197.
3　일본형법 제227조(피약취자인도등) ① 제224조, 제225조 또는 전3조의 죄를 범한 자를 방조할 목적으로 약취, 유괴 또는 매매된 자를 인도, 수수, 수송 또는 은닉하거나 도피하게 한 자는 3월 이상 5년 이하의 징역에 처한다.
② 제225조의2 제1항의 죄를 범한 자를 방조할 목적으로 약취 또는 유괴된 자를 인도, 수수, 수송 또는 은닉하거나 도피하게 한 자는 1년 이상 10년 이하의 징역에 처한다.

범하려는 사람의 예비·음모만을 처벌대상으로 삼는 한계가 있다. 그리고 본조 제2항과 같은 특별규정이 없을 경우, 대부분 예비행위에 불과한 모집·운송·전 달과 관련된 주된 범죄가 미수 단계에 이르지 못할 때는 예비 단계에서의 제3 자 관여행위를 처벌하는 데 어려움이 있다.[4] 또한, 기본범죄에 대하여 제3자가 개입할 경우 피해가 확대될 우려가 있어 이를 독자적 구성요건으로 설정하여 무겁게 처벌하는 것이다.[5]

9   인신매매방지의정서에는 피해자를 모집, 운송, 이송, 은닉, 인수하는 행위가 인신매매 개념에 포함되어 있으며(의정서 §3(가)), 이에 대한 공범까지도 처벌하 도록 규정되어 있다(의정서 §5②).

II. 피약취·유인자 등 수수·은닉죄(제1항)

1. 구성요건

(1) 주체

10   본죄〔(피약취자·피유인자·피매매자·피국외이송자)(수수·은닉)죄〕의 주체에는 제한 이 없다.

11   본죄의 성격을 약취·유인죄를 범한 사람을 돕는 방조범의 성격을 갖는 것 으로 볼 경우, 범죄의 성격상 제287조부터 제289조까지의 정범은 원칙적으로 제외된다고 볼 것이다.[6] 그러나 제287조부터 제289조까지의 범죄에 대한 교사 자 또는 방조자는 본죄의 주체가 될 수 있다.[7]

(2) 객체

12   본죄의 객체는 제287조부터 제289조까지의 죄로 약취, 유인, 매매, 이송된 사람, 즉 피약취자, 피유인자, 피매매자, 피국외이송자이다.

---

4 따라서 본죄가 성립할 경우 제32조의 적용은 없다고 볼 것이다〔신동운, 704; 이재상·장영민·강 동범, 형법각론(13판), §9/33〕.

5 신동운, 704.

6 다만, 본죄의 정범이라 할지라도 대가를 받고 그 사람에 대한 사실적 지배를 타인에게 넘겨준 때에는 제289조의 인신매매죄가 성립할 것이라는 견해도 있다〔주석형법 〔각칙(4)〕(5판), 201(이 미선)〕.

7 주석형법 〔각칙(4)〕(5판), 201(이미선); 大塚 外, 大コン(3版)(11), 573(山室 惠).

〔김 기 준〕

본조 제1항은 그 대상을 '약취, 유인, 매매, 이송된 사람'으로 명시하고 있 13
다. 따라서 실력적 지배관계가 설정된 사람을 수수·은닉한 경우에 성립한다고
볼 것이다.

(3) 행위

본죄의 실행행위는 수수 또는 은닉이다. 14

(가) 수수

수수(授受)란 피해자에 대한 실력적 지배를 옮겨 자신의 실력적 지배 아래 15
에 두는 것이다.[8] 수수는 유상·무상을 불문하므로, 당사자들 사이에 대가가 수
수되었는가 여부는 본죄의 성립과는 무관하다.[9]

형법은 수수에 대하여 특히 한자를 병기하여 '수수(授受)'로 명시하고 있다. 16
따라서 피해자를 일차적으로 넘겨받은 사람이 피해자를 다시 넘겨주거나 이를
넘겨받는 행위도 모두 포함된다고 할 것이다.[10]

피해자가 범인의 실력적 지배 아래에 옮겨지는 때에 수수는 기수에 이른 17
다.[11] 따라서 피해자를 자기의 지배하에 두기로 약속하고 아직 넘겨받지 못하였
다면 미수에 그친다고 볼 것이다.[12]

(나) 은닉

은닉이란 피해자의 발견을 곤란하게 하는 일체의 행위를 말한다.[13] 약취, 18
유인, 매매, 이송된 사람의 운송수단을 제공하거나 여비나 도피 장소를 제공하
는 것도 여기에 해당할 수 있다. 이 경우 범죄자가 반드시 피해자를 자신의 실
력적 지배하에 두어야 하는 것은 아니다. 피해자를 발견이 어려운 장소에 데려
가는 등 피해자의 발견을 곤란하게 한 때에 은닉은 기수에 이른다. 그러나 미처
그러한 장소에 도달하지 못한 경우는 미수에 그친다고 볼 것이다.[14]

---

8 김신규, 187; 박찬걸, 174; 이형국·김혜경, 197; 정성근·정준섭, 110.
9 신동운, 703; 정웅석·최창호, 392.
10 신동운, 703; 주석형법 〔각칙(4)〕(5판), 202(이미선).
11 주석형법 〔각칙(4)〕(5판), 202(이미선); 大塚 外, 大コン(3版)(11), 573(山室 惠).
12 주석형법 〔각칙(4)〕(5판), 207(이미선).
13 김신규, 187; 박찬걸, 174; 이형국·김혜경, 197; 정웅석·최창호, 392.
14 大塚 外, 大コン(3版)(11), 575(山室 惠).

2. 죄수 및 다른 죄와의 관계

19   (1) 본죄는 개인적 법익에 대한 죄이므로 피해자별로 범죄가 성립한다.

20   (2) 동시에 수인을 수수·은닉한 경우는 하나의 행위로 수 개의 법익을 동시에 침해한 경우이므로 상상적 경합에 해당한다.[15]

21   (3) 한 사람을 수수하여 은닉하는 행위는 본죄의 포괄일죄에 해당한다고 볼 것이다.[16]

22   (4) 제287부터 제289조까지 규정된 범죄의 교사자가 본죄를 범한 경우에는 실체적 경합이 될 것이다.[17]

23   (5) 특정범죄 가중처벌 등에 관한 법률 제5조의2 제3항은 동조 제1항과 제2항의 범죄를 방조하여 약취 또는 유인된 미성년자를 은닉하거나 그 밖의 방법으로 귀가하지 못하게 한 사람은 5년 이상의 유기징역에 처하도록 규정하고 있다. 따라서 13세 미만의 미성년자에 대한 은닉행위는 위 조항에 따라 가중처벌된다.

3. 처 벌

24   7년 이하의 징역에 처한다.

25   본죄의 미수(§294)와 예비 또는 음모도 처벌된다(§296).

26   본죄를 범한 자가 약취·유인된 사람을 안전한 장소에 풀어준 때에는 형을 감경할 수 있다(§295의2).

27   본조는 대한민국 영역 밖에서 죄를 범한 외국인에게도 적용되며(§296의2), 본죄와 그 미수범에 대하여는 5천만 원 이하의 벌금을 병과할 수 있다(§295).

---

15 주석형법 [각칙(4)](5판), 203(이미선).
16 주석형법 [각칙(4)](5판), 203(이미선); 大塚 外, 大コン(3版)(11), 575(山室 惠).
17 주석형법 [각칙(4)](5판), 203(이미선); 大塚 外, 大コン(3版)(11), 573(山室 惠).

III. 약취 등 목적 모집 · 운송 · 전달죄(제2항)

1. 구성요건

(1) 주체 및 객체

본죄[(제287조 내지 제289조 각 죄명)(모집·운송·전달)죄]의 주체 및 객체에는 특 28
별한 제한이 없다.

(2) 행위

본죄의 실행행위는 제287조의 미성년자약취·유인죄, 제288조의 추행 등 목 29
적 약취·유인죄, 제289조의 인신매매죄 등을 범할 목적으로 사람을 모집, 운송,
전달하는 것이다.

모집은 위 범죄들의 대상자들을 모으는 일체의 행위를 말하며, 운송은 대상 30
자들을 장소적으로 이동시키는 것이다. 전달은 대상자들을 제3자에게 넘기는
것을 말한다.[18]

(3) 주관적 구성요건

본죄는 목적범이므로, 고의 이외에 초과주관적 구성요건요소로서 제287조부 31
터 제289조까지의 죄를 범할 목적을 가지고 있어야 한다. 여기에서 죄를 범할
목적은 반드시 스스로 죄를 범하려는 목적일 필요까지는 없으며, 별도로 존재하
는 본범의 범죄를 도와 죄를 범할 목적이 있더라도 충분하다고 할 것이다.[19]

2. 죄수 및 다른 죄와의 관계

(1) 동일한 사람에 대한 모집, 운송, 전달행위가 모두 이루어진 경우, 제292 32
조 제2항의 포괄일죄로 보아야 할 것이다.[20]

(2) 대상자를 모집, 운송, 전달한 사람이 직접 약취·유인죄 또는 인신매매 33

---

18 김신규, 187; 박찬걸, 174; 신동운, 704; 이재상·장영민·강동범, 147; 이형국·김혜경, 197; 정웅
　석·최창호, 392.
19 인신매매방지의정서의 경우에도 이와 같은 모집 등의 행위에 대하여 착취의 목적이 요구되고 있
　다(의정서 §3 참조). 국제형사법 학계에서는 특별한 목적 범죄에 대하여 가공한 공범이 이와 같
　은 특별한 목적을 스스로 구비하고 있어야 하는가에 대하여는 상세한 논의가 진행되고 있다. 이
　에 대하여는 김기준, 국제형사법, 박영사(2017), 201 이하 등 참조.
20 주석형법 [각칙(4)](5판), 204(이미선).

죄를 실현한 경우, ① 약취·유인죄 또는 인신매매죄가 별도로 성립하고 본죄와는 실체적 경합관계라는 견해[21]도 있으나, ② 본죄는 별도로 성립하지 않고 약취유인죄 또는 인신매매죄만 성립한다(흡수관계)[22]고 할 것이다.

3. 처 벌

34　　　7년 이하의 징역에 처한다.

35　　　본죄에 대해서는 미수나 예비·음모의 처벌규정이 적용되지 않으며, 벌금의 병과규정도 적용이 없다.

36　　　본죄는 세계주의 대상이며(§ 296의2), 본죄를 범한 사람이 매매 또는 이송된 사람을 안전한 장소에 풀어준 때에는 형을 감경할 수 있다(§ 295의2).

〔김 기 준〕

---

21 신동운, 704.
22 이형국·김혜경, 197-198.

제293조(상습범)

〈삭제 2013. 4. 5.〉

[삭제 전 조문] ① 상습으로 전조의 죄를 범한 자는 2년 이상 10년 이하의 징역에 처한다.
② 추행, 간음 또는 영리의 목적으로 전조의 죄를 범한 자도 전항의 형과 같다.

개정 전의 제293조 제1항은 상습으로 피약취·유인자 및 피매매자 등을 수 1
수하거나 은닉한 경우를 가중처벌하는 규정과 추행, 간음, 영리 목적이 있을 경
우 가중처벌하는 규정을 두었으나, 2013년 4월 5일 형법 개정으로 삭제되었다.

범죄의 특성상 밝혀지지 않은 피해자가 다수 존재할 가능성이 있어 이러한 2
범죄자에 대한 상습성을 인정하여 포괄일죄로 처벌하는 것은 타당하지 않은 측
면이 있었다. 또한, 새로이 개정된 개별 조항의 법정형이 충분히 상향되었다는
점에서 이와 같은 개정은 타당한 것으로 생각된다.

〔김 기 준〕

제294조(미수범)

제287조부터 제289조까지, 제290조제1항, 제291조제1항과 제292조제1항의 미
수범은 처벌한다.
[전문개정 2013. 4. 5.]

1   본조에 의하여 제287조의 미성년자의 약취·유인, 제288조의 추행 등 목적
약취·유인 등과 제289조의 인신매매, 제290조 제1항의 약취, 유인, 매매, 이송
등 상해, 제291조 제1항의 약취, 유인, 매매, 이송 등 살인, 제292조 제1항의 약
취, 유인, 매매, 이송된 사람의 수수·은닉의 미수범은 처벌된다.

2   결과적 가중범인 제290조 제2항의 약취, 유인, 매매, 이송 등 치상죄와 제
291조 제2항의 약취, 유인, 매매, 이송 등 치사죄는 미수죄의 적용대상이 아니
다. 또한, 범죄의 예비단계에서 이루어지는 제292조 제2항 역시 적용범위에서
제외되어 있다(각 범죄의 실행의 착수시기 등은 각 해당 범죄 부분 참조).

〔김 기 준〕

제295조(벌금의 병과)
제288조부터 제291조까지, 제292조제1항의 죄와 그 미수범에 대하여는 5천만원 이하의 벌금을 병과할 수 있다.
[전문개정 2013. 4. 5.]

본조에 의하여 제288조의 추행 등 목적 약취, 유인 등과 제289조의 인신매 매, 제290조의 약취 등 상해·치상죄, 제291조의 약취 등 살인·치사죄, 제292조 제1항의 피약취자 등 수수·은닉죄와 이들의 미수죄에 대하여는 각 조항에서 정한 형 외에 5천만 원 이하의 벌금형을 병과할 수 있다. **1**

그러나 제292조 제2항의 약취, 유인, 매매, 이송 목적 모집·운송·전달죄는 본조의 적용범위에서 제외된다. **2**

〔김 기 준〕

제295조의2(형의 감경)
제287조부터 제290조까지, 제292조와 제294조의 죄를 범한 사람이 약취, 유인,
매매 또는 이송된 사람을 안전한 장소로 풀어준 때에는 그 형을 감경할 수 있다.
[전문개정 2013. 4. 5.]

I. 의　의

1　　　본조는 제287조의 미성년자 약취·유인죄, 제288조의 추행 등 목적 약취·
유인죄와 피약취·유인자 국외이송죄, 제289조의 단순인신매매죄 및 추행 등 목
적 인신매매죄와 피매매자 국외이송죄, 제290조의 약취 등 상해·치상죄, 제292
조의 피약취자 등 수수·은닉죄 및 약취 등 목적 모집 운송·전달죄를 범한 사람
과 위 각 죄의 미수범이 약취, 유인, 매매, 이송된 사람을 안전한 장소에 석방한
경우에 그 형을 임의적으로 감경할 것을 규정하고 있다. 인질강요죄(§ 324의2),
인질상해·치상죄(§ 324의3)에도 같은 취지의 규정(§ 324의6)이 있다.

2　　　본조가 감경의 대상으로 삼고 있는 범죄는 사람에 대한 사실적 지배가 다
른 범죄자에게 넘어가게 되는 경우이다. 이처럼 범죄자가 피해자에 대한 지배권
을 가지게 된 경우 피해자의 생명, 신체에 대한 현실적 위험이 발생하며 적지
않은 약취 등 사건에서 피해자가 살해되기도 한다. 따라서 본조는 약취·유인되
거나 매매의 대상이 된 피해자의 신체적 자유의 침해상태를 회복시켜 피해자를
더욱 두텁게 보호하려는 형사정책적 목적[1]을 가지고 있다. 또한, 범죄자가 스스
로 피해자를 석방하여 준 경우라면 범죄자의 책임이 보다 가벼워지는 것으로
평가될 수도 있다는 점 등이 고려되어 사후적인 석방행위를 형의 임의적 감경
사유로 규정한 것으로 보인다.

---

1 김성돈, 형법각론(8판), 175; 김일수·서보학, 새로쓴 형법각론(9판), 123; 배종대, 형법각론(14판),
　§ 42/12; 이재상·장영민·강동범, 형법각론(13판), § 9/16; 이형국·김혜경, 형법각론(3판), 179;
　임웅, 형법각론(11정판), 177; 주석형법 〔각칙(4)〕(5판), 209(이미선).

〔김 기 준〕

II. 적용 요건

본조가 적용되기 위해서는 제287조부터 제290조까지, 제292조와 제294조의   3
죄를 범한 사람이 약취, 유인, 매매 또는 이송된 사람을 안전한 장소로 풀어주
어야 한다.

1995년 12월 31일 본조가 신설될 당시에는 주체를 '이 장의 죄를 범한 자'   4
로 규정하고 있었다. 그러나 2013년 4월 5일 형법 개정 당시 그 주체를 '제287
조부터 제290조까지, 제292조와 제294조의 죄를 범한 사람'으로 바꾸고, 제294
조의 미수범도 본장의 적용대상에 포함됨을 명백히 하였다.

본조는 총론상의 중지미수와 달리 자의성을 요건으로 하지 않으며, 범죄가   5
기수에 이른 이후에도 본조가 적용된다.[2] 특히, 우리 형법은 일본형법과 달리
피해자를 석방하는 시기의 제한을 두고 있지 않다.[3] 따라서 범죄자에 대한 공소
가 제기된 이후에 피해자를 석방하였더라도 본조가 적용된다.[4]

'풀어준다'는 것은 약취, 유인, 매매, 이송된 사람에 대한 실력적 지배를 자   6
발적으로 멈추고 피해자의 행동의 자유를 회복시키는 것을 말한다.[5] 스스로 피
해자를 풀어준 경우뿐 아니라 현재 실력적 지배를 하고 있는 사람으로 하여금
실력적 지배를 풀게 하는 것도 포함된다.[6] 피해자의 탈출을 묵인하는 소극적 부
작위도 풀어준 때에 해당될 수 있다.[7]

여러 사람이 함께 약취·유인죄를 범하였을 경우, 실제 피해자를 안전한 장   7
소에 풀어주는 행위에 직접 또는 간접으로 관여한 사람에 대하여만 본조가 적
용된다.[8]

'안전한 장소'란, 약취, 유인, 매매, 이송된 사람이 범죄자들의 실력적 지배   8
에서 벗어나 안전하게 구출될 것으로 인정될 수 있는 장소를 말한다.[9]

---

2 김신규, 형법각론 강의, 177; 박찬걸, 형법각론(2판), 163; 주석형법 [각칙(4)](5판), 209(이미선).
3 일본형법 제228조의2(해방에 의한 형의 감경) 제225조의2, 제227조 제2항 또는 제4항의 죄를 범한
  자가 공소가 제기되기 전에 약취 또는 유괴된 자를 안전한 장소에 해방한 때에는 그 형을 감경한다.
4 배종대, § 42/12.
5 주석형법 [각칙(4)](5판), 210(이미선).
6 大塚 外, 大コン(3版)(11), 586(山室 惠).
7 배종대, § 42/12; 주석형법 [각칙(4)](5판), 210(이미선).
8 大塚 外, 大コン(3版)(11), 588(山室 惠).
9 주석형법 [각칙(4)](5판), 210(이미선).

9   일본 판례는 유괴범인이 초등학교 1학년인 피유괴자를 야간에 집에서부터 직선거리로 수 킬로미터 떨어진 농촌지대의 좁은 길에 풀어준 사안에서, "안전한 장소란 피유괴자가 안전하게 구출될 것으로 인정되는 장소를 의미하는 것으로, 해방장소의 위치, 상황, 해방 시간, 방법, 피유괴자를 그 자책 등으로 복귀시키기 위하여 범인이 강구한 조치의 내용, 그 밖에 피유괴자의 연령, 지능 정도, 건강 상태 등 제반 요소를 고려하여 판단하여야 한다."고 전제한 뒤, "안전하게 구출된다고 할 경우의 '안전'의 의미는 너무 좁게 해석할 것이 아니라 피유괴자가 근친자 및 경찰당국 등에 의해 구출되기까지 사이에 구체적이고 실질적인 위험에 처할 우려가 없는 것을 의미하고, 막연한 추상적인 위험이나 단순한 불안감 내지 위구감을 수반하는 것만으로 바로 안전성을 흠결하였다고 할 수는 없다고 해석하는 것이 상당하다."고 하면서, 위 장소 자체가 위험한 곳은 아니고, 부근 민가의 사람들에 의하여 구출될 개연성도 있을 뿐 아니라 범인이 피유괴자를 그 자택에 돌려보내려고 여러 노력을 한 사정 등에 비추어, '안전한 장소'에 풀어준 때에 해당한다고 판시하였다.[10]

〔김 기 준〕

---

10 最決 昭和 54(1979). 6. 26. 刑集 33·4·364.

제296조(예비, 음모)

제287조부터 제289조까지, 제290조제1항, 제291조제1항과 제292조제1항의 죄
를 범할 목적으로 예비 또는 음모한 사람은 3년 이하의 징역에 처한다.

[전문개정 2013. 4. 5.]

　　제287조, 제288조, 제289조, 제290조 제1항, 제291조 제1항, 제292조 제1항　　1
의 죄에 대한 예비, 음모를 처벌하도록 하고 있다.

　　결과적 가중범에 해당하는 제290조 제2항과 제291조 제2항의 범죄는 대상　　2
에서 제외되어 있으며, 본범의 예비 단계의 행위를 범죄화한 것이라 볼 수 있는
제292조 제2항도 대상에서 제외되어 있다.

　　본죄가 성립하기 위해서는 예비·음모죄의 일반이론에 따라 기본범죄를 저　　3
지를 것에 대한 목적이 필요하다.

　　범죄를 위하여 흉기를 준비하거나 약취 등의 행위에 사용될 이동수단을 확　　4
보하는 것, 피해자를 은닉할 장소를 물색하는 것, 피해자의 동태를 확인하는 등
관련 정보를 수집하는 행위가 예비에 해당할 수 있을 것이다.

　　음모의 경우에는 일반이론에 따라 2인 이상이 특정한 범죄 실행을 위한 실　　5
질적 위험성이 있는 합의에 도달할 것이 요구된다.[1]

〔김 기 준〕

---

1 대판 1999. 11. 12, 99도3801(강도음모). 본 판결 평석은 정원태, "절도죄에 있어서 점유와 실행
　의 착수, 강도음모가 성립하기 위한 요건 및 음모와 예비와의 관계", 형사재판의 제문제(3권), 박
　영사(2000), 70-78.

제296조의2(세계주의)

제287조부터 제292조까지 및 제294조는 대한민국 영역 밖에서 죄를 범한 외국인에게도 적용한다.

[전문개정 2013. 4. 5.]

Ⅰ. 의 의

1   본조는 2013년 4월 5일 형법 개정 시 인류에 대한 공통적 범죄인 약취·유인과 인신매매의 죄에 적극적으로 대처하기 위하여 대한민국 영역 밖에서 이러한 범죄를 범한 외국인에게도 우리 형법 규정이 적용될 수 있도록 새로이 신설되었다.[1]

2   이처럼 우리나라와 구체적 연결점이 인정되지 않는 범죄에 대하여 재판권을 확장한 것은 일정한 범주에 속하는 중대한 범죄들은 국제적 우려의 대상이 되는 비난받을 만한 행위들이기 때문이다. 이들 범죄는 전체 국제사회의 도덕, 평화와 안정이라는 이해관계에 영향을 미치는 까닭에 각 국가들은 범죄의 발생 장소나 범죄인의 국적 등에 무관하게 범죄자들을 처벌할 권한을 가지거나 때로는 처벌할 의무까지 부담한다.[2]

3   우리나라는 본조를 규정하기 이전에도 국제형사재판소 관할 범죄의 처벌 등에 관한 법률(이하, 국제형사범죄법이라 한다.) 제3조 제5항[3]과 국민보호와 공공안

---

1 정부의 형법 일부개정법률안 제안이유서(2002. 8. 13) 참조.

2 Eva Brems, "Universal Criminal Jurisdiction for Grave Breaches of International Humanitarian Law: The Belgian Legislation", Singapore Journal of International and Comparative Law (2002), p. 917.

3 국제형사범죄법 제3조(적용범위) ⑤ 이 법은 대한민국 영역 밖에서 집단살해죄등을 범하고 대한

전을 위한 테러방지법(이하, 테러방지법이라 한다.) 제19조[4]에서 이미 세계주의를 규정하고 있었다. 그러나 기본법인 형법에 강학상 사용되던 세계주의라는 용어를 직접 도입하고, 특별법상의 범죄가 아닌 형법의 주요범죄를 세계주의의 대상으로 규정한 것은 국제형사규범과 국내형사규범의 상호작용이라는 측면에서도 큰 의미를 갖는다고 할 것이다.

본조에 따라 우리나라는 본장에 규정된 세계주의 대상범죄에 대하여는 범   4
죄자의 국적이나 범행 장소 혹은 피해자의 국적 등과 관계없이 재판권을 행사할 수 있게 되었다. 따라서 외국인이 외국에서 외국인을 상대로 본장의 범죄를 범하였다가 국내로 도피한 경우, 본조에 의하여 이들에 대하여 직접 우리 형법을 적용하여 처벌할 수 있는 기반이 마련된 것이다.

세계주의가 적용되는 범죄는 본조에서 대상으로 명시하고 있는 범죄에 국   5
한된다. 따라서 특정범죄 가중처벌 등에 관한 법률 제5조의2의 범죄는 실질적으로 본장의 범죄를 가중처벌하는 내용을 담고 있으나, 죄형법정주의 원칙에 따라 본조가 적용되지 않는다.

II. 국제법적 근거와 입법례

1. 세계주의 재판권에 대한 국제규범

본조의 세계주의 재판권 내지 보편적 관할권(Universal Jurisdiction)은 모든 일   6
반적 범죄들에 대하여 보편적으로 인정되는 재판권이 아니다. 세계주의 재판권의 대상은 국제적 우려의 대상이 되는 비난받을 만한 범죄들로 국한되며, 그 대상 여부는 개별 국가의 자의적 판단이 아니라 이러한 범죄들의 중대성이 국제법하에서 승인되는 것이 필요하다. 수평적 협력관계 속에 존재하는 개별 국가들의 형사관할권의 범위는 국제법적 승인하에 존재할 수 있으며,[5] 일반적으로는 개별국가의 형사관할권은 영토관념을 기본으로 하되 대상국가의 국민이 관련된

민국영역 안에 있는 외국인에게 적용한다.

4 테러방지법 제19조(세계주의) 제17조의 죄(주: 테러단체 구성죄 등)는 대한민국 영역 밖에서 저지른 외국인에게도 국내법을 적용한다.

5 M. Cherif Bassiouni, International Criminal Law volume II: Leiden: Martinus Niihoff Publishers (2008), p. 207.

범죄 등 해당 국가와의 일정한 관련성이 인정될 경우 예외적으로만 역외적용이 인정될 수 있기 때문이다.[6]

7   세계주의 재판권 내지 보편적 관할권에 대한 국제법적 승인은 국제관습법에 근거하는 경우도 있으나, 일반적으로는 조약법에 '범죄인인도 혹은 기소의 의무〔aut dedere, aut judicare(either extradite or prosecute)〕'라는 형태로 규정되어 있다. 이러한 조약들은 당해 범죄의 개념을 먼저 정의한 후 '범죄인인도 혹은 기소의 의무' 조항을 통하여 모든 체약당사국에게 그 범죄를 수사하여 기소하거나 혹은 당사국의 의사에 따라 다른 관할국에 범죄인을 인도할 의무를 부과하고 있다.[7] 이러한 체제는 아메리카 고문협약[8]을 비롯하여 국제적 테러행위를 다루는 협약 등에 포함되었다.[9] 비행기[10]와 배[11]에 대한 납치, 국제적으로 보호되는

---

6 개별 국가의 형사재판권은 영토주의를 기본으로 하면서도 범죄인의 국적에 기초하여 인정되는 재판권(nationality jurisdiction), 피해자의 국적에 기한 재판권인 수동적 인적 재판권(passive personality jurisdiction), 역외적 행위가 자국의 안전이나 정부기능에 영향을 미칠 경우 인정되는 보호적 재판권(protective jurisdiction) 등 대상범죄가 자국 영토 내에서 발생하지 않았더라도 대상국가가 재판권을 행사할 합리적 근거가 있을 경우 역외적 적용이 예외적으로 인정되고 있다. 이러한 역외 형사관할권 조항의 합법성은 1927년 국제상설재판소(PCIJ)의 로투스 판결에서 승인된 바 있다. 위 사건은 프랑스 선박 로투스 호와 터키 선박이 공해상에서 충돌하여 8명의 터키인이 사망한 사건과 관련된 것이다. 위 사건에 대하여 터키가 역외관할권을 규정한 자국 형법 제6조를 적용하여 프랑스인에 대하여 형사재판권을 행사하자 프랑스가 이의를 제기하였으며, 위 사건은 국제상설재판소에 회부되었다. 위 사건에서 국제상설재판소는 특별히 역외관할권을 허용하는 규칙이 존재하지 않는다면 국제법 원칙상 한 국가는 다른 국가의 영토 내에서 주권을 행사할 수는 없다고 하면서도, 이러한 원칙이 어느 국가가 외국에서 발생한 행위에 대하여 자국 영토 내에서 재판권을 행사하는 것까지 금지시키는 것으로는 보지 않았다. 국제상설재판소는 자국 영토 바깥에서 발생한 사건에 대하여 자국 내에서 재판권을 행사하는 것을 금지하거나 제한하는 국제법은 발견되지 않으며 국가들은 이에 대한 광범위한 재량권을 갖고 있다고 판단하면서, 터키의 역외관할권 행사의 적법성을 인정한 것이다(Permanent Court of International Justice, judgment of 7 September 1927).

7 세계주의적 재판권 내지 보편적 관할권에 대하여 상세한 것은 김기준, 국제형사법, 박영사(2017), 346 이하 등 참조.

8 Inter-American Convention to Prevent and Punish Torture, 9 Dec 1985, OAS Treaty Series No 67 (1987. 2. 18. 발효) 제12조.

9 European Convention on the suppression of terrorism, 27 Jan 1977, E.T.S. 90 (1978. 8. 4. 발효) 제7조.

10 Convention for the Suppression of Unlawful Seizure of Aircraft (Hague Hijacking Convention), 1970. 12. 16.발효. Convention for the Suppression of Unlawful Acts Against the Safety of Civil Aviation (Montreal Hijacking Convention), 23 Sept 1971, 974 U.N.T.S. 177, 10 I.L.M. 1151 (1973. 1. 26. 발효), 제5조 제2항, 제7조. 초기의 조약들은 보편적 관할권을 허용하는 조항들을 두고 있었는데, 그 예로는 Convention on Offences and Certain Other Acts Committed on Board Aircraft (Tokyo Hijacking Convention), 14 Sept 1963, 704 U.N.T.S. 219; 2 I.L.M

인물,[12] UN 인물[13]들에 대한 범죄, 포로(hostage taking)에 관한 협약,[14] 폭탄테러 (terrorist bombing) 관련 협약[15] 그리고 테러에 대한 자금지원금지 관련 협약,[16] 강제적으로 사라진 인물들에 대한 협약,[17] 1973년의 인종차별 관련 협약[18]과 마약거래에 관한 협약[19] 등에 도입되어 있다.

2. 세계주의 도입 입법례와 우리의 입법방식

독일, 일본, 중국, 프랑스, 그리스, 스페인, 스위스, 예멘 등 다수 국가들이 조약법에 의하여 재판권을 행사하는 것이 허용되거나 행사의무를 부담하는 국제형사범죄에 대하여 국내 재판권을 역외로 확대하는 조항을 두고 있다.[20] 그러나 이와 관련된 개별국가의 입법방식이 일률적인 것은 아니다.

8

1042 (1969. 12. 4. 발효), 제3조 제3항(3).

11 Convention for the Suppression of Unlawful Acts Against the Safety of Maritime Navigation, 10 March 1988, 27 I.L.M. 668 (1992. 3. 1. 발효), 제10조 제1항.

12 Convention on the Prevention and Punishment of Crimes Against Internationally Protected Persons Including Diplomatic Agents, 14 December 1973, 1035 U.N.T.S. 167 (1977. 2. 20. 발효), 제3조 제2항, 제7조.

13 Convention on the Safety of United Nations and Associated Personnel, 15 December 1994, A/49/742 (1999. 1. 15. 발효), 제9조 제4항, 제14조.

14 International Convention Against the Taking of Hostages, 17 December 1979, 18 I.L.M. 1456 (1983. 6. 3. 발효), 제5조 제2항, 제8조 제1항.

15 International Convention for the Suppression of Terrorist Bombings, 15 December 1997, A/RES/52/164 (2001. 5. 23. 발효), 제6조 제4항, 제8조.

16 International Convention for the Suppression of the Financing of Terrorism, 9 December 1999, A/RES/54/109 (2002. 3. 10. 발효), 제7조 제4항, 제10조.

17 Inter-American Convention on Forced Disappearance of Persons, 9 June 1994, OAS Doc. OEA/Ser.P/AG/doc.3114/94, 33 I.L.M. 1529 (1996. 3. 28. 발효), 제4조. Draft International Convention on the Protection of All Persons from Forced Disappearance, E/CN.4/Sub.2/ 1998/19, Annex (1998. 8. 19.) 제6조 제1항, 제13조.

18 International Convention on the Suppression and Punishment of the Crime of Apartheid, 30 Nov 1973, A/RES/3068 (XXVIII) (1976. 7. 18. 발효) 제4조, 제5조.

19 Single Convention on Narcotic Drugs, 30 March 1961, 14 I.L.M. 302 (1964. 12. 13. 발효) 제 36조 제2항, 제36조 제2항. 동일한 조항은 Convention on Psychotropic Substances, 21 Feb 1971, 1019 U.N.T.S. 175 (1976. 8. 16. 발효) 제22조 제2항, 제4항. Convention Against Illicit Traffic in Narcotic Drugs and Psychotropic Substances, 20 December 1988, E/CONF.82/15, Corr. 1 and Corr. 2 (1990. 11. 11. 발효) 제4조 제2항, 제3항.

20 Ward N. Ferdinandusse, Direct Application of International Criminal Law in National Courts. Hague : TMC Asser Press(2006), p. 34. 그 밖에 상세한 내용은 박찬운, 국제범죄와 보편적 관할권, 한울(2009), 155 이하; 하태영, "국제형법(세계주의의 도입여부)", 형사법연구 22, 한국형사법학회(2004) 참조.

9   독일형법은 세계주의 입장에서 국제적으로 보호되는 법익에 대한 국외범의 처벌을 비교적 광범위하게 규정하고 있으며,[21] 특히 독일형법 제6조 제9호는 이른바 조약범죄에 대한 일반적 관할권을 규정하고 있다.[22]

10   일본 역시 일본형법 제4조의2(조약에 의한 국외범)에서 "제2조 내지 전조에 규정하는 것 외에 이 법률은 일본 국외에서 제2편 [각칙]의 죄로서 조약에 의하여 일본 국외에서 범한 때에 벌하여야 할 것으로 되어 있는 죄를 범한 모든 자에게 적용한다."고 규정하여, 조약상 의무를 근거로 한 재판권 확장을 일반적으로 인정하고 있다. 일본형법의 위 조항은 1987년 일본형법 개정으로 신설된 것으로, 범인 또는 범죄지에 관계없이 반인류적인 범죄에 대하여는 일본의 형법을 적용할 수 있는 세계주의를 표방한 것이다.[23]

11   그러나 우리 형법은 독일이나 일본과 같이 총칙 부분에서 조약범죄에 대한 일반적 관할권 조항을 두고 있지 않지 않다.[24] 따라서 우리나라가 국제조약상 외국인의 역외범죄에 대한 처벌의무를 부담하고 있더라도 당해 범죄에 대하여 세계주의 재판권을 행사하기 위해서는 죄형법정주의 원칙상 각칙에서 개별범죄에 대한 별도의 재판권 확장 조항이 필요한 상황이다.

12   형법 이외에 단행법의 세계주의 재판권으로는 우리가 가입한 로마규정[25]과 관련하여, 국제형사범죄법 제3조 제5항에서 대한민국 영역 밖에서 집단살해죄 등을 범하고 대한민국 영역 안에 있는 외국인에 대하여 위 법이 적용됨을 규정하고 있다. 그리고 항공기의 불법납치 억제를 위한 협약 및 항공기내에서 범한 범죄 및 기타 행위에 관한 협약 등과 관련하여 항공기운항안전법(1974. 12. 26.

---

21 보호주의의 입장에서 독일형법 제5조는 일정한 범죄의 국외범의 처벌을 규정하고, 제7조는 쌍방 가벌성 등의 조건하에 독일인에 대하여 행하여진 범행에 대한 국외범의 처벌을 규정하고 있다.

22 독일형법 제6조(국제적으로 보호되는 법익에 대한 국외범) 국외에서 범하여진 다음과 같은 행위에 대해 행위지법에 독립하여 독일형법이 적용된다.
      9. 범죄가 국외에서 범해진 경우에 독일연방공화국에 대하여 구속력이 있는 국가 간의 조약에 근거하여 형사 소추되는 범죄

23 浅田和茂, 刑法総論, 成文堂(2007), 73.

24 형법은 각칙에서 외국통화 위조죄(§ 207③)를 규정하는 등 일부 세계주의적 규정을 두고 있을 뿐이다.

25 2002년 7월 1일 국제적으로 발효된 국제형사재판소에 관한 로마규정(Rome Statute of the International Criminal Court)은 우리나라가 2000년 3월 8일 서명하고 국회 동의를 거쳐 2003년 2월 1일 조약 제1619호로 발효되었다.

공포, 법률 제2742호)이 있었으며, 현재는 항공안전 및 보안에 관한 법률로 시행 중에 있다.[26] 또한, 2016년 3월부터 시행된 테러방지법 제19조에서도 테러관련 범죄행위를 세계주의의 대상으로 규정하고 있다.[27]

III. 본조의 세계주의

1. 국제연합의 초국가적 조직범죄방지협약의 세계주의 규정

인신매매죄와 관련하여 초국가적 조직범죄방지협약 제15조와 제16조는 앞　　**13** 서 살핀 범죄인인도 혹은 기소의 의무(aut dedere, aut judicare(either extradite or prosecute) 조항을 두어 협약대상 범죄의 관할권을 역외로 확장하는 세계주의에 대한 근거규정을 두고 있다. 그리고 인신매매방지의정서 제1조는 의정서상의 범죄를 협약상의 범죄로 간주하고 있어, 인신매매죄는 모두 초국가적 조직범죄 방지협약 제15조와 제16조의 적용대상에 포함되어 있다.

우리나라는 2000년 12월 13일 초국가적 조직범죄방지협약과 인신매매의정　　**14** 서에 서명을 하였으며, 2015년 5월 29일 각각 국회 본회의 비준동의를 거쳐 2015년 12월 5일 각각 발효되었다. 형법의 세계주의 조항은 우리가 가입한 이 러한 조약법에 기반한 것이다.

2. 적용 범위

본조는 제287조부터 제292조까지 및 제294조는 대한민국 영역 밖에서 죄를　　**15** 범한 외국인에게도 됨을 규정하고 있다. 따라서 본조에 규정된 세계주의 적용대

---

26 항공안전 및 보안에 관한 법률 제3조는 당해 법률이 '항공기' 내에서 범한 범죄 및 기타 행위에 관한 협약 제1조의 규정에 의한 모든 범죄행위에 적용됨을 규정하여, 이른바 도쿄협약 제1조 제 1항 소정의 형사법에 위반하는 범죄 등에 적용됨을 선언하고 있다. 이와 관련된 중국 민항기 사 건(대판 1984. 5. 2, 84도39)에 대한 상세한 설명은 김기준, 일사부재리 원칙의 국제적 전개 - 국제적 이중처벌 방지를 위한 새로운 모색, 경인문화사(2013), 75 이하 참조.
27 테러방지법 제2조 제1호는 테러의 개념을 규정하는 한편, 동법 제17조에 의하여 처벌의 대상이 되는 테러단체의 개념을 국제연합이 지정하는 테러단체(§2(iv))로 규정하고 있다. 또한 테러단 체 구성죄를 규정한 제17조에서는 테러단체를 구성하거나 구성원으로 가입하는 행위, 테러자금 관련 행위, 미수와 선동, 예비와 음모 등을 범죄행위로 규정하고 있으며, 형법 등 국내법에 규정 된 행위가 제2조의 테러의 개념에 해당하는 경우에는 해당 법률에서 정한 형에 따라 처벌하되, 제19조에서는 이러한 범죄들에 대한 세계주의 재판권을 규정하고 있다.

상 범죄는 제287조의 미성년자 약취·유인죄, 제288조의 추행 등 목적 약취·유인죄와 피약취·유인자 국외이송죄, 제289조의 단순인신매매죄 및 추행 등 목적 인신매매죄와 피매매자 국외이송죄, 제290조의 약취 등 상해·치상죄. 제291조의 약취 등 살인·치사죄, 형법 제292조의 피약취자 등 수수·은닉죄 및 약취 등 목적 모집·운송·전달죄와 위 각 범죄의 미수죄이다.

16   위 범죄들에 대하여는 당해 범죄가 외국인이 외국에서 외국인 피해자를 대상으로 저지른 것이라 할지라도 형법이 적용되어 우리 형사재판권의 대상이 될 수 있다.

17   다만, 제296조의 예비·음모죄는 세계주의 적용대상에서 제외되어 있다. 입증 곤란이나 재판권의 과도한 확장을 제한하고, 인신매매방지의정서 제3조 제1호가 인신매매(Human Trafficking)로 규정한 '모집, 운송, 이송, 은닉 또는 인수하는 것' 등이 모두 별도의 조항으로 범죄화되는 사정 등을 고려한 것으로 보인다.

18   국제형사범죄법 제3조 제5항은 세계주의를 규정하면서도 대상자가 국내에 있을 경우 재판권을 행사할 수 있도록 규정하여, 이른바 조건적 보편적 관할권(conditional universal jurisdiction, universal jurisdiction with presence)임을 명시하고 있다. 그러나 본조에 대하여는 그러한 조건이 명시적으로 규정되어 있지 않다.[28] 따라서 향후 이러한 조항이 범죄자가 우리나라에 존재하는가 여부에 관계없이 인정되는 절대적 보편적 관할권(absolute universal jurisdiction, pure universal jurisdiction, universal jurisdiction in absentia)을 규정한 것인가에 대하여는 논란이 있을 수 있을 것으로 생각된다.[29]

〔김 기 준〕

---

28 세계주의를 명시한 테러방지법 제19조 역시 이러한 조건이 명시되어 있지 않다.
29 세계주의 재판권 내지 보편적 관할권의 인정요건의 강화와 관련하여 범죄자가 자국 영토 내에 존재할 것을 요건으로 규정하는 방식은 많은 국가에 의해 받아들여지고 있다. 오스트리아, 프랑스, 스위스 등은 국내의 형사실체법이 무조건적으로 역외범죄에 적용되는 것이 아니라 자국 영토 내에 피의자가 존재하거나 피의자가 자국에 의하여 체포된 경우 등으로 제한하고 있으며 [Albin Eser, "For Universal Jurisdiction: Against Fletcher's Antagonism", The University of Tulsa law review 39 (2004), p. 977], 독일은 실체법의 역외적용에는 제한을 두지 않으나 보편적 관할권에 기하여 범죄인을 기소하기 위해서는 자국 영토 내에 피의자가 존재하는 경우 혹은 피의자가 체포된 경우를 요건으로 규정하여 절차적 측면에서 제한을 가하고 있다. 위 두 가지 형태의 보편적 관할과 각국의 입법례에 대한 상세는, Antonio Cassese, International Criminal Law. New York: Oxford University Press(2003), p. 285 이하 참조.

[특별법] 특정범죄 가중처벌 등에 관한 법률

제5조의2(약취·유인죄의 가중처벌)

① 13세 미만의 미성년자에 대하여 「형법」 제287조의 죄를 범한 사람은 그 약취(略取) 또는 유인(誘引)의 목적에 따라 다음 각 호와 같이 가중처벌한다. 〈개정 2016. 1. 6.〉

1. 약취 또는 유인한 미성년자의 부모나 그 밖에 그 미성년자의 안전을 염려하는 사람의 우려를 이용하여 재물이나 재산상의 이익을 취득할 목적인 경우에는 무기 또는 5년 이상의 징역에 처한다.

2. 약취 또는 유인한 미성년자를 살해할 목적인 경우에는 사형, 무기 또는 7년 이상의 징역에 처한다.

② 13세 미만의 미성년자에 대하여 「형법」 제287조의 죄를 범한 사람이 다음 각 호의 어느 하나에 해당하는 행위를 한 경우에는 다음 각 호와 같이 가중처벌한다. 〈개정 2016. 1. 6.〉

1. 약취 또는 유인한 미성년자의 부모나 그 밖에 그 미성년자의 안전을 염려하는 사람의 우려를 이용하여 재물이나 재산상의 이익을 취득하거나 이를 요구한 경우에는 무기 또는 10년 이상의 징역에 처한다.

2. 약취 또는 유인한 미성년자를 살해한 경우에는 사형 또는 무기징역에 처한다.

3. 약취 또는 유인한 미성년자를 폭행·상해·감금 또는 유기(遺棄)하거나 그 미성년자에게 가혹한 행위를 한 경우에는 무기 또는 5년 이상의 징역에 처한다.

4. 제3호의 죄를 범하여 미성년자를 사망에 이르게 한 경우에는 사형, 무기 또는 7년 이상의 징역에 처한다.

③ 제1항 또는 제2항의 죄를 범한 사람을 방조(幇助)하여 약취 또는 유인된 미성년자를 은닉하거나 그 밖의 방법으로 귀가하지 못하게 한 사람은 5년 이상의 유기징역에 처한다.

④ 삭제 〈2013. 4. 5.〉

⑤ 삭제 〈2013. 4. 5.〉

⑥ 제1항 및 제2항(제2항제4호는 제외한다)에 규정된 죄의 미수범은 처벌한다. 〈개정 2013. 4. 5.〉

⑦ 제1항부터 제3항까지 및 제6항의 죄를 범한 사람을 은닉하거나 도피하게 한 사람은 3년 이상 25년 이하의 징역에 처한다. 〈개정 2013. 4. 5., 2016. 1. 6.〉
⑧ 제1항 또는 제2항제1호·제2호의 죄를 범할 목적으로 예비하거나 음모한 사람은 1년 이상 10년 이하의 징역에 처한다. 〈개정 2013. 4. 5., 2016. 1. 6.〉
[전문개정 2010. 3. 31.]

Ⅰ. 의의 및 개정 경과

1   특정범죄 가중처벌 등에 관한 법률(이하, 특정범죄가중법이라 한다.) 제5조의2는 13세 미만의 미성년자에 대하여 형법 제287조의 약취·유인죄를 범한 사람이 이를 이용하여 재물이나 재산상 이익을 취득하려 하였거나 취득하려는 행위로 나아간 경우, 약취·유인된 피해자를 살해할 목적을 가지고 있었거나 실제 이러한 행위로 나아간 경우 등을 가중처벌하는 특별구성요건을 두고 있다.

2   본조는 스스로를 방어하기 어려운 13세 미만자를 표적으로 삼는 행위를 가중처벌함으로써 취약한 피해자를 더욱 두텁게 보호하고자 함에 있다.

3   구 특정범죄가중법(2013. 4. 5. 법률 제11731호로 개정되기 전의 것) 제5조의2 제4항은 "형법 제288조·제289조 또는 제292조 제1항의 죄를 범한 사람은 무기 또는 5년 이상의 징역에 처한다."고 규정하고, 구 형법(2013. 4. 5. 법률 제11731호로 개정되기 전의 것) 제288조 제1항은 "추행, 간음 또는 영리의 목적으로 사람을 약

〔김 기 준〕

취 또는 유인한 자는 1년 이상의 유기징역에 처한다."고 규정하고 있었다. 그러나 2013년 4월 5일 특정범죄가중법이 개정되어 제5조의2 제4항이 삭제되었으며, 종전에 1년 이상의 유기징역을 법정형으로 규정한 제288조 제1항도 1년 이상 10년 이하의 징역으로 법정형이 가볍게 변경되었다.[1]

이러한 법정형 변경에 대하여 대법원은, 추행 목적 유인범죄의 형태와 동기가 다양함에도 불구하고 무기 또는 5년 이상의 징역으로 가중처벌하도록 한 종전의 조치가 과중하다는 반성적 조치여서 제1조 제2항의 '범죄 후 법률의 변경에 의하여 그 행위가 범죄를 구성하지 아니하거나 형이 구법보다 가벼워진 경우'에 해당한다고 판시하였다.[2]

4

II. 범죄의 유형

본죄[특정범죄가중법위반(13세미만약취 · 유인, 영리약취 · 유인등)죄]는 특별한 목적을 가지고 13세 미만자에 대하여 약취 · 유인죄를 저지른 경우(제1항)와 약취 · 유인한 피해자를 이용하여 재산상 이익을 취득하거나 피해자의 생명 · 신체에 위해를 초래하는(제2항) 두 가지 유형으로 대별된다. 그리고 그 밖에 이러한 범죄에 가담하는 경우(제3항, 제7항)나 이러한 범죄의 미수(제6항), 예비 · 음모(제8항)도 처벌하는 별도 규정을 두고 있다.

5

우선 본조 제1항은 미성년자의 부모나 미성년자의 안전을 염려하는 사람의 우려를 이용하여 재물이나 재산상의 이익을 취득할 목적으로 미성년자를 약취 · 유인한 경우에는 무기 또는 5년 이상의 징역에 처하고(제1호), 미성년자를 살해할 목

6

---

1 이처럼 종전 특정범죄가중법은 미성년자에 대한 몸값 취득 또는 살해 목적의 약취 · 유인죄, 약취, 유인된 미성년자에 대한 몸값 취득 · 요구 및 살해 등 죄와 치사죄, 위 각 범죄로 약취 유인된 미성년자의 은닉죄, 추행 · 간음 · 영리 · 국외이송 목적 약취 · 유인 · 매매죄, 약취 유인 · 매매 · 이송된 사람의 수수은닉죄에 대한 가중처벌규정을 두었었다. 그러다가 2013년 4월 5일 개정으로 추행 · 간음 · 영리 · 국외이송 목적 약취 · 유인 · 매매죄와 약취 · 유인 · 매매 · 이송된 사람의 수수 · 은닉죄에 대한 가중처벌규정은 삭제되고, 미성년자에 대한 몸값 취득 또는 살해 목적의 약취 · 유인죄, 약취 · 유인된 미성년자에 대한 몸값 취득 · 요구 및 살해 등 죄와 치사죄, 위 각 범죄로 약취 · 유인된 미성년자의 은닉죄에 대한 가중처벌 규정만 남게 되었다. 그리고 이후 2016년 1월 6일 개정으로 가중처벌 대상범죄의 행위의 객체를 13세 미만의 미성년자로 제한하게 되었다.
2 대판 2013. 7. 11, 2013도4862, 2013전도101(병합). 다만, '종전의 조치가 과중하다는 반성적 조치인지' 여부를 기준으로 한 이른바 동기설은 대판 2022. 12. 22, 2020도16420(전)로 폐기되었다.

적으로 미성년자를 약취·유인한 경우에는 사형, 무기 또는 7년 이상의 징역에 처하도록(제2호) 하고 있다.

7　　　두 가지 유형 모두 실제로 재산상 이익을 취득하는 행위나 살해에 이르지 않은 약취·유인 단계에 대한 규정으로, 각각 제287조(미성년자의 약취, 유인)와 제288조(추행 등 목적 약취, 유인 등)에 대한 특별규정의 성격을 갖고 있다.

8　　　본조 제2항은 우선 제1항에 범죄의 목적으로 규정된 내용이 실행으로 나아간 경우를 규정하고 있다. 즉 약취·유인한 미성년자의 부모나 그 밖에 그 미성년자의 안전을 염려하는 사람의 우려를 이용하여 재물이나 재산상의 이익을 취득하거나 이를 요구한 경우에는 무기 또는 10년 이상의 징역에 처하고(제1호), 약취·유인한 미성년자를 살해한 경우에는 사형 또는 무기징역에 처한다(제2호). 그 밖에 약취·유인죄의 경우에 수반하여 전형적으로 발생할 수 있는 태양으로 약취·유인한 미성년자를 폭행, 상해, 감금 또는 유기하거나 미성년자에게 가혹한 행위를 한 경우에는 무기 또는 5년 이상의 징역에(제3호), 그 결과 미성년자를 사망에 이르게 한 경우에는 사형, 무기 또는 7년 이상의 징역에(제4호) 각 처하도록 하고 있다. 각각 형법 제287조(미성년자의 약취, 유인), 제290조〔그중 (약취·유인)상해〕, 제291조〔그중 (약취·유인)(살인·치사)〕에 대한 특별규정의 성격을 갖고 있다.

9　　　본조 제3항은 위 각 범죄를 범한 사람을 방조하여 약취·유인된 미성년자를 은닉하거나 그 밖의 방법으로 귀가하지 못하게 한 사람을 5년 이상의 유기징역에 처하도록 하고 있다. 제7항은 위 각 범죄를 범한 사람을 은닉하거나 도피하게 한 사람은 3년 이상 25년 이하의 징역에 처하도록 하고 있다. 각각 제292조(그중 약취·유인된 사람의 수수·은닉)와 제151조 제1항(범인은닉·도피)의 특별규정의 성격을 갖고 있다.

10　　　본조 제6항은 결과적 가중범을 규정한 본조 제2항 제4호를 제외한 몸값 취득 또는 살해 목적 약취·유인죄와 약취 또는 유인된 미성년자에 대한 몸값 취득·요구죄 및 살해죄 등에 대한 미수는 처벌되며, 본조 제8항은 이러한 범죄를 범할 목적으로 예비하거나 음모한 사람은 1년 이상 10년 이하의 징역에 처하도록 하고 있다.

Ⅲ. 공통 요건

1. 주 체

본죄의 주체는 13세 미만의 미성년자에 대하여 제287조의 죄를 범한 사람이 11
다. 따라서 본죄는 제287조의 죄를 범한 사람만이 저지를 수 있는 신분범이다.[3]

법문에서는 본죄의 주체를 '13세 미만의 미성년자를 약취·유인한 사람'이 12
아니라 '13세 미만의 미성년자에 대하여「형법」제287조의 죄를 범한 사람'으로
규정하고 있다. 따라서 범죄자에게 제288조 제1항부터 제3항까지 규정된 추행
등의 목적이 있어 제287조가 아닌 제288조가 적용될 수 있는 경우, 본조의 적용
대상이 될 수 있는가 여부에 대하여 논란이 있을 수 있다. 그러나 제288조와 특
정범죄가중법 제5조의2 제1항 모두 제287조의 성립을 전제로 특별한 목적이 인
정될 경우 이를 가중처벌하는 경우에 불과하다. 본조의 입법취지는 약취·유인
범죄의 피해자가 13세 미만의 미성년자인 경우 피해자들을 특히 두텁게 보호하
려는 것이므로, 본죄의 주체는 제287조의 요건을 모두 충족시킨 상태에서 추가
적인 가중요건도 함께 충족시킨 경우까지 포함되는 것으로 해석하는 것이 타당
할 것이다.

이와 같이 해석한다 하더라도 범죄자는 본조가 규정하는 제287조의 모든 13
요건을 실질적으로 충족하고 있으므로 죄형법정주의 원칙에 반하는 것으로 보
이지는 않으며, 오히려 이러한 해석이 본조의 입법취지와 법정형 등에 비추어
더욱 타당한 것으로 생각된다. 특히 이와 같이 해석하지 않는다면 특정범죄가중
법 제5조의2 제1항과 제2항의 관계에서도 처음부터 제1항에 규정된 특별한 목
적을 가지고 약취·유인행위를 한 사람은 제2항의 적용대상에서 배제되어야 한
다는 불합리한 결과에 도달하게 되는데, 이러한 결과는 동 조항의 법정형 및 입
법취지 등에 비추어 타당하다고 볼 수 없다.

본죄는 신분범이므로 미성년자 약취·유인에 가담하지 않고 이후 몸값 취득 14
이나 살해 등에 가담한 사람에 대하여는, 제33조 본문이 적용된다고 보아야 할
것이다. 판례는 약취·유인행위에는 가담한 바 없으나 사후에 그 사실을 알면서

---

3 주석형법〔각칙(4)〕(5판), 179(이미선).

재물이나 재산상의 이익을 취득하거나 요구하는 행위에 가담하여 이를 방조한 때에는, 단순히 재물 등 요구죄의 방조범에 그치는 것이 아니라 결합범인 본조 제2항 제1호의 죄의 종범이 성립한다고 판시하였다.[4]

2. 약취·유인 범죄의 대상

15   약취·유인 범죄의 대상이 되는 사람은 13세 미만의 미성년자이다. 13세 미만의 사람이면 충분하고, 성별, 국적 등은 불문한다.

16   본조는 본죄의 주체를 '13세 미만의 미성년자에 대하여「형법」제287조의 죄를 범한 사람'이라고 규정하고 있다. 따라서 특정범죄가중법 제5조의2 제1항의 범죄뿐 아니라 제2항의 범죄의 경우에도 본조의 적용을 받는 13세 미만자인가 여부는 제287조의 약취·유인죄를 범하는 시기를 기준으로 결정하는 것이 타당할 것이다. 구체적 범죄행위를 규정한 제2항 본문과 각호의 조문 형식과 내용 또한 이러한 해석과 상충되지 않는 것으로 보인다.[5]

IV. 재물 취득 목적 약취·유인죄와 약취·유인 후 재물 등 요구· 취득죄

17   범죄자가 재물이나 재산상의 이익을 취득할 목적으로 피해자를 약취·유인하거나(특가 §5의2①(i)) 약취·유인한 자가 약취 또는 유인한 미성년자의 부모나 미성년자의 안전을 염려하는 사람의 우려를 이용하여 재물이나 재산상의 이익을 취득하거나 요구한(특가 §5의2②(i)) 경우 성립하는 범죄이다.

18   재물이나 재산상의 이익을 취득할 목적으로 약취·유인한 경우에는 무기 또는 5년 이상의 징역형으로 처벌하고, 약취·유인자가 실제로 재물 등을 요구하거나 취득한 경우 무기 또는 10년 이상의 징역으로 형이 가중되어 있다.

---

4 대판 1982. 11. 23, 82도2024.
5 본조 제2항 본문은 '13세 미만의 미성년자에 대하여「형법」제287조의 죄를 범한 사람'이 각 호의 어느 하나에 해당하는 행위를 한 경우를 처벌대상으로 규정하고 있다.

〔김 기 준〕

1. 재물 등 취득 목적 약취·유인죄

제287조의 미성년자 약취·유인죄를 재물이나 재산상의 이익을 취득할 목 [19]
적으로 저질렀을 경우, 본조 제1항 제1호에 의하여 가중처벌된다.

제287조의 구성요건에 특별한 목적이 추가되고, 범죄의 객체를 13세 미만 [20]
의 미성년자로 제한하는 것 이외에는, **미성년자약취·유인죄**(§ 287)에 대한 설명
이 원칙적으로 그대로 타당하다.

재물 등 취득 목적 약취·유인죄(이하, 여기서는 본죄라고 한다.)가 성립하기 위 [21]
해서는 약취·유인행위 당시 피해자의 부모나 피해자의 안전을 염려하는 사람이
우려하는 상황을 이용하여 재물이나 재산상의 이익을 취득할 목적을 가지고 있
어야 한다. 범죄자에게 행위 당시 이러한 목적이 존재하였다면, 피해자의 부모
나 안전을 염려하는 사람이 실제로 존재하였는가 여부는 본죄의 성립에 영향을
미치지 않는다.

유괴범이 금품을 요구하기 위하여 아동을 약취·유인하는 경우와 같이 피약 [22]
취 아동의 석방이나 신체나 생명의 안전을 대가로 이익을 취득하려는 목적으로
약취·유인 범행을 저지른 경우가 이에 해당한다.

취득하려는 재산이나 재산상 이익에는 특별한 제한이 없다. 따라서 현금이 [23]
나 물품을 직접 요구하거나 채권 등 권리를 이전받는 것, 일정한 용역을 제공받
는 것, 자신의 채무를 탕감받는 것 등 재물이나 재산상 이익의 취득에 해당할
수 있는 다양한 내용들이 모두 포함될 수 있다.

'피해자의 부모'의 해석에는 별다른 문제가 없으나, '피해자의 안전을 염려 [24]
하는 사람'의 해석을 둘러싸고 논란이 있을 수 있다. 일본형법 제225조의2[6] 몸
값 목적 약취등죄에서의 '약취되거나 유괴된 자의 안부를 우려하는 자'의 의미
를 둘러싸고, ① 사실상의 보호관계자에 한정하는 최협의설, ② 단순히 동정하
는 제3자는 포함되지 않지만 친족관계의 유무를 불문하고 친자, 부부 사이와 같

---

6 일본형법 제225조의2(몸값 목적 약취등) ① 근친자 기타 약취되거나 유괴된 자의 안부를 우려하
　는 자의 우려를 이용하여 그 재물을 교부케 할 목적으로 사람을 약취하거나 유괴한 자는 무기
　또는 3년 이상의 징역에 처한다.
　② 사람을 약취하거나 유괴한 자가 근친자 기타 약취되거나 유괴된 자의 안부를 우려하는 자의
　우려를 이용하여 그 재물을 교부케 하거나 이를 요구하는 행위를 한 때도 전항과 같다.

은 정도로 안부를 염려한다고 생각되는 사람은 모두 포함된다는 협의설(일본 통설), ③ 친족, 지인 등 약취·유괴된 사람의 안부를 우려하는 사람 전부가 포함되며 반드시 약취·유괴된 사람의 보호자일 필요가 없다는 광의설, ④ 이에 해당하는지 여부는 외형적인 관계가 아니라 '심리적 항거불능의 상태'에 빠져 있는지 여부라는 실질적인 측면에서 구체적 사례에 따라 유연하게 판단해야 한다는 실질설이 대립하고 있다.[7] 일본 판례는 피약취자가 대표이사인 상호은행의 간부들이 이에 해당한다고 하면서, "'근친 기타 피유괴자의 안부를 우려하는 자'에는 단순히 동정심에서 피유괴자의 안부를 걱정하는 데 지나지 않는다고 보이는 제3자는 포함되지 않지만, 피유괴자의 근친이 아니더라도 피유죄자의 안부를 친척처럼 우려하는 것이 사회통념상 당연한다고 보여지는 특별한 관계에 있는 사람은 여기에 포함된다고 해석하는 것이 상당하다."고 판시하였다.[8]

25   생각건대, 부모에 준하는 보호자 등이 포함되는 것은 당연할 것이나 반드시 약취·유인된 미성년자의 보호자로 이를 한정할 필요는 없으며, 다소 먼 친족뿐만 아니라 경우에 따라서는 가까운 지인 등도 포함될 수 있을 것이다. 본 조항의 입법취지와 범죄자가 이들의 관계를 이용하여 재산 등을 취득하려 하였다는 점에 비추어, 구체적 사건에서는 피해자의 약취·유인으로 심리적 압박감을 받는 사람들은 광범위하게 '피해자의 안전을 염려하는 사람'으로 인정될 수 있을 것으로 보인다.

2. 약취·유인 후 재물 등 요구·취득죄

26   약취·유인 후 재물 등 요구·취득죄(이하, 여기서는 본죄라 한다.)의 구성요건적 행위는 약취·유인된 미성년자의 부모 등의 우려를 이용하여 재물 또는 재산상의 이익을 요구하거나 요구한 재물을 취득하는 경우, 본조 제2항 제1호에 의하여 가중처벌된다.

27   본죄는 약취·유인죄와 이를 이용하여 재물이나 재산상의 이익을 취득하거나 이를 요구하는 행위가 결합된 단순일죄로서 결합범의 성격을 갖는다.[9] 따라

---

7 이에 대한 상세는 大塚 外, 大コン(3版)(11), 549(山室 惠).
8 最決 昭和 62(1987). 3. 24. 刑集 41·2·173.
9 대판 1982. 11. 23, 82도2024.

〔김 기 준〕

서 본죄가 성립한 경우, 약취·유인죄나 공갈죄 등은 별도로 성립하지 않는다.

요구죄의 경우 요구의 의사표시가 상대방에게 도달된 때에 기수에 이르며,[10]　28
일단 이와 같은 요구 행위가 성립한 이상 상대방이 요구에 응하였는가 여부는
요구죄의 성립과 무관하다.

본죄에서 몸값을 요구하는 대상은 약취·유인된 13세 미만 피해자의 부모　29
나 피해자의 안전을 염려하는 사람이다. 피해자의 안전을 우려하는 사람의 범위
에 관하여는 재물 등 취득 목적 약취·유인죄에서 설명한 바가 그대로 타당하
나, 피해자와의 관계 등을 통하여 안전을 염려하는 사람에 해당함이 입증되어야
할 것이다.

본죄는 이처럼 13세 미만의 미성년자를 약취·유인한 사람이 재물 등을 요　30
구하거나 이를 취득하는 경우에 성립하며, 미성년자에 대한 실력적 지배의 유지
가 요건이 아니다. 따라서 사실은 약취·유인한 미성년자를 이미 살해하였거나
그 실력적 지배를 현실적으로 상실한 상황에서 이러한 요구 등의 행위를 한 경
우에도, 본죄가 성립한다고 보아야 할 것이다.[11]

피해자의 부모에게 재물을 요구하였으나 현실적으로 이를 취득하지 못한　31
경우, 재물요구 기수죄와 재물취득 미수죄가 모두 적용될 수 있다. 이런 점에서
입법론적으로는 본조 제2항 제1호에서 '요구'를 삭제하는 것이 타당하다는 견
해[12]도 있으나, 헌법재판소는 재물요구죄 규정은 "규정의 의미 내용 자체가 불
명확하여 수범자인 국민이 자신의 행위를 결정할 수 없는 경우는 아니며, 재물
요구행위가 있으면 곧바로 요구죄가 성립하고 이어서 재물취득까지 이루어지면
포괄하여 취득죄의 기수가 성립하게 되므로 요구행위가 있는 경우 취득미수는
문제되지 아니하므로 법해석이나 집행에 있어서 불명확성이 있다고 보기 어렵
다."고 판단하였다.[13]

한편 대법원은 재물취득죄와 재물요구죄 중 하나를 선택하여 기소할 수 있　32

---

10 대판 1978. 7. 25, 78도1418. 「원심은 피고인의 본건 소위를 특정범죄가중처벌등에관한법률 제5
조의2 제2항 제1호 소정의 재물요구죄로써 의률하고 있으니만큼 재물요구 사실이 인정되는 이
건에서는 이미 재물요구죄는 완성되어 기수가 되어 버렸다 할 것이므로 그 이후의 사정이 어떻
든 간에 중지미수니 장애미수니 하는 문제는 일어나지 아니한다 할 것이다.」

11 주석형법〔각칙(4)〕(5판), 180(이미선).

12 김정환·김슬기, 형사특별법(2판), 318.

13 헌재 2009. 2. 26, 2008헌바9, 2008헌바43(병합).

〔김 기 준〕　　　　　　　　　**409**

음을 인정하면서도, 재물취득 미수죄로 기소된 사안에서 공소장변경 없이 재물 요구 기수죄로 의율하여 미수감경을 배제한 것은 피고인의 방어권 행사에 실질 적인 불이익을 초래하는 것으로 위법하다고 판시하였다.[14]

33   실행의 착수시기는 약취·유인행위가 아닌 금품을 요구하는 행위를 기준으로 판단하여야 할 것이다. 본죄는 결합범이므로 약취·유인행위에는 가담한 바 없으나 사후에 그 사실을 알면서 재물이나 재산상의 이익을 취득하거나 요구하는 행위에 가담하여 이를 방조한 때에는, 단순히 재물등 요구죄의 방조범에 그치는 것이 아니라 결합범인 본죄의 방조범이 성립한다.[15]

34   본죄와 인질강도죄(§ 336)와의 관계는, 양자의 법정형, 인질강도죄가 약취강도라는 표제로 형법 제정 당시부터 규정되었던 상황에서 1973년 본조가 제정된 점, 본 조항이 13세 미만의 피해자를 보호하기 위한 특별규정인 점 등에 비추어 볼 때, 양자가 경합할 경우 인질강도죄가 본죄에 흡수되어 본죄만이 성립한다고 보는 것이 타당할 것이다.

V. 살해 목적 약취·유인죄와 약취·유인 후 살해죄 등

1. 살해 목적 약취·유인죄

35   본조 제1항 제2호의 살해 목적 약취·유인죄(이하, 여기서는 본죄라 한다.)는 처음부터 피해자를 살해할 목적으로 피해자를 약취·유인한 경우에 성립하는 범죄

---

14 대판 2008. 7. 10, 2008도3747.「특가법 제5조의2 제2항 제1호는 '취득'과 '요구'를 별도의 행위 태양으로 규정하고 있으므로, 이 사건과 같이 미성년자를 약취한 자가 그 부모에게 재물을 요구 하였으나 취득하지 못한 사안에서, 검사는 이를 '재물요구죄'로 기소할 수 있음은 물론이나 '재물 취득'의 점을 중시하여 '재물취득 미수죄'로 기소할 수도 있다고 할 것이다. (중략) 피고인들은 '미성년자 약취 후 재물취득 미수'로 공소제기된 사실에 대하여 미수감경 및 작량감경에 의하여 집행유예를 선고받을 수 있을 것으로 기대하여(검사도 피고인 甲에 대하여는 미수감경과 작량감 경을 한 형기범위 내에서 징역 3년을 구형하였다) 공소사실을 모두 자백하고 피해자 측과의 합 의를 위해 노력한 결과 제1심판결 선고 이후 피해자 측과 합의까지 한 사실을 엿볼 수 있으므로, '미성년자 약취 후 재물취득 미수'에 의한 특가법 위반죄로 공소가 제기된 이 사건에서 법원 이 공소장변경 없이 '미성년자 약취 후 재물요구 기수'에 의한 특가법 위반죄로 인정하여 미수감 경을 배제하는 것은 피고인들에게 예상외의 불이익을 입게 하는 것으로서 피고인들의 방어권 행 사에 실질적인 불이익을 초래할 염려가 있다고 할 것이다.」

15 대판 1982. 11. 23, 82도2024.

이다.

살해 목적은 약취·유인행위 당시 존재하여야만 한다. 이러한 목적으로 피해자를 약취·유인하였으면 충분하고, 이후 실제로 살해행위에 착수하였는가 여부는 본죄의 성립과 무관하다. 　　36

특정범죄가중법 제5조의2 제6항과 제8항에 따라 본죄에 대한 미수와 예비·음모도 처벌된다. 　　37

2. 약취·유인 후 살해죄

본조 제2항 제2호의 약취·유인 후 살해죄(이하, 여기서는 본죄라 한다.)는 13세 미만의 미성년자를 약취·유인한 후 약취·유인한 피해자를 고의적으로 살해한 경우에 성립한다. 본죄의 법정형은 사형 또는 무기징역으로 일반 살인죄에 비하여 형이 가중되어 있다. 　　38

피해자를 약취·유인할 당시부터 피해자를 살해할 목적을 가지고 있을 필요는 없다. 따라서 유괴범이 재물을 취득할 목적으로 13세 미만의 미성년자를 약취·유인하여 몸값을 요구하다가 피해자를 살해하는 경우에도 본죄가 성립한다. 또한, ① 16세의 소년을 살해, 암장하고서도 안전하게 보호하고 있는 것처럼 가장하여 석방을 조건으로 거액의 돈을 요구한 경우,[16] ② 13세 미만 미성년자인 피해자를 인치, 살해하고 돈을 요구하는 내용의 협박편지를 갖다 놓고 피해자의 안전을 염려하는 부모로부터 재물을 취득하려고 한 경우[17]에도 본죄가 성립한다. 　　39

본죄는 고의범이므로, 범죄자에게 살해의 고의가 없었던 경우에는, 본조 제2항 제4호의 약취·유인 후 폭행치사죄나 제290조의 약취, 유인, 매매, 이송 등 　　40

---

16 대판 1993. 6. 8, 93도1021.
17 대판 1983. 1. 18, 82도2761(피고인이 미성년자를 유인하여 금원을 취득할 마음을 먹고 A로 하여금 피해자를 유인토록 하였으나 동인의 거절로 미수에 그치고, 같은 달 2차에 걸쳐 다시 피해자를 유인하였으나 마음이 약해져 각 실행을 중지하여 미수에 그치고, 다음달 드디어 동 피해자를 인치, 살해하고 금원을 요구하는 내용의 협박편지를 피해자의 마루에 갖다 놓고 피해자의 안전을 염려하는 부모로부터 재물을 취득하려 했다면, 피고인은 당초의 범의를 철회 내지 방기하였다가 다시 범의를 일으켜 위 마지막의 약취·유인 살해에 이른 것이라고 하지 않을 수 없으니, 그간에 범의의 갱신이 있어 그간의 범행이 단일한 의사발동에 인한 것이라고는 할 수 없으므로 위 각 미수죄와 기수죄를 경합범으로 의율한 원심판단은 정당하다고 한 사례).

〔김 기 준〕 　　**411**

치사죄 등이 성립할 수 있다.

3. 약취·유인 후 폭행 등 죄와 폭행 등 치사죄

41   본조 제2항 제3호의 약취·유인 후 폭행 등 죄는 약취·유인된 13세 미만의 미성년자에게 폭행이나 상해를 가하거나 상해, 감금, 유기, 가혹행위를 하는 경우에, 제2항 제4호의 약취·유인 후 폭행 등 치사죄는 이러한 행위로 피해자를 사망에 이르게 한 경우에 성립하는 범죄이다(이하, 위 두 죄를 합하여 여기서는 본죄라 한다.).

42   실무상 약취·유인된 피해자를 감금하거나 피해자에게 폭행이나 상해를 가하는 행위가 다수 발생한다. 폭행, 상해, 감금, 유기 등의 개념은 형법 해당 조문의 개념과 동일하다. 여기에서의 가혹행위는 피해자에게 정신적·육체적 고통을 주는 일체의 행위를 포함한다고 볼 것이다.

43   폭행 등 치사죄의 경우 결과적 가중범의 일반원칙에 따른 요건이 갖추어져야 한다.

44   미성년자인 피해자를 약취한 후에 강간 목적으로 피해자에게 가혹한 행위 및 상해를 가하고 나아가 강간 및 살인미수행위를 하였다면, 약취한 미성년자에 대한 상해 등으로 인한 특정범죄가중법위반(미성년자약취·유인)죄 및 미성년 피해자에 대한 강간 및 살인미수행위로 인한 성폭력범죄의처벌등에관한특례법위반(강간등살인)죄가 각 성립하며, 피해자에 대한 상해의 결과가 강간 및 살인미수행위 과정에서 발생한 것이라 하더라도 위 각 죄는 서로 실체적 경합범 관계에 있다.[18]

45   추행 등의 목적으로 본죄의 대상인 13세 미만의 미성년자를 약취·유인한 사람이 본죄를 범한 경우, 본죄의 신분에 제287조뿐만 아니라 제288조 등 추가 목적을 가지고 범죄를 범한 사람도 포함된다고 해석하는 이상 본죄를 결합범으로 보는 판례의 취지에 따라 본죄만이 성립하고 추행 등 목적의 약취·유인죄는 별도로 성립하지 않는다고 보아야 할 것이다.[19]

---

18 대판 2014. 2. 27, 2013도12301.
19 주석형법 [각칙(4)](5판), 182(이미선). 특정범죄가중법 제5조의2 제1항을 결합범으로 본 판례로는 대판 1982. 11. 23, 82도2024.

VI. 관련 조항

1. 방조자에 대한 가중처벌

본조 제3항은 제1항 또는 제2항의 죄를 범한 사람을 방조하여 약취 또는 　46
유인된 미성년자를 은닉하거나 그 밖의 방법으로 귀가하지 못하게 한 사람에
대한 특별규정이다. 본 조항은 제292조 제1항의 약취, 유인, 매매, 이송된 사람
의 수수·은닉죄에 대응하는 규정으로, 13세 미만자에 대한 약취·유인죄의 경
우에는 본 조항이 우선적으로 적용된다.

제292조 제1항이 7년 이하의 징역에 처하도록 규정함에 대하여, 위 방조자 　47
는 5년 이상의 유기징역에 처하도록 형이 가중되어 있다.

2. 범인은닉·도피의 가중처벌

본조 제7항은 제1항 내지 제3항, 제6항의 죄를 저지른 사람을 은닉하거나 　48
도피하게 한 사람을 3년 이상 25년 이하의 징역에 처하도록 하고 있다. 본 조항
은 제151조 제1항의 특별규정으로 형법에 비하여 법정형이 가중되어 있다.

이는 조력자의 처벌을 내용으로 하는 것인데, 13세 미만 미성년자 약취·유 　49
인에 대한 일종의 사후종범을 독립적 구성요건으로 규정한 것이다.[20]

형법상 범인은닉·도피죄의 경우 친족 간 특례에 관한 규정(§151②)이 적용 　50
되는데, 이러한 별도 규정이 없는 특정범죄가중법상의 범인은닉·도피죄에 대해
서도 위 규정이 적용되는지 문제된다. 이에 대해서는. ① 적용된다는 견해,[21]
② 명시적인 규정이 없는 이상 적용되지 않는다는 견해[22]의 대립이 있다. 범인
은닉·도피죄의 성격은 가중처벌되는 경우에도 그대로 유지되고 특정범죄가중
법에서 이를 배제한다는 명시적인 규정이 없으므로 적용된다고 해석할 여지는
있으나,[23] 특정범죄가중법에 명시적인 규정이 없는데다가 위 가중처벌의 취지에
비추어 위 ②의 견해가 타당하다. 다만, 입법론적으로는 이를 규정할 필요가 있

---

20 박상기·전지연, 형사특별법(4판), 69; 이주원, 특별형법(9판), 377.
21 이동희·류부곤, 특별형법(5판), 146.
22 김정환·김슬기, 형사특별법(2판), 321.
23 특정경제범죄가중처벌등에관한법률위반(횡령)죄에도 형법상의 친족상도례 규정이 적용된다고 판
　시한 대판 2013. 9. 13, 2013도7754 참조.

〔김 기 준〕　　　　**413**

다고 하겠다.

3. 미수 및 예비·음모

51   본조 제1항 및 제2항의 죄 중 제2항 제4호의 죄(결과적 가중범인 치사죄)를 제
외한 모든 죄의 미수범은 처벌된다(특가 §5의2⑥).

52   예비·음모의 경우 제2항 제3호 및 제4호에 규정된 약취·유인 후 폭행 등
죄와 폭행 등 치사죄를 제외한 범죄에 대하여 인정되며, 1년 이상 10년 이하의
징역에 처하도록 규정하고 있다(특가 §5의2⑧).

4. 형법의 임의적 감경 조항 및 세계주의 적용 여부

53   형법 제295조의2(형의 감경)의 임의적 감경 규정의 적용 여부와 관련하여 논
란이 있을 수 있을 것이다. 그러나 특정범죄가중법에 그 적용 여부에 대하여 명
시적 규정이 없고, 본조가 약취·유인죄를 특별히 가중처벌하는 규정인 점에 비
추어, 그 적용이 없는 것으로 보는 것이 타당할 것이다. 그러나 약취된 피해자
의 보호필요성은 동일하므로 입법론적으로는 형법 제295조의2와 같은 규정을
두는 것을 적극적으로 검토할 필요가 있을 것이다.

54   형법 제296조의2는 세계주의 적용대상을 제287조부터 제292조까지로만 규
정하고 있으므로 죄형법정주의 원칙상 본조에 대해서는 제296조의2는 적용되지
않는다고 볼 것이다.

〔김 기 준〕

제32장 강간과 추행의 죄 〈개정 1995. 12. 29.〉

〔총 설〕

Ⅰ. 의의 및 보호법익

본장의 강간과 추행의 죄는 개인의 성적 자유를 침해하는 범죄로서, 보호법　　1
익은 개인의 성적 자유 또는 성적 자기결정권이다(통설).[1] '성적 자유'는 적극적
으로 성행위를 할 수 있는 자유가 아니라 소극적으로 원치 않는 성행위를 하지
않을 자유를 말한다.[2] '성적 자기결정권'은 스스로 선택한 인생관 등을 바탕으로
사회공동체 안에서 각자가 독자적으로 성적 관념을 확립하고 이에 따라 사생활

---

1 교과서마다 조금씩 표현은 다르지만 같은 취지로, 김성돈, 형법각론(8판), 192; 김신규, 형법각
　론, 187; 김일수·서보학, 새로쓴 형법각론(9판), 129; 김혜경·박미숙·안경옥·원혜욱·이인영,
　형법각론(3판), 176; 박상기·전지연, 형법(총론·각론)(5판), 496; 박찬걸, 형법각론(2판), 183;
　배종대, 형법각론(14판), §44/2; 손동권·김재윤, 새로운 형법각론(2판), 141; 오영근, 형법각론
　(8판), 140; 이상돈, 형법강론(4판), 436; 이용식, 형법각론, 121; 이정원·류석준, 형법각론, 157;
　이재상·장영민·강동범, 형법각론(13판), §11/1; 이형국·김혜경, 형법각론(3판), 199; 임웅, 형법
　각론(11정판), 192; 정성근·박광민, 형법각론(전정3판), 169; 정성근·정준섭, 형법강의 각론(2판),
　111; 정영일, 형법각론, 111; 정웅석·최창호, 형법각론, 401; 주호노, 형법각론, 286; 최호진, 형
　법각론, 153; 홍영기, 형법(총론과 각론), §63/1.주석형법 〔각칙(4)〕(5판), 213(구회근).
2 김성돈, 192; 김신규, 187; 배종대, §44/2; 이상돈, 436; 이재상·장영민·강동범, §11/1; 이형국·김
　혜경, 198; 정성근·박광민, 169; 주호노, 286; 최호진, 153; 주석형법 〔각칙(4)〕(5판), 213(구회근).

의 영역에서 자기 스스로 내린 성적 결정에 따라 자기책임하에 상대방을 선택하고 성관계를 가질 권리로 이해되며,[3] 여기에는 자신이 하고자 하는 성행위를 결정할 권리라는 적극적 측면과 함께 원치 않는 성행위를 거부할 권리라는 소극적 측면이 함께 존재한다.[4] 이러한 성적 자유나 성적 자기결정권은 헌법 제10조에 규정된 개인의 인격권이나 행복추구권 등에 그 헌법적 근거를 가지고 있다.[5]

2   구 형법(1995. 12. 29. 법률 제5057호로 개정되기 전의 것)에서는 '정조에 관한 죄'라고 규정하였다. 그러나 '정조를 지키라'는 말은 특정인과만 성관계를 하라는 사회의 요구를 의미하므로 정조에 관한 죄라는 용어는 개인적 법익보다는 사회적 법익에 대한 죄로서의 의미를 가지게 된다. 형법은 각칙 제22장에서 사회적 법익으로서 선량한 성풍속을 해하는 죄를 따로 규정하고, 강간과 추행의 죄는 개인적 법익에 대한 범죄로 규정하고 있다. 이 때문에 1995년 12월 9일 개정형법은 '강간과 추행의 죄'라고 명칭을 변경하였는데, 옳은 태도로 볼 수 있다.

3   반면 일본형법[6]은 강간죄, 강제추행죄 등을 '추행, 부동의성교등 및 중혼의 죄'(각칙 제22장)[7]에서 규정하고 있는데, 위 제22장에는 '부동의추행죄, 부동의성교등죄, 감호자추행 및 감호자성교등죄, 위 미수죄, 부동의추행등치사상죄' 외에 사회적 법익을 침해하는 범죄로 이해되고 있는 '공연음란죄, 외설물반포등죄, 음행권유죄, 중혼죄' 등도 규정되어 있다.

4   독일형법도 강간죄, 강제추행죄 등을 '풍속에 반하는 범죄(Verbrechen und Vergehen wider Sittlichkeit)'의 장(각칙 제13장)에서 규정하고 있다가, 1973년 형법을 개정하면서 그 명칭을 '성적 자기결정에 대한 죄(Straftaten gegen die sexuelle

---

3 헌재 2002. 10. 31, 99헌바40, 2002헌바50.

4 대판 2020. 10. 29, 2018도16466.

5 헌재 2002. 10. 31, 99헌바40, 2002헌바50; 대판 2019. 6. 13, 2019도3341; 대판 2020. 10. 29, 2018도16466.

6 참고로 2022년 6월 17일 일본형법 개정(법률 제67호)으로 징역형과 금고형이 '구금형'으로 단일화되어 형법전의 '징역', '구금', '징역 또는 구금'은 모두 '구금형'으로 개정되어 2025년 6월 1일 시행될 예정이다. 아직 시행 전이므로 본장에서 일본형법 조문을 인용할 때는 현행 조문의 '징역' 등의 용어를 그대로 사용한다.

7 일본형법 각칙 제22장의 표제는 종래 '추행, 간음 및 중혼의 죄'였으나, 2018년 6월 23일 개정(2018. 7. 13. 시행)으로 '추행, 강제성교등 및 중혼의 죄'로 바뀌었다가, 2023년 6월 23일 부동의강간죄 등을 신설하면서 '추행, 부동의성교등 및 중혼의 죄'로 변경되었다.

Selbstbestimmung)'로 변경하였다. 그러나 위와 같은 명칭 변경에도 불구하고 아직도 위 제13장에는 노출행위죄, 공연음란죄, 음란물유포죄, 금지된 성매매죄 등이 규정되어 있다. 따라서 일본이나 독일의 경우에는 아직도 강간죄, 강제추행죄 등이 개인적 법익을 보호하는 범죄임은 물론 사회질서를 보호하는 범죄로 이해될 수 있는 여지가 남아 있다.[8]

보호법익의 보호의 정도는 침해범이다.[9]

5

Ⅱ. 구성요건체계

강간죄(§ 297)와 강제추행죄(§ 298)의 관계에 대해 서로 독립적 범죄라고 하는 견해[10]가 있으나, 강제추행죄가 기본적 구성요건이고 강간죄가 가중적 구성요건이라고 할 것이다.[11] 강간죄에 해당하는 행위는 모두 강제추행죄에도 해당할 수 있기 때문이다. 강간죄나 유사강간죄는 강제추행죄에 대하여 불법이 가중된 범죄유형이다.

6

준강간죄와 준유사강간죄, 준강제추행죄(§ 299) 및 미성년자의제강간죄(§ 305)는 강간이나 강제추행은 아니지만 이에 준하여 같은 법정형으로 취급하는 구성요건이다.

7

강간등상해죄(§ 301)와 강간등살인죄(§ 301의2)는 각각 강간죄, 유사강간죄, 강제추행죄, 준강간죄, 준유사강간죄, 준강제추행죄 및 그 미수범과 상해 또는 살인이 결합되어 있는 결합범으로서 불법이 가중된 범죄유형이다.

8

강간등치사상죄(§ 301, § 301의2)는 각각 강간죄, 유사강간죄, 강제추행죄, 준강간죄, 준유사강간죄, 준강제추행죄의 기수범 또는 미수범이 과실로 상해 또는 사망의 결과를 발생시킨 진정결과적 가중범이다.

9

위계에 의한 미성년자등간음죄(§ 302), 업무상위력에 의한 간음죄(§ 303) 등은

10

---

8 이재상·장영민·강동범, § 11/3, 주석형법 [각칙(4)](5판), 214면(구회근).
9 김성돈, 193; 박상기·전지연, 496; 오영근, 140; 이형국·김혜경, 199; 정성근·박광민, 170; 정영일, 111; 주석형법 [각칙(4)](5판), 214(구회근).
10 김성돈, 193; 손동권·김재윤, 143.
11 오영근, 140; 이재상·장영민·강동범, § 11/4; 이형국·김혜경, 200; 정영일, 111; 정성근·박광민, 170.

피해자의 하자 있는 의사를 이용한 것으로서 강간죄 내지 강제추행죄에 비해 행위불법이 감경된 범죄유형이다.

11   강간죄, 유사강간죄, 강제추행죄, 준강간죄, 준유사강간죄, 준강제추행죄의 미수범은 처벌한다(§300). 그러나 강간등상해·살인죄의 미수는 처벌하지 않는데, 강도상해죄(§337) 및 강도살인죄(§338)의 미수범을 처벌하는 것(§342)과 균형이 맞지 않으므로 입법적 보완을 요한다.

12   본장의 죄 중 일부에 대하여는 상습범 가중처벌 규정이 있다(§305의2). 본장의 조문 구성은 아래 [표 1]과 같다.

[표 1] 제32장 조문 구성

조 문	제 목	구성요건	죄 명	공소시효
§297	강간	ⓐ 폭행 또는 협박으로 ⓑ 사람을 ⓒ 강간	강간	10년 (일부 배제12)
§297의2	유사강간	ⓐ 폭행 또는 협박으로 ⓑ 사람에 대하여 ⓒ 구강, 항문 등 신체(성기는 제외)의 내부에 성기를 넣거나 성기, 항문에 손가락 등 신체(성기는 제외)의 일부 또는 도구를 넣는 행위를 함	유사강간	10년 (일부 배제)
§298	강제추행	ⓐ 폭행 또는 협박으로 ⓑ 사람에 대하여 ⓒ 추행	강제추행	10년 (일부 배제)
§299	준강간, 준강제추행	ⓐ 사람의 심신상실 또는 항거불능의 상태를 이용하여 ⓑ 간음 또는 추행	준강간, 준유사강간, 준강제추행	10년 (일부 배제)
§300	미수범	§297, §297의2, §298 및 §299의 미수	(§297, §297의2, §298 및 §299 각 죄명)미수	
§301	강간 등 상해·치상	ⓐ §297, §297의2, §§298-300의 죄를 범한 자가 ⓑ 사람을 상해하거나 상해에 이르게 함	(§297, §297의2, §298 및 §299 각 죄명)(상해·치상)	15년 (일부 배제)

---

12 공소시효란의 '일부 배제'는 '13세 미만의 사람 및 신체적·정신적 장애가 있는 사람'에 대하여 해당 범죄를 범한 경우에 공소시효가 배제됨을 의미한다(성폭력범죄의 처벌 등에 관한 특례법 §21 ③(i)).

조 문		제 목	구성요건	죄 명	공소시효
§301의2		강간등 살인·치사	ⓐ §297, §297의2, §§298-300의 죄를 범한 자가 ⓑ 사람을 살해하거나 사망에 이르게 함	(§297, §297의2, §298 및 §299 각 죄명)(살인·치사)	배제(살인) 15년(치사) (일부 배제)
§302		미성년자 등에 대한 간음	ⓐ 미성년자 또는 심신미약자에 대하여 ⓑ 위계 또는 위력으로써 ⓒ 간음 또는 추행	(미성년자, 심신미약자 (간음, 추행)	7년
§303	①	업무상 위력 등에 의한 간음	ⓐ 업무, 고용 기타 관계로 인하여 자기의 보호 또는 감독을 받는 사람에 대하여 ⓑ 위계 또는 위력으로써 ⓒ 간음	(피보호자, 피감독자) 간음	7년
	②		ⓐ 법률에 의하여 구금된 사람을 ⓑ 감호하는 자가 ⓒ 그 사람을 간음	피감호자간음	10년
§305	①	미성년자에 대한 간음, 추행	ⓐ 13세 미만의 사람에 대하여 ⓑ 간음 또는 추행	미성년자의제(강간, 유사강간, 강제추행, 강간상해, 강간치상, 강간살인, 강간치사, 강제추행상해, 강제추행치상, 강제추행살인, 강제추행치사)	각 죄명에 의함(일부 배제)
	②		ⓐ 19세 이상의 자가 ⓑ 13세 이상 16세 미만의 사람에 대하여 ⓒ 간음 또는 추행		
§305의2		상습범	상습으로 §297, §297의2, §§298-300, §302, §303 또는 §305를 범함	상습(§297, §297의2, §298 내지 §300, §302, §303, §305 각 죄명)	
§305의3		예비, 음모	ⓐ 297, §297의2, §299(준강간죄에 한정), §301(강간등 상해죄에 한정) 및 §305의 죄를 범할 목적으로 ⓑ 예비 또는 음모	[§297, §297의2, §305 각 죄명, 준강간, (§297, §297의2, §298, §299 각 죄명)상해] (예비, 음모)	5년

2020년 5월 19일 개정형법에서 강간죄, 유사강간죄, 준강간죄, 강간 등 상 **13** 해죄, 미성년자의제강간죄, 준유사강간죄, 준강제추행죄에 대한 예비, 음모를 처벌하는 규정이 신설되었다(§305의3).

2012년 12월 18일 개정형법(법률 제11574호)은 강간죄의 객체를 사람으로 확 **14** 대하고, 유사강간죄(§297의2)를 신설하고, 혼인빙자간음죄에 대해 위헌결정이 내려지자 위계에 의한 간음죄 규정(§304)을 삭제하였다.

15   2012년 12월 18일 형법이 개정되기 전에는 강간 등 상해·치사죄(§301)와
강간 등 살인·치사죄(§301의2)를 제외하고는 모두 '친고죄'였는데(구 §306), 위 개
정으로 친고죄 조항이 삭제되었다. 따라서 본장의 죄는 모두 피해자의 고소가
없더라도 수사가 개시되고, 고소취소가 있더라도 공소가 제기되고 처벌된다. 다
만, 친고죄 폐지에 관한 개정 규정(구 §306)은 개정 법률이 시행된 날인 2013년
6월 19일 이후 최초로 저지른 범죄부터 적용되었다(법률 제11574호 부칙 §2).

Ⅲ. 특별법

16   강간과 추행의 죄에 대한 특별법으로 대표적인 것이 성폭력범죄의 처벌 등
에 관한 특례법(이하, 성폭력처벌법이라 한다.)과 아동·청소년의 성보호에 관한 법
률(이하, 청소년성보호법이라 한다.)이다(상세는 **본장 [특별법 I, II]** 참조).

17   성폭력처벌법은 성폭력범죄의 처벌 및 절차에 관한 특례를 규정하고 있다.
가중된 구성요건으로 특수강도강간 등의 죄(§3), 특수강간 등의 죄(§4), 친족관
계에 의한 강간 등의 죄(§5), 장애인에 대한 강간·강제추행 등의 죄(§6), 13세
미만의 미성년자에 대한 강간·강제추행 등의 죄(§7) 및 이들 죄에 대한 상해·치
상죄(§8), 살인·치상죄(§9)을 규정하는 한편, 특별구성요건으로 업무상 위력 등
에 의한 추행죄(§10), 공중 밀집 장소에서의 추행죄(§11), 성적 목적을 위한 다중
이용장소 침입행위(§12), 통신매체를 이용한 음란행위(§13), 카메라 등을 이용한
촬영죄(§14), 허위영상물 등의 반포등의 죄(§14의2), 촬영물 등을 이용한 협박·강
요죄(§14의3) 등의 범죄를 규정하고 있다.

18   아울러 성폭력처벌법에는 신상정보 등록의무(§42 등. 아동·청소년대상 성범죄
도 대상으로 함), 수강명령 등의 병과(§16), 신상정보 공개·고지 명령(§47, §49) 등
의 부수처분, 고소 제한에 대한 예외(§18), 형법상 감경규정에 관한 특례(§20),
공소시효에 관한 특례(§21), 영상물의 촬영·보존 등(§30), 신뢰관계에 있는 사람
의 동석(§34) 등 특례규정들이 있다.

19   청소년성보호법은 아동·청소년 대상 성범죄의 처벌과 절차에 관한 특례를
규정하고 있다. 가중된 구성요건으로, 아동·청소년에 대한 강간·강제추행 등의

죄(§ 7), 장애인인 아동·청소년에 대한 간음 등의 죄(§ 8), 13세 이상 16세 미만 아동·청소년에 대한 간음 등 죄(§ 8의2), 강간 등 상해·치상(§ 9), 강간 등 살인·치사(§ 10)를 규정하는 한편, 특별구성요건으로 아동·청소년성착취물의 제작·배포 등의 죄(§ 11), 아동·청소년 매매행위(§ 12), 아동·청소년의 성을 사는 행위 등(§ 13), 아동·청소년에 대한 강요행위 등(§ 14), 알선영업행위 등(§ 15), 아동·청소년에 대한 성착취 목적 대화 등(§ 15의2), 피해자 등에 대한 강요행위(§ 16) 등의 범죄를 규정하고 있다.

　　아울러 청소년성보호법에는 수강명령 등의 병과(§ 21), 신상정보 공개·고지　　20
명령 등(§ 49, § 50), 아동·청소년 관련기관등에의 취업제한(§ 56) 등의 부수처분, 신고의무자의 성범죄에 대한 가중처벌(§ 18), '형법'상 감경규정에 관한 특례(§ 19), 공소시효에 관한 특례(§ 20), 아동·청소년대상 디지털 성범죄에 대한 신분비공개수사, 신분위장수사(§ 25조의2, 3, 4, 5) 등의 특례규정들이 있다.

　　성폭력처벌법위반죄 또는 청소년성보호법위반죄가 성립하는 경우, 본장의　　21
죄는 특별법에 대한 일반법의 위치에 있게 되어 법조경합으로 그 적용이 배제된다.

　　전자장치 부착 등에 관한 법률(전자장치 부착명령, 형 집행 후의 보호관찰), 치료　　22
감호 등에 관한 법률(치료감호), 성폭력범죄자의 성충동 약물치료에 관한 법률(성충동 약물치료명령) 등에서 성폭력범죄에 대한 부수처분을 규정하고 있는데, 이들 법률에서 규정하고 있는 부수처분은 검사의 청구가 있어야 재판에서 부과할 수 있다.

Ⅳ. 관련법 해석 및 적용상의 특징

1. 불확정개념의 광범위한 사용

　　강간죄, 유사강간죄에서 반항을 억압할 정도의 폭행·협박이 있었는지 여　　23
부, 강제추행죄에서 가해자의 행위가 추행에 해당하는지 여부, 준강간 등에서 피해자가 심신상실 또는 항거불능 상태에 있었는지 여부, 미성년자 등에 대한 간음죄, 업무상위력 등에 의한 간음죄에서 가해자의 행동이 위계·위력에 해당

하는지 여부, 강간 등 상해·치상죄에서 상해에 해당하는지 여부, 성폭력처벌법
및 청소년성보호법에서 피해자가 장애인에 해당하는지 여부 등에서 불확정개념
이 사용되거나 종합적 고려설[**강간죄**(§ 298) 부분 참조]과 같은 추상적인 판단기준
이 광범위하게 사용되고 있어 유·무죄 판단이 쉽지 않은 경우가 있다.

24   유사한 행위의 유형이 행위 당사자, 행위 당시의 상황 등에 따라 유·무죄
의 판단이 달라질 수 있어, 이러한 불확정개념에의 포섭 여부가 쟁점이 된 경우
대법원 판례 등 선례를 해석할 때에도 세심한 주의를 요한다.

25   시민들의 행위준칙이 되는 범죄구성요건은 명확할 필요가 있다는 점에서,
성폭력 관련 규정에 광범위한 불확정개념을 사용하는 것은 문제가 있다.

2. 높은 법정형

26   특히 성폭력처벌법이나 청소년성보호법 같은 특별법에서 규정된 법정형이
매우 높다. 일정한 구성요건은 이 때문에 위헌 논란도 있다.

3. 복잡한 법률체계와 중복, 모순적인 규정들

27   성폭력처벌법상 '성폭력범죄', 청소년성보호법상 '아동·청소년대상 성범죄',
'아동·청소년대상 성폭력범죄', '성인대상 성범죄'와 같은 도구개념들이 성폭력
범죄 상호 간에서 조금씩 다르게 규정되어 있고, 보안처분 부과 규정으로는 전
자장치 부착명령 대상인 성폭력범죄(전부 § 2(ii)), 성충동 약물치료명령 대상인 성
폭력범죄(성충동 § 2(ii)), 형 집행종료 후의 치료감호 대상인 성폭력범죄(치감 § 2의2)
에서도 그 내용에 차이가 있다. 다른 규정을 인용하는 경우가 많아 사안에 적용
되어야 할 조항을 추적해 가기가 쉽지 않다.

28   형법총론에 임의적 부과로 규정된 보호관찰·사회봉사·수강명령의 보안처
분은 일부 내용이 성폭력처벌법이나 청소년성보호법에 필요적 부과의 부수처분
으로 규정되어 있으나, 여전히 임의적 부과로 규정된 부수처분도 있어 중복적인
느낌이 있고, 규정들 사이에 모순도 있어 적용법조의 결정이 쉽지 않다.

29   피해자가 미성년자인 경우 제302조나 제305조를 적용할 수 있지만, 성폭력
처벌법(13세 미만인 경우 § 7), 청소년성보호법(§ 8, § 8의2)에도 구성요건이 있어 이
들 특별법까지 참조해야 하는 등, 관련 규정이 여러 법률에 산재해 있어 특별법

의 내용을 숙지하고 있어야 하고, 규정들 사이의 일반법·특별법 관계도 제대로 살펴볼 필요가 있다.

4. 유죄를 향하는 판례상 해석론 추이

대법원 판례가 대체로 성폭력범죄의 유·무죄 판단을 가르는 불확정개념을   30
유죄 방향으로 해석하는 쪽으로 변경되면서, 반대 취지의 과거 판례들이 명시적·
묵시적으로 폐기된 경우가 많아, 최신 판례의 추이를 주의 깊게 살펴볼 필요가
있다.

5. 잦은 법령의 개정

성폭력처벌법, 청소년성보호법은 1년에 여러 번씩 변경된 경우도 있고, 새   31
로운 법률이 제정되기도 하며, 부칙에 소급적용 여부가 명시되지 않은 경우가
있어, 시제법(時際法)의 결정에 어려움이 있는 경우가 있다. 현행법의 시행 전에
이루어진 범죄에 대하여는 관련 법률의 개정과 경과규정을 주의깊게 살펴볼 필
요가 있다.

성폭력처벌 관련 법규의 개정 추세는 헌법재판소의 위헌 선언으로 인한 개   32
정을 제외하고는 대체로 새로운 구성요건이나 부수처분의 창설, 구성요건의 완
화, 법정형의 상향조정, 공소시효의 연장 등 피고인에게 불리한 방향으로의 개
정인 경우가 대부분이다. 피고인에게 불리한 실체법 개정의 경우 헌법상 소급처
벌금지의 원칙이 적용된다. 절차법 규정이나 부수처분의 경우 소급적용이 위헌
으로까지는 인정되지 않는 경우가 대부분이나, 개정법의 경과규정에서 소급적
용을 규정하지 않는 경우 행위시법을 적용할 것인지 재판시법을 적용할 것인지
의 문제가 있다.

6. 광범위한 부수처분 등 보안처분

성폭력범죄에 대한 판결을 할 때 형벌 이외에 다양한 부수처분 등 보안처   33
분이 함께 부과되는데, 아래와 같이 세 가지 형태가 있다.

첫째, 유죄판결이 확정되면 판결에서 명하지 않아도 피고인에게 인정되는   34
의무가 있다. 신상정보 등록의무자의 신상정보 제출의무(성폭처벌 §42, §43)가 그

것이다. 유죄판결의 주문으로 신상정보 제출의무가 있음을 선고하지는 않지만, 판결이유에 이를 기재하고 있다. 의무위반 시 형사처벌되므로(성폭처벌 §50③), 법원은 유죄판결의 선고 또는 약식명령을 고지할 때 피고인에게 등록대상자라는 사실과 신상정보 제출의무가 있음을 알려주어야 한다(성폭처벌 §제42②, ③ ④).

35   둘째, 법원이 유죄판결 선고 시 검찰의 청구·구형이 없어도 원칙적으로 부과하여야 하는 부수처분이 있다. 수강명령·이수명령(성폭처벌 §16, §21), 신상정보의 공개·고지명령(성폭처벌 §47, §49조 및 아청 §49, §50), 취업제한명령(아청 §56, 장애인복지법 제59조의3)이 그것이다.

36   셋째, 검사의 청구가 있어야 부과할 수 있는 것이 있다. 검사의 청구에 대하여 별도의 사건번호가 부여된다. 전자장치 부착명령(전부 §9), 형 집행 후의 보호관찰명령(전부 §21의2 등), 치료감호(치감 §12), 성충동 약물치료명령(성충동 §8①)이 있다.

37   보호관찰은 형법총론에 선고유예(1년간), 집행유예(집행유예기간 동안) 선고 시 임의적으로 부과할 수 있는 것으로 규정되어 있지만, 성폭력범죄에 대한 유죄판결을 선고할 경우에는 필수적으로 부과하여야 하는 경우가 있다(성폭처벌 §16①, §21①). 이와 달리 징역형의 실형을 선고하면서 형 집행 종료 후에 별도로 집행하여야 하는 내용으로 부과되는 보호관찰이 있는데, 검사의 청구에 따라 별도의 사건번호를 부여받아 부과하는 것(전부 §21의3), 법원이 직권으로 부과하는 것(전자장치 부착명령 청구의 기각 시)(전부 §21의3②), 별도의 선고 없이 받게 되는 것(성충동 약물치료명령 청구의 인용 시)(성충동 §8②)이 있다.

7. 비동의간음죄 등 일반처벌조항 부재

38   우리나라에는 개인의 성적 의사결정의 자유를 보호하기 위한 기본적인 구성요건으로 폭행·협박이 범행 수단으로 되어 있는 강간죄, 유사강간죄, 강제추행죄만 규정되고, 개인의 성적 의사결정의 자유를 보호하기 위한 일반처벌조항은 입법되어 있지 않다.

39   과거 판례상 폭행·협박의 입증이 부족하다고 하여 무죄로 판단될 수 있었던 사안에 대하여 현재는 기습추행, 기습유사강간의 개념이나, 성인지감수성을 감안한 경험칙 적용, 반항을 억압할 폭행·협박의 정도에 대한 인정기준 완화

등의 방법으로 폭행·협박의 존재를 폭넓게 인정하고 있고, 위계·위력만으로도 처벌할 수 있는 구성요건이 다수 입법화되었으며, 아동복지법(§71①, §17(ii)의 '아동에게 성적 수치심을 주는 성희롱 등의 성적 학대행위')이나 장애인복지법(§86①, §59의9(i)의 '장애인에게 성적 수치심을 주는 성희롱·성폭력 등의 행위')에서 아동이나 장애인에게는 성폭력에까지 이르지 않는 성적 희롱이나 학대행위를 처벌하는 규정이 입법되어, 비동의간음죄 등 일반처벌조항이 입법화되어 있는 것과 유사한 결과를 만들고 있는 것이 실무의 추세로 보인다.

이와 같은 상황에서 성적 의사결정의 자유를 보호하기 위한 일반조항의 입 40 법은 처벌의 사각지대를 해소한다는 의미 외에 성폭력 관련 규정들이 산재되어 있거나 중첩된 것같이 보이는 상태를 해소하고 체계적이면서도 구체적 타당성이 있는 법정형을 정비하는 데도 의미가 있을 것으로 보인다.

〔성 보 기〕

제297조(강간)

폭행 또는 협박으로 사람을 강간한 자는 3년 이상의 유기징역에 처한다. 〈개정 2012. 12. 18.〉

Ⅰ. 의 의

1   본죄(강간죄)는 폭행 또는 협박으로 사람을 강간함으로써 성립하는 범죄이다.

2   본죄의 보호법익은 사람의 성적 자유 또는 성적 자기결정권이다.[1] 여기에서 '성적 자유'는 적극적으로 성행위를 할 수 있는 자유가 아니라 소극적으로 원치 않는 성행위를 하지 않을 자유를 말하고, '성적 자기결정권'은 성행위를 할 것인가 여부, 성행위를 할 때 그 상대방과 방법 등을 스스로 결정할 수 있는 권

---

[1] 김성돈, 형법각론(8판), 192; 김신규, 형법각론, 187; 김일수·서보학, 새로쓴 형법각론(9판), 129; 김혜경·박미숙·안경옥·원혜욱·이인영, 형법각론(3판), 176; 박상기·전지연, 형법(총론·각론)(5판), 496; 박찬걸, 형법각론(2판), 183; 배종대, 형법각론(14판), § 44/2; 손동권·김재윤, 새로운 형법각론(2판), 141; 오영근, 형법각론(8판), 140; 이상돈, 형법강론(4판), 436; 이용식, 형법각론, 121; 이정원·류석준, 형법각론, 157; 이재상·장영민·강동범, 형법각론(13판), § 11/1; 이형국·김혜경, 형법각론(3판), 199; 임웅, 형법각론(11정판), 192; 정성근·박광민, 형법각론(전정3판), 169; 정성근·정준섭, 형법강의 각론(2판), 111; 정영일, 형법각론, 111; 정웅석·최창호, 형법각론, 401; 주호노, 형법각론, 286; 최호진, 형법각론, 153; 홍영기, 형법(총론과 각론), § 63/1; 주석형법 [각칙(4)](5판), 213(구회근).

리를 의미한다.[2]

보호의 정도는 침해범이다.[3] 3

2012년 12월 18일 형법 개정(이하, 2012년 형법 개정이라 한다.)으로 본죄의 객 4
체가 '부녀'에서 '사람'으로 변경되었다.

행위가 강간이기 때문에 강제추행죄(§298)에 비하여 불법이 가중되는 가중 5
적 구성요건이다. 행위 수단으로 요구되는 폭행 또는 협박의 정도가 강제추행죄
에 비하여 더 무겁다는 견해가 많으나,[4] 성기의 결합이라는 결과가 강제추행죄
와 사이에서 본질적인 차이일 뿐, 강간죄에서 요구되는 폭행 또는 협박의 정도
가 더 무겁다고 볼 것인지는 의문이다.[5]

추행에 비하여 성기의 결합을 가중처벌하는 이유는 원하는 않는 임신의 위 6
험 때문이 아니라, 강간으로 인하여 사람의 성적 자기결정권이 현저히 침해되었
다는 점에 있다.

II. 주 체

2012년 형법 개정으로 본죄의 객체가 '부녀'에서 '사람'으로 변경되었으므로, 7
남자뿐 아니라 여자도 본죄의 주체가 된다.

간음은 이성 간의 성기결합을 의미하므로 본죄의 직접정범은 피해자와 이 8
성(異性)인 사람이다. 그러나 본죄는 간접정범의 형태로 저지를 수 있고,[6] 이 경
우 간접정범은 동성의 피해자를 상대로 하여서도 범할 수 있다.

1인이 간음을 하는 사이에 다른 사람이 폭행·협박을 한 경우, 폭행·협박만 9
한 사람도 다른 1인의 간음을 용이하게 한다는 의사가 있다면 본죄의 공동정범
이 될 수 있다.[7]

---

2 대판 2019. 6. 13, 2019도3341. 본 판결 평석은 이근우, "강간죄에서 법원의 피해자 동의에 대한
  해석 권한", 형사판례연구 [30], 한국형사판례연구회, 박영사(2022), 227-263.
3 김성돈, 196; 박상기·전지연, 496; 오영근, 140; 이형국·김혜경, 199; 정성근·박광민, 170; 정영
  일, 111; 주석형법 [각칙(4)](5판), 214(구회근).
4 김성돈, 206; 신동운, 형법각론(2판), 716.
5 이재상·장영민·강동범, §11/20.
6 김성돈, 205; 배종대, §44/2; 주석형법 [각칙(4)](5판), 218(구회근).
7 대판 1984. 6. 12, 84도780.

10　　　주거침입죄, 야간주거침입절도죄(미수범 포함), 특수절도죄(미수범 포함)를 범한 사람이 본죄를 범한 경우 성폭력범죄의 처벌 등에 관한 특별법(이하, 성폭력처벌법이라 한다.) 제3조 제1항에 의하여, 특수강도죄(미수범 포함)를 범한 사람이 본죄를 범한 경우 성폭력처벌법 제3조 제2항에 의하여 각 가중처벌한다. 위 각 조항의 규정 형태가 부진정신분범과 유사하고, 판례도 이 조항의 죄를 '일종의 신분범'이라고 표현하고 있으나,[8] 엄밀하게는 구성 범행에 순서가 있는 결합범일 뿐이고, 주거침입자나 절도나 강도범 등을 신분이라고 할 수 없으므로, 공범에 대하여 형법 제33조가 적용될 수는 없다.[9]

III. 객 체

1. 사 람

11　　　본죄의 객체는 사람이다. 구 형법에서는 '부녀'라고 규정되어 있었으나, 2012년 형법 개정으로 '사람'으로 개정되었으므로 남자도 본죄의 객체가 될 수 있다. 처가 이혼을 요구하는 남편을 감금하여 강간하였다는 공소사실로 기소된 사안이 있다.[10]

2. 객체에 따라 가중처벌되는 특별법 규정

(1) 피해자의 연령에 따라 가중처벌되는 경우

(가) 13세 미만자[11]

12　　　13세 미만의 사람을 강간한 때에는 성폭력처벌법 제7조 제1항에 따라 무기 또는 10년 이상의 징역으로 가중처벌한다.

---

8 대판 2009. 9. 10, 2009도4335; 대판 2021. 8. 12, 2020도17796.
9 오영근, 142.
10 서울중앙지판 2016. 9. 9, 2015고합968(무죄판결 후 항소기각 확정).
11 성폭력처벌법 제정 전에는 폭행·협박으로 13세 미만의 미성년자를 강간한 경우 본죄가 성립한다는 견해와 미성년자의제강간죄(§ 305)가 성립한다는 견해가 있었고, 전자가 다수설이었으나(미성년자의제강간죄는 폭행·협박이 없는 경우에도 본죄를 인정하기 위한 규정이기 때문임), 이제는 입법으로 해결되었다.

(나) 아동·청소년

19세 미만자를 말한다. 다만, 19세에 도달하는 연도의 1월 1일을 맞이한 자 13
는 제외한다(아청 §2(i)). 아동·청소년은 민법상 미성년자보다 더 낮은 연령까지
만 포섭한다. 예를 들어 2000년 4월 5일이 생일인 사람은 2019년 4월 4일까지
미성년자이지만, 아동·청소년의 지위는 2018년 12월 31일까지만 유지된다. 아
동·청소년을 강간한 사람은 아동·청소년 성보호에 관한 법률(이하, 청소년성보호
법이라 한다.) 7조 1항에 따라 무기징역 또는 5년 이상의 유기징역에 처한다.

(2) 피해자가 장애인인 경우

신체적 또는 정신적 장애가 있는 사람을 강간한 경우, 성폭력처벌법 제6조 14
에 따라 무기 또는 7년 이상의 징역에 처한다.

(3) 피해자가 가해자와 친족관계에 있는 경우

친족관계 또는 사실상 친족관계인 사람이 피해자를 강간한 경우, 성폭력처 15
벌법 제5조 1항에 따라 7년 이상의 징역에 처한다.

3. 성전환수술자

(1) 2012년 형법 개정 전의 구 형법에서는 행위의 객체를 부녀로 한정하고 16
있었으므로 남성에서 여성으로 성전환자수술을 받은 사람이 본죄의 객체가 되
는지에 관하여 논의가 있었다. 개정 형법에서 본죄의 객체를 부녀에서 사람으로
확장하여 이제는 남성도 본죄의 객체가 될 수 있으나, 본죄는 이성을 상대로 한
범죄이고, 동성 간에는 유사강간죄 또는 강제추행죄만 가능하므로, 성전환수술을
받은 사람의 성별 인정을 수술 전의 성으로 볼 것인지 수술 후의 성으로 볼 것인
지, 그와 같은 구별에 성별정정허가가 필요한지의 문제는 여전히 의미가 있다.

(2) 2012년 형법 개정 전의 구 형법에서 성전환수술에 의하여 여자로서의 17
체형을 가지고 여자로 생활해 온 사람이 본죄의 객체가 될 수 있는지에 관한 논
의가 있었다.

판례는 수술 후의 성을 기준으로 성별을 판단하고, 가정법원의 호적정정허 18
가가 필요한 것은 아니라는 입장으로 볼 수 있다. 즉, 대법원은 종래 성전환수
술에 의하여 여성으로서의 체형을 가지고 여성으로서 생활을 영위해 왔다고 하
더라도 기본적인 요소인 성염색체의 구성이나 본래의 내·외부성기의 구조, 정

상적인 남자로서 생활한 기간, 성전환수술을 한 경위, 시기 및 수술 후에도 여
성으로서의 생식능력은 없는 점, 그리고 이에 대한 사회 일반인의 평가와 태도
등 여러 요소를 종합적으로 고려하여 보면 사회통념상 여자로 볼 수는 없다고
판단하였다가(96도791 판결이라 한다.),[12] 그 후 유사한 사례에서 피해자가 성장기
부터 남성에 대한 불일치감과 여성으로의 성귀속감을 나타냈고, 성전환수술로
인하여 여성으로서의 신체와 외관을 갖추었으며, 수술 이후 30여 년간 개인적·
사회적으로 여성으로서의 생활을 영위해 가고 있는 점 등을 고려할 때, 사회통
념상 여성으로 평가되는 성전환자로서 본죄의 객체인 '부녀'에 해당한다고 판단
한(2009도3580 판결이라 한다.) 바 있다.[13]

---

12 대판 1996. 6. 11, 96도791. 「[1] 형법 제297조는 '폭행 또는 협박으로 부녀를 강간한 자'라고 하
여 객체를 부녀에 한정하고 있고 위 규정에서 부녀라 함은 성년이든 미성년이든, 기혼이든 미혼
이든 불문하며 곧 여자를 가리키는 것이다. 무릇 사람에 있어서 남자, 여자라는 성(성)의 분화는
정자와 난자가 수정된 후 태아의 형성 초기에 성염색체의 구성(정상적인 경우 남성은 xy, 여성
은 xx)에 의하여 이루어지고, 발생과정이 진행됨에 따라 각 성염색체의 구성에 맞추어 내부생식
기인 고환 또는 난소 등의 해당 성선이 형성되고, 이어서 호르몬의 분비와 함께 음경 또는 질,
음순 등의 외부성기가 발달하며, 출생 후에는 타고난 성선과 외부성기 및 교육 등에 의하여 심
리적, 정신적인 성이 형성되는 것이다. 그러므로 형법 제297조에서 말하는 부녀, 즉 여자에 해당
하는지 여부도 위 발생학적인 성인 성염색체의 구성을 기본적인 요소로 하여 성선, 외부성기를
비롯한 신체의 외관은 물론이고 심리적, 정신적인 성, 그리고 사회생활에서 수행하는 주관적, 개
인적인 성역할(성전환의 경우에는 그 전후를 포함하여) 및 이에 대한 일반인의 평가나 태도 등
모든 요소를 종합적으로 고려하여 사회통념에 따라 결정하여야 한다.
[2] 피고인이 어릴 때부터 정신적으로 여성에의 성귀속감을 느껴 왔고 성전환 수술로 인하여 남
성으로서의 내·외부성기의 특징을 더 이상 보이지 않게 되었으며 남성으로서의 성격도 대부분
상실하여 외견상 여성으로서의 체형을 갖추고 성격도 여성화되어 개인적으로 여성으로서의 생
활을 영위해 가고 있다 할지라도, 기본적인 요소인 성염색체의 구성이나 본래의 내·외부성기의
구조, 정상적인 남자로서 생활한 기간, 성전환 수술을 한 경위, 시기 및 수술 후에도 여성으로서
의 생식능력은 없는 점, 그리고 이에 대한 사회 일반인의 평가와 태도 등 여러 요소를 종합적으
로 고려하여 보면 사회통념상 여자로 볼 수는 없다.」
　　본 판결 평석은 정현미, "성전환수술자의 강간죄의 객체 여부", 형사판례연구 [6], 한국형사판
례연구회, 박영사(1998), 166-184.
13 대판 2009. 9. 10, 2009도3580. 「[1] 강간죄의 객체는 부녀로서 여자를 가리키는 것이므로, 강간
죄의 성립을 인정하기 위하여는 피해자를 법률상 여자로 인정할 수 있어야 한다. 종래에는 사람
의 성을 성염색체와 이에 따른 생식기·성기 등 생물학적인 요소에 따라 결정하여 왔으나, 근래
에 와서는 생물학적인 요소뿐 아니라 개인이 스스로 인식하는 남성 또는 여성으로의 귀속감 및
개인이 남성 또는 여성으로서 적합하다고 사회적으로 승인된 행동·태도·성격적 특징 등의 성
역할을 수행하는 측면, 즉 정신적·사회적 요소들 역시 사람의 성을 결정하는 요소 중의 하나로
인정받게 되었으므로, 성의 결정에 있어 생물학적 요소와 정신적·사회적 요소를 종합적으로 고
려하여야 한다.
[2] 성전환증을 가진 사람의 경우에도 남성 또는 여성 중 어느 한쪽의 성염색체를 보유하고 있고

위 96도791 판결과 2009도3580 판결 모두 원래 남성이던 피해자가 여성으로 성전환수술을 받았고, 수술 전 어릴 때부터 정신적으로 여성에의 성귀속감을 느껴왔다는 점에서는 공통됨에도 반대의 결론이 나온 점을 들어 위 두 판례가 모순된다고 볼 여지도 있다.[14] 그러나 두 판례에서 사람의 성을 결정함에 있어서 생물학적 요소뿐만 아니라 정신적·사회적 요소 내지 사회통념을 고려하여야 한다는 기준 자체는 바뀌지 않았고, 다만 위 96도791 판결은 피해자가 성전환수술을 받고 4-5년이 경과한 후 성폭행을 당한 데 비하여 위 2009도3580 판결은 수술받은 후 30년이 경과한 후 범행을 당하였다는 차이가 있고, 가족법 분야에서 성전환자에 대한 호적상 성별 기재의 정정을 허용하는 것으로 판례가 변경됨으로써(2004스42 전원합의체 결정이라 한다.)[15] 성전환수술을 받은 사람의 성별 결

그 염색체와 일치하는 생식기와 성기가 형성·발달되어 출생하지만, 출생 당시에는 아직 그 사람의 정신적·사회적인 의미에서의 성을 인지할 수 없으므로, 사회통념상 그 출생 당시에는 생물학적인 신체적 성징에 따라 법률적인 성이 평가된다. 그러나 출생 후의 성장에 따라 일관되게 출생 당시의 생물학적인 성에 대한 불일치감 및 위화감·혐오감을 갖고 반대의 성에 귀속감을 느끼면서 반대의 성으로서의 역할을 수행하며 성기를 포함한 신체 외관 역시 반대의 성으로서 형성하기를 강력히 원하여, 정신과적으로 성전환증의 진단을 받고 상당기간 정신과적 치료나 호르몬치료 등을 실시하여도 여전히 위 증세가 치유되지 않고 반대의 성에 대한 정신적·사회적 적응이 이루어짐에 따라, 일반적인 의학적 기준에 의하여 성전환수술을 받고 반대 성으로서의 외부 성기를 비롯한 신체를 갖추고, 나아가 전환된 신체에 따른 성을 가진 사람으로서 만족감을 느끼며 공고한 성정체성의 인식 아래 그 성에 맞춘 의복, 두발 등의 외관을 하고 성관계 등 개인적인 영역 및 직업 등 사회적인 영역에서 모두 전환된 성으로서의 역할을 수행함으로써 주위 사람들로부터도 그 성으로서 인식되고 있으며, 전환된 성을 그 사람의 성이라고 보더라도 다른 사람들과의 신분관계에 중대한 변동을 초래하거나 사회에 부정적인 영향을 주지 아니하여 사회적으로 허용된다고 볼 수 있다면, 이러한 여러 사정을 종합적으로 고려하여 사람의 성에 대한 평가 기준에 비추어 사회통념상 신체적으로 전환된 성을 갖추고 있다고 인정될 수 있는 경우가 있다. 이와 같은 성전환자는 출생시와는 달리 전환된 성이 법률적으로도 그 성전환자의 성이라고 평가받을 수 있다.」

본 판결 해설 및 평석은 곽병훈, "성전환자가 강간죄의 객체인 '부녀'에 해당한다고 한 사례", 해설 82, 법원도서관(2010), 705-720; 유진승, "형법상 '부녀'의 의미 및 강간죄 성립 범위에 대한 재검토", 형사법의 신동향 25, 대검찰청(2010), 277-298; 이주형, "성전환자의 강간죄 객체성립 여부", 형사판례연구 [18], 한국형사판례연구회, 박영사(2010), 84-110.

14 윤진수, "2006년도 주요 민법 관련 판례 회고," 민법논고 III, 박영사(2008), 753, 764-765.
15 대결 2006. 6. 22, 2004스42(전). 「[1] 종래에는 사람의 성을 성염색체와 이에 따른 생식기·성기 등 생물학적인 요소에 따라 결정하여 왔으나 근래에 와서는 생물학적인 요소뿐 아니라 개인이 스스로 인식하는 남성 또는 여성으로의 귀속감 및 개인이 남성 또는 여성으로서 적합하다고 사회적으로 승인된 행동·태도·성격적 특징 등의 성 역할을 수행하는 측면, 즉 정신적·사회적 요소들 역시 사람의 성을 결정하는 요소 중의 하나로 인정받게 되었으므로, 성의 결정에 있어 생물학적 요소와 정신적·사회적 요소를 종합적으로 고려하여야 한다.

[2] 성전환증을 가진 사람의 경우에도, 남성 또는 여성 중 어느 한쪽의 성염색체를 보유하고 있고 그 염색체와 일치하는 생식기와 성기가 형성·발달되어 출생하지만 출생 당시에는 아직 그 사람의 정신적·사회적인 의미에서의 성을 인지할 수 없으므로, 사회통념상 그 출생 당시에는 생물학적인 신체적 성징에 따라 법률적인 성이 평가될 것이다. 그러나 출생 후의 성장에 따라 일관되게 출생 당시의 생물학적인 성에 대한 불일치감 및 위화감·혐오감을 갖고 반대의 성에 귀속감을 느끼면서 반대의 성으로서의 역할을 수행하며 성기를 포함한 신체 외관 역시 반대의 성으로서 형성하기를 강력히 원하여, 정신과적으로 성전환증의 진단을 받고 상당기간 정신과적 치료나 호르몬 치료 등을 실시하여도 여전히 위 증세가 치유되지 않고 반대의 성에 대한 정신적·사회적 적응이 이루어짐에 따라 일반적인 의학적 기준에 의하여 성전환수술을 받고 반대 성으로서의 외부 성기를 비롯한 신체를 갖추고, 나아가 전환된 신체에 따른 성을 가진 사람으로서 만족감을 느끼고 공고한 성정체성의 인식 아래 그 성에 맞춘 의복, 두발 등의 외관을 하고 성관계 등 개인적인 영역 및 직업 등 사회적인 영역에서 모두 전환된 성으로서의 역할을 수행함으로써 주위 사람들로부터도 그 성으로서 인식되고 있으며, 전환된 성을 그 사람의 성이라고 보더라도 다른 사람들과의 신분관계에 중대한 변동을 초래하거나 사회에 부정적인 영향을 주지 아니하여 사회적으로 허용된다고 볼 수 있다면, 이러한 여러 사정을 종합적으로 고려하여 사람의 성에 대한 평가 기준에 비추어 사회통념상 신체적으로 전환된 성을 갖추고 있다고 인정될 수 있는 경우가 있다 할 것이며, 이와 같은 성전환자는 출생시와는 달리 전환된 성이 법률적으로도 그 성전환자의 성이라고 평가받을 수 있을 것이다.

[3] [다수의견] 성전환자의 경우에는 출생시의 성과 현재 법률적으로 평가되는 성이 달라, 성에 관한 호적의 기재가 현재의 진정한 신분관계를 공시하지 못하게 되므로, 현재 법률적으로 평가되는 성이 호적에 반영되어야 한다. 현행 호적법에는 출생시 호적에 기재된 성별란의 기재를 위와 같이 전환된 성에 따라 수정하기 위한 절차 규정이 따로 마련되어 있지 않다. 그러나 진정한 신분관계가 호적에 기재되어야 한다는 호적의 기본원칙과 아울러, 첫째 성전환자도 인간으로서의 존엄과 가치를 향유하며 행복을 추구할 권리와 인간다운 생활을 할 권리가 있고 이러한 권리들은 질서유지나 공공복리에 반하지 아니하는 한 마땅히 보호받아야 한다는 점, 둘째 호적법이 성전환자의 호적상 성별란 기재를 수정하는 절차규정을 두지 않은 이유는 입법자가 이를 허용하지 않기 때문이 아니라 입법 당시에는 미처 그 가능성과 필요성을 상정하지 못하였기 때문이라는 점, 셋째 호적법 제120조에 의한 호적정정사유 중 호적의 기재가 법률상 허용될 수 없는 경우를 해석함에 있어서 호적 기재 후의 법령의 변경 등 사정의 변경에 의하여 법률상 허용될 수 없음이 명백하게 된 경우를 반드시 배제하여야 할 필요가 있다고 보기 어려울 뿐 아니라, 호적법 제120조에 의한 호적정정 절차를 둔 근본적인 취지가 호적의 기재가 부적법하거나 진실에 반하는 것이 명백한 경우에 그 기재 내용을 판결에 의하지 아니하고 간이한 절차에 의하여 사실에 부합하도록 수정할 수 있도록 함에 있다는 점을 함께 참작하여 볼 때, 구체적인 사안을 심리한 결과 성전환자에 해당함이 명백하다고 증명되는 경우에는 호적법 제120조의 절차에 따라 그 전환된 성과 호적의 성별란 기재를 일치시킴으로써 호적기재가 진정한 신분관계를 반영할 수 있도록 하는 것이 호적법 제120조의 입법 취지에 합치되는 합리적인 해석이라는 점을 종합하여 보면, 성전환자에 해당함이 명백한 사람에 대하여는 호적정정에 관한 호적법 제120조의 절차에 따라 호적의 성별란 기재의 성을 전환된 성에 부합하도록 수정할 수 있도록 허용함이 상당하다. 성전환자에 해당함이 명백한 사람에 대하여 호적법 제120조에서 정한 절차에 따라 성별을 정정하는 호적정정이 허가되고 그에 따라 전환된 성이 호적에 기재되는 경우에, 위 호적정정 허가는 성전환에 따라 법률적으로 새로이 평가받게 된 현재의 진정한 성별을 확인하는 취지의 결정이므로 호적정정허가 결정이나 이에 기초한 호적상 성별란 정정의 효과는 기존의 신분관계 및 권리의무에 영향을 미치지 않는다고 해석함이 상당하다.」

정에 대한 사회통념도 변경되었다는 점까지 고려하여 구체적인 사정들의 판단에서 차이를 보이게 된 것으로 볼 수 있다.

위 두 판례는 모두 호적상(현재는 가족관계등록부상) 성별정정허가결정 여부와 20
무관하게 형사재판에서 피해자의 성별을 결정하였다. 이와 같은 태도에 대하여는, ① 성별정정결정은 확인적 의미만을 가진다는 전제에서 위 판결의 태도를 지지하는 긍정론의 입장[16]과 ② 죄형법정주의 원칙에 따라 형벌법규를 엄격히 해석하고 유추해석을 금지하여야 한다는 이념에 비추어 성전환수술을 받았더라도 호적정정을 하기 전까지는 여성으로 취급하여서는 안 된다는 비판론[17]이 있다.

이제 가족관계등록부상 성별정정허가를 받을 수 있는 것으로 판례가 변경 21
되고 입법조치까지 뒤따랐다는 점, 형사재판에서는 성전환수술을 받은 사람의
성(性)이 변경되었다고 판단하였는데 가정법원에서는 가족관계등록부상 성별정
정허가 요건이 미비되었다고 하여 정정을 허가하지 않는 모순적인 상태가 발생
할 수 있다는 점 등의 비판이 가능하지만, 성전환자에 대한 호적상 성별 기재의
정정을 허용하는 위 2004스42 전원합의체 결정에서도 호적정정허가는 성전환에
따라 법률적으로 새로이 평가받게 된 현재의 진정한 성별을 확인하는 취지의
결정이라고 하였을 뿐 호적정정허가에 창설적 효력을 부여하는 것은 아니라고
하였고, 가족관계등록부 기재에는 기재사항이 진실에 부합한다는 추정력이 있
으나 기재가 진실이 아니라고 볼만한 특별한 사정이 있을 때에는 그 추정은 번
복될 수 있는 것이고,[18] 가족관계등록부상 성별정정허가는 그와 같은 추정이 번

---

16 김방호, "강간죄 객체에 관한 새로운 시각," 법률신문 3780(2009. 9. 24).
17 윤진수, "성별정정 허가가 있기 전의 성전환자의 법적 지위", 가족법연구 23-3, 한국가족법학회
   (2009), 248.
18 대결 2020. 1. 9, 2018스40[A는 현재 가족관계등록부의 성명란에 성이 '김(金)'으로 기재되어 있
   지만 주민등록표에는 '금(金)'으로 기재되어 있고, 여권과 자동차운전면허증에도 각각 '금'으로 기
   재되어 있는데, A의 어머니가 사망한 후 A가 상속재산에 대하여 상속등기신청을 하였으나, 관할
   등기소에서 신청서와 가족관계증명서상 상속인의 성명이 다르다는 이유로 위 신청을 각하하자
   법원에 가족관계등록부상 성(姓)의 정정을 구한 사안에서, A가 출생 시 또는 유년시절부터 한자
   성 '김'을 한글 성 '금'으로 사용하여 오랜 기간 자신의 공·사적 생활영역을 형성하여 왔고, 가족
   관계등록부 기재내용의 진실성을 확보하여 진정한 신분관계를 공시하는 가족관계등록제도 본래
   의 목적과 기능 등을 고려할 때 A의 가족관계등록부의 성을 '금'으로 정정하는 것이 타당하다고
   한 사례]. 「가족관계등록제도는 국민의 출생·혼인·사망 등 가족관계의 발생 및 변동사항을 가
   족관계의 등록 등에 관한 법률이 정한 절차에 따라 가족관계등록부에 등록하여 공시·공증하는
   제도이다(제1조, 제9조). 따라서 가족관계등록부는 그 기재가 적법하게 되었고 기재사항이 진실

복되었는지의 문제를 가족관계등록부의 기재 정정의 측면에서만 판단하는 것이라고 본다면, 형사사건의 피해자가 된 사람의 성별이 가족관계등록부에는 출생 시부터 남성으로 기재되어 있지만, 성전환수술을 받았고, 피해자 본인이 오랜 기간 여성으로서의 삶을 살아왔다는 등의 사정을 들어 가족관계등록부의 기재사항이 진실이 아니라고 볼만한 특별한 사정의 존부에 대한 판단을 당해 사건을 다루는 형사재판부에서 심리할 수 있다고 보는 긍정론으로 이해할 수 있다.

4. 법률상의 배우자가 객체가 되는지 여부

(1) 학설

(가) 부정설

22   부부간에 동거의무가 있고, 본죄는 1953년 형법 제정 당시부터 배우자 아닌 사람에 의한 성관계를 강요당한다는 침해적인 요소를 고려하여 높은 형량을 정하였다는 것을 근거로, 배우자는 본죄의 객체가 될 수 없자는 견해이다.[19] 1998년 개정 전의 독일형법은 입법으로 부정설의 입장을 취하였다.

(나) 긍정설

23   혼인계약의 내용에 강요된 동침까지 포함된다고 해석할 수는 없고, 부부관계가 해소되어 가는 경우는 물론이고, 그렇지 않은 때에도 배우자에 대하여 본죄의 성립을 인정해야 한다는 견해이다.[20] 미국 뉴욕주 항소법원의 1984년 People v. Liberta 판결[21]은 혼인증명서가 아내를 강간하는 자격증일 수 없으며, 부부 일방의 성관계 거부는 강간이 아니라 이혼법정으로 나아가야 할 문제라고 하였으며, 독일은 1997년 제33차 형법 개정을 통해 강간죄(독형 § 177)의 구성요건에서 종전의 '혼인 외의 성교'(ausserehelicher Beischlaf)라는 표현을 삭제하는 동

에 부합한다는 추정을 받는다. 그러나 가족관계등록부의 기재에 반하는 증거가 있거나 그 기재가 진실이 아니라고 볼만한 특별한 사정이 있을 때에는 그 추정은 번복될 수 있다. 따라서 어떠한 신분에 관한 내용이 가족관계등록부에 기재되었더라도 기재된 사항이 진실에 부합하지 않음이 분명한 경우에는 그 기재내용을 수정함으로써 가족관계등록부가 진정한 신분관계를 공시하도록 하여야 한다.」

19 손동권·김재윤, 145; 이정원·류석준, 170; 임웅, 203; 정성근·정준섭, 113.
20 김성돈, 197; 김신규, 194; 박찬걸, 188; 배종대, § 44/4; 오영근, 143; 유기천, 형법학(각론강의상)(전정신판), 124; 홍영기, § 63/1.
21 People v. Liberta, 64 N.Y.2d 152, 474 N.E.2d 567(1984).

시에 객체를 '부녀'(eine Frau)에서 '타인(eine andere Person) 또는 피해자(Opfer)'로 개정함으로써 부부강간죄의 성립을 가능하게 하였다.

(다) 제한적 긍정설

부정설을 기반으로 하되, 혼인관계가 파탄되어 실질적인 부부관계가 인정 24 될 수 없는 상태에 이른 때에는 법률상의 배우자는 본죄의 객체가 될 수 있다는 견해이다.[22]

(2) 종전 판례

종래 판례는 대판 2013. 5. 16, 2012도14788, 2012전도252(전)(2012도14788 25 전원합의체 판결이라 한다.) 이전에는 위 (다)의 제한적 긍정설의 입장을 취하였다.[23]

① 처가 다른 여자와 동거하고 있는 남편을 상대로 간통죄 고소와 이혼소 26 송을 제기하였으나 그 후 부부간에 다시 새 출발을 하기로 약정하고 간통죄 고소를 취하하였다면, 그들 사이에 실질적인 부부관계가 없다고 단정할 수 없으므로 설사 남편이 강제로 처를 간음하였다 하여도 본죄는 성립되지 아니한다고 판시하였다.[24]

② 당사자 사이에 혼인관계가 파탄되었을 뿐만 아니라 더 이상 혼인관계를 27 지속할 의사가 없고 이혼의사의 합치가 있어 실질적인 부부관계가 인정될 수 없는 상태에 이르렀다면, 법률상의 배우자인 처도 본죄의 객체가 된다는 법리판단 후에, 부부 사이인 피고인과 피해자는 서로 별거를 하다가 이 사건 발생 전날 법원에 협의이혼신청서를 제출한 사실 등을 인정한 다음, 피고인과 피해자가 아직 법률상 혼인관계에 있기는 하나 실질적으로는 혼인관계가 파탄에 이르렀다는 이유로, 그와 같은 상황에서 피고인이 피해자의 의사에 반하여 강제로 성관계를 가졌다면 본죄가 성립한다고 판단하였다.[25]

---

22 김일수·서보학, 132.
23 종래 일본 판례 중에는 혼인이 실질적으로 파탄되었다는 이유로 부부간에 본죄를 인정한 판례 [東京高判 平成 19(2007). 9. 26. 判夕 1268·345]도 있고, 혼인관계의 파탄 여부와 관계없이 남편이 제3자와 공모하여 처를 윤간한 사례에서 본죄의 성립을 인정한 판례[広島高松江支判 昭和 62(1987).6.18. 高刑集 40·1·71]도 있다. 그런데 일본에서는 2023년 6월 23일 형법이 개정되어 (2023. 7. 14. 시행) 종래의 강제추행죄, 강제성교등죄가 부동의강제추행죄(일형 §176)와 부동의강제성교등죄(§177)로 구성요건이 변경되면서 '혼인관계의 유무에 관계없이' 위 죄가 성립한다고 명문화하였다.
24 대판 1970. 3. 10, 70도29.
25 대판 2009. 2. 12, 2008도8601.

(3) 2012도14788 전원합의체 판결[26] – 위 (나)의 긍정설로 태도 변경

28   부부 사이인 피고인과 피해자가 불화로 부부싸움을 자주 하면서 각방을 써 오던 상황에서 피고인이 부엌칼을 들고 찌를듯한 태도를 보이는 등 폭행을 가한 후 강제로 간음하였다고 하여 성폭력처벌법상의 특수강간죄로 기소된 사안이다.

29   이에 대하여 대법원은, 본죄의 객체가 아직 '부녀'로 되어 있던 구 형법 (2012. 12. 18. 법률 제11574호로 개정되기 전의 것) 제297조에서 규정한 본죄의 객체인 '부녀'에 법률상 처도 포함되고, 혼인이 개인의 성적 자기결정권에 대한 포기를 의미한다고 할 수 없고, 부부 사이에 민법상의 동거의무가 인정된다고 하더라도 거기에 폭행·협박에 의하여 강요된 성관계를 감내할 의무가 내포되어 있다고 할 수 없다는 이유로, 혼인관계가 파탄된 경우뿐만 아니라 혼인관계가 실질적으로 유지되고 있는 경우에도 남편이 반항을 불가능하게 하거나 현저히 곤란하게 할 정도의 폭행이나 협박을 가하여 아내를 간음한 경우에는 본죄가 성립한다고 판시하여,[27] 종래의 태도를 변경하여 위 (나)의 긍정설의 입장을 취하

---

26 대판 2013. 5. 16, 2012도14788, 2012전도252(전). 본 판결 평석은 김혜정, "부부사이 강간죄의 법리적·정책적 쟁점에 관한 소고", 법조 685, 법조협회(2013. 10), 197-226; 박진환, "강간죄의 객체인 '부녀'에 혼인관계가 정상적으로 유지되고 있는 법률상의 처도 포함되는지 여부", 양승태 대법원장 재임 3년 주요 판례 평석, 사법발전재단(2015), 444-460.

27 위 2012도14788 전원합의체 판결의 [다수의견]. 「(가) 형법(2012. 12. 18. 법률 제11574호로 개정되기 전의 것, 이하 같다) 제297조는 부녀를 강간한 자를 처벌한다고 규정하고 있는데, 형법이 강간죄의 객체로 규정하고 있는 '부녀'란 성년이든 미성년이든, 기혼이든 미혼이든 불문하며 곧 여자를 가리킨다. 이와 같이 형법은 법률상 처를 강간죄의 객체에서 제외하는 명문의 규정을 두고 있지 않으므로, 문언 해석상으로도 법률상 처가 강간죄의 객체에 포함된다고 새기는 것에 아무런 제한이 없다. 한편 1953. 9. 18. 법률 제293호로 제정된 형법은 강간죄를 규정한 제297조를 담고 있는 제2편 제32장의 제목을 '정조에 관한 죄'라고 정하고 있었는데, 1995. 12. 29. 법률 제5057호로 형법이 개정되면서 그 제목이 '강간과 추행의 죄'로 바뀌게 되었다. 이러한 형법의 개정은 강간죄의 보호법익이 현재 또는 장래의 배우자인 남성을 전제로 한 관념으로 인식될 수 있는 '여성의 정조' 또는 '성적 순결'이 아니라, 자유롭고 독립된 개인으로서 여성이 가지는 성적 자기결정권이라는 사회 일반의 보편적 인식과 법감정을 반영한 것으로 볼 수 있다. 부부 사이에 민법상의 동거의무가 인정된다고 하더라도 거기에 폭행, 협박에 의하여 강요된 성관계를 감내할 의무가 내포되어 있다고 할 수 없다. 혼인이 개인의 성적 자기결정권에 대한 포기를 의미한다고 할 수 없고, 성적으로 억압된 삶을 인내하는 과정일 수도 없기 때문이다.
(나) 결론적으로 헌법이 보장하는 혼인과 가족생활의 내용, 가정에서의 성폭력에 대한 인식의 변화, 형법의 체계와 그 개정 경과, 강간죄의 보호법익과 부부의 동거의무의 내용 등에 비추어 보면, 형법 제297조가 정한 강간죄의 객체인 '부녀'에는 법률상 처가 포함되고, 혼인관계가 파탄된 경우뿐만 아니라 혼인관계가 실질적으로 유지되고 있는 경우에도 남편이 반항을 불가능하게

였다.[28]

다만, 남편의 아내에 대한 폭행 또는 협박이 피해자의 반항을 불가능하게 하거나 현저히 곤란하게 할 정도에 이른 것인지 판단하는 기준에 관하여는, 부부 사이의 성생활에 대한 국가의 개입은 가정의 유지라는 관점에서 최대한 자제하여야 한다는 전제에서, 그 폭행 또는 협박의 내용과 정도가 아내의 성적 자기결정권을 본질적으로 침해하는 정도에 이른 것인지 여부, 남편이 유형력을 행사하게 된 경위, 혼인생활의 형태와 부부의 평소 성행, 성교 당시와 그 후의 상황 등 모든 사정을 종합하여 신중하게 판단하여야 한다고 판시하였다.[29]

30

하거나 현저히 곤란하게 할 정도의 폭행이나 협박을 가하여 아내를 간음한 경우에는 강간죄가 성립한다고 보아야 한다. 다만 남편의 아내에 대한 폭행 또는 협박이 피해자의 반항을 불가능하게 하거나 현저히 곤란하게 할 정도에 이른 것인지 여부는, 부부 사이의 성생활에 대한 국가의 개입은 가정의 유지라는 관점에서 최대한 자제하여야 한다는 전제에서, 그 폭행 또는 협박의 내용과 정도가 아내의 성적 자기결정권을 본질적으로 침해하는 정도에 이른 것인지 여부, 남편이 유형력을 행사하게 된 경위, 혼인생활의 형태와 부부의 평소 성행, 성교 당시와 그 후의 상황 등 모든 사정을 종합하여 신중하게 판단하여야 한다.」

28 다만, 아래와 같은 반대의견이 있다. 「[반대의견] (가) 강간죄에 대하여 규정한 형법 제297조가 개정 형법(2012. 12. 18. 법률 제11574호로 개정되어 2013. 6. 19. 시행 예정인 것, 이하 '개정 형법'이라 한다)에 의하여 개정되기 전에, 강제적인 부부관계에 대하여 행사된 폭행이나 협박을 처벌 대상으로 삼는 것을 넘어서서 강간죄의 성립을 부정하였던 종전의 판례를 변경하여 강간죄로 처벌하여야 한다는 다수의견에 대하여는 다음과 같은 이유로 찬성할 수 없다.
(나) '간음'의 사전적 의미는 '부부 아닌 남녀가 성적 관계를 맺음'이고, 강간은 '강제적인 간음'을 의미하므로 강간죄는 폭행 또는 협박으로 부부 아닌 남녀 사이에서 성관계를 맺는 것이라 할 것이다. 그리고 강간죄는 '부녀'를 대상으로 삼고 있으므로, 결국 강간죄는 그 문언상 '폭행 또는 협박으로 부인이 아닌 부녀에 대하여 성관계를 맺는 죄'라고 해석된다. 강간죄는 제정 당시부터 '배우자가 아닌 사람에 의한 성관계'를 강요당한다는 침해적인 요소를 고려하여 형량을 정하였는데, 특별한 구성요건의 변화 없이 형법 제32장의 제목 변경만으로 강간죄를 부부관계에까지 확대하는 것은 강간죄의 규정 취지와 달리 부부관계에 대하여 과도한 처벌이 이루어지게 되어 죄형균형의 원칙을 벗어나게 된다. 혼인생활과 가족관계의 특수성이 갖는 이익과 성적 자기결정권이 갖는 이익의 형량 등을 고려하여 강간죄에 의한 처벌 여부를 가려야 한다면, 차라리 일반적인 강간죄가 성립된다고 보지 않고 그 폭행 또는 협박에 상응한 처벌을 하는 것이 다양한 유형의 성적 자기결정권 침해에 대처할 수 있고 처의 혼인생활 및 권리 보호에 충실할 수 있다.」

29 대판 2013. 5. 16, 2012도14788, 2012전도252(전). 부부 사이의 강간 인정 범위를 넓힌 위 2012도14788 전원합의체 판결에 대하여, ① 이를 옹호하는 논의를 전개한 글로는, 박진환, "강간죄의 객체인 '부녀'에 혼인관계가 정상적으로 유지되고 있는 법률상의 처도 포함되는지 여부", 고요한 정의의 울림: 신영철 대법관 퇴임기념 논문집, 사법발전재단(2015), 643-695가 있다. 한편, ② 종전 판례를 유지하더라도 피고인은 본죄로 처벌될 수 있고, 위 2012도14788 전원합의체 판결은 법률해석의 범위를 뛰어넘었다는 이유로 비판적인 견해를 피력한 글로는, 윤용규, "아내강간죄를 인정한 대법원판결에 대한 소고", 법조 690, 법조협회(2014), 164-214가 있다.

(4) 변경된 대법원 판례 적용 시 유의점

31   실질적 부부관계가 파탄나지 아니한 부부 사이에서도 본죄가 성립할 수 있지만, 대법원은 폭행 또는 협박이 피해자의 반항을 불가능하게 하거나 현저히 곤란하게 할 정도에 이른 것인지 판단하는 기준에 관하여 기본적으로 본죄에 일반적으로 적용하는 종합적 고려설의 입장을 유지하면서도, 부부 사이의 성생활에 대한 국가의 개입은 가정의 유지라는 관점에서 최대한 자제하여야 한다는 전제에서 부부강간 사건에서는 좀 더 신중한 판단을 하여야 한다고 하였다.

32   부부 사이에 적용되는 기준은 폭행 또는 협박의 내용과 정도가 아내의 성적 자기결정권을 본질적으로 침해하는 정도에 이른 것인지 여부라고 할 것이고, 그와 같은 기준이 충족되었는지 판단할 때 고려하여야 할 사정으로 위 2012도14788 전원합의체 판결은 남편이 유형력을 행사하게 된 경위, 혼인생활의 형태와 부부의 평소 성행, 성교 당시와 그 후의 상황 등을 들었다.

33   현재 실무상 본죄 인정에 요구되는 폭행·협박의 정도가 상당히 낮추어져 있는데 이를 부부 사이에 그대로 적용하면 부당한 경우가 생길 수 있는 점, 이혼소송에서 악용될 소지가 있고, 본죄가 비친고죄로 되어 있으므로 피해자가 원하지 않는 수사나 재판을 받는 경우도 생길 수 있는 점 등을 고려하여, 부부 사이에서의 본죄 인정은 신중히 할 필요가 있다.

34   이와 같이 부부 사이의 본죄 인정은 가능하지만, 그 적용을 신중히 할 필요가 있다는 법리는 부부 사이의 준강간죄, 유사강간죄, 강제추행죄 등에도 그대로 적용되고, 사실혼이나 연인 관계에서도 법률상 부부 사이에서와 같은 정도로 엄격한 요건을 요구하지는 않더라도 어느 정도 유죄 인정을 신중히 할 필요는 있을 것이다.

(5) 변경된 대법원 판례를 적용한 하급심 사례

35   위 2012도14788 전원합의체 판결 후 폭행 또는 협박의 내용과 정도가 아내의 성적 자기결정권을 본질적으로 침해하는 정도에 이르렀는지 여부를 쟁점으로 삼은 대법원 판례는 아직 없으나, 하급심에서는 일부 사례(배우자 외에 사실혼이나 연인 관계 포함 및 본죄 외에 강체추행죄 등 성범죄 포함)가 있다.

(가) 유죄로 인정한 사안

36   ① 피고인이 피해자인 처와 성관계를 시도하면서 거절하는 피해자의 목을

조르고 뺨을 수회 때렸다면, 그러한 상황에서도 피해자에게 폭행으로 강요된 성관계를 감내할 의무가 있다고 할 수 없고, 피고인의 행위는 피해자의 성적 자기결정권을 침해하는 것이라고 봄이 타당하다고 본 사안[30]

② 피해자인 처가 외도를 하였다는 이유로 화가 나서 손바닥으로 피해자의 뺨을 수회 때리는 등의 폭행을 하고, 피해자로 하여금 무릎을 꿇고 앉게 한 다음 피해자의 다리 사이로 손을 집어넣어 음부를 만져 강제추행하였다는 공소사실에 대하여, 피해자에게 "그 놈(상간남)한테 한 것처럼 다리를 벌려보라."고 말하였으나 피해자가 응하지 않자 피해자의 다리 사이로 손을 집어넣어 음부를 만진 범행경위에 비추어, 피고인과 피해자가 부부 사이라는 특수한 사정을 감안하더라도 이와 같은 추행행위는 피해자의 성적 수치심을 일으키게 하고, 선량한 성적 도덕관념에 반하는 행위에 해당한다고 하여 강제추행죄를 인정한 사안[31]

③ 혼인신고 1개월 만에 피해자인 처가 식사를 하면서 친정어머니 생각에 눈물을 흘리자 "왜 밥 먹는 분위기를 깨느냐"면서 머리를 때리고 강간하고, 피해자에게 알몸인 상태로 잠을 자도록 하면서 피해자에게 술과 불상의 알약을 먹여 깊이 잠이 들도록 함으로써 피해자를 항거불능인 상태로 만든 다음 불상의 도구로 피해자의 음모를 깎아 피해자를 강제로 추행하였다는 공소사실에 대하여, 강간죄와 준강제추행죄를 인정한 제1심의 판단이 대법원에서 유지된 사안[32]

(나) 무죄로 본 사안

① 피고인이 불화로 별거 중이던 피해자인 처가 딸을 만나러 주거지에 찾아오자 피해자 옆에 갑자기 누워 피해자의 가슴과 몸을 만지고 입맞춤하다가, 피해자의 몸 위에 올라타 양손으로 어깨를 누르고 양발로 몸을 눌러 움직이지 못하게 반항을 억압한 다음 강간하는 등 3회에 걸쳐 강간하였다는 공소사실에 대하여, 멍이 들거나 상처를 입었다는 등의 사정이 없이 단지 '양손으로 어깨를 누르고 양발로 몸을 눌러 움직이지 못하게' 하였다는 것만으로는 피해자의 반항을 불가능하거나, 현저히 곤란하게 할 정도의 폭행, 협박에 이르렀다고 평가하기 어렵고, 각 성관계 직후에도 피고인에게 강간사실을 항의한 바 없으며, 오히

---

30 대구고판 2020. 2. 6, 2019노574(항소심에서 확정).
31 서울서부지판 2019. 10. 30, 2019고단1749(항소심에서 확정).
32 대판 2016. 6. 19, 2018도4981(제1심 판결은 전주지판 2017. 9. 7, 2017고합85).

려 피고인과 문자로 일상적인 대화를 나누었고, 이후로도 비록 별거하면서 이혼소송 중이기는 하나, 어린 딸을 함께 양육하며 비교적 원만한 협력관계를 유지했다는 등의 사정을 들어 무죄로 판단한 사안[33]

40　　② 사실혼 관계에 있는 피해자 여성이 주거지에서 신경안정제 및 수면제를 먹고 잠이 들어 항거불능 상태에 있는 것을 이용하여 준강간하였다는 공소사실에 대하여, 사실혼 관계에 있는 당사자 사이에서의 성범죄의 성립을 인정하는 것 또한 법률상의 배우자 사이에서의 성범죄 판단기준에 준하여 신중하게 판단하여야 한다고 전제한 후, 피해자가 평소 자신이 수면제 등을 먹고 잘 때 성관계를 해도 좋다고 승낙하였다가, 그 후 이 사건 준강간행위 이전에 피고인에게 약을 먹고 잘 때 웬만하면 성관계를 하지 말아달라거나, 잠잘 때 성관계를 하더라도 미리 이야기를 하고 했으면 좋겠다고 말한 적은 있으나, 피해자가 이 사건 이전까지는 자신이 잠든 사이에 피고인이 성관계를 하는 것에 대하여 특별히 강하게 항의하지 않은 점에 비추어, 피해자는 수면 중 성관계를 완곡하게 거절하는 정도의 의사표시를 한 것으로 보이지만, 피고인의 위 행위가 피해자의 성적 자기결정권을 본질적으로 침해하는 정도에 이르렀다고 보기는 어렵다는 이유로 무죄로 판단한 사안[34]

41　　③ 연인 관계에 있는 피고인이 피해자와 모텔에 투숙하여 자고 있는 피해자를 상대로 성관계를 하여 준강간죄로 기소된 사건에서, 결혼하지 않은 연인들 사이에서도 대체로 자유롭게 성관계가 이루어지고 있는 오늘날의 현실을 고려하면, 평소 연인 관계로서 지속적으로 성관계를 맺어 온 사이에서 본죄의 성립을 인정하는 것 또한(법률상의 배우자 사이에서의 강간에서와 같은 기준이 적용되는 것은 아니라고 할지라도) 신중하게 판단하여야 한다고 전제한 후, 비록 심신상실 또는 항거불능의 상태에 있는 상대방과 성관계를 하였다고 하더라도 상대방의 명시적·묵시적·추정적 승낙이 있는 경우에는 준강간죄는 성립하지 않고, 이 사건의 경우 피고인과 피해자는 당시 연인 관계로 동거하면서 자유롭게 성관계를 맺고 서로의 나체사진을 촬영하여 보관하는 등 비교적 개방적인 성생활을 하여 왔고, 피해자가 이 사건 전에 피고인에게 자신이 자는 동안에 성관계를 해서는 안 된

---

33 의정부지법 고양지원 2019. 8. 13, 2019고합94(제1심에서 확정).
34 대구고판 2022. 8. 31, 2022노149(상고기각으로 확정).

다는 의사를 밝힌 적은 없었으며, 잠에서 깬 피해자가 성관계 사실을 피고인으로부터 확인받은 후 '앞으로는 그러지 마라'고만 이야기한 후 둘 사이의 관계가 파탄나기까지는 이 사건을 문제삼지 않았다는 사정을 들어, 피고인의 행위를 강간에 준하여 피해자의 성적 자기결정권을 본질적으로 침해하는 정도에 이르렀다고 평가하기는 어렵다는 이유로 피고인을 준강간죄로 처벌할 수는 없다고 하여 무죄로 판단한 사안35

④ 혼인한 지 22년이 넘은 법률상 부부 사이인 피고인이 처인 피해자의 외도를 추궁하다가 욕설을 하는 등으로 피해자를 협박한 후 피해자의 몸을 피고인의 몸으로 눌러 반항을 억압한 후 간음하여 강간하였다는 공소사실에 대하여, 부부 사이에 비록 불화가 있기는 하였지만 혼인생활이 파탄될 정도는 아니었고, 한 달에 1-2차례 성관계도 가질 만큼 정상적인 부부관계를 유지해 왔으며, 피해자는 평소 피고인의 성관계 요구를 대부분 거부하다가 한 달에 1-2회 마지못해 수동적으로 응하였는데, 이 사건의 경우도 그와 크게 다르지 않다고 보이는 점, 이 사건 당시는 말다툼을 한 직후였지만, 피해자는 피고인이 옷을 벗길 때 별다른 신체적인 저항을 하지 않은 것으로 보이는 점, 피해자는 피고인과 성관계 도중 피고인에게 욕설을 하며 빨리 사정할 것을 요구하기도 하였고, 성관계가 끝난 후에는 피고인이 질 내 사정을 하였다는 이유로 화가 나서 발로 피고인의 갈비뼈 부위를 차기도 한 점 등에 비추어 볼 때, 피고인이 피해자의 의사를 무시하고, 또는 피해자의 의사에 반하여 성관계를 한 것으로는 볼 수는 있을지언정, 그 과정에서 한 말과 행동이 피해자의 반항을 불가능하게 하거나 현저히 곤란하게 할 정도의 폭행이나 협박에 해당된다고 보기는 어렵다는 이유로 무죄로 판단한 사안36

⑤ 아내의 성적 자기결정권을 본질적으로 침해하는 정도에 이르렀는지 여부에 대하여 신중한 심리를 한 결과 무죄로 판단한 사안37

(6) 가정보호사건으로 처리할 가능성

부부강간은 가정폭력범죄의 처벌 등에 관한 특례법 제2조 제3항 (마)목의 가정폭력범죄에 해당하므로, 같은 법 제8조에 따른 임시조치의 대상이 되고, 사

---

35 서울서부지판 2014. 9. 26, 2014고합134(제1심에서 무죄 부분 확정).
36 수원지법 여주지판 2015. 7. 16, 2015고합14(항소기각으로 확정).
37 광주지법 순천지판 2021. 1. 14, 2020고합136(제1심 무죄판결 확정).

안이 가벼운 경우 검사 또는 법원에 의하여(가폭 §9, §12) 가정법원의 가정보호 사건으로 처리할 수도 있다.

IV. 행 위

45   폭행·협박으로 강간하는 것이다.

1. 폭행·협박

(1) 의의

46   폭행이란 사람에 대한 유형력의 행사를 말한다.

47   협박이란 해악을 고지하는 것을 말한다. 반드시 본인에 대한 해악의 고지에 한하지 않고, 제3자에 대한 해악(가령 자녀에 대한 해악)의 고지도 포함한다. 해악의 내용에는 제한이 없다. 생명, 신체의 안전에 대한 위협뿐 아니라, 반항을 현저히 곤란하게 할 정도의 것에 해당한다면 재산권에 대한 위협도 협박에 해당한다고 볼 수 있다. 다만 협박은 해악의 고지이므로, 계약체결의 조건으로 성관계를 요구하는 경우와 같이 이익 제공을 약속하는 행위는 원칙적으로 협박에 해당한다고 볼 수 없을 것이다.

(2) 폭행·협박의 정도

(가) 학설

48   형법상 폭행의 개념을 통설은 아래와 같이 4개로 분류하고 있다.[38] 구체적으로 폭행에는, ① 대상이 무엇인지를 묻지 않고 유형력을 행사하는 모든 경우를 말하는 최광의의 폭행(소요죄, 다중불해산죄에서의 폭행), ② 사람에 대한 직·간접의 유형력 행사를 말하는 광의의 폭행(공무집행방해죄, 특수도주죄, 강요죄에서의 폭행), ③ 사람의 신체에 대한 유형력의 행사를 말하는 협의의 폭행(폭행죄, 특수공무원폭행죄에서의 폭행), ④ 상대방의 반항을 불가능하게 하거나 현저히 곤란하게 할 정도의 유형력의 행사를 말하는 최협의의 폭행(강도죄에서의 폭행)이 있다〔이에 대한 상세는 **형법주해 VII(각칙 4) §260(폭행, 존속폭행)** 부분 참조〕.

---

38 이재상·장영민·강동범, §3/41.

형법상 협박의 개념에 대해서도 통설은 아래와 같이 3개로 분류하고 있다.[39] 49
구체적으로 협박에는, ① 공포심을 일으킬 목적으로 상대방에게 해악을 고지하는 일체의 행위를 말하는 광의의 협박(공무집행방해죄에서의 협박), ② 상대방에게 현실적으로 공포심을 일으킬 수 있는 정도의 해악의 고지를 말하는 협의의 협박(강요죄, 협박죄에서의 협박), ③ 상대방의 반항을 불가능하게 하거나 현저하게 곤란하게 할 정도의 해악의 고지를 말하는 최협의의 협박(강도죄에서의 협박)이 있다[이에 대한 상세는 **형법주해 IX(각칙 6) §283(협박, 존속협박)** 부분 참조].

본죄가 성립하기 위한 요건으로서의 '폭행·협박의 정도'에 대하여는, 최협 50
의의 폭행·협박에 해당하여야 한다는 견해가 통설[40]이고, 협의의 폭행·협박의 정도에 해당하면 충분하다는 소수설[41]이 있다. 다만 통설은 폭행·협박이 강도죄에서는 상대방의 반항을 불가능하게 할 정도에 이르러야 한다고 보는 반면, 본죄에서는 상대방의 반항을 불가능하게 하거나 현저히 곤란하게 할 정도에 이르러야 한다고 보아, 강도죄에 비하여 약간 완화된 기준을 적용하고 있다. 또한 통설은, 강제추행죄에서의 폭행·협박의 정도에 대하여는 기습추행이 아닌 폭행·협박 선행형의 강제추행에 관하여 최협의설을 취하면서도 '항거를 곤란하게 할 정도'면 충분하다고 보아 더 완화된 기준을 적용하고 있다.

대법원도 통설의 견해와 마찬가지로, "강간죄가 성립하려면 폭행·협박이 51
피해자의 항거를 불가능하게 하거나 현저히 곤란하게 할 정도의 것이어야 한다."고 하면서,[42] 피해자의 의사에 반하는 정도의 유형력만 행사하여 피해자를 간음하려고 한 경우에는 본죄에서 요구하는 수단에 해당하지 않는다고 판시한[43] 바 있다.[44]

강도죄나 본죄에서 폭행·협박이 강취 또는 간음의 수단이 되거나 둘 사이 52
에 인과관계가 인정될 것을 규정하고 있는 이상, 폭행·협박에 관하여 반항을 억압하거나 곤란하게 할 정도에 이를 것을 요구하는 최협의설이 타당하다고 볼

39 이재상·장영민·강동범, §7/9.
40 김성돈, 198; 김일수·서보학, 133; 배종대, §44/5; 손동권·김재윤, 146; 오영근, 144; 이재상·장영민·강동범, §17/11; 임웅, 204; 정성근·박광민, 173.
41 박상기·전지연, 498-499.
42 대판 2015. 9. 24, 2015도10843.
43 대판 1999. 9. 21, 99도2608; 대판 2004. 6. 25, 2004도2611.
44 일본 판례도 마찬가지 입장이다[最判 昭和 24(1949). 5. 10. 刑集 3·6·711.].

수 있다.

(나) 구체적인 판단기준

53   강간의 수단인 폭행·협박이 피해자의 항거를 불가능하게 하거나 현저히 곤란하게 할 정도에 이르렀는지에 대한 판단기준으로, 대법원은 종합적 고려설에 따라 "유형력을 행사한 당해 폭행·협박의 내용과 정도는 물론이고 유형력을 행사하게 된 경위, 피해자와의 관계, 성교 당시와 그 후의 정황 등 모든 사정을 종합하여, 피해자가 성관계 당시 처하였던 구체적인 상황을 기준으로 판단하여야 하고, 사후적으로 보아 피해자가 성교 이전에 범행 현장을 벗어날 수 있었다거나 피해자가 사력을 다하여 반항하지 않았다는 사정만으로 가해자의 폭행·협박이 피해자의 항거를 현저히 곤란하게 할 정도에 이르지 않았다고 섣불리 단정하여서는 아니 된다."고[45] 판시하고 있다.[46]

54   이에 따르면, 증거에 의하여 피해자가 성관계 당시 처하였던 구체적인 상황에 관한 사실관계를 인정한 후 이에 터잡아 가해자가 행사한 폭행·협박이 피해자의 항거를 불가능하게 하거나 현저히 곤란하게 할 정도에 이르렀는지 판단하는 과정을 거쳐야 할 것이다. 폭행·협박의 과정에서 피해자가 상해를 입어 상해진단서가 제출된 경우나 제3의 목격자가 있는 경우에는 그 판단이 비교적 쉬울 수 있으나, 증거가 피고인 및 피해자의 진술밖에 없고, 그 진술이 서로 상반되는 경우 구체적인 상황에 관한 사실관계 인정부터 쉽지 않다.

55   결국은 대법원이 제시하고 있는 바와 같이 '그 사건에 관계된 모든 사정을 종합'하여 판단할 수밖에 없을 것인데, 이 경우 범행 장소 및 범행 당시의 상황,[47] 피해자의 나이 및 정신상태,[48] 피고인과 피해자와의 관계, 피고인이 행사한 폭행·협박의 내용 및 정도(특히, 피고인이 흉기나 그 밖의 위험한 물건을 지니고 있었는지 여부),[49] 유형력을 행사하게 된 경위 및 결과(상해 여부, 치료를 받았는지 여부 등), 폭행·협박이 피해자에게 미친 심리적·육체적 영향,[50] 폭행·협박이나 간음

---

45 대판 2005. 7. 28, 2005도3071; 대판 2018. 10. 25, 2018도7709; 대판 2022. 3. 31, 2018도19037.
46 같은 취지의 일본 판례로는 最判 昭和 33(1958). 6. 6. 刑集 126·171.
47 대판 2000. 8. 18, 2000도1914; 대판 2000. 10. 27, 2000도3759; 대판 2004. 8. 20, 2004도2870.
48 대판 1999. 4. 9, 99도519; 대판 2000. 8. 18, 2000도1914.
49 대판 2002. 9. 10, 2002도2947.
50 대판 1992. 4. 14, 92도259.

과정에서 피고인과 피해자가 나눈 대화 내용 및 피해자가 손쉽게 구조를 요청할 수 있었는지 여부,[51] 범행 후 피고인과 피해자가 취한 행동 양식,[52] 피해자가 피해를 당한 후 즉각 도움을 요청하거나 고소를 하였는지 여부[53] 등이 중요한 기준이 될 것이다.[54]

판례상 반항을 불가능하게 하거나 현저히 곤란하게 할 정도의 폭행·협박에 해당한다고 본 사례는 아래와 같다. 56

① 피고인이 피해자와 실랑이를 하거나 피해자를 폭행·협박하는 과정에서 피해자의 반바지가 찢어질 정도로 힘을 주어 강제로 바지를 벗기고, 피해자의 왼쪽 팔뚝과 허벅지, 손바닥, 오른쪽 목 부위, 팔꿈치 안쪽 중 일부에 피멍이 들 정도로 피해자의 몸 위에 올라타 피해자를 누른 경우[55] 57

② 피고인이 피해자를 자신의 차량 조수석에 태우고 가다가 피해자를 강간할 마음이 생겨 하차 요구를 거절한 채 계속 운행하여 피해자로 하여금 주행 중인 자동차에서 탈출 불가능하게 하여 공포심을 일으키게 하고 약 50킬로미터를 운행하여 여관 앞까지 강제로 연행한 경우[56] 58

③ 피고인이 새벽 4시에 피해자를 간음할 목적으로 혼자 사는 18세인 피해자의 방문 앞에 가서 피해자가 방문을 열어주지 않으면 부수고 들어갈 듯 한 기세로 방문을 두드리고 이에 피해자가 위험을 느끼고 창문에 걸터앉아 가까이 오면 뛰어내리겠다고 하는데도 베란다를 통하여 창문으로 침입하려고 한 경우[57] 59

④ 나이 어린 피해자를 다른 사람의 출입이 곤란한 심야에 여관방으로 유인하여 방문을 걸어 잠근 후 성관계를 거부하는 피해자에게 성관계를 거절하면 옆방에 있는 친구들에게 윤간당할 것이라고 협박한 경우[58] 60

⑤ 유부녀인 피해자에 대하여 '혼인 외 성관계' 사실을 폭로하겠다는 등의 61

51 대판 1991. 5. 28, 91도546; 대판 1992. 4. 14, 92도259.
52 대판 2001. 10. 30, 2001도4462.
53 대판 2004. 8. 20, 2004도3164.
54 주석형법〔각칙(4)〕(5판), 222(구회근).
55 대판 2016. 5. 27, 2016도3434. 피해자가 당시 피고인과 유사성행위를 한 것은 피고인의 요구에 응하지 않으면 더 큰 피해를 입을 수 있을 것으로 생각하였기 때문이라고 보아 합의하의 성관계였다는 피고인의 주장을 배척하였다.
56 대판 1983. 4. 26, 83도323.
57 대판 1991. 4. 9, 91도288.
58 대판 2000. 8. 18, 2000도1914.

내용으로 협박하여 피해자를 간음한 경우[59]

    (다) 종합적 고려설의 구체적 적용에 관한 판례의 태도 변화

62   판례는 종래부터 폭행·협박의 정도에 관한 최협의설과 종합적 고려설을 유지해 오고 있지만, 그 적용에 있어서는 과거 "유형력의 행사가 있음에도 불구하고 그것이 항거를 현저히 곤란하게 할 정도에 이르렀다고 보기 어렵다."는 이유로 무죄로 판단한 사안이 가끔 있었으나, 현재는 그 사안들보다 유형력의 행사가 약하게 보이는 사안에서도 유죄를 인정하는 방향으로 변해 왔다.

63   이는 과거 각칙 제32장의 제목을 '정조에 관한 죄'로 규정하고 여성에게 정조를 지키기 위하여 원하지 않는 성관계에 대하여 반항을 하여야 할 의무가 있는 듯이 생각하다가, 1995년 12월 29일 개정 형법에서 같은 장의 제목을 '강간과 강제추행의 죄'로 규정하고, 보호법익을 성적 자기결정권으로 보게 된 것이 계기가 되었던 것으로 보이고, 종합적 고려설에 따라 고려하여야 할 사정에 "사후적으로 보아 피해자가 성교 이전에 범행 현장을 벗어날 수 있었다거나 피해자가 사력을 다하여 반항하지 않았다는 사정만으로 가해자의 폭행·협박이 피해자의 항거를 현저히 곤란하게 할 정도에 이르지 않았다고 섣불리 단정하여서는 아니 된다."는 것을 추가하는 취지의 대법원 판결[60] 및 뒤에서 살펴볼 대판 2018. 10. 25, 2018도7709(이른바 성인지 감수성 판결) 이후 그러한 경향이 더 뚜렷하다.[61]

64   현재 실무에서는 저항을 억압하기 위하여 다리나 몸으로 피해자를 누르는 행위를 항거를 현저히 곤란하게 하는 폭행으로 인정하는 사례가 많은데, 구타는 저항을 포기하게 하는 방법인 반면, 체구나 힘의 차이를 이용하여 몸으로 눌러 피해자를 제압하는 것은 피해자의 저항을 직접 저지하는 것으로 볼 수 있는 경우가 많을 것이다.

---

59 대판 2007. 1. 25, 2006도5979.

60 대판 2005. 7. 28, 2005도3071; 대판 2018. 10. 25, 2018도7709; 대판 2022. 3. 31, 2018도19037. 위 2005도3071 판결 평석은 윤승은, "강간죄의 구성요건으로서의 폭행·협박의 정도", 형사판례연구 [14], 한국형사판례연구회, 박영사(2006), 71-88.

61 일본 판례 중에는 피해자가 용이하게 저항할 수 있었다고 생각되지만 현실에서는 저항이 없었다는 이유로 본죄에서 예정하고 있는 폭행과 협박의 요건을 구비하지 않았다고 하여 강간의 공소사실에 대해 원심의 유죄판결을 파기하고 무죄를 선고한 것[最判 平成 23(2011). 7. 25. 判タ 1358·79]이 있다.

피해자에게 원치 않는 침해에 대하여 저항할 의무를 부과하고 저항하지 않   65
으면 침해에 동의한 것으로 추정하는 형태의 범죄는 없는데, 본죄에서만 유독
사력을 다하여 저항하지 않으면 성관계에 동의한 것으로 볼 것은 아닌 점, 체력
적으로 우월한 가해자에게 섣부른 저항을 하는 것이 더 큰 위험을 불러올 수 있
다는 점에 비추어 볼 때, 피해자로부터 거절의 의사가 분명히 표시되었다면 반
항을 억압할 폭행·협박의 정도를 낮추어 해석하는 최근의 판례 동향이 바람직
하다고 본다.

(a) 무죄로 판단한 과거 사례

① 여관에 함께 들어와 자고 있는 피해자의 옷을 벗기고 성교하려고 함에   66
대하여 피해자가 잠에서 깨어나 하지 말라고 하면서 몸을 좌·우로 흔드는 등
거부하였으나, 피고인이 피해자의 몸을 누른 채 한 번만 하게 해달라고 애원하
듯이 말하면서 피해자의 반항이 덜해지자 피해자의 다리를 벌려 성교를 한 사
안에서, 피해자가 몸을 일으켜 그 장소에서 탈출하려고 하거나 소리를 질러 구
조를 요청하는 등 적극적인 반항은 하지 않았음을 들어 항거를 현저히 곤란하
게 할 정도의 유형력에 해당하지 않는다고 보았다.[62]

② 피고인이 채팅사이트를 통하여 알게 된 피해자(여, 14세)가 부모님의 꾸   67
중을 듣고 가출하자 만나서 비디오방으로 데리고 가 영화를 보던 중 갑자기
"야, 우리 하자."고 말하면서 소파에 누워 있던 피해자의 몸 위에 올라타 움직이
지 못하게 하고 바지와 팬티를 강제로 벗겨 강간한 사안에서, 피고인이 위험한
물건이나 흉기로 위협하거나 폭행을 하지는 않았고, 피고인이 외출 후에도 같은
장소에 있는 피해자와 1차례 성관계를 더 하였던 점 등의 사정에 비추어, 피고
인이 피해자의 의사에 반하여 유형력을 행사하여 피해자를 간음한 것으로 볼
여지는 있지만, 그 유형력이 피해자가 반항을 못하거나 반항을 현저하게 곤란하
게 할 정도에까지 이르렀는지에 대하여 합리적인 의심이 없을 정도로 증명이
되었다고 보기는 어렵다고 판단하여 무죄 취지로 파기환송하였다.[63]

③ 피고인이 피해자를 기숙사 방으로 유인하여 바닥에 눕히고 몸으로 누르   68
며 간음하려 함에 대하여 피해자가 거부하자 주먹으로 얼굴을 한차례 때린 후

---

62 대판 1999. 9. 21, 99도2608.
63 대판 2004. 6. 25, 2004도2611.

간음한 사안에서, 피해자가 몸무림을 치고 저항하는 것만으로 피고인으로부터 벗어날 수 없었다고 보기 어렵다는 사정을 들어 강간치상죄의 공소사실을 무죄 취지로 파기환송하였다.[64]

(b) 최근의 유죄 인정 사안

69 　① 피고인이 자신이 운영하는 노래방 객실에서 보도방 도우미인 피해자(여, 22세)와 술을 마시던 중 둘만 남게 되자 돌아가려는 피해자의 팔을 잡아끌어 막은 후 소파에 밀어붙이고, 피해자가 "사람 살려"라고 소리를 지르는 등 저항하자 양손으로 피해자를 잡아 눕히고 배 위에 올라타서 양손으로 양어깨를 눌러 반항을 억압한 다음, 피해자의 옷을 벗겨 강간하였다는 공소사실로 기소된 사안에서, 반항을 억압할 정도의 폭행·협박이 있었는지 여부를 판단하기 위한 제반 사정에 '사후적으로 보아 피해자가 성교 이전에 범행 현장을 벗어날 수 있었다거나 피해자가 사력을 다하여 반항하지 않았다는 사정만으로 가해자의 폭행·협박이 피해자의 항거를 현저히 곤란하게 할 정도에 이르지 않았다고 섣불리 단정하여서는 안 된다'는 점을 추가하면서 그와 같은 이유 및 피고인과 단둘이 노래방 안에 있었던 점 등을 들어 원심판결을 유죄 취지로 파기하였다.[65]

70 　② 성기 삽입을 위하여 엎드려 있는 피해자의 몸을 세게 끌어안은 채 가슴으로 피해자의 등을 세게 누른 행위도 반항을 현저히 곤란하게 하는 폭행에 해당한다고 보았다.[66]

71 　③ 피고인이 주점에서 같이 술을 마시던 피해자(여, 20세)를 술을 더 마시기 위하여 자신의 집으로 데려간 직후 피해자를 침대에 던지듯이 눕히고 피해자의 양손을 피해자의 머리 위로 올린 후 피고인의 팔로 누르고 피고인의 양쪽 다리로 피해자의 양쪽 다리를 누르는 방법으로 피해자를 제압하여 강간하려다 미수에 그쳤다는 공소사실로 기소된 사안에서, 피고인이 73kg의 건장한 체격이고 피해자는 50kg의 마른 체격으로서 상당한 신체적 차이가 있는 점, 행위 장소가 피고인의 집이었으므로 피해자가 도망쳐 나오거나 다른 사람에게 구조를 요청하기가 쉽지 않았을 것으로 보이는 점 등의 사정에 비추어, 피고인이 피해자의 반항을 억압하

---

64 대판 1990. 12. 11, 90도2224.
65 대판 2005. 7. 28, 2005도3071.
66 대판 2017. 10. 12, 2016도16948, 2016전도156.

거나 현저히 곤란하게 할 정도의 유형력을 행사하였다고 판단하였다.[67]

④ 피고인이 같은 동호회 회원인 피해자를 회식 후 데려다 준다면서 자신 **72** 의 승용차에 태운 후 손으로 피해자의 온몸을 만지며 입맞춤을 하고 피해자가 저항하자 양손으로 피해자의 어깨를 눌러 옆으로 눕혀 항거불능하게 한 후 바지와 속옷을 벗기고 강간하였다는 공소사실로 기소된 사안에서, 당시 차량이 대로변에 있다고 하여도 주변에는 차량이나 인적이 없고, 새벽 추운 날씨에 입고 있던 바지와 팬티가 종아리까지 벗겨져 있는 상태에서 피해자가 피고인을 물리치고 차량 문을 열고 뛰쳐나가기는 쉽지 않은 상황인 점, 피고인과 피해자의 체격 차이가 현저히 크고, 당시 술에 취한 피해자가 좁은 차량 안에서 피해자를 잡고 있는 피고인을 벗어나기 어려웠던 점 등에 비추어, 피고인의 폭행이 피해자의 항거를 불가능하게 하거나 현저히 곤란하게 할 정도로 인정된다는 이유로 원심판결을 유죄 취지로 파기환송하였다.[68]

⑤ 피고인이 처음 만난 피해자와 술을 함께 마신 후 DVD방으로 데려간 다 **73** 음, 피해자의 거부 의사를 인지하고도 저항하는 피해자의 양손을 붙잡고 강제로 바지를 벗긴 행위는 피해자의 항거를 현저히 곤란하게 하는 정도의 유형력 행사에 해당한다고 보았다.[69]

⑥ 피고인이 스마트폰 채팅으로 만난 피해자(여, 20세)와 술을 마신 후 자신 **74** 의 주거지로 데려간 후, 피해자의 등 뒤에 누워 등에 입을 맞추고 상의 및 브래지어를 벗기고, 싫다고 소리를 지르며 피고인을 밀쳐 내는 피해자를 몸으로 눌러 반항을 억압하면서 간음한 행위에 대하여, 반항을 현저히 곤란하게 할 정도의 폭행이 있었다고 보아 본죄를 인정하였다.[70]

⑦ 피고인이 자신이 근무하는 보도방에 소속된 도우미인 피해자를 강아지 **75** 를 씻겨달라는 부탁으로 집으로 데려간 후 피해자를 침대 옆으로 불러 앉아보라고 하면서 갑자기 피해자의 양쪽 어깨를 붙잡아 눕히고 손과 몸으로 피해자의 상체를 눌러 반항하지 못하게 한 다음 피해자의 옷을 벗기고 성기를 삽입하

---

67 대판 2018. 2. 28, 2017도21249.
68 대판 2012. 7. 12, 2012도4031.
69 서울고판 2019. 8. 20, 2018노3367(상고기각으로 확정).
70 수원고판 2020. 11. 18, 2019노540(상고기각으로 확정).

면서 "하기 싫어?"라고 3-4번 질문을 하였고, 피해자는 팔을 X자 모양으로 겹쳐 가슴을 막는 등으로 저항하면서 싫다고 답을 하였음에도 피고인은 계속하여 피해자를 간음한 사안에서, 본죄를 인정하였다.[71]

(라) 기습강간죄 인정 여부

76   대법원은 종래 강제추행죄에서의 폭행·협박의 정도에 관하여 본죄에서의 그것과 같이 최협의설을 취하면서도, "폭행행위 그 자체가 추행행위라고 인정되는 경우에는 폭행이 반드시 상대방의 의사를 억압할 정도의 것임을 요하지 않고 상대방의 의사에 반하는 유형력의 행사가 있는 이상 그 힘의 대소 강약을 불문한다."고 판시하면서 기습추행을 강제추행죄에 해당한다고 보았는데,[72] 이 경우의 폭행에 대해서는 협의설을 취한 것으로 볼 수 있다. 근래 기습유사강간행위에 대하여도 같은 논리로 유사강간죄로 인정하고 있다[자세한 논의는 **유사강간죄(§297의2) 및 강제추행죄(§298)** 부분 참조].[73]

77   그런데 이러한 법리를 기습강간행위에 대하여도 적용하여 본죄를 인정해야 한다는 견해가 있다. 즉, 판례가 의사에 반하는 성적 접촉에 대하여는 별도의 폭행·협박이 선행되지 않아도 기습추행으로 강제추행죄를 인정하고 있는데, 피해자의 동의 없는 성적 '신체 접촉'보다 피해자를 몸으로 누르고 성기를 삽입하는 것이 오히려 더 큰 유형력의 행사라는 점에서, 전자를 기습추행으로 인정한다면 후자의 경우는 당연히 기습강간으로 인정되어야 한다는 것이다.[74]

78   대법원은 피고인이 피해자에게 성기 삽입을 하지 않기로 약속하고 엎드리게 한 후 피해자의 뒤에서 자위행위를 하다가 피해자의 팔과 함께 몸을 세게 끌어안은 채 가슴으로 피해자의 등을 세게 눌러 움직이지 못하도록 피해자의 반항을 억압한 다음 피고인의 성기를 피해자의 성기에 삽입하여 1회 강간하였다는 공소사실로 기소된 사안에서, 피고인이 피해자의 성기에 피고인의 성기를 갑

---

71 서울고판 2019. 10. 24, 2019노76(상고기각으로 확정).
72 대판 1983. 6. 28, 83도399; 대판 1994. 8. 23, 94도630; 대판 2004. 4. 16, 2004도52; 대판 2015. 11. 12, 2012도8767.
73 서울고판 2016. 5. 17, 2016노757(확정); 서울고판 2016. 8. 26, 2016노1291(상고기각으로 확정); 서울고판 2016. 8. 30, 2016노1509(상고기각으로 확정).
74 박정난, "강간죄 및 강제추행죄의 '폭행·협박'의 해석 및 제안 - 영미법제와의 비교법적 검토를 중심으로", 대법원 비교법연구회 발표자료(2022. 12. 14), 27.

자기 삽입하여 간음한 사실을 인정하면서도, 그 행위가 기습강간에 해당하므로 본죄가 인정된다는 논리를 채택하지 아니하고, 성기를 삽입한 상태에서 피해자의 몸을 세게 끌어안은 채 가슴으로 피해자의 등을 세게 누른 행위를 폭행으로 보고 성기의 삽입과 거의 동시 또는 그 직후에 폭행이 있었으므로 본죄가 인정된다는 논리를 채택하였는데(2016도16948 판결이라 한다.),[75] 이러한 태도에 비추어 보면, 기습강제추행의 법리를 기습강간에도 그대로 적용하는 것을 꺼리고 있다고 추측할 수 있다.

　　강간행위에는 강제추행과 달리 옷을 벗긴다거나 피해자의 몸 위에 올라가 움직이지 못하게 하는 등 일련의 준비행위들이 필요하므로 이런 준비행위가 저항을 억압할 정도의 폭행으로 인정되는 경우에는 굳이 기습강간이라는 도구개념이 필요하지 않다. 그러한 행위가 선행하지 않은 상태에서 피할 틈을 주지 않는 기습적인 성기의 삽입이 흔하지는 않겠지만, 위 2010도16948 판결과 같은 사례나 신체접촉을 거치는 도중 피해자가 성관계 직전 동의를 철회하였는데도 피고인이 성관계를 강행하는 등의 드문 사례에서는 성기 삽입에 기습성이 인정된다. 기습성은 저항이 불가능한 사유로 볼 수 있으며, 피해자의 성기에 타인의 성기를 넣는 행위는 통상의 기습강제추행 사례보다 더 확실한 폭행에 해당한다고 보이므로(제260조의 폭행죄에 대하여도 단순히 사람의 신체에 향하여진 유형력의 행사이기만 하면 모두 폭행으로 되는 것은 아니고, 상해 결과가 생길 위험성을 가진다든가 혹은 적어도 신체적·생리적 고통이나 정신적 고통 내지 불쾌감을 야기할 만한 불법한 성질의 것이어야 한다든가 하는 제한을 요한다는 견해[76]도 있고, 판례[77]도 같은 입장인데, 그런 입장에 따르더라도 원치 않는 성기의 삽입은 폭행에 해당할 것이다.), 이런 사례에서는 기습강제추행의 법리를 적용하는 것이 일관성 측면에서 타당할 것으로 보인다.

　　다만 대법원은 기습강제추행죄를 피할 틈도 주지 않고 추행행위를 하는 기습적인 경우에 국한하지 않고 추행행위가 폭행으로 인정될 수 있는 경우로 넓

79

80

---

75 대판 2017. 10. 12, 2016도16948, 2016전도156. 본 판결 평석은 이원상, "강간죄 적용범위에 대한 문제점 고찰", 형사판례연구 〔26〕, 한국형사판례연구회, 박영사(2018), 103-130.

76 주석형법 〔각칙(3)〕 (5판), 353(최환).

77 대판 2009. 9. 24, 2009도6800. 「형법 제260조 폭행죄에서의 폭행은 사람의 신체에 대한 불법한 유형력의 행사를 가리키고, 그 불법성은 행위의 목적과 의도, 행위 당시의 정황, 행위의 태양과 종류, 피해자에게 주는 고통의 유무, 정도 등을 종합하여 판단하여야 할 것이다.」

게 인정하고 있는데(이런 의미에서 기습강제추행이라는 용어도 적절하지 않음), 같은 논리를 본죄에 그대로 적용하면 원치 않는 간음행위는 행위 자체를 항상 폭행으로 볼 수 있어 결국 본죄로 인정될 것이므로, 비동의간음죄를 우회적으로 인정하는 것과 마찬가지 결과가 되어, 본죄에 폭행·협박을 요한다는 형법 규정과 관련하여 신중한 검토가 필요할 것이다.[78]

81   참고로, 일본에서는 성범죄에 적절히 대처하기 위하여 2023년 6월 23일 종래의 강제추행죄를 부동의추행죄(일형 §176)로, 강제성교등죄를 부동의성교등죄(일형 §177)로 구성요건을 변경하는 형법 개정을 하였다(2023. 7. 14. 시행).[79] 이러

---

78 박정난(주 74), 32은 이러한 법리구성을 통하여 비동의간음죄를 사실상 인정하는 것이 바람직하다는 견해를 피력하고 있다.
79 일본형법 각칙 제22장 신·구 주요 조문 대비

신	구
제22장 추행, 부동의성교등 및 중혼의 죄	제22장 추행, 강제성교등 및 중혼의 죄
제176조(부동의추행) ① 다음에 열거하는 행위 또는 사유나 그 밖에 이와 유사한 행위 또는 사유에 의하여, 동의하지 아니하는 의사를 형성, 표명 또는 실현하기 곤란한 상태가 되게 하거나 그 상태에 있음을 이용하여 추행행위를 한 자는, 혼인관계의 유무에 관계없이, 6월 이상 10년 이하의 구금형에 처한다. 　1. 폭행 또는 협박을 하거나 그러한 행위를 당할 것 　2. 심신의 장해를 생기게 하거나 그것이 있을 것 　3. 알코올 또는 약물을 섭취케 하거나 그러한 영향이 있을 것 　4. 수면이나 그 밖에 의식이 명료하지 아니한 상태가 되게 하거나 그 상태에 있을 것 　5. 동의하지 아니하는 의사를 형성, 표명 또는 실현할 틈이 없을 것 　6. 예상과 다른 사태에 직면하게 하여 공포 또는 경악케 하거나 그 사태에 직면하여 공포 또는 경악하고 있을 것 　7. 학대에 기인하는 심리적 반응이 생기게 하거나 그것이 있을 것 　8. 경제적 또는 사회적 관계상의 지위에 기한 영향력에 의하여 받을 불이익을 우려케 하거나 그것을 우려하고 있을 것 ② 행위가 추행이 아니라고 오신케 하거나 행위자를 다른 사람으로 착각하도록 하거나 이러한 오신 또는 착각을 하고 있음을 이용하여 추행행위를 한 자도 전항과 같다.	제176조(강제추행) 13세 이상의 자에 대하여 폭행 또는 협박을 행하여 추행행위를 한 자는 6월 이상 10년 이상의 징역에 처한다. 13세 미만의 자에 대하여 추행행위를 한 자도 마찬가지로 한다.

신	구
③ 16세 미만의 자에 대하여 추행행위를 한 자(당해 16세 미만의 자가 13세 이상인 경우에는, 그 자가 태어난 날부터 5년 이상 전의 날에 태어난 자에 한한다.)도 제1항과 같다.	
제177조(부동의강제성교등) ① 전조 제1항 각호에 열거한 행위 또는 사유나 그 밖에 이와 유사한 행위 또는 사유에 의하여, 동의하지 아니하는 의사를 형성, 표명 또는 실현하는 것이 곤란한 상태가 되게 하거나 그 상태에 있음을 이용하여 성교, 항문성교, 구강성교 또는 질이나 항문에 신체의 일부(음경을 제외한다.) 또는 물건을 삽입하는 행위로서 추행(이하 이 조 및 제179조 제1항에서 「성교등」이라 한다.)을 한 자는, 혼인관계의 유무에 관계없이 5년 이상의 유기구금형에 처한다. ② 행위가 추행이 아니라고 오신케 하거나 행위자를 다른 사람으로 착각하도록 하거나 이러한 오신 또는 착각을 하고 있음을 이용하여 성교등 행위를 한 자도 전항과 같다. ③ 16세 미만의 자에 대하여 성교등을 한 자(당해 16세 미만의 자가 13세 이상인 경우에는, 그 자가 태어난 날부터 5년 이상 전의 날에 태어난 자에 한한다.)도 제1항과 같다.	제177조(강제성교등) 13세 이상의 자에 대하여 폭행 또는 협박을 행하여 성교, 항문성교 도는 구강성교(이하 「성교등」이라 한다.)를 한 자는 강제성교등의 죄를 범한 것으로, 5년 이상의 유기징역에 처한다. 13세 미만의 자에 대하여 성교등을 한 자도 마찬가지로 한다.
제178조 삭제	제178조(준강제추행 및 준강제성교등) (생략)
제182조(16세미만의 자에 대한 면회요구등) ① 추행의 목적으로 16세 미만의 자에 대하여 다음 각 호에 열거한 어느 하나의 행위를 한 자(당해 16세 미만의 자가 13세 이상인 경우에는, 그 자가 태어난 날부터 5년 이상 전의 날에 태어난 자에 한한다.)는 1년 이상의 구금형 또는 50만 엔 이하의 벌금에 처한다. 　1. 위박(威迫)하거나 위계를 이용하거나 유혹하여 면회를 요구하는 것 　2. 거절당하였음에도 불구하고 반복하여 면회를 요구하는 것 　3. 금전이나 그 밖의 이익을 공여하거나 공여의 의사표시 또는 약속하여 면회를 요구하는 것 ② 전항의 죄를 범함으로써 추행의 목적으로 16세 미만의 자와 면회를 한 자는 2년 이상의 구금형 또는 100만 엔 이하의 벌금에 처한다. ③ 16세 미만의 자에 대하여 다음 각 호에 열거하는 어느 하나의 행위(제2항에 열거하는 행위에 관하여는, 당해 행위를 하게 하는 행위가 추행인 것에 한정한다.)를 요구한 자(당해 16세	(신설)

한 일본의 개정법에 따르면, 거절할 틈을 주지 않는 기습간음행위도 본죄로 인정될 것인데, 이는 현행법상 기습강간죄를 인정할 수 없다는 것을 전제한 것으로 볼 수 있다.

(3) 폭행·협박의 시기

82   본죄에서의 폭행·협박과 간음 사이에는 인과관계가 있어야 하나, 폭행·협박이 반드시 간음행위보다 선행되어야 하는 것은 아니고, 간음행위와 거의 동시 또는 그 직후에 있어도 본죄가 성립한다는 것이 판례의 태도이다(위 2010도16948 판결).[80]

83   위 대법원 판결의 사실관계는, 피고인이 동거하던 피해자의 집에서 피해자에게 성관계를 요구하였는데, 피해자가 생리 중이라는 등의 이유로 이를 거부하자, 피해자에게 성기삽입을 하지 않기로 약속한 후 팬티만 입고 엎드려 있는 피해자의 뒤에서 자위행위를 하다가, 도저히 안 되겠다며 갑자기 피해자의 팬티를 벗기면서 자신의 성기를 피해자의 성기에 삽입하였고, 이에 놀란 피해자가 일어나면서 피하려 하자, 피고인이 양팔로 피해자의 팔과 몸통을 세게 끌어안은 채 가슴으로 피해자의 등을 세게 눌러 움직이지 못하도록 피해자의 반항을 억압한 상태에서 5분간 간음행위를 계속하였다는 것이다. 이에 대하여 대법원은, "간음행위를 시작할 때 폭행·협박이 없었다고 하더라도 간음행위와 거의 동시 또는 그 직후에 피해자를 폭행하여 간음한 것으로 볼 수 있고, 이는 강간죄를 구성한

신	구
미만의 자가 13세 이상인 경우에는, 그 자가 태어난 날부터 5년 이상 전의 날에 태어난 자에 한한다.)는 1년 이하의 구금형 또는 50만 엔 이하의 벌금에 처한다. 　1. 성교, 항문성교 또는 구강성교를 하는 자태를 촬영하여 그 영상을 송신하는 것 　2. 전호에 열거한 것 외에 질 또는 항문에 신체의 일부(음경을 제외한다.) 또는 물건을 삽입하거나 삽입케 하는 자태, 성적인 부위(성기나 항문 또는 이들 주변부, 둔부 또는 흉부를 말한다. 이하 이 호에서 같다.)를 만지거나 만져지는 자태, 성적인 부위를 노출한 자태나 그 밖의 자태를 촬영하여 그 영상을 송신하는 것	

80 대판 2017. 10. 12, 2016도16948, 2016전도156.

다."고 판단하였다.

위 판결은 갑자기 성기를 삽입한 후 피해자가 움직이지 못하도록 양팔로 84
피해자의 팔과 몸통을 세게 끌어안은 채 가슴으로 피해자의 등을 세게 눌러 움
직이지 못하도록 한 행위를 반항을 억압하기 위한 폭행으로 보았다. 기습강제추
행의 논리를 유추하여 기습적인 성기의 삽입 자체가 폭행에 해당하므로 강간에
해당한다는 논리를 채택하지는 않은 것으로 보인다. 폭행 전에 이루어진 성기
삽입 상태를 폭행으로 유지하는 것이 강간이라는 논리도 아니다. 폭행과 간음
사이에 인과관계가 필요하다는 관점에서 보면, 원인이 결과보다 시간순으로 우
선해야 한다는 점에서 다소 이례적인 구성으로 볼 수 있다.

그러한 논리대로라면 피해자의 의사에 반하여 기습적으로 피고인의 성기를 85
피해자의 성기에 삽입하기는 하였으나 피해자의 거부로 몸통을 끌어안는 등의
폭행행위로까지 나아가지 않고 성관계를 중단하였다면, 폭행·협박의 개시도 없
었으므로 본죄가 성립할 수 없다는 결과가 된다. 기습강제추행뿐 아니라 기습유
사강간까지 판례가 유죄로 인정하고 있는 점을 감안하면, 적어도 피해자가 피할
틈도(=반항할 틈도) 주지 않고 성기를 삽입하는 경우에는 기습적인 성기 삽입 가
체가 반항을 억압할 만한 폭행에도 해당한다는 논리가 더 간명할 것이다.

(4) 폭행·협박의 대상

본죄에서의 폭행·협박은 반드시 사람의 신체에 대한 것일 필요는 없고, 사 86
람에 대한 것이면 충분하다. 예건대 쇠파이프로 피해자의 책상을 내리친 경우,
피해자의 신체에 대한 폭행은 아니지만 피해자에 대한 폭행으로 인정된다.

폭행은 피해자 본인에 대한 유형력 행사에 제한된다고 해야 한다. 제3자에 87
대한 폭행이 피해자에 대한 반항을 억압할 수단으로 이용된 경우는 피해자에
대한 협박으로 보아야 할 것이다.[81]

협박에서 해악의 대상은 제3자여도 무방하지만(예를 들어, 피해자의 자녀에 대 88
한 해악) 해악의 고지를 받는 상대방은 피해자여야 한다.

(5) 마취제 등 약물 또는 최면술의 사용과 폭행·협박

사람의 의식에 장애를 주거나 항거를 방해하기 위하여 약물(마취제, 수면제 등), 89

---

81 이재상·장영민·강동범, § 11/10.

최면술 등의 방법을 쓰는 행위는 절대적 폭력으로서 '폭행'에 해당한다(통설).[82]

90   판례도 피고인이 필로폰을 생수에 희석하여 희석액을 주사기로 피해자의 몸에 주사하여 피해자를 필로폰에 취하게 하여 항거불능 상태에 이르게 한 후 간음한 경우[83]나 불면증 치료제인 졸피뎀을 술에 타서 마시게 하여 피해자의 의식을 잃게 한 다음 간음한 경우,[84] 모두 본죄에 해당한다고 판시한 바 있다.

2. 강 간

91   강간이란 상대방의 항거불능 또는 현저한 곤란을 이용하여 피해자의 의사에 반하여 피해자를 간음하는 것이다.

(1) 간음

92   간음이란 성기와 성기의 결합을 말한다.[85] 성기가 아닌 항문이나 구강 등과 성기를 결합하는 것은 유사강간에 해당한다.

(2) 의사에 반하여

93   강간은 피해자의 의사에 반하는 것이어야 하므로, 피해자의 동의 또는 승낙은 구성요건조각사유에 해당한다.[86] 동의나 승낙은 묵시적으로 할 수도 있다.

94   피해자의 동의 또는 승낙은 언제든 철회할 수 있다.[87]

95   폭행·협박을 하였지만 피해자의 동의 또는 승낙이 있는 경우, 본죄의 불능

---

82 김일수·서보학, 133; 손동권·김재윤, 146; 이재상·장영민·강동범, § 11/11; 이형국·김혜경, 204; 임웅, 192; 주석형법 [각칙(4)](5판), 226(구회근). 이에 대하여, 폭행과 상해를 엄격하게 구별하고 있는 우리 형법에서는 상해는 될 수 있어도 폭행은 될 수 없으므로, 그 경우 상해죄와 준간강죄의 경합범이 성립한다는 견해(오영근, 144)도 있다.

83 대판 2010. 6. 10, 2010도4562.

84 대판 2010. 10. 28, 2010도10728; 대판 2017. 6. 29, 2017도3196(강간치상·강제추행치상).

85 大判 大正 2(1913). 11. 19. 刑錄 19·1255. 성기의 삽입으로 기수에 달하고, 사정까지는 요하지 않는다고 판시하였다.

86 김성돈, 201; 오영근, 145; 이재상·장영민·강동범, § 11/12; 임웅, 207; 정웅석·최창호, 405; 주석형법 [각칙(4)](5판), 231(구회근).

87 대판 2019. 6. 13, 2019도3341. 「피해자가 사전에 성매매 또는 성관계에 동의하였다 하더라도 피해자는 여전히 동의를 번복할 자유가 있을 뿐만 아니라 자신이 예상하지 않았던 성적 접촉이나 성적 행위에 대해서는 이를 거부할 자유가 있다는 것', 그리고 '성적 접촉 또는 성적 행위에 대하여 거부의사를 명확히 밝히지 않았다 하여 동의를 한 것으로 쉽게 단정해서는 안 된다.」 본 판결 평석은 이근우, "강간죄에서 법원의 피해자 동의에 대한 해석 권한", 형사판례연구 [30], 박영사(2022), 227-263.

미수가 될 수 있을 뿐이다.[88]

피해자의 승낙이 있더라도 그 피해자가 13세 미만일 경우에는 제305조(미성 **96**
년자에 대한 간음, 추행)에 해당되어 처벌될 수 있다.

(3) 새디즘·매조키즘적 성관계

새디즘(Sadism)(가학증. 성적 대상에게 고통을 줌으로써 성적인 쾌감을 얻는 성행위 또 **97**
는 성향) 성향자가 상대방의 동의 없이 가학적 성행위를 하는 것은 본죄에 당연
히 해당한다. 상대방이 매조키즘(Masochism)(피학증. 성적 흥분과 만족을 얻기 위해 신
체적 고통이나 정신적 고통을 추구하는 성향) 성향을 가지고 있다고 하더라도 합의 없
는 성관계를 시도하는 것은 강간에 해당한다.[89]

새디즘·매조키즘 성향자들 사이의 성관계는 통상 성관계뿐 아니라 폭행에 **98**
대한 동의까지 있는 상태에서 이루어지고, 이 경우 성관계에 대한 합의가 있었
으므로 본죄는 성립되지 아니하고, 합의된 범위 내라고 하더라도 폭행이나 이로
인한 상해의 정도가 상당성을 넘은 경우 폭행죄 또는 상해죄의 성립 여부가 문
제될 뿐이다.

다만 전형적인 새디즘·매조키즘 성관계는 폭행이나 성관계의 수위에 대하 **99**
여 합의를 한 후 합의 상대방과 사이에서만 이루어지는 것이므로, 의사에 반하
여 합의된 정도를 넘어간 방법으로 성관계를 가지거나 합의된 정도를 넘어간
폭력을 사용하여 성관계를 가지는 경우, 본죄에 해당한다고 보아야 한다.

새디즘·매조키즘 성향자별로 허용하는 행위 한계가 다양하여 구체적인 한 **100**
계 설정이 어려우므로, 상대방과 일정한 단어를 '세이프 워드'(Safeword)[(특정 성
벽을 가진 사람들 사이에서 사용되는) 행동 신호]로 정해두고 그 단어를 말하는 순간
더 이상의 성행위를 중단하기로 약속하는 경우가 많다고 하는데, 세이프 워드를
말하는데도 성행위를 계속한다면 그때부터는 본죄나 유사강간죄, 강제추행죄가
성립된다.

---

88 오영근, 145.
89 인천지판 2017. 8. 18, 2017고합256(상대방의 동의 없이 "날 주인님으로 불러라."는 등 피해자에
게 욕설을 하며 평소 자신의 승용차에 가지고 다니는 목줄과 성기구 등을 사용하여 가학적이고
변태적 방법으로 성폭행한 사례)(항소기각, 상고기각으로 확정).

3. 인과관계

101   폭행·협박과 간음 사이에 인과관계가 있어야 하고, 인과관계가 없는 경우 미수가 된다.

102   강간행위를 하는 사람은 폭행·협박에 관여한 사람이어야 한다. 폭행·협박에 관여하지 않은 사람이 타인의 폭행·협박을 이용하여 강간한 경우 준강간죄가 성립될 수 있을 것이다.

103   선행자가 단독으로 피해자를 폭행·협박하여 반항을 억압한 후 후행자가 이에 가담하여 그 선행자와 의사연락 하에 피해자를 간음한 경우에 본죄가 성립한다고 보는 견해도 있을 수 있으나, 대법원은 "형법 제30조의 공동정범은 2인 이상이 공동하여 죄를 범하는 것으로서, 공동정범이 성립하기 위해서는 주관적 요건으로서 공동가공의 의사와 객관적 요건으로서 공동의사에 기한 기능적 행위지배를 통한 범죄의 실행사실이 필요하고, 공동가공의 의사는 타인의 범행을 인식하면서도 이를 제지하지 아니하고 용인하는 것만으로는 부족하고 공동의 의사로 특정한 범죄행위를 하기 위하여 일체가 되어 서로 다른 사람의 행위를 이용하여 자기의 의사를 실행에 옮기는 것을 내용으로 하는 것이어야 한다."고 하면서, "후행자에 대해서는 선행자와의 공동가공 의사에 기한 기능적 행위지배를 인정할 수 없으므로 승계적 공동정범이 성립할 수 없다."는 취지로 판시하고 있다.[90]

104   폭행·협박과 간음 사이에 어느 정도 시간적 간격이 있더라도, 폭행·협박에 의하여 간음이 이루어진 것으로 인정될 수 있으면 본죄가 성립한다.[91]

4. 고 의

105   본죄가 성립하기 위하여는 고의, 즉 폭행·협박을 가한다는 것과 피해자의 의사에 반하여 간음한다는 것에 대한 의욕 또는 인용이 필요하다. 고의는 미필적 고의로도 충분하다.

106   피해자의 동의가 있었다고 오인한 경우, 구성요건의 착오로서 고의가 인정

---

90 대판 2008. 4. 10, 2008도1274(강도상해).
91 대판 2007. 1. 25, 2006도5979.

되지 않는다.

5. 피해자 진술의 신빙성 판단 방법

(1) 문제의 제기

성폭력 사건은 피해자 진술이 유일한 증거인 경우가 많아, 피고인이 범행을 **107**
부인하는 사건에서 피해자 진술의 신빙성 판단이 중요 쟁점이 된다.

대판 2018. 10. 25. 2018도7709(이하, 2018도7709 판결이라 한다.)[92]에서 이 문 **108**
제에 관하여 포괄적으로 주목할만한 판시를 하였고,[93] 그 판시가 이후 하급심
및 대법원 판결에서 광범위하게 인용되고 있어, 위 판례를 중심으로 신빙성 판
단에 원용할 수 있는 법리를 소개한다.

(2) 위 2018도7709 판결의 판시 내용

① 피해자 등의 진술은 그 진술 내용의 주요한 부분이 일관되며, 경험칙에 **109**
비추어 비합리적이거나 진술 자체로 모순되는 부분이 없고, 또한 허위로 피고인
에게 불리한 진술을 할 만한 동기나 이유가 분명하게 드러나지 않는 이상, 그
진술의 신빙성을 특별한 이유 없이 함부로 배척해서는 아니 된다.

② 법원이 성폭행이나 성희롱 사건의 심리를 할 때에는 그 사건이 발생한 **110**
맥락에서 성차별 문제를 이해하고 양성평등을 실현할 수 있도록 '성인지 감수성'
을 잃지 않도록 유의하여야 한다(양성평등기본법 §5①[94] 참조). 우리 사회의 가해

---

92 본 판결 평석은 우인성, "'성인지 감수성'에 관해 판시한 대법원의 성범죄 형사판결에 관한 소
고", 형사판례연구 〔29〕, 한국형사판례연구회, 박영사(2021), 167-229.

93 모텔에서 피해자에게 자신의 말을 듣지 않으면 피해자의 남편과 자녀들에게 위해를 가할 것처럼
피해자를 협박하여 피해자를 강간하였다는 공소사실에 대하여, ① 피해자가 피고인으로부터 폭
행을 당한 다음 날 피고인과 식사를 하고, 그 무렵부터 네 번 정도 더 피고인을 만나 자신의 일
상에 관한 이야기를 하였고, 모텔에 가기 직전에 남편에게 '졸려서 먼저 자겠다'는 내용의 카오
톡 메시지를 보냈을 뿐, 수사기관이나 남편에게 피고인의 협박사실을 알리지 않았고, ② 피해자
가 모텔에서 피고인과 성관계를 가진 후 피고인에게 '템포'라는 상호의 생리대에 관하여 이야기
하였고, 화장실에서 샤워하고 나와 피고인과 남편 등 가정 관련 대화를 10여 분 하다가 모텔에
서 나온 점, ③ 피해자가 남편이 베트남에서 귀국하여 바로 집에 들렀을 당시에 곧바로 강간피
해 사실을 말하지 않고 그날 저녁 무렵에 비로소 말하였다는 등 신빙성을 의심할 사정이 있음에
도 불구하고, 피고인과 피고인의 처, 피해자와 피해자의 남편이 서로 한 동네에 살면서 부부 동
반으로 만나기도 하는 등 일상을 공유하였던 사정은 피해자로 하여금 자신의 피해사실을 곧바로
남편에게 말하는 것을 주저하게 만드는 원인으로 작용하였을 것이라는 등의 구체적 정황을 들어
공소사실에 부합하는 피해자의 진술에 신빙성을 인정한 사안이다.

94 양성평등기본법 제5조(국가 등의 책무) ① 국가기관등은 양성평등 실현을 위하여 노력하여야

자 중심의 문화와 인식, 구조 등으로 인하여 성폭행이나 성희롱 피해자가 피해
사실을 알리고 문제를 삼는 과정에서 오히려 피해자가 부정적인 여론이나 불이
익한 처우 및 신분 노출의 피해 등을 입기도 하여 온 점 등에 비추어 보면, 성
폭행 피해자의 대처 양상은 피해자의 성정이나 가해자와의 관계 및 구체적인
상황에 따라 다르게 나타날 수밖에 없다. 따라서 개별적, 구체적인 사건에서 성
폭행 등의 피해자가 처하여 있는 특별한 사정을 충분히 고려하지 않은 채 피해
자 진술의 증명력을 가볍게 배척하는 것은 정의와 형평의 이념에 입각하여 논
리와 경험의 법칙에 따른 증거판단이라고 볼 수 없다.

111   ③ 본죄가 성립하기 위한 가해자의 폭행·협박이 있었는지 여부는 그 폭
행·협박의 내용과 정도는 물론 유형력을 행사하게 된 경위, 피해자와의 관계,
성교 당시와 그 후의 정황 등 모든 사정을 종합하여 피해자가 성교 당시 처하였
던 구체적인 상황을 기준으로 판단하여야 하며, 사후적으로 보아 피해자가 성교
이전에 범행 현장을 벗어날 수 있었다거나 피해자가 사력을 다하여 반항하지
않았다는 사정만으로 가해자의 폭행·협박이 피해자의 항거를 현저히 곤란하게
할 정도에 이르지 않았다고 섣불리 단정하여서는 아니 된다.

112   ④ 본죄에서 공소사실을 인정할 증거로 사실상 피해자의 진술이 유일한 경
우에, 피고인의 진술이 경험칙상 합리성이 없고 그 자체로 모순되어 믿을 수 없
다고 하여 그것이 공소사실을 인정하는 직접증거가 되는 것은 아니지만, 이러한
사정은 법관의 자유판단에 따라 피해자 진술의 신빙성을 뒷받침하거나 직접증
거인 피해자 진술과 결합하여 공소사실을 뒷받침하는 간접정황이 될 수 있다.

(3) 검토

113   위 ①의 판시는 피해자의 진술은 특별한 이유 없이 함부로 신빙성을 배척
하여서는 아니 된다는 기존의 대법원 판례[95]의 태도를 재확인한 것이다.

114   위 ②는 '성인지 감수성' 판시라고 하여 널리 인용되는 것인데,[96] 구성요건

한다.

95 대판 1994. 9. 13, 94도1335; 대판 2004. 6. 25, 2004도2221; 대판 2006. 11. 23, 2006도5407.
96 대판 2018. 4. 12, 2017두74702(성인지 감수성이라는 용어를 처음 사용한 판결로 대학생을 성희
   롱한 대학교수의 해임취소청구소송 사건). 본 판결 평석은 김수정·신아름, "'성인지 감수성' 법
   리의 의의와 향후 과제: 대법원 2018. 4. 12. 선고 2017두74702 판결 이후 판결례의 분석과 이
   해를 중심으로", 젠더 판례 다시읽기: 2017-2019, 대법원 젠더법연구회(2020), 1-35.

의 해석에 있어서 성인지적 관점을 가지라는 의미라기보다는, 성관계에 대한 동의 여부, 폭행·협박이 있었는지 여부와 같은 사실관계에 관한 피해자 진술의 신빙성을 판단할 때, 가해자 중심의 문화 등으로 성폭력 피해자가 피해 당시 소극적으로 대처하거나 사건 후 피해사실을 오히려 은폐하려고 하기도 한다는 현실을 경험칙의 한 요소로 고려하여, 성폭력 피해자가 피해 당시 소극적으로 대처하거나 사건 후 피해사실을 오히려 은폐하려고 하였다고 하더라도 이를 근거로 피해자 진술의 신빙성을 함부로 배척하여서는 아니 되고, 개별적·구체적인 사건에서 성폭행 등의 피해자가 처하여 있는 특별한 사정을 충분히 고려하여야 한다는 취지로 볼 수 있다. 이전에도 이와 유사한 취지의 판단이 있었다.[97]

위 ③의 판시는 이전의 대판 2005. 7. 28, 2005도3071의 논리를 재확인한 것이다.[98] 성폭력 사건에서 폭행·협박이 반항을 억압할 정도에 이르렀는지 여부의 판단에 관한 기존의 종합적 고려설에 더하여, 사후적으로 보아 피해자가 성교 이전에 범행 현장을 벗어날 수 있었다거나 피해자가 사력을 다하여 반항하지 않았다는 사정만으로 가해자의 폭행·협박이 피해자의 항거를 현저히 곤란하게 할 정도에 이르지 않았다고 섣불리 단정하여서는 아니 된다는 것으로, 종합적 고려설에서 고려하여야 할 사정을 일부 추가·제한한 것으로 볼 수 있다. 성폭력범죄에서만 피해자에게 범죄피해를 회피하여야 할 의무가 인정될 것은 아닌 점, 가해자인 남성과 둘만 있는 상황에서 섣불리 범행 현장을 벗어나려 하거나 반항을 하다가 더 큰 피해를 입을 위험이 있고, 피해자들이 그러한 판단에 따라 소극적으로 대응한 사정을 들어 폭행·협박이 반항을 억압할 정도에 이르지 않았다고 판단할 것은 아니라는 점이 고려된 것으로 볼 수 있다.

위 ④의 판시는 피고인이 거짓말을 하고 있다는 사정이 공소사실을 인정할

115

116

---

97 서울고판 2015. 7. 7, 2015노1222(상고기각으로 확정). 「피해자가 피고인과 수시로 전화통화나 문자메시지를 주고받았다거나 그 내용 중에 피해자가 피고인에 대하여 호감을 가진 것으로 인정할 만한 내용이 있고, 성관계 이후 피해자가 피고인과 여러 차례 전화통화를 하면서 강간과 관련해 아무런 언급도 하지 않았다거나, 심지어 피고인과 계속 연락을 하면서 피고인에게 심부름을 시키거나 만나서 점심식사까지 한 적이 있다고 하더라도, 피고인의 폭행·협박이 피해자의 항거를 현저히 곤란하게 할 정도에 이르지 않았다고 단정하거나, 피해자가 피고인과의 성관계를 승낙 내지 묵인하였던 것으로 추정할 수는 없다.」

98 대법원은 이후에도 위 논리를 계속 확인하고 있다(대판 2018. 10. 25, 2018도7709; 대판 2022. 3. 31, 2018도19037).

〔성 보 기〕 **461**

직접증거로 되지는 않지만, 유일한 증거인 피해자의 진술의 신빙성을 인정할 수 있는 사정으로 참작할 수 있다는 취지이다. 판시는 성폭력 사건에 관하여만 적용되는 것 같이도 보이나, 일반적으로 피고인의 진술이 유일한 증거인 피해자(또는 참고인)의 진술과 서로 모순되는 상황에서 피고인이 공소사실과 관계되는 간접사실에 관하여 거짓 진술을 한 것으로 드러났다면 피고인의 진술 전체에 대한 신빙성이 떨어진다고 판단할 수 있고, 그 반사효로 피해자(또는 참고인)의 진술에 대한 신빙성을 높게 평가할 가능성이 커진다는 점에서, 성폭력 사건에서만 위와 같은 법리를 특히 강조할 것까지는 아닐 것이다. 공소사실에 대한 입증책임은 검사에게 있는 것이고, 피고인이 부인하는 사건에서 사실의 인정은 제반 사정을 모두 고려하여 신중하게 하여야 한다는 점에서, 피고인의 간접사실에 대한 진술에 일부 거짓이 있다는 것이 밝혀지는 경우에도, 그와 같이 거짓 진술을 한 부분이 공소사실에서 차지하는 비중이나 거짓으로 진술하게 된 동기 등을 자세히 살핀 후 여기에 증거로 인정되는 다른 사정과 논리칙·경험칙을 연결하여 공소사실을 인정할 사정으로 참작하는 것이 바람직하고, 피고인이 거짓말을 하였다는 사정을 들어 바로 피해자의 진술에 신빙성을 인정하는 태도는 위험하다.

117   경험칙이나 논리칙은 항상 예외가 인정된다는 점에서, 위와 같은 논지들은 성폭력을 당하였다는 취지의 피해자 진술을 무조건 믿으라는 것은 아니지만, 성폭력 사건에서 적용될 수 있는 논리칙이나 경험칙을 제시하여 피해자의 진술에 신빙성을 인정할 가능성을 높이는 효과가 있을 것으로 보인다.[99]

(3) 그 밖에 피해자의 진술 신빙성에 관한 판시

118   누구든지 일정 수준의 신체 접촉을 용인하였더라도 자신이 예상하거나 동의한 범위를 넘어서는 신체 접촉을 거부할 수 있다. 그런데 피해자는 동의 범위를 벗어난 신체 접촉을 당한 피해 상황에서 명확한 판단이나 즉각적인 대응을 하는 데에 어려움을 겪을 수 있다.[100] 따라서 시간적·장소적으로 근접한 신체 접촉 행위 중 강제성이 인정되는 일부 행위가 기소된 경우, 그 이전의 신체 접

---

99 위 대법원 판결에 대한 자세한 해설과 하급심의 적용례에 관하여는, 김선화, "성인지감수성 판결의 의미와 영향", 법관연수 어드밴스(Advance) 과정 연구논문집(2019): 조세소송의 주요쟁점/젠더법의 주요 쟁점/국제거래법의 주요 쟁점, 사법연수원(2020) 참조.
100 대판 2022. 8. 19, 2021도3451 참조.

축 행위에 대하여 피해자가 용인하였다는 이유로 공소사실 기재 추행행위까지도 용인하였으리라는 막연한 추측하에 피해자 진술 전체의 신빙성을 평가하여서는 아니 된다.[101]

또한, 피해자라도 본격적으로 문제 제기를 하게 되기 전까지는 피해사실이 알려지기를 원하지 아니하고 가해자와 종전의 관계를 계속 유지하는 경우도 적지 아니하다. 이러한 양상은 결속력이 강하고 폐쇄적인 군부대 내에서 벌어진 성폭력 범행의 경우 더욱 현저할 수 있으므로 범행 후 피해자의 행동을 가지고 범행에 대한 피해자 진술의 신빙성을 판단함에 있어서는 이러한 점이 충분히 고려되어야 한다.[102]

(4) 성인지 감수성 판결의 적용 한계에 관하여 판시한 사례

위 2018도7709 판결에서 보인 성인지 감수성 관련 판시는 성범죄 피해자 진술의 증명력을 제한 없이 인정하여야 한다거나 그에 따라 해당 공소사실을 무조건 유죄로 판단해야 한다는 의미는 아니다.

자폐성 장애 등으로 사물을 변별할 능력이나 의사를 결정할 능력이 미약한 피고인이 지하철 전동차에서 피해자(여, 19세)의 옆 자리에 앉아 피해자의 왼팔 상박 맨살에 자신의 오른팔 상박 맨살을 비비고, 피해자가 이를 피해 옆 좌석으로 이동하자 재차 피해자의 옆 자리로 이동하여 위와 같은 방법으로 대중교통 수단인 전동차에서 피해자를 추행하였다고 하여 성폭력처벌법위반(공중밀집장소에서의추행)죄로 기소된 사안에서, 피고인이 추행의 고의를 부인하는 경우 고의와 상당한 관련성이 있는 간접사실을 증명하는 방법에 따를 수밖에 없으며, 이 경우 피고인의 나이·지능·지적능력 및 판단능력, 직업 및 경력, 피고인이 공소사실 기재 행위에 이르게 된 경위와 동기, 피고인과 피해자의 관계, 구체적 행위 태양 및 행위 전후의 정황, 피고인의 평소 행동양태·습관 등 객관적 사정

119

120

121

---

101 대판 2022. 9. 29, 2020도11185. 피고인이 노래연습장에서 군무원인 피해자를 피고인의 무릎에 앉힌 상태에서, 오른손으로 피해자의 왼쪽 젖가슴을 약 2분간 만지고 노래연습장을 나가려는 피해자를 끌어안고 강제로 입맞춤하여 피해자를 강제로 추행하였다는 공소사실에 대하여, 피해자가 피고인의 무릎에 앉은 경위가 강제에 의한 것이 아니라고 하여, 피해자의 젖가슴을 만지고 입맞춤을 한 것까지 강제에 의한 것이 아니라고 판단한 원심은 논리와 경험의 법칙에 어긋난 증거판단이라고 판단하였다.

102 대판 2022. 9. 29, 2020도11185. 주 101) 사건에서, 피해자가 피해를 입은 후 4년이 넘어 신고를 하였다는 것이 피해자의 진술에 대한 신빙성을 부인하는 사유가 되지 못한다고 판단하였다.

을 종합하여 판단해야 하고, 피고인이 고의로 추행을 하였다고 볼 만한 징표와
어긋나는 사실의 의문점이 해소되어야 한다고 판시한 후, 피고인이 피해자를 따
라간 것처럼 계속 자리를 이동하였다는 것은 자폐성 장애로 인한 '빈자리 채워
앉기에 관한 강박 증상'의 발현에 불과하다고 볼 여지가 있고, 피고인이 상박 중
일부를 고의로 비볐다는 것은 자폐성 장애로 인하여 피고인이 별다른 의미 없
이 팔을 위 아래로 움직이는 '상동행동'(常同行動)의 일환일 가능성을 배제하기
어렵다는 이유로, 피고인에게 추행의 고의가 인정되기 어렵다고 하여 원심의 유
죄판결을 무죄 취지로 파기한 사례가 있다.[103]

V. 미 수

1. 실행의 착수시기

122　　본죄의 미수범은 처벌한다(§ 300).

123　　본죄의 실행의 착수시기는 폭행·협박이 개시되는 시점이다(통설[104]·판례[105]).
실제로 그와 같은 폭행·협박에 의하여 피해자의 항거가 불가능하게 되거나 현
저히 곤란하게 되어야만 실행의 착수가 있다고 봐야 하는 것은 아니다.[106]

124　　실제 사안에서는 폭행·협박이 강간의 목적으로 이루어진 것인지가 쟁점이
될 것이다.

125　　판례상 실행의 착수로 인정된 사례를 보면, ① 피고인이 피해자를 주점 홀
바닥에 넘어뜨린 다음 반항하는 피해자의 가슴을 왼손으로 누르고 오른손으로
치마를 걷어 올리고 팬티를 내린 다음 자신도 혁대를 풀고 피해자의 몸 위로 올
라가 강간하려 하였다가 피해자가 피고인의 따귀를 때리면서 완강하게 반항하여
그 뜻을 이루지 못한 경우,[107] ② 피고인이 새벽 4시에 피해자(여, 18세)를 간음할

---

103 대판 2024. 1. 4, 2023도13081.
104 김성돈, 200; 김일수·서보학, 134; 김혜경·박미숙·안경옥·원혜욱·이인영, 182; 박상기·전지연,
　　500; 배종대, § 44/10; 오영근, 145; 이재상·장영민·강동범, § 11/14; 이형국·김혜경, 205; 임웅,
　　207; 한상훈·안성조, 형법개론(3판), 445; 주석형법 〔각칙(4)〕(5판), 227(구회근).
105 대판 1990. 5. 25, 90도607; 대판 2000. 6. 9, 2000도1253. 일본 판례도 같다[最判 昭和 28(1953).
　　3. 13. 刑集 7·3·529].
106 대판 2000. 6. 9, 2000도1253.
107 대판 1988. 11. 8, 88도1628.

목적으로 혼자 사는 피해자의 방문 앞에 가서 피해자가 방문을 열어주지 않으면
부수고 들어갈 듯한 기세로 방문을 두드리고 이에 피해자가 위험을 느끼고 창문
에 걸터앉아 가까이 오면 뛰어내리겠다고 하는데도 그 집 베란다를 통하여 창문
으로 침입하려고 한 경우,[108] ③ 피고인이 피해자의 집에 침입하여 잠을 자고 있
는 피해자를 강간할 목적으로 피해자를 향해 손을 뻗는 순간 놀라 소리치는 피해
자의 입을 왼손으로 막고 오른손으로 음부 부위를 더듬은 경우[109] 등이 있다.[110]

　　판례상 실행의 착수로 인정되지 않은 사례를 보면, ① 피고인이 강간할 목
적으로 피해자의 집에 침입하였다 하더라도 안방에 들어가 누워 자고 있는 피해
자의 가슴과 엉덩이를 만지면서 간음을 기도하였다는 사실만으로는 강간의 수단
으로 피해자에게 폭행이나 협박을 개시하였다고 하기는 어렵다고 본 사안,[111]
② 건물 3층에 있는 피해자(여, 28세)의 방에 침입하여 팬티만 입은 채 잠자고
있는 피해자의 가슴 부분과 허리 부분을 1회 만진 다음 피해자가 잠에서 깨어
날 때까지 피해자를 바라보는 외에 별다른 행동을 하지 않다가 피해자가 잠에
서 깬 후 피고인을 보고 놀라서 고함을 지르자 침대에 누워 있던 피해자의 몸
위에 올라타 한 손으로 피해자의 뒷목을 잡은 채 다른 손으로 피해자의 입을 막
는 등 몸싸움을 하는 과정에서 피해자에게 상해를 입혔으나, 피고인의 그와 같
은 몸싸움은 강간을 위하여 한 것이 아니라 주거침입 사실이 발각된 피고인이
단지 피해자를 제압하려는 과정에서 순간적으로 의도와는 달리 행해진 것으로
보이므로 본죄의 실행에 착수하였다고 볼 수 없다고 본 사안[112]이 있다.

　　본죄의 경우에도 행위자가 자의로 강간 범행의 실행을 중지한 경우에는 중
지미수(§ 26)가 성립한다. 판례[113]는 피해자를 강간하려다가 피해자가 다음번에
만나 친해지면 응해주겠다는 취지의 간곡한 부탁으로 그 목적을 이루지 못한

126

127

---

108 대판 1991. 4. 9, 91도288.
109 대판 1995. 1. 12, 94도2781.
110 자동차를 이용한 강간과 관련하여 일본 판례 중에는, 야간에 길을 걸어가는 피해자를 강간하기
　　위하여 필사적으로 저항하는 피해자를 강제로 덤프카 운전석에 태운 다음 약 5.8킬로미터 떨어
　　진 곳까지 운전하여 운전석에서 강간한 사안에서, 덤프카 운전석에 강제로 태운 시점에 실행의
　　착수가 있었다고 판시한 것이 있다[最決 昭和 45(1970). 7. 28. 刑集 24·7·585].
111 대판 1990. 5. 25, 90도607.
112 대판 2011. 12. 13, 2011도9593.
113 대판 1993. 10. 12, 93도1851. 본 판결 해설은 송진현, "중지미수의 자의성", 해설 20, 법원행정
　　처(1994), 447-454.

후 피해자를 차에 태워 집에까지 데려다 준 경우에는, 자의성이 인정되어 중지미수에 해당한다고 판시하였다.[114]

128   그러나 ① 피고인이 강간하려고 실행에 착수한 이후 피해자의 딸이 잠에서 깨어 우는 바람에 도주하였거나, 또 다른 피해자가 임신 중이고 시장에 간 남편이 곧 돌아올 것이라고 말하자 도주한 경우,[115] ② 피해자를 작은 방으로 끌고 가 강제로 팬티를 벗기고 음부를 만지던 중 피해자가 수술한 지 얼마 안 되어 배가 아프다면서 애원하자 중단한 경우(중단 이유가 피해자를 불쌍히 여겨서가 아니라 피해자의 신체조건상 강간을 하기에 지장이 있었기 때문이므로),[116] ③ 가라오케 주점 룸에 딸린 화장실에서 피해자를 끌어안으며 가슴과 엉덩이를 만지고 피해자의 치마를 위로 올리면서 옷을 벗기려고 하였으나 피해자가 소리치면서 격렬히 저항하는 바람에 그만 둔 경우(피해자가 저항하는 소리가 같은 룸에서 술을 마시던 동료들에게 들렸던 점 등 고려)[117] 등은 자의로 강간행위를 중지하였다고 볼 수 없다.

129   일본 판례는 ⓐ 피해자의 음부에서 출혈이 발생하자 놀라서 간음을 포기한 경우,[118] ⓑ 피해자의 월경으로 간음을 중단한 경우,[119] ⓒ 피해자의 반항 때문에 음부에 음경을 삽입하기 전에 사정을 하여 간음에 나아가지 않은 경우,[120] ⓓ 피해자가 분뇨(糞尿)를 배설하여 간음을 중지한 경우,[121] ⓔ 피해자가 위급한 병에 걸렸다고 생각하여 간음을 중지한 경우,[122] ⓕ 피해자의 피부가 닭살인 것을 보고 성욕이 감퇴되어 중지한 경우,[123] ⓖ 물에 빠진 피해자의 동반자를 구조하기 위하여 중지한 경우[124]에는 중지미수로 볼 수 없다고 판단하였다.

---

114 중지미수를 인정한 일본 판례로는, 和歌山地判 昭和 35(1960). 8. 8. 下刑集 2·7=8·1109(피해자의 애원으로 간음을 중지한 사례); 大阪地判 平成 9(1997). 6. 18 判時 1610·155(피해자를 임신시키는 것이 불쌍하다고 생각하여 간음을 중지한 사례).

115 대판 1993. 4. 13, 93도347.

116 대판 1993. 10. 12, 92도917.

117 서울중앙지판 2017. 2. 3, 2016고합912.

118 最判 昭和 24(1949). 7. 9. 刑集 3·8·1174.

119 仙台高判 昭和 26(1951). 9. 26. 特報 22·73.

120 高松高判 昭和 27(1952). 4. 24. 高刑集 5·8·1193.

121 東京高判 昭和 31(1956). 9. 29. 高検速報 690.

122 札幌高判 昭和 36(1961). 2. 9. 下刑集 3·1=2·34; 広島高判 昭和 48(1973). 11. 1. 高検速報 (昭和 48) 14.

123 東京高判 昭和 39(1964). 8. 5. 高刑集 17·6·557.

124 東京地判 昭和 43(1968). 11. 6. 下刑集 10·11·1113.

2. 기수시기

성기와 성기의 결합시점에 기수가 된다(삽입설)(통설[125]·판례[126]). 사정을 하 **130**
거나(사정설) 만족을 느낀 시점(만족설)이 아니다.

피해자를 폭행·협박하였으나 성기의 결합을 하지 못하였거나 성기의 결합 **131**
이전에 피해자의 동의가 있는 경우 본죄의 미수가 된다.

3. 예비·음모

2020년 5월 19일 형법이 개정되어 본죄를 범할 목적으로 한 예비·음모도 **132**
처벌된다(§ 305의3).

VI. 공 범

폭행·협박을 공동으로 하였으면 강간을 공동으로 하지 않아도 본죄의 공동 **133**
정범이 된다.[127]

2인 이상이 공모하는 것 외에 각자가 실행행위의 일부를 분담한 경우에는 **134**
성폭력처벌법 제4조 제1항의 특수강간죄가 성립한다.

그러나 2인 이상이 상호 의사의 연락 없이 순차적으로 동일한 피해자에 대 **135**
하여 강간을 시도한 경우에는, 각자 자신의 행위에 대하여만 책임을 진다. 따라
서 피고인 甲, 乙이 술집에서 함께 술을 마시고 같이 잠을 자다가, 피고인 甲이
먼저 잠에서 깨어난 후 옆에서 잠자던 여성 종업원을 강간하려다가 피해자의
반항으로 목적을 이루지 못하고 포기한 뒤, 뒤이어 잠을 깬 피고인 乙이 같은
피해자를 강간하려고 하였으나 역시 피해자의 반항으로 목적을 이루지 못하고
피해자를 구타하여 상해를 입힌 경우, 피고인 甲은 피고인 乙의 강간치상행위에

---

125 김성돈, 200; 김일수·서보학, 134; 배종대, § 44/10; 오영근, 146; 이재상·장영민·강동범, § 11/14;
임웅, 207; 주석형법 〔각칙(4)〕(5판), 230(구회근).
126 판례도 삽입설의 입장에서 판시하고 있다. 다만, 이를 명백하게 밝힌 하급심 판결로는 서울고판
2009. 6. 18, 2009노1014, 2009전노16(본죄는 남자의 성기가 여자의 성기 속에 들어가는 순간
기수에 이르고, 남자의 성기가 완전히 삽입되거나 그 이상 사정 또는 성욕의 만족이 있을 것을
요하지 않는다고 판시).
127 대판 1985. 2. 26, 84도2732, 84감도429.

대하여 공동정범으로서의 책임을 지지 않는다.[128]

Ⅶ. 죄 수

1. 수회의 강간

136   본죄는 성적 자기결정권이라는 인격적 법익을 침해하는 범죄이므로, 원칙적으로 각 간음행위마다 하나의 범죄가 성립한다.

137   동일한 폭행·협박으로 피해자의 항거가 불가능하거나 현저히 곤란한 상태가 계속되는 상황에서 수회에 걸쳐 간음한 경우, 예를 들면 피해자를 여관에 감금하여 하룻밤 동안 수회 간음한 경우처럼 시간적·장소적으로 가까워 범의의 단일성과 계속성을 인정할 수 있을 때에는 포괄하여 일죄가 성립한다.[129] 항거불능의 상태가 종료된 후 다시 폭행·협박을 가하여 간음한 경우에는 별개의 본죄가 성립한다.

138   다만, 실무상 본죄에서 '범의의 단일성과 계속성'은 비교적 엄격하게 인정하고 있다.[130] 대법원은, ① 차량 안에서 강간을 시도하였으나 지나가는 사람에게 발각되어 미수에 그친 다음 1시간 30분 정도 자동차를 운전하여 장소를 이동한 후 이미 겁을 먹고 항거불능 상태에 있는 피해자를 간음한 경우, "피고인의 두 번에 걸친 행위는 그 범행시간과 장소를 달리하고 있을 뿐만 아니라 별개의 범의하에 이루어진 것이므로, 강간미수죄와 강간죄의 실체적 경합범이 성립한다."고 판시하였고,[131] ② 피해자를 강간하여 상처를 입게 한 후 약 1시간 뒤에 피해자를 피고인의 집 작은방으로 끌고 가 앞서 범행으로 상처를 입고 항거불능 상태인 피해자를 다시 1회 간음하여 강간한 경우에도, "두 번에 걸친 피해자에 대한 강간행위가 그 범행시간과 장소를 달리하고 있어 각 별개의 범의에서 이루어진 행위로 볼 수 있고, 강간치상죄과 강간죄의 실체적 경합범이 성립한다."고 판시하였다.[132]

---

128 대판 1983. 9. 27, 83도1787.
129 대판 2002. 9. 4, 2002도2581.
130 주석형법 [각칙(4)](5판), 232(구회근).
131 대판 1996. 9. 6, 96도1763.
132 대판 1987. 5. 12, 87도674.

반면, 피해자를 협박하여 항거불능하게 한 후 1회 간음하고 200m쯤 오다가 139
다시 1회 간음한 경우에는, 범행의사 및 그 범행시각과 장소로 보아 두 번째의
간음행위는 처음 한 행위의 계속으로 볼 수 있다고 하여 단순일죄로 보았다.[133]

본죄의 보호법익은 일신전속적인 것이므로, 피해자가 여러 명인 경우에는 140
비록 동일한 장소에서 동일한 폭행·협박에 의한 것이라고 하더라도 각 피해자
에 따라 수개의 죄가 성립한다.

2. 다른 죄와의 관계

(1) 폭행죄·협박죄

본죄와 폭행죄·협박죄와는 법조경합의 관계(흡수관계)에 있다. 141

(2) 감금죄

강간을 하기 위하여 피해자를 감금한 경우, 본죄의 성립에 언제나 직접적으 142
로 또 필요한 수단으로서 감금행위를 수반하는 것은 아니므로 본죄 외에 감금
죄(§276①)가 별도로 성립한다. 이때 두 죄의 관계는 행위의 태양에 따라 상상적
경합이 되거나 실체적 경합이 될 것이다.

예컨대 강간하기 위하여 자동차에 강제로 태워 감금한 다음 강간하거나 주 143
행 중인 자동차에서 탈출이 불가능하게 한 다음 강간하는 경우와 같이 감금행
위 자체가 강간의 수단인 폭행·협박에 해당하는 때에는, 상상적 경합관계에 해
당한다.[134] 그러나 강간의 목적으로 일단 피해자를 감금한 다음에 폭행·협박을
가하여 강간한 경우에는, 감금과 강간이 별개의 행위로 이루어졌으므로 실체적
경합관계가 될 것이다.[135] 또한, 감금상태에서 강간을 한 후 감금을 계속한 경우

---

133 대판 1970. 9. 29, 70도1516.
134 대판 1983. 4. 26, 83도323. 「피고인이 피해자가 자동차에서 내릴 수 없는 상태를 이용하여 강
   간하려고 결의하고, 주행중인 자동차에서 탈출불가능하게 하여 외포케 하고 50킬로미터를 운행
   하여, 여관앞까지 강제로 연행하여 강간하려다 미수에 그친 경우 위 협박은 감금죄의 실행의 착
   수임과 동시에 강간미수죄의 실행의 착수라고 할 것이고, 감금과 강간미수의 두 행위가 시간적,
   장소적으로 중복될 뿐 아니라 감금행위 그 자체가 강간의 수단인 협박행위를 이루고 있는 경우
   로서 이 사건 감금과 강간미수죄는 일개의 행위에 의하여 실현된 경우로서 형법 제40조의 상상
   적 경합이라고 해석함이 상당할 것이다.」
   본 판결 평석은 최우찬, "감금죄와 강간죄의 관계", 형사판례연구 [2], 한국형사판례연구회,
   박영사(1993), 134-150.
135 이용식, 형법각론, 125; 주석형법 [각칙(4)](5판), 235(구회근).

에도 실체적 경합관계가 된다.[136]

(3) 강요죄

144
　　강요죄(§ 324①)는 자유를 침해하는 범죄 중 가장 일반적인 범죄이므로, 본
죄를 비롯하여 강제추행죄, 유사강간죄 등의 죄가 성립하는 경우에는 특별규정
인 이들 범죄만 성립한다고 보아야 한다.

(4) 강제추행죄 · 유사강간죄

145
　　성적자기결정권을 침해하는 범죄 중 일반적 범죄인 강제추행죄(§ 298)와는
일반법, 특별법의 관계에 있으므로, 강제추행 후 강간행위로 나아간 경우 강제
추행죄는 본죄에 흡수된다.[137] 강간행위가 미수에 그친 경우에도 마찬가지로 볼
수 있다. 따라서 강간치상으로 기소된 사안에서 피고인의 강간범의가 인정되지
않는 경우 공소장변경 없이 강제추행치상죄(§ 301, § 298)로 인정할 수 있다.[138]

146
　　유사강간죄와(§ 297의2)의 관계에 대하여도 마찬가지로 보는 견해가 다수설
로 보이나,[139] 유사강간죄와 본죄는 행위태양이 달라 일반법, 특별법의 관계에
있다고 보기 어렵고, 유사강간행위가 강간행위의 수단이 된다고 보기도 어려우
며, 법익침해의 강도가 반드시 더 낮다고 보기 어려우므로, 별죄를 구성한다고
보는 견해에 찬성한다.[140] 따라서 동일한 기회에 저지른 유사강간행위는 기수,
강간행위는 미수에 그친 경우 유사강간죄의 기수와 강간미수죄가 별도로 성립
하고, 두 죄는 실체적 경합관계이다.

(5) 준강간죄

147
　　수면 중인 피해자에 대하여 준강간범행을 저지르다 피해자가 잠에 깨어난
후 강간으로 이어진 경우 준강간죄(§ 299, § 297)는 본죄에 흡수된다.

---

136 대판 2006. 4. 28, 2006도1651. 「피고인은 원심 공동피고인과 합동하여 피해자를 강제로 승용차
　　에 태우고 가서 공소사실과 같이 원심 공동피고인은 강간하고, 피고인은 강간하려 하였으나 미
　　수에 그친 뒤에도 계속하여 피해자를 승용차에 태우고 상당한 거리를 진행하여 가다가 경찰관에
　　게 검거되어 감금행위가 중단되었으므로 이를 하나의 행위라고 볼 수는 없어, 감금행위와 강간
　　상해행위는 상상적 경합범이 아니라 실체적 경합범으로 보아야 할 것이다.」
137 東京地判 平成 1(1989). 10. 31. 判時 1363·158(동일한 피해자에 대한 강제추행죄와 강간죄는
　　포괄일죄로서 강간죄만 성립한다고 판시).
138 대판 2001. 10. 30, 2001도3867.
139 이형국·김혜경, 208; 임웅, 214; 정성근·박광민, 177; 정성근·정준섭, 119; 주석형법 〔각칙(4)〕
　　(5판), 241(구회근).
140 김성돈, 202; 박찬걸, 196; 정웅석·최창호, 408.

(6) 강도죄

강간범이 강간행위 후 강도 범의를 일으켜 그 부녀의 재물을 강취하는 경 148
우에는 강도죄(§333)와 본죄의 경합범이 성립될 뿐이나,[141] 강간범이 강간행위
종료 전 즉, 그 실행행위의 계속 중에 강도의 행위를 하고 그 자리에서 강간행
위를 계속하는 때에는 강도의 행위를 할 때 바로 강도의 신분을 취득하는 것이
므로 강도강간죄(§339)가 성립한다.[142]

강도죄를 범한 사람이 그 기회에 동일한 피해자를 강간한 경우에는 강도강 149
간죄의 단순일죄가 성립한다.

(7) 특별법위반의 죄

'흉기 그 밖의 위험한 물건을 지니거나 2인 이상이 합동하여' 강간한 경우 150
에는, 본죄가 아니라 성폭력처벌법 제4조 제1항의 특수강간죄가 성립하여 가중
처벌된다.

주거침입죄(§319①), 야간주거침입절도죄(§330. 미수범 포함) 또는 특수절도죄 151
(§331. 미수범 포함)를 범한 사람이 본죄를 범한 때에는 성폭력처벌법 제3조 제1
항[143]에 따라 가중 처벌된다.

Ⅷ. 처벌 등

1. 법정형 등

3년 이상의 유기징역에 처한다. 152

본죄의 미수범(§300)과 상습범(§305의2)은 처벌하고, 본죄는 양형기준 적용 153

---

141 最判 昭和 24(1949). 12. 24. 刑集 3·12·2114.
142 대판 1977. 9. 28, 77도1350; 대판 1988. 9. 9, 88도1240.
143 성폭력처벌법 제3조(특수강도강간 등) ① 「형법」 제319조제1항(주거침입), 제330조(야간주거침
입절도), 제331조(특수절도) 또는 제342조(미수범. 다만, 제330조 및 제331조의 미수범으로 한정
한다)의 죄를 범한 사람이 같은 법 제297조(강간), 제297조의2(유사강간), 제298조(강제추행) 및
제299조(준강간, 준강제추행)의 죄를 범한 경우에는 무기징역 또는 7년 이상의 징역에 처한다.
〈개정 2020. 5. 19.〉
[단순위헌, 2021헌가9, 2023. 2. 23, 성폭력범죄의 처벌 등에 관한 특례법(2020. 5. 19. 법률 제
17264호로 개정된 것) 제3조 제1항 중 '형법 제319조 제1항(주거침입)의 죄를 범한 사람이 같은
법 제298조(강제추행), 제299조(준강제추행) 가운데 제298조의 예에 의하는 부분의 죄를 범한
경우에는 무기징역 또는 7년 이상의 징역에 처한다.'는 부분은 헌법에 위반된다.]

대상이다.[144]

2. 친고죄 여부

154   2012년 형법 개정으로 친고죄 조항(구 § 306)이 삭제되어, 피해자의 고소가
없더라도 공소를 제기하고 처벌할 수 있다. 다만, 개정 법률이 시행된 2013년
6월 19일 이후 최초로 저지른 범죄부터 적용된다(법률 제11574호 부칙 § 2).

IX. 비동의간음죄 신설 논의

155   상대방의 동의 없이 간음한 경우 폭행·협박·위력 없이도 처벌할 수 있는
비동의간음죄를 신설하자는 논의가 있다.

156   동의의 입증책임을 누구에게 지우는지, 명시적 동의를 받아야 하는 것인지,
입법을 한다면 본죄의 구성요건을 변경하는 방향으로 할 것인지, 기존의 본죄 외
에 별도의 범죄를 신설할 것인지 등 여러 방향에서의 입법론이 주장되고 있다.[145]

157   현재 우리의 판례상 낮은 정도의 폭행·협박으로도 본죄를 인정하고 있고,
기습유사강간, 기습강제추행과 같이 돌발성에만 터잡아 반항을 곤란하게 할 정
도의 폭행·협박 없이도 유사강간죄나 강제추행죄를 인정하고 있어, 사실상 상
대방이 원하지 않는 성관계의 대부분을 처벌하고 있는 점, 비동의간음죄를 신설
하면서 폭행·협박을 동반한 간음인지 등에 따라 법정형을 차별화함으로써 구체
적 타당성을 기할 수 있는 점을 감안하면, 폭행·협박 없이도 원하지 않는 성관
계로부터 피해자를 보호할 수 있는 비동의간음죄를 신설하는 것이 피고인에게
반드시 불리하다고 볼 것은 아니다.

158   앞서 살펴본 대로, 일본에서는 성범죄에 적절히 대처하기 위하여 2023년 6월
23일 종래의 강제추행죄를 부동의추행죄(일형 § 176)로, 강제성교등죄를 부동의성

---

144 양형위원회, 2023 양형기준, 29-63.
145 이에 대한 논의는 김한균, "비동의 간음죄 입법론의 비판적 검토", 형사법의 신동향 59, 대검찰청
(2018), 415-443; 김희정, "비동의(without consent) 간음죄 신설에 관한 비교법적 검토", 형사법
의 신동향 64, 대검찰청(2019), 324-356; 윤덕경, 비동의 간음죄 도입을 위한 국내외 연구사례,
KWDI 이슈페이퍼, 한국여성정책연구원(2021. 10. 15); 최정일, "비동의 성범죄의 신설에 관한
제언 - 입법론과 관련된 쟁점을 중심으로 -", 법학연구 21-4, 한국법학회(2021), 125-148 참조.

교등죄(일형 § 177)로 구성요건을 변경하는 형법 개정을 하였다(2023. 7. 14. 시행).[146]

〔성 보 기〕

---

146 상세한 내용은 주 79) 일본형법 각칙 제22장 신·구 주요 조문 대비 참조.

제297조의2(유사강간)

폭행 또는 협박으로 사람에 대하여 구강, 항문 등 신체(성기는 제외한다)의 내부에
성기를 넣거나 성기, 항문에 손가락 등 신체(성기는 제외한다)의 일부 또는 도구를
넣는 행위를 한 사람은 2년 이상의 유기징역에 처한다.
[본조신설 2012. 12. 18]

I. 취 지

1 본죄(유사강간죄)는 폭행 또는 협박으로 사람에 대하여 구강, 항문 등 신체(성기는 제외)의 내부에 성기를 넣거나 성기, 항문에 손가락 등 신체(성기는 제외)의 일부 또는 도구를 넣는 행위를 함으로써 성립하는 범죄이다.

2 사회가 다층화되고 복잡하게 발달함에 따라 성폭력범죄도 역시 다양한 양상을 띠고 변화하고 있으나, 기존 형법에서는 이러한 변화의 양상을 미처 담아내지 못하고 있다는 비판을 받아 왔다. 예를 들면, 유사성교행위의 경우, 독일,[1] 프랑스[2] 등 선진 외국에서는 강간의 기준을 '신체에의 삽입'에 두고 강간죄에 포

---

1 독일의 성폭력범죄는 형법각칙 제13장(성적 자기결정에 관한 죄) 제177조를 기본범죄구성요건으로 하여 성적 침해(제1항), 남용과 강요(제2항), 미수(제3항), 질병 또는 장애의 이용(제4항), 성적 강요(제5항) 등 행위를 처벌하는데, 제177조가 전제로 하고 있는 '성적 행위'(sexuelle Handlungen)에 대해서는 개념을 정하지 않고 "성적 행위란 각 보호법익을 고려하여 어느 정도 현저성을 가지는 것"이라고 그 적용영역만을 정하고 있다. 이에 대한 상세는 최민영 외 9인, Global Standard 마련을 위한 쟁점별 주요국 형사법령 비교연구(II-2), 한국형사정책연구원(2020), 738-814 참조.
2 프랑스의 성폭력범죄는 성폭력과 성적 침해로 나뉘어져 있고, 형법 제222-2조 제1항은 성폭력을 폭행, 강압(혹은 위력), 협박 또는 위계에 의한 모든 '성적 침해'(atteinte sexuelle)로 정의하고 있는데, 형법전은 성적 침해의 개념에 대하여 규정하고 있지 않지만, 판례와 학설은 성적 성격의

섭하여 엄하게 처벌하고 있는데 반하여, 우리나라는 '남녀 성기 간의 삽입'만을 강간죄로 처벌하고 이와 유사한 성교행위는 강제추행죄로만 처벌하고 있었다. 이에 변화된 시대상황을 반영하여 다양화된 성범죄에 효과적으로 대처하기 위하여 2012년 12월 18일 형법을 개정(법률 제11574호)하면서 본죄를 신설하였다.[3]

　　본죄의 보호법익도 강간죄와 마찬가지로 사람의 '성적 자유 또는 성적 자기　　**3** 결정권'이고,[4] 보호의 정도는 침해범이다.[5]

II. 주체 및 객체 등

　　본죄의 주체에는 제한이 없고, 객체는 사람으로서, 기본적으로 강간죄(§ 297)　　**4** 의 경우와 같다.

　　피해자가 '13세 미만의 사람'일 경우에는 법정형이 더 무거운 성폭력범죄의　　**5** 처벌 등에 관한 특례법(이하, 성폭력처벌법이라 한다.) 제7조 제2항(법정형 7년 이상의 유기징역)이 적용되고, '신체적인 또는 정신적인 장애가 있는 사람'에 대하여 본 죄를 범한 경우에는 법정형이 더 무거운 성폭력처벌법 제6조 제2항(법정형 5년 이상의 유기징역)이 적용되고, 피해자가 '아동·청소년'(19세 미만의 사람. 다만, 19세에 도달하는 연도의 1월 1일을 맞이한 사람은 제외)일 경우에는 법정형이 더 무거운 아동 ·청소년의 성보호에 관한 법률(이하, 청소년성보호법이라 한다.) 제7조 제2항(법정형 5년 이상의 유기징역)이 적용될 것이므로, 결국 본죄의 객체는 '19세 이상의 사람 (19세에 도달하는 연도의 1월 1일을 맞이한 사람 포함)'으로 제한된다.[6]

　　부부 사이에서 서로 상대방에 대한 본죄 성립 여부 및 고의, 죄수, 다른 죄　　**6** 와의 관계 등은 **강간죄**(§ 297)의 경우와 대부분 동일하다.

　　야간에 주거에 침입하여 절도죄[야간주거침입절도죄(§ 330) 및 특수절도죄(§ 331①)]　　**7** 를 범한 사람이 본죄를 범한 때에는 성폭력처벌법 제3조 제1항에 따라 가중처벌

　　행위일 것과 가해자와 피해자 사이에 신체적 접촉이 있을 것을 요한다. 이에 대한 상세는 최민
　　영 외 9인, Global Standard 마련을 위한 쟁점별 주요국 형사법령 비교연구(II-2), 763-782 참조.
3 국회 법제사법위원회, 형법 일부개정법률안(대안)(2012. 11) 중 제안경위 참조.
4 손동권·김재윤, 새로운 형법각론(2판), 151.
5 김신규, 형법각론, 202; 이형국·김혜경, 형법각론(3판), 207; 임웅, 형법각론(11정판), 211.
6 주석형법 〔각칙(4)〕(5판), 237(구회근).

되고, 공범에 대해 형법 제33조가 적용될 수 없음은 **강간죄**에서 본 바와 같다.

Ⅲ. 행 위

8   본죄의 행위는 '폭행 또는 협박'으로 사람에 대하여 '구강, 항문 등 신체(성기는 제외)의 내부에 성기를 넣거나 성기, 항문에 손가락 등 신체(성기는 제외)의 일부 또는 도구를 넣는 행위'이다.

1. 폭행·협박

9   '폭행·협박'은 **강간죄**의 경우와 동일하게 피해자의 항거가 불가능하게 하거나 상당히 곤란하게 할 정도에 이를 것을 요하지만,[7] 뒤에서 보는 바와 같이 기습유사강간에 해당하는 경우에는 의사에 반하는 유형력의 행사가 있으면 충분하다.

10   40세 정도의 저명한 사진작가인 피고인이 19세의 신인모델인 피해자에게 누드 사진을 촬영해 준다고 옷을 벗게 한 후 "모델계에서 소문을 안 좋게 내서 더 이상 모델 활동을 못하게 하겠다."고 위협하면서 음부에 손가락을 집어넣은 사안에서, 항거를 상당히 곤란하게 할 협박이 있었다고 본 하급심 판례가 있다.[8]

2. 유사간음행위

11   본죄의 행위는 사람에 대하여 ① 구강, 항문 등 신체(성기는 제외)의 내부[9]에 성기를 넣거나 ② 성기, 항문에 손가락 등 신체(성기는 제외)의 일부 또는 도구를 넣는 행위(이하, 위 ①행위와 ②행위를 합하여 '유사간음행위'라 한다.)이다.[10] 성기에 성기를 넣는 행위는 '강간죄'에 해당한다. 유사간음행위의 대표적인 것으로는 구강성교, 항문성교라고 불리는 것이 있다.

---

7 대판 2021. 8. 12, 2020도17796.

8 서울고판 2017. 4. 20, 2016노3795.

9 구강, 항문 이외에 신체의 내부를 특정하기 어렵고, 구강, 항문을 해부학적으로 신체의 내부인지도 의무이므로 '내부'는 삭제하는 것이 바람직하다는 견해도 있다[김성돈, 형법각론(8판), 203].

10 일본형법 제177조는 '항문성교, 구강성교 또는 질이나 항문에 신체의 일부(음경을 제외한다.) 또는 물건을 삽입하는 행위로서 추행'을 하는 것이라고 규정하고 있다.

피해자의 성기, 항문에 손가락 이외에 혀나 발가락을 넣는 행위도 유사간음 행위에 해당한다. 그러나 입에 성기 이외의 신체 일부(가령 손가락)나 도구를 넣는 행위[11]나 유방 등 신체 외부에 성기를 마찰하는 행위[12]는 유사강간이 아니다.

항문에 손가락이나 도구를 넣는 행위가 성적 만족을 위한 경향이나 목적까지는 필요하지 않더라도 객관적으로 피해자에게 성적 수치심을 줄 만한 행위여야 한다. 따라서 의사가 진단을 하기 위해 항문에 손가락을 넣는 행위, 항문에 온도계나 좌약을 넣는 의료행위는 구성요건해당성이 없다.

3. 피해자를 이용한 간접정범이 가능한지

본죄는 자수범이 아니고, 제3자를 도구로 이용하여 간접정범의 형태로 저지를 수 있다.

폭행·협박 등으로 피해자를 자유 없이 행동하는 도구로 삼아 피해자의 성기나 항문에 자신의 손가락 등 신체의 일부나 물건을 넣게 하는 행위가 간접정범에 의한 유사강간으로 인정되는가, 아니면 강제추행으로만 인정될 수 있는가도 살펴보아야 한다. 이 문제는 본죄가 피해자의 구강, 항문 등에 타인의 성기를 넣거나, 성기, 항문에 타인의 손가락 등 타인의 신체 일부를 넣은 경우에만 성립하는지 여부의 문제이기도 하다.

대법원은 피해자 자신을 도구로 이용한 강제추행죄의 성립을 인정한 판례[13]

---

11 이재상·장영민·강동범, 형법각론(13판), §11/13; 임웅, 213; 주석형법 [각칙(4)](5판), 237(구회근).
12 주석형법 [각칙(4)](5판), 238(구회근).
13 대판 2018. 2. 8, 2016도17733[피고인이 아동·청소년인 피해자들로부터 은밀한 신체 부위가 드러난 사진을 전송받은 후 이것을 유포하겠다고 피해자들을 협박하여, 피해자들로 하여금 스스로 가슴 사진, 성기 사진, 가슴을 만지거나 성기에 볼펜을 삽입하거나 자위하는 동영상을 촬영하도록 한 다음, 그와 같이 촬영된 사진과 동영상을 전송받은 행위를 간접정범에 의한 위반(강제추행)죄로 기소한 사안에서, 피고인의 행위가 피해자의 신체에 대한 접촉이 있는 경우와 동등한 정도로 성적 수치심 내지 혐오감을 주거나 성적 자기결정권을 침해하는 것이라고 보기 어렵다는 이유로 주위적 공소사실인 청소년성보호법위반(강제추행)죄를 무죄로 판단하고 예비적 공소사실인 강요죄를 유죄로 인정한 원심판결을 파기하고 주위적 공소사실을 유죄 취지로 판단한 사례]. 본 판결 평석은 이상민, "아동·청소년 대상 강제추행에서 성적 의사결정의 자유", 특별형법 판례100선, 한국형사판례연구회·대법원 형사법연구회, 박영사(2022), 248-251; 이승준, "간접정범에 의한 강제추행죄의 성부", 법조 734, 법조협회(2019), 538-560; 이용식, "피해자의 자손행위를 이용한 간접정범의 인정여부: 간접정범과 자수범의 이해구조: 하나의 이단적 고찰, 간접정범과 자수범에 관한 독일이론의 맹신적 추종에 대한 참을 수 없는 저항, 동일과 비동일의 동일/동일과 비동일의 비동일, 자수범론에서 말하는 '간접정범'과 간접정범론에서 말하는 '간접정범'의 의

의 법리를 원용하여 피해자를 도구로 이용하여 피해자 자신의 신체 일부를 성기에 넣게 한 경우에도 간접정범에 의한 본죄의 성립을 인정하였다.[14]

4. 기습유사강간의 인정 여부

17 강제추행죄에서 '기습추행'을 인정하는 것과 같이 본죄의 경우에도 '기습유사강간'을 인정할 수 있을지 여부가 문제된다. 즉, 피해자에게 폭행·협박을 가하여 항거를 불가능하게 하거나 현저히 곤란하게 한 후 유사간음행위를 하는 것이 아니라 기습적으로 성기나 항문에 손가락을 넣는 등 유사간음행위를 한 경우에도 본죄가 성립할 수 있는가 하는 것이다.

18 대법원에서 판시를 한 바는 없지만, 이를 인정한 하급심 판결을 대법원에서 상고기각으로 확정한 사례 등은 있다.[15] 위 하급심 판결에서는, 본죄는 강제추행

미차이와 간극, 자수범과의 작별: 아듀 자수범!", 형사판례연구 〔30〕, 한국형사판례연구회, 박영사(2022), 1-61.

14 부산고판 2020. 2. 6, 2019노536(대판 2020. 4. 9, 2020도2472로 상고기각 확정). 피고인이 허무인 명의의 페이스북 계정을 이용하여 피해자(여, 13세)에게 접근한 후 "애들 풀어서 혼내주겠다."라는 등으로 협박하여 나체 상태의 신체 사진을 피고인에게 보내게 하고, 이후 "자위하는 모습을 보여주지 않으면 보내준 나체 사진을 퍼뜨리겠다."라는 등으로 협박하여 이에 겁을 먹은 피해자로 하여금 자신의 성기에 손가락 등 신체의 일부나 도구를 넣는 행위를 하도록 하고 피고인에게 영상통화로 그 장면을 보여주게 하여 강제로 유사성행위를 하였다는 공소사실에 대하여, 유사성행위에 관한 간접정범의 의사를 실현하는 도구로서의 타인에는 피해자도 포함될 수 있다고 봄이 타당하므로, 피해자를 도구로 삼아 피해자의 신체를 이용하여 유사성행위를 한 경우에도 본죄의 간접정범에 해당할 수 있다는 이유로 유죄로 인정한 원심판결에 대하여, 대법원은 범죄의 성립에 관한 법리오해의 잘못이 없다고 판단하였다. 위 2016도17733 판결(주 13)에서는 피고인과의 신체 접촉 없이, 피해자로 하여금 자신의 성기에 볼펜을 삽입하게 하거나 자위행위를 하게 한 행위가 강제추행죄에 해당하는지 여부가 쟁점이었고, 본 판결에서는 유사한 행위가 본죄에 해당하는지 여부가 쟁점이었다는 점에서 차이가 있다.

15 서울고판 2016. 5. 17, 2016노757(확정); 서울고판 2016. 8. 26, 2016노1291(상고기각으로 확정)(마사지샵에서 피해자를 팬티만 입고 마사지용 침대에 눕게 한 다음, 전신을 마사지하는 척하면서 피해자의 팬티를 벗기고 손으로 피해자의 가슴을 수회 만지며 피해자에게 "몸속에 있는 나쁜 노폐물을 빼내야 한다."고 하면서 손바닥으로 피해자의 음부 주변을 수회 문지르고, 갑자기 손가락을 피해자의 질 속에 집어넣고 앞뒤로 수회 움직여 피해자를 유사강간한 사례); 서울고판 2016. 8. 30, 2016노1509(상고기각으로 확정)[사우나 수면실에서 바닥에 누워 있는 피해자(62세)의 옆에 누운 다음 갑자기 피해자를 껴안고 손가락을 피해자의 항문에 집어넣은 사례]; 서울북부지판 2016. 2. 18, 2015고합260, 2015고합397(병합), 2016고합12(병합)(항소기각으로 확정)(마사지업소에서 근무하던 피고인이 마사지를 받으러 온 피해자를 침대에 엎드리게 하고 엉덩이 부분 등을 마사지해주던 중, 피해자의 속옷을 벗기고 골반 쪽 근육이 뭉친 부위를 풀어주어야 한다면서 음부 주변을 계속 마사지를 해주는 척하다가 갑자기 손가락을 피해자의 질에 넣은 사례).

죄와 동일한 법익을 보호대상으로 삼고 있고, 추행행위 중 특별한 행위태양을 가중처벌하고 있으므로, 그 기본적인 성격은 강제추행죄와 동일한 점, 강제추행죄에서 '기습추행'을 인정하고 있는 것과 같이 본죄에서도 상대방에 대하여 폭행 또는 협박을 가하여 항거를 곤란하게 한 뒤에 유사간음행위를 하는 경우뿐만 아니라 폭행행위 그 자체가 유사간음행위라고 인정되는 경우(즉, '기습유사간음행위')도 포함된다고 봄이 타당한 점, 만일 본죄가 신설되었다고 하여 이러한 기습추행의 법리가 유사간음행위에는 적용되지 않는다고 본다면 강제추행 중 유사간음행위를 엄하게 처벌하려는 본죄 신설의 취지에도 반하게 된다는 점을 근거로 하고 있다.

다만, 위와 같이 하급심에서 인정한 기습유사강간 사례는 모두 유사간음행위가 기습적으로 이루어져 피해자가 이에 항거할 수 없어 결과적으로 항거가 불가능 또는 현저히 곤란하게 된 것과 마찬가지로 볼 수 있는 사안들이다. **19**

이 경우 폭행은 반드시 상대방의 의사를 억압할 정도의 것이어야 하는 것은 아니고, 의사에 반하는 유형력의 행사에 해당하면 된다. **20**

5. 실행의 착수시기 등

본죄의 실행의 착수시기는 강간죄의 경우와 같이 폭행 또는 협박을 개시한 시점이고,[16] 기수시기는 구강, 항문 등 신체의 내부에 성기를 넣은 시점 또는 성기, 항문에 손가락 등 신체의 일부나 도구를 넣는 시점이다.[17] **21**

실행의 착수시기와 관련하여, 피고인이 주점에서 술을 마시던 중 피고인을 남자화장실 앞까지 부축해 준 피해자 여성을 건조물인 위 주점 여자화장실로 끌고 가 용변 칸으로 밀어 넣은 후, 피고인의 성기를 피해자의 구강에 넣으려고 하고 피고인의 손가락을 피해자의 성기에 넣으려고 하였으나 그 뜻을 이루지 못하고 미수에 그쳤다는 공소사실에 대하여, 피고인이 피해자의 반항을 억압한 채 피해자를 억지로 끌고 여자화장실로 들어가게 한 시점에 실행의 착수가 있었다고 본 대법원 판례가 있다.[18] **22**

---

16 김일수·서보학, 새로쓴 형법각론(9판), 136; 손동권·김재윤, 152; 오영근, 형법각론(8판), 148; 임웅, 214; 주석형법 [각칙(4)](5판), 240(구회근).

17 김일수·서보학, 136; 오영근, 148; 이재상·장영민·강동범, 형법각론(13판), § 11/14; 임웅, 214; 주석형법 [각칙(4)](5판), 240(구회근).

18 대판 2021. 8. 12, 2020도17796.

23   피해자가 피고인과의 개인적인 관계 등을 의식하여 잠을 자는 척하고 있었는데, 피고인이 피해자가 심신상실의 상태에 있다고 인식한 채 이를 이용하여 피해자의 성기에 손가락을 넣은 경우, 피고인은 준유사강간의 고의를 가지고 있었고, 비록 피고인이 피해자의 의사에 반하여 피해자의 성기에 손가락을 넣었으나, 피해자가 실제로는 심신상실의 상태에 있지 않음으로써 대상의 착오로 인하여 유사강간의 결과의 발생이 불가능하였으며, 피고인이 행위 당시에 인식한 사정을 놓고 객관적으로 일반인의 판단으로 보았을 때 유사강간의 결과가 발생할 위험성도 있다고 할 것이므로, 위와 같은 행위는 준유사강간죄의 불능미수에 해당한다.[19]

24   2020년 5월 19일 형법 개정에 의하여 본죄를 범할 목적으로 한 예비·음모도 처벌된다(§ 305의3).

6. 주관적 구성요건

25   폭행, 협박에 의하여 성기를 구강, 항문 등 신체의 내부에 넣거나, 성기, 항문에 신체의 일부 또는 도구를 넣는다는 것 및 그것이 피해자의 의사에 반한다는 인식이 필요하다. 고의는 미필적 고의로 충분하다.

26   고의 외에 초과주관적 구성요건요소로서 성욕의 자극흥분 또는 만족을 위한다는 목적 내지 내적 경향은 요구되지 않는다.[20]

27   피해자의 동의가 있었다고 오인한 때에는 고의를 조각한다.

IV. 죄수 및 다른 죄와의 관계

1. 죄 수

28   동일한 기회에 강제추행과 유사강간이 이루어진 경우, 강제추행죄는 기본적 구성요건이므로 유사강간죄에 흡수된다. 피해자를 폭행·협박하여 또는 갑자기 피해자의 옷 속으로 손을 집어넣어 가슴을 주무르는 등 기습추행을 하다가 피해자의 바지 속으로 손을 집어넣어 피해자의 음부를 만지고 음부 안으로 손가락을 집어넣어 유사간음행위를 한 경우, 추행행위는 유사간음행위에 흡수되

---

19 대판 2015. 8. 13, 2015도7343.
20 김성돈, 204.

어 본죄만 성립한다.[21]

2. 다른 죄와의 관계

(1) 동일한 기회에 강간과 유사강간이 이루어진 경우 본죄가 강간죄에 흡수   29
된다고 보는 견해가 다수설인 것으로 보이나,[22] 강간행위와 유사강간행위는 행
위태양이 다르고 일반법과 특별법의 관계에 있다고 볼 수도 없으므로, 별도의
범죄가 성립한다고 보아야 한다.[23]

(2) 강요죄(§ 324①)는 자유를 침해하는 범죄 중 가장 일반적인 범죄이므로,   30
본죄 등 성범죄가 성립하는 경우에는 특별규정인 이들 범죄만 성립한다고 보아
야 한다.

V. 처 벌

2년 이상의 유기징역에 처한다.   31

본죄의 불법의 정도를 강간죄보다 상대적으로 낮다고 보는 입장[24]에서는   32
본죄의 법정형이 강간죄의 '3년 이상의 유기징역'보다 낮은 것은 당연한 것으로
이해될 수 있겠지만, 불법의 정도를 같게 보는 입장[25]에서는 같은 법정으로 규
정하는 것이 바람직하다고 한다.

본죄의 미수범(§ 300)과 상습범(§ 305의2)은 처벌하고, 본죄는 양형기준 적용   33
대상이다.[26]

〔성 보 기〕

---

21 수원지판 2016. 9. 20, 2016고합422(확정); 서울중앙지판 2016. 11. 24, 2016고합543; 서울동부
   지판 2017. 2. 9, 2016고합320.

22 이형국·김혜경, 208; 임웅, 214; 정성근·박광민, 177; 정성근·정준섭, 형법강의 각론(2판), 119;
   주석형법 〔각칙(4)〕(5판), 241(구회근).

23 김성돈, 202; 정웅석·최창호, 형법각론, 408.

24 박찬걸, 형법각론(2판), 201(성범죄를 세분화하여 불법의 양만큼 개별적으로 처벌); 김혜경·박미
   숙·안경옥·원혜욱·이인영, 형법각론(3판), 185(강간행위에 근접할 정도의 행위불법).

25 최호진, 형법각론, 169(강간과 유사강간은 성적 자기결정권의 침해라는 점에서 동일하며, 성기
   결합의 유무에 따라 법정형을 차별적으로 규정하고 있는 것은 성범죄를 '자유에 대한 침해'로 보
   는 것이 아니라 신체의 관점으로 보는 것으로 타당하지 않다).

26 양형위원회, 2023 양형기준, 29-63.

제298조(강제추행)

폭행 또는 협박으로 사람에 대하여 추행을 한 자는 10년 이하의 징역 또는 1천 500만원 이하의 벌금에 처한다. 〈개정 1995. 12. 29〉

Ⅰ. 의 의

1　본죄(강제추행죄)는 폭행 또는 협박으로 사람에 대하여 추행을 함으로써 성립하는 범죄로서, 본장의 죄의 기본적 구성요건이다.

2　보호법익은 사람의 성적 자유 내지 성적 자기결정권이고,[1] 보호의 정도는 침해범이다.[2]

1　김성돈, 형법각론(8판), 192; 김일수·서보학, 새로쓴 형법각론(9판), 129, 137(강간죄보다 성적 의사결정의 자유 내지 성생활의 자유를 더 광범위하게 침범할 수 있으므로 그 한에서는 강간죄보다 보호법익이 넓다); 박상기·전지연, 형법(총론·각론)(5판), 496; 배종대, 형법각론(14판), § 45/1; 손동권·김재윤, 새로운 형법각론(2판), 153; 오영근, 형법각론(8판), 140; 이재상·장영민·강동범, 형법각론(13판), § 11/18; 이형국·김혜경, 형법각론(3판), 199; 임웅, 형법각론(11정판), 215; 주석형법 〔각칙(4)〕(5판), 242(구회근).

2　김신규, 형법각론, 205; 김혜경·박미숙·안경옥·원혜욱·이인영, 형법각론(3판), 186; 이형국·김혜경, 209; 임웅, 215.

II. 주체 및 객체

1. 주 체

본죄의 주체에는 아무런 제한이 없다. 　　　　　　　　　　　　　　3

남자, 여자[3] 모두 본죄의 주체가 될 수 있다. 다만 피해자와 사이에 4촌 이 　　4
내의 혈족·인척과 동거하는 친족 또는 동거하는 사실상의 관계에 있는 친족 관
계에 있는 사람이 본죄를 범하였을 경우에는, 법정형이 더 높은 성폭력범죄의
처벌 등에 관한 특례법(이하, 성폭력처벌법이라 한다.) 제5조 제2항(5년 이상의 유기징
역)이 적용될 것이다.

본죄는 강간죄와 마찬가지로 신분범이 아니고,[4] 자수범도 아니다(통설[5]·판례[6]). 　　5

2. 객 체

본죄의 객체는 '사람'이다. 남녀를 불문하고, 기혼, 미혼을 따지지 않는다. 　　6

---

3 대판 2021. 7. 21, 2021도6112(한의원 실장인 여성 피고인이 한의원에서 여성 피해자의 가슴을
　움켜쥐거나 엉덩이를 만지고 피고인의 볼을 피해자의 볼에 가져다 대는 등의 행동을 한 것은 추
　행에 해당한다고 한 사례).

4 판례 중에는 "주거침입강제추행죄 및 주거침입강간죄 등은 사람의 주거 등을 침입한 자가 피해
　자를 간음, 강제추행 등 성폭력을 행사한 경우에 성립하는 것으로서, 주거침입죄를 범한 후에
　사람을 강간하는 등의 행위를 하여야 하는 일종의 신분범이다."라고 판시한 것(대판 2021. 8.
　12, 2020도17796)이 있는데, 이는 위 죄들이 '주거침입한 자'라는 신분을 요하는 신분범이라는
　것이지 본죄나 강간죄가 신분범이라는 취지는 아니다.

5 김성돈, 204; 김일수·서보학, 137; 오영근, 148; 이상돈, 형법강론(4판), 443; 이재상·장영민·강
　동범, §11/19; 임웅, 215; 정성근·정준섭, 형법강의 각론(2판), 119; 한상훈·안성조, 형법개론
　(3판), 447; 홍영기, 형법(총론과 각론), §64/1; 주석형법 〔각칙(4)〕(5판), 242(구회근). 이와는
　달리 자수범이라는 견해로는, 최호진, 형법각론, 172.

6 대판 2018. 2. 8, 2016도17733. 「강제추행죄는 사람의 성적 자유 내지 성적 자기결정의 자유를
　보호하기 위한 죄로서 정범 자신이 직접 범죄를 실행하여야 성립하는 자수범이라고 볼 수 없으
　므로, 처벌되지 아니하는 타인을 도구로 삼아 피해자를 강제로 추행하는 간접정범의 형태로도
　범할 수 있다.」
　　본 판결 평석은 이상민, "아동·청소년 대상 강제추행에서 성적 의사결정의 자유", 특별형법
　판례100선, 한국형사판례연구회·대법원 형사법연구회, 박영사(2022), 248-251; 이승준, "간접정
　범에 의한 강제추행죄의 성부", 법조 734, 법조협회(2019), 538-560; 이용식, "피해자의 자손행위
　를 이용한 간접정범의 인정여부: 간접정범과 자수범의 이해구조: 하나의 이단적 고찰, 간접정범
　과 자수범에 관한 독일이론의 맹신적 추종에 대한 참을 수 없는 저항, 동일과 비동일의 동일/동
　일과 비동일의 비동일, 자수범론에서 말하는 '간접정범'과 간접정범론에서 말하는 '간접정범'의
　의미차이와 간극, 자수범과의 작별: 아듀 자수범!", 형사판례연구 〔30〕, 한국형사판례연구회, 박
　영사(2022), 1-61.

7   성전환 여자나 성전환 남자도 본죄의 객체가 될 수 있다. 다만 전환 후의
성으로 판정하는 것이므로, 성기를 결합하는 경우에는 이성의 성기 간 결합으로
인정되어 강간죄가 성립하는 경우가 있다. 피해자가 '13세 미만의 사람'일 경우
에는 본죄보다 법정형이 더 무거운 성폭력처벌법 제7조 제3항(5년 이상의 유기징
역)이 적용되고, 피해자가 '신체적인 또는 정신적인 장애가 있는 사람'인 경우에
는 법정형이 더 무거운 성폭력처벌법 제6조 제3항(3년 이상의 유기징역 또는 3천만
원 이상 5천만 원 이하의 벌금)이 적용될 것이다. 또한 피해자가 '아동·청소년'(19세
미만의 사람. 다만, 19세에 도달하는 연도의 1월 1일을 맞이한 사람은 제외)일 경우에는 법
정형이 더 무거운 아동청소년의 성보호에 관한 법률(이하, 청소년성보호법이라 한
다.) 제7조 제3항(2년 이상의 유기징역 또는 1천만 원 이상 3천만 원 이하의 벌금)이 적용
될 것이다. 결국 본죄의 객체는 실질적으로 '19세 이상의 사람(19세에 도달하는 연
도의 1월 1일을 맞이한 사람 포함)'으로 제한되게 된다.[7]

8   남자 동성연애자 사이 또는 여자 동성연애자 사이에서도 본죄가 성립할 수
있다.

9   '부부 사이'에 본죄가 성립할 수 있는지에 관하여, **강간죄**(§ 297)에서 살펴본
바와 같이 부부 사이에도 강제추행죄가 성립할 수 있다[8]고 봄이 타당하다.[9] 그
러나 폭행·협박의 개념에 대한 종합적 고려설의 입장에 따라 부부 사이에서는
폭행·협박의 인정 범위를 다소 엄격히 인정하거나, 추행의 개념을 엄격하게 인
정함으로써 부부 사이의 일에 국가가 과도하게 개입하는 것을 방지할 필요가
있다.

10   한편, 강제추행은 성적 자기결정권을 보호하기 위한 것이므로 사자(死者)에
대한 강제추행은 불가능하고, 사안에 따라 위험성이 인정될 경우 본죄의 불능미
수가 될 수 있을 뿐이다.[10]

---

7 주석형법 [각칙(4)](5판), 243(구회근).
8 서울중앙지판 2004. 8. 20, 2003고합1178(확정); 서울동부지판 2016. 10. 14, 2016고단2618(확
정) 등.
9 강간죄에서는 물론 본죄에서도 부부 사이에서는 범죄가 성립할 수 없다는 견해도 있다(이정원·
이석배·정배근, 형법각론, 137; 임웅, 216).
10 대판 2013. 7. 11, 2013도5355. 피고인이 야간에 피해자의 집에 침입하여 재물을 절취한 후 바
닥에 누워있는 피해자가 술에 취해 자고 있는 것으로 생각하고 추행행위를 하다가 역겨운 냄새
가 나서 추행행위를 중지한 후 재물을 가지고 나온 경우, 실제로 피고인이 피해자의 주거에 침

Ⅲ. 행 위

본죄의 행위는 '폭행 또는 협박'으로 사람에 대하여 '추행'하는 것이다.   11

1. 폭행·협박

(1) 폭행·협박의 정도

(가) 학설

본죄의 수단은 폭행·협박인데, 그 정도에 대하여는 견해가 나뉘고 있다.   12

① 최협의의 폭행·협박 개념에 따라야 한다는 견해가 다수설이다. 거기에   13
서도, ⓐ 강간죄와 같이 상대의 반항을 불가능하게 하거나 현저히 곤란하게 할
정도가 되어야 한다는 견해[11]와 ⓑ 본죄의 법정형이 강간죄보다 현저하게 낮고,
강제추행행위가 다양하므로, 폭행·협박도 상대의 반항을 현저히 곤란하게 할
것까지는 필요 없고, 반항을 상당히 곤란하게 할 정도이면 충분하다는 견해[12]가
나뉜다.

본죄의 법정형이 강간죄보다 낮게 규정되어 있는 것은 의사에 반한 간음행   14
위가 추행행위보다 불법성이 크기 때문일 뿐 본죄의 폭행·협박의 정도가 강간죄
의 그것보다 가벼운 정도이기 때문은 아니고, 법정형이 강간죄보다 낮다고 하여
폭행·협박 정도를 낮게 잡아야 할 이유는 되지 않는 점, 본죄 성립에서 요하는
폭행·협박의 정도를 너무 낮게 인정하면 위력에 의한 추행(§302, 성폭처벌 §10①)

입할 당시 피해자가 이미 다른 사유로 사망한 상태였고 정확한 사망시기도 밝혀지지 않아 피고
인이 위 주거에 있던 재물을 가지고 나올 때까지 사망 이후 얼마나 시간이 경과되었는지도 분명
하지 않다면, 죽은 사람의 재물에 대한 점유를 인정하기 어려우므로, 피고인이 야간주거침입 후
'절도'를 하였다고 볼 수 없고, 피해자가 이미 사망한 상태였으므로 '준강제추행 중지미수'로 볼
수도 없어, 주거침입절도 후 준강제추행미수죄[성폭력처벌법위반(절도강간등)죄]는 성립하지 않
는다(피고인은 피해자가 이미 사망하였다는 점을 몰랐으므로, '사체오욕'의 '고의'도 인정하기 어
려움)고 하면서, 다만 피고인의 위와 같은 추행행위는 피해자의 사망으로 결과의 발생이 불가능
하게 되었다고 하더라도 그 위험성이 인정되므로, 주거침입 후 항거불능상태에 있는 피해자에
대한 주거침입 후 준강제추행의 불능미수죄[성폭력처벌법위반(주거침입강간등)죄]와 점유이탈
물횡령죄만 성립한다고 본 사례이다.

11 김일수·서보학, 139; 김혜경·박미숙·안경옥·원혜욱·이인영, 187; 배종대, §45/3; 이재상·장영
   민·강동범, §11/20; 이용식, 형법각론, 125; 이정원·류석준, 형법각론, 175; 정성근·정준섭, 120;
   정웅석·최창호, 형법각론, 409; 한상훈·안성조, 447; 홍영기, §64/2.
12 손동권·김재윤, 154; 신동운, 형법각론(2판), 716; 최호진, 176.

이나 단순 추행(성폭처벌 § 11)과 구분이 어려워진다는 점에 비추어보면, 위 ⓐ의
견해가 더 논리적으로 보인다.[13]

15   다만 강간죄에서와 마찬가지로 본죄에서도 폭행·협박이 상대방의 반항을
억압할 정도인지에 대하여는 종합적 고려설이 적용되어야 하고, 행위태양이 단
순한 추행행위에 대하여는 낮은 강도의 폭행·협박만으로도 상대방의 반항을 억
압할 수 있는 정도에 이르렀다고 판단할 수 있는 경우가 많을 것이므로, 실제
사건에서 적용함에 있어서는 두 견해의 차이가 분명하지 않다.

16   한편, ② 협의의 폭행·협박 개념에 따라 상대방의 의사에 반하는 유형력의
행사가 있는 한 그 힘의 대소 강약은 불문한다는 견해[14]는 소수설이다.

      (나) 판례

      (a) 종래의 판례 법리

17   종래 대법원은 본죄의 '폭행 또는 협박'의 의미에 관하여 두 가지 유형으로
나누어, ① 폭행 또는 협박이 추행보다 시간적으로 앞서 그 수단으로 행해진 경
우(이른바 '폭행·협박 선행형')에는 상대방의 항거를 곤란하게 하는 정도의 폭행 또
는 협박이 요구되고(폭행·협박의 개념에 관한 최협의설), ② 폭행행위 자체가 곧바
로 추행에 해당하는 경우(이른바 '기습추행형')에는 상대방의 의사를 억압할 정도의
것임을 요하지 않고 상대방의 의사에 반하는 유형력의 행사가 있는 이상 그 힘
의 대소강약을 불문한다(폭행·협박의 개념에 관한 협의설)고 판시하여, 이원적인 입
장을 취하여 왔다.

18   이에 따라 종래 대법원은 "강제추행죄는 상대방에 대하여 폭행 또는 협박을
가하여 항거를 곤란하게 한 뒤에 추행행위를 하는 경우뿐만 아니라 폭행행위
그 자체가 추행행위라고 인정되는 경우도 포함된다. 이 경우의 폭행은 반드시
상대방의 의사를 억압할 정도의 것임을 요하지 않고 상대방의 의사에 반하는 유
형력의 행사가 있는 이상 그 힘의 대소 강약을 불문한다."고 판시하여 왔다.[15]

---

13 서보학, "강제추행죄에 있어서 폭행의 정도와 기습추행의 문제", Jurist 374, 청림출판(2001), 27.
14 김성돈, 206; 박상기·전지연, 503; 이상돈, 444; 이형국·김혜경, 210; 임웅, 216.
15 대판 1983. 6. 28, 83도399; 대판 1992. 2. 28, 91도3182; 대판 1994. 8. 23, 94도630; 대판 2015.
   11. 12, 2012도8767; 대판 2020. 12. 10, 2020도11186.

(b) 변경된 판례 법리

대법원은 최근 대판 2023. 9. 21, 2018도13877(전)(이하, 2018도13877 전원합의 　**19**
체 판결이라 한다.)[16]을 통하여 위 ①의 폭행·협박 선행형 강제추행에 있어 폭행
·협박의 개념을 최협의설에서 협의설로 그 견해를 변경하였다(다만, 위 ②의 기습
추행형은 쟁점이 되지 않았으므로 종래의 판례이론이 그대로 적용).

위 2018도13877 전원합의체 판결의 사안은, 피고인이 4촌 친족관계에 있는 　**20**
피해자(여, 15세)에게 "내 것 좀 만져줄 수 있느냐?"며 피해자의 왼손을 잡아 피
고인의 성기 쪽으로 끌어당겼으나 피해자가 이를 거부하며 일어나 집에 가겠다
고 하자, "한 번만 안아줄 수 있느냐?"며 피해자를 양팔로 끌어안은 다음 피해자
를 침대에 쓰러뜨려 피해자의 위에 올라타, 피해자에게 "가슴을 만져도 되느
냐?"며 피고인의 오른손을 피해자의 상의 티셔츠 속으로 집어넣어 속옷을 걷어
올려 왼쪽 가슴을 약 30초 동안 만지고 피해자를 끌어안고 자세를 바꾸어 피해
자가 피고인의 몸에 수차례 닿게 하였으며, "이러면 안 된다. 이러면 큰일 난
다."며 팔을 풀어줄 것을 요구하고 방문을 나가려는 피해자를 뒤따라가 약 1분
동안 끌어안은 사안이다.

위 사안에 대하여 검사는 성폭력처벌법위반(친족관계에의한강제추행)죄로 　**21**
기소하였다가, 제1심 유죄판결 후 원심에서 청소년성보호법위반(위계등추행)죄
를 예비적으로 공소장변경하였는데, 원심은 피고인의 행위는 '항거불능' 정도의
폭행·협박에는 해당하지 않고 '위력'에는 해당된다는 이유로 예비적 공소사실만
인정하였다. 이러한 원심판결에 대하여 대법원은, 앞서 살펴본 대로 견해를 변
경하여 피고인의 행위는 피해자의 신체에 대하여 불법한 유형력을 행사하여 피
해자를 강제추행한 것에 해당한다고 볼 여지가 충분하다는 이유로, 원심판결을
파기이송[17]하였다.

---

16 대판 2023. 9. 21, 2018도13877(전). 본 판결 평석은 윤영석, "강제추행죄 구성요건인 '폭행과 협
　박'의 재정의, 법률신문 884(2023. 10. 16), 13; 이준민, "강제추행죄에서 '폭행 또는 협박'의 의
　미", 사법 66, 사법발전재단(2023), 989-1036.

17 2021년 9월 24일 군사법원법 개정 전에 고등군사법원이 선고한 판결을 개정 군사법원법 시행 후
　에 파기하는 경우 군사법원법 제449조 제1항의 '원심법원'은 개정 군사법원법 시행에 따라 군사
　재판의 항소심을 담당하는 고등법원, 즉 '서울고등법원'을 의미한다고 해석되므로, 원심판결을 파
　기하고 사건을 서울고등법원에 이송하였다.

22   즉 대법원은, 본죄의 범죄구성요건과 보호법익, 종래의 판례 법리의 문제점, 성폭력범죄에 대한 사회적 인식, 판례 법리와 재판 실무의 변화에 따라 해석기준을 명확히 할 필요성 등에 비추어 본죄의 '폭행 또는 협박'의 의미는 다시 정의될 필요가 있다고 하면서, 위 ①의 폭행·협박 선행형의 경우 '폭행 또는 협박'은 상대방의 항거를 곤란하게 할 정도로 강력할 것이 요구되지 아니하고, 상대방의 신체에 대하여 불법한 유형력을 행사(폭행)하거나(협의의 폭행) 일반적으로 보아 상대방으로 하여금 공포심을 일으킬 수 있는 정도의 해악을 고지(협박)하는 것(협의의 협박)이라고 보아야 한다고 판시하였다.[18]

23   이러한 판례의 변경은 본죄의 구성요건의 해석기준을 명확히 함으로써 사실상 변화된 기준을 적용하고 있는 현재의 재판 실무와 종래의 판례 법리 사이의 불일치를 해소하고, 형평과 정의에 합당한 형사재판을 실현하기 위한 것으로, 강제추행죄의 '폭행 또는 협박'을 법문언 그대로 해석하자는 취지이지, 법해석만으로 '비동의추행죄'를 인정하자는 취지는 아니다.[19] 이로써 판례의 입장은

---

18 이러한 다수의견에 대하여, 종래의 판례이론은 여전히 타당하고 유지되어야 한다는 별개의견이 있다. 별개의견은 근거는 아래와 같다. ① 종래의 판례 법리는 형사법 문언과 체계에 부합한다. 국어사전에서 '강제(強制)'는 '권력이나 위력으로 남의 자유의사를 억눌러 원하지 않는 일을 억지로 시키는 것'이라고 정의하는바, 사전적 정의 자체에 항거곤란의 의미가 포함되어 있다. ② 본죄의 '폭행 또는 협박'의 정도에 관하여 상대방의 항거를 곤란하게 하는 정도로 제한 해석해야 단순추행죄, 위력에 의한 추행죄와 분명한 구별이 가능하고, 준강제추행죄의 항거불능과도 해석상 균형이 맞다. ③ 종래의 판례 법리는 피해자의 현실적 저항을 요구하거나 2차 피해를 야기하는 법리가 아니다. 설령 강제추행 피해자에 대한 조사·심리 과정에서 2차 피해를 야기할 위험성이 있다고 하더라도 현행법상의 제도 등을 적극 활용함으로써 그 문제를 해결하여야 하는 것이지 이를 이유로 범죄구성요건의 내용을 달리 정할 것은 아니다. ④ 종래의 판례 법리는 대법원이 수십 년 동안 반복적으로 선언한 법리로서 학계의 지지를 받고 있고, 이른바 '종합판단기준설'의 발전적인 해석을 통하여 구체적 타당성을 도모할 수 있는 법리이므로, 이를 변경하려면 그 변경을 정당화할 명확한 근거가 있어야 하는데, 다수의견의 논거는 이에 미치지 못한다. ⑤ 성폭력처벌법, 청소년성보호법 등 성폭력 관련 특별법은 강제추행죄의 '폭행 또는 협박'의 정도에 대해 피해자의 항거곤란을 요구하는 종래의 확고한 판례 법리를 전제로 일정한 유형의 강제추행에 대해 중범죄로 가중처벌하고 있다. 성범죄 피해자 보호를 입법을 통하여 해결하지 않은 채 다수의견과 같이 해석으로 폭행·협박의 정도를 완화할 경우 위 특별법과의 체계상 정합성에 지장을 초래하고, 죄형법정주의나 형벌불소급의 원칙에 실질적으로 어긋날 우려가 있다. ⑥ 본죄의 법리상 폭행·협박의 정도가 항거를 곤란하게 할 정도의 것임을 요구하기 때문에 그에 미치지 못하는 추행행위를 처벌하지 못하여 형사처벌의 공백이 생기는 것은 죄형법정주의상 부득이한 것이다.

19 대법원 공보연구관실, 대법원 2018도13877 성폭력범죄의처벌등에관한특례법위반(친족관계에의한강제추행) 사건 전원합의체 판결 보도자료 참조.

폭행·협박 선행형과 기습추행형 강제추행의 인정에 필요한 폭행·협박의 정도
가 모두 협의설로 일관되게 되었다.

대법원이 이처럼 판례를 변경하게 된 근거는 아래와 같다. 24

첫째, 항거곤란을 요구하는 종래의 판례 법리는 본죄의 범죄구성요건에 부 25
합하지 않는다. 제298조 및 성폭력처벌법 제5조 제2항 등 강제추행의 죄에 관
한 현행 규정은 폭행·협박의 정도를 명시적으로 한정하고 있지 않고 있는데,
'강제추행'에서 '강제(強制)'의 사전적 의미는 '권력이나 위력으로 남의 자유의사
를 억눌러 원하지 않는 일을 억지로 시키는 것'으로서, 반드시 상대방의 항거가
곤란할 것을 전제로 한다고 볼 수 없다.

둘째, 항거곤란을 요구하는 종래의 판례 법리는 본죄의 보호법익인 자유롭 26
고 평등한 개인의 성적 자기결정권과 부합하지 않는다. 1953년 제정 형법은 본
죄를 담고 있는 제2편 제32장의 제목을 '정조에 관한 죄'라고 정하였으나, 1995
년 12월 29일 형법이 개정되면서 제목이 '강간과 추행의 죄'로 바뀌었는데, 이러
한 형법의 개정은 본죄의 보호법익이 여성의 정조나 성적 순결이 아니라 자유
롭고 평등한 개인으로서 사람이 가지는 성적 자기결정권임을 분명히 한 것으로
볼 수 있다.[20] 원하지 않는 성적 행위를 폭행·협박을 수단으로 또는 폭행·협
박의 방법으로 하는 경우 그로써 본죄의 보호법익인 소극적 성적 자기결정권은
침해되고, 피해자의 '항거곤란'을 요구하는 것은 여전히 피해자에게 '정조'를 수
호하는 태도를 요구하는 입장을 전제하고 있고, 개인의 성적 자기결정권을 보호
법익으로 하는 현행법의 해석으로 더 이상 타당하지 않다.

셋째, 본죄에서 '폭행 또는 협박'은 형법상 폭행죄 또는 협박죄에서 정한 '폭 27
행 또는 협박'을 의미하는 것으로 분명히 정의되어야 하고, 이는 판례 법리와 재
판 실무의 변화에 비추어 볼 때 법적 안정성 및 판결에 대한 예측가능성을 높이
기 위하여도 필요하다. 근래의 재판 실무는 종래의 판례 법리에도 불구하고 가
해자의 행위가 폭행죄에서 정한 폭행이나 협박죄에서 정한 협박의 정도에 이르
렀다면 사실상 상대방의 항거를 곤란하게 할 정도라고 해석하는 방향으로 변화
하여 왔다. 이는 종래의 판례 법리에 따른 현실의 수사와 재판 과정에서 자칫

---

20 대판 2013. 5. 16, 2012도14788, 2012전도252(전).

〔성 보 기〕 **489**

성폭력범죄의 피해자에게 이른바 '피해자다움'을 요구하거나 2차 피해를 야기할 수 있다는 문제 인식을 토대로 형평과 정의에 합당한 형사재판을 실현하기 위한 것이다. 이러한 변화로 인하여 본죄의 구성요건으로 피해자의 항거가 곤란할 정도의 폭행 또는 협박을 요구하는 종래의 판례 법리는 그 의미가 상당 부분 퇴색하였다. 따라서 범죄구성요건의 해석기준을 명확히 함으로써 사실상 변화된 기준을 적용하고 있는 현재의 재판 실무와 종래의 판례 법리 사이의 불일치를 해소하고 오해의 소지와 혼란을 방지할 필요가 있다.

(다) 다른 나라의 경우

(a) 일본

28   부동의추행죄(일형 § 176)가 신설되기 전의 구 형법상 강제추행죄에서의 폭행·협박의 정도에 대하여, 우리와는 달리 협의설의 입장이 통설[21]·판례[22]였으며, 판례는 오래전부터 기습추행행위에 대하여 본죄의 성립을 인정하고 있다.[23]

(b) 독일

29   독일형법은 종래 제177조(성적 강요, 강간) 제1항에서 성폭력범죄의 기본적 구성요건인 성적 강요죄에 대하여 폭행·협박을 요하는 것으로 규정하고 있었고,[24] 독일의 판례나 다수설은 성적 강요행위(우리의 강제추행에 해당한다고 볼 수 있음)에서 폭행의 정도를 완화하여 해석하는 태도를 취하고 있지만, 독일형법 규정은 (강간을 포함하여) 추행의 목적을 달성하기 위한 수단으로 폭행·협박을 요구함으로써 폭행이 피해자의 저항을 배제하기 위한 것이 아니라 행위자의 성적 목적을 달성하기 위한 수단으로 직접 활용되거나, 피해자가 충분히 항거가능한 상태에 있지만 반대의사를 표명할 여유도 없이 기습적으로 이루어지는 추행행위는 그 가벌성에도 불구하고 여전히 처벌대상에서 제외되는 난점이 지적되었다.[25]

---

21 西田 外, 注釈刑法(2), 619(和田俊憲).

22 大判 大正 13(1924). 10. 23. 刑集 3·749.

23 大判 大正 7(1918). 8. 20. 刑録 24·1203; 大判 大正 14(1925). 12. 1. 刑集 4·743.

24 개정 전 독일형법 제177조(성적 강요, 강간) ① 타인에게 자신 또는 제3자의 성적 행동을 참도록 하거나 또는 자신이나 제3자에 대하여 성적 행동을 하도록 다음 각호의 1과 같이 강요한 자는 1년 이상의 자유형에 처한다.
　　1. 폭행과 함께
　　2. 신체 또는 생명에 대한 현재의 위험에 대한 협박을 통하여
　　3. 피해자가 무방비 상태로 행위자의 영행에 방치되어 있는 상황을 악용하여

25 권창국, "강제추행죄의 요건으로서 '폭행'의 해석과 기습추행", 형사재판의 제문제(9권), 사법발전

이에, 2016년 형법 개정으로 제177조의 표제어를 성적 침해, 성적 강요 및 강간으로 바꾸고, 제1항에서 피해자의 분명한 반대의사에 반하여 이루어진 성적 행위를 처벌하도록 규정함으로써,[26] 폭행·협박을 통한 피해자의 저항을 배제하는 요건 없이도 성범죄로 포착, 처벌하도록 하였다(폭행·협박을 행사하는 경우 독형 §177⑤에 의하여 가중처벌됨). 그러나 개정된 형법에 따르더라도 피해자가 반대의사를 표명하기도 전에 이루어진 기습추행은 제177조 제1항에 해당하지 않게 되지만, 동조 제2항 제3호의 '행위자가 놀라는 순간을 악용한 경우'에 해당하여 성적 침해로 처벌할 수 있는 여지가 생긴 것으로 보인다.

(2) 이른바 '기습추행'의 성립 요건

　　대법원이 폭행행위 그 자체가 추행행위라고 인정되는 경우, 즉 이른바 기습추행[27]에는 상대방의 의사에 반하는 유형력의 행사가 있는 이상 그 힘의 대소

30

재단(2019), 86; 서보학(주 13), 27.

26 개정 독일형법 제177조(성적 침해, 성작 강요, 강간) ① 다른 사람의 분명한 의지에 반하여 이 사람에게 성행위를 하거나 이 사람에게 성행위를 시키거나 이 사람이 제3자에게 또는 제3자가 이 사람에게 성행위를 하거나 이를 수인하게 하는 자는 6개월 이상 5년 이하의 자유형에 처한다.
② 다음 각호의 어느 하나에 해당하는 경우 다른 사람에게 성행위를 하거나 이 사람에게 성행위를 시키거나 이 사람이 제3자에게 또는 제3자가 이 사람에게 성행위를 하거나 아를 수인하게 하는 자도 마찬가지로 처벌한다.
　　1. 행위자가 이 사람이 반대의사를 형성하거나 표현할 수 없다는 사실을 악용한 경우
　　2. 행위자가 이 사람의 동의를 확인한 경우가 아니면 신체적 또는 심리적 상태로 인하여 이 사람이 의지의 형성이나 표현이 현저히 제한되어 있음을 악용한 경우
　　3. 행위자가 놀라는 순간을 악용한 경우
　　4. 행위자가 피해자에게 저항하면 상당한 해악이 있다고 협박하는 상황을 악용한 경우
　　5. 행위자가 다른 사람에게 상당한 해악을 고지하는 협박으로 성행위를 실행하거나 수인하게 강요하는 경우
③ 미수범은 처벌한다.
④ 피해자가 질병이나 장애로 인하여 의지를 형성하거나 표현할 능력이 없는 경우 1년 이상의 자유형에 처한다.
⑤ 다음 각호의 어느 하나에 해당하는 경우 1년 이상의 자유형에 처한다.
　　1. 행위자가 피해자에 대하여 폭력을 행사하는 경우
　　2. 행위자가 신체나 생명에 대한 현재의 위협으로 협박한 경우
　　3. 피해자가 무방비 상태로 행위자의 영향에 방치되어 있는 상황을 악용한 경우
⑥ 특히 중한 경우에는 2년 이상의 자유형에 처한다. 특히 중한 경우란 일반적으로 다음 각호의 어느 하나에 해당하는 경우를 말한다.
　　1. 행위자가 피해자와 성교를 하거나 성교를 하게 하거나 피해자에게 특히 신체 침입과 관련된 경우 상당히 수치스러운 유사성행위를 하거나 유사성행위를 하게 하는 경우
　　2. 행위를 여러 명이 공동으로 저지른 경우
27 대법원도 이러한 형태의 추행에 대하여 기습추행이라는 용어를 사용하고 있다(대판 2015. 9. 10,

강약을 불문하고 본죄가 성립한다. 이러한 대법원의 태도에 대하여, 이를 비판
적으로 보는 견해도 있으나,[28] 상대방이 예상하지 못하고 있는 틈을 이용하여
갑자기 추행행위를 하는 경우 기습성 자체가 상대방에 대한 불법한 유형력의
행사에 해당하고, 폭행이 추행행위에 선행하는 경우는 물론이고 추행행위와 동
시에 행하여지는 경우에도 폭행과 추행행위 사이에 인과관계가 인정된다는 점,
원하지 않는 신체접촉을 내용으로 하는 대부분의 추행 사례가 기습추행에 해당
하고, 이를 처벌할 필요성이 있다는 점에서, 판례의 태도를 이해할 수 있다.

31   기습추행의 경우, 폭행행위 그 자체가 곧바로 추행행위에 해당하는 경우가
언제인지 살펴볼 필요가 있다. 아래의 사례들에서 알 수 있는 바와 같이, 판례
가 폭행행위 그 자체가 곧바로 추행행위에 해당한다고 인정한 사안들의 공소사
실에는 행위태양에 '갑자기'라는 수식어가 붙어 있는 경우가 많지만, 반드시 피
할 틈도 주지 않고 기습적으로 추행행위를 하는 경우에 한정한 것으로 보이지
는 않고, 상대방이 원하지 않는 신체접촉에 대하여 추행에 해당한다고 판단되는
경우에는 널리 기습추행죄를 인정하는 것으로 보인다.

32   강간이나 유사강간 행위와 달리 추행행위는 피해자가 항거를 하더라도 쉽
게 이루어질 수 있고, 피해자가 원치 않는 신체접촉에 대하여 이를 피하여야 할
의무가 있는 것은 아니며, 제260조의 폭행죄에 대하여도 단순히 사람의 신체에
향하여진 유형력의 행사이기만 하면 모두 폭행으로 되는 것은 아니고 상해 결
과가 생길 위험성을 가진다든가 혹은 적어도 신체적·생리적 고통이나 정신적
고통 내지 불쾌감을 야기할 만한 불법한 성질의 것이어야 한다든가 하는 제한
을 요한다는 것이 다수설[29]과 판례[30]의 태도이지만, 그런 태도에 따르더라도 원
치 않는 신체접촉이 추행의 정도에 이르는 경우에는 상대방에게 정신적 고통
내지 불쾌감을 야기할만한 불법한 성질이 있다고 볼 수 있어, 그러한 판례의 태

2015도6980, 2015모2524; 대판 2020. 3. 26, 2019도15994 등).

28 서보학(주 13), 오영근, "2012년 형법판례 회고", 형사판례연구 [21], 한국형사판례연구회, 박영
사(2013), 658; 조현욱, "기습추행의 의미와 그 판단기준", 일감법학 33, 건국대학교 법학연구소
(2016), 665.

29 손동권·김재윤, 59; 이재상·장영민·강동범, §3/43

30 대판 2009. 9. 24, 2009도6800.「형법 제260조 폭행죄에서의 폭행은 사람의 신체에 대한 불법한
유형력의 행사를 가리키고, 그 불법성은 행위의 목적과 의도, 행위 당시의 정황, 행위의 태양과
종류, 피해자에게 주는 고통의 유무, 정도 등을 종합하여 판단하여야 할 것이다.」

도를 이해할 수 있다.

결국 원하지 않는 신체접촉이 추행행위에 해당한다고 판단하는 경우, 판례 [33]
는 이를 폭행에 해당한다고 보아 기습추행으로 인정하고 있다. 본죄로 기소된
사안은 대부분이 원하지 않는 신체접촉을 내용으로 하고 있으므로, 대부분의 강
제추행 사안에서 폭행·협박의 정도에 관하여는 위 2018도13877 전원합의체 판
결 이전부터 협의설이 적용되고 있었고, 원하지 않는 신체접촉이 이루어진 경우
본죄가 인정될 것인지 여부는 그 신체접촉이 추행에 해당하는지 여부가 관건이
될 것으로 보인다.

판례상 폭행행위 자체가 추행에 해당한다고 인정한 사례는 아래와 같고, 이 [34]
들 사안의 주된 쟁점은 피고인의 행위가 추행에 해당하는지에 있다.

① 미용업을 하는 회사 사장인 피고인이 회사의 가맹점에서 근무하는 피해 [35]
자(여, 27세) 등 직원들과 노래방에서 회식을 하던 중 피해자를 자신의 옆자리에
앉힌 후 피해자가 "하지 마세요."라고 하였음에도 계속하여 오른손으로 피해자
의 오른쪽 허벅지를 쓰다듬은 행위[31]

② 여자 피해자를 팔로 힘껏 껴안고 강제로 입을 맞추는 행위[32] [36]

③ 여자 피해자의 옷 위로 엉덩이나 가슴을 쓰다듬는 행위[33] [37]

④ 피해자의 의사에 반하여 그 어깨를 주무르는 행위[34] [38]

⑤ 야간에 혼자서 길을 걸어가던 여자 피해자에게 술을 마시자고 접근하여 [39]
이를 거절하는 피해자의 손목을 강제로 잡고 다른 손으로 엉덩이를 만진 행위[35]

⑥ 앞에서 걸어가는 피해자를 보고 갑자기 욕정을 일으켜 빠른 걸음으로 [40]
피해자를 뒤따라가던 중 갑자기 뒤에서 달려들어 한 손으로 피해자 유방을 만
지고 다른 한 손으로 음부를 치마 위에서 쓰다듬은 행위[36]

⑦ 여자 피해자의 상의를 걷어 올려서 유방을 만지고 하의를 끄집어 내리 [41]
는 행위[37]

---

31 대판 2020. 3. 26, 2019도15994.
32 대판 1983. 6. 28, 83도399.
33 대판 2002. 8. 23, 2002도2860.
34 대판 2004. 4. 16, 2004도52.
35 대판 2004. 4. 28, 2003도7175.
36 대판 1992. 2. 28, 91도2337.
37 대판 1994. 8. 23, 94도630. 본 판결 평석은 서보학, "강제추행죄에 있어서의 폭행의 개념과 정

42   ⑧ 피해자의 팔을 잡아 당겨 안으려고 하는 행위 및 피해자의 허리를 양손으로 잡아 올리고 발기된 성기를 피해자의 허벅지에 닿게 하는 행위[38]

43   ⑨ 두 손으로 피해자의 어깨를 감싸 안고 피해자가 놀라 비명을 지르자 피해자의 손을 잡아 주무르는 행위[39]

44   ⑩ 교사가 여자 중학생의 얼굴에 자신의 얼굴을 들이밀면서 비비는 행위나 여자 중학생의 귀를 쓸어 만지는 행위[40]

45   ⑪ 직원 회식을 마친 후 같은 회사 경리 직원인 피해자(여, 28세)와 단둘이 남게 되자 피해자에게 모텔에 같이 가자고 하였으나 피해자가 거절하였음에도 "모텔에 함께 가고 싶다, 모텔에 같이 안 갈 이유가 뭐가 있냐?"라는 등의 말을 하며 강제로 피해자의 손목을 잡아 끈 행위[41]

46   ⑫ 군대 상급자가 업무보고를 위해 온 부하인 피해자에게 "이게 뭐냐?"라고 말하면서 피해자의 의사에 반하여 10초가량 양손으로 피해자의 왼손을 잡고 양 엄지손가락으로 피해자의 왼손 손등 부분을 문지른 행위[42]

(3) 폭행 또는 협박 행위

47   강제추행 사안의 대부분은 기습추행 사안이므로, 폭행·협박 선행형 사안은 그다지 많지는 않다. 위에서 살펴본 2018도13877 전원합의체 판결은, 어떠한 행위가 본죄의 '폭행·협박'에 해당하는지 여부는 행위의 목적과 의도, 구체적인 행위태양과 내용, 행위의 경위와 행위 당시의 정황, 행위자와 상대방과의 관계, 그 행위가 상대방에게 주는 고통의 유무와 정도 등을 종합하여 판단하여야 한다고 판시하였다.[43]

48   위 2018도13877 전원합의체 판결로 폐기된 종래의 판결도 구체적 사안에서 폭행·협박이 피해자의 '항거를 곤란하게 할 정도'의 것이었는지 여부는 그 폭행·협박의 내용과 정도는 물론 피해자와의 관계, 추행 당시와 그 후의 정황 등 모

도", 형사재판의 제문제(4권), 박영사(2003), 37-57.
38 대판 1998. 1. 23, 97도2506.
39 대판 1998. 1. 23, 97도2506.
40 대판 2015. 11. 12, 2012도8767. 본 판결 해설은 홍기태, "강제추행죄에 있어서 폭행, 협박의 정도", 해설 41, 법원행정처(2002), 565-590.
41 대판 2020. 7. 23, 2019도15421.
42 대판 2020. 12. 10, 2020도11186.
43 대판 2023. 9. 21, 2018도13877(전).

든 사정을 종합하여 판단해야 한다고[44] 판시하였다.

이처럼 판례의 변경에도 불구하고, 본죄에서의 '강제'에 해당하는지 여부는 49
어느 경우나 종합적 고려설에 따라 판단하는 것으로 그 판단기준은 같고, 다만
폭행·협박의 정도가 어느 정도인지에 대해서만 차이가 있다고 볼 수 있다.

2. 추 행

(1) '추행'의 의미

'추행'(醜行)이라 함은 일반인을 기준으로 객관적으로 성적 수치심이나 혐오 50
감을 일으키게 하고 선량한 성적 도덕관념에 반하는 행위로서 피해자의 성적
자유를 침해하는 행위를 말한다.[45] 여기서 '성적 수치심이나 혐오감을 일으키는
것'은 피해자에게 단순한 부끄러움이나 불쾌감을 넘어 인격적 존재로서의 수치
심이나 모욕감을 느끼게 하거나 싫어하고 미워하는 감정을 느끼게 하는 것으로
서 사회 평균인의 성적 도의관념에 반하는 것을 의미한다.[46] 판례는 성적 자유
를 침해당했을 때 느끼는 '성적 수치심'은 부끄럽고 창피한 감정만으로 나타나
는 것이 아니라 다양한 형태로 나타날 수 있고,[47] '혐오감' 또한 추행 피해자가
느낄 수 있는 감정에 해당한다[48]고 한다.

이러한 성적 자유를 침해하는 행위이면 충분하고, 이에 더하여 행위자가 당 51
해 행위에 임할 시점에 성적인 자극·흥분 또는 만족을 목적으로 하였을 것을
요하는 것은 아니다(상세는 뒤의 '고의' 부분 참조).

'추행'이라는 개념은 '간음'이라는 개념과 비교하여 볼 때 추상적이고 어느 52
정도 포괄적인 의미를 가진다고 볼 수 있다.[49]

---

44 대판 2012. 7. 26, 2011도8805. 본 판결 해설은 강성수, "피해자 앞에서 성기를 꺼내어 보여준
   행위가 강제추행죄에 해당하는지 여부", 해설 94, 법원도서관(2013), 573-584.
45 대판 2015. 11. 12, 2012도8767; 대판 2017. 10. 31, 2016도21231; 대판 2021. 10. 28, 2021도
   7538.
46 대판 2022. 9. 29, 2020도11185.
47 대판 2021. 10. 28, 2021도7538; 대판 2022. 9. 29, 2020도11185. 위 2020도11185 판결 평석은
   윤권원, "성폭력범죄에서 이른바 '피해자다움'의 요구와 피해자 진술의 신빙성 평가에 관한 사례
   들", 민유숙 대법관 퇴임기념 재판자료집, 사법발전재단(2024), 838-956.
48 대판 2004. 4. 16, 2004도52; 대판 2022. 9. 29, 2020도11185.
49 '추행'이라는 개념이 형벌법규의 명확성 원칙에 반하는지 여부에 관하여, 헌법재판소는 "'추행'이
   란 일반적으로 정상적인 성적 만족행위에 대비되는 다양한 행위태양을 총칭하는 것이고, 그 구

53   대법원은 위와 같은 '추행'의 개념에 해당하는지 여부의 판단기준에 대하여
종래부터 종합적 고려설을 채택하여, "피해자의 의사, 성별, 연령, 행위자와 피
해자의 이전부터의 관계, 그 행위에 이르게 된 경위, 구체적 행위태양, 주위의
객관적 상황과 그 시대의 성적 도덕관념 등을 종합적으로 고려하여 신중히 결
정하여야 한다."50고 판시하고,51 특히 성적 수치심 또는 혐오감의 유발 여부는
일반적이고 평균적인 사람들을 기준으로 하여 판단함이 타당하고, 특히 성적 수
치심의 경우 피해자와 같은 성별과 연령대의 일반적이고 평균적인 사람들을 기
준으로 하여 그 유발 여부를 판단하여야 한다52고 판시하고 있다.

54   또한 판례는, "여성에 대한 추행에 있어서 신체 부위에 따라 본질적인 차이
가 있다고 볼 수 없다."고 판시하면서, 여자 피해자의 의사에 반하여 그 어깨를
주무르는 행위도 추행에 해당한다고 하여,53 그 범위를 상당히 넓게 보고 있다.

55   한편 이와 같이 판례가 추행을 다소 넓게 인정하는 태도에 대해 비판적인
견해54가 있고, 중대성 또는 현저성이 있는 행위로 제한되어야 한다는 견해가
학설로는 다수설55이지만, 우리 판례상 추행을 '성적 수치심이나 혐오감을 일으

체적인 적용범위도 사회적 변화에 따라 변동되는 동태적 성격을 가지고 있기 때문에, 입법자가
이러한 변태성 성적 만족행위의 모든 형태를 미리 예상한 다음, '추행'에 해당하는 행위를 일일
이 구체적, 서술적으로 열거하는 방식으로 명확성의 원칙을 관철하는 것은 입법기술상 불가능하
거나 현저히 곤란하다. 이 사건 법률조항(군형법 제92조 중 '추행' 관련)의 입법목적이나 다른
법률조항과의 연관성 등을 고려하면, 건전한 상식과 통상적인 법감정을 가진 자는 어떠한 행위
가 '추행'의 구성요건에 해당되는지 여부를 어느 정도 쉽게 파악할 수 있을 것이고, 법률적용자
도 '추행' 부분을 자의적으로 확대하여 해석할 염려가 없기 때문에, 형벌법규의 명확성의 원칙에
위배되지 아니한다."는 취지로 판시하였다(헌재 2002. 6. 27, 2001헌바70).

50 대판 1998. 1. 23, 97도2506; 대판 2015. 11. 12, 2012도8767; 대판 2020. 6. 25, 2015도7102;
   대판 2020. 12. 10, 2019도12282; 대판 2021. 10. 28, 2021도7538.
51 앞서 살펴본 대로 판례는 성적 자유를 침해당했을 때 느끼는 성적 수치심은 부끄럽고 창피한 감
   정만으로 나타나는 것이 아니라 다양한 형태로 나타날 수 있고(대판 2021. 10. 28, 2021도7538;
   대판 2022. 9. 29, 2020도11185), 혐오감 또한 추행 피해자가 느낄 수 있는 감정에 해당한다(대
   판 2004. 4. 16, 2004도52; 대판 2022. 9. 29, 2020도11185)고 한다.
52 대판 2022. 9. 29, 2020도11185.
53 대판 2004. 4. 16, 2004도52. 이에 대하여, 이재상·장영민·강동범, § 11/22는 여자의 손이나 무
   릎을 만지거나 여자의 옷 위로 가슴을 만지는 것만으로는 추행에 해당하지 않는다고 한다. 일본
   판례는 피해자의 옷 위로 엉덩이나 가슴을 쓰다듬는 행위에 대해서 그 정도와 집요함의 여하에
   따라 강제추행행위가 인정될 수 있다고 하며, 이를 인정한 판례도 있다[東京高判 平成 13(2001).
   9. 18. 東高刑時報 52·1-12·54; 名古屋高判 平成 15(2003). 6. 2. 判時 1834·161].
54 성범죄재판실무편람, 성범죄재판실무편람 집필위원회(2018), 48.
55 김일수·서보학, 137; 박상기·전지연, 503; 배종대, § 45/5; 이재상·장영민·강동범, § 11/22; 이

키게 하고 선량한 성적 도덕관념에 반하는 행위' 중 '중대성 또는 현저성' 있는 행위로 제한하고 있는 사안을 찾을 수 없다.

이에 더하여 우리 판례가 추행의 판단기준에 대하여 종합적 고려설을 취한 56 결과, 유사한 행위에 대하여 행위자와 피해자가 처한 구체적 사정이나 시대적 성적 도덕관념 등에 따라 추행행위의 인정 여부가 달라질 수 있게 되어, 추행 여부의 판단이 쉽지 않은 경우가 많다.

2016년에 개정된 독일형법 제184조h는 "이 법률에서 성행위(sexuelle Handlung) 57 (우리 법에서 추행과 유사한 의미)라 함은 해당 보호법익의 관점에서 다소 중요성 (Erheblichkeit)이 있는 것이어야 한다."고 규정하여 '중요성'을 요건으로 하고 있 다. 미국 연방형법(Unite States Code Title 18)은 제2244조에서 본죄를 "고의로 타 인의 허락 없이 타인에게 성적 접촉을 하는 행위"로 규정하면서, 성적 접촉 (sexual connect)을 "옷 위로 만지거나 직접 만지는 경우를 포함하여, 성적 욕구를 유발, 만족시킬 목적으로 타인의 생식기, 항문, 사타구니, 유방, 허벅지 안쪽 또 는 엉덩이를 고의로 접촉하는 것"으로 규정하여, 신체의 특정 부위에 대한 접촉 에 국한하여 범죄가 성립하는 것으로 규정하고 있다.

독일형법상의 중요성의 판단기준이 여전히 모호하고, 미국 연방형법에 의 58 할 경우 신체 부위를 한정하는 것이 다양한 행위 유형을 포섭하지 못하는 결점 이 있기는 하지만, 높은 법정형이 적용되는 본죄에 대하여 요건을 한정하거나 폭행 선행형과 기습추행형의 구별 또는 접촉의 수위에 따라 처벌을 차별화하려 는 시도는 우리나라에서도 필요하다.[56]

우리 판례에서는 신체접촉이 있는 경우뿐 아니라 아래에서 보는 바와 같이 59 신체접촉이 없는 경우에도 일부 추행으로 인정하고 있고, 신체접촉이 없는 경우 중 간접정범 형태의 추행도 인정하고 있다.

(2) 신체접촉이 있는 경우의 추행 사례

대부분 기습추행의 형태로 이루어지고 있다. 신체 부위에 따라 본질적인 60 차이가 있다고 볼 수 없다는 입장[57]에 따라 재판에서 추행으로 인정하고 있는

정원·이석배·정배근, 135; 임웅, 218.

56 같은 취지로는 신숙희, "추행죄 고찰", 재판자료 144, 법원도서관(2023), 442.

57 여성에 대한 추행에 있어 신체 부분에 따라 본질적인 차이가 있다고 볼 수는 없다(대판 2004.

범위가 넓다.

61   손이나 팔을 잡는 등의 가벼운 신체접촉이 추행으로 인정되어 형벌뿐 아니
라 신상정보 등록, 신상정보 공개·고지, 취업제한 등의 무거운 불이익을 받게
될 위험이 있어, 학자들은 추행의 인정요건에 성욕을 만족시킬 목적이라는 주관
적 요소를 부가하거나, 중대성 또는 현저성이 있는 행위로 제한한다거나, 신체
접촉 부위를 제한하거나, 기습추행에 의한 강제추행을 인정하지 않는 방법으로
추행의 인정 범위를 제한하려고 한다.

62   판례는 그와 같은 학계에서의 제한 수단을 받아들이기보다는, 종합적 고려
설에 따라 제반사정을 참작한 후 추행 여부를 결정하는데, 가벼운 신체접촉이라
고 하더라도, ① 피고인의 성희롱적 언사와 결합된 경우, ② 피해자가 평소에
또는 피고인의 행위 무렵 명시적·묵시적으로 같은 행위를 거부하는 의사를 표
시한 경우, ③ 업무상이나 그 밖의 이유로 위력관계에 있음이 분명한 경우에는
추행에 해당된다는 판단을 받게 될 가능성이 크다.[58]

          (가) 추행으로 인정한 사안

63   ① 피고인(남, 52세)이 자신이 대표로 있는 회사의 직원인 피해자(여, 27세)
등과 회식을 하던 중, "얘네는 내가 이혼하면 나랑 결혼하려고 결혼 안하고 있
다."는 취지로 말하면서 갑자기 왼팔로 피해자의 머리를 감싸고 피고인의 가슴
쪽으로 끌어당겨 피해자의 머리가 피고인의 가슴에 닿게 하고(일명 '헤드락'), 사
직을 하려는 피해자에게 "이년을 어떻게 해야 계속 붙잡을 수 있지. 머리끄댕이
를 잡고 붙잡아야 되나."라고 하면서 갑자기 손가락이 피해자의 두피에 닿도록
양손으로 피해자의 머리카락을 잡고 흔들고, 이후 갑자기 피해자의 어깨를 수회
치며 피해자를 강제로 추행하였다고 기소된 사안에서, 접촉 부위인 피해자의 머
리와 피고인의 가슴 및 그 접촉 방법에 비추어 객관적으로 일반인에게 성적 수
치심을 일으키게 할 수 있는 행위이고, 피해자 등이 나랑 결혼하려고 결혼 안
하고 있다든가, 이년 머리끄댕이를 잡아 붙잡아야겠다는 등의 발언과 그 말에
대한 피해자와 동료 여직원의 항의 내용에 비추어 보면, 피고인의 말과 행동은

---

    4. 16, 2004도52; 대판 2020. 12. 10, 2019도12282).
  58 신숙희(주 56), 434; 장태영, "추행의 의미·판단 기준과 신체 부위", 젠더판례백선, 젠더법연구회,
     사법발전재단(2021), 295.

피해자의 여성성을 드러내고 피고인의 남성성을 과시하는 방법으로 피해자에게 모욕감을 주는 것이라는 점에서 성적인 의도를 가지고 한 행위로 볼 수 있으며, 피해자가 당시의 감정에 대하여 '성적 수치심과 모멸감, 불쾌함'을 느꼈다고 분명히 진술한 점에서 피해자의 피해감정은 사회통념상 인정되는 성적 수치심에 해당한다는 이유로, 원심의 무죄판결을 유죄취지로 파기한 사례[59]

② 콘서트 영상제작 회사의 과장인 피고인(30대 중반)이 신입사원인 피해자 (여, 20대 중반)에게 입사 직후부터 성희롱적 언동을 해 오던 중 "여기를 만져도 느낌이 오냐."고 말하며 머리카락 끝을 손가락으로 비비고, 뒤쪽에서 손가락으로 피해자의 어깨를 톡톡 두드리고 놀란 피해자가 쳐다보면 혀로 입술을 핥거나 "앙, 앙"이라고 소리내는 방법으로 업무상위력으로 추행하였다는 사안에서, 피고인과 피해자의 관계, 피해자의 의사에 반한 피고인의 계속된 성희롱적 언동, 피고인의 보복성 행동(피해자가 반발하자 피고인이 자신의 일을 떠넘기고 퇴근을 하거나 퇴근시간 직전에 피해자에게 일을 시켜 야근을 하게 하거나, 회사 일과 관련된 정보를 피해자에게 알려주지 않아 일 처리에 애를 먹게 한 점)에 비추어, 피고인의 행위는 20대 중반의 미혼 여성인 피해자의 성적 자유를 침해할 뿐만 아니라 일반인의 입장에서도 도덕적 비난을 넘어 추행행위라고 평가할 만하고, 피고인이 업무, 고용이나 그 밖의 관계로 인하여 자기의 보호, 감독을 받는 사람에 대하여 위력을 행사하였다고 인정할 수 있다고 판단하여, 무죄를 선고한 원심판결을 파기한 사례(행위태양이 가벼운 경우에도 추행으로 인정함)[60] **64**

③ 성적 자유를 침해당했을 때 느끼는 성적 수치심은 부끄럽고 창피한 감정만으로 나타나는 것이 아니라 다양한 형태로 나타날 수 있다고 한 후, 피고인이 처음 보는 여성인 피해자의 뒤로 몰래 접근하여 성기를 드러내고 피해자를 향한 자세에서 피해자의 등 쪽에 소변을 본 행위에 대하여, 피해자는 "짜증이 나고 더러워서 혐오감을 느꼈다."고 진술하였는데, 이 또한 성적 수치심을 느낀 것에 해당한다고 본 사례[61] **65**

④ 상급자가 중대 간부연구실에 피해자를 호출하여 업무상 대화를 하던 중 **66**

59 대판 2020. 12. 24, 2020도7981.
60 대판 2020. 5. 14, 2019도9872.
61 대판 2021. 10. 28, 2021도7538.

갑자기 피해자의 손목을 잡아 끌어당기고, 연속적으로 다리로 피해자의 다리에 접촉하고, 팔로 피해자의 어깨에 접촉하는 행위를 하여 피해자가 자신의 몸을 빼내면서 피고인을 밀쳐 떨어뜨린 다음 업무를 마무리하고 간부연구실에서 나온 사례[62]

67   ⑤ 군인인 피고인(35세)이 업무보고를 위하여 사무실을 방문한 부하인 피해자(여, 25세)에게 "이게 뭐냐?"라고 말하면서 피해자의 의사에 반하여 10초가량 양손으로 피해자의 왼손을 잡고 양 엄지손가락으로 피해자의 왼손 손등 부분을 문질러 업무상위력을 행사하여 피해자를 추행하였다는 공소사실에 대하여, 피고인의 행위태양과 지속시간, 이 사건 당시 사무실에 피고인과 피해자 둘만 있었던 점, 피고인이 성적인 의도 이외에 공소사실 기재와 같은 행위를 할 별다른 동기를 찾을 수 없는 점 등을 고려하면, 피고인의 행위는 피해자의 성적 자유를 침해하는 유형력의 행사에 해당하고, 일반인에게도 성적 수치심이나 혐오감을 일으키게 할 수 있다는 이유로, 피고인의 행위가 추행에 해당하지 않는다는 원심의 판단을 유죄 취지로 파기한 사례[63]

68   ⑥ 직장 상사가 회식을 마친 후 입사 3개월 된 피해자와 단둘이 남게 되자 모텔에 같이 가자고 한 후 피해자가 거절하였음에도 함께 가고 싶다, 같이 안 갈 이유가 뭐냐 등의 말을 하며 강제로 피해자의 손목을 잡아끈 사례[64]

69   ⑦ 사우나에서 남성 동성연애자가 다른 남성의 허벅지를 비비면서 성기를 만진 사례[65]

70   ⑧ 술집 종업원인 피해자와 함께 술을 마시고 차에 태워 가다가 장난삼아 피해자의 유방을 만지고 피해자가 이를 뿌리치자 발을 앞으로 뻗어 치마를 걷어 올리고 구두 발로 피해자의 허벅지를 문지른 사례[66]

71   ⑨ 골프장 식당에서 여종업원인 피해자들에게 함께 술을 마실 것을 요구하였다가 피해자들로부터 거절당한 후 골프장 회장과의 친분관계를 내세워 피해자들에게 어떠한 신분상의 불이익을 가할 것처럼 협박하여 피해자들로 하여금

---

62 대판 2020. 12. 10, 2019도12282.
63 대판 2020. 12. 10, 2020도11186.
64 대판 2020. 7. 23, 2019도15421.
65 인천지판 2014. 8. 29, 2014노1282(상고기각으로 확정).
66 대판 1988. 4. 12, 88도178.

목 뒤로 팔을 감아돌림으로써 얼굴이나 상체가 밀착되어 서로 포옹하는 것과 같은 신체접촉이 있게 되는 이른바 '러브샷'의 방법으로 술을 마시게 한 사례[67]

⑩ 여자 피해자가 피고인의 머리채를 잡아 폭행을 가하자 이에 대한 보복 72 의 의미에서 (성욕을 자극·흥분·만족시키려는 주관적 동기나 목적이 없었다고 하더라도) 여자 피해자의 입술, 귀, 유두, 가슴을 입으로 깨문 사례[68]

⑪ 회사의 상무인 남자(49세)가 아르바이트를 시작한지 일주일이 된 피해자 73 들(19세, 20세 여자)이 회사 건물 뒤편에서 담배를 피우고 있는 것을 보고 다가와 "어린애가 무슨 담배냐?"라고 말하고 피해자의 목덜미를 3초 정도 주무르고, 등과 허리를 손으로 쓰다듬으면서 내려가 허리를 휘감으며 3초 정도 허리를 주무른 후 볼을 잡아 흔들고, 이어서 다른 피해자의 오른쪽 팔 윗부분의 맨살을 3-4초간 주무른 후 볼을 잡아 흔든 사례[69]

⑫ 육군학생군사학교 정훈공보실장으로 근무하던 군인인 피고인(40세)이 부 74 하인 피해자 하사(여, 24세)에서 노상에서 "너와의 추억을 쌓아야겠다. 너를 업어야겠다."라고 말하면서 갑자기 피고인의 양손으로 피해자의 양손을 잡아끌어 피고인의 어깨 위에 올린 행위, 산림욕장에서 피해자에게 "물속으로 들어오라."라고 말하였으나 피해자가 이를 거절하자 피해자의 뒤로 다가가 갑자기 피해자를 안아 들어올린 행위, "키를 재보자."라고 말하면서 갑자기 피고인의 손으로 피해자의 팔을 잡아당겨 피해자를 피고인의 등 뒤에 세워 서로의 엉덩이가 닿은 상태에서 피고인의 손으로 피해자의 머리를 쓰다듬는 행위는 객관적으로 성적 수치심을 일으키게 할 수 있는 행위로서 추행에 해당한다고 본 사례[70]

⑬ 한의원 실장인 여성 피고인이 한의원에서 여성 피해자의 가슴을 움켜쥐 75 거나 엉덩이를 만지고 피고인의 볼을 피해자의 볼에 가져다 대는 등의 행동을 한 것은 피해자로 하여금 성적 수치심을 느끼게 할 만한 행위로서 추행에 해당한다고 본 사례[71]

---

67 대판 2008. 3. 13, 2007도10050.
68 대판 2013. 9. 26, 2013도5856.
69 대판 2015. 7. 23, 2014도17879.
70 대판 2021. 6. 3, 2019도12110.
71 대판 2021. 7. 21, 2021도6112.

〔성 보 기〕

(나) 추행으로 인정하지 아니한 사례

76   ① 피고인이 온천 내 온열기에서 잠들어 있던 피해자(여, 48세)에게 다가가 손으로 피해자의 코를 잡아 비틀어 피해자의 심신상실의 상태를 이용하여 추행하였다는 공소사실에 대하여, 코 부위를 사회통념상 성적으로 중요한 의미를 갖는 신체 부위라고 단정하기 어려운 점, 접촉시간이 짧았던 점 등을 들어 추행으로 인정하지 않고, 폭행죄로만 인정한 하급심 사례[72]

77   ② 골프장 직원인 피고인이 같은 골프장내 골프용품점에서 용품점 직원인 피해자(여, 20세)와 대화 중 왼손 손가락으로 피해자의 쇄골 바로 아래의 가슴 부분을 한번 찌르고, 왼손으로 피해자의 어깻죽지 부분을 한번 만졌다는 공소사실에 대하여, 피고인이 찌른 쇄골 바로 아래 부분은 상대방의 허락 없이 만질 수 있는 부분은 아니라고 하더라도 젖가슴과 같이 성적으로 민감한 부위는 아니며, 1초도 안 되는 극히 짧은 순간 이루어졌기 때문에 피해자가 이로 인하여 성적 수치심을 느끼기보다는 당황하였을 가능성이 더 높은 점, 어깻죽지 부분은 일반적으로 이성 간에도 부탁, 격려 등의 의미로 접촉이 가능한 부분이라는 점을 들어 피고인의 행위가 추행에 해당하지 않는다고 본 하급심 사례[73]

(3) 신체접촉이 없는 경우

78   앞서 본 바와 같이 미국 연방형법(United States Code Title 18)은 본죄를 '고의로 타인의 허락 없이 타인에게 성적 접촉을 하는 것'으로 규정하고 있어, 본죄 성립을 위하여는 신체접촉이 인정되어야 한다.

79   우리나라의 경우, 성적 수치심이나 혐오감을 일으키게 하고 선량한 성적 도덕관념에 반하는 행위이기만 하면 피해자의 신체에 대해 물리적인 접촉이 없더라도 피해자의 나이, 행위 당시의 객관적 상황 등에 비추어 추행으로 인정될 수 있다.

80   다만 이러한 비접촉 음란행위는 공연음란죄(§ 244)로 처벌할 수 있고, 상대방의 성적 자기결정권을 침해하지 않았다고 볼 여지가 있으므로, 음란행위가 추행행위에 해당하려면 성적 자기결정권 침해 여부 및 정도가 신체접촉이 있는 경우와 비교하여 동등한 정도라고 평가될 수 있어야 한다.[74]

---

72 서울중앙지판 2012. 8. 22, 2012고단1879(항소기각으로 확정).

73 대구지판 2012. 6. 8, 2011고합68(확정).

74 신숙희(주 56), 436; 장윤실, "신체적 접촉이 수반되지 않는 추행죄의 성립 여부", 젠더판례백선, 젠더법연구회, 사법발전재단(2021), 302.

(가) 추행으로 인정된 사례

① 피해자를 협박하여 피해자의 나체사진을 찍어 피고인에게 보내게 한 행 **81**
위를 본죄의 간접정범으로 인정한 사례(본죄는 자수범이 아니고, 간접정범의 의사를
실현하는 도구로서의 타인에는 피해자도 포함될 수 있다고 판시)[75]

② 핸드폰 통화를 하면서 벤치에 앉아있는 여성의 뒤에 몰래 다가가 피해 **82**
자를 향하여 성기를 드러내고 피해자의 머리카락 및 옷 위에 소변을 본 사례[76]

③ 성인 동영상을 보여주면서 피해자 A(남자)로 하여금 피해자 B(여자)의 젖 **83**
가슴을 입으로 빨게 한 사례[77]

④ 엘리베이터라는 폐쇄된 공간에서 피해자들을 칼로 위협하는 등으로 꼼짝 **84**
하지 못하도록 자신의 실력적인 지배하에 둔 다음 피해자들에게 자신의 자위행
위 모습을 보여주고 피해자들로 하여금 이를 외면하거나 피할 수 없게 한 사례[78]

⑤ 승용차를 운전하여 가다가 길을 가는 13세 내지 15세의 여학생들에게 **85**
경찰이라고 속이고 길을 가르쳐 달라고 부탁하면서 자신의 승용차 조수석 등에
태운 후 달리는 차 안에서 자신의 성기를 꺼내어 자위행위를 한 사례[79]

(나) 추행이 부정된 사례

① 어떠한 신체접촉도 없이 사람이나 차량의 왕래가 빈번한 도로에서 피해 **86**
자(여, 48세)에게 욕설을 하면서 단순히 자신의 바지를 벗어 성기를 보여준 사례.[80]

---

75 대판 2018. 2. 8, 2016도17733[피고인이 아동·청소년인 피해자들로부터 은밀한 신체 부위가 드
   러난 사진을 전송받은 후 이것을 유포하겠다고 피해자들을 협박하여 피해자들로 하여금 스스로
   가슴 사진, 성기 사진, 가슴을 만지거나 성기에 볼펜을 삽입하거나 자위하는 동영상을 촬영하도
   록 한 다음, 그와 같이 촬영된 사진과 동영상을 전송받은 행위를 간접정범에 의한 청소년성보호
   법위반(강제추행)죄로 기소한 사안에서, 피고인의 행위가 피해자의 신체에 대한 접촉이 있는 경
   우와 동등한 정도로 성적 수치심 내지 혐오감을 주거나 성적 자기결정권을 침해하는 것이라고
   보기 어렵다는 이유로 청소년성보호법위반(강제추행)죄의 주위적 공소사실을 무죄로 판단한(예
   비적 공소사실인 강요죄를 유죄로 인정) 원심판결을 파기하고, 주위적 공소사실을 유죄 취지로
   판단한 사례].

76 대판 2021. 10. 28, 2021도7538.

77 대판 2015. 6. 11, 2015도3089.

78 대판 2010. 2. 25, 2009도13716. 본 판결 평석은 박성준, "신체적 접촉이 수반되지 않는 강제추
   행죄의 성립: 대법원 2010. 2. 25. 선고 2009도13716 판결과 대법원 2012. 7. 26. 선고 2011도
   8805 판결의 비교를 중심으로", 재판과 판례 23, 대구판례연구회(2015), 367-390.

79 대판 2012. 9. 27, 2012도9119.

80 대판 2012. 7. 26, 2011도8805. 본 판결 해설은 강성수, "피해자 앞에서 성기를 꺼내어 보여준
   행위가 강제추행죄에 해당하는지 여부", 해설 94, 법원도서관(2013), 573-584.

[성 보 기]

이 사례는 추행으로 인정된 대판 2010. 2. 25. 2009도13716 사례와 비교할 때, 피해자가 비교적 용이하게 피고인의 행위를 회피할 수 있어 성적 자기결정권이 침해되었다고 보기 어렵고, 범행시각이나 범행장소, 범행경위 등을 비추어 볼 때, 피고인의 행위로 인한 피해자의 성적 수치심이나 혐오감의 정도가 피해자의 신체에 대한 접촉이 있는 경우와 비교하여 동등한 정도에 이르렀다고 보기 어렵다고 할 것이다.[81]

87   ② 중국음식점 주방장이 주방 내에서 반바지 차림으로 의자에 앉아 있다가 역시 주방 내에 앉아 있던 여자 피해자를 불러서 피해자가 쳐다보자 손으로 성기 모양을 만들고 반바지를 벌리면서 '보여줄까'라고 말한 사례[82]

(4) 피해자가 피해사실을 인식하여야 하는지 여부

88   본죄의 기수와 관련하여, 피해자가 성적 수치심을 느껴야 하는지 나아가 피해자가 피해사실을 인식하여야 하는지의 문제가 있다.

89   판례는 본죄가 기수에 이르기 위해서는 객관적으로 일반인에게 성적 수치심이나 혐오감을 일으키게 할 만한 행위로서 선량한 성적 도덕관념에 반하는 행위를 행위자가 대상자를 상대로 실행하는 것으로 충분하고, 행위자의 행위로 말미암아 대상자가 성적 수치심이나 혐오감을 반드시 실제로 느껴야 하는 것은 아니라는 이유로, 피해자가 피해사실을 인식하지 못하였다고 하더라도 객관적으로 추행행위로 볼 만한 행위를 하였다면 기수로 처벌할 수 있다[83]는 입장이다.[84]

90   판례는 이와 같은 법리에 따라, 피고인이 아파트 놀이터 나무의자에 앉아 휴대전화로 통화를 하고 있는 처음 본 사이인 피해자(여, 18세)의 뒤로 몰래 다가가 피해자의 머리카락 및 입고 있는 후드티와 패딩점퍼 위에 소변을 보아 피해자를 강제로 추행하였다는 공소사실에 대하여, 그와 같은 행위는 객관적으로 일반인에게 성적 수치심이나 혐오감을 일으키게 하고 선량한 성적 도덕관념에 반

---

81 박성준(주 78), 388.
82 서울서부지판 2011. 10. 13, 2011노846(상고기각으로 확정).
83 대판 2020. 6. 25, 2015도7102(공중밀집장소추행); 대판 2021. 10. 28, 2021도7538(강제추행).
84 일본 판례도 졸린 상태와 어두움 때문에 자신의 남편으로 오신하고 있는 상태를 이용한 사안에서, 행위 당시에 피해자가 이를 인식하지 못하였다고 하여 추행에 해당하지 않는다고 볼 것은 아니라고 판시하여[福岡高宮崎支判 昭和 31(1956). 9. 15. 高檢速報 621], 같은 입장이다.

하는 행위로서 피해자의 성적 자기결정권이 침해되었고, 피해자가 집에 가서야 피고인이 소변을 싼 것을 알게 되었을 뿐 행위 당시에 피해자가 이를 인식하지 못하였다고 하더라도 추행에 해당한다고 보았다.[85]

이에 대하여, 피해자의 성적 자기결정권 침해라는 보호법익을 고려한다면 본죄를 침해범으로 해석하는 것이 타당하고, 성적 자기결정권의 침해로서 성적 수치심이나 혐오감이 발생하지 않았다면 실행의 착수를 넘어 구성요건적 결과 가 발생하였다고 볼 수 없기에 미수로 보아야 하고, 위 대법원 판례의 태도는 개인적 법익에 관한 죄인 본죄를 사실상 '성풍속에 관한 죄'로 변질시킬 우려가 있다는 이유로 반대하는 견해도 있다.[86]   91

(5) 그 밖의 관련 사항

피해자가 어려서 유방이 아직 발육되지 않았더라도 이를 만진 경우 사회통 념상 성적 감정의 침해는 있으므로 추행행위의 성립에 아무런 지장이 없다.[87] 일본 판례 중에는, 피해자가 초등학교 6학년생에 불과하더라도 그 유방을 만진 행위는 추행에 해당한다고 한 것이 있다.[88] 남자의 젓가슴을 만진 경우 추행에 해당한다고 보기 어렵다는 견해[89]도 있으나, 특별한 사정이 없는 한 마찬가지로 추행행위에 해당한다고 할 것이다.   92

3. 실행의 착수 등

본죄는 폭행·협박과 추행이 결합된 범죄이므로, 폭행·협박이 개시된 때,[90] 그리고 폭행행위 그 자체가 추행행위라고 인정되는 경우(이른바 '기습추행')에는 상대방의 의사에 반하는 유형력의 행사가 있는 때[91]에 실행의 착수가 있다고 보아야 한다.   93

피고인이 밤에 술을 마시고 배회하던 중 버스에서 내려 혼자 걸어가는 피   94

---

85 대판 2021. 10. 28, 2021도7538.
86 박원경, "공중 밀집 장소 추행죄에서의 '추행'의 의미와 기수/미수의 문제", 판례연구 34-2, 서울 지방변호사회(2020), 256-264.
87 大塚 外, 大コン(3版)(11), 66(亀山継夫=河村 博).
88 大阪地堺支判 昭和 36(1961). 5. 2. 下刑集 3·3=4·319.
89 주석형법 [각칙(4)](5판), 251(구회근).
90 김일수·서보학, 139; 손동권·김재윤, 155; 오영근, 150; 주석형법 [각칙(4)](5판), 252(구회근).
91 주석형법 [각칙(4)](5판), 252(구회근).

[성 보 기]

해자(여, 17세)를 발견하고 껴안기 위해 마스크를 착용한 채 뒤따라가다가 인적
이 없고 외진 곳에서 가까이 접근하여 껴안으려 하였으나(이른바 '기습추행'), 피해
자가 뒤돌아보면서 소리치자 몸을 껴안지는 못한 상태로 몇 초 동안 쳐다보다
가 다시 오던 길로 되돌아간 경우에는, 피고인의 팔이 피해자의 몸에 닿지는 않
았더라도 양팔을 높이 들어 갑자기 뒤에서 껴안으려는 행위는 피해자의 의사에
반하는 유형력의 행사로서 폭행행위에 해당하고, 그때 '기습추행'에 관한 실행의
착수가 있었다고 할 것이므로, 강제추행미수죄에 해당한다.[92]

95   2020년 5월 19일 형법 개정으로 신설된 제305조의3(예비, 음모)에 본죄가 포
함되어 있지 않으므로, 본죄를 범할 목적으로 한 예비·음모는 처벌할 수 없다.

Ⅳ. 고 의

96   본죄의 고의는 폭행 또는 협박으로 사람에 대하여 추행하는 것에 대한 인
식을 말한다. 미필적 고의로도 충분하다. 다만 앞서 본 바와 같이, '기습추행'의
경우에는 인식의 대상인 그 폭행의 정도에 차이가 있다.

97   본죄의 성립에 '성욕의 자극이나 만족을 구한다는 주관적 요소'가 필요한지
에 대해서는, ① 필요하다는 소수설이 있으나(본죄는 경향범이라고 함),[93] ② 통설
은 필요 없다고 한다.[94] 대법원도 "강제추행죄의 성립에 필요한 주관적 구성요
건으로 성욕을 자극·흥분·만족시키려는 주관적 동기나 목적이 있어야 하는 것
은 아니다."고 판시하여,[95] 위 ②의 통설과 같은 입장이다.[96]

---

92 대판 2015. 9. 10, 2015도6980, 2015모2524. 본 판결 평석은 민수영, "기습추행미수에 관한 검
   토", 법조 738, 법조협회(2019), 409-434; 안경옥, "아동·청소년 대상 강제추행의 미수", 특별형
   법 판례100선, 256-259.
93 김일수·서보학, 140; 유기천, 형법학(각론강의 상)(전정신판), 124; 임웅, 219. 한편 성욕 만족의
   목적은 필요하지 않지만, 상대방의 육체를 자신의 성적 욕구를 충족시키는 수단으로 삼는 내적
   경향은 필요하자는 견해도 있다(이상돈, 446).
94 김성돈, 208; 김신규, 209; 박상기·전지연, 503; 박찬걸, 형법각론(2판), 209; 배종대, §45/4; 손
   동권·김재윤, 155-156; 오영근, 150; 이재상·장영민·강동범, §11/23; 정성근·정준섭, 122; 주호
   노, 형법각론, 318.
95 대판 2009. 9. 24, 2009도2576(초등학교 교사가 건강검진을 받으러 온 학생의 옷 속으로 손을
   넣어 배와 가슴 등의 신체 부위를 만진 사례); 대판 2013. 9. 26, 2013도5856(피해자 여성이 피
   고인의 머리채를 잡아 폭행을 가하자 피고인이 그에 대한 보복의 의미로 피해자의 입술, 귀, 유
   두, 가슴 등을 입으로 깨문 사례); 대판 2015. 7. 23, 2014도17879; 대판 2015. 12. 10, 2015도

V. 위법성조각사유

본죄는 피해자의 성적 자기결정권을 침해하는 범죄이므로, 추행은 피해자 **98**
의 의사에 반하는 것을 그 요소로 하고 있다.[97] 이러한 반대의사는 반드시 명시
적으로 표시될 필요는 없고, 묵시적으로 표시되어도 무방하다. 피해자의 승낙(§
24)은 일반적으로 위법성조각사유이지만, 본죄에서는 처음부터 구성요건해당성
자체를 조각하는 양해에 해당한다고 보아야 한다.[98] 피해자의 추정적 승낙하에
피해자를 강제로 껴안고 키스를 한 경우에도 본죄는 성립하지 않는다.[99]

행위자가 강제추행을 위한 폭행·협박에 착수한 이후 그 피해자가 억압되거 **99**
나 강요된 의사가 아닌 자유롭고 진정한 의사로서 추행행위에 동의한 경우에는,
본죄의 실행에 착수하였으나 그 결과가 발생하지 않은 것으로 보아 강제추행미
수죄가 성립한다.[100]

VI. 죄수 및 다른 죄와의 관계

1. 죄 수

본죄는 원칙적으로 각 추행행위마다 하나의 범죄가 성립하지만, 추행행위 **100**
가 시간적·장소적으로 가까워 범의의 단일성과 계속성을 인정할 수 있을 때에
는 포괄하여 일죄가 성립한다.[101]

피해자가 여러 명인 경우에는 비록 동일한 장소에서 동일한 폭행·협박에 **101**
의한 것이라고 하더라도 각 피해자에 따라 수개의 본죄가 성립하고, 각 죄는 실

9517; 대판 2020. 12. 24, 2020도7981. 위 2013도 5856 판결 평석은 이경재, "강제추행죄를 둘
　러싼 몇 가지 문제점", 형사판례연구 [23], 한국형사판례연구회, 박영사(2015), 165-196.
96 일본 판례도 성적 의도는 필요 없다는 입장이다[最判 平成 29(2017). 11. 22. 刑集 71·9·467(피
　고인이 벌거벗은 7세의 여아 A로 하여금 피고인의 음경을 만지거나 입으로 빨도록 하거나 A의
　음부를 만지고, 그 모습을 스마트폰으로 촬영하여 B에게 송신한 사안에서, 피고인이 단지 B로부
　터 융자받을 목적이었고 성적 의도는 없었다고 주장하였으나 종래의 판례를 변경하여 본죄의 성
　립을 인정한 사례)].
97 東京地判 昭和 56(1981). 4. 30. 判時 1028·145.
98 이재상·장영민·강동범, 형법총론(11판), §20/4; 주석형법 [각칙(4)](5판), 253(구회근).
99 대판 1983. 6. 28, 83도399.
100 주석형법 [각칙(4)](5판), 253(구회근).
101 주석형법 [각칙(4)](5판), 253(구회근).

체적 경합관계이다.[102]

2. 다른 죄와의 관계

(1) 강요죄와의 관계

102   강요죄(§ 324①)는 자유를 침해하는 범죄 중 가장 일반적인 범죄이므로, 본 죄가 성립하는 경우에는 별도로 강요죄는 성립하지 않는다.

(2) 폭행죄·협박죄와의 관계

103   본죄의 수단으로 행해진 폭행·협박은 본죄가 성립하면 당연히 이에 흡수되는 법조경합의 관계에 있게 되므로, 별도로 폭행죄나 협박죄 또는 폭력행위등처벌에관한법률위반죄를 구성하지 않는다.

(3) 강간죄·유사강간죄와의 관계

104   동일한 피해자에 대하여 강제로 추행하고 이어 간음까지 한 경우, 포괄하여 강간죄만 성립한다.[103] 동일한 피해자에 대하여 강제로 추행하고 이어서 유사성 행위까지 한 경우에도, 마찬가지로 포괄하여 유사강간죄만 성립한다.

(4) 준강제추행죄와의 관계

105   동일한 피해자에 대하여 준강제추행을 하다가 심신상태에서 깨어난 피해자에 대하여 강제로 추행행위를 계속한 경우, 본죄만 성립한다.

(5) 공연음란죄와의 관계

106   본죄를 공연하게 행한 경우에 공연음란죄(§ 245)와의 관계가 문제된다. 이에 대하여, ① 본죄만 성립한다는 견해[104]도 있으나, ② 형법이 '강간과 추행의 죄' 와 '성풍속에 관한 죄'를 구별하여 별개의 장으로 규정하고 있는 점에 비추어, 위 두 죄는 상상적 경합범의 관계에 있다고 보아야 한다(통설[105]).[106]

(6) 절도죄와의 관계

107   단순절도죄(§ 327)를 범한 사람이 피해자를 추행한 경우에는 절도죄와 본죄

---

102 大塚 外, 大コン(3版)(11), 70(亀山継夫=河村 博).

103 임웅, 220.

104 오영근, 151.

105 김성돈, 208; 이형국·김혜경, 213; 임웅, 220; 정웅석·최창호, 411; 주석형법 〔각칙(4)〕(5판), 254 (구회근). 치부노출 이상의 형태이면 상상적 경합관계이지만, 그 이하인 때에는 본죄만 성립한다 는 견해도 있다(박찬걸, 210).

106 일본 판례도 상상적 경합관계라고 한다〔大判 明治 43(1910). 11. 17. 刑錄 16·2010〕.

의 실체적 경합범이 되지만, 야간주거침입절도죄(§ 330) 또는 특수절도죄(§ 331)를 범한 사람이 본죄를 범한 경우에는 성폭력처벌법에 의하여 단순일죄로서 가중처벌된다(성폭처벌 § 3①).[107]

(7) 강도죄·강도살인죄와의 관계

단순강도죄(§ 333)를 범한 사람이 동일한 폭행·협박을 이용하여 피해자를 추행한 때에는 강도죄와 본죄가 성립하고, 위 두 죄는 상상적 경합범의 관계에 있다. 그러나 특수강도죄(§ 334)를 범한 사람이 본죄를 범한 때에는 성폭력처벌법에 의하여 단순일죄로서 가중처벌된다(성폭처벌 § 3②). [108]

피해자를 폭행하여 항거불능의 상태에 빠지게 한 후 추행을 하다가 그 사이 재물탈취의 의사가 생겨 지갑을 강취하고 이어 그 피해자를 살해한 경우에는, 본죄와 강도살인죄(§ 338)가 성립하고, 위 두 죄는 상상적 경합범의 관계에 있다.[108] [109]

(8) 특별법위반의 죄와의 관계

피해자로 하여금 강제로 옷을 벗어 나체가 되게 한 다음 카메라로 이를 촬영하는 행위는 본죄와 성폭력처벌법 제14조(카메라 등을 이용한 촬영) 위반의 죄와 실체적 경합범이 성립한다.[109] [110]

VII. 처벌 등

1. 법정형 등

10년 이하의 징역 또는 1천 500만 원 이하의 벌금에 처한다. [111]

본죄의 미수범(§ 300)과 상습범(§ 305의2)은 처벌하고, 본죄는 양형기준 적용대상이다.[110] [112]

---

107 헌법재판소는 주거침입죄를 범한 사람이 피해자를 강제로 추행한 경우 무기징역 또는 7년 이상의 징역에 처하도록 한 현행(2020. 5. 19. 개정) 성폭력처벌법 제3조 제1항 중 '형법 제319조 제1항(주거침입)의 죄를 범한 사람이 같은 법 제298조(강제추행), 제299조(준강제추행) 가운데 제298조의 예에 의하는 부분의 죄를 범한 경우에는 무기징역 또는 7년 이상의 징역에 처한다.'는 부분은 헌법에 위반된다는 결정을 선고하였으므로(헌재 2023. 2. 23, 2021헌가 9 등), 위와 같은 경우 주거침입죄와 본죄가 모두 성립하고, 두 죄는 실체적 경합범으로 처벌된다(자세한 내용은 **본장 [특별법 I] 중 성폭력처벌법 § 3①** 부분 참조).
108 東京高判 昭和 50(1975). 12. 4. 判タ 333·332.
109 주석형법 〔각칙(4)〕(5판), 254(구회근).
110 양형위원회, 2023 양형기준, 29-63.

2. 친고죄 여부

113   2012년 12월 18일 형법 개정(법률 제11574호)으로 친고죄 조항(§306)이 삭제
되었으므로, 피해자의 고소가 없더라도 공소를 제기하고 처벌할 수 있다. 다만,
개정 법률이 시행된 2013년 6월 19일 이후 최초로 저지른 범죄부터 적용된다(법
률 제11574호 부칙 §2).

Ⅷ. 구별 개념

1. 직장 내 성희롱

(1) 의의

114   남녀고용평등과 일·가정 양립 지원에 관한 법률(이하, 남녀고용평등법이라 한
다.) 제2조 제2호는 '직장 내 성희롱'이란 사업주·상급자 또는 근로자가 직장 내
의 지위를 이용하거나 업무와 관련하여 다른 근로자에게 성적 언동 등으로 성적
굴욕감 또는 혐오감을 느끼게 하거나 성적 언동 또는 그 밖의 요구 등에 따르지
아니하였다는 이유로 근로조건 및 고용에서 불이익을 주는 것을 말한다고 규정
하고 있다. 직장에서 그 지위를 이용하여 강제력을 사용하지는 않았지만 성적인
언행 등으로 상대방으로 하여금 성적 수치심이나 혐오감을 느끼게 하는 행위를
방지하기 위한 개념이고, 위 조항의 성희롱 행위가 형사처벌의 대상은 아니다.
    남녀고용평등법 시행규칙 제2조는 남녀고용평등법 제2조 제2호에 따른 직
장 내 성희롱을 판단하기 위한 기준을 아래의 [별표 1]과 같이 예시하였다.

■ 남녀고용평등과 일·가정 양립 지원에 관한 법률 시행규칙 [별표 1]

   직장 내 성희롱을 판단하기 위한 기준의 예시(제2조 관련)

1. 성적인 언동의 예시
  가. 육체적 행위
    (1) 입맞춤, 포옹 또는 뒤에서 껴안는 등의 신체적 접촉행위

---

(2) 가슴·엉덩이 등 특정 신체부위를 만지는 행위

(3) 안마나 애무를 강요하는 행위

나. 언어적 행위

(1) 음란한 농담을 하거나 음탕하고 상스러운 이야기를 하는 행위(전화통화를 포함한다)

(2) 외모에 대한 성적인 비유나 평가를 하는 행위

(3) 성적인 사실 관계를 묻거나 성적인 내용의 정보를 의도적으로 퍼뜨리는 행위

(4) 성적인 관계를 강요하거나 회유하는 행위

(5) 회식자리 등에서 무리하게 옆에 앉혀 술을 따르도록 강요하는 행위

다. 시각적 행위

(1) 음란한 사진·그림·낙서·출판물 등을 게시하거나 보여주는 행위(컴퓨터 통신이나 팩시밀리 등을 이용하는 경우를 포함한다)

(2) 성과 관련된 자신의 특정 신체부위를 고의적으로 노출하거나 만지는 행위

라. 그 밖에 사회통념상 성적 굴욕감 또는 혐오감을 느끼게 하는 것으로 인정되는 언어나 행동

2. 고용에서 불이익을 주는 것의 예시

채용탈락, 감봉, 승진탈락, 전직(轉職), 정직(停職), 휴직, 해고 등과 같이 채용 또는 근로조건을 일방적으로 불리하게 하는 것

비고: 성희롱 여부를 판단하는 때에는 피해자의 주관적 사정을 고려하되, 사회통념상 합리적인 사람이 피해자의 입장이라면 문제가 되는 행동에 대하여 어떻게 판단하고 대응하였을 것인가를 함께 고려하여야 하며, 결과적으로 위협적·적대적인 고용환경을 형성하여 업무능률을 떨어뜨리게 되는지를 검토하여야 한다.

위 [별표 1]에 예시된 입맞춤, 포옹 또는 뒤에서 껴안는 등의 신체적 접촉행 115 위나 가슴·엉덩이 등 특정 신체부위를 만지는 행위[위 1의 가. (1), (2)], 그 밖에 사회통념상 성적 굴욕감 또는 혐오감을 느끼게 하는 것으로 인정되는 언어나 행동(위 1의 라) 중에는 기습강제추행에 해당하는 경우가 있을 수 있다.

다만, 직장 내 성희롱으로 인정되려면 위와 같은 행위태양 이외에, 행위의 116 주체(사업주·상급자 또는 근로자), 행위의 객체(다른 근로자), 직장 내의 지위 이용

또는 업무 관련성의 요건이 갖추어져야 한다.

(2) 효과

117   직장 내 성희롱으로 인정되는 경우 그 자체로 형사처벌의 사유가 되지는 않고, 사업주가 성희롱을 한 경우에 한하여 1천만 원 이하의 과태료에 처할 수 있을 뿐이다(남녀고용평등법 § 39①). 사업주가 직장 내 성희롱 발생사실을 신고한 근로자 및 피해근로자 등에게 불리한 처우를 한 경우 3년 이하의 징역 또는 3천만 원 이하의 벌금에 처할 수 있다(남녀고용평등법 § 37②(ii), § 14⑥). 사업주·상급자 또는 근로자의 직장 내 성희롱이 금지되므로(남녀고용평등법 § 12), 이를 위배한 사업주·상급자 또는 근로자에게 민사상 손해배상청구가 가능하고(사업주에게 사용자책임을 물을 수도 있을 것임), 사업주는 직장 내 성희롱 신고가 들어온 경우 지체 없이 사실조사를 하여야 하며(남녀고용평등법 § 14②. 사업주가 조사를 하지 않으면 § 39②(i의4)에 따라 500만 원 이하의 과태료에 처함), 사업주는 조사결과 직장 내 성희롱이 있었다고 인정되면 행위자에게 징계, 근무장소의 변경 등 필요한 조치를 취하여야 한다(남녀고용평등법 § 14⑤).

(3) 본죄와 동시 성립 여부

118   성희롱은 업주의 관리의무, 손해배상, 징계 등에 대한 요건이 되는 것이므로, 형사처벌의 요건이 되는 본죄와 동시에 성립이 가능하다.

2. 아동복지법 및 장애인복지법에서의 성희롱

119   아동복지법상 성희롱은 형사처벌이 가능한 아동에 대한 성적 학대행위의 하나로 규정되어 있다. 아동복지법상 아동은 18세 미만의 사람이다(아동복지법 § 3(i)).

120   아동에게 음란한 행위를 시키거나 이를 매개하는 행위 또는 아동에게 성적 수치심을 주는 성희롱 등의 성적 학대행위를 하는 경우 10년 이하의 징역 또는 1억 원 이하의 벌금에 처한다(아동복지법 § 71①(i의2), § 17(ii)[111]).[112]

---

111 아동복지법 제71조(벌칙) ① 제17조를 위반한 자는 다음 각 호의 구분에 따라 처벌한다.
    1의 2. 제2호에 해당하는 행위를 한 자는 10년 이하의 징역 또는 1억원 이하의 벌금에 처한다.
제17조(금지행위) 누구든지 다음 각 호의 어느 하나에 해당하는 행위를 하여서는 아니 된다.
    2. 아동에게 음란한 행위를 시키거나 이를 매개하는 행위 또는 아동에게 성적 수치심을 주는
    성희롱 등의 성적 학대행위
112 대검찰청의 공소장 및 불기소장에 기재할 죄명에 대한 예규(개정 대검예규 제1336호, 2023. 1.

아동복지법상 금지되는 '성적 학대행위'는 아동에게 성적 수치심을 주는 성 121
희롱 등의 행위로서 아동의 건강·복지를 해치거나 정상적 발달을 저해할 수 있
는 성적 폭력 또는 가혹행위를 의미하고, 성폭행의 정도에 이르지 아니한 성적
행위도 그것이 성적 도의관념에 어긋나고 아동의 건전한 성적 가치관의 형성
등 완전하고 조화로운 인격발달을 현저하게 저해할 우려가 있는 행위이면 이에
포함된다.[113]

아동복지법상 성적 학대행위가 아동·청소년에 대한 본죄에도 해당하는 경 122
우, 두 죄는 상상적 경합관계에 있다.[114]

장애인에 대한 성희롱에 대하여도 장애인복지법에 유사한 취지의 규정이 123
있다(장애인복지법 § 86, § 59의9(i)[115]).

3. 공중 밀집 장소에서의 추행

공중 밀집 장소에서의 추행죄(성폭처벌 § 11[116])[117]는 본죄와 달리 폭행·협박을 124
요건으로 하지 않으나, 기소된 사안은 대부분 기습추행의 방법에 의한 본죄에도 해당
할 수 있다. 본죄로 인정될 수 있는 사안을 공중 밀집 장소에서의 추행으로 기
소하면 더 약하게 처벌하는 결과가 되고, 검사에게 본죄와 공중 밀집 장소에서의
추행 사이에서 선택하여 기소할 수 있는 재량을 주는 것이 되어 문제가 있다.

성폭력처벌법 제11조는 종래 본죄에서 요구하는 추행의 정도가 높았던 시 125
기에 처벌의 공백을 피하기 위하여 입법한 것으로 추측되나, 추행의 정도에 대
하여 당시의 대법원 판례보다 더 완화된 기준을 적용하고자 하였다면 '추행'보

18.)에 따른 죄명은 아동복지법위반(아동에 대한 음행강요·매개·성희롱 등)죄이다.
113 대판 2017. 6. 15, 2017도3448.
114 대판 2020. 10. 29, 2020도11348.
115 장애인복지법 제86조(벌칙) ① 제59조의9제1호의 행위를 한 사람은 10년 이하의 징역 또는 1억
  원 이하의 벌금에 처한다.
  제59조의9(금지행위) 누구든지 다음 각 호의 어느 하나에 해당하는 행위를 하여서는 아니 된다.
    1. 장애인에게 성적 수치심을 주는 성희롱·성폭력 등의 행위
116 성폭력처벌법 제11조(공중 밀집 장소에서의 추행) 대중교통수단, 공연·집회 장소, 그 밖에 공중
  (公衆)이 밀집하는 장소에서 사람을 추행한 사람은 3년 이하의 징역 또는 3천만원 이하의 벌금
  에 처한다.
117 대검찰청의 공소장 및 불기소장에 기재할 죄명에 대한 예규에 따른 죄명은 성폭력처벌법위반(공
  중밀집장소에서의추행)죄이다.

다 더 완화된 의미를 가진 용어를 사용하여 혼선을 피할 필요가 있었다는 점에서 아쉬움이 있다. 판례에 의하면, 성폭력처벌법 제11조가 형법 제298조에 우선 적용되는 것도 아니다.[118]

126   공중 밀집 장소에서의 추행죄는 2020년 5월 19일 성폭력처벌법의 개정에 따라 법정형이 3년 이하의 징역 또는 3천만 원 이하의 벌금으로 상향되어, 법정형이 10년 이하의 징역 또는 1천500만 원 이하의 벌금형으로 되어 있는 본죄에 비하여 벌금형은 오히려 더 높아졌다.

〔성 보 기〕

---

[118] 대판 2021. 2. 25, 2021도7. 지하철 내에서 피해자의 엉덩이를 수회 만진 사안에서 본죄의 성립을 인정하였다.

제299조(준강간, 준강제추행)

사람의 심신상실 또는 항거불능의 상태를 이용하여 간음 또는 추행을 한 자는 제297조, 제297조의2 및 제298조의 예에 의한다. 〈개정 2012. 12. 18.〉

Ⅰ. 의 의

　　본죄(준강간·준유사강간·준강제추행죄)는 사람의 심신상실 또는 항거불능의 상태를 이용하여 간음(유사간음 포함) 또는 추행을 함으로써 성립하는 범죄이다. 따라서 정신적·신체적 사정으로 인하여 성적인 자기방어를 할 수 없는 사람에 대하여 성적 자기결정권을 보호해 주는 것을 보호법익으로 하며, 그 성적 자기결정권은 원치 않는 성적 관계를 거부할 권리라는 소극적 측면을 말한다.[1] 다만 본죄의 객체는 대부분 성적 자유를 행사할 수 없는 상태의 사람이므로, 정확히 말하자면 본죄는 성적 자유를 행사할 수 없는 상태의 사람이 성욕의 객체나 도구가 되는 것으로부터 보호하는 데 그 취지가 있다고 할 수 있다.[2] 보호의 정도는 침해범이다.[3]

1

---

[1] 대판 2019. 3. 28, 2018도16002(전)(준간강); 대판 2021. 2. 4, 2018도9781(준강제추행).

[2] 이재상·장영민·강동민, 형법각론(13판), §11/25; 주석형법 〔각칙(4)〕(5판), 255면(구회근).

[3] 김일수·서보학, 새로쓴 형법각론(9판), 140; 오영근, 형법각론(8판), 151; 정성근·정준섭, 형법강의 각론(2판), 123.

2   강간죄, 유사강간죄와 비교해 보면, 위 죄들은 행위자가 폭행, 협박으로 반항을 불가능하게 하거나 현저히 곤란하게 하는 한 후 간음 등으로 나아간 행위를 처벌하는 것이라면, 본죄는 범행의 대상이 행위자의 행위 이외의 원인으로 반항이 불가능하거나 현저히 곤란한 상태에 빠져 있는 것을 이용하여 간음 등으로 나아간 행위를 처벌하는 것이다.

3   2012년 12월 18일 형법 개정으로 유사강간죄(§ 297의2)가 신설되면서 준유사강간죄도 신설되었다.

II. 주 체

4   본죄의 주체에는 아무런 제한이 없다. 남자뿐 아니라 여자도 본죄의 주체가 된다.

5   다만 피해자와 사이에 4촌 이내의 혈족·인척과 동거하는 친족 또는 동거하는 사실상의 관계에 있는 친족관계에 있는 사람이 본죄를 범하였을 경우에는, 법정형이 더 무거운 성폭력범죄의 처벌 등에 관한 특례법(이하, 성폭력처벌법이라 한다.) 제5조 제3항(간음의 경우 7년 이상의 유기징역, 추행의 경우 5년 이상의 유기징역)이 적용될 것이다.

6   본죄는 신분범(身分犯)이 아니다. 본죄가 자수범(自手犯)인지 여부에 대해서는 ① 긍정설[4]과 ② 부정설(통설)[5]이 대립한다. 위 ①의 긍정설은 본죄는 간음 또는 추행이라는 하나의 행위로 이루어지는 범죄이므로 본죄의 불법은 스스로 이를 실행하는 데 있으므로 자수범으로 간접정범에 의하여 본죄를 범할 수 없다고 한다.[6] 위 ②의 부정설은 본죄는 제3자에 대한 저항할 수 없는 강요를 통하거나 정신병자를 이용하는 등 간접정범의 형태로 범할 수 있기 때문에 자수

---

4 이재상·장영민·강동민, § 11/25.
5 김성돈, 형법각론(8판), 209; 김신규, 형법각론, 211; 김일수·서보학, 140; 김혜경·박미숙·안경옥·원혜욱·이인영, 형법각론(3판), 193; 박상기·전지연, 형법(총론·각론)(5판), 505; 배종대, 형법각론(14판), § 46/6; 손동권·김재윤, 새로운 형법각론(2판), 156; 오영근, 151; 이형국·김혜경, 형법각론(3판), 214; 임웅, 형법각론(11정판), 221; 정성근·박광민, 형법각론(전정3판), 181; 정영일, 형법각론, 121; 정웅석·최창호, 형법각론, 412; 최호진, 형법각론, 182; 주석형법 [각칙(4)](5판), 256(구회근).
6 이재상·장영민·강동민, § 11/25.

범이 아니라고 한다.[7] 본죄는 강간죄, 유사강간죄나 강제추행죄와 마찬가지로 자수범이 아니라고 할 것이므로 위 ②의 부정설이 타당하다. 판례는 강제추행죄에 대하여 자수범이 아니라고 판시한 바 있다.[8]

III. 객 체

1. 견해의 대립

본죄의 객체에 대해서는 ① 심신상실 또는 항거불능의 상태에 있는 '사람'이라는 견해[9]와 ② '심신상실 또는 항거불능의 상태에 있는 사람'[10]이라는 견해(통설)가 대립된다.

대법원은 준강간죄의 불능미수가 문제된 사안에서, 전원합의체 판결을 통하여 준강간죄에서 심신상실 또는 항거불능의 상태는 피해자인 사람에게 존재하여야 하므로 준강간죄에서 행위의 대상은 '심신상실 또는 항거불능의 상태에 있는 사람'이고, 구성요건에 해당하는 행위는 그러한 '심신상실 또는 항거불능의 상태를 이용하여 간음'하는 것이라고 판시하였다(위 ②의 견해).[11] 이러한 다수의견에 대해서는, 본조의 문언에 비추어 본죄에서 심신상실 또는 항거불능의 상태를 이용하는 것은 범행 방법으로서 구성요건의 특별한 행위양태에 해당하고, 구성요건행위의 객체는 사람이라는 반대의견(위 ①의 견해)[12]이 있다. 생각건대, 위

7

8

---

7 김성돈, 209.
8 대판 2018. 2. 8, 2016도17733.
9 오영근, 152; 임웅, 221; 정영일, 121.
10 김성돈, 209; 김신규, 211; 김일수·서보학, 141; 김혜경·박미숙·안경옥·원혜욱·이인영, 191; 박상기·전지연, 형법(총론·각론)(5판), 504; 손동권·김재윤, 158; 이재상·장영민·강동범, §11/27; 이정원·류석준, 형법각론, 181; 이형국·김혜경, 214; 정성근·박광민, 18; 정성근·정준섭, 1213; 최오진, 형법각론, 182; 주석형법 〔각칙(4)〕(5판), 256(구회근).
11 대판 2019. 3. 28, 2018도16002(전). 본 판결 평석 및 해설은 김상오, "준강간 불능미수 판례에 대한 이해와 오해 대법원 2019. 3. 28. 선고 2018도16002 판결의 논증 분석", 홍익법학 21-1(2020), 527-567; 박종순, "준강강죄의 불능미수가 성립하는 요건", 판례연구 34-1, 서울지방변호사회(2021), 410-441; 이수환, "준강간죄의 불능미수 성립을 인정할 수 있는지 여부", 해설 120, 법원도서관(2019), 527-548.
12 대판 2019. 3. 28, 2018도16002(전)의 대법관 3명의 반대의견. 「다수의견은 준강간죄의 행위의 객체를 '심신상실 또는 항거불능의 상태에 있는 사람'이라고 보고 있다. 그러나 형법 제299조는 "사람의 심신상실 또는 항거불능의 상태를 이용하여 간음 또는 추행을 한 자는 제297조, 제297

통설과 대법원의 다수의견과 마찬가지로 본죄의 객체는 '심신상실 또는 항거불능의 상태에 있는 사람'이라고 할 것이다(위 ②의 견해).

2. 사 람

9　　'사람'의 의미는 **강간죄, 유사강간죄, 강제추행죄** 부분에서 살펴본 바와 같다.

3. 피해자가 연소하거나 장애인인 경우

10　　(1) 피해자가 '13세 미만의 사람'일 경우에는 본죄보다 법정형이 더 무거운 성폭력처벌법 제7조 제4항(간음의 경우 무기징역 또는 10년 이상의 징역, 유사간음의 경우 7년 이상의 유기징역, 추행의 경우 5년 이상의 유기징역)이 적용될 것이다.

11　　(2) 피해자가 '신체적인 또는 정신적인 장애로 항거불능 또는 항거곤란 한 사람'인 경우에는 본죄보다 법정형이 더 무거운 성폭력처벌법 제6조 제4항(간음의 경우 무기징역 또는 7년 이상의 징역, 유사간음의 경우 5년 이상의 유기징역, 추행의 경우 3년 이상의 유기징역 또는 3천만 원 이상 5천만 원 이하의 벌금)이 적용될 것이다.

12　　(3) 피해자가 '아동·청소년'(19세 미만의 사람. 다만, 19세에 도달하는 연도의 1월 1일을 맞이한 사람은 제외)일 경우에는 본죄보다 법정형이 더 무거운 아동·청소년의 성보호에 관한 법률(이하, 청소년성보호법이라 한다.) 제7조 제4항(간음의 경우 무기징역 또는 5년 이상의 유기징역, 유사간음의 경우 5년 이상의 유기징역, 추행의 경우 2년 이상의 유기징역 또는 1천만 원 이상 3천만 원 이하의 벌금)이 적용될 것이다.

13　　(4) 위와 같이 피해자가 연소하거나 장애인인 경우 특별법인 성폭력처벌법이나 청소년성보호법이 적용되게 되므로, 본죄의 객체는 실질적으로 '19세 이상

조의2 및 제298조의 예에 의한다."라고 규정함으로써 '심신상실 또는 항거불능의 상태를 이용'하여 '사람'을 '간음 또는 추행'하는 것을 처벌하고 있다. 즉 심신상실 또는 항거불능의 상태를 이용하는 것은 범행 방법으로서 구성요건의 특별한 행위양태에 해당하고, 구성요건행위의 객체는 사람이다. 이러한 점은 "폭행 또는 협박으로 사람을 강간한 자는 3년 이상의 유기징역에 처한다."라고 정한 형법 제297조의 규정과 비교하여 보면 보다 분명하게 드러난다. 형법 제297조의 '폭행 또는 협박으로'에 대응하는 부분이 형법 제299조의 '사람의 심신상실 또는 항거불능의 상태를 이용하여'라는 부분이다. 구성요건행위이자 구성요건결과인 간음이 피해자가 저항할 수 없는 상태에 놓였을 때 이루어진다는 점은 강간죄나 준강간죄 모두 마찬가지이다. 다만 강간죄의 경우에는 '폭행 또는 협박으로' 항거를 불가능하게 하는 데 반하여, 준강간죄의 경우에는 이미 존재하고 있는 '항거불능의 상태를 이용'한다는 점이 다를 뿐이다. 다수의견의 견해는 형벌조항의 문언의 범위를 벗어나는 해석이다.」

의 사람(19세에 도달하는 연도의 1월 1일을 맞이한 사람 포함)'으로서 '신체장애 또는 정
신상의 장애로 항거불능의 상태에까지 이르지 않은 사람'으로 제한되게 된다.[13]

4. 심신상실 또는 항거불능의 상태

본죄의 객체가 되기 위해서는 그 사람이 '심신상실 또는 항거불능의 상태'   14
에 빠져 있어야 한다. 심신상실과 항거불능은 어느 것이나 간음이나 추행에 대
하여 저항하기 불가능하거나 현저하게 곤란한 경우라는 공통점이 있으나, 그 구
별이 반드시 명확한 것은 아니고, 본조를 적용함에 있어 이를 엄격하게 구별할
만한 실익도 없다[14]고 하겠다.[15]

(1) 심신상실

(가) 의의

'심신상실'이란 정신장애 또는 의식장애 때문에 성적 행위에 관하여 정상적   15
인 판단을 할 수 없는 상태를 말한다.[16] 본조에서 사용하고 있는 '심신상실'의
개념은 제10조 제1항의 '심신장애로 인하여 사물을 변별할 능력이 없거나 의사
를 결정할 능력이 없는' 것과는 그 의미가 다르고, 그것보다는 넓은 개념이다(통
설).[17] 제10조 제1항의 경우에는 정신장애 등 생물학적 사유를 기본 출발점으로
하지만 본조가 규정한 또 하나의 사유인 항거불능의 개념에 비추어 볼 때 본조
의 심신상실은 성적 자기방어를 할 수 없는 그 밖의 사유들도 모두 포함한다고
보아야 하기 때문이다. 제10조 제1항에서 규정한 심신장애 이외의 사유로 본조

---

13 주석형법 [각칙(4)](5판), 256(구회근).
14 주석형법 [각칙(4)](5판), 257(구회근); 大塚 外, 大コン(3版)(11), 82(亀山継夫=河村 博).
15 일본에서는 개정 전 형법 제178조(준강제추행 및 준간강)의 적용상, 심신상실은 저항할 수 없는
   이유가 의식작용 내지 판단능력의 결여에 의하여 자기에 대하여 성적 행위가 행해지는 것을 인
   식하지 못하는 경우(숙면, 명정, 고도의 정신장해 등)를 말하고, 항거불능은 성적 행위가 행해지
   는 것은 인식하고 있으나 심리적·생리적·물리적으로 저항이 곤란한 경우를 말한다고 구별하는
   견해도 있었다[西田 外, 注釈刑法(2), 631(和田俊憲)]. 그러나 최근 형법 개정으로 제178조가 삭
   제되고 강제추행죄와 강제성교등죄가 부동의추행죄(일형 §176), 부동의강제성교등죄(§177)로
   변경되면서, 심신의 장해(§177①(ii), §178①), 알코올 또는 약물의 섭취(§177①(iii), §178①),
   수면이나 그 밖에 의식이 명료하지 않은 상태(§177①(iv), §178①)를 구분하여 규정하고 있다.
16 대판 2021. 2. 4, 2018도9781.
17 김성돈, 209; 김일수·서보학, 141; 배종대, §46/7; 손동권·김재윤, 156; 이재상·장영민·강동범,
   §11/28; 이형국·김혜경, 214; 임웅, 172; 주석형법 [각칙(4)](5판), 257(구회근). 이와는 달리 같
   은 의미로 사용하는 견해도 있다(오영근, 152).

의 심신상실에 해당하는 예로서는, 피해자가 깊은 잠에 빠져 있는 상태 또는 일시적으로 의식을 잃은 상태를 들 수 있다.[18]

(나) 판례의 사례

16　　판례는 피해자가 깊은 잠에 빠져 있었다면 심신상실의 상태라 할 것이므로 피고인이 이러한 상태를 이용하여 간음하면 준강간죄에 해당한다고 보고 있다.[19]

17　　수면 여부와 관련하여, 피해자가 심신상실의 상태에 빠져 있다고 볼 수 없다고 본 아래와 같은 사례가 있다.

18　　① 피고인이 술에 취한 채 방에서 잠을 자고 있는 피해자를 발견하고 그 방으로 들어가자 피해자가 어렴풋이 잠에서 깨어 피고인을 자신의 애인으로 잘못 알고 "불을 끄라."고 말하였고, 나아가 피고인이 피해자의 몸을 더듬고 바지를 벗기는 등 애무를 할 때 "누구냐?"고 물었으나 피고인이 "그냥 여관으로 가자."고 제의하자 피해자가 "그냥 빨리 해."라고 말한 경우[20]

19　　② 피고인, 피해자, 피해자의 남자친구가 함께 잠을 자던 중, 피해자는 피고인이 아니라 자신의 남자친구가 자신을 상대로 성관계를 시도하고 있는 것으로 착각하고 일단 거부하였다가 그 남자가 '괜찮다'는 취지로 말하자 그와 성관계를 가졌고, 성관계 후 그 남자가 화장실에 가는 것을 보고 비로소 잠자고 있는 남자친구가 아니라 피고인이 자신과 성관계를 한 것으로 알게 된 경우[21]

(다) 심신미약의 포함 여부

20　　'심신미약(心神微弱)'이 본죄에서의 '심신상실'에 포함되는지 여부가 문제된다. ① 본조가 '심신상실 또는 항거불능의 상태'라고 명시하고 있는 이상 형벌법규의 엄격해석의 원칙상 '심신미약'을 여기에 포함시킬 수는 없고, 심신미약을 이용하는 경우에 대해서는 제302조(미성년자 등에 대한 간음)가 별도로 규정하고 있으므로, 심신미약은 여기에 포함되지 않는다는 것이 통설이고,[22] 타당하다. 이에 대하여, ② 본죄의 심신상실이나 제302조의 심신미약은 모두 제10조의 그

---

18 주석형법 [각칙(4)](5판), 257(구회근).

19 대판 1976. 12. 14, 76도3673; 대판 2000. 1. 14, 99도5187.

20 대판 2000. 2. 25, 98도4355.

21 서울고판 2012. 11. 2, 2012노2514(상고기각으로 확정).

22 김성돈, 210; 김일수·서보학, 141; 배종대, §46/7; 손동권·김재윤, 157; 오영근, 152; 이형국·김혜경, 215; 임웅, 221; 정성근·박광민, 181; 정영일, 122; 주석형법 [각칙(4)](5판), 258(구회근).

것과 같은 의미가 아니므로 당연히 포함된다는 견해[23]도 있다.

(2) 항거불능의 상태

'항거불능의 상태'라 함은 심신상실 이외의 원인 때문에 심리적 또는 물리   21
적으로 반항이 불가능한 경우를 말한다. 여기서 '항거불능'이란 강간죄(§ 297)나
강제추행죄(§ 298)와의 균형상, 항거가 절대적으로 불가능한 경우는 물론 '현저히
곤란한 경우'도 포함한다(통설[24]·판례[25]).[26] 헌법재판소는 '항거불능'은 죄형법정
주의의 명확성의 원칙에 위배되지 않는다고 한다.[27]

일반적으로 '항거불능의 상태'로는 생명·신체에 대한 위험으로 공포심에 사   22
로잡혀 있는 경우, 손발이 묶이거나 기진맥진으로 인하여 신체를 움직일 수 없
는 경우, 윤간 또는 수회의 강간 등의 이유로 실신 또는 자포자기 상태에 빠져
있는 경우 등을 들 수 있다.

판례 중에는, 피해자(여, 23세)와 같이 술을 마신 피고인들이 술에 만취하여   23
자고 있는 피해자를 1차로 추행하였고, 그 후 4시간 정도 지나 피해자가 밖으로
나가 제3자와 전화통화까지 하였지만 그 사실을 기억하지 못하고 게다가 피고
인들과 추가로 남은 술을 마시고 비에 젖은 바지를 벗은 상태로 이불을 덮고 다

---

23 이재상·장영민·강동범, § 11/28.

24 김성돈, 210; 김일수·서보학, 141; 배종대, § 46/8; 이형국·김혜경, 215; 정성근·박광민, 181; 정
영일, 122; 주석형법 [각칙(4)](5판), 258(구회근). 이와는 달리, 단지 반항이 불가능한 상태라고
하는 견해(손동권·김재윤, 157; 오영근, 152; 이재상·장영민·강동범, § 11/29; 임웅, 222)도 있다.

25 대판 2000. 5. 26, 98도3257; 대판 2003. 10. 24, 2003도5322; 대판 2004. 5. 27, 2004도1449;
대판 2009. 4. 23, 2009도2001; 대판 2012. 6. 28, 2012도2631; 대판 2021. 2. 4, 2018도9781.

26 일본 판례는 항거불능이란 "심신상실 이외의 의미에서 사회 일반의 상식에 비추어 해당 구체적 사
정하에서 신체적 또는 심리적으로 반항의 불능 또는 현저한 곤란이 인정되는 상태를 말하며, 폭행
및 협박에 의한 경우를 제외하고 그 발생 원인을 불문한다."고 한다[東京高判 昭和 56(1981). 1.
27. 刑月 13·1=2·50.].

27 헌재 2022. 1. 27, 2017헌바528. 「순종하지 않고 맞서서 대항할 능력이 없는 상태'라는 '항거불
능'의 사전적 의미와 정신적 또는 신체적 사정으로 인하여 성적인 침해에 대해 자기방어를 할
수 없는 사람의 성적 자기결정권을 보호하기 위한 형법 제299조의 목적을 고려하면, 심판대상조
항이 정한 '항거불능'의 상태란 가해자가 성적인 침해행위를 함에 있어 별다른 유형력의 행사가
불필요할 정도로 피해자의 판단능력과 대응·조절능력이 결여된 상태를 말한다고 볼 수 있다.
또한 '항거불능'의 상태는 형법 제299조의 문언상 '심신상실'에 준하여 해석되어야 한다. 나아가
항거불능의 상태를 이용하는 불법의 크기는 강간죄 또는 강제추행죄에서의 폭행·협박의 정도에
준하므로, '항거불능' 상태는 강간죄 또는 강제추행죄에서 폭행·협박으로 인하여 야기된 대항능
력의 결여 상태와도 상응하여야 한다. (중략) 이를 종합하면, 심판대상조항이 그 의미를 예측하
기 곤란하다거나, 법 집행기관의 자의적 해석이나 적용가능성이 있는 불명확한 개념이라고 보기
어렵다. 따라서 심판대상조항은 죄형법정주의의 명확성원칙에 위반되지 아니한다.」

시 잠들었는데, 잠시 후 피고인들 중 일부가 2차로 추행을 하고 카메라로 피해자의 음부 등을 촬영한 경우, 2차 추행 당시 피해자가 어느 정도 술이 깨서 피고인들의 추행행위를 기억하고 있다고 하더라도 만약 피해자의 의식이 온전한 상태였다면 카메라 촬영 상황에서까지 저항하지 않을 이유가 없어 보이는 사정 등을 고려하면, 2차 추행 당시에도 피해자는 술에 취해 잠이 들었거나 잠에서 깬 직후로서 물리적으로 반항이 불가능하거나 현저히 곤란한 상태에 있었다고 인정한 원심판결을 수긍한 것[28]이 있다.

24   한편 신체상의 장애로 인하여 항거불능의 상태에 빠져 있는 경우도 얼마든지 있을 수 있겠지만, 위와 같은 신체장애자에 대한 간음·추행은 앞서 본 바와 같이 특별법으로서 법정형이 더 높은 성폭력처벌법 제6조 제4항에 따라 처벌받게 될 것이다.[29]

(3) 피해자의 동의

25   피해자의 동의가 있으면 본죄의 성립을 부인할 것인지에 관한 본격적인 논의는 찾아볼 수 없다.

26   범행 대상이 정상적인 심신상태에서 성관계에 동의를 하였다면, 반항이 불가능하거나 현저히 곤란한 상태에 있었다고 보기 어려울 뿐 아니라, 제302조나 제303조 제2항에서 하자 있는 의사를 이용한 간음행위에 대하여는 특별한 요건 하에서만 처벌하는 것과의 균형상, 구성요건해당성도 조각된다고 보아야 할 것이다.

27   하지만 범행 대상이 심신상실 상태에 있었다면 피해자의 동의로 보이는 의사표시가 있었다고 하더라도 성적 의사결정능력이 없는 상태의 동의는 무효로 보아야 할 것이므로 본죄가 성립한다고 보아야 할 것이다.

28   대법원도 같은 취지에서, A의 집에서 A 및 피고인과 술을 마시고 만취한 피해자가 화장실에서 A에게 준강간을 당한 후 옷을 벗은 채 욕조에 기대어 있는 상태에서, 피고인이 화장실에 들어와 피해자로부터 여러 번 '괜찮다'는 답변을 들은 후 피해자를 간음한 행위에 대하여, 피해자가 A의 준강간으로 심리적 또는 물리적으로 반항이 절대적으로 불가능하거나 현저히 곤란한 상태에 있었

---

28 대판 2012. 6. 28, 2012도2631(원심판결 서울고판 2012. 2. 3, 2011노2871).
29 주석형법 〔각칙(4)〕(5판), 257(구회근).

고, 피해자의 '괜찮다'는 답변은 이미 정신적으로나 육체적으로 정상적인 판단이 불가능한 상황에서 형식적인 답변을 한 것에 불과해 보일 뿐 피고인과의 성행위에 동의하는 취지의 답변으로 볼 수 없으며, 그전에 피해자와 피고인이 서로 호감이 있는 상태에서 연락을 주고받고 지냈다는 등의 사정이 있다고 하여 그와 같은 판단을 뒤집을 수 없다고 하여, 피고인에게 준강간죄를 인정한 바 있다.[30]

반면, 피해자가 신체장애로 항거가 불가능하지만 성적 의사결정능력은 있는 경우, 하자 없는 의사에 따른 동의가 있었다면 행위자는 피해자의 항거불능 상태를 이용한 것이 아니고, 피해자의 성적 의사결정권을 침해하였다고 볼 수도 없어 구성요건해당성이 조각된다고 보아야 할 것이다.

29

5. 피해자의 음주상태로 인한 심신상실 또는 항거불능 인정 문제

피해자가 과도한 음주로 성관계 당시의 상황을 정확히 기억하지 못한다고 하여 심신상실 또는 항거불능 상태에 있었다고 단정할 수 없고, 반대로 피해자가 당시의 상황을 기억한다고 하더라도 음주로 정상적인 판단이나 대처를 하지 못한 경우에는 항거불능 상태를 인정할 수 있다.

30

이에 따라 최근의 판례는 아래에서 보는 바와 같이 피해자의 음주로 심신상실 내지 항거불능 상태에 있었는지 여부가 쟁점으로 된 경우, 음주 후에 기억을 잃는 '알코올 블랙아웃'(black out)[31]에서 더 나아가 의식이 상실돼 행위통제능력이 현저히 저하된 '패싱아웃'(passing out)[32] 상태에 이르면 항거불능 상태를 인정할 수 있고, 준강간·준강제추행 사건에서 만취 피해자의 상태를 블랙아웃과 패싱아웃으로 구분하여 보다 면밀히 심리해야 한다는 입장을 취하였다.[33]

31

---

30 대판 2020. 11. 12, 2020도9667.
31 중증도 이상의 알코올 혈중농도, 특히 단기간 폭음으로 알코올 혈중농도가 급격히 올라간 경우 그 알코올 성분이 외부 자극에 대하여 기록하고 해석하는 인코딩 과정(기억형성에 관여하는 뇌의 특정 기능)에 영향을 미침으로써 행위자가 일정한 시점에 진행되었던 사실에 대한 기억을 상실하는 것을 말한다. 알코올 블랙아웃은 인코딩 손상의 정도에 따라 단편적인 블랙아웃과 전면적인 블랙아웃이 모두 포함한다.
32 알코올의 심각한 독성화와 전형적으로 결부된 형태로서의 의식상실의 상태, 즉 알코올의 최면진정작용으로 인하여 수면에 빠지는 의식상실을 말한다.
33 대판 2021. 2. 4, 2018도9781. 본 판결은 피고인(남, 28세)이 술에 취하여 심신상실 상태에 있는 피해자(여, 18세)를 모텔로 데려가 옷을 벗기고 가슴을 만지는 등 준강제추행을 하였다는 공소사실에 대하여, 피고인이 숙박료 지급을 하는 사이 모텔 카운터에서 대기하고 있는 피해자에게

32   즉, ① 범행 당시 알코올이 기억형성의 실패만을 야기한 알코올 블랙아웃 상태였다면 피해자는 기억장애 외에 인지기능이나 의식 상태의 장애에 이르렀다고 인정하기 어렵다. ② 피해자가 술에 취해 수면상태에 빠지는 등 의식을 상실한 패싱아웃 상태였다면 심신상실의 상태에 있었다고 인정해야 한다. ③ 한편, 준강간죄에서의 항거불능 상태에는 '항거가 현저히 곤란한 경우'도 포함되므로, 피해자가 음주로 완전히 의식을 상실한 패싱아웃 상태는 아니더라도, 알코올의 영향으로 의사를 형성할 능력이나 성적 자기결정권 침해행위에 맞서려는 저항력이 현저하게 저하된 상태였다면 '항거불능'에 해당한다고 보아야 한다.[34]

33   위 ③의 상태에 있었는지 여부의 판단은 쉽지 않을 수 있다. 범행 당시 알코올 블랙아웃인지 아니면 패싱아웃 또는 행위통제능력이 현저히 저하된 상태였는지를 판단하기 위하여, 피해자의 범행 당시 음주량과 음주 속도, 경과한 시간, 피해자의 평소 주량, 피해자가 평소 음주 후 기억장애를 경험하였는지 여부, CCTV나 목격자를 통하여 확인되는 당시 피해자의 상태, 언동, 피고인과의 평소 관계, 만나게 된 경위, 성적 접촉이 이루어진 장소와 방식, 그 계기와 정황, 피해자의 연령·경험 등 특성, 성에 대한 인식 정도, 심리적·정서적 상태, 피해자

몸을 가누지 못할 정도로 비틀거리거나 피고인이 피해자를 부축하는 모습은 확인되지 않고, 오히려 피해자가 모텔 1층에서 카운터가 있는 3층까지 계단으로 이동하였다는 점 등의 사정은 있으나, 당시 피해자가 지인과 함께 평소 주량을 넘는 소주 2병 정도를 마신 후 노래연습장에 갔다가, 화장실에 가기 위하여 노래방을 나온 후, CCTV 영상에서 화장실을 찾지 못하고 다른 방의 출입문을 열고 들어가거나, 갑자기 비틀거리면서 중심을 잃고 바닥에 쓰러져 눕는 장면이 확인되는 등 상당히 취한 상태로 보이는 점, 당시 피해자는 노래연습장에 외투와 휴대폰 등을 둔 채 나와 아무런 소지품을 가지고 있지 않았고, 자신이 어디서 술을 마셨는지도 알지 못한 점, 피고인은 노래연습장의 옆 빌딩 1층 엘리베이터 앞에서 처음 보는 사이인 피해자를 만나, 피해자의 외투와 소지품을 찾기 위하여 피해자와 함께 빌딩 2층부터 5층까지의 술집들을 둘러보았고, 그러던 중 피해자는 5층 호프집에 들어가 "나 여기서 조금만 자면 괜찮을 것 같다."고 말하면서 앉더니 테이블에 엎드려 잠을 자기 시작했고, 피고인이 이런 피해자를 깨워 모텔에 함께 가게 된 점, 노래연습장에서 기다리던 지인의 신고로 경찰이 피고인과 피해자가 투숙한 모텔 객실로 들어오는 상황에서 피해자는 옷을 벗은 상태로 누워 있을 정도로 판단능력 및 신체적 대응능력에 심각한 문제가 발생한 상태였다는 점 등을 들어, 피해자는 피고인이 추행을 할 당시 술에 만취하여 잠이 드는 등 심신상실 상태에 있었다고 볼 수 있다는 이유로, 무죄 취지의 원심판결을 유죄 취지로 파기한 사안이다.

34 대판 2021. 2. 4, 2018도9781. 본 판결 평석은 김성돈, "알코올 블랙아웃과 '심신상실'", 형사판례연구 [29], 한국형사판례연구회, 박영사(2021), 119-165; 오정희·성언주·박수연, "준강간죄에서 '알코올 블랙아웃'의 취급, 2018도9781 판례 함께 읽기", 성범죄 재판의 현안과 과제들, 사법발전재단(2023), 377-395.

와 성적 관계를 맺게 된 경위에 대한 피고인의 진술 내용의 합리성, 사건 이후 피고인과 피해자의 반응을 비롯한 제반 사정을 면밀하게 살펴 범행 당시 피해자가 심신상실 또는 항거불능 상태에 있었는지 여부를 판단해야 한다.[35]

피해사실 전후의 객관적 정황상 피해자가 심신상실 등이 의심될 정도로 비　34 정상적인 상태에 있었음이 밝혀진 경우 혹은 피해자와 피고인의 관계 등에 비추어 피해자가 정상적인 상태하에서라면 피고인과 성적 관계를 맺거나 이에 수동적으로나마 동의하리라고 도저히 기대하기 어려운 사정이 인정된다면, 패싱아웃은 아니라고 하더라도 행위통제능력이 현저히 저하된 상태로 보아 '항거불능'에 해당한다고 판단할 수 있을 것이다.

6. 피해자에 대한 기망행위 - 특히, 의사, 목사, 승려의 경우

피해자를 기망하여 간음이나 추행을 한 경우, 어느 범위에서 항거불능의 상　35 태를 인정할 것인지가 문제된다. 특히, 의사가 환자인 어린 여자를 치료행위의 일종으로 오신케 하여 간음·추행하거나 산부인과 의사가 진찰을 핑계 삼아 임신부를 간음(또는 유사간음)·추행한 경우, 목사나 승려가 신도들의 믿음과 신뢰를 이용하여 귀신을 쫓아낸다거나 병을 고친다는 명분으로 신도들을 간음·추행한 경우에 본죄가 성립할 것인지 여부가 문제된다. 의사나 목사, 승려가 아니면서 이를 사칭하여 위와 같은 행위를 한 경우에도 마찬가지 문제가 있다.

이에 대하여, ① 심리적으로 반항이 불가능한 상태에 해당하므로 본죄가　36 성립한다는 긍정설(통설)[36]과 ② 항거불능이란 피해자가 반항하려고 해도 불가능한 경우를 말하는 것이므로 위와 같은 경우 항거할 것인가를 판단할 사정을 처음부터 인식하지 않은 것이므로 본죄가 성립하지 않는다는 부정설[37]이 대립한다.

생각건대, 기망에 따른 피해자의 심리적 억압상태에 따라 달리 판단할 필요　37 가 있다. 먼저 통상적인 경우에는, 피해자가 의사나 목사에게 기망을 당하여 그

---

35 대판 2021. 2. 4, 2018도9781.

36 김일수·서보학, 141; 배종대, §46/8; 손동권·김재윤, 157; 이재상·장영민·강동범, §11/29; 이형국·김혜경, 215; 정성근·박광민, 181; 정영일, 122.

37 김성돈, 211; 임웅, 172; 주석형법 〔각칙(4)〕(5판), 260(구회근).

들의 성적인 행위를 인식하고 이를 승낙 내지 용인한 것이므로, 위계에 의한 미성년자간음·추행죄(§ 302) 또는 업무상위계에 의한 간음죄(§ 303)를 구성할 수 있음은 별론으로 하고, 본죄에서 요구하는 '항거불능의 상태'를 이용한 간음·추행이라고 볼 수는 없으므로 위 ②의 부정설이 타당하다.

38　　　의사가 환자를 추행한 판례로는, 가정의학과 의사가 빈뇨증상을 호소하면서 병원에 온 피해자(여, 26세)에게 "초음파검사를 하여야 한다."고 하면서 간호사를 대동하지 아니한 채 초음파실로 가 초음파검사를 하였고, 이어서 진료행위를 빙자하여 피해자의 바지를 벗게 한 다음 장갑을 끼지 않은 손가락을 피해자의 성기에 넣었다 빼는 행동을 반복한 경우, '위계'에 의한 추행에 해당한다고 판단하였다.[38]

39　　　목사가 신도들을 추행한 사례에서도, "피해자들이 본인이나 가족의 병을 낫게 하려는 마음에서 목사인 피고인의 요구에 응하였고, 당시 피고인과 대화를 주고받기도 하였으므로, 피해자들은 당해 성적 행위를 인식하고 이를 승낙 내지 용인하였고, 그와 같은 의사결정을 함에 있어 강제추행죄에서 말하는 폭행·협박과 동일한 정도로 피해자의 자유의사가 침해되었다거나 피해자들이 당해 행위를 승낙하거나 용인하는 이외의 행위를 기대하기 어렵다고 볼 수 없어, 피해자들이 항거가 현저히 곤란한 상태에 있었다고 보기 어렵다."며 무죄를 선고한 원심의 판단이 정당하다고 수긍하였다.[39]

40　　　그러나 통상적인 경우와는 달리, 강한 교리와 신도들을 동원한 집단적 세뇌 또는 종교적 권위로 정상적인 의사결정을 하기 어려울 정도가 된 신도를 간음하거나 추행한 경우, 반항이 불가능하거나 현저하게 곤란한 상태에 있다고 판단

---

38 대판 2016. 11. 25, 2016도13604.

39 대판 2000. 5. 26, 98도3257(원심판결 서울고판 1998. 9. 8, 98노1695). 본 사례에서 피해자 A의 경우, 피고인이 피해자에게 사랑한다면 피고인의 손을 자신의 젖가슴에 넣어 보라고 하여 목사님에 대한 신뢰가 깨진 상태가 아니라서 능동적으로 자신의 젖가슴에 피고인의 손을 넣었다. 피해자 B의 경우, 피고인이 피해자의 아들 병을 낫게 하려면 몸속에 들어있는 귀신을 쫓아내야 하는데 그 귀신은 처녀귀신이어서 창피를 주어야 나가니 옷을 벗으라고 하였고, 처음에는 창피한 생각이 들어 못 벗겠다고 하다가 평소 설교를 통해 들은 대로 목사인 피고인에게 순종하고 아들의 병을 고치겠다는 생각으로 옷을 벗게 되었다. 피해자 C의 경우, 자궁 외 임신으로 양쪽 복부에 통증이 있어 피고인으로부터 안수 안찰기도를 받게 되었고, 안수 안찰기도 중에 피고인이 배수술을 받은 부위에 복부를 아프게 하는 귀신이 있다고 하면서 피해자의 바지 단추를 풀고 팬티속으로 피고인의 손을 넣어서 음부를 여러 번 만졌다.

할 수 있는 경우가 있다. 아래의 두 사례는 교주가 신도를 간음·추행한 것이 준강간죄나 준강제추행죄로 인정된 사안들이다.

① 교회의 노회장으로서 신도들로부터 메시아로 추앙받는 피고인이 외국에 41 서 개최된 종교행사에 참석한 피해자(여대생 신도)를 자신의 객실로 부른 후 하나님을 통하여 건강검진을 해주겠다는 명목으로 욕실에서 옷을 벗게 하고, 샤워기 헤드가 제거된 호스와 가운데 손가락을 피해자의 질 속으로 집어넣고 물을 넣은 다음 음모 때문에 자궁암에 걸린다면서 음모를 뽑는 등의 방법으로 추행한 사안에서, "피해자가 피고인에 대하여 갖고 있던 믿음과 경외감, 추행 당시의 피고인 및 피해자의 행위 내용과 태도, 그 당시 피해자를 둘러싼 제반 환경과 피해자의 심리상태, 연령, 지적능력 등에 비추어, 피해자는 피고인의 행위를 진료 유사행위로 오신한 나머지 이를 용인한 것이 아니라, 피고인에 대한 종교적 믿음이 무너지는 정신적 충격을 받으면서 피고인의 행위가 종교적으로 필요한 행위로서 이를 용인해야 하는지에 관해 판단과 결정을 하지 못한 채 곤혹과 당황, 경악 등 정신적 혼란을 겪어 피고인의 행위를 거부하지 못하였고, 피고인의 행위를 그대로 용인하는 다른 신도들이 주위에 있는 상태에서 위와 같은 정신적 혼란이 더욱 가중된 나머지, 피고인의 행위가 성적 행위임을 알면서도 이에 대한 반항이 현저하게 곤란한 상태에 있었다."고 판시하면서, 준강제추행죄를 인정한 원심의 판단을 수긍하였다.[40]

② 부목사 62명, 전도사 83명, 장로 161명 등 약 13만 명의 신도가 있는 신 42 흥종교 교단에서 하나님의 권능을 가진 목회자로 인정받는 당회장인 피고인이 다수의 여성 신도들을 간음한 사안에서, 피고인이 교회 당회장으로 독자적인 교리를 바탕으로 신도들에게 믿음의 분량을 높여서 새 예루살렘 안의 목자의 성에 가기 위하여는 목자인 피고인에 대한 믿음과 순종이 필요하다고 강조해 온 점, 피해자들과 그 가족들은 대부분 이 사건 교회의 신도여서 교회 신앙생활 외에 별다른 사회 경험이나 인간관계를 맺은 바 없어서 피고인과 이 사건 교회를 절대적으로 믿고 의지하였던 점, 그러한 상황에서 피고인의 예상치 못한 성관계 요구에 피해자들은 처음에는 놀라고 당황하였으나, 종교적으로 절대적 권위를

---

40 대판 2009. 4. 23, 2009도2001(원심판결 서울고판 2009. 2. 10, 2008노2199)[기독교복음선교회 (JMS) 사건].

가진 피고인의 말을 거역하고 불순종한다는 것은 생각조차 할 수 없었고, 성령
의 지위에 있는 피고인의 행동을 인간의 세속적인 기준으로 판단하는 것은 종
교적으로 큰 죄를 짓는 것이라고 믿었기 때문에 당시 자신들이 처한 상황을 제
대로 판단할 수조차 없었으며, 피고인과 집단 성관계를 가진 일부 피해자는 처
음에는 내심으로 당황스럽고 수치스럽게 느끼기도 했지만, 그 자리에서 아무도
이의를 제기하거나 거부하는 사람이 없었고, 오히려 다른 멤버들이 적극적으로
피고인과 성관계하는 모습을 보자, 본인만 피고인에 대한 믿음이 부족하여 잘못
된 생각을 하고 있었던 것이라고 생각하면서 그 상황을 그대로 받아들인 점에
비추어, 피해자들이 피고인과의 간음 당시 심리적으로 반항이 절대적으로 불가
능한 상태 또는 현저히 곤란한 상태에 있었다고 판단하면서, 피고인에게 상습준
강간죄를 유죄로 인정하였다.[41]

7. 마취제, 수면제 또는 최면술을 사용한 경우

43   본죄의 성립에 있어 심신상실이나 항거불능의 상태에 이르게 된 '원인'은
묻지 않으므로,[42] 이미 존재한 심신상실이나 항거불능의 상태를 이용한 간음·
추행이 본죄에 해당함에는 의문의 여지가 없다. 그러나 마취제, 수면제 또는 최
면술을 사용하여 사람을 심신상실이나 항거불능의 상태에 빠지게 한 후 간음·
추행하는 경우에는, 마취제 등의 투여가 '폭행'에 해당하므로 본죄가 아니라 강
간죄, 유사강간죄 또는 강제추행죄가 성립한다(통설).[43]

44   대법원도 불면증 치료제인 졸피뎀을 술에 타서 마시게 하여 피해자의 의식
을 잃게 한 다음 간음한 경우, 강간죄에 해당한다고 판시하고 있다.[44] 다만, 처
음에는 치료의 목적으로 피해자에게 마취제를 투여하였으나 그 후에 비로소 간
음 또는 추행의 의사가 생겨 피해자를 간음·추행하게 된 경우에는 본죄가 성립
한다.[45]

---

41 대판 2019. 8. 9, 2019도7225, 2019보도17(병합)(만민중앙교회 사건).
42 오영근, 152; 이재상·장영민·강동범, § 11/29; 주석형법 [각칙(4)](5판), 261(구회근).
43 김성돈, 211; 배종대, § 46/8; 손동권·김재윤, 157; 오영근, 152; 이재상·장영민·강동범, § 11/29;
   임웅, 222; 주석형법 [각칙(4)](5판), 261(구회근).
44 대판 2010. 10. 28, 2010도10728; 대판 2017. 6. 29, 2017도3196.
45 주석형법 [각칙(4)](5판), 261(구회근).

IV. 행 위

본죄의 행위는 사람의 심신상실 또는 항거불능의 상태를 이용하여 간음(유　　45
사간음 포함) 또는 추행을 하는 것이다. 본죄의 객체를 '사람'으로 보든지 '심신상
실 또는 항거불능의 상태에 있는 사람'으로 보든지 마찬가지이다.[46]

'이용하여'라 함은 행위자가 심신상실이나 항거불능 상태에 있는 피해자를　　46
인식하고, 또한 그러한 상태 때문에 간음이나 추행이 가능하였거나 용이하게 되
었음을 의미한다.[47] 판례는 행위자가 피해자의 심신상실이나 항거불능 상태를
인식하고 이에 편승(便乘)하여 간음이나 추행행위에 나아가는 것을 의미한다고
한다.[48]

'간음', '유사간음', '추행'의 의미는 **강간죄, 유사강간죄나 강제추행죄** 부분에　　47
서 살펴본 바와 같다.

타인이 간음 또는 추행을 목적으로 피해자에게 폭행·협박을 가하여 항거불　　48
능의 상태에 빠지게 한 것을 알고 나중에 가담하여 간음 또는 추행을 한 경우,
강간죄, 유사강간죄 또는 강제추행죄의 승계적 공동정범이 성립되는지 문제될
수 있는데, 타인과의 공동가공 의사에 기한 기능적 행위지배를 인정할 수 없으
므로, 강간죄, 유사강간죄 또는 강제추행죄는 성립하지 않고 본죄만 성립한다고
봄이 타당하다.[49] 일반적으로 통설[50], 판례[51]는 승계적 공동정범을 인정하지 않
고 있다.

---

46 대판 2019. 3. 28, 2018도16002(전)의 다수의견 및 반대의견 참조.

47 이재상·장영민·강동범, §11/30.

48 대판 2022. 11. 10, 2020도13672[성폭력처벌법위반(장애인준강간)죄].「위 범죄는 피해자의 항거
　　불능 또는 항거곤란 상태를 '이용하여' 간음한 경우를 처벌하고 있는데, 여기서 '이용하여'는 피
　　고인이 피해자의 항거불능 또는 항거곤란 상태를 인식하고 이에 편승하여 간음행위에 나아가는
　　것을 의미한다.」

49 주석형법 [각칙(4)](5판), 262(구회근).

50 이재상·장영민·강동범, 형법총론(11판), §33/20.

51 대판 1982. 6. 8, 82도884; 대판 1997. 6. 27, 97도163; 대판 2007. 11. 15, 2007도6336.

〔성 보 기〕　　　　　　　　　　　　　　　　**529**

V. 실행의 착수시기 등

1. 실행의 착수 및 기수시기

(1) 실행의 착수시기

49   실행의 착수시기는 심신상실 또는 항거불능의 상태를 이용하여 간음 또는 추행행위를 개시한 때이다.[52] 판례는 잠을 자고 있는 피해자의 옷을 벗기고 자신의 바지를 내린 상태에서 피해자의 음부 등을 만지는 행위를 한 시점,[53] 술에 취하여 모텔 침대에 잠들어 있는 피해자의 속바지를 벗기려던 시점[54]에 각 피해자의 항거불능의 상태를 이용하여 간음을 할 의도를 가지고 간음의 수단이라고 할 수 있는 행동을 시작한 것으로서 준강간죄의 실행에 착수하였다고 한다.

(2) 기수시기

50   기수시기는 **강간죄, 유사강간죄 및 강제추행죄**에서와 같다.[55]

2. 미 수

(1) 미수범 처벌

51   본죄는 미수범을 처벌한다(§300).

52   준강간죄의 실행에 착수하였는데, 착수행위를 하는 바람에 피해자가 잠에서 깨어나 피고인이 성기를 삽입하려고 할 때에는 객관적으로 항거불능의 상태에 있지 아니하였다고 하더라도 준강간미수죄는 성립한다.[56]

(2) 중지미수

53   범인이 자의로 실행에 착수한 행위를 중지하거나 그 행위로 인한 결과의 발생을 방지한 때에는 중지미수로서 형을 감경 또는 면제한다(§26).

54   술에 만취한 피해자를 모텔로 데리고 가 침대에 눕히고, 술에 취하여 잠든 피해자의 가슴을 만지다가 치마를 걷어 올려 팬티를 내린 다음 입으로 피해자의 가슴, 성기 등을 애무하던 중 피해자가 정신을 차리고 "싫어요, 빨리 일어나

---

52 오영근, 152; 주석형법 [각칙(4)](5판), 262(구회근)
53 대판 2000. 1. 14, 99도5187.
54 대판 2019. 2. 14, 2018도19295.
55 손동권·김재윤, 158; 오영근, 152; 이형국·김혜경, 217.
56 대판 2000. 1. 14, 99도5187.

서 나가시라."고 거부하자 범행 발각이 두려워 범행을 중단한 경우, 준강간죄의 장애미수에 해당하고, 중지미수라고 볼 수 없다.[57]

(3) 불능미수

실행의 수단 또는 대상의 착오로 인하여 결과의 발생이 불가능하더라도 위　55
험성이 있는 때에는 불능미수로 처벌한다(§ 27. 임의적 형감면사유).

종래 피해자가 심신상실 상태에 있다고 인식하여 추행 또는 유사간음 행위　56
를 하였으나 실제 피해자가 심신상실 상태에 있지 않은 사안에 대하여, 준강제
추행죄 또는 준유사강간죄의 불능미수가 인정된다는 하급심의 판단[58] 또는 대
법원의 방론적 판단[59]이 있었다.

대법원에서는 최근 전원합의체 판결[60]을 통하여, 피해자가 반항이 불가능　57

57　서울북부지판 2017. 1. 20, 2016고합464(확정). 피해자가 카카오택시 어플을 이용하여 피고인
　　운행 택시에 탑승하여 피고인의 택시 차량번호나 전화번호를 알고 있어서 범행 발각을 두려워하
　　여 중지한 것으로 보이는 사안이다.
58　대전고판 2016. 12. 12, 2016노306(확정)(대판 2016. 8. 24, 2016도6650의 파기환송심). 피고인
　　(골프 코치)이 여자 선수들이 자는 숙소에 들어오자 피해자가 추행이 무서워 잠을 자는 척하고
　　누워 있었는데, 피고인이 피해자의 성기 부위를 손으로 쓰다듬은 사안에서, 피고인이 범행 당시
　　피해자가 깨어 있었다는 것을 알지 못하였지만, 결과발생의 위험성이 있다는 이유로, 준강제추
　　행죄의 불능미수를 인정하였다.
59　대판 2015. 8. 13, 2015도7343. 유사강간죄로 기소된 사안에서, 피고인의 폭행·협박 사실이 인
　　정되지 않는다는 이유로 무죄로 판단한 원심에 수긍하는 한편, 미수죄를 직권으로 판단했어야
　　한다는 검사의 상고이유 주장에 대하여, 피고인이 피해자가 심신상실의 상태에 있다고 인식하여
　　피해자의 성기에 손가락을 넣었으나 피해자가 실제로는 심신상실의 상태에 있지 않았던 것으로
　　인정된다면 준유사강간죄의 불능미수가 성립될 여지가 많지만, 원심에서는 유사강간죄로 기소되
　　어 폭행·협박이 있었는지 여부가 쟁점이 되었을 뿐이므로 준유사강간죄의 불능미수 성립에 대
　　하여 직권으로 판단할 의무가 없다고 판단하였다.
60　대판 2019. 3. 28, 2018도16002(전). 「형법 제299조에서 정한 준강간죄는 사람의 심신상실 또는
　　항거불능의 상태를 이용하여 간음함으로써 성립하는 범죄로서, 정신적·신체적 사정으로 인하여
　　성적인 자기방어를 할 수 없는 사람의 성적 자기결정권을 보호법익으로 한다. 심신상실 또는 항
　　거불능의 상태는 피해자인 사람에게 존재하여야 하므로 준강간죄에서 행위의 대상은 '심신상실
　　또는 항거불능의 상태에 있는 사람'이다. 그리고 구성요건에 해당하는 행위는 그러한 '심신상실
　　또는 항거불능의 상태를 이용하여 간음'하는 것이다. 심신상실 또는 항거불능의 상태에 있는 사
　　람에 대하여 그 사람의 그러한 상태를 이용하여 간음행위를 하면 구성요건이 충족되어 준강간죄
　　가 기수에 이른다. 피고인이 피해자가 심신상실 또는 항거불능의 상태에 있다고 인식하고 그러
　　한 상태를 이용하여 간음할 의사를 가지고 간음하였으나, 실행의 착수 당시부터 피해자가 실제
　　로는 심신상실 또는 항거불능의 상태에 있지 않았다면, 실행의 수단 또는 대상의 착오로 준강간
　　죄의 기수에 이를 가능성이 처음부터 없다고 볼 수 있다. 이 경우 피고인이 행위 당시에 인식한
　　사정을 놓고 일반인이 객관적으로 판단하여 보았을 때 정신적·신체적 사정으로 인하여 성적인
　　자기방어를 할 수 없는 사람의 성적 자기결정권을 침해하여 준강간의 결과가 발생할 위험성이

한 정도의 만취상태인 것으로 오인하고 간음하였으나, 실제로는 피해자가 그 정도로 술에 취해 있지 않은 상태인 경우, 대상의 착오로 인한 준강간죄의 불능미수를 정면으로 인정하였다.[61]

3. 예비 · 음모

58   2020년 5월 19일 형법 개정으로 제305조의3(예비·음모)이 신설되어 준강간죄를 범할 목적으로 한 예비·음모는 처벌되게 되었다. 그러나 준유사강간죄나 준강제추행죄를 범할 목적으로 한 예비·음모는 처벌할 수 없다.

VI. 고 의

59   본죄의 고의는 피해자가 심신상실 또는 항거불능의 상태에 있고, 그러한 상태를 이용하여 간음 또는 추행한다는 사실에 대한 인식과 의사이다.[62] 미필적 고의로 충분하다.

60   준강제추행죄의 성립에 ① 초과주관적 불법요소로서 성적 추행의 특별한 행위경향이 필요하다(경향범)는 견해[63]도 있으나, ② 강제추행죄에서와 마찬가지로 '성욕을 자극·흥분·만족시키려는 주관적 동기나 목적'은 필요하지 않다고(통설).[64] 판례는 강제추행죄에서 위 ②의 견해도 같은 입장인데,[65] 준강제추행죄에서도

있었다면 불능미수가 성립한다.」

61 위 2018도16002 전원합의체 판결의 다수의견에 대해서는, ① 위 다수의견은 "구성요건해당성 또는 구성요건의 충족의 문제와 형법 제27조에서 말하는 결과 발생의 불가능의 의미를 혼동하고 있다."며, 준강간죄의 불능미수가 성립하는 것이 아니라 무죄라는 취지의 반대의견이 있다. 또한, ② 이 경우에는 행위자의 행위는 규범적으로 보아 결과발생이 '가능한' 것이지만, 마침 피해자가 심신상실·항거불능상태가 아니었음은 결과발생을 가로막는 장애에 해당하는 것이므로 준간강죄의 장애미수로 보는 것이 타당하다는 견해(홍영기, § 64/7)도 있다.

62 대판 2019. 3. 18, 2018도16002(전). 「준강간의 고의는 피해자가 심신상실 또는 항거불능의 상태에 있다는 것과 그러한 상태를 이용하여 간음한다는 구성요건적 결과 발생의 가능성을 인식하고 그러한 위험을 용인하는 내심의 의사를 말한다.」

63 김일수·서보학, 142.

64 김성돈, 211; 배종대, § 44/2; 손동권·김재윤, 158; 이형국·김혜경, 199; 정영일, 123; 주석형법 [각칙(4)][각칙(4)](5판), 263(구회근).

65 대판 2013. 9. 26, 2013도5856(강제추행); 대판 2020. 12. 24, 2020도7981(강제추행). 위 2013도 5856 판결 평석은 이경재, "강제추행죄를 둘러싼 몇 가지 문제점", 형사판례연구 [23], 한국형사판례연구회, 박영사(2015), 165-196.

마찬가지라 하겠다.

VII. 죄수 및 다른 죄와의 관계

1. 죄 수

(1) 본죄는 성적 자기결정권이라는 인격적 법익을 침해하는 범죄이므로, 원　**61**
칙적으로 각 간음행위, 유사간음행위, 추행행위마다 하나의 범죄가 성립한다.[66]

(2) 준강간행위는 동일한 기회에 이루어진 강간죄에 포함되어 강간죄만 성　**62**
립한다.[67] 피해자가 잠자던 상태에서 실행에 착수하였으나 피해자가 깨는 등 사
정이 바뀌자 폭행·협박으로 간음한 경우, 전체적으로 하나의 행위로 파악함이
타당하기 때문이다.[68]

2. 다른 죄와의 관계

피해자의 항거불능 사유가 신체적 또는 정신적 장애인 경우 본죄에 해당함　**63**
과 동시에 성폭력처벌법 제6조 제4항(신체적인 또는 정신적인 장애로 항거불능 또는
항거곤란 상태에 있음을 이용하여 사람을 간음하거나 추행)에도 해당할 가능성이 크다.
이 경우에는 법정형이 더 무거운 성폭력처벌법이 적용된다.[69]

VIII. 처벌 등

1. 법정형 등

(1) 제297조, 제297조의2 및 제298조의 예에 의한다. 즉, '간음'의 방법으로　**64**
범한 사람은 강간죄(§ 297)와 동일하게 '3년 이상의 유기징역'에, '유사간음'의 방
법으로 범한 사람은 유사강간죄(§ 297의2)와 동일하게 '2년 이상의 유기징역'에,
'추행'의 방법으로 범한 사람은 강제추행죄(§ 298)와 동일하게 '10년 이하의 징역

66　주석형법 [각칙(4)](5판), 263(구회근).
67　이와는 달리, 준강간미수죄와 강간죄의 실체적 경합이라는 견해도 있다(김일수·서보학, 142).
68　김혜경·이형국, 214(법조경합 중 택일관계); 주석형법 [각칙(4)](5판), 263(구회근).
69　주석형법 [각칙(4)](5판), 263(구회근).

또는 1천 500만 원 이하의 벌금'에 각 처한다.

65   (2) 본죄의 미수범(§ 300)과 상습범(§ 305의2)은 처벌하고, 본죄는 양형기준 적용대상이다.[70]

2. 친고죄 여부

66   2012년 12월 18일 형법 개정(법률 제11574호)으로 친고죄 조항(§ 306)이 삭제되었으므로, 피해자의 고소가 없더라도 공소를 제기하고 처벌할 수 있다. 다만, 개정 법률이 시행된 2013년 6월 19일 이후 최초로 저지른 범죄부터 적용된다(법률 제11574호 부칙 § 2).

3. 소송상 문제 – 공소장변경

67   '강제추행'으로 기소된 피고인에 대해 공소장변경 절차 없이 '준강제추행'으로 유죄를 인정할 수 있는지 여부와 관련하여, 대법원은 위 두 죄는 행위의 객체, 상대방의 상태, 행위의 방법과 태양 등이 서로 달라서 그에 대응하여 피고인이 소송상 주장할 수 있는 변소의 내용이나 증명 방법 등 방어 수단과 내용역시 달라질 수밖에 없다는 이유로 원칙적으로 공소장변경 절차를 거쳐야 한다고 판시하였다.[71]

〔성 보 기〕

---

70 양형위원회, 2023 양형기준, 29-63.
71 대판 2016. 8. 24, 2016도6650.

제300조(미수범)

제297조, 제297조의2, 제298조 및 제299조의 미수범은 처벌한다. 〈개정 2012. 12. 18.〉

강간죄(§297), 유사강간죄(§297의2), 강제추행죄(§298), 준강간죄·준유사강간·준강제추행죄(§299)의 미수범은 처벌된다. 미수가 성립하기 위해서는 실행의 착수가 있어야 한다. 위 각 죄의 각 실행의 착수시기에 대하여는 **위 각 죄의 '실행의 착수시기'** 부분 참조. 1

규정의 순서상 위 각 죄 이외에 강간 등 상해·치상죄(§301), 강간 등 살인·치사죄(§301의2), 미성년자 등에 대한 간음죄(§302), 업무상 위력 등에 의한 간음죄(§303)의 미수범은 본조에 의하여 처벌할 수 없다. 2

다만, 미성년자에 대한 간음·추행죄(§305)의 경우, "제297조, 제297조의2, 제298조, 제301조 또는 제301조의2의 예에 의한다."고 규정하고 있어, 본조에 의하여 미수범을 처벌할 수 있는지가 문제된다. 3

통설[1]과 판례는 이를 긍정하고 있다. 즉 대법원은, "미성년자의제강간·강제추행죄를 규정한 형법 제305조가 '13세 미만의 부녀를 간음하거나 13세 미만의 사람에게 추행을 한 자는 제297조, 제298조, 제301조 또는 제301조의2의 예에 의한다'로 되어 있어 강간죄와 강제추행죄의 미수범의 처벌에 관한 형법 제300조를 명시적으로 인용하고 있지 아니하나, 형법 제305조의 입법 취지는 성적으로 미성숙한 13세 미만의 미성년자를 특별히 보호하기 위한 것으로 보이는데, 이러한 입법 취지에 비추어 보면, 동조에서 규정한 형법 제297조와 제298조의 '예에 의한다'는 의미는 미성년자의제강간·강제추행죄의 처벌에 있어 그 법정형뿐만 아니라 미수범에 관하여도 강간죄와 강제추행죄의 예에 따른다는 취 4

---

1 김성돈, 형법각론(8판), 224; 김일수·서보학, 새로쓴 형법각론(9판), 144; 배종대, 형법각론(14판), §46/28; 오영근, 형법각론(8판), 163-164; 이재상·장영민·강동범, 형법각론(13판), §11/33; 이형국·김혜경, 형법각론(3판), 229; 임웅, 형법각론(11정판), 233; 정영일, 형법각론, 129.

지로 해석되고, 이러한 해석이 형벌법규의 명확성의 원칙에 반하는 것이거나 죄형법정주의에 의하여 금지되는 확장해석이나 유추해석에 해당하는 것으로 볼 수 없다."고 판시하고 있다.[2]

5   이 문제는 입법적 해결이 필요한 부분이며, 한편으로 미성년자에 대한 간음·추행죄보다 우선 적용되는 성폭력범죄의 처벌 등에 관한 특례법(이하, 성폭력처벌법이라 한다.)은 13세 미만의 미성년자에 대한 강간, 강제추행 등의 죄(성폭처벌 § 7)에 대한 미수범 처벌규정(성폭처벌 § 15)을 두고 있고, 아동·청소년 성보호에 관한 법률은 아동·청소년에 대한 강간·강제추행 등의 죄(아청 § 7)에 대한 미수범 처벌규정(아청 § 7⑤)을 두고 있다.

6   나아가 성폭력처벌법은 미수범의 처벌범위를 넓히면서 위 성폭력특례법상의 강간 등 상해·치상죄(성폭처벌 § 8), 강간 등 살인·치사죄(성폭처벌 § 9)에 대한 미수범 처벌규정을 두고 있다(성폭처벌 § 15)(이에 대한 상세는 **본장 [특별법 I] 해당** 부분 참조).

〔성 보 기〕

---

2 대판 2007. 3. 15, 2006도9453.

제301조(강간 등 상해·치상)

제297조, 제297조의2 및 제298조부터 제300조까지의 죄를 범한 자가 사람을 상해하거나 상해에 이르게 한 때에는 무기 또는 5년 이상의 징역에 처한다. 〈개정 2012. 12. 18.〉

[전문개정 1995. 12. 29]

I. 의의 및 보호법익

1. 의 의

본조는 제297조(강간), 제297조의2(유사강간), 제298조(강제추행), 제299조(준강간, 준강제추행) 및 제300조(미수)의 죄를 범한 자가 사람을 상해하거나 상해에 이르게 하는 것을 처벌하는 규정이다(①의 죄).[1] 그리고 제305조(미성년자에 대한 간음, 추행)가 13세 미만의 사람에 대하여 간음 또는 추행을 한 자는 본조의 예에 의하도록 규정하고 있으므로, 13세 미만의 사람에 대하여 간음 또는 추행을 한

1

---

[1] 참고로 일본형법 제181조는 강간등치사·치상죄를 규정하고 있는데, 조문의 표제가 강제추행등 치사상죄에서 부동의추행등치사상으로 바뀌었다(2023. 7. 13. 시행). 일본형법은 부동의추행등 살인·상해죄는 별도로 규정하지 않고 있다.

자(미수범 포함)가 사람을 상해하거나 상해에 이르게 한 경우에도 본조로 처벌한
다(②의 죄). 대검찰청의 「공소장 및 불기소장에 기재할 죄명에 관한 예규」(개정
대검예규 제1336호, 2023. 1. 18.)는 위 ①의 죄를 (강간·유사간강·강제추행·준간
강·준유사강간·준강제추행)(상해·치상)죄라고 하고, 위 ②의 죄를 미성년자의
제(강간·강제추행)(상해·치상)죄[2]라고 하는데, 여기서는 위 ①과 ②의 죄를 합
하여 '본죄'라고 한다.

2   본죄는 두 가지 서로 다른 유형의 범죄가 한 조문에 규정되어 있는데, 그
법정형은 같다. 첫째는 사람을 상해하는 죄로서, 강간죄·유사간강죄·강제추행죄
·준간강죄·준유사강간죄·준강제추행죄, 미성년자의제강간·유사강간·강제추행
죄(이하, 강간죄 등이라 한다.) 및 그 미수죄(이하, 기본범죄라 한다.)와 상해죄의 결합
범(이하, 강간등상해죄라 한다.)이다.[3] 둘째는 사람을 상해에 이르게 하는 죄로서,
강간죄 등 및 그 미수죄의 결과적 가중범(이하, 강간등치상죄라 한다.)이고,[4] 그중에
서도 진정결과적 가중범이다.[5] 본죄는 결합범 또는 결과적 가중범 형식에 의한
강간죄 등의 가중 구성요건이다.

3   본조의 연혁을 보면, 제정 형법 제301조(강간등에 의한 치사상)는 "제297조 내
지 전조의 죄를 범하여 사람을 사상에 이르게 한 자는 무기 또는 5년 이상의 징
역에 처한다."고 규정하고 있었다. 즉, 한 조문에서 강간치사죄와 강간치상죄를
함께 규정하면서 그 법정형이 같았다. 그런데 사망과 상해의 결과는 불법에 있
어서 큰 차이가 있어 치사죄와 치상죄의 법정형을 달리할 필요가 있고, 또한 강
간 등의 상해죄와 치상죄의 경우 강간치상죄의 법정형이 상해의 고의가 있는
경우에 비하여 현저히 무거워 강간상해죄를 신설할 필요가 있었다.[6] 이에 1995

---

2 죄명표상 미성년자의제유사강간(상해·치상)죄는 빠져 있다.
3 김성돈, 형법각론(8판), 212; 김일수·서보학, 새로쓴 형법각론(9판), 144; 손동권·김재윤, 새로운
   형법각론(2판), 159; 오영근, 형법각론(8판), 153; 이재상·장영민·강동범, 형법각론(13판), §11/34;
   이형국·김혜경, 형법각론(3판), 218; 임웅, 형법각론(11정판), 224; 정성근·박광민, 형법각론(전
   정3판), 183; 주석형법 〔각칙(4)〕(5판), 267(구회근).
4 김성돈, 212; 김일수·서보학, 144; 손동권·김재윤, 159; 오영근, 153; 이재상·장영민·강동범,
   §11/34; 이형국·김혜경, 218; 임웅, 224; 정성근·박광민, 184; 정영일, 형법각론, 123; 주석형법
   〔각칙(4)〕(5판), 267(구회근).
5 김성돈, 212; 오영근, 153; 이형국·김혜경, 218; 임웅, 224; 정성근·박광민, 184; 정성근·정준섭,
   형법강의 각론(2판)126; 한상훈·안성조, 형법개론(3판), 459.
6 법무부, 형법개정법률안 제안이유서(1992. 10), 158.

년 12월 29일 형법 개정(법률 제5057호)으로 강간치상죄와 강간치사죄를 분리하는 동시에 강간상해죄와 강간살해죄를 신설하여 본조와 제301조의2(강간등 살해·치사)로 나누어 규정하였다. 2012년 12월 18일에는 다시 형법을 개정(법률 제11574호)하여 구성요건에 함께 신설된 제297조의2(유사강간)가 추가되었다.

2. 보호법익

본죄의 보호법익은 사람의 성적 자유 또는 성적 자기결정권과 신체의 생리적 기능 내지 건강이고,[7] 보호의 정도는 침해범이다.[8]   4

II. 주체 및 객체

1. 주 체

본죄의 주체는 강간죄·유사간강죄·강제추행죄·준간강죄·준유사강간죄·   5
준강제추행죄, 미성년자의제강간·유사강간·강제추행죄 및 그 미수죄, 즉 기본범죄를 범한 사람이다. 위와 같이 강간 등이 미수에 그친 경우에도 그 수단이된 폭행에 의하여 피해자가 상해를 입었으면 본죄가 성립하는데, 미수에 그친것이 행위자가 자의로 실행에 착수한 행위를 중지한 경우이든 실행에 착수하여행위를 종료하지 못한 경우이든 가리지 않는다.[9] 본죄는 독립된 범죄이므로 장애미수의 임의적 감경(§25②)이나 중지미수의 필요적 감면(§26)에 관한 규정이적용될 여지는 없고, 이는 정상(情狀)의 문제에 지나지 않는다.[10]

미성년자 또는 심신미약자에 대한 위계·위력에 의한 간음·추행죄(§302)를   6
범한 사람은 본죄의 주체에 해당하지 않지만, 아동·청소년에 대한 위계·위력에의한 간음·추행죄를 범한 사람은 아동·청소년 성보호에 관한 법률(이하, 청소년성보호법이라 한다.)상 상해·치상죄의 주체가 되고(아청 §9, §7⑤), 신체적 또는 정

---

7 오영근, 153.

8 김신규, 형법각론, 214; 오영근, 153.

9 대판 1988. 11. 8, 88도1628. 본 판결 평석은 안명기, "결과적 가중범과 미수", 판례연구 3, 서울지방변호사회(1990), 357-368.

10 最判 昭和 24(1949). 7. 9. 刑集 3·8·1174.

신적 장애가 있는 사람에 대한 위계·위력에 의한 간음·추행죄를 범한 사람도
성폭력처벌 등에 관한 특례법(이하, 성폭력처벌법이라 한다.)상 상해·치상죄의 주체
가 된다(성폭처벌 §8, §6⑥).

7 　　업무상위력 등에 의한 간음죄(§303)를 범한 사람은 본죄의 주체에 해당하지
않고, 성폭력처벌법상 업무상위력 등에 의한 추행죄를 범한 사람도 성폭력처벌
법상 상해·치상의 주체가 되지 않는다(성폭처벌 §8, §10).

2. 객 체

8 　　본죄의 객체는 본죄의 주체에 대응하는 죄의 객체이다.[11] 따라서 강간죄의
경우, 남녀를 불문하는 사람이 객체가 된다.

III. 행 위

9 　　본죄의 행위는 사람을 상해하거나 상해에 이르게 하는 것이다. '상해한다'는
것은 고의로 상해의 결과를 발생케 하는 것을 말하고, '상해에 이르게 한다'는
것은 과실로 상해의 결과를 발생케 하는 것을 말한다.

1. 상해의 결과 발생

10 　　본죄가 성립하기 위해서는 기본행위로서 강간죄 등이 성립하는 외에 상해
의 결과가 발생하여야 한다.

11 　　상해의 결과는 첫째, 간음, 유사간음 또는 추행(이하, 간음 또는 추행이라 한다.)
행위 그 자체에 의하여 발생하는 경우가 있다. 예를 들면, 성병의 감염이나 처
녀막의 파열,[12] 회음부찰과상[13] 등이 여기에 해당한다.

12 　　둘째, 간음이나 추행의 수단으로 행해진 폭행으로 인하여 발생하는 경우가
있다.[14]

---

11 손동권·김재윤, 160.
12 대판 1984. 2. 28, 83도3253; 대판 2009. 1. 30, 2008도7917. 일본 판례도 같은 취지이다[最判
　　昭和 25(1950). 3. 15. 刑集 4·3·355].
13 대판 1983. 7. 12, 83도1258.
14 대판 1988. 11. 8, 88도1628.

셋째, 간음이나 추행행위와 시간적·장소적으로 밀접하게 관련되거나 그에   13
수반하여 발생하는 경우도 있다.[15] 예를 들어, ① 피고인이 피해자의 입에 자신
의 혀를 넣어 입을 맞추려는데, 피해자가 갑자기 혀를 깨물자 피고인이 너무 아
파 피해자를 떼어 놓으려고 하는데도 계속 혀를 물고 있어 주먹으로 피해자의
얼굴을 때리고, 피해자가 떨어지고 난 후에도 화가 나 더 때렸으며, 그 직후에
도망가는 피해자를 쫓아가 발로 피해자의 얼굴을 걷어차고 넘어진 피해자의 온
몸을 발과 주먹으로 계속 때려 피해자에게 상해를 입힌 경우,[16] ② 공간이 좁은
공중화장실 용변 칸에서 피고인의 강간 시도에 반항하면서 피해자가 피고인으
로부터 왼쪽 발목을 밟혀 좌족관절부좌상을 입은 경우,[17] ③ 피해자가 피고인의
강간 시도에 반항하면서 피고인의 손가락을 깨물자 피고인이 물린 손가락을 비
틀며 잡아 뽑다가 피해자에게 치아결손의 상해를 입힌 경우[18] 등은 간음이나
추행에 수반하여 발생한 상해에 해당한다.

한편 본죄는 간음이나 추행의 기회에 상해의 결과가 발행하면 성립하므로,   14
강간죄 등의 실행 중이거나 실행 직후 또는 실행의 범의를 포기한 직후로서 사
회통념상 범죄행위가 완료되지 아니하였다고 볼 수 있는 단계에서 상해가 행하
여짐을 요건으로 한다. 그러나 앞서 살펴본대로 반드시 강간죄 등의 수단으로
한 폭행에 의하여 상해의 결과가 발생할 것을 요하는 것은 아니고 상해행위가
강간등 죄가 기수에 이르기 전에 행하여져야만 하는 것도 아니다. 따라서 강간
죄를 범한 사람이 강간범행 이후에도 피해자를 계속 끌고 다니거나 차량에 태
우고 함께 이동하는 등으로 강간범행으로 인한 피해자의 심리적 저항불능 상태
가 해소되지 않은 상태에서 상해행위가 있었다면 강간행위와 상해행위 사이에
다소의 시간적·공간적 간격이 있다고 하더라도 강간상해죄가 성립한다고 할 것
이다.[19]

---

15 대판 1995. 1. 12, 94도2781; 대판 2003. 5. 30, 2003도1256; 대판 2008. 2. 29, 2007도10120;
   대판 2008. 9. 11, 2008도5915.
16 대판 2008. 9. 11, 2008도5915.
17 대판 2003. 5. 30, 2003도1256.
18 대판 1995. 1. 12, 94도2781.
19 대판 2014. 9. 26, 2014도9567. 「피고인이 피해자로부터 강취한 택시에 피해자를 태우고 돌아다
   니는 동안 피해자는 피고인의 강도범행에 의하여 계속 제압된 상태에 있었다고 할 것이므로, 피
   고인이 그로부터 도망하려는 피해자에게 상해를 가한 경우 사회통념상 강도범행이 완료되지 아

2. 상해의 의의 및 정도[20]

(1) 상해의 의의

15   상해의 의의에 대하여는, ① 신체의 완전성에 대한 침해로 보는 견해(신체의 완전성 침해설)[21], ② 신체의 건강상태의 불량한 변경으로 보는 견해(생리적 기능훼손설, 통설)[22], ③ 생리적 기능의 훼손과 신체 외모의 중대한 변화라고 하는 견해(절충설)[23]로 나뉘어져 있다.

16   위 ①의 신체의 완전성 침해설은 상해 개념을 광의로 파악하여 신체의 외부적 완전성에 대한 침해만으로 상해가 된다고 한다. 협의의 상해 개념인 생리적 기능장애는 당연히 여기에 포함된다. 상해죄와 폭행죄는 모두 신체의 완전성을 보호법익으로 하지만, 폭행죄는 형식범으로서 행위 자체를 범죄로 하는 것임에 반하여, 상해죄는 결과범·침해범으로서 이에 대한 내용의 침해를 의미한다고 본다. 상해와 폭행을 구별하지 않는 독일의 통설이다. 이 견해에 따르면 모발을 잘라내는 행위나 손톱, 발톱을 깎는 행위도 상해에 해당하게 된다.[24]

17   위 ②의 생리적 기능훼손설에서 말하는 생리적 기능의 훼손이란 일반적으로 건강침해, 즉 육체적·정신적인 병적 상태의 야기와 악화를 말한다고 할 수 있다. 반드시 외부적인 상처가 있어야만 하는 것은 아니고, 생리적 기능에는 육체적 기능뿐만 아니라 정신적 기능도 포함된다.[25] 생리적 기능의 훼손은 질병을 일으키는 경우에 한하지 아니하고, 신체에 상처를 내거나 신체 일부를 박리하는 경우 등 전형적인 경우는 물론 병원균의 감염, 중독증상, 현기증 및 구토의 야기, 병세의 악화 등 질병을 일으키거나 악화시키는 경우도 포함한다.

18   위 ③의 절충설은 신체 외관에 중대한 변경을 가한다면 생리적 기능을 훼

니한 상태에서 '강도의 기회'에 상해행위를 저지른 것으로 볼 수 있고, 피고인의 상해행위를 새로운 결의에 의해 강도범행과는 별개의 기회에 이루어진 독립의 행위라고 하기는 어렵다고 할 것이다. 따라서 피고인의 행위는 특수강도죄와 폭력행위등처벌에관한법률위반(흉기휴대상해)죄의 경합범이 아닌 강도상해죄의 일죄로 처벌하는 것이 옳다.」

20 이에 대한 상세는 **형법주해 〔VIII〕(각칙 5) 제257조 II. 2. '행위'** 참조.

21 유기천, 형법학(각론강의 상)(전정신판), 47.

22 김일수·서보학, 49; 손동권·김재윤, 33; 오영근, 45; 이재상·장영민·강동범, §3/12.

23 강구진, 형법강의 각론 I, 61; 배종대, 형법각론(14판), §15/5.

24 주석형법 〔각칙(3)〕(5판), 301(최환).

25 대판 1999. 1. 26, 98도3732.

손한 것과 동일한 정도의 생활기능을 훼손당하여 같은 정도의 정신적 고통을 받았다고 볼 수 있다는 것을 논거로 삼는다. 상해를 광의로 파악하면 경미한 상처나 소량의 모발 절단도 상해가 되는 결함이 있고, 협의의 생리적 기능훼손으로 보면 내부적 건강에 지장을 초래하지 않는 한 신체 외관의 중대한 변경을 상해로 볼 수 없다는 점을 고려한 일종의 절충적 견해이다. 이 견해에 따르면 소량의 모발, 손톱의 절단은 상해가 아니라고 보지만, 눈썹의 대부분이나 전부를 밀어버린다든지, 여자의 모발을 절단하는 것은 상해에 해당한다고 보게 된다. 이에 대하여 신체를 훼손하는 행위를 상해라고 하면서 생리적 기능의 훼손과는 달리 신체외관의 변경을 초래하는 경우에만 중대성을 요구하는 이유가 명백하지 아니할 뿐만 아니라, 신체 외관의 변경이 중대한지는 폭행죄에 해당하는지의 판단기준이 될 뿐 상해죄와 폭행죄를 구별하는 한계가 되는 것은 아니라고 해야 한다는 비판이 있다.[26]

19 판례는 상해에 대하여 '신체의 건강상태가 불량하게 변경되고 생활기능에 장애가 초래되는 것'이라고 하여 기본적으로 위 ②의 생리적 기능훼손설의 입장에 서 있으면서도, '신체의 완전성을 훼손하거나 생리적 기능에 장애를 초래하는 것'[27] 또는 '신체의 완전성을 해하는 것'[28]이라고도 판시하여 위 ①의 신체완전성설의 입장을 고려하는 관점에서 상해의 의의를 파악하고 있다. 판례는 여기서의 생리적 기능에는 육체적 기능뿐만 아니라 정신적 기능도 포함된다고 한다.[29]

(2) 상해의 정도

(가) 상해 개념의 상대성

20 본죄의 '상해' 개념에 대하여, ① 상해죄(§257①)의 '상해'와 비교하여 그 죄질이나 법정형이 무겁기 때문에 보다 더 엄격하게 해석하거나 또는 그 상처가 상당한 정도에 달할 때에만 상해에 해당한다고 보아야 한다는 견해[30]도 있으나,

---

26 주석형법 〔각칙(3)〕(5판), 305(최환).
27 대판 2017. 6. 29, 2017도3196(수면제와 같은 약물을 투약하여 피해자를 일시적으로 수면 또는 의식불명 상태에 이르게 한 것이 강간치상죄나 강제추행치상죄에서 말하는 상해에 해당한다고 본 사례).
28 대판 1982. 12. 28, 82도2588.
29 대판 2008. 5. 29, 2007도3936; 대판 2011. 12. 8, 2011도7928; 대판 2017. 6. 29, 2017도3196.
30 김성돈, 212; 오영근, 1534; 이재상·장영민·강동범, §11/37.

② 상해죄의 상해와 동일한 정도로 보는 것이 통설[31]이다.

21   판례는 강간치상죄,[32] 강제추행치상죄,[33] 강도상해죄,[34] 상해죄[35]에 있어 '상해'의 의의에 대하여 공통적으로 '신체의 완전성을 훼손하거나 생리적 기능에 장애를 초래하는 것' 또는 '신체의 건강상태가 불량하게 변경되고 생활기능에 장애가 초래되는 것'이라고 판시하여, 형법에 있어 상해의 개념을 통일적으로 해석하고 있다.[36]

(나) 경미한 상해

22   '상해'라는 개념은 규범적인 개념일 뿐 의학적인 개념이 아니므로, 비록 의학적으로 상해가 있는 것으로 판명되었다고 하더라도 이를 모두 형법상의 상해로 인정할 필연적인 이유는 없다.

23   대법원은, "피해자가 입은 상처가 극히 경미하여 굳이 치료할 필요가 없고, 치료를 받지 않더라도 일상생활을 하는 데 아무런 지장이 없으며, 시일이 경과함에 따라 자연적으로 치유될 수 있는 정도라면, 그로 인하여 피해자의 신체의 건강상태가 불량하게 변경되었다거나 생활기능에 장애가 초래된 것으로 보기 어려워 상해에 해당하지 않는다."고 판시하여,[37] '경미한 상처'를 상해의 개념에

---

31 손동권·김재윤, 159; 이형국·김혜경, 219; 임웅, 225; 정성근·박광민, 184; 정영일, 125; 주석형법 [각칙(4)](5판), 269(구회근).

32 대판 1986. 7. 8, 85도2042(피해자의 어깨를 입으로 빨아서 생긴 반상출혈상은 강간치상죄의 상해에 해당하지 않는다고 한 사례); 대판 1994. 11. 4, 94도1311(경부 및 전흉부 피하출혈, 통증으로 약 7일간의 가료를 요하는 상처만으로는 강간치상죄의 상해에 해당하지 않는다고 한 사례); 대판 2003. 9. 26, 2003도4606(피해자에게 발생한 소견서상 요도염의증이 강간치상죄에서 정한 상해에 해당하지 않는다고 판단한 원심판결을 파기한 사례); 대판 2004. 3. 11, 2004도483(피해자의 다리에 푸르거나 붉은 약간의 멍이 든 상처는 강간치상죄의 상해에 해당하지 않는다고 한 사례).

33 대판 2000. 3. 23, 99도3099(음모를 1회용 면도기로 일부 깎은 것은 강제추행치상죄의 상해에 해당하지 않는다고 한 사례); 대판 2002. 3. 15, 2001도7053(피해자가 입은 얼굴찰과상 등의 상해는 강제추행의 수단으로 발생하였거나 강제추행에 수반되는 행위로 발생한 것으로 인정한 사례); 대판 2009. 7. 23, 2009도1934(강제추행 과정에서 입힌 가슴부 찰과상 등이 별도의 치료를 받지 않더라도 일상생활을 하는 데 아무런 지장이 없고 시일이 경과함에 따라 자연적으로 치유되었다면 강제추행치상죄의 상해에 해당하지 않을 여지가 있다는 이유로, 이를 강제추행치상죄의 상해에 해당한다고 본 원심판결을 파기한 사례).

34 대판 2002. 1. 11, 2001도5925; 대판 2003. 7. 11, 2003도2313; 대판 2009. 7. 23, 2009도5022; 대판 2014. 4. 10, 2014도1726.

35 대판 1996. 12. 23, 96도2673; 대판 2000. 2. 25, 99도4305; 대판 2006. 12. 22, 2006도7382.

36 일본 판례도 마찬가지이다[最決 昭和 38(1963). 6. 25. 裁判集(刑事) 147·507].

37 대판 2003. 9. 26, 2003도4606; 대판 2004. 3. 11, 2004도483(피해자의 다리에 푸르거나 붉은 약

서 제외하고 있다(이에 대한 사례는, 후술하는 3. (2) **'상해로 인정되지 아니한 경우'** 참조).

그리고 '피해자의 건강상태가 나쁘게 변경되고 생활기능에 장애가 초래되었 24
는지' 여부에 대하여는, 종합적 고려설에 따라 "이를 객관적·일률적으로 판단할
것이 아니라 피해자의 연령, 성별, 체격 등 신체, 정신상의 구체적 상태 등을 종
합하여 판단하여야 한다."고 판시하고 있다.[38] 나아가 "피해자가 상처를 입은 부
위와 정도를 비롯하여 의사로부터 진단서를 발급받게 된 경위가 피해자가 치료
를 받기 위한 것인지 아니면 경찰의 권유에 의하여 진단서를 발급받을 목적으
로 병원을 찾아가서 받은 것인지, 피해자가 별다른 통증이나 자각증상을 느꼈는
지 여부, 피해자가 실제로 의사로부터 치료를 받은 사실이 있는지 여부 등"도
일응의 판단기준이 될 수 있음을 밝히고 있다.[39] 그러나 판례의 기준은 다소 추
상적이므로 여기에 더하여, 상해의 발견 경위, 일상생활에서 흔히 발행할 수 있
는 상처인지 여부, 일상생활 가부 및 별도의 치료 요부, 피해자가 느끼는 통증
의 정도, 피해자가 의사의 진단을 받게 된 경위, 실제 치료를 받은 내역 또는 제
대로 치료를 받지 못한 경위 등을 함께 고려하여 판단해야 한다.

판례는 강간범행 중에 발생한 '상해'와 관련하여, ① "강간행위에 수반하여 25
생긴 상해가 극히 경미한 것으로서 군이 치료할 필요가 없어서 자연적으로 치
유되며 일상생활을 하는 데 아무런 지장이 없는 경우에는 강간치상죄의 상해에
해당되지 않는다고 할 수 있다. 그러나 그러한 논거는 피해자의 반항을 억압할
만한 폭행 또는 협박이 없어도 일상생활 중 발생할 수 있는 것이거나 합의에 따
른 성교행위에서도 통상 발생할 수 있는 상해와 같은 정도임을 전제로 하는 것
이다. 만약 그러한 정도를 넘는 상해가 그 폭행 또는 협박에 의하여 생긴 경우
라면 상해에 해당된다."고 판시하거나,[40] ② "상해의 흔적이 뚜렷하고 그 통증
과 상처로부터 회복하기 위하여 상당한 기간 계속된 치료행위가 필요한 경우까

간의 멍이 든 상처는 강간치상죄의 상해가 아니라고 사례); 대판 2009. 7. 23, 2009도1934(강제
추행 과정에서 입힌 가슴부 찰과상 등이 강제추행치상죄의 '상해'에 해당한다고 본 원심판결을
파기한 사례); 대판 2017. 4. 7, 2017도1286(강제추행 과정에서 피해자의 목 부위에 다소간 통증
이 있었다고 하더라도 그것이 치료할 필요가 있는 정도였는지에 대하여 더 심리할 필요가 있다
면 파기환송한 사례).
38 대판 2003. 9. 26, 2003도4606; 대판 2005. 5. 26, 2005도1039; 대판 2016. 11. 25, 2016도15018.
39 대판 1986. 7. 8, 85도2042; 대판 1987. 10. 26, 87도1880; 대판 1989. 1. 31, 88도831.
40 대판 2003. 9. 26, 2003도4606; 대판 2005. 5. 26, 2005도1039.

지 함부로 강간치상죄를 구성하지 않는 경미한 상해에 해당한다고 보아서는 안된다."고 판시하여,[41] 다소 넓게 인정될 수 있음을 밝히고 있다. 또한, ③ 준강간행위로 인하여 치료일수 미상의 처녀막 파열상을 입게 하였다는 공소사실에 대하여, 상해의 정도에 있어 치료일수 미상이라고 할지라도 상해죄의 성립을 인정못할바 아니라는 이유로 준강간치상을 유죄로 인정한 사례가 있다.[42]

　　(다) '외상 후 스트레스 장애' 등 생리적 기능 훼손

26　　　　외부적으로 어떤 상처가 발생하지 않았다고 하더라도 생리적 기능(육체적 기능 및 정신적 기능도 포함[43])이 훼손된 경우, 즉 보행불능, 수면장애, 식욕감퇴 등의 기능장애를 일으킨 경우,[44] 기절,[45] '외상 후 스트레스 장애'(PTSD. Post Traumatic Stress Disorder)를 겪는 경우[46]도 상해를 입은 것으로 인정될 수 있다.

27　　　　'외상 후 스트레스 장애'란 사람이 전쟁, 고문, 자연재해, 사고 등의 심각한 사건을 경험한 후 그 사건에서 공포심을 느끼고 사건 후에도 계속적인 재경험을 통해 고통을 느끼며 거기서 벗어나기 위해 에너지를 소비하게 되는 질환으로, 위협적이었던 사고가 반복적으로 떠오르거나 악몽, 외상을 떠올리게 하는 단서에 대한 극심한 반응 등의 침습 증상, 외상이 떠오르게 하는 것을 지속적으로 회피, 주변이나 자신에 대한 지속적인 부정적 인식, 공포, 분노, 죄책감 등의 부정적 감정의 지속, 지속적인 과민상태 등의 증상을 동반한다.[47]

28　　　　외상 후 스트레스 장애는 강간이나 강제추행 등을 당한 모든 피해자가 필연적으로 겪는 증상이라고 할 수는 없으므로, 해당 성폭력범죄의 내용이나 과정, 의사의 진단결과, 피해자의 나이, 피해자가 치료받은 내용이나 그 기간, 피해자가 이전에도 불안장애 등의 치료를 받은 적이 있는지 여부 등을 종합하여 신중하게 판단할 필요가 있다.

---

41 대판 2003. 9. 26, 2003도4606; 대판 2005. 5. 26, 2005도1039; 대판 2012. 4. 13, 2011도17721.
42 대판 1972. 6. 13, 72도855.
43 대판 1999. 1. 26, 98도3732; 대판 2006. 10. 13, 2006도3639; 대판 2011. 12. 8, 2011도7928.
44 대판 1969. 3. 11, 69도161.
45 대판 1996. 12. 10, 96도2529(피고인의 폭행과 협박으로 극도의 공포감을 이기지 못하고 기절하였다가 119 구급차 안에서 겨우 정신을 차린 경우). 일본 판례로는 最決 平成 24(2012). 1. 30. 刑集 66·1·36(장기간의 의식장애).
46 대판 1999. 1. 26, 98도3732; 대판 2006. 10. 13, 2006도3639; 대판 2012. 2. 23, 2011도17465.
47 질병관리청, 국가건강정보포털 참조.

따라서 성폭력범죄의 내용이 경미한 기습추행에 불과한 경우 등의 사정이 29
있다면, 비록 피해자가 외상 후 스트레스 장애를 호소한다고 하더라도 상해로
인정하지 않거나[48] 그 인과관계를 부정할 수도 있을 것이다. 하급심 판결 중에
는 경미한 외상 후 스트레스 장애를 상해로 인정하지 않는 사례도 있다.[49]

다만, 외상 후 스트레스 장애가 있다고 인정된 경우, 피해자가 비교적 예민 30
한 성격을 지니고 있다거나 범행 당시 생리 중이었다는 사정만으로는 강간 등
행위와 피해자의 상해 사이에 상당인과관계가 단절된다고 볼 수 없다.[50]

대법원에서 피해자에게 나타난 '외상 후 스트레스'가 일상적인 스트레스에 31
의한 것이 아니라 강간이나 강제추행 등으로 인하여 발생한 정신적 기능장애에
해당한다고 본 사안으로, ① 피해자(여, 22세)가 미용사로 근무하면서 손님으로
온 피고인으로부터 가슴을 찌르는 등의 강제추행을 당해서 불안·불면·긴장·
악몽·손떨림 등 증세가 나타나 3일 동안 입원치료를 받았고, 그 후 1회 통원치
료를 받았으며, 수면제를 먹어도 잠을 제대로 자지 못하고, 신경안정제를 먹지
않으면 두통이 심하고 불안·불면·긴장·악몽·손떨림 증세가 나타나 약 10일
가량은 카운터에 앉아만 있었을 뿐 미용사로서의 업무를 수행하지 못한 경우,[51]
② 야간에 피해자(여, 65세)의 집에 침입하여 잠을 자고 있는 피해자를 강간하려
고 하는 피고인에 대해 피해자가 격렬하게 저항하여 미수에 그쳤지만, 그로 인
해 피해자가 사건 직후 6회에 걸쳐 정신과 병원에서 진료를 받으면서 항우울제
등의 약물처방을 받았고, 피해자를 진료한 정신과 의사도 "피해자의 증세가 정
신적 충격에 따른 급성 스트레스 장애 및 우울증이고, 일상생활에 지장을 주는
정도의 증상이며, 최소 6개월 이상의 치료기간이 필요하고, 완치 여부도 단정할
수 없다."고 하였으며, 피해자는 "사건 후 우울증이 생겨서 정신과 병원을 다니
면서 약을 먹고 있고, 살던 집도 찾아가지 못하고 잠도 제대로 잘 수 없었다."고

---

48 광주고판 2013. 6. 13, 2013노150(확정).
49 서울고판 2013. 7. 18, 2013노1440(확정)(검사가 제출한 증거만으로는 피해자의 정신적인 고통
   이 일상생활을 하는 데 지장이 없는 정도를 넘는다거나 자연적으로 치유될 수 없는 것이라고 단
   정하기 어렵다는 이유로 상해로 인정하지 않은 사례). 같은 취지로는 광주고판 2013. 6. 13,
   2013노150(확정); 의정부지판 2013. 9. 27, 2013고합138(항소기각으로 확정).
50 대판 2006. 10. 13, 2006도3639.
51 대판 2006. 10. 13, 2006도3639.

호소하고 있는 경우,[52] ③ 피해자가 피고인의 협박으로 옷을 벗은 후 피고인으로부터 음부에 손가락을 집어넣는 등의 강제추행을 당한 후 이로 인해 불안·공포감·우울감·피해 사고·불면·자해에 대한 충동 등의 증상을 호소하면서 10일 정도 입원치료 및 2회 통원치료를 받았고, 피해자의 치료를 담당한 신경정신과 의사도 피해자를 '급성 스트레스 장애'로 진단하면서 증상의 변화에 대한 정신의학적 추적 관찰 및 이에 따른 추적 진료가 필요하다는 소견을 밝힌 경우,[53] 등이 있다.[54]

32   이에 대하여, 아무런 객관적인 기준 없이 피해자의 호소만을 기준으로 '외상 후 스트레스 장애'를 폭넓게 인정할 경우, 사실상 거의 모든 성폭력범죄 등 사건에서 상해나 치상죄가 인정될 가능성도 있고, 그에 따라 처단형도 비정상적으로 높아져서 형사책임주의 원칙에 반하는 결과가 생길 수 있다는 비판도 있다.[55]

(라) 음모(陰毛) 절단 등

33   음모를 가위나 칼 등으로 절단하는 행위 또는 이를 뽑아 버리는 행위가 상해에 해당하는지 여부가 문제된다. 대법원은 생리적 기능훼손설에 따라, "음모는 성적 성숙함을 나타내거나 치부를 가려주는 등의 시각적·감각적인 기능 이외에 특별한 생리적 기능이 없는 것이므로, 피해자의 음모의 모근(毛根) 부분을

---

52 대판 2011. 12. 8, 2011도7928. 피고인의 강간미수로 인하여 피해자가 약 6개월간의 치료가 필요한 급성 스트레스장애 등의 상해를 입었다고 기소된 사안에서, 원심(서울고판 2011. 6. 2, 2011노528)은 "성폭행 범죄의 피해자에게는 통상 정신적 고통으로 인한 스트레스 장애 또는 우울증 등의 증상이 수반되기 마련이므로 정신적 고통으로 인한 상해를 새로운 피해법익으로 보기 위해서는 극심한 충격으로 인하여 통상 수반되는 정도를 넘어선 정신적 상해를 입었음이 인정되어야 할 것인데, 이 사건 범행의 경위와 내용, 피해자의 연령, 특히 정신과적 치료는 그 특성상 경미한 증상이라도 장기간의 치료기간이 필요하고 정상적 생활을 하는 사람도 스트레스성 장애 또는 우울증 증상으로 병원을 찾을 수 있는 점 등의 사정에 비추어 보면, 피해자가 이 사건 범행으로 인하여 통상의 정도를 넘어선 정신적 상해를 입었다고 인정할 수 없다"고 하였으나, 대법원은 "피해자에게 나타난 정신적 장애 증상이 성폭력범죄를 당한 모든 피해자가 필연적으로 겪는 증상으로서 당연히 예견되는 정도의 것이라고 보기도 어렵다."는 이유로 원심판결을 파기환송하였다.

53 대판 2012. 2. 23, 2011도17465.

54 성범죄에서 PTSD가 발현한 사례에 대하여 치상죄의 성립을 인정한 일본 판례로는 東京地八王子支判 平成 19(2007). 4. 20. LEX/DB 28145176; 大阪地判 平成 19(2007). 2. 19 LEX/DB 28135106; 埼玉地判 平成 24(2012). 6. 14. LEX/DB 25482348; 高松高判 平成 29(2017). 10. 26. LEX/DB 25548299. 한편 급성스트레스 반응 및 전치 기간 불명 패닉장애가 발현한 사례에 대하여 강제추행치상죄의 성립을 인정한 판례로는, 広島高岡山支判 平成 25(2013). 2. 27. 高刑速 平成 25(2013)・195.

55 성범죄재판실무편람, 성범죄재판실무편람 집필위원회(2018), 41.

남기고 모간(毛幹) 부분만을 일부 잘라냄으로써 음모의 전체적인 외관에 변형만
생겼다면, 이로 인하여 피해자에게 수치심을 야기하기는 하겠지만, 병리적으로
보아 피해자의 신체의 건강상태가 불량하게 변경되거나 생활기능에 장애가 초
래되었다고 할 수는 없으므로, 그것이 폭행에 해당할 수 있음은 별론으로 하고
강제추행치상죄의 상해에 해당한다고 할 수는 없다."고 판시하여, 음모 절단은
상해가 아니라고 한다.[56] 마찬가지로 피해자의 머리카락이나 겨드랑이의 털을
깎는 것도 상해라고 보기는 힘들 것이다.[57]

    이와는 달리, 음모를 잡아당김으로써 음부 부근에 염증을 발생하게 하거나   34
음모를 모근부터 잡아 뽑는 경우는 상해에 해당한다고 볼 수 있다.[58]

3. 판례상 상해의 인정 여부[59]

(1) 상해로 인정된 경우

    ① 피고인이 피해자에게 13회에 걸쳐 졸피뎀을 몰래 먹여 정신을 잃게 한   35
다음 강간·강제추행한 경우, 수면제와 같은 약물을 투약하여 피해자를 일시적
으로 수면 또는 의식불명 상태에 이르게 한 것이 강간치상죄나 강제추행치상죄
에서 말하는 상해에 해당할 수 있다고 본 사안[60]

    ② 졸피뎀을 1회만 투여하여 잠들게 한 것도 치상으로 인정한 사안[61]   36

---

56 대판 2000. 3. 23, 99도3099. 본 판결 해설은 김희동, "음모의 일부를 절단하여 음모의 전체적인
   외관에 변형이 생긴 경우 강제추행치상죄에 있어서의 상해에 해당하는지 여부", 해설 34, 법원도
   서관(2000), 850-859.

57 서울고판 1998. 7. 1, 98노1042(확정).

58 대전고판 1999. 6. 25, 99노153(상고기각으로 확정).

59 판례상 상해로 인정된 사례와 부정된 사례에 대해서는 주석형법 [각칙(4)](5판), 271-279(구회
   근) 참조.

60 대판 2017. 6. 29, 2017도3196. 피해자가 졸피뎀을 투약한 후 곧바로 정신을 잃고 깊이 잠들었
   다가 약 4시간 뒤에 깨어났는데, 피고인이 피해자에게 투약한 수면제는 성인 권장용량의 1.5배
   내지 2배 정도에 해당하는 양이었던 점, 피해자는 그때마다 잠이 든 이후의 상황에 대해서 제대
   로 기억하지 못하였고, 가끔 정신이 희미하게 든 경우도 있었으나 자신의 의지대로 생각하거나
   행동하지 못한 채 곧바로 기절하다시피 다시 깊은 잠에 빠졌던 점, 피해자가 의식을 회복한 다
   음 그때마다 특별한 치료를 받지는 않았으나, 결국 피고인의 반복된 약물 투약과 그에 따른 강
   간 또는 강제추행 범행으로 외상 후 스트레스 장애까지 입은 것으로 보이는 점을 들어 상해로
   판단하였다.

61 대판 2017. 7. 11, 2015도3939. 신경안정제 성분의 졸피뎀, 트리아졸람이 함유된 수면제 분말을
   인스턴트커피에 섞어 그 사정을 모르는 피해자에게 마시게 하고 수면제 성분으로 정신을 잃고

37　　　③ 강제추행의 피해자가 충격으로 급성 스트레스 반응과 우울장애의 증세를 보여 1개월 이상의 정신과적 치료를 요한다는 진단을 받고 실제로 그 후 정신과적 치료를 받은 경우[62]

38　　　④ 외관상의 상처는 없지만, 보행불능, 수면장애, 식욕감퇴 등의 기능장애가 있는 경우[63]

39　　　⑤ 10일간의 치료를 요하는 전환반응증(히스테리증)[64]

40　　　⑥ 처녀막이 파열된 경우[65]

41　　　⑦ 약 10일간의 치료를 요하는 회음부 찰과상,[66] 약 2주간의 치료를 요하는 외음부 좌상,[67] 5일간의 치료를 요하는 외음부 찰과상, 외음부 습진,[68] 1주일간의 치료를 요하는 외음부 부종상,[69] 8일간의 치료를 요하는 외음부 염증상[70]

쓰러지게 하여 항거불능 상태에 빠뜨린 후 강간하려다 발기가 되지 않아 미수에 그치고, 피해자로 하여금 수면제로 인하여 잠이 들게 하는 등 의식을 잃게 하는 상해를 입게 하였다는 공소사실에 대하여, 졸피뎀과 트리아졸람은 오·남용으로 인체에 위해를 초래할 수 있는 향정신성의약품으로 지정되어 있는 점, 피해자는 수면제 성분으로 깊이 잠들었다가 3시간 후에 깨어 났고, 피해자는 커피를 마신 후 샤워를 하고 피고인과 잠깐 대화를 나눈 것 외에는 자신이 잠들기 전까지 무슨 행동을 하였는지 기억하지 못하고, 피해자가 어머니와 약 30초간 통화한 사실도 기억하지 못한 점 등의 사정을 들어, 피해자는 당시에 약물 투약으로 정보나 경험을 기억하는 신체의 기능에 일시적으로 장애가 생긴 것으로 보이고, 투약으로 피해자의 항거가 불가능하거나 현저히 곤란해진 데에서 나아가 피해자의 건강상태가 나쁘게 변경되고 생활기능에 장애가 초래되는 결과가 발생하여 강간치상죄에서 말하는 상해에 해당하며, 피해자가 의식을 회복한 후에 일상생활에 지장이 없거나 치료를 받지 않았다고 하여 달리 볼 것은 아니라고 판단하였다.

62 대판 2002. 3. 15, 2001도7053.
63 대판 1969. 3. 11, 69도161.
64 대판 1970. 2. 10, 69도2213.
65 대판 1995. 7. 25, 94도1351(처녀막은 부녀자의 신체에 있어서 생리조직의 일부를 구성하는 것으로서, 그것이 파열되면 정도의 차이는 있어도 생활기능에 장애가 오는 것이라고 보아야 할 것이고, 처녀막 파열이 그와 같은 성질의 것인 한 비록 피해자가 성경험을 가진 여자로서 특이체질로 인해 새로 형성된 처녀막이 파열되었다 하더라도 그것이 강간치상죄를 구성하는 상처에 해당되는 것에는 틀림이 없다고 보아야 할 것이라고 판시); 대판 1998. 8. 25, 98도1836; 대판 2006. 5. 25, 2006도1990; 대판 2009. 4. 23, 2009도2001; 대판 2016. 6. 9, 2016도4618, 일본 판례도 같은 취지이다〔最判 昭和 25(1950). 3. 15. 刑集 4·3·355〕
66 대판 1983. 7. 12, 83도1258(0.1cm 찰과상).
67 대판 1999. 4. 9, 99도519.
68 대판 2005. 7. 28, 2005도3071.
69 창원지법 진주지판 2011. 6. 3, 2010고합168(항소기각으로 확정).
70 대판 1996. 11. 22, 96도1395. 「미성년자에 대한 추행행위로 인하여 그 피해자의 외음부 부위에 염증이 발생한 것이라면, 그 증상이 약간의 발적과 경도의 염증이 수반된 정도에 불과하다고 하더라도 그로 인하여 피해자 신체의 건강상태가 불량하게 변경되고 생활기능에 장애가 초래된 것이

⑧ 7세 1월 남짓의 어린이의 질내(膣內)에 손가락을 넣는 등 추행을 하여   42
피해자의 음순 좌우 양측에 2일간의 치료를 요하는 담적색 피하일혈반이 생긴
경우[71]

⑨ 약 1주일간의 치료를 요하는 좌둔부 찰과상[72]   43

⑩ 특별히 병원 등에서 치료를 받은 적은 없으나, 피해자들이 윤간을 당하   44
여 외음부 종창 및 찰과상·외음부 종창 및 출혈상을 입었고, 일부 피해자는 강
간을 모면하기 위하여 반항하던 중 얼굴 등을 맞아 안면부 및 경부 찰과상을 입
은 경우,[73] 피해자의 얼굴을 때리고 발로 몸을 발로 밟아, 피해자의 왼쪽 뺨 부
위에 멍이 들고 코 윗부분 및 오른쪽 눈 아래 부위에 약 1cm 정도씩 긁힌 상처
가 났으며, 왼쪽 귀에 약간의 멍이 들고 아래 입술 왼쪽 안쪽에 약 0.5cm 정도
가 찢어지는 상처가 난 경우[74]

⑪ 치아결손[75]   45

⑫ 여자 화장실에서 피해자가 강간 시도에 저항하다가 바닥에 쓰러졌고,   46
피고인이 피해자의 배 위로 올라가 한 손으로 입을 강하게 틀어막고 다른 한 손
으로 피해자의 속옷을 벗기려고 하였고, 이로 인해 피해자의 윗입술이 부어오르
고 오른쪽 입술 안 부분이 약 1cm 찢어진 상처가 생겼고, 찢어진 부위에서 피
가 나와 턱 아래까지 흘렀으며, 약 2시간 뒤까지도 피가 계속 비친 경우[76]

⑬ 양쪽 손으로 피해자의 팔을 붙잡아 누르고 엄지와 검지 손가락으로 약   47
10초간 피해자의 목을 내리눌러, 경추부 좌상 및 우측주관절부 염좌상을 입게
한 경우[77]

아니라고 볼 수 없으니, 이러한 상해는 미성년자의제강제추행치상죄의 상해의 개념에 해당한다.」
71 대판 1990. 4. 13, 90도154. 원심판결은 담적색 피하일혈반은 타박이나 마찰로 말미암아 음순
   내부에서 피멍이 든 것으로 그 상처 부위에 소변의 독소가 들어가면 염증이 생길 수 있다고 인
   정하였다(대구고판 1989. 12. 27, 89노544).
72 대판 1984. 7. 24, 84도1209.
73 대판 1994. 11. 4, 94도1311.
74 대판 2008. 6. 12, 2008도3115(상처를 입고 병원에 가지는 않았으나 연고를 3, 4일 정도 바르고,
   입술에 난 상처로 2, 3일 정도 밥을 먹기가 불편하였으며, 몸의 통증은 1주일 정도 지속된 사례).
75 대판 1995. 1. 12, 94도2781.
76 서울고판 2007. 7. 27, 2007노950(상고기각으로 확정).
77 대판 1997. 9. 5. 97도1725(피해자가 3일 후 병원에서 목 부위와 우측 팔꿈치의 동통을 호소하
   여 그 부분에 대한 엑스선 촬영을 받았고, 약 2주간의 치료를 요한다는 진단서를 받은 후 약물
   치료를 받은 사례).

48   ⑭ 피해자의 가슴을 만지려다가 피해자의 목을 잡아당기고 오른손을 잡아
비틀고 손목을 수차례 꼬집어 경추부 동통, 우측 손목부위 및 수부 찰과상, 우
측 수관절 찰과상 등의 상해를 입히고, 이로 인해 피해자가 오른쪽 손목의 인대
가 늘어나 입원치료까지 받은 경우[78]

49   ⑮ 피해자의 젖가슴을 꽉 움켜쥐어 젖가슴에 약 10일간의 치료를 요하는
좌상을 입게 하고, 이로 인하여 피해자가 심한 압통과 종창으로 병원에서 주사
를 맞고 3일간 투약을 한 경우[79]

50   ⑯ 약 7일간의 치료를 요하는 우상지찰과상 및 좌상, 두피좌상, 안면부 좌
상을 입었고, 진단서 발급 당시 두통, 우측 주관절부 동통 및 운동장애를 호소
하였으며, 염증에 대한 치료로 보이는 마로비벤 주사까지 맞은 경우[80]

51   ⑰ 범행 당일 우측 두부 타박으로 피하출혈, 부종 및 찰과상, 두정부와 우
측 발목 타박으로 부종과 동통이 있었고, 약 2주일간 치료를 요하는 상해진단서
가 발급된 경우,[81] 반항을 억압하는 과정에서 피해자에게 좌측 골반부 좌상 등
을 입게 하고, 병원에서 '경추부 좌상, 요추부 좌상, 양측 견관절 좌상, 양측 상
완부 좌상, 안면부 좌상, 좌측 골반부 좌상 등'으로 2주간의 치료를 요한다는 상
해진단서를 발급하면서 록소론정 등의 약을 4일분 처방한 경우[82]

52   ⑱ 약 10일간의 치료를 요하는 안면부 좌상, 전흉벽부 찰과상을 입은 경우[83]

53   ⑲ 강간을 당한 당일에는 너무나 충격이 커서 몸이 아픈 것을 전혀 생각하
지 못하였으나 그 다음날 몸이 결리고 아프며 우측 무릎 밑에 상처가 발견되어
약 2주간의 치료를 요하는 우하퇴부 좌상 등의 상해진단서가 발급된 경우[84]

54   ⑳ 성병에 감염된 경우[85]

55   ㉑ 공중화장실 용변 칸에서 강간 시도에 반항하면서 왼쪽 발목을 밟혀 약
2주간의 치료를 요하는 좌족관절부 좌상을 입었고, 그로 인하여 당시 왼쪽 발목

---

78 대판 2007. 1. 11, 2006도7476.
79 대판 2000. 2. 11, 99도4794.
80 대판 2000. 5. 30, 99도2937.
81 대판 2002. 1. 11, 2001도5925.
82 서울고판 2015. 4. 17, 2014노3157(상고기각으로 확정).
83 대판 2002. 6. 11, 2001도4311.
84 대판 2003. 1. 10, 2002도5681.
85 대판 2003. 3. 28, 2002도6250.

이 부어 병원에서 보름 정도 마사지와 찜질치료를 받고 약을 먹기도 한 경우[86]

㉒ 강간행위에 반항하면서 얼굴과 머리 등을 맞았고, 그로 인하여 약 2주 **56** 간의 치료를 요하는 두부 좌상, 양측 수관절 염좌, 우측 대퇴부좌상을 입었으며, 진단서에도 "두부에 좌상에 의한 부종이 있고, 양측 손목에 염좌에 의한 압통이 있으며, 우측대퇴부에 좌상에 의한 압통이 있다."고 기재되어 있는 경우[87]

㉓ 강간을 당한 후 병원을 방문하여 팔꿈치 부위에 대한 X-Ray 촬영과 무 **57** 릎부분의 치료를 받았고, 병원에서 발부한 상해진단서에는 상해부위가 '우측 슬 관절 부위 찰과상 및 타박상, 우측 주관절 부위 찰과상'이고, 예상치료기간은 수 상일로부터 2주이며, 입원 및 향후 치료(정신과적 치료 포함)가 필요할 수도 있다 고 기재되어 있으며, 피해자는 만 14세의 중학교 3학년 여학생으로 154cm의 신 장에 40kg의 체구인데, 40대의 건강한 군인인 피고인과 소형 승용차의 좁은 공 간에서 밖으로 빠져나오려고 실랑이를 하고 위 차량을 벗어난 후에는 다시 타 지 않으려고 격렬한 몸싸움을 하는 과정에서 적지 않은 물리적 충돌로 인하여 상해를 입게 된 것으로 보이는 경우[88]

㉔ 피해자가 당시 65세의 여성으로서 야간에 집에 침입하여 잠을 자고 있 **58** 던 자신을 강간하려는 피고인에게 격렬히 저항하는 과정에서 적지 않은 물리적 충돌로 인하여 안면과 흉부 등에 타박상 등의 상처를 입었고, 사건 당일 병원을 방문하여 방사선 촬영 및 약물 주사 등의 진료를 받았으며, 당시 피해자를 진료 한 의사는 피해자가 골절은 없었지만 왼쪽 가슴 등에 통증을 크게 호소하였고 얼굴에 발적(發赤)이 있었다고 진술하였고, 상해진단서에 상해부위는 '흉추부 염 좌, 흉부 타박상, 안면부 타박상, 좌측 상완부 타박상'이고, 예상치료기간은 3주 라고 기재되어 있는 경우[89]

---

86 대판 2003. 5. 30, 2003도1256.
87 대전고판 2003. 12. 30, 2003노557(확정).
88 대판 2005. 5. 26, 2005도1039. 진단서를 발부한 의사는 "상처 자체는 치유되는 데 있어 큰 문제 가 되지 않을 것으로 사료된다."고 진술하고 있고, 피해자의 아버지는 "무릎 상처는 크지 않고 조금 까진 정도이다. 병원에는 범행 당일 오후에 한 번 갔고, 그 이후로는 병원에 가지 않고 집 에서 머큐롬을 바르는 정도이다. 생활에 전혀 지장은 없다."고 진술하였고, 피해자도 "공군 중위 아저씨의 사무실에 가서야 무릎이 까진 것을 알았다."고 진술하였음에도 불구하고 상해를 인정 하였다.
89 대판 2011. 12. 8, 2011도7928.

59   ㉕ 피해자가 강간 범행으로부터 벗어나기 위하여 차량 문을 열고 도망가다
가 그 문에 오른쪽 무릎 부위를 부딪쳤고, 그로 인해 피부의 연부조직이나 근육
등이 손상된 결과인 부종과 함께 상당한 크기의 다발성 피하점상출혈 및 피하
반상출혈이 발생하였으며, 피해자를 진찰한 의사도 그 상처가 심하다면서 뼈의
손상 여부를 확인하기 위하여 엑스선 촬영을 하도록 하면서 진찰소견으로 '피해
자가 입은 손상과 통증은 일상생활에 불편을 초래할 정도'라고 밝혔고, 피해자
도 "오른쪽 무릎 부위에 옷이 스치면 따가울 정도의 통증을 느꼈으며, 그 통증
은 오래가지 않았지만 피하출혈의 상처는 3주 정도 남아 있어서 그 기간 동안
계속하여 소염제를 바르고서야 회복되었다."고 하고 있는 경우90

(2) 상해로 인정되지 아니한 경우

(가) 원치 않는 임신

60   강간으로 인하여 피해자가 원치 않는 임신을 한 경우, 판례는 본죄에서의
상해에 해당하지 않는다고 한다.

61   사실혼 관계인 처가 부재중인 틈에 딸(11세)을 수차례에 걸쳐 강간하여 임
신케 하였다며 성폭력처벌법위반(강간치상)죄로 기소된 사안에서, 대법원은 강
간에 의한 임신을 양형기준상 특별가중요소로 반영하는데 이는 임신이 상해에
해당하지 않음을 전제하고 있고, 원하지 않는 임신이라도 여성의 생리적 기능이
정상적으로 발현된 것으로 건강상태의 불량한 변경이나 생리기능상의 장애가
초래되었다고 볼 수 없어 상해에 해당하지 않으며, 태아는 피해여성과 별개의
독립된 생명체이며 원하지 않는 임신의 의미도 모호할 뿐만 아니라 이를 상해
로 본다면 합의된 성관계에 따른 원하지 않은 임신도 상해 내지 과실치상죄로
처벌될 수 있는 점 등을 이유로, 임신은 상해에 해당하지 않으므로 강간치상죄
가 성립하지 않는다고 판단한 원심판결(제1심 판결도 마찬가지)을 수긍하면서, 입
법으로 강간의 범죄에 의하여 여성 피해자가 임신을 하게 된 경우 이를 가중처
벌하는 규정을 마련하는 것은 바람직하다고 판시하였다.91 이러한 판례의 입장
에 대해서는, 임신이 성폭력 피해여성에게 최악의 피해인 점, 임신에서 발생하
는 생리적 변화를 상해로 포착할 여지가 있는 점 등을 들어 부정적으로 보는 견

---

90 대판 2012. 4. 13, 2011도17721.
91 대판 2019. 4. 17, 2018도17410. 같은 취지로는 대판 2019. 5. 10, 2019도83, 2019전도4.

해도 있다.[92]

(나) 경미한 상해

앞서 살펴본 대로 판례는 경미한 상해는 본죄에서의 상해로 인정하지 않고 있다. 이에 해당하는 사례를 보면, 아래와 같다.

62

① 강간행위 시에 일시적으로 음부에 심한 통증을 느끼게 하였다는 사실만으로는 신체의 완전성을 해하였다고 할 수 없다고 본 경우[93]

63

② 강간 도중 흥분하여 피해자의 어깨를 입으로 빨아서 생긴 동전 크기 정도의 반상출혈상을 입힌 경우[94]

64

③ 피해자를 강간하려다가 미수에 그치고 그 과정에서 피해자의 손바닥에 약 2센티미터 정도 긁힌 가벼운 상처가 발생한 경우[95]

65

④ 피해자는 이미 성행위의 경험이 있는 사람으로서 약 3-4일간의 치료를 요하는 외음부 충혈과 양상박부 근육통의 피해를 입은 경우[96]

66

⑤ 피해자가 좌전경부 흡입상을 입은 경우[97]

67

⑥ 경부 및 전흉부 피하출혈, 통증으로 약 7일간의 치료를 요하는 상처가 발생한 경우[98]

68

92 권창국, "강간에 의한 피해여성의 임신(rape related pregnancy)을 상해로 볼 수 있는가?: 대법원 2019. 4. 17. 선고 2018도17410 판결 및 대법원 2019. 5. 10. 선고 2019도834 판결을 중심으로", 형사정책연구 31-1, 한국형사정책연구원(2020. 봄) 참조.

93 대판 1980. 10. 27, 80도1225. 피고인이 피해자를 강간한 사실은 인정되나, 피해자의 처녀막은 피고인이 강간하기 약 4시간 30분 전에 있은 원심 공동피고인의 강간행위로 인하여 이미 파열된 것으로서 그 후 피고인의 강간행위에 의하여 그 파열상이 더 심화되었다고 인정할 증거가 없다고 본 원심판결을 수긍하였다.

94 대판 1986. 7. 8, 85도2042(피해자는 별다른 통증이나 자각증상을 느끼지 못하여 그 상처를 알아차릴 수도 없었는데, 의사가 진찰을 하던 과정에서 우연히 반상출혈상을 발견한 사례).

95 대판 1987. 10. 26, 87도1880(피해자가 상처를 입은 직후에는 그 상처에 약간 피가 비치고 쓰라림이 있었으나, 그날 오후 병원에 갈 때는 피도 비치지 않았고 통증도 없었으며, 피해자가 병원에 가게 된 것은 상처 치료를 받으러 자진하여 간 것이 아니라 경찰관이 증거 수집을 위하여 진단서가 필요하다고 강조하여 부득이 가게 된 사례).

96 대판 1989. 1. 31, 88도831.

97 대판 1991. 11. 8, 91도2188(피해자가 입은 좌전경부 흡입상은 인체의 생활기능에 장애를 주고 건강상태를 불량하게 변경하였다고도 보기 어렵다고 한 사례).

98 대판 1994. 11. 4, 94도1311(범행 당일 피해자는 경찰관에게 상처가 없고 피고인의 처벌을 원하지 않는다고 하였으나, 경찰관의 권유에 따라 정확한 진단을 받기 위하여 경찰관과 함께 병원으로 갔고, 다만 피해자가 한사코 진료를 거부하는 바람에 그냥 파출소로 돌아왔는데, 피해자가 그 다음 날 피고인을 고소하기 위해 상해진단서를 발급받은 사례). 본 판결 평석은 김상희, "강

69 　　⑦ 좌측팔 부분에 약 1주간의 치료를 요하는 동전 크기의 멍이 생긴 경우[99]

70 　　⑧ 피해자의 음부에 성기를 억지로 삽입하는 과정에서 피해자의 외음부에 경미한 찰과상이 발생하였으나, 병원에서 치료를 받거나 약을 바른 사실이 없는 경우[100]

71 　　⑨ 피해자를 강제로 간음한 때를 전후하여 서로 실랑이가 있었고, 그 과정에서 피해자가 손목 부위에 약 2주간의 치료를 요하는 좌우전박부 좌상을 입었으나, 약간의 멍에 불과하여 피해자가 특별히 통증을 호소하거나 치료를 받은 사실이 없는 경우[101]

72 　　⑩ 폭행을 당하여 얼굴과 팔다리에 멍이 생겼으나, 피해를 당한 후에도 계속하여 직장에 나가 정상적으로 근무하였고, 병원에서 치료를 받거나 진단서를 발급받은 사실도 없는 경우[102]

73 　　⑪ 피해자의 허벅지 안쪽과 다리 부위에 푸르거나 붉은 약간의 멍이 들었지만, 피해자가 따로 치료를 받지 않았고, 일상생활을 하는 데 아무런 지장이 없었으며, 자연적으로 치유된 경우[103]

74 　　⑫ 성관계 과정에서 오른쪽 팔뚝 부분에 직경 2cm 크기의 멍이 생겼고, 상해진단서에도 '약 2주간의 치료를 요하는 우측 전박부 타박상'이라고 되어 있지만, 피해자가 위 상처에 대해 따로 치료를 받지도 않았고, 치료를 받지 않더라도 일상생활을 하는 데 지장이 없으며, 시일이 경과함에 따라 자연적으로 치유된 경우[104]

75 　　⑬ 피고인이 피해자의 가슴과 허벅지를 만지는 과정에서 가슴부 좌상·찰과상·열상이 발생한 것인데, 피해자는 가슴부 좌상 등에 대하여 별도로 치료받은 바 없고, 일상생활에도 지장이 없어서 시일이 경과함에 따라 자연적으로 치

　　간치상죄에 있어서의 상해의 인정범위", 형사판례연구 〔4〕, 한국형사판례연구회, 박영사(1996), 213-224; 오영근, "강간치상죄에서 상해의 개념", 형사판례연구 〔3〕, 한국형사판례연구회, 박영사(1995), 144-156.
  99 대판 1996. 12. 23, 96도2673.
100 광주고판 2003. 2. 6, 2002노797(상고기각으로 확정).
101 대전고판 2003. 4. 25, 2003노70(확정).
102 대판 2003. 7. 11, 2003도2313.
103 대판 2004. 3. 11, 2004도483.
104 대판 2007. 2. 22, 2006도8035.

유된 경우105

⑭ 강간미수 범행으로 인해 약 1주간의 치료를 요하는 회음부 찰과상이 발　76
생하였으나, 위 상처는 피고인이 피해자의 속옷을 벗기는 과정에서 발생한 약간
의 긁힌 상처로서 피해자가 일상생활을 하는 데 어떠한 지장이 없었고, 사건 발
생 이틀 후 산부인과에 내원하여 회음부를 소독하고 바르는 약을 처방받았으나
그 외에는 별다른 치료 없이 자연적으로 치유된 경우106

⑮ 강간으로 인한 특별한 신체손상은 없고, 다만 피해자(여, 27세)의 회음부　77
에 0.5cm 크기의 표재성(表在性) 열상이 발생하였으나, 위 상해는 얕은 표재성
열상으로서 깊이 찢겨진 상태가 아니고, 크기도 0.5cm에 불과하여 매우 경미하
며, 이러한 상해는 자연스러운 성교나 운동 과정에서도 발생할 수 있고, 자연적
으로 치유될 수 있으며, 실제로 피해자는 진단 당시 보존적으로 항생제 처방을
받아 복용한 것 외에는 치료를 받은 적이 없으며, 진단 후 약 9일이 지나서 완
치된 경우107

(다) 상해진단서의 신빙성을 부인한 경우

피고인이 식당에서 피해자(여, 52세)를 포함한 일행들과 함께 술을 마시다가,　78
마주 보고 앉은 피해자의 옆으로 다가가 양손으로 피해자의 얼굴을 잡아 피고
인의 얼굴 쪽으로 당기면서 피해자의 입에 입을 맞추려고 하고, 이에 피해자가
고개를 돌려 피하자 계속하여 손으로 피해자의 얼굴을 잡아 피고인의 얼굴 쪽
으로 당기면서, 손으로 얼굴을 가리고 있는 피해자의 손등에 입을 맞추어 피해
자를 강제로 추행하고, 그로 인하여 요치 3주의 목의 염좌를 입게 하였다는 공
소사실에 대하여, 범행 5일 후 제출한 고소장이나 같은 날 작성된 진술조서에는
'심장과 어깨가 아프다'는 취지의 진술만 되어 있어 상해에 해당할 정도의 건강
상태나 생활기능에 장애가 있었다고 단정하기 어렵고, 상해진단서가 범행 후 2주
가 경과된 시점에서 발행되었는데 치료기간이 다시 그때부터 3주간으로 되어
있어 사고 직후 막연한 상해 관련 진술만 있었던 것과 배치되는 점, 피해자는
이 사건 범행 이후 정신과 진료도 받았으나, 이는 강제추행행위에서 직접 비롯

---

105 대판 2009. 7. 23. 2009도1934.
106 의정부지판 2013. 9. 27, 2013고합138(항소기각으로 확정).
107 서울고판 2016. 5. 13, 2015노3404(상고기각으로 확정).

된 것이라기보다 이 사건 범행 이후의 상황, 즉 피고인의 범행 부인, A 등 목격
자들의 진술 태도, A에 대한 배신감 등에 기인한 것으로 볼 여지가 있는 점 등
에 비추어, 피해자가 피고인의 행위에 의하여 목의 염좌라는 상해를 입었는지,
피해자의 목 부위에 다소간 통증이 있었다고 하더라도 그것이 치료할 필요가
있는 정도였는지, 피해자의 위 진술과 진단서의 기재로 이 사건 공소사실 중 상
해의 점에 관하여 합리적 의심의 여지가 없을 정도로 증명이 되었다고 볼 수 있
는지 등에 대해서는 더욱 면밀히 심리할 필요가 있다며, 본죄에서의 상해를 인
정한 원심판결을 파기환송하였다.[108]

(3) 검토

79   판례는 본죄에서의 상해에 대하여, 피해자의 건강상태가 불량하게 변경되고
생리적 기능이나 생활기능에 장애가 초래되는 것을 말하는 것으로 육체적 기능
뿐만 아니라 정신적 기능에 장애가 생기는 경우도 포함되는데, 이는 객관적, 일
률적으로 판단할 것이 아니라 피해자의 연령, 성별, 체격 등 신체·정신상의 구체
적 상태를 기준으로 판단하여야 한다며 추상적인 기준만을 제시하고 있다.[109]

80   특히 본죄의 경우, 그 법정형이 무겁기 때문에 상해에 해당하는지 여부는
보다 신중하게 판단할 필요가 있다. 위 판례의 사례들을 종합해 보면, 위에서
언급한 기준들 외에, 상처의 부위와 정도, 일상생활 중 발생할 수 있는 것이거
나 합의에 따른 성교행위에서도 통상 발생할 수 있는 상처인지 여부, 별도의 치
료를 받았는지 여부, 상처의 발견 경위나 의사의 진단을 받게 된 경위 등을 함
께 고려하여 상해 여부를 판단하고 있는 것으로 보인다.[110]

---

108 대판 2017. 4. 7, 2017도1286.
109 대판 2003. 9. 26, 2003도4606; 대판 2011. 12. 8, 2011도7928; 대판 2017. 7. 11, 2015도3939.
110 주석형법 [각칙(4)](5판), 279-280(구회근)은 판례에 비추어 상해의 인정에 영향을 미치는 요소
   로서, "① 상처의 부위 및 정도(상처 부위가 처녀막, 외음부 등 음부인 경우에는 손, 목, 가슴,
   둔부 등의 경우에 비해 좀 더 넓게 상해로 인정하는 경향이 있다), ② 피해자가 피해를 당한 후
   곧바로 상처를 자각하고 의사에게 호소하였는지 여부 또는 병원에 가게 된 경위가 스스로 상처
   를 치료받기 위하여 간 것인지 아니면 경찰관의 요청에 따라 진단서를 발급받기 위하여 간 것인
   지 여부, ③ 실제로 치료를 받거나 투약을 한 사실이 있는지 여부, ④ 상처가 일상생활에서 흔
   히 발생할 수 있는 것인지 여부 및 별다른 치료 없이도 단기간 내에 자연치유가 되는 것인지 여
   부, ⑤ 기타 피해자의 나이, 상해진단서에 기재된 내용" 등을 들 수 있다고 한다.

Ⅳ. 인과관계 및 예견가능성

1. 의 의

본죄 중 ① 강간등상해죄는 고의범으로서 기본범죄와 상해의 결과 사이에 81
인과관계(또는 인과관계 및 객관적 귀속)이 있어야 하고[111][이에 대한 상세는 **주해 Ⅰ
(총칙 1) §17(인과관계)** 참조], ② 강간등치상죄는 진정결과적 가중범으로서 고의
의 기본범죄와 중한 결과인 상해와의 사이에 인과관계가 있어야 한다[이에 대한
상세는 **주해 Ⅰ(총칙 1) §15(사실의 착오)②** 참조]. 어느 경우에나 기본범죄와 상해의
결과 사이에 인과관계가 있어야 한다. 한편 강간등치상죄가 성립하려면, 위 인
과관계 외에 중한 결과인 상해의 발생에 대하여 과실, 즉 예견가능성이 있어야
하는데, 예견가능성은 강간등치상죄의 주관적 구성요건에 해당되어 인과관계와
는 개념상 구별됨에도 불구하고, 판례에서 이를 명확하게 구분하지 않고 함께
판단하는 경우가 많아 여기서도 함께 살펴보기로 한다.

판례에 의하면, 기본범죄와 상해의 결과 사이에는 상당인과관계가 있어야 82
하는데,[112] 앞서 살펴본 대로 기본범죄의 행위로부터 직접 상해의 결과가 발생
하지 않더라도 행위의 기회에 또는 이와 밀접하게수반되어 발생한 경우에도 인
과관계를 인정할 수 있다.[113] 그리고 예견가능성의 유무는 폭행·협박의 정도와
피해자의 대응상태 등 구체적 상황을 살펴서 엄격하게 가려야 하며, 만연히 예
견가능성의 범위를 확대해석함으로써 제15조 제2항이 결과적 가중범에 책임주
의의 원칙을 조화시킨 취지를 몰각하여 과실책임의 한계를 벗어나 형사처벌을
확대하는 일은 피하여야 한다.[114]

---

111 대판 2017. 10. 12, 2016도16948, 2016전도156. 「강간죄에서의 폭행·협박과 간음 사이에는 인
    과관계가 있어야 하나, 폭행·협박이 반드시 간음행위보다 선행되어야 하는 것은 아니다.」
        본 판결 평석은 이원상, "강간죄 적용범위에 대한 문제점 고찰", 형사판례연구 [26], 한국형사
    판례연구회, 박영사(2018), 103-130.
112 대판 1978. 7. 11, 78도1331(강간치상); 대판 2009. 4. 23, 2009도2001(준강간치상).
113 대판 2003. 5. 30, 2003도1256.
114 대판 1990. 9. 25, 90도1596(폭행치사). 본 판결 평석은 조상제, "결과적 가중범의 제한해석", 형
    사판례연구 [3], 한국형사판례연구회, 박영사(1996), 40-66.

2. 판례상 인정 사례

83   판례가 강간 등 기본범죄와 상해 사이의 인과관계 및 그 예견가능성을 긍정한 사례를 보면, 아래와 같다.

84   ① 피고인이 피해자(여, 17세)를 간음하려고 피임약을 강제로 먹인 다음 옥상으로 끌고 가서 협박하고 이에 겁을 먹은 피해자가 그 옥상 끝까지 도망가다가 강간을 모면하려고 다급해진 나머지 그 옥상에서 뛰어내림으로써 상해를 입은 경우,[115] 상당인과관계가 있다.[116]

85   ② 피고인의 생식기가 피해자의 성기에 삽입되지 아니하였다 하여도 피해자를 협박하여 억지로 성교하려 하고 그로 인하여 피해자에게 요치 1주일간의 좌둔부 찰과상을 입게 한 경우, 인과관계가 인정된다.[117]

86   ③ 피해자의 집에 침입하여 잠을 자고 있는 피해자를 강제로 간음할 목적으로 피해자를 향해 손을 뻗는 순간 놀라 소리치는 피해자의 입을 왼손으로 막고 오른손으로 음부 부위를 더듬던 중, 피해자가 피고인의 손가락을 깨물며 반항하자 물린 손가락을 비틀며 잡아 뽑아 피해자로 하여금 우측하악측절치 치아 결손의 상해를 입게 하였다면, 인과관계와 예견가능성이 있다.[118]

87   ④ 피고인의 강간행위로 인하여 피해자가 처녀막 파열상을 입은 경우, 상당인과관계가 인정된다.[119]

3. 판례상 부정 사례

88   판례가 인과관계 및 그 예견가능성을 부정한 사례를 보면, 아래와 같다.

89   ① 피고인이 피해자와 함께 나이트클럽 등에서 술을 마신 다음 술에 취한

---

115 대판 1978. 7. 11, 78도1331(강간치상). 「폭행이나 협박을 가하여 간음을 하려는 행위와 이에 극도의 흥분을 느끼고 공포심에 사로잡혀 이를 피하려다 사상에 이르게 된 사실과는 이른바 상당인과관계가 있어 강간치사상죄로 다스릴 수 있는 것이라고 할 것이다.」
116 일본 판례도 피해자가 도주하려고 무리한 도주수단을 택하거나 그 과정에서 상해를 입은 경우에 인과관계를 인정하고 있다. 예컨대 피해 여성이 공범자 중 한 명에 의해 강간을 당한 후 다시 피고인들에게 강간을 당할 위험을 느끼고 거짓말을 하여 그 자리를 벗어나 어두운 밤에 멀리 떨어진 시골길 수백 미터를 도주하여 구조를 요청할 때에 넘어지는 등으로 인해 상해를 입은 사안에 대하여, 강간치상죄의 성립을 인정하였다[最決 昭和 46(1971). 9. 22. 刑集 25·6·769].
117 대판 1984. 7. 24, 84도1209(강간치상).
118 대판 1995. 1. 12, 94도2781(강간치상).
119 대판 2009. 4. 23, 2009도2001.

피해자를 여관으로 데려가 제대로 반항하지 못하는 피해자를 1회 간음하고 약 1시간 30분 후에 다시 간음하려고 하자, 피해자가 이를 모면하기 위하여 피고인에게 마실 물을 떠달라고 하여 피고인이 잠시 물을 뜨러 방 밖으로 나간 사이 피해자가 방문을 안에서 잠그고 구내전화를 통하여 여관종업원에게 구조요청까지 하였는데, 그 후 피해자가 피고인의 방문 흔드는 소리에 겁을 먹고 강간을 모면하기 위하여 3층에서 창문을 넘어 여관 벽에 있는 텔레비전 안테나선을 잡고 1층으로 내려가다 줄을 놓쳐 완전 사지마비의 상해를 입은 경우, 예견가능성이 없다.[120]

② 피고인이 카바레에서 만나 함께 춤을 추면서 알게 된 피해자(여, 37세)를 피고인 일행 2명과 같이 화투를 치자고 하면서 여관으로 데리고 간 다음 방문을 걸어 잠그고 양손으로 피해자의 유방을 만지며 피해자를 소파에 밀어 넘어뜨려 강간하려 하였고, 이에 피해자가 반항하자 "너 나가면 죽이겠다."는 등으로 협박하면서 계속 강간하려 하였으나 피해자의 반항으로 그 뜻을 이루지 못하고, 이어 피고인이 소변을 보기 위하여 위 여관방의 화장실에 가면서 피해자가 도망을 가지 못하도록 피해자의 핸드백을 목에 걸고 감으로 인하여, 피해자가 그곳에 계속 있으면 피고인으로부터 강간당할 것이라는 위협을 느끼고 위 4층 여관방의 유리창을 통하여 창문 밖으로 뛰어내려 약 24주간의 치료를 요하는 상해를 입은 경우, 예견가능성이 없다.[121]

---

120 대판 1985. 10. 8, 85도1537(강간치상). 본 판결 평석은 이경재, "상당인과관계설의 상당성 판단 기준을 위한 상당성의 구체화 작업 시도: 피해자의 도피행위를 중심으로", 형사판례연구 [21], 한국형사판례연구회, 박영사(2013), 1-26.
121 대판 1993. 4. 27, 92도3229(강간치상). 「피해자가 피고인과 만나 함께 놀다가 큰 저항 없이 여관방에 함께 들어갔으며, 피고인이 강간을 시도하면서 한 폭행 또는 협박의 정도가 강간의 수단으로는 비교적 경미하였고, 피해자가 여관방 창문을 통하여 아래로 뛰어내릴 당시에는 피고인이 소변을 보기 위하여 화장실에 가 있는 때이어서 피해자가 일단 급박한 위해상태에서 벗어나 있었을 뿐 아니라, 무엇보다도 4층에 위치한 위 방에서 밖으로 뛰어내리는 경우에는 크게 다치거나 심지어는 생명을 잃을 수도 있는 것인 점을 아울러 본다면, 이러한 상황 아래에서 피해자가 강간을 모면하기 위하여 4층에서 창문을 넘어 뛰어내리거나 또는 이로 인하여 상해를 입기까지 되리라고는 예견할 수 없다고 봄이 경험칙에 부합한다」

V. 주관적 요건

1. 고 의

91   본죄 중 강간등상해죄는 강간죄 등 기본범죄와 상해죄가 결합된 고의범이
므로, 기본범죄의 범행과 상해의 점에 대한 고의가 요구된다. 고의는 미필적 고
의로도 충분하다. 반면에, 강간등치상죄는 진정결과적 가중범이므로 기본범죄에
대한 고의는 필요하지만, 상해의 점에 대한 고의는 요하지 않는다.

2. 과 실

92   강간등치상죄는 결과적 가중범이므로 중한 결과의 발생에 대하여 과실을
요한다(§15②). 결과적 가중범에서는 중한 결과는 기본범죄에 내포된 전형적인
위험이 실현된 것이므로 기본범죄를 범하였다는 점에서 이미 과실의 다른 요건
은 충족되었다고 할 것이며, 과실의 판단은 오로지 예견가능성에 의하여 좌우된
다.[122] 중한 결과에 대한 과실은 기본범죄, 즉 기본적 구성요건의 실행 시에 존
재하여야 한다.

VI. 위법성 및 공동정범

1. 위법성

93   본죄에 대해서도 위법성조각사유가 적용됨은 물론이다. 판례 중에는 긴급
피난(§22①)과 관련하여, 피해자가 강간행위에 반항하면서 입을 막고 있던 피고
인의 손가락을 깨물자 피고인이 물린 손가락을 비틀며 잡아 뽑다가 피해자에게
치아결손의 상해를 입힌 행위는 자초위난이므로 긴급피난에 해당한다고 볼 수
없다고 한 것이 있다.[123]

---

122 이재상·장영민·강동범, 형법총론(11판), §15/12.
123 대판 1995. 1. 12, 94도2781.

2. 공동정범

(1) 강간등상해죄는 고의범이므로 처음부터 강간등상해죄를 공동으로 범하 　**94**
기로 공모하고 공동 실행하였다면 강간등상해죄의 공동정범(§30)이 성립한다. 만
일 2인 이상이 합동하여, 즉 시간적·장소적 협력관계에서 공동 실행하였다면,
강간등상해죄가 아니라 성폭력처벌법상의 강간등상해죄(성폭처벌 §8①, §4)가 성
립한다.

(2) 강간죄 등만을 공모하였는데, 그중 1인(또는 수인)이 실행행위를 하는 도 　**95**
중에 상해의 고의를 가지고 상해의 결과를 발생시킨 경우, 그 공범자에 대해서
는 강간등상해죄가 성립하겠지만, 상해의 고의가 없는 다른 공범자는 어떤 책임
을 지는지 문제된다. 통설[124]과 판례[125]는 다른 공범자도 상해의 결과에 대한
예견가능성이 인정되면, 강간등상해죄가 아니라 강간등치상죄의 공동정범이 성
립한다고 한다. 통설과 판례는 결과적 가중범의 공동정범을 인정하기 때문이다.

강간죄 등만을 공모하였는데, 그중 1인(또는 수인)이 실행행위 도중에 중한 　**96**
결과를 발생시킨 경우에도, 중한 결과에 대한 예견가능성이 있는 공범자는 모두
강간등치상죄의 책임을 질 것이다.[126] 만일 2인 이상이 합동하여 강간죄 등을
범하여 사람을 상해에 이르게 한 경우에는, 예견가능성이 인정되면 성폭력처벌
법상의 강간등치상죄(성폭처벌 §8①, §4)가 성립한다.

(3) 강간죄 등을 공모한 후 그 공범자 중 일부가 강간죄 등의 실행에 착수 　**97**
하기 전, 즉 폭행·협박을 가하기 전에 공범관계에서 이탈한 경우에는, 다른 공
범자의 행위에 대하여 공동정범으로서 책임을 지지 않는다.[127]

---

124 김성돈, 215; 손동권·김재윤, 163; 주석형법 〔각칙(4)〕(5판), 285(구회근).
125 대판 1991. 11. 12, 91도2156(강도살인). 「강도의 공범자 중 1인이 강도의 기회에 피해자에게
　　폭행 또는 상해를 가하여 살해한 경우, 다른 공모자가 살인의 공모를 하지 아니하였다고 하여도
　　그 살인행위나 치사의 결과를 예견할 수 없었던 경우가 아니면 강도치사죄의 죄책을 면할 수 없
　　다고 할 것이다.」
126 대판 1984. 2. 14, 83도3120(강간치상). 「공동정범의 경우에 공범자 전원이 일정한 일시, 장소에
　　집합하여 모의하지 아니하고 공범자중의 수인을 통하여 범의의 연락이 있고 그 범의내용에 대하
　　여 포괄적 또는 개별적인 의사연락이나 그 인식이 있었다면 그들 전원이 공모관계에 있다 할 것
　　이고, 이와 같이 공모한 후 공범자 중의 1인이 설사 범죄실행에 직접 가담하지 아니하였다 하더
　　라도 다른 공모자가 분담실행한 공모자가 실행한 행위에 대하여 공동정범의 책임이 있다 할 것
　　이며, 공범자 중 수인이 강간의 기회에 상해의 결과를 야기하였다면 다른 공범자가 그 결과의
　　인식이 없었더라도 강간치상죄의 책임이 없다고 할 수 없는 것이다.」
127 대판 1995. 7. 11, 95도955(강도상해); 대판 2003. 3. 28, 2002도7477(강간상해). 위 2002도7477

VII. 다른 죄와의 관계

1. 강간살인·치사죄와의 관계

98   강간으로 피해자에게 상해를 입힌 다음 현장에서 뒤늦게 살해의 의사로 피해자를 살해한 경우, ① 강간치상죄와 살인죄(§250①)의 실체적 경합이라는 견해,[128] ② 강간살인죄(§301의2)만이 성립한다는 견해[129]도 있으나, ③ 강간치상죄와 강간살인죄가 성립하고 두 죄는 상상적 경합관계[130]라고 할 것이다.

99   1995년 12월 29일 형법 개정으로 강간등살인죄(§301의2)가 신설되기 전의 판례 중에는, 피고인이 피해자를 2회 강간하여 2주간 치료를 요하는 질입구 파열창을 입힌 다음 피해자에게 용서를 구하였으나 피해자가 이에 불응하면서 강간사실을 부모에게 알리겠다고 하자 피해자를 살해하여 범행을 은폐시키기로 마음먹고 철사줄과 양손으로 피해자의 목을 졸라 질식으로 사망케 한 사안에서, 강간치상죄와 살인죄의 실체적 경합범이 된다고 판시한 것이 있다.[131]

100   한편, 강간을 하여 의식불명의 상태에 빠진 피해자를 그대로 방치하여 사망에 이르게 한 때에는 강간치사죄(§302)만이 성립한다.[132]

2. 강도강간죄와의 관계

101   강도가 동일한 기회에 피해자를 강간하고 강간행위로 인하여 상해를 입게 한 경우에는 강도강간죄(§339)와 강간치상죄가 성립하고, 두 죄는 상상적 경합범관계이다.[133] 그러나 위 상해가 강도행위로 인하여 발생한 것으로 인정되는

판결 평석은 하태훈, "기능적 범행지배의 의미", 형사판례연구 [12], 한국형사판례연구회, 박영사 (2004), 62-83.

128 김성돈, 215; 이형국·김혜경, 221; 정성근·박광민, 186.
129 오영근, 156.
130 주석형법 [각칙(4)](5판), 286(구회근).
131 대판 1987. 1. 20, 86도2360.
132 대판 2008. 2. 29, 2007도10120(피고인들이 의도적으로 피해자를 술에 취하도록 유도하고 수차례 강간한 후 의식불명 상태에 빠진 피해자를 비닐창고로 옮겨 놓아 피해자가 저체온증으로 사망한 사안에서, 위 피해자의 사망과 피고인들의 강간 및 그 수반행위와의 인과관계 그리고 피해자의 사망에 대한 피고인들의 예견가능성이 인정되므로, 위 비닐창고에서 피해자를 재차 강제추행, 강간하고 하의를 벗겨 놓은 채 귀가한 피고인이 있다 하더라도 피고인들은 피해자의 사망에 대한 책임을 면한다고 볼 수 없어 강간치사죄가 인정된다고 한 사례).
133 대판 1988. 6. 28, 88도820.

때는, 강도강간죄와 강도치상죄(§337)의 상상적 경합범이 된다.[134]

3. 상해죄와의 관계

강간죄 등을 종료한 후 비로소 상해의 고의가 생겨 피해자를 상해한 경우에 **102**
는 강간죄 등과 상해죄의 실체적 경합범이 되고,[135] 반대로 상해행위를 종료한
후 비로소 강간죄 등의 고의가 생겨 강간 등 행위를 한 경우에도 마찬가지이다.

① 피고인들이 술값 문제로 시비가 되어 종업원인 여자 피해자를 폭행하고 **103**
상해를 입힌 후 위 피해자의 가슴과 허벅지를 만진 경우, 그 상해는 강제추행으
로 인하여 발생한 것으로 보기 어려워 강제추행치상죄는 성립하지 않고,[136] 상
해죄(§257①)와 강제추행죄(§298)의 실체적 경합이 된다.

② 데이트 중인 남녀를 발견하고 여자를 강간하기 위하여 우선 남자에게 **104**
폭행을 가하여 상해를 입히고, 위와 같은 폭행으로 외포상태에 빠져 있는 여자
를 강간하여 상해를 입게 한 경우에는, 상해죄와 강간치상죄의 실체적 경합범이
성립한다.[137]

4 유기죄와의 관계

강간치상죄를 범한 사람이 실신한 피해자를 구호하지 않고 방치하였더라도 **105**
그 행위는 포괄적으로 강간치상죄만 구성할 뿐 따로 유기죄(§271①)를 구성하지
는 않는다.[138]

---

134 주석형법 〔각칙(4)〕(5판), 286(구회근).
135 김성돈, 215; 김일수·서보학, 147; 손동권·김재윤, 163; 이재상·장영민·강동범, §11/38.
136 대판 2009. 7. 23, 2009도1934(피고인이 피해자를 폭행하여 비골 골절 등의 상해를 가한 다음
　　강제추행한 사안에서, 피고인의 위 폭행을 강제추행의 수단으로서의 폭행으로 볼 수 없어 위 상
　　해와 강제추행 사이에 인과관계가 없다는 이유로, 폭력행위등처벌에관한법률위반죄로 처벌한
　　상해를 다시 결과적 가중범인 강제추행치상죄의 상해로 인정한 원심판결을 파기한 사례). 「원
　　심은 피고인과 제1심 공동피고인 A가 공동하여 피해자에게 이 사건 비골 골절 등 상해를 가한
　　부분을 상해로 인한 폭력행위 등 처벌에 관한 법률 위반죄로 처벌하고 있는데, 이처럼 고의범인
　　상해죄로 처벌한 상해를 다시 결과적 가중범인 강제추행치상죄의 상해로 인정하여 이중으로 처
　　벌할 수는 없다 할 것이다.」
137 名古屋高判 昭和 32(1957). 2. 11. 高検速報 195.
138 대판 1980. 6. 24, 80도726.

VIII. 처벌 등

1. 법정형

106　　무기 또는 5년 이상의 징역에 처한다.

107　　강간등상해죄와 강간등치상죄의 법정형에 차이를 두지 않는 것은 비례성의 원칙에 부합하지 않기 때문에 법정형의 차이를 두는 입법적 개선이 필요하다는 견해[139]도 있으나, 이처럼 결과불법에 차이가 있음에도 법정형이 같은 것은 강간죄 등의 경우 통상 폭행 등이 수반되어 상해의 결과가 예견되는 경우가 많고, 구체적 양형은 재판 단계에서 조정될 수 있다는 점 등을 고려한 것이다.[140] 본죄는 양형기준 적용대상이다.[141]

2. 미수범 처벌 여부

108　　본죄에 대해서는 미수범 처벌규정이 없다.

109　　결과적 가중범의 미수범을 인정하지 않는 것이 통설[142]·판례[143]인 점에 비추어, 강간등치상죄에 미수범 처벌규정이 없는 것은 문제가 없다. 그러나 고의범인 강간등상해죄에 대해서도 미수범을 처벌할 수 없는 것은 입법의 불비라고 하겠다.[144]

110　　다만, 성폭력처벌법상 특수강도강간, 특수강간, 친족관계에 의한 강간 등, 장애인에 대한 강간 등, 13세 미만자에 대한 강간 등의 죄를 범한 자의 상해에 대해서는 그 미수범도 처벌된다(성폭처벌 §15, §8①, ②, §3①, §4 내지 §7). 이처럼

139　박찬걸, 형법각론(2판), 215.

140　법무부, 형법개정법률안 제안이유서(1992. 10), 158.

141　양형위원회, 2023 양형기준, 29-63.

142　이재상·장영민·강동범, 형법총론(11판), §27/44.

143　대판 2008. 4. 24, 2007도10058. 「성폭력범죄의 처벌 및 피해자보호 등에 관한 법률 제9조 제1항에 의하면 같은 법 제6조 제1항에서 규정하는 특수강간의 죄를 범한 자뿐만 아니라 특수강간이 미수에 그쳤다고 하더라도 그로 인하여 피해자가 상해를 입었으면 특수강간치상죄가 성립하는 것이고, 같은 법 제12조에서 규정한 위 제9조 제1항에 대한 미수범처벌규정은 제9조 제1항에서 특수강간치상죄와 함께 규정된 특수강간상해죄의 미수에 그친 경우, 즉 특수강간의 죄를 범하거나 미수에 그친 자가 피해자에 대하여 상해의 고의를 가지고 피해자에게 상해를 입히려다가 미수에 그친 경우 등에 적용된다.」

144　김성돈, 214; 김신규, 217.

강간등상해죄는 성폭력처벌법 제15조로도 처벌할 수 없는 점이 강간등살인죄와 다르다(성폭처벌 §15, §8, §9).

3. 소송상 문제 – 공소장변경

강간치상죄로 공소가 제기되었다고 하더라도 심리의 경과에 비추어 피고인 　111
의 방어권 행사에 실질적 불이익을 초래할 염려가 없다면, 별도의 공소장변경절
차 없이 준강제추행죄로 인정할 수 있다.[145]

〔성 보 기〕

---

145 대판 2008. 5. 29, 2007도7260. 피고인이 직장 동료인 피해자와 술을 마시다가, 피해자가 술에 취하여 구토를 하자 모텔로 데려간 다음, 구토물이 피고인과 피해자의 옷에 묻어 아침에 출근하기 곤란할 것이 염려되어 더 이상 구토물이 묻지 않도록 피해자의 옷을 모두 벗기고, 자신도 옷을 벗은 상태에서, 술에 취하여 항거불능 상태에 있는 피해자를 보고 순간적으로 욕정을 일으켜 간음할 의도로 피해자의 음부를 만지고 가슴을 빨던 중 잠이 깬 피해자가 반항하는 바람에 준강간행위는 미수에 그치고 피해자에게 요치 1주의 처녀막 파열상을 가하였다는 공소사실에 대하여, 피고인에게 간음의 고의와 피해자에 대한 상해사실이 인정되지 않아 직권으로 강제추행죄를 인정한 원심에 공소장변경 요부에 관한 법리오해의 위법이 없다고 본 사례이다.

제301조의2(강간등 살인·치사)

제297조, 제297조의2 및 제298조부터 제300조까지의 죄를 범한 자가 사람을 살해한 때에는 사형 또는 무기징역에 처한다. 사망에 이르게 한 때에는 무기 또는 10년 이상의 징역에 처한다. 〈개정 2012. 12. 18〉
[본조신설 1995. 12. 29]

Ⅰ. 의의 및 보호법익

1. 의　의

1　　본조는 제297조(강간), 제297조의2(유사강간), 제298조(강제추행), 제299조(준강간, 준강제추행) 및 제300조(미수)의 죄를 범한 자가 사람을 살해하거나 사망에 이르게 하는 것을 처벌하는 규정이다(①의 죄). 그리고 제305조(미성년자에 대한 간음, 추행)가 13세 미만의 사람에 대하여 간음 또는 추행을 한 자는 본조의 예에 의하도록 규정하고 있으므로, 13세 미만의 사람에 대하여 간음 또는 추행을 한 자(미수범 포함)가 사람을 살해하거나 사망에 이르게 한 경우에도 본조로 처벌한다(②의 죄). 대검찰청의 「공소장 및 불기소장에 기재할 죄명에 관한 예규」(개정 대검예규 제1336호, 2023. 1. 18.)는 위 ①의 죄를 (강간·유사강간·강제추행·준간강·준유사강간·준강제추행)(살인·치사)죄라고 하고, 위 ②의 죄를 미성년자의제(강간·강제추행)(살인·치사)죄[1]라고 하는데, 여기서는 위 ①과 ②의 죄를 합하여 '본죄'라고 한다.

1　죄명표상 미성년자의제유사강간(살인·치사)죄는 빠져 있다.

본죄는 두 가지 서로 다른 유형의 범죄가 한 조문에 규정되어 있다. 첫째는　**2**
사람을 살해하는 죄로서, 강간죄·유사간강죄·강제추행죄·준간강죄·준유사강
간죄·준강제추행죄, 미성년자의제강간·유사강간·강제추행죄(이하, 강간죄 등이라
한다.) 및 그 미수죄(이하, 강간죄 등과 그 미수죄를 합하여 기본범죄라 한다.)와 살인죄
의 결합범(이하, 강간등살인죄라 한다.)이다.[2] 둘째는 사람을 사망에 이르게 하는 죄
로서, 강간죄 등 및 그 미수죄의 결과적 가중범(이하, 강간등치사죄라 한다.)이고,[3]
그중에서도 진정결과적 가중범이다.[4] 본죄는 결합범 또는 결과적 가중범 형식
에 의한 강간죄 등의 가중 구성요건이다.

본조도 제301조(강간등 상해·치사)와 마찬가지로 1995년 12월 29일 형법 개　**3**
정(법률 제5057호)으로 신설되었다. 다만 강간등살인죄와 강간등치사죄의 행위불
법의 차이를 분명히 하고, 결과적 가중범에 대한 사형을 삭제하여 사형범죄의
범죄를 축소하기 위하여,[5] 제301조와는 달리 두 죄의 법정형을 달리 규정하였
다. 2012년 12월 18일에는 다시 형법을 개정(법률 제11574호)하여 구성요건에 함
께 신설된 제297조의2(유사강간)가 추가되었다.

2. 보호법익

본죄의 보호법익은 사람의 성적 자유 또는 성적 자기결정권과 생명이고,[6]　**4**
보호의 정도는 침해범이다.[7]

---

2 김성돈, 형법각론(8판), 216; 김일수·서보학, 새로쓴 형법각론(9판), 148; 손동권·김재윤, 새로운
　형법각론(2판), 164; 오영근, 형법각론(8판), 156; 이재상·장영민·강동범, 형법각론(13판), §11/40;
　이형국·김혜경, 형법각론(3판), 220; 임웅, 형법각론(11정판), 228; 정성근·박광민, 형법각론(전
　정3판), 183; 주석형법 〔각칙(4)〕(5판), 288(구회근).
3 김성돈, 216; 김일수·서보학, 148; 손동권·김재윤, 164; 오영근, 156; 이재상·장영민·강동범,
　§11/40; 이형국·김혜경, 220; 임웅, 228; 정성근·박광민, 184; 정영일, 형법각론, 123; 주석형법
　〔각칙(4)〕(5판), 288(구회근).
4 김성돈, 216; 손동권·김재윤, 164; 오영근, 156; 이형국·김혜경, 220; 임웅, 228; 정성근·박광민,
　184.
5 범무부, 형법개정법률안 제안이유서(1992. 10), 159.
6 오영근, 156.
7 오영근, 156.

II. 구성요건

1. 주　체

5　　　본죄의 주체는 강간죄·유사간강죄·강제추행죄·준간강죄·준유사강간죄· 준강제추행죄, 미성년자의제강간·유사강간·강제추행죄 및 그 미수죄, 즉 기본 범죄를 범한 사람이다. 강간죄 등이 미수에 그친 경우에도, 사망의 결과가 발생 하면 본조가 적용된다.[8]

6　　　한편 성폭력범죄의 처벌 등에 관한 특례법(이하, 성폭력처벌법이라 한다.) 제9 조 제1항은 "「형법」 제297조(강간), 제297조의2(유사강간) 및 제298조(강제추행)부 터 제300조(미수범)까지의 죄를 범한 사람이 다른 사람을 살해한 때에는 사형 또 는 무기징역에 처한다."고 규정하여, 본조의 강간등살인죄의 구성요건과 법정 형이 동일한 내용을 일부 포함하면서 미수범을 기수범과 같게 처벌하도록 명문 으로 정하고 있다. 이처럼 형법과 성폭력처벌법에 동일한 처벌조항이 있어, 어 느 법을 먼저 적용해야 하는지 문제된다. 일반적으로 형벌법규가 일반법·특별 법 혹은 신법·구법의 관계에 있어 어느 한 법규가 다른 법규를 배제하고 우선 적용되기 위하여는 양 법규의 내용이 동일하여 서로 모순·저촉되는 관계에 있 어야 하는데,[9] 위 중복되는 범위에서 형법과 성폭력처벌법의 내용은 동일하므로 원칙적으로 성폭력처벌법이 우선 적용된다.[10]

7　　　미성년자 또는 심신미약자에 대한 위계·위력에 의한 간음·추행죄(§302)를 범한 사람은 본죄의 주체에 해당하지 않지만, 아동·청소년에 대한 위계·위력에

---

8 대판 1984. 7. 24, 84도1209; 대판 1988. 11. 8, 88도1628; 대판 1995. 5. 12, 95도425.

9 대판 1999. 2. 26, 98도3923. 「형벌법규가 일반법·특별법 혹은 신법·구법의 관계에 있어 어느 한 법규가 다른 법규를 배제하고 우선 적용되기 위하여는 양 법규의 내용이 동일하여 서로 모 순·저촉되는 관계에 있어야 할 것인데, 공직선거및선거부정방지법 제85조 제2항에서 금지하고 있는 행위는 기관·단체 등의 조직 내에서 직무상 행위를 이용하여 그 구성원에 대하여 선거운 동을 하는 행위인데 비하여, 수산업협동조합법 제7조 제2항에서 금지대상으로 규정된 것은 DCD조합이라는 기관 자체를 선거운동에 이용함으로써 DCD조합의 정치적 중립성을 해하는 행 위로서 공직선거및선거부정방지법 제85조 제2항의 금지대상과는 그 내용을 달리하므로, 상호간 에 일반법·특별법의 관계나 신법·구법의 관계가 발생할 여지가 없다.」

10 김일수·서보학, 149. 이에 대하여 어느 것을 우선 적용하더라도 문제가 없다는 견해도 있고[주 석형법 [각칙(4)](5판), 289(구회근)], 실무상 강간살인죄로 기소되기도 하고 성폭력처벌법위반 (강간등살인)죄로 기소되기도 한다.

의한 간음·추행죄를 범한 사람은 아동청소년의 성보호에 관한 법률(이하, 청소년 성보호법이라 한다.)상 살인·치사죄의 주체가 되고(아청 §10①, ②, §7⑤), 신체적 또는 정신적 장애가 있는 사람에 대한 위계·위력에 의한 간음·추행죄를 범한 사람도 성폭력처벌법상 살인·치사죄의 주체가 된다(성폭처벌 §9①, §6⑥).

업무상위력 등에 의한 간음죄(§303)를 범한 사람은 본죄의 주체에 해당하지 　　**8** 않고, 성폭력처벌법상 업무상위력 등에 의한 추행죄를 범한 사람도 성폭력처벌 법상 살인·치사죄의 주체가 되지 않는다(성폭처벌 §9, §10).

2. 객 체

본죄의 객체는 본죄의 주체에 대응하는 죄의 객체이다.　　　　　　　　　　　　**9**

3. 행 위

본죄의 행위는 사람을 살해하거나 사망에 이르게 하는 것이다. '살해한다' 　　**10** (본조 전문)는 것은 고의로 사망 결과를 발생케 하는 것을 말하고, '사망에 이르게 한다'(본조 후문)는 것은 과실로 사망의 결과를 발생케 하는 것을 말한다.

사망의 결과는 강간등상해·치상죄(§301)에서의 상해의 결과와 마찬가지로, 　　**11** ① 간음, 유사간음 또는 추행(이하, 간음 또는 추행이라 한다.) 행위 그 자체에 의하여 발생하는 경우, ② 간음이나 추행의 수단으로 행해진 폭행으로 인하여 발생하는 경우, ③ 간음이나 추행행위와 시간적·장소적으로 밀접하게 관련되거나 그에 수반하여 발생하는 경우[11]도 있다.[12]

4. 인과관계 및 예견가능성

본죄 중 ① 강간등살인죄는 고의범으로서 기본범죄와 사망의 결과 사이에 　　**12** 인과관계(또는 인과관계 및 객관적 귀속)이 있어야 하고, ② 강간등치사죄는 진정결

---

11 일본 판례 중에는, 피고인이 여성을 강간한 후 그 두부을 압박하여 질식사시킨 사안에서, 두부 압박행위는 강간 범행이 발각되는 것을 막으려고 강간행위와 장소적으로 접착하여 범행이 이루어졌지만, 시간적으로 접착해서 범행이 이루어졌다고는 볼 수 없고, 피고인에게 강간의 의사가 계속해서 있었다고도 인정되지 않는다고 하여, 두부압박행위는 강간행위에 수반하는 행위라고 할 수 없다는 점에서 강간치사죄는 성립하지 않고 강간죄와 살인죄가 성립할 뿐이라고 판시한 것이 있다[千葉地判 平成 23(2011). 7. 21. LEX/DB 25443733].

12 대판 1995. 1. 12, 94도2781; 대판 2008. 2. 29, 2007도10120.

과적 가중범으로서 고의의 기본범죄와 중한 결과인 상해와의 사이에 인과관계와 중한 결과인 상해의 발생에 대하여 과실, 즉 예견가능성이 있어야 한다(이에 대한 상세는 §301 **IV. 인과관계 및 예견가능성** 참조).

(1) 판례상 인정 사례

13   판례가 강간 등 기본범죄와 사망의 결과 사이의 인과관계 및 그 예견가능성을 긍정한 사례를 보면, 아래와 같다.

14   ① 피고인이 자신이 경영하는 속셈학원의 강사로 피해자(여, 20세)를 채용하고 학습교재를 설명하겠다는 구실로 유인하여 호텔 객실에 감금한 후 강간하려 하자, 피해자가 완강히 반항하던 중 피고인이 대실시간 연장을 위해 전화하는 사이에 객실 창문을 통해 탈출하려다가 지상에 추락하여 사망한 사안에서, "일반 경험칙상 위 피해자가 강간을 모면하기 위하여 창문을 통하여서라도 탈출하려다가 지상에 추락하여 사망에 이르게 될 수도 있음을 충분히 예견할 수 있었다고 볼 것이므로, 피고인의 이 사건 강간미수행위와 위 피해자의 사망과의 사이에는 상당인과관계가 있다."고 판시하였다.[13]

15   ② 피해자(여, 20세)는 성경험이 전혀 없는 처녀로서 피고인이 영업과장으로 근무하는 업체에 아르바이트생으로 채용되어 불과 4일간 근무하고 일을 그만두게 되었는데, 그 후 피고인이 피해자를 유인하여 함께 술을 마시고 만취한 피해자를 여관방으로 데리고 가 피해자의 옷을 벗기려고 하였으나 피해자가 정신을 차리고 격렬하게 반항하자 양손으로 피해자의 허벅지를 벌려 손가락을 피해자의 성기에 넣어 휘젓고, 주먹으로 피해자의 턱과 가슴 부위를 때리는 등으로 20-30분에 걸쳐 피해자의 반항을 억압하고 강제로 간음하려고 하였으나 피해자의 격렬한 반항으로 뜻을 이루지 못하였고, 그 과정에서 피고인의 몸이 땀에 젖어 뜻대로 되지 아니하자 출입구 쪽에 위치한 욕실로 들어가 욕실 문을 열어둔 채 몸을 씻고 있었는데, 그 틈에 피해자가 재빨리 욕실로부터 방으로 들어가는 문을 안에서 걸어 잠그고 이어 피고인이 피해자에게 방문을 열라고 요구하자, 3층에 위치한 여관방의 창문을 통하여 밖으로 탈출하려다가 아래로 추락하여

---

13 대판 1995. 5. 12, 95도425. 본 판결 평석은 이경재, "상당인과관계설의 상당성 판단기준을 위한 상당성의 구체화 작업 시도: 피해자의 도피행위를 중심으로", 형사판례연구 [21], 한국형사판례연구회, 박영사(2013), 1-26.

사망한 사안에서, "경험칙상 피해자는 피고인이 이미 자신에게 폭행을 가하며 강간을 시도하였고, 방문을 열릴 경우 피고인이 다시 강간을 시도할 것으로 예상하였기 때문에 극도의 흥분과 공포에 사로잡힌 나머지 피고인의 제지가 있는 경우 방문을 통하여 밖으로 피신하는 것이 불가능한 상황에서 강간을 모면하기 위하여 부득이하게 창문을 통하여서라도 탈출하려다가 지상에 추락하여 사망에 이르게 되었다고 볼 것이므로 피고인의 이 사건 강간미수행위와 피해자의 사망 사이에는 상당인과관계가 있다."고 판시하였다.[14]

③ 피고인 甲, 乙, 丙 외 3명(이하, 피고인들이라 한다.)이 피해자(여, 13세)를 강간하기로 공모한 후 야산에서 의도적으로 게임을 통하여 피해자로 하여금 술을 마셔 취하도록 유도한 다음, 피고인들이 순서대로 만취한 피해자를 강간하였고, 강간 후 의식을 잃은 피해자를 피고인 甲, 乙이 인적이 드문 비닐창고에 옮겨 놓았는데, 피고인 甲, 丙은 그 후에도 피해자의 가슴을 만지는 등 강제추행을 하였고, 피고인 甲은 귀가하다가 다시 위 비닐창고로 가 의식을 잃은 피해자를 재차 강간하고는 하의를 벗겨둔 채 귀가하였고, 그 결과 피해자가 다음 날 새벽 저체온증으로 사망한 사안에서, "원심이 (중략) 피고인들이 의도적으로 피해자를 술에 취하도록 유도하고 피고인들로부터 수차례 강간당하였기 때문에 피해자가 의식불명 상태에 빠진 것으로서, 피해자가 의식을 찾지 못하여 저체온증으로 사망한 것이 피고인들의 강간 및 그 수반행위와 인과관계가 없다고 할 수 없고, 피해자의 사망에 대한 피고인 甲, 乙, 丙의 예견가능성 또한 넉넉히 인정되며, 또한 당시의 기온 등을 감안하여 보면 이미 피고인들의 강간 및 그에 수반한 행위로 인하여 피해자가 의식불명 상태에 빠진 이상, 비록 피고인 甲이 비닐창고에서 피해자를 재차 강간하고 하의를 벗겨 놓은 채 그대로 귀가하였다고 하더라도 피고인 乙, 丙이 저체온증으로 인한 피해자의 사망에 대한 책임을 면한다고 볼 수 없다고 하여 피고인 甲, 乙, 丙에 대한 판시 강간치사죄를 유죄로 인정한 제1심판결을 그대로 유지한 조치는 정당하다."고 판시하였다.[15]

(2) 판례상 부정 사례

판례가 기본범죄와 사망의 결과 사이의 인과관계 및 그 예견가능성을 부정

16

17

---

14 대판 1998. 4. 28, 98도724.
15 대판 2008. 2. 29, 2007도10120.

한 사례를 보면, 아래와 같다.[16]

18   ① 강간을 당한 피해자가 집에 돌아가 음독자살한 사안에서, 피해자가 음독자살한 원인이 강간을 당함으로 인하여 생긴 수치심과 장래에 대한 절망감 등에 있었다 하더라도 그 자살행위가 바로 강간행위로 인하여 생긴 당연의 결과라고 볼 수는 없으므로 강간행위와 피해자의 자살행위 사이에 인과관계를 인정할 수는 없다고 판시하였다.[17]

19   ② 피고인이 친구 5명과 같이 술집에서 종업원인 피해자 등 6명과 더불어 밤늦도록 술을 마시고 모두 각자의 상대방과 성관계까지 하였는데 술값이 부족하여 친구 집에 가서 돈을 빌리려고 위 일행 중 피고인과 친구 2명이 함께 봉고차를 타고 갈 때 친구 1명과 성관계를 한 피해자도 그 차에 편승하게 되었고, 피고인과 피해자가 그 차에 마주 앉아 가다가 피고인이 장난삼아 피해자의 유방을 만지고 피해자가 이를 뿌리치자 발을 앞으로 뻗어 치마를 위로 걷어 올리고 구두 발로 피해자의 허벅지를 문지르는 등 피해자를 강제로 추행하자 피해자가 욕설을 하면서 갑자기 차의 문을 열고 뛰어내림으로써 부상을 입고 사망한 사안에서, 피고인이 그때 피해자가 피고인의 추행행위를 피하기 위하여 달리

---

16 이 밖에 인과관계나 예견가능성을 부정한 하급심 판결로는 ① 술에 만취(혈중알코올농도 0.22%)되어 있던 여자 피해자가 피고인으로부터 폭행을 당한 후 강간을 피하기 위하여 강물 속으로 들어갔다가 뒤따라 들어간 피고인에 의해 강변으로 이끌려 나왔고, 그 후 피고인이 조금 떨어진 곳에서 소변을 보는 사이 피해자가 다시 강물로 들어갔다가 익사한 사례(폭행행위와 사망 사이에 인과관계가 없음)(부산고판 1995. 11. 1, 95노817), ② 피해자가 평소 피고인의 결혼요청을 거절하고 냉랭하게 대하자 맹독성 제초제를 휴대하고 피해자의 집에 침입하여 농약 병과 칼을 들이대면서 자신의 요구를 들어주지 않으려거든 차라리 자신을 죽여 달라고 위협하고 농약 병을 방안에 있는 밥상 위에 올려놓고 피해자에게 다가가 바닥에 넘어뜨린 후 배 위에 올라가 가슴과 음부를 만지면서 피해자를 강간하려고 하자, 피해자가 이에 반항하다가 밥상 위에 있는 농약 병을 들어 피고인의 머리를 때리는 과정에서 농약 병의 뚜껑이 열리면서 농약이 피해자의 오른쪽 귀와 입 주위에 쏟아져 피해자가 이를 몇 모금 마시게 되었고, 이에 피고인은 피해자를 병원에 데리고 갔으나 피해자는 피고인과 같이 있는 것을 싫어하여 치료를 받지 않은 채 집으로 돌아가 버렸으며, 그 후 피해자의 병세가 악화되어 입원치료를 받던 중 농약 중독으로 사망한 사례(사망에 대한 예견가능성이 없음)(청주지판 1995. 8. 23, 95고합202), ③ 피고인의 강간으로 인하여 4주간의 치료를 요하는 우측 제7, 8번 늑연골 골절상 등을 입은 피해자(여, 80세)가 병원에 입원하여 치료를 받던 중 폐렴, 욕창, 패혈증, 심근경색 등으로 사망한 사례우(주된 사망원인은 폐렴 및 심근경색인데, 이는 입원치료 도중 새로이 발생한 것으로서 피고인의 폭행과 직접적인 인과관계가 없음)[서울고판 2001. 8. 21, 2001노1153(제1심 판결 춘천지법 강릉지판 2001. 4. 19, 2000고합193] 등이 있다[주석형법 [각칙(4)](5판), 292(구회근) 참조].

17 대판 1982. 11. 23, 82도1446.

는 차에서 뛰어내려 사망에 이르게 될 것이라고 예견할 수 없다고 판단한 원심 판결을 수긍하였다.[18]

③ 피고인(15세)이 인근 아파트 23층에 있는 엘리베이터 기계실 앞에서 피 　20 해자(여, 14세)를 강간하려다 미수에 그친 후 계단을 내려가면서 자리를 비우자, 위 강간미수 범행으로 인해 공포에 휩싸인 피해자가 피고인이나 공범에 의한 추가 강간피해를 모면하기 위하여 위 23층 창문을 열고 뛰어내림으로써 피해자를 사망에 이르게 하였다는 강간치사의 공소사실에 대하여, 피고인이 피해자에게 가한 폭행·협박의 정도가 성폭력범죄의 수단으로서는 그다지 중하지 않았던점, 피해자가 23층에서 뛰어내릴 당시 피해자는 이미 급박한 위해상태에서 벗어나 있었던 점, 피해자가 애초부터 아파트 밖에서 기다리고 있던 공범에 의한 추가 범행을 우려한 나머지 이를 피하기 위해 23층 창문을 통하여 도망하려 하였다고 보기도 어려운 점, 피해자의 사망은 어린 소녀인 피해자가 피고인으로부터 강제추행을 당한 후 그로 인한 극도의 수치심과 절망감을 이기지 못하고 투신 자살한 결과일 가능성을 배제할 수 없는 점 등에 비추어, 피고인으로서는 피해자가 피고인이나 공범으로부터 추가로 당할 수도 있는 강간을 모면하기 위하여 23층에서 뛰어내려 사망에 이르리라고는 예견할 수 없었다고 보는 것이 경험칙에 부합한다는 이유로 강간치사죄의 성립을 부정하였다.[19]

(3) 주관적 요건

강간등살인죄는 기본범죄의 범행과 사망의 점에 대한 고의가 요구되고, 고 　21 의는 미필적 고의로도 충분하다. 반면에, 강간등치사죄는 기본범죄에 대한 고의와 중한 사망 결과의 발생에 대하여 과실, 즉 예견가능성을 요한다.

III. 죄수 및 다른 죄와의 관계

(1) 강간치상 후 치사의 결과까지 발생한 경우에는 강간치사죄만 성립하고,[20]　22 강간치상 후 범행의 발각이 두려워 피해자를 살해한 경우에는 강간치상죄와 살

---

18 대판 1988. 4. 12, 88도178.
19 서울중앙지판 2010. 10. 15, 2010고합815(항소 및 상고기각으로 확정).
20 이형국·김혜경, 221; 정성근·박광민, 형법각론(전정3판), 186.

인죄의 실체적 경합이 된다.[21]

23　　　(2) 강간죄 등의 고의로 폭행을 가하여 사람을 사망케 한 후 간음 등의 행위를 한 경우, ① 강간치사죄와 시체오욕죄(§ 159)가 성립하고 두 죄는 실체적 경합이라는 견해[22]도 있으나,[23] ② 포괄하여 강간등치사죄가 성립한다고 할 것이다.[24]

24　　　(3) 강도가 동일한 기회에 피해자를 강간하고 강간행위로 인하여 사망에 이르게 한 경우에는 강도강간죄(§ 339)와 강간치사죄가 성립하고, 두 죄는 상상적 경합범관계이다.[25] 그러나 사망의 결과가 강도행위로 인하여 발생한 것으로 인정되는 때는, 강도강간죄와 강도치사죄(§ 337)의 상상적 경합범이 된다.[26]

Ⅳ. 처 벌

1. 법정형

25　　　강간등살인죄는 사형 또는 무기징역에(본조 전문), 강간등치사죄는 무기 또는 10년 이상의 징역에 처한다(본조 후문).

26　　　본죄는 양형기준 적용대상이다. 다만, 강간등살인죄는 살인범죄 양형기준[27]에, 강간등치사죄는 성범죄 양형기준[28]에 포함되어 있다.

2. 미수범 처벌 여부

27　　　본죄에 대해서는 미수범 처벌규정이 없다.

21　대판 1987. 1. 20, 86도2360.
22　김일수·서보학, 149; 정영일, 형법각론, 126.
23　하급심 판결 중에는 평소 인체 해부에 관심이 많았던 피고인이 피해자를 강간하고 살해한 후 그 사체를 해부하여 범행을 은폐하기로 마음먹고, 피고인을 강간하려고 하였으나 미수에 그치고 그로 인하여 피해자를 질식사시킨 다음 간음한 사안에서, 성폭력처벌법위반(강간등살인)죄와 시체오욕죄의 실체적 경합을 인정한 것이 있다(수원지판 2013. 12. 27, 2013고합586, 2013전고73).
24　김성돈, 216(다만, 사망에 대한 인식이 있을 경우 시체오욕죄도 성립할 수 있다); 정성근·박광민, 186; 주석형법 [각칙(4)](5판), 293(구회근).
25　대판 1988. 6. 28, 88도820.
26　김일수·서보학, 149.
27　양형위원회, 2023 양형기준, 1-16.
28　양형위원회, 2023 양형기준, 29-63.

결과적 가중범의 미수범을 인정하지 않는 것이 통설[29]·판례[30]인 점에 비추   **28**
어, 강간등치사죄에 미수범 처벌규정이 없는 것은 문제가 없다. 그러나 고의범
인 강간등살인죄에 대해서도 미수범을 처벌할 수 없는 것은 입법의 불비라고
하겠다.

그러나 성폭력처벌법 제15조는 성폭력처벌법상의 특수강도강간살인죄 등의   **29**
경우뿐만 아니라 형법상 강간등살인죄에 대해서도 미수범 처벌규정을 두고 있
어(성폭처벌 §15, §9①), 처벌의 흠결은 생기지 않는다.[31]

〔성 보 기〕

---

29 이재상·장영민·강동범, 형법총론(11판), §27/44.
30 대판 2008. 4. 24, 2007도10058.
31 김성돈, 216.

제302조(미성년자 등에 대한 간음)

미성년자 또는 심신미약자에 대하여 위계 또는 위력으로써 간음 또는 추행을 한 자는 5년 이하의 징역에 처한다.

Ⅰ. 의의 및 보호법익

1. 의 의

1   본죄[(미성년자·심신미약자)(간음·추행)죄]는 미성년자 또는 심신미약자에 대하여 위계 또는 위력으로써 간음 또는 추행한 때에 성립한다. 즉, 본죄는 강간죄(§ 297), 강제추행죄(§ 298)가 성립하지 않더라도 그 객체가 '미성년자' 또는 '심신미약자'이고, 간음 또는 추행의 수단이 '위계' 또는 '위력'인 경우에 성립한다. 이처럼 본죄는 미성년자나 심신미약자와 같이 판단능력이나 대처능력이 일반인에 비하여 낮은 사람은 낮은 정도의 유·무형력의 행사에 의해서도 저항을 제대로 하지 못하고 피해를 입을 가능성이 있기 때문에 그 범죄의 성립요건을 보다 완화된 형태로 규정한 것이다.[1] 따라서 본죄는 강간죄와 강제추행죄에 대하여 보충관계에 있다고 볼 수 있다.[2]

2   본죄의 구성요건적 행위가 '간음 또는 추행'이라고만 규정되어 있어(§ 305의 미성년자에 대한 간음, 추행의 경우에도 마찬가지임) '유사간음'은 여기에 해당하지 않아 처벌할 수 없는 것이 아닌지 문제된다. 이에 대하여, ① 입법적 불비로서 처

---

1 대판 2019. 6. 13, 2019도3341.
2 주석형법 〔각칙(4)〕(5판), 295(구회근).

벌할 수 없다는 견해[3]도 있으나, ② 유사간음도 얼마든지 추행의 개념에 포섭되므로 처벌할 수 있다고 하겠다.[4] 다만 본죄의 객체에서 살펴보는 바와 같이, 성폭력범죄의 처벌 등에 관한 특례법(이하, 성폭력처벌법이라 한다.) 제7조 제5항은 13세 미만자에 대하여, 아동·청소년의 성보호에 관한 법률(이하, 청소년성보호법이라 한다.) 제7조 제5항은 아동·청소년에 대하여 위계 또는 위력으로 강간·유사강간·강제추행한 사람을 처벌하고 있다.[5]

3　김성돈, 형법각론(8판), 217.

4　오영근, 형법각론(8판), 159; 이형국·김혜경, 형법각론(3판), 222; 주석형법 〔각칙(4)〕(5판), 295 (구회근).

5　형법 및 특별법상 위계에 의한 간음죄의 입법경위에 관하여는 대판 2020. 8. 27, 2015도9436 (전) 참조. 「2. 위계에 의한 간음죄의 입법경위

　가. 위계에 의한 간음에 대한 처벌규정은 1953년 제정형법에서 시작되었다. 제정형법은 이를 제2편 제32장 정조에 관한 죄의 일부로서 규정하였는데, 당시의 법정형은 강간죄는 물론 강제추행죄의 법정형보다도 가벼웠고, 그중 혼인빙자 등에 의한 간음죄는 '음행의 상습 없는 부녀'도 대상으로 규정하고 있었다. 이렇듯 제정형법 당시 위계에 의한 간음죄는 부녀의 정조보호를 입법 목적으로 하면서 강간죄·강제추행죄보다 가벌성이 낮은 보충적 유형의 범죄로 인식되었던 것으로 보인다.

　나. 그 후 형법의 1995. 12. 29.자 개정으로 제2편 제32장의 표목에서 '정조에 관한 죄'라는 표현이 삭제되었다. 또한 음행의 상습 없는 부녀도 대상으로 규정하였던 혼인빙자 등에 의한 간음죄가 헌법재판소 2009. 11. 26. 선고 2008헌바58 등 위헌결정 및 그 취지 등을 반영하여 폐지됨에 따라 형법상 위계에 의한 간음죄의 대상은 미성년자, 심신미약자, 피보호자·피감독자 등 성폭력범행에 특히 취약한 사람만으로 한정되었다.

　다. 형사특별법에서도 성폭력범행에 특히 취약한 사람을 대상으로 하는 위계에 의한 간음죄 규정이 신설되었다. 13세 미만의 여자에 대하여는 구 성폭력범죄의 처벌 및 피해자보호 등에 관한 법률[그중 성폭력범죄의 처벌에 관한 사항이 분리되어 2010. 4. 15. 제정된 성폭력범죄의 처벌 등에 관한 특례법(이하 '성폭력처벌법'이라고 한다)에 규정되었다]의 1997. 8. 22.자 개정으로, 여자 청소년에 대하여는 2000. 2. 3. 구 청소년의 성보호에 관한 법률(아동·청소년의 성보호에 관한 법률로 제명이 개정되었다. 이하 모두 '청소년성보호법'이라고 한다)의 제정으로, 신체적·정신적 장애가 있는 여자에 대하여는 성폭력처벌법의 2011. 11. 17.자 개정으로 각 처벌규정이 마련되었고, 5년 이상의 유기징역이 법정형으로 규정되었다. 그 후 13세 미만자와 아동·청소년을 대상으로 한 위계에 의한 간음죄의 법정형은 무기징역까지로 상향개정되었다. 이는 형법상 강간죄보다 더 중한 형을 규정한 것이다.

　라. 위와 같은 위계에 의한 간음죄의 개정경과 및 이 사건에 적용되는 2014년 무렵의 법률 내용을 종합하여 보면, 과거와 달리 오늘날에는 위계에 의한 간음죄를 아동·청소년, 미성년자, 심신미약자, 피보호자·피감독자, 장애인 등 성폭력범행에 특히 취약한 사람을 보호대상으로 하고 강간죄 등과 비견되는 독립적인 가벌성을 지닌 범죄로 규정하여, 행위자를 강력하게 처벌하려는 것으로 평가할 수 있다.」

〔성 보 기〕　　　　　　　　　　**579**

2. 보호법익

3   본죄의 보호법익는 개인의 성적 자유 또는 성적 자기결정권이다.[6] 다만, 본죄의 성격상 현실적인 자유만을 의미하는 것이 아니라 잠재적 자유도 포함하고[7] 오히려 더 비중이 있다[8]는 견해도 있다.

4   보호의 정도는 침해범이다.[9]

II. 주체 및 객체

1. 주 체

5   본죄의 주체는 제한이 없다.[10] 이에 대하여, 본조의 취지상 미성년자에 대한 범행의 주체는 성년자로 제한하여야 하고, 심신미약자에 대한 범행의 주체에는 심신미약자를 제외하여야 한다는 견해가 있다.[11]

2. 객 체

6   본죄의 객체는 '미성년자' 또는 '심신미약자'이다.

(1) 미성년자

(가) 미성년자의 범위

7   미성년자는 19세 미만의 자이다(민 §4). 다만, 2011년 3월 7일 개정되기 이전의 민법상 미성년자는 20세 미만의 자이므로, 개정민법이 시행된 2013년 7월 1일 이전에 이루어진 범행에 대하여는 20세 미만의 자만이 범행의 대상이 된다(민 부칙 §1).

8   한편, ① 제305조(미성년자에 대한 간음, 추행)에서 13세 미만의 사람(가해자가 19세 이상인 경우는 16세 미만의 사람 포함)에 대하여 간음 또는 추행을 한 경우 및

---

6 대판 2019. 6. 13, 2019도3341.

7 김일수·서보학, 149.

8 배종대, 형법각론(14판), §46/26.

9 오영근, 157.

10 김신규, 형법각론, 221; 이형국·김혜경, 222.

11 조국, 형사법의 성편향(전면개정판 보정), 박영사(2020), 74.

② 성폭력처벌법 제7조[12] 제5항에서 '위계 또는 위력으로써 13세 미만의 사람을 간음하거나 추행(강간·유사강간·강제추행)한 사람'을 본죄보다 더 무겁게 처벌하도록 규정하고 있는 점에 비추어, 본죄에서 말하는 미성년자는 '13세 이상 19세 미만의 사람'을 가리킨다고 보아야 한다.[13]

　나아가, ③ 청소년성보호법 제7조[14] 제5항이 '위계 또는 위력으로써 아동·청소년(만 19세 미만의 사람. 다만, 만 19세에 도달하는 연도의 1월 1일을 맞이한 사람은 제외)(아청 §2(i))을 간음하거나 추행(강간·유사강간·강제추행)한 자'를 처벌하도록 규정하고 있어서, 실제로는 특별법으로서 법정형이 더 높은 청소년성보호법이 우선 적용될 것이므로, 실제로 피해자가 18세에 도달한 다음 년도의 1월 1일부터 19세가 되기 전날까지 본죄의 범죄피해를 입은 때에만 본죄가 적용되어, 그 적용범위는 매우 좁다.

9

---

12 성폭력처벌법 제7조(13세 미만의 미성년자에 대한 강간, 강제추행 등) ① 13세 미만의 사람에 대하여 「형법」 제297조(강간)의 죄를 범한 사람은 무기징역 또는 10년 이상의 징역에 처한다. ② 13세 미만의 사람에 대하여 폭행이나 협박으로 다음 각 호의 어느 하나에 해당하는 행위를 한 사람은 7년 이상의 유기징역에 처한다.
　　1. 구강·항문 등 신체(성기는 제외한다)의 내부에 성기를 넣는 행위
　　2. 성기·항문에 손가락 등 신체(성기는 제외한다)의 일부나 도구를 넣는 행위
　③ 13세 미만의 사람에 대하여 「형법」 제298조(강제추행)의 죄를 범한 사람은 5년 이상의 유기징역에 처한다.
　④ 13세 미만의 사람에 대하여 「형법」 제299조(준강간, 준강제추행)의 죄를 범한 사람은 제1항부터 제3항까지의 예에 따라 처벌한다.
　⑤ 위계 또는 위력으로써 13세 미만의 사람을 간음하거나 추행한 사람은 제1항부터 제3항까지의 예에 따라 처벌한다.

13 대판 2019. 6. 13, 2019도3341.

14 청소년성보호법 제7조(아동·청소년에 대한 강간·강제추행 등) ① 폭행 또는 협박으로 아동·청소년을 강간한 사람은 무기징역 또는 5년 이상의 유기징역에 처한다.
　② 아동·청소년에 대하여 폭행이나 협박으로 다음 각 호의 어느 하나에 해당하는 행위를 한 자는 5년 이상의 유기징역에 처한다.
　　1. 구강·항문 등 신체(성기는 제외한다)의 내부에 성기를 넣는 행위
　　2. 성기·항문에 손가락 등 신체(성기는 제외한다)의 일부나 도구를 넣는 행위
　③ 아동·청소년에 대하여 「형법」 제298조의 죄를 범한 자는 2년 이상의 유기징역 또는 1천만원 이상 3천만원 이하의 벌금에 처한다.
　④ 아동·청소년에 대하여 「형법」 제299조의 죄를 범한 자는 제1항부터 제3항까지의 예에 따른다.
　⑤ 위계(僞計) 또는 위력으로써 아동·청소년을 간음하거나 아동·청소년을 추행한 자는 제1항부터 제3항까지의 예에 따른다.
　⑥ 제1항부터 제5항까지의 미수범은 처벌한다.

(나) 미성년자가 혼인한 경우

10   19세 미만인 사람이 혼인한 경우 본죄의 미성년자에 해당하는지 여부가 문제된다.

11   이에 대해서는, ① 혼인한 미성년자의 성년의제는 민사상 법률행위에 해당될 뿐이고, 정신적·신체적으로 미숙한 미성년자 등의 성적 자유를 보호하고자 하는 본죄의 입법취지에 비추어 혼인한 미성년자도 본죄의 보호대상으로서 '미성년자'에 해당한다는 견해도 있다(긍정설).[15]

12   그러나 ② '미성년자'의 개념은 형법이 아닌 민법에 규정되어 있고(민 § 4), 혼인을 한 경우에는 성년으로 의제하도록 규정하고 있는 점(민 § 826의2), 민법은 혼인적령을 남자 만 18세, 여자 만 16세로 규정하면서(민 § 807) 위 연령에 달한 미성년자는 부모의 동의를 얻어 혼인할 수 있고(민 § 808), 미성년자라고 하더라도 혼인을 한 경우에는 성에 대한 인식, 경험 등에 있어서 그렇지 않은 미성년자와 차이가 있을 수밖에 없는 점 등에 비추어, 혼인을 한 미성년자는 본죄의 미성년자에 해당하지 않는다고 보는 것이 타당하다(부정설).[16]

(2) 심신미약자

13   '심신미약자'라 함은 정신기능의 장애로 인하여 사물을 변별하거나 의사를 결정할 능력이 미약한 사람을 의미한다.[17] 따라서 정신상의 장애가 없는 이상, 몸이 불편한 데에 그치는 지체장애자는 여기에 해당하지 않는다.[18] 여기서 심신미약자는 제10조 제2항에 해당하는 심신미약자(한정책임무능력자)와 같다는 견해[19]도 있고, 반드시 같은 것은 아니라는 견해[20]도 있다. 심신미약자인 이상 나이는 상관이 없으므로 성년도 대상이 될 수 있다. 심신미약은 일시적인 경우라도 무방하다.

---

15 김성돈, 217; 김신규, 221; 이정원·류석준, 형법각론, 187; 정성근·박광민, 387; 정영일, 127; 정웅석·최창호, 416; 최호진, 형법각론, 198.

16 김일수·서보학, 150; 이재상·장영민·강동범, 형법각론(13판), § 11/42; 한상훈·안성조, 형법개론(3판), 453; 주석형법 〔각칙(4)〕(5판), 296(구회근).

17 대판 2019. 6. 13, 2019도3341.

18 다만 아래에서 보는 성폭력처벌법 제6조의 장애인에는 신체적 장애인도 포함되어 있으므로, 성폭력처벌법에 따라 지체장애자에 대한 위계·위력 간음·추행도 처벌대상이 될 수 있다.

19 김성돈, 217; 박상기·전지연, 형법학(총론·각론)(5판), 510.

20 손동권·김재윤, 새로운 형법각론(2판), 165; 이재상·장영민·강동범, § 11/42; 이형국·김혜경, 222(대체로 유사하지만 반드시 같은 것으로 볼 필요는 없다).

한편 성폭력처벌법 제6조 제5항, 제6항[21]은 위계 또는 위력으로써 '신체적 **14**
인 또는 정신적인 장애가 있는 사람'을 간음 또는 추행하는 행위를 처벌하고 있
는데, 성폭력처벌법 제6조에서 말하는 '장애인'에는 청소년성보호법 제8조[22]와
같은 별도의 정의규정(장애인복지법 § 2①에 따른 장애인[23])을 두지 않아 일시적 장
애상태에 있는 사람도 포함된다고 해석하는 점을 고려하면, '심신미약자'도 대부
분 '정신적인 장애가 있는 사람'에 해당할 수 있으므로, 본죄가 적용될 경우는
많지 않을 것으로 보인다.[24]

Ⅲ. 행 위

본죄가 성립하기 위해서는 '위계' 또는 '위력'으로써 '간음 또는 추행' 하여야 **15**
한다.

1. 위 계

(1) 의의

'위계'란 행위자의 행위목적을 달성하기 위하여 피해자에게 오인, 착각, 부 **16**
지를 일으키게 하여 이를 이용하는 것을 말한다.[25] 따라서 본죄에서의 '위계'는
상대방에게 기망, 유혹 등의 방법으로 오인, 착각, 부지를 일으키게 하고, 상대

---

21 성폭력처벌법 제6조(장애인에 대한 강간·강제추행 등) ⑤ 위계(僞計) 또는 위력(威力)으로써 신
   체적인 또는 정신적인 장애가 있는 사람을 간음한 사람은 5년 이상의 유기징역에 처한다.
    ⑥ 위계 또는 위력으로써 신체적인 또는 정신적인 장애가 있는 사람을 추행한 사람은 1년 이상
   의 유기징역 또는 1천만원 이상 3천만원 이하의 벌금에 처한다.
22 청소년성보호법 제8조(장애인인 아동·청소년에 대한 간음 등) ① 19세 이상의 사람이 13세 이
   상의 장애 아동·청소년(「장애인복지법」 제2조제1항에 따른 장애인으로서 신체적인 또는 정신적
   인 장애로 사물을 변별하거나 의사를 결정할 능력이 미약한 아동·청소년을 말한다. 이하 같다)
   을 간음하거나 13세 이상의 장애 아동·청소년으로 하여금 다른 사람을 간음하게 하는 경우에는
   3년 이상의 유기징역에 처한다.
    ② 19세 이상의 사람이 13세 이상의 장애 아동·청소년을 추행한 경우 또는 13세 이상의 장애
   아동·청소년으로 하여금 다른 사람을 추행하게 하는 경우에는 10년 이하의 징역 또는 5천만원
   이하의 벌금에 처한다.
23 장애인복지법 제2조(장애인의 정의 등) ① "장애인"이란 신체적·정신적 장애로 오랫동안 일상생
   활이나 사회생활에서 상당한 제약을 받는 자를 말한다.
24 주석형법 〔각칙(4)〕(5판), 297(구회근).
25 대판 2001. 12. 24, 2001도5074; 대판 2020. 8. 27, 2015도9436(전).

방의 그러한 심적 상태를 이용하여 간음이나 추행의 목적을 달성하는 것을 말한다.[26]

(2) 오인, 착각, 부지의 대상

17   본죄의 위계에 있어 '오인, 착각, 부지'가 ① 간음이나 추행 그 자체에 대한 오인, 착각, 부지만 말하는 것인지, 아니면 ② 더 나아가 간음 또는 추행에 이르게 된 동기나 이와 결부된 금전적·비금전적 대가와 같은 요소에 대한 오인, 착각, 부지를 포함하는 것인지에 관하여 논란이 있다.

18   청소년성보호법위반(위계등간음죄)와 관련하여, 대판 2020. 8. 27, 2015도9436(전)(이하, 2015도9436 전원합의체 판결이라 한다.)이 위 ②의 입장을 택해 오인, 착각, 부지의 대상 범위를 넓히는 방향으로 판례를 변경하기 전까지의 판례들은 위 ①의 입장에서 위계 여부를 판단하였다.

(가) 종래의 판례 태도

19   위 2015도9436 전원합의체 판결 이전의 판례는 '오인, 착각, 부지'란 간음이나 추행 그 자체에 대한 오인, 착각, 부지를 말하는 것이고, 간음 또는 추행과 불가분적 관련성이 인정되지 않는 다른 조건에 관한 오인, 착각, 부지를 가리키는 것이 아니라는 태도를 취하였다. 이에 따라 오인, 착각, 부지의 대상에 해당하지 않는다는 이유로 무죄로 판단한 사례는 아래와 같다. 다만 위 2015도9436 전원합의체 판결에서 이와 배치되는 부분은 폐기한다고 판시한 바 있어, 변경된 대법원의 판례를 적용할 경우 유죄로 인정될 가능성이 커졌다고 하겠다.

(a) 위계를 부정한 사례

20   ① 피고인이 16세의 여자 청소년에게 성교의 대가로 돈을 주겠다고 거짓말하고 청소년이 이에 속아 피고인과 성교행위를 한 사안에서, 사리판단력이 있는 청소년에 관하여는 그러한 금품의 제공과 성교행위 사이에 불가분의 관련성이 인정되지 아니하는 만큼 이로 인하여 청소년이 간음행위 자체에 대한 착오에 빠졌다거나 이를 알지 못하였다고 할 수 없다는 이유로 피고인의 행위가 구 청소년성보호법 제10조 제4항(현 § 7⑤) 소정의 위계에 해당하지 아니한다고 판단하였다.[27]

---

26 대판 2001. 12. 24, 2001도5074; 대판 2020. 8. 27, 2015도9436(전).
27 대판 2001. 12. 24, 2001도5074.

② 피고인이 A에게 정신장애가 있음을 알면서 인터넷 쪽지를 이용하여 A 　　21
를 피고인의 집으로 유인한 후 성교행위와 제모행위를 함으로써 장애인인 A를
간음하고 추행하였다고 하여 구 성폭력처벌법(2012. 12. 18. 법률 제11556호로 전부
개정되기 전의 것)위반으로 기소된 사안에서, 피고인이 성교 등의 목적을 가지고
A를 유인하여 피고인의 집으로 오게 하였더라도, 위 유인행위는 A를 피고인의
집으로 오게 하기 위한 행위에 불과하고, A가 피고인의 집으로 온 것과 성교행
위나 제모행위 사이에 불가분적 관련성이 인정되지 아니하여, A가 피고인의 유
인행위로 간음행위나 추행행위 자체에 대한 착오에 빠졌다거나 이를 알지 못하
게 되었다고 할 수 없으므로, 피고인의 행위는 위 성폭력처벌법에서 정한 장애
인에 대한 위계에 의한 간음죄 또는 추행죄에 해당하지 않는다고 판단하였다.[28]

③ 자신과 동거까지 한 적이 있는 피해자(여, 36세, 정신지체 장애자)에게 "남　　22
자를 소개시켜 주겠다."고 거짓말을 하여 피해자를 여관으로 오게 한 후 성관계
를 가진 사안에서, 피해자가 여관으로 온 경위와 성관계 사이에 불가분의 관련
성이 인정되지 아니하므로, 이로 인하여 피해자가 간음 그 자체에 대한 착오에
빠졌다고 볼 수 없다고 판단하였다.[29]

④ 승용차를 운전하여 가다가 길을 가는 13세 내지 15세의 여학생에게 경　　23
찰이라고 속이고 길을 가르쳐 달라고 부탁하면서 자신의 승용차 조수석에 태운
후 자신의 성기를 꺼내어 자위행위를 하는 등으로 추행한 사안에서, 승용차에
태우거나 태우려고 한 행위와 추행 그 자체 사이에는 불가분적 관련성이 있다
고 볼 수 없고, 그와 같이 승용차에 태우려고 거짓말을 한 것만으로는 추행행위
자체에 대하여 피해자들이 착오에 빠지거나 이를 인식하지 못하게 하는 행위에
착수한 것이라고 할 수도 없다는 이유로 위계에 의한 추행행위의 성립을 부정
하였다.[30]

(b) 진료 또는 치료행위 관련 판례

종래의 판례에서도 의사나 한의사가 진료행위를 빙자하거나, 목사나 승려　　24
가 종교의식 또는 치료행위 등을 빙자하여 미성년자 또는 심신미약자에게 거짓

---

28 대판 2014. 9. 4, 2014도8423, 2014전도151.
29 대판 2002. 7. 1, 2002도2029.
30 대판 2012. 9. 27, 2012도9119.

〔성 보 기〕　　　　　　　　　　　　　　**585**

말을 한 다음, 이들이 간음이나 추행을 당한다는 사실 자체를 알지 못하게 하거나 착오를 일으키게 하여 간음·추행하는 경우 정도에 한정하여 위계에 의한 간음을 인정하였다.

1) 위계를 인정한 사례

25   판례가 위계를 인정한 사례는 아래와 같다.

26   ① 가정의학과 의사가 빈뇨증상을 호소하면서 병원에 온 피해자(여, 26세)에게 "초음파검사를 하여야 한다."고 하면서 간호사를 대동하지 아니한 채 초음파실로 가 초음파검사를 하였고, 이어서 진료행위를 빙자하여 피해자의 바지를 벗게 한 다음 위생장갑도 끼지 않은 손가락을 피해자의 성기에 넣었다 빼는 행동을 반복한 경우31

27   ② 한의사가 골반통과 생리통을 호소하는 환자 피해자(여, 17세)가 혼자 있는 치료실에 간호사를 대동하지 않고 들어가 커튼을 친 다음, 피해자에게 "골반이 안 좋은 것은 척추와 관련이 있다."는 이야기를 하면서 등과 어깨를 마사지하듯 만지고 아픈 곳이 있는지 물어 피해자가 아프다고 하자, 피고인은 "등이 아픈 아이들은 앞쪽도 아프다."면서 피해자의 가슴을 손으로 주무르듯 만지고, 손가락으로 유두를 돌리며 치료적인 느낌 말고 다른 느낌이 있는지 묻는 등의 행동을 한 경우32

2) 위계를 부정한 사례

28   판례가 위계에 해당하지 않고 정당한 진료행위라고 본 사례는 아래와 같다.

29   ① 가정의학과 전문의인 피고인이 진료실에서 두통, 기침 증상 등으로 병원을 방문하여 진료실 의자에 앉아 있던 피해자(여, 14세) 등의 귀(체온측정 포함), 입안 등을 진찰하면서 다리를 벌리고 피해자들에게 다가와 피고인의 허벅지와 성기 부위를 피해자들의 무릎에 밀착시키는 행위를 하여, 위계로써 아동·청소년인 피해자를 추행하였다는 공소사실에 대하여, 피고인이 체온계를 이용하여 피해자들의 체온을 측정하고, 이경을 통하여 귀 검사를 하며, 불빛이나 설압자를 이용하여 피해자들의 코안이나 목안을 들여다보는 등의 행위는 위와 같은 증상을 호소하는 피해자에게 통상적으로 실시되는 진료행위의 범위에 속하고,

---

31 대판 2016. 11. 25, 2016도13604.
32 서울고판 2016. 7. 13, (춘천)2015노53(상고기각으로 확정).

피고인이 진료실의 의자에 앉은 채 위와 같은 통상적인 진료행위를 하려면 의자를 끌고 환자 쪽으로 다가갈 수밖에 없으므로, 피해자들이 창피함이나 불쾌감을 느꼈다고는 보이지만, 그와 같은 접촉은 피고인의 신체구조상 통상적인 진료과정에서 발생할 수 있다고 보이는 면이 있어서, 그 행위가 진료의 범위를 넘어서는 추행행위에 해당하거나 피고인이 위 피해자들을 진료할 당시 추행의 고의가 있었다고 단정하기 어렵다는 이유로 무죄로 판단한 사안[33]

　② 한의사인 피고인이 '다낭성난소증후군'과 '함몰유두' 증상으로 한의원을 찾아와 진료실 침대 위에 환자복을 입고 누워있던 피해자(여, 15세)에게 '경락치료'를 한다면서 환자복을 열어 피해자의 신체를 노출시킨 다음 피해자의 팔과 다리, 배 등 온몸을 손으로 조금씩 누른 후 피해자의 브래지어를 위로 올리고 양손으로 피해자의 가슴을 감싸 안듯 쥐고 주물럭거리고 가슴을 움켜쥔 양손을 돌리고, 또한 며칠 후에는 피해자의 음부 부근의 허벅지 안쪽을 주무르면서 피해자에게 "생리를 하냐?"고 묻고 하의 허리 밴드 사이로 손을 넣어 피해자의 팬티 위로 음부를 만지는 등의 행위를 하여 위력으로 피해자를 추행하였다는 공소사실에 대하여, 피해자에 대한 진료기록부상 함몰유두에 대한 수기치료 방법 등 위와 같은 치료행위는 한의학적 관점에서 볼 때 통상적인 것으로 평가되고, 피해자의 치료 부위의 특수성에 비추어 치료 중 불가피하거나 부지불식간의 접촉 가능성이 많은 점, 한의원의 진료실에서 나는 소리는 복도나 복도 데스크에서도 잘 들리고, 간호사들이 수시로 복도를 돌아다니고 있어서 피해자가 문제 삼으면 즉시 발각될 수 있는 개방된 공간에서 진료행위가 이루어진 점, 어떤 날은 간호사가 치료 중인 피고인과 대화를 나누기도 하였고, 피고인이 진료하는 다른 환자가 옆 진료실에서 대기하다가 치료받은 적도 있는 점, 한방적 치료과정에서 생길 수 있는 오해를 막기 위해서는 간호사가 입회하는 것이 좋지만 비용 문제로 간호사가 입회하지 않는 것이 일반적인 점, 피해자는 대부분 어머니와 함께 와서 치료를 받은 점, 진료기록부상 피고인은 피해자 및 그 모친에게 민감한 치료법임을 설명하고 동의를 구하였다고 기재되어 있기도 한 점, 자살충동과 우울증을 말하는 피해자의 심리상태 및 사춘기적 특성 등에 비추어 피해

---

33 서울고판 2014. 12. 19, 2014노767(상고기각으로 확정).

자 본인이 심리적 불안정성의 문제를 지니고 있었을 가능성도 있는 점 등을 종합하여 볼 때, 위계에 의한 추행으로 보기 어렵다고 판시한 사례[34]

  3) 검토

31   의사와 한의사의 진료행위와 관련하여, 실무상 '위계'에 의한 추행으로 기소되는 경우, 의사나 한의사가 진료행위(진찰, 치료 등 포함)로서 행한 어떠한 시술행위에 대해, 그와 같은 시술에 이르게 된 과정 및 주관적인 의도, 환자가 고통을 호소하는 부위, 시술 수단, 시술행위의 적절성, 시술 부위와 정도, 그로 인하여 침해되는 환자의 상태, 치료절차 등에 관한 규정이나 의료계의 관행, 치료전에 환자를 상대로 사전 설명을 하거나 동의를 구하였는지 여부, 치료 과정에 간호사 등 보조인의 입회 여부 등을 종합적으로 검토하여, 법질서 전체의 정신이나 그 배후에 놓여 있는 사회윤리 내지 사회통념에 비추어 용인될 수 있는 행위에 해당한다고 인정되는 경우에는 정당한 진료행위로 볼 수 있을 것이다.[35]

32   다만 의사의 진료행위는 환자의 치료를 목적으로 한 행위로 평가되므로 원칙적으로 추행으로 볼 수 없고, 다만 의사의 진료행위가 치료와 무관하거나 치료의 범위를 넘어 환자의 성적 자유를 침해하는 의도 하에 이루어진 추행행위로 평가할 수 있다는 점에 대하여 법관으로 하여금 합리적인 의심을 할 여지가 없을 정도의 확신을 가지게 하는 증명이 필요하고, 검사의 입증이 그 점에 관한 유죄의 확신을 갖기에 충분한 정도에 이르지 못한 경우에는 비록 그 전체적인 치료과정에 다소 석연치 않은 면이 있다고 하더라도 피고인의 이익으로 판단할 수밖에 없다.[36]

33   정당한 진료행위로 볼 수 있다면, 위계에 관한 증명이 없다거나 추행의 요건을 결여하였다고 보아 구성요건해당성이 조각된다고 보아야 하고, 위법성조각사유로 볼 것은 아니다.

  (나) 대판 2020. 8. 27, 2015도9436(전)[37]

34   위 2015도9436 전원합의체 판결은 피해자가 오인, 착각, 부지에 빠지게 되

---

34 서울중앙지판 2014. 1. 16, 2013고합642(항소기각으로 확정).
35 주석형법 〔각칙(4)〕(5판), 300(구회근).
36 서울고판 2014. 12. 19, 2014노767(상고기각으로 확정).
37 본 판결 평석은 유현영, "위계에 의한 간음죄에서 '위계'의 의미, 2015도9436 판례 함께 읽기", 성범죄 재판의 현안과 과제들, 사법발전재단(2023), 397-407; 장성원, "위계 간음죄에서 위계의 대상과 인과관계", 형사판례연구 〔29〕, 한국형사판례연구회, 박영사(2021), 301-342; 허황, "아동·청소년 위계간음죄", 형사판례연구 〔29〕, 한국형사판례연구회, 박영사(2021), 343-379.

는 대상은 '간음행위 자체'에 한정한다는 종래 판례의 태도를 변경하여, 오인, 착각, 부지에 빠지게 되는 대상은 '간음행위 자체'일 수도 있고, 간음행위에 이르게 된 동기이거나 간음행위와 결부된 금전적·비금전적 대가와 같은 요소도 포함된다고 판시하였다.[38]

　　이러한 입장에서 위 2015도9436 전원합의체 판결은, 피고인(36세)이 스마트 폰 채팅 애플리케이션을 통하여 알게 된 14세의 피해자에게 자신을 '고등학교 2학년인 甲'이라고 거짓으로 소개하고 채팅을 통해 교제하던 중 자신을 스토킹하는 여성 때문에 힘들다며 그 여성을 떼어내려면 자신의 선배와 성관계를 하여야 한다는 취지로 피해자에게 이야기하고, 피고인과 헤어지는 것이 두려워 피고인의 제안을 승낙한 피해자를 마치 자신이 甲의 선배인 것처럼 행세하여 간음하여 청소년성보호법위반(위계등간음)죄로 기소된 사안에서, 14세에 불과한 아동·청소년인 피해자는 36세 피고인에게 속아 자신이 甲의 선배와 성관계를 하는 것만이 甲을 스토킹하는 여성을 떼어내고 甲과 연인관계를 지속할 수 있는 방법이라고 오인하여 甲의 선배로 가장한 피고인과 성관계를 하였고, 피해자가 위와 같은 오인에 빠지지 않았다면 피고인과의 성행위에 응하지 않았을 것인데, 피해자가 오인한 상황은 피해자가 피고인과의 성행위를 결심하게 된 중요한 동기가 된 것으로 보이고, 이를 자발적이고 진지한 성적 자기결정권의 행사에 따른 것이라고 보기 어렵다는 이유로, 피고인은 간음의 목적으로 피해자에게 오인, 착각, 부지를 일으키고 피해자의 그러한 심적 상태를 이용하여 피해자를 간음한 것이므로 이러한 피고인의 간음행위는 위계에 의한 것이라고 평가할 수 있음에도 이와 달리 본 원심판결에 위계에 의한 간음죄에 관한 법리오해의 위법이 있다고 판단하였다.

　　위 2015도9436 전원합의체 판결이 종전 판례를 변경한 것은, 왜곡된 성적 결정에 기초하여 성행위를 하였다면 왜곡이 발생한 지점이 성행위 그 자체인지 성행위에 이르게 된 동기인지는 성적 자기결정권에 대한 침해가 발생한 것은 마찬가지라는 점에서 핵심적인 부분이라고 하기 어렵다는 것을 근거로 하고 있다.

　　위 2015도9436 전원합의체 판결은 위계와 간음 사이에 인과관계에 관하여,

---

38 같은 취지의 판결로는 대판 2020. 10. 29, 2020도4015; 대판 2022. 4. 28, 2021도9041.

행위자의 위계적 언동이 존재하였다는 사정만으로 위계에 의한 간음죄가 성립하는 것은 아니므로 위계적 언동의 내용 중에 피해자가 성행위를 결심하게 된 중요한 동기를 이룰 만한 사정이 포함되어 있어 피해자의 자발적인 성적 자기결정권의 행사가 없었다고 평가할 수 있어야 하고, 이와 같은 인과관계를 판단할 때에는 피해자의 연령 및 행위자와의 관계, 범행에 이르게 된 경위, 범행 당시와 전후의 상황 등 여러 사정을 종합적으로 고려하여야 한다고 판시하였다.[39]

38   한편 위 2015도9436 전원합의체 판결에서는 미성년자위계간음죄가 보호대상으로 삼는 아동·청소년, 미성년자, 심신미약자, 피보호자·피감독자, 장애인 등의 성적 자기결정 능력은 그 나이, 성장과정, 환경, 지능 내지 정신기능 장애의 정도 등에 따라 개인별로 차이가 있으므로 간음행위와 인과관계가 있는 위계에 해당하는지 여부를 판단할 때에는 구체적인 범행 상황에 놓인 피해자의 입장과 관점이 충분히 고려되어야 하고, 일반적·평균적 판단능력을 갖춘 성인 또는 충분한 보호와 교육을 받은 또래의 시각에서 인과관계를 쉽사리 부정하여서는 안 된다고 판시하였다.

39   위 2015도9436 전원합의체 판결에 의하면, 행위자의 위계적 언동으로 피해자가 오인, 착각, 부지에 빠지게 되는 대상은 간음행위 자체뿐 아니라 간음행위에 이르게 된 동기이거나 간음행위와 결부된 금전적·비금전적 대가와 같은 요소도 포함된다고 보아, 위계간음죄의 인정 범위가 확장되게 되었다.

40   이러한 판례의 변경은 해당 조항이 미성년자나 장애인의 성적 자기결정권을 보호법익으로 삼고 있는 이상 위계의 대상이 무엇인지가 중요한 것이 아니라 해당 위계가 피해자의 성적 의사결정을 왜곡시켰느냐의 관점에서 구성요건을 해석해야 한다는 점,[40] 피해자가 성적 자기결정권을 행사함에 있어 취약한 지위에 있다는 사정을 고려해야 하는 점,[41] 본조 등에서 병렬적 행위태양으로 규정된 '위력'의 개념에 대하여는 비교적 폭넓게 해석하면서 '위계'에 대하여는 그와 반대로 제한적으로 해석하는 것이 법문의 체계적 해석에 반하는 것이라는

---

39 같은 취지의 판결로는 대판 2020. 10. 29, 2020도4015; 대판 2022. 4. 28, 2021도9041.
40 신아름, "위계·위력에 의한 간음죄에서 위계·위력의 의미", 젠더판례백선, 대법원 젠더법연구회 (2021), 325.
41 김성돈, 218.

점[42]에서 바람직하다고 볼 수 있다. 이처럼 학설도 위 2015도9436 전원합의체 판결 이후에는 이에 찬성하고 있다.[43]

또한 위계와 간음 사이에 인과관계가 인정되어야 하는 것은 당연할 것인데, **41** 위 2015도9436 전원합의체 판결에서 인과관계 유무를 판단함에 있어 행위자의 위계적 언동 중에 피해자가 성행위를 결심하게 된 중요한 동기를 이룰 만한 사정이 포함되어 있어야 한다고 판시한 부분은 일반 범죄에서의 상당인과관계 또는 객관적 귀속 인정과 유사한 기준을 제시한 것으로 볼 수 있고, 구체적인 판단에 있어서 보호대상으로 삼는 아동·청소년, 미성년자, 심신미약자, 피보호자·피감독자, 장애인 등의 성적 자기결정 능력은 그 나이, 성장과정, 환경, 지능 내지 정신기능 장애의 정도 등에 따라 개인별로 차이가 있다는 이유로, 구체적인 범행 상황에 놓인 피해자의 입장과 관점이 충분히 고려되어야 하고, 일반적·평균적 판단능력을 갖춘 성인 또는 충분한 보호와 교육을 받은 또래의 시각에서 인과관계를 쉽사리 부정하여서는 안 된다고 판시한 부분은, 성적 자기결정능력[44]이 미약한 미성년자, 심신미약자는 일반인이 기망을 당하지 않을 것 같은 위계에도 기망을 당할 우려가 있다는 점을 감안한 적절한 기준 제시로 볼 수 있다.

다만 인과관계 인정이 피해자의 상태, 범행 상황에 따라 달라질 수 있어, **42** 판례의 축적을 기다려야 할 것으로는 보인다.

(다) 위 2015도9436 전원합의체 판결 이후의 사례

① 피고인이 랜덤채팅 애플리케이션을 통해 알게 된 피해자(여, 15세)에게 **43** 연예기획사에서 일하는 매니저와 사진작가의 1인 2역을 하면서 거짓말을 하여 피해자로 하여금 모델이 되기 위한 연기 연습 및 사진 촬영 연습의 일환으로 성관계를 한다는 착각에 빠지게 한 후, 마치 자신이 위 매니저가 소개한 사진작가인 것처럼 행세하면서 피해자를 간음한 것을 비롯해, 같은 방법으로 10회에 걸

---

42 홍진영, "위계에 의한 간음죄에서 위계의 의미 - 대법원 2020. 8. 27. 선고 2015도9436 전원합의체 판결", 법률신문 4844, 13.

43 박찬걸, 형법각론(2판), 225; 최호진, 형법각론, 199

44 성적 자기결정 능력은 피해자의 나이, 성장과정, 환경 등 개인별로 차이가 있으므로 성적 자기결정권이 침해되었는지 여부를 판단함에 있어서도 구체적인 범행 상황에 놓인 피해자의 입장과 관점이 충분히 고려되어야 한다(대판 2020. 12. 10, 2019도12282).

쳐 위계로써 아동·청소년인 피해자를 간음하였다며 청소년성보호법위반(위계
등간음)죄로 기소된 사안에서, 원심은 피해자가 피고인의 위계에 의해서가 아니
라 스스로의 판단에 따른 성적 자기결정권을 행사하여 성관계를 하였을 가능성
을 배제할 수 없어 피고인이 간음행위 자체에 대하여 기망하거나 피해자가 간
음행위 자체에 대한 착오에 빠져 성관계를 하였다는 점의 증명이 부족하다고
보아 무죄를 선고하였다. 그러나 대법원은 "피고인은 연예기획사 매니저와 사진
작가의 1인 2역을 하면서 '사진작가의 요구에 따라 성관계 등을 하면 모델 등이
되도록 해 줄 것이다'라는 거짓말을 하여 피해자에게 오인, 착각을 일으키고 피
해자의 그러한 심적 상태를 이용하여 피해자를 간음한 것으로 볼 수 있는바, 이
러한 피고인의 간음행위는 '간음행위에 이르게 된 동기' 내지 '간음행위와 결부
된 비금전적 대가'에 관한 위계에 의한 것이라고 평가할 수 있다."고 판단하였
다.[45]

44　　　② 피해자(여, 21세)가 정신장애 3급 판정 및 조현병 진단을 받은 지능지수
61-71, 사회연령 10세 2개월에 해당하는 장애인인데, 피고인이 오락실에서 혼자
게임을 하고 있는 피해자에게 "나랑 놀래? 먹을 것 사줄게, 가자."라고 말하며
접근하여 피해자를 인근 가게로 데려가 음료수를 사주면서 환심을 산 다음, 피
해자를 인근 모텔로 데려가 정신장애로 인하여 피고인의 행위에 대하여 제대로
거절하거나 반항할 수 없음을 이용하여 간음하였다고 하여 성폭력처벌법 제6조
제5항의 성폭력처벌법위반(장애인위계등간음)죄로 기소된 사안에서, 대법원은
피해자가 복합적인 장애로 성적 자기결정권이 미약하다는 구체적인 사정, 피고
인이 피해자를 처음 만나 함께 놀자고 접근한 후 모텔로 데려가 별다른 대화도
없이 간음행위를 한 것은 성인 여성을 상대로 만남을 제안한 것이라기보다는
피해자를 아동이나 장애인으로 인식하고 행동한 것으로 볼 수 있는 점, 피해자
는 피고인의 이런 언행을 정서적 교류를 포함한 연애를 하자는 것으로 이해하
여 피고인과 연인관계를 맺게 되는 것으로 오인, 착각을 일으켰을 것으로 보인
다는 점을 고려할 때, 피고인의 행위는 간음이라는 목적을 달성하기 위하여 피
해자에게 피고인과의 관계에 대한 오인, 착각을 일으킨 위계적 언동에 해당하

---

45 대판 2022. 4. 28, 2021도9041.

고, 피고인은 피해자의 그러한 심적 상태와 성행위의 의미에 관한 부지를 이용하여 간음의 목적을 달성하였다는 이유로, 원심의 무죄 판단을 파기하고 유죄로 판단하였다.[46]

2. 위 력

(1) 의미 및 정도

'위력'은 사람의 의사를 제압할 수 있는 힘을 말한다(통설).[47] 판례도 본죄에서의 위력은 "피해자의 성적 자유의사를 제압하기에 충분한 세력으로서 유형적이든 무형적이든 묻지 않으며, 폭행·협박뿐 아니라 행위자의 사회적·경제적·정치적인 지위나 권세를 이용하는 것도 가능하다."고 판시하고 있다.[48] 그리고 위력 그 자체가 추행이라고 인정되는 경우도 포함되고, 이 경우의 위력은 현실적으로 피해자의 자유의사가 제압될 것임을 요하지 않는다.[49]

'위력'의 개념을 자유의사를 제압하기에 충분할 정도뿐 아니라, 자유의사를 왜곡시키거나 혼란케 할 정도도 포함시키는 것으로 확장하여야 한다는 견해가 있다(소수설).[50] 판단능력이나 대처능력이 없는 취약자의 성적 자기결정권을 보호할 필요가 있고, 위력에 의한 업무방해죄(§314①)에서 자유의사를 제압할 수 있는 정도뿐 아니라 자유의사를 혼란케 할 정도도 포함하고 있는 것[51]과의 형평을 근거로 삼고 있다.

45

46

---

46 대판 2023. 6. 29, 2020도15730, 2020보도48.

47 김일수·서보학, 151; 박찬걸, 225; 손동권·김재윤, 165; 오영근, 158; 이상돈, 형법강론(4판), 450; 이재상·장영민·강동범, §11/42; 이형국·김혜경, 223; 정성근·정준섭, 형법강의 각론(2판), 130.

48 대판 2013. 1. 16, 2011도7164, 2011전도124; 대판 2019. 6. 13, 2019도3341.

49 대판 1998. 1. 23, 97도2506(유치원 원장인 피고인이 원장이라는 신분을 이용하여 유치원 교사들이나 채용 예정된 피해자들에게 그들의 의사에 반하여 추행하려는 의사를 가지고, 업무차 피고인의 집 앞에 온 피해자를 오른팔을 잡아당겨 안으려고 하거나 피해자를 자기의 차량에 태우고 가다가 은밀한 장소에 이르러 강제로 키스를 하든가, 유치원 내에 다른 사람이 없는 틈을 이용하여 피해자의 허리를 양손으로 잡아 올리는 등 추행행위를 하였다고 하여 업무상위력 등에 의한 추행으로 기소된 사례).

50 김성돈, 219.

51 대판 2020. 11. 12, 2016도8627. 「업무방해죄의 '위력'이란 사람의 자유의사를 제압·혼란케 할 만한 일체의 세력을 말하고, 유형적이든 무형적이든 묻지 아니하며, 폭행·협박은 물론 사회적, 경제적, 정치적 지위와 권세에 의한 압박 등도 이에 포함되고, 현실적으로 피해자의 자유의사가 제압되는 것을 필요로 하는 것은 아니다.」

47   살피건대, 위력에 의한 간음은 판단능력이나 대처능력이 일반인에 비하여 낮은 미성년자나 심신미약자의 성적 자기결정권을 보호하기 위한 것이고, 강간죄에 비하여 법정형도 낮으므로, 간음의 도구가 되는 '위력'의 정도는 강간죄에서의 폭행·협박보다 낮아야 할 것이다. 그런데 대법원이 요구하고 있는 '피해자의 성적 자유의사를 제압하기에 충분한 세력'의 문언 자체가 강간죄에서 요구하고 있는 최협의의 폭행·협박, 즉 피해자의 항거를 불가능하게 하거나 현저히 곤란하게 할 정도의 폭행·협박보다 낮은 것으로 보이지 않는다. 본조의 역할을 마치 강도죄에 대한 공갈죄의 관계와 같이 상대방의 의사를 제압하는 것이 아니라 하자 있는 의사결정을 하게 하는 것을 처벌하는 것으로 보고, 본죄에서 '위력'의 의미를 판단능력의 열위나 사회적·경제적·정치적인 지위나 권세의 차이 때문에 마지못해 간음에 동의하게 하는 정도의 세력, 즉 유·무형력을 통해 자유의사를 제압할 정도뿐 아니라 자유의사를 왜곡시키거나 혼란하게 할 정도의 세력을 포함하는 것으로 보는 것이 본조의 기능에 충실한 해석론이라는 점에서[52], 위 소수설의 태도가 타당하다고 본다.

48   위력으로써 추행한 것인지 여부는 피해자에 대하여 이루어진 구체적인 행위의 경위 및 태양, 행사한 세력의 내용과 정도, 이용한 행위자의 지위나 권세의 종류, 피해자의 연령, 행위자와 피해자의 이전부터의 관계, 피해자에게 주는 위압감 및 성적 자유의사에 대한 침해의 정도, 범행 당시의 정황 등 여러 사정을 종합적으로 고려하여 판단하여야 한다는 것이 종래 판례의 태도이다.[53]

49   한편 폭행·협박을 사용한 위력의 경우, 그 폭행·협박이 상대방의 반항을 불가능하게 하거나 현저히 곤란하게 할 정도에 이른 때에는 피해자가 미성년자나 심신미약자에 해당한다고 하더라도 본죄가 아니라 강간죄(§ 297), 유사강간죄(§ 297의2)가 성립하고,[54] 폭행·협박이 그 정도에 이르지 않더라도 형이 무거운

---

52 김성돈, "형법상 위력개념의 해석과 업무상 위력간음죄의 위력", 형사정책연구 30-1, 한국형사정책연구원(2019. 봄), 123-155는 형법상 위력의 정도를 등급화하여, 위력자살결의죄에서는 판례·다수설의 입장과 같이 '자유의사를 제압할 정도의 세력'에 이를 것을 요하고, 위력간음죄 등 성폭력범죄에서의 위력은 '자유의사를 왜곡할 정도의 세력'으로 족하며, 추상적 위험범인 업무방해죄에서의 위력은 범위를 더 넓혀 '자유의사를 혼란케 할 정도의 세력'으로 족하다고 해석해야 한다고 주장한다.
53 대판 2008. 7. 24, 2008도4069; 대판 2013. 1. 16, 2011도7164, 2011전도124; 대판 2019. 6. 13, 2019도3341; 대판 2020. 10. 29, 2020도4015.
54 김일수·서보학, 151; 주석형법 〔각칙(4)〕(5판), 303(구회근).

강제추행죄(§ 298)가 성립하게 된다.

(2) 위력을 인정한 사례

① 승용차를 운전하여 가다가 길을 가는 13세 내지 15세의 여학생들에게   **50**
경찰이라고 속이고 길을 가르쳐 달라고 부탁하면서 자신의 승용차 조수석 등에
태운 후 달리는 차 안에서 자신의 성기를 꺼내어 자위행위를 하여 아동 · 청소년
에 대한 위력 추행으로 기소된 사안에서, 피해자들이 달리는 차 안에서 자위행
위 장면을 외면하거나 회피할 수도 없고, 주위에 도움을 요청할 수도 없는 상황
이었다는 이유로 유죄를 인정하였다.[55]

② 어린 여자 피해자(11세)를 범행 대상으로 삼아서 의도적으로 협소하고   **51**
폐쇄적인 엘리베이터 내 공간을 이용하여 피해자 외에는 다른 사람이 없어 피
해자가 도움을 청할 수 없고 즉시 도피할 수도 없는 상황을 만든 후 피해자를
바라보고 성기를 꺼내어 자위행위를 하여 위력으로 추행하였다는 공소사실에
대하여, 비록 피해자의 신체에 대하여 직접적인 접촉을 하지 아니하였고, 엘리
베이터가 멈춘 후 피해자가 그 상황에서 바로 벗어날 수 있었다고 하더라도, 피
고인이 피해자에 대하여 한 위 행위는 피해자의 성적 자유의사를 제압하기에
충분한 세력에 의하여 추행행위에 나아간 것으로서 위력에 의한 추행으로 인정
할 수 있다고 판단하였다.[56]

③ 피고인이 호텔 객실에서 피해자(16세의 여고생이었으나, 피고인이 아동 · 청소   **52**
년에 해당함을 알지 못하였다는 이유로 청소년성보호법을 적용하지 않았음)에게 필로폰을
제공하여, 약물로 인해 사물을 변별하거나 의사를 결정할 능력이 미약한 상태에
빠진 피해자가 제대로 저항하거나 거부하지 못한다는 사정을 이용하여 화장실
에서 샤워를 하고 있던 피해자에게 다가가 자신의 성기를 입으로 빨게 하고, 항
문에 성기를 넣기 위해 피해자를 뒤로 돌아 엎드리게 한 다음, 샤워기 호스의
헤드를 분리하여 그 호스를 피해자의 항문에 꽂아 넣은 후 물을 주입하는 등으
로, 약물로 인하여 사물을 변별하거나 의사를 결정할 능력이 미약한 심신미약자
를 위력으로 추행하였다는 공소사실에 대하여, 피해자가 성매매를 위하여 대가
를 지급받고 입실하였지만, 피해자가 사전에 성매매에 동의하였다 하더라도 피

---

55 대판 2012. 9. 27, 2012도9119.
56 대판 2013. 1. 16, 2011도7164, 2011전도124.

해자는 여전히 그 동의를 번복할 자유가 있을 뿐만 아니라, 자신이 예상하지 않았던 성적 접촉이나 성적 행위에 대해서는 이를 거부할 자유를 가지는 것인데, 피고인의 행위는 그 경위 및 태양, 피해자의 연령 등에 비추어 볼 때 피해자와 같은 처지에 있는 일반적·평균적 사람이 예견하기 어려운 가학적인 행위로서, 피해자가 성매매에 합의하였다 하더라도 이와 같은 행위가 있을 것으로 예상하였다거나 사전 동의를 하였다고 보기 어렵고, 또한 피해자가 필로폰 투약에 동의하였다 하여 이를 들어 피해자에게 어떠한 성적 행위를 하여도 좋다는 승인을 하였다고 볼 수도 없다는 이유로, 유죄를 인정하였다.[57]

53　　　④ 피고인은 16세인 피해자가 올린 조건만남 메시지를 보고 만나 피해자에게 2회 성매수의 대가로 15만 원을 교부한 뒤 1회 성교행위만을 하였고, 피해자가 나머지 1회 성교행위를 미루고 응하지 않자 15만 원 전부를 변제할 것을 요구하면서 변제를 대신한 성교행위를 요구하는 공소사실과 같은 트위터 메시지를 보냈으며, 그 후 피고인은 피해자의 요구로 60만 원을 추가로 빌려주면서 앞서 요구한 15만 원과 합하여 75만 원의 채무를 부담하게 한 후, 매일 6만 원씩 분할변제하되, 변제를 1회 연체할 때마다 2회 성관계를 한다는 내용의 차용증을 작성하게 하고, 그 후 차용금에 대한 변제를 요구하면서 차용금에 대한 변제 또는 연체를 이유로 성교행위를 요구하는 공소사실과 같은 카카오톡 메시지를 총 14회에 걸쳐 피해자에게 카카오톡 메시지를 보내어 성교행위를 할 것을 요구하여 아동·청소년인 피해자를 간음하기 위해 위력을 행사하였으나, 피해자를 만나기 전 경찰관에게 체포됨으로써 미수에 그쳤다는 공소사실에 대하여, 피고인이 피해자에게 보낸 메시지에는 채무변제를 요구하는 것이 많기는 하나 순수하게 채무변제를 요구하는 것이 아니라 채무변제와 이를 대신한 성교행위 중에서 선택을 강요하는 것이라는 이유로, 피고인의 행위는 채무변제 여력이 없는 피해자에게 성교행위를 강요하는 것과 같아, 피고인은 피해자의 입장에서 성행위를 결심하게 될 중요한 동기에 대하여 피해자의 자유의사를 제압할 만한 위력을 행사하였다고 볼 수 있다는 이유로 유죄로 인정하였다.[58]

---

57 대판 2019. 6. 13, 2019도3341.
58 대판 2020. 10. 29, 2020도4015.

3. 간음, 추행

(1) 의의

'간음', '추행'의 의미는 제297조(강간), 제298조(강제추행) 부분에서 본 것과 　54
같다. '간음'에는 '유사간음'이 포함되지 않는다고 봄이 타당하지만, '유사간음'은
'추행'의 개념에 포섭하여 처벌할 수 있을 것이다[간음 또는 추행에 대하여는 § 297
(강간), § 297의2(유사강간), § 298(강제추행) 주해 참조].

(2) 피해자 진술의 신빙성 판단 방법

본죄는 피해자가 '미성년자' 또는 '심신미약자'이고, 대부분의 성폭력범죄의 　55
경우 객관적인 물증보다는 피해자의 진술이 결정적인 증거가 되는 경우가 많다.

이와 관련하여 대법원은, "미성년자인 피해자가 자신을 보호·감독하는 지 　56
위에 있는 친족으로부터 강간이나 강제추행 등 성범죄를 당하였다고 진술하는
경우에 그 진술의 신빙성을 판단함에 있어서, 피해자가 자신의 진술 이외에는
달리 물적 증거 또는 직접 목격자가 없음을 알면서도 보호자의 형사처벌을 무
릅쓰고 스스로 수치스러운 피해 사실을 밝히고 있고, 허위로 그와 같은 진술을
할 만한 동기나 이유가 분명하게 드러나지 않을 뿐만 아니라, 그 진술 내용이
사실적·구체적이고, 주요 부분이 일관되며, 경험칙에 비추어 비합리적이거나
진술 자체로 모순되는 부분이 없다면, 설령 표현방법이 미숙하여 진술 내용이
다소 불명확하거나 표현상의 차이로 인하여 사소한 부분에 일관성이 없는 것처
럼 보이는 부분이 있다고 하여도, 그 진술의 신빙성을 특별한 이유 없이 함부로
배척해서는 안 될 것이다."고 판시하고 있다.[59]

또한, "성추행 피해 아동의 수사기관에서의 진술에 관한 신빙성을 판단함에 　57
있어서는, 아동의 경우 질문자에 의한 피암시성이 강하고, 상상과 현실을 혼동
하거나 기억내용에 대한 출처를 제대로 인식하지 못할 가능성이 있는 점 등을
고려하여, 아동의 나이가 얼마나 어린지, 위 진술이 사건 발생시로부터 얼마나
지난 후에 이루어진 것인지, 사건 발생 후 위 진술이 이루어지기까지의 과정에
서 최초로 아동의 피해 사실을 청취한 보호자나 수사관들이 편파적인 예단을

---

59 대판 2006. 10. 26, 2006도3830[피고인이 8여 년 전부터 의붓딸인 피해자(당시 11세)를 지속적
　으로 성폭행하였다고 기소된 사안에서, 피해자의 진술을 배척한 원심을 파기하고 유죄 취지로
　환송한 사례].

가지고 아동에게 사실이 아닌 정보를 주거나 반복적인 신문 등을 통하여 특정한 답변을 유도하는 등으로 아동 기억에 변형을 가져 올 여지는 없었는지, 위 진술 당시 질문자에 의하여 오도될 수 있는 암시적인 질문이 반복된 것은 아닌지, 같이 신문을 받은 또래 아동의 진술에 영향을 받은 것은 아닌지, 면담자로부터 영향을 받지 않은 아동 자신의 진술이 이루어진 것인지, 법정에서는 피해사실에 대하여 어떠한 진술을 하고 있는지 등을 살펴보아야 하며, 또한 위 검찰에서의 진술내용에 있어서도 일관성이 있고 명확한지, 세부내용의 묘사가 풍부한지, 사건·사물·가해자에 대한 특징적인 부분에 관한 묘사가 있는지, 정형화된 사건 이상의 정보를 포함하고 있는지 등도 종합적으로 검토되어야 한다."고 판시하면서,[60] 위와 같은 법리는 지적장애로 인하여 정신연령이나 사회적 연령이 아동에 해당하는 청소년의 수사기관에서의 진술에 관한 신빙성을 판단함에 있어서도 마찬가지로 적용된다고 판시하였다.[61]

58   위와 같은 과정을 거쳐 피해 사실의 주요 부분에 관한 진술에 일관성이 있다면, 사소한 사항에 관한 진술이 객관적 사실과 다소 불일치하거나 과장된 점이 있다거나 또는 일반인에게 요구되는 정도의 논리성, 합리성이 다소 결여되어 있다는 등의 사유만으로 그 진술의 신빙성을 함부로 부정하여서는 안 될 것이다.[62]

4. 인과관계 및 피해자의 동의

59   위계·위력으로써 간음·추행을 하여야 하므로, 위계·위력의 행사와 간음·추행 행위 사이에는 인과관계가 있어야 한다.

60   위계는 상대를 속이는 행위이므로 위계의 행사는 의미가 분명하다. 위력은 자유의사를 제압하기에 충분할(앞서 살펴본 소수설에 의하면 자유의사를 왜곡시키거나 혼란케 할) 세력이고, 이에는 지위나 권력의 차이도 포함하는 것이므로, 위력의

---

60 대판 2008. 7. 10, 2006도2520. 아파트 경비원인 피고인이 보호자의 관리가 소홀한 틈을 타 피해자들(4, 5세)을 경비실로 데리고 들어가 추행하였다고 기소된 사안에서, 피해사실 자체보다는 대단지 아파트의 여러 경비원 중 피해 아동들을 추행한 경비원이 피고인인지, 지목경위와 관련하여 피해자들이 반복된 암시 등을 통하여 피고인을 가해자로 지목하게 된 것이어서 그 부분 진술의 신빙성을 인정할 수 있는지 여부가 쟁점이 되었는데, 원심의 무죄 판단을 유지하였다.
61 대판 2017. 1. 25, 2016도14989.
62 성범죄재판실무편람, 성범죄재판실무편람 집필위원회(2018), 69.

행사는 의미가 불분명한 측면이 있다. 지위나 권력의 차이가 있다고 하여도 피해자가 자발적으로 제의하여 간음·추행을 하는 것을 위력의 행사라고 보기는 어려울 것이고, 행위자가 지위나 권력의 차이 등 세력을 이용하여 간음·추행을 제의하거나 바로 행위로 나아가는 것이 위력의 행사에 해당한다고 볼 수 있을 것이다.[63]

본조는 위계나 위력의 행사로 상대방의 하자 있는 의사를 형성하게 하여 간음·추행하는 것도 처벌하겠다는 것이므로, 상대방의 동의가 구성요건해당성을 조각하지 않는다고 보아야 한다. 61

다만 상대방이 처음부터 행위자와의 성관계를 원하고 있었다면 인과관계를 인정할 수 없을 것이므로, 피고인의 행위는 불능미수에 그치고, 본죄의 미수범은 처벌하지 않는다. 62

Ⅳ. 죄 수

본죄도 강간죄나 강제추행죄와 마찬가지로 동일한 피해자에 대한 범행이라고 하더라도 원칙적으로 각 간음행위 또는 추행행위 때마다 1개의 범죄가 성립한다.[64] 그러나 동일한 위계나 위력에 따른 피해자의 착각 상태 등이 계속되는 상황에서 수회에 걸쳐 간음 또는 추행한 경우처럼 시간적·장소적으로 접착되어 범의의 단일성과 계속성을 인정할 수 있을 때에는 포괄하여 일죄가 성립한다.[65] 63

Ⅴ. 처벌 등

1. 법정형

5년 이하의 징역에 처한다. 본죄는 양형기준 적용대상이다.[66] 64

---

63 김성돈(주 52), 147.
64 대판 1982. 12. 14, 82도2442.
65 주석형법 〔각칙(4)〕(5판), 305(구회근).
66 양형위원회, 2023 양형기준, 29-63.

2. 미수범 처벌 여부

65   본죄의 미수범은 그 처벌규정이 없어 처벌되지 않는다.

66   그런데 이와 관련하여, 제305조가 13세 미만 미성년자에 대한 간음·추행죄를 강간과 강제추행의 예에 따라 처벌한다고 규정함으로써 그 미수범도 당연히 처벌된다고 해석되는데, 본죄는 그보다 불법성이 크므로 마찬가지로 미수범 처벌규정이 적용된다는 견해가 있다.[67]

67   그러나 형벌법규는 문언에 따라 엄격하게 해석·적용하여야 하고, 피고인에게 불리한 방향으로 지나치게 확장해석하거나 유추해석하는 것은 죄형법정주의의 원칙에 어긋나는 것이며, 제305조와 본조는 그 규정 형식도 다르므로, 본죄의 미수범에 대하여 제300조를 유추적용하여 처벌하는 것은 타당하지 않다.[68]

68   다만 위계 또는 위력으로써 신체적인 또는 정신적인 장애가 있는 사람을 간음하거나 추행한 경우에 적용되는 성폭력처벌법 제6조 제5항, 제6항에 대해서는 미수범 처벌규정이 있고(성폭처벌 §15), 위계·위력으로 아동·청소년에 대한 간음 또는, 추행을 하려다 미수에 그친 경우에도 미수범 처벌규정이 있다(아청 §7⑥, ⑤).

3. 소송상 문제 – 공소장변경

69   정신적 장애로 인하여 항거불능 상태에 있는 피해자를 간음 또는 추행하는 행위, 즉 성폭력처벌법위반(장애인에대한준강간등)죄(성폭처벌 §6④)로 기소된 피고인에 대하여, 공소장변경절차 없이 위력에 의한 미성년자간음·추행죄로 유죄를 인정할 수 있는가의 문제와 관련하여, 대법원은 두 죄는 그 행위의 객체, 상대방의 상태, 행위의 내용과 방법 등에서 서로 달라서 그에 대응하는 피고인의 소송상 방어의 내용이나 수단 등 역시 달라질 수밖에 없으므로, 피고인의 방어권 행사에 실질적인 불이익을 초래할 수 있고, 따라서 공소장변경의 절차를 거쳐야 한다고 판시하였다.[69]

〔성 보 기〕

---

67 김신규, 223; 배종대, §46/28.
68 주석형법 〔각칙(4)〕(5판), 305면(구회근).
69 대판 2014. 3. 27, 2013도13567; 대판 2014. 7. 24, 2014도2918, 2014전도54.

제303조(업무상위력 등에 의한 간음)

① 업무, 고용 기타 관계로 인하여 자기의 보호 또는 감독을 받는 사람에 대하여 위계 또는 위력으로써 간음한 자는 7년 이하의 징역 또는 3천만원 이하의 벌금에 처한다. 〈개정 1995. 12. 29., 2012. 12. 18., 2018. 10. 16.〉

② 법률에 의하여 구금된 사람을 감호하는 자가 그 사람을 간음한 때에는 10년 이하의 징역에 처한다. 〈개정 2012. 12. 18., 2018. 10. 16.〉

Ⅰ. 취 지

본조는 ① 업무, 고용 기타 관계로 인하여 자기의 보호 또는 감독을 받는 사람에 대하여 위계 또는 위력으로써 간음하는 행위(제1항)와 ② 법률에 의하여 구금된 사람을 감호하는 자가 그 사람을 간음하는 행위(제2항)을 처벌하는 규정이다. 피보호자, 피감독자 또는 피감호자의 성적 자유나 성적 자기결정권이 그러한 관계로 인하여 부당하게 침해되는 것을 방지하기 위한 규정이다. 위 ①의 범죄를 피보호자·피감독자간음죄, 위 ②의 범죄를 피감호자간음죄라고 한다.

본조 제정 후 제1항은 3번, 제2항은 2번 개정되었다. 본조 제1항은 1995년 12월 29일 형법 개정으로 법정형 중 벌금형이 '2만5천 환 이하의 벌금'에서 '1천5백만 원 이하의 벌금'으로 개정되었다.

본조는 2012년 12월 18일 일부 개정되었는데, 개정 전에는 모두 그 객체가 '부녀'로 한정되어 있었으나 성폭력범죄에 대한 사회인식의 변화 등을 반영하여 본장 전체적으로 그 객체가 '사람'으로 개정되었다. 이에 따라 그 주체도 '남자'

1

2

3

에서 '여자'까지 포함하여 '사람'으로 그 범위가 확대되었다.

4   또한 2018년 10월 16일 형법 개정으로 법정형이 상향되었는데, 제1항의 피
보호자·피감독자간음죄는 '5년 이하의 징역 또는 1천5백만 원 이하의 벌금'에서
'7년 이하의 징역 또는 3,000만 원 이하의 벌금'으로, 제2항의 피감호자간음죄는
'7년 이하의 징역'에서 '10년 이하의 징역'으로 개정되었다. 위 개정은 공직사회,
문화예술계 등에서 벌어지고 있는 조직 내 권력형 성폭력 사건의 경우, 가해자
가 사회적 지위를 이용해 지속적으로 성폭력범죄를 저질러 피해자에게 심각한
육체적·정신적 고통을 주고 있음에도 불구하고 피보호자·피감독자간음죄의 법
정형이 간음죄임에도 강제추행죄(§298. 10년 이하의 징역)에 비하여 형량이 낮아
범죄 예방 효과가 높지 않음을 고려하여, 법의 실효성 제고를 위하여 법정형을
상향하면서 동시에 피감호자간음죄의 법정형도 상향한 것이다.[1]

II. 피보호자·피감독자간음죄(제1항)

1. 의 의

5   본죄(피보호자·피감독자간음죄)는 업무, 고용 기타 관계로 타인의 보호 또는
감독을 받는 지위에 있어 특히 성폭력범죄에 취약한 사람을 보호대상으로 하여
행위자를 강력하게 처벌하기 위하여 규정된 것으로, 강간죄 등과 비견되는 독립
적인 가벌성을 지닌 범죄이다.[2]

6   본죄의 보호법익은 업무, 고용 기타 관계로 타인의 보호 또는 감독을 받은
사람의 성적 자유 또는 성적 자기결정권이고, 보호의 정도는 침해범이다.[3]

2. 주 체

7   주체는 업무·고용 기타 관계로 인하여 사람을 보호·감독하는 지위에 있는
신분자에 한정된다. 본죄는 진정신분범이다.[4] 자수범이다.[5]

---

1 국회 법제사법위원회, 형법 일부개정법률안(대안), 제안이유(2018. 9) 참조.
2 대판 2020. 3. 27, 2015도9436(전).
3 김신규, 형법각론, 224; 오영근, 형법각론(8판), 160.
4 김신규, 225; 김일수·서보학, 새로쓴 형법각론(9판), 151; 김혜경·박미숙·안경옥·원혜욱·이인

3. 객 체

본죄의 객체는 업무·고용 기타 관계로 인하여 피고인의 보호 또는 감독을 8
받는 사람이다.

본죄 성립에 피해자의 나이는 상관이 없지만, ① 13세 미만의 사람(범행의 9
주체가 19세 이상인 경우에는 13세 이상 16세 미만)인 경우에는 보호·감독관계에 있지
않다고 하더라도 제305조(미성년자에 대한 간음, 추행)에 의하여 처벌하고 법정형도
본죄보다 무거우므로(강간의 경우, 3년 이상의 유기징역), 보호감독을 받는 사람도
제305조에 의하여 처벌된다. 또한, ② 13세 미만의 미성년자인 경우, 성폭력처
벌 등에 관한 특례법(이하, 성폭력처벌법이라 한다.) 제7조(13세 미만의 미성년자에 대한
강간, 강제추행 등) 제5항, 제1항(무기징역 또는 10년 이상의 징역)에 의하여[성폭력처벌
법위반(13세미만미성년자위계등간음)죄], '청소년(19세 미만)'일 경우에는 아동·청소년
의 성보호에 관한 법률(이하, 청소년성보호법이라 한다.) 제7조(아동·청소년에 대한 강
간·강제추행 등) 제5항, 제1항(무기징역 또는 5년 이상의 징역)에 의하여[청소년성보호
법위반(위계등간음)죄] 각 우선하여 가중처벌받게 된다. 따라서 실질적으로는 '19
세 이상의 사람'이 본죄의 객체에 해당한다고 할 것이다.[6]

또한 피해자가 장애인인 경우, 성폭력처벌법 제6조(장애인에 대한 강간·강제추 10
행 등) 제5항, 제1항(5년 이상의 유기징역)[성폭력처벌법(장애인위계등간음)죄]이 우선
적용된다.

(1) 보호 또는 감독을 받게 된 원인

보호 또는 감독을 받게 된 원인은 '기타 관계'라는 포괄규정 때문에 업무·고 11
용에 한정되지 않고 제한이 없다. 즉, 보호·감독의 원인은 업무·고용에 한정되
지 않고 신분관계 등 그 범위는 다양하다. 사기업이나 공기업은 물론 공무원 관
계에서도 인정되고, 자영업체에서도 인정된다.[7]

영, 형법각론(3판), 202; 박상기·전지연, 형법학(총론·각론)(5판), 511; 박찬걸, 형법각론(2판),
227; 이형국·김혜경, 형법각론(3판), 225; 임웅, 형법각론(11정판), 234; 정성근·박광민, 형법각
론(전정3판), 188; 정영일, 형법각론, 130.

5 김성돈, 220; 정성근·박광민, 188; 정영일, 130. 이에 대하여 신분 없는 사람도 감독자와 공동하
여 본죄를 범할 수 있는 점에서, 자수범이 아니라는 견해도 있다(이형국·김혜경, 224).

6 김일수·서보학, 152.

7 김성돈, 230; 배종대, 형법각론(14판), §46/30; 주석형법 [각칙(4)](5판), 307-308(구회근).

(2) 보호관계

12   보호관계는 행위의 주체가 그 상대방인 객체의 안전을 책임지는 관계를 말
한다. 예컨대, 의사는 환자를 보호하는 관계에 있다고 볼 수 있다.[8]

(3) 감독관계

13   감독관계는 고용관계나 업무상 상하관계에서 감독을 하는 관계를 말한다.
예컨대, ① 감독을 받는 관계는 소규모 자영업체 사장과 경리직원,[9] ② 유치원
원장과 그 유치원의 교사 또는 채용 예정인 유치원 교사,[10] ③ 식당 주인과 여
자 종업원, ④ 기업체의 사장과 그 직원, 유흥업소 사장과 그에 고용된 여직원
(이상, 고용관계가 원인), ⑤ 직장 상사와 그 부하 직원,[11] ⑥ 학교 교사와 학생(이상,
업무관계가 원인) 등이 여기에 해당한다.

(4) 사실상의 보호 · 감독관계

14   '업무 · 고용 기타 관계로 인하여 자기의 보호 또는 감독을 받는 사람'에는
직장의 내규 등에 의한 직제상 보호 또는 감독을 받는 관계에 있는 사람뿐만 아
니라 직장 내에서 실질적으로 업무나 고용관계 등에 영향력을 미칠 수 있는 사
람,[12] 즉 사실상 보호 또는 감독을 받는 상황에 있는 사람도 포함된다.[13]

15   따라서 ① 피고인이 직접 여자 피해자를 미장원의 종업원으로 고용한 것은
아니지만 피고인의 처가 경영하는 미장원에 매일 출입하면서 미장원 업무를 보
고 있었던 경우에는, 피고인과 그 여자 종업원 사이에 사실상의 보호 · 감독 관
계를 인정할 수 있다.[14]

16   그러나 ② 목사인 피고인이 자신의 교회의 집사인 피해자를 위력으로 간음

---

8 대판 2005. 7. 14, 2003도7107[병원 응급실에서 당직 근무를 하던 의사가 가벼운 교통사고로 인
   하여 비교적 경미한 상처를 입고 입원한 여성 환자들의 바지와 속옷을 내리고 음부 윗부분을 진
   료행위를 가장하여 수회 누른 행위가 성폭력범죄의처벌및피해자보호등에관한법률위반(업무상위
   력등에의한추행)죄에 해당한다고 한 사례].
9 대판 1985. 9. 10, 85도1273(자기의 피용자인 부녀를 간음하면서 불응하는 경우 해고할 것을 위
   협한 사례).
10 대판 1998. 1. 23, 97도2506.
11 대판 2009. 9. 24, 2009도6800.
12 대판 2009. 9. 24, 2009도6800.
13 대판 1976. 2. 10, 74도1519; 대판 2001. 10. 30, 2001도4085; 대판 2020. 7. 9, 2020도5646[성
   폭력처벌법위반(업무상위력등에의한추행)].
14 대판 1976. 2. 10, 74도1519.

한 사안에서, 피해자가 집사로 활동하였으나 이를 통하여 월급을 받는 등 생계의 수단에 이른 것은 아니었고, 당시 피해자는 이 사건 기도원에 어머니의 요양을 위하여 와 있었던 것이지 피고인으로부터 피해자의 불임치료를 받기 위하여와 있었던 것은 아니었는데다가, 피해자는 피고인의 의사와 관계없이 자유롭게 기도원을 나갔다가 다시 들어가기도 하였던 점에 비추어, 법률상뿐 아니라 사실상으로도 피고인의 보호 또는 감독을 받는 상황이 아니라고 보아 무죄로 판단하였다.[15]

또한, ③ 여자 피해자가 전화를 통하여 피고인으로부터 윤락행위의 상대방을 소개받고 그 후 피고인은 금융기관을 통하여 피해자로부터 윤락행위의 대가중 일부를 소개료로 지급받는 관계에 불과한 경우에는, 피고인과 그 피해자 사이에 사실상의 보호·감독관계가 있다고 볼 수 없다.[16]

(5) 법률상 구금에 따른 보호·감독관계

보호·감독 관계가 '법률상의 구금'에 기하여 발생한 경우에는 법정형이 더무거운 피감호자간음죄가 성립한다.[17]

4. 행 위

본죄의 행위는 위계 또는 위력으로써 간음하는 것이다. '위계' 또는 '위력'의 개념은 **제302조(미성년자에 대한 간음)** 부분에서, '간음'의 개념은 **제297조(강간)** 부분에서 살펴본 것과 같다. 여기서는 본죄와 관련되는 범위 내에서 간단히 살펴본다.

(1) 위계

위계의 대상에 관하여, 피해자가 오인, 착각, 부지에 빠지게 되는 대상이 간음행위 자체 외에 간음행위에 이르게 된 동기이거나 간음행위와 결부된 금전적·비금전적 대가와 같은 요소인 경우에도 위계에 의한 간음을 인정한 대판 2020. 8. 27, 2015도9436(전)은 본죄에도 그대로 적용된다.

위 2015도9436 전원합의체 판결이 있기 전의 판결로서, 피고인이 피해자에

17

18

19

20

21

---

15 서울고판 2008. 7. 31, 2008노605(확정).
16 대판 2001. 10. 30, 2001도4085.
17 주석형법 [각칙(4)](5판), 308(구회근).

게 환각성이 강한 향정신성의약품인 엠디엠에이(속칭 엑스터시)를 감기약 같은 것이라고 하면서 반 알을 먹게 하고 계속하여 술을 마실 것을 권하여 피해자로 하여금 주량을 초과하는 술을 마시게 하였더라도, 피해자가 향정신정의약품을 먹고 술을 마신 행위와 성교행위 사이에는 불가분의 관련성이 인정되지 아니하는 만큼 이로 인하여 피해자가 간음행위 자체에 대한 착오에 빠졌다거나 이를 알지 못하였다고 할 수는 없다 할 것이어서, 본죄에서의 위계에 해당하지 않는다고 판시한 것이 있다.[18] 그러나 지금은 위 2015도9436 전원합의체 판결의 취지에 따라 위계에 해당되어 본죄가 성립한다고 할 것이다.

(2) 위력

22   '위력'은 피해자의 자유의사를 제압하기에 충분한(§ 302에서 살펴본 소수설에 의하면, 자유의사를 왜곡하게 하거나 혼란케 할) 세력을 말하고, 그것이 유형적이든 무형적이든 묻지 않으며, 폭행·협박뿐만 아니라 사회적·경제적·정치적인 지위나 권세를 이용하는 것도 가능하다.[19]

23   지방자치단체장인 피고인이 수행비서인 피해자를 위력으로써 간음, 추행하였다고 기소된 사안에서, 합의에 의한 성관계였다는 피고인의 주장을 배척하고, 피해자에 대한 임면권을 가지고 있고 피해자가 수행비서로 수발을 들어야 할 피고인의 지위나 권세는 피해자의 자유의사를 제압하기에 충분한 무형적 세력에 해당하며, 피고인은 업무상위력으로써 피해자를 간음하였다고 봄이 타당하다는 이유로 유죄를 인정한 사례가 있다.[20]

(3) 간음

24   본죄는 보호·감독을 받는 사람에 대한 간음행위만을 처벌의 대상으로 하고, 추행행위는 그 대상이 아니다. 따라서 추행의 개념에 포섭할 수 있는 유사간음은 본죄의 대상이 아니다.

25   다만 추행에 대해서는, 성폭력처벌법 제10조 제1항[21]에 처벌규정이 마련되

---

18 대판 2007. 9. 21, 2007도6190.
19 대판 2013. 1. 16, 2011도7164, 2011전도124.
20 대판 2019. 9. 9, 2019도2562(피감독자간음).
21 성폭력처벌법 제10조(업무상 위력 등에 의한 추행) ① 업무, 고용이나 그 밖의 관계로 인하여 자기의 보호, 감독을 받는 사람에 대하여 위계 또는 위력으로 추행한 사람은 3년 이하의 징역 또는 1천500만원 이하의 벌금에 처한다.

어 있다[성폭력처벌법위반(업무상위력등에의한추행)죄]. 유사간음은 여기의 추행의 해당되어 처벌할 수 있을 것이다.

(4) 인과관계 및 피해자의 동의

제302조에서와 마찬가지로, 본죄에서도 위계·위력과 간음행위 사이에 인과관계가 인정되어야 한다. 그 전제로 위계·위력의 행사가 있어야 한다. 행위자가 지위나 권력의 차이 등 세력을 이용하여 간음을 제의하는 것은 위력의 행사에 해당한다고 볼 수 있을 것이다.[22]

26

위계에 의하여 동의를 받아낸 것은 구성요건해당성을 조각하지 않는다고 보아야 한다. 상대방이 위계임을 알면서도 동의한 경우에는, 인과관계를 인정할 수 없다. 위력에 의한 간음에 있어서도 위력에 의하여 마지못한 동의를 받아 낸 것은 구성요건해당성을 조각하지 않는다고 보아야 하지만,[23] 피해자가 자발적으로 제의하여 간음을 하는 것은 위력의 행사가 없거나 위력행사와 간음 사이에 인과관계가 없기 때문에 본죄를 구성하지 않는다.

27

III. 피감호자간음죄(제2항)

1. 의 의

본죄(피감호자간음죄)는 법률에 의하여 구금된 사람, 즉 피구금자(피감호자)를 감호하는 사람이 피구금자를 간음한 때에 성립하는 범죄이다. 피구금자는 감호자에 대하여 의사결정의 자유가 이미 제한되어 있을 가능성이 높은 점을 고려하여 피구금자의 동의 여부와 관계없이 처벌하는 것이다.[24]

28

본죄의 주된 보호법익은 피구금자의 성적 자유 또는 성적 자기결정권이지만, 부차적으로 감호자에 대한 일반인의 신뢰도 부차적 보호법익이라 할 것이다.[25] 이런 점에서 본죄는 국가적 법익에 대한 범죄로서의 성격을 지니고 있고,

29

---

22 김성돈, "형법상 위력개념의 해석과 업무상 위력간음죄의 위력", 형사정책연구 30-1, 한국형사정책연구원(2019. 봄), 147.
23 피해자의 사전동의가 구성요건해당성을 조각한다는 견해도 있다[주석형법 [각칙(4)](5판), 310(구회근)].
24 오영근, 161.
25 김성돈, 222(감호자의 청렴성에 대한 일반인의 신뢰); 박상기·전지연, 512(인신구속업무를 수행

성적 의사결정의 자유가 침해되지 않아도 성립하는 추상적 위험범이라는 견해[26]도 있으나, 피보호자·피감독자간음죄와 마찬가지로 주된 보호법익이 침해되어야 성립하는 침해범이라고 할 것이다.

2. 주 체

30   본죄의 주체는 법률에 의하여 구금된 사람을 감호하는 사람이다. 따라서 진정신분범이다.[27] 본죄가 자수범인지에 대해서는, ① 감호자가 직접 구성요건을 실현시켜야 하는 자수범이라는 견해(통설)[28]도 있으나, ② 간접정범의 형태로 본죄를 범한 경우에도 처벌이 가능한 점에 비추어 자수범이 아니라는 견해[29]가 타당하다.

31   검찰, 경찰, 교정직 공무원이 이에 해당한다.[30] 일시적으로 감호하는 위치에 있게 된 경우도 해당한다.[31]

3. 객 체

32   본죄의 객체는 법률에 의하여 구금된 사람이다.

33   확정판결에 의하여 형 집행이나 보안처분의 집행 중에 있거나 노역장에 유

하는 공무원에 대한 일반의 신뢰); 손동권·김재윤, 167(구금상태에서도 부당대우를 받지 아니한다는 신뢰이익); 오영근, 161(피구금자에 대한 평등한 처우와 감호자의 청렴성에 대한 일반인의 신뢰); 이재상·장영민·강동범, § 11/46(피구금자에 대한 평등한 처우와 감호자의 청렴성에 대한 일반인의 신뢰); 이형국·김혜경, 226(감호자의 공정성 및 청렴성에 대한 일반인의 신뢰)199; 임웅, 235(감호자의 청렴성에 대한 일반인의 신뢰); 정성근·박광민, 390(피구금자에 대한 평등처우와 감호자의 청렴성에 대한 일반인의 신뢰); 정영일, 131(감호자의 업무상 윤리성·청렴성); 주석형법 〔각칙(4)〕(5판), 310(구회근)(인신구속업무를 수행하는 공직자에 대한 일반인의 신뢰성).

26 오영근, 161.

27 박상기·전지연, 512; 배종대, § 46/31; 오영근, 161; 정영일, 131.

28 김성돈, 222; 김혜경·박미숙·안경옥·원혜욱·이인영, 203; 박상기·전지연, 512; 배종대, § 46/31; 손동권·김재윤, 167; 이재상·장영민·강동범, § 11/46; 이정원·류석준, 형법각론, 189; 이형국·김혜경, 226; 임웅, 236; 정성근·박광민, 190; 정웅석·최창호, 형법각론, 421; 한상훈·안성조, 형법개론(3판), 456.

29 김일수·서보학, 152(의무범적 진정신분범이다); 김신규, 226; 오영근, 161(본죄의 중점은 감호자의 악성에 대한 비난이 아니라 피구금자의 성적 의사결정의 자유 보호에 있다); 주석형법 〔각칙(4)〕(5판), 310(구회근)(감호자가 간접정범 형태로 본죄를 범한 경우에도 처벌할 필요가 있다).

30 김성돈, 222.

31 주석형법 〔각칙(4)〕(5판), 310(구회근).

치된 사람은 물론 체포, 구금, 구인 등 법률상의 강제처분에 의하여 신체의 자
유가 제한된 사람을 모두 포함한다.[32] 법정소란 등으로 감치 처분을 받아 구금
된 사람도 마찬가지이다. 그러나 선고유예나 집행유예 중에 있거나 보호관찰을
받고 있는 사람은 현재 구금된 상태가 아니므로 본죄의 객체가 되지 않는다.

'불법적으로' 구금된 사람도 포함된다는 견해[33]도 있으나, '법률에 의하여'라 　34
는 문언의 해석상 '불법적으로' 구금된 사람은 여기에 해당하지 않는다고 보아
야 할 것이다.[34]

형사절차 이외에 정신건강증진 및 정신질환자 복지서비스 지원에 관한 법 　35
률에 의하여 동의입원(동법 §42), 행정입원(동법 §44)된 경우도, 법률에 의하여 구
금된 사람으로 보아야 할 것이다.

4. 행 위

본죄의 행위는 간음하는 것이다[간음의 개념은 §297(강간) 부분 참조]. 　36

단순히 간음하는 것이므로 특별한 수단을 요하지 않는다. 본죄는 간음행위 　37
만을 처벌의 대상으로 하고, 추행행위는 그 대상이 아니다. 따라서 추행의 개념
에 포섭할 수 있는 유사간음도 본죄의 대상이 아니다. 다만 추행에 대해서는,
성폭력처벌법 제10조 제2항[35]에 처벌규정이 마련되어 있다[성폭력처벌법위반(업
무상위력등에의한추행)죄]. 유사간음은 여기의 추행의 해당되어 처벌할 수 있을 것
이다.

5. 피해자의 의사

본죄는 감호자와 피구금자의 힘의 불균형을 고려하여 피구금자의 동의 여 　38
부를 불문하고 감호자로부터 피구금자의 성적 자유 또는 성적 자기결정권을 보

---

32 김성돈, 222; 박상기·전지연, 512; 배종대, §46/31; 손동권·김재윤, 167; 오영근, 161; 이재상·장
　영민·강동범, §11/47; 임웅, 236; 정성근·박광민, 190; 주석형법 [각칙(4)](5판), 310(구회근).
33 김성돈, 222; 박찬걸, 230; 오영근, 161; 이형국·김혜경, 227; 임웅, 236; 정성근·박광민, 190.
34 한상훈·안성조, 456; 주석형법 [각칙(4)](5판), 310(구회근). 불법 구금된 사람을 본죄의 보호대
　상에서 제외하도록 한 것은 입법적인 재고를 요한다거나(박상기·전지연, 512), 입법적 불비라는
　견해(정영일, 131)도 있다.
35 성폭력처벌법 제10조(업무상 위력 등에 의한 추행) ② 법률에 따라 구금된 사람을 감호하는 사
　람이 그 사람을 추행한 때에는 5년 이하의 징역 또는 2천만원 이하의 벌금에 처한다.

호하기 위한 규정이므로,[36] '피해자의 사전 동의 또는 승낙'이 있거나 '피해자의
부탁'에 의하여 간음하였더라도 본죄는 성립한다.[37]

39   이처럼 본죄의 성립에는 피해자의 의사 여부를 묻지 않으므로, 범행수단으
로 '위계'나 '위력'을 사용한 경우에도 성립할 수 있다. 그러나 '위계'나 '위력'을
사용한 경우는, 앞서 살펴본 바와 같이 피구금자가 '13세 미만의 미성년자'라면
법정형이 더 무거운 성폭력처벌법 제7조 제5항(무기징역 또는 10년 이상의 징역)에
의하여, '청소년(19세 미만)'이라면 법정형이 더 무거운 청소년성보호법 제7조 제5
항(무기징역 또는 5년 이상의 징역)에 의하여 각 처벌받게 될 것이다. 그러나 단순한
위력의 수준을 넘어 상대방의 항거를 불가능하게 하거나 현저히 곤란하게 할
정도의 폭행·협박이 사용된 때에는 강간죄(§297, 성폭처벌 §7①, 아청 §7① 등)나
강제추행죄(§298, 성폭처벌 §7③, 아청 §7③ 등)가 성립한다.

Ⅳ. 처 벌

1. 법정형

40   피보호자·피감독자간음죄를 범한 사람은 7년 이하의 징역 또는 3,000만 원
이하의 벌금에(제1항)에, 피감호자간음죄를범한 사람은 10년 이하의 징역에(제2항)
에 각 처한다.

41   본죄는 '성범죄 양형기준'의 적용대상이 아니다.

2. 미수범 처벌 여부

42   본죄의 미수범은 그 처벌규정이 없으므로, 처벌되지 않는다.

43   성폭력처벌법 제10조의 업무상위력 등에 의한 추행죄에도 미수범 처벌규정
이 없다(성폭처벌 §15).

〔성 보 기〕

---

36 임웅, 236은 법률후견주의라고 한다.
37 김성돈, 222; 박상기·전지연, 512; 오영근, 161; 이재상·장영민·강동범, §11/48; 이형국·김혜경,
   227; 임웅, 236; 정성근·박광민, 190; 주석형법 〔각칙(4)〕(5판), 311(구회근).

제304조(혼인빙자등에 의한 간음)

1

삭제 〈2012. 12. 18.〉

[2012. 12. 18. 법률 제11574호에 의하여 2009. 11. 26. 위헌 결정[1]된 이 조를 삭제함.]

〔삭제 전 조문〕혼인을 빙자하거나 기타 위계로써 음행의 상습 없는 부녀를 기망하여 간음한 자는 2년 이하의 징역 또는 500만원 이하의 벌금에 처한다.

〔성 보 기〕

---

1 헌재 2009. 11. 26, 2008헌바58, 2009헌바191(병합). 「이 사건 법률조항의 경우 입법목적에 정당성이 인정되지 않는다. 첫째, 남성이 위력이나 폭력 등 해악적 방법을 수반하지 않고서 여성을 애정행위의 상대방으로 선택하는 문제는 그 행위의 성질상 국가의 개입이 자제되어야 할 사적인 내밀한 영역인데다 또 그 속성상 과장이 수반되게 마련이어서 우리 형법이 혼전 성관계를 처벌대상으로 하지 않고 있으므로 혼전 성관계의 과정에서 이루어지는 통상적 유도행위 또한 처벌해야 할 이유가 없다. 다음 여성이 혼전 성관계를 요구하는 상대방 남자와 성관계를 가질 것인가의 여부를 스스로 결정한 후 자신의 결정이 착오에 의한 것이라고 주장하면서 상대방 남성의 처벌을 요구하는 것은 여성 스스로가 자신의 성적자기결정권을 부인하는 행위이다. 또한 혼인빙자간음죄가 다수의 남성과 성관계를 맺는 여성 일체를 '음행의 상습 있는 부녀'로 낙인찍어 보호의 대상에서 제외시키고 보호대상을 '음행의 상습없는 부녀'로 한정함으로써 여성에 대한 남성우월적 정조관념에 기초한 가부장적·도덕주의적 성 이데올로기를 강요하는 셈이 된다. 결국 이 사건 법률조항은 남녀 평등의 사회를 지향하고 실현해야 할 국가의 헌법적 의무(헌법 제36조 제1항)에 반하는 것이자, 여성을 유아시(幼兒視)함으로써 여성을 보호한다는 미명 아래 사실상 국가 스스로가 여성의 성적자기결정권을 부인하는 것이 되므로, 이 사건 법률조항이 보호하고자 하는 여성의 성적자기결정권은 여성의 존엄과 가치에 역행하는 것이다.

결혼과 성에 관한 국민의 법의식에 많은 변화가 생기거나 여성의 착오에 의한 혼전 성관계를 형사법률이 적극적으로 보호해야 할 필요성은 이미 미미해졌고, 성인이 어떤 종류의 성행위와 사랑을 하건, 그것은 원칙적으로 개인의 자유 영역에 속하고, 다만 그것이 외부에 표출되어 명백히 사회에 해악을 끼칠 때에만 법률이 이를 규제하면 충분하며, 사생활에 대한 비범죄화 경향이 현대 형법의 추세이고, 세계적으로도 혼인빙자간음죄를 폐지해 가는 추세이며 일본, 독일, 프랑스 등에도 혼인빙자간음죄에 대한 처벌규정이 없는 점, 기타 국가 형벌로서의 처단기능의 약화, 형사처벌로 인한 부작용 대두의 점 등을 고려하면, 그 목적을 달성하기 위하여 혼인빙자간음행위를 형사처벌하는 것은 수단의 적절성과 피해의 최소성을 갖추지 못하였다.

이 사건 법률조항은 개인의 내밀한 성생활의 영역을 형사처벌의 대상으로 삼음으로써 남성의 성적자기결정권과 사생활의 비밀과 자유라는 기본권을 지나치게 제한하는 것인 반면, 이로 인하여 추구되는 공익은 오늘날 보호의 실효성이 현격히 저하된 음행의 상습없는 부녀들만의 '성행위 동기의 착오의 보호'로서 그것이 침해되는 기본권보다 중대하다고는 볼 수 없으므로, 법익의 균형성도 상실하였다.

결국 이 사건 법률조항은 목적의 정당성, 수단의 적절성 및 피해최소성을 갖추지 못하였고 법익의 균형성도 이루지 못하였으므로, 헌법 제37조 제2항의 과잉금지원칙을 위반하여 남성의 성적자기결정권 및 사생활의 비밀과 자유를 과잉제한하는 것으로 헌법에 위반된다.」

〔성 보 기〕 **611**

제305조(미성년자에 대한 간음, 추행)

① 13세 미만의 사람에 대하여 간음 또는 추행을 한 자는 제297조, 제297조의2, 제298조, 제301조 또는 제301조의2의 예에 의한다. 〈개정 1995. 12. 29., 2012. 12. 18., 2020. 5. 19.〉

② 13세 이상 16세 미만의 사람에 대하여 간음 또는 추행을 한 19세 이상의 자는 제297조, 제297조의2, 제298조, 제301조 또는 제301조의2의 예에 의한다. 〈신설 2020. 5. 19.〉

Ⅰ. 의의 및 보호법익

1. 의 의

1　　본죄[미성년자의제(강간 · 유사강간 · 강제추행 · 강간상해 · 강간치상 · 강간살인 · 강간치사 · 강제추행상해 · 강제추행치상 · 강제추행살인 · 강제추행치사)죄]는 13세 미만의 사람에 대하여 간음 또는 추행을 하거나(제1항)(이하, 제1항의 죄라고 한다.), 19세 이상의 자가 13세 이상 16세 미만의 사람에 대하여 간음 또는 추행을 한(제2항)(이하, 제2항의 죄라고 한다.) 경우에, 제297조(강간), 제297조의2(유사강간), 제298조(강제추행), 제301조(강간등 상해 · 치상), 제301조의2(강간등 살인 · 치사)의 예에 의하여 성립하는 범죄이다.

2　　본조 제정 후 제1항은 3번 개정되었고, 제2항은 2020년 5월 19일 신설되었다. 본조 제1항은 1995년 12월 29일 형법 개정으로 제301조의2(강간등 살인 · 치사)가 구성요건에 추가되었고, 2012년 12월 18일 형법 개정으로 그 객체가 '부녀'에서 '사람'으로 개정되고, 제297조의2(유사강간)가 신설되면서 마찬가지로 구성요

612　　　　　　　　　〔성 보 기〕

건에 추가되었으며, 2020년 5월 19일 형법 개정(법률 제17265호)으로는 제2항이 신설되면서 본조가 제1항과 제2항으로 나누어 규정되게 되었다. 2020년 5월 19일의 개정은 이른바 n번방 사건[1] 등 텔레그램을 이용한 성착취 사건 등 사이버 성범죄로 인한 피해가 날로 증가하고 있어, 본죄의 객체의 연령기준을 이전의 13세에서 16세로 높임으로써[2] 성범죄로 인한 피해 발생을 미연에 방지하여 국민의 성적 자기결정권 등 기본권을 보호하고 범죄로부터 안전한 사회를 조성하기 위하여 이루어졌다.[3] 다만, 일률적으로 연령기준을 16세로 높이게 되면 해당 미성년자들 사이의 합의에 의한 성행위가 처벌됨으로써 소년범죄가 양산될 우려가 있다는 고려에 따라 13세 미상 16세 미만의 사람에 대하여는 본죄의 주체의 연령을 19세 이상으로 제한하였다.[4]

본죄의 유형으로는, ① 16세 미만의 사람을 간음하는 경우, ② 16세 미만의 사람을 유사간음하는 경우, ③ 16세 미만의 사람에게 추행을 하는 경우, ④ 간음이나 유사간음 또는 추행을 하면서 피해자에게 상해를 가하거나 상해의 결과를 발생시키는 경우, ⑤ 간음이나 유사간음 또는 추행을 하면서 피해자를 살해하거나 사망의 결과를 발생시키는 경우가 있다.

3

2. 보호법익

본조는 정신적·육체적으로 아직 성적 자기결정권이 없거나 불완전한 16세 미만의 미성년자를 특별히 보호하기 위한 규정이므로, 본죄의 보호법익은 다른 성범죄와 같이 성적 자유 또는 성적 자기결정권이 아니라 미성년자의 건전한 성적 발육이다.[5] 판례는 본죄의 보호법익을 '16세 미만의 아동이 외부로부터의

4

---

1 2018년 하반기부터 2020년 3월까지 텔레그램, 디스코드, 라인, 위커, 와이어, 카카오톡 등의 메신저 앱을 이용하여 피해자들을 유인한 뒤 협박해 성착취물을 찍게 하고 이를 유포한 디지털 성범죄, 성착취 사건이다(위키백과사전 참조).
2 참고로, 일본도 형법을 개정하여(2023. 7. 14. 시행) 강제추행죄, 강제성교등죄를 부동의강제추행죄, 부동의성교등죄로 죄명을 바꾸고, 의제강간 등의 연령을 종래 13세 미만에서 16세 미만으로 상향 조정하면서, '13세 이상 16세 미만의 자'에 대해서는 '그 자가 태어나 날로부터 5년 이상 전의 날에 출생한 자'에 한하여 처벌한다고 규정하고 있다(일형 §176③, §177③). 또한, 16세 미만자에 대한 면회(만남)요구등죄를 신설하였다(일형 §182).
3 국회 법제사법위원회, 형법 일부개정법률안(대안), 제안이유(2020. 4) 참조.
4 김성돈, 형법각론(8판), 223.
5 김성돈, 223; 김신규, 형법각론, 223; 김일수·서보학, 새로쓴 형법각론(9판), 143(장애 없는 성적

부적절한 성적 자극이나 물리력의 행사가 없는 상태에서 심리적 장애 없이 성적 정체성 및 가치관을 형성할 권익'이라고 한다.[6]

5   이러한 보호법익에 비추어 보호법익의 보호 정도는 추상적 위험범이라는 견해[7]도 있으나, 다른 성범죄와 마찬가지로 침해범으로 보아야 할 것이다.

II. 구성요건

1. 주 체

6   본죄 중 제1항의 죄는 주체의 제한이 없다. 그러나 제2항의 죄, 즉 피해자가 '13세 이상 16세 미만인 사람'인 경우에는 '19세 이상의 사람', 즉 성인이다. 따라서 제2항의 죄는 진정신분범이다.[8]

2. 객 체

(1) 규정

7   본죄의 객체는 '16세 미만의 사람'이다. 다만, 피해자가 13세 이상 16세 미만의 사람인 경우, 가해자 연령은 19세 이상인 사람에 한한다.

(2) 범행대상 연령을 확대한 개정법에 대한 위헌론

8   본죄의 객체에 13세 이상 16세 미만인 사람을 포함하는 것으로 확대한 개정법에 대하여, ① '13세 이상 16세 미만 사람'은 신체적·정신적 성숙도 등에 비춰 성적 자기결정권을 행사할 수 있는 경우가 있을 수 있는데 이들이 성적 자기결정권을 행사할 수 없는 것으로 의제한 점, ② 본조의 구성요건에 포섭되는 행위의 유형이 다양함에도 모든 행위를 처벌하는 방식을 택함으로써 국가형벌권의 과도한 행사를 초래한 점, ③ 제2항의 죄의 주체의 신체의 자유와 아울러

성장); 오영근, 형법각론(8판), 162·163; 이재상·장영민·강동범, 형법각론(13판), § 11/31(방해 없는 성적 발전); 이형국·김혜경, 형법각론(3판), 227; 임웅, 형법각론(11정판), 232(성적 발육); 정성근·박광민, 형법각론(전정3판), 182(정상적인 성적 발육).

6 대판 2006. 1. 13, 2005도6791(미성년자의제강제추행). 판례와 같은 취지로는 박상기·전지연, 형법학(총론·각론)(5판), 513; 정영일, 형법각론, 128; 주석형법 〔각칙(4)〕(5판), 315(구회근).

7 김신규, 223; 오영근, 162·163.

8 오영근, 163.

〔성 보 기〕

13세 이상 16세 미만 사람의 성적 자기결정권도 제한하고 있는 점 등에 비추어, 수단의 적절성과 피해의 최소성, 법익의 균형성을 충족하지 못한다는 이유로 헌법에 위반된다는 견해가 있다.

이러한 견해에 따라 본조 제2항 중 '간음'에 관한 부분이 헌법에 위반되는지 여부에 관하여 헌법재판소에 위헌법률심판제청을 한 사건이 헌법재판소에서 심리 중이고, 같은 조항에 대한 헌법소원 사건도 헌법재판소에서 심리 중에 있다.[9]　　9

3. 행 위

본죄의 행위는 '간음' 또는 '추행'이다.　　10

간음과 추행만을 규정하고 있으나, "제297조, 제297조의2, 제298조의 예에 의한다."고 하고 있으므로, '유사간음'도 포함된다. '간음', '유사간음', '추행'의 의미는 **강간죄**(§ 297), **유사강간죄**(§ 297의2), **강제추행죄**(§ 298) 부분에서 살펴본 것과 같다.　　11

폭행·협박·위계·위력을 사용할 필요가 없고, 피해자의 동의가 있어도 본죄가 성립한다.[10] 폭행·협박을 사용한 경우 강간죄, 유사강간죄, 강제추행죄가 성립하고, 16세 미만의 사람에 대하여 폭행·협박·위계·위력을 사용하여 간음, 유사간음, 추행을 한 경우 성폭력범죄의 처벌 등에 관한 특례법(이하, 성폭력처벌법이라 한다.) 제7조(피해자가 13세 미만인 경우) 제1항 내지 제3항, 아동·청소년성보호에 관한 법률(이하, 청소년성보호법이라 한다.) 제7조(아동·청소년에 대한 강간·강제추행 등) 제1항 내지 제3항이 각 적용되므로, 본조는 폭행·협박·위계·위력 없이 간음, 유사간음, 추행을 한 경우에 적용된다.　　12

청소년성보호법 제8조의2[11]와의 관계에 비추어 보면, 본죄가 성립하기 위　　13

---

9 위헌법률심판제청 사건으로 2022헌가40 사건이, 헌법소원 사건으로 2022헌바106, 166, 257 사건이 헌법재판소에서 각 심리 중에 있다.
10 대판 1982. 10. 12, 82도2183(미성년자의제강간치상).
11 청소년성보호법 제8조의2(13세 이상 16세 미만 아동·청소년에 대한 간음 등) ① 19세 이상의 사람이 13세 이상 16세 미만인 아동·청소년(제8조에 따른 장애 아동·청소년으로서 16세 미만인 자는 제외한다. 이하 이 조에서 같다)의 궁박한 상태를 이용하여 해당 아동·청소년을 간음하거나 해당 아동·청소년으로 하여금 다른 사람을 간음하게 하는 경우에는 3년 이상의 유기징역에 처한다.
② 19세 이상의 사람이 13세 이상 16세 미만인 아동·청소년의 궁박한 상태를 이용하여 아동·청소년을 추행한 경우 또는 해당 아동·청소년으로 하여금 다른 사람을 추행하게 하는 경우에는

해서는 피해자의 궁박한 상태를 이용하였을 것을 요하지 않는다. 19세 이상의 사람이 13세 이상 16세 미만인 아동·청소년의 궁박한 상태를 이용하여 해당 아동·청소년을 간음한 경우 청소년성보호법 제8조의2 제1항〔청소년성보호법위반(16세미만아동·청소년간음)죄〕에 해당하나, 법정형이 미성년자의제강간죄와 동일하게 3년 이상의 유기징역으로 규정되어 있어, 검사가 입증할 사항이 더 많은 청소년성보호법 제8조의2 제1항 위반으로 기소할 이유는 없어 보인다. 19세 이상의 사람이 13세 이상 16세 미만인 아동·청소년의 궁박한 상태를 이용하여 유사간음을 한 경우, 청소년성보호법 제8조의2 제2항〔청소년성보호법위반(16세미만아동·청소년추행)죄〕을 적용하면 미성년자의제유사강간죄(2년 이상의 유기징역)보다 오히려 법정형이 더 낮은 10년 이하의 징역 또는 5천만 원 이하의 벌금에 처하게 되므로, 죄질과 법정형 사이의 역전현상이 벌어진다. 반면에, 추행의 경우에는 강제추행죄의 법정형이 10년 이하의 징역 또는 1천500만 원 이하의 벌금이므로, 청소년성보호법 제8조의2 제2항의 법정형이 더 무거워 궁박한 상태를 이용한 경우 청소년성보호법 제8조의2 제2항으로 기소할 실익이 있다. 유사범죄 사이의 법정형을 조정할 필요가 있다.

14   본조는 준강간·준강제추행죄(§ 299)의 경우를 명시적으로 언급하고 있지 않으므로, 16세 미만 미성년자의 심신상실 또는 항거불능의 상태를 이용하여 간음 또는 추행하는 경우, 본죄가 성립할 여지는 없다. 본죄의 성립에는 피해자의 동의 여부를 불문하므로 본죄가 성립할 여지가 있다고 보더라도,[12] 피해자가 13세 미만인 경우에는 법정형이 더 높은 성폭력처벌법 제7조 제4항(간음의 경우 무기징역 또는 10년 이상의 징역, 유사간음의 경우 7년 이상의 유기징역, 추행의 경우 5년 이상의 유기징역[13])에 의하여 가중처벌되고, 13세 이상 16세 미만인 경우 청소년성보호법 제7조 제4항(간음의 경우 무기징역 또는 5년 이상의 징역, 유사간음의 경우 5년 이상의 유기징역, 추행의 경우 2년 이상의 유기징역 또는 1천만 원 이상 3천만 원 이하의 벌금)에 의하여 가중처벌될 것이므로, 본조가 그대로 적용될 경우는 없을 것이다.

    10년 이하의 징역 또는 5천만원 이하의 벌금에 처한다.
12 주석형법 〔각칙(4)〕(5판), 318(구회근).
13 2020년 5월 19일 성폭력처벌법 개정으로 추행의 경우 벌금형 선택이 불가능하게 되었다.

4. 주관적 구성요건

(1) 고의

본죄는 고의범이므로, 상대방이 '16세 미만의 사람'이라는 점을 알면서 간음 　15
이나 유사간음 또는 추행을 하여야 한다.[14] 미필적 고의로도 충분하다.

고의 외에 성적인 행위경향(경향범)이 있어야 하는지에 대해서는, ① 이를 　16
긍정하는 견해[15]도 있으나, ② 부정하는 것이 타당하다(통설[16]).

판례도 주관적 구성요건요소는 고의만으로 충분하고, 그 외에 성욕을 자 　17
극·흥분·만족시키려는 주관적 동기나 목적까지 있어야 하는 것은 아니라고 한
다(위 ②의 입장).[17] 이러한 입장에서 판례는, ⓐ 초등학교 4학년 담임교사(남자)
가 교실에서 자신이 담당하는 반의 남학생의 성기를 만진 행위,[18] ⓑ 초등학교
기간제 교사가 다른 학생들이 지켜보는 가운데 건강검진을 받으러 온 학생의
옷 속으로 손을 넣어 배와 가슴 등의 신체 부위를 만진 행위[19]는, 설사 성욕을
자극·흥분·만족시키려는 주관적 동기나 목적이 없었더라도 객관적으로 일반인
에게 성적 수치심이나 혐오감을 불러일으키고 선량한 성적 도덕관념에 반하는
행위라고 평가할 수 있고, 그로 인하여 피해 학생의 심리적 성장 및 성적 정체
성의 형성에 부정적 영향을 미쳤다고 판단되므로, 각 '추행'에 해당한다고 판단
하였다.

(2) 피해자의 연령에 관한 착오 문제

(가) 16세 이상인 것으로 알았으나 16세 미만으로 밝혀진 경우

이 경우에는 고의가 조각된다(통설).[20]　　　　　　　　　　　　　　　　　18

---

14 대판 1975. 5. 13, 75도855.
15 김일수·서보학, 143.
16 김성돈, 224; 박상기·전지연, 514; 정영일, 129; 정웅석·최창호, 형법각론, 418; 주호노, 형법각
　론, 353; 최호진, 형법각론, 208.
17 대판 2006. 1. 13, 2005도6791(미성년자의제강제추행).
18 대판 2006. 1. 13, 2005도6791(미성년자의제강제추행).
19 대판 2009. 9. 24, 2009도2576〔성폭력범죄의처벌및피해자보호등에관한법률위반(13세미만미성년
　자강간등)〕.
20 김성돈, 224; 김신규, 223; 김일수·서보학, 144; 배종대, 형법각론(14판), §46/13; 손동권·김재
　윤, 새로운 형법각론(2판), 169; 이재상·장영민·강동범, §11/32; 이형국·김혜경, 228; 임웅, 232;
　정성근·박광민, 183; 정성근·정준섭, 형법강의 각론(2판), 125; 정영일, 129; 정웅석·최창호, 418;
　홍영기, 형법(총론과 각론), §64/11.

(나) 16세 미만인 줄 알았으나 16세 이상으로 밝혀진 경우

19   이 경우에는 ① 객체의 착오로 인한 불능미수가 성립한다는 견해[21]와 ② 불가벌적 불능범에 해당한다는 견해,[22] ③ 위험성 유무에 따라 불능미수가 되거나 불능범이 된다는 견해[23]가 있다. 결과발생의 위험성, 즉 16세 미만 사람의 정상적인 성적 발육을 저해할 위험성이 없다고 할 것이므로, 위 ②의 견해가 타당하다.

(다) 19세 이상인 피고인이 13세 이상 16세 미만인 줄 알았으나 13세 미만으로 밝혀진 경우

20   이에 대해서는, ① 제2항 범죄 기수설[24]과 ② 제2항 범죄 불능미수설이 대립한다.[25]

21   위 ①설은 본조의 개정 취지(미성년자의제강간 등 연령기준을 상향), 본조 제1항, 제2항의 관계(본죄의 객체를 구분한 것이 아니라 피해자의 나이가 13세 이상 16세 미만인 경우 행위자 요건에 제한을 가한 것), 본조 제2항의 죄에서의 고의의 핵심(피해자가 16세 미만이라는 점을 인식하는 것에 있으므로, 행위자가 피해자의 나이를 13세 미만으로 인식하였다면 16세 미만의 점도 인식하였다고 해석함이 타당함) 등을 고려할 때 제2항 범죄의 기수로 인정함이 타당하다는 것을 근거로 삼는다. 반면에 위 ②설은, 13세 미만의 사람은 본조 제2항의 객체가 될 수 없으므로, 이는 제15조(사실의 착오) 제1항이 아닌 제27조(불능범)의 대상의 착오에 해당한다고 보아야 한다는 것을 근거로 삼는다.

22   생각건대, 위 ①설이 타당하다. 하급심 판결 중에는 위 ②설에 따른 제1심 판결을 파기하고 ①설의 입장에서 판시한 항소심 판결이 있다.[26]

23   위 판결의 사안은, 피고인이 카카오톡 오픈채팅방을 통해 미성년자 A(여, 11세)을 알게 된 후 당시 13세 이상 16세 미만으로 알고 있던(미필적으로라도 13세 미

---

21 김일수·서보학, 144; 이형국·김혜경, 228; 임웅, 233.
22 김신규, 223; 배종대, § 46/13; 주석형법 [각칙(4)](5판), 318(구회근).
23 김성돈, 224; 손동권·김재윤, 169; 오영근, 164; 이재상·장영민·강동범, § 11/32; 정성근·박광민, 183; 정성근·정준섭, 126; 정웅석·최창호, 419.
24 홍영기, § 64/12.
25 이 경우나 그 반대의 경우에는 본조 제1항과 제2항이 각각 '동일한' 성폭력범죄로 '의제'하여 처벌하고 있으므로 착오를 논할 '실익'이 없다는 견해도 있다(임웅, 233).
26 수원고판 2022. 4. 15, 2021노824(확정).

만이라는 인식은 없었음) 룸카페에서 만나 1회 간음하였는데 실제 A의 나이가 11세인 사안이었다. 검사는 본조 제2항의 범죄(미성년자의제강간죄)로 기소하였는데, 제1심 판결은 대상의 착오로 범죄의 결과 발생이 불가능하지만, 객관적인 일반인의 관점에서 보았을 때 범행의 결과가 발생할 위험성이 있으므로 제27조 본문에 의하여 본조 제2항 범죄의 불능미수를 유죄로 인정하였다. 이에 대하여 항소심은 위에서 살펴본 위 ①설의 근거들을 종합할 때 제2항 범죄의 기수에 해당한다고 판시하였다.

(라) 19세 이상인 피고인이 13세 미만인 줄 알았으나 13세 이상 16세 미만으로 밝혀진 경우

이 경우, ① 제1항 범죄의 불능미수로 볼 것인지, ② 제2항 범죄의 기수[27]로 **24** 볼 것인지도 다툼의 여지는 있으나, 고의의 핵심을 피해자가 16세 미만이라는 점을 인식하는 것에 있을 뿐, 본조 제1항과 제2항을 별개의 구성요건으로 보지 않는다는 입장을 취하면, 제2항 범죄의 기수로 보아야 할 것이다(위 ②설의 입장).

(3) 고의에 대한 인정

고의에 대한 입증책임은 검사에게 있으므로, 본죄에서 피고인이 피해자가 **25** 16세 미만의 사람임을 알면서 그를 간음 또는 추행하였다는 사실은 검사가 입증하여야 한다.[28] 피고인이 16세 미만의 사람임을 알았는지 여부와 같은 내심의 사실에 관하여 이를 부인하는 경우에는, 사물의 성질상 그 내심과 상당한 관련이 있는 간접사실 또는 정황사실을 증명하는 방법에 의하여 이를 입증할 수밖에 없고, 이때 무엇이 상당한 관련성이 있는 간접사실에 해당할 것인가는 정상적인 경험칙에 바탕을 두고 사실의 연결상태를 합리적으로 분석·판단하는 방법에 의하여야 한다.[29] 다만, 피해자가 16세 미만의 여자라는 객관적 사실로부터 피고인이 그 사실을 알고 있었다는 점이 추단된다고 볼 만한 경험칙이나 그 밖의 사실상 또는 법적 근거는 없다.[30]

---

27 홍영기, §64/12.
28 대판 2012. 8. 30, 2012도7377.
29 대판 2006. 2. 23, 2005도8645.
30 대판 2012. 8. 30, 2012도7377.

Ⅲ. 죄 수

26   미성년자의제강간죄 또는 미성년자의제강제추행죄는 원칙적으로 행위 시마다 1개의 범죄가 성립한다.[31] 그러나 시간적·장소적으로 가까워 범의의 단일성과 계속성이 인정되면 포괄하여 일죄가 성립한다.[32]

Ⅳ. 처 벌

1. 법정형

27   본죄를 범한 자는 '본법 제297조, 제297조의2, 제298조, 제301조 또는 제301조의2의 예'에 의하여 처벌된다.

28   즉, ① 16세 미만의 사람을 간음한 경우에는 강간죄의 법정형(3년 이상의 유기징역)으로, ② 16세 미만의 사람을 유사간음한 경우에는 유사강간죄의 법정형(2년 이상의 유기징역)으로, ③ 16세 미만의 사람에게 추행을 한 경우에는 강제추행죄의 법정형(10년 이하의 징역 또는 1천 500만 원 이하의 벌금)으로, ④ 간음이나 유사간음 또는 추행행위를 하면서 16세 미만의 피해자에게 상해를 가하거나 치상의 결과를 발생시킨 경우에는 강간 등 상해·치상죄의 법정형(무기 또는 5년 이상의 징역)으로, ⑤ 간음이나 유사간음 또는 추행행위를 하면서 피해자를 살해하거나 사망의 결과를 발생시킨 경우에는 강간 등 살인·치사죄의 법정형(살인의 경우 사형 또는 무기징역, 치사의 경우 무기 또는 10년 이상의 징역)으로 각 처벌된다.

29   본죄는 양형기준 적용대상이다.[33]

---

31 대판 1982. 12. 14, 82도2442. 「미성년자의제강간죄 또는 미성년자의제강제추행죄는 행위시마다 1개의 범죄가 성립하므로 각 강간 또는 강제추행시마다 일시를 특정하여 공소사실을 기재하여야 한다는 전제하에, 원심이 이 사건 공소사실중 "피고인이 1980. 12. 일자불상경부터 1981. 9. 5 전 일경까지 사이에 피해자 공소외인을 협박하여 약 20여회 강간 또는 강제추행(택일적 공소사실)하였다'는 부분은 그 범행일시가 명시되지 아니하여 공소사실을 특정할 수 없어 위 공소사실부분에 대한 공소를 기각하는 판결을 선고한 원심의 조처는 정당하다.」

32 대판 2002. 9. 4, 2002도2581.

33 양형위원회, 2023 양형기준, 29-63. 다만, 강간 등 살인에 대해서는 살인범죄 양형기준(1-16).

2. 미수범 처벌 여부

본죄의 경우 미수범 처벌규정은 없으나, 미수범도 처벌할 수 있다고 보는 것이 통설[34] 및 판례의[35] 입장이다.

30

본조가 "제297조, 제297조의2, 제298조, 제301조 또는 제301조의2의 예에 의한다."로 되어 있을 뿐 강간죄, 유사강간죄와 강제추행죄의 미수범의 처벌에 관한 제300조를 명시적으로 인용하고 있지 않지만, 본조의 입법 취지는 성적으로 미성숙한 16세 미만의 미성년자를 특별히 보호하기 위한 것이고, 본조에서 규정한 제297조, 제297조의2와 제298조의 "예에 의한다."는 의미는 본죄의 처벌에 있어 그 법정형뿐만 아니라 미수범에 관하여도 강간죄, 유사강간죄와 강제추행죄의 예에 따른다는 취지로 해석된다는 것이 판례의 논거이다. 판례는 이러한 해석이 형벌법규의 명확성의 원칙에 반하는 것이거나 죄형법정주의에 의하여 금지되는 확장해석이나 유추해석에 해당한다고 볼 수 없다고 한다.

31

〔성 보 기〕

---

34 김성돈, 224; 김일수·서보학, 144; 박상기·전지연, 514; 배종대, §46/13; 손동권·김재윤, 169-170; 이재상·장영민·강동범, §11/33; 이형국·김혜경, 229; 임웅, 233; 정성근·박광민, 183; 정웅석·최창호, 419. 이에 대하여, 이러한 논리는 문제가 있으므로 입법적 해결을 해야 한다는 견해도 있다(오영근, 163).

35 대판 2007. 3. 15, 2006도9453.

제305조의2(상습범)

상습으로 제297조, 제297조의2, 제298조부터 제300조까지, 제302조, 제303조 또는 제305조의 죄를 범한 자는 그 죄에 정한 형의 2분의 1까지 가중한다. 〈개정 2012. 12. 18.〉
[본조신설 2010. 4. 15.]

Ⅰ. 취 지

1   본죄[1]는 상습으로 제297조(강간), 제297조의2(유사강간), 제298조(강제추행), 제299조(준강간, 준강제추행), 제300조(미수범), 제302조(미성년자 등에 대한 간음), 제303조(업무상위력 등에 의한 간음), 제305조(미성년자에 대한 간음, 추행)의 죄(이하, 강간죄 등이라 한다.)를 범함으로써 성립하는 가중적 구성요건이다. 상습성은 인적 관계의 특수한 상태로서 신분에 해당하므로,[2] 본죄는 부진정신분범이다.[3]

2   본조는 2010년 4월 15일 형법 개정(법률 제1259호)으로 신설되었다. 강간 등 성폭력범죄를 범하는 경향이 있는 사람은 다시 성폭력범죄를 저지를 가능성이 대단히 높으므로, 성폭력범죄를 억제하고 그 잠재적 피해자를 보호하는 차원에서 성폭력범죄의 상습범을 가중처벌하는 규정[4]을 신설한 것이다.[5] 이후 2012년

---

1 대검찰청의 공소장 및 불기소장에 기재할 죄명에 관한 예규상 상습강간죄, 상습유사강간죄, 상습강제추행죄, 상습(준강간·준유사강간·준강제추행)죄, 상습(강간·유사강간·강제추행·준강간·준유사강간·준강제추행)미수죄, 상습(미성년자·심신미약자)(간음·추행)죄, 상습(피보호자·피감독자·피감호자)간음죄, 상습미성년자의제(강간·유사강간·강제추행)죄를 총칭하여 '본죄'라고 한다.
2 이재상·장영민·강동범, 형법총론(11판), §36/2.
3 이형국·김혜경, 형법각론(3판), 229.
4 상습범 가중처벌규정에 대해서는, 죄수문제와 관련하여 정의에 합치되는 해결방안(수죄설)을 마련하는 데 걸림돌이 된다는 점, 상습에 따른 형벌가중과 책임주의원칙과의 부조화의 문제점 등

12월 18일 유사강간죄(§297조의2)가 신설되면서 구성요건에 추가되는 형법 개정이 있었다.

Ⅱ. 요 건

본죄가 성립하려면 상습성이 인정되어야 한다.   3

상습이란 동종의 범죄를 계속적·반복적으로 행하는 행위자의 습벽을 말하   4
는데, 행위자의 어떤 버릇이나 범죄의 경향을 의미하는 것으로서 행위의 본질을
이루는 성질이 아니고, 행위자의 특성을 이루는 성질을 의미한다.6 상습성의 유
무는 피고인의 연령·성격·직업·환경·전과사실, 범행의 동기·수단·방법 및
장소, 전에 범한 범죄와의 시간적 간격, 그 범행의 내용과 유사성 등 여러 사정
을 종합하여 판단하여야 한다.6 그중 전과나 범행횟수가 중요한 판단자료가 되
지만, 전과가 없다고 하더라도 범행의 성질과 방법, 범행의 규모, 범행에 가담하
게 된 태양을 참작하여 범행의 습벽이 인정되는 경우가 있다.

본조의 적용대상이 되는 성범죄는 강간죄 등이다. 강간등상해·치상죄(§301),   5
강간등살인·치사죄(§301의2)가 본조의 상습범 가중처벌의 대상인 범죄에 포함되
지 않은 이유는, 상습 성범죄는 성폭력범죄를 저지를 가능성에 주목하는 범죄유
형이고, 이들 범죄는 상해 또는 사망의 결과가 발생하였다는 과거의 사정이 구성
요건의 핵심을 이루고 있기 때문이다. 본조의 적용대상인 제305조의 행위태양에
13세 미만자(가해자가 19세 이상인 경우는 16세 미만자)에 대한 강간, 유사강간, 강제
추행 외에 강간상해, 강간치상, 강간살인, 강간치사, 강제추행상해, 강제추행치
상, 강제추행살인, 강제추행치사가 포함되어 있으나, 이러한 상해·치상죄, 살인·
치사죄는 마찬가지 이유로 상습범 가중이 되는 범죄가 아니라고 보아야 한다.

본조에서 말하는 상습이란 본조에 열거된 강간죄 등의 각 범죄별 습벽을 의   6

때문에 가중처벌보다는 다른 합리적 대응방안을 마련하는 것이 바람직하다는 점 등을 고려하면,
이를 신설하는 것은 현대의 형사정책적 흐름을 역행하는 태도라는 비판이 있다[김성돈, 형법각
론(8판), 225].

5 국회 법제사법위원회, 형법 일부개정법률안(대안), 제안이유(2010. 3. 31) 참조.

6 대판 2006. 5. 11, 2004도6176(폭력행위등처벌에관한법률위반); 대판 2007. 8. 23, 2007도3820,
2007감도8[특정범죄가중처벌등에관한법률위반(절도)]; 대판 2012. 1. 26, 2011도15356[폭력행
위등처벌에관한법률위반(상습존속상해)].

미하는 것이 아니라, 본조에 열거된 모든 범죄행위를 포괄한 성범죄의 습벽을 의
미한다.[7] 따라서 성범죄의 습벽을 가진 사람이 본조에 열거된 성범죄 중 서로 다
른 여러 종류의 죄를 범하였다면 각 행위는 그중 가장 무거운 법정형의 상습 성
범죄의 포괄일죄로 처벌할 것이지, 각 대상 조문별로 포괄일죄의 상습범을 인정
한 후 조문별 상습범에 대한 실체적 경합범으로 인정할 것은 아니다.[8]

7   이와 관련된 대법원 판례 중에는, ① 교회 목사인 피고인이 신도들에게 종교
적으로 절대적인 권위를 가지고 있어 피해자인 신도들이 심리적 항거불능상태에
있음을 이용하여 여러 명의 여자 신도를 장기간 준강간 및 준강제추행을 하였다
고 하여 포괄일죄로서의 상습준강간과 포괄일죄로서의 상습준강제추행의 실체적
경합범으로 기소된 사안에서, 위 범죄는 모두 피고인의 동일한 성폭력범죄 습벽
의 발현에 기인한 것이라는 이유로, 양자는 포괄일죄의 관계로서 법정형이 더 무
거운 상습준강간죄의 일죄를 구성한다고 판단한 원심판결을 확정한 것이 있다.[9]

8   한편, ② 본조와 마찬가지로 상습범의 대상이 되는 개별 구성요건을 나열
한 후 하나의 조문에서 상해와 폭행의 죄의 상습범 가중처벌을 규정한 제264조
의 해석에 관하여, 피고인이 2001. 11. 23.부터 2002. 3. 22.까지 사이에 직계존
속인 피해자를 2회 폭행하고, 4회 상해를 가한 것은 존속에 대한 동일한 폭력습
벽의 발현에 의한 것으로 인정되므로 그중 법정형이 더 무거운 상습존속상해죄
에 나머지 행위들을 포괄시켜 하나의 죄만이 성립한다고 할 것이고, 원심이 피
고인의 위 각 행위들에 관한 상습성을 인정하면서도 상습존속폭행죄와 상습존
속상해죄가 각각 별도로 성립한다고 보아 이들 2개의 범죄가 제37조 전단의 경
합범관계에 있다고 할 것은 아니라고 판단한 대법원 판례가 있다.[10]

---

7 신동운, 형법각론(2판), 739. 반면에 다른 구성요건들 사이에서의 상습범 인정에 신중한 태도를
  보이는 견해로는, 상해죄와 폭행죄에 대한 상습범 가중을 규정한 제264조의 해석에 관한 주석형
  법, 〔각칙(3)〕(5판), 388(최환) 참조.
8 대판 2012. 8. 17, 2012도6815.「폭력행위 등 처벌에 관한 법률(이하 '폭처법') 제2조 제1항에서
  말하는 상습이란 같은 항 각 호에 열거된 각 범죄행위 상호 간의 상습성만을 의미하는 것이 아
  니라 같은 항 각 호에 열거된 모든 범죄행위를 포괄한 폭력행위의 습벽을 의미하는 것이다. 따
  라서 위와 같은 습벽을 가진 자가 폭처법 제2조 제1항 각 호에 열거된 형법 각 조에서 정하는
  다른 수종의 죄를 범하였다면 그 각 행위는 그 각 호 중 가장 중한 법정형의 상습폭력범죄의 포
  괄일죄에 해당한다.」
9 대판 2019. 8. 9, 2019도7225, 2019보도17(병합)(만민중앙교회 사건).
10 대판 2003. 2. 28, 2002도7335.

Ⅲ. 처 벌

(1) 강간죄 등에 정한 형의 2분의 1까지 가중된 형으로 처벌된다. 장기와   9
단기가 모두 가중된다.[11] 본죄도 양형기준 적용대상이다.[12]

(2) 수회의 성폭력범죄가 모두 상습범으로 기소된 경우, 전체 범죄가 포괄   10
일죄가 되어 법정형이 2분의 1까지만 가중되는데, 이는 같은 행위들이 상습범
아닌 실체적 경합범으로 기소되어 경합범가중이 된 경우와 법정형의 측면에서
는 큰 차이가 없다.

(3) 본조는 2010년 4월 15일 신설되었는데, 본조가 시행(2010. 4. 15. 시행)되   11
기 이전의 행위에 대하여는 본조를 적용하여 처벌할 수 없다(§1①).[13] 본조 시
행 전의 행위와 시행 후의 행위가 상습범으로 포괄일죄로 기소된 경우, 본조 시
행 후의 행위에 대하여 상습범으로 유죄판결을 선고하고, 본조 시행 전의 행위
는 상습범에 대하여는 행위시법에 따라 죄가 되지 않는다는 판단을 하고(통상 이
유무죄), 행위시법에 따라 상습범으로 규정된 개별 구성요건에 대하여는 유·무
죄 판단을 함과 아울러 행위시법에 따른 소추요건도 검토할 필요가 있다.

Ⅳ. 상습성이 인정되는 경우의 부수처분

성폭력범죄의 습벽이 인정되는 경우, 아래와 같은 부수처분이 내려질 수 있   12
다. 성폭력범죄의 습벽 이외에 다른 요건들이 필요하다. 아래 부수처분을 내릴
수 있는 경우는 성폭력범죄의 습벽이 있는 경우 이외에도 다양하나, 이에 관한
자세한 내용은 아래에서 살펴본다.

---

11 대판 2017. 6. 29, 2016도18194.
12 양형위원회, 2023 양형기준, 29-63.
13 대판 2016. 1. 28, 2015도15669[처벌법규가 신설된 상습강제추행죄(§305의2)가 시행되기 이전
　시점의 공소사실인 피해자 A, B에 대한 상습강제추행의 점은 죄가 되지 아니하는 경우에 해당
　한다고 보아 이유 무죄로 판단하면서, 그 상습강제추행죄의 공소사실에 포함된 각 강제추행의
　점에 대하여는 위 피해자들의 적법한 고소가 없어 공소제기의 절차가 법률의 규정에 위반하여
　무효인 때에 해당한다고 보아 공소기각판결을 선고한 제1심 판결을 원심이 그대로 유지한 것은
　정당하다고 본 사례].

1. 성폭력범죄의 처벌 등에 관한 특례법상의 수강·이수명령, 신상정보등록, 정보공개·고지명령, 취업제한명령

13   본죄 위반으로 유죄판결이나 약식명령이 확정된 사람은 판결이나 약식명령에서 별도의 명령이 없더라도 신상정보등록의무(성폭처벌 §42① 본문, §2②, ①(iii))가 있다.

14   유죄판결 선고 시 부수처분으로 수강명령·이수명령(성폭처벌 §16), 신상정보공개 및 고지(성폭처벌 §42, §47, §49)[14], 취업제한명령(성폭처벌 §56①)이 모두 가능하다.

15   수강명령·이수명령, 정보공개·고지명령, 취업제한명령은 검사의 청구 없이도 법원이 유죄판결과 함께 선고하여야 한다.

2. 전자장치 부착명령

16   법원은 전자장치 부착 등에 관한 법률(이하, 전자장치부착법이라 한다.) 제2조에서 규정한 성폭력범죄[15]를 2회 이상 범하여(유죄의 확정판결을 받은 경우를 포함) 그

---

14 대판 2016. 1. 28, 2015도15669. 「상습강제추행죄(형법 제305조의2)는 성폭력처벌법 제2조 제1항 제3호에 나열되어 있는 범죄 중 강제추행죄(형법 제298조)를 가중처벌하는 것으로서 성폭력처벌법 제2조 제2항에 따른 성폭력범죄에 해당하므로 성폭력처벌법 제47조 제1항, 청소년성보호법 제49조 제1항 제2호에 의한 공개명령의 대상이 된다. 이와 달리 상습강제추행죄의 경우 공개명령의 법률적 근거가 없다거나 위헌인 법률에 근거하여 공개명령이 이루어졌다는 취지의 피고인의 상고이유 주장은 받아들일 수 없다.」

15 전자장치부착법 제2조(정의) 이 법에서 사용하는 용어의 정의는 다음과 같다.
  1. "특정범죄"란 성폭력범죄, 미성년자 대상 유괴범죄, 살인범죄 및 강도범죄를 말한다.
  2. "성폭력범죄"란 다음 각 목의 범죄를 말한다.
     가. 「형법」 제2편제32장 강간과 추행의 죄 중 제297조(강간)·제297조의2(유사강간)·제298조(강제추행)·제299조(준강간, 준강제추행)·제300조(미수범)·제301조(강간등 상해·치상)·제301조의2(강간등 살인·치사)·제302조(미성년자등에 대한 간음)·제303조(업무상위력 등에 의한 간음)·제305조(미성년자에 대한 간음, 추행)·제305조의2(상습범), 제2편제38장 절도와 강도의 죄 중 제339조(강도강간)·제340조(해상강도)제3항(사람을 강간한 죄만을 말한다) 및 제342조(미수범)의 죄(제339조 및 제340조제3항 중 사람을 강간한 죄의 미수범만을 말한다)
     나. 「성폭력범죄의 처벌 등에 관한 특례법」 제3조(특수강도강간 등)부터 제10조(업무상 위력 등에 의한 추행)까지의 죄 및 제15조(미수범)의 죄(제3조부터 제9조까지의 미수범만을 말한다)
     다. 「아동·청소년의 성보호에 관한 법률」 제7조(아동·청소년에 대한 강간·강제추행 등)·제8조(장애인인 아동·청소년에 대한 간음 등)·제9조(강간 등 상해·치상) 및 제10조(강간 등 살인·치사)의 죄

습벽이 인정되고, 성폭력범죄를 다시 범할 위험성이 있다고 인정되는 사람에 대하여 일정기간 전자장치를 부착하도록 하는 명령(전부 § 5①(iii))을 내릴 수 있다. 전자장치부착법 제21조의2에 따른 형집행 종료 후의 보호관찰도 내릴 수 있다.

검사가 청구하여야 하고, 부착명령의 집행은 형의 집행이 종료되거나 면제· 가석방되는 날 또는 치료감호의 집행이 종료· 가종료되는 날 석방 직전에 피부착명령자의 신체에 전자장치를 부착함으로써 집행한다(전부 § 13①).   17

3. 치료감호

법원은 소아성기호증, 성적가학증 등 성적 성벽이 있는 정신성적 장애인으로서 금고 이상의 형에 해당하는 성폭력범죄를 지은 자로서 치료감호시설에서 치료를 받을 필요가 있고 재범의 위험성이 있는 자에 대하여 치료감호시설에 수용하여 치료를 위한 조치를 받는 것을 내용으로 하는 치료감호를 선고할 수 있다(치감 § 2①(iii)).   18

검사가 청구하여야 하고, 그 집행은 치료감호와 형이 병과된 경우에는 치료감호를 먼저 집행한다. 이 경우 치료감호의 집행기간은 형 집행기간에 포함한다(치감 제18조).   19

4. 성충동 약물치료명령

성폭력범죄를 저지른 성도착증 환자로서 성폭력범죄를 다시 범할 위험성이 있다고 인정되는 19세 이상의 사람에 대하여, 비정상적인 성적 충동이나 욕구를 억제하기 위한 조치로서, 성도착증 환자에게 약물 투여 및 심리치료 등의 방법으로 도착적인 성기능을 일정기간 동안 약화 또는 정상화하는 '성충동 약물치료'를 명할 수 있다(성충동 § 4①, ②).   20

검사의 청구에 의하여 법원이 본안사건과 함께 선고하고, 함께 선고받은 형 및 보호감호의 집행이 종료된 후 약물치료명령을 집행한다.   21

〔성 보 기〕

라. 가목부터 다목까지의 죄로서 다른 법률에 따라 가중 처벌되는 죄

제305조의3(예비, 음모)
제297조, 제297조의2, 제299조(준강간죄에 한정한다), 제301조(강간 등 상해죄에 한정한다) 및 제305조의 죄를 범할 목적으로 예비 또는 음모한 사람은 3년 이하의 징역에 처한다.
[본조신설 2020. 5. 19.]

Ⅰ. 취 지

1　　본죄[1]는 제297조(강간), 제297조의2(유사강간), 제299조(준강간죄에 한정), 제301조(강간 등 상해죄에 한정) 및 제305조(미성년자에 대한 간음, 추행)의 죄를 범할 목적으로 예비·음모한 때에 성립하는 범죄이다.

2　　범죄로 인한 피해 발생을 미연에 방지하여 국민의 성적 자기결정권 등 기본권을 보호하고 범죄로부터 안전한 사회를 조성하려는 목적하에 2020년 5월 19일 형법 개정으로 도입되었다. 형법은 보호법익의 중대성과 행위자의 위험성 등을 고려하여 살인, 강도 등 중범죄에 대하여 예비·음모 규정을 두어 법익침해 전단계의 범죄화를 도모하고 있는데, 성범죄에 대한 다양한 중벌주의적 입법에도 불구하고 성범죄가 잇따르자 일부 성폭력범죄에 대하여도 전단계 범죄화 차원에서 예비·음모 처벌규정이 도입된 것으로 본다.[2]

3　　마찬가지로 2020년 5월 19일 개정된 성폭력범죄의 처벌 등에 관한 특례법

1　대검찰청의 공소장 및 불기소장에 기재할 죄명에 관한 예규상 강간예비·음모죄, 유사강간예비·음모죄, 준강간예비·음모죄, (강간·유사강간·강제추행·준강간·준강제추행)상해예비·음모죄, 미성년자의제(강간·유사강간·강간상해·강제추행상해·강간살인·강제추행살인)예비·음모죄를 총칭하여 '본죄'라고 한다.
2　김성돈, 형법각론(8판), 225-226. 제안이유에 대해서는 국회 법제사법위원회, 형법 일부개정법률안(대안), 제안이유(2020. 4) 참조.

(이하, 성폭력처벌법이라 한다) 제15조의2[3] 및 2020년 6월 2일 개정된 아동·청소년의 성보호에 관한 법률(이하, 청소년성보호법이라 한다.) 제7조의2[4]에도 예비·음모 규정이 신설되었다.

II. 요 건

1. 이중의 고의

본죄가 성립하기 위하여는 본범의 고의와 예비·음모에 대한 고의가 모두 필요하다.[5]

예비·음모는 행위태양이 정형화되어 있지 않고, 내심의 목적에만 의존할 수밖에 없어, 실제 재판 과정에서 입증에 어려움이 있을 것으로 예상되고, 구성요건 충족 여부 판단에 신중을 기할 필요가 있다.[6]

2. 목적범죄

(1) 법문상 제297조(강간), 제297조의2(유사강간), 제299조(준강간, 준유사강간, 준강제추행 중 준강간죄에 한정), 제301조(강간 등 상해·치상 중 강간 등 상해죄에 한정), 제305조(미성년자에 대한 간음, 추행)를 목적으로 한 예비·음모만 처벌한다.

이에 따르면 강제추행죄(§298), 준유사강간죄(§299, §297의2), 준강제추행죄(§299, §298), 강간 등 살인죄(§301의2)는 본조에 해당하지 않는다. 강제추행죄와 준강제추행죄는 예비·음모를 처벌해야 할 정도로 중대한 범죄가 아니라는 측면에서 이해가 되고, 강간 등 살인죄를 목적범죄에 포함시키지 않은 것은 강간 등 살인 목적 예비·음모의 경우에는 본조의 강간예비·음모죄(3년 이하의 징역)와 살인예비·음모죄(§255. 10년 이하의 징역)의 상상적 경합으로 형이 더 무거운 살인예비·음모죄에 정한 형으로 처벌하는 것이 합리적이라는 측면에서 입법의 정당

4

5

6

7

---

3 성폭력처벌법 제15조의2(예비, 음모) 제3조부터 제7조까지의 죄를 범할 목적으로 예비 또는 음모한 사람은 3년 이하의 징역에 처한다.

4 청소년성보호법 제7조의2(예비, 음모) 제7조의 죄를 범할 목적으로 예비 또는 음모한 사람은 3년 이하의 징역에 처한다.

5 오영근, 형법각론(8판), 165.

6 김성돈, 226.

성이 인정된다.[7]

(2) 준유사강간

8 앞서 살펴본 바와 같이 준유사강간죄를 예비·음모한 경우를 포함시키지 않은 것은 문제가 있다. 본조에서 "제299조 중 준강간죄에 한정한다." 규정한 이상, 준유사강간죄를 본조의 목적범죄에 포함시키는 것은 문언의 해석범위를 넘어간 것으로 보아야 할 것이다. 그러나 유사강간을 예비·음모한 경우를 처벌하면서 준유사강간을 예비·음모한 경우를 처벌하지 않기로 입법한 데는 합리적인 근거가 있는지 의문이다.

(3) 제301조 중 강간 등 상해죄의 포섭 범위

9 제301조 중 '강간 등 상해죄'의 정의규정이 없어 어디까지 포함되는지 해석을 요한다.

10 강간 등 '치상죄'에 대비되는 규정이라고 해석하는 것이 타당하다. 결과적 가중범에 대한 예비·음모를 처벌하는 것이 부당하다는 측면에서 보면, 강간 등 치상죄를 본죄의 목적범죄에서 제외한 것은 정당하다.

11 '강간 등'에는 강간(§ 297), 유사강간(§ 297의2), 강제추행(§ 298), 준강간·준유사강간·준강제추행(§ 299) 및 그 미수범(§ 300)이 포함된다고 볼 수 있다. 강제추행·준유사강간·준강제추행의 예비·음모는 처벌하지 않지만, 상해까지 저지를 목적으로 예비·음모하는 것은 더 중대한 범죄이므로 처벌의 필요성이 있다고 본 듯하다.

12 다만 강간 등 상해(§ 301)에 대한 미수범은 입법의 불비로 보이기는 하지만 처벌규정이 없어 처벌하지 못하는 데 비하여, 그보다 이른 단계에서 범행이 중단된 강간 등 상해의 예비·음모를 본조의 처벌범위에 포함시킨 것은 형평에 맞지 않다.

(4) 제305조의 포섭 범위

13 제305조(16세 미만의 미성년자에 대한 간음, 추행)는 전제범죄를 한정하지 않고 강간(§ 297), 유사강간(§ 297의2), 강제추행(§ 298), 강간 등 상해·치상(§ 301), 강간 등 살인·치사(§ 301의2)가의 예에 의한다고만 되어 있어, 어디까지가 본죄의 목

---

7 오영근, 164; 이재상·장영민·강동범, 형법각론(13판), § 11/50.

적범죄에 포함되는지 문제된다.

① 강제추행죄를 예비·음모의 목적범죄로 규정하지 않았으면서, 미성년자   14
의제강제추행죄를 목적범죄에 넣은 데 합리적인 이유를 찾기 어렵다.

② 제301조 중 강간 등 치상과 제301조의2 중 강간 등 치사를 목적범죄에   15
넣은 것은 결과적 가중범을 위한 예비·음모란 있을 수 없다는 점에서 문제가
있다.

③ 성인에 대한 강간 등 살인 목적 예비·음모는 살인예비·음모죄로 처벌   16
함이 타당하다는 이유로 별도로 강간 등 살인 예비·음모를 처벌하는 규정을 두
지 않았는데, 16세 미만 미성년자에 대한 의제강간 등 살인 목적 예비·음모를
본조에 따라 처벌할 수 있게 남겨둔 것은 문제가 있다. 법문을 형식적으로 해석
하면 법정형 3년 이하인 본조가 법정형 10년 이하인 살인예비·음모죄에 대한
특별법으로 우선 적용되어야 할 것 같이 보이나, 형의 균형상 두 죄의 상상적
경합을 인정하여야 할 것이다.[8]

이러한 문제점을 해결하는 방법으로, 해석상 문제되는 일부 범죄를 목적범   17
죄에서 제외할 수도 있겠지만 근본적으로 본조를 정리하는 입법이 필요하다고
하겠다.

III. 처 벌

1. 법정형

3년 이하의 징역형에 처한다.   18

2. 가중처벌 규정

(1) 성폭력범죄의 처벌 등에 관한 특례법

성폭력처벌법 제3조부터 제7조까지의 죄를 범할 목적으로 예비 또는 음모   19
한 사람도 본죄와 마찬가지로 3년 이하의 형에 처한다(성폭처벌 §15의2).

대상범죄는 특수강도강간(성폭처벌 §3), 특수강간 등(성폭처벌 §4), 친족관계에   20

---

8 이재상·장영민·강동범, §11/50.

의한 강간 등(성폭처벌 § 5), 장애인에 대한 강간·강제추행 등(성폭처벌 § 6), 13세 미만의 미성년자에 대한 강간, 강제추행 등(성폭처벌 § 7)이다.

(2) 아동·청소년의 성보호에 관한 법률

21　　청소년성보호법 제7조(아동·청소년에 대한 강간·강제추행 등)의 죄를 범할 목적으로 예비 또는 음모한 사람도 본죄와 마찬가지로 3년 이하의 형에 처한다(아청 § 7의2).

3. 부수처분

22　　본죄는 성폭력처벌법 제2조 제1항의 성폭력범죄에는 해당하지 않으므로 성폭력처벌법에 따른 신상정보등록, 공개고지, 수강명령, 이수명령, 취업제한명령의 대상은 아니다.

23　　그러나 피해자가 아동·청소년인 경우 아동·청소년범죄에는 해당하므로(아청 § 2(ii)가목), 에 따른 신상정보등록, 공개고지, 수강명령, 이수명령, 취업제한명령은 가능하다.

〔성 보 기〕

제306조(고소)

삭제 〈2012. 12. 18.〉

[삭제 전 조문] 제297조 내지 제300조와 제302조 내지 제305조의 죄는 고소가 있어야 공소를 제기할 수 있다.

I. 의 의

　친고죄를 규정한 본조는 2012년 12월 18일 형법 개정(법률 제11574호)으로 삭제되었다. 개정 전에는 피해자의 사생활과 인격을 보호한다는 명분을 가지고 강간죄 등 성폭력범죄를 친고죄로 규정하고 있었으나, 피해자의 고소취하를 얻어내기 위하여 피고인 측이 피해자를 협박하거나 명예훼손으로 역고소하는 경우가 많아 문제로 지적되었고, 형법 체계가 성폭력을 중대한 범죄로 규정하고 있음에도 친고죄로 규정하고 있는 것은 형법 체계에도 맞지 않는다는 지적에 따른 것이다.[1]

　성폭력범죄의 처벌 등에 관한 특례법(이하, 성폭력처법이라 한다.)과 아동청소년의 성보호에 관한 법률(이하, 청소년성보호법이라 한다.)상 규정된 친고죄와 반의사불벌죄도 모두 같은 일자로 관련 규정이 삭제되어, 개정법률이 시행된 2013년 6월 19일 이후 행하여진 성폭력범죄에 대하여는 형법, 성폭력처벌법, 청소년성보호법상으로 모두 피해자의 의사가 공소제기 및 유지에 영향을 미치지 않게 되었다.

　다만 위 개정 규정은 시행 후 최초로 저지른 성폭력범죄부터 적용되므로(개

1

2

3

---

1 주석형법 [각칙(4)](5판), 324(구회근).

정법 부칙 §2), 시행일인 2013년 6월 19일 이전에 저지른 성폭력범죄에 대해서는 여전히 기존 친고죄 조항이 적용된다. 특히, 본장의 죄 중에는 강간살인죄와 같이 공소시효가 배제되는 죄도 있고, 강간상해죄 등과 같이 공소시효가 15년인 죄도 있어, 비록 본조가 삭제되었지만 여전히 의미가 있다[본장의 죄의 공소시효에 관해서는 **[총칙] [표 1] 제32장 조문 구성** 참조].

4   이런 점을 고려하여, 아래에서는 간단하게 유의할 사항만 살펴본다.

Ⅱ. 2013년 6월 18일 이전에 저지른 성폭력범죄의 경우

1. 친고죄 적용대상 범죄

(1) 형법상 성범죄

5   원칙적으로 친고죄이고, 예외적으로 비친고죄라는 입법태도였다.

6   즉, 강간(§297), 강제추행(§298조. 유사강간죄는 2012. 12. 18. 신설되었으므로 그 이전에는 강제추행으로 처벌), 준강간·준강제추행(§299), 미수범(§300), 미성년자 등에 대한 간음(§302), 업무상위력 등에 의한 간음(§303), 미성년자에 대한 간음, 추행(§305)은 친고죄이고, 강간 등 치상, 상해, 치사, 살인(§301, §301의2), 상습범(§305의2)은 그 당시에도 비친고죄였다.

(2) 성폭력범죄

7   원칙적으로 비친고죄이고, 예외적으로 친고죄라는 입법태도로 볼 수 있다.

8   즉, 특수강도강간 등, 특수강간 등, 친족관계에 의한 강간 등, 장애인에 대한 강간·강제추행등(성폭처벌 §3 내지 §7)은 비친고죄였던 반면, 업무상 위력 등에 의한 추행(성폭처벌 §10①. 다만, §10②의 피구금자 위력 추행은 비친고죄), 같은 성폭력처벌법상 특별구성요건인 공중밀집장소에서의 추행(성폭처벌 §11), 통신매체를 이용한 음란행위(성폭처벌 §12)만 친고죄였다. 카메라 등을 이용한 촬영(성폭처벌 §13)도 비친고죄였다.[2]

(3 아동·청소년대상 성폭력범죄

(가) 피해자 의사 관련 소추요건의 변천 과정

9   아동·청소년대상 성폭력범죄에서 피해자 의사와 관련한 소추요건 관련 규

---

2 대판 2011. 4. 14, 2011도453, 2011전도12.

정은 여러 차례 개정되었는데, 이를 정리하면 아래 [표 1]과 같다.[3]

[표 1] 청소년성보호법상 피해자의사 관련 소추요건의 개정 경과

범행 시기 범죄 유형	~2008. 2. 3. 구 청성법 (2007. 8. 3. 개정 전의 것)	2008. 2. 4.~ 2010. 4. 14. 구 (2010. 4. 15. 개정 전의 것) 16조	2010. 4. 15.~ 2012. 8. 1. 구 (2012. 2. 1. 개정 전의 것) 16조	2012. 8. 2.~ 2013. 6. 18. 구 (2012. 12. 18. 개정 전의 것) 16조	2013. 6. 19.~
(준, 위계·위력) 강간·강제추행 (미수)(청성4· 아청·형)		반의사불벌죄	×	×	×
업무상위력 피보호감독자 추행 (성폭처벌 §10①)[6]	친고죄[5] (구 청성법상 특별규정 없음)	반의사불벌죄	반의사불벌죄	×	×
공중 밀집 장소 추행 (성폭처벌 §11)		친고죄 (특별규정 없음)	반의사불벌죄	반의사불벌죄	×
통신매체 이용 음란 (성폭처벌 §12)[7]			반의사불벌죄	반의사불벌죄	×

(나) 2012년 12월 18일 개정 전의 구 청소년성보호법 제16조 적용상 유의사항

구 청소년성보호법 제16조 본문(비친고죄 규정)은, 친고죄에 관한 형법 제306 조와 성폭력처벌법 15조에도 불구하고 아동·청소년을 대상으로 한 청소년성보 호법 제7조의 죄, 형법 제297조부터 제300조까지, 제302조, 제303조, 제305조의 죄, 성폭력처벌법 제10조 1항의 죄에 대하여는 피해자의 고소가 없어도 공소를

10

---

3 성범죄재판실무편람, 성범죄재판실무편람 집필위원회(2018), 17.
4 청소년성보호법으로 개정되기 전의 「청소년의 성보호에 관한 법률」을 말한다.
5 대판 2001. 5. 15, 2000도1391.
6 구 성폭력처벌법 제11조 제2항[성폭력처벌법 §10②(피구금자추행)과 같음]은 구 성폭력처벌법 상 친고죄로 규정되어 있다가, 2006년 10월 27일 개정·시행된 성폭력처벌법에서 친고죄가 아닌 것으로 개정되었다.
7 2012년 12월 18일 개정되어 2013년 6월 19일 시행된 성폭력처벌법은 제13조에서 규정하고 있다.

제기할 수 있다고 규정하였다.

11   그런데 아동·청소년을 대상으로 비친고죄에 해당하는 강간 등의 범죄를 저지른 경우, 피고인이 피해자를 아동·청소년으로 인식하였는지 또는 청소년성보호법위반으로 기소되었는지 상관없이 구 청소년성보호법 제16조 본문이 적용되어 비친고죄로 취급하여야 한다는 점에 주의할 필요가 있다.[8]

12   구 청소년성보호법 제16조 단서(반의사불벌죄 규정)는 아동·청소년을 대상으로 한 성폭력처벌법 제11조, 제12조의 죄(공중밀집장소에서의 추행 및 통신매체를 이용한 음란행위. 2012. 2. 1. 개정 전에는 성폭력처벌법 § 10①의 죄도 포함)는 피해자의 명시한 의사에 반하여 공소를 제기할 수 없다고 규정하였다. 위 단서에 규정된 성폭력처벌법 제11조, 제12조의 구성요건에 해당한다 하더라도 청소년성보호법 제7조 위반죄(아동·청소년에 대한 강간·강제추행 등)로 기소된 경우 반의사불벌죄에 해당하지 않고,[9] 이러한 기소를 들어 소추재량권을 현저히 일탈한 것이라고 볼 수도 없다.[10]

2. 고소 등 능력

13   고소할 때에는 소송행위능력, 즉 고소능력이 있어야 하는데, 고소능력은 피해사실을 이해하고 고소에 따른 사회생활상의 이해관계를 알아차릴 수 있는 사실상의 의사능력으로 충분하므로, 민법상의 행위능력이 없는 사람이라도 위와 같은 능력을 갖춘 사람에게는 고소능력이 인정된다. 반의사불벌죄와 관련해서도, 피해자에게 의사능력이 있는 이상 법정대리인의 동의 없이 단독으로 피고인 또는 피의자의 처벌불원의 의사표시를 하거나 처벌희망의 의사표시를 철회할 수 있다.[11]

14   사실상의 의사능력이 없는 아동·청소년 또는 정신적인 장애가 있는 피해자

---

8 대판 2013. 6. 28, 2013도3793[청소년성보호법위반(강간)죄로 기소되었으나, 피고인이 당시 피해자가 19세 미만의 청소년이라는 사실을 인식하였음이 증명되지 아니하여 강간미수죄로 의율하면서 고소취소를 이유로 공소를 기각한 원심을 파기한 사례].

9 대판 2012. 8. 30, 2012도6503; 대판 2012. 11. 15, 2012도10753; 대판 2013. 4. 26, 2013도2024, 2013전도43.

10 대판 2012. 12. 27. 2012도12404.

11 대판 2009. 11. 19, 2009도6058(전)(처벌불원의사를 표시할 당시 피해자의 연령이 14세 10개월인 경우 의사능력이 있다고 본 사례).

가 단독으로 한 고소는 무효이다. 범행 당시 고소능력이 없던 피해자가 그 후에 비로소 고소능력이 생겼다면, 고소기간은 그때부터 기산하여야 한다.

3. 고소의 방식

친고죄에서 고소는 고소권 있는 사람이 수사기관에 범죄사실을 신고하고 범인의 처벌을 구하는 의사표시로서, 구술로도 할 수 있고, 구술에 의한 고소를 받은 검사 또는 사법경찰관은 조서를 작성하여야 하지만 그 조서가 독립된 조서일 필요는 없다. 15

또한, 수사기관이 고소권자를 증인 또는 피해자로 신문한 경우 그 진술에 범인의 처벌을 요구하는 의사표시가 포함되어 있고 그 내용이 조서에 기재되었다면, 고소는 적법하게 이루어진 것이 된다.[12] 16

4. 고소기간 및 고소 제한에 관한 특례

2013년 6월 18일 이전에 행하여진 성폭력처벌법상 성폭력범죄 중 친고죄에 대하여는 범인을 알게 된 날부터 1년이 지난 경우[구 성폭력처벌법(2012. 12. 18. 법률 11556호로 전부 개정되기 전의 것) §18[13]], 2008년 2월 3일 이전에 행하여진 아동·청소년대상 (준, 위계·위력)강간·강제추행 등 죄에 대하여는 범인을 알게 된 17

---

12 대판 1985. 3. 12, 85도190.
13 친고죄에 대한 고소기간을 '범인을 알게 된 날부터 6개월'로 정한 형사소송법 제230조 제1항 본문과 달리 성폭력범죄 중 친고죄에 대한 고소기간을 '범인을 알게 된 날부터 1년'으로 정한 이 조항(이하, 고소기간 특례규정이라 한다.)은 2013년 4월 5일 개정되어 2013년 6월 19일 시행된 구 성폭력처벌법(법률 11729호)에서 삭제되었고, 강제추행죄 등 성폭력범죄를 친고죄로 규정한 구 형법(2012. 12. 28. 법률 11574호로 개정되어 2013. 6. 19. 시행되기 전의 것) 제306조도 2012년 12월 18일 개정되어 2013년 6월 19일 시행된 구 형법(법률 11574호)에서 삭제되었는바, 구 형법 부칙(2012. 12. 18) 제2조는 "제306조의 개정규정은 이 법 시행 후 최초로 저지른 범죄부터 적용한다."라고 규정하고 있는 반면, 구 성폭력처벌법(법률 11729호)은 부칙에서 고소기간 특례규정 삭제에 관련된 경과규정을 두고 있지 않아 그 시행일 이전에 저지른 친고죄인 성폭력범죄의 고소기간에 고소기간 특례규정이 적용되는지 여부가 문제된다. 이에 대하여 대법원은 구 형법과 구 성폭력처벌법의 개정 경위와 취지를 고려하면, 구 성폭력처벌법(법률 11729호) 시행일 이전에 저지른 친고죄인 성폭력범죄의 고소기간은 고소기간 특례규정에 따라서 '범인을 알게 된 날부터 1년'이라고 보는 것이 타당하다고 판시하면서, 구 성폭력처벌법(법률 11729호) 시행일인 2013년 6월 19일 이전의 강제추행죄 피해자가 범인을 알게 된 날부터 6개월이 경과한 이후인 2013년 8월경 고소를 제기하였음을 이유로 공소기각판결을 선고한 원심판결을 파기·환송하였다(대판 2018. 6. 28, 2014도13504).

날부터 2년이 지난 경우에는 고소하지 못한다[구 청소년 성보호에 관한 법률(2007. 8. 3. 법률 8634호로 전부 개정되기 전의 것) § 10의2].

18   위 두 경우 모두 고소할 수 없는 불가항력의 사유가 있는 경우에는 그 사유가 없어진 날부터 고소기간을 기산한다. 여기서 '불가항력의 사유'란 물리적으로 고소할 수 없는 사정뿐만 아니라, 고소능력이 없거나 고소하지 못할 만큼 범인의 압도적인 지배하에 있는 등으로 고소하는 것이 사실상 불가능하였다고 볼 만한 객관적인 사유를 말한다.[14]

19   자기 또는 배우자의 직계존속에 대한 고소를 금지하는 형사소송법 제224조와 달리, 성폭력처벌법 제18조에서는 예외규정을 두어 이를 허용하고 있다.

5. 고소취소, 처벌불원 의사표시의 방법 및 심리

20   친고죄의 피해자가 고소를 취소한 경우 다시 고소할 수 없고(형소 § 232②), 반의사불벌죄의 피해자가 처벌불원의 의사표시나 처벌희망 의사표시의 철회를 한 경우 다시 처벌을 희망하는 의사를 표시할 수 없다.[15]

21   위와 같은 의사표시는 피해자의 진실한 의사가 명백하고 믿을 수 있는 방법으로 표명된 것이어야 한다. 형사소송법은 친고죄의 고소·고소취소에 관하여 제236조에서 대리를 명시적으로 허용하고 있으므로 대리가 허용되지만, 이와는 달리 반의사불벌죄의 처벌불원의사에 관하여는 대리에 관한 명시적 규정을 두지 않고 고소·고소취소의 대리규정을 준용하지도 않았으며, 친고죄와 반의사불벌죄는 피해자의 의사가 소송조건이 된다는 점에서는 비슷하지만 이를 소송조건으로 하는 이유·방법·효과는 같다고 할 수 없다. 반의사불벌죄에서 처벌불원의사는 피해자 본인이 하여야 하고 그 대리는 허용되지 않는다.[16]

22   친고죄에서 적법한 고소 또는 고소취소가 있었는지, 반의사불벌죄에서 처벌불원의 의사표시 또는 처벌희망 의사표시의 철회가 있었는지는 자유로운 증명의 대상이라고 보는 것이 일반적이지만,[17] 피고인이 고소의 취소나 처벌희망

---

14 서울고판 2011. 7. 8, 2011노314(유죄 부분 파기환송, 공소기각 부분 및 무죄 부분 확정).
15 대판 2011. 2. 24, 2010도16491.
16 대판 2023. 7. 17, 2021도11126(전).
17 대판 1999. 2. 9, 98도2074.

의사표시의 철회가 있었다고 주장하는 등 그 효력을 다투는 경우에는 피해자를 증인으로 신문하는 등의 방법으로 이를 신중하게 조사·판단할 필요가 있다.[18]

〔성 보 기〕

---

18 대판 2010. 10. 14, 2010도5610, 2010전도31.

〔특별법 Ⅰ〕 성폭력범죄의 처벌 등에 관한 특례법

Ⅰ. 총 설

1. 의 의

1   성폭력범죄의 처벌 등에 관한 특례법(이하, 성폭력처벌법이라 한다.)은 성폭력범죄의 처벌 및 그 절차에 관한 특례를 규정함으로써 성폭력범죄 피해자의 생명과 신체의 안전을 보장하고 건강한 사회질서의 확립에 이바지함을 목적으로 하고 있다(성폭처벌 §1). 성폭력처벌법은 ① 형법에 규정된 성폭력범죄에 대하여 일정 요건이 더해지는 경우 그 법정형을 강화하거나 형법에 규정되지 아니한 성폭력범죄 구성요건을 규정하는 특별구성요건(성폭처벌 §§3-15), ② 재범 방지와 피해자

보호를 위한 보안처분(성폭처벌 §16, §17, §§42-49), ③ 수사 및 소송에서 피해자 보호를 위한 실체적·절차적 특례(성폭처벌 §§18-41)를 주요 내용으로 하고 있다.

성폭력처벌법은 형법에 대한 관계에서 특별법과 일반법의 관계에 있으므로, 성폭력처벌법위반죄가 성립할 경우 형법에 규정된 성폭력범죄는 법조경합으로서 그 적용이 배제된다.[1]　　2

2. 연 혁[2]

(1) 성폭력범죄의 처벌 등에 관한 특례법 제정 등 관련

(가) 성폭력범죄의 처벌 및 피해자보호 등에 관한 법률

1994년 1월 5일 성폭력범죄를 예방하고 그 피해자를 보호하며, 성폭력범죄의 처벌 및 그 절차에 관한 특례를 규정하기 위하여 제정된 법률이 성폭력범죄의 처벌 및 피해자보호 등에 관한 법률이다.　　3

이 법은 제2장에서 성폭력범죄의 처벌 및 절차에 관한 특례를 규정하는 한편, 피해자 보호를 위하여 총칙에서 성폭력범죄를 예방하고 피해자를 보호하는 등에 관한 국가와 지방자치단체의 의무, 피해자에 대한 불이익처분의 금지를 규정하고, 제3장에서 성폭력피해상담소에 관한 규정을 두었다.　　4

(나) 처벌 법률과 피해자 보호 법률의 분리

그 후 성폭력범죄의 처벌 영역과 성폭력 방지·피해자 보호 영역을 분리하기로 하면서, 2010년 4월 15일 법률 제10258호로 성폭력처벌법을 제정하여 처벌조항을 옮겨가거나 새로이 마련하였고, 기존의 성폭력범죄의 처벌 및 피해자보호 등에 관한 법률은 성폭력범죄의 피해자보호 등에 관한 법률로 그 명칭을 변경하면서 성폭력범죄 등 처벌조항을 대폭 삭제하였다(성폭처벌 부칙 §5⑩).　　5

아울러 2010년 4월 15일 성폭력을 예방하고 성폭력피해자를 보호·지원하기 위하여 성폭력방지 및 피해자보호 등에 관한 법률(이하, 성폭력방지법이라 한다.)을 제정하면서 성폭력범죄의 피해자보호 등에 관한 법률을 폐지하였다(성폭방지 부칙 §2).　　6

성폭력처벌법은 2010년 4월 15일 제정·공포되면서 바로 시행되었는데, 성　　7

---

1 주석형법 [각칙(4)](5판), 325(구회근).
2 이에 대해서는 김정환·김슬기, 형사특별법(2판), 55-57; 이동희·류부곤, 특별형법(5판), 281-296; 이주원, 특별형법(9판), 453-456; 주석형법 [각칙(4)](5판), 326-328(구회근) 참조.

폭력처벌법 시행 전의 행위에 대한 벌칙을 적용할 때에는 종전의 구 성폭력범죄의 처벌 및 피해자보호 등에 관한 법률이 여전히 적용된다(성폭처벌 부칙 §4).

(2) 친고죄 등 관련

8　　구 성폭력범죄의 처벌 및 피해자보호 등에 관한 법률은 제정 당시인 1994년 1월 5일부터 특수강도강간 등, 특수강간 등, 친족관계에 의한 강간 등, 장애인 또는 13세 미만의 미성년자에 대한 강간, 강제추행등에 대하여는 형법상 성폭력범죄에 대한 법정형을 가중하는 한편 비친고죄로 규정하였지만, 형법에서 범죄로 구성하지 아니한 일부 구성요건[§11(업무상 위력 등에 의한 추행), §13(공중밀집장소에서의 추행), §14(통신매체이용음란행위)]은 친고죄로 규정하고 있었는데(§15),[3] 성폭력처벌법도 제정 당시에 위 구성요건에 대하여 그대로 친고죄로 규정하였다.

9　　그런데 2012년 12월 18일 형법 제306조(고소)의 친고죄 규정이 폐지됨과 동시에 같은 맥락에서 같은 날 법률 제11556호로 성폭력처벌법이 개정되면서 친고죄 규정(개정 전 구 성폭처벌 §15)이 삭제되었다. 이에 따라 성폭력처벌법에 규정된 모든 범죄는 비친고죄가 되었으므로, 피해자의 고소가 없더라도 수사가 개시되거나 기소될 수 있고, 고소취소는 양형참작사유로만 고려되게 되었다.

10　　다만 위 개정 성폭력처벌법(법률 제11556호) 부칙 제9조(친고죄에 관한 경과조치)는 "이 법 시행 전에 행하여진 종전의 제10조 제1항(업무상 위력 등에 의한 추행), 제11조(공중 밀집장소에서의 추행) 및 제12조(통신매체를 이용한 음란행위)의 죄에 대하여는 종전의 제15조(고소)를 적용한다."고 규정하고 있으므로, 위 개정 성폭력처벌법이 시행된 날인 2013년 6월 18일 이전에 범한 위 3가지 범죄에 대해서는 개정 전의 친고죄 조항이 그대로 적용된다.

11　　한편 2009년 6월 9일 법률 제9765호로 전부 개정된[4] 아동·청소년의 성보호에 관한 법률(이하, 청소년성보호법이라 한다.)은 제16조(피해자의 의사)[5]에서 아동·

3　특별구성요건 중 카메라 등을 이용한 촬영은 1998년 12월 28일 성폭력범죄의 처벌 및 피해자보호 등에 관한 법률 제14조의2로 신설되면서부터 비친고죄로 규정되었다.

4　2009년 6월 9일 법률 명칭이 청소년의 성보호에 관한 법률에서 아동·청소년의 성보호에 관한 법률로 변경되었다. 이하 법률 명칭이 변경되기 전의 청소년의 성보호에 관한 법률은 '청성법'이라 약칭한다.

5　구 청소년성보호법(2009. 6. 9. 개정법) 제16조(피해자의 의사) '형법' 제306조 및 '성폭력범죄의 처벌 및 피해자보호 등에 관한 법률' 제15조에도 불구하고 청소년을 대상으로 한 다음 각 호의 죄에 대하여는 피해자의 고소가 없어도 공소를 제기할 수 있다. 다만, 피해자의 명시한 의사에 반하여 공소를 제기할 수 없다. 〈개정 2009. 6. 9.〉

청소년을 대상으로 한 일부 성폭력범죄[현행 성폭력처벌법 §10①(업무상 위력 등에 의한 추행) 등]를 '반의사불벌죄'로 규정하였고, 그 후 2010년 4월 15일 일부 개정 [현행 성폭력처벌법 §11(공중 밀집 장소에서의 추행), §13(통신매체를 이용한 음란행위)를 반의사불벌죄에 추가], 2012년 2월 1일 일부 개정[성폭력처벌법 §10①(업무상 위력 등에 의한 추행)을 반의사불벌죄에서 제외]되었다가, 2012년 12월 18일 형법 개정 시 형법 제306조(고소)가 삭제되면서 동시에 청소년성보호법상 '반의사불벌죄' 조항도 모두 삭제됨으로써 이제 아동·청소년 대상 성폭력범죄도 모두 비친고죄가 되었다. 다만 2012년 12월 18일 개정된 청소년성보호법(법률 제11572호) 부칙 제9조(피해자의 의사에 관한 경과조치)는 "이 법 시행(2013. 6. 18.) 전에 행하여진 아동·청소년을 대상으로 한 법률 제11162호(2012. 1. 17. 개정) 성폭력범죄의 처벌 등에 관한 특례법 일부 개정법률 제11조 및 제12조의 죄에 대하여는 종전의 '아동·청소년의 성보호에 관한 법률' 제16조를 적용한다."고 규정하고 있어, 친고죄나 반의사불벌죄에 해당하는지 여부에 관하여는 행위시법을 적용하면 될 것이다.

위와 같은 소추요건에 대해서는, **제306조(고소)(삭제 2012. 12. 18) [표 1] 청소년성보호법상 피해자의사 관련 소추요건의 개정 경과**[6] 참조.　　　　12

(3) 그 후의 주요 개정 내용

성폭력처벌법은 2012년 12월 18일 친고죄 조항 삭제 등의 전면 개정이 이루어진 후에도 여러 차례 개정되었는데, 2020년 이후의 주요 개정 내용을 살펴보면 아래와 같다.　　　　13

(가) 2020년 3월 24일 개정

2020년 3월 24일 개정(2020. 6. 25. 시행)은 딥페이크(deef fake)[7] 피해가 증가함에 따라, 성적 허위영상물 등의 제작·유포 행위에 대한 별도의 처벌규정을 마련하는 내용이다. 구체적으로, 성폭력처벌법 제14조의2(허위영상물 등의 반포등)를　　　　14

---

1. 제7조의 죄
2. '형법' 제297조부터 제300조까지의 죄와 제302조·제303조·제305조의 죄
3. '성폭력범죄의 처벌 및 피해자보호 등에 관한 법률' 제11조 제1항의 죄
6 성범죄재판실무편람, 성범죄재판실무편람 집필위원회(2018), 17.
7 딥러닝(deep learning)과 페이크(fake)의 합성어로서 인물합성기술이라고 하는데, 생성적 대립 신경망을 활용하여 사진이나 영상에서 기존 인물을 다른 인물로 바꿔주는 합성 기술을 말한다. 성범죄와 관련해서는, 특정 인물의 신체 등을 대상으로 한 영상물 등을 성적 욕망 또는 수치심을 유발할 수 있는 형태로 편집하는 것을 말한다.

신설하였는데, ① 허위영상물 등의 편집·합성·가공, ② 편집물 등의 대상자의 의사에 반하는 반포 등, ③ 영리목적 반포 등의 가중처벌 등이 포함되어 있다.

　(나) 2020년 5월 9일 개정

15　　2020년 5월 19일 개정(같은 날 시행)은 텔레그램을 이용한 성착취 사건 등 사이버 성범죄로 인한 피해에 대응하기 위하여 카메라 등 이용 촬영죄 등 성폭력범죄의 법정형을 상향하고, 불법 성적 촬영물의 소지등에 대한 처벌규정을 신설하는 내용이다. 그 주요 내용은 ① 특수강도강간 등, 특수강간 등, 13세 미만의 사람에 대한 강제추행 및 공중밀집장소에서의 추행의 죄의 법정형 상향, ② 장애인에 대한 강제추행, 성적 목적을 위한 다중이용장소 침입행위 및 통신매체를 이용한 음란행위의 죄의 벌금형 상향, ③ 카메라 등을 이용한 촬영, 그 촬영물 또는 복제물의 반포 등의 죄의 법정형 상향 등, ④ 불법 성적 촬영물 등의 소지 등에 대한 처벌규정 신설, ⑤ 성적 욕망 또는 수치심을 유발할 수 있는 촬영물 등을 이용하여 협박 또는 강요행위에 대한 처벌규정 신설, ⑥ 예비·음모죄의 신설 등이다.

　(다) 2023년 7월 11일 개정

16　　2023년 7월 11일 개정(2023. 10. 12. 시행)은 피고인의 반대신문권을 보장하지 않은 채 영상물에 수록된 19세 미만 성폭력범죄 피해자의 진술을 재판과정에서 증거로 할 수 있도록 하는 규정은 피고인의 공정한 재판을 받을 권리를 침해한다는 헌법재판소의 위헌결정[8] 취지를 반영한 것이다. 즉, ① 19세 미만 피해자와 신체적인 또는 정신적인 장애로 사물을 변별하거나 의사를 결정한 능력이 미약한 피해자의 진술이 영상녹화된 영상녹화물은 피고인 등에게 반대신문 기회가 보장된 경우 등에 한해 증거로 할 수 있도록 하고, ② 변호사가 없는 19세 미만 피해자 등에 대한 국선변호사 선정, ③ 성폭력범죄 전담조사제 강화, ④ 수사 및 재판절차에서 보호조치, ⑤ 신뢰관계인과 진술조력인의 참여 확대, ⑥ 증인신문을 위한 공판준비절차 등을 마련함으로써 피고인 등의 반대신문권을 보장하면서도 19세 미만 피해자 등이 2차 피해로부터 보호될 수 있도록 하려는 것이다.[9]

---

8 헌재 2021. 12. 23, 2018헌바524.
9 국회 법제사법위원회, 성폭력처벌법 일부개정법률안(대안), 제안이유(2023. 6).

II. 성폭력범죄의 처벌 등에 관한 특례법상 성폭력범죄

1. 규 정

제2조(정의) ① 이 법에서 "성폭력범죄"란 다음 각 호의 어느 하나에 해당하는 죄를 말한다. 〈개정 2013. 4. 5., 2016. 12. 20.〉

1. 형법 제2편제22장 성풍속에 관한 죄 중 제242조(음행매개), 제243조(음화반포등), 제244조(음화제조등) 및 제245조(공연음란)의 죄

2. 형법 제2편제31장 약취(略取), 유인(誘引) 및 인신매매의 죄 중 추행, 간음 또는 성매매와 성적 착취를 목적으로 범한 제288조 또는 추행, 간음 또는 성매매와 성적 착취를 목적으로 범한 제289조, 제290조(추행, 간음 또는 성매매와 성적 착취를 목적으로 제288조 또는 추행, 간음 또는 성매매와 성적 착취를 목적으로 제289조의 죄를 범하여 약취, 유인, 매매된 사람을 상해하거나 상해에 이르게 한 경우에 한정한다), 제291조(추행, 간음 또는 성매매와 성적 착취를 목적으로 제288조 또는 추행, 간음 또는 성매매와 성적 착취를 목적으로 제289조의 죄를 범하여 약취, 유인, 매매된 사람을 살해하거나 사망에 이르게 한 경우에 한정한다), 제292조[추행, 간음 또는 성매매와 성적 착취를 목적으로 한 제288조 또는 추행, 간음 또는 성매매와 성적 착취를 목적으로 한 제289조의 죄로 약취, 유인, 매매된 사람을 수수(收受) 또는 은닉한 죄, 추행, 간음 또는 성매매와 성적 착취를 목적으로 한 제288조 또는 추행, 간음 또는 성매매와 성적 착취를 목적으로 한 제289조의 죄를 범할 목적으로 사람을 모집, 운송, 전달한 경우에 한정한다] 및 제294조(추행, 간음 또는 성매매와 성적 착취를 목적으로 범한 제288조의 미수범 또는 추행, 간음 또는 성매매와 성적 착취를 목적으로 범한 제289조의 미수범, 추행, 간음 또는 성매매와 성적 착취를 목적으로 제288조 또는 추행, 간음 또는 성매매와 성적 착취를 목적으로 제289조의 죄를 범하여 발생한 제290조제1항의 미수범 또는 추행, 간음 또는 성매매와 성적 착취를 목적으로 제288조 또는 추행, 간음 또는 성매매와 성적 착취를 목적으로 제289조의 죄를 범하여 발생한 제291조제1항의 미수범 및 제292조제1항의 미수범 중 추행, 간음 또는 성매매와 성적 착취를 목적으로 약취, 유인, 매매된 사람을 수수, 은닉한 죄의 미수범으로 한정한다)의 죄

3. 형법 제2편제32장 강간과 추행의 죄 중 제297조(강간), 제297조의2(유사강간), 제298조(강제추행), 제299조(준강간, 준강제추행), 제300조(미수범), 제301조(강간등 상해·치상), 제301조의2(강간등 살인·치사), 제302조(미성년자등에 대한 간음), 제303조(업무상위력등에 의한 간음) 및 제305조(미성년자에 대한 간음, 추행)의 죄

4. 형법 제339조(강도강간)의 죄 및 제342조(제339조의 미수범으로 한정한다)의 죄

5. 이 법 제3조(특수강도강간 등)부터 제15조(미수범)까지의 죄

② 제1항 각 호의 범죄로서 다른 법률에 따라 가중처벌되는 죄는 성폭력범죄로 본다.

2. 취 지

17   방대한 조문들을 포함시킨 '성폭력범죄'라는 개념을 만든 것은 성폭력처벌법상 성폭력범죄에 해당하는 경우 수사 및 소송에서 피해자 보호를 위한 실체적·절차적 특례 규정들(성폭처벌 §§ 18-41)이 적용되고, 형벌과 수강명령·이수명령의 병과(성폭처벌 § 16, § 17), 취업제한명령(아청 § 56) 사유가 됨을 일괄적으로 나타내기 위함이다.

18   성폭력범죄를 성폭력처벌법 제2조 제1항의 제1호 내지 제5호로 구분한 이유는 그중 일부가 신상정보 등록, 공개, 고지(성폭처벌 § 42, § 47, § 49) 사유가 됨을 나타내기 위함이다. 신상정보 등록, 공개, 고지대상은 성폭력범죄 중 성폭력처벌법 제2조 제1항 제3호·제4호, 같은 조 제2항(제1항 제3호·제4호에 한정) 및 제3조부터 제15조까지의 범죄[10]이다(성폭처벌 § 42).

19   다만, 이와 같이 복잡한 성폭력범죄에 관한 정의(定義) 규정을 두었으면서도 다시 전자장치 부착명령 대상인 성폭력범죄(전부 § 2(ii)), 성충동 약물치료명령 대상인 성폭력범죄(성충동 § 2(ii)), 형 집행종료 후의 치료감호 대상인 성폭력범죄(치감 § 2의2) 등 성폭력 관련 부수처분을 규정한 다른 특별법령에는 '성폭력범죄'라는 표제 아래 이와 같은 구분을 이용하지 아니하고 조금씩 다른 내용의 정의 규정들을 별도로 두고, 관련 규정의 내용이 자주 개정되면서 경과 규정까지 미비한 경우가 있어, 법령의 해석·적용을 복잡하게 한 것은 문제이다. 입법론

---

10 성폭력처벌법 제2조 제1항 제5호와 같은 내용인데 법문에서 "제5호"라고 표시하지 않고 내용을 직접 기재하였다.

으로, 성폭력범죄 일반에 적용되는 통합 정의 규정을 마련하거나 부수처분의 요
건이나 내용에 대한 통합규정을 마련하는 것이 바람직하다.

　　법률의 적용에 있어서는, 성폭력처벌법 제2조 제1항 제1호는 성풍속에 관　　**20**
한 죄이고, 제5호 중 공중 밀집 장소에서의 추행(성폭처벌 §11), 성적 목적을 위한
다중이용장소 침입행위(성폭처벌 §12), 통신매체를 이용한 음란행위(성폭처벌 §13),
카메라 등을 이용한 촬영(성폭처벌 §14), 허위영상물 등의 반포등(성폭처벌 §14의2)
은 폭력의 요소를 포함하지 않고 있어, 성폭력범죄에 해당함을 직관적으로 알기
는 어렵다. 따라서 당해 범죄가 성폭력처벌법상의 성폭력범죄에 해당하는지 여
부나 성폭력범죄에 해당함을 전제로 직권으로 부수처분을 정함에 있어 해당 규
정을 자세히 살펴볼 필요가 있다.

3. 성폭력범죄 해당 여부

　　(1) 2020년 5월 19일 형법 개정으로 형법 제305조의3으로 신설된 제297조　　**21**
(강간), 제297조의2(유사강간), 제299조(준강간죄에 한정), 제301조(강간 등 상해죄에 한
정) 및 제305조(미성년자에 대한 간음, 추행)의 죄를 범할 목적으로 한 예비·음모죄
는 성폭력처벌법상의 '성폭력범죄'에 포함되지 않는다.

　　(2) 청소년성보호법상 아동·청소년에 대한 강간·강제추행 등에 대한 예　　**22**
비·음모죄(아청 §7의2)는 아동·청소년대상 성범죄와 아동·청소년대상 성폭력범
죄(아청 §2(ii), (iii))에 해당하므로, 청소년성보호법에 규정된 보안처분이나 수사·
소송상 특례규정이 적용된다.

　　(3) 군형법 제2편 제15장 강간과 추행의 죄 중 제92조(강간), 제92조의2(유사　　**23**
강간), 제92조의3(강제추행) 등은 성폭력처벌법 제2조 2항에 의한 '성폭력범죄'에
해당하므로,[11] 이들 범죄에 대하여도 성폭력처벌법상의 특별규정(부수처분 등)이

---

11 대판 2014. 12. 24, 2014도10916. 「군형법상 강간과 강제추행의 죄가 군인을 상대로 한 성폭력
　범죄를 가중처벌하기 위한 것으로서 형법상 강간 및 강제추행의 죄와 본질적인 차이가 없어 이
　를 성폭력특례법상 성폭력범죄에서 제외할 합리적인 이유가 없는 점, 군인등유사강간 및 군인등
　강제추행의 죄는 행위주체가 군형법 제1조에 규정된 자로 제한되고 범행대상(또는 행위객체)이
　군형법 제1조 제1항 내지 제3항에 규정된 자로 제한되는 점 외에 형법상 유사강간 및 강제추행
　의 죄와 행위태양이 동일한 점 등을 종합하여 보면, 군인등유사강간 및 군인등강제추행의 죄는
　형법상 유사강간 및 강제추행의 죄에 대하여 가중처벌하는 죄로서 성폭력특례법 제2조 제2항에
　의해 성폭력범죄에 포함된다고 보아야 한다.」
　본 판결 해설은 전광철, "군형법상 성범죄가 성폭력범죄의 처벌 등에 관한 특례법의 성폭력범

적용된다.

24   한편, 이들 범죄를 범한 군인·군무원들에 대한 재판권은 아래에서 볼 2021
년 9월 24일 군사법원법 개정(2022. 7. 1. 시행)[12] 이후에는 일반법원에 있다. 즉,
종래 군인·군무원이 범한 성폭력범죄는 군사법원에 재판권이 있었으나, 일반법
원에 재판권이 있는 것으로 변경되었으므로, 이에 대하여도 살펴볼 필요가 있다.

     (가) 2021년 9월 24일 군사법원법 개정 이전의 범죄

25   위 군사법원법 개정 이전에는 군인·군무원 등 군사법원법에 정한 일정한
신분이 있는 사람이 범한 범죄에 대하여는 군사법원이 재판권을 가진다고 규정
하고 있었으므로, 군인·군무원 등의 성폭력범죄도 군사법원에 재판권이 있고,
이들이 일반법원에 기소된 경우 군사법원에 이송하여야 한다(구 군사법원법 §2
①, ②, ③). 그리고 군인·군무원의 신분 취득 이전의 범죄에 대하여도 재판 당
시 신분을 가지고 있으면 군사법원으로 이송하여야 한다.

26   제1심은 보통군사법원의, 제2심은 고등군사법원의 관할에 속하고, 제3심은
대법원에 심판권이 있다(구 군사법원법 §5, §9).

     (나) 2021년 9월 24일 군사법원법 개정 후

27   위 개정된 군사법원원 제2조에 따라 군인·군무원 등이 범한 성폭력처벌법
상의 성폭력범죄(성폭력범죄는 아니지만, 성폭력처벌법 §15의2에 규정한 예비죄도 포함),
청소년성보호법상의 아동·청소년대상 성범죄에 대하여는 일반법원이 재판권을
가지게 되었다.[13]

죄에 해당하는지 여부", 해설 102, 법원도서관(2015), 513-528.

12 군사법원법의 개정이유는 ① 군 사법제도에 대한 국민적 신뢰를 회복하고 피해자의 인권보장과
   사법정의의 실현이라는 헌법적 가치를 구현하기 위하여 성폭력범죄, 군인 등의 사망사건 관련
   범죄 및 군인 등이 그 신분취득 전에 저지른 범죄에 대해서는 군사법원의 재판권에서 제외하여
   일반법원이 재판권을 행사하도록 하고, ② 군 사법제도 개혁을 통한 사법의 독립성과 군 장병의
   공정한 재판을 받을 권리를 실질적으로 보장하기 위하여 1심 군사재판을 담당하는 군사법원을
   국방부장관 소속으로 설치하며, 고등군사법원을 폐지하여 일반법원에서 항소심을 담당하게 하
   고, ③ 수사의 공정성 및 군검찰의 독립성을 확보하기 위하여 국방부장관 및 각 군 참모총장 소
   속으로 검찰단을 설치하며, 관할관 및 심판관 제도를 폐지하고, 군검사가 구속영장을 청구할 때
   부대의 장의 승인을 받는 제도를 폐지하는 등 군 장병의 재판받을 권리와 군조직의 특수성이 조
   화된 사법체계를 확립하는 것이다[국회 법제사법위원회, 군사법원법 일부개정법률안(대안), 제
   안이유(2021. 8)].

13 성폭력범죄가 아니더라도 군인 신분 취득 전의 범죄에 대하여는 일반법원이 재판권을 가진다(군
   사법원법 §2②(iii)). 군사법원 중 고등군사법원이 폐지되고, 제1심에 대하여만 재판권이 남게
   됨에 따라, 제1심을 담당하는 군사법원의 명칭이 보통군사법원에서 군사법원으로 변경되었고,

개정 군사법원법 시행 전에 고등군사법원에서 선고한 판결이 개정법 시행 **28**
후 대법원에서 파기환송이 되는 경우 환송받는 법원은 원심법원과 동등한 관할
법원인 일반 고등법원이 된다.14

다만, 2022년 7월 1일 이후의 범행에 대하여만 신법이 적용된다(개정법 부칙 **29**
§1). 개정법 시행 전의 성폭력범죄와 개정법 시행 후의 성폭력범죄가 경합범으
로 기소되는 경우 일반법원에 재판권이 인정된다고 보아야 할 것이다(군사법원법
§2② 본문).

Ⅲ. 성폭력범죄의 처벌 등에 관한 특례법상 특별구성요건

성폭력처벌법상 특별구성요건은 크게 3가지로 나누어 볼 수 있다. ① 제3 **30**
조 내지 제7조는 일정한 요건하에 형법상의 성폭력범죄를 가중처벌하는 규정이
고, ② 제8조와 제9조는 그 결과적 가중범을 가중처벌하는 규정이며, ③ 제10조
내지 제14조의3은 형법으로 처벌하지 않는 행위를 처벌하기 위한 규정이다. 성
폭력처벌법상 주요 처벌규정은 아래 [표 1]과 같다.

[표 1] 성폭력처벌법상 주요 처벌규정

조 문		제 목	내 용(행위태양)	죄 명[15]	공소시효
§3	①	특수강도 강간 등	주거침입·야간주거침입절도·특수절도·미수범(절도)이 강간·유사강간·강제추행·준강간·준강제추행	〔(주거침입, 절도) (강간, 유사강간,강제추행, 준강간, 준유사강간, 준강제추행)〕	15년 (일부 배제)
	②		특수강도·미수범이 강간·유사강간·강제추행·준강간·준강제추행	〔특수강도(강간, 유사강간, 강제추행, 준강간, 준유사강간, 준강제추행)〕	25년 (일부 배제)
§4	①	특수강간 등	흉기휴대·합동 강간	(특수강간)	15년 (일부 배제)
	②		흉기휴대·합동 강제추행	(특수강제추행)	10년 (일부 배제)

군사법원의 재판에 대한 항소심 재판권은 고등법원으로 이전되었다(군사법원법 §10).
14 대판 2022. 9. 29, 2020도11185.

조 문		제 목	내 용(행위태양)	죄 명[15]	공소시효
	③		흉기휴대·합동 준강간·준강제추행	〔특수(준강간, 준강제추행)〕	15년(①) 10년(②) (일부 배제)
§5	①	친족관계에 의한 강간 등	친족관계인 사람의 강간	(친족관계에의한강간)	10년 (일부 배제)
	②		친족관계인 사람의 강제추행	(친족관계에의한강제추행)	
	③		친족관계인 사람의 준강간·준강제 추행	〔친족관계에의한 (준강간, 준강제추행)〕	
§6	①	장애인에 대한 강간· 강제추행 등	신체·정신장애인 강간	(장애인강간)	배제
	②		신체·정신장애인 폭행·협박 유사 성행위	(장애인유사성행위)	
	③		신체·정신장애인 강제추행	(장애인강제추행)	
	④		신체·정신장애인 준강간·준유사 성행위·준강제추행	〔장애인(준강간, 준유사성행위, 준강제추행)〕	
	⑤		위계·위력 신체·정신장애인 간음	(장애인위계등간음)	10년
	⑥		위계·위력 신체·정신장애인 추행	(장애인위계등추행)	10년
	⑦		보호·감독대상 장애인에 대하여 ① 내지 ⑥의 죄를 범함	(장애인피보호자강간등)	①-⑥ 같음
§7	①	13세 미만의 미성년자에 대한 강간, 강제추행 등	13세 미만자 강간	(13세미만미성년자강간)	배제
	②		13세 미만자 폭행·협박 유사성행위	(13세미만미성년자 유사성행위)	
	③		13세 미만자 강제추행	(13세미만미성년자 강제추행)	
	④		13세 미만자 준강간·준강제추행	〔13세미만미성년자(준강 간, 준유사성행위, 준강제추행)〕	
	⑤		위계·위력 13세 미만자 간음·추행	〔13세미만미성년자위계등 (간음, 유사성행위, 추행)〕	
§8	①	강간 등 상해·치상	§3①, §4, §6, §7 및 그 미수범 (§15)의 죄를 범한 사람의 다른 사람 상해·치상	〔강간등(상해, 치상)〕	15년 (일부 배제)
	②		§5 및 그 미수범(§15)의 죄를 범 한 사람의 다른 사람 상해·치상		

---

15 〔 〕 또는 ( ) 앞의 '성폭력처벌법위반'은 생략한다.

조 문		제 목	내 용(행위태양)	죄 명	공소시효
§9	①	강간 등 살인·치사	§§ 3-7 및 그 미수범(§ 15), 형 § 297, § 297의2, §§ 298-300의 죄의 죄를 범한 사람의 다른 사람 살해	〔강간등(살인, 치사)〕	배제
	②		§ 4, § 5 및 그 미수범(§ 15)의 죄를 범한 사람의 다른 사람 치사		15년 (일부 배제)
	③		§ 6, § 7 및 그 미수범(§ 15)의 죄를 범한 사람의 다른 사람 치사		25년 (일부 배제)
§10	①	업무상 위력 등에 의한 추행	업무상 위계·위력 추행	(업무상위력등에의한추행)	5년
	②		감호자의 구금된 사람 추행		7년
§11		공중 밀집 장소에서의 추행	공중밀집장소에서의 추행	(공중밀집장소에서의추행)	5년
§12		성적 목적을 위한 다중이용장소 침입행위	자기의 성적 욕망 만족 목적으로 다중이용장소 침입·퇴거불응	(성적목적다중이용장소 침입)	5년
§13		통신매체를 이용한 음란행위	자기·타인 성적 욕망 유발·만족 목적으로 통신매체를 통하여 음란한 말 등을 상대방에게 도달케 함	(통신매체이용음란)	5년
§14	①	카메라등을 이용한 촬영	성적 욕망·수치심 유발 신체를 무단 촬영	(카메라등이용촬영· 반포등)	7년
	②		①의 촬영물등을 반포등하거나, 승낙 촬영물등(자신 신체 직접 촬영 포함)을 사후에 무단 반포등		
	③		영리 목적으로 정보통신망 이용하여 무단으로 ②의 죄를 범함		10년
	④		①, ②의 촬영물등 소지·구입·저장·시청	(카메라등이용촬영물소지등)	5년
	⑤		상습으로 ①-③의 죄를 범함	(상습카메라등이용촬영· 반포등)	10년 (①-③) 5년(④)

조　문	제　목	내　용(행위태양)	죄　명	공소시효
§14 의2 ①	허위영상물 등의 반포등	반포등 목적으로 얼굴등 대상 영상물등을 성적 욕망·수치심 유발 형태로 무단 편집등	(허위영상물편집·반포등)	7년
§14 의2 ②		①에 따른 편집물등을 반포하거나 승낙 영상물의 편집물등을 사후에 무단 반포등		
§14 의2 ③		영리 목적으로 정보통신망을 이용하여 무단으로 ②의 죄를 범함		
§14 의2 ④		상습으로 ① 내지 ③의 죄를 범함	(상습허위영상물편집·반포등)	10년(③) 7년 (①, ②)
§14 의3 ①	촬영물 등을 이용한 협박·강요	성적 욕망·수치심 유발 촬영물등을 이용하여 협박	(촬영물등이용협박)	10년
§14 의3 ②		①의 협박으로 권리행사 방해 또는 의무 없는 일을 하게 함	(촬영물등이용강요)	
§14 의3 ③		상습으로 ①, ②의 죄를 범함	[상습(촬영물등이용협박, 촬영물등이용강요)]	
§15	미수범	§§3-9, §14, §14의2, §14의3의 미수	해당 기수 죄명	
§15의2	예비, 음모	§§3-7의 죄를 범할 목적으로 예비·음모	[(§3 내지 §7 각 죄명)(예비,음모)]	5년

※ '일부 배제'는 '13세 미만의 사람 및 신체적·정신적 장애가 있는 사람'에 대하여 해당 범죄를 범한 경우에 공소시효가 배제됨을 의미함.

31　　　　그중 제3조 내지 제7조의 가중처벌규정은 원래 형법 제32장에 규정된 성범죄들이 1953년 형법 제정 이래 친고죄로 규정되어 있어 피해자가 수치심이나 보복 우려로 고소를 하지 않거나 고소취소를 하여 성범죄자를 처벌할 수 없게 되는 폐단을 막기 위하여, 1994년 성폭력범죄의 처벌 및 피해자보호 등에 관한 법률에서 형법상 성범죄에 일정한 표지를 추가한 가중적 구성요건을 신설하면서 비친고죄로 규정한 이래 현재까지 그 맥락이 이어져 온 것이다. 그러나 2012년 12월 18일 형법 개정으로 성폭력범죄는 모두 비친고죄가 되었으므로 애초의 입법목적 중 일부는 무의미해졌으나, 가중처벌의 취지는 그대로 남아 있고, 그와 같은 취지 아래 법정형이 더 무거워지고 있는 측면이 있다. 이런 측면에서, 성범죄 이외의 다른 범죄들과 균형을 고려할 필요가 있다는 견해[16]가 있다.

---

16 신동운, 형법각론(3판), 789.

1. 특수강도강간 등

(1) 규정

제3조(특수강도강간 등) ① 「형법」 제319조제1항(주거침입), 제330조(야간주거침입절도), 제331조(특수절도) 또는 제342조(미수범. 다만, 제330조 및 제331조의 미수범으로 한정한다)의 죄를 범한 사람이 같은 법 제297조(강간), 제297조의2(유사강간), 제298조(강제추행) 및 제299조(준강간, 준강제추행)의 죄를 범한 경우에는 무기징역 또는 7년 이상의 징역에 처한다. 〈개정 2020. 5. 19.〉[17]

② 「형법」 제334조(특수강도) 또는 제342조(미수범. 다만, 제334조의 미수범으로 한정한다)의 죄를 범한 사람이 같은 법 제297조(강간), 제297조의2(유사강간), 제298조(강제추행) 및 제299조(준강간, 준강제추행)의 죄를 범한 경우에는 사형, 무기징역 또는 10년 이상의 징역에 처한다.

[단순위헌, 2021헌가9, 2023. 2. 23, 성폭력범죄의 처벌 등에 관한 특례법(2020. 5. 19. 법률 제17264호로 개정된 것) 제3조 제1항 중 '형법 제319조 제1항(주거침입)의 죄를 범한 사람이 같은 법 제298조(강제추행), 제299조(준강제추행) 가운데 제298조의 예에 의하는 부분의 죄를 범한 경우에는 무기징역 또는 7년 이상의 징역에 처한다.'는 부분은 헌법에 위반된다.]

(2) 제1항의 죄(주거침입 등[18] 후 강간 등)

(가) 의의

본죄【성폭력처벌법위반〔(주거침입·절도)(강간·유사강간·강제추행·준강간·준유사강간·준강제추행)죄〕】는 ① 행위의 주체로 주거침입(§319①)(위헌결정), 야간주거침입절도(§330), 특수절도(§331), 야간주거침입절도미수(§342, §330), 특수절도미수(§342, §331)의 죄를 범한 사람의 5개 유형이 있고, ② 행위의 태양으로 성폭력범죄 유형 중 강간(§297), 유사강간(§297②), 강제추행(§298), 준강간(§299), 준강제추행(준유사강간을 포함)(§299)의 5개 유형이 있으므로, 본 조항의 범죄유형은 모두 25개(위 위헌결정된 주거침입 관련 유형을 제외하면 20개)가 된다.

32

---

17 2020년 5월 19일 형법 개정으로 본조 제1항의 법정형이 무기징역 또는 5년 이상의 징역에서 위와 같이 무기징역 또는 7년 이상의 징역으로 상향되었다.

18 다만, 헌재 2023. 2. 23, 2021헌가9 등(병합)으로 주거침입죄를 범한 사람이 강제추행죄, 준강제추행죄를 범한 부분은 위헌결정되었다(후술).

33   본죄는 '주거침입 등'과 '강간죄 등'의 결합범으로서,[19] 그 행위태양의 위험성 때문에 가중처벌한다는 것이 취지이다. 따라서 결합하는 두 범죄의 보호법익 모두가 본죄의 보호법익이 되고, 보호의 정도는 침해범이다.[20] 판례도 기본적으로 본죄는 결합범이라는 입장이지만,[21] 판례 중에는 신분범이라는 취지로 판시한 것[22]도 있고, 본죄를 신분범이라고 하는 견해[23]도 있다. 그러나 엄밀하게는 구성 범행에 순서가 있는 결합범일 뿐 신분범이라고 보기는 어려우므로, 신분범에 관한 형법 제33조를 적용할 여지는 없다.[24]

34   본죄가 성립하기 위해서는 주거침입 등을 범한 후에 사람을 강간하는 등의 행위를 하여야 하므로, 선후가 뒤바뀌어 강간죄 등을 범한 사람이 그 피해자의 주거에 침입한 경우에는 이에 해당하지 않고 강간죄 등과 주거침입죄 등의 실체적 경합범이 된다.[25]

35   이와 관련하여, 피고인이 주점에서 술을 마시던 중 자신을 남자화장실 앞까지 부축해 준 피해자(여, 20세)를 건조물인 위 주점 여자화장실로 끌고 가 여자화장실의 문을 잠근 후 강제로 입맞춤을 하고, 저항하는 피해자를 용변 칸으로 밀어 넣은 후, 피고인의 성기를 피해자의 구강에 넣으려고 하고 피고인의 손가락을 피해자의 성기에 넣으려고 하였으나 그 뜻을 이루지 못하고 미수에 그쳤다는 사실관계에 대하여, 피고인이 피해자를 끌고 여자화장실로 들어갈 때 이미 유사강간 등의 성범죄를 의욕하고 있었고, 그와 같은 행위는 피해자의 항거를 불능하게 하거나 현저히 곤란하게 할 정도의 폭행 또는 협박의 개시에 해당한다고 볼 수 있으므로, 그 시점에 이미 유사강간의 실행착수가 있었고, 그때는

---

19 주석형법 [각칙(4)](5판), 330(구회근); 김정환·김슬기, 형사특별법(2판), 65; 이동희·류부곤, 특별형법(5판), 301; 이주원, 특별형법(9판), 460.

20 이주원, 특별형법(9판), 461.

21 대판 2022. 8. 25, 2022도3801. 「성폭력처벌법 위반(주거침입강제추행)죄는 형법 제319조 제1항의 주거침입죄 내지 건조물침입죄와 형법 제298조의 강제추행죄의 결합범이므로(대법원 2012. 3. 15. 선고 2012도914 판결 등 참조), 위 죄가 성립하려면 형법 제319조가 정한 주거침입죄 내지 건조물침입죄에 해당하여야 한다.」

22 대판 2009. 9. 10, 2009도4335(주거침입범의 신분을 가지게 되었다); 대판 2021. 8. 12, 2020도17796(일종의 신분범).

23 주석형법 [각칙(4)](5판), 330(구회근).

24 이주원, 특별형법(9판), 463.

25 대판 2021. 8. 12, 2020도17796.

피고인이 성폭력처벌법위반(주거침입유사강간)죄를 범할 수 있는 지위, 즉 '주거침입죄를 범한 자'에 해당되지 아니한다는 이유로, 성폭력처벌법위반(주거침입유사강간)죄에 대하여 유죄판결을 선고한 원심판결을 무죄 취지로 파기환송한 사안이 있다.[26]

(나) 행위의 주체

(a) 의의

본죄의 주체는 형법 제319조 제1항(주거침입), 제330조(야간주거침입절도), 제331조(특수절도) 또는 제330조나 제331조의 미수의 죄를 범한 사람이어야 한다. 제330조(야간주거침입절도)와 제331조(특수절도)의 미수범만 포함시킨 점에 비추어 주거침입의 미수범(§322)은 포함되지 않는다.

아래에서는 주거침입죄에서의 '주거'와 '침입'[상세는 **주해 X(각칙 7) §319(주거침입, 퇴거불응)** 부분 참조]에 대해서만 간단히 살펴본다[절도의 죄와 관련된 부분은 **주해 XI(각칙 8)** 해당 부분 참고].[27]

(b) 주거침입죄에서 주거의 개념

1) 주거에는 위요지를 포함

주거침입죄에 있어서 '주거'란 단순히 가옥 자체만을 말하는 것이 아니라 그 정원 등 위요지를 포함한다. 다가구용 단독주택이나 다세대주택·연립주택·아파트 등 공동주택 안에서 공용으로 사용하는 엘리베이터, 계단과 복도도 주거에 해당한다고 본다.

이 부분은 주거로 사용하는 각 가구 또는 세대의 전용 부분에 필수적으로 부속하는 부분으로서 그 거주자들에 의하여 일상생활에서 감시·관리가 예정되어 있고 사실상의 주거의 평온을 보호할 필요성이 있는 부분이라는 것을 근거로 하고 있다. 따라서 특별한 사정이 없는 한 이 부분도 주거침입죄의 객체인 '사람의 주거'에 해당하고, 위 장소에 거주자의 명시적·묵시적 의사에 반하여 침입하는 행위는 주거침입죄를 구성한다는 것이 판례의 태도이다.[28]

36

37

38

39

---

26 대판 2021. 8. 12, 2020도17796.

27 주거침입강제추행·준강제추행의 죄에 대해서는 위헌결정이 났으나, '주거'와 '침해'의 개념 이해에 필요한 범위 내에서 이와 관련된 판례도 언급한다.

28 대판 2009. 9. 10, 2009도4335(피고인이 강간할 목적으로 피해자를 따라 피해자가 거주하는 아파트 내부의 엘리베이터에 탄 다음 그 안에서 폭행을 가하여 반항을 억압한 후 계단으로 끌고

2) 관리하는 건조물, 선박이나 항공기 또는 점유하는 방실도 해당

40 피고인이 피해자의 주거지인 아파트에는 동의하에 들어갔더라도, 그 후 피해자가 잠을 자고 있던 안방에 들어가 피해자를 추행한 경우, 안방은 피해자가 점유하고 있는 방실에 해당하므로, 성폭력처벌법위반(주거침입강제추행)죄에 해당한다.[29]

41 판례는 피해자가 용변을 보고 있는 화장실 용변 칸에 들어간 경우도 점유하는 방실침입에 해당한다고 보았다.[30]

42 나아가 빌딩의 여자화장실에 피해자가 들어가는 것을 보고 피고인이 뒤따라 들어가 화장실 출입문을 잠근 후 용변 칸에서 나오는 피해자에게 폭행·협박을 가하여 화장실 바닥에 눕도록 한 다음 강간한 경우, 용변 칸 밖의 여자화장실에 침입한 것도 방실침입으로 본 판례가 있다.[31]

3) 주거침입강간죄에서의 주거는 피해자의 주거에 한정

43 주거침입강간죄는 피해자가 자신의 주거에서 성적 자기결정권을 침해당한 경우 이를 무겁게 처벌하는 규정이라는 측면에서, 성폭력처벌법 제3조 제1항의 '주거침입죄를 범한 사람'은 '성폭력범죄 피해자의 주거에 침입한 사람'에 한정되고,[32] '제3자의 주거에 침입한 사람'은 제외된다고 보아야 한다.[33]

가 피해자를 강간하였다고 하여 성폭력처벌법상의 주거침입강간으로 기소된 사안에서, 아파트의 엘리베이터 및 그 옆의 공용계단은 피해자의 개인적인 사적 공간에 해당하지 않는다는 이유로 피고인의 주거침입을 인정하지 않은 원심판결을 파기하고 본죄에 해당한다고 본 사례).

29 대판 2007. 4. 12, 2007도412.
30 대판 2003. 5. 30, 2003도1256(피고인이 피해자가 사용 중이던 공중화장실의 용변 칸에 노크하여 남편으로 오인한 피해자가 용변 칸 문을 열자 강간할 의도로 용변 칸에 들어간 경우, 피해자가 피고인의 용변 칸 진입을 명시적 또는 묵시적으로 승낙하였다고 볼 수 없으므로, 본죄의 '주거침입'에 해당한다고 본 사례).
31 대전고판 2011. 12. 23, 2011노432(상고기각으로 확정). 「화장실 침입이 형법 제391조 제1항의 주거침입에 해당하는지 여부와 관련하여, "화장실 입구에 명백하게 '여성용'이라고 표시되어 있고, 이와 같은 여자화장실의 경우 여성이나 유아 등의 사용이 허용될 뿐, 성인 남성의 출입은 원칙상 허용되지 않는다고 할 것이고, 더욱이 성인 남성이 여자화장실을 이용하는 여성을 강간 등 범죄의 목적으로 출입하는 것이 허용되지 않음은 의문의 여지가 없다. 따라서 피고인이 강간범행을 위하여 여자화장실에 들어간 행위는 빌딩의 소유자나 관리자의 의사에 반하고 그 평온을 해하였을 뿐만 아니라, 여자화장실을 이용하던 피해자가 평온하게 사용 중인 '점유하는 방실'을 피고인이 피해자의 의사에 반하여 침입함으로써 피해자의 평온도 해하였다 할 것이므로, 피고인의 여자화장실 침입은 건조물 내지 '점유하는 방실'에 침입한 경우에 해당한다.」
32 이주원, 특별형법(9판), 463.
33 서울중앙지판 2020. 11. 5, 2020고합531(상고기각으로 확정). 피고인이 술에 취한 피해자가 제3

(c) 주거권자의 의사에 반한 침입

승낙을 받고 주거에 들어갔으면 구성요건해당성이 조각된다. 44

판례는 주거침입의 대상이 되는 주거의 범위를 광범위하게 인정하고 있고, 45
그 법정형도 무거워서 피고인이 피해자의 명시적 혹은 묵시적 승낙 여부, 위법
한 목적의 침입 여부 등을 다투는 경우가 많다.[34]

피고인이 피해자를 강간하기로 마음먹고 손님으로 가장하여 피해자가 운영 46
하는 카페에 들어가 함께 술을 마시다 피해자를 폭행한 후 강간하였다고 하여
성폭력처벌법상 건조물침입강간으로 기소된 사안에서, 피고인이 이미 술을 상
당히 마신 상태에서 카페에 들어와 피해자와 맥주 3병을 함께 마셨고, 담소를
나누기도 한 점에 비추어, 술에 취한 상태였던 피고인이 피해자와 함께 술을 마
시다 순간적으로 욕정을 느낀 나머지 이 사건 범행을 저질렀을 가능성을 배제
하기 어렵고, 피고인이 문을 잠가놓고 카페에 들어왔다는 피해자의 진술에 신빙
성이 없다고 보아, 피고인이 처음부터 '강간 목적'으로 이 사건 카페에 들어왔다
고 단정하기 어렵다는 이유로, 피고인에게 건조물침입죄가 성립하지 않아 건조
물침입강간도 성립하지 않는다고 본 사례가 있다.[35]

(d) 아파트 등 공동주택의 공용부분에 침입한 경우

다가구용 단독주택이나 다세대주택·연립주택·아파트와 같은 공동주택 내 47
부의 엘리베이터, 공용 계단, 복도 등 공용 부분도 그 거주자들의 사실상 주거
의 평온을 보호할 필요성이 있으므로 주거침입죄의 객체인 '사람의 주거'에 해
당하고, 위 장소에 거주자의 명시적, 묵시적 의사에 반하여 침입하는 행위는 주
거침입죄를 구성한다.[36]

자의 주거인 이 사건 아파트 8동 6-7라인에 들어가는 것을 발견하고 강간 목적으로 따라 들어가
주거에 침입한 후 6-7라인 1, 2층 사이의 계단참(階段站)에서 피해자를 준강간한 행위는 성폭력
처벌법상 주거침입준강간에 해당하지 않고, 위 아파트 6-7라인 주거권자에 대한 주거침입죄와
피해자에 대한 준강간죄가 성립할 뿐이라고 판단하였다.
34 부산고판 2011. 6. 22, 2010노1074(대판 2011. 9. 29, 2011도8497로 확정).
35 서울고판 2013. 4. 4, 2013노361, 2013전노31.
36 대판 2009. 9. 10, 2009도4335(피고인이 강간할 목적으로 피해자를 따라 피해자가 거주하는 아
파트 내부의 엘리베이터에 탄 다음 그 안에서 폭행을 가하여 반항을 억압한 후 계단으로 끌고
가 피해자를 강간하고 상해를 입혀 성폭력처벌법상의 주거침입강간죄로 기소된 사안에서, 피고
인이 주거침입범의 신분을 가지게 되었다는 이유로 주거침입을 인정하지 않고 강간상해죄만을
선고한 원심판결을 파기한 사례).

48   판례 중에는, ① 교제하다 헤어진 피해자의 주거가 속해 있는 아파트 동의 출입구에 설치된 공동출입문에 피해자나 다른 입주자의 승낙 없이 비밀번호를 입력하는 방법으로 아파트의 공용 부분에 출입한 것은 주거침입죄에 해당한다고 본 사례[37]가 있고, ② 피고인이 아파트의 1층 공동현관 내 계단과 엘리베이터 앞까지 피해자들을 뒤따라 들어가 피해자들을 각 강제추행한 사안에서, 이 사건 각 아파트의 공동현관에는 CCTV가 설치되어 있었는데, 이는 외부인의 출입을 통제·감시하기 위한 것으로 보인다는 등의 이유로 주거침입강제추행죄를 인정한 사례[38]가 있다.

49   다만, 종전과 달리 위 ①의 사례에서 주거침입죄는 사실상 주거의 평온을 보호법익으로 한다는 전제에서, 단순히 주거에 들어가는 행위 자체가 거주자의 의사에 반한다는 거주자의 주관적 사정만으로 바로 침입에 해당한다고 볼 수 없고, 주거의 형태와 용도·성질, 외부인의 출입에 대한 통제·관리 상태, 출입의 경위와 태양 등을 종합적으로 고려하여 객관적·외형적으로 판단할 때 주거의 사실상의 평온상태를 해치는 경우에 이르러야 한다고 하였고, ②의 사례에서는 그곳이 거주자들 또는 관리자에 의하여 외부인의 출입에 대한 통제·관리가 예정되어 있어 거주자들의 사실상 주거의 평온을 보호할 필요성이 있는 부분인지, 공동주택의 거주자들이나 관리자가 평소 외부인이 그곳에 출입하는 것을 통제·관리하였는지 등의 사정과 외부인의 출입 목적 및 경위, 출입의 태양과 출입한 시간 등을 종합적으로 고려하여 '주거의 사실상 평온상태가 침해되었는지'의 관점에서 객관적·외형적으로 판단하여야 한다고 하여, 주거의 사실상 평온상태가 침해되지 않았다고 볼 수 있는 사정이 있다면 아파트 등 공동주택의 공용부분에 들어간 경우에도 주거침입죄에 해당하지 않을 가능성을 열어 두었다.

---

37 대판 2022. 1. 27, 2021도15507(교제하다 헤어진 피해자의 주거가 속해 있는 아파트 동의 출입구에 설치된 공동출입문에 피해자나 다른 입주자의 승낙 없이 비밀번호를 입력하는 방법으로 아파트의 공용 부분에 출입한 것은 주거침입죄에 해당한다고 본 사례).
38 대판 2022. 8. 25, 2022도3801(피고인이 아파트의 1층 공동현관 내 계단과 엘리베이터 앞까지 피해자들을 뒤따라 들어가 피해자들을 각 강제추행한 사안에서, 이 사건 각 아파트의 공동현관에는 CCTV가 설치되어 있었는데, 이는 외부인의 출입을 통제·감시하기 위한 것으로 보인다는 등의 이유로 성폭력처벌법상의 주거침입강제추행죄를 인정한 사례).

(e) 상가 등 영업장소에 통상적인 방법으로 출입한 경우

종래 판례는 일반인의 출입이 허용된 음식점 등 영업장소라 하더라도 영업　　**50**
주의 명시적 또는 추정적 의사에 반하여 들어간 경우 주거침입죄가 성립된다고
하여, 성추행 등 범죄를 저지를 목적으로 영업장소에 들어간 경우 건조물침입으
로 인정하였다.[39]

그러나 최근 대법원은 전원합의체 판결[40]로 침입행위에 해당하는지 여부는　　**51**
거주자의 의사에 반하는지 여부가 아니라 사실상의 평온상태를 해치는 행위태
양인지 여부에 따라 판단되어야 한다는 법리에 따라, 몰래 카메라를 설치할 목
적으로 일반인의 출입이 허용된 음식점에 영업주의 승낙을 받아 통상적인 출입
방법으로 들어간 경우 주거침입죄에서 규정하는 침입행위에 해당하지 않는다고
판단한 바 있다.

이런 법리에 따라, 대법원은 피고인이 피해자(여, 16세)를 추행하기로 마음먹　　**52**
고, 피해자를 뒤따라 상가 1층에 들어가, 그곳에서 엘리베이터를 기다리는 피해자
의 뒤에서 갑자기 피해자의 교복 치마 안으로 손을 넣어 피해자의 음부를 만졌
고 하여 성폭력처벌법상 건조물침입강제추행죄로 기소된 사안에서, 상가 건물 1
층에 CCTV가 설치되어 있으나 위 상가 건물의 용도와 성질 등에 비추어 상가 건
물의 일반적인 관리를 위한 것이라고 보이고 외부인의 출입을 통제·감시하기 위
한 것이라고 단정하기는 어렵다고 하면서, 피고인에게 건조물침입죄가 성립하지
않는다는 이유로 위 죄에 대하여 무죄 취지로 판단한 사례가 있다.[41]

(다) 행위

주거침입 등을 범한 사람이 형법 제297조(강간), 제297조의2(유사강간), 제　　**53**
298조(강제추행) 및 제299조(준강간, 준강제추행)의 죄를 범하여야 한다(이에 대한 상
세는 **해당 부분 주해** 참조).

예컨대, 피고인이 잠을 자느라 항거불능 상태인 피해자 A의 허벅지 사이로　　**54**
손을 넣어 쓰다듬고, 피해자 B의 엉덩이를 만진 행위는 각 준강제추행에 해당
한다.[42]

---

39 대판 1997. 3. 28, 95도2674; 대판 2007. 3. 15, 2006도7079.
40 대판 2022. 3. 24, 2017도18272(전).
41 대판 2022. 8. 25, 2022도3801.
42 대판 2008. 3. 14, 2007도10728.

55 　　　다만, 아래 **(바)**에서 보는 바와 같이 헌법재판소는 2023년 2월 23일 주거침입강제추행죄 및 주거침입준강제추행죄에 대하여 무기징역 또는 7년 이상의 징역에 처하도록 한 성폭력처벌법 제3조 제1항 중 '형법 제319조 제1항(주거침입)의 죄를 범한 사람이 같은 법 제298조(강제추행), 제299조(준강제추행) 가운데 제298조의 예에 의하는 부분의 죄를 범한 경우에는 무기징역 또는 7년 이상의 징역에 처한다.'는 부분은 헌법에 위반된다는 결정을 선고하였으므로,[43] 더 이상 이 부분은 본항으로 처벌할 수 없게 되었다. 이 경우에는, 주거침입죄 및 강제추행죄 또는 준강제추행죄의 실체적 경합범으로 처벌하여야 할 것이다.

　　　(라) 실행의 착수시기

56 　　　본죄의 실행의 착수시기는 주거침입행위 시가 아니라 강간 등 실행 시이다.[44] '야간주거침입절도 후 강간죄 등'의 경우도 마찬가지이다.

57 　　　결국 '주거침입 후 강간죄, 유사강간죄'는 사람을 간음 또는 유사간음하기 위하여 피해자의 항거를 불능하게 하거나 현저히 곤란하게 할 정도의 폭행 또는 협박을 개시한 때에 그 실행의 착수가 있다고 보아야 한다.

　　　(마) 처벌 등

58 　　　무기징역 또는 7년 이상의 징역에 처한다.

59 　　　본죄의 미수범(성폭처벌 §15)과 본죄를 목적으로 한 예비·음모는 처벌되고(성폭처벌 §15의2), 본죄는 양형기준 적용대상이다.[45]

60 　　　본죄는 결합범이므로 야간주거침입절도 등을 범한 사람이 강간을 한 경우

---

43 헌재 2023. 2. 23, 2021헌가9 등(병합).

44 대판 2003. 5. 16, 2003도1455(주거침입 후 준강간죄로 기소된 피고인이 주거침입 후 잠들어 있는 피해자의 팔을 만지다가 피해자에게 발각된 것만으로는 준강간죄의 실행의 착수에 이르지 못하였다고 판단하여, 폭처법상의 야간주거침입죄로만 인정한 원심을 수긍한 사례); 대판 2011. 12. 13, 2011도9593(피고인이 피해자의 주거에 침입한 다음 팬티 외 다른 옷을 입지 않은 채 이불도 덮지 않고 잠을 자고 있었던 피해자가 잠에서 깨어날 때까지 피해자를 바라보는 외에 별다른 행동을 하지 않은 것으로 보이는 점, 피고인이 깨어난 피해자의 입을 손으로 막은 후 피해자의 가슴 부분과 허리 부분을 만진 것은 피해자에게 강간 또는 강제추행 범행을 하려고 한 것이 아니라, 주거침입사실이 발각된 피고인이 단지 피해자를 제압하려는 과정에서 순간적으로 의도와는 달리 행해진 것으로 보인다는 점 등을 들어, 피고인의 주거침입 경위 등과 같은 정황만으로는 이 사건 당시 피고인에게 강간 또는 강제추행의 범의가 있었다는 사실이 입증되었다고 보기 어렵다고 판단하여, 성폭력처벌법상 주거침입강간미수죄를 무죄로 본 원심을 수긍한 사례); 대판 2013. 4. 26, 2013도2451, 2013전도52.

45 양형위원회, 2023 양형기준, 29-63.

에는 본죄만 성립하고, 따로 야간주거침입절도죄 등은 성립하지 않는다.[46] 피고인이 피해자에 대해 성폭력범죄를 범해 피해자의 신고로 처벌을 받은 후 다시 피해자의 주거에 침입하여 강간하려다 미수에 그침과 동시에 자기의 형사사건의 수사 또는 재판과 관련하여 수사단서를 제공하고 진술한 것에 대한 보복 목적으로 피해자를 폭행한 경우, 특정범죄중처벌등에관한법률위반(보복폭행등)죄 및 성폭력처벌법위반(주거침입강간)죄가 각 성립하고, 두 죄는 상상적 경합범 관계에 있다.[47]

(바) 본항에 대한 위헌 여부 판단

(a) 현형 성폭력처벌법(2020. 5. 19. 개정) 제3조 제1항 중 주거침입강제추행죄 및 주거침입준강제추행죄에 대한 위헌결정[48]

헌법재판소는 2023년 2월 23일 재판관 전원일치의 의견으로 주거침입강제추행죄 및 주거침입준강제추행죄에 대하여 무기징역 또는 7년 이상의 징역에 처하도록 한 성폭력처벌법(2020. 5. 19. 법률 제17264호로 개정된 것) 제3조 제1항 중 '형법 제319조 제1항(주거침입)의 죄를 범한 사람이 같은 법 제298조(강제추행), 제299조(준강제추행) 가운데 제298조의 예에 의하는 부분의 죄를 범한 경우에는 무기징역 또는 7년 이상의 징역에 처한다.'는 부분(심판대상조항)은 아래와 같은 이유로 헌법에 위반된다는 결정을 선고하였다.

① 형법상 주거침입죄에 해당하는 경우는 일상적 숙식의 공간인 좁은 의미의 주거에 대한 침입에 한정되지 않으며, 행위자가 침입한 공간이 일반적으로는 개방되어 있는 건조물이지만 관리자의 묵시적 의사에 반하여 들어간 경우도 포함되는 등 그 행위유형의 범위가 넓다. 주거침입강제추행·준강제추행죄에서 문제되는 '추행행위'에는 '강간·준강간' 및 '유사강간·준유사강간'에 해당하는 행위는 포함되지 않으며, 유형력 행사의 대소강약이 문제되지 않는 '기습추행'이 포함되는 등 그 행위유형이 다양하다. 이처럼 주거침입죄와 강제추행·준강제추행죄는 모두 행위유형이 매우 다양한바, 이들이 결합된다고 하여 행위태양의 다양성이 사라지는 것은 아니므로, 그 법정형의 폭은 개별적으로 각 행위의 불법

61

62

---

46 대판 2012. 3. 15, 2012도914.
47 대판 2012. 3. 15, 2012도574.
48 헌재 2023. 2. 23, 2021헌가9등(병합).

성에 맞는 처벌을 할 수 있는 범위로 정할 필요가 있다.

63   ② 심판대상조항은 법정형의 하한을 '징역 5년'으로 정하였던 2020년 5월 19일 개정 이전의 구 성폭력처벌법 제3조 제1항과 달리 그 하한을 '징역 7년'으로 정함으로써, 주거침입의 기회에 행해진 강제추행 또는 준강제추행의 경우에는 다른 법률상 감경사유가 없는 한 법관이 정상참작감경을 하더라도 집행유예를 선고할 수 없도록 하였다. 이에 따라 주거침입의 기회에 행해진 강제추행 또는 준강제추행의 불법과 책임의 정도가 아무리 경미한 경우라고 하더라도, 다른 법률상 감경사유가 없으면 일률적으로 징역 3년 6월 이상의 중형에 처할 수밖에 없게 되어, 형벌개별화의 가능성이 극도로 제한되고, 책임주의에도 반한다.

64   ③ 결국 심판대상조항은 그 법정형이 형벌 본래의 목적과 기능을 달성함에 있어 필요한 정도를 일탈하였고, 각 행위의 개별성에 맞추어 그 책임에 알맞은 형을 선고할 수 없을 정도로 과중하므로, 책임과 형벌 간의 비례원칙에 위배된다.

65   이에 따라 별도의 입법이 있을 때까지는[49] 형법 제319조 제1항(주거침입)의 죄를 범한 사람이 제298조(강제추행) 또는 제299조(준강제추행)의 죄를 범한 경우에는 본항으로 처벌할 수 없고, 주거침입죄 및 강제추행죄 또는 준강제추행죄의 실체적 경합범으로 처벌하여야 할 것이다.

66   이미 기소되어 소송 계속 중인 사건에 대하여는 주거침입죄 및 강제추행죄 또는 준강제추행죄의 실체적 경합범으로 공소장변경을 하여야 한다. 공소장변경이 되지 않는 경우에 재판부는 위헌결정으로 처벌규정이 소급하여 무효가 되었으므로, 공소사실이 형사소송법 제325조 전단의 '범죄로 되지 아니한 때'에 해당한다고 보아 무죄로 판단하고,[50] 공소사실의 일부인 주거침입죄 및 강제추행죄 또는 준강제추행죄의 유죄 여부에 대한 판단을 직권으로 하여야 할 것이다. 현행 성폭력처벌법을 적용하여 주거침입강제추행죄 및 주거침입준강제추행죄로

---

49 위헌결정 후 입법조치가 따르는 경우의 사건처리방법에 관한 자세한 사항은 법원행정처, 재판실무편람(위헌법률심판제청)(2022), 76 이하 참조.

50 대판 1999. 12. 24, 99도3003; 대판 2023. 4. 13, 2023도162[피고인이 모텔 객실의 문이 살짝 열려 있는 것을 발견하고 객실에 침입한 후 불을 끈 상태로 침대에 누워 있던 A(여)의 가슴, 허리 및 엉덩이를 만져 A를 강제추행하였다는 성폭력처벌법위반(주거침입강제추행)의 공소사실에 대하여, 위 위헌결정으로 인하여 형벌에 관한 법률 또는 법률조항이 소급하여 효력을 상실한 경우 해당 법조를 적용하여 기소한 피고사건은 범죄로 되지 아니하는 때에 해당하므로, 공소사실을 유죄로 인정한 원심판결은 그대로 유지될 수 없게 되었다고 한 사례).

유죄판결이 확정된 사건은 재심대상이 되고(헌법재판소법 §47③, ④), 재심사건에서도 마찬가지 기준으로 판단하여야 한다.

위헌결정의 취지에 따라 본항 중 주거침입강제추행죄 및 주거침입준강제추　67
행죄를 가중처벌하는 규정을 폐지하는 입법조치가 있는 경우에는 범죄 후 법률이 변경되어 그 행위가 범죄를 구성하지 아니하게 된 것으로 보아 면소로 판단하여야 하고,[51] 가중처벌은 하되 법정형을 현행법보다 감경하는 법률 개정을 하는 경우에는 형이 구법보다 가벼워진 경우에는 신법에 따른다는 규정(§1②)에 따라 형이 감경된 신법의 법정형을 적용하여야 할 것으로 보인다.[52]

(b) 2020년 5월 19일 개정되기 전의 성폭력처벌법 제3조 제1항 중 주거침입
　　강제추행죄·준강제추행죄에 대한 합헌결정[53]

2020년 5월 19일 개정되기 전의 성폭력처벌법 제3조 제1항 중 '주거침입　68
강제추행죄·준강제추행죄'에 관하여(행위태양이 현행법과 동일하나, 법정형은 무기징역 또는 5년 이상의 징역으로 규정됨), 그 법정형을 '주거침입강간죄'와 동일하게 규정한 본 조항이 책임과 형벌 간의 비례원칙 또는 평등원칙에 위배되는지 여부에 관하여, 헌법재판소는 아래와 같은 이유로 헌법에 위반되지 않는다고 판단하였다.

① 이 사건 법률조항의 법정형은 무기징역 또는 5년 이상의 징역이므로 행　69
위자에게 정상을 참작할 만한 특별한 사정이 있는 때에는 법관은 작량감경을 통하여 얼마든지 집행유예를 선고할 수 있고, 그 불법의 중대성에 비추어 볼 때 법정형에 벌금을 규정하지 않은 것이 불합리하다고 할 수도 없다. 그러므로 이 사건 법률조항은 책임과 형벌 간의 비례원칙에 위반되지 아니한다.

② 강제추행은 그 범위가 매우 넓기 때문에 강간에 비해 그 피해가 상대적　70
으로 경미하고 불법의 정도도 낮은 경우가 많지만, 형법 제297조의2에 정한 구 강성교 등 유사강간에 해당하지 않는 통상적인 추행행위를 한 경우라 할지라도 구체적인 사안에 따라서는 그 행위태양이나 불법의 정도, 행위자의 죄질에 비추어 강간이나 유사강간을 한 경우보다 무겁게 처벌하거나 적어도 동일하게 처벌

---

51 대판 2022. 12. 22, 2020도16420(전).
52 대판 2016. 3. 24, 2016도1131.
53 헌재 2013. 7. 25, 2012헌바320.

하여야 할 필요가 있는 경우도 실무상 흔히 있을 수 있다. 입법자는 형법전에 강제추행죄, 유사강간죄, 그리고 강간죄의 법정형을 각각 달리 정하였으나, 형법전의 위와 같은 기본범죄(강제추행, 유사강간, 강간)에 다른 행위요소(주거침입)가 더하여진 새로운 유형의 결합범 구성요건을 특별형법에 신설하는 경우에는 형법전의 평가가 반드시 그대로 적용된다고 볼 수 없고, 더하여지는 행위요소가 무엇이냐에 따라 새로운 평가를 할 수도 있는 것인데, 입법자는 강제추행에 주거침입이라는 다른 행위요소가 더해지면 강제추행의 경우도 주거침입 강간이나 유사강간에 비하여 그 보호법익이나 불법의 정도, 비난가능성 등에 있어 별다른 차이가 없다고 보고 그 법정형을 동일하게 정한 것이다. 또한 법관의 양형으로 불법과 책임을 일치시킬 수 있으면 법정형이 내포하고 있는 약간의 위헌성은 극복될 수 있는 것이므로, 만약 구체적인 사건에서 주거침입강제추행죄와 주거침입강간죄에 대한 법정형이 동일한 결과 형량에 있어 불합리성이 나타난다면, 이는 법관이 구체적인 양형을 통하여 시정하면 된다. 따라서 이 사건 법률조항이 현저히 형벌체계상의 정당성이나 균형성을 상실하여 평등원칙에 위반된다고 할 수 없다.

(c) 현행 성폭력처벌법 제3조 제1항 중 '야간주거침입절도미수범의 준강제추행죄'에 대한 합헌결정[54]

71　　현행 성폭력처벌법 제3조 제1항 중 '야간주거침입절도미수범의 준강제추행죄'의 법정형을 무기징역 또는 7년 이상의 징역으로 정한 조항(심판대상조항)이 책임과 형벌 사이의 비례원칙에 반하는지 여부에 관하여 헌법재판소는 재판관 7:2의 의견으로 합헌결정을 선고하였다. 그 이유는 아래와 같다.

72　　① 심판대상조항이 규율하는 야간주거침입절도미수준강제추행죄(이하 '이 사건 범죄'라 한다.)는 평온과 안전을 보호받아야 하는 사적 공간에 대하여, 특히 평온과 안전이 강하게 요청되는 시간대인 야간에 재물을 절취할 의도로 침입한 사람이 정신적·신체적 사정으로 인하여 자기를 방어할 수 없는 상태에 있는 피해자의 성적 자기결정권을 침해하는 범죄로서, 행위의 불법성이 크고 법익 침해가 중대하다. 따라서 입법자가 이 사건 범죄의 법정형을 무기징역 또는 7년 이

---

54 헌재 2023. 2. 23, 2022헌가2.

상의 징역으로 정한 데에는 합리적인 이유가 있고, 위 법정형이 이 사건 범죄의 죄질이나 행위자의 책임에 비하여 지나치게 가혹하다고 할 수 없다. 야간주거침입절도죄가 성립하기 위해서는 '주거침입'행위가 있을 것을 전제로 하는 동시에 그 주거침입행위가 야간에 이루어져야 하고, 타인의 재물을 절취할 의사가 있어야 한다는 점에서 단순주거침입죄의 경우보다 범행의 동기와 정황이 제한적이고, 야간에 절도의 의사로 타인의 주거 등에 침입한 기회에 충동적으로 성범죄를 저지르거나 절도의 범행을 은폐하기 위하여 계획적으로 성범죄를 저지르는 등 이 사건 범죄의 불법성이나 범행에 이르게 된 동기의 비난가능성이 현저히 큰 점 등을 고려하면, 이 사건 범죄의 행위태양의 다양성이나 불법의 경중의 폭은 주거침입준강제추행죄의 그것만큼 넓지 아니하므로, 주거침입준강제추행죄와 달리 이 사건 범죄에 대하여 법관의 정상참작감경만으로는 집행유예를 선고하지 못하도록 한 것이 법관의 양형판단재량권을 침해하는 것이라고 볼 수 없다. 따라서 심판대상조항은 책임과 형벌 간의 비례원칙에 위배되지 않는다.

② 자신이 가장 평온하다고 느끼는 사적 공간에서 그러한 사적 공간의 평　　**73**
온과 안전이 강하게 요청되는 야간에 성범죄를 당한 피해자의 충격과 공포는 성범죄행위의 유형에 따라 크게 달라진다고 보기 어렵다. 입법자가 이 사건 범죄의 법정형을 야간주거침입절도미수범이 강간·준강간, 유사강간·준유사강간의 죄를 범한 경우와 동일하게 정한 것은 야간주거침입절도의 미수범이 그 기회에 성범죄에 이르게 된 사실에 강한 불법성과 일반예방의 필요성을 인정한 것으로 형벌체계상 정당성이나 균형성을 현저히 상실한 자의적인 입법이라고 할 수 없다. 따라서 심판대상조항은 형벌체계상 균형을 상실하여 평등원칙에 위배되지 않는다.

(3) 제2항의 죄(특수강도 후 강간 등)

(가) 의의

본죄【성폭력처벌법위반[특수강도(강간·유사강간·강제추행·준강간·준유사강간·준강　　**74**
제추행)]】는 특수강도죄(또는 그 미수범)와 강간죄 등의 결합범으로서, 특수강도죄(또는 그 미수죄)를 범한 사람만이 주체가 될 수 있다.

본죄는 ① 행위자의 유형이 특수강도죄와 그 미수범으로 2가지이고, ② 행　　**75**
위의 태양이 성폭력범죄 유형 중 강간, 유사강간, 강제추행, 준강간, 준강제추행

(준유사강간을 포함)의 5개 유형이 있으므로, 본 조항의 범죄유형은 모두 10가지가 된다.

76　　　본죄 또한 제1항의 '주거침입 등 후 강간 등'죄와 마찬가지로 엄밀히는 신 분범이라고 볼 수 없으므로, 형법 제33조가 적용될 여지는 없다.[55]

77　　　형법 제335조, 제342조에서 규정하고 있는 준강도범 내지 준강도미수범은 본죄의 행위의 주체가 될 수 없다.[56]

78　　　특수강도죄를 범한 사람이 강간죄를 범한 경우에 성립될 수 있는 강도강간 죄(§339)는 본죄와 일반법·특별법의 관계에 있으므로, 이 경우 강도강간죄(법정 형은 무기 또는 10년 이상의 징역)는 법조경합으로 그 적용이 배제된다.[57] 그러나 단 순강도죄(§333), 준강도죄(§335), 인질강도죄(§336), 해상강도죄(§340)를 범한 사 람이 강간죄를 범한 경우에는, 본죄가 아니라 강도강간죄(§339)로 처벌된다.[58]

(나) 행위의 주체

79　　　본죄의 주체는 특수강도죄의 기수범 및 미수범이다. 특수강도죄는 야간에 사람의 주거, 관리하는 건조물, 선박이나 항공기 또는 점유하는 방실에 침입하 여 강도죄를 범하거나(야간주거침입강도), 흉기를 휴대하거나 2인 이상이 합동하 여 강도죄를 범한 경우(흉기휴대강도, 합동강도)에 성립한다(§334).

(a) 특수강도죄의 실행의 착수시기

80　　　야간주거침입강도죄의 실행의 착수시기에 관하여, ① 주거침입시설[59]과 ② 폭행·협박개시설이 있는데, 야간주거침입절도죄(주거침입시설이 통설)와 야간주거 침입강도죄의 구별이 행위자의 주관적 의사에 따라 결정되어 애매해진다는 이 유로 위 ②의 폭행·협박개시설을 취하는 것이 다수설이다.[60]

81　　　판례는 야간주거침입강도죄는 주거침입과 강도의 결합범으로서 시간적으로 주거침입행위가 선행되는 것이므로 주거침입을 한 때에 본죄의 실행에 착수한 것이라고 판시하여,[61] 위 ①의 주거침입시설의 입장이다.

---

55 이주원, 특별형법(9판), 472.
56 대판 2006. 8. 25, 2006도2621.
57 주석형법 〔각칙(4)〕(5판), 335(구회근); 이주원, 특별형법(9판), 473.
58 주석형법 〔각칙(4)〕(5판), 335(구회근); 이주원, 특별형법(9판), 472.
59 신동운, 1093.
60 김성돈, 형법각론(8판), 356; 김일수·서보학, 새로쓴 형법각론(9판), 268; 배종대, 형법각론(14판), §65/1; 이재상·장영민·강동범, 형법각론(13판), §17/45; 임웅, 형법각론(11정판), 382.

마찬가지로 흉기휴대 또는 합동강도죄에 있어서도 그 강도행위가 야간에   82
주거에 침입하여 이루어지는 경우에는, 주거침입을 한 때에 실행에 착수한 것으
로 본다(위 ①의 주거침입시설).[62] 그러나 판례 중에는 위 ②의 폭행·협박개시설
의 입장을 취한 판례도 있다.[63]

야간주거침입이 수반되지 않은 경우, 흉기휴대 또는 합동강도죄의 실행의   83
착수시기는 폭행·협박이 개시된 때이다(통설).[64]

(b) 특수강도와 강간 등 사이의 시간적 관련성

특수강도 또는 그 미수죄를 범한 사람이 다시 강간 등의 범의를 일으켜 간   84
음행위 등을 하여야 하는 것이므로, 반대로 강간범이 강간행위 후에 강도의 범
의를 일으켜 흉기로 위협한 다음 피해자의 재물을 강취한 경우에는, 강간죄와
특수강도죄의 실체적 경합범이 된다.[65]

다만 강간범이 강간행위 종료 전, 즉 그 실행행위의 계속 중에 특수강도의   85
행위를 하고 계속하여 그 자리에서 강간행위를 계속하는 때에는 본죄에 해당한
다.[66] 이와 같이 강간범이 여자를 강간할 목적으로 폭행·협박으로 반항을 억압

---

61 대판 1992. 7. 28, 92도917(피고인들이 야간에 피해자의 집에 이르러 피고인 甲이 담을 넘어 들
   어가 대문을 열고 나머지 피고인들이 집에 들어가고 피고인 乙이 부엌에서 식칼을 들고 방안에
   들어가는 순간 비상벨이 울려 모두 도주한 사안에서, 범인들이 야간에 주거에 침입한 이상 특수
   강도죄의 실행에 착수한 것으로서 그 미수범으로서 처단되어야 한다고 본 사례).
62 대판 1992. 7. 28, 92도917.
63 대판 1991. 11. 22, 91도2296. 강도의 범의를 가지고 야간에 흉기를 휴대한 채 타인의 주거에
   침입하였다가 갑자기 욕정을 일으켜 부녀를 강간하여 특수강도강간죄로 기소된 사안에서, 제334
   조 제1항, 제2항 소정의 특수강도의 실행의 착수는 어디까지나 강도의 실행행위, 즉 사람의 반
   항을 억압할 수 있는 정도의 폭행 또는 협박에 나아갈 때에 있다 할 것이고, 야간에 흉기를 가
   지고 타인의 주거에 침입하여 집안의 동정을 살핀 것만으로는 특수강도의 실행에 착수한 것이라
   고 볼 수 없다는 이유로, 특수강도에 착수하기도 전에 저질러진 강간행위가 구 특정범죄 가중처
   벌 등에 관한 법률 제5조의6 제1항(현행 성폭력처벌법 §3②에 해당)의 특수강도강간죄에 해당
   하지 아니한다고 판단하였다.
64 신동운, 1093.
65 대판 1988. 9. 9, 88도1240; 대판 2002. 2. 8, 2001도6425.
66 대판 2010. 12. 9, 2010도9630. 「강간범이 강간행위 후에 강도의 범의를 일으켜 그 부녀의 재물
   을 강취하는 경우에는 강도강간죄가 아니라 강간죄와 강도죄의 경합범이 성립될 수 있을 뿐이지
   만, 강간행위의 종료 전 즉 그 실행행위의 계속 중에 강도의 행위를 할 경우에는 이때에 바로
   강도의 신분을 취득하는 것이므로 이후에 그 자리에서 강간행위를 계속하는 때에는 강도가 부녀
   를 강간한 때에 해당하여 형법 제339조에 정한 강도강간죄를 구성하고, 구 성폭력범죄의 처벌
   및 피해자보호 등에 관한 법률(2010. 4. 15. 법률 제10258호 성폭력범죄의 피해자보호 등에 관
   한 법률로 개정되기 전의 것) 제5조 제2항은 형법 제334조(특수강도) 등의 죄를 범한 자가 형법

한 후 반항억압 상태가 계속 중임을 이용하여 재물을 탈취하는 경우에는 재물 탈취를 위한 새로운 폭행·협박이 없더라도 강도죄가 성립하고,[67] 또한 강도죄 는 재물탈취의 방법으로 폭행·협박을 사용하는 행위를 처벌하는 것이므로, 폭 행·협박으로 타인의 재물을 탈취한 이상 피해자가 우연히 재물탈취 사실을 알 지 못하였다고 하더라도 강도죄는 성립하며, 폭행·협박을 당한 사람이 탈취당 한 재물의 소유자 또는 점유자일 것을 요하지도 아니한다. 이와 같은 법리에 따 라 야간에 피해자의 주거에 침입하여 드라이버를 들이대며 협박하여 피해자의 반항을 억압한 상태에서 강간행위의 실행 도중 범행 현장에 있던 제3자 소유의 핸드백을 가져간 피고인의 행위는 포괄하여 본조 제2항의 특수강도강간죄를 구 성한다고 본 사례가 있다.[68]

　　(다) 행위

86　　　특수강도 또는 그 미수죄를 범한 사람이 형법 제297조(강간), 제297조의2(유 사강간), 제298조(강제추행) 및 제299조(준강간, 준강제추행)의 죄를 범하여야 한다.

87　　　그 실행의 착수시기는 특수강도행위 시가 아니라 강간 등의 실행의 착수 시로 보아야 할 것이다.

　　(라) 처벌 등

88　　　사형, 무기징역 또는 10년 이상의 징역에 처한다.

89　　　본죄의 미수범(성폭처벌 §15)과 본죄를 목적으로 한 예비·음모는 처벌되고 (성폭처벌 §15의2), 본죄는 양형기준 적용대상이다.[69]

90　　　본죄의 법정형과 관련하여, 살인죄의 법정형보다 더 높기 때문에 형법각칙 의 법익위계질서를 흔들어 놓고 있다는 비판도 있다.[70] 그러나 헌법재판소는 "특 수강도가 강도의 기회에 피해자를 강간한 경우에는 그 동기가 주로 자신의 강도

제297조(강간) 등의 죄를 범한 경우에 이를 특수강도강간 등의 죄로 가중하여 처벌하는 것이므 로, 다른 특별한 사정이 없는 한 특수강간범이 강간행위 종료 전에 특수강도의 행위를 한 이후 에 그 자리에서 강간행위를 계속하는 때에도 특수강도가 부녀를 강간한 때에 해당하여 구 성폭 력범죄의 처벌 및 피해자보호 등에 관한 법률 제5조 제2항에 정한 특수강도강간죄로 의율할 수 있다.」

67 대판 2010. 12. 9, 2010도9630.
68 대판 2010. 12. 9, 2010도9630.
69 양형위원회, 2023 양형기준, 29-63.
70 배종대, §44/18.

범행을 은폐하려는 데에 있는 경우가 많고, 특수강도 범행으로 인하여 극도로 반항이 억압된 상태에서 행해진 강간은 피해자의 성적 자기결정권이 현저하게 침해되었다고 할 것이어서 그 죄질과 범정이 무겁고 비난가능성이 매우 크다."고 하면서, 그 법정형이 입법자의 재량을 넘어선 것이 아니라고 판단하였다.[71]

　　또한 대법원도, 특수강도죄를 범한 사람이 강간죄를 범한 경우와 강제추행 　91 죄를 범한 경우를 구별하지 않고 그 법정형을 동일하게 규정하고 있다고 하여도, 위 규정이 특수강도죄를 범하고 강간죄를 범한 사람과 강제추행죄를 범한 자를 합리적 이유 없이 차별하여 형벌과 책임 간의 비례성의 원칙, 형벌의 체계정당성, 평등의 원칙 등에 어긋나거나 공정한 재판을 받을 권리를 침해한다고 할 수 없다는 입장이다.[72]

　　한편 본조 제2항의 특수강도강간미수의 공소사실 중에는 특수강도죄의 공 　92 소사실도 포함되어 있다 할 것이고, 한편 공소사실의 동일성이 인정되는 범위 내의 사실에 대하여는 법원은 검사의 공소장 기재 적용법조에 구애됨이 없이 직권으로 법률을 적용할 수 있다고 할 것이므로, 공소장변경 없이 특수강도죄로 인정할 수 있다.[73]

2. 특수강간 등

(1) 규정

제4조(특수강간 등) ① 흉기나 그 밖의 위험한 물건을 지닌 채 또는 2명 이상이 합동하여 「형법」 제297조(강간)의 죄를 범한 사람은 무기징역 또는 7년 이상의 징역에 처한다. 〈개정 2020. 5. 19.〉
② 제1항의 방법으로 「형법」 제298조(강제추행)의 죄를 범한 사람은 5년 이상의 유기징역에 처한다. 〈개정 2020. 5. 19.〉
③ 제1항의 방법으로 「형법」 제299조(준강간, 준강제추행)의 죄를 범한 사람은 제1항 또는 제2항의 예에 따라 처벌한다.

---

71 헌재 2001. 11. 29, 2001헌가16.
72 대판 2007. 2. 8, 2006도7882.
73 대판 1996. 6. 28, 96도1232.

(2) 제1항의 죄(특수강간)

(가) 의의

93　　본죄[성폭력처벌법위반(특수강간)죄]는 흉기나 그 밖의 위험한 물건을 지닌 채 또는 2명 이상이 합동하여 형법 제297조(강간)의 죄를 범한 때에 성립한다. 범행 방법의 위험성 때문에 행위불법이 가중되어 형법상의 강간죄보다 그 형을 가중하여 처벌하는 것이다.74

(나) 행위

94　　본죄의 행위는 흉기나 그 밖의 위험한 물건을 지닌 채 또는 2명 이상이 합동하여 강간하는 것이다[강간에 대한 상세는 § 297(**강간**) **주해** 참조].

(a) 흉기나 그 밖의 위험한 물건을 지닌 채

1) 흉기나 그 밖의 위험한 물건

95　　흉기는 사람의 살상이나 재물의 손괴를 목적으로 제작되고 또 그 목적을 달성하는 데 적합한 물건을 의미하고, 본조에서는 위험한 물건의 일종으로 취급된다.

96　　위험한 물건은 그 물건의 객관적 성질과 사용방법에 따라서 사람을 살상할 수 있는 물건을 말하고, 사람을 살상하기 위하여 제조된 것임을 요하지 않는다.75 따라서 위험한 물건에 해당하는지 여부는 물건의 객관적 성질만을 기준으로 할 것이 아니라, 물건의 성질과 그 사용방법을 종합하여 구체적인 경우에 사회통념에 따라서 그 물건을 사용하면 상대방이나 제3자가 생명 또는 신체에 위험을 느낄 수 있는지 여부에 따라 판단하여야 한다.76

97　　판례는 강간 피해자의 반항을 억압하기 위하여 사용된 전자충격기,77 성폭력 피해자의 목 부위를 찌르면서 위협하는 데 사용된 자동차 열쇠(손잡이를 제외한 부분은 금속 재질로 단단하고 끝이 뾰족하며 테두리가 울퉁불퉁한 자동차 열쇠)78는 위

74　주석형법 [각칙(4)](5판), 337(구회근); 이주원, 특별형법(9판), 474.

75　이재상·장영민·강동범, § 3/53.

76　대판 2009. 3. 26, 2007도3520; 대판 2010. 4. 29, 2010도930.

77　대판 2008. 4. 24, 2007도10058.

78　대판 2014. 7. 24, 2014도4979, 2014전도93(병합). 위 자동차 열쇠의 형상에 더하여 위 자동차 열쇠로 피해자의 목 부위를 계속 찔러서 여러 군데 빨간 상처를 입었으며, 피해자는 처음 자동차 열쇠로 목을 찔렸을 당시 칼로 찌른다고 생각할 정도로 생명의 위험을 느꼈던 점 등을 고려하여 위험한 물건이라고 판단하였다.

험한 물건에 해당한다고 보았다.

그러나 피해자에게 수면제 '졸피뎀'을 탄 술을 마시게 하여 항거불능 상태　**98**
에 빠트린 후 강간한 경우, 피해자가 위와 같은 졸피뎀을 복용함으로 인하여 생
명 또는 신체에 위험을 느꼈다고 볼 수는 없으므로, '위험한 물건'에 해당하지
않는다고 본 사례가 있다.[79]

본죄에서의 위험한 물건은 아래에서 보는 바와 같이 '지닌 채' 사용할 수 있　**99**
는 것이어야 하므로, 동산에 한정되고, 사람의 머리를 벽이나 바위에 부딪히게
한 때에는 여기에 해당하지 않는다.[80]

2) 지닌 채

흉기나 그 밖의 위험한 물건을 '지닌 채'라고 함은 강간범행의 현장에서 그　**100**
범행에 사용하려는 의도 아래 흉기나 위험한 물건을 소지하거나 몸에 지니고
있는 경우를 말하고, 강간범행과는 전혀 무관하게 우연히 이를 소지하게 된 경
우는 포함되지 않는다.[81] 강간범행의 현장에서 범행에 사용하려는 의도 아래 흉
기 등 위험한 물건을 소지하거나 몸에 지닌 이상, 그 사실을 피해자가 인식할
필요는 없으므로, 피해자가 이를 몰랐다고 하더라도 상관없고, 나아가 실제로
범행에 사용하였을 것까지 요구되는 것도 아니다.[82]

또한 '몸에 지닌 채'는 '휴대'와 같은 의미로 보이는데, '소지' 이외에도 범행　**101**
현장에 있는 흉기 그 밖의 위험한 물건을 '이용하는' 경우도 포함한다.[83] 그러나
여기서의 '이용'은 현실적인 이용을 의미하는 것이지, 단순히 피고인이 범행 현
장에 있는 위험한 물건을 이용할 가능성이 있다는 이유만으로는 위험한 물건을
휴대하였다고 볼 수 없다.[84]

(b) 2인 이상이 합동하여

1) 의의

'2인 이상이 합동하여'라 함은 2인 이상의 공범들 사이에 주관적 요건으로서　**102**

---

79 대판 2010. 10. 28, 2010도10728.
80 이재상·장영민·강동범, §3/53.
81 대판 2008. 7. 24, 2008도2794.
82 대판 1990. 4. 24, 90도401; 대판 2002. 6. 14, 2000도1341; 대판 2004. 6. 11, 2004도2018; 대판
　 2007. 3. 10, 2007도914; 대판 2011. 9. 8, 2011도9456.
83 대판 1997. 5. 30, 97도597(구 폭력행위 등 처벌에 관한 법률 제3조 제1항의 위험한 물건).
84 주석형법 〔각칙(4)〕(5판), 339(구회근).

의 '공모'와 객관적 요건으로서의 '실행행위의 분담'이 있어야 한다는 의미이다.[85]

103　　　여기서 '공모'는 법률상 어떠한 정형을 요구하는 것이 아니어서 공범자 상호 간에 직접 또는 간접으로 범죄의 공동 가공의사가 암묵리에 서로 상통하여도 되고, 사전에 반드시 어떠한 모의과정이 있어야 하는 것도 아니어서 범의 내용에 대하여 포괄적 또는 개별적인 의사연락이나 인식이 있었다면 공모관계가 성립한다.[86]

104　　　'실행행위의 분담'은 시간적으로나 장소적으로 협동관계에 있다고 볼 수 있는 사정이 있으면 된다.[87] 공모 후 실행행위의 본질적인 부분에 일부 가담하는 경우(피해자에게 직접 폭행·협박을 가하거나 다리를 잡아주어 간음행위를 도와준 경우 등)는 물론이고, 부근에서 망을 봐주는 경우에도 실행행위의 분담이 있다고 본다.[88]

105　　　판례상 실행행위의 분담이 있다고 본 사례는, ① 피고인 2명이 한 명의 피해자를 연속적으로 간음하면서 상대방이 간음행위를 하는 동안에 방문 밖에서 교대로 대기하고 있었던 경우,[89] ② 피고인 甲이 자신의 집에서 피해자를 강간하려고 하였으나 피해자가 도망가자, 피고인 乙은 피해자를 뒤쫓아 가 붙잡은 다음 피고인 甲과 성관계를 할 것을 강요하면서 발로 피해자의 배와 등을 1회씩 차 피해자로 하여금 도망가기를 단념하게 한 후 피해자를 피고인 甲의 집으로 데리고 오고, 피고인 丙은 여자와 성관계를 하고 싶다는 피고인 甲의 부탁으로 피해자를 소개시켜 주었음은 물론 위 범행 당시에도 피해자가 피고인 甲의 방으로 돌아오자 피해자의 뺨을 때리고 머리카락을 잡아당겼으며, 이어 피고인 乙, 丙은 피고인 甲이 피해자를 간음하는 동안에 바로 그 옆방에 함께 있었던 경우[90]가 있다.

106　　　하급심에서 실행행위의 분담이 부정된 사례로는, 종업원인 피고인이 헬스클럽 사장의 지시에 따라 승용차를 대기시켜 놓고 있다가 사장이 피해자를 승용차에 강제로 태울 때 뒷문을 열어 주고, 사장이 피해자를 강간하려는 사정을 알면서도 한적한 곳까지 승용차를 운전하여 가 주차시킨 후 자리를 비켜줌으로

---

85 대판 2004. 8. 20, 2004도2870. 본 판결 평석은 조균석, "성폭력처벌법 제4조 합동범의 성립요건", 특별형법 판례100선, 한국형사판례연구회·대법원 형사법연구회, 박영사(2002), 204-207.
86 대판 2012. 6. 28, 2012도2631; 대판 2016. 6. 9, 2016도4618.
87 대판 2016. 6. 9, 2016도4618.
88 주석형법 [각칙(4)](5판), 339(구회근); 이주원, 특별형법(9판), 476.
89 대판 1996. 7. 12, 95도2655.
90 대판 1998. 2. 27, 97도1757.

써 그 사이 사장이 피해자를 차안에서 강간한 경우, 피고인의 행위는 실행행위
의 분담이라기보다는 사장의 범행의도를 인식하고도 그 지시에 그대로 따름으
로써 결과적으로 이를 도와준 '방조행위'에 불과하다고 본 것이 있다.[91]

2) 2인 이상이 각각 서로 다른 피해자를 강간한 경우

2인 이상의 피고인들이 각자 사전에 자신들이 선택한 피해자를 각각 다른
장소에서 강간한 경우에는, 자신이 강간하지 아니한 다른 피해자에 대한 관계에
서 '실행행위의 분담'이 있다고 보아야 하는지 여부가 문제된다. 이는 피고인들
의 관계, 피고인들이 피해자들을 만나게 된 경위 및 범행 장소로 오게 된 과정,
각각의 강간범행 과정에서 다른 피고인들이 취한 행동, 각 범행 장소의 떨어진
정도 등을 종합하여 판단하여야 한다.[92]

107

실행행위의 분담을 긍정하거나 부정한 판례를 살펴보면 아래와 같다.

108

[실행행위의 분담을 긍정한 판례]

피고인과 A, B, C가 피해자 V1, V2, V3와 만나 놀던 중 C의 제의로 피해자
들을 야산으로 유인하여 강간하기로 계획하고, 자정이 넘은 심야에 피해자들을
트럭에 태워 인가에서 멀리 떨어져 있고 인적도 없어 피해자들이 쉽게 도망할
수 없는 야산의 저수지로 데리고 간 다음, 처음에는 트럭에서 100미터 정도 떨
어진 벤치에 앉아 있다가 피고인은 V3을 트럭으로 데리고 가고, A는 30m 가량
떨어진 다른 벤치로 V2를 데리고 가고, B는 C와 V1 둘만 그 자리에 남을 수 있
도록 자리를 피하여 주는 등 피해자들을 장소적으로 분리시킨 후, 피고인은 트
럭에서 V3를 강간하였는데, 피고인이 V3의 옷을 강제로 벗기는 등으로 실랑이
를 하고 있을 무렵, B와 C가 트럭으로 다가와 피고인에게 "빨리 하라."고 재촉
하였고, A는 위 다른 벤치에서 V2를 강간하고 그로 인하여 V2로 하여금 요부
염좌상 등을 입게 하였고, C는 V1을 트럭으로 데리고 가 강간하려고 하였으나
V1이 반항하는 바람에 강간하지 못하였는데, 이때 피고인은 V1에게 "트럭에 타
지 말라."고 하는 V3을 붙잡아 V1에게 가지 못하도록 하였고, B는 직접 피해자
들을 강간하려고 하지는 않았으나 피고인과 A, C가 피해자들과 짝을 맞추자 자

109

---

91 부산고판 1994. 4. 20, 94노39(확정).
92 주석형법 [각칙(4)](5판), 340(구회근); 이주원, 특별형법(9판), 476.

리를 피해 저수지 뚝을 오가며 망을 보았을 뿐 아니라 C가 V1을 강간하려고 트럭으로 데리고 오는 것을 보고 트럭 앞 좌석에 있던 휴지를 뒷좌석에 갖다 놓은 다음 C에게 "세팅 다 해 놓았다. 빨리 하고 나오라."고 하고, 위와 같이 V1에게 트럭에 타지 말라고 하는 V3에게 "가만히 있어라. 화가 나면 나도 어떻게 할지 모른다."고 겁을 준 사안에서, "피고인 등이 비록 특정한 1명씩의 피해자만 강간하거나 강간하려고 하였다 하더라도, 사전의 모의에 따라 강간할 목적으로 심야에 인가에서 멀리 떨어져 있어 쉽게 도망할 수 없는 야산으로 피해자들을 유인한 다음 곧바로 암묵적인 합의에 따라 각자 마음에 드는 피해자들을 데리고 불과 100m 이내의 거리에 있는 곳으로 흩어져 동시 또는 순차적으로 피해자들을 각각 강간한 이상, 그 각 강간의 실행행위도 시간적으로나 장소적으로 협동관계에 있었다고 보아야 할 것이므로, 피해자 3명 모두에 대한 특수강간죄 등이 성립된다고 보아야 할 것이다."고 판시한 것[93]이 있다.

[실행행위의 분담을 부정한 판례]

110　　① 피고인 甲과 제1심 공동피고인 乙이 피해자 A 및 공소외 B와 함께 술을 마실 때부터 술에 취한 A, B를 여관으로 유인하여 각자 1명씩 짝을 정하여 간음하기로 하고, 여관으로 이동하여 객실 2개를 빌린 후 피고인 甲이 술에 취해 제대로 반항을 못하는 피해자 A와 방에 들어가 성관계를 하였고, 乙은 B와 방에 들어갔으나 B가 거부하면서 집으로 가버리는 바람에 성관계를 하지 못하였으며, 그 후 乙이 甲의 방으로 가서 甲이 방을 비워 준 사이 A를 재차 간음한 사안에서, 피고인 甲 및 乙은 술에 취한 A, B를 여관으로 유인하여 각자 1명씩 짝을 정하여 간음하기로 한 것으로 보일 뿐, 당초부터 합동하여 강간하기로 공모하였다고 보이지 아니하고, 甲은 A와, 乙은 B와 각각 성관계를 맺기 위하여 다른 객실로 들어갔으며, 甲은 乙과 아무런 연락을 취함이 없이 따로 A를 간음하였으므로, 乙이 甲의 A에 대한 간음행위에 대하여 실행행위를 분담하였다고 할 수 없고, 이후 乙이 B의 거부로 그녀를 간음하지 못하게 되자 당초 뜻과는 달리 A를 간음하기로 하고 甲이 다른 객실에 가 있는 상태에서 별도로 A를 간음한 것이므로, 甲이 乙의 A에 대한 간음행위에 대하여 실행행위를 분담하였다

---

93 대판 2004. 8. 20, 2004도2870.

고 할 수도 없다는 이유로, 甲과 乙의 A에 대한 특수준강간죄의 성립을 부인한 원심[94]을 수긍하였다.[95]

② 피고인 甲, 乙이 길을 걸어가는 피해자 A, B를 발견하고 이들에게 인근 도시로 놀러가자고 제안하여, 각자 자기 승용차에 피해자를 1명씩 태우고 인근 도시로 가다가, 휴게소에 들러 그곳에서 피고인들만 내려 피해자들과 각각 성관계를 하기로 모의하고, 인근 도시의 편의점에 들러 맥주 등을 구입한 뒤 부근에 있는 여관에 객실 둘을 얻어 그중 201호실에서 맥주 등을 먹으며 피해자들과 함께 놀다가, 乙이 B에게 잠깐 할 이야기가 있다고 하면서 B를 옆방인 202호실로 데려가 그곳에서 B를 강간하고, 甲도 201호실에서 혼자 남은 A를 강간하였다고 하여, 甲과 乙 합동의 A와 B에 대한 특수강간죄으로 기소된 사안에서, "甲, 乙이 피해자들을 여관까지 데리고 올 때 만약 피해자들이 반항을 하면 폭행·협박을 사용하여서라도 피해자들을 강제로 간음하기로 공모하고 서로 협력하여 피해자들을 여관 방안까지 유인하였다고 하더라도, 乙이 간음행위를 하기 위하여 B를 202호실로 데려간 직후까지 甲, 乙은 피해자들에 대하여 어떠한 강제력도 사용하지 않았고 다만 피해자들을 간음할 의사가 없는 것처럼 피해자들을 기망하였을 뿐이며, 피해자들에 대한 폭행은 乙이 B를 202호실에 데려간 후부터 甲, 乙 상호 간의 의사의 연락이 없이 따로 행하여졌으므로, 甲이 乙의 B에 대한 강간행위에 대하여, 또는 乙이 甲의 A에 대한 강간행위에 대하여 서로 어떤 실행행위를 분담하였다고 볼 수 없다."는 이유로, 원심의 유죄판결을 무죄 취지로 파기하였다.[96]

③ 피고인 甲, 乙이 피해자 A, B를 만나 주점 등에서 함께 술을 마시고 나서 피해자들을 집에까지 데려다주겠다면서 승합차에 모두 태워 乙이 차를 운전하여 피해자들의 집 쪽으로 가던 도중에 방향을 바꾸어 야산으로 가서 차를 세운 뒤, 乙의 제의에 따라 피해자들을 각각 강간하기로 공모하고, 우선 乙이 B에게 잠시 이야기하자고 말하여 차에서 내리게 한 다음 그 부근의 숲속으로 데리

111

112

---

94 원심은 피고인 甲에 대하여 A에 대한 단독 준강간죄만 유죄로 인정하였다(서울고판 2004. 11. 23, 2004노2325).
95 대판 2005. 3. 24, 2004도8531.
96 대판 1998. 2. 24, 97도3390.

고 가서 이야기를 나누던 중에 강간할 마음이 없어져 이를 포기하고 차량이 있는 데로 돌아왔고, 그 사이에 甲이 차에 혼자 남은 A가 차에서 내리려고 하자 협박하여 차안에서 강간하였다는 혐의로 甲과 乙 합동의 A에 대한 강간으로 기소된 사안에서, 甲과 乙 사이에 범행현장에서 서로 강간의 실행행위를 분담한 시간적·장소적 협동관계가 있다고 보기 어렵다고 한 원심을 수긍하였다.[97]

3) 공범관계에서의 이탈

113　　'실행행위의 분담'을 요구하는 합동범의 성질상, 강간을 공모하였지만 다른 공범자가 범죄의 실행에 착수하기 전에 공범관계에서 이탈한 경우에는, 단순가담자나 평균적 일원인 공범은 그 이후 다른 공범자들의 강간행위에 대하여 책임을 지지 않는다.[98] 그러나 주도적으로 참여한 공범자는 범행을 저지하기 위하여 적극적으로 노력하는 등 자신이 범죄의 실행에 미친 영향력을 제거하지 않는 한, 이탈이 인정되지 않아 강간행위에 대하여 책임을 진다.[99]

114　　이처럼 이탈이 인정되기 위해서는 우선, 다른 공범자가 범죄의 실행에 착수하기 전이어야 한다. 따라서 다른 공범자가 범죄의 실행에 착수하거나 일단 실행행위를 분담한 후에는 다른 공범의 범행을 중지하게 하지 아니한 이상 자기만의 범의를 철회·포기하여도 중지미수로는 인정될 수 없다. 그리고 이탈의 의사표시를 하여야 하는데, 반드시 명시적임을 요하지는 않는다.[100]

115　　판례 중에는, 피고인 甲, 乙이 공모하여 피해자를 텐트 안으로 끌고 간 후 甲, 乙의 순으로 성관계를 하기로 하고, 乙은 위 텐트 밖으로 나와 주변에서 망을 보고, 甲이 피해자를 강간하고, 이어 乙이 위 텐트 안으로 들어가 피해자를 강간하려 하였으나 피해자가 반항을 하며 강간을 하지 말아 달라고 사정을 하여 강간을 하지 않은 경우, 甲이 乙과의 공모하에 강간행위에 나아간 이상 비록 乙이 강간행위에 나아가지 않았다고 하더라도 乙은 중지미수에 해당하지 않고,

---

97 대판 1994. 11. 25, 94도1622.

98 대판 1986. 1. 21, 85도2371, 85감도347; 대판 1995. 7. 11, 95도955.

99 대판 2008. 4. 10, 2008도1274; 대판 2010. 9. 9, 2010도6924. 위 2010도6924 판결 평석은 최준혁, "이탈과 중지미수, 그리고 인과성", 형사판례연구 [30], 한국형사판례연구회, 박영사(2022), 63-92.

100 대판 1986. 1. 21, 85도2371, 85감도347. 본 판결 평석은 조준현, "공범관계의 해소에 관한 사례연구", 형사판례연구 [5], 한국형사판례연구회, 박영사(1997), 129-154.

본죄가 성립한다고 판시한 것이 있다.[101]

4) 합동범의 공동정범 인정 여부

합동범에서도 공동정범(공모공동정범)이 인정되는지에 대하여, ① 기능적 행 [116]
위지배가 있는 한 현장에 없는 제3자도 합동범의 공동정범이 될 수 있다는 긍
정설,[102] ② 합동범의 본질을 현장에서의 시간적·장소적 협동관계로 이해하면
(합동범의 본질에 대한 현장설) 현장 이외의 장소에서 가담한 사람은 합동범의 공동
정범이 될 수 없다는 부정설(통설)[103]이 대립한다.

판례는 합동절도에서 합동범의 공동정범을 인정하고 있으므로,[104] 합동강 [117]
간에 대하여도 달리 판단할 이유가 없다. 따라서 3인 이상의 피고인들이 본죄의
범행을 공모한 후 적어도 2인 이상의 피고인들이 범행 현장에서 시간적·장소적
으로 협동관계를 이루어 강간의 실행행위를 분담하여 강간 범행을 한 경우, 단
순 공모자에 대하여도 본죄의 공동정범으로 처벌할 수 있을 것이다.

(다) 죄수

본죄는 2인 이상이 합동하여 강간죄를 범하는 것을 구성요건으로 하므로, 2 [118]
인 중 1인만 간음행위를 한 경우뿐만 아니라 2인 이상이 번갈아 가면서 여성 1
명을 윤간한 경우에도 비록 간음행위는 수차에 걸쳐 이루어졌지만 전체적으로
는 하나의 본죄만 성립된다.[105]

그러나 본죄의 보호법익은 일신전속적인 것이므로, 피해자가 여러 명인 경 [119]
우에는 비록 동일한 장소에서 동일한 폭행·협박에 의한 것이라고 하더라도 각
피해자에 따라 수개의 본죄가 성립하고,[106] 각 죄는 실체적 경합관계이다.[107]
따라서 피고인 등이 비록 특정한 1명씩의 피해자만 강간하거나 강간하려고 하
였다고 하더라도, 사전의 모의에 따라 강간할 목적으로 심야에 인가에서 멀리
떨어져 있어 쉽게 도망할 수 없는 야산으로 피해자 3명을 유인한 다음 곧바로

---

101 대판 2005. 2. 25, 2004도8259.
102 김성돈, 334; 김일수·서보학, 252.
103 배종대, §62/20; 신동운, 1069; 임웅, 366.
104 대판 1998. 5. 21, 98도321(전). 본 판결 평석은 이호중, "합동절도의 공동정범", 형사판례연구
　　[7], 한국형사판례연구회, 박영사(1999), 130-149.
105 대판 2002. 9. 4, 2002도2581.
106 주석형법 [각칙(4)](5판), 343(구회근); 이주원, 특별형법(9판), 478.
107 이주원, 특별형법(9판), 478; 조균석(주 85), 207.

암묵적인 합의에 따라 각자 마음에 드는 피해자를 데리고 불과 100m 이내의 거리에 있는 곳으로 흩어져 동시 또는 순차적으로 피해자들을 각각 강간하였다면, 그 각 강간의 실행행위도 시간적으로나 장소적으로 협동관계에 있었다고 보아야 할 것이므로, 피해자 3명에 대하여 각각 본죄가 성립된다.[108]

120   또한, 피고인과 공범 甲, 乙, 丙, 丁이 합동하여 피해자 A와 B를 폭행하여 반항을 억압한 다음, 甲이 A로부터 금목걸이 등을 강취하고, 乙이 B로부터 현금 등을 강취한 후, 피고인은 B가 위와 같은 강취행위로 인하여 반항이 억압되어 있는 상태임을 이용하여 공범들과 합동하여, B를 인근 야산으로 끌고 간 다음 피고인부터 차례로 B를 각 간음한 뒤 피고인이 혼자 한 차례 더 간음한 경우, 피고인의 위 두 번째 간음행위는 B에 대한 동일한 폭행·협박으로 항거가 불능하거나 현저히 곤란한 상태가 계속되는 상태에서 간음한 것이고, 피고인 등의 의사 및 범행 시각과 장소로 보아 수회의 간음행위를 하나의 계속된 행위로 볼 수 있으므로, 피고인의 위 두 번째 간음행위만을 따로 떼어 실체적 경합범으로 볼 것이 아니라 전체적으로 앞선 본죄와 단순일죄가 성립한다.[109]

(라) 처벌 등

121   무기징역 또는 7년 이상의 징역에 처해진다.

122   본죄의 미수범(성폭처벌 §15)과 본죄를 목적으로 한 예비·음모는 처벌되고 (성폭처벌 §15의2), 본죄는 양형기준 적용대상이다.[110]

123   본죄는 특정강력범죄의 처벌에 관한 특례법(이하, 특정강력범죄법이라 한다.)상 특정강력범죄에 해당한다(특강 §2②, §1(ⅲ)).

(3) 제2항의 죄(특수강제추행)

124   본죄[성폭력처벌법위반(특수강제추행)죄]는 흉기나 그 밖의 위험한 물건을 지닌 채 또는 2명 이상이 합동하여 형법 제298조(강제추행)의 죄를 범한 때에 성립한다. 본조에는 성폭력범죄처벌법 제3조와는 달리 형법 제297조의2(유사강간)가 누락되어 있다. 그러나 '유사간음'은 '추행'의 개념에 포섭하여 처벌할 수 있을 것이다 [강제추행 및 유사강간에 대한 상세는 §298(강제추행), §297의2(유사강간) 주해 참조].

---

108 대판 2004. 8. 20, 2004도2870.
109 대판 2002. 9. 4, 2002도2581.
110 양형위원회, 2023 양형기준, 29-63.

판례 중에는, 피고인 3명과 피해자가 함께 술을 마시던 중 피해자가 술에 **125**
취해 잠이 들어 항거불능인 상태에 빠지자, 피고인 甲, 乙은 자리를 피해주고
피고인 丙은 피해자를 추행하고, 잠시 후 甲이 들어와 丙과 함께 피해자를 추행
하였으며, 그 후 丙이 나가고 乙이 들어와 甲과 함께 피해자를 추행한 경우, 피
고인들은 丙의 최초 추행 직전부터 범행을 공모하였거나 적어도 그 이후에 이
루어진 甲, 丙의 동시 추행 및 甲, 乙의 동시 추행 무렵에는 순차로 범행을 공모
하였다고 봄이 상당하고, 피고인들의 위 범행이 순차적·연속적으로 이루어지면
서 두 사람씩 동시에 범행을 실행하기도 하였으므로, 그 실행행위는 시간적으로
나 장소적으로 협동관계에 있다고 보아, 피고인들에 대한 본죄를 유죄로 판단한
것111이 있다.

본죄를 범한 사람은 '5년 이상의 유기징역'에 처해진다. **126**

본죄의 미수범(성폭처벌 §15)과 본죄를 목적으로 한 예비·음모는 처벌되고 **127**
(성폭처벌 §15의2), 본죄는 양형기준 적용대상이다.112

본죄는 특정강력범죄법상 특정강력범죄에 해당한다(특강 §2②, §1(iii)). **128**

'죄수'는 위 '**(2) 제1항의 죄(특수강간) (다) 죄수**' 부분에서 본 것과 같다. **129**

(4) 제3항의 죄(특수준강간·준강제추행)

본죄[성폭력처벌법위반(특수준강간·준강제추행)죄]는 흉기나 그 밖의 위험한 물 **130**
건을 지닌 채 또는 2명 이상이 합동하여 형법 제299조(준강간, 준강제추행)의 죄를
범한 때에 성립한다[준강간·준강제추행·준유사강간에 대한 상세는 **§ 299(준강간, 준강제
추행) 주해** 참조].

판례 중에는, 피고인이 A, 피해자와 함께 술을 마셨는데, A가 피해자를 모 **131**
텔로 데려가 성관계를 가진 다음, 피고인에게 카카오톡을 통해 피해자의 나체
사진을 전송해 주었고, 피고인은 잠들어 있는 피해자를 간음하기로 A와 전화
통화를 나누어, A가 피고인에게 모텔의 위치, 상호, 호실을 알려주고, 피해자가
자고 있는지 확인한 뒤, 위 모텔 객실(402호)의 문을 조금 열어놓고 밖을 내다보
다가 피고인이 위 객실이 있는 층의 엘리베이터에서 내리자 객실 문을 열고 나
왔고, 피고인은 열려져 있는 문을 통해 위 객실로 들어가 술에 취해 잠들어 있

---

111 대판 2012. 6. 28, 2012도2631(원심판결 서울고판 2012. 2. 3, 2011노2871).
112 양형위원회, 2023 양형기준, 29-63.

는 피해자를 간음하였고, 그 사이 A는 모텔 건물 밖으로 나와서 피고인을 기다리고 있었던 사실이 인정되는 사안에서, 피고인이 피해자를 간음하는 사이 A는 현장을 이탈하여 피고인의 간음행위에 대하여 현장에서 실행행위를 분담하였다고 볼 수 없으므로, 피고인을 성폭력처벌법위반(특수준강간)죄로 처벌할 수는 없다고 본 것[113]이 있다.

132　　본죄를 범한 사람은 '제1항 또는 제2항의 예'에 따라 처벌된다. 즉 특수준강간죄의 경우에는 '무기징역 또는 7년 이상의 징역'에, 특수준강제추행죄의 경우에는 '5년 이상의 유기징역'에 처해진다.

133　　본죄의 미수범(성폭처벌 §15)과 본죄를 목적으로 한 예비·음모는 처벌되고 (성폭처벌 §15의2), 본죄는 양형기준 적용대상이다.[114]

134　　본죄는 특정강력범죄법상 특정강력범죄에 해당한다(특강 §2②, §1(iii)).

3. 친족관계에 의한 강간 등

(1) 규정

제5조 (친족관계에 의한 강간 등) ① 친족관계인 사람이 폭행 또는 협박으로 사람을 강간한 경우에는 7년 이상의 유기징역에 처한다.
② 친족관계인 사람이 폭행 또는 협박으로 사람을 강제추행한 경우에는 5년 이상의 유기징역에 처한다.
③ 친족관계인 사람이 사람에 대하여 「형법」 제299조(준강간, 준강제추행)의 죄를 범한 경우에는 제1항 또는 제2항의 예에 따라 처벌한다.
④ 제1항부터 제3항까지의 친족의 범위는 4촌 이내의 혈족·인척과 동거하는 친족으로 한다.
⑤ 제1항부터 제3항까지의 친족은 사실상의 관계에 의한 친족을 포함한다.

(2) 의의

135　　본조는 강간죄(§297), 강제추행죄(§298), 준강간·준강제추행죄(§299)를 범한 사람과 그 피해자가 4촌 이내의 혈족·인척과 동거하는 친족(사실상의 관계에 의한 친족 포함)이라는 관계 때문에 형법상 강간죄 등에 비하여 형을 가중하여 처벌하

---

113 대판 2014. 11. 27, 2014도10921.
114 양형위원회, 2023 양형기준, 29-63.

는 규정이다. 피해자와 일정한 친족관계에 있는 사람이 피해자에 대해 성폭력범
죄를 저지른 경우에는 그 위법성이 가중된다고 본 것이다. 본죄【성폭력처벌법위반
(친족관계에의한강간), (친족관계에의한강제추행), 〔친족관계에의한(준강간, 준강제추행))]죄】의
보호법익은 1차적으로 성적 의사결정의 자유이지만, 가족관계나 건전한 성풍숙
도 본죄의 보호법익에 부차적으로 포함되어 있다.[115] 보호정도는 침해범이다.[116]

　'친족관계에 의한 강간 등'을 가중처벌하는 입법은 1990년대 초 이른바 '충　　**136**
주 계부(繼父) 살해사건'[117]을 계기로, 계부에 의한 성폭력이 사회적 관심사로 등
장한 데서 찾을 수 있다. 이러한 친족관계에 있는 사람의 성폭력이 심각한 사회
문제임에도 불구하고, 형법상 강간죄 등이 친고죄로 되어 있었고, 피해자의 고
소를 기대하기 어려워 잘 알려지지도 처벌되지도 않았던 사정이 있었다. 이에
구 성폭력범죄의 처벌 및 피해자보호 등에 관한 법률은 제정 당시인 1994년 1
월 5일부터 친족관계에 의한 강간 등을 특수강도강간 등, 특수강간 등, 장애인
또는 13세 미만의 미성년자에 대한 강간 등과 마찬가지로 비친고죄로 규정하는
한편, 형법상 성폭력범죄에 대한 법정형을 가중하는 것으로 규정하였다.[118]

　그와 같은 기조는 2010년 4월 15일 구 성폭력범죄의 처벌 및 피해자보호　　**137**
등에 관한 법률 중 처벌 관련 규정을 대체하면서 제정된 성폭력처벌법 제5조[119]
로 이어졌다. 그 부칙 제4조에서 "이 법 시행 전의 행위에 대한 벌칙을 적용할
때에는 종전의 「성폭력범죄의 처벌 및 피해자보호 등에 관한 법률」에 따른다."
라고 규정하였으므로, 2010년 4월 15일 전에 행해진 친족관계에 의한 강간 등
의 범행에 대하여는 구 성폭력범죄의 처벌 및 피해자보호 등에 관한 법률의 규
정(동법 §7, §8의2 등)이 적용된다.[120]

115　김정환·김슬기, 형사특별법(2판), 70; 이주원, 특별형법(9판), 480.
116　이주원, 특별형법(9판), 480.
117　대판 1992. 12. 22, 92도2540(의붓아버지의 강간행위에 의하여 정조를 유린당한 후 계속적으로
　　　성관계를 강요받아 온 피고인이 상피고인과 사전에 공모하여 범행을 준비하고 의붓아버지가 제
　　　대로 반항할 수 없는 상태에서 식칼로 심장을 찔러 살해한 행위는 사회통념상 상당성을 결여하
　　　여 정당방위가 성립하지 아니한다고 본 사례).
118　성폭력범죄의 처벌 및 피해자보호 등에 관한 법률은 친족관계에 의한 강간의 법정형을 5년 이상
　　　의 유기징역, 강제추행의 법정형을 3년 이상의 유기징역으로 규정하였다(동법 §7).
119　법정형이 친족관계에 의한 강간의 경우 7년 이상의 유기징역, 강제추행의 경우상의 유기징역으
　　　로 더 강화되었다.
120　대판 2012. 1. 27, 2011도15830.

〔성 보 기〕　　　　　　**681**

(3) 행위의 주체 - 친족관계인 사람

138   본죄의 주체는 '친족관계인 사람'이다.

(가) 친족관계

139   친족의 범위는 '4촌 이내의 혈족·인척과 동거하는 친족'이고(성폭처벌 §5④), '사실상의 관계에 의한 친족'을 포함한다(성폭처벌 §5⑤).

(a) 친족의 범위 확대 경과

140   처음 1994년 1월 5일 구 성폭력범죄의 처벌 및 피해자보호 등에 관한 법률의 제정 시에는 본죄의 주체를 '존속 등 연장의 친족'으로 규정하면서, 친족의 범위를 '4촌 이내의 혈족으로 하되, 존속 또는 친족은 사실상의 관계에 의한 존속 또는 친족을 포함하는 것'으로 규정하고 있었다.

141   그런데 위 법률의 제정에 직접적인 계기가 되었던 것이 '충주 계부 살해사건'이었고, 그 당시 의붓아버지가 자신의 배우자(처)의 친딸을 강간하는 사례가 적지 않게 발생하였음에도, 대법원에서 의붓아버지와 의붓딸 사이의 관계를 사실상의 관계에 의한 친족으로 볼 수 없다고 판시[121]함에 따라, 이러한 경우를 처벌하기 위하여 1997년 8월 22일 위 법률을 개정하여 '2촌 이내의 인척'을 친족의 범위에 포함시키기에 이르렀다. 위와 같은 개정으로 인하여 기존에는 인척에 불과하여 적용대상이 되지 않았던 의붓아버지에 의한 의붓딸 강간[122]이나

---

121 대판 1996. 2. 23, 95도2914. 「성폭력범죄의 처벌 및 피해자보호 등에 관한 법률 제7조 제1항은 존속 등 연장의 친족이 형법 제297조의 죄를 범한 때에 적용되고, 같은 법률 제7조 제3항에 의하면 위 제1항의 친족의 범위는 4촌 이내의 혈족으로 제한되나, 한편 같은 법률 제7조 제4항은 위 제1항의 존속 또는 친족은 사실상의 관계에 의한 존속 또는 친족을 포함한다고 규정하고 있는바, 형벌법규는 그 규정 내용이 명확하여야 할 뿐만 아니라 그 해석에 있어서도 엄격함을 요하고 유추해석은 허용되지 않는 것이므로 위 법률 제7조 제4항에서 규정하는 사실상의 관계에 의한 존속이라 함은, 자연혈족의 관계에 있으나 법정 절차의 미이행으로 인하여 법률상의 존속으로 인정되지 못하는 자(예컨대, 인지 전의 혼인 외의 출생자의 생부) 또는 법정혈족관계를 맺고자 하는 의사의 합치 등 법률이 정하는 실질관계는 모두 갖추었으나 신고 등 법정절차의 미이행으로 인하여 법률상의 존속으로 인정되지 못하는 자(예컨대, 사실상의 양자의 양부)를 말하고, 위와 같은 관계가 없거나 법률상의 인척에 불과한 경우에는 그 생활관계, 당사자의 역할·의사 등이 존속관계와 유사한 외관을 가진다는 이유만으로 위의 사실상의 관계에 의한 존속에 포함된다고 할 수는 없다.」

122 대판 2020. 11. 5, 2020도10806(의붓아버지와 의붓딸의 관계가 성폭력처벌법 제5조 제4항에서 규정한 '4촌 이내의 인척'으로서 친족관계에 해당한다고 한 사례). 「민법 제767조는 "배우자, 혈족 및 인척을 친족으로 한다."라고 규정하고 있고, 같은 법 제769조는 "혈족의 배우자, 배우자의 혈족, 배우자의 혈족의 배우자를 인척으로 한다."라고 규정하고 있으며, 같은 법 제771조는 "인

시아버지, 시동생 등에 의한 강간도 본죄의 적용대상이 되게 되었다.

이에 따라 '4촌 이내의 혈족과 2촌 이내의 인척(사실상의 관계에 의한 친족 포 **142**
함)'이 친족의 범위로 되었는데, 2010년 4월 15일 성폭력처벌법을 제정하면서 '4
촌 이내의 혈족·인척(사실상의 관계에 의한 친족 포함)'으로 친족의 범위를 일부 확
대하였고, 2012년 12월 18일 성폭력처벌법을 전부 개정(법률 제11556호)하면서
'친족'의 범위에 '동거하는 친족'을 추가로 포함시켜 현재에 이르렀다.

(b) 친족의 범위

친족에는 배우자, 혈족 및 인척이 포함되고(민 §767), 친족관계로 인한 법률 **143**
상 효력은 민법 또는 다른 법률에 특별한 규정이 없는 한 8촌 이내의 혈족, 4촌
이내의 인척과 배우자에게 미치며(민 §777), 형법이나 성폭력처벌법에 특별한 규
정이 없는 이상, 본조에서도 친족의 범위는 민법 규정과 같이 보아야 할 것이
다.¹²³ 기왕에 '4촌 이내의 혈족·인척'은 본조의 '친족'에 포함되어 있었으므로,
새로이 규정된 '동거하는 친족'에는 '5촌 내지 8촌'의 혈족과 배우자가 추가된 것
에 의미를 찾을 수 있다.

혈족은 직계혈족(자기의 직계존속과 직계비속)과 방계혈족(자기의 형제자매와 형제 **144**
자매의 직계비속, 직계존속의 형제자매 및 그 형제자매의 직계비속)을 의미하고(민 §768),
입양으로 맺어진 친자관계도 혈족에 포함된다(민 §882의2①).

인척은 혈족의 배우자, 배우자의 혈족, 배우자의 혈족의 배우자를 말한다(민 **145**
§769).

(c) 배우자의 포함 여부

성폭력처벌법이 친족의 범위에서 '배우자'를 제외하고 있어, 남편이 처를 폭 **146**
행·협박하여 성관계를 가진 경우에는 강간죄(§297)가 성립할¹²⁴ 뿐 본죄는 성립
하지 않는다는 것이 통설¹²⁵의 입장이다.

척은 배우자의 혈족에 대하여는 배우자의 그 혈족에 대한 촌수에 따르고, 혈족의 배우자에 대하
여는 그 혈족에 대한 촌수에 따른다."라고 규정하고 있다. 따라서 의붓아버지와 의붓딸의 관계
는 성폭력처벌법 제5조 제4항이 규정한 4촌 이내의 인척으로서 친족관계에 해당한다.」
123 대판 2011. 4. 28, 2011도2170(친족상도례가 적용되는 친족의 범위는 민법의 규정에 의하여야
　　한다고 판시).
124 대판 2013. 5. 16, 2012도14788, 2012전도252(전). 2012년 12월 18일 본조의 친족의 범위에 '동
　　거하는 친족'이 추가되기 이전의 범행에 대하여 준강간죄와 성폭력처벌법위반(특수강간)죄(흉기
　　휴대강간)로 기소된 사안이다.

147   그러나 앞서 본 바와 같이 2012년 12월 18일 성폭력처벌법 개정 이전에는 '친족'의 범위에 '4촌 이내의 혈족·인척(사상의 관계에 의한 친족 포함)'이라고만 되어 있어 배우자는 포함되지 않았으나, 위 법률 개정으로 '동거하는 친족'이 그 범위에 포함된 이상 문언 자체로는 동거하는 배우자도 포함된다고 볼 여지가 있게 되었다.126

148   그러나 동거의무 있는 부부 사이의 성폭력범죄를 일반 성폭력범죄에 비하여 가중처벌하여야 할 근거는 없는 점, 연혁적으로 살펴볼 때 위 개정 법률에서 동거하는 친족을 추가한 이유는 촌수상 거리가 있지만 동거하는 5촌 내지 8촌의 혈족을 포함시키기 위한 것으로 보이고, 배우자는 당연히 동거하는 것인 점을 참작하면, 위 법률 개정에도 불구하고 배우자는 포함시키지 않는다고 봄이 타당하다.127 일종의 입법 미비로 볼 수 있다.

(나) 사실상의 관계에 의한 친족

149   성폭력범죄의 처벌 및 피해자보호 등에 관한 법률 제정 시부터 사실상의 관계에 의한 친족을 '친족'의 범위에 포함시키고 있었으나, 그 개념은 규정하지 않았다.

150   친족에는 배우자, 혈족(출생에 의한 자연혈족과 입양에 의한 법정혈족이 있음) 및 인척이 포함되므로, 사실상의 관계에 의한 친족에는 사실상의 혈족과 사실상의 인척이 포함되고, 다만 앞서 살펴본 것과 같이 배우자는 친족관계에 해당하지 않는다고 할 것이므로 사실혼관계에 있는 배우자는 사실상의 친족에서 제외된다.

151   판례상 '사실상의 관계에 의한 존속'이라 함은, 자연혈족의 관계에 있으나 법정 절차의 미이행으로 인하여 법률상의 존속으로 인정되지 못하는 사람(예컨대, 인지 전의 혼인 외의 출생자의 생부) 또는 법정혈족관계를 맺고자 하는 의사의 합치 등 법률이 정하는 실질관계는 모두 갖추었으나 신고 등 법정절차의 미이행으로 인하여 법률상의 '존속'으로 인정되지 못하는 사람(예컨대, 사실상의 양자의 양부)를 말하고,128 법률이 정한 혼인의 실질관계는 모두 갖추었으나 법률이 정한

---

125 주석형법 [각칙(4)](5판), 347(구회근); 김정환·김슬기, 형사특별법(2판), 71; 이주원, 특별형법 (9판), 481.
126 그와 같은 이유로 배우자도 포함된다는 견해로는 박상기·전지연, 형사특별법(4판), 236.
127 같은 취지의 하급심 판례로는 서울고판 2022. 7. 8, 2021노2062(확정).
128 대판 1996. 2. 23, 95도2646; 대판 1996. 2. 23, 95도2914.

방식, 즉 혼인신고가 없기 때문에 법률상 혼인으로 인정되지 않는 이른바 사실혼으로 인하여 형성되는 인척(피해자의 생모와 사실혼관계에 있는 의붓아버지)도 이에 해당한다.[129]

결국 ① 인지절차를 밟기 전의 혼인 외의 출생자관계에서 형성되는 혈족, ② 사실상의 입양에 의하여 형성되는 혈족, ③ 사실혼에 기반하여 형성되는 인척이 사실상의 관계에 의한 친족에 해당한다고 볼 수 있다.

152

사실상의 양자의 양부와 같이 법정혈족관계를 맺고자 하는 의사의 합치 등 법률이 정하는 실질관계는 모두 갖추었으나 신고 등 법정절차의 미이행으로 인하여 법률상의 존속으로 인정되지 못하는 사람도 성폭력처벌법이 규정한 사실상의 관계에 의한 친족에 해당하고, 당사자가 양친자관계를 창설할 의사로 친생자출생신고를 하고, 거기에 입양의 실질적 요건이 모두 구비되어 있다면 그 형식에 다소 잘못이 있더라도 입양의 효력이 발생한다는 법리에 따라, 피고인이 피해자의 생모의 동의를 얻어 피해자를 입양할 의사로 데려왔으나 자신의 처의 동의 없이 피해자를 자신과 처 사이의 친생자로 출생신고를 한 경우, 피고인은 친생자출생신고 전에는 본조 제5항의 '사실상의 관계에 의한 친족'에 해당하고, 친생자출생신고 후에는 본조 제4항의 '친족'에 해당한다고 하여 친생자출생신고 전·후에 이루어진 강간행위가 모두 본조에 해당한다고 본 사례가 있다.[130]

153

사실상의 혼인관계에 의한 인척에 해당하는지와 관련하여, 피고인이 다른 여자와의 법률상 혼인관계를 정리하지 않은 채 피해자의 생모와 중혼적 사실혼관계를 유지하고 있는 도중 피해자를 성폭행한 사안에서, 대법원은 비록 우리 법제가 일부일처주의를 채택하여 중혼을 금지하는 규정을 두고 있다 하더라도 이를 위반한 때를 혼인 무효의 사유로 규정하고 있지 아니하고 단지 혼인 취소

154

---

129 대판 2000. 2. 8, 99도5395; 대판 2002. 2. 22, 2001도5075.
130 대판 2006. 1. 12, 2005도8427[부부공동입양 요건(민 §874)과 관련하여, 처가 있는 사람이 입양을 함에 있어서 혼자만의 의사로 부부 쌍방 명의의 입양신고를 하여 수리된 경우, 처와 양자가 될 자 사이에서는 입양의 일반요건 중 하나인 당사자 간의 입양합의가 없으므로 입양이 무효가 되는 것이지만, 처가 있는 사람과 양자가 될 자 사이에서는 입양의 일반요건을 모두 갖추었어도 부부 공동입양의 요건을 갖추지 못하였으므로 처가 그 입양의 취소를 청구할 수 있으나, 그 취소가 이루어지지 않는 한 그들 사이의 입양은 유효하게 존속한다고 하여 부부 사이에 입양의 효력을 달리 판단한 사례). 본 판결 평석은 정현미, "사실상 관계에 의한 친족의 범위", 특별형법판례100선, 208-211.

의 사유로만 규정함으로써 중혼에 해당하는 혼인이라도 취소되기 전까지는 유효하게 존속한다는 이유로, 중혼적 사실혼으로 인하여 형성된 인척이 본조 제5항의 '사실상의 관계에 의한 친족'에 해당한다고 보았다.[131]

(다) 위헌론

155 　 '사실상의 관계'를 포함하여 '4촌 이내의 인척 관계'에 있는 사람에 의한 강간을 가중처벌하는 조항(성폭처벌 §5①, ④ 중 '4촌 이내의 인척' 부분 및 ⑤)이 책임과 형벌 간의 비례원칙에 위배되는지 여부와 관련하여, 헌법재판소는 "강간범행의 피해자들은 심각한 정신적 장애를 경험할 수 있고, 그 후유증으로 장기간 사회생활에 큰 지장을 받을 수 있는데, 이러한 강간죄를 4촌 이내의 인척 관계에 있는 사람을 상대로 범할 경우에는 친족관계라는 특별한 신뢰관계를 해치는 것으로 그 죄질이 매우 나쁘고, 이러한 범행은 개인의 차원을 넘어 관련된 가족 내지 친족관계를 근간부터 흔들어 놓을 수 있다는 점에서 더욱 심각하다. 또한 4촌 이내의 가까운 인척을 상대로 한 강간범행은 일반적으로 그 자체로서 피해자와 친족 구성원에게 매우 큰 정신적 충격과 후유증을 남기는 반인륜적인 범죄인 점 등에 있어서는 동거·보호·부양 여부 또는 친소 관계에 따라 반드시 구별된다고 볼 수 없다. 한편 사실상의 친족관계는 그 실질에서 이미 친족관계가 형성되었음을 전제로 하는 것이므로, 강간범행이 사실상의 친족관계에서 발생했다 하더라도 불법성, 죄질 등을 달리 보기 어렵다. 따라서 위 조항들은 책임과 형벌 간의 비례원칙에 위배되지 아니한다."는 이유로 합헌으로 판단하였다.[132]

(라) 친족관계에 의한 성폭력범죄의 특성(피해자 진술의 '신빙성' 관련)

156 　 성폭력 사건에서는 물증 등 객관적 증거의 부족 및 목격자 등 주관적 증거의 부존재로 인하여 피해자의 진술이 사실상 유일한 증거로 되는 경우가 많다. 특히 친족관계에 의한 성폭력범죄는 그 행위자와 피해자 사이가 친밀한 관계로서 오랫동안 은밀히 지속되는 경우가 많고,[133] 피해자가 대부분 초등학생 또는 연소한 점 등으로 인하여 피해자가 피해 사실을 수사기관에 직접 고소하는 경우가 거의 없고, 또한 피해사실을 주변 사람들에게 알리지 않거나 늦게 알리는

---

131 대판 2002. 2. 22, 2001도5075.
132 헌재 2015. 9. 24, 2014헌바453.
133 대판 2006. 10. 26, 2006도3830; 대판 2010. 11. 25, 2010도11943 등 참조.

경우가 많다.

　　그래서 피해자가 피해를 당한 일시나 그 과정 등을 제대로 기억하지 못하　　**157**
거나 피해 진술이 다소 애매한 경우도 많다. 더구나 성폭력범죄는 그 특성상 객
관적인 물증보다는 피해자의 진술이 결정적인 증거가 되는 경우가 많아, 피해자
진술의 '신빙성'이 문제가 된다.[134]

　　친족관계에 의한 성폭력범죄를 중심으로 피해자 진술의 신빙성을 판단하는　　**158**
데 판례상 널리 인용되는 판단기준을 살펴본다. 그와 같은 법리는 친족관계에
의한 성폭력범죄를 넘어 성폭력범죄 일반에도 적용될 수 있다. 다만, 그와 같은
법리는 결국 증거의 증명력은 법관의 자유판단에 의한다는 자유심증주의(형소
§308)의 원칙을 적용함에 있어서 사안의 특수성으로 고려할 요소의 하나에 불과
할 뿐, 그와 같은 법리에 안주하여 증거의 증명력 판단을 도식적으로 하여서는
아니된다.

　　① "피해자가 자신의 진술 이외에는 달리 물적 증거 또는 직접 목격자가 없　　**159**
음을 알면서도 보호자(친아버지)의 형사처벌을 무릅쓰고 스스로 수치스러운 피해
사실을 밝히고 있고, 허위로 그와 같은 진술을 할 만한 동기나 이유가 분명하게
드러나지 않을 뿐만 아니라, 그 진술 내용이 사실적·구체적이고, 주요 부분이 일
관되며, 경험칙에 비추어 비합리적이거나 진술 자체로 모순되는 부분이 없다면,
설령 표현방법이 미숙하여 진술 내용이 다소 불명확하거나 표현상의 차이로 인
하여 사소한 부분에 일관성이 없는 것처럼 보이는 부분이 있다고 하여도, 그 진
술의 신빙성을 특별한 이유 없이 함부로 배척해서는 안 된다."고 판시하거나,[135]
"위와 같은 피해자를 비롯한 증인들의 진술이 대체로 일관되고 공소사실에 부합
하는 경우 객관적으로 보아 도저히 신빙성이 없다고 볼 만한 별도의 신빙성 있
는 자료가 없는 한 이를 함부로 배척하여서는 안 된다."고 판시하였다.[136]

　　② "피해 아동의 수사기관에서의 진술에 관한 신빙성을 판단함에 있어서는,　　**160**
아동의 경우 질문자에 의한 피암시성이 강하고, 상상과 현실을 혼동하거나 기억
내용에 대한 출처를 제대로 인식하지 못할 가능성이 있는 점 등을 고려하여, 아

---

134 주석형법 〔각칙(4)〕(5판), 349(구회근).
135 대판 2006. 10. 26, 2006도3830.
136 대판 2005. 4. 15, 2004도362; 대판 2012. 6. 28, 2012도2631.

동의 나이가 얼마나 어린지, 위 진술이 사건 발생 시로부터 얼마나 지난 후에 이루어진 것인지, 사건 발생 후 위 진술이 이루어지기까지의 과정에서 최초로 아동의 피해 사실을 청취한 보호자나 수사관들이 편파적인 예단을 가지고 아동에게 사실이 아닌 정보를 주거나 반복적인 신문 등을 통하여 특정한 답변을 유도하는 등으로 아동 기억에 변형을 가져 올 여지는 없었는지, 위 진술 당시 질문자에 의하여 오도될 수 있는 암시적인 질문이 반복된 것은 아닌지, 같이 신문을 받은 또래 아동의 진술에 영향을 받은 것은 아닌지, 면담자로부터 영향을 받지 않은 아동 자신의 진술이 이루어진 것인지, 법정에서는 피해사실에 대하여 어떠한 진술을 하고 있는지 등을 살펴보아야 한다. 또한 검찰에서의 진술내용에 있어서도 일관성이 있고 명확한지, 세부내용의 묘사가 풍부한지, 사건·사물·가해자에 대한 특징적인 부분에 관한 묘사가 있는지, 정형화된 사건 이상의 정보를 포함하고 있는지 등도 종합적으로 검토되어야 한다. 위와 같은 법리는 지적장애로 인하여 정신연령이나 사회적 연령이 아동에 해당하는 청소년의 수사기관에서의 진술에 관한 신빙성을 판단함에 있어서도 마찬가지로 적용된다."고 판시하였다.[137]

161   ③ 피해자의 경찰에서의 진술, 검찰에서의 진술, 제1심 및 제2심에서의 법정 진술 등이 서로 불일치하는 경우 그 진술의 신빙성 여부와 관련하여, ⓐ "특히 친족관계에 의한 성범죄를 당하였다는 미성년자 피해자의 진술은 피고인에 대한 이중적인 감정, 가족들의 계속되는 회유와 압박 등으로 인하여 번복되거나 불분명해질 수 있는 특수성을 갖고 있으므로, 피해자가 법정에서 수사기관에서의 진술을 번복하는 경우, 수사기관에서 한 진술 내용 자체의 신빙성 인정 여부와 함께 법정에서 진술을 번복하게 된 동기나 이유, 경위 등을 충분히 심리하여 어느 진술에 신빙성이 있는지를 신중하게 판단하여야 한다."거나,[138] ⓑ "진술 내용 자체의 합리성·논리성·모순 또는 경험칙 부합 여부나 물증 또는 제3자의 진술과의 부합 여부 등은 물론, 법관의 면전에서 선서한 후 공개된 법정에서 진

---

137 대판 2008. 7. 10, 2006도2520; 대판 2014. 7. 24, 2014도2918.
138 대판 2020. 5. 14, 2020도2433(친부로부터 성범죄를 당한 미성년자인 피해자가 제1심 및 원심 법정에서 수사기관에서의 진술을 번복하였더라도, 피해자의 수사기관 진술 자체의 구체적인 내용과 그에 대한 평가 등에다가 피해자가 법정에서 진술을 번복하게 된 동기와 경위 등을 더하여 보면, 피해자의 번복된 법정 진술은 믿을 수 없고 수사기관에서의 진술을 신빙할 수 있다는 이유로, 이와 달리 판단한 제1심 판결을 파기하고 수사기관에서의 진술에 터잡아 공소사실을 유죄로 인정한 원심판결을 유지한 사례).

술에 임하고 있는 증인의 모습이나 태도, 진술의 뉘앙스 등 증인신문조서에는 기록하기 어려운 여러 사정을 직접 관찰함으로써 얻게 된 심증까지 모두 고려하여 신빙성 유무를 평가하여야 한다."거나,[139] ⓒ "피해자의 최종적인 진술 번복에도 불구하고 당초 진술에 신빙성을 부여하여 공소사실을 유죄로 인정하여야 할 경우도 있을 수 있다."고 판시하였다.[140]

(4) 처벌 등

친족관계인 사람이 폭행 또는 협박으로 사람을 강간한 경우에는 7년 이상의 유기징역에(제1항), 폭행 또는 협박으로 사람을 강제추행한 경우에는 5년 이상의 유기징역에(제2항) 각 처한다. 형법 제299조(준강간, 준강제추행)의 죄를 범한 경우는, 준강간의 경우 7년 이상의 유기징역에, 준강제추행의 경우는 5년 이상의 유기징역에 처한다(제3항). 　162

본조에는 성폭력처벌법 제3조와는 달리 유사강간(§297의2)이 누락되어 있으나, 이는 본조 제2항의 강제추행의 개념에 포섭하여 처벌할 수 있을 것이다[폭행·협박 및 강간 등에 대해서는 **§297(강간), §297의2(유사강간), §298(강제추행), §299(준강간, 준강제추행) 주해** 부분 참조]. 　163

본죄의 미수범(성폭처벌 §15)과 본죄를 목적으로 한 예비·음모는 처벌되고(성폭처벌 §15의2), 본죄는 양형기준 적용대상이다.[141] 　164

본죄는 특정강력범죄법상 특정강력범죄에 해당한다(특강 §2②, §1(iii)). 　165

한편 피해자가 13세 미만인 경우는, 형이 더 무거운 성폭력처벌법 제7조(13세 미만 미성년자에 대한 강간, 강제추행 등) 제1항을 적용할 것이다. 　166

4. 장애인에 대한 강간, 강제추행 등

(1) 규정

제6조 (장애인에 대한 강간·강제추행 등) ① 신체적인 또는 정신적인 장애가 있는 사람에 대하여 「형법」 제297조(강간)의 죄를 범한 사람은 무기징역 또는 7년 이상의 징역에 처한다.

---

139 대판 2009. 1. 30, 2008도7917; 대판 2012. 6. 28, 2012도2631.
140 서울고판 2010. 7. 15, 2010노1152(상고기각으로 확정); 대전고판 2015. 5. 8, 2014노463(상고기각으로 확정).
141 양형위원회, 2023 양형기준, 29-63.

② 신체적인 또는 정신적인 장애가 있는 사람에 대하여 폭행이나 협박으로 다음 각 호의 어느 하나에 해당하는 행위를 한 사람은 5년 이상의 유기징역에 처한다.

　　1. 구강·항문 등 신체(성기는 제외한다)의 내부에 성기를 넣는 행위

　　2. 성기·항문에 손가락 등 신체(성기는 제외한다)의 일부나 도구를 넣는 행위[142]

③ 신체적인 또는 정신적인 장애가 있는 사람에 대하여 「형법」 제298조(강제추행)의 죄를 범한 사람은 3년 이상의 유기징역 또는 3천만원 이상[143] 5천만원 이하의 벌금에 처한다. 〈개정 2020. 5. 19.〉

④ 신체적인 또는 정신적인 장애로 항거불능 또는 항거곤란 상태에 있음을 이용하여 사람을 간음하거나 추행한 사람은 제1항부터 제3항까지의 예에 따라 처벌한다.

⑤ 위계(僞計) 또는 위력(威力)으로써 신체적인 또는 정신적인 장애가 있는 사람을 간음한 사람은 5년 이상의 유기징역에 처한다.

⑥ 위계 또는 위력으로써 신체적인 또는 정신적인 장애가 있는 사람을 추행한 사람은 1년 이상의 유기징역 또는 1천만원 이상 3천만원 이하의 벌금에 처한다.

⑦ 장애인의 보호, 교육 등을 목적으로 하는 시설의 장 또는 종사자가 보호, 감독의 대상인 장애인에 대하여 제1항부터 제6항까지의 죄를 범한 경우에는 그 죄에 정한 형의 2분의 1까지 가중한다.

(2) 본조의 취지와 장애인 관련 성폭력범죄 관련법의 체계

167　　본조는 신체적인 또는 정신적인 장애로 인하여 성적인 자기방어를 하는 데 곤란을 겪을 수 있는 사람(장애인)에 대한 성적 자기결정권을 보호하기 위하여 마련된 규정이다.[144]

168　　장애인 관련 성폭력범죄는 형법, 청소년성보호법 등에 다양하게 규정되어

---

142 본조 제2항을 규정하면서 본조 제1항, 제3항과 같은 형태로 "신체적인 또는 정신적인 장애가 있는 사람에 대하여 '형법' 제297조의2(유사강간)의 죄를 범한 사람"이라고 규정하지 않고, 행위태양을 나열하는 형식으로 규정한 이유는 형법상 유사강간죄(§ 297의2)가 2012년 12월 18일 형법 개정으로 신설되어 그 이전에는 형법상 유사강간행위에 대하여 강제추행죄의 법정형이 적용되었으나, 성폭력처벌법에는 2011년 11월 17일 개정법 제6조 제2항에서 이미 장애인에 대한 유사강간행위를 강제추행행위보다 무겁게 처벌하는 입법조치가 있었고, 그와 같은 성폭력처벌법의 규정 형식이 형법 제297조의2 신설 이후에도 유지되고 있었던 데서 찾을 수 있다. 그러나 같은 내용은 같은 형식으로 규정하는 것이 가독성의 측면에서 유리하다.
143 2020년 5월 19일 성폭력처벌법 개정으로 벌금형의 하한이 2천만 원에서 3천만 원으로 상향되었다.
144 주석형법 〔각칙(4)〕(5판), 353(구회근); 이주원, 특별형법(9판), 486.

있어, 이들 규정의 내용을 모두 알지 못하면 적절한 법령 적용이 불가능하므로, 먼저 이에 대하여 살펴본다.

(가) 기본규정 – 형법 제299조 및 제302조

피해자의 장애상태를 이용한 성폭력행위를 규율하는 기본규정은 형법 제 299조의 준강간·준유사강간·준강제추행죄(사람의 심신상실 또는 항거불능의 상태를 이용하여 간음, 유사간음 또는 추행)와 제302조의 심신미약자간음·추행죄(심신미약자에 대하여 위계 또는 위력으로써 간음 또는 추행)이다. 169

심신상실, 심신미약이라는 용어는 원래 위법행위자에 대한 책임조각사유, 책임감경사유로 형법 제10조 제1항, 제2항에 규정되어 있는 것이다. 여기서 심신상실은 심신장애로 인하여 사물을 변별한 능력이 없거나 의사를 결정할 능력이 없는 상태를 말하고, 심신미약이란 심신장애로 그와 같은 능력이 미약한 상태를 말하며(§10①, ②), 심신장애라는 생물학적 요소와 사물을 변별할 능력 또는 의사를 결정할 능력의 결여 또는 미약이라는 심리적 요소가 모두 구비되어야 한다.[145] 170

심신장애란 심신(心神), 즉 정신기능의 장애를 의미하는 의학적 개념으로 정신병, 정신박약, 중대한 의식장애와 정신병질을 포함하고, 일시적 장애도 포함한다. 사물을 변별할 능력이나 의사를 결정할 능력이 있는지 여부의 판단은 법관이 행위 시를 기준으로 구체적인 위법한 구성요건의 실현과의 관계에서 검토하여야 하는 법적·규범적 문제에 속한다.[146] 171

그런데 같은 용어가 형법 제299조와 제302조에는 피해자의 지표로 사용되었는데, 여기서는 간음 또는 추행의 상대방이 자신이 당하는 간음 또는 추행의 의미를 제대로 인식하고 성적 자기결정권을 적절히 행사할 능력이 있는 상태에 있는지 여부를 구분하는 개념으로 사용되어 개념 창출의 목적이 책임조각사유와는 다르다. 하지만 그 판단에 심신장애라는 생물학적 요소와 사물을 변별할 능력 또는 의사를 결정할 능력의 결여 또는 미약이라는 심리적 요소가 모두 구비되어야 하고, 행위 시를 기준으로 구체적인 상황을 고려하여 판단하여야 한다는 점에서는 공통점이 있다. 다만, 고려하여야 하는 상황들이나 판단의 목적 172

---

145 대판 1992. 8. 18, 92도1425.
146 대판 1999. 8. 24, 99도1194.

은 구체적인 성관계에 있어 그 상대방 또는 피해자로 지목된 사람이 그 의미를 변별하거나 의사를 결정할 능력이 있었는지 여부의 관점에서 찾는다는 차이가 있다.

(나) 성폭력처벌법 제6조

(a) 제1항 내지 제3항

173 　강간죄, 유사강간죄, 강제추행죄의 피해자가 신체적인 또는 정신적인 장애를 가진 사람인 경우에 가중처벌하는 규정이다.

(b) 제4항

174 　신체적인 또는 정신적인 장애로 항거불능 또는 항거곤란 상태에 있음을 이용하여 사람을 간음하거나 추행한 경우, 폭행·협박을 사용하지 않았다고 하더라도 성폭력처벌법 제6조 제1항 내지 제3항과 같은 법정형으로 처벌하는 규정이다. 형법상의 준강간·준유사강간·준강제추행과 달리 피해자가 신체적인 장애를 가진 경우도 포함하고, 항거불능뿐 아니라 항거곤란 상태에 있는 경우도 포함한다.

(c) 제5항, 제6항

175 　신체적인 또는 정신적인 장애가 있는 사람에 대하여는 폭행·협박에 이르지 아니하는 위계·위력만 행사하여 간음·추행을 하여도 처벌할 수 있게 하는 규정이다.

(다) 장애가 합의에 의한 성관계에서조차 금지사유가 되는 범죄 – 청소년성보호법 제8조

176 　청소년성보호법 제8조는 19세 이상의 사람이 장애 아동·청소년(장애인복지법 제2조 제1항에 따른 장애인으로서 신체적인 또는 정신적인 장애로 사물을 변별하거나 의사를 결정할 능력이 미약한 13세 이상의 아동·청소년)을 간음(3년 이상의 유기징역) 또는 추행(10년 이하의 징역 또는 5천만 원 이하의 벌금)하는 경우 처벌하는 규정이다. 그 법정형은 형법상 강간죄(3년 이상의 유기징역), 강제추행죄(10년 이하의 징역 또는 1천 500만 원 이하의 벌금)와 유사하다.

177 　청소년성보호법 제8조는 폭행, 협박, 위력, 항거불능 등을 요건으로 하지 않고, 피해자와 합의하에 한 성관계도 처벌하도록 하고 있다.

178 　이에 대해서는 장애 여부 판정기준의 모호성과 그로 인한 처벌범위의 지나친 확대, 장애 아동·청소년의 성적 자기결정권 부정 등을 이유로 위헌성 논란

이 있는데, 대법원은 위 조항에 대해서 일반 아동·청소년보다 판단능력이 미약하고 성적 자기결정권을 행사할 능력이 부족한 장애 아동·청소년을 대상으로 성적 행위를 한 사람을 엄중하게 처벌함으로써 성적 학대나 착취로부터 장애 아동·청소년을 보호하기 위해 마련된 것으로 입법의 필요성과 정당성이 인정된다고 하면서, 비록 장애가 있더라도 성적 자기결정권을 완전하게 행사할 능력이 충분히 있다고 인정되는 경우에는 위 조항의 '사물을 변별하거나 의사를 결정할 능력이 미약한 아동·청소년'에 해당하지 않게 되므로, 장애인의 일반적인 성적 자기결정권을 과도하게 침해하는 것도 아니라고 하였다.[147]

(3) 장애의 개념

형법이나 성폭력처벌법은 그 대상이 되는 장애인에 관하여 별도의 정의규정을 두지 않아 일시적 장애상태에 있는 사람도 포함되는지, 장애인복지법 등에서 규정하는 장애인의 기준을 갖추거나 장애인 등록이 되어야 하는지에 관하여 의문이 있을 수 있다.   179

(가) 형법 제299조와 제302조의 적용 요건이 되는 심신장애

형법 제299조의 심신상실 및 제302조의 심신미약 판단을 내리기 위한 전제로서의 심신장애란 정신기능의 장애를 의미하는 의학적 개념이고, 의식장애 등 일시적 장애도 포함한다. 따라서 술에 만취하였다거나 수면 중의 상태도 이에 해당한다.   180

(나) 청소년성보호법 제8조에서 규정하는 장애 아동·청소년

(a) 개요

청소년성보호법 제8조에서 규정하는 13세 이상의 장애 아동·청소년은 장애인복지법 제2조 제1항에 따른 장애인으로서 신체적인 또는 정신적인 장애로 사물을 변별하거나 의사를 결정할 능력이 미약한[148] 아동·청소년이다.   181

(b) 장애인복지법 제2조 제1항에 따른 장애인일 것

장애인복지법 제2조 제1항은 장애인을 '신체적·정신적 장애로 오랫동안 일상생활이나 사회생활에서 상당한 제약을 받는 자'라고 규정하여,[149] 일시적 장애   182

---

147 대판 2015. 3. 20, 2014도17346.
148 장애+심신미약. 이때, 사물변별이나 의사결정 능력은 개별 성행위에 대한 변별이나 의사결정 능력을 말한다.
149 장애인복지법 제2조(장애인의 정의 등) ① "장애인"이란 신체적·정신적 장애로 오랫동안 일상생

상태에 있는 사람을 적용대상에서 제외하고 있다. 장애인복지법상의 '장애인'은 장애인 등록이 되면 교통시설 이용료 등 각종 요금·공과금 감면, 장애인 연금, 장애수당 지급 등의 복지혜택을 주기 위하여 만든 개념으로, '신체적 장애' 또는 '정신적 장애'[150]가 있고, 대통령령이 정하는 장애의 종류 및 기준에 해당하는 사람으로 한정한 다음, 그 시행령 및 시행규칙에서 장애등급의 상세한 분류와 판정 기준 등을 정하여 이들에 한하여 장애인복지법상의 혜택을 부여하고 있다.

183　　　참고로, 장애인복지법 시행령 제2조 제1항은 장애인의 종류를 지체장애인, 뇌병변장애인, 시각장애인, 청각장애인, 언어장애인, 지적장애인, 자폐성장애인, 정신장애인, 신장장애인, 심장장애인, 호흡기장애인, 간장애인, 안면장애인, 장루·요루장애인(腸瘻·尿瘻障碍人), 뇌전증장애인(腦電症障碍人) 등 15종으로 분류하고 그 기준을 정하고 있다.[151]

184　　　장애인복지법 제2조 제1항의 장애인에 해당하는 경우 장애인 등록을 할 수 있다는 것이므로, 청소년성보호법 제8조를 적용하기 위하여는 범행 당시 피해자가 장애인복지법에서 정한 장애등급판정을 받거나 등록을 하지 않았다 하더라도 장애인복지법 제2조 제1항에서 정한 장애의 실질을 갖추고 있으면 되고, 여기에 더하여 청소년성보호법 제8조에서 요구하는 '장애로 사물을 변별하거나 의사를 결정할 능력이 미약할 것'이라는 요건이 충족되어야 한다. 반대로 장애인 등록이 되어 있다고 하더라도 피해자가 회복이 되어 범행 당시 장애인복지법 제2조 제1항에서 정한 장애의 실질을 갖추고 있지 않다면 청소년성보호법

활이나 사회생활에서 상당한 제약을 받는 자를 말한다.

② 이 법을 적용받는 장애인은 제1항에 따른 장애인 중 다음 각 호의 어느 하나에 해당하는 장애가 있는 자로서 대통령령으로 정하는 장애의 종류 및 기준에 해당하는 자를 말한다.

1. "신체적 장애"란 주요 외부 신체 기능의 장애, 내부기관의 장애 등을 말한다.

2. "정신적 장애"란 발달장애 또는 정신 질환으로 발생하는 장애를 말한다.

150 장애인복지법 및 그 시행령의 규정에 비추어, 위 '정신적 장애'는 시행령 [별표 1]의 '지적장애'(정신 발육이 항구적으로 지체되어 지적 능력의 발달이 불충분하거나 불완전하고 자신의 일을 처리하는 것과 사회생활에 적응하는 것이 상당히 곤란한 장애)와 '정신장애'[지속적인 양극성 정동장애(情動障碍, 여러 현실 상황에서 부적절한 정서 반응을 보이는 장애), 조현병, 조현정동장애(調絃情動障碍) 및 재발성 우울장애 및 지속적인 치료에도 호전되지 않는 강박장애, 뇌의 신경학적 손상으로 인한 기질성 정신장애, 투렛장애(Tourette's disorder) 및 기면증에 따른 감정조절·행동·사고 기능 및 능력의 장애로 일상생활이나 사회생활에 상당한 제약을 받아 다른 사람의 도움이 필요한 장애]를 포함하는 개념으로 보인다.

151 장애인복지법 시행령 [별표 1] 장애의 종류 및 기준에 따른 장애인(제2조 관련).

제8조를 적용할 수 없을 것이다.[152]

(c) 장애로 사물을 변별하거나 의사를 결정할 능력이 미약할 것

여기에 더하여 청소년성보호법 제8조 소정의 장애 아동·청소년에 해당하 　185
기 위하여는 '장애로 사물을 변별하거나 의사를 결정할 능력이 미약할 것'이라
는 요건이 충족되어야 한다. 대법원은 본조에서 말하는 '사물을 변별할 능력'이
란 사물의 선악과 시비를 합리적으로 판단하여 정할 수 있는 능력을 의미하고,
'의사를 결정할 능력'이란 사물을 변별한 바에 따라 의지를 정하여 자기의 행위
를 통제할 수 있는 능력을 의미하며, 이러한 사물변별능력이나 의사결정능력은
판단능력 또는 의지능력과 관련된 것으로서 사실의 인식능력이나 기억능력과는
반드시 일치하는 것은 아니고, 위 각 능력이 미약한지 여부는 전문가의 의견뿐
아니라 그 아동·청소년의 평소 언행에 관한 제3자의 진술 등 객관적 증거, 공
소사실과 관련된 아동·청소년의 언행 및 사건의 경위 등 여러 사정을 종합하
여, 해당 연령의 아동·청소년이 통상 갖추고 있는 능력에 비하여 어느 정도 낮
은 수준으로서 그로 인하여 성적 자기결정권을 행사할 능력이 부족하다고 판단
되면 충분하다고 한다. 결국 해당 아동·청소년이 또래에 비하여 성적 자기결정
권을 행사할 정도의 판단력과 의지력이 미약하다는 것으로 요약할 수 있다.[153]
반면에, 뒤에서 보는 바와 같이 성폭력처벌법 제6조(장애인에 대한 강간·강제추행
등)에서 말하는 장애인에 대하여는 피해자의 성적 자기결정권 행사를 특별히 보
호해야 할 필요가 있을 정도의 장애가 있어야 한다는 것을 요건으로 삼지 않는
다는 것이 판례의 태도이다.[154]

(다) 성폭력처벌법 제6조의 장애인

(a) 문제의 소재

성폭력처벌법 제6조는 그 범행 대상을 '신체적인 또는 정신적인 장애가 있 　186
는 사람'으로 규정하면서도, 청소년성보호법 제8조와 같이 장애가 있는 사람에
대한 정의규정이 없어, 청소년성보호법상의 장애인과 같이 해석할 것인지 문제
가 된다. 특히, 제1항 내지 제3항과 제5항, 제6항은 제4항(신체적인 또는 정신적인

---

152 주석형법 [각칙(4)](5판), 354(구회근)도 같은 취지로 보인다.
153 대판 2015. 3. 20, 2014도17346.
154 대판 2021. 2. 25, 2016도4404, 2016전도49.

장애로 항거불능 또는 항거곤란 상태에 있을 것)과 달리 피해자가 장애가 있는 사람으로 인정되기만 하면 본조의 구성요건에 해당하므로, 개념 정의가 중요하다.

(b) 판례의 태도

187   성폭력처벌법 6조에서 규정하는 '신체적인 장애가 있는 사람'이란 '신체적 기능이나 구조 등의 문제로 일상생활이나 사회생활에서 상당한 제약을 받는 사람'을 의미하고, 피해자의 성적 자기결정권 행사를 특별히 보호해야 할 필요가 있을 정도의 장애가 있어야 하는 것은 아니라고 보는 것이 판례[155]의 태도이다.[156]

188   구체적으로 대법원은 대판 2021. 2. 25, 2016도4404, 2016전도49에서, ① 2010년 4월 15일 제정된 당초의 성폭력처벌법 제6조는 '신체적인 장애 등으로 항거불능인 상태에 있는 여자 내지 사람'을 객체로 하는 간음, 추행만을 처벌하

---

155 대판 2021. 2. 25, 2016도4404, 2016전도49[소아마비로 오른쪽 발바닥이 땅에 닿지 않아 타인의 부축 내지 보조기구 없이는 보행에 큰 어려움을 겪고, 보정신발을 착용하더라도 일반인에 비해 걸음걸이가 짧고 보행속도도 매우 느리며 다리를 절며 걸어야 하는 장애를 가지고 있고, 지체(하지기능)장애 3급(부장애 시각)의 장애인으로 등록되어 있는 피해자를 강제추행한 사안에서, 신체적 또는 정신적인 장애에 해당하려면 피해자의 성적 자기결정권 행사를 특별히 보호해야 할 필요가 있을 정도의 신체적 또는 정신적 장애가 있어야 한다는 전제에서, 피해자에게 그와 같은 보호가 필요한 정도의 장애가 있다고 보기 어렵다거나 피고인이 이를 인식하였다고 보기 어렵다는 이유로 주위적 공소사실인 성폭력처벌법위반(장애인강제추행)의 점을 무죄로 판단한(예비적 공소사실인 강제추행의 점을 유죄로 판단) 원심을 유죄취지로 파기한 사례]. 본 판결 평석은 정진아, "성폭력처벌법 제6조에서 규정하는 '신체적인 장애가 있는 사람'의 의미 및 그 판단 기준", 특별형법 판례100선, 212-215.

156 성폭력처벌법 제6조의 신체적인 장애 판단에 관하여 위와 같은 기준을 적용한 사례로는, ① 대판 2021. 2. 25, 2017도16186[연구개 파열수술 후 검사상 자음 정확도 67% 소견의 언어장애 4급 판정을 받아 장애인복지법 2조에 따라 장애인 등록을 한 피해자를 강제로 추행하였다고 하여 성폭력처벌법 제6조 제3항으로 기소된 사안에서, 조사관의 질문에 대한 이해도와 답변내용 등에 비추어보면 피해자의 발음이 어눌하고 부정확하여 언어적 기능이 상당한 상태로 저하된 상태에 있기는 하나, 그것만으로는 피해자가 그 장애로 성적 자기결정권을 행사할 능력이 부족한 사람이라고 볼 수 없다는 이유로 장애인에 대한 강제추행죄를 무죄로 판단한 원심판결(형법상 강제추행죄를 유죄로 판단함)에 대하여, 피해자의 이러한 언어적 기능의 저하상태를 고려하면 피해자가 특정한 위험상황에서 언어적 기능저하가 없는 일반인과 동일하거나 유사할 정도의 수준으로 위험에 대처할 능력을 보유했다고 볼 수 없으므로, 피해자는 신체적 기능의 일부인 언어적 기능이 저하되어 일상생활이나 사회생활에서 상당한 제약을 받는 사람으로 성폭력처벌법 제6조에서 정한 장애인에 해당하고, 성폭력처벌법 제6조의 신체적 장애에 해당하려면 피해자의 성적 자기결정권 행사를 특별히 보호해야 할 필요가 있을 정도의 장애가 있어야 하는 것은 아니라는 이유로 유죄취지로 파기환송한 사례), ② 대판 2021. 4. 29, 2021도2778(5세 무렵부터 뇌성마비 증세를 보여오다 2001. 3. 뇌병변장애 3급으로 등록되었고, 일상생활에 필요한 운동능력에 상당한 제약을 받고 있는 피해자를 위력으로 간음하였다고 하여 성폭력처벌법 제6조 제5항으로 기소된 사안에서, 유죄로 인정한 원심을 유지한 사례)가 있다.

였으나, 2011년 11월 17일 자 개정 이후 '신체적인 장애가 있는 여자 내지 사람'을 객체로 하는 강간, 강제추행 등도 처벌대상으로 삼고 있으며, 현행 성폭력처벌법 제6조도 신체적인 장애가 있는 사람에 대하여 강간의 죄 또는 강제추행의 죄를 범하거나 위계 또는 위력으로써 그러한 사람을 간음한 사람을 처벌한다고 규정하고 있는데, 이러한 개정 취지는 성폭력에 대한 인지능력, 항거능력, 대처능력 등이 비장애인보다 낮은 장애인을 보호하기 위하여 장애인에 대한 성폭력범죄를 가중처벌하는 데 있는 점, ② 장애인복지법 제2조는 장애인을 '신체적·정신적 장애로 오랫동안 일상생활이나 사회생활에서 상당한 제약을 받는 자'라고 규정하고 있고, 성폭력처벌법과 유사하게 장애인에 대한 성폭력범행의 특칙을 두고 있는 청소년성보호법 제8조는 장애인복지법상 장애인 개념을 그대로 가져와 장애 아동·청소년의 의미를 밝히고 있으며, 장애인차별금지 및 권리구제 등에 관한 법률(이하, 장애인차별금지법이라 한다.) 제2조[157]는 장애를 '신체적·정신적 손상 또는 기능상실이 장기간에 걸쳐 개인의 일상 또는 사회생활에 상당한 제약을 초래하는 상태'라고 규정하면서, 그러한 장애가 있는 사람을 장애인이라고 규정하고 있는 점을 근거로 삼아, ③ 이와 같은 관련 규정의 내용을 종합하면, 성폭력처벌법 제6조에서 규정하는 '신체적인 장애가 있는 사람'이란 '신체적 기능이나 구조 등의 문제로 일상생활이나 사회생활에서 상당한 제약을 받는 사람'을 의미한다고 해석할 수 있다고 판시하였다.[158]

판례는 또한, 성폭력처벌법 제6조에서 정하는 '정신적인 장애가 있는 사람'이란 '정신적인 기능이나 손상 등의 문제로 일상생활이나 사회생활에서 상당한 제약을 받는 사람'을 가리키고, 장애인복지법에 따른 장애인 등록을 하지 않았다거나 그 등록 기준을 충족하지 못하더라도 여기에 해당할 수 있다고 판단하였다.[159]

189

---

157 장애인차별금지법 제2조(장애와 장애인) ① 이 법에서 금지하는 차별행위의 사유가 되는 장애라 함은 신체적·정신적 손상 또는 기능상실이 장기간에 걸쳐 개인의 일상 또는 사회생활에 상당한 제약을 초래하는 상태를 말한다.
　② 장애인이라 함은 제1항에 따른 장애가 있는 사람을 말한다.

158 대판 2021. 2. 25, 2016도4404, 2016전도49.

159 대판 2021. 10. 28, 2021도9051. 29세의 여자로, 사건 당시 장애인 등록을 하지는 않았지만, 감정결과 지능지수 74로 경계선 지적기능(장애인복지법 시행규칙 제2조의 별표상 지적장애인은 지능지수가 70 이하인 사람으로 규정되어 있다)을 가지고 있는 피해자에게 피해자의 나체 사진

190　　　　　이와 같은 판례의 태도는 장애인복지법 제2조 제1항의 장애인 정의규정인 '신체적·정신적 장애로 오랫동안 일상생활이나 사회생활에서 상당한 제약을 받는 자' 및 장애인차별금지법 제2조의 장애인 정의규정인 '신체적·정신적 손상 또는 기능상실이 장기간에 걸쳐 개인의 일상 또는 사회생활에 상당한 제약을 초래하는 상태에 있는 사람'에서 '오랫동안' 또는 '장기간에 걸쳐'라는 요건을 제외한 것을 '장애가 있는 사람'의 개념으로 본다고 해석할 수 있다. 그와 같은 해석에 따르면 장애인복지법 제2조 제1항을 구체화한 장애인복지법 시행령 제2조 및 같은 법 시행규칙 2조의 장애인 기준에 해당하면 본조의 장애인에 해당하고, 특히 같은 법 시행규칙 제2조의 별표에 따른 '장애의 정도가 심한 장애인'뿐 아니라 '장애의 정도가 심하지 않은 장애인'도 성폭력처벌법 제6조의 장애인에 포함된다고 보아야 할 것이다.[160] 가령 '한 손의 엄지손가락을 잃은 사람'[장애인복지법 시행규칙 제2조에 따른 [별표 1]의 장애 정도 중 1(지체장애인)의 가. 2) 가)에 해당]이나 '한 손의 엄지손가락의 기능에 상당한 장애가 있는 사람'[같은 [별표 1]의 다. 2) 다)에 해당]도 장애인에 해당된다. 결국 판례의 태도는 일상생활이나 사회생활에서 상당한 제약을 받는 장애인에 해당한다면, 그 장애로 인하여 성적 자기결정권 행사에 지장이 없는 경우라고 하더라도 성폭력범죄로부터 더 강력한 보호를

이 유포될 것처럼 협박하여 강간하였다고 하여 성폭력처벌법 제6조 제1항의 장애인강간으로 기소된 사안에서, 지능지수 자체만으로는 장애인복지법상 지적장애인 판정을 받을 수 없으나, 정신감정결과 피해자의 사회연령이 10세 10개월 정도로 연령에 비하여 일상생활 수행능력이 크게 부족하여 일상생활능력이 지적장애에 이르는 수준으로 보이고, 중요한 의사결정이나 복잡한 상황에서의 행동에는 보호자의 도움이 필요할 것으로 보이는 점, 수사과정에서 피해자가 자신의 의사를 제대로 전달하지 못하고, 비장애인으로서는 체결하지 않을 노예계약까지 피고인과 체결하는 등 피해자의 지적능력이 일반인에 비하여 부족하다고 볼 사정이 보이는 점, 피해자가 일반 고등학교와 4년제 대학교를 졸업하고 대형마트의 보안요원으로 근무한 경험이 있고, 장애인 등록이 되어 있지 않으나, 고등학교 성적이 최하위였고, 대학은 정원미달로 입학하였으며, 단순 경비업무는 수행 가능하나 실제 직업에서의 기능은 일반인에 비하여 현저히 떨어지며, 장애인으로 낙인찍히는 것을 두려워하여 장애인 등록을 하지 않았다는 점을 들어 피고인에게 장애인에 대한 강간죄를 인정한 사례이다.

160 위와 같은 대법원 판례를 인용하면서 비교적 가벼운 신체장애를 가진 피해자를 성폭력처벌법 제6조의 장애인으로 인정한 사안으로는, 서울고판 2022. 1. 4, 2021노1635(상고)[2003년에 청각장애 5급으로 등록되었고(지금의 기준으로는 장애의 정도가 심하지 않은 장애인에 해당), 보청기가 없으면 일상생활이 어려우며, 보청기를 착용하더라도 일반인에 비하여 의사소통에 상당한 어려움을 겪고 있는 피해자를 강간하였다고 하여 성폭력처벌법 제6조 제1항으로 기소된 사안에서, 유죄로 판단한 사례].

하겠다는 취지로 볼 수 있다.

장애인복지법은 장애로 인한 생활상의 불편이나 경제적 어려움을 완화해   191
주기 위한 각종 복지를 제공하기 위한 법률이고,[161] 장애인차별금지법 또한 주
로 장애로 인한 사회·경제적 편견이나 불편을 완화하기 위한 법률인데,[162] 성
폭력처벌법상 장애인 개념을 위와 같은 복지 내지 배려가 필요한 대상과 동일
한 기준에서 바라보는 것이 타당한 것인지, 아니면 성적 자기결정권을 제대로
행사하기 어려운 장애를 가진 사람으로 성폭력범죄로부터 특별히 보호할 필요
가 있는 사람에 해당하는지 여부의 관점에서 바라볼 것은 아닌지 하는 의문이
있고, 특히 성폭력처벌법상 장애인 개념은 장애인을 성폭력범죄의 대상으로 삼
으면 엄벌하고, 장애인과의 성관계에 대하여는 강간죄나 강제추행죄보다 더 완
화된 요건으로 범죄가 성립될 수 있게 하는 도구가 되어 시민들에게 중요한 행
동 준칙을 이루는 것이므로, 성폭력처벌법 제6조의 장애인에 대하여도 정의규
정을 두는 것이 바람직하다.

(c) 등록 여부

장애인 등록을 할 필요가 없고, 장애인복지법 제2조 제1항의 요건을 갖추면   192
장애인으로 볼 수 있고, 장애인 등록이 되어 있다고 하더라도 실제 장애인복지
법 소정의 실질을 갖추지 못한 경우는 장애인으로 볼 수 없다는 것은 청소년성
보호법 제8조의 장애인과 같다.

(d) 청소년성보호법 제8조와 달리 장애로 사물을 변별하거나 의사를 결정   193
할 능력이 미약할 것까지 따로 요구하지는 않는다. 다만, 성폭력처벌법 제6조
제4항의 장애인에 대한 준강간죄 등은 피해자가 장애로 항거불능 또는 항거곤
란한 상태에 있어야 한다.

---

161 그러한 관점에서는 생활상 불편을 겪고 있는 사람, 취업을 통한 생계유지에 어려움을 겪는 사람
   을 장애인으로 지정하게 될 것이다.
162 그러한 관점에서는 주로 근로계약 등 사회생활을 위한 기회부여의 측면에서 불리하게 취급된다
   고 보이는 장애를 가진 사람을 장애인으로 보게 될 것이다.

(e) 장애인복지법령에 규정되지 않은 장애의 포함 여부

1) 일시적 장애

194   일시적 장애를 가진 경우도 성폭력처벌법 제6조의 장애에 포함되는지에 관하여는, 판례에서 굳이 장애인복지법 제2조 제1항의 정의규정 중 '오랫동안'이라는 부분을 제외한 점에 비추어 일시적 장애도 포함된다고 보는 견해[163]도 있다. 그러나 수면상태나 주취상태 또는 신체적인 부상을 당한 직후의 상태와 같은 일시적인 장애를 겪고 있는 사람도 장애인의 범주에 포함시키면 준강간죄에서의 '항거불능' 상태와 구분이 모호해지고, '항거불능'에 이르지 않은 '항거곤란'의 상태에 있는 피해자를 보호하기 위하여 일시적 장애상태에 있는 사람을 성폭력처벌법 제6조의 장애인에 포함시킨다고 해석하면 원하지 않는 성관계에 대한 대처능력이 '항거불능' 상태에 있는 사람보다 더 높은 '항거곤란'의 상태에 있는 사람에 대하여 더 높은 법정형을 적용하여 형평성이 무너지며, 일상생활이나 사회생활에서 상당한 제약을 받는 상태라는 것도 어느 정도 영속적인 제약을 받는 상태를 말하는 것으로 보아야 한다는 점에 비추어, 장애상태에서 회복될 가능성은 남아 있다고 하더라도 적어도 상당한 기간 동안 장애상태로 있는 것으로 판단되는 경우만 성폭력처벌법 제6조의 보호대상에 포함시킨다고 보아야 할 것이다.

2) 장애인복지법령의 [별표]에 기재되어 있지 않은 장애

195   장애인복지법 시행령 제2조, 동 시행규칙 제2조 및 그 [별표]들에 규정된 장애의 종류와 정도를 살펴보면, 모두 장애가 고착화된 상태만 포함된 것으로 보이기는 하나, 위 [별표]들에 나온 장애는 장애인복지법 제2조 제1항의 장애 중 장애인복지법상의 복지 혜택을 부여하기 위한 장애를 한정한 것으로 보아야 할 것이므로, 위 [별표]들에 열거되지 않은 장애라고 하여 '신체적·정신적 장애로 일상생활이나 사회생활에서 상당한 제약을 받는 장애'에 해당하지 않는다고 단정할 수는 없을 것이다.[164]

---

163 성범죄재판실무편람, 성범죄재판실무편람 집필위원회(2018), 33.

164 대판 2021. 10. 28, 2021도9051(주 159). 성폭력처벌법 제6조에서 정하는 '정신적인 장애가 있는 사람'이란 '정신적인 기능이나 손상 등의 문제로 일상생활이나 사회생활에서 상당한 제약을 받는 사람'을 가리키고, 장애인복지법에 따른 장애인 등록을 하지 않았다거나 그 등록 기준을 충족하지 못하더라도 여기에 해당할 수 있다고 판시하면서, 피해자의 지능은 74로 경계선에 해당하나

결국 성폭력처벌법 제6조에서 말하는 장애인은 장애의 지속기간 및 장애의 　196
종류와 정도의 면에서 장애인복지법 시행령 제2조, 동 시행규칙 제2조 및 그
[별표]들에 규정된 장애인보다 약간 더 넓은 개념으로 볼 수 있을 것이다.

(4) 연혁

당초 구 성폭력범죄의 처벌 및 피해자보호에 관한 법률은 장애인에 대한 　197
성폭력범죄와 관련하여 제8조(장애인에 대한 간음 등)에서 "신체장애 또는 정신상
의 장애로 항거불능인 상태에 있음을 이용하여 여자를 간음하거나 사람에 대하
여 추행한 자는 형법 제297조(강간) 또는 제298조(강제추행)에 정한 형로 처벌한
다."고 규정하여 현행 성폭력처벌법 제6조 제4항과 유사한 형태의 범행만 규정
하였고(다만, 현행법과 달리 피해자의 '항거곤란 상태'를 제외한 채 '항거불능 상태'를 이용한
경우만 처벌하였고, 법정형도 형법의 준강간죄·준강제추행죄와 동일하게 규정), 같은 내용
이 2010년 4월 15일 성폭력처벌법이 새로 제정될 당시에도 그대로 유지되었다.
그 입법 취지는 피해자의 장애상태를 이용한 간음·추행에 대한 처벌의 공백을
해소하고, 이들 범죄를 비친고죄로 하기 위한 것으로 보인다.

그러다가 2011년 11월 17일 법률 제11088호로 성폭력처벌법이 개정되면서 　198
현재와 같은 체제로 '범죄유형'을 구별하여 다양한 처벌규정을 마련하고, 형법상
의 강간죄·강제추행죄보다 법정형을 대폭 상향하여 형법상 강간죄·강제추행죄
에 대한 가중된 구성요건으로 구성하였다. 당초 구 성폭력범죄의 처벌 및 피해
자보호에 관한 법률 제8조에 규정되어 있던 내용은 2011년 11월 17일 위와 같
이 개정된 성폭력처벌법 제6조 제4항에 "신체적인 또는 정신적인 장애가 있는
사람에 대하여 「형법」 제299조(준강간, 준강제추행)의 죄를 범한 사람은 제1항부
터 제3항까지의 예에 따라 처벌한다."는 내용으로 반영되었다.[165] 이와 같은 법

(장애인복지법 시행규칙 제2조 [별표 1]의 제6항에서 지적장애인은 장애 정도에 대하여는 지능
지수가 70이하인 사람으로 규정되어 있음), 여러 사정을 참작하여, 피해자가 동조의 '정신적인
장애가 있는 사람'이란 '에 해당한다고 판단하였다.

165 2011년 11월 17일 개정 성폭력처벌법 제6조 제4항의 "신체적인 또는 정신적인 장애가 있는 사람
에 대하여 형법 299조(준강간, 준강제추행)의 죄를 범한 사람은 1항부터 3항까지의 예에 따라
처벌한다."라는 규정은 준강간·준강제추행죄의 피해자가 장애인인 경우 가중처벌한다는 단순
가중처벌규정으로 해석할 것인지, 신체적인 또는 정신적인 장애로 인하여 항거불능 상태에 있는
사람을 간음·추행하는 경우를 처벌하는 새로운 구성요건으로 해석할 것인지에 관하여 문언만으
로는 구별이 분명하지 않았다. 당시 실무는 전자의 해석론에 따라, 수면으로 항거불능의 상태에
있는 장애인을 간음하는 경우에도 위 규정으로 처벌하기는 하였으나[부산고판 2013. 6. 12,

률 개정은 2009년, 2010년경 당시 광주인화학교 사건(일명 도가니 사건)[166] 등 장애인이나 13세 미만의 사람에 대한 성폭력범죄가 큰 사회문제로 부각되면서 국민들로부터 많은 지탄을 받았던 것이 큰 영향을 미친 것으로 보인다.

199   2012년 12월 18일 법률 제11556호로 성폭력처벌법이 전부 개정되면서, 행위의 객체 중 '여자'로 되어 있던 부분을 '사람'으로 변경하였고, 제4항을 기존의 "④ 신체적인 또는 정신적인 장애가 있는 사람에 대하여 형법 제299조(준강간, 준강제추행)의 죄를 범한 사람은 제1항부터 제3항까지의 예에 따라 처벌한다."는 준강간죄·준강제추행죄의 단순 가중처벌 형태에서,[167] "④ 신체적인 또는 정신적인 장애로 항거불능 또는 항거곤란 상태에 있음을 이용하여 사람을 간음하거나 추행한 사람은 제1항부터 제3항까지의 예에 따라 처벌한다."는 내용으로 개정하여 현재에 이르고 있는데, 구 성폭력범죄의 처벌 및 피해자보호에 관한 법률 제8조에서와 같이 피해자의 장애상태를 이용한 새로운 구성요건의 형태를 취하는 한편, 피해자의 요건에 기존의 '항거불능한 상태'뿐 아니라 항거곤란한 상태에 있는 사람까지 포함하여 처벌범위를 넓힌다는 취지로 볼 수 있다.

(5) 장애인에 대한 성폭력범죄의 특성(피해자 진술의 '신빙성' 관련)

200   '장애인'에 대한 성폭력범죄도 앞서 살펴본 '친족관계'에 의한 성폭력범죄와 마찬가지로 그 피해자가 장애인으로서 피해 사실을 제대로 기억하지 못하거나 진술하지 못할 가능성이 있어서 그 진술의 신빙성이 문제될 수 있다[이에 관해서는 **성폭력처벌법 §5 주해 (3) (라) 친족관계에 의한 성폭력범죄의 특성(피해자 진술의 '신빙성' 관련)** 부분 참조].

2013노178(확정); 서울고판 2013. 7. 25, 2013노904(확정)], 가중처벌의 합리적 이유가 없다는 지적이 있었고, 판례의 주류는 위 규정을 후자와 같이 해석하는 것이었다(헌재 2016. 11. 24, 2015헌바297). 그 후 2012년 12월 18일 개정된 성폭력처벌법에서 제6조 제4항은 그와 같은 주류적인 해석론을 따라 '신체적인 또는 정신적인 장애로 항거불능 또는 항거곤란 상태에 있음을 이용하여 사람을 간음하거나 추행한 사람'으로 변경되었다.

166 광주 인화학교에서 교장과 교직원에 의해 지속적으로 일어난 장애인 아동 성폭력 사건으로, 소설 '도가니'가 발간되고 2011년 영화 '도가니'가 개봉되면서 사회의 큰 관심을 불러일으켰다.

167 이와 같은 준강간죄·준강제추행죄에 대한 단순 가중처벌 형태 구성요건은 13세 미만 미성년자에 대한 강간, 강제추행 등(성폭처벌 §7④)과 아동·청소년에 대한 강간·강제추행 등(아청 §7④)에 그대로 남아 있다.

702   〔성 보 기〕

(6) 제1항의 죄(장애인에 대한 강간)

(가) 의의

본죄[성폭력처벌법위반(장애인강간)죄]는 신체적인 또는 정신적인 장애가 있는 　201
사람에 대하여 형법 제297조(강간)의 죄를 범한 때에 성립하고, 형법상 강간죄보
다 가중처벌한다.

(나) 객체

본죄의 객체는 '신체적인 또는 정신적인 장애가 있는 사람'이다. 앞서 살펴 　202
본 바와 같이 '신체적인 장애가 있는 사람'이란 '신체적 기능이나 구조 등의 문
제로 일상생활이나 사회생활에서 상당한 제약을 받는 사람'을 의미하고,[168] '정
신적인 장애가 있는 사람'이란 '정신적인 기능이나 손상 등의 문제로 일상생활
이나 사회생활에서 상당한 제약을 받는 사람'을 가리키며,[169] 피해자의 성적 자
기결정권 행사를 특별히 보호해야 할 필요가 있을 정도의 신체적 또는 정신적
장애가 있어야 하는 것은 아니고, 장애인복지법에 따른 장애인 등록을 할 필요
도 없다.

(다) 행위

본죄의 행위는 형법 제297조(강간)의 죄를 범하는 것이다. 따라서 폭행 또는 　203
협박으로 사람을 강간하는 행위가 있어야 한다[이에 대한 상세는 § 297(강간) 주해 부
분 참조].

여기서 폭행·협박은 피해자의 항거를 불가능하게 하거나 현저히 곤란하게 　204
할 정도의 것이어야 하고, 그 폭행·협박이 피해자의 항거를 불가능하게 하거나
현저히 곤란하게 할 정도의 것이었는지 여부는 그 폭행·협박의 내용과 정도는
물론, 유형력을 행사하게 된 경위, 피해자와의 관계, 성관계 당시와 그 후의 정
황 등 모든 사정을 종합하여 판단하여야 한다.[170] 피고인의 행위가 위와 같은
정도의 폭행·협박으로 인정되지 않지만 '위계 또는 위력'으로는 인정할 수 있는
경우, 공소장변경 절차 없이 본조 제5항의 '위계 또는 위력에 의한 장애인 간음'
으로 인정할 수 있다는 것이 판례의 태도이다.[171]

---

168 대판 2021. 2. 25, 2016도4404, 2016전도49.
169 대판 2021. 10. 28, 2021도9051.
170 대판 2001. 2. 23, 2000도5395; 대판 2007. 7. 26, 2007도3951; 대판 2015. 8. 27, 2014도8722.
171 대판 2014. 10. 15, 2014도9315.

(라) 고의

205   본죄가 성립하기 위한 주관적 구성요건으로는 강간에 대한 고의 이외에, 간음 당시 피해자가 '일상생활이나 사회생활에서 상당한 제약을 받는 정도의 신체적인 장애 또는 정신적인 장애'를 가지고 있는 사람임을 인식하여야 한다.[172]

206   앞서 본 바와 같이 신체적인 또는 정신적인 장애를 가지고 있는 사람은 장애인보호법상의 '장애의 정도가 무겁지 않은 장애인'까지 포함한 넓은 범위이지만, 장애의 정도가 무겁지 않은 장애인에 대하여는 피해자가 장애인이라는 점에 대한 고의가 부정될 여지가 상당히 있다.

207   고의가 부정된 사례로는, 피해자가 정신적인 장애를 이유로 장애 3급 판정을 받았고, 신경정신과 등에서 수면장애, 환청, 환시, 피해망상 등의 정신질환으로 치료를 받은 사실이 있었음에도 불구하고, 피해자가 수사기관이나 법정에서 대체로 질문의 요지를 잘 파악하고 자신의 의사표현을 정확하게 하는 편이고, 약 1년 전에 있었던 사실에 대해서도 비교적 분명하게 진술하며, 일상적인 대화를 하거나 생활을 하는데 있어서 크게 불편함이 없어 보여 통상적으로 보았을 때 피해자를 장애인으로 인식하는 것이 쉽지 않을 것으로 보이는 점, 피해자는 고등학교를 졸업한 이후 직장생활을 하였고, 운전면허는 없으나 오토바이를 탈 줄 알고, 스마트폰을 다룰 줄 알며, 장애판정 이전에 결혼을 하였다가 이혼을 한 경험이 있고, 장애판정 이후에도 동거 경험이 있으며, 홀로 월세를 구할 줄도 알아, 지적장애를 가진 사람으로서의 사회생활로 보는 데에도 다소 의문이 드는 점 등을 종합하여 볼 때, 피고인이 성관계를 할 당시 피해자가 장애인임을 알고 있었다고 보기 어렵다고 한 사례[173]가 있다.

(마) 처벌

208   무기징역 또는 7년 이상의 징역에 처한다.

209   본죄의 미수범(성폭처벌 §15)과 본죄를 목적으로 한 예비·음모는 처벌되고 (성폭처벌 §15의2), 본죄는 양형기준 적용대상이다.[174]

---

172 대판 2021. 2. 25, 2016도4404, 2016전도49; 대판 2021. 2. 25, 2017도16186; 대판 2021. 10. 28, 2021도9051.
173 대전고판 2016. 2. 5, 2015노209(상고기각으로 확정).
174 양형위원회, 2023 양형기준, 29-63.

(7) 제2항의 죄(장애인에 대한 유사성행위)

본죄[성폭력처벌법위반(장애인유사성행위)죄]는 신체적인 또는 정신적인 장애가 210
있는 사람에 대하여 폭행이나 협박으로 ① 구강·항문 등 신체(성기는 제외)의 내
부에 성기를 넣는 행위(제1호), ② 성기·항문에 손가락 등 신체(성기는 제외)의 일
부나 도구를 넣는 행위(제2호)(이하, ①과 ②를 합하여 유사간음행위라 한다.)를 하는
때에 성립한다.

본죄는 2011년 11월 17일 성폭력처벌법 개정으로 신설되었는데, 그 이후인 211
2012년 12월 18일 형법 개정으로 신설된 형법상 유사강간죄(§297의2)와 그 내용
이 같다[유사강간에 대하여는 **§297의2 주해** 부분 참조].

유사간음행위 당시 피해자가 '일상생활이나 사회생활에서 상당한 제약을 받 212
는 정도의 신체적인 장애 또는 정신적인 장애'를 가지고 있는 사람임을 인식하
여야 함은 장애인에 대한 강간에서 본 바와 같다.

본죄를 범한 사람은 5년 이상의 유기징역에 처한다. 213

본죄의 미수범(성폭처벌 §15)과 본죄를 목적으로 한 예비·음모는 처벌되고 214
(성폭처벌 §15의2), 본죄는 양형기준 적용대상이다.[175]

(8) 제3항의 죄(장애인에 대한 강제추행)

본죄[성폭력처벌법위반(장애인강제추행)죄]는 신체적인 또는 정신적인 장애가 있 215
는 사람에 대하여 형법 제298조(강제추행)의 죄를 범한 때에 성립한다[강제추행에
대하여는 **§298 주해** 부분 참조].

본죄를 범한 사람은 3년 이상의 유기징역 또는 3천만 원 이상 5천만 원 이 216
하의 벌금[176]에 처한다.

본죄의 미수범(성폭처벌 §15)과 본죄를 목적으로 한 예비·음모는 처벌되고 217
(성폭처벌 §15의2), 본죄는 양형기준 적용대상이다.[177]

(9) 제4항의 죄(장애인에 대한 준강간·준유사성행위·준강제추행)

(가) 의의

본죄[성폭력처벌법위반(준강간·준유사성행위·준강제추행)죄]는 신체적인 또는 정 218

---

175 양형위원회, 2023 양형기준, 29-63.
176 벌금액이 2천만 원 이상 5천만 원 이하였으나, 2020년 5월 19일 성폭력처벌법 개정으로 이와 같
   이 상향되었다.
177 양형위원회, 2023 양형기준, 29-63.

신적인 장애로 항거불능 또는 항거곤란 상태에 있음을 이용하여 사람을 간음하거나 추행하는 때에 성립한다. 본죄를 범한 경우 "제1항부터 제3항까지의 예에 따라 처벌한다."고 규정하고 있으므로, 여기의 '간음이나 추행'에는 유사간음도 포함된다.

219　　본죄는 피해자에 대하여 폭행, 협박, 위계, 위력을 행사하지 않더라도 성립되는 범죄로서, 신체적인 또는 정신적인 장애로 인하여 성적인 자기방어를 제대로 할 수 없는 사람에 대하여 성적 자기결정권을 보호해 주기 위하여 마련된 규정이다.

(나) 행위의 객체

220　　본죄의 객체는 '신체적인 또는 정신적인 장애로 항거불능 또는 항거곤란한 상태에 있는 사람'이다.

221　　'사람의 심신상실 또는 항거불능의 상태를 이용하여' 간음하는 경우에 성립하는 준강간죄(§299)에 대하여, 그 객체가 ① 사람인지 ② 심신상실 또는 항거불능의 상태에 있는 사람인지 논란이 있었는데, 판례는 위 ②의 입장에서 "심신상실 또는 항거불능의 상태는 피해자인 사람에게 존재하여야 하므로 준강간죄에서 행위의 대상은 '심신상실 또는 항거불능의 상태에 있는 사람'이다. 그리고 구성요건에 해당하는 행위는 그러한 '심신상실 또는 항거불능의 상태를 이용하여 간음'하는 것이다."고 판시한[178] 바 있다.

(a) 신체적인 또는 정신적인 장애

222　　앞서 살펴본 바와 같이 '신체적인 또는 정신적인 장애'이란 일상생활이나 사회생활에서 상당한 제약을 받을 정도의 장애를 의미한다.

223　　여기에 더하여, 성폭력처벌법 제6조 제4항에 해당하기 위하여는 피해자가 그러한 장애로 인하여 항거불능 또는 항거곤란 상태에 있어야 한다는 것과 관련하여, 피해자의 신체적 또는 정신적 장애 자체가 '성적 자기결정권 행사를 특

---

178 대판 2019. 3. 28, 2018도16002(전)(피고인이 피해자가 심신상실 또는 항거불능의 상태에 있다고 인식하고 그러한 상태를 이용하여 간음할 의사로 피해자를 간음하였으나 피해자가 실제로는 심신상실 또는 항거불능의 상태에 있지 않은 경우, 준강간죄의 불능미수가 성립한다고 한 사례). 이러한 다수의견에 대하여, "심신상실 또는 항거불능의 상태를 이용하는 것은 범행 방법으로서 구성요건의 특별한 행위양태에 해당하고, 구성요건행위의 객체는 사람이다."고 하는 대법관 3명의 반대의견이 있다.

별히 보호해야 할 필요가 있을 정도로 되어야 한다'고 보아야 하는지에 관하여 판례에 혼동이 있었다.

　① 대판 2007. 7. 27. 2005도2994[179]에서, 현행 성폭력처벌법 제6조 제4항 과 유사한 구조를 가지는 폐지된 성폭력범죄의 처벌 및 피해자보호 등에 관한 법률 제8조[180]와 관련하여, "위 규정의 '신체장애 또는 정신상의 장애로 항거불 능인 상태에 있음'이라 함은, 신체장애 또는 정신상의 장애 그 자체로 항거불능 의 상태에 있는 경우뿐 아니라 신체장애 또는 정신상의 장애가 주된 원인이 되 어 심리적 또는 물리적으로 반항이 불가능하거나 현저히 곤란한 상태에 이른 경우를 포함하는 것으로 보아야 하고, 그중 정신상의 장애가 주된 원인이 되어 항거불능인 상태에 있었는지 여부를 판단함에 있어서는 피해자의 정신상 장애 의 정도뿐 아니라 피해자와 가해자의 신분을 비롯한 관계, 주변의 상황 내지 환 경, 가해자의 행위 내용과 방법, 피해자의 인식과 반응의 내용 등을 종합적으로 검토해야 한다."고 판시하여,[181] 신체장애 또는 정신장애 자체가 성적 자기결정 권 행사를 특별히 보호해야 할 필요가 있을 정도가 되어야 하는 것은 아니고, 다만 장애로 인하여 항거불능 상태에 있는지 여부를 판단할 때 제반 사정을 고 려하여야 한다는 태도를 취하고 있었다.

　② 그 후 대판 2013. 4. 11. 2012도12714[182]에서, "구 성폭력처벌법(2011. 11. 17. 법률 제11088호로 개정되기 전의 것) 제6조[183](현행법 제6조 제4항과 유사한 내용)

224

225

179 본 판결 평석은 김성돈, "항거불능 상태의 의미", 특별형법 판례100선, 216-221; 박미숙, "성폭력 처벌법 제8조의 입법취지와 장애인 성폭력피해자 보호", 형사판례연구 [17], 한국형사판례연구 회, 박영사(2009), 590-611; 윤지영, "성폭력처벌법상 '항거불능'의 의미", 형사특별법 판례 50선, 집현재(2020), 100-103.
180 성폭력범죄의 처벌 및 피해자보호 등에 관한 법률 제8조(장애인에 대한 간음등) 신체장애 또는 정신상의 장애로 항거불능인 상태에 있음을 이용하여 여자를 간음하거나 사람에 대하여 추행한 자는 「형법」 제297조(강간) 또는 제298조(강제추행)에 정한 형으로 처벌한다.
181 피고인이 별다른 강제력을 행사하지 않고서 지적 능력이 4-8세에 불과한 정신지체 장애여성을 간음하였고 장애여성도 이에 대하여 별다른 저항행위를 하지 아니한 사안에서, 피해자가 정신장 애를 주된 원인으로 항거불능상태에 있었음을 이용하여 간음행위를 한 것으로서 성폭력범죄의 처벌 및 피해자보호 등에 관한 법률 제8조의 '항거불능인 상태'에 해당한다고 본 사례이다.
182 지능지수가 51, 사회성숙지수가 35.91로 측정되어 지적장애 3급으로 판정된 피해자(여, 24세)와 간음한 사안에서, 피해자가 정신장애로 항거불능인 상태에 있음을 피고인이 인식하고 이를 이용 하여 간음하였다는 점이 합리적 의심을 배제할 수 있을 정도로 증명되었다고 보기 어렵다고 한 사례이다.
183 구 성폭력처벌법(2011. 11. 17. 법률 제11088호로 개정되기 전의 것) 제6조(장애인에 대한 간음

는 장애인의 성적 자기결정권을 보호법익으로 하므로, 피해자가 지적 장애등급을 받은 장애인이라고 하더라도 단순한 지적 장애 외에 성적 자기결정권을 행사하지 못할 정도의 정신장애를 가지고 있다는 점이 증명되어야 하고, 피고인도 간음 당시 피해자에게 이러한 정도의 정신장애가 있음을 인식하여야 한다."고 판시하여, 마치 장애인에 대한 준강간에 대하여는 일상생활이나 사회생활에서 상당한 제약을 받을 정도의 장애를 넘어 성적 자기결정권을 행사하지 못할 정도의 정신장애를 가지고 있어야 하는 것같이 보일 소지가 있었다.

226　　　　　그러나 ③ 대판 2022. 11. 10. 2020도13672[184]에서, 위와 같은 혼란을 정리하여 현행 성폭력처벌법 제6조 제4항에서의 '신체적인 또는 정신적인 장애'란 같은 조 제1항 내지 제3항, 제5항, 제6항의 '신체적인 또는 정신적인 장애'와 같은 의미로서 '신체적인 기능이나 구조 등 또는 정신적인 기능이나 손상 등의 문제로 일상생활이나 사회생활에서 상당한 제약을 받는 상태'를 의미한다고 판시하는 한편, '신체적인 또는 정신적인 장애로 항거불능 또는 항거곤란 상태에 있음'이란 신체적인 또는 정신적인 장애 그 자체로 항거불능 또는 항거곤란의 상태에 있는 경우뿐 아니라 신체적인 또는 정신적인 장애가 주된 원인이 되어 심리적 또는 물리적으로 반항이 불가능하거나 곤란한 상태에 이른 경우를 포함하는 것으로 보아야 하며, 이를 판단함에 있어서는 피해자의 신체적 또는 정신적 장애의 정도뿐 아니라 피해자와 가해자의 신분을 비롯한 관계, 주변의 상황 내지 환경, 가해자의 행위 내용과 방법, 피해자의 인식과 반응의 내용 등을 종합적으로 검토해야 한다고 판시하여, 위 ①의 2005도2994 판결에서의 입장을 재확인하였다.

227　　　　　결국 성폭력처벌법 제6조 제4항에서 요구되는 신체적인 또는 정신적인 장애는 같은 조 제1항 내지 제3항과 마찬가지 정도이고, 다만, 피해자가 장애로

등) 신체적인 또는 정신적인 장애로 항거불능인 상태에 있음을 이용하여 여자를 간음하거나 사람에 대하여 추행을 한 사람은 「형법」 제297조(강간) 또는 제298조(강제추행)에서 정한 형(형)으로 처벌한다.

184 피고인이 지적장애 3급인 피해자의 정신적인 장애로 인한 항거불능 또는 항거곤란 상태를 이용하여 5차례 간음하였다고 기소된 사안에서, 피해자가 반항이 불가능하거나 곤란한 상태에 있었던 것은 인정되나, 피고인으로서는 피해자가 장애로 인하여 항거불능 또는 항거곤란 상태에 있었음을 인식하지 못하였을 가능성이 있다고 보이는데, 이 점에 대한 검사의 증명이 부족하다고 판단한 사례이다.

인하여 항거불능 또는 항거곤란의 상태에 빠져 있어야 하고, 행위자는 이를 이용하여야 한다는 요건이 부가되어 있을 뿐이다.

한편, 장애인복지법에 따른 장애인 등록이 되어 있을 필요는 없다.　　228

(b) 장애로 항거불능 또는 항거곤란한 상태에 있을 것

앞서 살펴본 바와 같이 2012년 12월 18일 성폭력처벌법이 전면 개정(법률 229
제11556호)되면서 기존의 '항거불능 상태' 이외에 '항거곤란 상태'가 추가되었다.

항거불능이나 항거곤란 사유는 신체적 또는 정신적 장애에 기인한 것이면 230
되고, 판단능력이나 의지력 등 정신적 사유에 한정하지 않는다.

단순히 장애만 인정되면 범죄가 성립하는 성폭력처벌법 제6조 제1항 내지 231
제3항에 비하여 장애로 인하여 항거불능 또는 항거곤란한 상태에 있어야 한다
는 요건이 추가되어 피해자에 관한 요건을 엄격화한 대신 간음·추행을 위한 폭
행·협박을 요하지 않음으로써 장애인에 대한 보호 정도를 강화한 것으로 볼 수
있다.

피해자가 그러한 장애로 인하여 항거불능 또는 항거곤란 상태에 있어야 하 232
므로, 장애인이 잠들어 있는 것을 이용하여 간음하거나 추행하는 경우에는, 본
죄가 아니라 형법상의 준강간죄나 준강제추행죄에 해당한다고 보아야 한다.

1) 항거불능의 상태

'항거불능의 상태'의 의미에 관하여, 대법원은 당초에 ① 심리적 또는 물리 233
적으로 반항이 절대적으로 불가능하거나 현저히 곤란한 경우를 의미한다고 보
고, "이러한 요건은 형법 제302조에서 미성년자 또는 심신미약자에 대하여 위계
또는 위력으로써 간음 또는 추행을 한 자의 처벌에 관하여 따로 규정하고 있는
점에 비추어 더욱 엄격하게 해석하여야 한다."는 입장을 취하다가,[185] 그 후 ②
신체장애 또는 정신상의 장애 그 자체로 항거불능의 상태에 있는 경우뿐 아니
라 신체장애 또는 정신상의 장애가 주된 원인이 되어 심리적 또는 물리적으로
반항이 불가능하거나 현저히 곤란한 상태에 이른 경우를 포함하는 것으로 보아
야 할 것이고, 그중 정신상의 장애가 주된 원인이 되어 항거불능인 상태에 있었
는지 여부를 판단함에 있어서는 피해자의 정신상의 장애의 정도뿐 아니라 피해

---

185 대판 2004. 5. 27, 2004도1449.

자와 피고인의 신분을 비롯한 관계, 주변의 상황 내지 환경, 피고인의 행위 내용과 방법, 피해자의 인식과 반응의 내용 등을 종합적으로 검토해야 할 것이다."고 판시하거나,[186] ③ "장애인의 성적 자기결정권을 충실하게 보호하고자 하는 구 성폭력범죄의 처벌 등에 관한 특례법 제6조의 입법 취지에 비추어 보면, 위와 같은 '항거불능인 상태'에 있었는지 여부를 판단할 때에는 피해자가 정신적 장애인이라는 사정이 충분히 고려되어야 할 것이므로, 외부적으로 드러나는 피해자의 지적 능력 이외에 그 정신적 장애로 인한 사회적 지능·성숙의 정도, 이로 인한 대인관계에서의 특성이나 의사소통능력 등을 전체적으로 살펴 피해자가 그 범행 당시에 성적 자기결정권을 실질적으로 표현·행사할 수 있었는지 여부를 신중히 판단하여야 한다."고 판시하여,[187] '항거불능의 상태'라는 구성요건을 완화하여 해석하고 있다.

[항거불능의 상태를 긍정한 사례]

234

① 피고인이 승용차 운전 중 길에서 비를 맞고 있는 정신지체장애 3급인 피해자(여, 23세)를 집에 데려다주겠다면서 승용차에 태운 뒤, 피해자가 말을 어눌하게 하는 등 정상인보다 지능이 떨어지는 듯한 행동을 보이자 피해자를 모텔로 데려가 피해자로 하여금 침대에 누워 겉옷을 벗게 한 뒤 피해자의 속옷을 벗기고 피해자를 1회 간음하여, 정신적인 장애로 항거불능 또는 항거곤란 상태에 있음을 이용하여 피해자를 간음하였다는 공소사실에 대하여, 피해자는 지적 장애 3급(지능지수와 사회성숙지수가 50 이상 70 이하이고, 초등학생 정도의 학력과 상식을 가지고 있는 정도) 장애인으로 등록되어 있는 점, 이 사건 당일 피해자는 길을 잃고 헤매던 중 피고인을 만나게 되었는데, 아무런 저항 없이 피고인을 따라 모텔로 들어갔고, 피고인이 피해자를 간음하려고 시도하자 피해자는 싫다는 의사를 표시하였을 뿐 적극적인 저항을 하지는 않은 점, 피고인이 피해자와 처음 대화를 나누면서 피해자가 정상인보다 떨어진다는 사실을 알았고, 피해자에게 집으로 데려다 준다고 유인하면서 모텔로 데려가게 된 점, 피해자의 법정에서의 진술태도와 진술내용을 살펴보면, 피해자의 지적, 언어적 능력이 정상인에 비해

---

186 대판 2007. 7. 27, 2005도2994; 대판 2012. 3. 15, 2012도574.
187 대판 2014. 2. 13, 2011도6907.

현저히 떨어짐을 쉽게 감지할 수 있는 정도인 점을 들어, 피해자는 사건 당시 성적 자기결정권을 행사하지 못할 정도의 정신적인 장애를 가지고 있었고, 피고인도 이러한 정도의 정신적인 장애가 있음을 충분히 인식하고 있었다고 보아, 피해자가 항거불능 또는 항거곤란 상태에 있지 않았다는 피고인의 주장을 배척하고, 성폭력처벌법위반(장애인준강간)죄를 유죄로 인정하였다.[188]

② 피해자(여, 23세)가 정신지체 3급의 장애등급을 받은 사람으로 정상인에 비하여 자신의 경험을 기억하거나 의사를 표현하는 능력이 떨어지고, 피해자의 어머니도 위와 같은 능력이 피해자와 유사한 수준이거나 피해자보다 떨어지며, 피고인이 범행 당시 피해자에게 별다른 폭행 등을 행사하지 아니하였음에도 피해자는 소극적으로 싫다고 하거나 울기만 하였을 뿐이며, 간단한 대화를 통하더라도 피해자가 지적장애를 가지고 있음을 알 수 있는 경우, 항거불능의 상태를 인정하였다.[189] ⟨235⟩

③ 피해자(여, 22세)가 정신지체장애 1급으로 언어적 의사표현이 어렵고, 손짓·발짓으로 자신의 의사를 표현해야 하며, 보조기구가 없이는 보행조차 어려운 중증장애인인 경우,[190] 항거불능의 상태를 인정하였다. ⟨236⟩

④ 피해자(여)가 어릴 때부터 말이 없고 자신의 의사표현을 하지 못하는 등의 정신이상 증세를 보여 28세 때 병원에 내원하여 심리학적 검사를 했고, 그결과 피해자의 전체 지능지수는 62로서 경도의 정신지체 수준에 해당하는데 그중 언어적 표현력이나 추상적 사고능력은 다른 영역에 비하여 나은 수행을 보이는 반면, 피해자의 사회연령은 만 7세 8개월로서 '사회지수'는 그보다 낮은 48.94에 불과하고 의사소통능력이 매우 지체되어 있거나 사회적으로 위축되어 있으며 대인관계에서 철회 경향을 가지고 있다는 검사결과가 나온 경우,[191] 항거불능 상태를 인정하였다. ⟨237⟩

---

188 광주고판 2015. 3. 5, 2014노439(상고기각으로 확정).
189 대판 2012. 3. 15, 2012도574(원심판결 대구고법 2011. 12. 29, 2011노273). 한적한 곳에 주차된 택시 내부도 당시 상황으로 보아 피해자의 입장에서는 심리적으로 폐쇄된 장소로 보기에 충분한 점 등도 고려하여 판단하였다.
190 대판 2013. 5. 23, 2011도9501(원심판결 대전고판 2013. 7. 24, 2013노267).
191 대판 2014. 2. 13, 2011도6907. 피해자는 추행 당시 피고인이 무섭고 겁이 나서 이를 제지하지 못하였고, 피고인이라는 사람 자체가 무서웠으며, 몸을 만질 때 소름이 돋았다는 취지로 진술한 점 등도 고려하여 판단하였다.

238　　　　⑤ 피해자(여, 53세)가 지적장애 2급의 장애인이고, 사회성숙도검사 결과 피해자는 지능지수가 35-49, 사회연령이 8.5세로 중등도의 정신지체 수준에 해당하며, 한글을 쓰거나 읽지 못하고, 간단한 숫자계산도 전혀 하지 못하며, 정상적인 판단이나 사회적 활동을 하기 어려운 상태이고, 다른 사람의 협박이나 강압적 행동에 스스로를 방어할 만한 대처능력이 전무한 수준인 경우,[192] 항거불능 상태를 인정하였다.

239　　　　⑥ 피해자가 정신지체를 가진 장애여성으로서 지적 능력이 4-8세에 불과하고, 특히 비일상적인 문제 상황에서 자신의 의사를 분명하게 표현하고 이를 해결하는 능력이 뚜렷하게 낮았으며, 피고인이 피해자를 간음함에 있어서 별다른 폭행이나 협박 수단을 사용하지 아니하였고, 피해자는 피고인의 간음행위에 대해 단순히 하지 말라고 말하거나 피고인을 한번 밀어내거나 혹은 피고인에 의해 바지와 팬티가 벗겨지는 것을 막기 위해 바지와 팬티를 붙잡고 있었을 뿐이었던 경우,[193] 항거불능 상태를 인정하였다.

[항거불능의 상태를 부정한 사례]

240　　　　피해자의 지능지수가 51, 사회성숙지수가 35.91로 측정되어 지적장애 3급으로 판정되었고, 피해자에 대한 심리검사보고서에 피해자의 언어적 기능이 매우 저하되어 있으며, 관습적인 수준의 규칙과 규범에 대한 습득 및 문제해결능력 역시 지체되어 있어 충동적이고 미숙한 행동을 보일 소지가 많다고 기재되어 있지만, 피해자는 성행위와 임신의 의미를 인식하고 있고, 성관계를 전제한 것으로 보이는 만남 제안을 여러 번 완곡하게 거절한 적이 있으며, 인터넷 게임을 하면서 20여 일 동안 피고인과 약 1,000여 통의 문자메시지를 교환하였고, 일산에 사는 부모를 떠나 대전에서 홀로 자취하면서 특별한 보호자 없이 대학

---

192 대판 2014. 6. 12, 2014도3483(원심판결 대전고판 2014. 2. 19, 2013노400). 피해자는 남편을 비롯한 남자에 대해 보호자가 아니라 무서운 존재로 인식한 점, 친밀한 관계에 있는 사람의 지시나 명령에 순응하는 지적장애인의 특성을 보이고, 적은 돈이나 먹을 것, 물건 등으로 쉽게 유인되는 경향이 있는 점 등도 고려하여 판단하였다.

193 대판 2007. 7. 27, 2005도2994. 피해자와 같은 정신지체를 가진 사람들은 자기보다 힘이나 능력이 우월한 사람에게는 위압감을 느끼고 누가 시키지 않아도 이에 절대적으로 복종하는 경향을 보이는 점, 피해자는 피고인이 평소 자신의 어머니 등에게 폭력을 행사하는 것을 보았기에 피고인의 성행위 요구를 거부하면 자신에게도 그와 같이 폭력을 행사할 것으로 생각되어 겁을 먹고 거부하지 못하였다고 진술하는 점 등도 고려하여 판단하였다.

생활을 하고 있으며, 피해자가 피고인에게 '죽여 버릴 테니까', '자살해라', '쓰레기 같은 놈' 등의 문자메시지를 보내는 등 자살의 의미도 이해하고 있는 것으로 보이는 경우, 항거불능 상태를 부정하였다.[194]

2) 항거곤란의 상태

항거불능 상태 인정에 관한 위와 같은 판례들에도 불구하고, 2012년 12월 18일 개정 성폭력처벌법에서 장애로 인한 항거불능 상태뿐 아니라 항거곤란 상태에 있는 경우도 포함시킴으로써, 신체적 또는 정신적 장애가 있는 피해자를 간음·추행한 대부분의 사례가 본죄의 객관적 구성요건에 해당할 여지가 커졌다.

항거곤란 사유가 추가된 이후의 사례를 보면, 피해자가 피고인을 상대로 성적 자기결정권을 행사할 수 없거나 행사하기 곤란한 항거불능 또는 항거곤란 상태에 있었는지 여부를 판단함에 있어서는 장애와 관련된 피해자의 상태는 개인별로 그 모습과 정도에 차이가 있다는 점에 대한 이해를 바탕으로 해당 피해자의 상태를 충분히 고려하여야 하고 비장애인의 시각과 기준에서 피해자의 상태를 판단하여 '장애로 인한 항거불능 또는 항거곤란 상태'에 해당하지 않는다고 쉽게 단정해서는 안 된다고 판시한 후, 피해자(46세)는 지적장애 3급으로 등록되었고, 지능지수가 57이고, 사회지수가 14라는 전문의 소견을 받았는데, 지능지수에 비하여 사회지수가 매우 낮아 대인관계 능력과 의사소통 능력이 특히 부족하였던 것으로 보이는 점, 피해자는 세 번째 성행위를 당한 직후 지인에게 찾아가 울면서 "또 가자고 하면 어떻게 하냐."라고 말하면서 피고인과의 성관계를 싫어하였는데도, '피고인으로부터 꾸지람을 들을까봐 무섭다.'는 이유로 피고인의 성행위 요구에 아무런 반항을 하지 못한 채 응하였고, 심지어 경찰에 신고를 한 이후에도 피고인의 동일한 요구를 거부하지 못한 점을 들어, 피해자가 정신장애로 항거가 불가능하거나 곤란한 상태에 있었다고 인정한 사례가 있다.[195]

(다) 행위

본죄의 행위는 신체적인 장애 또는 정신적인 장애로 항거불능 또는 항거곤란

241

242

243

---

194 대판 2013. 4. 11, 2012도12714. 피해자가 비록 장애등급으로 분류되는 지적장애를 가지고 있기는 하지만, 위 조항에서 보호되는 성적 자기결정권을 행사하지 못할 정도의 정신장애를 가지고 있다고 보기 어렵다고 보았다.

195 대판 2022. 11. 10, 2020도13672.

상태에 있음을 이용하여 간음, 유사간음 또는 추행하는 것이다〔간음·유사간음·추행에 대하여는 §297, §297의2, §298 **주해** 부분 참조〕.

244 여기서 '이용하여'는 피고인이 피해자의 항거불능 또는 항거곤란 상태를 인식하고 이에 편승하여 간음행위 등에 나아가는 것을 의미한다.[196] 간음 당시 피해자가 성적 자기결정권을 행사하지 못할 정도의 정신장애를 가지고 있음을 인식하였음에도 간음행위로 나아간 행위는 장애를 '이용한' 행위로 평가할 수 있다.

245 헌법재판소는 형법상 준강간죄, 준사기죄, 부당이득죄에도 '이용하여'라는 표현은 널리 사용되고 있고, 통상의 판단능력을 가진 사람이라면 '이용하여'라는 표현을 통해 금지되는 행위가 무엇인지를 충분히 예견할 수 있으므로 본조에서의 '이용하여' 부분은 명확성의 원칙에 위배되지 않는다고 판단하였다.[197]

(라) 고의

246 간음 등 당시 피해자가 '신체적인 또는 정신적인 장애가 있는 사람'이라는 사실을 인식할 뿐 아니라, 장애로 항거불능 또는 항거곤란 상태에 있음을 이용한다는 인식이 있어야 한다.

247 판례 중에 고의가 부인된 사례를 살펴보면 아래와 같다.

248 ① 피고인은 이 사건 발생 1년 전 무렵부터 공원 등에서 피해자를 만나면 피해자에게 심부름을 시키고 용돈을 주거나 먹을 것을 사주는 등 알고 지냈고, 이 사건 당시 공소사실 기재와 같이 자신의 집을 청소해 달라며 집으로 데려가 청소를 시키고 간음을 한 후 피해자에게 먹을 것이나 1-3만 원의 돈을 준 점, 피고인의 나이(78세), 피해자와의 관계, 피고인이 용돈을 주는 등 호의적인 행위를 한 후 성관계 요구를 하는 데 대하여 피해자가 거절을 하지 못하였던 점 등에 비추어, 피고인으로서는 피해자가 장애로 인하여 항거불능 또는 항거곤란 상태에 있었음을 인식하지 못하였을 가능성이 있다고 판단하였다.[198]

249 ② 피고인이 평소 같은 동네에 살고 있는 지적장애 3급 장애인인 피해자(여, 49세)가 혼자 있는 것을 발견하고 피해자에게 음료수를 사주겠다고 하며 인근 떡볶이 가게로 데리고 가 떡볶이를 사주면서 피고인의 집 구경을 시켜주겠

---

196 대판 2022. 11. 10, 2020도13672.
197 헌재 2016. 11. 24, 2015헌바136.
198 대판 2022. 11. 10, 2020도13672.

다고 말하여 자신의 집으로 데리고 간 후 피해자를 침대에 눕히고 피해자의 하의와 속옷을 벗긴 다음 간음하였지만, 피고인(남, 50세) 역시 전체지능지수는 48점(중간 정도 정신지체)이고, 인지기능 영역 전반에 걸쳐 제한된 인지능력을 보이고 있으며(언어이해, 지각추론, 작업기억, 처리속도), 사회성숙도검사결과 피고인의 사회연령은 만 13세, 사회지수는 26으로 나왔고, 피해자를 집으로 데리고 간 후 피해자와 함께 피고인의 아버지와 어머니의 집을 각 방문하여 자신의 어머니에게 피해자를 애인으로 소개하였으며, 피고인이 피해자에게 자신의 옷을 세탁해 줄 것을 요청하기도 한 경우, 지적능력이 떨어지는 피고인(지능지수 48)으로서는 피해자(지능지수 42)의 정신장애 상태를 인식하고 이를 이용하여 피해자를 간음하였다기보다는 피해자를 자신의 애인 또는 같이 살 사람으로 인식하였을 여지가 충분히 있으므로, 고의가 있었다고 보기 힘들다고 판단하였다.[199]

(마) 피해자의 동의

한편 피해자의 동의가 있으면 본죄의 성립을 부인할 것인지가 문제되는데, 이에 관한 논의는 찾아볼 수 없다. 이 문제는 피해자의 장애의 종류나 상태 등에 따라 그 경우를 나누어 살펴볼 필요가 있다. **250**

첫째, 범행 대상이 장애로 심신상실 상태에 이르렀다면, 피해자의 동의로 보이는 의사표시가 있었다고 하더라도 성적 의사결정능력이 없는 상태의 동의는 무효로 보아야 할 것이므로 본죄가 성립할 것이다. **251**

둘째, 신체장애로 항거가 불가능하거나 곤란하지만 성적 의사결정능력은 있는 사람의 하자 없는 의사에 따른 동의가 있었다면, 항거불능 상태를 이용한 것이 아니므로 구성요건해당성이 조각된다고 보아야 할 것이다. **252**

셋째, 정신장애로 항거가 불가능하거나 곤란한 상태에 있는 경우는, 동의를 받아내더라도 장애를 이용하여 동의를 받은 것으로 평가하여 구성요건해당성을 조각할 수 없는 경우가 많을 것이다. **253**

넷째, 성적 의사결정능력은 남아 있는 정도의 정신장애만 있고 피해자가 먼저 제의를 하는 등 하자 없는 의사에 따른 동의가 있었다면, 항거불능 상태를 이용한 간음 등은 아니므로 구성요건해당성이 조각된다고 보아야 할 것이다. **254**

---

199 대판 2014. 7. 24, 2014도5497.

(바) 처벌 등

255　　본죄를 범한 사람은 '제1항부터 제3항까지의 예'에 따라 처벌된다. 즉 장애인에 대한 준강간의 경우에는 무기징역 또는 7년 이상의 징역에, 준유사강간의 경우에는 5년 이상의 유기징역에, 준강제추행의 경우에는 3년 이상의 유기징역 또는 3천만 원 이상 5천만 원 이하의 벌금에 각 처한다.

256　　본죄의 미수범(성폭처벌 §15)과 본죄를 목적으로 한 예비·음모는 처벌되고 (성폭처벌 §15의2), 본죄는 양형기준 적용대상이다.[200]

(10) 제5항의 죄(장애인에 대한 위계 또는 위력 간음)

(가) 의의

257　　본죄[성폭력처벌법위반(장애인위계등간음)죄]는 위계 또는 위력으로써 신체적인 또는 정신적인 장애가 있는 사람을 간음하는 때에 성립한다. 구성요건에 '유사간음' 행위가 누락되어 있으나, 이는 본조 제6항 '추행'의 개념에 포섭하여 처벌할 수 있을 것이다.

(나) 행위의 객체

258　　본죄의 객체는 신체적인 또는 정신적인 장애가 있는 사람이다.

259　　장애가 있는 사람은 앞서 살펴본 바와 같이 신체적인 또는 정신적인 장애로 일상생활이나 사회생활에서 상당한 제약을 받는 사람을 의미하고, 피해자의 성적 자기결정권 행사를 특별히 보호해야 할 필요가 있을 정도의 장애가 있어야 하는 것은 아니다.[201]

260　　13세 미만의 장애인에 대하여는 본조가 아니라, 성폭력처벌법 제7조(13세 미만의 미성년자에 대한 강간, 강제추행 등) 제5항, 제1항으로 처벌한다.

(다) 행위

261　　본죄의 행위는 위계 또는 위력으로써 간음하는 것이다['위계 또는 위력'에 대한 상세는 **§302(미성년자 등에 대한 간음) 주해** 부분 참조].

(a) 위계

262　　'위계'는 행위자가 간음의 목적으로 상대방에게 오인, 착각, 부지를 일으키고는 상대방의 그러한 심적 상태를 이용하여 간음의 목적을 달성하는 것을 말

---

200 양형위원회, 2023 양형기준, 29-63.
201 대판 2021. 2. 25, 2016도4404, 2016전도49.

한다.202

　　'오인, 착각, 부지'의 대상에 관하여, 종래 판례는 간음행위 자체에 대한 오　　263
인, 착각, 부지를 말하는 것이지, 간음행위와 불가분적 관련성이 인정되지 않는
다른 조건에 관한 오인, 착각, 부지를 가리키는 것이 아니라는 입장을 유지하였
다.203 그러나 대판 2020. 8. 27. 2015도9436(전)(이하, 2015도9436 전원합의체 판결
이라 한다.)204을 통하여, 피해자가 오인, 착각, 부지에 빠지게 되는 대상은 간음
행위 자체일 수도 있고, 간음행위에 이르게 된 동기이거나 간음행위와 결부된
금전적·비금전적 대가와 같은 요소도 포함시키는 것으로 입장을 변경하였
다.205 왜곡된 성적 결정에 기초하여 성행위를 하였다면 왜곡이 발생한 지점이
성행위 그 자체인지 성행위에 이르게 된 동기인지는 성적 자기결정권에 대한
침해가 발생한 것은 마찬가지라는 점에서 핵심적인 부분이라고 하기 어렵다는
것을 근거로 하고 있다.

　　위 2015도9436 전원합의체 판결은 위계와 간음 사이에 인과관계에 관하여,　　264
행위자의 위계적 언동이 존재하였다는 사정만으로 위계에 의한 간음죄가 성립
하는 것은 아니므로 위계적 언동의 내용 중에 피해자가 성행위를 결심하게 된

---

202 대판 2001. 12. 24, 2001도5074; 대판 2020. 8. 27, 2015도9436(전).
203 대판 2014. 9. 4, 2014도8423, 2014전도151(정신장애가 있는 피해자를 인터넷 쪽지로 피고인의
　　집으로 유인한 후 성교행위와 제모행위를 함으로써 장애인 피해자를 간음하고 추행하였다고 하
　　더라도, 피고인이 성교 등의 목적을 가지고 피해자를 유인하여 피고인의 집으로 오게 한 행위는
　　피해자를 피고인의 집으로 오게 하기 위한 행위에 불과하고, 피해자가 피고인의 집으로 온 것과
　　성교행위나 제모행위 사이에 불가분적 관련성이 인정되지 아니하므로, 피해자가 피고인의 유인
　　행위로 간음행위나 추행행위 자체에 대한 착오에 빠졌다거나 이를 알지 못하게 되었다고 할 수
　　없다고 판단한 사례).
204 본 판결 평석은 유현영, "위계에 의한 간음죄에서 '위계'의 의미, 2015도9436 판례 함께 읽기",
　　성범죄 재판의 현안과 과제들, 사법발전재단(2023), 397-407; 장성원, "위계 간음죄에서 위계의 대
　　상과 인과관계", 형사판례연구 [29], 한국형사판례연구회, 박영사(2021), 301-342; 허황, "아동·청
　　소년 위계간음죄", 형사판례연구 [29], 343-379.
205 피고인이 36세의 남성이면서도 스마트폰 채팅 애플리케이션을 통하여 알게 된 14세의 피해자에
　　게 자신을 '고등학교 2학년인 甲'이라고 거짓으로 소개하고, 채팅을 통해 교제하던 중 자신을 스
　　토킹하는 여성 때문에 힘들다며 그 여성을 떼어내려면 자신의 선배와 성관계를 하여야 한다는
　　취지로 피해자에게 이야기하고, 피고인과 헤어지는 것이 두려워 피고인의 제안을 승낙한 피해자
　　를 마치 자신이 갑의 선배인 것처럼 행세하여 간음하였다고 하여 청소년성보호법상 위계등간음
　　으로 기소된 사안에서, 피고인은 간음의 목적으로 피해자에게 오인, 착각, 부지를 일으키고 피해
　　자의 그러한 심적 상태를 이용하여 피해자를 간음한 것이므로 피고인의 간음행위는 위계에 의한
　　것이라고 평가할 수 있다고 판단하였다.

중요한 동기를 이룰 만한 사정이 포함되어 있어 피해자의 자발적인 성적 자기결정권의 행사가 없었다고 평가할 수 있어야 하고, 이와 같은 인과관계를 판단할 때에는 피해자의 연령 및 행위자와의 관계, 범행에 이르게 된 경위, 범행 당시와 전후의 상황 등 여러 사정을 종합적으로 고려하여야 한다고 판시하였다.

265　　　한편 위 2015도9436 전원합의체 판결에서는 위계에 의한 간음죄가 보호대상으로 삼는 아동·청소년, 미성년자, 심신미약자, 피보호자·피감독자, 장애인 등의 성적 자기결정 능력은 그 나이, 성장과정, 환경, 지능 내지 정신기능 장애의 정도 등에 따라 개인별로 차이가 있으므로, 간음행위와 인과관계가 있는 위계에 해당하는지 여부를 판단할 때에는 구체적인 범행 상황에 놓인 피해자의 입장과 관점이 충분히 고려되어야 하고, 일반적·평균적 판단능력을 갖춘 성인 또는 충분한 보호와 교육을 받은 또래의 시각에서 인과관계를 쉽사리 부정하여서는 안 된다고 판시하였다.

266　　　위 2015도9436 전원합의체 판결에 의하면, 행위자의 위계적 언동으로 피해자가 오인, 착각, 부지에 빠지게 되는 대상은 간음행위 자체뿐 아니라 간음행위에 이르게 된 동기이거나 간음행위와 결부된 금전적·비금전적 대가와 같은 요소도 포함된다고 보아, 위계간음죄의 인정 범위가 확장하게 되었다.

267　　　위계와 간음 사이에 인과관계가 인정되어야 하는 것은 당연할 것인데, 위 2015도9436 전원합의체 판결에서 인과관계 유무를 판단함에 있어 행위자의 위계적 언동이 자발적인 성적 자기결정권 행사를 저해하였는지 여부를 최종적인 판단기준으로 삼되, 위계적 언동 중에 피해자가 성행위를 결심하게 된 중요한 동기를 이룰 만한 사정이 포함되어 있는지 살펴야 한다고 판시한 부분은 일반 범죄에서의 상당인과관계 또는 객관적 귀속 인정과 유사한 기준을 제시한 것으로 볼 수 있고, 구체적인 판단에 있어서 보호대상으로 삼는 아동·청소년, 미성년자, 심신미약자, 피보호자·피감독자, 장애인 등의 성적 자기결정 능력은 그 나이, 성장과정, 환경, 지능 내지 정신기능 장애의 정도 등에 따라 개인별로 차이가 있다는 이유로, 구체적인 범행 상황에 놓인 피해자의 입장과 관점이 충분히 고려되어야 하고, 일반적·평균적 판단능력을 갖춘 성인 또는 충분한 보호와 교육을 받은 또래의 시각에서 인과관계를 쉽사리 부정하여서는 안 된다고 판시한 부분은, 성적 자기결정능력이 미약한 미성년자, 심신미약자는 일반인이 기망

당하지 않을 것 같은 위계에도 기망을 당할 우려가 있다는 점을 감안한 적절한 기준 제시로 볼 수 있다.

다만 인과관계 인정이 피해자의 상태, 범행 상황에 따라 달라질 수 있어, 판례의 축적을 기다려야 할 것으로는 보인다.　　　　　268

위 2015도9436 전원합의체 판결 이후 장애인에 대한 위계 및 간음과의 인과관계 인정 여부에 관하여 판시한 대법원 판결로는, 피해자(여, 21세)가 정신장애 3급 판정 및 조현병 진단을 받은 지능지수 61-71, 사회연령 10세 2개월에 해당하는 장애인인데, 피고인이 오락실에서 혼자 게임을 하고 있는 피해자에게 "나랑 놀래? 먹을 것 사줄게, 가자."라고 말하며 접근하여, 피해자를 인근 가게로 데려가 음료수를 사주면서 환심을 산 다음, 피해자를 인근 모텔로 데려가 정신장애로 인하여 피고인의 행위에 대하여 제대로 거절하거나 반항할 수 없음을 이용하여 간음하였다고 하여 성폭력처벌법 제6조 제5항의 성폭력처벌법위반(장애인위계등간음)죄로 기소된 사안에서, 피해자가 복합적인 장애로 성적 자기결정권이 미약하다는 구체적인 사정, 피고인이 피해자를 처음 만나 함께 놀자고 접근한 후 모텔로 데려가 별다른 대화도 없이 간음행위를 한 것은 성인 여성을 상대로 만남을 제안한 것이라기보다는 피해자를 아동이나 장애인으로 인식하고 행동한 것으로 볼 수 있는 점, 피해자는 피고인의 이런 언행을 정서적 교류를 포함한 연애를 하자는 것으로 이해하여 피고인과 연인관계를 맺게 되는 것으로 오인, 착각을 일으켰을 것으로 보인다는 점을 고려할 때, 피고인의 행위는 간음이라는 목적을 달성하기 위하여 피해자에게 피고인과의 관계에 대한 오인, 착각을 일으킨 위계적 언동에 해당하고, 피고인은 피해자의 그러한 심적 상태와 성행위의 의미에 관한 부지를 이용하여 간음의 목적을 달성하였다는 이유로, 원심의 무죄 판단을 파기하고 유죄로 판단한 것이 있다.[206]　　　　　269

(b) 위력

'위력'이라 함은 피해자의 자유의사를 제압하기에 충분한(통설)(소수설에 따르면 왜곡시키거나 혼란케 할 정도의[207]) 세력을 말하고, 그것이 유형적이든 무형적이든 묻지 않는다. 따라서 폭행·협박뿐만 아니라 사회적·경제적·정치적인 지위　　　　　270

---

206 대판 2023. 6. 29, 2020도15730, 2020보도48.
207 이에 대한 상세는 **제302조에 대한 주해 III. 2. '위력'** 부분 참조

나 권세를 이용하는 것도 가능하다.[208]

271   피해자에게 뇌병변·지체장애 1급의 장애가 있다는 것은 피해자와 대화를
나누어 보면 누구라도 쉽게 알 수 있는데, 간음행위 당시 피해자가 싫다는 의사
를 분명히 밝혔음에도 피해자에게 거친 욕설을 하고, 피해자의 머리를 강제로
피고인의 성기 쪽으로 누르는 등의 유형력을 행사한 것은 본죄에 있어서의 '위
력'에 해당한다는 판례가 있다.[209]

272   위력과 간음 사이의 인과관계에 관하여는, 위계간음에서와 같은 기준을 적
용할 수 있을 것이다.

(c) 간음

273   위계·위력과 간음 사이에 인과관계가 인정되어야 함은 앞서 본 바와 같다.

274   위계에 의한 동의가 구성요건해당성을 조각하지 않음은 분명하다. 위력도
피해자의 하자 있는 의사를 형성한다는 점에서, 위력에 의한 간음에 있어서도
피해자의 동의는 구성요건해당성을 조각하지 않는다고 보아야 할 것이다.

(라) 고의

275   간음 당시 피해자가 '신체적인 또는 정신적인 장애가 있는 사람'이라는 사
실을 인식하여야 한다.

(마) 처벌 등

276   본죄를 범한 사람은 '5년 이상의 유기징역'에 처해진다.

277   본죄의 미수범(성폭처벌 §15)과 본죄를 목적으로 한 예비·음모는 처벌되고
(성폭처벌 §15의2), 본죄는 양형기준 적용대상이다.[210]

278   성폭력처벌법상 장애인강간죄로 기소된 사안에서 강간의 수단으로 행사한
유형력이 피해자의 항거를 현저히 곤란하게 할 정도의 폭행·협박으로는 인정되
지 않지만 위력에는 해당한다고 인정되는 경우, 공소장변경의 절차 없이 장애인
위계간음죄로 유죄를 인정할 수 있다.[211]

---

208 대판 2013. 1. 16, 2011도7164, 2011전도124; 대판 2019. 6. 13, 2019도3341.
209 대판 2014. 10. 15, 2014도9315.
210 양형위원회, 2023 양형기준, 29-63.
211 대판 2014. 10. 15, 2014도9315. 피고인이 '자신의 승용차 안에서 뇌병변·지체장애 1급의 여성
   장애인 A의 바지를 강제로 벗기고 욕설을 하며 A를 1회 강간하였다'는 요지의 성폭력처벌법위
   반(장애인강간)죄 및 '자신의 승용차 안으로 A를 유인하여 강제로 A의 손을 잡아당겨 자신의 성

(11) 제6항의 죄(장애인에 대한 위계 또는 위력 추행)

본죄[성폭력처벌법위반(장애인위계등추행)죄]는 위계 또는 위력으로써 신체적인 　　279
또는 정신적인 장애가 있는 사람을 추행한 때에 성립한다. '유사간음' 행위도
'추행'의 개념에 포섭하여 처벌할 수 있을 것이다.

'위계' 또는 '위력'이나 '추행' 등의 의미는 **형법 제302조**(미성년자 등에 대한 간 　　280
음) **주해** 부분에서 본 것과 같다.

기습강제추행에서와 유사하게, 위력 자체가 추행이라고 인정되는 경우도 　　281
위력으로 볼 수 있고, 이 경우의 위력은 현실적으로 피해자의 자유의사가 제압
될 것임을 요하지 않는다.[212]

추행 당시 피해자가 '신체적인 또는 정신적인 장애가 있는 사람'이라는 사 　　282
실을 인식하여야 한다.

본죄를 범한 사람은 '1년 이상의 유기징역 또는 1천만 원 이상 3천만 원 이 　　283
하의 벌금'에 처한다.

본죄의 미수범(성폭처벌 §15)과 본죄를 목적으로 한 예비·음모는 처벌되고 　　284
(성폭처벌 §15의2), 본죄는 양형기준 적용대상이다.[213]

(12) 제7항의 죄(장애인피보호자간음)

(가) 의의

본죄[성폭력처벌법위반(장애인보호자강간등)죄]는 장애인의 보호, 교육 등을 목 　　285
적으로 하는 시설의 장 또는 종사자가 보호, 감독의 대상인 본조 제1항 내지 제
6항의 죄를 범한 경우에 성립하고, 그 죄에 정한 형의 2분의 1까지 가중한다.

　　기를 만지도록 하는 등 A를 강제추행하였다'는 요지의 성폭력처벌법위반(장애인강제추행)죄로
　　기소된 사안에서, 피고인이 A의 항거를 현저히 곤란하게 할 정도의 폭행·협박을 한 것을 인정
　　할 증거가 없고, A에게 위와 같이 유형력을 행사한 것은 성폭력처벌법위반(장애인위계등간음)죄
　　와 성폭력처벌법위반(장애인위계등추행)죄의 '위력'에 해당하며, 피고인의 방어권 행사에 실질적
　　인 불이익을 초래할 염려도 없다는 이유로 공소장변경 절차 없이 각각 성폭력처벌법위반(장애인
　　위계등간음)죄와 성폭력처벌법위반(장애인위계등추행)죄로 인정한 원심의 조치가 정당하다고 한
　　사례이다.
212 대판 1998. 1. 23, 97도2506(유치원 원장인 피고인이 그 원장이라는 신분을 이용하여 유치원 교
　　사들이거나 채용 예정된 피해자들에게, 업무차 피고인의 집 앞에 온 피해자의 오른팔을 잡아당
　　겨 안으려고 하거나 피해자를 자기의 차량에 태우고 가다가 은밀한 장소에 이르러 강제로 키스
　　를 하거나, 유치원 내에 다른 사람이 없는 틈을 이용하여 피해자의 허리를 양손으로 잡아 올리
　　는 등 추행행위를 하였다고 하여 업무상위력에 의한 추행으로 기소된 사례).
213 양형위원회, 2023 양형기준, 29-63.

본죄도 2011년 11월 17일 성폭력처벌법을 개정(법률 제11088호)할 때 신설되었다.

(나) '장애인의 보호, 교육 등을 목적으로 하는 시설'의 의미

286 (a) '장애인의 보호, 교육 등을 목적으로 하는 시설'이 장애인복지법 제58조[214]에서 정하고 있는 장애인복지시설에 한정되는 것은 아니지만,[215] 본 조항의 문언에서 알 수 있는 바와 같이 당해 시설이 장애인의 보호, 교육 등을 '목적'으로 하는 시설에는 해당하여야 한다.

287 하급심 판례 중에는 일반 정신병원이 이에 해당하진 않는다고 본 것[216]이 있다. 즉, 병원 정신과의 보호사로 근무하던 피고인이 입원한 정신장애 환자를 성폭행하였다고 하여 성폭력처벌법 제6조 제7항, 제4항 위반으로 기소된 사안에서, 피고인이 보호사로 근무하던 병원의 주된 진료과목이 '정신과'로서 정신과 환자의 입원시설을 갖추고 있고, 정신과의 진료대상에는 정신적 장애인도 포함되어 있지만, 스트레스, 우울증, 정서불안 등의 폭넓은 정신질환을 그 진료 대상으로 하고 있는 점, 위 병원의 환자 중에는 정신적 장애가 있는 환자가 다수 있을 수 있고, 그러한 환자를 대상으로 한 의료행위를 하는 과정에 정신적 장애가 있는 환자를 보호하는 역할을 수행하기도 하지만, 그것은 어디까지나 환자에 대한 진료 등 의료행위를 수행하는 과정에 따르는 부수적인 기능에 불과하므로, 위 병원이 의료행위에 수반하여 환자 보호라는 일부 기능을 맡고 있다는 것을

---

214 장애인복지법 제58조(장애인복지시설) ① 장애인복지시설의 종류는 다음 각 호와 같다.
  1. 장애인 거주시설: 거주공간을 활용하여 일반가정에서 생활하기 어려운 장애인에게 일정 기간 동안 거주·요양·지원 등의 서비스를 제공하는 동시에 지역사회생활을 지원하는 시설
  2. 장애인 지역사회재활시설: 장애인을 전문적으로 상담·치료·훈련하거나 장애인의 일상생활, 여가활동 및 사회참여활동 등을 지원하는 시설
  3. 장애인 직업재활시설: 일반 작업환경에서는 일하기 어려운 장애인이 특별히 준비된 작업환경에서 직업훈련을 받거나 직업 생활을 할 수 있도록 하는 시설(직업훈련 및 직업 생활을 위하여 필요한 제조·가공 시설, 공장 및 영업장 등 부속용도의 시설로서 보건복지부령으로 정하는 시설을 포함한다)
  4. 장애인 의료재활시설: 장애인을 입원 또는 통원하게 하여 상담, 진단·판정, 치료 등 의료재활서비스를 제공하는 시설
  5. 그 밖에 대통령령으로 정하는 시설
  ② 제1항 각 호에 따른 장애인복지시설의 구체적인 종류와 사업 등에 관한 사항은 보건복지부령으로 정한다.
215 주석형법 [각칙(4)](5판), 366(구회근).
216 대구고판 2015. 4. 23, 2014노499(확정). 위 판례에 대하여 비판적인 견해를 피력한 것으로, 주석형법 [각칙(4)](5판), 366면(구회근).

이유로 위 병원이 장애인의 보호, 교육 등을 '목적'으로 하는 시설에 해당한다고 할 수는 없다며 성폭력처벌법 제6조 제4항 위반으로만 처벌하였다.[217]

(b) '장애인의 보호, 교육 등을 목적으로 하는 시설'은 장애인 거주시설, 장 288
애인 교육시설 등과 같이 일정한 물리적인 공간 안에서 장애인을 보호, 교육하는 시설로 한정할 것은 아니다. 그리고 '보호'의 사전적 의미는 '위험이나 곤란 따위가 미치지 아니하도록 잘 보살펴 돌보는 것'이므로, 장애인이 겪는 생활상의 곤란을 해결해주기 위한 활동이라면 이를 '보호'에 해당하는 것으로 보아야한다.

하급심 판례 중에는, 장애인의 가정 등을 방문하여 장애인의 활동을 보조하 289
거나 방문목욕 등을 급여를 제공하는 장애인자립생활센터(장애인복지법 §54의 '중증장애인자립생활지원센터' 및 장애인활동 지원에 관한 법률 §2(vi)의 '활동지원기관'에 해당)의 장애인 활동보조인으로 장애인인 피해자의 주거지에 방문하여 피해자의 활동을 보조하던 피고인이 피해자 및 피고인의 주거지에서 수차례 피해자를 성폭력한 사안에서, 장애인자립생활센터를 본 조항의 장애인의 보호, 교육 등을 '목적'으로 하는 시설에 해당한다고 판단한 것[218]이 있다.

(다) 행위

본조 제1항부터 제6항까지의 범죄를 범하는 것이다, 290

(라) 고의

범행 당시 피해자가 '신체적인 또는 정신적인 장애가 있는 사람'이라는 사 291
실을 인식하여야 한다. 장애인 시설의 장 또는 종사자라면 통상 고의가 인정될 것이다.

(마) 처벌

본죄를 범한 사람은 본조 제1항부터 제6항까지의 죄에서 정한 형의 2분의 292
1까지 가중하여 처벌한다. 이때, 법정형의 상한뿐 아니라 하한도 가중한다.

---

217 이러한 판례의 입장을 비판하면서, 이 사건 병원의 특성과 장애인의 성적 자기결정권을 두텁게 보호하고 장애인의 보호, 교육 등을 목적으로 하는 시설의 종사자로 하여금 보다 막중한 책임의식과 법 준수의식을 갖추도록 하고자 하는 본 조항의 입법목적 등을 고려할 때, '장애인의 보호, 교육 등을 목적을 하는 시설'에 해당한다고 봄이 타당하다는 견해[주석형법 〔각칙(4)〕(5판), 366(구회근)]도 있다.

218 광주고판 2019. 6. 20, 2018노542(확정).

293   본죄의 미수범(성폭처벌 §15)과 본죄를 목적으로 한 예비·음모는 처벌되고 (성폭처벌 §15의2), 본죄는 양형기준 적용대상이다.[219]

(13) 공소시효의 배제 등

294   '신체적인 또는 정신적인 장애가 있는 사람'에 대하여 형법 제297조(강간), 제298조(강제추행), 제299조(준강간, 준강제추행), 그리고 성폭력처벌법 제6조 제2항 (장애인에 대한 유사강간)의 죄를 범한 경우에는 형사소송법 및 군사법원법의 공소 시효가 적용되지 않는다(성폭처벌 §21③). 장애가 있는 사람을 대상으로 한 성폭 력범죄에 대한 사전적 예방조치로서 공소시효를 배제함으로써 법적 제재를 항 구화하기 위한 조치이다.[220]

295   이러한 성폭력범죄의 공소시효 배제조항은 2011년 11월 17일 성폭력처벌법 개정으로 처음 신설되었는데(13세 미만의 여자 및 장애인 여자에 대하여 강간 또는 준강 간의 죄를 범한 경우),[221] 신체적인 또는 정신적인 장애가 있는 사람에 대한 배제 조항은 2012년 12월 18일 성폭력처벌법이 전부 개정되면서 추가로 규정되었다.

5. 13세 미만의 미성년자에 대한 강간, 강제추행 등

(1) 규정

제7조(13세 미만의 미성년자에 대한 강간, 강제추행 등) ① 13세 미만의 사람에 대하 여 「형법」 제297조(강간)의 죄를 범한 사람은 무기징역 또는 10년 이상의 징역에 처한다.

② 13세 미만의 사람에 대하여 폭행이나 협박으로 다음 각 호의 어느 하나에 해당

---

219 양형위원회, 2023 양형기준, 29-63.
220 주석형법 〔각칙(4)〕(5판), 367(구회근).
221 위 공소시효 배제조항을 신설하면서 부칙에 신설 조항의 시행 전에 행하여진 성폭력범죄로 아직 공소시효가 완성되지 아니한 것에 대하여도 적용한다는 취지의 소급적용에 관한 규정을 두지 않 았다. 이처럼 공소시효를 배제하는 내용의 특례조항을 신설하면서 소급적용에 관한 명시적인 경 과규정을 두지 아니한 경우에 그 조항을 소급하여 적용할 수 있다고 볼 것인지에 관하여, 이를 해결할 보편타당한 일반원칙이 존재할 수 없는 터이므로 적법절차원칙과 소급금지원칙을 천명 한 헌법 제12조 제1항과 제13조 제1항의 정신을 바탕으로 하여 법적 안정성과 신뢰보호원칙을 포함한 법치주의 이념을 훼손하지 아니하도록 신중히 판단하여야 한다는 것이 판례의 입장이다 (대판 2015. 5. 28, 2015도1362; 대판 2021. 2. 25, 2020도3694). 이러한 법리에 따라 대법원은 공소시효가 완성된 이후에 기소된 성폭력처벌법위반(장애인준강간)죄에 대하여, 피고인에게 불 리한 위 배제조항이 적용되지 않는다며 면소판결을 선고한 원심판결을 수긍하였다(위 2015도 1362 판결).

하는 행위를 한 사람은 7년 이상의 유기징역에 처한다.

1. 구강·항문 등 신체(성기는 제외한다)의 내부에 성기를 넣는 행위
2. 성기·항문에 손가락 등 신체(성기는 제외한다)의 일부나 도구를 넣는 행위

③ 13세 미만의 사람에 대하여 「형법」 제298조(강제추행)의 죄를 범한 사람은 5년 이상의 유기징역에 처한다. 〈개정 2020. 5. 19.〉

④ 13세 미만의 사람에 대하여 「형법」 제299조(준강간, 준강제추행)의 죄를 범한 사람은 제1항부터 제3항까지의 예에 따라 처벌한다.

⑤ 위계 또는 위력으로써 13세 미만의 사람을 간음하거나 추행한 사람은 제1항부터 제3항까지의 예에 따라 처벌한다.

(2) 의의

본조는 정신적·육체적으로 아직 성장 단계에 있다고 볼 수 있는 13세 미만 　296
의 미성년자의 성적 자기결정권을 특별히 보호하기 위한 것으로서, 형법상의 각 처벌조항(강간죄 등)에 비하여 그 결과불법의 정도가 더 높다고 볼 수 있기 때문에 이를 가중처벌하기 위하여 마련된 규정이다.[222] 본조의 죄의 보호법익은 '13세 미만의 미성년자가 외부로부터의 부적절한 성적 자극이나 물리력의 행사가 없는 상태에서 심리적 장애 없이 성적 정체성 및 가치관을 형성할 권익'이고,[223] 보호의 정도는 침해범이다. 본조가 규정됨에 따라 형법상 강간죄 등의 객체에서 13세 미만의 미성년자는 사실상 제외되게 된다.

한편, 청소년성보호법 제7조(아동·청소년에 대한 강간·강제추행 등)는 아동·청　297
소년(아청 §2(i))을 대상으로 한 동일한 내용의 구성요건을 별도로 구성하고 있다. 각각의 대상연령과 법정형을 비교하면 성폭력처벌법 제7조의 죄는 청소년성보호법 제7조의 특별규정에 해당한다.[224]

구 성폭력범죄의 처벌 및 피해자보호에 관한 법률 시행 당시에도 유사한 　298
체제로 규정되어 있었고, 2010년 4월 15일 성폭력처벌법이 새로 제정될 당시에도 그대로 유지되었다. 그러다가 2011년 11월 17일 성폭력처벌법이 개정(법률 제11088호)되면서 13세 미만의 미성년자에 대한 강간의 경우 무기징역을 선고할

---

222 주석형법 [각칙(4)](5판), 368(구회근); 이주원, 특별형법(9판), 494-495.
223 대판 2009. 9. 24, 2009도2576; 대판 2013. 1. 16, 2011도7164, 2011전도124.
224 이주원, 특별형법(9판), 495.

수 있도록 법정형이 상향되었다.

299　　위와 같이 '13세 미만 미성년자에 대한 강간 등'을 처벌하는 조항은 구 성폭력범죄의 처벌 및 피해자보호 등에 관한 법률 당시에도 있었지만, 2010년 4월 15일 제정된 성폭력처벌법은 13세 미만 미성년자에 대한 강간 등의 경우 그 처벌을 강화하기 위하여 부칙 제5조 제10항에서 종래 위 각 범죄에 관하여 규정하고 있던 구 성폭력범죄의 처벌 및 피해자보호 등에 관한 법률제8조의2(13세 미만의 미성년자에 대한 강간, 강제추행 등) 등의 처벌규정을 각 삭제하는 대신 성폭력처벌법에 제7조(13세 미만의 미성년자에 대한 강간, 강제추행 등) 등의 처벌규정을 두면서, 그 부칙 제4조에서 "이 법 시행 전의 행위에 대한 벌칙을 적용할 때에는 종전의 「성폭력범죄의 처벌 및 피해자보호 등에 관한 법률」에 따른다."고 규정하였다. 따라서 2010년 4월 15일 전에 행해진 13세 미만의 미성년자에 대한 강간, 강제추행 등의 범행에 대하여는 구 성폭력범죄의 처벌 및 피해자보호 등에 관한 법률 제7조, 제8조의2의 규정들이 적용된다.[225]

300　　한편, 2012년 12월 18일 성폭력처벌법이이 전부 개정되면서 행위의 객체가 '여자'로 되어 있던 부분(성폭처벌 §7①)이 '사람'으로 변경되었고, 2020년 5월 19일 개정으로 본조 제3항의 13세 미만의 사람에 대한 강제추행죄의 법정형 중 선택형으로 규정된 벌금형 부분(3천만 원 이상 5천만 원 이하)이 삭제되었다.

(3) 13세 미만 미성년자에 대한 성폭력범죄의 특성(피해자 진술의 '신빙성' 관련)

301　　'13세 미만 미성년자'에 대한 성폭력범죄도 앞서 살펴본 '친족관계'에 의한 성폭력범죄와 마찬가지로 그 피해자가 나이 어린 사정 등으로 인해 피해 사실을 제대로 기억하지 못하거나 진술하지 못할 가능성이 있어서 그 진술의 신빙성이 문제될 수 있다[이에 관해서는 **성폭력처벌법 §5 주해 (3) (라) 친족관계에 의한 성폭력범죄의 특성(피해자 진술의 '신빙성' 관련)** 부분 참조].

(4) 제1항의 죄(13세 미만의 미성년자에 대한 강간)

(가) 의의

302　　본죄[성폭력처벌법위반(13세미만미성년자강간)죄]는 13세 미만의 사람에 대하여 형법 제297조(강간)의 죄를 범한 때에 성립한다. 본죄가 성립하기 위해서는 13세

---

225 대판 2012. 1. 27, 2011도15830.

미만의 사람을 '폭행·협박'으로 '간음'하여야 하고, 만약 폭행·협박을 사용하지
않고 간음한 경우에는 형법 제305조(13세 미만 미성년자에 대한 간음)의 죄가 성립
하게 된다.

(나) 행위

본죄의 행위는 폭행 또는 협박으로 13세 미만의 사람을 강간하는 것이다.   303

'폭행·협박'이나 '강간'의 의미 등은 **형법 제297조(강간) 주해** 부분에서 본   304
것과 같다. 다만, 강간죄의 수단이 되는 '폭행·협박'의 정도에 관하여 '그 사건
에 관계된 모든 사정을 종합'하여 판단하여야 한다는 판례의 입장에 비추어 볼
때, 피해자가 13세 미만인 경우 비교적 약한 정도의 유형력 행사만으로도 피해자
의 항거를 현저히 곤란하게 할 정도의 것으로 인정될 가능성이 더 높을 것이다.

(다) 고의

범행 당시 피해자가 '13세 미만 미성년자'라는 사실을 인식하여야 한다. 피   305
고인이 이에 관한 고의를 부인하는 경우, 피해자가 13세 미만이라는 객관적 사
실로부터 피고인이 그 사실을 알고 있었다는 점이 추단된다고 볼 만한 경험칙
이나 그 밖의 사실상 또는 법적 근거는 없으므로, 검사가 사물의 성질상 그 내
심과 상당한 관련이 있는 간접사실 또는 정황사실을 증명하는 방법에 의하여
이를 입증하여야 한다.[226]

(라) 다른 죄와의 관계

① 13세 미만인 미성년자인 피해자를 약취한 후에 강간을 목적으로 피해자   306
에게 가혹한 행위 및 상해를 가하고 나아가 그 피해자에 대한 강간 및 살인미수
를 범하였다면, 약취한 미성년자에 대한 상해 등으로 인한 특정범죄 가중처벌
등에 관한 법률(이하, 특정범죄가중법이라 한다.) 제5조의2 제2항 제3호[227] 위반의

---

226 대판 2012. 8. 30, 2012도7377.
227 특정범죄가중법 제5조의2(약취·유인죄의 가중처벌) ② 13세 미만의 미성년자에 대하여 「형법」
    제287조의 죄를 범한 사람이 다음 각 호의 어느 하나에 해당하는 행위를 한 경우에는 다음 각
    호와 같이 가중처벌한다.
     1. 약취 또는 유인한 미성년자의 부모나 그 밖에 그 미성년자의 안전을 염려하는 사람의 우
       려를 이용하여 재물이나 재산상의 이익을 취득하거나 이를 요구한 경우에는 무기 또는
       10년 이상의 징역에 처한다.
     2. 약취 또는 유인한 미성년자를 살해한 경우에는 사형 또는 무기징역에 처한다.
     3. 약취 또는 유인한 미성년자를 폭행·상해·감금 또는 유기(遺棄)하거나 그 미성년자에게
       가혹한 행위를 한 경우에는 무기 또는 5년 이상의 징역에 처한다.

〔성 보 기〕

특정범죄가중법위반(13세미만약취유인)죄 및 미성년자인 피해자에 대한 강간 및 살인미수행위로 인한 성폭력처벌법위반(강간등살인)죄가 각각 성립하고, 설령 상해의 결과가 피해자에 대한 강간 및 살인미수행위 과정에서 발생한 것이라고 하더라도 위 각 죄는 서로 실체적 경합관계에 있다.[228]

307 　　② 아동복지법 제17조(금지행위) 제2호[229] 후단의 '아동에게 성적 수치심을 주는 성희롱 등의 성적 학대행위'에는 아동의 건강·복지를 해치거나 정상적 발달을 저해할 수 있는 성폭력행위도 포함되므로('아동에게 성적 수치심을 주는 성희롱 등의 성적 학대행위'는 성폭행의 정도에 이르지 않는 행위만을 말하는 것이라는 피고인의 주장을 배척함), 위 조항을 위반하여 13세 미만의 아동을 강간한 경우, 아동복지법위반(아동에대한음행강요·매개·성희롱등)죄와 본죄는 상상적 경합관계에 있다.[230]

　　(마) 처벌 등

308 　　본죄를 범한 사람은 '무기징역 또는 10년 이상의 징역'에 처한다.

309 　　2011년 11월 17일 성폭력처벌법의 개정(법률 제11088호) 전에는 '10년 이상의 유기징역'이었지만, 위와 같이 개정되면서 '무기징역'이 추가되었다. 위 개정 법률이 시행된 2011년 11월 17일 이전의 범행에 대하여 그 처벌에 관한 경과규정이 없지만, 적법절차원칙과 소급금지원칙을 천명한 헌법 제12조 제1항과 제13조 제1항의 정신에 비추어 볼 때, 무기징역을 선고할 수 없다고 봄이 타당하다.[231]

310 　　본죄의 미수범(성폭처벌 §15)과 본죄를 목적으로 한 예비·음모는 처벌되고(성폭처벌 §15의2), 본죄는 양형기준 적용대상이다.[232]

311 　　본죄로 기소되었지만 피해자가 13세 미만이라는 점 또는 피고인이 이를 알

---

4. 제3호의 죄를 범하여 미성년자를 사망에 이르게 한 경우에는 사형, 무기 또는 7년 이상의 징역에 처한다.
⑥ 제1항 및 제2항(제2항제4호는 제외한다)에 규정된 죄의 미수범은 처벌한다.
228 대판 2014. 2. 27, 2013도12301 참조.
229 아동복지법 제17조(금지행위) 누구든지 다음 각 호의 어느 하나에 해당하는 행위를 하여서는 아니 된다.
　　2. 아동에게 음란한 행위를 시키거나 이를 매개하는 행위 또는 아동에게 성적 수치심을 주는 성희롱 등의 성적 학대행위
제71조(벌칙) ① 제17조를 위반한 자는 다음 각 호의 구분에 따라 처벌한다.
　　1의 2. 제2호에 해당하는 행위를 한 자는 10년 이하의 징역 또는 1억원 이하의 벌금에 처한다.
230 대판 2020. 10. 29, 2020도11348 참조.
231 대판 2015. 5. 28, 2015도1362.
232 양형위원회, 2023 양형기준, 29-63.

았다는 점에 관한 입증이 부족한 경우, 공소장변경 없이 청소년성보호법 제7조 제1항(13세 이상 청소년에 대한 강간)의 죄를 인정할 수 있다.[233]

(5) 제2항의 죄(13세 미만의 미성년자에 대한 유사성행위)

본죄[성폭력처벌법위반(13세미만미성년자유사성행위)죄]는 13세 미만의 사람에 대하여 폭행이나 협박으로 ① 구강·항문 등 신체(성기는 제외)의 내부에 성기를 넣는 행위(제1호), ② 성기·항문에 손가락 등 신체(성기는 제외)의 일부나 도구를 넣는 행위(제2호)(이하, ①과 ②를 합하여 유사간음행위라 한다.)를 하는 때에 성립한다. 312

'폭행·협박' 및 '유사간음'의 의미는 **형법 제297조의2(유사강간)** 부분에서 살펴본 것과 같다. 범행 당시 피해자가 '13세 미만 미성년자'라는 사실을 인식하여야 하고, 피고인이 이를 인식하였음은 검사가 입증하여야 한다. 313

본죄를 범한 사람은 7년 이상의 유기징역에 처한다. 314

본죄의 미수범(성폭력처벌 §15)과 본죄를 목적으로 한 예비·음모는 처벌되고 (성폭력처벌 §15의2), 본죄는 양형기준 적용대상이다.[234] 315

(6) 제3항(13세 미만의 미성년자에 대한 강제추행)

본죄[성폭력처벌법위반(13세미만미성년자강제추행)죄]는 13세 미만의 사람에 대하여 형법 제298조(강제추행)의 죄를 범한 때에 성립한다. 본죄가 성립하기 위해서는 13세 미만의 사람을 '폭행·협박'으로 '추행'하여야 하고, 만약 폭행·협박을 사용하지 않고 추행한 경우에는 제305조(13세 미만 미성년자에 대한 추행)의 죄가 성립하게 될 것이다. 폭행 그 자체가 곧바로 추행으로 인정되는 기습추행의 경우에도 본죄가 성립한다. 316

'폭행·협박' 및 '추행'의 의미 등은 **제298조(강제추행)** 부분에서 살펴본 것과 같다. 본죄의 성립에 주관적 구성요건으로 성욕을 자극·흥분·만족시키려는 주관적 동기나 목적이 필요하지 않은 것도 마찬가지이다.[235] 317

'추행'에 해당하는지 여부는, 피해자의 의사, 성별, 연령, 행위자와 피해자의 이전부터의 관계, 그 행위에 이르게 된 경위, 구체적 행위태양, 주위의 객관적 상황과 그 시대의 성적 도덕관념 등을 종합적으로 고려하여 신중히 결정하여야 318

---

233 대판 2015. 4. 23, 2015도2840.
234 양형위원회, 2023 양형기준, 29-63.
235 대판 2009. 9. 24, 2009도2576; 대판 2013. 1. 16, 2011도7164, 2011전도124.

한다는 것이 판례의 태도이다.[236]

319　　　본죄를 범한 사람은 '5년 이상의 유기징역'에 처한다.

320　　　본죄의 미수범(성폭처벌 §15)과 본죄를 목적으로 한 예비·음모는 처벌되고 (성폭처벌 §15의2), 본죄는 양형기준 적용대상이다.[237]

(7) 제4항의 죄(13세 미만의 미성년자에 대한 준강간, 준유사강간, 준강제추행)

321　　　본죄[성폭력처벌법위반(13세미만미성년자(준강간·준유사성행위·준강제추행))죄]는 13세 미만의 사람에 대하여 형법 제299조(준강간, 준강제추행)의 죄를 범한 때에 성립한다. 본죄를 범한 경우 "제1항부터 제3항까지의 예에 따라 처벌한다."고 규정하고 있으므로, 여기의 '간음이나 추행'에는 유사간음도 포함된다. '간음'이나 '유사간음', '추행'의 의미 등은 **제297조(강간)**, **제297조의2(유사강간)**, **제298조(강제추행)** 부분에서 살펴본 것과 같다.

322　　　간음 등 당시 피해자가 '13세 미만의 사람'이라는 사실을 인식하여야 하고, 피고인이 이를 인식하였음은 검사가 입증하여야 한다는 것은 13세 미만의 미성년자에 대한 강간 부분에서 본 바와 같다.

323　　　본죄를 범한 사람은 '제1항부터 제3항까지의 예'에 따라 처벌된다. 즉 13세 미만의 미성년자에 대한 준강간의 경우에는 무기징역 또는 10년 이상의 징역에, 13세 미만의 미성년자에 대한 준유사성행위의 경우에는 7년 이상의 유기징역에, 13세 미만의 미성년자에 대한 준강제추행의 경우에는 5년 이상의 유기징역에 각 처한다.

324　　　본죄의 미수범(성폭처벌 §15)과 본죄를 목적으로 한 예비·음모는 처벌되고 (성폭처벌 §15의2), 본죄는 양형기준 적용대상이다.[238]

(8) 제5항의 죄(13세 미만의 미성년자에 대한 위계 또는 위력 간음, 유사간음, 강제추행)
(가) 의의

325　　　본죄【성폭력처벌법위반[13세미만미성년자위계등(간음·유사성행위·추행)]죄】는 13세 미만의 사람에 대하여 위계 또는 위력으로 간음 또는 유사간음하거나 추행하는 때에 성립한다. '위계 또는 위력', '간음', '유사간음', '추행'의 의미 등은 **제302조**

---

236 대판 2016. 6. 23, 2014도6588.
237 양형위원회, 2023 양형기준, 29-63.
238 양형위원회, 2023 양형기준, 29-63.

(미성년자 등에 대한 간음), 제297조(강간), 제297조의2(유사강간), 제298조(강제추행) 부분에서 살펴본 것과 같다.

(나) 위계 또는 위력

(a) 위계

'위계'란 행위자의 행위 목적을 달성하기 위하여 피해자에게 오인, 착각, 부지를 일으키게 하여 이를 이용하는 것을 말하고, 여기서 '오인, 착각, 부지'란 간음이나 추행 그 자체에 대한 오인, 착각, 부지뿐 아니라, 나아가 간음 또는 추행에 이르게 된 동기나 이와 결부된 금전적·비금전적 대가와 같은 요소에 대한 오인, 착각, 부지를 포함한다.[239]

326

① 편의점 종업원인 피고인이 손님인 피해자(여, 8세)로부터 "라면값을 깎아달라."는 말을 듣자, 피해자에게 "내가 하는 것을 도와주면 라면값을 대신 내준다, 내가 만든 음료를 막대기 같은 것에 묻혀서 줄 테니 맛을 봐 달라."라고 말하여 피해자를 바닥에 무릎 꿇게 하고 검은색 스타킹으로 피해자의 눈 부위를 묶어 눈을 가린 다음, 자신의 바지를 내려 성기를 피해자의 입에 집어넣고 "25번 빨아라."라고 하여 그 행위의 의미를 이해하지 못하는 피해자로 하여금 자신의 성기를 약 2분 30초 동안 빨게 한 행위는 위계에 의한 유사성행위에 해당한다.[240]

327

② 초등학교 기간제 교사인 피고인이 다른 학생들이 지켜보는 가운데 건강검진을 받으러 온 피해자(여, 12세)를 책상 위에 눕게 한 다음 피해자의 상의 안으로 손을 넣어 가슴과 배를 만진 행위는 위계로써 13세 미만의 사람을 추행을 한 경우에 해당한다.[241]

328

(b) 위력

'위력'이라 함은 피해자의 자유의사를 제압하기에 충분한(소수설에 의하면 자유의사를 왜곡시키거나 혼란케 할 정도의) 세력을 말하고, 그것이 유형적이든 무형적이든 묻지 않는다. 따라서 폭행·협박뿐만 아니라 사회적·경제적·정치적인 지위나 권세를 이용하는 것도 가능하다.[242] 그리고 위력 그 자체가 추행이라고 인

329

---

239 대판 2020. 8. 27, 2015도9436(전).
240 대판 2020. 10. 29, 2020도11348.
241 대판 2009. 9. 24, 2009도2576.
242 대판 2013. 1. 16, 2011도7164, 2011전도124; 대판 2019. 6. 13, 2019도3341.

정되는 경우도 포함되고, 이 경우의 위력은 현실적으로 피해자의 자유의사가 제압될 것임을 요하지 않는다.[243]

330   ① 피고인(남, 25세)이 전혀 안면이 없었던 어린 여자 피해자들(9세, 11세)이 혼자 귀가하는 것을 보고 뒤를 따라가 폐쇄적인 엘리베이터에 함께 탄 후 피해자들이 보는 앞에서 반바지를 내리고 성기를 꺼내어 손으로 자위행위를 한 경우, 설령 피해자들의 신체에 직접적으로 접촉하지 않았다고 하더라도 위력에 의한 추행에 해당한다.[244]

331   ② 피고인(남, 60세)은 동네 슈퍼 주인으로서 피해자(여, 12세)의 부모들과도 오랜 기간 서로 잘 알고 지내는 사이인데, 물건을 사서 나가려는 피해자를 슈퍼 내 창고로 데려가 입술에 키스를 하거나 옷을 벗겨 입으로 가슴을 빠는 등의 행위를 한 경우[245] 등은 모두 '위력'을 행사하여 추행한 경우에 해당한다.

332   성폭력처벌법위반(13세미만미성년자강제추행)죄로 기소된 사건에서 피해자에게 폭행이나 협박을 한 사실은 인정되지 않지만 위력으로 추행한 사실은 인정되는 경우, 공소장변경 없이 성폭력처벌법위반(13세미만미성년자위력추행)죄로 인정할 수 있다.[246]

(다) 처벌

333   '제1항부터 제3항까지의 예'에 따라 처벌한다. 즉 13세 미만의 미성년자에 대한 위계 또는 위력 간음의 경우에는 무기징역 또는 10년 이상의 징역에, 13세 미만의 미성년자에 대한 위계 또는 위력 유사성행위의 경우에는 7년 이상의 유기징역에, 13세 미만의 미성년자에 대한 위계 또는 위력 추행의 경우에는 5년 이상의 유기징역에 각 처한다.

334   본죄의 미수범(성폭처벌 §15)과 본죄를 목적으로 한 예비·음모는 처벌되고(성폭처벌 §15의2), 본죄는 양형기준 적용대상이다.[247]

---

243 대판 1998. 1. 23, 97도2506.
244 대판 2013. 1. 16, 2011도7164, 2011전도124.
245 대판 2013. 12. 12, 2013도12803(원심판결 대전고판 2013. 10. 2, 2013노300).
246 대판 2013. 12. 12, 2013도12803.
247 양형위원회, 2023 양형기준, 29-63.

(9) 공소시효 배제

'13세 미만의 사람'에 대하여 형법 제297조(강간), 제298조(강제추행), 제299조　335
(준강간, 준강제추행), 성폭력처벌법 제7조 제2항(13세 미만 미성년자에 대한 유사성행
위)의 죄를 범한 경우에는 형사소송법 등의 공소시효가 적용되지 아니한다(성폭
처벌 §21③).

6. 강간 등 상해, 치상

(1) 규정

제8조 (강간 등 상해·치상) ① 제3조제1항, 제4조, 제6조, 제7조 또는 제15조(제3
조제1항, 제4조, 제6조 또는 제7조의 미수범으로 한정한다)의 죄를 범한 사람이
다른 사람을 상해하거나 상해에 이르게 한 때에는 무기징역 또는 10년 이상의 징
역에 처한다.
② 제5조 또는 제15조(제5조의 미수범으로 한정한다)의 죄를 범한 사람이 다른
사람을 상해하거나 상해에 이르게 한 때에는 무기징역 또는 7년 이상의 징역에
처한다.

(2) 의의

본조는 성폭력처벌법상의 강간 등 특정범죄를 범한 사람이 다른 사람을 상　336
해하거나 상해에 이르게 한 행위를 처벌하는 규정이다. 성폭력처벌법위반(강간
등상해)죄는 성폭력처벌법상의 강간죄 등과 상해죄의 결합범이고, 성폭력처벌
법위반(강간등치상)죄는 성폭력처벌법상의 강간죄 등에 상해의 중한 결과가 발
생한 결과적 가중범이다.[248]

성폭력처벌법상의 특정범죄에 따라 제1항과 제2항을 나누어 법정형을 다르　337
게 규정하고 있는데, 죄명표상의 죄명은 같다.[249]

(3) 제1항의 죄

(가) 주체

본죄(제1항의 죄)의 주체는 성폭력처벌법 제3조 제1항(주거침입 등 후 강간 등),　338

---

248 주석형법 〔각칙(4)〕(5판), 374(구회근); 김정환·김슬기, 형사특별법(2판), 79; 이주원, 특별형법
　　(9판), 500.
249 여기서는 제1항의 죄와 제2항의 죄로 구분하여 사용한다.

제4조(특수강간 등), 제6조(장애인에 대한 강간·강제추행 등), 제7조(13세 미만의 미성년자에 대한 강간, 강제추행 등) 또는 제15조(위 각 조문의 미수범으로 한정)의 죄를 범한 사람'이다.

339　　　성폭력처벌법 제3조 제2항(특수강도 강간 등)은 제외되었는데, 그 법정형 자체가 사형, 무기징역 또는 10년 이상의 징역형으로 되어 이로 인한 상해 또는 치상으로 더 무거운 법정형을 정하기 어려웠던 것으로 보인다.[250] 성폭력처벌법 제3조 제2항의 죄를 범하다가 피해자에게 상해를 가하거나 상해를 입게 한 경우, 성폭력처벌법 제3조 제2항과 강도상해·치상(§337. 무기 또는 7년 이상의 징역) 또는 강간 등 상해·치상(§301. 무기 또는 5년 이상의 징역)의 상상적 경합이 되어 법정형이 높은 성폭력처벌법 제3조 제2항에서 정한 죄로 처벌하여야 할 것이다.

　　　(나) 행위

340　　　'상해'의 의미 등은 **주해 XIII(각칙 5) 형법 제301조(강간 등 상해·치상)** 부분에서 본 것과 같다. '강간 등 치상'에서 상해는 간음행위 그 자체로부터 발생한 경우나 강간의 수단으로 사용한 폭행으로부터 발생한 경우는 물론 강간에 수반하는 행위에서 발생한 경우도 포함한다.[251] 그리고 성폭력처벌법(강간등치상)죄는 특수강간 등의 죄를 범한 사람이 사람을 상해에 이르게 한 때 성립하는 결과적 가중범이므로, 결과적 가중범의 경우 행위자가 그 결과를 의도할 필요는 없고 그 발생을 예견할 수 있으면 충분하며, 결과적 가중범의 공동정범은 기본행위를 공동으로 할 의사가 있으면 성립하고 결과를 공동으로 할 의사까지는 요하지 않는다.[252]

　　　(다) 다른 죄와의 관계

341　　　흉기를 휴대하고 주거에 침입하여 흉기로 반항을 억압한 후 피해자를 강간하고 상해를 가한 경우, 성폭력처벌법위반(강간등상해)죄 이외에 별도로 주거침입죄는 성립하지 않는다. 성폭력처벌법 제3조 제1항은 형법 제319조 제1항의 범죄를 저지른 사람이 강간의 죄를 범한 경우를 규정하고 있고, 성폭력처벌법 제8조 제1항(강간치상)은 성폭력처벌법 제3조 제1항(주거침입강간)의 죄와 제4조(특

---

250 이주원, 특별형법(9판), 501.
251 대판 2008. 2. 29, 2007도10120.
252 대판 2008. 6. 26, 2007도6188; 대판 2012. 7. 12, 2012도4662.

수강간)의 죄에 대한 결과적 가중범을 동일한 구성요건에 규정하고 있어, 피고인의 행위는 그 전체가 포괄하여 제1항의 죄를 구성하기 때문이다.[253]

(라) 처벌

무기징역 또는 10년 이상의 징역에 처해진다.　　　　　　　342

본죄의 미수범은 처벌된다(성폭처벌 §15). 본죄의 미수범은 주거침입강간 등　　343
의 죄를 범하거나 미수에 그친 사람이 피해자에게 상해를 가하려고 하다가 미수에 그친 경우를 말하는 것이다. 주거침입강간 등의 미수범이 피해자에게 상해를 입게 하였거나 상해를 가한 경우는 본조의 기수가 되는 것이므로, 미수감경을 할 수 없다.[254]

본죄는 양형기준 적용대상이다.[255]　　　　　　　344

(4) 제2항의 죄

본죄(제2항의 죄)의 주체는 성폭력처벌법 제5조(친족관계에 의한 강간 등) 또는　345
제15조(§5의 미수범으로 한정)의 죄를 범한 사람이다.

본죄를 범한 사람은 무기징역 또는 7년 이상의 징역에 처한다. 본죄에 대해　346
서는 미수범 처벌규정이 있다(성폭처벌 §15). 그러나 판례는 위 미수범 처벌규정은 고의범인 상해의 경우에만 적용되고, 결과적 가중범인 치상의 경우에는 적용되지 않는다고 한다.[256]

본죄는 양형기준 적용대상이다.[257]

(5) 공소시효 배제 등

'13세 미만의 사람' 및 '신체적인 또는 정신적인 장애가 있는 사람'에 대하여　347
본죄를 범한 경우에는, 형사소송법 및 군사법원법의 공소시효가 적용되지 않는다(성폭처벌 §21③).

---

253 대판 1999. 4. 23, 99도354.
254 대판 2008. 4. 24, 2007도10058; 대판 2013. 8. 22, 2013도7138; 대판 2019. 2. 14, 2018도19386.
255 양형위원회, 2023 양형기준, 29-63.
256 대판 2008. 4. 24, 2007도10058.
257 양형위원회, 2023 양형기준, 29-63.

7. 강간 등 살인, 치사

(1) 규정

제9조 (강간 등 살인·치사) ① 제3조부터 제7조까지, 제15조(제3조부터 제7조까지의 미수범으로 한정한다)의 죄 또는 「형법」 제297조(강간), 제297조의2(유사강간) 및 제298조(강제추행)부터 제300조(미수범)까지의 죄를 범한 사람이 다른 사람을 살해한 때에는 사형 또는 무기징역에 처한다.

② 제4조, 제5조 또는 제15조(제4조 또는 제5조의 미수범으로 한정한다)의 죄를 범한 사람이 다른 사람을 사망에 이르게 한 때에는 무기징역 또는 10년 이상의 징역에 처한다.

③ 제6조, 제7조 또는 제15조(제6조 또는 제7조의 미수범으로 한정한다)의 죄를 범한 사람이 다른 사람을 사망에 이르게 한 때에는 사형, 무기징역 또는 10년 이상의 징역에 처한다.

(2) 의의

348 　본조는 성폭력처벌법상의 강간 등 특정범죄를 범한 사람이 다른 사람을 살해하거나 사망에 이르게 한 행위를 처벌하는 규정이다. 성폭력처벌법위반(강간등살인)죄(제1항)는 성폭력처벌법상의 강간 등의 죄와 살해죄의 결합범이고, 성폭력처벌법위반(강간등치사)죄(제2·3항)는 성폭력처벌법상의 강간 등으로 인해 사망이라는 중한 결과가 발생한 결과적 가중범이다.[258]

349 　본조는 위와 같이 결합범과 결과적 가중범을 구분하면서 그 법정형에 차이를 두고 있다. 이러한 구별은 결과적 가중범에서 사형을 배제하기로 한 형법의 기본방침에 따른 것으로 보이는데,[259] 다만 성폭력처벌법 제9조 제3항은 결과적 가중범임에도 불구하고 그 기본범죄의 불법성 정도 등을 고려하여 법정형에 '사형'을 규정하고 있다.

(3) 성폭력처벌법위반(강간등살인)죄

(가) 주체

350 　본죄[성폭력처벌법위반(강간등살인)죄]의 주체는 ① 성폭력처벌법 제3조(주거침

---

258 주석형법 [각칙(4)](5판), 376(구회근); 이주원, 특별형법(9판), 503.
259 주석형법 [각칙(4)](5판), 376(구회근).

입 등 후 강간 등), 제4조(특수강간 등), 제5조(친족관계에 의한 강간 등), 제6조(장애인에 대한 강간·강제추행 등), 제7조(13세 미만의 미성년자에 대한 강간, 강제추행 등), 제15조(제3조부터 제7조까지의 미수범으로 한정한다)의 죄를 범한 사람(①유형), 또는 ② 형법 제297조(강간), 제297조의2(유사강간), 제298조(강제추행), 제299조(준강간, 준강제추행), 제300조(미수범)의 죄를 범한 사람(②유형)이다.

(나) 행위

본죄의 행위는 다른 사람을 살해하는 것이다.　　　　　351

주체가 위 ②유형인 경우, 그 주체와 행위 및 법정형(사형 또는 무기징역)이 　352
형법 제301조의2(강간등 살인·치사)와 동일하게 규정되어 있는데, 형법과 성폭력처벌법이 일반법과 특별법, 구법과 신법의 관계에 있어 어느 법이 먼저 적용되는지 문제될 수 있다. 판례는 위 두 조문은 서로 모순·저촉되는 관계가 아니므로, 어느 것을 우선적으로 적용하더라도 문제가 없다고 한다.[260] 다만 형법 제297조(강간), 제297조의2(유사강간), 제298조(강제추행), 제299조(준강간, 준강제추행), 제300조(미수범)의 죄를 범한 사람이 다른 사람을 살해하려다 미수에 그친 경우, 형법 제301조의2의 미수범에 대한 처벌규정은 없지만 본죄의 미수범은 처벌하므로(성폭처벌§15), 이 경우에는 본 조항을 적용하여야 할 것이다.

(다) 고의

본죄는 성폭력처벌법상의 강간 등의 죄와 살인죄의 결합범으로서 고의범이 　353
므로, 살인에 대한 고의가 필요하다. 이때 고의는 미필적 고의로도 충분하다.[261]

(라) 다른 죄와의 관계

미성년자인 피해자를 약취한 후에 강간을 목적으로 피해자에게 가혹한 행 　354
위 및 상해를 가하고 나아가 그 피해자에 대한 강간 및 살인미수를 범하였다면, 이에 대하여는 약취한 미성년자에 대한 상해 등으로 인한 특정범죄가중법위반

---

260 대판 1999. 2. 26, 98도3923.
261 판례 중에는, 대학생인 피고인이 술에 만취한 피해자를 부축하여 이동하다가 피해자를 건물 창문 창틀에 엎드린 상태로 걸쳐놓은 다음 성관계를 시도하다가 피해자를 건물 밖 1층 바닥으로 거꾸로 떨어뜨려 피해자가 머리에 피를 흘린 채 의식 없이 바닥에 쓰러져 있었음에도 아무런 구호조치를 취하지 않고 현장을 이탈하여 사망케 한 사안에서, 피고인이 미필적이나마 자신의 행위로 인하여 피해자가 사망할 가능성 또는 위험이 있음을 인식하거나 예견할 수 있었다는 점이 증명되었다고 보기 어렵다는 이유로, 강간살인의 점은 무죄로 판단하고 준강간치사의 점만 유죄로 인정한 것이 있다(대판 2023. 10. 26, 2023도10886).

(13세미만약취유인)죄와 미성년자인 피해자에 대한 강간 및 살인미수행위로 인한 본죄의 미수죄'가 각 성립하고, 설령 상해의 결과가 피해자에 대한 강간 및 살인미수행위 과정에서 발생한 것이라 하더라도 위 각 죄는 서로 실체적 경합관계에 있다.[262]

(마) 처벌

355　　　사형 또는 무기징역에 처한다.

356　　　본죄의 미수범은 처벌된다(성폭처벌 §15). 본죄의 미수범은 주거침입강간 등의 죄를 범하거나 미수에 그친 사람이 피해자 등을 살해하려고 하다가 미수에 그친 경우를 말하는 것이다. 주거침입강간 등의 미수범이 피해자를 살해한 경우에는 본조의 기수가 되는 것이므로, 미수감경을 하여서는 안 된다.[263]

357　　　본죄도 양형기준 적용대상인데, '성범죄 양형기준'이 아닌 '살인범죄 양형기준'에 포함되어 있다.[264]

(4) 성폭력처벌법위반(강간등치사)죄

(가) 제2항의 죄

358　　　본죄(제2항의 죄)의 주체는 성폭력처벌법 제4조(특수강간 등), 제5조(친족관계에 의한 강간 등) 또는 제15조(§4 또는 §5의 미수범으로 한정)의 죄를 범한 사람이다.

359　　　본죄의 주체에서 성폭력처벌법 제3조 제2항이 제외된 것은 성폭력처벌법 제8조 제1항(강간 등 상해)의 주체에서 제3조 제2항이 제외된 것과 마찬가지로 더 무거운 형을 정하기 어려웠기 때문으로 보인다.[265] 성폭력처벌법 제3조 제2항의 죄를 범하여 다른 사람을 사망에 이르게 한 때에는 성폭력처벌법 제3조 제2항(사형, 무기징역 또는 10년 이상의 징역)과 강도치사(§338. 무기 또는 10년 이상의 징역) 또는 강간 등 치사(§301의2. 무기 또는 10년 이상의 징역)의 상상적 경합으로 되어 법정형이 무거운 성폭력처벌법 제3조 제2항에서 정한 형으로 처벌하여야 할 것이다.

360　　　그러나 본죄의 주체에서 성폭력처벌법 제3조 제1항(주거침입강간 등. 무기징역

---

262 대판 2014. 2. 27, 2013도12301.
263 대판 2008. 4. 24, 2007도10058; 대판 2013. 8. 22, 2013도7138; 대판 2019. 2. 14, 2018도19386.
264 양형위원회, 2023 양형기준, 1-16.
265 이주원, 특별형법(9판), 503.

또는 7년 이상의 징역)이 제외된 것은 어떠한 이유인지 알 수 없고, 입법의 미비인 것으로 보인다. 성폭력처벌법 제3조 제1항의 죄를 범하다가 피해자를 사망에 이르게 한 때에는 성폭력처벌법 제3조 제1항(무기징역 또는 7년 이상의 징역)과 강간 등 치사(§301의2. 무기 또는 10년 이상의 징역)의 상상적 경합으로 되어 법정형이 무거운 강간등치사죄에서 정한 형으로 처벌하여야 할 것이다.

　본죄에서 사망의 결과는 간음행위 그 자체로부터 발생한 경우나 강간의 수 361
단으로 사용한 폭행으로부터 발생한 경우는 물론 강간에 수반하는 행위에서 발
생한 경우도 포함한다.[266]

　본죄를 범한 사람은 무기징역 또는 10년 이상의 징역에 처한다. 본죄에 대 362
해서는 미수범 처벌규정이 있으나(성폭처벌 §15), 판례는 위 미수범 처벌규정은
고의범인 제1항의 죄, 즉 상해의 경우에만 적용되고, 결과적 가중범인 제2항의
죄에는 적용되지 않는다고 한다.[267]

　본죄는 양형기준 적용대상이다.[268] 363

　(나) 제3항의 죄

　본죄(제3항의 죄)의 주체는 성폭력처벌법 제6조(장애인에 대한 강간·강제추행 364
등), 제7조(13세 미만의 미성년자에 대한 강간, 강제추행 등) 또는 제15조(§6 또는 §7의
미수범으로 한정)의 죄를 범한 사람이다.

　본죄를 범한 사람은 사형, 무기징역 또는 10년 이상의 징역에 처한다. 결과 365
적 가중범임에도 불구하고 그 기본범죄의 불법성 정도 등을 고려하여 법정형에
'사형'을 규정하고 있다. 즉, 성폭력처벌법 제6조, 제7조가 성폭력처벌법 제4조,
제5조보다 불법성의 정도가 더 크다고 본 것이다.[269]

　본죄에 대해서는 미수범 처벌규정이 있으나(성폭처벌 §15), 판례는 위 미수범 366
처벌규정은 고의범인 제1항의 죄, 즉 상해의 경우에만 적용되고, 결과적 가중범
인 제3항의 죄에는 적용되지 않는다고 한다.[270]

　본죄는 양형기준 적용대상이다.[271]

---

266 대판 2008. 2. 29, 2007도10120.
267 대판 2008. 4. 24, 2007도10058.
268 양형위원회, 2023 양형기준, 29-63.
269 주석형법 〔각칙(4)〕(5판), 378(구회근).
270 대판 2008. 4. 24, 2007도10058.
271 양형위원회, 2023 양형기준, 29-63.

(5) 공소시효 배제

367 '13세 미만의 사람' 및 '신체적인 또는 정신적인 장애가 있는 사람'에 대하여 성폭력처벌법 제9조(강간 등 살인·치사)의 죄를 범한 경우(성폭처벌 §21③(ii)) 및 성폭력처벌법(강간등살인)죄의 경우(성폭처벌 §21④(ii))에 대해서는, 형사소송법 및 군사법원법의 공소시효가 각 적용되지 아니한다.

8. 업무상 위력 등에 의한 추행

(1) 규정

제10조(업무상 위력 등에 의한 추행) ① 업무, 고용이나 그 밖의 관계로 인하여 자기의 보호, 감독을 받는 사람에 대하여 위계 또는 위력으로 추행한 사람은 3년 이하의 징역 또는 1천500만원 이하의 벌금에 처한다. 〈개정 2018. 10. 16.〉
② 법률에 따라 구금된 사람을 감호하는 사람이 그 사람을 추행한 때에는 5년 이하의 징역 또는 2천만원 이하의 벌금에 처한다. 〈개정 2018. 10. 16.〉

(2) 의의

368 본죄[성폭력처벌법위반(업무상위력등에의한추행)죄]는 ① 업무, 고용이나 그 밖의 관계로 인하여 자기의 보호, 감독을 받는 사람에 대하여 위력으로 추행하거나(제1항), ② 법률에 따라 구금된 사람을 감호하는 사람이 그 사람을 추행한(제2항) 때에 성립한다.

369 본죄와 주체·객체 및 수단이 동일한 형법 제303조(업무상위력 등에 의한 간음)는 '간음'행위만을 처벌의 대상으로 삼고 있는데, '추행'의 경우에도 그 처벌의 필요성이 인정됨에 따라 구 성폭력범죄의 처벌 및 피해자보호 등에 관한 법률에서 이를 새로이 처벌하는 규정을 마련하였고, 성폭력처벌법에서 이어받은 것이다.[272] 제1항의 죄는 형법 제303조 제1항의 피보호자·피감독자간음죄와, 제2항의 죄는 같은 조 제2항의 피감호자간음죄에 각 대응한다.

370 형법 제303조와 마찬가지로 본죄의 미수범은 처벌하지 않는다(성폭처벌 §15).

(3) 제1항의 죄(업무상 위력 등에 의한 추행)

(가) 객체

371 제1항의 죄의 객체는 '업무, 고용 기타 관계로 인하여 자기의 보호 또는 감

---

272 주석형법 [각칙(4)](5판), 379(구회근).

독을 받는 사람'이다[제1항의 죄의 '객체', '보호 또는 감독'의 의미 등은 **형법 § 303(업무상
위력 등에 의한 간음) 주해** 부분 참조].

여기에는 직장의 내규 등에 의한 직제상 보호 또는 감독을 받는 관계에 있   372
는 사람뿐만 아니라 직장 내에서 실질적으로 업무나 고용관계 등에 영향력을
미칠 수 있는 사람의 경우도 포함한다.

따라서 피고인이 직접 여자 피해자를 미장원의 종업원으로 고용한 것은 아   373
니지만 피고인의 처가 경영하는 미장원에 매일 출입하면서 미장원 업무를 보고
있었던 경우에는, 피고인과 그 여자 종업원 사이에 사실상의 보호·감독 관계를
인정할 수 있다.273 그 밖에 판례에 따르면, ① 병원 응급실의 당직의사와 입원
환자,274 ② 유치원 원장과 교사,275 ③ 회사 과장과 신입사원,276 ④ 채용권한
이 있는 편의점 업주와 구직자277 등의 관계가 보호·감독 관계에 해당한다.

(나) 행위

제1항의 죄의 행위는 위계 또는 위력으로 추행하는 것이다['위계 또는 위력'의   374
의미 등은 **형법 § 303(업무상위력 등에 의한 간음)**, '추행'의 의미는 **§ 298(강제추행) 각 주
해** 부분 참조].

(a) 위계

'위계'는 행위자가 간음의 목적으로 상대방에게 오인, 착각, 부지를 일으키   375
고는 상대방의 그러한 심적 상태를 이용하여 간음의 목적을 달성하는 것을 말
한다. 오인, 착각, 부지에 빠지게 되는 대상은 간음행위 자체일 수도 있고, 간음
행위에 이르게 된 동기이거나 간음행위와 결부된 금전적·비금전적 대가와 같은
요소도 포함된다.278

간음행위 자체에 대한 오인, 착각, 부지를 이용한 추행을 인정한 사례로는,   376
① 가정의학과 의사가 빈뇨증상으로 병원에 온 피해자(여, 26세)에게 "초음파검
사를 하여야 한다."고 하면서 간호사를 대동하지 아니한 채 초음파실로 가 초음
파검사를 하고, 이어서 진료행위를 빙자하여 피해자의 바지를 벗게 한 다음 장

---

273 대판 1976. 2. 10, 74도1519.
274 대판 2005. 7. 14, 2003도7107.
275 대판 1998. 1. 23, 97도2506.
276 대판 2020. 5. 14, 2019도9872.
277 대판 2020. 7. 9, 2020도5646.
278 대판 2020. 8. 27, 2015도9436(전).

갑을 끼지 않은 손가락을 피해자의 성기에 넣었다 빼는 행동을 반복한 경우,[279] ② 병원 응급실에서 당직 근무를 하던 의사가 가벼운 교통사고로 인하여 비교적 경미한 상처를 입고 입원한 여성 환자들의 바지와 속옷을 내리고 음부 윗부분을 진료행위를 가장하여 수회 누른 경우[280] 등이 있다.

(b) 위력

377　　'위력'이라 함은 피해자의 자유의사를 제압하기에 충분한(소수설에 따르면 왜곡시키거나 혼란케 할 정도의) 세력을 말하고, 그것이 유형적이든 무형적이든 묻지 않는다. 따라서 폭행·협박뿐만 아니라 사회적·경제적·정치적인 지위나 권세를 이용하는 것도 가능하다.[281]

378　　위력에 의한 추행에 관한 판례를 살펴보면 아래와 같다.

379　　① 콘서트 영상제작 회사의 과장인 피고인(30대 중반)이 신입사원인 피해자(여, 20대 중반)에게 입사 직후부터 성희롱적 언동을 해 오던 중 "여기를 만져도 느낌이 오냐."고 말하며 머리카락 끝을 손가락으로 비비고, 뒤쪽에서 손가락으로 피해자의 어깨를 톡톡 두드리고 놀란 피해자가 쳐다보면 혀로 입술을 핥거나 "앙, 앙"이라고 소리내는 방법으로 업무상위력으로 추행하였다는 사안에서, 피고인과 피해자의 관계, 피해자의 의사에 반한 피고인의 계속된 성희롱적 언동, 피고인의 보복성 행동(피해자가 반발하자 피고인이 자신의 일을 떠넘기고 퇴근을 하거나 퇴근시간 직전에 피해자에게 일을 시켜 야근을 하게 하거나, 회사일과 관련된 정보를 피해자에게 알려주지 않아 일 처리에 해를 먹게 한 점)에 비추어, 피고인의 행위는 20대 중반의 미혼 여성인 피해자의 성적 자유를 침해할 뿐만 아니라 일반인의 입장에서도 도덕적 비난을 넘어 추행행위라고 평가할 만하고, 피고인이 업무, 고용이나 그 밖의 관계로 인하여 자기의 보호, 감독을 받는 사람에 대하여 위력을 행사하였다고 인정할 수 있다고 판단하여, 무죄를 선고한 원심판결을 파기하였다(행위태양이 가벼운 경우에도 추행으로 인정함).[282]

380　　② 유치원 원장인 피고인이 원장이라는 신분을 이용하여 유치원 교사들이

---

279 대판 2016. 11. 25, 2016도13604.
280 대판 2005. 7. 14, 2003도7107.
281 대판 2013. 1. 16, 2011도7164, 2011전도124; 대판 2019. 6. 13, 2019도3341; 대판 2019. 9. 9, 2019도2562.
282 대판 2020. 5. 14, 2019도9872.

거나 채용 예정된 피해자들에게 그들의 의사에 반하여 추행하려는 의사로, 업무협의 목적으로 피고인의 집 앞에 온 피해자를 오른팔을 잡아당겨 안으려고 한 행위, 피해자를 자기의 차량에 태우고 가다가 은밀한 장소에 이르러 강제로 키스를 한 행위, 유치원 내에 다른 사람이 없는 틈을 이용하여 피해자의 허리를 양손으로 잡아 올리고, 발기된 성기를 피해자의 허벅지에 닿게 한 행위, 두 손으로 피해자의 어깨를 감싸 안고, 이에 놀라 비명을 지르는 피해자의 왼손을 잡아 쥐고 주무른 행위, 전화기 전달을 빙자하여 오른손으로 피해자의 젖가슴 밑 부분을 닿게 하는 행위 등은 모두 업무상의 '위력'을 행사하여 추행한 것으로, 20대 초, 중반에 이른 젊은 미혼의 유치원 교사들의 성적 자유를 현저히 침해하고, 일반인의 입장에서도 추행행위라고 평가할 만한 것이다.[283]

③ 도지사가 수행비서에 대하여 업무상위력에 의하여 추행하였다는 범죄사실 등으로 기소된 사안에서, 피고인의 지위나 권세는 피해자의 자유의사를 제압하기에 충분한 무형적 세력에 해당하고, 여기에 피고인이 간음행위 또는 추행행위에 이르게 된 경위, 간음행위 또는 추행행위 직전·직후 피고인과 피해자의 태도 등을 종합하여 보면, 피고인은 업무상위력으로써 피해자를 간음 또는 추행하였다고 봄이 타당하다고 판단한 원심판결을 수긍하였다.[284]   **381**

(다) 피해자의 동의가 구성요건해당성을 조각하는지 여부

위계에 의하여 추행의 동의를 받아낸 것은 구성요건해당성을 조각하지 않는다고 보아야 한다.   **382**

위력에 의한 추행에 있어서도 위력에 의하여 마지못한 동의를 받아 낸 것은 구성요건해당성을 조각하지 않는다고 보아야 하고,[285] 다만 피해자가 자발적으로 제의하여 추행을 하는 것은 위력의 행사가 없거나 위력행사와 추행 사이에 인과관계가 없기 때문에 제1항의 죄를 구성하지 않는 데 불과하다.   **383**

(라) 처벌

3년 이하의 징역 또는 1천500만 원 이하의 벌금[286]에 처한다.   **384**

---

283 대판 1998. 1. 23, 97도2506.
284 대판 2019. 9. 9, 2019도2562.
285 피해자의 사전동의가 구성요건해당성을 조각한다는 견해로 주석형법 [각칙(4)](5판), 310(구회근) 참조.
286 2018년 10월 16일 법률 개정으로 법정형이 '2년 이하의 징역 또는 500만 원 이하의 벌금'에서 위와 같이 상향되었다.

385   본죄는 양형기준의 적용대상이 아니다.

(마) 친고죄 관련

386   제1항의 죄는 당초 친고죄였으나, 2012년 12월 18일 성폭력처벌법이 전부 개정(법률 제11556호)되면서 친고죄 규정이 삭제되었다. 다만 성폭력처벌법(법률 제11556호) 부칙 제9조(친고죄에 관한 경과조치)는 "이 법 시행 전에 행하여진 종전의 제10조 제1항(업무상 위력 등에 의한 추행), 제11조(공중 밀집 장소에서의 추행) 및 제12조(통신매체를 이용한 음란행위)의 죄에 대하여는 종전의 제15조(고소)를 적용한다."고 규정하고 있으므로, 개정 성폭력처벌법(법률 제11556호)이 시행된 날인 2013년 6월 19일 전에 범한 범죄에 대해서는 종래의 친고죄 조항이 그대로 적용된다.

387   편의점을 운영하는 피고인이 2011. 9. 3. 아르바이트 종업원인 피해자(여 17세)를 지위상 반항하기 어려운 위치에 있다는 것을 이용하여 추행한 사안에서, 아동·청소년을 대상으로 한 범죄행위가 '반의사불벌죄'인 구 성폭력처벌법(2012. 12. 18. 개정되기 전의 것) 제10조 제1항(업무상 위력에 의한 추행) 위반죄의 구성요건과 반의사불벌죄가 아닌 구 청소년성보호법 제7조 제5항(위력에 의한 청소년 추행)[287] 위반죄의 구성요건에 모두 해당될 경우,[288] 위 각 죄는 그 행위의 객체와 태양, 범

---

287 구 청소년성보호법(2011. 9. 15. 개정되기 전의 것) 제7조(아동·청소년에 대한 강간·강제추행 등) ① 여자 아동·청소년에 대하여 「형법」 제297조의 죄를 범한 자는 5년 이상의 유기징역에 처한다.
   ② 아동·청소년에 대하여 폭행이나 협박으로 다음 각 호의 어느 하나에 해당하는 행위를 한 자는 3년 이상의 유기징역에 처한다.
      1. 구강·항문 등 신체(성기는 제외한다)의 내부에 성기를 넣는 행위
      2. 성기·항문에 손가락 등 신체(성기는 제외한다)의 일부나 도구를 넣는 행위
   ③ 아동·청소년에 대하여 「형법」 제298조의 죄를 범한 자는 1년 이상의 유기징역 또는 500만원 이상 2천만원 이하의 벌금에 처한다.
   ④ 아동·청소년에 대하여 「형법」 제299조의 죄를 범한 자는 제1항부터 제3항까지의 예에 따른다.
   ⑤ 위계 또는 위력으로써 여자 아동·청소년을 간음하거나 아동·청소년을 추행한 자는 제1항부터 제3항까지의 예에 따른다.
   ⑥ 제1항부터 제5항까지의 미수범은 처벌한다.
288 구 청소년성보호법(2012. 2. 1. 법률 제11287호로 개정되기 전의 것) 제16조(피해자의 의사) 「형법」 제306조에도 불구하고 아동·청소년을 대상으로 한 다음 각 호의 죄에 대하여는 피해자의 고소가 없어도 공소를 제기할 수 있다. 다만, 아동·청소년을 대상으로 한 「성폭력범죄의 처벌 등에 관한 특례법」 제10조제1항, 제11조 및 제12조의 죄는 피해자의 명시한 의사에 반하여 공소를 제기할 수 없다.

행의 대상이 청소년이라는 점에 대한 인식 요부 등에 차이가 있고, 성폭력처벌법 제10조 제1항 위반죄의 구성요건이 청소년성보호법 제7조 제5항 위반죄의 구성요건의 모든 요소를 포함하는 외에 다른 요소를 구비하는 경우에 해당하지도 않아 전자가 후자에 대하여 특별법의 관계에 있다고 볼 수 없으므로, 결국 위 두 죄는 상상적 경합의 관계에 있다고 할 것인데, 검사가 그 죄질과 정상 등을 참작하여 그중 반의사불벌죄가 아닌 청소년성보호법 제7조 제5항 위반죄로 기소한 것을 두고 권력분립이나 법치국가의 원리에 위배되는 위법한 공소제기라거나 소추재량권을 현저히 일탈하였다고 볼 수 없다고 한 판례가 있다.[289]

(4) 제2항의 죄(피감호자 추행)

'구금'의 의미, '주체 및 객체' 등은 **형법 제303조**(업무상위력 등에 의한 간음) 부분에서 본 것과 같고, '추행'의 의미는 **형법 제298조**(강제추행) 부분에서 본 것과 같다. 　388

제2항의 죄는 법률상 구금업무에 종사하는 사람과 구금된 사람 사이에 비정상적인 추행이 이루어질 수 있음을 대비한 규정이므로, 피해자의 사전 승낙이 있거나 피해자의 부탁에 의하여 추행하였더라도 성립한다.[290] 　389

제2항의 죄를 범한 사람은 5년 이하의 징역 또는 2천만 원 이하의 벌금[291]에 처해진다. 제2항의 죄는 양형기준의 적용대상이 아니다. 　390

9. 공중 밀집 장소에서의 추행

(1) 규정

제11조(공중 밀집 장소에서의 추행) 대중교통수단, 공연·집회 장소, 그 밖에 공중이 밀집하는 장소에서 사람을 추행한 사람은 3년 이하의 징역 또는 3천만원 이하의 벌금에 처한다. 〈개정 2020. 5. 19.〉

---

1. 제7조의 죄
2. 「형법」 제297조부터 제300조까지, 제302조, 제303조 및 제305조의 죄

289 대판 2012. 12. 27, 2012도12404.
290 주석형법 [각칙(4)](5판), 381(구회근).
291 2018년 10월 16일 법률 개정으로 법정형이 '3년 이하의 징역 또는 1천500만 원 이하의 벌금'에서 위와 같이 상향되었다.

(2) 의의

391 　　본죄[성폭력처벌법위반(공중밀집장소에서의추행)죄]는 대중교통수단, 공연·집회장소, 그 밖에 공중이 밀집하는 장소에서 사람을 추행한 때에 성립한다.

392 　　본죄는 도시화된 현대사회에서 인구의 집중으로 다중이 출입하는 공공연한 장소에서 추행 발생의 개연성 및 그에 대한 처벌의 필요성이 과거보다 높아진 반면, 피해자와의 접근이 용이하고 추행장소가 공개되어 있는 등의 사정으로 피해자의 명시적·적극적인 저항 내지 회피가 어려운 상황을 이용하여 유형력을 행사하는 것 이외의 방법으로 이루어지는 추행행위로 말미암아 형법 등 다른 법률에 의한 처벌이 여의치 아니한 상황에 대처하기 위하여, 1994년 1월 5일 구 성폭력범죄의 처벌 및 피해자보호 등에 관한 법률 제정 당시 마련되었다.[292]

393 　　형법상 강제추행죄와는 폭행·협박을 수단으로 하지 않는다는 점에서 차이가 있는 대신, 공중밀집장소라는 장소적 요건을 추가하여, 형법상 강제추행죄로 처벌할 수 없는 행위 중 일정 부분을 처벌하려는 데 입법목적이 있다. 그러나 본조를 도입할 당시에도 폭행행위 자체가 추행행위라고 인정될 수 있는 경우 상대방의 의사에 반한 유형력의 행사가 있는 이상 별도의 폭행행위를 요하지 않는 기습추행행위를 강제추행죄로 인정하고 있었고,[293] 현재는 추행행위 자체의 인정범위가 넓어지면서 기습추행으로 인정되는 범위도 넓어져, 본죄에 해당하는 행위가 많은 경우 강제추행죄로 기소하여도 유죄가 인정될 수 있다. 실제 가해자가 초범인 경우 본죄로 기소하였다가, 전과가 쌓이고, 범행수법이 노골화하면서 강제추행죄로 기소하는 경우를 볼 수 있는데, 현재 본조는 강제추행죄의 감경적 구성요건에 가깝게 인식되기도 한다.[294] 다만, 2020년 5월 19일 개정 성폭력처벌법에서 본죄의 법정형이 징역형은 3년 이하이지만 벌금형이 '300만 원 이하'에서 '3천만 원 이하'로 인상되어, 법정형이 10년 이하의 징역 또는 '1천500만 원 이하'의 벌금형으로 되어 있는 강제추행죄보다 더 높은 벌금형을 선고할 수 있게 되었다.

---

292 대판 2009. 10. 29, 2009도5704; 대판 2020. 6. 25, 2015도7102.
293 대판 1983. 6. 28, 83도399; 대판 1992. 2. 28, 91도3182.
294 특히 피해자가 아동청소년인 경우, 강제추행죄로 구성하면 청소년성보호법 제7조 제3항에 따라 무거운 법정형이 적용되나, 본조 위반으로 구성하면 별도의 가중처벌규정이 없다.

한편 헌법재판소는 본조에 대하여, ① 공중밀집장소의 특성을 이용하여 유 **394**
형력을 행사하는 것 이외의 방법으로 이루어지는 추행행위를 처벌하기 위한 본
죄의 입법목적 및 추행의 개념에 비추어 볼 때, 건전한 상식과 통상적인 법감정
을 가진 사람이라면 심판대상조항에 따라 처벌되는 행위가 무엇인지 파악할 수
있으므로, 심판대상조항 중 '추행' 부분은 죄형법정주의의 명확성의 원칙에 위반
되지 않고, ② 공중밀집장소는 피해자와의 접근이 용이하고 추행장소가 공개되
어 있는 등의 사정으로 폭행·협박 등의 수단 없이도 쉽게 추행행위가 발생할
수 있는 점, 공중밀집장소추행은 예상치 못하게 일어날 수 있어 방어가 어렵고
추행장소가 공개되어 있어 추행의 정도와 상관없이 피해자에게 강한 불쾌감과
수치심을 주므로 유형력이 수반되지 않은 경우라고 하더라도 비난가능성이 높
다는 점, 심판대상조항은 법정형의 하한을 두지 않음으로써 법관이 개별 사건마
다 행위자의 책임에 상응하는 형을 선고할 수 있도록 하고 있는 점 등을 고려하
면, 본조는 과잉금지의 원칙에 위반되지 않는다고 합헌결정을 하였다.[295]

(3) 공중이 밀집하는 장소

본죄가 적용되는 곳은 대중교통수단, 공연·집회장소, 그 밖에 공중이 밀집 **395**
하는 장소이다.

대중교통수단은 버스, 지하철, 전철, 철도 등 일반인이 교통의 수단으로 이 **396**
용하는 시설이고, 공연·집회장소는 영화관, 연극 등 공연을 하거나 예배 등 집회
에 이용되는 장소를 말하며, 이는 '공중이 밀집하는 장소'의 예시에 불과하다.[296]

'공중이 밀접하는 장소'는 공중이 '밀집하는' 장소이지, '밀집한' 또는 '밀집되 **397**
어 있는' 장소로 한정되지 않으므로, 현실적으로 사람들이 빽빽이 들어서 있어
서로간의 신체적 접촉이 이루어지고 있는 곳만을 의미하는 것이 아니라 목욕탕,
찜질방 등과 같이 공중의 이용에 상시적으로 제공·개방된 상태에 놓여 있는 곳
일반을 의미한다.[297] 공중밀집장소의 의미를 이와 같이 해석하는 한 그 장소의
성격과 이용현황, 피고인과 피해자 사이의 친분관계 등 구체적 사실관계에 비추

---

295 헌재 2021. 3. 25, 2019헌바413.
296 주석형법 〔각칙(4)〕(5판), 381(구회근).
297 대판 2009. 10. 29, 2009도5704(찜질방 수면실에서 옆에 누워 있던 피해자의 가슴 등을 손으로
　　만진 피고인의 행위가 성폭력처벌법상 공중밀집장소에서의 추행행위에 해당한다고 본 사례).

어, 공중밀집장소의 일반적 특성을 이용한 추행행위라고 보기 어려운 특별한 사정이 있는 경우에 해당하지 않는 한, 그 행위 당시의 현실적인 밀집도 내지 혼잡도에 따라 그 규정의 적용 여부를 달리한다고 할 수는 없다.[298]

398　　　실무상 본죄로 처벌된 사례를 살펴보면, ① 지하철이나 버스에서 혼잡한 틈을 이용하여 여자 피해자의 등 뒤에 바짝 다가선 다음 자신의 성기부분을 피해자의 엉덩이 부분에 밀착시키거나 비비는 행위가 가장 전형적이다.[299] ② 야외 공연장에서 여자 피해자의 뒤편으로 다가가 손으로 엉덩이를 만지고 자신의 성기를 엉덩이에 밀착시켜 문지른 행위도 이와 유사한 유형으로 볼 수 있다.[300] 그 밖에, ③ 영화관에서 옆 좌석에 앉아 있는 여자 피해자의 옆구리와 엉덩이를 더듬는 행위,[301] ④ 지하철에서 옆에 앉은 여자 피해자의 다리나 허벅지를 더듬는 행위[302]와 같이 옆자리에 앉은 사람을 피해자로 삼은 경우도 있으며, ⑤ 찜질방에서 잠자고 있는 여자 피해자의 상의 안쪽에 손을 넣어 유방을 주무르고 등에 오른손을 넣어 더듬는 행위,[303] ⑥ 찜질방에서 잠자고 있는 여자 피해자의 옆에 누워 오른손으로 허벅지 등 온몸을 더듬고 음부를 만진 행위[304]와 같이 사람들이 밀집해 있지는 않지만 공중의 이용에 상시적으로 제공·개방된 상태에 놓여 있는 곳이라는 점을 이용한 것으로 보이는 경우도 있다.

(4) 추행

(가) 추행의 의미 및 강제추행죄와의 관계

399　　　본죄에서의 '추행'은 강제추행죄(§ 298)에서의 '추행'과 마찬가지로 일반인을 기준으로 객관적으로 성적 수치심이나 혐오감을 일으키게 하고 선량한 성적 도덕관념에 반하는 행위로서 피해자의 성적 자기결정권을 침해하는 것을 뜻하고, 이에 해당하는지 여부는 피해자의 성별, 연령, 행위자와 피해자의 관계, 그 행위

---

298 대판 2009. 10. 29, 2009도5704.
299 서울중앙지판 2004. 6. 18, 2004고단2711(확정); 서울중앙지판 2004. 6. 23, 2004고단3235(확정); 서울남부지판 2016. 12. 9, 2016고단4803(확정).
300 서울중앙지판 2004. 7. 1, 2004고단3182(항소기각으로 확정).
301 의정부지판 2004. 7. 12, 2004고단1396(항소 및 상고 기각으로 확정).
302 서울중앙지판 2004. 6. 16, 2004고단2967(항소기각으로 확정).
303 부산지법 동부지판 2004. 5. 20, 2003고단2593(항소 및 상고 기각으로 확정). 유사한 사례로 대판 2009. 10. 29, 2009도5704; 대전지판 2004. 6. 8, 2004고단1158(항소기각으로 확정).
304 부산지판 2004. 5. 17, 2004고단1402(항소기각으로 확정).

에 이르게 된 경위, 구체적 행위 양태, 주위의 객관적 상황과 그 시대의 성적 도덕관념 등을 종합적으로 고려하여 신중히 결정해야 한다.[305]

본죄는 '폭행 또는 협박'을 필요로 하는 강제추행과는 달리 그러한 행위를 필요로 하지 않는다. 공중밀집장소에서 슬쩍 가슴이나 엉덩이, 음부 등을 만지는 형태로 행해지는 추행행위는 '폭행행위 그 자체가 추행행위인 경우'에 해당하여 형법상 강제추행죄가 성립할 수도 있다. **400**

본조에서 공중밀집장소에서의 추행행위에 대한 별도의 처벌규정을 둔 입법취지 등을 근거로 공중밀집장소에서 이루어진 기습추행행위에 대하여는 강제추행죄가 아닌 본조로만 의율하는 것이 타당하다고 본 하급심 판결례도 있으나, 대법원은 공중밀집장소에서 의해 이루어진 추행행위라고 하더라도 폭행행위 자체가 추행행위라고 인정되는 경우라면 강제추행죄가 성립한다는 입장이다.[306] **401**

실무상으로는 옷 밖으로만 피해자의 몸을 만진 경우와 같이 추행의 정도가 미약한 경우, 일정 시간 동안 지속적으로 추행을 하여 기습성의 요건이 구비되었는지 의문스러운 경우 본죄로 기소되는 경우가 많이 보인다. **402**

만약 추행에 앞서 폭행·협박을 하거나 폭행행위 그 자체가 곧바로 강제추행죄의 추행에 해당한다고 볼 수 있는 경우에는 형법상 강제추행죄도 성립하게 될 것이지만, 검사가 강제추행죄가 아닌 본죄로 기소한 경우에는 공소장변경 없이 강제추행죄로 처벌할 수 없을 것이므로, 기습추행으로 강제추행죄의 인정 여지가 커진 현재의 실무에서는 검사가 강제추행죄로 기소할 것인지 공중밀집장소에서의 추행으로 기소할 것인지에 관한 소추재량의 여지가 커진 측면이 있다. **403**

(나) 피해자가 피해사실을 인식하여야 하는지 여부

뒤에서 보는 바와 같이 본죄의 미수범은 처벌하지 않는다. 기수의 성립과 관련하여, 피해자가 성적 수치심을 느껴야 하는지 나아가 피해자가 피해사실을 인식하여야 하는지의 문제가 있다. **404**

판례는 본죄가 기수에 이르기 위해서는 객관적으로 일반인에게 성적 수치심이나 혐오감을 일으키게 할 만한 행위로서 선량한 성적 도덕관념에 반하는 행위를 행위자가 대상자를 상대로 실행하는 것으로 충분하고, 행위자의 행위로 말미 **405**

---

305 대판 2012. 2. 23, 2011도17441; 대판 2020. 6. 25, 2015도7102.
306 대판 2014. 9. 25, 2013도7838.

암아 대상자가 성적 수치심이나 혐오감을 반드시 실제로 느껴야 하는 것은 아니라는 이유로, 피해자가 피해사실을 인식하지 못하였다고 하더라도 객관적으로 추행행위로 볼만한 행위를 하였다면 기수로 처벌할 수 있다는 입장이다.[307]

406   이에 대하여, 피해자의 성적 자기결정권 침해라는 보호법익을 고려한다면 본죄를 침해범으로 해석하는 것이 타당하고, 성적 자기결정권의 침해로서 성적 수치심이나 혐오감이 발생하지 않았다면 실행의 착수를 넘어 구성요건적 결과가 발생하였다고 볼 수 없기에 미수로 보아야 하며, 위 대법원 판례의 태도는 개인적 법익에 관한 죄인 본죄를 사실상 '성풍속에 관한 죄'로 변질시킬 우려가 있다는 이유로 반대하는 견해도 있다.[308]

(5) 고의

407   본죄가 성립하기 위해서는 적어도 공중이 밀집하는 장소에서 사람을 추행한다는 인식, 즉 추행의 고의(미필적 고의 포함)는 있어야 하고,[309] 우연한 신체 접촉만으로는 본죄로 처벌되지 않는다.[310]

---

307 대판 2020. 6. 25, 2015도7102[피고인이 지하철 내에서 A(여)의 등 뒤에 밀착하여 무릎을 굽힌 후 성기를 A의 엉덩이 부분에 붙이고 앞으로 내미는 등 A를 추행하였다고 하여 구 성폭력처벌법위반(공중밀집장소에서의추행)죄의 주위적 공소사실로 기소된 사안에서, 위 죄가 기수에 이르기 위하여 행위자의 행위로 말미암아 대상자가 성적 수치심이나 혐오감을 반드시 실제로 느껴야 하는 것은 아니라는 이유로 공소사실을 유죄로 인정한 사례]; 대판 2021. 10. 28, 2021도7538 (강제추행죄 사례).

308 박원경, "공중 밀집 장소 추행죄에서의 '추행'의 의미와 기수/미수의 문제", 판례연구 34-2, 서울지방변호사회(2020), 256-264.

309 대판 2024. 1. 4, 2023도13081.「성폭력처벌법 제11조 위반죄가 성립하기 위해서는 주관적 구성요건으로서 추행을 한다는 인식을 전제로 적어도 미필적으로나마 이를 용인하는 내심의 의사가 있어야 하므로, 피고인이 추행의 고의를 부인하는 경우에는 고의와 상당한 관련성이 있는 간접사실을 증명하는 방법에 따를 수밖에 없다. 이 경우 피고인의 나이·지능·지적능력 및 판단능력, 직업 및 경력, 피고인이 공소사실 기재 행위에 이르게 된 경위와 동기, 피고인과 피해자의 관계, 구체적 행위 태양 및 행위 전후의 정황, 피고인의 평소 행동양태·습관 등 객관적 사정을 종합하여 판단해야 하고, 피고인이 고의로 추행을 하였다고 볼 만한 징표와 어긋나는 사실의 의문점이 해소되어야 한다. 이는 피고인이 자폐성 장애인이거나 지적장애인에 해당하는 경우에도 마찬가지로서, 외관상 드러난 피고인의 언행이 비장애인의 관점에서 이례적이라거나 합리적이지 않다는 이유만으로 함부로 고의를 추단하거나 이를 뒷받침하는 간접사실로 평가하여서는 아니 되고, 전문가의 진단이나 감정 등을 통해 피고인의 장애 정도, 지적·판단능력 및 행동양식 등을 구체적으로 심리한 후 피고인이 공소사실 기재 행위 당시 특정 범행의 구성요건 해당 여부에 관한 인식을 전제로 이를 용인하는 내심의 의사까지 있었다는 점에 관하여 합리적인 의심을 할 여지가 없을 정도의 확신에 이르러야 한다.」

310 헌재 2021. 3. 25, 2019헌바413.

본죄는 혼잡한 지하철과 같이 주변 사람과 의도치 않게 신체적 접촉을 하 **408**
게 될 가능성이 높은 곳에서 발생하는 경우가 많으므로, 실무상 추행에 관한 피
고인의 고의 유무가 자주 문제된다. 피해자 또는 목격자가 피고인의 추행행위가
있었다고 인지하게 된 경위, 문제가 된 행위 당시 및 그 전후 피고인의 행동과
반응 등을 종합적으로 고려하여 판단하여야 한다.

고의가 부정된 사례로는, ① 구체적인 신체접촉행위에 관한 피해자나 목격 **409**
자의 상세한 진술이 없었고, 전동차 안은 의도하지 않은 신체적 접촉이 일어날
수 있을 정도로 매우 혼잡하였는데, 문제가 된 행위 당시 피고인과 피해자 주변
의 혼잡 정도에 관한 사실관계 확인이 없었던 점 등에 비추어 고의를 인정하기
어렵다고 판단한 사례,[311] ② 피해자의 진술이 추측 내지 주관적 판단에 의한
것이었고, 당시 전동차 안이 혼잡하여 피고인이 들고 있던 가방 등이 피해자의
신체 일부에 닿았을 가능성을 배제할 수 없으며, 피해자에게 멱살을 잡혀 끌려
가면서도 물리적 대응을 하지 않았다는 것만으로 피고인을 범인으로 단정할 수
는 없는 점 등에 비추어 고의를 인정하기 어렵다고 한 사례,[312] ③ 자폐성 장애
겸 지적장애인인 피고인이 지하철 내에서 피해자의 맞은 편에 앉아 있다가 피
해자 옆으로 옮겨 앉은 후 피해자의 팔 윗부분 일부를 비볐으나, 이는 자폐성
장애에 따라 피고인도 의식하지 못한 채 별다른 의미 없이 팔을 위 아래로 움직
이는 '상동행동(常同行動)'의 일환일 가능성이 있다는 등의 이유로 고의를 인정하
기 어렵다고 한 사례[313] 등이 있다.

(6) 처벌 등

1년 이하의 징역 또는 3천만 원 이하의 벌금에 처한다.[314] **410**

본죄는 미수범 처벌규정이 없고, 양형기준의 적용대상이 아니다. **411**

본죄는 성폭력처벌법상의 성폭력범죄에 해당하므로(성폭처벌 §2①(v)), 유죄 **412**
판결을 선고할 경우 수강명령, 이수명령을 병과하여야 하고, 약식명령을 고지하
는 경우에도 마찬가지이다(성폭처벌 §16②). 벌금형이 선고된 경우나 약식명령이

---

311 서울중앙지판 2015. 10. 30, 2015노2391(대판 2016. 1. 14, 2015도17906으로 확정).
312 서울중앙지판 2015. 11. 6, 2015노2257(대판 2016. 1. 14, 2015도18601로 확정).
313 대판 2024. 1. 4, 2023도13081.
314 2020년 5월 19일 법률 개정으로 법정형이 '1년 이하의 징역 또는 300만 원 이하의 벌금'에서 위
　와 같이 상향되었다.

확정된 경우에도 신상정보 등록 대상이 된다(성폭처벌 §42① 본문). 본죄는 신상정보의 공개·고지명령의 대상범죄에도 해당하고(아청 §49①(ii), §50①(ii)), 취업제한명령을 내릴 수 있는 사유에도 해당한다(아청 §56①).

413   본죄는 위와 같이 성폭력처벌법상의 성폭력범죄에는 해당하지만 전자장치 부착 등에 관한 법률(이하, 전자장치부착법이라 한다.) 제2조 제2호의 성폭력범죄에는 해당하지 않으므로, 본죄를 범한 피고인에게 재범의 위험이 있다고 하더라도 전자장치 부착명령 또는 형집행 후의 보호관찰을 내릴 수 있는 사유에는 해당하지 않는다.

414   본죄는 처음에는 친고죄였으나, 2012년 12월 18일 성폭력처벌법이 전부 개정(법률 제11556호)되면서 친고죄 규정이 삭제되었다. 다만 성폭력처벌법(법률 제11556호) 부칙 제9조(친고죄에 관한 경과조치)는 "이 법 시행 전에 행하여진 종전의 제10조 제1항(업무상 위력 등에 의한 추행), 제11조(공중 밀집 장소에서의 추행) 및 제12조(통신매체를 이용한 음란행위)의 죄에 대하여는 종전의 제15조(고소)를 적용한다."고 규정하고 있으므로, 개정 성폭력처벌법(법률 제11556호)이 시행된 날인 2013년 6월 19 전에 범한 범죄에 대해서는 기존 친고죄 조항이 그대로 적용된다.

415   한편, 2012년 12월 18일 청소년성보호법이 전부 개정(법률 제11572호)되기 전의 구 청소년성보호법 제16조(피해자의 의사)는 '아동·청소년'을 대상으로 한 공중밀집장소에서의 추행죄에 대해 반의사불벌죄로 규정하고 있었으므로, 주의를 요한다.

10. 성적 목적을 위한 다중이용장소 침입행위

(1) 규정

제12조(성적 목적을 위한 다중이용장소 침입행위) 자기의 성적 욕망을 만족시킬 목적으로 화장실, 목욕장·목욕실 또는 발한실, 모유수유시설, 탈의실 등 불특정 다수가 이용하는 다중이용장소에 침입하거나 같은 장소에서 퇴거의 요구를 받고 응하지 아니하는 사람은 1년 이하의 징역 또는 1천만원 이하의 벌금에 처한다. 〈개정 2017. 12. 12., 2020. 5. 19.〉

(2) 의의 및 연혁

본죄[성폭력처벌법위반(성적목적다중이용장소침입)죄]는 자기의 성적 욕망을 만족   416
시킬 목적으로 화장실, 목욕장·목욕실 또는 발한실, 모유수유시설, 탈의실 등
불특정 다수가 이용하는 다중이용장소에 침입하거나 같은 장소에서 퇴거의 요
구를 받고 응하지 아니하는 때에 성립한다.

본죄는 2012년 12월 18일 성폭력처벌법이 전부 개정되면서 신설되었는데,   417
처음에는 '공중화장실 등에 관한 법률 제2조제1호부터 제5호까지에 따른 공중화
장실'315에 침입한 경우를 구성요건 중 하나로 하고 있었다(구 성폭처법 § 12316).
따라서 설령 성적 목적으로 여러 사람이 사용하는 화장실에 침입하였다 하더라
도 공중화장실 등에 관한 법률 제2조 제1호부터 제5호에 해당하는 화장실이 아
닌 경우에는 처벌할 수 없었다. 이러한 입법 공백을 해소하기 위하여,317 2017
년 12월 12일 현행 조문과 같이 개정되었으며, 동시에 조문 표제도 '성적 목적
을 위한 공공장소 침입행위'에서 '성적 목적을 위한 다중이용장소 침입행위'로

---

315 구 공중화장실 등에 관한 법률(2020. 12. 22. 개정 전의 것) 제2조(정의) 이 법에서 사용하는 용
   어의 뜻은 다음과 같다.
    1. "공중화장실"이란 공중(공중)이 이용하도록 제공하기 위하여 국가, 지방자치단체, 법인 또
      는 개인이 설치하는 화장실을 말한다.
    2. "개방화장실"이란 공공기관의 시설물에 설치된 화장실 중 공중이 이용하도록 개방된 화장
      실 또는 제9조제2항에 따라 특별자치도지사·시장·군수·구청장(구청장은 자치구의 구청
      장을 말하며, 이하 "시장·군수·구청장"이라 한다)이 지정한 화장실을 말한다.
    3. "이동화장실"이란 많은 사람이 모이는 행사 등에 일시적으로 이용하기 위하여 설치하는
      화장실을 말한다.
    4. "간이화장실"이란 공중화장실을 설치하기 어려운 지역에 설치한 소규모의 화장실을 말한다.
    5. "유료화장실"이란 화장실의 설치·관리자가 이용자에게 이용료를 받을 수 있는 화장실을
      말한다.
    6. "공공기관"이란 국가, 지방자치단체, 그 밖의 공공단체 중 대통령령으로 정하는 기관을 말
      한다.
316 구 성폭력처벌법(2017. 12. 12. 개정 전의 것) 제12조(성적 목적을 위한 공공장소 침입행위) 자
   기의 성적 욕망을 만족시킬 목적으로 「공중화장실 등에 관한 법률」 제2조 제1호부터 제5호까지
   에 따른 공중화장실 등 및 「공중위생관리법」 제2조제1항제3호에 따른 목욕장업의 목욕장 등 대
   통령령으로 정하는 공공장소에 침입하거나 같은 장소에서 퇴거의 요구를 받고 응하지 아니하는
   사람은 1년 이하의 징역 또는 300만원 이하의 벌금에 처한다.
317 2017년 12월 12일 개정 성폭력처벌법의 개정이유에서 '주점 화장실에 침입하여 피해자가 용변을
   보는 모습을 엿보았다고 하더라도 그 화장실이 「공중화장실 등에 관한 법률」에 따른 공중화장
   실에 해당하지 않는다는 이유로 무죄가 선고되는 문제를 시정하기 위한 것임을 거론하였다[국
   회 법제사법위원회, 성폭력처벌법 일부개정법률안(대안) 개정이유(2017. 11)].

변경되었다. 그러나 범행이 위 개정 전에 행해진 경우에는 여전히 설치 장소, 형태 및 설치 목적 등을 기초로 문제가 된 화장실이 위 공중화장실에 해당하는 지 여부를 심리하여야 한다.[318] 실무상 건조물침입죄로 기소되거나 공판 진행 중 건조물침입죄로 공소장이 변경되는 경우가 많다.

418　　한편, 2020년 5월 19일 개정에 따라 법정형 중 벌금형의 상한이 300만 원에서 1천만 원으로 상향되었다.

(3) 성적 욕망을 만족시킬 목적

419　　본죄는 '자기의 성적 욕망을 만족시킬 목적'으로 다중이 이용하는 화장실 등에 침입하는 행위를 처벌하는 범죄이므로(목적범), 이러한 목적이 없으면 처벌할 수 없다. 예를 들면, 술에 만취하여 길을 잃는 바람에, 또는 급한 용변을 보기 위하여 위와 같은 화장실 등에 들어간 경우에는, 성적 욕망을 만족시킬 목적을 인정할 수 없으므로 본죄로 처벌할 수 없다.

420　　성적 욕망을 만족시킬 목적이 인정된 사례로는, ① 여자들의 알몸을 보기 위하여 여자들이 목욕을 하고 있는 여탕 입구의 커튼을 열고 안으로 들어간 경우,[319] ② 사우나 여탕 앞에서 순간적으로 여자의 나체를 보고 싶은 욕망을 이기지 못하고 문을 열고 탈의실 안쪽까지 걸어 들어간 경우,[320] ③ 피해자가 용변을 보는 장면을 촬영하기 위하여 여자화장실에 침입한 경우[321] 등이 있다.

421　　반면에 성적 욕망을 만족시킬 목적이 인정되지 아니한 사례로는, ① 남성인 피고인이 급한 용변을 보기 위해 남자화장실에 갔으나 자리가 없어 부득이하게 여자화장실에 들어가 용변을 보았다는 변명을 받아들여, 카메라 촬영 등 자기의 성적 욕망을 만족시킬 목적으로 여자화장실에 침입하였다는 공소사실을 무죄로 판단한 사례,[322] ② 자위행위를 할 목적으로 여자 화장실에 침입하였다고 하여 본죄로 기소된 사안에서, 피고인이 술에 많이 취해 여자화장실로 들어가 바지를 벗고 소변을 보려고 하는 것을 밖으로 끌어내 남자화장실로 보냈다

---

318 공중화장실 등에 관한 법률 제2조 제1호부터 제5호까지에 따른 공중화장실의 의미와 그 적용 여부에 관한 구체적인 판단이 이루어진 사례로는, 서울고판 2016. 4. 5, 2015노3433(대판 2016. 6. 23, 2016도5590으로 확정).
319 대전지판 2016. 12. 9, 2016고단3096(확정).
320 수원지법 안산지판 2016. 10. 21, 2016고합177 등(항소 및 상고 기각으로 확정).
321 서울북부지판 2014. 5. 1, 2014노218(항소 및 상고 기각으로 확정).
322 광주지판 2021. 8. 11, 2020노2664(확정).

는 진술에 따라 성적 욕망을 만족시킬 목적을 인정하지 아니한 사례,[323] ③ 사우나 여자 탈의실에 침입하여 본죄로 기소된 사안에서, 피고인이 만취하여 쉴 곳을 찾으려는 목적에서 열려있던 여자 탈의실에 들어간 것으로 볼 소지가 있다는 이유로 무죄로 판단한 사례[324] 등이 있다.

(4) 불특정 다수가 이용하는 다중이용장소

침입하거나 퇴거에 불응한 장소가 화장실, 목욕장·목욕실 또는 발한실, 모유수유시설, 탈의실 등 불특정 다수가 이용하는 다중이용장소이어야 한다.　422

화장실, 목욕장·목욕실 또는 발한실, 모유수유시설, 탈의실은 불특정 다수가 이용하는 다중이용장소의 예시이고, 보호의 필요성도 인정되나, 불특정 다수가 이용하는 다중이용장소라는 용어 자체는 의미가 너무 넓어 입법취지를 고려하여 한정 해석할 필요가 있다.　423

다중이용장소의 예시로 규정한 화장실, 목욕장·목욕실 또는 발한실, 모유수유시설, 탈의실의 장소적 특성, 본조에는 침입 또는 퇴거불응이라는 행위태양을 요구하는 점 등에 비추어 볼 때, 본조에서 정한 '불특정 다수가 이용하는 다중이용장소'는 이용자가 그 장소를 이용하는 과정에서 성기나 유방과 같이 타인이 볼 경우 성적 수치심을 야기할 수 있는 신체의 주요 부위를 노출하는 것이 수반되고, 그러한 이유로 성별 등에 따라 일정 범위에서 출입이 제한되는 장소를 의미한다고 보아야 한다.[325]　424

그와 같이 해석할 경우, 가령 음란영화를 관람하기 위한 목적으로 들어간 영화관, 여성 승객의 몸에 밀착하기 위하여 탑승한 지하철, 자신의 나체를 드러내기 위하여 들어간 쇼핑센터, 수영복 입은 여성을 쳐다보기 위하여 들어간 수영장은 본조에서 규정하는 불특정 다수가 이용하는 다중이용장소에 해당하지 않는다고 보아야 한다.　425

---

323 부산지판 2022. 2. 16, 2021노3727(확정).
324 제주지판 2021. 8. 26, 2020노546(상고기각으로 확정).
325 수원지판 2019. 1. 24, 2018고단5590(항소기각으로 확정)(피고인이 바지를 벗고 성기와 음모가 드러나는 흰색 삼각팬티를 입은 상태로 식료품 할인점에 들어가 불특정 다수의 고객 및 종업원들 앞에서 돌아다님으로써 성적 욕망을 만족시킬 목적으로 불특정 다수가 이용하는 다중이용장소에 침입하였다고 기소된 사안에서, 위 점포가 불특정 다수가 이용하는 다중이용장소에 해당하지 않는다고 본 사례).

(5) 행위 등

426 　적극적으로 '공공장소에 침입'하거나 소극적으로 '공공장소에서 정당한 퇴거의 요구를 받고 응하지 아니'하여야 한다.

427 　'침입'이란 신체의 전부 또는 일부가 공공장소에 들어간 경우를 의미한다. 따라서 설령 피고인이 용변을 보는 피해자를 들여다 볼 목적으로 화장실 창문 사이로 얼굴을 들이밀려는 범의로써 창문 옆을 통해 자신의 얼굴을 창문 사이로 가져가는 등 침입을 위한 구체적인 행위를 시작하였다고 하더라도, 실제로 피고인의 신체 일부가 화장실 안으로 들어가지 않은 경우에는 본죄의 실행착수는 인정할 수 있겠지만 더 나아가 기수에 이르렀다고 볼 수는 없다.[326] 아래에서 보는 바와 같이 본죄는 미수범 처벌조항이 없다.

(6) 다른 죄와의 관계

428 　본죄를 범한 사람이 카메라 등을 이용하여 다른 사람의 나체나 용변 보는 모습 등을 촬영한 경우에는, 본죄와 성폭력처벌법 제14조(카메라 등을 이용한 촬영) 제1항 위반의 죄의 실체적 경합범이 된다.[327]

(7) 처벌 등

429 　1년 이하의 징역 또는 1천만 원 이하의 벌금에 처한다.

430 　본죄는 미수범 처벌규정이 없고, 양형기준의 적용대상이 아니다.

431 　본죄는 주거침입죄(점유하는 방실 침입행위)(§319①. 3년 이하의 징역 또는 500만 원 이하의 벌금)보다 법정형이 가볍지만 피해자가 부재한 경우에도 성립하고, 본죄는 성폭력범죄에 해당하므로 유죄판결을 할 경우 수강명령, 이수명령을 병과하여야 한다(성폭처벌 §16②). 징역형을 선고하는 경우에는 신상정보 등록, 등록정보 공개, 고지 대상이 되지만, 벌금형을 선고하는 경우 등록대상이 아니므로(성폭처벌 §42① 단서) 공개, 고지대상도 아니다. 그러나 취업제한명령을 내릴 수 있는 사유는 된다(아청 §56①. 벌금형을 선고하거나 약식명령을 하는 경우에도 가능).

432 　본죄는 성폭력처벌법상의 성폭력범죄에 해당하지만 전자장치부착법 제2조 제2호의 성폭력범죄에는 해당하지 않으므로, 본죄를 범한 피고인에게 재범의 위험이 있다고 하더라도 전자장치 부착명령 또는 형집행 후의 보호관찰을 내릴

---

326 서울서부지판 2016. 11. 10, 2016노505(확정).
327 수원지법 안산지판 2020. 9. 16, 2020고단1207, 1217(병합)(항소 및 상고기각으로 확정).

수 있는 사유에는 해당하지 않는다.

11. 통신매체를 이용한 음란행위

(1) 규정

제13조(통신매체를 이용한 음란행위) 자기 또는 다른 사람의 성적 욕망을 유발하거나 만족시킬 목적으로 전화, 우편, 컴퓨터, 그 밖의 통신매체를 통하여 성적 수치심이나 혐오감을 일으키는 말, 음향, 글, 그림, 영상 또는 물건을 상대방에게 도달하게 한 사람은 2년 이하의 징역 또는 2천만원 이하의 벌금에 처한다. 〈개정 2020. 5. 19.〉

(2) 의의

　　본죄[성폭력처벌법위반(통신매체이용음란)죄]는 자기 또는 다른 사람의 성적 욕망을 유발하거나 만족시킬 목적으로 전화, 우편, 컴퓨터, 그 밖의 통신매체를 통하여 성적 수치심이나 혐오감을 일으키는 말, 음향, 글, 그림 영상 또는 물건을 상대방에게 도달하게 한 때에 성립한다. 본죄는 컴퓨터나 인터넷 등이 발달하게 되면서 이러한 통신매체를 이용한 음란정보 유통이 사회문제가 되면서 이를 처벌하기 위하여 1994년 1월 5일 구 폭력범죄의 처벌 및 피해자보호 등에 관한 법률을 제정할 때 신설되었다.[328] ⟨433⟩

　　본죄는 이처럼 통신매체를 이용하여 음란한 행위를 한 사람을 처벌함으로써 '성적 자기결정권에 반하여 성적 수치심을 일으키는 그림 등을 개인의 의사에 반하여 접하지 않을 권리'를 보장하기 위한 것으로, 성적 자기결정권과 일반적 인격권의 보호, 사회의 건전한 성풍속 확립을 보호법익으로 한다.[329] ⟨434⟩

　　타인에게 전화를 걸어 상대방이 불쾌감을 느낄 정도로 음란한 말을 하거나, 타인의 이메일이나 핸드폰 문자메시지 등으로 음란한 글이나 영상 등을 보내는 ⟨435⟩

---

328 이주원, 특별형법(9판), 514.
329 대판 2017. 6. 8, 2016도21389; 대판 2018. 9. 13, 2018도9775. 이와는 달리 판례는, 형법상의 음화등의 반포등죄(§ 243), 음화등의 제조등죄(§ 244)의 보호법익은 '건전한 성적 풍속 내지 성도덕을 보호'하기 위한 것이라는 취지로 판시하였고(대판 2000. 10. 27, 98도679), 헌법재판소는 위 두 죄 및 공연음란죄(§ 245)는 "건전한 성충속 내지 성도덕 보호를 주된 보호법익으로 하고, 공공의 성적 혐오감 내지 불쾌감을 부차적 보호법익으로 한다."고 판시하였다(헌재 2013. 8. 29, 2011헌바176).

행위가 본죄의 처벌 대상이 된다.

(3) 행위

436   본죄의 행위는 전화, 우편, 컴퓨터, 그 밖의 통신매체(이하, 통신매체라 한다.)를 통하여 성적 수치심이나 혐오감을 일으키는 말, 음향, 그림, 영상 또는 물건(이하, 영상 등이라 한다.)을 상대방에게 도달하게 하는 것이다.

(가) 통신매체를 통하여

437   본죄가 성립하기 위해서는 통신매체를 통하여 영상 등을 상대방에게 전달하여야 한다. 따라서 통신매체를 이용하지 아니한 채 '직접' 상대방에게 영상 등을 도달하게 하는 행위는 본죄로 처벌할 수 없다.[330]

438   퀵서비스를 통해 도달하게 한 경우, 우편을 통한 것이라고 볼 여지도 있지만, 형법해석의 엄격성 원칙상 퀵서비스를 우편이라고 해석하는 것은 문제가 있으므로,[331] 본죄가 성립하지 않는다.[332]

(나) 성적 수치심이나 혐오감을 일으키는 영상 등

439   '성적 수치심이나 혐오감을 일으키는 영상 등'은 피해자에게 단순한 부끄러움이나 불쾌감을 넘어 인격적 존재로서의 수치심이나 모욕감을 느끼게 하거나 싫어하고 미워하는 감정을 느끼게 하는 것으로서 사회 평균인의 성적 도의관념에 반하는 것을 의미하고, 이와 같은 성적 수치심 또는 혐오감의 유발 여부는 일반적이고 평균적인 사람들을 기준으로 하여 판단함이 타당하고, 특히 성적 수치심의 경우 피해자와 같은 성별과 연령대의 일반적이고 평균적인 사람들을 기준으로 하여 그 유발 여부를 판단하여야 한다.[333]

440   노출된 신체를 촬영한 사진이라도, 피해자(전송받은 사람)의 신체를 촬영한 것인지, 타인의 신체를 촬영한 것인지에 따라 성적 수치심을 유발하는지 여부 판단이 달라질 수도 있을 것으로 생각된다. 피해자의 동의를 받아 촬영한 사진 등도 여기에 해당할 수 있다.[334]

---

330 대판 2016. 3. 10, 2015도17847(성적 수치심 등을 일으키는 내용의 편지를 주거지 출입문에 끼워 넣은 사안에서 본죄의 성립을 부정한 사례).
331 오영근, "성폭력특별법의 개선방안", 정온 이영란교수 화갑기념 논문집(2008), 489.
332 이주원, 특별형법(9판), 515.
333 대판 2017. 6. 8, 2016도21389; 대판 2022. 9. 29, 2020도11185.
334 대판 2017. 6. 8, 2016도21389.

한편 '성적 수치심이나 혐오감을 일으키는'의 의미가 '음란'과 같은 개념인 441
지 더 넓은 개념인지가 문제된다. 이에 대하여 헌법재판소는, 본조의 조문명이
'통신매체를 이용한 음란행위'이고, '성적 수치심이나 혐오감을 일으키는 말, 음
향, 글, 그림, 영상 또는 물건을 상대방에게 도달하게 하는 행위'를 음란행위라
고 규정하고 있는 점에 비추어 보면, 수범자로서는 본조가 금지하고 있는 성적
수치심이나 혐오감을 일으키는 표현의 판단기준 또는 해석기준이 음란이라는
개념으로부터 도출되어야 함을 문언상 알 수 있다고 판시하여,[335] 음란[음란의
개념에 대해서는 **주해 VII(각칙 4) § 243(음화반포등)** 부분 참조]을 의미하는 것으로 제
한 해석하고 있다.[336]

판례상 성적 수치심이나 혐오감을 일으키는 영상 등에 해당하는 것으로 인 442
정된 사례는 아래와 같다.

① 고등학교에 다니는 여학생에게 인스타그램을 통해 '피해자의 사진으로 443
자위를 하겠다. 피해자의 사진에 피고인의 정액을 범벅해주겠다, 피해자가 A에
게 신체 주요부위를 보여주고 성관계를 했냐'는 등의 메시지를 보낸 행위[337]

② 여성 부하직원인 피해자(41세)에게 카카오톡으로 '바바리코트를 입은 남 444
성이 여성의 나체가 그려진 승강기 앞에서 팬티를 벗고 코트를 열어젖히면 여
성의 신음소리가 들리면서 승강기 문이 열리는 동영상' 및 '나체 상태로 바디페
인팅을 하였으나 가슴의 흔들림과 유두의 윤곽이 보이는 여성 4명이 각자 포즈
를 취해 호랑이를 표현하는 내용의 동영상'을 전송한 행위[338]

③ 여자 피해자에게 전화하여 "너 가슴 큰데, 섹스 해 봤어?"라고 말한 행위[339] 445

④ 우연히 알게 된 여자 피해자의 핸드폰에 전화를 걸어 "연애를 하자, 폰 446
섹스를 하자, 같이 자위를 하자."라는 등의 말을 한 행위[340]

⑤ 여자 피해자의 핸드폰에 전화를 걸어 피해자에게 "○○야, 오빠야. 남자 447
랑 잠을 자 봤냐. 오빠랑 한 번 하자."라는 말과 함께 신음소리를 낸 행위[341]

---

335 헌재 2016. 3. 31, 2014헌바397.
336 김정환·김슬기, 형사특별법(2판), 89; 이주원, 특별형법(9판), 515.
337 대전지판 2021. 9. 1, 2021노2012(상고기각으로 확정).
338 창원지판 2020. 10. 16, 2020고단774(항소기각으로 확정).
339 제주지판 2014. 8. 14, 2014고합20, 114(병합).
340 서울중앙지판 2003. 12. 30, 2003고단9684(확정).
341 서울남부지판 2004. 8. 4, 2004노521(확정).

448　　⑥ 직장 동료이던 여자 피해자의 휴대폰에 전화를 걸어 피해자가 전화를 받자 약 30여초에 걸쳐 "아-하"라는 등 성행위를 할 때 발생하는 신음소리를 흉내 낸 행위[342]

449　　⑦ 휴대전화기를 이용하여 피해자의 휴대전화기에 남자성기를 여자성기에 삽입하는 사진을 전송한 행위[343]

450　　⑧ 다산콜센터의 상담사인 피해자에게 '아가씨 몇 살이야? 나랑 잘래?' 또는 '음란??? 너가 음란한 거 아니야??? 그냥 잔다 그랬지 섹스하자고 했냐??? 별 꼴이야'라는 내용의 문자메시지를 보낸 행위[344]

451　　⑨ 내연녀의 알몸을 휴대폰 카메라로 동영상 촬영하여 이를 내연녀 전 남편의 휴대폰으로 전송한 행위[345]

452　　⑩ 피해자와 내연관계를 유지하면서 성관계 장면 등을 찍어 두었다가, 피해자와 사이가 나빠지자 피해자와의 성관계 장면 사진이 저장되어 있는 인터넷 주소 링크를 카카오톡 메신저로 보낸 행위[346]

453　　⑪ 군대 상관인 피고인(35세. 임관 15년의 남성 상사)이 부하인 피해자(20세. 임관 1년 남짓 여성 하사)에게 전화통화를 하면서 "남자친구와 자 봤느냐?", "왜 모르느냐, 남자친구도 있는데 모르느냐?", "진짜냐, 왜 그런 것을 안하느냐, 나는 그런 것을 하면 기분이 좋던데, 진짜 안 해봤냐?", "나는 해봤다, 좋더라.", "어떻게 하니까 기분이 좋더라."라는 등의 말을 한 행위[347]

(다) 상대방에게 도달하게 함

(a) 상대방에게

454　　본죄에 해당하기 위해서는 성적 수치심이나 혐오감을 불러일으키는 영상 등을 피해자인 '상대방'에게 도달하게 하여야 한다. 따라서 피해자로 특정된 사

342　수원지판 2003. 6. 30, 2003고단1204(확정).
343　서울북부지판 2013. 11. 29, 2013고단2576(항소 및 상고기각으로 확정).
344　서울북부지판 2014. 8. 20, 2014고단1364(확정).
345　부산지법 동부지판 2004. 10. 20, 2004고단1294(확정).
346　대판 2017. 6. 8, 2016도21389. 본 판결 평석은 이경재, "통신매체이용음란죄의 보호법익과 성립 요건", 특별형법 판례100선, 222-225.
347　대판 2022. 9. 29, 2020도11185. 「이 사건 발언의 내용, 피고인과 피해자의 관계, 피해자의 성별과 연령, 피해자가 느낀 감정과 피해자의 대처방법, 이 사건 발언에 이르게 된 경위 등을 종합하면, 이 사건 발언은 피해자뿐만 아니라 피해자와 같은 성별과 연령대의 일반적이고 평균적인 사람들의 성적 도의관념에 비추어 성적 수치심 또는 혐오감을 일으키는 말에 해당한다.」

람의 성적 수치심을 유발할 수 있는 사진(그 피해자의 나체사진 등)을 제3자에게 전송하거나 제3자의 홈페이지 등에 게시하는 경우에는, '피해자에게 도달'한 것이 아니므로 본죄가 성립되지 않는다.

본죄는 이처럼 특정인인 '상대방'에게 도달하게 하여야 한다는 점에서, ① 음란한 부호 등을 정보통신망을 이용하여 배포 등을 하는 행위를 처벌하는 정보통신망 이용촉진 및 정보호보 등에 관한 법률(이하, 정보통신망법이라 한다.) 제74조 제1항 제2호[348] 위반의 죄[정보통신망법위반(음란물유포)죄]와 차이가 있고,[349] ② 아동·청소년이용음란물을 특정인이 아닌 일반 대중에게 배포 등을 하는 행위를 처벌하는 청소년성보호법 제11조 제3항[350] 위반의 죄와 차이가 있다. **455**

(b) 도달하게 함

성적 수치심이나 혐오감을 일으키는 영상 등을 상대방에게 '도달'하게 하여야 한다. 여기서 '도달'은 '상대방이 성적 수치심을 일으키는 그림 등을 직접 접하는 경우뿐만 아니라 상대방이 실제로 이를 인식할 수 있는 상태에 두는 것'을 의미한다.[351] 따라서 상대방에게 성적 수치심을 일으키는 그림 등이 담겨 있는 웹페이지 등에 대한 인터넷 링크(internet link)를 보내는 행위를 통해 그와 같은 그림 등이 상대방에 의하여 인식될 수 있는 상태에 놓이게 되었다면, 상대방에게 도달하게 하였다고 볼 수 있다.[352] **456**

---

348 정보통신망법 제74조(벌칙) ① 다음 각 호의 어느 하나에 해당하는 자는 1년 이하의 징역 또는 1천만원 이하의 벌금에 처한다.
　　2. 제44조의7제1항제1호를 위반하여 음란한 부호·문언·음향·화상 또는 영상을 배포·판매·임대하거나 공공연하게 전시한 자
　제44조의7(불법정보의 유통금지 등) ① 누구든지 정보통신망을 통하여 다음 각 호의 어느 하나에 해당하는 정보를 유통하여서는 아니 된다.
　　1. 음란한 부호·문언·음향·화상 또는 영상을 배포·판매·임대하거나 공공연하게 전시하는 내용의 정보
349 본죄로 기소된 사안에서, 예비적 공소사실로 공소장변경이 된 후에 정보통신망법위반(음란물유포)죄로 유죄를 선고한 하급심 사례가 있다[인천지판 2016. 11. 2, 2016노2733(상고기각으로 확정)].
350 청소년성보호법 제11조(아동·청소년성착취물의 제작·배포 등) ③ 아동·청소년성착취물을 배포·제공하거나 이를 목적으로 광고·소개하거나 공연히 전시 또는 상영한 자는 3년 이상의 징역에 처한다.
351 대판 2017. 6. 8, 2016도21389.
352 대판 2017. 6. 8, 2016도21389(피해자에게 휴대폰 카카오톡 메신저를 이용하여 이 사건 사진 중 1장이 저장되어 있는 드롭박스 애플리케이션에 접속할 수 있는 인터넷 주소 링크를 보낸 행위를

457   그러나 본죄가 '성적 자기결정권에 반하여 성적 수치심을 일으키는 그림 등
을 개인의 의사에 반하여 접하지 않을 권리'를 보장하기 위한 것이므로, 성적 수
치심이나 모욕감을 느낄만한 사진이라도 도달이 상대방의 의사에 반하지 않았
다면 처벌할 수 없다고 보아야 한다.[353]

(4) 주관적 구성요건

458   본죄는 목적범이므로 주관적 구성요건으로 고의 외에 '자기 또는 다른 사람
의 성적 욕망을 유발하거나 만족시킬 목적'이 있어야 한다.

459   '성적 욕망'에는 성행위나 성관계를 직접적인 목적이나 전제로 하는 욕망뿐
만 아니라, 상대방을 성적으로 비하하거나 조롱하는 등 상대방에게 성적 수치심
을 줌으로써 자신의 심리적 만족을 얻고자 하는 욕망도 포함되고, 이러한 '성적
욕망'이 상대방에 대한 분노감과 결합되어 있더라도 달리 볼 것은 아니다.[354]
이러한 법리에 따라 판례는, 피고인(남)이 피해자(여)와 성관계를 하던 도중 '나
는 당신보다 성기가 큰 사람과도 살아봤다'는 취지의 이야기를 듣고 결별한 후,
피해자에게 '피해자의 성기가 까맣고 더러워 어떤 남자도 성관계를 원치 않을
것이라거나, 산부인과에 가서 성기 수술을 하라거나, 성기 큰 남자랑 성관계를
해서 흐뭇하겠다'는 등 피해자의 성기를 비하, 조롱하는 취지의 문자메시지를
반복하여 보낸 행위에 대하여 본죄로 기소된 사안에서, 피해자가 자신의 성기
크기를 언급한 것에 화가 나 연인관계를 정리한 후 피해자에게 수치심, 불쾌감,
심적 고통 등 부정적인 심리를 일으키고자 문자메시지를 발송한 것으로 보일
뿐, 자기 또는 다른 사람의 성적 욕망을 유발하거나 만족시킬 목적이 있다고 인
정하기 어렵다는 원심판결을 파기하고, 피고인에게 성적 욕망을 만족시킬 목적
이 있다고 판단하였다.[355]

460   '자기 또는 다른 사람의 성적 욕망을 유발하거나 만족시킬 목적'이 있는지
여부는 피고인과 피해자의 관계, 행위의 동기와 경위, 행위의 수단과 방법, 행위
의 내용과 태양, 상대방의 성격과 범위 등 여러 사정을 종합하여 사회통념에 비

사진을 전달한 것으로 본 사례).
353 이주원, 특별형법(9판), 516.
354 대판 2018. 9. 13, 2018도9775.
355 대판 2018. 9. 13, 2018도9775. 본 판결 평석은 박원경, "통신매체이용음란죄에서 목적성 판단기
　준", 판례연구 36-2, 서울지방변호사회(2023), 35-53.

추어 합리적으로 판단하여야 한다.[356]

(가) 목적이 인정된 사례

① 피고인(남, 55세)이 피해자(여, 53세)와 성관계를 하면서 찍은 피해자의 나 **461**
체 사진 2장을 사이가 나빠지자 다른 사람과 함께 있는 피해자에게 휴대전화
카카오톡 메신저를 이용하여 전송하였다는 공소사실에 대하여, 피고인은 당시
단순히 피해자에게 위 사진을 보여주려는 목적만을 가지고 있었다기보다는 사
이가 나빠진 피해자에게 둘이 성관계를 한 사진을 보유하고 있다는 사실을 알
리고 피해자에게 자신과 내연관계에 있었다는 사실을 상기시킴으로써 자신의
성적 욕망을 만족시키거나 피해자에게 보복이나 고통을 줄 목적으로 피해자에
게 위 사진을 보낸 것으로 보인다는 이유로 유죄로 판단하였다.[357]

② 피고인(남)이 내연관계에 있던 피해자가 더 이상 만나주지 않자, 45회에 **462**
걸쳐 피해자, 피해자의 남편, 피해자가 재직하던 회사, 피해자의 남편이 근무하
는 회사의 부서장, 피해자가 거주하는 아파트의 이웃주민들에게 '피해자가 사무
실에 같이 있는 남자와 성관계를 가진다'는 취지로 피해자의 불륜내용을 암시하
는 내용의 글과 여성의 나체사진이나 남녀의 성행위 장면을 찍은 사진을 보낸
사안에서, 피고인이 보낸 우편물 내용이 성적인 의도를 가진 음란한 글과 사진
이라는 점에서 피고인이 자기의 성적 욕망을 유발하거나 만족시킬 목적으로 편
지를 보냈다고 인정하였다.[358]

③ 군대 상관인 피고인(35세. 임관 15년의 남성 상사)이 부하인 피해자(20세. 임 **463**
관 1년 남짓 여성 하사)에게 전화통화를 하면서 "남자친구와 자 봤느냐?", "왜 모르
느냐, 남자친구도 있는데 모르느냐?", "진짜냐, 왜 그런 것을 안하느냐, 나는 그
런 것을 하면 기분이 좋던데, 진짜 안 해봤냐?", "나는 해봤다, 좋더라.", "어떻게
하니까 기분이 좋더라."라는 등의 말을 한 사안에서, 미혼인 20대 초반의 여성
피해자에게 성관계 경험에 관하여 반복적으로 질문하고 자신의 성관계 경험을
들려주면서 그에 관한 피해자의 반응을 살핌으로써 성적 욕망을 유발하거나 성
적 만족을 얻고자 하는 의도가 있었던 것으로 봄이 상당하다고 판단하였다.[359]

---

356 대판 2017. 6. 8, 2016도21389; 대판 2022. 9. 29, 2020도11185.
357 대판 2017. 6. 8, 2016도21389.
358 서울고판 2013. 6. 4, 2013노1096(상고기각으로 확정).
359 대판 2022. 9. 29, 2020도11185.

(나) 목적이 부정된 사례

464 　① 피고인(남)이 교제해 오다 일명 '스와핑' 등의 권유와 피고인의 집착 때문에 헤어진 피해자(여)에게 "니가 유명한 똥갈보로 소문난 것 알지", "지금 만나는 새끼는 ○은 잘하대?", "사무장도 니가 내 ○○라는 것 잘 알고 있어", "○○ 한번 벌려주면 받을 돈에서 깎아 줄게" 등의 문자메시지를 보낸 사안에서, 문자메시지의 내용만으로는 주로 피해자에게 공포심 내지 불안감을 유발하기 위한 것으로 보일 뿐 그와 별개로 자신 또는 다른 사람의 성적 욕망을 유발시키거나 만족시킬 목적이 있었다고는 보이지 않는다는 이유로 무죄로 판단하였다.[360]

465 　② 피고인이 다산콜센터 상담사인 피해자 A(여, 27세)에게 전화하면서, ⓐ "아 이 양반아 또 옷을 입고 자야지 옷을 벗고 자고 그래. 이 양반이 아무리 좋아도 그렇지, 나빴어", ⓑ "얼굴을 볼 수 있어야 애기 목소리 같은데 하하", "까세요, A하고 사귀고 싶다, 왜 우세요", "A씨 얼굴을 모르지만 목소리는 음 이쁘네", "내가 서울 가면 봅시다", ⓒ "근데 씨발", "이 ○" 등의 성적 수치심이나 혐오감을 일으키는 말을 상대방에게 도달하게 하였다고 기소된 사안에서, 그와 같은 발언은 약 13분에 걸쳐 당시 시장의 시정에 관한 의견 등을 표명하는 과정에서 파편적으로 한 말을 모아 놓은 것인 점, 위 ⓐ의 발언은 피해자가 감기에 걸려 목소리가 좋지 못하다고 하자 감기의 원인에 관하여 짧게 말한 것에 불과하고, 곧바로 다른 대화로 주제를 전환한 점, ⓑ의 발언은 대화의 도입부, 진행부 및 마무리 부분에 나뉘어서 이루어진 것이고, "왜 우세요"라는 발언은 피해자의 목소리가 좋지 않은 것을 듣고 울고 있느냐고 물은 것으로 당시 피해자가 실제로 울고 있었기 때문은 아닌 점, ⓒ의 "근데 씨발", "이 ○"이라는 발언은 전체 맥락상 피고인이 피해자가 아닌 제3자에 대하여 분노를 표출하는 저속한 표현에 불과하고 성적인 목적으로 이루어졌다고 보이지 않는 점에 비추어, 피고인의 발언이 자기 또는 다른 사람의 성적 욕망을 유발시키거나 만족시킬 목적으로 이루어졌다고는 보기 어렵다고 판단하였다.[361]

466 　③ 피고인(남, 50세)이 직장 동료인 피해자(여, 49세)에게 휴대전화로 '○이네', 라는 문자를 2회 보내고, 직장 단체카카오톡 채팅방에 접속한 뒤 '여기 ○빠는

---

360 수원지판 2013. 8. 7, 2012고단2363(항소 및 상고기각으로 확정).
361 인천지판 2014. 8. 22, 2014노1144(상고기각으로 확정).

년이 있습니다.'라는 글을 7회에 걸쳐 올린 사안에서, 피고인이 전처와의 이혼으로 정신적, 경제적 어려움을 겪던 중 범행 이틀 전 피해자와 회식 문제로 다툰 후 주취상태에서 우발적으로 위 문자메시지를 보낸 점, 비슷한 시간대에 전처와 자녀들에게도 비슷한 문자메시지를 보냈던 점 등을 고려하여 무죄로 판단하였다.[362]

④ 피고인(남, 27세)이 피해자(여, 27세)에게 당시 교제 중이던 A(여, 27세)의 신체가 노출된 사진파일을 카카오톡으로 보낸 사안에서, 위 사진을 보낸 주된 목적이 피해자에게 자신과 A의 관계를 알려 당시 피고인의 연락을 받지 않던 A의 소재를 알아내는 데 있었던 점 등을 고려하여 무죄로 판단하였다.[363]　　467

(다) 입법론

본조는 자신의 의사에 반하여 성적 수치심이나 혐오감을 일으키는 말이나 음향 등을 받게 되는 피해자를 보호하는 데에 중점이 있지, 행위자의 주관적 목적의 유무에 따라 행위자를 비난하는 데에 중점이 있는 것은 아니라는 이유로, 본조에서 '자기 또는 다른 사람의 성적 욕망을 유발시키거나 만족시킬 목적으로'라는 요건은 삭제하여야 한다는 입법론이 있다.[364]　　468

(5) 처벌 등

(가) 법정형 등

2년 이하의 징역 또는 2천만 원 이하의 벌금[365]에 처한다.　　469

본죄는 미수범 처벌규정이 없으며, 양형기준의 적용대상이다(디지털 성범죄 양형기준).[366]　　470

본죄에 대해서는 양벌규정이 적용된다. 즉, 법인의 대표자나 법인 또는 개인의 대리인, 사용인, 그 밖의 종업원이 그 법인 또는 개인의 업무에 관하여 본죄를 범하면 그 행위자를 벌하는 외에 그 법인 또는 개인에게도 2천만 원 이하의 벌금형을 과하고, 다만 법인 또는 개인이 그 위반행위를 방지하기 위하여 해당 업무에 관하여 상당한 주의와 감독을 게을리하지 아니한 경우에는 처벌하지　　471

---

362 인천지판 2016. 9. 28, 2016노1284(상고기각으로 확정).
363 수원지판 2016. 10. 27, 2016노5798(확정).
364 오영근(주 331), 489.
365 2020년 5월 19일 법률 개정으로 벌금형의 상한이 500만 원에서 2천만 원으로 상향되었다.
366 양형위원회, 2023 양형기준, 706-730.

아니하다(성폭처벌 §51).

(나) 친고죄 여부

472　　　본죄는 친고죄였으나, 2012년 12월 18일 성폭력처벌법이 전부 개정(법률 제 11556호)되면서 친고죄 규정이 삭제되었다. 다만 성폭력처벌법 부칙 제9조(친고죄 에 관한 경과조치)는 "이 법 시행 전에 행하여진 종전의 제10조 제1항(업무상 위력 등에 의한 추행), 제11조(공중 밀집 장소에서의 추행) 및 제12조(통신매체를 이용한 음란 행위)의 죄에 대하여는 종전의 제15조(고소)를 적용한다."고 규정하고 있으므로, 개정 성폭력처벌법(법률 제11556호)이 시행된 날인 2013년 6월 19일 전에 범한 범 죄에 대해서는 기존 친고죄 규정이 그대로 적용된다.

473　　　또한 2012년 12월 18일 청소년성보호법이 전부 개정(법률 제11572호)되기 전 의 구 청소년성보호법 제16조(피해자의 의사)는 '아동·청소년'을 대상으로 한 통 신매체이용음란죄에 대해 '반의사불벌죄'로 규정하고 있었음을 유의할 필요가 있다.

(다) 부수처분

474　　　본죄는 성폭력범죄에 해당하므로, 유죄판결을 할 경우 수강명령, 이수명령 을 병과하여야 한다(성폭처벌 §16②). 징역형을 선고하는 경우에는 신상정보 등 록, 등록정보 공개, 고지 대상이 되지만 벌금형을 선고하는 경우 등록대상이 아 니므로(성폭처벌 §42① 단서) 공개, 고지 대상도 아니다. 성폭력처벌법 제42조 제1 항에서 본죄에 대하여 다른 성폭력범죄와 달리 징역형을 선고받은 경우에 한하 여 신상정보 등록, 등록정보 공개, 고지 명령을 할 수 있도록 규정한[367] 것은, 헌법재판소에서 구 성폭력처벌법(2012. 12. 18. 법률 제11556호로 전부 개정된 것) 제 42조 제1항 중 "제13조의 범죄로 유죄판결이 확정된 자는 신상정보 등록대상자 가 된다."라는 부분은 비교적 경미한 제13조 위반 범죄에 대하여도 유죄판결만 받으면 신상정보등록대상자가 되도록 한 것이 침해의 최소성 원칙 및 법익 균 형성에 맞지 않는다는 이유로 위헌결정이 선고된[368] 후, 2016년 12월 20일 개정

---

367 징역형을 선고받은 경우에 한하여 신상정보등록 대상이 되는 범죄는 성폭력처벌법 제12조(성적 목적을 위한 다중이용장소 침입행위)·제13조(통신매체를 이용한 음란행위)의 범죄 및 청소년성 보호법 제11조 제3항 및 제5항(성착취물의 배포·제공, 구입·소지·시청) 위반의 범죄로 규정되 어 있으나, 청소년성보호법 제11조 제3항 및 제5항의 법정형은 2020년 6월 2일 개정법에서 벌 금형이 삭제되고 징역형만 남게 되었다.

368 헌재 2016. 3. 31, 2015헌마688.

법에 위와 같은 위헌결정의 취지가 반영되었기 때문이다.

한편 본죄로 유죄판결을 할 경우, 취업제한명령을 내릴 수 있다(아청 §56①. **475**
벌금형을 선고하거나 약식명령을 하는 경우에도 가능).

본죄는 성폭력처벌법상의 성폭력범죄에 해당하지만 전자장치부착법 제2조 **476**
제2호의 성폭력범죄에는 해당하지 않으므로, 본죄를 범한 피고인에게 재범의
위험이 있다고 하더라도 전자장치 부착명령 또는 형집행 후의 보호관찰을 내릴
수 있는 사유에는 해당하지 않는다.

12. 카메라 등을 이용한 촬영

(1) 규정

제14조(카메라 등을 이용한 촬영) ① 카메라나 그 밖에 이와 유사한 기능을 갖춘 기
계장치를 이용하여 성적 욕망 또는 수치심을 유발할 수 있는 사람의 신체를 촬영
대상자의 의사에 반하여 촬영한 자는 7년 이하의 징역 또는 5천만원 이하의 벌금
에 처한다. 〈개정 2018. 12. 18., 2020. 5. 19.〉

② 제1항에 따른 촬영물 또는 복제물(복제물의 복제물을 포함한다. 이하 이 조에
서 같다)을 반포·판매·임대·제공 또는 공공연하게 전시·상영(이하 "반포등"이라
한다)한 자 또는 제1항의 촬영이 촬영 당시에는 촬영대상자의 의사에 반하지 아니
한 경우(자신의 신체를 직접 촬영한 경우를 포함한다)에도 사후에 그 촬영물 또는
복제물을 촬영대상자의 의사에 반하여 반포등을 한 자는 7년 이하의 징역 또는 5
천만원 이하의 벌금에 처한다. 〈개정 2018. 12. 18., 2020. 5. 19.〉

③ 영리를 목적으로 촬영대상자의 의사에 반하여 「정보통신망 이용촉진 및 정보보
호 등에 관한 법률」 제2조제1항제1호의 정보통신망(이하 "정보통신망"이라 한다)
을 이용하여 제2항의 죄를 범한 자는 3년 이상의 유기징역에 처한다. 〈개정 2018.
12. 18., 2020. 5. 19.〉

④ 제1항 또는 제2항의 촬영물 또는 복제물을 소지·구입·저장 또는 시청한 자는
3년 이하의 징역 또는 3천만원 이하의 벌금에 처한다. 〈신설 2020. 5. 19.〉

⑤ 상습으로 제1항부터 제3항까지의 죄를 범한 때에는 그 죄에 정한 형의 2분의
1까지 가중한다. 〈신설 2020. 5. 19.〉

(2) 의의 및 연혁

(가) 의의

477   본조는 소형디지털 카메라의 성능 개선과 휴대폰의 보급 확대로 인해 나타난 '몰래카메라'의 폐해가 심각해지고, 인터넷상에서 성적 욕망 또는 수치심을 유발할 수 있는 타인의 신체 사진이나 동영상이 무질서하게 유포되어 타인의 명예를 심각하게 훼손하고 있으며, 강간죄 등을 범한 사람이 피해자의 신고를 막기 위하여 나체사진을 찍은 후 이를 빌미로 협박을 하는 경우가 많이 발생하고 있고, 동거녀나 내연녀 등과의 불화로 상대방의 신체를 촬영하여 공중에게 배포하는 경우가 종종 발생하고 있는 점 등을 고려하여, 위와 같은 촬영행위 및 그 촬영물의 반포·판매·임대·제공 또는 공공연하게 전시·상영(이하, 반포등이라 한다.)하는 행위 등을 처벌하기 위하여 마련된 규정이다.[369]

478   본조의 죄는 피해자의 성적 자기결정권 및 일반적 인격권 보호, 사회의 건전한 성풍속 확립을 그 보호법익으로 하며,[370] 구체적으로 인격체인 피해자의 성적 자유와 함부로 촬영당하지 아니할 자유를 보호하기 위한 것이다.[371] 여기에서 '성적 자유'는 소극적으로 자기 의사에 반하여 성적 대상화가 되지 않을 자유를 의미한다.[372]

(나) 연혁

479   본조에 대해서는 여러 차례의 법률 개정이 있었고, 이들 개정된 조항은 모두 새로운 구성요건을 신설하거나 법정형이 가중되는 경우이므로, 행위시법을 적용하여야 한다. 과거에 선고된 판례를 검토할 때에는 개정 전 법률이 적용된 사안이 아닌지 주의 깊게 살펴볼 필요가 있다.

(a) 의사에 반하는 촬영행위의 처벌

480   성폭력처벌법 제정 이전인 1998년 12월 28일 개정 성폭력범죄의 처벌 및 피해자보호 등에 관한 법률 제14조의2(카메라등 이용촬영)에서 "카메라 기타 이와 유사한 기능을 갖춘 기계장치를 이용하여 성적 욕망 또는 수치심을 유발할 수

---

369 주석형법 [각칙(4)](5판), 391(구회근); 이주원, 주석형법(9판), 519.
370 헌재 2016. 12. 29, 2016헌바153; 대판 2016. 1. 28, 2015도17384; 대판 2022. 3. 17, 2021도13203.
371 대판 2008. 9. 25, 2008도7007; 대판 2022. 3. 17, 2021도13203.
372 대판 2020. 12. 24, 2019도16258; 대판 2022. 3. 17, 2021도13203.

있는 타인의 신체를 그 의사에 반하여 촬영한 자는 5년 이하의 징역 또는 1천만
원 이하의 벌금에 처한다."는 규정이 신설되었다(현행 성폭처벌 §14①에 해당).

(b) 반포등 행위 및 영리목적 반포등 행위의 처벌

2006년 10월 27일 성폭력범죄의 처벌 및 피해자보호 등에 관한 법률의 개　481
정으로 피해자의 의사에 반한 촬영에 더하여, 그 촬영물을 반포·판매·임대 또
는 공연히 전시·상영한 행위 및 영리 목적으로 그 촬영물을 정보통신망을 이용
하여 유포하는 행위까지 처벌하는 규정을 추가하였고, 그 후 2010년 4월 15일
성폭력처벌법이 제정되면서 본조 제2항, 제3항에서 같은 내용이 규정되었다.

(c) 사후의 의사에 반하는 반포등 행위의 처벌

2012년 12월 18일 성폭력처벌법이 전부 개정되면서 본조에서 제1항과 제3　482
항에 개정 전 제13조 제1항과 제2항과 같은 내용을 규정하는 한편, 제2항에 '촬
영 당시에는 촬영대상자의 의사에 반하지 아니하였지만 사후에 그 의사에 반하
여 촬영물을 반포·판매·임대·제공 또는 공공연하게 전시·상영한 행위'를 처벌
하는 규정을 신설하였다.

이는 그 무렵 부인이나 여자 친구 등 다른 사람의 동의를 얻어 성행위 장면　483
등을 사진이나 동영상으로 촬영하였다가, 그 후 서로 사이가 나빠지자 기존에
찍어두었던 사진이나 동영상을 배포하는 사례가 많이 발생하였고, 법원이 입법
의 미비를 이유로 무죄를 선고하는[373] 상황에 대처하기 위한 것이다.

(d) 반포등 행위의 객체에 복제물 추가

2018년 12월 18일 개정을 통하여, ① 본조 제1항에는 의사에 반하는 촬영　484
행위만을 규정하고, 제2항에는 의사에 반하는 위 촬영물의 반포등 행위와 사후
의 의사에 반하는 반포등 행위를 모아서 규정하는 한편, ② 위 촬영물에 촬영
물의 복제물(복제물의 복제물도 포함)을 포함하는 것으로 처벌범위를 확대하고,
③ 제3항에는 영리를 목적으로 정보통신망을 이용하여 제2항의 죄를 범한 사람
을 처벌하는 규정을 신설하였다.

(e) 자신의 신체 촬영물에 대한 사후의 의사에 반하는 반포등 행위 및 소지·구
입·저장 또는 시청행위의 처벌 및 상습범 가중

2020년 5월 19일 개정을 통하여, ① 제2항에서 '촬영 당시 촬영대상자의 의　485

---

373 대판 2010. 10. 28, 2010도6668; 대판 2009. 10. 29, 2009도7973.

사에 반하지 아니한 촬영물'에 '자신의 신체를 직접 촬영한 경우'를 포함시켰다. 이는 자신이 스스로 촬영하여 카카오톡 등으로 송부한 나체사진을 가해자가 촬영자의 동의를 받지 아니하고 배포등을 한 경우 처벌규정의 미비로 무죄판결이 선고되는 데[374] 대처하기 위한 것이다.

486   그리고 ② n번방 사건 등 사이버 성범죄로 인한 피해가 증가하자 제4항에서 불법 성적 촬영물의 소지·구입·저장 또는 시청행위를 처벌하는 규정을 신설하고, ③ 제5항에서 촬영, 배포등의 행위에 대한 상습범 가중처벌 규정을 신설하였다.

(3) 제1항의 죄(카메라 등을 이용한 촬영)

(가) 의의

487   본죄[성폭력처벌법위반(카메라등이용촬영·반포등)죄][375]는 카메라나 그 밖에 이와 유사한 기능을 갖춘 기계장치(이하, 카메라 등 기계장치라고 한다.)를 이용하여 성적 욕망 또는 수치심을 유발할 수 있는 사람의 신체를 촬영대상자의 의사에 반하여 촬영한 때에 성립한다.

(나) 객체 – 성적 욕망 또는 수치심을 유발할 수 있는 사람의 신체

488   본죄의 객체는 '성적 욕망 또는 수치심을 유발할 수 있는 사람의 신체'이다.

(a) 일반적 기준

489   본죄의 성립 여부와 관련하여 실무상 자주 문제되는 것은 '성적 욕망 또는 수치심을 유발할 수 있는 신체'의 의미에 관한 해석이다. 행위자 등의 성적 흥분을 의도하는 '성적 욕망 유발'과 상해방의 피해 감정을 뜻하는 '수치심 유발'이라는 상반된 개념이 함께 사용되고 있고, 주관적 감정을 기초로 한 점에서 상대적이면서 다소 추상적인 개념이다.[376] 대법원에서 촬영한 부위가 '성적 욕망 또는 수치심을 유발할 수 있는 타인의 신체'에 해당하는지 여부에 관하여 제시하는 전통적인 기준은 종합적 고려설에 따라, "객관적으로 피해자와 같은 성별, 연령대의 일반적이고도 평균적인 사람들의 입장에서 성적 욕망 또는 수치심을

---

374 대판 2015. 12. 24, 2015도16953.
375 본조 제1항 내지 제3항의 죄의 죄명표상 죄명은 모두 성폭력처벌법위반(카메라등이용촬영·반포등)죄로 같게 되어 있으나, 실무상 본조 제1항의 죄(촬영)는 성폭력처벌법위반(카메라등이용촬영)죄라고도 한다.
376 이주원, 특별형법(9판), 520.

유발할 수 있는 신체에 해당되는지 여부를 고려함과 아울러, 당해 피해자의 옷차림, 노출의 정도 등은 물론, 촬영자의 의도와 촬영에 이르게 된 경위, 촬영 장소와 촬영 각도 및 촬영 거리, 촬영된 원판의 이미지, 특정 신체 부위의 부각 여부 등을 종합적으로 고려하여 구체적·개별적·상대적으로 결정하여야 한다."라는 것이다.[377]

특정한 신체의 부분으로 일률적으로 결정되는 것이 아니고 촬영 방식, 촬영자의 의도와 촬영에 이르게 된 경위와 같은 촬영의 맥락과 촬영의 결과물을 고려하여 그와 같이 촬영을 하거나 촬영을 당하였을 때 '성적 욕망 또는 수치심을 유발할 수 있는 경우'를 의미하므로, 피해자가 공개된 장소에서 자신의 의사에 의하여 드러낸 신체 부분이라고 하더라도 이를 촬영하거나 촬영당하였을 때에는 성적 욕망 또는 수치심이 유발될 수 있어 본죄의 대상이 될 수 있다.[378]　　490

성기, 엉덩이, 여성의 가슴뿐 아니라, 여성의 허벅지나 배 등도 경우에 따라 이에 해당할 가능성이 있다.[379] 신체가 반드시 노출된 부분으로 한정되는 것은 아니고, 의복이 몸에 밀착하여 엉덩이와 허벅지 부분의 굴곡이 드러나는 경우에도 성적 욕망 또는 수치심을 유발할 수 있는 신체에 해당할 수 있다.[380]　　491

(b) 판례의 사례

1) 긍정 사례

① 밤 9시 무렵 마을버스를 탄 만 59세의 남성인 피고인이 바로 옆 좌석에 앉아 있는 만 18세의 여성인 피해자의 치마 밑으로 드러난 무릎 위 허벅다리 부분을 휴대폰 카메라를 이용하여 불과 30㎝ 정도의 거리에서 정면으로 촬영한 경우.[381]　　492

---

377 대판 2008. 9. 25, 2008도7007; 대판 2020. 12. 24, 2019도16258; 대판 2022. 3. 17, 2021도13203.

378 대판 2020. 12. 24, 2019도16258(이른바 레깅스 사건)(휴대전화기의 카메라 촬영 기능을 이용하여 레깅스 바지를 입고 피고인과 같은 버스에 승차하고 있던 피해자의 엉덩이 부위 등 하반신을 약 8초 동안 피해자 몰래 동영상 촬영한 사안에서, 본죄의 성립을 부정한 원심판결을 파기한 사례). 본 판결 평석은 이승준, "이른바 '레깅스 판결'(2019도16258)과 카메라 등 이용촬영죄 해석의 한계 - 자유심증의 충돌 -", 사법 56, 사법발전재단(2021), 507-539.

379 헌재 2016. 12. 29, 2016헌바153.

380 대판 2020. 12. 24, 2019도16258. 마찬가지로 의복 위를 촬영하였지만 유죄로 인정한 사안으로, 대판 2017. 1. 12, 2016도14942; 서울중앙지판 2014. 7. 18, 2014노1555(확정).

381 대판 2008. 9. 25, 2008도7007. 본 판결 평석은 정준영, "합리적 피해자 기준: 성희롱 및 성적

493　　② 피해자의 불륜을 의심하는 상황에서 강제로 피해자의 원피스형 잠옷 전체를 벗겨 알몸으로 만들고 난 후 등 부위를 촬영한 경우[382]

494　　③ 재래식 변기를 이용하는 피해자의 무릎 아래 맨다리 부분을 촬영한 경우[383]

495　　④ 버스나 길거리 등에서 치마나 반바지를 입고 있는 여성들의 다리, 엉덩이 부위나 가슴 부위를 부각하여 촬영한 경우[384]

496　　⑤ 몸에 달라붙는 짧은 원피스, 몸의 전체적인 윤곽이 드러나는 치마 제복 등을 입은 여성의 전신을 촬영한 경우[385]

497　　⑥ 비교적 근접한 거리에서 피해 여성들의 얼굴, 가슴, 다리, 엉덩이 등을 부각하여 촬영한 경우[386]

498　　⑦ 피해자는 엉덩이 바로 위까지 내려오는 다소 헐렁한 상의와 발목까지 내려오는 레깅스 하의를 입고, 엉덩이부터 종아리까지의 굴곡과 신체적 특징이 드러나는 모습으로 버스 뒷문에 설치된 단말기 왼편에 서 있었고, 피고인은 위 단말기 반대편 의자에 앉아 휴대폰으로 피해자의 뒷모습을 약 8초 동안 몰래 동영상으로 촬영하였는데, 촬영된 동영상에는 피해자의 얼굴과 상체의 일부를 제외한 전신이 촬영된 부분도 있으나, 대체로 피해자의 엉덩이를 포함한 하반신을 위주로 촬영이 이루어진 경우(이른바 레깅스 사건)[387]

499　　⑧ 피고인이 청바지를 입은 여성을 따라다니면서 계단을 오르는 모습을 바로 뒤에서 엉덩이를 부각하여 촬영한 경우[388]

수치심 유발부위 판단기준", 자유와 책임 그리고 동행: 안대희 대법관 재임기념, 사법발전재단 (2012), 547-565.

382 대판 2014. 2. 27, 2013도8619.

383 대판 2014. 7. 24, 2014도6309.

384 대판 2017. 1. 12, 2016도14942.

385 서울중앙지판 2014. 7. 18, 2014노1555(확정).

386 서울중앙지판 2014. 9. 4, 2014노1993(확정). 다만, 원거리에서 전신을 촬영한 부분은 무죄로 판단하였다.

387 대판 2020. 12. 24, 2019도16258. 본 사례에서 대법원은, 성적 수치심은 부끄럽고 창피한 감정 뿐 아니라 분노·공포·무기력·모욕감 등 다양한 형태로 나타날 수 있고, 이러한 감정도 성적 수치심의 범주에 포함시킬 수 있고, 피해자가 공개된 장소에서 스스로 드러낸 신체 부분이라고 하더라도 그것이 촬영되는 경우 고정성과 연속성, 확대 등 변형가능성, 전파가능성 등에 의하여 성적 욕망이나 수치심을 유발하고 나아가 인격권을 더욱 중대하게 침해할 가능성이 커지며, 사진에 비해 동영상이 촬영된 경우에는 더욱 그러하다는 취지로 판시하였다.

388 대판 2022. 3. 17, 2021도13203. 다만 특별히 엉덩이를 부각하지 않고 촬영한 경우에는, 성적 욕망 또는 수치심을 유발할 수 있는 신체에 해당하지 않는다고 판단하였다.

2) 부정 사례

① 엘리베이터 안에서 피해자 몰래 촬영한 사진에 피해자의 얼굴은 나오지 500
않고 가슴을 중심으로 한 상반신만 나왔으며, 외부로 노출된 신체 부위가 없는
상태에서 특별히 신체 특정 부위를 부각하지 않고 통상 보이는 모습대로 촬영
한 경우389

② 전동차 안에서 스마트폰을 이용하여 맞은편 의자에 치마를 입거나 몸에 501
달라붙어 몸매가 그대로 드러나는 바지 등을 입은 피해자들을 촬영하였지만, 가
슴 등 특정 부분을 부각시키지 않고 전신을 촬영한 경우390

③ 외출복 차림을 한 20대 여성의 전신을 촬영하였으나 촬영 각도, 화면 구 502
성 등에 비추어 특정 신체 부위를 부각하여 촬영한 것은 아니고 근접하여 촬영
한 것도 아니었던 사안391

④ 노상에서 사람들의 시야에 통상적으로 보이는 피해자들의 전신이나 앞, 503
뒤, 옆모습을 몇 미터 떨어진 위치에서 촬영한 경우392

⑤ 전동차 안에서 맞은편에 뒤돌아 서 있는 여성의 뒷모습을 다리 등을 부 504
각하지 않고 촬영한 경우393

⑥ 피고인이 버스정류장 등에서 여성의 종아리 부분을 부각하여 촬영한 505
경우394

⑦ 전동차 안에서 짧은 바지를 입고 다른 쪽 벽에 기대선 피해자와 자전거 506
거치대 및 벽면과 바닥 등을 함께 촬영한 경우395

⑧ 공공장소에서 사람들의 시야에 통상적으로 보이는 여성들의 전신이나 507
옆모습 또는 뒷모습을 풍경과 함께 촬영한 경우396

⑨ 지하철 안에서 칸 사이를 이동하면서 다리를 꼬고 의자에 앉아있던 피 508

---

389 대판 2016. 1. 14, 2015도16851.
390 서울중앙지판 2012. 6. 15, 2012노1465(상고기각으로 확정).
391 수원지판 2013. 7. 18, 2013노1707(확정).
392 인천지판 2015. 4. 3, 2014노5035(확정).
393 서울중앙지판 2015. 7. 24, 2015노795(상고기각으로 확정).
394 서울중앙지판 2016. 4. 8, 2015노4780(상고기각으로 확정). 다만, 종아리와 허벅지를 함께 촬영
　　한 부분은 유죄로 판단하였다.
395 서울중앙지판 2016. 12. 23, 2016노3810(확정).
396 수원지판 2017. 7. 6, 2016노8625(상고기각으로 확정).

해자의 다리 부분을 휴대폰 카메라로 2장 촬영하였지만, 허벅지 등을 부각시켜 촬영한 것이 아닌 경우[397]

509　　　⑩ 피고인이 호텔 객실에서 피촬영자와 성관계하는 장면을 녹화하려고 몰래 휴대전화기의 동영상촬영 기능을 실행시키고 침대 앞 탁자 위에 올려두었으나, 실제 촬영된 장면은 피고인과 피촬영자 모두 옷을 입은 채 침대 위에서 피고인이 피촬영자를 껴안는 모습, 양팔로 피촬영자를 껴안아 들어 올리는 모습뿐이고, 피촬영자의 얼굴, 어깨, 팔 등 상체의 일부가 촬영되었으나, 촬영 각도나 촬영된 이미지에 비추어 위 영상이 성관계 도중에 촬영된 것이라고 단정하기도 어려운 경우[398]

510　　　⑪ 피고인이 청바지를 입은 여성을 따라다니면서 계단을 오르는 모습을 바로 뒤에서 촬영하였으나, 특별히 엉덩이를 부각하지 않고 일상복인 청바지를 입은 여성의 뒷모습 전신을 어느 정도 떨어진 거리에서 촬영하였을 뿐인 경우[399]

　　　3) 검토

511　　　대체로 특정 신체 부위를 부각하였는지, 촬영거리가 가까운지 여부가 중요 판단기준으로 보이고, 의복으로 감춰진 신체를 촬영한 사례에서는 몸에 달라붙는 형태의 옷을 착용한 경우로 한정하는 경향이 있기는 하나, 판례의 일반론에 의하면 구체적인 사안에서 이에 해당하는지의 판단은 쉽지 아니하여, 이를 유죄로 인정하거나 부정한 실무례 사이에 통일된 해석의 기준을 찾기가 쉽지 않다. 최근의 판례는 레깅스 사건[400]에서 살펴본 바와 같이 처벌범위를 확장하고 있는 것으로 보인다. 이는 유사한 범죄의 구성요건을 '신체의 특정 부위'에 대한 '사적인 장소'에서의 촬영행위나 덮혀져 있는 속옷의 촬영 등으로 구체화하고 제한한 아래 외국의 입법례와 달리,[401] 그 구성요건이 지나치게 광범위하고 추상적인 데에서 비롯된 문제라고 볼 수 있다.[402]

---

397 서울중앙지판 2013. 11. 22, 2013고합886(항소기각으로 확정).

398 서울고판 2021. 1. 22, 2020노1988(확정). 카메라등이용촬영죄의 미수로 인정되었다.

399 대판 2022. 3. 17, 2021도13203.

400 대판 2020. 12. 24, 2019도16258.

401 외국의 입법례에 비추어 이와 같은 우리 판례의 태도는 법률해석의 한계를 벗어난 것이라는 취지로 비판적 입장을 보인 글로, 이승준(주 378), 531-534.

402 성범죄재판실무편람, 성범죄재판실무편람 집필위원회(2018), 55.

(c) 외국의 입법례403

1) 독일

형법각칙 제15장 '사생활 및 비밀영역의 침해' 제201a조에서 '사진촬영을 통 **512**
한 사생활 및 인격권 침해죄'(Verletzung des höchstpersölichen Lebensbereichs und
von Persönlichkeitsrechten durch Bildaufnahmen)를 규정하고 있는데, 주거지 또는 들
여다보지 못하게 보호된 장소에 있는 타인 또는 무방비 상태로 보여지는 타인
의 사진을 권한 없이 촬영하거나 전송하고 이로 인하여 촬영된 사람의 사생활
을 침해한 자를 처벌하도록 하였다.404

최근 이러한 사적 공간에서의 촬영에 더하여 도촬행위를 성적 자기결정권 **513**
을 침해하는 범죄로 규정하고, 형법각칙 제13장 '성적 자기결정에 대한 죄' 제
184조k(Verletzung des Intimbereichs durch Bildaufnahmen)로 신설하였다.405 2020년

---

403 신상현, "'도촬행위' 처벌규정의 도입 필요성 및 그 내용에 관한 고찰", 형사법의 신동향 70, 대검
　찰청(2021), 89-101; 이승준(주 378), 531-533을 참조하였다.
404 독일형법 각칙 제15장 사생활과 비밀 영역의 침해 제201a조(사진촬영을 통한 사생활 및 인격권
　침해)
　(1) 다음 중 어느 하나에 해당하는 자는 2년 이하의 자유형 또는 벌금형에 처한다.
　　1. 주거지 또는 들여다보지 못하게 보호된 장소에 있는 다른 사람의 사진을 무단으로 촬영
　　　하거나 전송함으로써 촬영된 사람의 사생활을 침해하는 자
　　2. 다른 사람이 무방비 상태로 보여지는 사진을 무단으로 촬영하거나 전송함으로써 촬영된
　　　사람의 사생활을 침해하는 자
　　3. 사망자가 현저히 불쾌한 방법으로 보여지는 사진을 무단으로 촬영하거나 전송하는 자
　　4. 제1호부터 제3호까지에 따른 범죄행위를 통해 제작된 사진을 사용하거나 제3자에게 공개
　　　하는 자
　　5. 제1호부터 제3호까지에 명시된 방식으로 무단 제작된 사진을 고의로 제3자에게 무단공개
　　　함으로써 제1호 및 제2호의 경우에 촬영된 사람의 사생활을 침해하는 자
　(2) 또한, 촬영된 사람의 명예를 심각하게 훼손할 우려가 있는 다른 사람의 사진을 무단으로 제3
　　자에게 공개한 자도 마찬가지로 처벌한다. 동일한 조건이 존재하는 경우 사망자의 사진에
　　대하여도 이를 적용한다.
　(3) 다음 각 호의 어느 하나에 해당하는 자는 2년 이하의 자유형 또는 벌금형에 처한다.
　　1. 18세 미만 다른 사람의 나체를 대상으로 사진을 촬영하거나 제3자에게 유료로 공급하기
　　　위하여 제공하는 자
　　2. 18세 미만 다른 사람의 나체를 대상으로 하는 사진을 유료로 입수하거나 제3자에게 공급
　　　하는 자
　(4) 제1항 제4호 또는 제5호와 결부된 제1항 제2호와 제3호 및 제2항과 제3항은 정당한 이익을
　　우선적으로 대변하기 위하여 이루어진 행위, 즉 예술, 학문, 연구, 교육 또는 시사나 역사 사
　　건에 대한 보도나 이와 유사한 목적을 위한 행위에는 적용되지 아니한다.
　(5) 정범 또는 공범이 사용한 저장매체나 촬영장치 또는 그 밖의 기술적 장치는 몰수한다.
405 독일형법 각칙 제13장 성적 자기결정에 대한 죄 제184k조(사진촬영을 통한 국부 침해)

9월 연방의회를 통과하여 2021년 1월 1일부터 시행된 이 규정에 의하면, 다른 사람의 생식기, 엉덩이, 여성의 유방 또는 이러한 신체 부위를 덮는 속옷이 보이지 않도록 가려진 경우, 이러한 영역에 대한 사진을 의도적으로 또는 알면서 무단으로 촬영 또는 전송하는 행위는 금지된다(독형§184k①(i)). 이때 속옷은 가려진 경우만 해당하므로, 레깅스, 사이클링 팬츠, 치마 속에 입는 바지는 제외된다. 촬영된 사진을 사용하거나 제3자가 접근 가능하게 하는 경우와 권한을 가지고 이러한 사진을 촬영하였으나 그 정을 알면서 권한 없이 제3자에게 공개하는 행위도 금지된다(독형 (§184k①(ii)), (iii)). 위의 규정을 위반하면 2년 이하의 자유형 또는 벌금에 처하는 것으로 규정하였다. 예술, 학문, 연구, 교육 또는 시사나 역사 사건에 대한 보도나 이와 유사한 목적을 위한 촬영조치에는 위와 같은 처벌이 적용되지 않는다(독형§184k③).

  2) 영국

514 영국은 2003년 성범죄법(The Sexual Offences Act 2003)을 제정하여 사적 행위를 관찰하거나 촬영하는 행위를 금지하였다. 즉 성적 만족을 얻을 목적으로 상대방의 동의 없이 타인의 사적 행위(private act)를 훔쳐보거나(동법§67①), 타인이 성적 만족을 얻게 할 목적으로 제3자의 동의가 없는 것을 알면서도 제3자의 사적 행위를 훔쳐볼 수 있도록 장비를 작동하거나(동법§67②), 본인 또는 제3자가 성적 만족을 얻을 목적으로 타인의 사적 행위를 관찰하기 위해 타인의 동의가 없는 것을 알면서도 촬영·녹화하는 것을 금지하였다(동법§67③). 이러한 죄를 범

---

(1) 다음 각 호의 어느 하나에 해당하는 행위를 하는 사람은 2년 이하의 자유형 또는 벌금형에 처한다.
   1. 다른 사람의 생식기, 엉덩이, 여성의 유방 또는 이러한 신체 부위를 덮는 속옷이 보이지 않도록 가려진 경우 이러한 영역에 대한 사진을 의도적으로 또는 알면서 무단으로 촬영 또는 전송하는 사람
   2. 제1호에 따른 범행을 통하여 제작된 사진을 사용하거나 제3자에게 공개하는 사람
   3. 제1호에 표시된 종류의 적법하게 제작된 사진을 알면서 무단으로 제3자에게 공개하는 사람
(2) 이러한 범행은 수사기관이 형사소추에 대한 특별한 공익을 이유로 직권개입이 필요하다고 보이는 경우를 제외하고는 고소가 있어야만 형사소추를 할 수 있다.
(3) 더 중요하고 정당한 이익을 실현하기 위하여 이루어진 행위. 특히 예술, 학문, 연구, 교육 또는 시사나 역사 사건에 대한 보도나 이와 유사한 목적을 위한 행위에는 제1항을 적용하지 아니한다.
(4) 정범 또는 공범이 사용한 저장매체나 촬영장치 또는 그 밖의 기술적 장치는 몰수한다. 제74a조를 적용한다.

한 경우 약식기소(summary conviction) 시 6월 이하의 징역 또는 벌금, 정식기소 (conviction on indictment) 시 2년 이하의 징역에 처하도록 규정하였다(동법 §67⑤).

이때 사적 행위(private act)란 사생활이 보호될 것이라고 합리적으로 기대되 **515** 는 공간에서 개인의 음부, 엉덩이, 가슴 또는 속옷을 걸친 모습, 화장실을 사용 하는 모습, 통상적으로 공적인 장소에서 하지 않는 성적 행위를 하고 있는 모습 으로 정의되었다(동법 §68).

그러나 사적 장소가 아닌 공간에서의 업스커팅(Upskirting)(여성의 치마 속 촬 **516** 영) 행위에 대한 처벌의 공백지대가 발생하였고, 2003년 성범죄법으로도 처벌할 수 없는 사례들이 늘어나자 사회적 문제가 되었다. 특히 활동가이자 공원에서 치마 속 촬영을 당한 피해자 중 한 사람인 지나 마틴(Gina Martin)의 입법청원 운 동이 진행되자, 2019년 업스커팅까지 처벌대상으로 확대하는 성범죄법(The Sexual Offences Act 2019)이 통과되었다. 위 개정법에서는 당사자의 동의 없이 또는 동 의가 있다고 합리적으로 신뢰할 수 없음에도 성적 만족, 피해자에 대한 모욕, 두려움 또는 괴로움을 줄 목적으로 본인 또는 타인이 볼 수 있도록 타인의 옷 아래를 사진촬영하거나, 공중의 시선에 노출되지 않는 사람의 음부, 엉덩이 또 는 이를 덮고 있는 속옷을 촬영하는 행위를 금지하였다(동법 §67A②). 이를 위반 한 경우 약식기소 시 1년 이하의 징역이나 벌금, 정식기소 시 2년 이하의 징역 에 처하도록 규정하고 있다(동법 §67A④). 이러한 촬영행위 외에도 이러한 신체 부위를 관찰하기 위해 촬영장치를 작동하는 경우에도 처벌한다고 규정하였다(동 법 §67A①).

(d) 촬영 대상물 – 다른 사람의 신체

1) 신체

본죄가 성립하기 위해서는 사람의 '신체'를 직접 촬영하여야 하고, 신체 이 **517** 미지가 담긴 영상을 촬영한 경우는 본조에 해당하지 않는다.

대법원도 피해자(여, 14세)가 피고인과 컴퓨터를 통하여 인터넷 화상채팅을 **518** 하면서 피해자 스스로 자신의 신체 부위를 화상카메라에 비추었고, 카메라 렌즈 를 통과한 상(像)의 정보가 디지털화되어 피고인의 컴퓨터에 전송되었으며, 피 고인은 수신된 정보가 영상으로 변환된 것을 휴대전화 내장 카메라를 통해 동 영상 파일로 저장한 경우, 피고인이 카메라 기능이 내재되어 있는 휴대전화를 이용하여 촬영한 대상은 피해자의 신체 이미지가 담긴 영상일 뿐 피해자의 '신체 그 자체'는 아니어서 반의사촬영죄(현재의 성폭처벌 §14①)로 처벌할 수 없다고 판시하여,[406] 같은 입장을 취하였다.[407]

2) 다른 사람의 신체

519   2018년 12월 18일 개정 전 성폭력처벌법은 촬영의 객체를 '다른 사람의 신체'로 규정하였고, 판례도 피촬영자가 스스로를 촬영한 경우는 본조의 적용이 없다고 보았다.[408] 그러나 개정법에는 단순히 '사람의 신체'로만 규정하여 피고인이 피촬영자로 하여금 의사에 반하여 자신을 촬영하게 한 경우도 본조가 적용될 수 있는지 의문이 있을 수 있다.

520   하지만 본조의 행위는 촬영하는 것일 뿐 촬영하게 하는 것은 아니고, 성폭력처벌법 제14조 제2항에서 피해자가 자신의 신체를 직접 촬영하였다가 피해자의 의사에 반하여 반포등이 된 경우에만 처벌하는 규정을 두고, 피해자로 하여금 의사에 반하여 촬영하게 한 행위를 처벌하는 규정은 두지 않은 점에 비추어, 여전히 반의사촬영죄의 객체는 다른 사람의 신체에 한정된다고 보아야 한다.

521   다만 피고인이 피해자를 폭행·협박하여 피해자로 하여금 의사에 반하여 자신의 신체를 촬영하게 한 경우에는, 처벌되지 아니하는 피해자를 도구로 삼아 피해자의 신체를 촬영한 것으로 보아 많은 경우 간접정범으로 처벌할 수 있을 것이다.[409]

---

406 대판 2013. 6. 27, 2013도4279.

407 대판 2018. 3. 15, 2017도21656; 대판 2018. 8. 30, 2017도3443(피고인이 A와 성관계하면서 합의하에 촬영한 동영상 파일 중 일부 장면 등을 찍은 사진 3장을 지인 명의의 휴대전화 문자메시지 기능을 이용하여 A의 처 B의 휴대전화로 발송함으로써, 촬영 당시 A의 의사에 반하지 아니하였으나 사후에 그 의사에 반하여 'A의 신체를 촬영한 촬영물'을 B에게 제공하였다고 하여 성폭력처벌법 제14조 제2항 위반의 죄로 기소된 사안에서, 피고인이 성관계 동영상 파일을 컴퓨터로 재생한 후 모니터에 나타난 영상을 휴대전화 카메라로 촬영한 촬영물은 위 조항에서 규정한 촬영물에 해당하지 아니한다고 한 사례). 위 2017도3443 판결 평석은 박정난, "성폭력처벌법위반(카메라등이용촬영)죄의 '촬영의 대상'", 형사법의 신동향 68, 대검찰청(2020), 337-368[평석자는 신체 이미지가 담긴 영상도 해당한다는 입장이다(동, 355)].

408 대판 2015. 12. 24, 2015도16953.

409 대판 2018. 2. 8, 2016도17733. 본 판결 평석은 이상민, "아동·청소년 대상 강제추행에서 성적 의사결정의 자유", 특별형법 판례100선, 248-251; 이승준, "간접정범에 의한 강제추행죄의 성부", 법조 734, 법조협회(2019), 538-560.

(다) 행위

본죄의 행위는 카메라 등 기계장치를 이용하여 촬영대상자의 의사에 반하 **522**
여 촬영하는 것이다.

(a) 카메라 등 기계장치를 이용한 촬영

촬영은 카메라 등 기계장치를 이용한 촬영이어야 한다. 여기서 카메라 등 **523**
기계장치는 고전적인 형태의 카메라는 물론 디지털 카메라나 스마트폰 등 사진
이나 동영상을 촬영할 수 있는 모든 기기를 말한다.

촬영은 카메라 등 기계장치 속에 들어 있는 필름이나 저장장치에 피사체에 **524**
대한 영상정보를 입력하는 행위를 말하고,[410] 앞서 살펴본 바와 같이 사람의 '신
체'를 직접 촬영하여야 하고, 신체 이미지가 담긴 영상을 촬영한 경우는 여기에
해당하지 않는다.[411]

(b) 촬영대상자의 의사에 반한 촬영

많은 몰래카메라 촬영 사건을 유죄로 판단한 것에 비추어 보면, 판례는 '의 **525**
사에 반한 촬영'을 '동의를 얻지 않은' 촬영의 의미로 해석하고 있는 것으로 보
인다.

피촬영자가 촬영 등을 명시적·묵시적으로 승낙하였거나 추정적 승낙하에 **526**
한 촬영은 본죄로 처벌되지 않는다. 다만, 피해자의 승낙에 관한 일반론에서와
마찬가지로, 피촬영자가 형식적으로 승낙했다고 하더라도 그것이 그 사람의 자
유로운 의사에 기초한 것이 아니어서 결국 의사에 반한다고 볼 수 있을 경우[412]
에는 본죄로 처벌된다.[413]

반면에, 누드모델의 경우 촬영에 동의가 있었다고 볼 수 있고, 운동선수나 **527**

---

410 대판 2011. 6. 9, 2010도10677; 대판 2021. 3. 25, 2021도749.
411 대판 2018. 3. 15, 2017도21656.
412 예를 들면, 피고인의 거짓말 또는 협박에 따라 어쩔 수 없이 피고인의 촬영 요구에 응하였고, 피
　　고인도 피해자의 이러한 심적 상태를 유발하고 이를 적극적으로 이용한 경우 등을 말한다[주석
　　형법 [각칙(4)](5판), 395(구회근)].
413 대판 2015. 9. 10, 2015도8447. 피해자가 피고인에 대하여 자신의 신체 촬영을 승낙한 것은 피
　　해자의 자유로운 의사에 기초한 것이라고 보기 어렵고, 따라서 피고인의 위 행위는 피해자의 의
　　사에 반한다고 볼 여지가 충분함에도, 피해자가 피고인의 말에 속아 신체를 촬영하였고 그와 같
　　은 착오가 신체촬영행위 자체에 대한 것이 아니라는 이유만으로 피고인의 위 행위가 피해자의
　　의사에 반하여 신체를 촬영하는 행위에 해당하지 않는다고 하여 본죄에 대하여 무죄를 선고한
　　원심판결을 파기하였다.

치어리더의 경우 방송에 촬영되는 것을 묵시적으로 승낙하였다고 볼 수 있다. 그러나 실내체육관에서 시합 중인 여성 배구선수, 치어리더, 아나운서의 엉덩이나 허벅지 부위를 부각하여 촬영한 행위를 본조로 처벌한 하급심 사례[414]에서 보는 바와 같이, 특정 신체 부위를 부각하여 촬영하는 것까지 승낙하였다고 보기는 어려운 경우가 있을 수 있다.

528   한편 묵시적 동의가 있었는지 여부와 관련하여, 피고인이 나체로 자고 있는 피해자 동거녀의 신체를 촬영하였다고 하여 본죄로 기소된 사안에서, 피고인이 평소에도 명시적·묵시적 동의하에 많은 촬영이 있었다는 점을 감안한다고 하더라도, 피해자가 언제든 촬영하는 것에 동의하거나 잠들어 있는 상태에서 나체사진을 촬영하는 것에 대해서까지 묵시적으로 동의하였다고 단정할 수 없고, 피고인이 촬영한 사진은 피해자의 얼굴을 포함한 신체 전부가 현출되어 피해자가 특정될 수 있어 잠들어 있는 자신의 나체사진을 촬영하는 행위에 대하여 동의했으리라고 추정되지도 않는다는 이유로 유죄로 판단한 사례[415]가 있다.

     (라) 실행의 착수 및 기수시기

     (a) 실행의 착수시기

529   본죄는 미수범을 처벌하는데(성폭처벌 §15). 그 실행의 착수시기는 촬영행위에 밀접한 행위를 개시한 때이다. 따라서 ① 카메라 기능이 설치된 휴대전화를 피해자의 치마 밑으로 들이민 경우,[416] ② 편의점 안에서 카메라 기능이 설치된 휴대전화를 손에 쥔 채 치마를 입은 피해자들을 향해 쪼그려 앉아 휴대전화가 피해자들의 치마 밑으로 향하도록 한 경우,[417] ③ 피해자가 용변을 보고 있는 화장실 칸 밑 공간 사이로 집어넣은 경우,[418], ④ 피해자가 용변을 보고 있던 화장실 칸 너머로 향하여 카메라 기능이 켜진 휴대전화의 카메라 렌즈를 통하여 피해자에게 초점을 맞춘 경우[419]에는 실행의 착수가 인정된다.

530   그러나 피해자를 촬영하기 위하여 육안 또는 캠코더의 줌 기능을 이용하여

---

414 수원지판 2018. 1. 29, 2018고단412(확정).
415 대판 2020. 7. 23, 2020도6285.
416 대판 2012. 6. 14, 2012도4449(원심판결 서울중앙지판 2012. 4. 13, 2012노561).
417 대판 2021. 8. 12, 2021도7035.
418 대판 2014. 11. 13, 2014도8385(원심판결 서울중앙지판 2014. 6. 20, 2014노300).
419 대판 2021. 3. 25, 2021도749.

피해자가 있는지 여부를 탐색하다가 피해자를 발견하지 못하고 촬영을 포기한 경우에는, 촬영을 위한 준비행위에 불과하여 본죄의 실행에 착수한 것으로 볼 수 없다.[420] 다만, 장차 용변을 볼 사람이 들어올 것을 기대하고 화장실 용변칸 내에 휴대전화나 카메라를 몰래 설치한 행위는 실행착수로 볼 수 있을 것이다.

(b) 기수시기

본죄의 기수시기는 카메라 등 기계장치 속에 들어 있는 필름이나 저장장치 **531** 에 피사체에 대한 영상정보가 입력된 때이다. 따라서 피고인이 대학교의 여자화장실에 침입하여 휴대폰 카메라를 켠 다음 이를 용변칸의 분리벽 아래 틈 사이로 집어넣어 피해자의 용변보는 모습을 촬영하려고 하였으나 피해자가 휴대폰을 발견하고 놀라는 인기척 소리를 내자 그대로 도주한 경우는, 본죄의 미수에 해당한다.[421]

한편, 최근 기술문명의 발달로 등장한 디지털카메라나 동영상 기능이 탑재 **532** 된 휴대전화 등의 기계장치는 촬영된 영상정보가 사용자 등에 의해 전자파일 등의 형태로 저장되기 전이라도 일단 촬영이 시작되면 곧바로 촬영된 피사체의 영상정보가 기계장치 내 RAM(Random Access Memory) 등 주기억장치에 입력되어 임시 저장되었다가 이후 저장명령이 내려지면 기계장치 내 보조기억장치 등에 저장되는 방식을 취하는 경우가 많고, 이러한 저장방식을 취하고 있는 카메라 등 기계장치를 이용하여 동영상 촬영이 이루어졌다면 범행은 촬영 후 일정한 시간이 경과하여 영상정보가 기계장치 내 주기억장치 등에 입력됨으로써 기수에 이르는 것이고, 촬영된 영상정보가 전자파일 등의 형태로 영구 저장되지 않은 채 사용자에 의해 강제 종료되었다고 하여 미수에 그쳤다고 볼 수는 없다. 따라서 피고인이 지하철 환승에스컬레이터 내에서 짧은 치마를 입고 있는 피해자의 뒤에 서서 카메라 폰으로 성적 수치심을 느낄 수 있는 치마 속 신체 부위를 피해자 의사에 반하여 동영상 촬영을 시작하였다가 일정한 시간이 경과한 후 경찰관에게 발각되어 저장버튼을 누르지 않고 촬영을 종료하였더라도 본죄는 이미 '기수'에 이르렀다고 보아야 한다.[422]

---

[420] 대판 2011. 11. 10, 2011도12415.
[421] 춘천지판 2016. 2. 2, 2015고단1233(항소기각으로 확정).
[422] 대판 2011. 6. 9, 2010도10677. 본 판결 해설은 박형준, "'카메라 등 이용 촬영죄'의 기수시기", 해설 88, 법원도서관(2011), 809-819.

(마) 죄수 및 다른 죄와의 관계

533   ① 동일인이 피해자의 의사에 반하여 촬영행위를 하고 그 촬영물을 반포한 경우, 본죄와 본조 제2항의 반포죄가 모두 성립하고, 두 죄는 실체적 경합관계에 있다.

534   ② 피해자로 하여금 강제로 옷을 벗어 나체가 되게 한 다음 카메라 등으로 이를 촬영하는 행위는 강제추행죄(§298)와 본죄의 실체적 경합범이 된다.

535   ③ 폭행·협박으로 피해자의 옷을 벗기고 간음한 다음 신고를 막기 위하여 그 신체를 촬영하거나 또는 의사에 반하여 신체를 촬영한 후 간음하는 행위는 강간죄(§297)와 본죄의 실체적 경합범이 된다.

536   ④ 성적 욕망 또는 수치심을 유발할 수 있는 타인의 신체를 그 의사에 반하여 촬영한 후 이를 타인에게 이메일 등으로 발송한 행위는 본죄와 성폭력처벌법위반(통신매체이용음란)죄의 실체적 경합범이 된다.

(바) 처벌 등

537   7년 이하의 징역 또는 5천만 원 이하의 벌금[423]'에 처한다.

538   본죄의 미수범은 처벌하고(성폭처벌 §15), 본죄는 양형기준의 적용대상이다(디지털 성범죄 양형기준).[424]

(4) 제2항의 죄(촬영 후 의사에 반한 반포등)

(가) 의의 및 연혁

(a) 의의

539   본죄[성폭력처벌법위반(카메라등이용촬영·반포등)죄]는 ① 본조 제1항에 따른 촬영물 또는 복제물(복제물의 복제물 포함)을 반포·판매·임대·제공 또는 공공연하게 전시·상영(반포등)한 때(본항 전단의 죄) 또는 ② 제1항의 촬영이 촬영 당시에는 촬영대상자의 의사에 반하지 아니하는 경우(자신의 신체를 직접 촬영한 경우 포함)에도 사후에 그 촬영물 또는 복제물을 촬영대상자의 의사에 반하여 반포등을 한 때(본항 후단의 죄)에 성립한다.

---

423 법정형이 처음에는 '5년 이하의 징역 또는 1천만 원 이하의 벌금'이었으나, 2018년 12월 18일 개정 법률에서 '5년 이하의 징역 또는 3천만 원 이하의 벌금'으로 상향되었고, 다시 2020년 5월 19일 개정 법률에서 '7년 이하의 징역 또는 5천만 원 이하의 벌금'으로 상향되었다. 이는 본조 제2항 및 제3항의 경우도 마찬가지이다.

424 양형위원회, 2023 양형기준, 706-730.

본죄는 성적 욕망 또는 수치심을 유발할 수 있는 타인의 신체를 촬영한 촬　　540
영물 또는 복제물이 인터넷 등 정보통신망을 통하여 급속도로 광범위하게 유포
됨으로써 피해자에게 엄청난 피해와 고통을 초래하는 사회적 문제를 감안하여,
죄책이나 비난가능성이 촬영행위 못지않게 크다고 할 수 있는 촬영물 등의 반
포등 유포행위를 한 사람에 대해서도 촬영자와 동일하게 처벌하기 위한 목적으
로 규정되었다.[425]

(b) 연혁

원래 1998년 12월 28일 개정 성폭력범죄의 처벌 및 피해자보호 등에 관한　　541
법률에서는 촬영행위만을 처벌하고, 그 유포를 처벌하는 규정은 없었는데, 피해
자의 의사에 반한 촬영에 더하여 그 촬영물을 반포·판매·임대 또는 공연히 전
시·상영한 행위를 처벌하는 규정이 2006년 10월 27일 개정 성폭력처벌법에서
입법화되었다.

그 후 2012년 12월 18일 전부 개정된 성폭력처벌법에서 '촬영 당시에는 촬　　542
영대상자의 의사에 반하지 아니하였지만 사후에 그 의사에 반하여 촬영물을 반
포·판매·임대·제공 또는 공공연하게 전시·상영한 행위'도 처벌규정에 포함시
켰고, 2018년 12월 18일 개정된 성폭력처벌법에서는 위와 같이 반포·판매·임
대·제공 또는 공공연하게 전시·상영이 금지되는 대상에 촬영물뿐 아니라 촬영
물의 복제물(복제물의 복제물도 포함)을 포함시켰으며, 2020년 5월 19일 개정된 성
폭력처벌법에서는 반의사 반포등 범죄의 대상물로 기존의 '촬영 당시 촬영대상
자의 의사에 반하지 아니한 촬영물'에 '자신의 신체를 직접 촬영한 경우'를 포함
시켜, 그 처벌 범위를 넓혀왔다.

이와 같은 처벌법규는 소급적용이 되지 않으므로, 시일이 경과한 후 공소제　　543
기된 사건의 경우 개정 연혁을 자세히 살펴볼 필요가 있다.

(나) 객체

본죄의 객체는 '촬영물 또는 복제물(복제물의 복제물 포함)'이다. 구체적으로　　544
① 본항 전단의 죄의 객체는 촬영대상자의 의사에 반하여 촬영한 촬영물 또는
복제물(무단촬영물·복사물)이고, ② 후단의 죄의 객체는 촬영 당시에는 촬영대상

---

425 대판 2016. 12. 27, 2016도16676; 대판 2022. 6. 9, 2022도1683.

자의 의사에 반하지 아니하는 촬영물 또는 복제물(자신의 신체를 직접 촬영한 경우를 포함)(승낙촬영물·복사물)이다. 반포등을 한 사람은 반드시 촬영물을 촬영한 사람과 동일인이어야 하는 것은 아니므로 여기서 촬영물은 누가 촬영한 것인지를 묻지 않는다.[426]

545   성폭력처벌법에는 복제물 또는 복제의 개념에 대한 정의규정이 없어, 전자파일의 복사본과 같이 원본과 완전히 동일한 내용을 가진 것만 포함되는 것인지 전자파일의 내용을 모니터에 구동한 장면을 카메라로 촬영한 사진 등 다소의 변형이 있는 것도 포함되는지 여부에 대하여 의문이 있다. 저작권법 제2조 제22호는 복제를 "인쇄·사진촬영·복사·녹음·녹화 그 밖의 방법으로 일시적 또는 영구적으로 유형물에 고정하거나 다시 제작하는 것"으로 정의하고 있고, 인화한 사진과 같이 촬영물 원본이 전자파일의 형태로 되어 있지 않은 경우 복제물은 인쇄나 사진촬영과 같이 원본과 다소나마 차이가 있을 수밖에 없는 점을 고려하면, 촬영물의 복제물은 전자파일 복사본과 같이 완전히 동일한 내용을 가진 것에 한정하지 않고, 원본 촬영물을 다시 촬영하거나 인쇄·복사·녹화한 것도 포함된다고 해석하여야 할 것이다.

546   그렇게 해석한다면, 인터넷 화상채팅에서 피촬영자의 카메라로 촬영된 후 피고인에게 전송되어 온 영상 중 일부 장면을 피고인이 핸드폰 내장 카메라로 사진촬영한 후 제3자에게 자신이 촬영한 사진을 제공한 경우, 본조 제1항의 반의사촬영죄의 대상은 사람의 신체이므로 인터넷 화상채팅에서 피촬영자의 카메라로 촬영된 후 피고인에게 전송되어 온 영상을 피고인이 핸드폰 내장 카메라로 촬영한 행위는 반의사촬영죄에 해당하지 않는다는 취지의 종전 대법원 판결[427]의 판단은 2018년 12월 18일 개정법 이후에도 유지되겠지만, 피고인의 핸드폰 내장 카메라로 촬영한 영상을 반포한 경우에는 그 영상은 촬영물의 복제물에 해당되어 본죄에 해당할 수 있을 것이다.[428]

---

426 대판 2016. 10. 13, 2016도6172.
427 대판 2013. 6. 27, 2013도4279.
428 대판 2018. 8. 30, 2017도3443. 구 성폭력처벌법(2018. 12. 18. 개정되기 전의 것)하에서 피고인이 성관계 동영상 파일을 컴퓨터로 재생하면서 모니터에 나타난 영상을 휴대전화 카메라로 촬영한 촬영물은 다른 사람의 신체 그 자체를 직접 촬영한 촬영물이 아니라는 이유로 무죄취지로 판단하였으나, 본죄의 대상물에 복제물이 포함된 2018년 12월 18일 개정 성폭력처벌법의 시행일(2018. 12. 18.) 이후에 벌어진 행위에 대하여는 유죄로 판단하여야 할 것이다.

본항 후단의 경우, 자신의 신체를 직접 촬영한 경우도 행위의 객체에 포함   547
시켰다. 따라서 A가 자신의 휴대전화 카메라를 이용하여 거울에 비친 자신의
나체를 촬영한 후 그 사진파일을 피고인의 휴대전화로 전송하였고, 그 후 피고
인이 A로부터 전송받아 보관하고 있던 위 나체사진을 피고인의 구글 계정 캐릭
터 사진으로 지정한 다음, A의 딸의 유튜브 동영상에 댓글을 작성함으로써 위
나체사진이 전시된 사안에서, 구 성폭력처벌법상 본죄의 촬영물에 해당하지 않
는다고 판단한 대법원 판결[429]이 있으나, 현행 법률하에서는 유죄로 판단하여야
할 것이다.

(다) 행위

본죄의 행위는 ① 본항 전단의 죄의 경우 위 촬영물 또는 복제물을 반포·   548
판매·임대·제공 또는 공공연하게 전시·상영(반포등)하는 것이고, ② 본항 후단
의 죄의 경우 사후에 촬영대상자의 의사에 반하여 반포등을 하는 것이다.

(a) 반포, 판매 및 임대

'반포'(頒布)는 그 사전적 의미가 세상에 널리 퍼뜨려 모두 알게 한다는 의미   549
로서, 불특정 또는 다수인에게 무상으로 교부하는 것(유상으로 교부하는 행위는 '판
매'에 해당)을 말하고, 계속적·반복적으로 전달하여 불특정 또는 다수인에게 반
포하려는 의사를 가지고 있다면 특정한 1인 또는 소수의 사람에게 교부하는 것
도 반포에 해당할 수 있다.[430] '판매'는 불특정 또는 다수인에게 유상으로 양도
하는 것을 말하고, '임대'는 유상으로 대여하는 것을 말한다.

청소년성보호법 제11조 제3항의 청소년성보호법위반(성착취물제작·배포   550
등)죄에서의 '배포'에 해당되는지에 관하여, 링크의 게시를 포함한 일련의 행위
가 불특정 또는 다수인에게 다른 웹사이트 등을 단순히 소개·연결하는 정도를
넘어 링크를 이용하여 별다른 제한 없이 아동·청소년성착취물에 바로 접할 수
있는 상태를 실제로 조성한다면, 이는 아동·청소년성착취물을 직접 '배포'한 것
과 실질적으로 다를 바 없다고 평가할 수 있어 배포죄가 성립한다고 판단한 사
례가 있다.[431] 성폭력처벌법상의 '반포'에 대하여도 같이 판단하여야 할 것이다.

---

429 대판 2015. 12. 24, 2015도16953.
430 대판 2016. 12. 27, 2016도16676.
431 대판 2023. 10. 12, 2023도5757. 위와 같은 경우 '공연히 전시하는 행위'로 평가할 수도 있다고
    판단하였다.

551   본항 후단의 죄의 경우, 반포 시를 기준으로 촬영대상자의 의사에 반하여 반포행위하면 성립하므로 촬영이 촬영대상자의 의사에 반하지 아니하였더라도 그 성립에 지장이 없다. 따라서 촬영대상자의 신원이 파악되지 않는 등 촬영대상자의 의사를 명확히 확인할 수 없는 경우 촬영대상자의 의사에 반하여 반포하였는지 여부는, 촬영물 등을 토대로 확인할 수 있는 촬영대상자와 촬영자의 관계 및 촬영 경위, 그 내용이 성적 욕망 또는 수치심을 유발하는 정도, 촬영대상자의 특정가능성, 촬영물 등의 취득·반포가 이루어진 경위 등을 종합하여 판단하여야 하고, 이때 해당 촬영물 등이 인터넷 등 정보통신망을 통하여 급속도로 광범위하게 유포될 경우 피해자에게 심각한 피해와 고통을 초래할 수 있다는 점도 아울러 고려하여야 한다(반포 외의 판매 등 행위의 경우도 마찬가지임).[432]

(b) 제공

552   '제공'은 '반포'에 이르지 아니하는 무상 교부행위로서 '반포'할 의사 없이 '특정한 1인 또는 소수의 사람'에게 무상으로 교부하는 것을 의미한다.[433] 따라서 촬영대상자의 동의를 받아 성관계 동영상을 촬영한 후 나중에 사이가 나빠지자 촬영대상자의 동의 없이 새로운 남자친구에게 위 성관계 동영상을 1회 휴대전화로 전송한 경우에는 '반포'가 아닌 '제공'에 해당한다.[434]

553   본죄가 촬영물의 유포행위를 방지함으로써 피해자를 보호하기 위한 것임에 비추어 볼 때, 촬영의 대상이 된 피해자 본인은 '제공'의 상대방인 '특정한 1인 또는 소수의 사람'에 포함되지 않는다.[435]

---

432 대판 2023. 6. 15, 2022도15414. 이러한 법리에 따라, 남성이 여성의 동의 없이 몰래 촬영한 것으로 보이는 남녀의 성관계를 촬영한 동영상 중 일부를 캡처한 이 사건 사진은 상당한 성적 욕망 또는 수치심을 유발하는 사진으로서, 촬영대상자들의 의사에 반하여 반포될 경우 촬영대상자들에게 피해와 고통을 야기할 가능성이 상당한데, 피고인이 촬영대상자들을 알지 못하는 상태에서 인터넷 검색을 통해 위 사진을 취득한 다음 불특정 다수인이 쉽게 접근할 수 있는 인터넷 사이트에 이를 게시한 행위는 촬영대상자들의 의사에 반한 반포에 해당함에도, 본죄에 대하여 무죄를 선고한 원심은 잘못된 판결이라고 판단하였다.

433 대판 2018. 8. 1, 2018도1481. 본 판결 해설 및 평석은 민철기, "피해자 본인에게 촬영물을 교부하는 행위가 성폭력범죄의 처벌 등에 관한 특례법 제14조 제1항의 '제공'에 해당하는지 여부", 해설 118, 법원도서관(2019), 695-703; 최종원, "피해자 본인에게 불법촬영물을 전송하는 행위가 성폭력범죄의 처벌 등에 관한 특례법 제14조에서 정한 '제공'에 해당하는지 여부", 특별형법 판례100선, 230-233.

434 대판 2016. 12. 27, 2016도16676.

435 대판 2018. 8. 1, 2018도1481.

한편, '제공'이란 촬영물을 '자신이 아닌' 특정한 1인 또는 소수의 사람에게 554
이전하는 행위로서 스스로 자신에게 이전한 행위는 '제공'에 해당하지 않으므로,
A(여)가 자신의 신체를 직접 촬영하여 이전 남자친구와의 카카오톡 대화방에 업
로드한 사진 등을 피고인이 A의 의사에 반하여 피고인의 휴대전화로 전송한 행
위는 '제공'에 해당하지 않는다.[436]

(c) 공공연한 전시

'공공연한 전시'란 불특정 또는 다수인이 촬영물 등을 인식할 수 있는 상태 555
에 두는 것을 의미하고, 촬영물 등의 '공공연한 전시'로 인한 범죄는 불특정 또
는 다수인이 전시된 촬영물 등을 실제 인식하지 못했다고 하더라도 촬영물 등
을 위와 같은 상태에 둠으로써 성립한다.[437]

(라) 처벌

7년 이하의 징역 또는 5천만 원 이하의 벌금에 처한다. 556

본죄의 미수범은 처벌되고(성폭처벌 §15), 본죄는 양형기준의 적용대상이다 557
(디지털 성범죄 양형기준).[438]

(5) 제3항의 죄(영리 목적 촬영물 반포등)

본죄[성폭력처벌법위반(카메라등이용촬영·반포등)죄]는 영리를 목적으로 촬영대 558
상자의 의사에 반하여 정보통신망법 제2조 제1항 제1호의 정보통신망을 이용하
여 본조 제2항의 죄를 범한 때에 성립한다. 정보통신망을 이용한 유포의 경우에
는 순식간에 광범위하게 유포되고, 그리하여 피해자에게 치명적인 상처를 입힐
수 있기 때문에,[439] 가중하여 처벌하는 것이다.

---

436 서울고판 2023. 4. 13, 2022노3389(확정)(피고인의 위 행위에 대하여, A가 자신의 신체를 직접
　　촬영한 촬영물을 A의 의사에 반하여 소지하였다고 하여 성폭력처벌법 제14조 제4항 위반으로
　　기소된 사안에서, 위 촬영물은 촬영 및 최초 업로드가 A의 의사에 반하였다고 보이지 않고, 이
　　후 피고인이 이를 전송한 행위는 '반포'나 '제공' 어느 행위에도 해당하지 않으므로, 위 촬영물이
　　같은 조 제1항 또는 제2항의 행위에 의하여 생성된 것으로 볼 수 없어 같은 조 제4항에서 정한
　　소지 등의 대상에 해당하지 않는다고 한 사례).
437 대판 2022. 6. 9, 2022도1683. 피고인이 자신이 운영하는 네이버 밴드를 누구든지 볼 수 있는
　　전체공개로 전환한 다음 이 사건 촬영물을 피해자의 의사에 반하여 게시한 사안에서, 피고인이
　　위 밴드를 전체공개로 전환한 이후에는 해당 애플리케이션 등에 대한 별도의 가입절차 없이 인
　　터넷을 사용하는 누구라도 접근할 수 있는 상태에 놓이게 되었으므로, 피고인이 위 밴드에 위
　　촬영물을 게시한 것은 위 촬영물을 공공연하게 전시한 행위에 해당한다고 판단하였다.
438 양형위원회, 2023 양형기준, 706-730.
439 주석형법 [각칙(4)](5판), 398(구회근).

559 본죄는 '영리의 목적'으로 위 정보통신망을 이용하여야 성립한다.

560 여기서 '영리의 목적'이란 본조 제3항에서 정한 구체적 위반행위를 함에 있어서 재산적 이득을 얻으려는 의사 또는 이윤을 추구하는 의사를 말하며, 이는 널리 경제적인 이익을 취득할 목적을 말하는 것으로서 반드시 촬영물 배포등 위반행위의 직접적인 대가가 아니라 위반행위를 통하여 간접적으로 얻게 될 이익을 위한 경우에도 영리의 목적이 인정된다.[440]

561 위 '정보통신망'은 '전기통신사업법 제2조 제2호에 따른 전기통신설비를 이용하거나 전기통신설비와 컴퓨터 및 컴퓨터의 이용기술을 활용하여 정보를 수집·가공·저장·검색·송신 또는 수신하는 정보통신체제'를 말하는데, 전기통신사업법 제2조 제2호에 따른 '전기통신설비'는 '전기통신을 하기 위한 기계·기구·선로 또는 그 밖에 전기통신에 필요한 설비'를 말한다. 대표적인 '정보통신망'으로는 인터넷 포털사이트, 카카오톡, 네이버 밴드 등을 들 수 있다.

562 본죄를 범한 사람은 '3년 이상의 유기징역'에 처한다.[441]

563 본죄의 미수범은 처벌되고(성폭력처벌 §15), 본죄는 양형기준의 적용대상이다(디지털 성범죄 양형기준).[442]

(6) 제4항의 죄(촬영물 소지·구입·저장 또는 시청)

(가) 의의

564 본죄[성폭력처벌법위반(카메라등이용촬영물소지등)죄]는 본조 제1항의 촬영대상자의 의사에 반하여 촬영한 촬영물 또는 복제물, 제2항의 촬영 당시에는 촬영대상자의 의사에 반하지 아니하였지만(자신의 신체를 직접 촬영한 경우 포함) 촬영대상자의 의사에 반하여 반포 등을 한 촬영물 또는 복제물을 소지·구입·저장 또는 시청(이하, 소지등이라 한다.)한 때에 성립한다. 본조 제3항의 죄와 달리 영리의 목적을 필요로 하지 않으므로, 단순한 소지 등도 처벌된다.

565 텔레그램을 이용한 성착취 사건 등 사이버 성범죄로 인한 피해가 증가하면서 불법 성적 촬영물임을 알면서 이를 소지등을 하는 수요(需要) 행위를 처벌함

---

440 대판 2020. 9. 24, 2020도8978[청소년성보호법위반(음란물제작·배포등)죄].
441 법정형이 2012년 12월 18일 법률 당시 7년 이하의 징역 또는 3천만 원 이하의 벌금에서 2018년 12월 18일 개정 법률에서 7년 이하의 징역으로, 2020년 5월 19일 개정 법률에서 3년 이상의 징역으로 상향되었다.
442 양형위원회, 2023 양형기준, 706-730.

으로써 사이버 성범죄로 인한 피해 발생을 미연에 방지하려는 목적으로 2020년 5월 19일 신설되었다.

(나) 구성요건

(a) 행위

본죄의 행위는 위 촬영물·복제물의 소지·구입·저장 또는 시청(소지등)이다.   566

'소지'는 촬영물을 자기가 지배할 수 있는 상태에 두고 지배관계를 지속시   567
키는 행위를 말한다.[443] 청소년성보호법 제11조 제5항의 청소년성보호법위반
(성착취물소지등)죄에서의 '소지' 여부에 관하여, 피고인이 자신이 지배하지 않
는 서버 등에 저장된 아동·청소년성착취물에 접근하여 다운로드를 받을 수 있
는 인터넷 주소 등을 제공받은 것에 그쳤거나,[444] 이에 접근하였지만 이를 다운
로드하는 등 실제로 지배할 수 있는 상태로 나아가지는 않았다면,[445] 특별한 사
정이 없는 한 아동·청소년성착취물을 '소지'한 것으로 평가하기는 어렵다는 것
이 판례의 태도인바, 성폭력처벌법상의 '소지'에 대하여도 같이 판단하여야 할
것이다.

'구입'은 유상으로 사실상의 지배를 취득하는 것이다. '저장'은 해당 영상정   568
보가 전자파일 등의 형태로 기계장치 내의 기억장치에 영구저장되는 것을 말하
며,[446] 전산파일 형태로 된 것을 다운로드받는 경우가 전형적인 예이다. '시청'
은 영상정보를 화면에 구동하여 관람하는 것을 말하며,[447] 여기에는 스트리밍
서비스를 이용한 시청이 포함된다.

(b) 고의

촬영대상자의 의사에 반하여 촬영되었거나, 촬영대상자의 의사에 반하여   569
반포등이 되었다는 점에 대한 고의가 있어야 한다. 촬영물의 내용에 비추어 미
필적 고의가 인정되는 경우가 많을 것으로 생각된다.

---

443 대판 2023. 6. 29, 2022도6273[청소년성보호법위반(음란물소지)죄].
444 대판 2023. 6. 29, 2022도6278.
445 대판 2023. 10. 12, 2023도5757. 「아동·청소년성착취물 파일을 구입하여 시청할 수 있는 상태
   또는 접근할 수 있는 상태만으로 곧바로 이를 소지로 보는 것은 소지에 대한 문언 해석의 한계
   를 넘어서는 것이어서 허용될 수 없다.」
446 이주원, 특별형법(9판), 525.
447 이주원, 특별형법(9판), 525.

(다) 다른 죄와의 관계

570   촬영자가 해당 동영상 또는 사진을 소지하는 행위가 촬영의 불가벌적 수반행위로 본조 제1항의 카메라등이용촬영죄만 성립하는지, 아니면 별도로 본죄가 성립하는지 문제된다.

571   구 청소년성보호법(2020. 6. 2. 개정되기 전의 것)상의 아동·청소년이용음란물을 제작한 사람이 그 음란물을 소지한 경우, 청소년성보호법위반(음란물소지)죄는 청소년성보호법위반(음란물제작·배포등)죄에 비하여 법정형이 가벼우므로 이에 흡수된다고 하더라도 정의 관념에 현저히 반하거나 해당 규정의 기본 취지에 반한다고 보기 어렵다는 것이 판례의 입장인데,[448] 카메라등이용촬영죄와 본죄 사이에도 본죄의 법정형이 더 가벼우므로 위 판단이 그대로 적용된다고 하겠다.

572   다만 이러한 흡수관계는 스마트폰으로 촬영한 후 스마트폰에 그대로 저장되어 있는 경우에만 인정되고, 피고인이 해당 동영상 또는 사진을 다른 저장장치에 따로 복제하여 다른 목적이나 행위태양으로 별도 소지하는 등 사회통념상 새로운 소지로 평가되는 행위를 하였다고 인정할 수 있는 경우에는 별도로 본죄로 처벌할 수 있다.[449]

(라) 처벌 등

573   3년 이하의 징역 또는 3천만 원 이하의 벌금에 처한다.

574   본죄의 미수범은 처벌되고(성폭처벌 §15), 본죄는 양형기준의 적용대상이다 (디지털 성범죄 양형기준).[450]

575   본죄의 경우, 후술하는 바와 같이 벌금형을 선고하더라도 신상정보등록대상이 되는데, 이는 유사한 행위태양에 행위 목적물이 아동·청소년성착취물로 불법성이 더 크고 법정형도 더 무거운 청소년성보호법 제11조 제5항[451] 위반의 죄에 대하여는 벌금형을 선고하는 경우 신상정보등록대상에서 제외한 것(성폭처벌 §42① 단서)과 대비되지만, 본죄는 피촬영자의 의사에 반한 촬영 또는 반포등

---

448 대판 2021. 7. 8, 2021도2993; 대구지법 서부지판 2022. 1. 13, 2021고합130(항소기각으로 확정).
449 대판 2021. 7. 8, 2021도2293; 인천지판 2022. 1. 21, 2021고합582(확정).
450 양형위원회, 2023 양형기준, 706-730.
451 청소년성보호법 제11조(아동·청소년성착취물의 제작·배포 등) ⑤ 아동·청소년성착취물을 구입하거나 아동·청소년성착취물임을 알면서 이를 소지·시청한 자는 1년 이상의 징역에 처한다.

이 요건으로 추가되어 있다는 점에서 모순적인 입법이라고까지는 보기 어렵다.

(7) 제5항의 죄(상습범 가중처벌)

본죄[성폭력처벌법위반(상습카메라등이용촬영·배포등)죄]는 상습으로 본조 제1항 **576**
부터 제3항까지의 죄를 범한 때에 성립한다.

본죄는 2020년 5월 19일 신설되어 그날부터 시행되었는데, 시행일 이전에 **577**
행한 범죄와 시행일 이후에 행한 범죄가 포괄일죄로 기소된 경우, 시행 전(2020.
5. 18.까지) 촬영한 행위에 대하여는 그것이 상습적으로 행하여진 것인지 여부와
관계없이 본죄로 처벌할 수 없고, 행위시법에 따라 본조 제1항 또는 제2항의 죄
로 판단하여야 한다.[452]

본조 제1항, 제2항, 제3항의 죄의 각 상습범으로 기소된 경우, 법정형이 가 **578**
장 무거운 제3항의 죄의 상습범으로 처벌하고, 습벽의 유무는 각 조항의 죄 전
체에 대하여 인정되는지 판단하여야 한다.[453]

본죄를 범한 때에는 본조 제1항부터 제3항까지의 죄에 정한 형의 2분의 1 **579**
가지 가중하는데, 상한뿐 아니라 하한에 대하여도 가중한다.

본죄는 양형기준의 적용대상이다(디지털 성범죄 양형기준).[454]

(8) 본조 위반의 죄에 대한 신상정보등록 등 부수조치

본조 제1항 내지 제5항의 죄를 범하여 유죄판결이나 약식명령이 확정된 사 **580**
람은 판결이나 약식명령에서 별도의 명령이 없더라도 신상정보등록의무(성폭처
벌 §42① 본문)가 있고, 유죄판결 선고 시 부수처분으로 수강명령·이수명령(성폭
처벌 §16), 신상정보 공개 및 고지(성폭처벌 §42, §47, §49), 취업제한명령(아청 §56
①)이 모두 가능하다.

본죄는 성폭력처벌법상의 성폭력범죄에 해당하지만 전자장치부착법 제2조 **581**
제2호의 성폭력범죄에는 해당하지 않으므로, 본죄를 범한 피고인에게 재범의
위험이 있다고 하더라도 전자장치 부착명령 또는 형집행 후의 보호관찰을 내릴
수 있는 사유에는 해당하지 않는다.

---

452 대판 2016. 1. 28, 2015도15669. 법 시행 후의 행위를 유죄로 판단하는 경우, 법 시행 전의 행위
는 이유무죄로 판단하여야 한다.
453 형법상 강간과 추행의 죄에 관한 상습범 규정인 제305조의2에 관한 대판 2019. 8. 9, 2019도
7225, 2019보도17 참조.
454 양형위원회, 2023 양형기준, 706-730.

13. 허위영상물편집·반포등

(1) 조문

제14조의2(허위영상물 등의 반포등) ① 반포등을 할 목적으로 사람의 얼굴·신체 또는 음성을 대상으로 한 촬영물·영상물 또는 음성물(이하 이 조에서 "영상물등"이라 한다)을 영상물등의 대상자의 의사에 반하여 성적 욕망 또는 수치심을 유발할 수 있는 형태로 편집·합성 또는 가공(이하 이 조에서 "편집등"이라 한다)한 자는 5년 이하의 징역 또는 5천만원 이하의 벌금에 처한다.

② 제1항에 따른 편집물·합성물·가공물(이하 이 항에서 "편집물등"이라 한다) 또는 복제물(복제물의 복제물을 포함한다. 이하 이 항에서 같다)을 반포등을 한 자 또는 제1항의 편집등을 할 당시에는 영상물등의 대상자의 의사에 반하지 아니한 경우에도 사후에 그 편집물등 또는 복제물을 영상물등의 대상자의 의사에 반하여 반포등을 한 자는 5년 이하의 징역 또는 5천만원 이하의 벌금에 처한다.

③ 영리를 목적으로 영상물등의 대상자의 의사에 반하여 정보통신망을 이용하여 제2항의 죄를 범한 자는 7년 이하의 징역에 처한다.

④ 상습으로 제1항부터 제3항까지의 죄를 범한 때에는 그 죄에 정한 형의 2분의 1까지 가중한다. 〈신설 2020. 5. 19.〉

[본조신설 2020. 3. 24.]

(2) 의의

582   본조는 ① 반포등을 할 목적으로 사람의 얼굴·신체 또는 음성을 대상으로 한 촬영물·영상물 또는 음성물(이하, 영상물등이라 한다.)을 영상물등의 대상자의 의사에 반하여 성적 욕망 또는 수치심을 유발할 수 있는 형태로 편집·합성 또는 가공(이하, 편집등이라 한다.)하는 행위(제1항), ② 제1항에 따른 편집물·합성물·가공물(이하, 편집물등이라 한다.) 또는 복제물(복제물의 복제물을 포함)을 반포등을 하거나, 제1항의 편집등을 할 당시에는 영상물등의 대상자의 의사에 반하지 아니한 경우에도 사후에 그 편집물등 또는 복제물을 영상물등의 대상자의 의사에 반하여 반포등을 하는 행위(제2항), ③ 영리를 목적으로 영상물등의 대상자의 의사에 반하여 정보통신망을 이용하여 제2항의 행위를 하는 것(제3항)을 처벌하고, ④ 상습으로 위 ① 내지 ③의 행위를 하는 것(제4항)을 처벌하기 위하여

마련된 규정이다. 죄명표상 위 ① 내지 ③의 죄를 성폭력처벌법위반(허위영상물편집·반포등)죄, 위 ④의 죄를 성폭력처벌법위반(상습허위영상물편집·반포등)죄라고 한다(이하, 이를 합하여 본죄라고 한다).

성폭력처벌법위원(허위영상물편집·반포등)죄는 특정 인물의 신체 등을 대　　**583**
상으로 한 영상물 등을 성적 욕망 또는 수치심을 유발할 수 있는 형태로 편집하는 딥페이크(deepfake) 등으로 인한 피해가 증가하고 있는데, 현행 규정으로는 이를 처벌하기 어렵거나 처벌이 미약하여 이에 대한 별도의 처벌규정을 마련할 목적으로 2020년 3월 24일 신설되었다.[455] 지인능욕(知人凌辱)이라는 이름으로 특정 지인의 얼굴사진과 다른 사람의 나체사진을 합성하여 배포하는 행위나 연예인의 얼굴에 다른 사람의 신체를 합성하여 배포하는 행위가 대표적인 예이다.

한편, 성폭력처벌법위반(상습허위영상물편집·반포등)죄는 2020년 5월 19일　　**584**
신설되었다.

(3) 구성요건

제1항의 죄(편집등의 죄)는 반포등의 목적이 있어야 하고, 영상물등의 대상　　**585**
자의 의사에 반하여 성적 욕망 또는 수치심을 유발할 수 있는 형태로 편집·합성·가공할 때 인정된다. 영상물등의 경우, '편집'은 일정한 의도 아래 하나의 형태로 만드는 것을, '합성'은 둘 이상의 것을 합쳐서 하나로 만드는 것을, '가공'은 인공적으로 처리하여 형태를 변경하거나 새로운 것으로 만드는 것을 각 말한다. 편집등의 대상은 사람의 얼굴·신체 또는 음성을 대상으로 한 촬영물·영상물 또는 음성물(영상물등)이다.

대상자의 '의사에 반하여', '성적 욕망 또는 수치심을 유발할 수 있는', '영　　**586**
리', '정보통신망을 이용하여', '상습' 등의 의미는 **성폭력처벌법 제14조**에서 살펴본 것과 같다.

성폭력처벌법 제14조와 달리 편집물등을 소지·구입·저장 또는 시청하는　　**587**
행위는 따로 처벌하지 아니한다.

(4) 죄수 및 다른 죄와의 관계

① 동일인이 허위영상물등을 편집등을 하는 행위(제1항의 죄)와 이 편집물등　　**588**

---

455 국회 법제사법위원회, 성폭력처벌법 일부개정법률안(대안), 제안이유(2020. 3).

을 반포등을 하는 행위(제2항의 죄)는 실체적 경합관계에 있다.

589　　② 허위로 합성한 사진 등을 유포하는 경우 정보통신망법 제70조 제2항(정보통신망 이용 거짓사실 적시 명예훼손)등 명예훼손죄 관련 범죄나 모욕죄에도 해당할 수 있고, 이 경우 본죄와 실체적 경합관계에 있다.[456]

590　　③ 아동·청소년인 피해자의 얼굴에 성적 행위를 하는 다른 여성의 몸체 사진을 합성한 합성물은 '아동·청소년인 피해자가 등장하여 성적 행위를 하는 내용을 표현한 것'이므로 청소년성보호법에서 규정하고 있는 '아동·청소년성착취물'에도 해당한다고 볼 수 있다.[457] 이러한 합성물을 제조하는 경우 제1항의 죄와 청소년성보호법 제11조 제1항의 죄(아동·청소년성착취물제작죄)가 모두 성립할 수 있고, 두 죄는 상상적 경합관계에 있다고 보아야 할 것이지만, 실무상 형이 더 무거운 청소년성보호법위반죄로만 기소할 가능성이 높고, 본조 제1항은 성인을 대상으로 한 허위영상물 편집행위에 적용되는 경우가 많을 것이다.

(5) 처벌 등

591　　제1항 및 제2항의 죄는 각 5년 이하의 징역 또는 5천만 원 이하의 벌금에, 제3항의 죄는 7년 이하의 징역에 각 처하고, 제4항의 죄는 위 제1항 내지 제3항의 죄에 정한 형의 2분의 1까지 가중한다.

592　　본죄의 미수범은 처벌되고(성폭처벌 §15), 본죄는 양형기준의 적용대상이다(디지털 성범죄 양형기준).[458]

593　　본조 제1항 내지 제5항의 죄를 범하여 유죄판결이나 약식명령이 확정된 사람은 판결이나 약식명령에서 별도의 명령이 없더라도 신상정보등록의무(성폭처벌 §42① 본문)가 있고, 유죄판결 선고 시 부수처분으로 수강명령·이수명령(성폭처벌 §16), 신상정보 공개 및 고지(성폭처벌 §42, §47, §49), 취업제한명령(아청 §56①)이 모두 가능하다.

594　　본죄는 성폭력처벌법상의 성폭력범죄에 해당하지만 전자장치부착법 제2조 제2호의 성폭력범죄에는 해당하지 않으므로, 본죄를 범한 피고인에게 재범의 위험이 있다고 하더라도 전자장치 부착명령 또는 형집행 후의 보호관찰을 내릴

---

456 대전고판 2021. 12. 2, 2021노237(확정).
457 대전고판 2021. 12. 2, 2021노237(확정).
458 양형위원회, 2023 양형기준, 706-730.

수 있는 사유에는 해당하지 않는다.

14. 촬영물 등을 이용한 협박·강요

(1) 규정

제14조의3(촬영물 등을 이용한 협박·강요) ① 성적 욕망 또는 수치심을 유발할 수 있는 촬영물 또는 복제물(복제물의 복제물을 포함한다)을 이용하여 사람을 협박한 자는 1년 이상의 유기징역에 처한다.
② 제1항에 따른 협박으로 사람의 권리행사를 방해하거나 의무 없는 일을 하게 한 자는 3년 이상의 유기징역에 처한다.
③ 상습으로 제1항 및 제2항의 죄를 범한 경우에는 그 죄에 정한 형의 2분의 1까지 가중한다.
[본조신설 2020. 5. 19.]

(2) 의의

본조는 ① 성적 욕망 또는 수치심을 유발할 수 있는 촬영물 또는 복제물(복　　595
제물의 복제물을 포함)을 이용하여 사람을 협박하거나(제1항)〔성폭력처벌법위반(촬영물등이용협박)죄〕, ② 제1항에 따른 협박으로 사람의 권리행사를 방해하거나 의무 없는 일을 하게 한(제2항)〔성폭력처벌법위반(촬영물등이용강요)죄〕 행위를 처벌하고, ③ 상습으로 제1항 및 제2항의 죄를 범한 경우(제3항)〔성폭력처벌법위반(상습촬영물등이용협박·강요)죄〕에 가중처벌한다.

성적 수치심을 유발할 수 있는 촬영물을 이용하여 피촬영자를 협박하거나　　596
권리행사를 방해하거나, 의무없는 일을 하게 하는 행위는 원래 형법상 협박죄(§283①), 강요죄(§324) 등으로 처벌하여 왔으나, 〔이에 대한 상세는 **주해 IX(각칙 6) §283(협박, 존속협박) 및 XI(각칙 8) §324(강요)** 참조〕. 사이버 성범죄로 인한 피해가 날로 증가하고 있는 상황에서 텔레그램을 이용한 성착취 사건으로 인해 국민적 관심사가 매우 고조된 상황을 고려하여,[459] 이를 가중처벌하기 위하여 2020년 5월 19일 신설한 구성요건이다. 행위수단의 불법성이 더 커 협박죄나 강요죄보다 법정형이 무겁다.

---

459 국회 법제사법위원회, 성폭력처벌법 일부개정법률안(대안), 제안이유(2020. 4. 29).

(3) 구성요건

597　　조문 체계상 본조에서 말하는 '성적 욕망 또는 수치심을 유발할 수 있는 촬영물 또는 복제물(복제물의 복제물을 포함)'은 **성폭력처벌법 제14조, 제14조의2**에서 규정한 신체에 대한 촬영물 또는 복제물을 의미한다고 보아야 한다.

598　　이러한 법리에 따라 피고인이 유부녀인 피해자와 호텔에서 옷을 입은 채 서서 껴안고 있는 모습을 몰래 촬영한 후 이를 피해자의 남편에게 보내겠다고 피해자를 협박한 경우, 그와 같은 촬영물은 성적 욕망 또는 수치심을 유발할 수 있는 촬영물이라고까지는 볼 수 없어, 성폭력처벌법위반(촬영물등이용협박)죄에 해당하지 않는다고 본 하급심 판례가 있다.[460]

(4) 다른 죄와의 관계

599　　① 피고인이 피해자의 의사에 반하여 촬영을 하고 이를 이용하여 협박한 경우, 성폭력처벌법위반(카메라등이용촬영)죄와 성폭력처벌법위반(촬영물등이용협박)죄가 각 성립하고, 두 죄는 실체적 경합관계에 있다.

600　　② 성폭력처벌법위반(카메라등이용협박)죄는 성적 욕망 또는 수치심을 유발할 수 있는 촬영물등을 이용하여 협박하는 것이므로, 협박에 그친 경우에는 형법상 협박죄는 성립하지 않고, 특별법인 위 카메라등이용협박죄만 성립한다.

601　　③ 위 ②와 같이 협박에 그치지 않고 더 나아가 권리행사를 방해하거나, 금전적인 이득을 얻거나, 간음이나 추행을 하는 경우, 권리행사방해죄(§323), 공갈죄(§350), 강간죄(§297), 강제추행죄(§298)도 성립할 수 있고, 성폭력처벌법위반(촬영물등이용협박)죄는 이들 범죄의 수단에 해당하므로 상상적 경합관계에 있다고 보아야 할 것이다.

(5) 처벌 등

602　　성폭력처벌법위반(촬영물등이용협박)죄는 1년 이상의 유기징역(제1항)에, 성폭력처벌법위반(촬영물등이용강요)죄는 3년 이상의 유기징역(제2항)에 각 처하고, 성폭력처벌법위반(상습촬영물등이용협박·강요)죄는 위 각죄에 정한 형의 2분의 1까지 가중한다(제3항).

603　　본죄의 미수범은 처벌되고(성폭처벌 §15), 본죄는 양형기준의 적용대상이다

---

460 서울고판 2021. 1. 22, 2020노1988(확정).

(디지털 성범죄 양형기준).[461]

604　본조 제1항 내지 제5항의 죄를 범하여 유죄판결이나 약식명령이 확정된 사람은 판결이나 약식명령에서 별도의 명령이 없더라도 신상정보등록의무(성폭처벌 §42① 본문)가 있고, 유죄판결 선고 시 부수처분으로 수강명령·이수명령(성폭처벌 §16), 신상정보 공개 및 고지(성폭처벌 §42, §47, §49), 취업제한명령(아청 §56①)이 모두 가능하다.

605　본죄는 성폭력처벌법상의 성폭력범죄에 해당하지만 전자장치부착법 제2조 제2호의 성폭력범죄에는 해당하지 않으므로, 본죄를 범한 피고인에게 재범의 위험이 있다고 하더라도 전자장치 부착명령 또는 형집행 후의 보호관찰을 내릴 수 있는 사유에는 해당하지 않는다.

Ⅳ. 성폭력범죄의 처벌 등에 관한 특례법상 각종 특례규정

606　성폭력처벌법은 성폭력범죄자에 대한 엄정한 처벌과 재범 방지 및 피해자 보호 등을 위해 그 수사절차 및 재판절차 등에서 각종 특례를 규정하고 있다.[462]

1. 형벌과 수강명령 등의 병과(제16조)

(1) 수강명령·이수명령

(가) 의의

607　법원은 성폭력처벌법상 성폭력범죄 또는 청소년성보호법상 아동·청소년대상 성범죄를 범한 사람에 대하여 유죄판결(성폭력범죄에 대해서는 선고유예 제외)을 선고하거나 약식명령을 고지하는 경우, 선고·고지 시 재범예방에 필요한 수강명령 또는 성폭력 치료프로그램의 이수명령(이하, 이수명령이라 하고, 수강명령과 이수명령을 합하여 수강·이수명령이라 한다.)을 병과하여야 한다(성폭처벌 §16②, 아청 §21②).

608　성폭력처벌법과 청소년성보호법을 개정하면서 신상정보 등록은 성폭력처벌법으로, 공개·고지명령은 청소년성보호법으로 일원화하였던 것과는 달리, 수강·이수명령의 경우 여전히 성인대상 성폭력범죄자에 대하여는 성폭력처벌법

---

461 양형위원회, 2023 양형기준, 706-730.
462 편의상 청소년성보호법상의 특례 규정과 중복된 것은 함께 살펴본다.

에서, 아동·청소년대상 성범죄자에 대하여는 청소년성보호법에서, 각각 이를 규율하는 이원적인 체계를 취하고 있다.

609   수강·이수명령은 검사의 청구 없이 요건만 갖춰지면 법원이 유죄판결의 선고와 동시에 부과하여야 한다는 점에서는 공개·고지명령 제도와 동일하다.

(나) 연혁 및 소급적용 여부

610   수강·이수명령은 성폭력처벌법에는 2011년 4월 7일 도입되었다. 아동·청소년대상 성범죄에 대하여는 청소년의 성보호에 관한 법률 제13조에서 집행유예 선고 시 수강명령을 병과하는 내용으로만 규정되었다가, 2009년 6월 9일 청소년성보호법 제13조에 같은 취지로 계승된 후, 2010년 4월 15일 개정 청소년성보호법에서 집행유예뿐 아니라 유죄판결 일반으로 적용대상이 확대되었다가, 2012년 12월 18일 전부 개정된 청소년성보호법에서 지금과 유사한 형태의 자세한 규정으로 개정되었다.

611   그 외에도 관련 규정이 수차례에 걸쳐 개정되었는데, 법률에 달리 규정되어 있지 않은 경우 보안처분은 재판시법에 의한다는 일반규정이 있는 독일(독형 § 2 ⑥)과는 달리, 우리는 보안처분의 적용시법에 관한 일반규정이 없다. 피고인에게 불이익한 재판시법을 소급적용하라는 명시적인 경과규정이 없다면, 죄형법정주의의 실질적 의미에 따라 피고인에게 유리한 행위시법을 적용하는 것이 실무례이다.

612   2011년 4월 7일 개정된 성폭력처벌법 부칙 제2조[463], 2012년 12월 18일 개정된 청소년성보호법 부칙 제4조[464]에 따라 위 법률들의 개정 이전에 범하여진 범죄에 대하여는 위 개정 법률이 소급적용되나, 그 이후에도 세부적인 내용의 개정이 있었으므로, 최신 법령 개정 전에 이루어진 범행에 대하여는 적어도 위 개정 일자 이후에 이루어진 개정법의 경과규정을 살펴볼 필요가 있다.

---

463 성폭력처벌법(일부 개정 2011. 4. 7., 시행 2011. 10. 8.) 부칙 제2조(형벌과 수강명령의 병과 등에 관한 적용례) 제16조의 개정규정은 이 법 시행 후 최초로 성폭력범죄를 범한 사람부터 적용한다.

464 청소년성보호법(전부 개정 2012. 12. 18., 시행 2013. 6. 19.) 부칙 제4조(형벌과 수강명령 등의 병과에 관한 적용례) 제21조의 개정규정은 이 법 시행 후 최초로 유죄판결, 형의 선고유예 또는 집행유예를 받은 자부터 적용한다.

(다) 형법 제62조의2의 수강명령과의 차이점

형사사건 일반에서 유죄판결을 하면서 징역형이나 벌금형의 집행을 유예하 **613**
는 경우 형 선고와 함께 수강명령을 내릴 수 있으나, 성폭력처벌법과 청소년성
보호법의 수강·이수명령은 집행유예뿐 아니라 징역형의 실형 및 벌금형을 선고
하는 경우에도 가능하고, 수강·이수명령의 병과가 필수적이라는 점에서 차이가
있다. 형법의 특별법인 성폭력처벌법과 청소년성보호법의 수강·이수명령이 우
선 적용된다.

(라) 요건

① 법원이 성폭력처벌법상 성폭력범죄(성폭처벌 §2)를 범한 사람에 대하여 **614**
유죄판결(선고유예는 제외)을 선고하거나 약식명령을 고지하는 경우(성폭처벌 §16
②)(2016. 12. 20. 시행)여야 한다. 청소년성보호법의 경우, 아동·청소년대상 성범
죄(아청 §2(ii))를 범한 사람에 대하여 유죄판결을 선고하거나 약식명령을 고지하
는 경우(아청 §21②)(2018. 7. 17. 시행)여야 한다.

② 수강·이수명령을 부과할 수 없는 특별한 사정이 없어야 한다. **615**

2012년 12월 18일 개정 전 구 성폭력처벌법과 구 청소년성보호법에서 수 **616**
강·이수명령을 부과할 수 없는 특별한 사정의 예시로 규정하였던 형법 10조 심
신장애 사유가 위 각 개정법에서는 삭제되었으나, 피고인이 심신장애로 보호관
찰소에서 실시하는 수강·이수명령을 정상적으로 수행할 수 있을 것으로 기대하
기 어려운 경우에는 위 '특별한 사정'의 존재를 인정하는 것이 상당할 것이다.

그 밖에 피고인이 외국인, 치매, 청각 장애가 있는 경우, 집행의 곤란 때문 **617**
에 '특별한 사정'의 존재를 인정하는 경우가 많다. 그러나 집행의 곤란을 특별한
사정으로 인정하는 것은 신중할 필요가 있고, 특히 피고인이 외국인인 경우 문
화 내지 성인지 감수성의 차이로 재범의 우려가 있어 수강·이수명령을 내릴 필
요가 더 커 집행기관의 조치가 필요하다. 특별한 사정이 인정되어 수강·이수명
령을 하지 않는 경우, 그 사유를 유죄판결의 이유에 기재하여야 한다.

③ 청소년성보호법상 아동·청소년대상 성범죄를 범한 사람에 대하여 선고 **618**
유예를 하는 경우도 부과해야 하는지 여부

성폭력처벌법은 수강·이수명령을 병과하여야 하는 유죄판결에서 선고유예 **619**
는 제외한다고 명시적으로 기재하고 있으나(성폭처벌 §16②), 청소년성보호법의

경우 아무런 언급이 없어(아청 §21②) 논란의 여지가 있다.

620　　　이에 대하여는, ⓐ 개정 작업상의 단순 누락에 불과하므로 청소년성보호법의 경우도 성폭력처벌법과의 조화로운 해석상 수강·이수명령을 병과하여야 하는 유죄판결에 선고유예를 제외하여야 한다는 견해와, ⓑ 청소년성보호법의 경우 성범죄의 대상자가 아동·청소년임을 고려하여 그 보호를 위하여 의도적으로 선고유예 제외 조항을 두고 있지 않은 것이므로 수강·이수명령을 병과하여야 하는 유죄판결에 선고유예를 포함하여야 한다는 견해가 있다. 위 ⓑ의 견해가 타당하다.

　　　④ 중복부과 방지

621　　　피고인이 전자장치부착법 제9조 제1항에 따른 전자장치 부착명령을 선고받으면서 준수사항으로 같은 법 제9조의2 제1항 제4호에 따른 이수명령을 부과받은 경우, 성폭력처벌법이나 청소년성보호법에 의한 이수명령을 병과하지 아니한다(성폭처벌 §16③ 단서, 아청 §21③ 단서). 전자장치부착법에 의한 형 집행 종료 후의 보호관찰(전부 §21의2, §21의3)을 선고받으면서 이수명령을 부과받은 경우(전부 §21의4)에도 마찬가지로 보아야 할 것이다.

622　　　성폭력범죄를 범한 사람이 청소년성보호법 제21조에 따른 수강·이수명령을 부과받은 경우 성폭력처벌법에 따른 수강·이수명령을 병과하지 아니하고(성폭처벌 §16⑤ 단서), 아동·청소년대상 성범죄를 범한 사람이 성폭력처벌법 제16조에 따른 수강·이수명령을 부과받은 경우 청소년성보호법에 따른 수강·이수명령을 병과하지 아니한다(아청 §21⑤ 단서).

　　　(마) 수강·이수명령의 선고 내용

623　　　500시간의 범위에서 재범예방에 필요한 수강명령 또는 성폭력 치료프로그램의 이수명령을 병과하여야 한다. 교육 프로그램이 40시간 단위로 만들어져 있고, 그 이상 시간을 부과해도 같은 내용을 반복할 뿐이라는 이유로 40시간을 부과하는 것이 대부분의 실무례이나, 80시간을 부과하는 경우도 가끔 보인다.

624　　　수강명령은 형의 집행을 유예할 경우에 그 집행유예기간 내에서 병과하고, 이수명령은 벌금 이상의 형을 선고하거나 약식명령을 고지할 경우에 병과한다(성폭처벌 §16③ 본문, 아청 §21③ 본문).

625　　　이에 따라 집행유예의 경우 수강명령을 선고하고, 실형과 벌금형, 약식명령

800　　　　　　　　　　〔성 보 기〕

의 경우 이수명령을 선고한다. 다만 법률 제10567호(2011. 10. 8. 시행)로 개정되기 전 구 성폭력처벌법은 집행유예를 선고하는 경우의 수강명령 제도만을 규정하고 이수명령 제도는 규정하지 않았던 관계로, 2011년 10월 7일 이전의 성인 대상 성폭력범죄에 대하여 실형이나 벌금형을 선고하는 경우 이수명령을 부과할 수 없다.

약식명령이 2016년 12월 20일 이전의 범죄를 내용으로 한 경우, 성폭력처벌법이 2016년 12월 20일 법률 제14412호(2016. 12. 20. 시행)로 개정되기 전에는 이수명령을 부과할 수 없어 실무상 통상회부를 하였는데, 위 법률 개정으로 약식명령 고지 시에도 이수명령을 부과할 수 있게 되었으나, 위 조항의 소급적용 여부에 대하여 해당 법률에서 명시적으로 규정하고 있지 않았다. 시행일 전에 행해진 범죄에 관하여도 약식명령 고지 시 이수명령을 부과할 수 있는지 여부에 관하여 견해의 대립이 있을 수 있으나, 실무가 취하고 있는 행위시법설을 따를 경우 약식명령을 고지할 경우에는 불가능하다고 보는 것이 타당할 것이다. 굳이 수강·이수명령을 부과하려면, 통상회부하는 방식을 취함이 적절할 것이다.[465] 　626

현행 교정실무상, 그 집행에 있어 성폭력 치료강의 수강명령과 성폭력 치료 프로그램 이수명령의 차이는 없다고 한다. 　627

(2) 보호관찰명령 · 사회봉사명령

(가) 의의

성폭력처벌법상의 성폭력범죄 또는 청소년성보호법상 아동·청소년대상 성범죄를 범한 사람에 대하여 형의 선고를 유예하는 경우 또는 집행유예를 선고하는 경우 법원이 유죄판결과 동시에 명하는 보안처분이다(성폭처벌 § 16①, ④, 아청 § 21①, ④). 　628

법원이 일반 형사범에게 형의 선고를 유예하면서 형법 제59조의2에 의하여 명할 수 있는 보호관찰명령과 집행유예를 선고하면서 형법 제62조의2에 의하여 명할 수 있는 보호관찰명령 및 사회봉사명령의 특별규정이다. 　629

(나) 요건 및 내용

법원이 성폭력범죄를 범한 사람에 대하여 형의 선고를 유예하는 경우에는 　630

---

465 성범죄재판실무편람, 성범죄재판실무편람 집필위원회(2018), 257.

1년 동안 보호관찰을 받을 것을 명할 수 있고(성폭처벌 §16①), 성폭력범죄를 범한 소년법 제2조에 따른 소년과 아동·청소년대상 성범죄를 범한 소년법 제2조에 따른 소년에 대하여 형의 선고를 유예하는 경우에는 반드시 보호관찰을 명하여야 한다(성폭처벌 §16① 단서, 아청 §21①).

631　　　나아가 법원이 성폭력범죄를 범한 사람 또는 아동·청소년대상 성범죄를 범한 사람에 대하여 형의 집행을 유예하는 경우에는, 수강명령 외에 그 집행유예 기간 내에서 보호관찰 또는 사회봉사 중 하나 이상의 처분을 병과할 수 있다(성폭처벌 §16④, 아청 §21④).

632　　　형법 제62조의2에 의하면 원래 일반범죄를 저질러 형의 집행을 유예하는 경우 보호관찰을 받을 것을 명하거나 사회봉사 또는 수강을 명할 수 있도록 되어 있었고, 형법 제62조의2 제1항의 보호관찰·사회봉사·수강명령은 둘 이상 병과할 수 있다(형소규 §147의2④). 성폭력처벌법, 청소년성보호법상 수강·이수명령의 부과는 형법 제62조의2에 의한 수강명령과 달리 의무적이므로 이를 규정할 실익이 있다. 그러나 보호관찰, 사회봉사는 형법 제62조의2와 차이가 보이지 않는데, 성폭력범죄나 아동·청소년대상 성범죄를 범한 사람에 대하여 같은 내용의 규정을 다시 할 필요가 있는지 의문이 있다. 어쨌든 성폭력범죄에 대하여는 성폭력처벌법과 청소년성보호법이 형법의 특별법이므로 우선 적용되어야 할 것이다.

(다) 형집행 종료 후 집행하는 보호관찰명령과의 차이점

633　　　① 법원은 아동·청소년대상 성범죄를 범하고 재범의 위험성이 있다고 인정되는 사람에 대하여는 검사의 청구에 따라 금고 이상의 형을 선고하면서 보호관찰 등에 관한 법률(이하, 보호관찰법이라 한다.)에 따라 2년 이상 5년 이하의 범위에서 기간을 정하여 보호관찰명령을 병과하여 선고하여야 한다(아청 §61①, ③. ⑤).

634　　　② 법원은 성폭력범죄를 저지른 사람으로서 성폭력범죄를 다시 범할 위험이 있다고 인정되고 금고 이상의 형을 선고하려는 사람에 대하여 검사의 보호관찰명령 청구에 따라(또는 검사의 전자장치 부착명령 청구를 기각하면서) 2년 이상 5년 이하의 범위에서 기간을 정하여 보호관찰명령을 병과하여 선고하여야 한다(전부 §21의2, §21의3, §9④(i)).

위 ①과 ②의 보호관찰명령은 금고 이상 형을 선고하는 경우 그 형의 집행 　635
종료 후에 집행하고, 검사의 청구가 있어야 법원이 판단할 수 있다는 점에서 본
조의 보호관찰명령과 차이가 있다.

형의 집행 종료 후에 집행하는 위 ②의 보호관찰명령이 전자장치부착법에 　636
규정되어 있음에도 유사한 요건과 내용의 보호관찰명령을 위 ①에도 규정한 이
유을 찾기 어려우나, 굳이 찾자면 위 ②의 보호관찰은 제1심이 합의부의 전속관
할이고 별도의 사건번호가 부여되는 데 반하여(전부 § 21의8, § 7①), 위 ①에는 그
러한 규정이 없어 제1심을 단독재판부에서도 심리할 수 있는 여지가 있다는 차
이가 있다. 그러나 보호관찰법에도 형 집행 종료 후의 보호관찰에 관한 자세한
규정은 없어, 위 ①은 실제 적용이 되지 않고 있다. 불필요하게 규정만 복잡하
게 만들고 규정 간의 정합성을 살피지 않은 것 아닌가 하는 의문이 있다.

(3) 벌금형의 집행유예

2016년 1월 6일 개정되어 2018년 1월 7일 시행된 500만 원 이하의 벌금형 　637
집행유예(형 § 62①)와 관련하여, 성범죄자의 경우에도 벌금형의 집행을 유예하는
경우에 수강명령, 그 집행유예기간 내에서 보호관찰 또는 사회봉사 중 하나 이
상의 처분을 병과할 수 있다.

(4) 적용법조에 관하여

2012년 12월 18일 개정된 성폭력처벌법(법률 제11556호) 및 청소년성보호법 　638
(법률 제11572호)은 수강·이수명령의 상한을 300시간에서 500시간으로 늘렸고,
성폭력처벌법상 임의적으로 부과하도록 되어 있던 수강·이수명령을 필요적으
로 부과하도록 하였다. 그중 성폭력처벌법의 경우 개정 규정에 관한 명시적인
경과규정이 없으나, 피고인에 대한 불이익한 법률의 변경이므로 행위시법을 적
용해야 할 것이다.[466]

다만 보호관찰명령의 경우, 대법원은 형법 62조의2에 규정된 보호관찰[467] 　639

---

466 청소년성보호법상 수강·이수명령의 경우, 청소년성보호법 부칙(2012. 12. 18. 법률 제11572호)
　　제4조에 따라 재판시법을 적용한다.
467 대판 1997. 6. 13, 97도703. 1995년 12월 29일 법률 제5057호로 개정된 형법 제62조의2 제1항
　　에서 형의 집행을 유예를 하는 경우에는 보호관찰을 받을 것을 명할 수 있다고 규정하면서 개정
　　법 부칙에서 위 조항의 소급적용에 대하여 규정하지 않았지만, 판례는 위 조항에서 말하는 보호
　　관찰은 형벌이 아니라 보안처분의 성격을 갖는 것으로서, 과거의 불법에 대한 책임에 기초하고

이나, 구 사회안전법(1989. 6. 16. 법률 제4132호로 보안관찰법으로 전부 개정되기 전의 것)이 규정하는 보안처분[468], 구 사회보호법(2005. 8. 4. 법률 7656호로 폐지되기 전의 것) 제5조의 보호감호[469]는 형벌이 아니라 보안처분의 성격을 갖는 것으로서, 과거의 불법에 대한 책임에 기초하는 제재가 아니라 장래의 위험성으로부터 행위자를 보호하고 사회를 방위하기 위한 합목적적인 조치이므로, 그에 관한 규정이 반드시 행위 이전에 있어야 하는 것은 아니고, 재판 시의 규정에 의하여 보호관찰 등을 받을 것을 명할 수 있다고 판시한 바 있으나, 보호관찰도 불이익한 처분이므로 부칙 등에 규정도 없이 소급적용을 하는 것은 곤란하다.

(5) 항소심의 처리

(가) 심판범위 및 파기범위

640   수강·이수명령, 보호관찰명령은 법원이 유죄판결과 동시에 선고하는 부수처분이므로, 피고사건에 대하여 항소를 제기한 이상 위 각 명령의 당부 역시 항소심의 심판범위에 속한다. 따라서 위 각 명령의 전부나 일부에 파기사유에 해당하는 위법이 있는 경우, 항소심 법원으로서는 나머지 피고사건에 위법이 없더라도 그 부분까지 전부 파기해야 한다.

641   성범죄자에게 전자장치 부착을 명하는 경우 별도로 이수명령을 내리지 않고 준수사항의 하나로 부과하는데, 항소심에서 전자장치 부착명령 부분을 기각하는 경우 준수사항의 이수명령 부분도 없어져 문제가 된다. 이러한 경우 피고사건도 함께 파기하여 이수명령을 부과할 수 있을 것이다.[470]

(나) 불이익변경금지의 원칙

642   피고인만이 항소한 사건에서 항소심법원이 수강·이수명령과 보호관찰·사회봉사명령의 내용을 제1심 판결보다 무겁게 변경하는 것이 불이익변경금지의 원칙에 위배되는지 문제된다.

있는 제재가 아니라 장래의 위험성으로부터 행위자를 보호하고 사회를 방위하기 위한 합목적적인 조치이므로, 그에 관하여 반드시 행위 이전에 규정되어 있어야 하는 것은 아니며, 재판 시의 규정에 의하여 보호관찰을 받을 것을 명할 수 있고, 이와 같은 해석이 형벌불소급의 원칙 내지 죄형법정주의에 위배되는 것이라고 볼 수 없다고 판단하였다.

468 대판 1979. 6. 26, 78도1680; 대판 1997. 6. 13, 96다56115.
469 대결 1988. 11. 16, 88초60.
470 성범죄재판실무편람, 성범죄재판실무편람 집필위원회(2018), 264.

판례는 그 선고된 형이 피고인에게 불이익하게 변경되었는지 여부에 관한 **643** 판단은 형법상 형의 경중을 기준으로 하되 이를 개별적·형식적으로 고찰할 것이 아니라 주문 전체를 고려하여 피고인에게 실질적으로 불이익한지 아닌지를 보아 판단하여야 한다는 원칙하에, 일단 수강·이수명령과 보호관찰·사회봉사명령을 모두 불이익한 처분으로 본다는 전제에서, 다만 형벌의 정도와 위 부수처분을 전체적·실질적으로 평가하여 불이익변경에 해당하는지를 판단하고 있다.[471]

이에 따라 대법원은, ① 피고인에게 제1심에서 징역 10월에 집행유예 2년, **644** 200시간의 사회봉사명령이 선고되었고 피고인만 항소하였는데, 항소심에서 징역 8월에 집행유예 2년과 80시간의 사회봉사명령 외에 보호관찰명령을 붙인 항소심 판결이 제1심 판결에 비하여 불이익하다고 볼 수 없다고 판단하였고,[472] ② 약식명령에 대해 피고인이 정식재판을 청구한 사건의 제1심 법원에서 약식명령에서 정한 벌금형과 동일한 벌금형을 선고하면서 새로 이수명령을 병과한 것은 전체적·실질적으로 볼 때 피고인에게 불이익하게 변경한 것이어서 허용되지 않는데도, 제1심 법원의 잘못을 간과한 원심판결을 파기하고 상고심에서 약식명령과 동일한 형으로 파기자판하였고,[473] ③ 약식명령에 대하여 피고인만이 정식재판을 청구한 사건을 담당한 제1심 법원이 약식명령과 동일한 벌금형을 선고하자 피고인만이 항소를 제기하였는데, 항소 심법원이 동일한 벌금형을 선고하면서 새로이 이수명령을 병과한 것은 전체적·실질적으로 볼 때 피고인에게 불이익하게 변경한 것에 해당하여 허용되지 않는다고 판단하였다.[474]

2. 판결 전 조사(제17조)

법원은 성폭력범죄를 범한 피고인에 대하여 성폭력처벌법 제16조에 따른 **645** 보호관찰, 사회봉사, 수강·이수명령을 부과하기 위하여 필요하다고 인정하면, 그 법원의 소재지 또는 피고인의 주거지를 관할하는 보호관찰소의 장에게 피고인의 신체적·심리적 특성 및 상태, 정신성적 발달과정, 성장배경, 가정환경, 직

---

471 대판 2010. 2. 11, 2009도12967; 대판 2014. 8. 20, 2014도3390; 대판 2018. 11. 29, 2018도 15804.
472 대판 2010. 2. 11, 2009도12967.
473 대판 2014. 8. 20, 2014도3390.
474 대판 2018. 11. 29, 2018도15804.

업, 생활환경, 교우관계, 범행동기, 병력, 피해자와의 관계, 재범위험성 등 피고인에 관한 사항의 조사를 요구할 수 있다(성폭처벌 §17①). 요구를 받은 보호관찰소의 장은 지체 없이 이를 조사하여 서면으로 해당 법원에 알려야 한다(성폭처벌 §17②).

646 아동·청소년대상 성범죄를 범한 피고인에 대하여도 같은 취지로 청소년성보호법 제22조의 규정이 있다.

3. 고소 제한에 대한 예외(제18조)

647 성폭력범죄에 대하여는 형사소송법 제224조(고소의 제한) 및 군사법원법 제266조(고소의 제한)에도 불구하고 자기 또는 배우자의 직계존속을 고소할 수 있다(성폭처벌 §18).

648 친족관계에 의한 성폭력범죄가 잘 알려지지 않고 처벌되지도 않았던 원인 중의 하나가 직계존속에 대한 고소제한이었다는 반성적 고려에서 비롯된 것이다. 성폭력처벌법상 친족관계에 의한 강간등(성폭처벌 §5)이 입법 당시부터 비친고죄였고, 이제는 모든 성폭력범죄가 비친고죄로 되어 고소 없이도 처벌이 가능하지만, 고소로 수사의 단서를 제공한다는 점에서는 본조가 여전히 의미를 가지고 있다.

4. 형법상 감경규정에 관한 특례(제20조)

(1) 의의

649 음주 또는 약물로 인한 심신장애 상태에서 성폭력범죄(성폭처벌 §2①(i)의 죄 475는 제외)를 범한 때에는 책임감면(형 §10①, ②) 및 청각 및 언어 장애인 감경(형 §11)을 하지 않을 수 있다(성폭처벌 §20). 아동·청소년대상 성폭력범죄(아청 §2(iii)를 범한 경우에 대하여도 청소년성보호법에 같은 취지의 규정이 있다(아청 §19).

650 위 특례규정은 음주 상태에서 저지르기 쉬운 성폭력범죄의 특성을 고려하여 심신장애로 인하여 사물을 변별하거나 의사를 결정할 능력이 미약한 사람의 범행에 대해서는 형을 감경할 수 있도록 한 일반원칙(§10②)에 예외를 인정한

---

475 형법 제2편 제22장 성풍속에 관한 죄 중 제242조(음행매개), 제243조(음화반포등), 제244조(음화제조등) 및 제245조(공연음란)의 죄.

것이다. 원인에 있어서 자유로운 행위를 규정한 형법 제10조 제3항(위험의 발생을 예견하고 자의로 심신장애를 야기한 자의 행위에는 전2항의 규정을 적용하지 아니한다)으로 같은 목적을 달성할 수도 있으나, 별다른 요건 없이 성폭력범죄에 대하여는 음주나 약물로 인한 심신미약 감경 규정의 임의적 적용배제를 가능하게 하였다는 점에서 본조의 입법 효과가 있다.[476]

(2) 연혁 및 행위시법 적용

2010년 4월 15일 제정된 성폭력처벌법(제10258호) 및 2010년 4월 15일 개정된 청소년성보호법(제10260호)은 위와 같은 심신장애 상태에서 성폭력처벌법 제3조에서 제11조까지의 죄를 범한 때에는 심신장애 감경에 관한 형법 규정을 적용하지 아니할 수 있다는 규정을 신설하였고, 2012년 12월 18일 개정되어 2013년 6월 19일 시행된 성폭력처벌법 및 청소년성보호법은 그 적용범위를 위와 같이 성폭력처벌법상의 성폭력범죄 또는 청소년성보호법상의 아동·청소년대상 성폭력범죄로 확대하였다. 각 개정 법률은 부칙 제2조에서 개정 법률 시행 후 최초로 성폭력범죄를 범한 사람부터 적용한다고 규정하고 있다.

651

(3) 요건 및 적용범위

위 특례규정의 대상범죄는 성폭력범죄 중 성폭력처벌법 제2조 제1항 제1호(형법상 성풍속에 관한 죄)를 제외한 범죄이다. 성풍속범죄에 대하여도 2018년 12월 18일 개정된 형법 제10조 제2항[477]에 따라 심신미약자에 대한 임의적 감경 규정을 적용하여 유사한 효과를 낼 수 있다.

652

심신장애의 원인이 음주 또는 약물인 경우에만 위 특례규정을 적용할 수 있고, 정신장애 등 다른 원인으로 심신장애 상태에 빠진 경우에는 위 특례규정을 적용할 수 없다.

653

법문에는 심신미약 감경을 규정하는 형법 제10조 제2항뿐 아니라 심신상실로 인한 행위는 벌하지 아니한다는 제10조 제1항까지 임의적 적용배제가 가능한 것으로 규정되어 있어 오해의 소지가 있으나, 조문의 제목이 형법상 '감경규

654

---

476 본조에 대해서는, 다른 중범죄와의 형평성 문제와 함께 특별한 논거 없이 행위 - 책임 동시존재 원칙의 예외를 인정하여 책임주의 위반의 문제가 있다는 비판이 있다[김정환·김슬기, 형사특별법(2판), 102].
477 개정 전에는 필요적 감경규정이었다.

정'에 관한 특례로 되어 있어, 피고인에게 불리한 법률의 적용은 엄격하게 해석하여야 한다는 원칙상 음주 또는 약물로 인한 심신미약 감경 사례에 대하여만 적용이 배제되는 것으로 해석해야 할 것이다. 그렇게 해석한다면, 음주 또는 약물로 심신상실 상태에 빠져 범행을 한 경우에는 형법 제10조 제3항의 원인에 있어 자유로운 행위에 해당하는 경우에만 처벌할 수 있다.

655　　　법문에는 청각 및 언어 장애인의 행위에 대한 형의 필요적 감경을 규정한 형법 제11조까지 임의적 적용배제가 가능한 것으로 되어 있다. 그러나 청각 및 언어 장애인의 일반범죄 및 음주·약물의 영향이 없는 성폭력범죄에 대하여는 필요적 감경을 하면서도 같은 사람이 음주 또는 약물로 인한 심신미약 상태에서 성폭력범죄를 저지른 경우에는 필요적 감경 규정의 적용을 배제함으로써 오히려 더 무겁게 처벌할 수 있게 한다는 것은 문제가 있다. 성범죄에 관한 양형기준에서는 피고인이 청각 및 언어 장애인인 경우, 특별감경요소로 규정하고 있다.[478]

656　　　위 특례규정은 임의적 적용 배제이다. 위 특례규정을 적용하는 경우, 음주 또는 약물로 인한 심신미약 상태를 인정한 후 특례규정을 적용하여 심신미약 감경을 하지 않는다는 판단 구조를 취하여야 할 것이다. 위 특례규정의 신설 이후 실무에서는 성폭력범죄에 대하여 음주 또는 약물로 인한 심신미약 감경을 인정하는 사례 자체를 찾기 어렵다.

657　　　음주 또는 약물로 인한 심신장애 상태에서 저질러진 성폭력범죄에 대하여 형법상 심신미약 감경 규정이 배제된다 하더라도, 일정한 경우 가중 또는 감경의 양형인자로서 양형에 반영되는 경우가 있다. 심신미약(본인 책임 없는 경우)을 특별감경인자로 규정하고, 심신장애상태를 야기하여 범죄를 저지른 경우를 일반가중인자로 규정하되, 음주 또는 약물로 인한 만취상태에서 성범죄를 범한 경우에 다음과 같은 구분에 따른다. ① 범행의 고의로 또는 범행을 예견하거나 범행 후 면책사유로 삼기 위하여 음주 또는 약물을 이용하여 명정(酩酊)상태에 빠진 경우에는, 피고인이 범행 당시 심신미약 상태에 있었는지에 상관없이 명정상태를 일반가중인자로 반영한다. ② 범행의 고의가 없었고 범행을 예견하지 못했으나 과거의 경험, 당시의 신체 상태나 정황 등에 비추어 음주 또는 약물로

---

478 양형위원회, 2023 양형기준, 29-43 참조.

인하여 명정상태에 빠지면 타인에게 해악을 미칠 가능성이 있는 경우에는, 피고인이 범행 당시 심신미약 상태에 있었는지와 상관없이 명정상태를 감경인자로 반영하지 아니한다. ③ 위 ①, ②에 해당하지 않더라도 범행 당시 심신미약에 이르지 않은 경우에는 명정상태를 감경인자로 반영하지 아니한다.[479]

5. 공소시효에 관한 특례(제21조)

(1) 규정

제21조(공소시효에 관한 특례) ① 미성년자에 대한 성폭력범죄의 공소시효는 「형사소송법」 제252조제1항 및 「군사법원법」 제294조제1항에도 불구하고 해당 성폭력범죄로 피해를 당한 미성년자가 성년에 달한 날부터 진행한다. 〈개정 2013. 4. 5.〉
② 제2조제3호 및 제4호[480]의 죄와 제3조부터 제9조까지의 죄는 디엔에이(DNA) 증거 등 그 죄를 증명할 수 있는 과학적인 증거가 있는 때에는 공소시효가 10년 연장된다.
③ 13세 미만의 사람 및 신체적인 또는 정신적인 장애가 있는 사람에 대하여 다음 각 호의 죄를 범한 경우에는 제1항과 제2항에도 불구하고 「형사소송법」 제249조부터 제253조까지 및 「군사법원법」 제291조부터 제295조까지에 규정된 공소시효를 적용하지 아니한다. 〈개정 2019. 8. 20., 2020. 5. 19.〉[481]
　　1. 「형법」 제297조(강간), 제298조(강제추행), 제299조(준강간, 준강제추행), 제301조(강간등 상해·치상), 제301조의2(강간등 살인·치사) 또는 제305조(미성년자에 대한 간음, 추행)의 죄
　　2. 제6조제2항, 제7조제2항 및 제5항, 제8조, 제9조의 죄
　　3. 「아동·청소년의 성보호에 관한 법률」 제9조 또는 제10조의 죄
④ 다음 각 호의 죄를 범한 경우에는 제1항과 제2항에도 불구하고 「형사소송법」 제249조부터 제253조까지 및 「군사법원법」 제291조부터 제295조까지에 규정된

---

479 양형위원회, 2023 양형기준, 32.
480 "제2조제2항제3호 및 제4호"의 오기로 보인다.
481 2019년 8월 20일 개정 법률에서 위계 또는 위력으로써 13세 미만의 사람을 간음하거나 추행한 사람에 대해서도 공소시효에 관한 특례규정에 따라 공소시효를 적용하지 않도록 하기 위하여 본조 제3항 제2호에 기존의 성폭력처벌법 제7조 제2항 외에 제5항을 추가하였고, 2020년 5월 19일 개정 법률에서 본조 제3항 제1호의 공소시효 적용 배제사유에 형법 제305조(미성년자에 대한 간음, 추행)를 추가하였다.

공소시효를 적용하지 아니한다. 〈개정 2013. 4. 5.〉

   1. 「형법」 제301조의2(강간등 살인·치사)의 죄(강간등 살인에 한정한다)

   2. 제9조제1항의 죄

   3. 「아동·청소년의 성보호에 관한 법률」 제10조제1항의 죄

   4. 「군형법」 제92조의8의 죄(강간 등 살인에 한정한다)

(2) 의의

658   본조는 ① 일정한 성폭력범죄에 대하여 공소시효의 적용을 배제하거나(성폭처벌§21③, ④), ② 피해자가 성년에 달한 날까지 공소시효의 진행을 정지하거나(성폭처벌§21①), ③ 공소시효를 10년 연장하는 것(성폭처벌§21②)을 규정하고 있다. 청소년성보호법에도 유사한 취지의 규정이 있다(아청§20).

(3) 공소시효의 배제

659   공소시효가 배제되는 범죄는 아래와 같다.

   (가) 13세 미만의 사람 및 신체적인 또는 정신적인 장애가 있는 사람에 대한 일정한 성폭력범죄(성폭처벌§21③, 아청§20③)

660   ① 형법 제297조(강간), 제298조(강제추행), 제299조(준강간, 준강제추행), 제301조(강간등 상해·치상), 제301조의2(강간등 살인·치사), 제305조(미성년자에 대한 간음, 추행), ② 성폭력처벌법 제6조 제2항, 제7조 제2항(유사성행위) 및 제5항(13세 미만자에 대한 위계·위력 추행), 제8조, 제9조(강간 등 상해·치상·살인·치사)의 죄, ③ 청소년성보호법 제9조(강간 등 상해·치상) 및 제10조(강간 등 살인·치사)의 죄이다.

   (나) 일반인(13세 이상 비장애인)에 대한 강간 등 살인, 치사 관련 죄(성폭처벌§21④, 아청§20④)

661   ① 형법 제301조의2(강간등 살인에 한정), ② 성폭력처벌법 제9조 제1항(강간 등 살인), ③ 청소년성보호법 제10조 제1항(강간 등 살인), ④ 군형법 제92조의8(강간등 살인에 한정)의 죄이다.

(4) 공소시효의 정지

(가) 취지

662   미성년자에 대한 성폭력범죄의 공소시효는 성폭력범죄로 피해를 당한 미성년자가 성년에 달한 날부터 진행한다(성폭처벌§21①. 아동·청소년대상 성범죄의 경

우 아청 § 20①). 형사소송법상 공소시효는 범죄행위가 종료한 때로부터 진행하지만(형소 § 252①), 피해자가 미성년자인 경우 피해자가 성년이 되기 전에 공소시효가 완성되어 가해자의 처벌이 사실상 불가능하게 되는 것을 막기 위하여 공소시효의 기산점을 범죄 종료일이 아니라 피해자가 성년이 된 날로 연기하는 것이다.[482]

이는 공소시효의 정지사유에 해당한다. 형사소송법상 공소시효의 정지사유로는 공소제기(공범정지 포함), 국외도피, 재정신청, 소년보호사건의 심리개시결정 등이 있다.[483]　　663

(나) 대상범죄

미성년자에 대한 성폭력처벌법상 성폭력범죄(성폭처벌 § 21①)와 청소년성보호법상 아동·청소년대상 성범죄(아청 § 20①)이다.　　664

(다) 성년에 달한 날

현행 민법상 성년은 19세이나, 2011년 3월 7일 개정 전의 민법에 의하면 20세이다.　　665

(라) 보호자가 이미 고소를 한 경우

미성년자의 보호자가 독립하여 고소를 한 경우라고 하더라도 피해자 본인이 아직 성년이 되지 않았다면 공소시효는 진행하지 않는다고 보아야 한다.[484] 보호자의 고소에 의하여 공소제기가 되었다면 공소사실의 동일성이 인정되는 범위 내의 피해는 일사부재리효로 기소할 수 없을 뿐이다.　　666

(5) 공소시효의 연장

(가) 취지

새로운 수사기법의 발달로 범죄 발생 후 상당한 기간이 경과하였더라도 범죄 규명이 가능한 경우가 많으므로, DNA증거 등 확실한 과학적 증거가 발견된 경우 일부 성폭력범죄에 대하여 공소시효를 10년 연장하는 것이다. 다른 사건으로 피고인에 대한 조사 중 피고인의 DNA정보가 확보되면서 과거 성폭력범죄에서 발견된 범인의 DNA정보와 대조하여 범인으로 밝혀진 경우가 대표적인 사　　667

---

482 김정환·김슬기, 형사특례법(2판), 104; 이주원, 특별형법(9판), 535.
483 이재상·조균석·이창온, 형사소송법(15판), 박영사(2023), § 22/21 참조.
484 이주원, 특별형법(9판), 535.

례이다.

(나) 대상범죄

668   공소시효 연장의 대상범죄는 성폭력처벌법상 성폭력범죄 중 성폭력처벌법
제2조 제1항 제3호 및 제4호의 죄와 제3조부터 제9조까지의 죄(성폭력처벌 §21②),
즉 형법 제2편 제32장 강간, 유사강간, 강제추행, 준강간, 준강제추행, 미수범,
그 상해, 치상, 살인, 치상죄와 제339조(강도강간)의 죄, 성폭력처벌법 제3조부터
제9조까지의 죄이다. 성폭력처벌법 제3조부터 제9조까지의 죄에 대한 미수범(성
폭처벌 §15)이 대상범죄에 포함되어 있지 않은 것은 입법의 미비이다.

669   청소년성보호법의 경우, 아동·청소년에 대한 강간·강제추행죄 등이다(아청
§7의 죄. §7⑥에 따라 미수범에 대하여도 적용)(아청 §20②).

(다) DNA 등 과학적 증거의 범위

670   DNA증거는 행위자의 범죄관련성을 증명하는 가장 유력한 증거이다. DNA
외의 과학적 증거가 무엇인지에 관하여 법률은 침묵하고 있다. 해당 증거의 종
류에 따라 공소시효가 연장되는지 여부가 획일적으로 결정되지 못하고, 구체적
인 사건에서 검사가 주장하는 과학적인 증거의 증거력이 얼마나 뛰어난지 여부
에 따라 공소시효가 10년간 연장되는지 여부가 달라질 가능성이 있고, 그렇게
될 경우 과학적 증거가 아니라도 증거력이 뛰어난 증거가 뒤늦게 나타나는 경
우와 차별할 이유를 찾기 어렵다.

671   일단 DNA 외의 과학적 증거로 지문, 전화음성, 영상, CCTV, 핸드폰, 컴퓨
터를 비롯한 디저털기기 등을 상정할 수 있다. 이들이 과학적 증거에 포함될지
여부에 대하여, 일반적으로 그 자체로 과학적 증거라고 보기는 어렵지만, 감정
인의 감정결과와 결합하면 과학적 증거가 될 수 있다고 보는 견해가 있다.[485]
이 견해에서는 예컨대, 전화음성의 경우 그 자체로는 과학적 증거가 되기 어려
우나, 전문적 감정을 통하여 범인의 동일성을 뒷받침하는 감정결과가 제출되면
음성증거와 감정결과가 결합하여 과학적 증거가 될 수 있다고 한다.[486]

(라) 그 죄를 증명할 수 있을 것

672   당해 증거만으로 범죄사실의 전부 또는 일부를 증명할 수 있는 경우는 물

---

485 박상기·전지연, 형사특별법(4판), 273; 이주원, 특별형법(9판), 536.
486 이주원, 특별형법(9판), 536.

론, 다른 인적 증거 또는 정황증거와 종합하여 범죄를 증명할 수 있우에도 무방하다. 가령 피해자의 체내에서 발견된 피고인의 DNA는 피고인과의 성관계를 증명할 수 있는데 불과하나, 다른 증거와 종합하여 강간의 범죄사실을 인정할 수 있는 정도에 이르면 공소시효가 연장된다.[487]

   (마) 공범자 1인에 대한 DNA정보가 발견된 경우, 다른 공범자에 대하여도 공소시효가 연장되는지 여부

특수강간죄의 공범자 1인에 대한 DNA정보가 발견되어 공소시효가 연장되는 효력은 DNA정보가 발견된 범인뿐 아니라 그 공범자에게도 미친다고 본 판결례가 있다.[488]   **673**

위 판결은 ① 형사소송법 제252조 제2항은 "공범에는 최종행위의 종료한 때로부터 전공범에 대한 시효기간을 기산한다."고 규정하여 공범들 사이의 공소시효의 기산점을 통일하고 있고, 제253조 제2항은 "공범의 1인에 대한 전항의 시효정지는 다른 공범자에 대하여 효력이 미치고 당해 사건의 재판이 확정된 때로부터 진행한다."고 규정하여 공범 중 1인에 대한 시효정지의 효력이 다른 공범에게도 미치게 하는 등 공범을 일률적으로 처벌하고 처벌의 형평을 꾀하기 위한 다수의 규정을 두고 있는 점, ② 성폭력처벌법 제21조 제2항은 "디엔에이(DNA)증거 등 과학적인 증거(이하, 과학증거라고만 한다.)가 '발견된 범인에 대하여' 공소시효가 연장된다."고 하지 아니하고, "제3조부터 제9조까지의 죄는 '그 죄'를 증명할 수 있는 과학적인 증거가 있는 때에는 공소시효가 연장된다."고 규정하고 있어 규정의 문언상 시효 연장 여부를 해당 범죄를 기준으로 하고 있는 점, ③ 위 시효 연장 규정이 과학증거가 발견된 공범에게만 미친다고 하면 과학증거가 발견된 공범과 발견되지 않은 공범 사이의 처벌에 불균형이 초래되는 점, ④ 과학증거가 발견된 공범의 진술 또는 그 공범의 행적 등에 관한 추가적인 수사를 통해 과학증거가 발견되지 아니한 공범을 검거하여 처벌할 필요성이 있고, 그와 같은 수사 및 처벌이 공소시효 제도의 취지를 몰각시킨다고 볼 수 없는 점을 그 근거로 들고 있다.   **674**

---

487 이주원, 특별형법(9판), 537.
488 서울고판 2020. 6. 12, 2020노9(대판 2020. 9. 3, 2020도8248로 상고기각되어 확정).

(바) 본조 제1항과 제2항의 중복 적용 여부

675   피해자가 미성년자이고 DNA 등 과학적 증거가 있는 경우 본조 제1항과 제2항의 중복 적용 여부가 쟁점으로 된 사례나 논의는 찾아볼 수 없다. 그러나 제1항은 공소시효의 기산일을 연기하는 것이고, 제2항은 공소시효 기간을 연장하는 것으로, 그 사유를 달리하므로 중복 적용할 수 있다고 보는 것이 타당하다. 중복 적용이 된다면, 피해자가 성년이 된 날로부터 공소시효가 진행하여 해당 범죄에 대한 형사소송법 제249조 제1항의 공소시효 기간에 10년을 더한 날이 공소시효 완성일이 된다.

(6) 시제법 문제

676   성폭력범죄에 대한 공소시효의 특례는 2010년 4월 5일 성폭력처벌법이 제정될 때 제20조에 처음 신설되었고(청소년성보호법에는 2010년 4월 15일 개정법 §7의3으로 최초 신설), 그 이후 여러 차례 개정되어 현재에 이르고 있다. 따라서 실제로 이를 적용함에 있어서는 법률 개정 시기 및 구체적인 개정 내용, 경과규정 등을 유의깊게 살펴볼 필요가 있다.[489]

677   2010년 4월 5일 제정된 성폭력처벌법의 부칙 제3조 및 2010년 4월 15일 개정된 청소년성보호법의 부칙 제6조에는 공소시효의 특례가 위 법이 시행되기 전에 행하여진 성폭력범죄나 아동·청소년대상 성범죄로 아직 공소시효가 완성되지 아니한 것에 대하여도 적용된다고 규정되어 있다. 그러나 2011년 11월 17일 개정·시행된 성폭력처벌법 제20조 제3항 및 2012년 2월 1일 개정되어 2012년 8월 2일 시행된 청소년성보호법 제7조의3 제3항은 13세 미만의 여자 및 신체적인 또는 정신적인 장애가 있는 여자에 대하여 형법상 (준)강간죄를 범한 경우 공소시효가 배제된다는 규정을 신설하면서 부칙에 경과규정을 두지 않아, 개정법률 시행 전에 행하여진 범죄에 대해서도 개정법률을 적용하여 공소시효가 배제된다고 보아야 할지 문제된다.

678   이와 관련하여 대법원은, 2011년 11월 17일 개정·시행된 성폭력처벌법 제20조 제3항이 신설되기 전에 범한 성폭력법위반(장애인에대한준강간등)죄로 기소된 사안에서, 2011년 11월 17일 개정·시행된 성폭력처벌법에 소급적용에 관

---

489 주석형법 [각칙(4)](5판), 401(구회근).

한 명시적인 경과규정이 없어 장애인 준강간의 점에 대하여는 성폭력처벌법 제20조 제3항을 소급하여 적용할 수 없다고[490] 판시하였다.[491]

다만 2012년 12월 18일 개정되어 2013년 6월 19일 각 시행된 성폭력처벌법 부칙 제3조 및 청소년성보호법 부칙 제3조는 개정된 공소시효 관련 규정을 법률 개정 전에 행하여진 성폭력범죄에도 적용한다고 규정함으로써, 2013년 6월 19일을 기준으로 아직 공소시효가 완성되지 아니한 범죄에 대하여는 개정된 공소시효 관련 규정이 적용된다. 그 후 성폭력처벌법은 2019년 8월 20일 및 2020년 5월 19일, 청소년성보호법은 2019년 1월 15일, 2020년 5월 19일 및 2021년 3월 23일 각 공소시효 규정의 개정이 있었으나, 모두 부칙에 같은 취지의 규정을 둠으로써, 위 각 개정법 시행일 당시 공소시효가 완성되지 않은 경우에는 개정 공소시효 특례규정이 적용된다.

679

6. 특정강력범죄의 처벌에 관한 특례법의 준용(제22조)

(1) 처벌절차에의 준용

성폭력범죄에 대한 처벌절차에는 특정강력범죄법 제7조(증인에 대한 신변안전조치),[492] 제8조(출판물 게재 등으로부터의 피해자 보호),[493] 제9조(소송 진행의 협의),[494]

680

---

490 대판 2015. 5. 28, 2015도1362. 본 판결 평석은 강동범, "공소시효의 정지·연장·배제와 소급효", 형사법의 신동향 58, 대검찰청(2018), 299-331; 조은래, "소급적용에 관한 경과규정이 없는 경우 공소시효 배제조항을 소급하여 적용할 수 있는지 여부", 이상훈 대법관 재임기념 문집, 사법발전재단(2017), 785-806.

491 위 2015도1362 판결의 위와 같은 해석·적용은, 공소시효의 적용을 영구적으로 배제하는 것이 아니고 공소시효의 진행을 장래에 향하여 정지시키는 데 불과한 아동학대처벌법 제34조 제1항(아동학대범죄의 공소시효는 「형사소송법」 제252조에도 불구하고 해당 아동학대범죄의 피해아동이 성년에 달한 날부터 진행한다.)에도 적용된다(대판 2021. 2. 25, 2020도3694). 즉, 아동학대처벌법 부칙은 제34조 제1항의 소급적용에 관하여 명시적인 경과규정을 두고 있지는 않지만, 위 규정의 문언과 취지, 아동학대처벌법의 입법 목적, 공소시효를 정지하는 특례조항의 신설·소급에 관한 법리에 비추어 보면, 위 규정은 완성되지 않은 공소시효의 진행을 일정한 요건에서 장래를 향하여 정지시키는 것으로서, 그 시행일인 2014년 9월 29일 당시 범죄행위가 종료되었으나 아직 공소시효가 완성되지 않은 아동학대범죄에 대해서도 적용된다고 봄이 타당하다(위 2020도3694 판결).

492 특정강력범죄법 제7조(증인에 대한 신변안전조치 ① 검사는 특정강력범죄사건의 증인이 피고인 또는 그 밖의 사람으로부터 생명·신체에 해를 입거나 입을 염려가 있다고 인정될 때에는 관할 경찰서장에게 증인의 신변안전을 위하여 필요한 조치를 할 것을 요청하여야 한다.

493 특정강력범죄법 제8조(출판물 게재 등으로부터의 피해자 보호) 특정강력범죄 중 제2조제1항제2호부터 제6호까지 및 같은 조 제2항(제1항제1호는 제외한다)에 규정된 범죄로 수사 또는 심리

제12조(간이공판절차의 결정)[495] 및 제13조(판결선고)[496]가 준용된다(성폭처벌 §22).

(2) 특정강력범죄의 처벌에 관한 특례법의 적용

(가) 대상 성범죄

681　　형법 제2편 제32장 강간과 추행의 죄, 성폭력처벌법 제3조부터 제10조까지 및 제15조(제13조의 미수범은 제외)의 죄 또는 청소년성보호법 제13조의 죄(아동·청소년의 성을 사는 행위)로 두 번 이상 실형을 선고받은 사람이 범한 형법 제297조, 제297조의2, 제298조부터 제300조까지, 제305조 및 청소년성보호법 제13조의 죄는 '특정강력범죄'에 해당하여(특강 §2①(iv)), 특정강력범죄법이 적용된다.

(나) 누범 가중

682　　특정강력범죄에 해당하는 범죄로 형을 선고받고 그 집행이 끝나거나 면제된 후 3년 이내에 다시 특정강력범죄에 해당하는 성범죄를 범한 경우에는 그 죄에 대하여 정하여진 형의 장기 및 단기의 2배까지 가중하게 된다(특강 §3).

683　　누범전과에 해당하는 특정강력범죄와 기소된 특정강력범죄가 동일한 종류에 해당할 것을 요하지 않고, 두 범죄가 모두 특정강력범죄에 해당하면 된다.

684　　법원은 특정강력범죄로 형을 받아 그 집행을 종료하거나 면제받은 후 3년 이내에 다시 특정강력범죄를 범한 피고인에 대하여는, 공소장에 누범 가중의 적

(審理) 중에 있는 사건의 피해자나 특정강력범죄로 수사 또는 심리 중에 있는 사건을 신고하거나 고발한 사람에 대하여는 성명, 나이, 주소, 직업, 용모 등에 의하여 그가 피해자이거나 신고 또는 고발한 사람임을 미루어 알 수 있는 정도의 사실이나 사진을 신문 또는 그 밖의 출판물에 싣거나 방송 또는 유선방송하지 못한다. 다만, 피해자, 신고하거나 고발한 사람 또는 그 법정대리인(피해자, 신고 또는 고발한 사람이 사망한 경우에는 그 배우자, 직계친족 또는 형제자매)이 명시적으로 동의한 경우에는 그러하지 아니하다.

494 특정강력범죄법 제9조(소송 진행의 협의) ① 법원은 특정강력범죄에 관하여 검사 및 변호인과 공판기일의 지정이나 그 밖에 소송의 진행에 필요한 사항을 협의할 수 있다.
② 제1항의 협의는 소송 진행에 필요한 최소한의 범위에서 하여야 하며, 판결에 영향을 주어서는 아니 된다.
③ 특정강력범죄에 관하여 증거서류 또는 증거물의 조사를 청구하는 경우에는 상대방에게 미리 열람할 기회를 주어야 한다. 다만, 상대방이 이의를 제기하지 아니하는 경우에는 그러하지 아니하다.

495 특정강력범죄법 제12조(간이공판절차의 결정) ① 특정강력범죄의 피고인이 공판정에서 공소사실을 자백한 경우에는 법원은 간이공판절차에 따라 심판할 것을 결정할 수 있다. 특정강력범죄와 다른 죄가 병합(倂合)된 경우에도 같다.

496 특정강력범죄법 제13조(판결선고) 법원은 특정강력범죄사건에 관하여 변론을 종결한 때에는 신속하게 판결을 선고하여야 한다. 복잡한 사건이거나 그 밖에 특별한 사정이 있는 경우에도 판결의 선고는 변론 종결일부터 14일을 초과하지 못한다.

용법조가 형법 35조로 기재되어 있다 하더라도 특정강력범죄법 제3조를 적용하여야 한다.[497]

(다) 집행유예 제한

특정강력범죄로 형을 선고받고 그 집행이 끝나거나 면제된 후 10년이 지나지 아니한 사람이 다시 특정강력범죄를 범한 경우에는 형의 집행을 유예하지 못한다(특강 §5).

685

7. 진술 내용 등 영상녹화 및 보존, 영상물의 증거능력(제30조, 제30조의2)

(1) 규정

제30조(19세미만피해자등 진술 내용 등의 영상녹화 및 보존 등) ① 검사 또는 사법경찰관은 19세미만피해자등의 진술 내용과 조사 과정을 영상녹화장치로 녹화(녹음이 포함된 것을 말하며, 이하 "영상녹화"라 한다)하고, 그 영상녹화물을 보존하여야 한다.

② 검사 또는 사법경찰관은 19세미만피해자등을 조사하기 전에 다음 각 호의 사실을 피해자의 나이, 인지적 발달 단계, 심리 상태, 장애 정도 등을 고려한 적절한 방식으로 피해자에게 설명하여야 한다.

　1. 조사 과정이 영상녹화된다는 사실

　2. 영상녹화된 영상녹화물이 증거로 사용될 수 있다는 사실

③ 제1항에도 불구하고 19세미만피해자등 또는 그 법정대리인(법정대리인이 가해자이거나 가해자의 배우자인 경우는 제외한다)이 이를 원하지 아니하는 의사를 표시하는 경우에는 영상녹화를 하여서는 아니 된다.

④ 검사 또는 사법경찰관은 제1항에 따른 영상녹화를 마쳤을 때에는 지체 없이 피해자 또는 변호사 앞에서 봉인하고 피해자로 하여금 기명날인 또는 서명하게 하여야 한다.

⑤ 검사 또는 사법경찰관은 제1항에 따른 영상녹화 과정의 진행 경과를 조서(별도의 서면을 포함한다. 이하 같다)에 기록한 후 수사기록에 편철하여야 한다.

⑥ 제5항에 따라 영상녹화 과정의 진행 경과를 기록할 때에는 다음 각 호의 사항을 구체적으로 적어야 한다.

---

497 대판 2004. 5. 14, 2004도1556; 대판 2012. 7. 5, 2012도6154, 2012전도126.

    1. 피해자가 영상녹화 장소에 도착한 시각

    2. 영상녹화를 시작하고 마친 시각

    3. 그 밖에 영상녹화 과정의 진행경과를 확인하기 위하여 필요한 사항

⑦ 검사 또는 사법경찰관은 19세미만피해자등이나 그 법정대리인이 신청하는 경우에는 영상녹화 과정에서 작성한 조서의 사본 또는 영상녹화물에 녹음된 내용을 옮겨 적은 녹취서의 사본을 신청인에게 발급하거나 영상녹화물을 재생하여 시청하게 하여야 한다.

⑧ 누구든지 제1항에 따라 영상녹화한 영상녹화물을 수사 및 재판의 용도 외에 다른 목적으로 사용하여서는 아니 된다.

⑨ 제1항에 따른 영상녹화의 방법에 관하여는 「형사소송법」 제244조의2제1항 후단을 준용한다.

[전문개정 2023. 7. 11.]

[2023. 7. 11. 법률 제19517호에 의하여 2021. 12. 23. 헌법재판소에서 위헌 결정된 이 조를 개정함.]

제30조의2(영상녹화물의 증거능력 특례) ① 제30조제1항에 따라 19세미만피해자등의 진술이 영상녹화된 영상녹화물은 같은 조 제4항부터 제6항까지에서 정한 절차와 방식에 따라 영상녹화된 것으로서 다음 각 호의 어느 하나의 경우에 증거로 할 수 있다.

    1. 증거보전기일, 공판준비기일 또는 공판기일에 그 내용에 대하여 피의자, 피고인 또는 변호인이 피해자를 신문할 수 있었던 경우. 다만, 증거보전기일에서의 신문의 경우 법원이 피의자나 피고인의 방어권이 보장된 상태에서 피해자에 대한 반대신문이 충분히 이루어졌다고 인정하는 경우로 한정한다.

    2. 19세미만피해자등이 다음 각 목의 어느 하나에 해당하는 사유로 공판준비기일 또는 공판기일에 출석하여 진술할 수 없는 경우. 다만, 영상녹화된 진술 및 영상녹화가 특별히 신빙(信憑)할 수 있는 상태에서 이루어졌음이 증명된 경우로 한정한다.

    가. 사망

    나. 외국 거주

    다. 신체적, 정신적 질병·장애

라. 소재불명

마. 그 밖에 이에 준하는 경우

② 법원은 제1항제2호에 따라 증거능력이 있는 영상녹화물을 유죄의 증거로 할지를 결정할 때에는 피고인과의 관계, 범행의 내용, 피해자의 나이, 심신의 상태, 피해자가 증언으로 인하여 겪을 수 있는 심리적 외상, 영상녹화물에 수록된 19세미만피해자등의 진술 내용 및 진술 태도 등을 고려하여야 한다. 이 경우 법원은 전문심리위원 또는 제33조에 따른 전문가의 의견을 들어야 한다.
[본조신설 2023. 7. 11.]

(2) 연혁

성폭력범죄 피해자의 진술 내용과 조사 과정에 대한 영상물의 촬영·보존 등에 관한 규정은 성폭력처벌법 제정 당시부터 있었는데, 헌법재판소는 2021년 12월 23일 피해자가 19세 미만인 경우 피해자의 증언 없이 수사기관의 조사에 동석한 신뢰관계인 또는 진술조력인의 증언만으로 영상물의 증거능력을 인정하도록 것은 헌법에 위반된다고 판단하였다.[498] 즉 헌법재판소는 성폭력처벌법 (2012. 12. 18. 법률 제11556호로 전부 개정된 것) 제30조 제6항에서 '제1항에 따라 촬영한 영상물에 수록된 피해자의 진술은 공판준비기일 또는 공판기일에 조사 과정에 동석하였던 신뢰관계에 있는 사람 또는 진술조력인의 진술에 의하여 그 성립의 진정함이 인정된 경우에 증거로 할 수 있다'는 부분 중 19세 미만 성폭력범죄 피해자에 관한 부분은 헌법에 위반된다는 결정을 선고하였다.

이에 따라 2023년 7월 11일 성폭력처벌법을 개정하여(2023. 10. 2. 시행), ① 구법 제30조(영상물의 촬영·보존 등) 중 증거능력 특례조항은 별도로 제30조의2(영상녹화물의 증거능력 특례)를 신설하여 영상녹화물은 피고인 등에게 반대신문 기회가 보장된 경우 등에 한하여 증거로 할 수 있도록 규정하고, ② 제30조(19세미만피해자등 진술 내용 등의 영상녹화 및 보존 등)에 검사 또는 사법경찰관은 성폭력범죄의 피해자가 '19세 미만이거나 신체적인 또는 정신적인 장애로 사물을 변별하거나 의사를 결정할 능력이 미약한 피해자'(이하, 19세미만피해자등이라 한다.)(성폭처벌 §26④)에게 조사 전 나이와 인지적 발달 단계 등을 고려한 적절한 방식으로 조

---

498 헌재 2021. 12. 23, 2018헌바524.

사 과정이 영상녹화된다는 사실과 영상녹화된 영상녹화물이 증거로 사용될 수 있다는 사실을 설명하도록 하고, 영상녹화의 방법에 관하여는 형사소송법 제244조의2 제1항 후단을 준용하도록 하는 내용 등을 추가하였다.

(3) 진술 내용 등 영상녹화·보존 의무

688   검사 또는 사법경찰관은 성폭력범죄의 피해자가 19세미만피해자등인 경우에는 피해자의 진술 내용과 조사 과정을 영상녹화장치로 녹화(녹음이 포함된 것을 말하며, 이하 영상녹화라 한다.)하고, 그 영상녹화물을 보존하여야 한다(성폭처벌 §30①). 청소년성보호법에도 아동·청소년대상 성범죄 피해자의 진술 내용 등에 대한 영상물의 촬영·보존에 관한 규정이 있다(아청 §26).

689   영상녹화는 19세미만피해자등 또는 그 법정대리인(법정대리인이 가해자이거나 가해자의 배우자인 경우는 제외)이 이를 원하지 아니하는 의사를 표시하는 경우에는 하여서는 아니 된다(성폭처벌 §30③).

(4) 영상물에 수록된 피해자 진술의 증거능력

(가) 종전의 규정 – 현행 청소년성보호법의 규정

690   영상녹화물에 들어 있는 '피해자의 진술'은 공판준비기일 또는 공판기일에 피해자나 조사 과정에 동석하였던 신뢰관계에 있는 사람 또는 진술조력인의 진술에 의하여 그 성립의 진정함이 인정된 경우에 증거로 할 수 있었다(구 성폭처벌 §30⑥, 아청 §26⑥).

691   위 규정은 두 가지 의미에서 전문법칙에 대한 중대한 예외가 되는데, 첫째로, 수사기관에서 피해자 등 참고인의 진술을 녹화한 영상물은 수사기관 작성의 참고인 진술조서에 대한 증거능력을 인정하기 위한 자료로 사용될 뿐 피고인이 증거동의를 하지 않는 한 직접 공소사실을 인정하는 증거로 사용될 수 없는데(형소 §312③),[499] 본조에 의하여 영상물에 녹화된 피해자의 진술이 직접 공소사실을 인정하는 증거로 사용될 수 있다는 것이고, 둘째로, 신뢰관계인 또는 진술조력인의 법정진술로 원진술자의 법정진술(결국 원진술자에 대한 반대신문) 없이도 영상물에 녹화된 원진술자의 진술에 대한 증거능력을 인정할 수 있다는 것이다.

692   이와 같은 예외적 입법은 2차 피해, 즉 신체적·정신적으로 미성숙하여 형사절차 등에서의 보호 필요성이 큰 미성년 또는 장애인인 피해자가 법정에서

---

499 대판 2014. 7. 10, 2012도5041.

반복하여 피해경험을 진술하거나 반대신문을 받는 과정에서 입을 수 있는 심리적·정서적 고통을 방지하기 위한 것이다.

여기서, ① '성립의 진정함이 인정된 때'라 함은 공판준비 또는 공판기일에서 피해자 또는 조사과정에 동석하였던 신뢰관계에 있는 자의 진술에 의하여 영상물에 녹화된 피해자의 모습 및 음성이 피해자의 모습 및 음성과 동일하다는 점과 영상물에 녹화된 피해자의 진술내용이 피해자가 진술한 대로 녹화된 것이라는 점이 인정된 때를 의미한다.[500]

그리고 ② 증거능력이 인정될 수 있는 것은 촬영된 영상물에 수록된 '피해자의 진술' 그 자체이고, 피해자에 대한 경찰 진술조서나 조사과정에 동석하였던 신뢰관계 있는 자의 공판기일에서의 진술은 그 대상이 되지 않는다.[501]

한편, ③ 촬영한 영상에 피해자가 피해상황을 진술하면서 보충적으로 작성한 메모도 함께 촬영되어 있는 경우, 이는 영상물에 수록된 피해자 진술의 일부와 다름없으므로, 위 법률에 따라 조사과정에 동석하였던 신뢰관계 있는 자의 진술에 의하여 성립의 진정함이 인정된 때에는 증거로 할 수 있다.[502]

(나) 헌법재판소의 위헌결정 및 대법원의 판결

(a) 헌법재판소의 위헌결정

앞서 살펴본 대로 헌법재판소는 2021년 12월 23일 피해자가 19세 미만인 경우 피해자의 증언 없이 수사기관의 조사에 동석한 신뢰관계인 또는 진술조력인의 증언만으로 영상물의 증거능력을 인정하도록 것은 헌법에 위반된다고 판단하였다.

위헌으로 판단한 이유는 성폭력범죄에서 유일한 증거가 될 수 있는 피해자의 수사기관에서의 진술에 대하여 원진술자인 피해자가 법정에 출석하지 않고도 증거능력을 인정하게 함으로써, 피고인의 반대신문권 행사를 불가능하게 하여 헌법 제27조에서 보장하는 공정한 재판을 받을 권리의 핵심적인 내용을 침해하였고, 위와 같은 방법 이외에도 피고인의 반대신문권을 보장하면서도 피해자를 보호할 수 있는 조화로운 방법을 상정할 수 있어 기본권제한 규정의 보충

693

694

695

696

697

---

500 대판 2010. 9. 30, 2010도9636.
501 대판 2010. 1. 28, 2009도12048.
502 대판 2009. 12. 24, 2009도11575.

성의 원칙에도 위반하였다는 것이다.

(b) 대법원의 판결

698   이에 따라 대법원은 6세인 피해자에 대하여 성폭력처벌법 제7조 제5항, 제3항, 형법 제298조(13세 미만 미성년자에 대한 위력 추행) 위반으로 기소된 피고인에 대하여, 피해자의 진술과 조사 과정을 촬영한 영상물에 녹화된 피해자의 진술을 피해자의 증언 없이 조사 과정에 동석하였던 신뢰관계인의 증언만으로 진정성립을 인정한 원심판결을 파기함으로써 헌법재판소의 위헌결정에 부합하는 판결을 선고하였다.503

699   대법원은 위 사건에서, 아직 위헌결정이 선고되지 않은 청소년성보호법 제26호 제6항도 성폭력처벌법 제30조 제6항에 대한 위헌결정과 같은 이유에서 과잉금지 원칙에 위반될 수 있다고 보았다.

700   대법원은 나아가, 피고인이 청소년성보호법 제26조 제6항의 영상물 및 그 영상물에 녹화된 피해자의 진술을 기재한 속기록에 대하여 모두 증거로 함에 부동의하였다가, 원심 법원이 신뢰관계인의 증언에 따라 영상물에 대한 증거능력을 인정하자 속기록에 대하여는 증거의견을 변경하여 증거로 함에 동의하였다고 하더라도, 속기록은 영상물의 진술 내용을 그대로 녹취한 것으로서 증거조사절차가 효율적으로 이루어질 수 있도록 하기 위하여 작성된 것에 불과하다는 이유로, 영상물의 증거능력을 인정할 수 없다면 영상물과 속기록 사이에 증거능력의 차이를 둘 수 있는 합리적 이유가 존재한다는 등의 특별한 사정이 없는 한 속기록의 증거능력도 인정할 수 없다고 판단하였다.504

(다) 개정 법에 따른 증거능력 인정 요건

701   위 헌법재판소의 위헌결정에 따라 피고인이 영상물에 대한 증거능력을 부인하는 경우 원칙적으로 19세미만피해자등의 법정 진술이 필요하게 되어, 피고인의 반대신문권을 침해하지 않으면서 미성년자에 대한 2차 피해를 방지할 수 있는 방향으로 2023년 7월 11일 성폭력처벌법이 개정되었다.

702   즉, 성폭력처벌법 제30조 제1항에 따라 19세미만피해자등의 진술이 영상녹화된 영상녹화물은 같은 조 제4항부터 제6항까지에서 정한 절차와 방식에 따라

---

503 대판 2022. 4. 14, 2021도15820.
504 대판 2022. 4. 14, 2021도14616.

영상녹화된 것으로서 다음의 어느 하나의 경우에 증거로 할 수 있게 되었다(성폭처벌 §30의2①).

① 증거보전기일, 공판준비기일 또는 공판기일에 그 내용에 대하여 피의자, 피고인 또는 변호인이 피해자를 신문할 수 있었던 경우이다. 다만, 증거보전기일에서의 신문의 경우 법원이 피의자나 피고인의 방어권이 보장된 상태에서 피해자에 대한 반대신문이 충분히 이루어졌다고 인정하는 경우로 한정한다(성폭처벌 §30의2①(i)).

② 19세미만피해자등이 ⓐ 사망, ⓑ 외국 거주, ⓒ 신체적, 정신적 질병·장애, ⓓ 소재불명, ⓔ 그 밖에 이에 준하는 경우(본호 가 내지 마목)의 어느 하나에 해당하는 사유로 공판준비기일 또는 공판기일에 출석하여 진술할 수 없는 경우이다. 다만, 영상녹화된 진술 및 영상녹화가 특별히 신빙할 수 있는 상태에서 이루어졌음이 증명된 경우로 한정한다(성폭처벌 §30의2①(ii)). 이 규정은 원진술자가 사망·질병·외국거주·소재불명 그 밖에 이에 준하는 사유로 인하여 진술할 수 없는 때에는 그 조서 및 그 밖의 서류 등을 특신상황이 인정되는 경우에 증거로 할 수 있다는 형사소송법 제314조의 특칙으로 볼 수 있다.

법원은 위 ②의 경우, 즉 성폭력처벌법 제30조의2 제1항 제2호에 따라 증거능력이 있는 영상녹화물을 유죄의 증거로 할지를 결정할 때에는 피고인과의 관계, 범행의 내용, 피해자의 나이, 심신의 상태, 피해자가 증언으로 인하여 겪을 수 있는 심리적 외상, 영상녹화물에 수록된 19세미만피해자등의 진술 내용 및 진술 태도 등을 고려하여야 하고(성폭처벌 §30의2② 전문), 이 경우 법원은 전문심리위원[505] 또는 성폭력처벌법 제33조[506]에 따른 전문가의 의견을 들어야 한다(동항 후문).

703

704

705

---

505 형사소송법 제279조의2(전문심리위원의 참여) ① 법원은 소송관계를 분명하게 하거나 소송절차를 원활하게 진행하기 위하여 필요한 경우에는 직권으로 또는 검사, 피고인 또는 변호인의 신청에 의하여 결정으로 전문심리위원을 지정하여 공판준비 및 공판기일 등 소송절차에 참여하게 할 수 있다.

506 성폭력처벌법 제33조(전문가의 의견 조회) ① 법원은 정신건강의학과의사, 심리학자, 사회복지학자, 그 밖의 관련 전문가로부터 행위자 또는 피해자의 정신·심리 상태에 대한 진단 소견 및 피해자의 진술 내용에 관한 의견을 조회할 수 있다.

(라) 피해자 보호를 위한 관련 규정의 도입

706   영상녹화물의 증거능력 특례규정에 따라 19세미만피해자등이 원칙적으로 증거보전기일, 공판준비기일 또는 공판기일에 출석하여 진술하게 됨에 따라, 각 절차에서 피해자의 2차 피해를 방지하기 위한 규정들도 함께 도입되었다.

707   즉, ① 법원은 19세미만피해자등을 증인으로 신문하는 경우에는 19세미만피해자등의 보호와 원활한 심리를 위하여 필요한 경우 사건을 공판준비절차에 부칠 수 있도록 하고(성폭처벌 §40의2①), 공판준비절차에 부치는 경우 심리계획 수립을 위한 공판준비기일을 지정하도록 하며(성폭처벌 §40의2②), 공판준비기일에 진술조력인과 19세미만피해자등의 변호사를 출석할 수 있도록 하는(성폭처벌 §40의2③), ④) 한편, 법원이 공판준비절차에서 검사, 피고인 또는 변호인에게 신문사항 기재 서면을 법원에 미리 제출하게 할 수 있도록 하고(성폭처벌 §40의2⑤), 공판준비기일에 검사 등에게 신문사항 등에 관한 의견을 구할 수 있도록 하였다(성폭처벌 §40의2⑥).

708   ② 법원은 19세미만피해자등을 증인으로 신문하는 경우 사전에 피해자에게 중계시설을 통하여 신문할 수 있음을 고지하고(성폭처벌 §40의3①), 19세미만피해자등은 중계시설을 통하여 증인신문을 진행할지 여부 등에 관하여 법원에 의견을 진술할 수 있게 하며(성폭처벌 §40의3②), 중계시설을 통해 19세미만피해자등을 증인으로 신문하는 경우 특별한 사정이 없으면 그 중계시설은 성폭력처벌법 제30조 제1항에 따른 영상녹화가 이루어진 장소로 하되, 피해자가 다른 장소를 원하는 의사를 표시하거나, 제30조제1항에 따른 영상녹화가 이루어진 장소가 경찰서 등 수사기관의 시설인 경우에는 법원이 중계시설을 지정할 수 있도록 하였다(성폭처벌 §40의3③).

709   ③ 공판기일에 출석하여 증언하는 것에 현저히 곤란한 사정이 있는 것으로 보는 영상녹화물 등의 증거보전 특례 적용 의제 연령을 현행 16세 미만에서 19세 미만으로 확대하고(성폭처벌 §41① 후문), 검사는 19세미만피해자등이나 그 법정대리인이 증거보전의 청구를 요청하는 경우 특별한 사정이 없는 한 관할 지방법원판사에게 증거보전을 청구하도록 하였다(성폭처벌 §41② 단서).

8. 신뢰관계에 있는 사람의 동석(제34조)

(1) 의의

법원은 ① 성폭력처벌법 제3조부터 제8조까지, 제10조, 제14조, 제14조의2, 제14조의3, 제15조(제9조의 미수범은 제외) 및 제15조의2에 따른 범죄의 피해자와 ② 19세미만피해자등을 증인으로 신문하는 경우에, 검사, 피해자 또는 그 법정대리인이 신청할 때에는 재판에 지장을 줄 우려가 있는 등 부득이한 경우가 아니면 피해자와 신뢰관계에 있는 사람(이하, 신뢰관계인이라 한다.)을 동석하게 하여야 한다(성폭처벌 §34①). 710

2023년 7월 11일 성폭력처벌법의 개정으로 신뢰관계인을 동석할 수 있는 범죄의 피해자의 범위를 확대하였다. 즉 종전의 '성폭력처벌법 제3조부터 제8조까지, 제10조 및 제15조(9조의 미수범은 제외한다)에 따른 범죄의 피해자'[507]에 더하여 제14조(카메라 등을 이용한 촬영), 제14조의2(허위영상물 등의 반포등), 제14조의3(촬영물 등을 이용한 협박·강요) 및 제15조의2(예비, 음모)에 따른 범죄의 피해자를 추가하고, 대상범죄와 관계없이 '19세미만피해자등'(성폭처벌 §34①(ii))을 새로 추가하였다. 711

신뢰관계인의 동석 규정은 수사기관이 위 각 피해자를 조사하는 경우에도 준용된다(성폭처벌 §34②). 다만, 피해자와 신뢰관계에 있는 사람이 피해자에게 불리하거나 피해자가 원하지 아니하는 경우에는 동석하게 하여서는 아니 된다(성폭처벌 §34③). 712

청소년성보호법 제28조에도 아동·청소년대상 성범죄의 피해자를 증인으로 신문하는 경우에 신뢰관계인의 동석 규정이 있다. 713

신뢰관계인의 동석은 증인으로 출석한 피해자의 심리적 안정을 꾀하고 2차 피해에 의한 정신적 충격을 방지하거나 완화시켜 피해자를 보호하고, 실체적 진실의 발견에 도움이 되게 하는 것을 목적으로 한다. 714

한편 형사소송법 제163조의2는 "법원은 범죄로 인한 피해자를 증인으로 신문하는 경우 증인의 연령, 심신의 상태, 그 밖의 사정을 고려하여 증인이 현 715

---

507 성폭력처벌법 제9조의 강간 등 살인·치사를 제외한 것은 피해자가 사망하였기 때문에 증인으로 출석할 이유가 없기 때문일 것인데, 강간 등 살인 미수죄의 피해자까지 제외한 것은 납득하기 어렵다.

저하게 불안 또는 긴장을 느낄 우려가 있다고 인정하는 때에는 직권 또는 피
해자·법정대리인·검사의 신청에 따라 피해자와 신뢰관계에 있는 자를 동석하
게 할 수 있고(제1항), 범죄로 인한 피해자가 13세 미만이거나 신체적 또는 정신
적 장애로 사물을 변별하거나 의사를 결정할 능력이 미약한 경우에 재판에 지
장을 초래할 우려가 있는 등 부득이한 경우가 아닌 한 피해자와 신뢰관계에 있
는 자를 동석하게 하여야 한다(제2항)."라고 규정하여, 일반범죄의 피해자에 대
하여 유사한 취지의 규정을 두고 있다. 그런데 성폭력처벌법 및 청소년성보호법
상의 신뢰관계인의 동석은 검사, 피해자 또는 법정대리인의 신청에 따라 법원의
결정이 있어야 하나, 피해자가 13세 미만이거나 신체적 또는 정신적 장애로 사
물을 변별하거나 의사를 결정할 능력이 미약한 경우에는 형사소송법 제163조의2
제2항에 따라 검사, 피해자 또는 법정대리인의 신청이 없다고 하더라도 동석을
하게 하여야 한다.

(2) 신뢰관계인, 피해자 변호사, 진술조력인의 역할 구분

716 　성폭력처벌법, 청소년성보호법은 성폭력범죄의 피해자를 수사·심리하는 과
정에서 관여하는 사람으로 신뢰관계인, 피해자 변호사, 진술조력인 제도를 두고
있는데, 그 기본적인 역할 등은 다음 [표 2]와 같다.

[표 2] 신뢰관계인, 피해자 변호사, 진술조력인의 역할

	신뢰관계인	피해자 변호사	진술조력인
법적 근거	성폭력처벌법 §34 청소년성보호법 §28	성폭력처벌법 §27508 청소년성보호법 §30	성폭력처벌법 §§35-39
대상	성범죄 피해자	성범죄 피해자	의사소통이 어려운 성폭력범죄 피해자
자격	없음	변호사	법정된 전문가
중립성	약한 중립성	없음	강화된 중립성
권한	동석	법률 조력(의견진술, 열람 등)	의사소통 중개, 심리적 안정, 형사사법절차 및 재판과정에서의 조력
기본 취지	심리적 안정	법률 조력	의사소통 중개 및 조력

508 성폭력처벌법 제27조 제5항에 따라 피해자의 변호사는 형사절차에서 피해자 등의 대리가 허용

(3) 신뢰관계인의 범위

신뢰관계인의 범위에 관하여는 형사소송규칙에서만 규정하고 있는데, 형사 　717
소송규칙 제84조의3 제1항은 '피해자의 배우자, 직계친족, 형제자매, 가족, 동거
인, 고용주, 변호사, 그 밖에 피해자의 심리적 안정과 원활한 의사소통에 도움을
줄 수 있는 사람'을 신뢰관계인으로 정하고 있다. 통상 부모나 수사절차에 참여
한 상담심리사, 성폭력상담기관의 상담사가 신뢰관계인이 된다.

(4) 신뢰관계인의 동석 제한 등

법원은 신뢰관계인이 피해자에게 불리하거나 피해자가 원하지 아니하는 경 　718
우에는 동석하게 하여서는 아니 된다(성폭처벌 §34③, 아청 §28③). 그리고 신뢰관
계인으로 동석한 사람은 법원·소송관계인의 신문 또는 증인의 진술을 방해하거
나 진술 내용에 부당한 영향을 미칠 수 있는 행위를 하여서는 아니 되며(형소 §
163의2③), 그러한 경우 동석을 중지시킬 수 있다(형소규 §84의3③).

위 규정들의 취지에 비추어, 재판장은 신뢰관계인 동석 결정을 할 때 동석 　719
자에게 법원·소송관계인의 신문 또는 진술을 방해하거나 진술 내용에 부당한
영향을 미칠 수 있는 행위를 하지 않도록 미리 고지할 필요가 있고, 신뢰관계인
이 부당한 행위를 한 경우에는 적절한 조치를 취해야 한다.

실무에서 부모의 동석이 문제가 되는 경우가 종종 있는데, 동석한 부모가 　720
부당한 영향력을 행사하거나 피해아동·청소년이 증언하면서 동석한 부모를 의
식하여 사실관계를 왜곡하거나 축소하고, 피해아동·청소년이 사실은 부모의 권
유로 수사기관에서 허위 진술한 부분이 있다고 고백하는 경우도 있으므로, 재판
부는 신뢰관계인으로 부모의 동석을 허용함에 있어 신중을 기해야 한다.[509]

부모의 동석이 바람직하지 않다고 판단될 경우에는 동석의 취지를 설명하 　721
고 양해를 얻어 동석을 불허하거나 퇴정시킬 수 있고, 동석을 허가한 경우에는
피해자의 증인신문과정에서 주의를 기울여야 한다.

될 수 있는 모든 소송행위에 대한 포괄적인 대리권을 가진다. 따라서 피해자의 변호사는 피해자
를 대리하여 피고인에 대한 처벌을 희망하는 의사표시를 철회하거나 처벌을 희망하지 않는 의사
표시를 할 수 있다(대판 2019. 12. 13, 2019도10678). 한편, 2023년 7월 11일 성폭력처벌법 개
정으로 19세미만피해자등에게 변호사가 없는 경우에는 국선변호사를 의무적으로 선정하도록 개
정되었다(성폭처벌 §27⑥ 단서).
509 성범죄재판실무편람, 성범죄재판실무편람 집필위원회(2018), 89.

9. 진술조력인(제35조 내지 제39조)

(1) 의의

722　　　진술조력인은 성폭력피해를 입은 사람[510]이 아동이거나 신체적인 또는 정신적인 장애로 의사소통이나 의사표현에 어려움이 있는 경우, 그 진술과 행동 특성에 대해 전문성을 가지고 중립적 지위에서 피해자와 수사기관 또는 재판관계자들 사이의 의사소통을 중개·보조함으로써 수사 및 재판 과정에서 피해자가 자신의 경험을 충분히 진술할 수 있도록 조력하여 실체적 진실 규명에 기여하는 사람이다.[511] 진술조력인 제도는 2012년 12월 18일 개정 성폭력처벌법에서 도입되었다.

723　　　성폭력처벌법은 진술조력인이 지원할 수 있는 피해자를 종래 '13세 미만 아동이거나 신체적인 또는 정신적인 장애로 의사소통이나 의사표현에 어려움이 있는 경우'로 규정하였으나, 2023년 7월 1일 '19세미만피해자등'으로 개정하여 그 연령 범위를 확대하였다(성폭처벌 §36①, §37①).

724　　　진술조력인이 담당하는 업무는 수사나 재판 과정에 참여하여 수사과정에서는 원활한 조사를 위한 의사소통의 중개·보조(성폭처벌 §36①), 재판과정에서는 원활한 증인신문을 위한 중개·보조(성폭처벌 §37①)를 하는 것이다. 따라서 진술조력인의 역할은 수사단계에서 피해자나 공판단계에서 증인의 기억력이 정확한지, 진실과 거짓의 판단능력 등을 판단하는 것이 아니라, 증인과의 최적의 소통방법을 알아내는 데 있다. 즉, 성폭력범죄 피해자가 수사 및 형사재판절차에서 원활하게 의사소통할 수 있도록 그 절차에 대한 정보와 의미를 알려주고, 가장 효과적인 질문방법 및 질문의 스타일, 사용해야 하거나 사용을 피해야 할 단어, 필요한 경우 의사소통 보조기구의 사용방법, 휴식시간의 횟수 및 간격, 증인의 이해와 건강 등을 확인하는 역할을 수행한다.

510　현재는 성폭력처벌법 제2조에 따른 성폭력범죄의 피해자뿐 아니라, 아동학대범죄의 처벌 등에 관한 특례법 제2조 제6호에 따른 피해아동, 청소년성보호법 제2조 제6호에 따른 피해아동·청소년, 장애인복지법 제59조의16 제1항에 따른 범죄사건의 피해인 장애인, 인신매매등방지 및 피해자 보호 등에 관한 법률 제3조 제1항 제2호에 따른 인신매매등범죄피해자, 아동학대범죄의 처벌 등에 관한 특례법 제17조 제2항에 따른 아동학대범죄사건의 형사 및 아동보호 절차의 참고인이나 증인에 대하여도 진술조력인을 선정할 수 있다(진술조력인의 선정 등에 관한 규칙 §1의2).

511　장옥선, "진술조력인 제도의 이해", 성범죄 재판의 현안과 과제들, 사법발전재단(2023), 244.

(2) 진술조력인의 중립의무

진술조력인은 수사 및 재판과정에 참여함에 있어 중립의무, 즉 중립적인 지 　**725**
위에서 진술이 왜곡 없이 전달될 수 있도록 노력할 의무를 진다(성폭처벌 §38①).
따라서 진술조력인은 증인의 의사소통이나 의사표현을 중개·보조하는 경우 법
원, 검사, 피고인 또는 변호인의 신문이나 증인의 진술의 취지를 변경하여서는
아니 된다(성폭력심리규칙[512] §23⑤).

19세미만피해자등이 부정확한 진술을 하거나 분명한 진술을 하지 못하는 　**726**
경우 진술조력인이 개입하여 일정한 중개활동을 할 수밖에 없지만, 진술조력인
이 수사단계에서 피해자와 상담하며 범죄사실 자체에 관하여 조사하거나 피해
자의 진술을 유도·확정하는 것은 그 의사소통의 중개·보조라는 역할을 넘어서
중립의무를 위반한 것이다.

재판부는 진술조력인의 선정 및 증언과정에서의 개입 허용 등 진술조력인 　**727**
제도의 시행에 있어 주의를 기울일 필요가 있다. 성폭력범죄의 피해자 진술의
신빙성 판단을 위해서는 전문심리위원 등을 활용하여야 하고, 피해자의 심리적
안정만을 위해서는 신뢰관계인 제도를 활용하는 방법을 먼저 고려해 보아야 하
며, 진술조력인의 활용이 필수불가결하다고 판단하는 경우에도 자칫 진술조력
인을 통하여 실체적 진실발견이 저해되거나 피고인의 지위가 침해되는 결과가
나타나지 않도록 조치를 마련해야 한다.

(3) 진술조력인 선정 등

(가) 진술조력인의 자격

성폭력처벌법과 법무부령인 진술조력인의 선정 등에 관한 규칙[513](이하, 진 　**728**
술조력인선정규칙이라 한다.)은 진술조력인의 자격요건을 법정하고 있는데, 정신건
강의학, 심리학, 사회복지학, 교육학 등 아동·장애인의 심리나 의사소통 관련
전문지식이 있거나 관련 분야에서 상당 기간 종사한 사람으로, 법무부장관이
정한 교육과정, 즉 사법절차 과정, 피해자 등에 대한 진술조력 과정, 아동·장
애인의 특성 과정, 실습 과정을 이수해야 한다(성폭처벌 §35①, ②, 진술조력인선정

---

512 성폭력범죄 등 사건의 심리·재판 및 피해자 보호에 관한 규칙, 대법원규칙 제3029호 일부개정
　　 2022. 1. 28.
513 일부개정 2024. 4. 1. [법무부령 제1074호, 시행 2024. 4. 1.]

규칙 §3①). 법무부장관은 위 교육과정을 이수한 사람에게 진술조력인 자격을 부여할 수 있고, 진술조력인명부를 작성하여 법원행정처장, 검찰총장, 경찰청장 및 해양경찰청장에게 송부하여야 하는데, 진술조력인명부에는 해당 진술조력인이 원활하게 조력할 수 있는 피해자의 연령, 장애 특성, 범죄 종류 등을 전문분야로 기재할 수 있다(성폭처벌 §35②, ③, 진술조력인선정규칙 §5①, §12조①, ③).

729　　　피고인 또는 피해자의 친족 또는 친족관계에 있었던 사람, 피고인 또는 피해자의 법정대리인, 피고인의 대리인 또는 변호인, 피해자의 대리인 또는 변호사에 해당하는 사람은 당해 사건의 진술조력인으로 선정하여서는 아니 된다(성폭력심리규 §19③).

(나) 선정기관

(a) 수사기관

730　　　검사 또는 사법경찰관은 형사사법절차에서의 조력과 원활한 조사를 위하여 진술조력인을 선정할 수 있다(성폭처벌 §36①).

731　　　진술조력인을 참여하게 하여 성폭력처벌법 제30조 제1항에 따라 피해자에 대한 영상녹화를 실시한 경우에는 제작된 영상녹화물에 조사자 및 피조사자의 기명날인 또는 서명과 함께 진술조력인의 기명날인 또는 서명을 받아야 한다(진술조력인선정규칙 §19②). 이에 따라 촬영한 영상녹화물에 수록된 피해자의 진술의 증거능력에 관해서는 특례규정이 마련되어 있다(성폭처벌 §30의2)(이에 대한 상세는 위 **7. (4) 영상물에 수록된 피해자 진술의 증거능력** 부분 참조).

(b) 법원

732　　　법원은 성폭력범죄의 피해자가 진술조력인 조력 대상에 해당하는 경우, 재판과정에서의 조력과 원활한 증인신문을 위하여 직권 또는 검사, 피해자, 그 법정대리인 및 피해자 변호사의 신청에 의한 결정으로 진술조력인으로 하여금 증인신문에 참여하여 중개하거나 보조하게 할 수 있다(성폭처벌 §37①).

733　　　법원은 증인이 진술조력인 조력 대상에 해당하는 경우, 증인신문 전에 구두 또는 서면에 의하여 피해자, 법정대리인, 피해자 변호사(피해자 변호사의 선임 등을 증명할 수 있는 서류가 법원에 제출된 경우)에게 진술조력인에 의한 의사소통 중개나 보조를 신청할 수 있음을 고지하여야 한다(성폭처벌 §37②, 성폭력심리규칙 §18①).

734　　　진술조력인의 선정은 법무부에서 송부된 진술조력인명부를 기초로 법원행

정처가 작성한 진술조력인명부에 의하여 선정하되, 증인신문 전에 해야 하며, 당해 피해자에 대한 조사 과정에 참여한 진술조력인이 있는 경우 특별한 사정이 없는 한 그 진술조력인을 선정하고(성폭력심리규칙 §19①, ②), 당해 피해자에 대한 조사 과정에 참여한 진술조력인이 없거나 증인신문에 참여하게 하는 것이 곤란한 사정이 있는 때에는, 진술조력인명부에서 진술조력인으로 선정할 후보자를 지정하여 그 후보자로부터 진술조력인으로 참여할 수 있는지를 확인한 후 진술조력인으로 선정한다(성폭력심리예규[514] §11①).

(4) 진술조력인의 재판과정 참여 내용

(가) 참여기일의 통지

법원은 진술조력인이 선정된 경우 진술조력인에게 참여하여 중개·보조할 기일을 통지하여야 하고, 통지를 한 때에는 검사 및 피고인 또는 변호인에게도 해당 기일에 진술조력인이 참여하여 중개·보조할 예정이라는 취지를 통지하여야 한다(성폭력심리규칙 §21①, ②).

735

(나) 의사소통의 중개·보조 방법

진술조력인은 재판부와 피해자의 의사소통을 중개하고 보조한다(성폭처벌 §37①). 진술조력인은 증인이 신문의 취지를 이해하지 못하는 사정이 있는 경우 재판장의 허가를 받아 증인에게 질문의 요지를 설명할 수 있고, 증인이 의사표현에 어려움이 있는 경우 재판장의 허가를 받아 증인의 진술을 소송관계인이 이해할 수 있는 방식으로 진술할 수 있으며, 이 경우 법원, 검사, 피고인 또는 변호인의 신문이나 증인의 진술의 취지를 변경하여서는 아니 된다(성폭력심리규칙 §23②, ④, ⑤). 진술조력인의 가장 중요한 임무는 소송관계인 등의 질문이 복잡하거나 증인이 이해할 수 없는 내용이 포함되어 있으면 이를 증인이 이해할 수 있게 가능한 정확하게 전달하고 증인의 답변을 정확하게 전달하는 데 있고, 자기 관점에서 진술하는 것이 아니어야 한다.

736

검사나 사법경찰관의 조사 과정에 참여한 진술조력인은 피해자의 의사소통이나 표현 능력, 특성 등에 관한 의견을 법원에 제출할 수 있으나(성폭처벌 §36 ④), 피해자 증인의 진술을 대신하거나 공판절차에서 질문하거나 이의를 제기

737

---

514 성폭력범죄 등 사건의 심리·재판 및 피해자 보호에 관한 예규(재형 2013-2).

하는 등 소송행위를 할 수 없다. 또한 진술조력인은 피해자 증인의 원활한 증인신문을 보조하는 지위에 있을 뿐 피해자 변호사처럼 의견진술권을 부여하는 명시적 규정도 없으므로, 진술조력인은 일반적인 의견진술권을 행사할 수 없다.

(다) 진술조력의 한계를 넘은 경우의 제재 등

738 진술조력인이 재판과정에서의 조력과 중개·보조의 한계를 벗어나거나 중립의무를 위반한 경우, 진술조력인의 조력이나 의사소통의 중개·보조의 정확성과 공정성에 의문이 있는 경우, 진술조력인이 부당하게 증인신문절차에 개입하는 경우에는 이의가 제기될 수 있다. 특히 진술조력인이 수사단계부터 선정되어 피해자의 진술 과정에 참여한 경우, 피해자 증인의 진술은 이미 왜곡·과장·오염되었을 수 있는데, 그 진술조력인이 증인신문절차에서 피해자의 증언에 중개·보조하는 형식으로 다시 개입한다면, 법원으로서는 그 증언의 신빙성을 판단하기 어려울 수 있다. 따라서 재판장은 오해의 소지가 없도록 미리 진술조력인 등에게 유의사항을 고지할 필요가 있고, 피해자의 증언에 대한 중개·보조는 재판장의 허가 사항이며 재판장 등은 진술조력인에게 중개·보조의 정확성, 공정성에 관하여 질문할 수 있으므로, 재판장은 이러한 소송지휘권을 적절히 행사하여 진술조력인이 피해자 증인의 증언에 부당하게 개입하지 않도록 미리 조치를 취하여야 한다.

739 진술조력인의 중개·보조가 한계를 벗어난 경우 그 제재조치에 관하여는, 신뢰관계인의 부당한 개입에 대한 금지조항인 형사소송법 제163조의2 제3항[515]과 같은 규정은 없으나, 재판장은 형사소송법 제279조(재판장의 소송지휘권), 제299조(불필요한 변론등의 제한) 등 재판장의 일반적인 소송지휘권에 근거하여 진술조력인의 부적절한 소송행위 등에 대한 제재조치를 취할 수 있다.[516]

740 한편 진술조력인은 형법 제129조(수뢰, 사전수뢰)부터 제132조(알선수뢰)까지의 뇌물의 죄에 따른 벌칙의 적용에 있어서는 공무원으로 의제된다(성폭처벌 §39).

---

515 형사소송법 제163조의2(신뢰관계에 있는 자의 동석) ③ 제1항 또는 제2항에 따라 동석한 자는 법원·소송관계인의 신문 또는 증인의 진술을 방해하거나 그 진술의 내용에 부당한 영향을 미칠 수 있는 행위를 하여서는 아니 된다.

516 성범죄재판실무편람, 성범죄재판실무편람 집필위원회(2018), 106.

10. 비디오 등 중계장치에 의한 증인신문(제40조)

(1) 취지

증인은 법정에서 신문하는 것이 원칙이나, 증인의 연령, 직업, 건강상태 기　**741**
타의 사정을 고려하여 법정 외에 소환하거나 현재지에서 신문할 수 있고(형소
§165), 일정한 경우 비디오 등 중계장치에 의한 중계시설을 통하여 신문할 수도
있다(형소 §165의2①, 성폭처벌 §40).

앞서 살펴본 대로 헌법재판소가 2021년 12월 23일 피해자가 19세 미만인　**742**
경우 피해자의 증언 없이 수사기관의 조사에 동석한 신뢰관계인 또는 진술조력
인의 증언만으로 영상물의 증거능력을 인정하도록 것은 헌법에 위반된다고 결
정함에 따라, 19세미만피해자등의 법정출석 부담을 줄이는 방안으로 비디오 등
중계장치에 의한 증인신문을 적극 활용할 필요가 커졌다.

이를 위하여, 2023년 7월 11일 성폭력처벌법 제40조의3(19세미만피해자등의　**743**
증인신문 장소 등에 대한 특례)가 신설되었다. 즉, ① 법원은 19세미만피해자등을
증인으로 신문하는 경우 사전에 피해자에게 형사소송법 제165조의2 제1항에 따
라 비디오 등 중계장치에 의한 중계시설을 통하여 신문할 수 있음을 고지하여
야 하고(제1항), ② 19세미만피해자등은 제1항의 중계시설을 통하여 증인신문을
진행할지 여부 및 증인으로 출석할 장소에 관하여 법원에 의견을 진술할 수 있
으며(제2항), ③ 제1항에 따른 중계시설을 통하여 19세미만피해자등을 증인으로
신문하는 경우 그 중계시설은 특별한 사정이 없으면 성폭력처벌법 제30조 제1
항에 따른 영상녹화가 이루어진 장소로 하되, 다만 피해자가 다른 장소를 원하
는 의사를 표시하거나, 제30조 제1항에 따른 영상녹화가 이루어진 장소가 경찰
서 등 수사기관의 시설인 경우에는 법원이 중계시설을 지정할 수 있다(제3항).

(2) 요건

법원은 성폭력처벌법 제2조 제1항 제3호부터 제5호까지의 범죄의 피해자를　**744**
증인으로 신문하는 경우 검사와 피고인 또는 변호인의 의견을 들어 비디오 등
중계장치에 의한 중계를 통하여 신문할 수 있다(성폭처벌 §40①).

또한, 법원은 ① 아동복지법 제71조 제1항 제1호·제1호의2·제2호·제3호　**745**
에 해당하는 죄의 피해자, ② 청소년성보호법 제7조, 제8조, 제11조부터 제15조

까지 및 제17조 제1항의 규정에 해당하는 죄의 대상이 되는 아동·청소년 또는 피해자, ③ 범죄의 성질, 증인의 나이, 심신의 상태, 피고인과의 관계, 그 밖의 사정으로 인하여 피고인 등과 대면하여 진술할 경우 심리적인 부담으로 정신의 평온을 현저하게 잃을 우려가 있다고 인정되는 사람 중 어느 하나에 해당하는 사람을 증인으로 신문하는 경우 상당하다고 인정할 때에는 검사와 피고인 또는 변호인의 의견을 들어 비디오 등 중계장치에 의한 중계시설을 통하여 신문하거나 가림 시설 등을 설치하고 신문할 수 있고(형소 §165의2①), 증인이 멀리 떨어진 곳 또는 교통이 불편한 곳에 살고 있거나 건강상태 등 그 밖의 사정으로 말미암아 법정에 직접 출석하기 어렵다고 인정하는 때에는 검사와 피고인 또는 변호인의 의견을 들어 비디오 등 중계장치에 의한 중계시설을 통하여 신문할 수 있다(형소 §165의2②).

746　　　가해자 앞에서의 진술에 대한 부담 경감을 사유로 하는 경우, 가림 시설을 설치한 후 법정 증언을 하는 것을 우선적으로 고려하고, 차선책으로 비디오 증언을 선택할 수 있다.

747　　　이때 증인의 연령, 증언할 당시의 정신적·심리적 상태, 범행의 수단과 결과 및 범행 후의 피고인이나 사건관계인의 태도 등을 고려하여 판단하여야 하고, 법원은 증인신문 전 또는 증인신문 중에도 비디오 등 중계장치에 의한 중계시설 또는 차폐시설을 통하여 신문할 것을 결정할 수 있다(형소규 §84의4①, ②).

(3) 절차

748　　　실무상 각급 법원에 설치된 화상증언실이나 해바라기센터에서 비디오 증언이 이루어지고 있지만, 증인이 입원 중이고 병원 밖을 나오지 못하는 특별한 사정이 있는 경우 병원, 외국에 있는 경우 영사관 등에서도 예외적으로 이루어질 수 있다.[517] 그 경우, 증인지원관, 영상재판 담당 직원들이 해당 장소로 지원을 나가야 하고, 중계장치의 신뢰성 문제도 있어, 증인 거주지 인근 법원이 많이 이용될 것으로 보인다.

749　　　재판장은 사안의 특성상 비공개심리를 결정할 수 있고(형소규 §84의6), 증인신문 도중 증인이 중계장치를 통하여 피고인을 대면하거나 피고인이 증인을 대

---

517 박혜정·이창현, "영상증인신문", 재판자료 144, 법원도서관(2023), 143.

면하는 것이 증인 보호를 위해 상당하지 않다고 인정되는 경우 재판장은 검사, 변호인의 의견을 들어 증인 또는 피고인이 상대방을 영상으로 인식할 수 있는 장치의 작동을 중지시킬 수 있다(형소규 §84의9②).

중계시설을 통한 증인신문을 할 때에도 신뢰관계인을 중계시설에 동석하게 **750** 하고, 법원은 법원 직원이나 비디오 등 중계장치에 의한 중계시설을 관리하는 사람으로 하여금 비디오 등 중계장치의 조작과 증인신문 절차를 보조하게 함으로써 사실상 참여관, 법정경위의 역할을 대신하게 한다(형소규 §84의7①, ②).

(4) 효과

위와 같은 요건과 절차에 따라 비디오 중계장치를 통하여 이루어진 증인신 **751** 문은 증인이 법정에 출석하여 이루어진 증인신문으로 본다(형소 §165의2③).

11. 신상정보의 등록(제42조 내지 제46조)

(1) 규정

제42조(신상정보 등록대상자) ① 제2조제1항제3호·제4호, 같은 조 제2항(제1항제3호·제4호에 한정한다), 제3조부터 제15조까지의 범죄 및 청소년성보호법 제2조제2호가목·라목의 범죄(이하 "등록대상 성범죄"라 한다)로 유죄판결이나 약식명령이 확정된 자 또는 같은 법 제49조제1항제4호[518]에 따라 공개명령이 확정된 자는 신상정보 등록대상자(이하 "등록대상자"라 한다)가 된다. 다만, 제12조·제13조의 범죄 및 청소년성보호법 제11조제3항 및 제5항의 범죄로 벌금형을 선고받은 자는 제외한다. 〈개정 2016. 12. 20.〉
② 법원은 등록대상 성범죄로 유죄판결을 선고하거나 약식명령을 고지하는 경우에는 등록대상자라는 사실과 제43조에 따른 신상정보 제출 의무가 있음을 등록대상자에게 알려 주어야 한다. 〈개정 2016. 12. 20.〉
③ 제2항에 따른 통지는 판결을 선고하는 때에는 구두 또는 서면으로 하고, 약식명령을 고지하는 때에는 통지사항이 기재된 서면을 송달하는 방법으로 한다. 〈개정 2016. 12. 20.〉
④ 법원은 제1항의 판결이나 약식명령이 확정된 날부터 14일 이내에 판결문(제45

---

518 2020년 5월 19일 청소년성보호법 개정으로 제49조 제1항 제4호가 제49조 제1항 제3호로 바뀌었음에도 본조에서는 그대로 표기되어 있다.

조제4항에 따라 법원이 등록기간을 달리 정한 경우에는 그 사실을 포함한다) 또는 약식명령 등본을 법무부장관에게 송달하여야 한다. 〈개정 2016. 12. 20.〉 [2016. 12. 20. 법률 제14412호에 의하여 2016. 3. 31 헌법재판소에서 위헌 결정된 이 조를 개정함.]

(2) 신상정보 등록제도의 개요

752　　　신상정보 등록은 성범죄자의 재범을 억제하여 잠재적인 피해자의 성적 자기결정권을 보호함과 동시에 사회를 방위하고, 성범죄자의 조속한 검거 등 효율적 수사를 통하여 사회적 혼란을 방지하기 위한 보안처분이다. 신상정보 등록대상이 된 경우, 단순히 등록대상자의 신상정보를 법무부장관이 보존·관리하는 차원을 넘어, 등록대상자에게 등록기간 동안 신상정보·변경정보 제출의무, 사진촬영의무 및 출입국 신고의무를 부과하고, 이러한 의무를 위반하는 경우 형사처벌을 부과한다. 이로써 등록대상자가 다시 성범죄를 저지를 경우 쉽게 검거될 수 있다는 점을 예상하게 하여 성범죄를 억제하고자 하는 것이다.[519]

753　　　등록대상 성범죄에 대한 유죄판결이 선고되면 신상정보 등록을 명하는 판결의 선고 없이 법률에 의하여 등록의무가 부과되고, 등록기간도 정해지며, 검사의 청구도 필요 없다.

(3) 연혁

(가) 청소년대상 성범죄자에 대하여 먼저 시행(2006. 6. 30)

754　　　2005년 12월 29일 법률 7801호로 개정된 청소년의 성보호에 관한 법률에서 청소년대상 성범죄자에 대한 신상정보 등록제도가 처음 도입되어 2006년 6월 30일부터 시행되었다. 그 내용은 국가청소년위원회의 결정으로 청소년에 대한 소정의 성폭력범죄로 2회 이상 금고 이상의 실형을 받고 최종형의 전부 또는 일부의 집행을 받거나 면제를 받은 자 중에서 재범의 위험성이 인정되는 자의 신상정보를 국가청소년위원회에 5년간 등록하는 것이었다.

(나) 신상정보 등록제도의 확대(2011. 4. 16)

755　　　아동·청소년대상 성범죄자의 신상정보 등록제도는 몇 차례 법률의 개정을 통해 그 대상과 등록정보 및 등록기간이 확대되었고, 2010년 4월 15일 청소년

---

519 성범죄재판실무편람, 성범죄재판실무편람 집필위원회(2018), 202.

성보호법이 법률 10260호로 개정되면서 등록기간이 10년에서 20년으로 연장되었다.

한편, 성인대상 성범죄자의 신상정보 등록제도(등록기간 10년)는 성인대상 성범죄자의 공개·고지제도와 함께 제정 성폭력처벌법에 처음 도입되어 2011년 4월 16일부터 시행되었다. 위 법률에서는 적용범위에 청소년성보호법에 따른 신상정보 등록대상자를 제외하였다. 이로써 신상정보 등록과 공개·고지명령은 범행의 객체인 피해자가 아동·청소년인 경우에는 청소년성보호법(여성가족부 소관), 성인인 경우에는 성폭력처벌법(법무부 소관)으로 이원화되어 규율되었다. **756**

(다) 관할기관의 일원화(2013. 6. 19)

관할기관이 이원화되어 있던 신상정보 등록 및 공개·고지제도는 부처 간 협의 등을 거쳐 정비되었다. 2012년 12월 18일 성폭력처벌법이 제11556호로, 청소년성보호법이 제11572호로 각 전부 개정되면서 신상정보 등록은 성폭력처벌법에 따라 법무부장관이, 공개·고지명령은 청소년성보호법에 따라 여성가족부장관이 각각 집행하게 되었다. 이에 따라 청소년성보호법의 신상정보 등록에 관한 규정은 삭제되었다. 위 성폭력처벌법(11556호)은 신상정보 등록 대상이 되는 성폭력범죄의 범위를 확대하였고, 등록기간을 20년으로 연장하였다. **757**

(라) 헌법재판소 결정

헌법재판소는 2015년 7월 30일 재범위험성 등을 고려하지 않고 일률적으로 등록기간을 20년으로 규정한 성폭력처벌법(제11556호) 제45조 제1항에 대하여 헌법불합치결정을 선고하였다.[520] 그 후 헌법재판소는 2016년 3월 31일 행위의 태양이나 재범위험성 등을 고려하지 아니하고 대상범죄로 유죄판결을 받은 사람은 일률적으로 신상정보 등록대상자가 된다고 규정한 성폭력처벌법(제11556호) 제42조 제1항 중 통신매체이용음란죄(성폭처벌 §13) 부분도 헌법에 위반된다고 결정하였다.[521] **758**

위 각 헌법재판소 결정에 따라 2016년 12월 20일 성폭력처벌법의 신상정보 등록규정이 대폭 개정되었다. **759**

---

520 헌재 2015. 7. 30, 2014헌마340672, 2015헌마99. 다만, 2016년 12월 3일을 시한으로 입법자가 개선입법을 할 때까지 위 조항의 계속적용을 명하였다.
521 헌재 2016. 3. 31, 2015헌마688. 이 사건은 14세 여성인 아동·청소년을 대상으로 통신매체이용음란죄를 저질러 벌금형의 유죄판결이 확정된 사건이었다.

(마) 신상정보 등록제도의 개편(2016. 12. 20)

760 2016년 12월 20일 개정된 성폭력처벌법(제14412호)은 신상정보 등록대상 성범죄를 대폭 정비하였다.

761 ① 등록대상이 되는 성폭력범죄의 범위에 강도강간미수범(§342, §339)을 추가하였다(성폭처벌 §2①(iv)).

762 ② 기존에 등록대상에서 제외되었던 아동·청소년이용음란물소지죄(아청 §11⑤)로 벌금형을 선고받은 경우뿐만 아니라, 성적목적다중이용장소침입죄(성폭처벌 §12), 통신매체이용음란죄(성폭처벌 §13), 아동·청소년이용음란물배포·제공·전시·상영죄(아청 §11③)로 벌금형을 선고받은 경우도 추가로 등록대상에서 제외하였다(성폭처벌 §42①).

763 ③ 등록기간을 선고형에 따라 차등화하였고(성폭처벌 §45①), 법원이 일정한 경우 등록기간을 단축할 수 있도록 하였다(성폭처벌 §45④).

764 ④ 등록대상자의 해외 출입국 시 신고의무를 신설하였고(성폭처벌 §43의2), 신상정보 확인주기도 차등화하였으며(성폭처벌 §45⑦), 신상정보 등록면제제도(이른바 '클린레코드 제도')를 도입하였다(성폭처벌 §45의2).

(4) 요건

(가) 등록대상 성범죄자(성폭처벌 §42①)

765 등록대상 성범죄는 ① 성폭력처벌법 제2조 제1항 제3호·제4호, 같은 조 제2항(제1항 제3호·제4호에 한정), 제3조부터 제15조까지의 범죄, ② 청소년성보호법 제2조 제2호 (가)목·(라)목의 범죄이다(상세는 후술하는 [표 3] 신상정보 등록대상자 참조).

766 등록대상 성범죄로 유죄판결이나 약식명령이 확정된 자 또는 청소년성보호법 제49조 제1항 제3호(성폭처벌 §42①에는 '제4호'로 되어 있으나, 2020년 5월 19일 청소년성보호법 개정으로 '제3호'로 변경)에 따라 공개명령이 확정된 자는 신상정보 등록대상자가 된다.

767 다만, 성폭력처벌법 제12조(성적목적다중이용장소침입죄)·제13조(통신매체이용음란죄)의 범죄 및 청소년성보호법 제11조 제3항(성착취물 배포 등) 및 제5항(성착취물 구입 등)의 범죄로 벌금형을 선고받은 자는 제외된다(성폭처벌 §42①).

768 그러나 청소년성보호법 제11조 제3항, 제5항은 2020년 6월 2일 개정법률(제17338호)에서 선택형으로 규정된 벌금형이 삭제됨에 따라, 2020년 6월 2일 이후

행한 범죄에 대하여는 유죄판결을 받고 등록대상에서 제외되는 경우가 없어졌다. 결국 벌금형이 선고되는 경우 등록대상에서 제외되는 범죄는 사실상 성폭력처벌법 제12조(성적목적다중이용장소침입죄)·제13조(통신매체이용음란죄)만 남게 되었다.

769

구체적인 등록대상자는 아래 [표 3]과 같다.

[표 3] 신상정보 등록대상자

근거규정	대상범죄(아동·청소년 및 성인 대상)	본안처분
성폭력처벌법 §2①(iii)의 범죄	형법 §297(강간), §297의2(유사강간), §298(강제추행), §299(준강간, 준강제추행), §300(미수범), §301(강간 등 상해·치상), §301의2 (강간 등 살인·치사), §302(미성년자 등에 대한 간음), §303(업무상 위력 등에 의한 간음) 및 §305(미성년자에 대한 간음, 추행)의 죄522	유죄판결·약식명령 확정
성폭력처벌법 §2①(iv)의 범죄	형법 §339(강도강간) 및 §342조(§339의 미수범으로 한정)의 죄	
성폭력처벌법 §2② (①(iii), (iv)에 한정)의 범죄	다른 법률에 따라 가중처벌되는 성폭력처벌법 §2(①(iii), (iv)의 죄	
성폭력처벌법 §§3-15의 범죄523	성폭력처벌법 §3(특수강도강간 등), §4(특수강간 등), §5(친족 관계에 의한 강간 등), §6(장애인에 대한 강간·강제추행 등), §7(13세 미만의 미성년자에 대한 강간, 강제추행 등), §8(강간 등 상해·치상), §9(강간 등 살인·치사), §10(업무상 위력 등에 의한 추행), §11(공중 밀집 장소에서의 추행), §14(카메라 등을 이용한 촬영), §14의2(허위영상물 등의 반포등), §14의3(촬영물 등을 이용한 협박·강요), §15(§§3-9, §14, §14의2 및 §14의3의 미수범)의 죄	
	성폭력처벌법 §12(성적 목적을 위한 다중이용장소 침입행위), §13 (통신매체를 이용한 음란행위)의 죄	징역형 확정
청소년성보호법 §2(ii)가목의 범죄	청소년성보호법 §7(아동·청소년에 대한 강간·강제추행 등), §7의 2(예비, 음모), §8(장애인인 아동·청소년에 대한 간음 등), §8의 2(13세 이상 16세 미만 아동·청소년에 대한 간음 등), §9(강간 등 상해·치상), §10(강간 등 살인·치사), §11(아동·청소년성착취물의 제작·배포 등. ③ 및 ⑤ 제외), §12(아동·청소년 매매행위), §13(아동·청소년의 성을 사는 행위 등), §14(아동·청소년에 대한 강요행위 등), §15(알선영업행위 등)의 죄, §15의2(아동·청소년에 대한 성착취 목적 대화 등)	유죄판결·약식명령 확정
	청소년성보호법 §11③(아동·청소년성착취물 배포·제공·전시·상영)·⑤(아동·청소년성착취물 소지)의 죄	징역형 확정524

---

522 형법 제305조의2(예비·음모)는 대상범죄가 아니다.

523 성폭력처벌법 제2조 제1항 제5호라고 표현하면 간단할 것이나, 헌재 2016. 3. 31, 2015헌마688 등의 취지를 존중한다는 의미로 죄질이 가벼운 동법 제12조, 제13조 위반죄로 벌금형을 선고받은 경우를 대상에서 제외하기 위하여 위와 같이 복잡한 법조문을 만든 것으로 보인다.

524 앞서 본 바와 같이 2020년 6월 2일 개정된 법률(제17338호)에서 법정형으로 징역형만 남기고

근거규정	대상범죄(아동·청소년 및 성인 대상)	본안처분
청소년성보호법 §2(ii)나·다목의 범죄525	아동·청소년대상 성폭력처벌법 §12(성적 목적을 위한 다중이용장소 침입행위), §13(통신매체를 이용한 음란행위) 위반의 죄	징역형 확정526
	나머지 아동·청소년대상 나·다목 범죄	유죄판결· 약식명령 확정
청소년성보호법 §2(ii)라목의 범죄	아동·청소년에 대한 아동복지법 §17(ii)의 죄	유죄판결· 약식명령 확정
청소년성보호법 §49①(iii)	청소년성보호법 §49①(i) 또는 (ii)의 죄를 범하였으나 형법 §10①에 따라 처벌할 수 없는 자로서 위 §49①(i) 또는 (ii)의 죄를 다시 범할 위험성이 있다고 인정되는 자	공개명령 확정

770　　　성폭력처벌법 제2조 제2항에 해당하는 범죄로는 상습강제추행죄(§305의2),527 군형법상 군인등강제추행죄,528 군인등유사강간죄,529 군인등준강간미수죄530가 있다.

771　　　2016년 12월 20일 개정 성폭력처벌법(제14412호)에서는 성적목적다중이용장소침입죄(성폭처벌 §12), 통신매체이용음란죄(성폭처벌 §13),531 아동·청소년이용음란물배포·제공·전시·상영죄(아청 §11③), 아동·청소년이용음란물소지죄(아청 §11⑤)532로 벌금형을 선고하거나 약식명령을 고지할 경우는 신상정보 등록대상에

벌금형이 삭제되었다.

525 성폭력처벌법 제42조 제1항에 등록대상 성범죄로 규정되어 있지 않으나, 성폭력처벌법 제2조 제1항 제3호 내지 제5호의 성폭력범죄에 해당하여 등록대상이 된다.

526 아동·청소년대상 성폭력처벌법 제12조(성적 목적을 위한 다중이용장소 침입행위), 제13조(통신매채를 이용한 음란행위) 위반죄의 경우, 청소년성보호법 제2조 제2호 (나), (다)목의 범죄가 등록대상으로 명시되지 않은 이상, 성폭력처벌법 제12조, 제13조 위반죄로 등록대상이 되는 것으로, 벌금형이 선고된 경우에는 신상정보 등록대상이 되지 않는다고 봐야 할 것이다.

527 대판 2016. 1. 28, 2015도15669.

528 대판 2014. 12. 24, 2014도2585; 대판 2014. 12. 24, 2014도10916; 대판 2014. 12. 24, 2014도13529; 대판 2015. 2. 26, 2014도14540; 대판 2015. 7. 9, 2015도483.

529 대판 2014. 12. 24, 2014도10916.

530 대판 2014. 12. 24, 2014도2585.

531 한편, 헌재 2016. 3. 31, 2015헌마688(위헌)에 따라 개정 성폭력처벌법(제14412호) 시행일 전인 2016년 12월 19일 이전 위 통신매체이용음란죄(성폭처벌 §13)로 유죄판결이 확정된 사람은 선고형에 관계없이 등록대상에서 제외되었다.

532 아동·청소년이용음란물소지죄(현행 아청 §11⑤에 상응하는 구 아청 §8④ 또는 ⑤, 청소년의 성보호에 관한 법률 §8④의 죄)는 2008년 2월 4일 시행된 청소년의 성보호에 관한 법률(제8634호)

에서 제외시켰다. 위 개정조항은 경과규정인 성폭력처벌법 부칙(2016. 12. 20.) 제3조에 따라 범행시점에 관계없이 2016년 12월 20일 이후 등록대상 성범죄로 유죄판결, 약식명령이나 공개명령이 확정되는 경우부터 적용된다.[533]

(나) 신상정보 등록규정의 일원화와 재판시법의 적용

(a) 법률의 개정과 행위시법 원칙

신상정보 등록대상에 관한 규정은 수차례에 걸쳐 개정되었고,[534] 경과규정에 따라 적용범위가 달라졌다. 법률에 달리 규정되어 있지 않은 경우 보안처분은 재판시법에 의한다는 일반규정이 있는 독일(독형 §2⑥)과는 달리, 우리는 보안처분의 적용시법에 관한 일반규정이 없다. 그리하여 신상정보 등록에 관하여 피고인에게 불이익한 재판시법[535]을 소급적용하라는 명시적인 경과규정이 없다면, 죄형법정주의의 실질적 의미에 따라 피고인에게 유리한 행위시법을 적용하는 것이 실무례이다. 　　　　772

(b) 경과규정 흠결로 인한 규율의 불균형

그 결과 제정 당시부터 신상정보 등록규정에 대하여 재판시법 적용 경과규정을 둔 성폭력처벌법과는 달리 2013년 6월 18일 이전 아동·청소년대상 성범죄의 경우 행위시법인 청소년 성보호에 관한 법률 또는 청소년성보호법에 따라 등록대상 여부가 결정되었다. 신상정보 등록규정이 2013년 6월 19일 성폭력처벌법으로 일원화되긴 하였지만, 성폭력처벌법(제11556호)은 부칙(2012. 12. 18.) 제4조 제1항에서 일부 범죄[성인대상 성폭력처벌법 제11조부터 제15조(제14조의 미수범만을 말한다)까지 개정규정의 범죄]에 관하여만 경과규정을 두었고, 청소년성보호법(제11572호)도 아동·청소년대상 성범죄에 관한 새로운 신상정보 등록규정의 적용범 　　　　773

에서 구성요건이 신설되어 벌금형만 규정되어 있었다. 그 후 위 범죄는 2012년 12월 18일 전부개정된 청소년성보호법(제11572호)에서 법정형에 징역형이 추가됨과 동시에 제2조 제2호 (가)목의 아동·청소년대상 성범죄에 편입되었다. 2013년 6월 19일 시행된 성폭력처벌법(제11556호) 제42조 제1항에서는 위 범죄로 징역형을 선고받은 경우만을 신상정보 등록대상으로 규정하였고, 2016년 12월 20일 개정된 성폭력처벌법(제14412호)도 등록요건을 동일하게 유지하였다.

533 2016년 12월 19일 이전 성적목적다중이용장소침입죄(성폭력처벌 §12)나 아동·청소년이용음란물배포·제공·전시·상영죄(아청 §11③)로 유죄판결이 확정되었다면(범행 대상이 성인인지 아동·청소년인지를 불문), 그것이 벌금형을 선고받은 것이더라도 여전히 등록대상이 된다.

534 법률의 개정경과는 성범죄재판실무편람, 성범죄재판실무편람 집필위원회(2018), 207 이하 참조.

535 여기서 '재판시법'이란 엄밀히 말하면 '대상범행 당시 시행 중인 법률이 아닌 신상정보 등록대상 고지 당시의 법률'을 의미한다.

위에 관하여 아무런 경과규정을 두지 않았기 때문이었다. 이에 따라 성인대상 성폭력범죄는 범행시점에 관계없이 등록대상이 되었지만, 아동·청소년대상 성범죄는 2008년 2월 4일 이후의 범죄만 등록대상이 되었고, 동일한 성폭력처벌법위반죄나 형법 위반죄이더라도 피해자가 성인인 경우는 등록대상이 되는 반면, 피해자가 아동·청소년인 경우에는 오히려 등록대상에서 제외되는 등 규율의 불균형이 발생하였다.

　　(c) 근거규정의 일원화와 재판시법 적용

774　　이에 2016년 12월 20일 개정된 성폭력처벌법(제14412호)은 먼저 아동·청소년에 대한 성폭력처벌법·형법 위반죄에 해당하는 '청소년성보호법 제2조 제2호 (나)목, (다)목' 부분을 성폭력처벌법 제42조 제1항에서 삭제하였다. 이로써 신상정보 등록대상이 되는 성폭력처벌법위반죄나 형법 위반죄는 그 대상이 성인인지 아동·청소년대상인지를 구분할 필요가 없이 함께 규율됨으로써 불균형이 시정되었다.

775　　나아가 개정법은 부칙(2016. 12. 20.) 제3조에서 "제42조 제1항의 개정규정은 이 법 시행 이후 등록대상 성범죄로 유죄판결이나 약식명령이 확정되는 경우 또는 이 법 시행 이후 청소년성보호법 제49조 제1항 제4호에 따라 공개명령이 확정되는 경우부터 적용한다."라는 등록대상에 관한 포괄적인 경과규정을 두었다. 위 부칙 제3조는 대법원 판례[536]가 무한소급 재판시법으로 해석하였던 제정 성폭력처벌법 부칙(2010. 4. 15.) 제2조 제1항[537]과 법문언 및 규정형식이 동일하다. 이로써 행위시법(청소년성보호법, 청소년의 성보호에 관한 법률)과 재판시법(성폭력처벌법)으로 나누어 적용되던 신상정보 등록대상범죄에 관한 규정은 재판시법으로 통일되었다. 따라서 2016년 12월 20일 이후 확정된 사건에 있어 신상정보 등록의 근거규정은 행위시점에 관계없이 현행 성폭력처벌법 제42조 제1항이 된다.

(5) 등록기간

(가) 등록대상 성범죄들로만 형이 선고된 경우 - 등록기간 심리 불요

776　　신상정보 등록기간은 신상정보 등록의 원인이 된 성범죄에 대한 선고형을

---

536 대판 2011. 9. 29, 2011도9253, 2011전도152; 대판 2012. 6. 28, 2012도2947, 2012전도65.
537 성폭력처벌법 부칙 제2조(신상정보의 등록·공개 등에 관한 적용례) ① 제32조부터 제36조까지의 규정은 제32조부터 제36조까지의 규정 시행 후 최초로 유죄판결이 확정된 자부터 적용한다.

기준으로 다음과 같이 나누어진다(성폭처벌 §45① 각 호). 예전에는 신상정보 등록기간이 일률적으로 10년 또는 20년이었으나, 2016년 12월 20일 개정 법률에서는 등록대상 성범죄에 대한 선고형을 기준으로 [표 4]와 같이 등록기간을 차등화시켰다.

[표 4] 선고형별 등록기간

기준이 되는 선고형	등록기간
사형, 무기징역·무기금고형, 10년 초과 징역형(제1호)	30년
3년 초과 10년 이하 징역·금고형(제2호)	20년
3년 이하 징역·금고형, 청소년성보호법 §49①(iv) 공개명령(제3호)	15년
벌금형(제4호)	10년

하나의 판결에서 신상정보 등록의 원인이 된 성범죄로 여러 종류의 형이 **777** 선고된 경우에는 가장 무거운 종류의 형을 기준으로 한다(성폭처벌 §45③(i)). 하나의 판결에서 신상정보 등록의 원인이 된 성범죄로 여러 개의 징역형 또는 금고형이 선고된 경우에는 각각의 기간을 합산하고, 이 경우 징역형과 금고형은 같은 종류의 형으로 본다(성폭처벌 §45③(ii)). 소년법 제60조에 따라 부정기형이 선고된 경우에는 단기를 기준으로 한다(성폭처벌 §45③(iii)).

이와 같이 신상정보 등록의 원인이 된 성범죄들로만 형이 선고된 경우 선 **778** 고형에 따라 등록기간이 정해지므로, 법원은 신상정보 제출의무 등을 고지하는 이외에 등록기간에 관하여 별도로 심리·결정할 필요가 없다.

(나) 등록대상 성범죄와 다른 범죄가 형법 제37조 전단의 경합범 관계에 있는 경우 –
　　등록기간의 심리

(a) 원칙 – 등록기간 단축에 관한 판단 필요

등록대상 성범죄와 다른 범죄가 형법 제37조 전단에 따라 경합되어 형법 **779** 제38조에 따라 형이 선고된 경우, 그 선고형 전부를 신상정보 등록의 원인이 된 성범죄로 인한 선고형으로 본다(성폭처벌 §45②). 이는 형법 제37조 후단(금고 이상의 형에 처한 판결이 확정된 죄와 그 판결 확정 전에 범한 죄)이 제37조 전단과 동시에 적용되는 경우도 마찬가지다. 그러나 등록대상 성범죄가 선고형에서 차지하는 비중 등을 고려할 때 이와 같이 정해진 등록기간이 부당한 경우가 있을 수 있다. 이 경우 아래 '(b) **예외**'와 같이 법원의 등록기간 단축결정이 필요하다. 등록기간이 부당하지 않다고 판단되어 등록기간을 단축하지 않는 경우 주문에는 그 내용을 표시하지 않지만 그 이유는 간략하게 기재하여야 한다. 대법원은 개정 성폭력처벌법 제45조 제4항의 시행(2016. 12. 20.) 후 단축 여부를 심리·심판하지 않은 경우 파기환송한다.[538] 항소심에서는 제1심 판결에 등록기간 단축 여부의 판단이 누락되었더라도 등록기간을 단축할 필요가 없다고 판단된다면 판결이유에서 그러한 직권판단을 하는 데 그치고 제1심 판결을 파기하지는 않는 것이 다수의 실무례이다.

(b) 예외 – 단축

780   법원은 성폭력처벌법 제45조 제2항이 적용(§45③이 동시에 적용되는 경우를 포함)되어 제45조 제1항 각 호에 따라 등록기간이 결정되는 것이 부당하다고 인정하는 경우에는, 판결로 제45조 제1항 각 호의 기간 중 더 단기의 기간을 등록기간으로 정할 수 있다(성폭처벌 §45④). 등록기간을 단축하는 경우 등록기간은 판결로 정하고, 주문 및 이유(법령의 적용)에 표시한다.

781   따라서 등록대상 성범죄에 해당하는 범죄사실과 함께 다른 공소사실에 대하여도 유죄가 인정되고 위 각 죄가 형법 제37조 전단의 경합범 관계에 있어 형법 제38조에 따라 형을 선고하는 경우, 피고인에 대한 신상정보 등록기간이 성폭력처벌법 제45조 제1항 각 호에서 정한 기간으로 결정되는 것이 부당한지를 추가로 심리하여 위 각 호의 기간 중 더 단기의 기간을 등록기간으로 정할지 여부를 심판하여야 한다.

(6) 신상정보 제출의무 등의 고지

(가) 법원의 고지의무

(a) 고지방법

782   법원은 등록대상 성범죄로 유죄판결(선고유예 판결을 포함)을 선고하거나 약식명령을 고지하는 경우, 등록대상자에게 등록대상자라는 사실과 성폭력처벌법 제43조에 따른 신상정보 제출의무가 있음을 알려 주어야 한다(성폭처벌 §42②). 위

---

538 대판 2017. 1. 25, 2016도16223; 대판 2017. 1. 25, 2016도18015; 대판 2017. 3. 9, 2016도21235; 대판 2017. 3. 15, 2016도21279; 대판 2017. 3. 15, 2016도21735; 대판 2017. 3. 15, 2017도3.

와 같은 통지는 판결을 선고하는 때에는 구두 또는 서면으로, 약식명령을 고지하
는 때에는 통지사항이 기재된 서면을 송달하는 방법으로 한다(성폭처벌 §42③).

판결을 선고하는 때에 신상정보 제출의무 고지는 재판장이 신상정보 등록   783
대상자 고지서를 교부하는 방법으로 할 수 있다(성범죄신상예규[539] §3①, ②).

약식명령을 고지하는 때에는 고지서를 송달하는 방법으로 신상정보 제출의   784
무를 고지한다(성범죄신상예규 §3⑧). 등록대상 판결을 선고하는 경우 피고인이
선고기일에 출석하지 아니한 때에도 피고인에게 신상정보 등록대상자 고지서를
송달하는 방법으로 고지한다(성범죄신상예규 §3⑤).

(b) 고지가 누락되거나 잘못 고지된 경우

등록대상자의 신상정보 제출의무는 법원이 별도로 부과하는 것이 아니라   785
등록대상 성범죄로 유죄판결이 확정되면 성폭력처벌법의 규정에 따라 당연히
발생하는 것이므로, 유죄판결을 선고하는 법원이 하는 신상정보 제출의무 등의
고지는 등록대상자에게 신상정보 제출의무가 있음을 알려 주는 의미가 있을 뿐
이다. 따라서 설령 법원이 유죄판결을 선고하면서 고지를 누락한 잘못이 있더라
도 그 법원은 적법한 내용으로 다시 신상정보 제출의무를 고지할 수 있고, 상급
심 법원도 그 사유로 판결을 파기할 필요 없이 적법한 내용의 신상정보 제출의
무 등을 새로 고지함으로써 잘못을 바로잡을 수 있다.[540] 이와 같이 제1심의 신
상정보 제출의무에 관한 고지 부분만을 바로 잡은 것은 피고인에게 불이익한
판결이라고 할 수 없다.[541]

(c) 항소심의 처리

제1심 법원이 유죄판결을 선고하면서 피고인에게 신상정보 제출의무를 고지   786
한 경우, 항소심 법원은 항소기각판결을 하면서 다시 이를 고지할 필요는 없다.

제1심 판결을 파기하고 새로이 유죄판결을 선고하는 경우, 항소심 법원은   787
신상정보 등록대상자가 되는 피고인에게 신상정보 제출의무 등을 고지하고 고
지서를 교부해야 한다.

---

539 성범죄자 신상정보 등록대상 사건의 접수 및 처리 등에 관한 예규(재형 2013-3).
540 대판 2014. 11. 13, 2014도3564.
541 대판 2014. 12. 11, 2014도11026; 대판 2014. 12. 24, 2014도13529; 대판 2017. 8. 23, 2017도
    8221.

(나) 법원사무관 등의 처리

788　　법원은 등록대상 성범죄로 유죄판결이나 약식명령이 확정된 날부터 14일 이내에 판결문(성폭처벌 §45④에 따라 법원이 등록기간을 달리 정한 경우에는 그 사실을 포함) 또는 약식명령 등본을 법무부장관에게 송달하여야 한다(성폭처벌 §42④).[542]

(다) 등록대상자의 의무

(a) 기본신상정보 제출의무

789　　등록대상자는 성폭력처벌법 제42조 제1항에 따른 유죄판결이나 약식명령 등이 확정된 날부터 30일 이내에 성명, 주민등록번호, 주소 및 실제거주지, 직업 및 직장 등의 소재지, 연락처(전화번호, 전자우편주소를 말함), 신체정보(키와 몸무게), 소유차량의 등록번호(이하, 위 신상정보를 통틀어 기본신상정보라 한다.)를 자신의 주소지를 관할하는 경찰관서의 장(이하, 관할경찰관서의 장이라 한다.)에게 제출하여야 한다. 다만, 등록대상자가 교정시설 또는 치료감호시설에 수용된 경우에는 그 교정시설의 장 또는 치료감호시설의 장(이하, 교정시설등의 장이라 한다.)에게 기본신상정보를 제출함으로써 이를 갈음할 수 있다(성폭처벌 §43①). 정당한 사유 없이 기본신상정보를 제출하지 아니하거나 거짓으로 제출한 자는 형사처벌을 받는다(성폭처벌 §50③(i)).

(b) 사진촬영의무

790　　관할경찰관서의 장 또는 교정시설등의 장은 등록대상자가 위와 같이 기본신상정보를 제출할 때에 등록대상자의 정면·좌측·우측 상반신 및 전신 컬러사진을 촬영하여 전자기록으로 저장·보관하여야 한다(성폭처벌 §43②). 정당한 사유 없이 사진촬영에 응하지 아니한 자는 형사처벌을 받는다(성폭처벌 §50③(i)).

(c) 변경정보 제출의무

791　　등록대상자는 제출·등록된 기본신상정보가 변경된 경우에는 그 사유와 변경내용(이하, 변경정보라 한다.)을 변경사유가 발생한 날부터 20일 이내에 관할경찰관서의 장 또는 교정시설등의 장에게 제출하여야 한다(성폭처벌 §43③, §44⑥). 정당한 사유 없이 변경정보를 제출하지 아니하거나 거짓으로 제출하면 형사처

---

542 2016년 12월 20일 개정 전 성폭력처벌법 제42조 제3항은 신상정보 등록대상자 고지서를 판결문 등본에 첨부하여 법무부장관에게 송달하도록 하였으나, 개정 성폭력처벌법(제14412호) 제42조 제4항은 판결문 등본 또는 약식명령 등본만을 송달하도록 하였다.

벌을 받는다(성폭처벌 §50③(ii)).

　　휴대전화번호 변경을 신고하지 않은 데 정당한 사유가 없었는지 여부 판단　　792
과 관련하여, 신상정보 등록 의무자인 피고인이 관할경찰서의 장에게 기본신상
정보를 제출하면서 전화번호로 주거지 전화번호, 휴대전화 번호, 직장 전화번호
를 모두 제출한 후, 휴대전화 기기를 교체하는 과정에서 제출된 휴대전화 번호
가 변경되었으나, 이를 신고하지 아니하였다고 하여 성폭력처벌법 제50조 제3
항 제2호의 '정당한 사유 없이 변경정보를 제출하지 않은 행위'로 기소된 사안에
서, 대법원은 성폭력처벌법 제43조 제1항 제5호가 신상정보 등록대상자가 제출
하여야 할 기본신상정보의 하나로 전화번호를 규정한 취지는 관할경찰서 등이
신상정보 등록대상자에게 신속하게 연락할 수 있는 수단을 확보하기 위한 데에
있고, 등록대상자는 주거지 전화번호, 휴대전화 번호 또는 그 밖에 연락할 수
있는 전화번호 중 어느 것이든 연락이 가능한 것을 제출하면 충분하고 반드시
모든 전화번호를 제출하여야만 하는 것은 아니라고 해석하여야 하는 점, 피고인
의 주거지 전화번호와 직장 전화번호는 변경되지 않았던 점, 피고인은 휴대전화
번호를 변경하면서 통신사가 지원하는 휴대전화 변경 번호 안내 서비스에 가입
하였고, 이에 따라 종전 휴대전화 번호로 전화가 걸려오면 변경된 휴대전화 기
기로 수신되었던 점 등을 들어, 피고인의 휴대전화 번호 변경을 신고하지 않은
것에 정당한 사유가 없다고 볼 수 없다는 이유로 무죄 취지로 판단하였다.[543]

　(d) 사진촬영 갱신의무

　　등록대상자는 기본신상정보가 제출·등록된 다음 해부터 매년 12월 31일까　　793
지 주소지를 관할하는 경찰서에 출석하여 경찰관서의 장으로 하여금 자신의
정면·좌측·우측 상반신 및 전신 컬러사진을 촬영하여 전자기록으로 저장·보
관하도록 하여야 한다. 다만, 교정시설등의 장은 등록대상자가 교정시설 등에
수용된 경우에는 석방 또는 치료감호 종료 전에 등록대상자의 정면·좌측·우측
상반신 및 전신 컬러사진을 새로 촬영하여 전자기록으로 저장·보관하여야 한다
(성폭처벌 §43④, §44⑥). 정당한 사유 없이 위 사진촬영을 위해 관할 경찰관서에

---

543 대판 2019. 10. 17, 2018도2446. 본 판결 평석과 해설은 고소영, "신상정보 제출의 범위와 처벌
　　의 판단기준", 특별형법 판례100선, 234-237; 김나영, "신상정보 등록대상자의 전화번호 변경정
　　보 미제출에 대한 처벌조항의 해석", 해설 122, 법원도서관(2020), 624-637.

출석하지 아니하거나 촬영에 응하지 아니한 자도 형사처벌을 받는다(성폭처벌 § 50③(ⅲ)).

(e) 출입국 시 신고의무

794　　등록대상자가 6개월 이상 국외에 체류하기 위하여 출국하는 경우에는 미리 관할 경찰관서의 장에게 체류국가 및 체류기간 등을 신고하여야 하고, 입국하였을 때에도 특별한 사정이 없으면 14일 이내에 관할경찰관서의 장에게 입국 사실을 신고하여야 한다(성폭처벌 § 43의2①, ②).[544] 정당한 사유 없이 위 출입국 신고를 하지 아니하거나 거짓으로 신고한 경우 과태료가 부과된다(성폭처벌 § 52①).

(7) 등록정보의 보관 및 활용

795　　수집한 신상정보를 송달하고 그 변경 여부를 확인하는 업무는 관할경찰관서의 장 또는 교정시설등의 장이, 신상정보를 등록하고 이를 보존·관리하는 업무는 법무부장관이 각각 담당한다.

(가) 신상정보의 수집

796　　관할경찰관서의 장 또는 교정시설등의 장은 등록대상자로부터 제출받은 기본신상정보, 변경정보, 사진 전자기록 및 등록대상자에 대한 형의 실효 등에 관한 법률(이하, 형실효법이라 한다.) 제2조 제5호에 따른 범죄경력자료를 지체 없이 법무부장관에게 송달하여야 한다(성폭처벌 § 43⑤, ⑥). 관할경찰관서의 장은 등록대상자로부터 성폭력처벌법 제43조의2 제1항 및 제2항에 따른 출입국 신고를 받았을 때에도 지체 없이 법무부장관에게 해당 정보를 송달하여야 한다(성폭처벌 § 43의2③).

(나) 신상정보의 등록

797　　법무부장관은 관할경찰관서의 장 또는 교정시설등의 장으로부터 송달받은 기본신상정보, 변경정보, 사진 전자기록, 범죄경력자료, 출입국 정보와 함께 등록대상자의 등록대상 성범죄 경력정보, 성범죄 전과사실(죄명, 횟수), 전자장치법에 따른 전자장치 부착 여부에 관한 정보를 등록하여야 한다(성폭처벌 § 44①). 법무부장관은 등록대상자가 위 등록정보를 정보통신망을 이용하여 열람할 수 있

---

544 위 출입국 시 신고의무 등에 관한 성폭력처벌법 제43조의2 규정은 부칙 제1조 단서에 따른 시행일 (2017. 6. 21.) 당시 등록대상자인 사람이 같은 시행일 이후에 출국하거나 입국하는 경우부터 적용한다[부칙(2016. 12. 20.) § 5, § 1 단서].

도록 하여야 한다. 다만, 등록대상자가 신청하는 경우에는 등록한 정보를 등록
대상자에게 통지하여야 한다(성폭처벌 §44②). 법무부장관은 위 등록에 필요한 정
보의 조회를 관계 행정기관의 장에게 요청할 수 있다(성폭처벌 §44③). 법무부장
관은 등록대상자가 기본신상정보 또는 변경정보를 정당한 사유 없이 제출하지
아니한 경우에는 신상정보의 등록에 필요한 사항을 관계 행정기관의 장에게 조
회를 요청하여 등록할 수 있고, 이 경우 등록일자를 밝혀 등록대상자에게 신상
정보를 등록한 사실 및 등록한 신상정보의 내용을 통지하여야 한다(성폭처벌 §44
④). 위 각 조회요청을 받은 관계 행정기관의 장은 지체 없이 조회 결과를 법무
부장관에게 송부하여야 한다(성폭처벌 §44⑤).

(다) 신상정보의 보존 및 관리

법무부장관은 기본신상정보를 최초로 등록한 날부터 등록기간 동안 등록정　**798**
보를 보존·관리하여야 한다(성폭처벌 §45①). 등록대상자가 신상정보 등록의 원
인이 된 성범죄로 교정시설 또는 치료감호시설에 수용된 기간 및 위 시설 수용
기간 전후로 이어져 등록대상자가 다른 범죄로 교정시설 또는 치료감호시설에
수용된 기간은 등록기간에서 제외된다(성폭처벌 §45⑤).

법무부장관은 각 등록정보의 등록 당시 등록대상자가 교정시설 또는 치료　**799**
감호시설에 수용 중인 경우에는 등록대상자가 석방된 후 지체 없이 등록정보를
등록대상자의 관할경찰관서의 장에게 송부하여야 한다(성폭처벌 §45⑥).

(라) 등록정보의 활용

법무부장관은 등록정보를 등록대상 성범죄와 관련한 범죄 예방 및 수사에　**800**
활용하게 하기 위하여 검사 또는 각급 경찰관서의 장에게 배포할 수 있다(성폭처
벌 §46①). 등록대상자의 신상정보의 등록·보존 및 관리 업무에 종사하거나 종사
하였던 자는 직무상 알게 된 등록정보를 누설하여서는 아니 된다(성폭처벌 §48).
위 의무를 위반하여 직무상 알게 된 등록정보를 누설한 자는 형사처벌을 받는
다(성폭처벌 §50①(i)).

(8) 신상정보 등록의 면제 및 종료

(가) 신상정보 등록의 면제

(a) 선고유예판결

신상정보 등록의 원인이 된 성범죄로 형의 선고를 유예받은 사람이 선고유　**801**

예판결이 확정된 날부터 2년이 경과하여 형법 제60조에 따라 면소된 것으로 간주되면 신상정보 등록을 면제한다(성폭처벌 § 45의2①).[545] 다만 선고유예 판결 확정 즉시 신상정보 제출의무가 발생하므로 성폭력처벌법 제43조에 따라 관할기관에 신상정보를 제출할 의무가 있고, 판결 선고 시 등록의무 고지도 이루어져야 한다.

(b) 신청에 의한 등록면제 제도

802   2016년 12월 20일 개정된 성폭력처벌법(제14412호)은 성범죄의 재범 없이 최소등록기간이 경과한 사람에게 심사를 통해 잔여기간 등록을 면제하는 '클린 레코드 제도'를 신설하였다. 등록대상자는 최초등록일부터 아래 [표 5]의 최소등록기간이 경과하면(교정시설 또는 치료감호시설에 수용된 기간은 제외), 법무부장관에게 신상정보 등록의 면제를 신청할 수 있다(성폭처벌 § 45의2②).[546]

[표 5] 등록기간 및 최소등록기간

등록기간	10년	15년	20년	30년
최소등록기간	7년	10년	15년	20년

803   법무부장관은 신청자가 다음 요건을 모두 갖춘 경우 신상정보 등록을 면제한다(성폭처벌 § 45의2③). ① 등록기간 중 등록대상 성범죄를 저질러 유죄판결이 확정된 사실이 없을 것, ② 신상정보 등록의 원인이 된 성범죄로 선고받은 징역형 또는 금고형의 집행을 종료하거나 벌금을 완납하였을 것, ③ 신상정보 등록의 원인이 된 성범죄로 부과받은 공개·고지명령, 전자장치 부착명령, 성충동 약물치료명령의 집행을 모두 종료하였을 것, ④ 신상정보 등록의 원인이 된 성범죄로 부과받은 보호관찰명령, 사회봉사명령, 수강·이수명령의 집행을 완료하였을 것, ⑤ 등록기간 중 신상정보 등록, 이수명령, 보호관찰명령, 전자장치 부착명령, 성충동 약물치료명령에 관한 의무위반 범죄를 저질러 유죄판결을 선고받아 그 판결이 확정된 사실이 없을 것이 그 요건이다.

---

545 이는 선고유예 판결이 있는 경우 신상정보 제출의무에 관한 대판 2014. 11. 13, 2014도3564가 2016년 12월 20일 개정된 성폭력처벌법(제14412호)에 반영된 것이다.
546 2020년 2월 4일 법률 제16914호로 개정된 법률에서는 신상정보 등록 면제 신청서에 구법에서 요하던 범죄경력조회서를 첨부할 필요가 없도록 규정하였다.

(나) 신상정보 등록의 종료

신상정보의 등록은 등록기간이 지나거나 등록이 면제된 때 종료된다(성폭처 벌 §45의3①). 법무부장관은 등록이 종료된 신상정보를 즉시 폐기하여야 한다(성 폭처벌 §45의3②). 법무부장관이 등록정보를 폐기하는 경우에는 등록대상자가 정 보통신망을 이용하여 폐기된 사실을 열람할 수 있도록 하여야 하고, 등록대상자 가 신청하는 경우에는 폐기된 사실을 통지하여야 한다(성폭처벌 §45조3③).

804

12. 신상정보 등록정보의 공개 · 고지명령(제47조, 제49조)

(1) 규정

성폭력특별법 제47조(등록정보의 공개) ① 등록정보의 공개에 관하여는 「아동 · 청소 년의 성보호에 관한 법률」 제49조, 제50조, 제52조, 제54조, 제55조 및 제65조 를 적용한다.
② 등록정보의 공개는 여성가족부장관이 집행한다.
③ 법무부장관은 등록정보의 공개에 필요한 정보를 여성가족부장관에게 송부하여 야 한다.
④ 제3항에 따른 정보 송부에 관하여 필요한 사항은 대통령령으로 정한다.

제49조(등록정보의 고지) ① 등록정보의 고지에 관하여는 「아동 · 청소년의 성보호 에 관한 법률」 제50조 및 제51조를 적용한다.
② 등록정보의 고지는 여성가족부장관이 집행한다.
③ 법무부장관은 등록정보의 고지에 필요한 정보를 여성가족부장관에게 송부하여 야 한다.
④ 제3항에 따른 정보 송부에 관한 세부사항은 대통령령으로 정한다.

[참조 법조문]
청소년성보호법 제49조(등록정보의 공개) ① 법원은 다음 각 호의 어느 하나에 해당 하는 자에 대하여 판결로 제4항의 공개정보를 「성폭력범죄의 처벌 등에 관한 특례 법」 제45조제1항의 등록기간 동안 정보통신망을 이용하여 공개하도록 하는 명령 (이하 "공개명령"이라 한다)을 등록대상 사건의 판결과 동시에 선고하여야 한다. 다만, 피고인이 아동 · 청소년인 경우, 그 밖에 신상정보를 공개하여서는 아니 될

특별한 사정이 있다고 판단하는 경우에는 그러하지 아니하다. 〈개정 2019. 11. 26., 2020. 5. 19.〉

   1. 아동·청소년대상 성범죄를 저지른 자

   2. 「성폭력범죄의 처벌 등에 관한 특례법」 제2조제1항제3호·제4호, 같은 조 제2항(제1항제3호·제4호에 한정한다), 제3조부터 제15조까지의 범죄를 저지른 자

   3. 제1호 또는 제2호의 죄를 범하였으나 「형법」 제10조제1항에 따라 처벌할 수 없는 자로서 제1호 또는 제2호의 죄를 다시 범할 위험성이 있다고 인정되는 자

② 제1항에 따른 등록정보의 공개기간(「형의 실효 등에 관한 법률」 제7조에 따른 기간을 초과하지 못한다)은 판결이 확정된 때부터 기산한다. 〈개정 2016. 5. 29., 2019. 11. 26.〉

③ 다음 각 호의 기간은 제1항에 따른 공개기간에 넣어 계산하지 아니한다. 〈신설 2019. 11. 26.〉

   1. 공개명령을 받은 자(이하 "공개대상자"라 한다)가 신상정보 공개의 원인이 된 성범죄로 교정시설 또는 치료감호시설에 수용된 기간. 이 경우 신상정보 공개의 원인이 된 성범죄와 다른 범죄가 「형법」 제37조(판결이 확정되지 아니한 수개의 죄를 경합범으로 하는 경우로 한정한다)에 따라 경합되어 같은 법 제38조에 따라 형이 선고된 경우에는 그 선고형 전부를 신상정보 공개의 원인이 된 성범죄로 인한 선고형으로 본다.

   2. 제1호에 따른 기간 이전의 기간으로서 제1호에 따른 기간과 이어져 공개대상자가 다른 범죄로 교정시설 또는 치료감호시설에 수용된 기간

   3. 제1호에 따른 기간 이후의 기간으로서 제1호에 따른 기간과 이어져 공개대상자가 다른 범죄로 교정시설 또는 치료감호시설에 수용된 기간

④ 제1항에 따라 공개하도록 제공되는 등록정보(이하 "공개정보"라 한다)는 다음 각 호와 같다. 〈개정 2019. 11. 26., 2020. 2. 4., 2020. 12. 8.〉

   1. 성명

   2. 나이

   3. 주소 및 실제거주지(「도로명주소법」 제2조제3호에 따른 도로명 및 같은 조 제5호에 따른 건물번호까지로 한다)

　4. 신체정보(키와 몸무게)

　5. 사진

　6. 등록대상 성범죄 요지(판결일자, 죄명, 선고형량을 포함한다)

　7. 성폭력범죄 전과사실(죄명 및 횟수)

　8. 「전자장치 부착 등에 관한 법률」에 따른 전자장치 부착 여부

⑤ 공개정보의 구체적인 형태와 내용에 관하여는 대통령령으로 정한다. 〈개정 2019. 11. 26.〉

⑥ 공개정보를 정보통신망을 이용하여 열람하고자 하는 자는 실명인증 절차를 거쳐야 한다. 〈개정 2019. 11. 26.〉

⑦ 실명인증, 공개정보 유출 방지를 위한 기술 및 관리에 관한 구체적인 방법과 절차는 대통령령으로 정한다. 〈개정 2019. 11. 26.〉

제50조(등록정보의 고지) ① 법원은 공개대상자 중 다음 각 호의 어느 하나에 해당하는 자에 대하여 판결로 제49조에 따른 공개명령 기간 동안 제4항에 따른 고지정보를 제5항에 규정된 사람에 대하여 고지하도록 하는 명령(이하 "고지명령"이라 한다)을 등록대상 성범죄 사건의 판결과 동시에 선고하여야 한다. 다만, 피고인이 아동·청소년인 경우, 그 밖에 신상정보를 고지하여서는 아니 될 특별한 사정이 있다고 판단하는 경우에는 그러하지 아니하다. 〈개정 2020. 5. 19.〉

　1. 아동·청소년대상 성범죄를 저지른 자

　2. 「성폭력범죄의 처벌 등에 관한 특례법」 제2조제1항제3호·제4호, 같은 조 제2항(제1항제3호·제4호에 한정한다), 제3조부터 제15조까지의 범죄를 저지른 자

　3. 제1호 또는 제2호의 죄를 범하였으나 「형법」 제10조제1항에 따라 처벌할 수 없는 자로서 제1호 또는 제2호의 죄를 다시 범할 위험성이 있다고 인정되는 자

② 고지명령을 선고받은 자(이하 "고지대상자"라 한다)는 공개명령을 선고받은 자로 본다.

③ 고지명령은 다음 각 호의 기간 내에 하여야 한다.

　1. 집행유예를 선고받은 고지대상자는 신상정보 최초 등록일부터 1개월 이내

　2. 금고 이상의 실형을 선고받은 고지대상자는 출소 후 거주할 지역에 전입한

날부터 1개월 이내

3. 고지대상자가 다른 지역으로 전출하는 경우에는 변경정보 등록일부터 1개월 이내

④ 제1항에 따라 고지하여야 하는 고지정보는 다음 각 호와 같다. 〈개정 2019. 11. 26.〉

1. 고지대상자가 이미 거주하고 있거나 전입하는 경우에는 제49조제4항의 공개정보. 다만, 제49조제4항제3호에 따른 주소 및 실제거주지는 상세주소를 포함한다.

2. 고지대상자가 전출하는 경우에는 제1호의 고지정보와 그 대상자의 전출 정보

⑤ (생략)

(2) 개요

805

법률이 정하는 요건을 충족하는 경우, 법원은 등록대상 사건의 판결과 동시에 성(폭력)범죄자에 대한 공개정보를 등록기간 동안 정보통신망을 이용하여 공개하고(공개명령), 그 기간 동안 고지정보를 고지하여야 한다(고지명령). 유죄판결과 동시에 선고하는 공개·고지명령은 검사의 청구를 요하지 아니한다. 실무상 검사의 구형에 공개·고지명령이 포함되는 경우가 많다. 공개·고지명령은 성범죄자의 신상정보를 제공함으로써 일반 국민 및 지역 주민에게 경각심을 주어 성범죄를 예방하고, 성범죄자로부터 잠재적인 피해자와 지역사회를 보호하여 사회방위를 도모하기 위한 보안처분이다.[547] 한편 2023년 10월 24일 제정된 특정중대범죄 피의자 등 신상정보 공개에 관한 법률에서 규정하는 신상정보 공개는 국가, 사회, 개인에게 중대한 해악을 끼치는 특정중대범죄[548] 사건에 대하여 수사 및 재판 단계에서 30일간 정보통신망을 통하여 피의자 또는 피고인의 신상정보를 공개하는 것으로, 국민의 알권리를 보장하고 범죄를 예방하여 안전한 사회를 구현하는 것을 목적으로 한다는 점에서 성폭력처벌법의 신상정보 공개

---

547 성범죄재판실무편람, 성범죄재판실무편람 집필위원회(2018), 233.
548 특정중대범죄 피의자 등 신상정보 공개에 관한 법률에서 규정하는 신상정보 공개는 ① 성폭력처벌법 제2조의 성폭력범죄 및 청소년성보호법 제2조 제2호의 아동·청소년대상 성범죄 외에 다른 범죄도 대상으로 삼고 있고(동법 §2), ② 판결 확정 후가 아니라 수사 및 재판단계에서 공개하며(동법 §4, §5①), 재판단계에서의 공개 청구에 대한 판단은 수소법원 이외의 재판부에서 한다(동법 §5③).

와 차이가 있다.

(3) 연혁

(가) 청소년보호위원회에 의한 신상공개제도(2000. 7. 1)

청소년을 대상으로 하는 성범죄가 심각한 사회문제로 등장하자, 2000년 **806**
2월 3일 청소년의 성보호에 관한 법률(제6261호)이 제정되었다. 위 법률에서는
청소년 관련 성범죄(청소년에 대한 강간, 강제추행, 성매매행위 및 이러한 행위에 대한 강
요, 권유, 알선 등과 청소년이용음란물 등의 제작, 배포 등)를 저지르고 형이 확정된 사
람에 대하여 청소년보호위원회가 범죄자의 신상을 공개할 수 있도록 하는 제도
를 도입하여 2000년 7월 1일부터 시행하였다. 위 제도는 미국의 성범죄자 등록
및 지역사회 고지법인 메간법(Megan's Law)을 참조한 것으로 알려져 있다. 위 법
률에서는 청소년보호위원회에서 연 2회 이상 계도문을 게시 또는 배포하도록
하였는데, 청소년보호위원회는 결정을 통해 계도문에 청소년대상 성범죄자의
신상과 범죄사실의 요지를 게재하여 공개할 수 있었다(동법 §20). 위 계도문은
청소년보호위원회의 인터넷 홈페이지에 6개월간 게재되었고, 정부중앙청사 및
시·도의 게시판에 1개월간 게시되었다(동법 시행령 §5①).

(나) 국가청소년위원회에 의한 등록·열람제도(2006. 6. 30)

2005년 12월 29일 청소년의 성보호에 관한 법률이 개정되어(제7801호) 2006 **807**
년 6월 30일부터 시행되었다. 위 법률에서는 청소년에 대한 성폭력범죄를 저
질러 2회 이상 금고 이상의 실형을 받은 사람 중 재범의 위험성이 있다고 인
정되는 사람에 대하여 국가청소년위원회의 결정으로 신상정보를 5년간 등록
하고(동법 §22, §23), 범죄사실과 관련된 피해자 및 피해자의 법정대리인·후견인
또는 그 위임을 받은 변호사·청소년 관련 교육기관 등의 장으로 하여금 열람하
게 할 수 있도록 하였다(동법 §24).

(다) 법원에 의한 청소년대상 성범죄자에 대한 열람명령제도(2008. 2. 4)

2007년 8월 3일 청소년의 성보호에 관한 법률이 전부 개정되어(제8634호) **808**
2008년 2월 4일부터 시행되면서 종전의 신상공개제도가 폐지되었다. 위 법률에
서는 청소년대상 성폭력범죄를 저지른 자 등에 대하여 법원이 5년간의 열람명
령을 선고하는 형태로 제도가 개편되었다(동법 §37). 이는 행정기관에 의한 신상
정보 공개 등이 헌법상 적법절차원칙과 재판받을 권리를 침해할 여지가 있다는

비판을 반영한 것이었다. 위 법률의 개정으로 신상정보 등록대상자와 등록정보가 확대되었고, 등록기간이 10년으로 연장되었으며, 열람권자도 늘어났다.

　　(라) 아동·청소년대상 성범죄자에 대한 공개명령(2010. 1. 1)과 고지명령(2011. 1. 1)

809　　　청소년의 성보호에 관한 법률은 2009년 6월 9일 청소년성보호법으로 변경됨과 동시에 전부 개정되었고(제9765호), 2010년 1월 1일부터 신상정보 공개제도가 다시 도입되면서 법원이 공개명령을 선고하는 형태의 제도가 시행되었다. 기존의 열람명령보다 공개정보가 확대되었고, 공개기간이 늘어났으며, 만 20세 이상의 성인은 성인 및 본인 인증을 거친 후 인터넷을 통해 공개명령 대상자의 정보를 열람할 수 있게 되었다. 2010년 4월 15일 개정된 청소년성보호법(제10260호)은 공개대상자를 확대하여 13세 미만뿐만 아니라 13세 이상의 아동·청소년에 대하여 성폭력범죄를 저지른 경우까지 신상정보를 공개하도록 하였다. 위 청소년성보호법은 고지명령 제도를 처음 도입하여 2011년 1월 1일부터 시행하였다.

　　(마) 성인대상 성범죄자에 대한 공개·고지명령(2011. 4. 16)

810　　　2010년 4월 15일 제정된 성폭력처벌법(제10258호)은 성인대상 성범죄자의 신상정보등록 및 공개·고지제도를 도입하였다. 동법은 공개·고지명령의 대상에서 '아동·청소년대상 성폭력범죄를 저지른 자'를 제외함으로써 그 적용 범위를 '성인대상 성폭력범죄를 범한 자'로 제한하였고, 이로써 성범죄자의 신상정보등록 및 공개·고지제도는 범행의 객체인 피해자가 아동·청소년인 경우에는 여성가족부, 성인인 경우는 법무부로 그 집행부서가 이원화되었다.

　　(바) 공개·고지명령 집행부서 일원화(2013. 6. 19)

811　　　그 후 2012년 12월 18일 성폭력처벌법이 법률 제11556호로, 청소년성보호법이 법률 제11572호로 각 전부 개정되면서 집행부서가 일원화되었다. 법 시행일인 2013년 6월 19일부터 피해자의 나이에 관계없이 신상정보 등록제도는 성폭력처벌법에 의하여 법무부장관이, 공개·고지제도는 청소년성보호법에 의하여 여성가족부장관이 각각 집행하게 되었다. 이에 따라 성폭력처벌법의 공개·고지명령 규정은 청소년성보호법의 공개·고지명령 규정을 적용한다는 내용으로 개정되었다(성폭처벌 §47①).

　　(사) 대상범죄의 확대(2018. 7. 17, 2020. 11. 20)

812　　　청소년성보호법이 2018년 1월 16일 법률 제15352호로 개정되어 아동·청소

년대상 성범죄 및 아동·청소년대상 성폭력범죄에 강도강간미수범이 추가되었다(아청 §2(ii)다목). 이는 2016년 12월 20일 법률 제14412호로 개정된 성폭력처벌법이 성폭력범죄에 강도강간미수범을 포함시킨 것과 균형을 맞춘 것이다. 이에 따라 범행시기에 관계없이 위 법 시행일인 2018년 7월 17일 이후 아동·청소년에 대한 강도강간미수범으로 유죄판결이 확정되는 경우 공개·고지명령의 대상이 된다[부칙(2018. 1. 16.) §2].

2020년 5월 19일 법률 제17282호로 개정된 청소년성보호법에서 공개·고지명령 대상범죄가 '아동·청소년대상 성폭력범죄를 저지른 자'에서 '아동·청소년대상 성범죄를 저지른 자'로 확장되었다(아청 §49①, §50①).　813

(4) 요건

(가) 원칙

공개, 고지의 대상인 등록정보는 법무부장관이 성폭력처벌법 제42조 제1항의 등록대상자에 대하여 같은 법 제44조 제1항에 따라 등록한 정보를 말하므로 (아청 §2(ix), §49, §50), 성폭력처벌법 제42조에 의하여 신상정보 등록대상이 아닌 경우(성폭력처벌법상의 성폭력범죄 중 제2조 제1항 제1호·제2호 범죄와 성폭력처벌법 제12조·제13조의 범죄 및 청소년성보호법 제11조 제3항 및 제5항의 범죄로 벌금형을 선고받는 경우)는 공개 및 고지 대상도 아니다.　814

법원은 피고사건의 판결과 동시에 아래 요건에 해당하는 성범죄자에 대하여 공개·고지명령을 선고하여야 한다(아청 §49① 본문, §50① 본문).　815

2020년 5월 19일 개정된 청소년성보호법에 의하여 공개명령과 고지명령의 대상이 동일하게 되었다.　816

[표 6] 공개명령 및 고지명령의 요건

	공개명령	고지명령
요건	1. 아동·청소년대상 성범죄를 저지른 자549 2. 성폭력처벌법 §2①(iii)·(iv), §2②(①(iii)·(iv)에 한정), §§3-15의 범죄를 저지른 자 3. 성폭력처벌법 §2①(i) 또는 (ii)의 죄를 범하였으나 형법 §10①에 따라 처벌할 수 없는 자로서 위 (i) 또는 (ii)의 죄를 다시 범할 위험성이 있다고 인정되는 자	1. 아동·청소년대상 성범죄를 저지른 자550 2. 성폭력처벌법 §2①(iii)·(iv), §2②(①(iii)·(iv)에 한정), §§3-15의 범죄를 저지른 자 3. 성폭력처벌법 §2①(i) 또는 (ii)의 죄를 범하였으나 형법 §10①에 따라 처벌할 수 없는 자로서 위 (i) 또는 (ii)의 죄를 다시 범할 위험성이 있다고 인정되는 자

817　　2020년 5월 19일 개정 청소년성보호법에 의하여 그 이전에는 공개·고지 대상이 아니던 아동·청소년성착취물의 제작·배포 등(아청 §11), 아동·청소년 매매행위(아청 §12), 아동·청소년의 성을 사는 행위 등(아청 §13), 아동·청소년에 대한 강요행위 등(아청 §14), 알선영업행위 등(아청 §15), 아동·청소년에 대한 성 착취 목적 대화 등(아청 §15의2)이 공개·고지 대상에 포함되게 되었다.

818　　대상범죄에 대하여 유죄판결을 선고하는 이상 선고형이 실형이 아니라 집행 유예, 벌금형인 경우에도 가능하다. 다만, 성폭력처벌법위반(성적목적다중이용장 소침입)죄(성폭처벌 §12) 및 성폭력처벌법위반(통신매체이용음란)죄(성폭처벌 §13) 로 벌금형을 선고받는 경우는 신상정보 등록 대상이 아니므로(성폭처벌 §42①) 공 개·고지명령도 내릴 수 없다.

819　　대상범죄를 저질렀지만 형법 제10조 제1항(심신상실)에 따라 처벌할 수 없는 사람에 대하여도 재범의 위험이 있다고 인정되면 공개·고지명령을 내릴 수 있 다고 규정되어 있으나(아청 §49①(iii), §50①(iii)), 공개·고지 기간을 형실효법 제7 조에 따른 형의 실효기간 내로 한정한 청소년성보호법 제49조 제2항 때문에 심 신상실로 무죄를 선고하는 경우에는 공개·고지명령을 내릴 수 없을 것이다.

(나) 예외

820　　피고인이 아동·청소년인 경우, 그 밖에 신상정보를 공개·고지하여서는 아 니 될 특별한 사정이 있다고 판단되는 경우에는 공개·고지명령을 하지 않을 수 있다(아청 §49① 단서, §50① 단서).

821　　피고인이 위 예외사유에 해당하는지 여부는 사실심 판결의 선고 시를 기준

549　'아동·청소년대상 성폭력범죄를 저지른 자'에서 2020년 5월 19일 법률 제17282호로 개정된 청 소년성보호법에서 '아동·청소년대상 성범죄를 저지른 자'로 대상범죄가 확대되었다. 개정 전 법 률에서는 '13세 미만의 아동·청소년을 대상으로 아동·청소년대상 성범죄를 저지른 자로서 13세 미만의 아동·청소년을 대상으로 아동·청소년대상 성범죄를 다시 범할 위험성이 있다고 인정되 는 자'가 공개명령 대상에 포함되어 있었는데(개정 전 아청 §49①(iii)), 2020년 5월 19일 개정법 에서는 아동·청소년대상 성범죄를 저지른 자 모두가 공개명령 대상에 포함되게 되면서 이 규정 은 삭제되었다.

550　공개명령과 마찬가지로 위 개정 청소년성보호법(제17282호)에서 댱상범죄가 '아동·청소년대상 성폭력범죄를 저지른 자'에서 '아동·청소년대상 성범죄를 저지른 자'로 확대되었다. 다만, 개정 전 법률에서는 공개명령과 달리 '13세 미만의 아동·청소년을 대상으로 아동·청소년대상 성범죄 를 저지른 자로서 13세 미만의 아동·청소년을 대상으로 아동·청소년대상 성범죄를 다시 범할 위험성이 있다고 인정되는 자'가 고지명령의 대상에 포함되어 있지는 않아, 개정 전 법률에서는 공개명령과 고지명령의 대상이 동일하지 않았다.

으로 판단한다.[551]

　　'특별한 사정'의 존부와 관련하여, 판례는 재범의 위험성을 비롯하여 피고인　　822
의 나이, 직업 등 행위자의 특성, 당해 범행의 종류, 동기, 범행과정, 결과 및 그
죄의 경중 등 범행의 특성, 공개·고지명령으로 인하여 피고인이 입는 불이익의
정도와 예상되는 부작용, 그로 인해 달성할 수 있는 등록대상 성폭력범죄의 예
방 및 피해자 보호 효과 등을 종합적으로 고려하여야 한다고 한다.[552] 하급심
실무에서는 판례가 제시하는 여러 사정을 구체적·실질적으로 검토하여 공개·
고지명령 부과 여부를 결정하고 있다. 재범의 위험성과 관련하여, 실무상 피고
인에게 불특정 다수를 대상으로 성범죄를 저지르는 성향이 있다고 보이지 않는
점, 성폭력 치료강의 수강 및 신상정보 등록 만으로 재범방지의 효과를 어느 정
도 거둘 수 있다고 보이는 점이 공개·고지명령을 면제할 특별한 사정의 하나로
거시되는 경우가 많다. 2012년 12월 18일 전부 개정된 청소년성보호법(제11572
호)은 종전과 달리 아동·청소년대상 성범죄에 대하여 벌금형을 선고하는 경우
를 공개·고지명령의 예외사유로 규정하지 않고 있으나, 사안에 따라서는 '그 밖
의 특별한 사정'이 있다고 보아 공개·고지명령을 하지 않을 수 있을 것이다.[553]
한편 위와 같은 공개명령과 고지명령의 예외사유를 각각 별개로 판단하여야 하
는 것은 아니고, 공개명령과 고지명령의 예외사유가 있는지 여부에 대한 판단
근거와 이유가 공통되는 경우에는 함께 판단할 수 있다.[554]

　　(다) 법률의 개정에 따른 유의사항

　　(a) 행위시법 원칙

　　공개·고지명령은 명예침해적 부수처분으로, 비록 대상자의 신체적 자유를　　823
직접적으로 구속하는 것은 아니나, 개인과 가족의 명예를 중시하는 한국사회에
서 사회적·집단적 제재를 통해 형벌보다 더 큰 불이익을 가하는 경우가 많다.
성폭력처벌법과 청소년성보호법은 공개·고지명령의 대상과 공개·고지정보의
범위를 넓히고, 고지의 상대방을 확대하는 방향으로 개정되어 왔다. 따라서 공

---

551 대판 2012. 5. 24, 2012도2763.
552 대판 2012. 1. 27, 2011도14676.
553 법률 개정에 관한 자세한 논의는 성범죄재판실무편람, 성범죄재판실무편람 집필위원회(2018),
　　237-246 참조.
554 대판 2016. 11. 10, 2016도14230.

개·고지명령에 관하여 피고인에게 불이익한 재판시법을 소급적용하라는 명시적인 경과규정이 없다면, 죄형법정주의의 실질적 의미에 따라 피고인에게 유리한 행위시법을 적용하여야 한다. 공개·고지명령에 대한 최근의 개정이 있었던 2020년 5월 19일 개정법률 부칙 제3조(등록정보의 공개 및 고지에 관한 적용례)에서 행위시법을 적용할 것을 규정한 바 있다.

824   한편 2012년 12월 18일 법률 11556호로 개정된 성폭력처벌법의 부칙에서는 위 개정법에 의한 공개·고지명령은 소급적용된다고 규정되었는데, 헌법재판소는 "신상정보 공개·고지명령은 형벌과는 구분되는 비형벌적 보안처분으로서 어떠한 형벌적 효과나 신체의 자유를 박탈하는 효과를 가져오지 아니하므로 소급처벌금지원칙이 적용되지 아니한다. 그렇다면, 성폭력처벌법 시행 당시 신상정보 공개·고지명령의 대상에 포함되지 않았던 사람들을 이후 소급하여 신상정보 공개·고지명령의 대상이 되도록 하였더라도 소급처벌금지원칙에 위배되는 것은 아니다."고 판시하여, 부칙에서 소급적용을 규정한 경우 위헌은 아니라는 입장을 보였다.[555]

825   결국 공개·고지명령을 선고함에 있어서는 각 범행에 대하여 어느 법률이 적용되는지 알 수 있도록 하여야 하고, 특히 범죄사실별로 근거법률이 달라지는 경우 법령의 적용란에 근거조문을 특정하여 주어야 한다.[556] 관련법령의 개정이 매우 잦으므로, 실제로 이를 적용함에 있어서는 법률 개정 시기 및 구체적인 개정 내용, 경과규정 등을 유의 깊게 살펴볼 필요가 있다.[557]

(b) 청소년성보호법 우선 적용

826   아동·청소년대상 성범죄자에 대한 공개·고지명령 규정은 청소년성보호법이 우선 적용된다.[558] 따라서 아동·청소년을 상대로 한 성범죄를 저지른 피고인이 성폭력처벌법 위반이나 형법 위반으로 기소되더라도 그에 대한 공개·고지명령이나 수강·이수명령은 청소년성보호법에 따라 부과된다.

---

555 헌재 2016. 12. 29, 2015헌바196.
556 대판 2014. 7. 24, 2014도2918, 2014전도54.
557 대판 2014. 1. 23, 2013도14687.
558 대판 2014. 3. 27, 2013도13095. 본 판결 평석은 안정빈, "신상정보 공개·고지명령의 소급적용 여부", 특별형법 판례100선, 238-241.

(5) 기간 및 항소심의 처리

(가) 공개·고지명령의 기간

공개·고지명령을 선고할 때 그 기간을 따로 정해야 하는지 문제된다. 아래 827
에서 살펴보는 바와 같은 이유로 그 기간을 따로 정하여야 한다고 해석된다. 판
례의 입장도 기간을 따로 정하지 아니하는 경우 위법하다고 하여 동일한 입장
이다.[559]

청소년성보호법 제49조 제1항의 법문에는 공개정보를 성폭력처벌법 제45조 828
제1항의 등록기간 동안 정보통신망을 이용하여 공개하도록 하는 명령을 등록대
상 사건의 판결과 동시에 선고하여야 한다고만 규정하고, 공개기간을 따로 정하
여 선고하여야 한다는 표현을 명시적으로 하지 않아, 신상정보의 공개기간이 등
록기간과 동일하다고 오해할 소지가 없지 않다.

그러나 공개기간은 아래에서 볼 형실효법 제7조 제1항의 기간을 초과할 수 829
없다는 규정(아청§49②)과 합하여 보면, 공개·고지명령의 기간을 따로 등록기간
이내의 범위에서 정하여 선고하여야 한다는 취지로 해석할 수 있고, 이때 공개·고
지명령의 기간을 정하는 데는 본형의 선고형에 따라 10년 내지 30년이 되는 등
록기간보다 훨씬 단기인 형실효법 제7조 제1항이 등록기간의 상한 역할을 한다
고 볼 수 있다.

고지기간은 '공개명령 기간 동안' 정하도록 되어 있는데(아청§50①), 실무상 830
공개기간과 고지기간은 동일하게 정하고 있다.

공개·고지기간은 선고형에 상응하는 등록기간의 범위 내에서 정하여야 하 831
는 한편, 선고형에 상응하는 형실효법 제7조 제1항(3년을 초과하는 징역·금고에 대
하여는 10년, 3년 이하의 징역·금고에 대하여는 5년, 벌금에 대하여는 2년)에서 정한 기간
도 초과하지 못한다(아청§49②).[560] 실무상 더 중요한 것이 후자의 기간임은 앞
서 본 바와 같다.

징역형의 집행유예를 선고하면서 공개·고지명령을 부과할 경우, 집행유예 832

---

559 대판 2015. 2. 26, 2014도17294, 2014전도276.
560 대판 2011. 3. 10, 2010도17564, 2010전도172; 대판 2012. 6. 28, 2012도5291, 2012전도112; 대
　　판 2015. 7. 9, 2015도6192(등록대상 성범죄에 해당하는 범죄사실에 대하여 징역 3년의 형을 정
　　하였으므로 공개기간은 5년을 초과할 수 없다고 할 것임에도 피고인에 대하여 7년간의 공개·고
　　지명령을 선고한 원심은 위법하다고 본 사례).

가 실효 또는 취소됨이 없이 유예기간을 경과하면 그 형의 선고에 의한 법적 효과가 장래에 향하여 소멸되므로(§ 65) 공개·고지명령의 기간은 집행유예 기간 내로 제한되어야 한다.[561]

(나) 항소심의 처리

(a) 심판범위 및 파기범위

833　　공개·고지명령은 유죄판결과 동시에 선고되는 부수처분이므로, 피고사건에 대하여 항소가 제기된 이상 공개·고지명령은 항소심의 심판범위에 포함되고, 공개·고지명령의 전부 또는 일부가 위법한 경우 나머지 피고사건 부분에 위법이 없더라도 그 부분까지 전부 파기하여야 한다.[562]

(b) 불이익변경금지의 원칙

834　　항소심 법원이 제1심 판결보다 공개·고지명령의 내용을 불리하게 변경하는 경우, 불이익변경금지 원칙과의 관계가 문제된다.

835　　선고된 형이 피고인에게 불이익하게 변경되었는지에 관한 판단은 형법상 형의 경중을 기준으로 하되 이를 개별적·형식적으로 고찰할 것이 아니라 주문 전체를 고려하여 피고인에게 실질적으로 불이익한지 아닌지를 보아 판단하여야 한다는 점, 공개·고지명령이 보안처분의 일종으로서 형벌과는 본질을 달리 한다는 점 등을 고려하여, 전체적·종합적으로 판단하여야 할 것이다.[563]

836　　전체적·종합적 판단에 관한 실무례는 아래와 같다.

837　　① 제1심 법원이 징역 3년을 선고한 것에 대해 항소심 법원이 제1심 판결을 파기하면서 징역 2년 6월 및 5년간의 공개명령을 부과한 경우,[564] 제1심 법원이 징역 9년을 선고한 것에 대해 항소심 법원이 제1심 판결을 파기하면서 징역 8년 및 5년간의 공개명령을 선고한 경우,[565] 모두 불이익변경금지의 원칙에

561　서울고판 2015. 10. 13, 2015노2180, 2015전노195(대결 2016. 2. 16, 2015도17080으로 확정)(피고인에 대하여 징역 2년 6월에 집행유예 3년을 선고하면서 공개·고지기간을 5년으로 정한 제1심판결을 파기하면서, 공개·고지기간을 3년으로 단축한 사례). 집행유예 기간 내로 제한될 필요가 없다는 견해로는 지창구, "집행유예 판결을 선고할 경우 공개·고지명령과 취업제한명령의 각 기간은 집행유예기간 이내로 제한되는가?", 2023. 6. 28. 대법원 형사법연구회 커뮤니티 게재 글 참조.

562　대판 2011. 3. 10, 2010도17564, 2010전도172; 대판 2012. 6. 28, 2012도5291, 2012전도112; 대판 2015. 2. 26, 2014도16495, 2014전도268.

563　대판 2010. 2. 11, 2009도12967.

564　대판 2013. 7. 11, 2013도5565.

565　대판 2011. 12. 22, 2011도14594, 2011전도240.

반하지 않는다고 보았다.

② 제1심 법원이 피고인에 대해 징역형을 선고하면서 공개·고지명령을 면 838
제한 사안에서, 제반 사정을 종합하면 피고인의 신상정보를 공개·고지하여서는
아니 될 특별한 사정이 있다고 볼 수 없지만, 피고인만이 항소한 사건에서 불이
익변경금지의 원칙상 피고인에 대해 불리한 재판을 할 수 없다는 이유로 공개·
고지명령을 하지 아니하고 피고인의 항소를 기각한 사례도 있다.[566]

③ 피고인만이 상고한 사건에서, 원심에는 유죄로 인정된 범죄가 공개·고 839
지명령의 대상이 되는 범죄에 해당하지 않는 것으로 오인하여 공개·고지명령을
하지 아니한 잘못이 있으나, 불이익변경금지의 원칙상 원심을 파기할 수 없다고
본 사례가 있다.[567]

(6) 집행

(가) 대상정보

공개정보는 성명, 나이, 주소 및 실제거주지(도로명주소법 §2(iii)에 따른 도로명 840
및 §②(v)에 따른 건물번호까지로 함), 신체정보(키와 몸무게), 사진, 등록대상 성범죄
요지(판결일자, 죄명, 선고형량을 포함), 성폭력범죄 전과사실(죄명 및 횟수), 전자장치
부착법에 따른 전자장치 부착 여부이다(아청 §49④).

고지정보는 고지대상자가 이미 거주하고 있거나 전입하는 경우에는 청소년 841
성보호법 제49조 제4항의 공개정보(아청 §49④(iii)에 따른 주소 및 실제거주지는 상세
주소를 포함), 고지대상자가 전출하는 경우에는 위 고지정보와 그 대상자의 전출
정보이다(아청 §50④).

(나) 집행시기

등록정보의 공개기간은 원칙적으로 판결이 확정된 때부터 기산한다. 다만 842
공개대상자(공개명령을 받은 자)가 실형 또는 치료감호를 선고받은 경우에는 그 형
또는 치료감호의 전부 또는 일부의 집행을 종료하거나 집행이 면제된 때부터
기산하고, 등록대상 성범죄(등록정보의 등록 원인이 된 성범죄)와 경합된 범죄, 등록
대상 성범죄로 수용되어 있는 도중 재판을 받게 된 다른 범죄, 다른 범죄로 수

---

566 서울고판 2013. 10. 10, 2013노2321, 2013노2585(대판 2013. 12. 26, 2013도12964로 확정).
567 대판 2012. 4. 26, 2012도1029; 대판 2014. 12. 24, 2014도13529; 대판 2015. 2. 26, 2014도
14540.

용되어 있는 도중 등록대상 성범죄로 재판을 받게 된 경우 다른 범죄로 교정시
설 또는 치료감호 시설에 수용된 기간은 공개기간에 넣어 계산하지 아니한다
(아청 §49③).

843   고지명령은 ① 집행유예를 선고받은 고지대상자는 신상정보 최초 등록일부
터 1개월 이내, ② 금고 이상의 실형을 선고받은 고지대상자는 출소 후 거주할
지역에 전입한 날부터 1개월 이내, ③ 고지대상자가 다른 지역으로 전출하는 경
우에는 변경정보 등록일부터 1개월 이내에 집행한다(아청 §50③). 청소년성보호
법 제50조 제3항에서 "고지명령은 다음 각 호의 기간 내에 하여야 한다."고만
규정하여 문언만으로는 위 각 기간 내에 하여야 할 행위가 고지명령 선고인지
고지명령의 집행인지 모호하나, 고지명령의 선고는 등록대상 성범죄 사건의 판
결과 동시에 선고하여야 하고(아청 §50①), 아래에서 보는 고지명령의 집행절차
에 일정한 시간이 소요되는 점을 감안하여, 고지명령의 집행시기가 너무 늦어지
지 않도록 집행시기를 법정하는 취지로 해석하여야 할 것이다.

      (다) 집행절차

844   공개·고지명령은 여성가족부장관이 집행한다(아청 §51①, §52①). 법원은 공
개·고지명령의 판결이 확정되면 판결문 등본을 판결이 확정된 날부터 14일 이
내에 법무부장관에게 송달하여야 하고, 법무부장관은 여성가족부장관에게 최초
등록 및 변경등록 시 공개·고지대상자, 공개·고지기간 및 공개·고지정보를 송
부한다(아청 §51②, §52②).

845   공개명령은 정보통신망을 이용하여 집행된다. 여성가족부장관은 공개정보
를 열람할 수 있는 전용 웹사이트를 구축·운영하여야 하고(아청 시행령 §19①),
이에 따라 성범죄자e알리미 사이트(www.sexoffender.go.kr)를 구축·운영하고 있다.
위 사이트를 이용하여 공개정보를 열람하고자 하는 사람(아동·청소년도 열람 가능)
은 성명과 주민등록번호 입력 등의 방법으로 실명인증 절차를 거쳐야 한다(아청
§49⑥, 시행령 §21①).

846   고지명령의 집행은 우편송부를 통한 고지 및 전용 웹사이트를 통한 고지라
는 2가지 방식으로 이루어지고 있다. 여성가족부장관은 고지정보를 고지상대방
에게 우편으로 송부하고, 읍·면 사무소 또는 동(경계를 같이 하는 읍·면 또는 동을
포함) 주민자치센터 게시판에 30일간 게시하는 방법으로 고지명령을 집행한다

(아청 §51④, 시행규칙 §7). 그중 게시판 게시업무는 고지대상자가 실제 거주하는 읍·면사무소의 장 또는 동 주민센터의 장이 여성가족부장관으로부터 위임받아 집행한다(아청 §56⑥, ⑦, 시행령 §22). 고지상대방은 관할구역에 거주하는 아동·청소년이 속한 세대의 세대주와 청소년성보호법 제51조 제4항 각 호[568]에 규정된 자이다(아청 §51④). 관할구역에서 고지명령이 최초 집행된 다음 관할구역에 출생신고·입양신고·전입신고를 하거나 설립·설치된 새로운 고지상대방(읍·면사무소와 동 주민센터의 장을 제외)이 생기면 여성가족부장관은 고지정보를 우편으로 송부받지 못한 자에 대하여 다시 우편·이동통신단말장치 등으로 송부하는데(아청 §51⑤), 그 횟수는 반기별 1회이다(아청 시행규칙 §7④).

집행된 고지정보 또는 공개정보에 오류가 있음을 발견한 경우, 누구든지 여　847
성가족부장관에게 그 정정을 요청할 수 있다(아청 §52의2①).

13. 그 밖의 특례 등

성폭력범죄에 대해서는 그 외에도 심리의 비공개(성폭처벌 §31), 증인지원시설　848
의 설치·운영 등(성폭처벌 §32), 전문가의 의견조회(성폭처벌 §33) 등이 인정된다.

---

568 청소년성보호법 제51조(고지명령의 집행) ④ 여성가족부장관은 제50조제4항에 따른 고지정보를 관할구역에 거주하는 아동·청소년이 속한 세대의 세대주와 다음 각 호의 자에게 우편·이동통신단말장치 등 여성가족부령으로 정하는 바에 따라 송부하고, 읍·면 사무소 또는 동(경계를 같이 하는 읍·면 또는 동을 포함한다) 주민센터 게시판에 30일간 게시하는 방법으로 고지명령을 집행한다.
　1. 「영유아보육법」에 따른 어린이집의 원장 및 육아종합지원센터·시간제보육서비스지정기관의 장
　2. 「유아교육법」에 따른 유치원의 장
　3. 「초·중등교육법」제2조에 따른 학교의 장
　4. 읍·면사무소와 동 주민센터의 장(경계를 같이 하는 읍·면 또는 동을 포함한다)
　5. 「학원의 설립·운영 및 과외교습에 관한 법률」제2조제2호에 따른 교습소의 장, 제2조제3호에 따른 개인과외교습자 및 제2조의2에 따른 학교교과교습학원의 장
　6. 「아동복지법」제52조제1항에 따른 아동복지시설 중 다음 각 목의 시설의 장
　　가. 아동양육시설
　　나. 아동일시보호시설
　　다. 아동보호치료시설
　　라. 공동생활가정
　　마. 지역아동센터
　7. 「청소년복지 지원법」제31조에 따른 청소년복지시설의 장
　8. 「청소년활동 진흥법」제10조제1호에 따른 청소년수련시설의 장

849   한편 성폭력범죄를 저지른 사람에 대해서는, 형벌 이외에 청소년성보호법에 따른 아동·청소년 관련기관등에의 취업제한명령이 부과될 수 있다(상세는 [**특별법 Ⅱ**] 참조).

850   또한 성폭력범죄자에 대하여는 형벌 이외에 전자장치부착법에 따른 전자장치 부착명령이나 성폭력 범죄자의 성충동 약물치료에 관한 법률에 따른 성충동 약물치료명령[569], 치료감호법에 따른 치료감호명령의 보안처분이 이루어질 수 있는데, 이들 처분을 내리기 위하여는 검사의 별도 청구가 필요하고, 대상범죄도 개별 법률에 따로 규정되어 있다.

851   한편 지금까지 살펴본 성폭력처벌법 및 청소년성보호법상 부수처분의 대상범죄를 종합하면 아래 [표 7]과 같다.

[표 7] 성범죄의 부수처분

대상범죄		분 류	신상정보등록(의무)[570]	공개고지(처분)[571]	수강이수(처분)	취업제한(처분)[572]
성폭력처벌법 §2① 성폭력범죄	(i)	형법 제2편 제22장 성풍속 관련 죄	×[573]	×	○	○
	(ii)	형법 제2편 제31장 약취, 유인 및 인신매매의 죄 중 추행, 간음, 성매매, 성적 착취 목적 관련 죄	×	×		
	(iii)-(iv)	형법 제2편 제32장 강간과 추행의 죄, 형법 §339(강도강간)와 §342(그 미수범)	○	○		
	(v)	성폭력처벌법 §§3-15의 죄	○[574]	○[575]		

---

569 대판 2014. 2. 27, 2013도12301, 2013전도252, 2013치도2(성폭력범죄자의 성충동 약물치료명령에 관하여 재범의 위험성은 형집행 종료 시점을 기준으로 판단하여야 한다고 본 사례). 「치료명령은 사람에 대하여 성폭력범죄를 저지른 성도착증 환자로서 성폭력범죄를 다시 범할 위험성이 있다고 인정되는 19세 이상의 사람에 대하여 약물투여 및 심리치료 등의 방법으로 도착적인 성기능을 일정기간 동안 약화 또는 정상화하는 치료를 실시하는 보안처분으로, 형 집행 종료 이후 신체에 영구적인 변화를 초래할 수도 있는 약물의 투여를 피청구자의 동의 없이 강제적으로 상당 기간 실시하게 된다는 점에서 헌법이 보장하고 있는 신체의 자유와 자기결정권에 대한 가장 직접적이고 침익적인 처분에 해당한다고 볼 수 있다. 따라서 치료명령의 내용 및 특성과 최소침해성의 원칙 등을 요건으로 하는 보안처분의 성격 등에 비추어 장기간의 형 집행 및 그에 부수하여 전자장치 부착 등의 처분이 예정된 사람에 대해서는 위 형 집행 및 처분에도 불구하고 재범의 방지와 사회복귀의 촉진 및 국민의 보호를 위한 추가적인 조치를 취할 필요성이 인정되는 불가피한 경우에 한하여 이를 부과함이 상당할 것이다.」

570 법원의 별도 처분을 요하지 않고 유죄판결의 확정으로 법률상 발생하는 의무이다.

571 법원이 선고하여야 하는 부과처분이다. 특별한 사정이 있으면 선고하지 아니할 수 있다.

대상범죄	분류		신상정보 등록 (의무)[570]	공개고지 (처분)[571]	수강이수 (처분)	취업제한 (처분)[572]
청소년 성보호법 § 2(ii) 성범죄, § 2(iii) 성폭력 범죄	가목	청소년성보호법 §§ 7-15의2의 죄	○[576]	○[577] [578]	○	○
	나목	아동·청소년대상 성폭력처벌법 §§ 3-15의 죄	○[579]	○	○	○
	다목	아동·청소년대상 형법 제2편 제32장 강간과 추행의 죄, 형법 § 339(강도강간)와 § 342(그 미수범)	○[580]	○	○	○
	라목	아동·청소년대상 아동복지법 § 17(ii)의 죄(음행강요·매개·성희롱 등)	○	○	○	○

〔성 보 기〕

---

572 원래 유죄판결의 확정으로 당연히 발생하는 의무였으나 청소년성보호법 개정(제15352호)으로 2018년 7월 17일부터 법원이 선고하여야 하는 부과처분이 되었다.

573 형법 제245조 공연음란죄는 성폭력처벌법상 성폭력범죄이나, 신상정보등록 및 공개고지명령 대상범죄는 아니다.

574 다만, 성폭력처벌법 제12조(성적 목적 다중이용장소 침입), 제13조(통신매체이용음란)의 죄는 징역형 확정 시에만 신상정보 등록대상이 된다.

575 성폭력처벌법 제12조(성적 목적 다중이용장소 침입), 제13조(통신매체이용음란)의 죄는 징역형 확정 시에만 신상정보 등록대상이 되므로, 이때만 공개고지명령의 대상도 된다.

576 다만, 구 청소년성보호법(2020. 6. 2. 개정 전의 것) 제11조 제3항(아동·청소년이용음란물 배포·제공·전시·상영), 제5항(아동·청소년이용음란물 소지)의 죄는 징역형 확정 시에만 신상정보 등록 대상이 된다.

577 구 청소년성보호법(2020. 6. 2. 개정 전의 것) 제11조 제3항(아동·청소년이용음란물 배포·제공·전시·상영), 제5항(아동·청소년이용음란물 소지)의 죄는 징역형 확정 시에만 신상정보 등록 대상이 되므로, 이때만 공개고지명령의 대상도 된다[2020. 5. 19. 법률 제17282호 개정(2020. 11. 20. 시행) 청소년성보호법 § 49, § 50에서 공개·고지명령의 대상범죄가 아동·청소년대상 성폭력범죄에서 아동·청소년대상 성범죄로 확대되었음].

578 청소년성보호법 제11조부터 제15까지의 죄는 2020년 11월 20일 이후의 범행에 대하여만 공개고지명령의 대상이 된다.

579 (나)목의 죄는 신상정보 등록 대상이 되나, 근거는 성폭력처벌법 제2조 제1항 제5호의 성폭력범죄이기 때문이다.

580 (다)목의 죄는 신상정보 등록 대상이 되나, 근거는 성폭력처벌법 제2조 제1항 제3호, 제4호의 성폭력범죄이기 때문이다.

〔특별법 II〕 아동·청소년의 성보호에 관한 법률

I. 의 의

1   아동·청소년의 성보호에 관한 법률(이하, 청소년성보호법이라 한다.)은 아동·
청소년대상 성범죄의 처벌과 절차에 관한 특례를 규정하고, 피해 청소년을 위한
구제 및 지원 절차를 마련하며, 아동·청소년대상 성범죄자를 체계적으로 관리
함으로써 청소년을 성범죄로부터 보호하기 위하여 마련되었다(아청 §1[1]).

2   아동·청소년은 19세 미만의 사람을 말한다. 다만 19세에 도달하는 연도의

1월 1일을 맞이한 사람은 제외한다(아청 §2(i)). 이 점에서 19세 미만의 사람을 모두 포함하는 미성년자(민 §4, 형 §302)보다 그 범위가 좁다.

청소년성보호법은 청소년성보호법상의 특별규정들을 적용하기 위한 도구로 '아동·청소년대상 성범죄'와 '아동·청소년대상 성폭력범죄'라는 개념을 사용하고 있다.   3

먼저, '아동·청소년대상 성범죄'는 ① 청소년성보호법 제7조, 제7조의2, 제8조, 제8조의2, 제9조부터 제15조까지 및 제15조의2의 죄(가목),[2] ② 아동·청소년에 대한 성폭력범죄의 처벌 등에 관한 특례법(이하, 성폭력처벌법이라 한다.) 제3조부터 제15조까지의 죄(나목),[3] ③ 아동·청소년에 대한 형법 제297조, 제297조의2 및 제298조부터 제301조까지, 제301조의2, 제302조, 제303조, 제305조, 제339조 및 제342조(§339의 미수범에 한정)의 죄(다목),[4] ④ 아동·청소년에 대한 아동복지법 제17조제2호의 죄(라목)[5] 중 어느 하나에 해당하는 죄를 말한다(아청 §2(ii)).   4

'아동·청소년대상 성폭력범죄'는 아동·청소년대상 성범죄에서 청소년성보호법 제11조부터 제15조까지 및 제15조의2의 죄(주로 아동·청소년 성착취물 관련 범죄와 아동·청소년에 대한 성매매 관련 범죄)[6]를 제외한 죄를 말한다(아청 §②(iii)).   5

'아동·청소년대상 성범죄'는 청소년성보호법상 특별규정들 대부분에 대하여 그 적용대상이 된다.[7] 그리고 '아동·청소년대상 성폭력범죄'는 청소년성보호   6

---

1 청소년성보호법 제1조(목적) 이 법은 아동·청소년대상 성범죄의 처벌과 절차에 관한 특례를 규정하고 피해아동·청소년을 위한 구제 및 지원 절차를 마련하며 아동·청소년대상 성범죄자를 체계적으로 관리함으로써 아동·청소년을 성범죄로부터 보호하고 아동·청소년이 건강한 사회구성원으로 성장할 수 있도록 함을 목적으로 한다.

2 청소년성보호법상 특별 구성요건(§§ 7-16) 중 성범죄 피해자에 대한 합의 강요를 처벌하는 제16조를 제외한 것이다. 성폭력범죄의 처벌 등에 관한 특례법상 성폭력범죄 중 제2조 제1항 제1호·제2호의 범행 대상이 아동·청소년인 경우는 청소년성보호법상의 아동·청소년대상 성범죄에 해당하지 않게 되었는데, 그중 일부가 청소년성보호법 제11조 내지 제15조의2에 규정된 범죄와 유사하다.

3 성폭력처벌법상 성폭력범죄 중 제2조 제5호의 범행 대상이 아동·청소년인 경우이다.

4 성폭력처벌법상 성폭력범죄 중 제2조 제3, 4호의 범행 대상이 아동·청소년인 경우이다.

5 성폭력처벌법상 성폭력범죄에 해당하지 않는 범죄이다.

6 청소년성보호법 제11조(아동·청소년성착취물의 제작·배포 등), 제12조(아동·청소년 매매행위), 제13조(아동·청소년의 성을 사는 행위 등), 제14조(아동·청소년에 대한 강요행위 등), 제15조(알선영업행위 등), 제15조의2(아동·청소년에 대한 성착취 목적 대화 등).

7 청소년성보호법 제16조(피해자 등에 대한 강요행위), 제18조(신고의무자의 성범죄에 대한 가중처벌), 제20조(공소시효에 관한 특례), 제21조(형벌과 수강명령 등의 병과), 제23조(친권상실청구 등), 제24조(피해아동·청소년의 보호조치 결정), 제25조(수사 및 재판 절차에서의 배려), 제26조

법 제19조(형법상 감경규정에 관한 특례) 및 제46조(상담시설)의 적용대상이다.

7   위와 같은 청소년성보호법상의 특례규정을 적용하기 위한 요건으로, 행위 당시 피고인이 피해자가 아동·청소년임을 인식할 필요가 있는지가 문제된다. 대법원은 그러한 인식이 필요 없다는 입장을 취하고 있는데, 판례의 사례를 살펴보면 아래와 같다.

① 친고죄 규정 적용 여부

8   피고인이 2012. 9. 1.경 길을 걸어가던 피해자(17세)를 강간하려다 미수에 그쳤다고 하여 구 청소년성보호법 제7조 제1항(당시에도 청소년성보호법 제7조는 비친고죄였음)으로 기소된 사안에서, 피고인이 당시 피해자가 아동·청소년임을 인식하지 못하였다고 하여 피고인의 행위를 형법상 강간미수로 의율한 후, 피해자가 피고인에 대한 처벌을 원치 않는다는 이유로 당시에 남아 있던 친고죄 규정을 근거로 피고인에 대한 공소를 기각한 원심판결에 대하여, 청소년성보호법이 제7조에서 아동·청소년에 대한 강간과 그 미수범 등을 가중처벌하는 규정을 두면서도 그와 별도로 아동·청소년을 대상으로 한 형법 제297조, 제300조 등의 죄도 아동·청소년대상 성범죄의 하나로 규정하고 있는 점을 비롯한 청소년성보호법의 입법취지와 경위 등에 비추어볼 때, 19세 미만의 아동·청소년을 대상으로 강간이나 강간미수의 범죄를 저질렀다면 그 범죄를 저지른 사람이 범행대상이 아동·청소년임을 인식하였는지 여부나 청소년성보호법위반으로 기소되었는지 여부와 상관없이 청소년성보호법 제16조 본문이 정한 비친고죄에 해당한다고 보아야 한다는 이유로 원심을 파기하였다.[8]

② 신상정보 제출의무, 수강·이수명령 부과 여부

9   청소년성보호법 제7조에서 아동·청소년에 대한 강간·강제추행 등을 가중하여 처벌하는 별도의 규정을 두고 있는 점을 비롯하여 청소년성보호법의 입법취지 및 경위에 비추어 볼 때, 청소년성보호법 제2조 제2호 (다)목(아동·청소년에

(영상물의 촬영·보존 등), 제27조(증거보전의 특례), 제28조(법원과 수사기관에서 피해자의 진술시 대한 신뢰관계에 있는 사람의 동석), 제29조(서류·증거물의 열람·등사), 제30조(피해아동·청소년 등에 대한 변호사선임의 특례), 제31조(비밀누설 금지), 제33조(내국인의 국외범 처벌), 제34조(아동·청소년대상 성범죄의 신고), 제35조(신고의무자에 대한 교육), 제36조(피해아동·청소년의 보호), 제49조 제1항 제1호(등록정보의 공개), 제50조 제1항 제1호(등록정보의 고지), 제56조(아동·청소년 관련기관등에의 취업제한), 제61조(보호관찰) 등이 그것이다.

8 대판 2013. 6. 28, 2013도3793.

대한 형법 §§ 297-301, § 301의2, § 302, § 303 및 § 제305의 죄)의 '아동·청소년대상 성범죄'를 범한 자라 함은, 성범죄의 대상이 아동·청소년이라는 사실을 인식하였는지 여부에 관계없이 아동·청소년에 대한 형법 제297조부터 제301조까지, 제301조의2, 제302조, 제303조, 제305조 및 제339조 등의 죄를 범한 자를 의미한다고 봐야 한다는 이유로, 피고인이 여고생 2명을 강제추행하였다는 공소사실로 강제추행죄(§ 298)로 기소된 사안[9]에서, 피고인의 범죄가 아동·청소년대상 성범죄에 해당함을 전제로, 피고인에게 신상정보 제출의무가 있음을 고지하는 한편, 피고인에게 이수명령을 내린 원심의 판단을 유지하였다.[10]

③ 전자장치 부착명령의 요건 관련

성폭력범죄를 다시 범할 위험성이 있는 사람에 대한 전자장치 부착명령 청구 요건의 하나로 구 특정 범죄자에 대한 위치추적 전자장치 부착 등에 관한 법률(이하, 전자장치부착법이라 한다.) 제5조 제1항 제4호에서 규정한 '16세 미만의 사람에 대하여 성폭력범죄를 저지른 때'란 피부착명령청구자가 저지른 성폭력범죄의 피해자가 16세 미만의 사람인 것을 말하고, 나아가 피부착명령청구자가 자신이 저지른 성폭력범죄의 피해자가 16세 미만이라는 점까지 인식하여야 하는 것은 아니라고 판단하였다.[11]

이와 같은 대법원의 태도에 대하여, 비록 보안처분의 부과 대상이 되는 범죄이기는 하지만 피해자의 연령에 대한 인식 없이 아동·청소년대상 성범죄로 인정하는 것은 결과책임을 인정하는 것이 되어 문제라는 비판이 있다.[12]

생각건대, 아래와 같은 이유에 비추어 아동·청소년이라는 사실에 관한 인식이 필요 없다는 대법원의 입장이 타당하다고 할 것이다.[13]

ⓐ 청소년성보호법 제2조 제2호 (나)목 및 (다)목은 피해자가 아동·청소년일 것을 구성요건으로 하지 않는 범죄에 대하여도 실제 피해자가 아동·청소년

---

9 청소년성보호법 제7조 제3항으로 기소되지 않은 점에 비추어보면, 검사도 피고인에게 범행 당시 피해자가 아동·청소년이라는 점에 대한 인식이 없었다고 본 듯하다.

10 대판 2011. 12. 8, 2011도8163.

11 대판 2011. 7. 28, 2011도5813, 2011전도99.

12 박경정, "아동·청소년 대상 성범죄에서 아동·청소년인 점에 관한 인식이 필요한지 여부", 변호사 45, 서울지방변호사회(2014), 344.

13 범선윤, "성범죄자에 대한 부수처분: 개정법 적용에 관한 형사재판실무의 주요 쟁점", 재판자료 133(형사법 실무연구 II), 법원도서관(2016), 197-203.

인 경우에는 '아동·청소년대상 성범죄'로 규정하여 청소년성보호법의 적용을 받도록 하고 있다.

14 ⓑ 청소년성보호법 제2조 제2호 (나)목 및 (다)목에서 '아동·청소년에 대한' 부분은 범죄의 구성요건요소가 아니고, '아동·청소년에 대한 형법 제298조의 죄'라는 별도의 범죄 구성요건이 있는 것도 아닌 점에 비추어보면, 규정의 문언상 대상 범행에 아동·청소년의 인식을 요구하는 것으로 보기는 어렵다.

15 ⓒ 청소년성보호법은 아동·청소년대상 성범죄 사건의 피해자에게 공소시효에 관한 특례(아청 §20), 보호조치(아청 §24), 수사 및 재판절차에서의 배려(아청 §25), 영상물의 촬영과 보존(아청 §26), 증거보전의 특례(아청 §27), 신뢰관계자의 동석(아청 §28), 변호사 선임(아청 §30) 등 수사절차 및 공판절차에서 각종 특례를 부여하고 있는데, 판결 전 수사과정이나 재판과정에서 피고인의 인식 여부가 문제될 경우 청소년성보호법의 위 특례규정을 적용할지 여부가 불분명해지는바, 이는 그 절차에 관한 특례를 획일적·통일적으로 적용하고자 하는 입법자의 의사에 명백히 반하는 것이다.

16 한편, 공개명령 및 고지명령의 대상을 '아동·청소년대상 성폭력범죄'에서 '아동·청소년대상 성범죄'로 확대하도록 개정된 청소년성보호법(2020. 5. 19. 법률 제17282호로 개정, 2020. 11. 20. 시행) 제49조 제1항 제1호, 제50조 제1항 제1호는 같은 법 부칙(2020. 5. 19.) 제3조, 제1조에 따라 개정 법률 시행 전에 저지른 범죄에는 적용되지 않으므로, '아동·청소년대상 성범죄' 중 '아동·청소년대상 성폭력범죄'에 해당하지 않는 청소년성보호법 제11조 내지 제15조 및 제15조의2의 범죄는 2020년 11월 20일 이전에 범한 경우 공개명령 및 고지명령의 대상에 해당하지 않는다.

II. 연 혁[14]

1. 아동·청소년의 성보호에 관한 법률 제·개정 관련

17 당초 청소년에 대한 성폭력범죄 등으로부터 청소년을 보호·구제하기 위하

---

14 이에 대해서는 주석형법 [각칙(4)](5판), 408-411(구회근); 김정환·김슬기, 형사특별법(2판), 115-116; 이동희·류부곤, 특별형법(5판), 358-373; 이주원, 특별형법(9판), 543-544 참조.

여 2000년 2월 3일 제정된 법률이 청소년의성보호에관한법률이었는데, 2009년 6월 9일 전부 개정(법률 제9765호)되면서 법률의 명칭도 아동·청소년의 성보호에 관한 법률로 변경되었다.

그 후 2012년 12월 18일 공중 밀집 장소에서의 추행, 통신매체를 이용한 **18** 음란행위 등에 대한 '반의사불벌죄' 규정을 삭제하고, 아동·청소년이용음란물의 범위와 소지 개념을 명확히 하며, 음주 또는 약물로 인한 감경 배제 규정의 적용 대상을 확대하는 등 전부 개정(법률 제11572호)이 이루어졌다.

그 이후에도 여러 차례 개정되었는데, 최근에는 ① 2021년 3월 23일 개정 **19** (2021. 9. 24. 시행)으로 아동·청소년에 대한 성착취 목적 대화 등의 죄 신설, 아동·청소년성착취물 제작·수입·수출죄의 공소시효 배제, 아동·청소년대상 디지털 성범죄에 대한 신분비공개수사 및 신분위장수사를 허용하는 수사특례 규정 신설 등이 이루어지고, ② 2023년 4월 11일 개정(2023. 10. 12. 시행)으로 법정형의 자구 수정, 아동·청소년대상 성범죄 발생 신고의무기관의 확대, 성범죄자 취업제한기간 확대 등이 이루어졌다.

2. 반의사불벌죄 등 관련

2009년 6월 9일 법률 제9765호로 전부 개정된 청소년성보호법은 제16조(피 **20** 해자의 의사)[15]에서 아동·청소년을 대상으로 한 일부 성폭력범죄[현행 성폭력처벌법 §10①(업무상 위력 등에 의한 추행) 등]를 '반의사불벌죄'로 규정하였고, 그 후 2010년 4월 15일 일부 개정[현행 성폭력처벌법 §11조(공중 밀집 장소에서의 추행) 및 § 13(통신매체를 이용한 음란행위)를 반의사불벌죄에 추가], 2012년 2월 1일 일부 개정 [성폭력처벌법 §10①(업무상 위력 등에 의한 추행)을 반의사불벌죄에서 제외]되었다가, 2012년 12월 18일 형법 개정 시 형법 제306조(고소)가 삭제되면서 동시에 청소

---

15 구 청소년성보호법(2009. 6. 9. 개정법) 제16조 (피해자의 의사)「형법」제306조 및 「성폭력범죄의 처벌 및 피해자보호 등에 관한 법률」제15조에도 불구하고 청소년을 대상으로 한 다음 각 호의 죄에 대하여는 피해자의 고소가 없어도 공소를 제기할 수 있다. 다만, 피해자의 명시한 의사에 반하여 공소를 제기할 수 없다.
　　1. 제7조의 죄
　　2. 「형법」제297조부터 제300조까지의 죄와 제302조·제303조·제305조의 죄
　　3. 「성폭력범죄의 처벌 및 피해자보호 등에 관한 법률」제11조 제1항의 죄

년성보호법상 '반의사불벌죄' 조항도 모두 삭제됨으로써 이제 아동·청소년대상 성폭력범죄는 모두 비친고죄가 되었다.

21　　다만 2012년 12월 18일 개정된 청소년성보호법(법률 제11572호) 부칙 제9조 (피해자의 의사에 관한 경과조치)는 이 법 시행(2013. 6. 18.) 전에 행하여진 아동·청소년을 대상으로 한 법률 제11162호(2012. 1. 17. 개정법) 성폭력처벌법 일부 개정 법률 제11조 및 제12조의 죄에 대하여는 종전의 청소년성보호법 제16조를 적용한다고 규정하고 있어, 친고죄나 반의사불벌죄에 해당하는지 여부에 관하여는 행위시법을 적용하면 될 것이다.

22　　2013년 6월 18일 이전 행하여진 아동·청소년대상 성폭력범죄의 피해자 의사 관련 소추요건에 대해서는 **제306조(고소) [표 1]** 참조.

III. 아동·청소년의 성보호에 관한 법률상 특별 구성요건

23　　청소년성보호법에서 특별히 규정하고 있는 주요 처벌규정은 아래 [표 1]과 같다.

[표 1] 청소년성보호법 주요 처벌규정

조 문		제 목	내 용(행위태양)	죄 명16	공소시효
§7	①	아동·청소년에 대한 강간·강제추행 등	아동·청소년 강간	(강간)	15년
	②		아동·청소년 폭행·협박 유사성행위	(유사성행위)	10년
	③		아동·청소년 강제추행	(강제추행)	10년
	④		아동·청소년 준강간·유사성행위·강제추행	(준강간, 준유사성행위, 준강제추행)	15년(①) 10년 (②, ③)
	⑤		위계·위력 아동·청소년 간음·추행	〔위계등(간음, 유사성행위, 추행)〕	15년(①) 10년 (②, ③)
	⑥		① 내지 ⑤의 미수		
§7의2		예비, 음모	§7의 죄를 범할 목적으로 예비·음모	〔(§7 각 항의 각 죄명) (예비, 음모)〕	5년

16 〔 〕 또는 ( ) 앞의 '청소년성보호법위반'은 생략한다.

조 문		제 목	내 용(행위태양)	죄 명	공소시효
§8	①	장애인인 아동·청소년에 대한 간음 등	19세 이상 사람의 13세 이상 장애 아동·청소년 간음 또는 그로 하여 금 다른 사람을 간음하게 하는 행위	(장애인간음)	10년
	②		①과 같이 추행 또는 추행하게 하 는 행위	(장애인추행)	10년
§8 의2	①	13세 이상 16세 미만 아동·청소년에 대한 간음 등	19세 이상 사람의 13세 이상 16세 미만 아동·청소년 간음 또는 그로 하여금 다른 사람을 간음하게 하 는 행위	(16세미만아동· 청소년간음)	10년
	②		①과 같이 추행 또는 추행하게 하 는 행위	(16세미만아동· 청소년추행)	10년
§9		강간 등 상해·치상	§7의 죄를 범한 사람의 다른 사람 상해·치상	〔강간등(상해, 치상)〕	15년 (일부 배제)
§10	①	강간 등 살인·치사	§7의 죄를 범한 사람의 다른 사람 살해	(강간등살인)	배제
	②		§7의 죄를 범한 사람의 다른 사람 치사	(강간등치사)	25년 (일부 배제)
§11	①	아동·청소년 성착취물의 제작·배포 등	아동·청소년성착취물 제작·수입· 수출	(성착취물제작·배포등)	배제
	②		영리 목적 아동·청소년성착취물 ⓐ 판매·대여·배포·제공, ⓑ ⓐ 목적 소지·운반·광고·소개, ⓒ 공연 전시·상영		10년
	③		아동·청소년성착취물 ⓐ 배포·제 공, ⓑ ⓐ 목적 광고·소개, ⓒ 공 연 전시·상영		10년
	④		(아동·청소년성착취물 제작 정황 을 알면서) 제작자에게 아동·청소 년 알선		10년
	⑤		아동·청소년성착취물 구입 또는 알면서 소지·시청	(성착취물소지등)	10년
	⑥		①의 미수	(성착취물제작·배포등)	
	⑦		상습 아동·청소년성착취물 제작· 수입·수출	(상습성착취물제작· 배포등)	배제

조 문		제 목	내 용(행위태양)	죄 명	공소시효
§ 12	①	아동·청소년 매매행위	(성을 사는 행위 또는 성착취물 제작행위 대상이 될 것을 알면서) 아동·청소년 매매·국외이송, 국외거주 아동청소년 국내이송	(매매)	15년
	②		①의 미수		
§ 13	①	아동·청소년의 성을 사는 행위 등	아동·청소년의 성을 사는 행위	(성매수등)	10년
	②		아동·청소년의 성을 사기 위한 아동·청소년 유인, 성을 팔도록 권유		5년
	③		16세 미만 및 장애 아동·청소년 대상 ①, ② 행위		10년(①) 5년(②)
§ 14	①	아동·청소년에 대한 강요행위 등	아동·청소년 강요 등((i) 내지 (iv))	(강요행위등)	10년
	②		①(i) 내지 (iii) 범한 자의 대가 전부·일부 교부받거나 요구·약속		10년
	③		아동·청소년의 성을 사는 행위의 상대방이 되도록 유인·권유		7년
	④		①, ②의 미수		
§ 15	①	알선영업 행위등	알선영업행위 등((i) 내지 (iv))	(알선영업행위등)	10년
	②		알선영업행위 등((i) 내지 (iv))		7년
	③		아동·청소년의 성을 사는 행위를 하도록 유인·권유·강요		7년
§ 15 의2	①	아동·청소년에 대한 성착취 목적 대화 등	19세 이상 사람의 성착취 목적 정보통신망 이용 아동·청소년 대화 등((i), (ii))	(성착취목적대화등)	5년
	②		19세 이상 사람의 16세 미만 아동·청소년에 대한 ① 행위		5년
§ 16		피해자 등에 대한 강요행위	폭행·협박으로 아동·청소년대상 성범죄 피해자 또는 아동복지법 § 3(iii)의 보호자 상대 합의 강요	(합의강요)	7년

※ '일부 배제'는 '13세 미만의 사람 및 신체적·정신적 장애가 있는 사람'에 대하여 해당 범죄를 범한 경우에 공소시효가 배제됨을 의미함.

1. 아동·청소년에 대한 강간·강제추행 등

(1) 규정

제7조(아동·청소년에 대한 강간·강제추행 등) ① 폭행 또는 협박으로 아동·청소년을 강간한 사람은 무기 또는 5년 이상의 징역에 처한다. 〈개정 2023. 4. 11.〉
② 아동·청소년에 대하여 폭행이나 협박으로 다음 각 호의 어느 하나에 해당하는 행위를 한 자는 5년 이상의 유기징역에 처한다.
　1. 구강·항문 등 신체(성기는 제외한다)의 내부에 성기를 넣는 행위
　2. 성기·항문에 손가락 등 신체(성기는 제외한다)의 일부나 도구를 넣는 행위
③ 아동·청소년에 대하여 「형법」 제298조의 죄를 범한 자는 2년 이상의 유기징역 또는 1천만원 이상 3천만원 이하의 벌금에 처한다.
④ 아동·청소년에 대하여 「형법」 제299조의 죄를 범한 자는 제1항부터 제3항까지의 예에 따른다.
⑤ 위계(僞計) 또는 위력으로써 아동·청소년을 간음하거나 아동·청소년을 추행한 자는 제1항부터 제3항까지의 예에 따른다.
⑥ 제1항부터 제5항까지의 미수범은 처벌한다.

(2) 의의

본조는 아직 정신적·육체적으로 미성숙 단계에 있는 아동·청소년에 대한 성폭력범죄를 가중처벌하여 아동·청소년을 성폭력범죄로부터 보호하기 위한 규정이다. 24

본조 제1항 내지 제4항은 형법상 강간죄(§297), 유사강간죄(§297의2), 강제추행죄(§298), 준강간죄·준유사강간·준강제추행죄(§299)의 피해자가 아동·청소년인 경우 가중처벌하는 특별규정이고, 본조 제5항은 형법 제302조(미성년자 등에 대한 간음)의 피해자가 아동·청소년인 경우 가중처벌하는 특별규정이다. 다만 피해자가 아동·청소년이라도 '13세 미만'인 경우에는, 형이 더 무거운 성폭력처벌법 제7조(13세 미만 미성년자에 대한 강간·강제추행 등)가 적용되어야 한다. 이런 점에서 성폭력처벌법은 본조에 대하여 특별법 관계에 있다.[17] 25

---

17 김정환·김슬기, 형사특별법(2판), 121; 박상기·전지연, 형사특별법(4판), 283; 이주원, 특별형법(9판), 548.

26　　본조는 2007년 8월 3일 청소년성보호법이 전부 개정(법률 제8634호)되면서 처음 마련된 조항인데, 2009년 6월 9일 청소년성보호법이 전부 개정(법률 제9765호)되면서 '유사성행위(제2항)' 부분이 추가되었다. 형법상 유사강간죄(§297의2)가 2012년 12월 18일 형법 개정으로 신설되기 전에 입법되었으므로 그 규정 형식이 형법 제297조의2와 약간 다르지만, 행위태양은 마찬가지이다.

27　　2020년 6월 2일 청소년성보호법 개정으로 본죄 각 항의 죄를 범할 목적으로 예비 또는 음모하는 사람을 처벌하는 제7조의2(예비, 음모)가 신설되었다(법정형 3년 이하 징역). 2020년 5월 19일 형법 개정으로 신설된 형법 305조의3(예비, 음모)는 형법 제297조, 제297조의2, 제299조(준강간죄에 한정), 제301조(강간 등 상해죄에 한정) 및 제305조의 죄를 범할 목적으로 예비 또는 음모한 경우에 처벌하는데(법정형 3년 이하 징역) 비하여, 청소년성보호법 제7조의2는 강제추행 및 준유사강간, 준강제추행, 위계·위력에 의한 간음, 추행의 죄를 목적으로 한 경우까지 처벌한다.

28　　한편, '아동·청소년'에 대한 성폭력범죄의 피해자도 나이 어린 청소년으로서 피해 사실을 제대로 기억하지 못하거나 진술하지 못할 가능성이 있어서 그 진술의 신빙성이 문제될 수 있다[이에 대한 상세는 **특별법 I III. 3. (3) (라) 친족관계에 의한 성폭력범죄의 특성(피해자 진술의 '신빙성' 관련)** 부분 참조].

(3) 제1항의 죄(아동·청소년에 대한 강간)

29　　본죄[청소년성보호법위반(강간)죄]는 강간죄(§297)의 객체가 아동·청소년(13세 이상. 13세 미만인 경우에는 성폭력처벌법 적용)인 경우에 가중처벌하는 범죄이다.

(가) 구성요건

30　　본죄의 객체는 앞에서 살펴본 대로 '13세 이상 19세 미만의 아동·청소년'이다.

31　　'폭행·협박'이나 '간음'의 의미 등은 **형법 제297조(강간) 주해** 부분에서 살펴본 것과 같다.

32　　본죄가 성립하기 위해서는 피고인은 범행 당시 피해자가 '아동·청소년'이라는 사실을 인식하여야 한다.[18] 즉, 본죄는 고의범으로 미필적 인식으로도 충분하다.

---

18 주석형법 [각칙(4)](5판), 412(구회근); 이주원, 특별형법(9판), 548.

한편 '청소년'이라는 사실의 인식 여부와 같은 내심의 사실에 관하여 이를 　33
부인하는 경우, 이러한 주관적 요소로 되는 사실은 사물의 성질상 그 내심과 상
당한 관련이 있는 간접사실 또는 정황사실을 증명하는 방법에 의하여 이를 입
증할 수밖에 없고, 이때 무엇이 상당한 관련성이 있는 간접사실에 해당할 것인
가는 정상적인 경험칙에 바탕을 두고 사실의 연결상태를 합리적으로 분석·판단
하는 방법에 따라야 하나, 피해자가 청소년이라는 객관적 사실로부터 피고인이
그 사실을 알고 있었다는 점이 추단된다고 볼 수는 없다.[19] 따라서 피해자와는
처음 보는 사이이고, 피해자는 사건 당시 만 18세로서 수개월 후에는 청소년성
보호법상 청소년이 아니게 되는 상황이었으며, 더구나 사건 당시 교복이 아닌
평상복(흰색 상의에 짧은 반바지)을 입고 있었고, 사건 당시는 저녁 8시가 지난 야
간이며, 당시 버스 내부가 밝지 않았던 사정 등이 있는 경우에는, 피해자가 청
소년이라는 사실을 미필적으로라도 인식하지 못했다고 볼 수도 있을 것이다.[20]

(나) 처벌 등

무기 또는 5년 이상의 징역에 처한다. 　34

본죄의 미수범(아청 §7⑥)과 본죄를 목적으로 한 예비·음모는 처벌되고(아청 　35
§7의2), 본죄는 양형기준 적용대상이다.[21]

본죄를 포함한 아동·청소년대상 성범죄의 공소시효는 피해 아동·청소년이 　36
성년에 달한 날부터 진행되고(아청 §20①), 본죄에 대하여는 디엔에이(DNA)증거
등 그 죄를 증명할 수 있는 과학적인 증거가 있는 때에는 공소시효가 10년 연장
된다(아청 §20②). 이러한 공소시효의 정지와 연장에 관한 규정은 본죄 이외에
나머지 본조의 죄에 대해서도 적용된다.

한편 아동청소년대상 성범죄의 객체가 '13세 미만의 사람 또는 신체적·정 　37
신적 장애가 있는 사람'인 경우에는 공소시효 적용이 배제되는데(아청 §20③)[22],
그 경우에는 앞서 살펴본 대로 본조의 죄가 아니라 특별법인 성폭력처벌법위반
의 죄가 성립하고, 그 공소시효가 배제된다(공소시효에 관하여는 후술하는 **IV. 2. 공**

---

19 대판 2012. 8. 30, 2012도7377.
20 울산지판 2016. 11. 4, 2016고합222(항소기각으로 확정).
21 양형위원회, 2023 양형기준, 29-63.
22 청소년성보호법 제20조(공소시효에 관한 특례) 제3항에 본조가 열거되어 있지 않지만, 제1호에
　　형법 제297조(강간)가 열거되어 있기 때문이다.

소시효에 관한 특례 참조).

38　　　공소장변경과 관련해서는, '성폭력처벌법상 13세 미만 미성년자 강간'으로 기소되었지만 실제로는 며칠 차이로 '13세 미만'이 아니라 '13세 이상 청소년'에 해당하고, 그 외에는 피해자는 물론이고 범행 장소나 방법 등이 모두 동일하여 기본적 사실에 실질적 차이가 없을 경우, 피고인의 방어권 행사에 실질적인 불이익을 초래할 염려가 없으므로 공소장변경절차를 거치지 않더라도 그 범죄일시를 '2012. 11. 18.'에서 '2012. 11. 하순경'으로 변경한 후 법정형이 더 낮은 본죄로 처벌할 수 있다.[23]

(4) 제2항의 죄(아동·청소년에 대한 유사성행위)

39　　　본죄[청소년성보호법위반(유사성행위)죄]는 형법 제297조의2(유사강간)에 규정된 범죄의 객체가 아동·청소년(13세 이상. 13세 미만인 경우에는 성폭력처벌법 적용)인 경우 가중처벌하는 범죄이다.

(가) 구성요건

40　　　'폭행·협박'이나 '구강·항문 등 신체(성기는 제외)의 내부에 성기를 넣는 행위, 성기·항문에 손가락 등 신체(성기는 제외)의 일부나 도구를 넣는 행위'의 의미 등은 **형법 제297조의2(유사강간) 주해** 부분에서 살펴본 것과 같다.

41　　　피해자에게 폭행·협박을 가하여 항거를 불가능하게 하거나 현저히 곤란하게 한 후 유사간음행위를 하는 경우뿐 아니라, 폭행행위 그 자체가 유사간음행위라고 인정되는 경우(즉 '기습유사간음행위')에도 본죄가 성립한다. 기습적으로 성기나 항문에 손가락을 넣는 행위가 이에 해당할 수 있다.

42　　　본죄가 성립하기 위하여 피고인은 범행 당시 피해자가 '아동·청소년'이라는 사실을 인식하여야 한다(고의범).

(나) 피해자를 이용한 간접정범이 가능한지 여부

43　　　본죄는 자수범이 아니고, 제3자를 도구로 이용하여 간접정범의 형태로 저지를 수 있다. 이때, 폭행·협박 등으로 피해자를 자유 없이 행동하는 도구로 삼아 피해자의 성기나 항문에 자신의 손가락 등 신체의 일부나 물건을 넣게 하는 행위가 간접정범에 의한 유사강간인지, 강제추행인지가 문제된다. 이는 유사강간죄

---

23 대판 2015. 4. 23, 2015도2840.

가 피해자의 구강, 항문 등에 타인의 성기를 넣거나, 성기·항문에 타인의 손가락 등 타인의 신체 일부를 넣은 경우에만 성립하는지 여부의 문제이기도 하다.

대법원은 피해자 자신을 도구로 이용한 강제추행죄의 성립을 인정한 판례[24]의 법리를 원용하여, 피해자를 도구로 이용하여 피해자 자신의 신체 일부(손가락)를 성기에 넣게 한 경우에도 간접정범에 의한 유사강간죄의 성립을 인정하였다.[25]　**44**

이와 같은 간접정범 형태의 유사강간죄는 유사강간행위가 신체 내로의 삽입만 규정되어 있으므로, 남성인 아동·청소년으로 하여금 강제로 자위행위를 하게 하는 것은 유사강간죄에 해당하지 않는다.　**45**

(다) 처벌 등

5년 이상의 유기징역에 처한다.　**46**

본죄의 미수범(아청§7⑥)과 본죄를 목적으로 한 예비·음모는 처벌되고(아청§7의2), 본죄는 양형기준 적용대상이다.[26]　**47**

---

24 대판 2018. 2. 8, 2016도17733[피고인이 아동·청소년인 피해자들로부터 은밀한 신체 부위가 드러난 사진을 전송받은 후 이것을 유포하겠다고 피해자들을 협박하여, 피해자들로 하여금 스스로 가슴 사진, 성기 사진, 가슴을 만지거나 성기에 볼펜을 삽입하거나 자위하는 동영상을 촬영하도록 한 다음, 그와 같이 촬영된 사진과 동영상을 전송받은 행위를 간접정범에 의한 청소년성보호법위반(강제추행)죄로 기소한 사안에서, 피고인의 행위가 피해자의 신체에 대한 접촉이 있는 경우와 동등한 정도로 성적 수치심 내지 혐오감을 주거나 성적 자기결정권을 침해하는 것이라고 보기 어렵다는 이유로 청소년성보호법위반(강제추행)죄의 주위적 공소사실을 무죄로 판단한 원심판결(예비적 공소사실인 강요죄를 유죄로 인정)을 파기하고, 주위적 공소사실을 유죄 취지로 판단한 사례]. 본 판결 평석은 이상민, "아동청소년 대상 강제추행에서 성적 의사결정의 자유", 특별형법 판례100선, 한국형사판례연구회·대법원 형사법연구회, 박영사(2022), 248-251.

25 대판 2020. 4. 9, 2020도2472(원심판결인 부산고판 2020. 2. 6, 2019노536에 대한 상고기각). 피고인이 허무인 명의의 페이스북 계정을 이용하여 피해자(여, 13세)에게 접근한 후 "애들 풀어서 혼내주겠다."라는 등으로 협박하여 나체 상태의 신체 사진을 피고인에게 보내게 하고, 이후 "자위하는 모습을 보여주지 않으면 보내준 나체 사진을 퍼뜨리겠다."라는 등으로 협박하여 이에 겁을 먹은 피해자로 하여금 자신의 성기에 손가락 등 신체의 일부나 도구를 넣는 행위를 하도록 하고 피고인에게 영상통화로 그 장면을 보여주게 하여 강제로 유사성행위를 하였다는 공소사실에 대하여, 유사성행위에 관한 간접정범의 의사를 실현하는 도구로서의 타인에는 피해자도 포함될 수 있다고 봄이 타당하므로, 피해자를 도구로 삼아 피해자의 신체를 이용하여 유사성행위를 한 경우에도 본죄의 간접정범에 해당할 수 있다는 이유로 본죄를 유죄로 인정한 원심판결에 대하여, 대법원은 범죄의 성립에 관한 법리오해의 잘못이 없다고 판단하였다.

　위 2016도17733 판결에서는 피고인과의 신체 접촉 없이 피해자로 하여금 자신의 성기에 볼펜을 삽입하게 하거나 자위행위를 하게 한 행위가 청소년성보호법위반(강제추행)죄에 해당하는지 여부가 쟁점이었음에 대하여, 위 2020도2472 판결에서는 유사한 행위가 본죄에 해당하는지 여부가 쟁점이었다는 점에서 차이가 있다.

26 양형위원회, 2023 양형기준, 29-63.

(5) 제3항의 죄(아동·청소년에 대한 강제추행)

48　　본죄[청소년성보호법위반(강제추행)죄]는 형법 제298조(강제추행)에 규정된 범죄의 객체가 아동·청소년(13세 이상. 13세 미만인 경우에는 성폭력처벌법 적용)인 경우 가중처벌하는 범죄이다.

49　　'폭행·협박'이나 '추행'의 의미 등은 **형법 제298조(강제추행) 주해** 부분에서 살펴본 것과 같다. 즉, 아동·청소년을 '폭행·협박'한 후 '추행'하는 경우뿐 아니라, 추행행위 자체가 폭행으로 인정되는 경우('기습추행')에도 본죄가 성립한다.

50　　본죄의 성립에 고의 외에 주관적 구성요건으로 성욕을 자극·흥분·만족시키려는 주관적 동기나 목적은 필요하지 않다.[27]

51　　본죄를 범한 사람은 2년 이상의 유기징역 또는 1천만 원 이상 3천만 원 이하의 벌금에 처한다.

52　　본죄의 미수범(아청 §7⑥)과 본죄를 목적으로 한 예비·음모는 처벌된다(아청 §7의2). 피고인이 밤에 술을 마시고 배회하던 중 버스에서 내려 혼자 걸어가는 피해자(여, 17세)를 발견하고 마스크를 착용한 채 뒤따라가다가 인적이 없고 외진 곳에서 가까이 접근하여 껴안으려 하였으나, 피해자가 뒤돌아보면서 소리치자 그 상태로 몇 초 동안 쳐다보다가 다시 오던 길로 되돌아간 경우, 피고인이 가까이 접근하여 갑자기 뒤에서 껴안는 행위는 일반인에게 성적 수치심이나 혐오감을 일으키게 하고 선량한 성적 도덕관념에 반하는 행위로서 피해자의 성적 자유를 침해하는 행위여서 그 자체로 이른바 '기습추행' 행위로 볼 수 있으므로, 피고인의 팔이 피해자의 몸에 닿지 않았더라도 양팔을 높이 들어 갑자기 뒤에서 껴안으려는 행위는 피해자의 의사에 반하는 유형력의 행사로서 폭행행위에 해당하고, 그때 '기습추행'에 관한 실행의 착수가 있는데, 마침 피해자가 뒤돌아보면서 소리치는 바람에 몸을 껴안는 추행의 결과에 이르지 못하고 미수에 그쳤으므로, 이는 본죄의 미수죄에 해당한다.[28]

53　　본죄는 양형기준 적용대상이다.[29]

---

27 대판 2009. 9. 24, 2009도2576.

28 대판 2015. 9. 10, 2015도6980, 2015모2524. 본 판결 평석은 민수영, "기습추행미수에 관한 검토", 법조 738, 법조협회(209), 409-434; 안경옥, "아동·청소년 대상 강제추행의 미수", 특별형법 판례100선, 256-259.

29 양형위원회, 2023 양형기준, 29-63.

(6) 제4항의 죄(아동·청소년에 대한 준강간·준유사성행위·준강제추행)

본죄[청소년성보호법위반(준강간·준유사성행위·준강제추행)죄]는 '아동·청소년'(13   54
세 이상. 13세 미만인 경우에는 성폭력처벌법 적용)에 대하여 형법 제299조(준강간, 준강
제추행30)의 죄를 범한 사람을 가중처벌하는 범죄이다.

'심신상실 또는 항거불능의 상태'나 '간음', '유사간음', '추행'의 의미 등은 **형**   55
법 제299조(준강간, 준강제추행), 제297조(강간), 제297조의2(유사강간), 제298조(강제
추행) 주해 부분에서 살펴본 것과 같다. 간음 등 당시 피해자가 '아동·청소년'이
라는 사실을 인식하여야 한다(고의범).

본죄를 범한 사람은 '제1항부터 제3항까지의 예'에 따라 처벌된다. 즉 준강   56
간의 경우는 '무기 또는 5년 이상의 징역'에, 준유사성행위의 경우는 '5년 이상
의 유기징역'에, 준강제추행의 경우는 '2년 이상의 유기징역 또는 1천만 원 이상
3천만 원 이하의 벌금'에 각 처한다.

본죄의 미수범(아청§7⑥)과 본죄를 목적으로 한 예비·음모는 처벌되고(아청   57
§7의2), 본죄는 양형기준 적용대상이다.[31]

(7) 제5항의 죄(아동·청소년에 대한 위계 또는 위력 간음·추행)

본죄[청소년성보호법위반(위계등)(간음·유사성행위·추행)죄]는 아동·청소년(13세 이   58
상. 13세 미만인 경우에는 성폭력처벌법 적용)에 대하여 위계 또는 위력으로 간음 또
는 유사간음하거나 추행하는 사람을 가중처벌하는 범죄이다.

(가) 구성요건

'위계 또는 위력', '간음', '유사간음', '추행'의 의미 등은 **형법 302조(미성년자**   59
등에 대한 간음), 제297조(강간), 제297조의2(유사강간), 제298조(강제추행) 주해 부분
에서 살펴본 것과 같다. 간음 등 당시 피해자가 '아동·청소년'이라는 사실을 인
식하여야 한다(고의범).

(a) 위계

'위계'의 의미와 관련하여, 피해자가 오인, 착각, 부지에 빠지게 되는 대상이   60
간음행위 자체 외에 간음행위에 이르게 된 동기가 되거나 간음행위와 결부된
금전적·비금전적 대가와 같은 요소인 경우에도 위계에 해당한다는 것이 최근

---

30 준강제추행에는 준유사성행위도 포함된다(§299 **주해** 부분 참조).

31 양형위원회, 2023 양형기준, 29-63.

변경된 판례[32]의 태도이고, 변경된 판례의 태도가 옳다.

(b) 위력

61   '위력'으로써 추행한 것인지 여부는, '아동·청소년'을 대상으로 하는 본죄의 특성 등을 고려하여, 피해자에 대하여 이루어진 구체적인 행위의 경위 및 태양, 행사한 세력의 내용과 정도 내지 이용한 행위자의 지위나 권세의 종류, 피해자의 연령, 행위자와 피해자의 이전부터의 관계, 피해자에게 주는 위압감 및 성적 자유의사에 대한 침해의 정도, 범행 당시의 정황 등 여러 사정을 종합적으로 고려하여 판단하여야 한다.[33]

62   판례상 '위력'을 행사하여 아동·청소년을 간음하였다고 인정한 사례로는, ① 37세인 피고인이 처음 만난 16세의 피해자와 호프집에서 술을 마시다 술만 깨고 가겠다고 모텔로 피해자를 데리고 간 후 피해자가 명시적인 거부 의사를 밝혔음에도 피해자의 몸 위로 올라가 피고인의 몸으로 누르면서 피해자의 팬티를 벗기고 간음한 경우(위에서 본 정도의 유형력 외에는 별다른 유형력을 행사하지 않았고, 피해자가 성관계를 시도하는 피고인에 대해서 특별히 저항하지는 않았음),[34] ② 피해자(여, 17세)의 컴퓨터를 수리해 주면서 처음 알게 된 피고인(남, 키 175㎝, 체중 79㎏)이 피해자의 거절에도 불구하고 피해자의 집 앞으로 승용차를 몰고 가서 계속 만나자고 요구한 후 피해자가 조수석에 타자 한적한 곳으로 차를 몰고 가서 피해자에게 키스를 하려고 하고, 피해자가 거부하면서 고개를 돌리자 피해자의 손목을 잡고 인상을 쓰면서 "가만히 있어."라고 겁을 주어 손으로 피해자의 머리를 잡고 자기 쪽으로 돌려 키스하였고, 이어 더 한적한 곳으로 차를 몰고 가서 조수석을 젖혀 피해자를 눕힌 다음 거부하는 피해자에게 "괜찮다 가만히 있어 조용히 해."라고 인상을 쓰면서 힘으로 피해자의 몸을 눌러가며 피해자의 옷을 벗기고 간음한 경우,[35] ③ 가출이 잦던 친구의 딸인 피해자(여, 13세)를 상담해 주

---

32 대판 2020. 8. 27, 2015도9436(전). 본 판결 평석은 유현영, "위계에 의한 간음죄에서 '위계'의 의미, 2015도9436 판례 함께 읽기", 성범죄 재판의 현안과 과제들, 사법발전재단(2023), 397-407; 장성원, "위계 간음죄에서 위계의 대상과 인과관계", 형사판례연구 〔29〕, 한국형사판례연구회, 박영사(2021), 301-342; 허황, "아동·청소년 위계간음죄", 형사판례연구 〔29〕, 343-379.

33 대판 2007. 8. 23, 2007도4818; 대판 2009. 9. 24, 2009도2576; 대판 2013. 1. 16, 2011도7164, 2011전도124; 대판 2019. 6. 13, 2019도3341.

34 대판 2014. 1. 16, 2013도11815.

35 대판 2007. 8. 23, 2007도4818.

던 중 피고인(54세)의 집에 피해자와 둘만이 있는 상황에서 피해자를 침대로 끌어당겨 눕히고 움직이지 못하게 한 다음 옷을 벗긴 후 간음한 경우[36] 등이 있다.

(나) 처벌 등

본죄를 범한 사람은 '제1항부터 제3항까지의 예'에 따라 처벌된다. 즉 위계 또는 위력 간음의 경우는 '무기 또는 5년 이상의 징역'에, 위계 또는 위력 유사간음의 경우는 '5년 이상의 유기징역'에, 위계 또는 위력 추행의 경우에는 '2년 이상의 유기징역 또는 1천만 원 이상 3천만 원 이하의 벌금'에 각 처한다. 　63

한편 본죄 중 위계 또는 위력 아동·청소년 간음의 법정형을 본조 제1항 　64 (아동·청소년 강간)의 법정형과 같게 정한 것이 형벌체계상의 균형을 잃은 자의적인 입법인지 여부와 관련하여 대법원은, "여자 청소년은 성인에 비하여 정신적, 육체적으로 성숙하지 아니한 상태에 있어, 여자 청소년에 대하여는 형법상의 강간죄가 요구하는 정도의 폭행·협박을 사용하지 않고 위계 또는 위력만으로도 간음죄를 범할 수 있고, 실제 그러한 범죄가 빈번하게 발생하고 있으며, 실무상 여자 청소년에 대한 간음죄의 구체적인 사안에 있어서 그 간음의 수단이 형법상의 강간죄가 요구하는 정도의 폭행·협박인지, 위계 또는 위력에 불과한지를 구분하기가 쉽지 아니하므로, 위계 또는 위력을 사용하여 여자 청소년을 간음한 자를 여자 청소년을 강간한 자와 동일하게 처벌하여야 할 형사정책적인 필요성이 있는 점, 위계 또는 위력이란 그 범위가 매우 넓기 때문에 강간죄가 요구하는 정도의 폭행·협박에 비하여 그 피해가 상대적으로 경미하고 불법의 정도도 낮은 경우가 많지만, 구체적인 사안에 따라서는 강간죄가 요구하는 정도의 폭행·협박이 사용된 경우보다 죄질이 나쁘고 중대한 경우도 있을 수 있고, 위계 또는 위력에 의한 간음죄라 하여도 범행의 동기와 범행 당시의 정황 및 보호법익에 대한 침해의 정도 등을 고려할 때 강간죄보다 무겁게 처벌하거나 동일하게 처벌하여야 할 필요가 있는 경우도 실무상 흔히 있어 위계 또는 위력에 의한 간음죄를 강간죄에 비하여 가볍게 처벌하는 것이 구체적인 경우에 있어서 오히려 불균형인 처벌결과를 가져올 염려가 없지 않은 점 등을 종합하여 보면, 위계 또는 위력을 사용하여 여자 청소년을 간음한 자에 대한 비난가능성의 정도가 여자

---

36 대전고판 2007. 11. 28, 2007노314(상고기각으로 확정).

청소년을 강간한 자에 비하여 반드시 가볍다고 단정할 수 없으므로, 위계 또는 위력을 사용하여 여자 청소년을 간음한 자에 대한 법정형을 여자 청소년을 강간한 자에 대한 법정형과 동일하게 정하였다고 하여 이를 두고 형벌체계상의 균형을 잃은 자의적인 입법이라고 할 수는 없다."고 판시하였다.[37]

65   본죄의 미수범(아청 §7⑥)과 본죄를 목적으로 한 예비·음모는 처벌되고(아청 §7의2), 본죄는 양형기준 적용대상이다.[38]

66   한편 '아동·청소년에 대한 강제추행'으로 기소되었다고 하더라도 그 속에는 '위력에 의한 아동·청소년 추행'이 포함되었다고 볼 수 있어 피고인의 방어권 행사에 불이익이 없으므로, 공소장변경 없이 위력에 의한 추행을 인정할 수 있다는 것이 판례의 입장이다.[39]

2. 장애인인 아동·청소년에 대한 간음 등

(1) 규정

제8조(장애인인 아동·청소년에 대한 간음 등) ① 19세 이상의 사람이 13세 이상의 장애 아동·청소년(「장애인복지법」 제2조제1항에 따른 장애인으로서 신체적인 또는 정신적인 장애로 사물을 변별하거나 의사를 결정할 능력이 미약한 아동·청소년을 말한다. 이하 같다)을 간음하거나 13세 이상의 장애 아동·청소년으로 하여금 다른 사람을 간음하게 하는 경우에는 3년 이상의 유기징역에 처한다. 〈개정 2020. 5. 19., 2020. 12. 8.〉
② 19세 이상의 사람이 13세 이상의 장애 아동·청소년을 추행한 경우 또는 13세 이상의 장애 아동·청소년으로 하여금 다른 사람을 추행하게 하는 경우에는 10년 이하의 징역 또는 5천만원 이하의 벌금에 처한다. 〈개정 2020. 12. 8., 2021. 3. 23.〉

(2) 의의

67   본조는 일반 아동·청소년보다 판단능력이 미약하고 성적 자기결정권을 행사할 능력이 부족한 '장애인인 아동·청소년(이하, 장애 아동·청소년이라 한다.)'을

---

37 대판 2007. 8. 23, 2007도4818. 헌법재판소도 같은 취지로 판시하고 있다(헌재 2015. 2. 26, 2013헌바107).
38 양형위원회, 2023 양형기준, 29-63.
39 대판 2013. 12. 12, 2013도12803.

대상으로 성적 행위를 한 경우 동의 여부를 불문하고 처벌함으로써 성적 학대나 착취로부터 장애 아동·청소년을 보호하기 위한 규정이다. 2012년 12월 18일 청소년성보호법이 개정(법률 제11572호)되면서 신설된 조항이다.

　　본조는 ① 13세 이상 장애 아동·청소년에 대한 간음·추행과 ② 13세 이상 장애 아동·청소년으로 하여금 다른 사람을 간음·추행하게 하는 행위를 처벌하는데, 행위의 유형 중 위 ①의 경우, 2020년 5월 19일 개정된 형법 제305조(미성년자에 대한 간음, 추행) 제2항에서 13세 이상 16세 미만의 사람에 대하여 간음 또는 추행을 한 19세 이상의 자는 동의 여부, 장애 여부를 불문하고 형법 제297조(강간), 제297조의2(유사강간), 제298조(강제추행), 제301조 또는 제301조의2(상해·치상·살인·치사)의 예에 의하여 처벌한다는 규정이 신설됨으로써, 13세 이상 16세 미만의 사람에 대하여는 일부 처벌규정이 중첩되고 그 법정형도 같게 되었으나(간음 3년 이하의 유기징역. 추행 10년 이하의 징역 1천500만 원 이하 벌금), 그 이후인 2021년 3월 23일 본조 제2항의 추행에 대한 벌금형이 '5천만 원 이하'로 상향되어 차별화되었다. **68**

　　위 ①의 경우, 그 객체가 '13세 이상의 장애 아동·청소년'이이어서 객체가 '13세 미만의 장애 아동청소년'인 경우, 법정형이 무거운 성폭력처벌법 제7조(13세 미만의 미성년자에 대한 강간, 강제추행 등)가 적용된다. 그리고 폭행·협박이나 위계·위력을 요건으로 하고 있지 않아서 만일 폭행·협박 또는 위계·위력으로써 간음·추행한 경우, 성폭력처벌법 제6조(장애인에 대한 강간·강제추행 등)가 적용된다. **69**

　　본조의 죄에 대해서는 공소시효의 정지에 관한 특례규정이 적용된다(아청 §20①). **70**

　　한편, '장애 아동·청소년'에 대한 성폭력범죄의 피해자도 피해 사실을 제대로 기억하지 못하거나 진술하지 못할 가능성이 있어서 그 진술의 신빙성이 문제될 수 있다[이에 대한 상세는 **[특별법 I] III. 3. (3) (라) 친족관계에 의한 성폭력범죄의 특성(피해자 진술의 '신빙성' 관련)** 부분 참조]. **71**

(3) 제1항(장애 아동·청소년 간음)

(가) 주체

　　본죄[청소년성보호법위반(장애인간음)]의 주체는 '19세 이상의 사람'이고, 남녀를 불문한다. **72**

(나) 객체

73　　본죄의 객체는 '13세 이상의 장애 아동·청소년'이다.

(a) 13세 이상의 아동·청소년

74　　연령상으로 13세 이상부터 19세가 되는 해의 1월 1일까지에 있는 사람이다.

(b) 장애 아동·청소년

75　　장애 아동·청소년이란 ① 장애인복지법 제2조 제1항[40]에 따른 장애인으로 서, ② 신체적인 또는 정신적인 장애로 사물을 변별하거나 의사를 결정할 능력이 미약한 아동·청소년을 말한다[장애 아동·청소년의 구체적인 의미, 성폭력처벌법 §6의 장애인과의 비교 등에 대해서는 **[특별법 I] III. 4. (3) '장애의 개념'** 참조].

76　　여기서 '사물을 변별할 능력'이란 사물의 선악과 시비를 합리적으로 판단하여 정할 수 있는 능력을 의미하고, '의사를 결정할 능력'이란 사물을 변별한 바에 따라 의지를 정하여 자기의 행위를 통제할 수 있는 능력을 의미하는데, 이러한 사물변별능력이나 의사결정능력은 판단능력 또는 의지능력과 관련된 것으로서 사실의 인식능력이나 기억능력과는 반드시 일치하는 것은 아니다. 한편 위각 능력이 미약한지 여부는 전문가의 의견뿐 아니라 아동·청소년의 평소 언행에 관한 제3자의 진술 등 객관적 증거, 공소사실과 관련된 아동·청소년의 언행 및 사건의 경위 등 여러 사정을 종합하여 판단할 수 있는데, 이때 해당 연령의 아동·청소년이 통상 갖추고 있는 능력에 비하여 어느 정도 낮은 수준으로서 그로 인하여 성적 자기결정권을 행사할 능력이 부족하다고 판단되면 충분하다.[41]

77　　판례는, ① 피해자(여, 15세)가 선천적으로 혈관 이상인 모야모야병이 있어서 뇌-경막-혈관 문합술(吻合術)을 받았고, 이로 인해 의사로부터 뇌병변3급의 장애등급을 진단받았으며, 피해자에 대한 지능검사에서 전체 지능지수(IQ)가 43, 언어성 지능지수가 59(장애 3급에 해당), 동작성 지능지수가 35(장애 2급에 해당)로

---

40 장애인복지법 제2조(장애인의 정의 등) ① "장애인"이란 신체적·정신적 장애로 오랫동안 일상생활이나 사회생활에서 상당한 제약을 받는 자를 말한다.
　② 이 법을 적용받는 장애인은 제1항에 따른 장애인 중 다음 각 호의 어느 하나에 해당하는 장애가 있는 자로서 대통령령으로 정하는 장애의 종류 및 기준에 해당하는 자를 말한다.
　　1. "신체적 장애"란 주요 외부 신체 기능의 장애, 내부기관의 장애 등을 말한다.
　　2. "정신적 장애"란 발달장애 또는 정신 질환으로 발생하는 장애를 말한다.
41 대판 2015. 3. 20, 2014도17346.

나타난 경우,[42] ② 의사가 피해자(여, 14세)를 면담하여 심리검사를 한 결과, 피해자는 '경도의 정신지체' 수준으로(지능지수 58), 사회지수 40, 사회연령 8.05세에 해당하여 상황을 판단할 능력 및 사회적 판단력이 미약하고 대인관계 유지 및 학업 수행 등에 타인의 도움이 필요할 것으로 예상되었고, 제반 인지기능의 발달이 연령에 비해 더딘데, 특히 언어이해 영역에서 표현력과 유창성이 떨어져 자신의 의사를 타인에게 전달하는 데 어려움이 있고, 사물이나 사상에 대한 개념적 이해와 추상적 사고 능력이 떨어지는 상태이며, 외견상으로는 장애가 드러나지 않지만 말을 해보면 지적장애가 있다는 것을 알 수 있고, 이해력과 표현력이 부족하여 자신의 의사를 거의 표현하지 못하는 경우,[43] 사물을 변별하거나 의사를 결정할 능력이 미약한 아동·청소년으로 인정하였다.

　　그러나 비록 장애가 있더라도 성적 자기결정권을 완전하게 행사할 능력이 충분히 있다고 인정되는 경우에는 '사물을 변별하거나 의사를 결정할 능력이 미약한 청소년'에 해당하지 않게 된다.[44] 예컨대, 소아마비로 보행에 장애가 있는 사람,[45] 연구개 파열수술 후 언어적 기능에 장애가 있는 사람[46]이라도 사물을 변별하거나 의사를 결정할 능력이 또래의 아동·청소년에 비하여 미약하지 않으면 본죄로 처벌할 수 없다. 이는 본죄가 가해자의 연령(19세 이상)과 피해자의 연령(13세 이상의 아동·청소년)만을 요건으로 피해자의 동의가 있는 경우에도 처벌하는 규정이기 때문이다. **78**

　　사물변별능력이나 의사결정능력이 '미약'한 정도를 넘어서 없는 상태, 즉 '심신상실'에 이른 경우에는, 앞서 본 청소년성보호법 제7조 제4항(아동·청소년에 대한 준강간·준유사성행위·준강제추행)에 따라 더 무겁게 처벌한다. **79**

　　(다) 행위

　　본죄의 행위는 ① 13세 이상 장애 아동·청소년에 대한 간음과 ② 13세 이상 장애 아동·청소년으로 하여금 다른 사람을 간음하게 하는 것이다. 위와 같 **80**

---

42 대판 2014. 1. 29, 2013도11323. 중학생에 불과한 피해자가 약 2년의 기간 동안 여러 명의 나이 많은 남성들과 약간의 돈을 받고 여러 차례 성관계 등을 한 사실이 있는 점도 고려하였다.
43 대판 2015. 3. 20, 2014도17346.
44 대판 2015. 3. 20, 2014도17346.
45 대판 2021. 2. 25, 2016도4404, 2016전도49.
46 대판 2021. 2. 25, 2017도16186.

은 간음에 있어서 '폭행·협박'이나 '위계 또는 위력' 등은 필요 없다. '간음'의 의미는 **형법 제297조(강간) 주해** 부분에서 살펴본 것과 같다.

81　　본죄는 고의범이므로, 간음 당시 피해자가 '장애 아동·청소년'에 해당한다는 인식이 있어야 한다.

82　　위 ②의 행위유형은 '장애 아동·청소년'을 도구처럼 이용하는 것이다.[47] 다만, 장애 아동·청소년에 대한 간접정범에 이를 정도로 장애 아동·청소년의 의사를 지배하여야 이에 해당하는지, 장애 아동·청소년에 대한 교사[48] 또는 방조의 정도에 그친 경우에도 이에 해당하는지에 관하여 해석의 여지가 남아 있으나, 본조의 구성요건이 장애 아동·청소년에 대한 폭행·협박을 요건으로 하지 않는 점에 비추어 후자로 해석함이 타당하다.[49]

83　　위 ②에서 '다른 사람'은 장애 아동·청소년 또는 일반 아동·청소년일 수도 있고, 일반 성인일 수도 있다.

84　　본죄는 신체적인 또는 정신적인 장애로 사물을 변별하거나 의사를 결정할 능력이 부족한 장애 아동·청소년을 특별히 보호하기 위한 규정이므로, 단순히 19세 이상의 사람이 장애 아동·청소년을 간음함으로써 성립하고, 사전에 피해자의 동의가 있었다고 하더라도 본죄의 성립에는 아무런 영향이 없다.[50]

85　　장애 아동·청소년이 혼인한 경우는 어떤가? 장애 아동·청소년이라도 18세가 되면 부모나 후견인의 동의를 받아 혼인을 할 수 있는 점을 고려할 때(민 §807, §808), 장애 아동·청소년이 18세 이상으로 동의를 받아 혼인한 경우라면 상대 배우자가 당해 장애인과 성관계를 갖더라도 본조에 의하여 처벌할 수 없다고 보는 것이 타당할 것이다. 그렇게 본다면, 혼인한 장애 아동·청소년을 배우자 아닌 제3자가 간음한 경우에도 달리 판단하기는 어려울 것으로 보이나, 민법과 청소년성보호법의 충돌 상황에 대한 입법적 해결이 바람직하다.

---

47 주석형법 〔각칙(4)〕(5판), 420면(구회근).

48 장애 아동·청소년의 간음행위에 대한 교사행위이지만, 형법총칙의 교사범이 아닌 본죄의 정범으로 처벌받게 된다고 하는 견해로는 김정환·김슬기, 형사특별법(2판), 125.

49 본조의 입법취지가 장애 아동·청소년을 도구로 이용하여 스스로 간음·추행의 피해자가 되는 것을 방지한다는 데 있을 것인데, 법문은 장애 아동·청소년이 간음·추행의 가해자가 되는 것을 처벌한다는 것같이 보여 입법취지를 제대로 반영한 것인지 의문이 있다.

50 대판 2014. 1. 29, 2013도11323.

(라) 처벌 등

3년 이상의 유기징역'에 처한다. 　　　　　　　　　　　　　　　　　86

본죄는 미수범 처벌규정이 없다. 그러나 형법 제305조 제2항을 적용하면　87
13세 이상 16세 미만의 아동·청소년에 대하여는 장애 여부를 불문하고 미수범
을 처벌할 수 있는데(§300), 검사가 적용법조를 본조로 한 경우에도 미수범을 처
벌할 수 있는지는 의문이다.

본죄는 양형기준 적용대상이다.[51] 　　　　　　　　　　　　　　　　88

(4) 제2항(장애 아동·청소년 추행)

본죄[청소년성보호법위반(장애인추행)죄]는 19세 이상의 사람이 장애 아동·청소　89
년을 '직접' 추행하거나 '장애 아동·청소년으로 하여금 다른 사람'을 추행하게
하게 한 경우에 성립하는데, 그 의미는 앞서 제1항에서 살펴본 바와 같다.

본죄에서 '추행'의 의미는 **형법 제298조(강제추행) 주해** 부분에서 살펴본 것　90
과 같다. 그런데 본조에서는 청소년성보호법상 강제추행죄(아청 §7③)보다도 법
정형이 더 무거운 유사간음(유사성행위)죄(아청 §7②)에 대한 규정을 두고 있지 않
아 혹시 이는 처벌대상에서 제외되는 것은 아닌지 하는 의문이 들 수 있으나,
청소년성보호상의 처벌규정의 체계, 처벌의 필요성이나 형평성에 비추어 본조
의 '추행'에는 '유사간음'도 포함된다고 할 것이다. 지나치게 구성요건을 세분화
하고 규정 간의 정합성을 제대로 살펴보지 않은 입법으로 볼 수 있는데, 앞으로
성범죄와 관련된 특별법을 형법에 편입시키는 방향으로 검토할 필요가 있다.

제1항의 죄와 마찬가지로 사전에 장애 아동·청소년의 동의가 있었다고 하　91
더라도 본죄는 성립한다.[52]

본죄를 범한 사람은 10년 이하의 징역 또는 5천만 원 이하의 벌금'에 처한다. 　92

본죄는 양형기준 적용대상이고,[53] 미수범 처벌규정은 없다. 　　　　　　93

---

51 양형위원회, 2023 양형기준, 29-63.
52 대판 2014. 1. 29, 2013도11323.
53 양형위원회, 2023 양형기준, 29-63.

3. 13세 이상 16세 미만 아동·청소년에 대한 간음 등

(1) 규정

제8조의2(13세 이상 16세 미만 아동·청소년에 대한 간음 등) ① 19세 이상의 사람이 13세 이상 16세 미만인 아동·청소년(제8조에 따른 장애 아동·청소년으로서 16세 미만인 자는 제외한다. 이하 이 조에서 같다)의 궁박(窮迫)한 상태를 이용하여 해당 아동·청소년을 간음하거나 해당 아동·청소년으로 하여금 다른 사람을 간음하게 하는 경우에는 3년 이상의 유기징역에 처한다.
② 19세 이상의 사람이 13세 이상 16세 미만인 아동·청소년의 궁박한 상태를 이용하여 해당 아동·청소년을 추행한 경우 또는 해당 아동·청소년으로 하여금 다른 사람을 추행하게 하는 경우에는 10년 이하의 징역 또는 5천만원 이하의 벌금에 처한다. 〈개정 2021. 3. 23.〉
[본조신설 2019. 1. 15.]

(2) 의의

94　　　본조는 19세 이상의 사람이 13세 이상 16세 미만의 아동·청소년의 궁박한 상태를 이용하여 해당 아동·청소년을 간음·추행하거나 그로 하여금 다른 사람을 간음·추행하게 한 때에는 해당 아동·청소년의 동의가 있었던 경우에도 처벌함으로써 13세 이상 16세 미만의 아동·청소년의 성을 보호하기 위하여 2019년 1월 15일 청소년성보호법 개정으로 신설되었다.

95　　　본조는 ① 청소년성보호법 제8조(장애인인 아동·청소년에 대한 간음 등)와는 피해자가 장애인이 아닌 대신, 연령이 13세 이상 16세 미만으로 제한되고, 피해자의 궁박한 상태를 이용하였다는 점에서 차이가 있다. 그리고 ② 2020년 5월 19일 개정된 형법 305조(미성년자에 대한 간음, 추행) 제2항과는 가해자 및 피해자의 연령, 피해자의 동의가 있는 경우에도 처벌한다는 점에서 같지만, 본조에는 피해자의 궁박한 상태를 이용하였다는 요건이 추가되어 있는 차이만 있는데, 더 무거운 구성요건이라고 볼 수 있는 본조의 법정형이 형법 제305조 제2항보다 높거나(추행의 경우, 징역형은 같지만 벌금형[54]은 본조가 더 높음) 같거나(간음

---

54 신설 당시에는 벌금형이 '1천500만 원 이하'로 같았으나, 2021년 3월 23일 본조 제2항의 추행에 대한 벌금형이 '5천만 원 이하'로 상향되었다.

의 경우) 오히려 더 낮은 경우(유사간음의 경우)도 있어 법령의 적용상 주의를 요한다.[55]

제1항의 청소년성보호법위반(16세미만아동·청소년간음)죄와 제2항의 청소　　96
년성보호법위반(16세미만아동·청소년추행)죄(이하, 두 죄를 합하여 본죄라고 한다.)
에 대해서는 공소시효의 정지에 관한 특례규정이 적용된다(아청 § 20①).

(3) 주체

본죄의 주체는 19세 이상의 사람으로, 남녀를 묻지 않는다.　　　　　　　　　97

(4) 객체

본죄의 객체는 13세 이상 16세 미만인 아동·청소년으로, 성폭력처벌법 제8　　98
조에 따른 장애 아동·청소년으로서 16세 미만인 사람을 제외한 13세 이상 16세
미만 아동·청소년이다. 즉, 13세 이상 16세 미만의 아동·청소년으로 장애가 없
는 사람이다.

(5) 행위

본죄의 행위는 궁박한 상태를 이용하여 ① 13세 이상 16세 미만 아동·청　　99
소년을 간음·추행하거나 ② 13세 이상 16세 미만 아동·청소년으로 하여금 다
른 사람을 간음·추행하게 하는 것이다.

'간음·추행' 및 '간음·추행하게 하는 것'은 **청소년성보호법 제8조**에서 살펴　　100
본 것과 같고, 여기서 추행에는 유사간음도 포함된다.

본죄가 성립하기 위해서는 13세 이상 16세 미만 아동·청소년의 궁박한 상　　101
태를 이용하여야 한다.

'궁박한 상태'란 곤궁하고 절박한 상태[56]를 말하는데, 경제적 이유에 의한　　102
것에 한정되지 않고 정신적·육체적·사회적 이유로 인한 것도 포함하고, 궁박한
상태에 이른 원인은 묻지 않는다. 아동·청소년이 가출하여 의식주 해결이 어려
운 상황에 있는 경우가 대표적이다.

'이용하여'는 행위 당시 피해자가 아동·청소년이고 궁박한 상태에 있다는　　103

---

55 이런 점에서, 기본법인 형법의 개정이 이루어진 상황에서 적용상의 혼란을 야기하는 본조는 삭
제하는 것이 타당해 보인다는 견해도 있다[김정환·김슬기, 형사특별법(2판), 126].
56 부당이득죄(§ 349)도 구성요건으로 종래 '궁박한 상태를 이용하여'라고 규정되어 있었으나, 2020
년 12월 8일 알기쉬운 법령 개정으로 '곤궁하고 절박한 상태를 이용하여'라고 개정하였다[이에
대한 상세는 **주해 XI(각칙 8)** § 349 부분 참조].

사실을 인식하고, 이에 편승하여 간음·추행에 나아가는 것을 말한다.[57]

104　　궁박한 상태를 이용한 이상, 동의를 받고 간음·추행하더라도 구성요건해당성이 조각되지 않는다. 다만 아동·청소년이 먼저 성관계를 요구한 경우에는, 궁박한 상태를 이용하지 않았다고 볼 수 있는 경우가 있을 것이다.

105　　본조의 적용에 있어서는 청소년성보호법 제7조 제5항과의 관계에서 혼란이 있을 수 있다. 청소년성보호법 제7조 제5항은 아동·청소년에게 위계·위력을 이용하여(위계·위력으로써) 간음하거나 추행한 경우 폭행·협박을 이용한 것과 같은 법정형으로 무겁게 처벌하는 규정인데, 본조의 '궁박한 상태를 이용'하였다는 것이 실무상 '위계·위력'을 사용하였다는 것과 뚜렷하게 구분이 되지 않아, 검사가 적용법조로 청소년성보호법 제7조 제5항과 본조 중 어느 것을 선택하였는지에 따라 법정형이 크게 달라지는 문제가 있다. 본조의 법정형이 더 낮은 점에 비추어 볼 때, 궁박한 상태의 이용행위의 범위를 위계·위력 행사보다 폭넓게 인정할 필요가 있을 것이다.

(6) 죄수 및 다른 죄와의 관계

106　　① 13세 이상 16세 미만 가출 청소년의 궁박한 상태를 이용하여 대가를 지급하고 성관계를 맺는 경우, 청소년성보호법위반(성매수등)죄(아청 §13①)와 본조 제1항의 죄가 각 성립하고, 두 죄는 상상적 경합관계이다.[58]

107　　② 유사간음행위에 대하여는, 본조 제2항으로 기소하면 추행에 해당하여 법정형이 10년 이하의 징역 또는 5천만 원 이하의 벌금이 적용되는 반면, 형법 제305조 제2항으로 기소하면 유사강간죄의 법정형이 적용되어(§305②, §297의2) 2년 이상의 유기징역으로 처벌된다. 결국 유사간음행위를 한 경우에는 궁박한 상태를 이용한 더 무거운 범죄가 형법 305조 제2항의 범죄보다 더 가볍게 처벌될 수 있다.

108　　③ 본죄를 저지르는 도중 피해자가 상해를 입거나 사망하는 경우, 본죄에 대하여는 청소년성보호법상 결과적 가중범인 치상·치사죄가 규정되어 있지 아니하여 처벌할 수 없으나(아청 §9, §10는 §7의 행위에 대한 결과적 가중범만 규정), 형

57 대판 2022. 11. 10, 2020도13672[성폭력처벌법 제6조 제4항(항거불능 또는 항거곤란 상태에 있음을 이용하여)에 관한 사례].
58 수원지판 2022. 6. 15, 2022고합123(확정).

법 제305조 제2항으로 의율할 경우에는 '제301조(강간등 상해·치상) 또는 제301조의2(강간등 살인·치사)의 예에 의한다'고 규정되어 있으므로 치상·치사죄로 처벌할 수 있다.

④ 13세 이상 16세 미만 아동·청소년으로 하여금 다른 사람을 간음·추행하게 한 경우에는 간접정범에 해당하지 않는 한 본조로만 처벌이 가능하고, 제305조 제2항에는 같은 취지의 규정이 없다.   109

(7) 처벌 등

간음을 한 경우는 3년 이상의 유기징역(제1항)에, 추행을 한 경우는 10년 이하의 징역 또는 5천만 원 이하의 벌금(제2항)에 각 처한다.   110

본죄에는 미수범 처벌규정이 없다. 그러나 적용법조를 형법 305조(미성년자에 대한 간음, 추행) 제2항으로 하면 13세 이상 16세 미만의 아동·청소년에 대하여는 궁박한 상태를 이용하였는지 여부를 불문하고 미수범을 처벌할 수 있다.   111

본죄는 양형기준 적용대상이다.[59]   112

4. 강간 등 상해·치상

(1) 규정

제9조(강간 등 상해·치상) 제7조의 죄를 범한 사람이 다른 사람을 상해하거나 상해에 이르게 한 때에는 무기 또는 7년 이상의 징역에 처한다. 〈개정 2023. 4. 11.〉

(2) 의의

본조는 아동·청소년에 대한 강간 등으로 인한 상해와 치상에 관한 규정이다. 본조 전단의 청소년성보호법위반(강간등상해)죄는 청소년성보호법 제7조(아동·청소년에 대한 강간·강제추행 등) 위반죄와 상해죄의 결합범이고, 후단의 청소년성보호법위반(강간등치상)죄는 청소년성보호법 제7조 위반으로 상해의 중한 결과가 발생한 결과적 가중범이다(이하, 위 두 죄를 합하여 본죄라 한다.).[60]   113

---

59 양형위원회, 2023 양형기준, 29-63.
60 주석형법 [각칙(4)](5판), 421(구회근); 김정환·김슬기, 특별형사법(2판), 127.

(3) 구성요건

(가) 주체

114　　본죄의 주체는 청소년성보호법 제7조(아동·청소년에 대한 강간·강제추행 등)의 죄를 범한 사람이다.

115　　즉, '13세 이상 19세 미만의 아동·청소년'에 대하여 강간 등의 죄를 범한 사람이다. '13세 미만의 아동·청소년'에 대하여 강간 등의 죄를 범한 사람은 앞서 살펴본 대로 특별법인 성폭력처벌법 제8조(강간등 상해·치상)가 적용된다.[61]

(나) 객체

116　　본죄의 객체는 '다른 사람'인데, 이는 청소년성보호법 제7조 위반죄의 피해자, 즉 강간 등을 당한 아동·청소년을 의미한다.[62] 만일 피해자가 아닌 사람을 상해하거나 상해에 이르게 한 경우에는, 청소년성보호법 제7조 위반죄와 상해죄 또는 과실치상죄의 실체적 경합범이 될 것이다.[63] 이는 청소년성보호법 제10조(강간 등 살인·치사)의 경우에도 마찬가지이다.

(다) 행위

117　　'상해'의 의미 등은 **주해 IX(각칙 6) 형법 제301조(강간 등 상해·치상)** 부분에서 살펴본 것과 같다. 본조 후단의 강간등치상죄에서의 상해는 간음행위 그 자체로부터 발생한 경우나 강간의 수단으로 사용한 폭행으로부터 발생한 경우는 물론, 강간에 수반하는 행위에서 발생한 경우도 포함한다.[64]

(4) 처벌 등

118　　본죄를 범한 사람은 '무기징역 또는 7년 이상의 징역'에 처해진다.

119　　본죄는 미수범 처벌규정이 없고, 양형기준 적용대상이다.[65]

120　　공소시효와 관련해서는, ① 13세 미만의 사람 및 신체적인 또는 정신적인 장애가 있는 사람에 대하여 본죄를 범한 경우에는 공소시효가 배제되는데(아청 § 20③(ii)), 본죄의 객체는 실질적으로 '13세 이상 19세 미만 아동·청소년'이므로[66]

61　이주원, 특별형법(9판), 554.
62　박상기·전지연, 형사특별법(4판), 290; 이주원, 특별형법(9판), 554.
63　박상기·전지연, 형사특별법(4판), 290.
64　대판 2008. 2. 29, 2007도10120.
65　양형위원회, 2023 양형기준, 29-63.
66　13세 미만의 사람에 대해서는 성폭력처벌법 제8조(강간 등 상해·치상)가 적용되고, 마찬가지로 공소시효가 배제된다(아청 § 20③(iii)).

그중에서 신체적·정신적 장애가 있는 사람에 대하여 본죄를 범한 경우에만 공소시효가 배제된다. ② 위 ① 외의 객체에 대하여 본죄를 범한 경우에는 공소시효의 정지(아청 §20①), 연장(아청 §20②)에 관한 특례규정이 적용된다.

5. 강간 등 살인·치사

(1) 규정
제10조 (강간 등 살인·치사) ① 제7조의 죄를 범한 사람이 다른 사람을 살해한 때에는 사형 또는 무기징역에 처한다.
② 제7조의 죄를 범한 사람이 다른 사람을 사망에 이르게 한 때에는 사형, 무기 또는 10년 이상의 징역에 처한다. 〈개정 2023. 4. 11.〉

(2) 의의
　본조는 청소년성보호법상의 강간 등으로 인한 살해와 치사에 관한 규정이다. 본조 제1항의 청소년성보호법위반(강간등살인)죄는 청소년성보호법 제7조(아동·청소년에 대한 강간·강제추행 등) 위반죄와 살인죄의 결합범이고, 제2항의 청소년성보호법위반(강간등치상)죄는 청소년성보호법 제7조 위반으로 사망의 중한 결과가 발생한 결과적 가중범이다(이하, 위 두 죄를 합하여 본죄라 한다.).[67]　　121

　본조 제2항의 죄는 결과적 가중범임에도 불구하고 그 기본범죄의 불법성 정도 등을 고려하여 법정형에 '사형'을 두고 있다.　　122

(3) 구성요건
　본죄의 주체와 객체는 **청소년성보호법위반(강간등상해치상)죄(아청 §⑨)**에서, '사망', '인과관계', '예견가능성' 등은 **형법 제301조의2(강간 등 살인·치사)** 부분에서 살펴본 것과 같다.　　123

(4) 처벌 등
　제1항의 죄의 범한 사람은 사형 또는 무기징역에, 제2항의 죄를 범한 사람은 사형, 무기 또는 10년 이상의 징역에 각 처한다.　　124

　본죄에는 미수범 처벌규정이 없다.　　125

　본죄는 양형기준 적용대상인데, 다만 제1항의 죄는 '살인범죄의 양형기준'　　126

---

67 주석형법 [각칙(4)](5판), 422(구회근); 김정환·김슬기, 특별형사법(2판), 127.

에,[68] 제2항의 죄는 '성범죄 양형기준'에[69] 각 포함되어 있다.

127   공소시효와 관련해서는, ① 제1항의 죄는 공소시효가 배제되고(아청 §20④ (ii)), ② 신체적·정신적 장애가 있는 사람에 대하여 제2항의 죄를 범한 경우에는 공소시효가 배제되고(아청 §20③(ii)), ③ 위 ② 외의 객체인 13세 이상 19세 미만 아동·청소년[70]에 대하여 제2항의 죄를 범한 경우에는 공소시효의 정지(아청 §20①), 연장(아청 §20②)에 관한 특례규정이 적용된다.

6. 아동·청소년성착취물의 제작·배포 등

(1) 규정

제11조(아동·청소년성착취물의 제작·배포 등) ① 아동·청소년성착취물을 제작·수입 또는 수출한 자는 무기 또는 5년 이상의 징역에 처한다. 〈개정 2020. 6. 2., 2023. 4. 11.〉

② 영리를 목적으로 아동·청소년성착취물을 판매·대여·배포·제공하거나 이를 목적으로 소지·운반·광고·소개하거나 공연히 전시 또는 상영한 자는 5년 이상의 유기징역에 처한다. 〈개정 2020. 6. 2., 2023. 4. 11.〉

③ 아동·청소년성착취물을 배포·제공하거나 이를 목적으로 광고·소개하거나 공연히 전시 또는 상영한 자는 3년 이상의 유기징역에 처한다. 〈개정 2020. 6. 2., 2023. 4. 11.〉

④ 아동·청소년성착취물을 제작할 것이라는 정황을 알면서 아동·청소년을 아동·청소년성착취물의 제작자에게 알선한 자는 3년 이상의 유기징역에 처한다. 〈개정 2020. 6. 2., 2023. 4. 11.〉

⑤ 아동·청소년성착취물을 구입하거나 아동·청소년성착취물임을 알면서 이를 소지·시청한 자는 1년 이상의 유기징역에 처한다. 〈개정 2020. 6. 2., 2023. 4. 11.〉

⑥ 제1항의 미수범은 처벌한다.

⑦ 상습적으로 제1항의 죄를 범한 자는 그 죄에 대하여 정하는 형의 2분의 1까지 가중한다. 〈신설 2020. 6. 2.〉

[제목개정 2020. 6. 2.]

---

68 양형위원회, 2023 양형기준, 1-16.
69 양형위원회, 2023 양형기준, 29-63.
70 13세 미만의 사람에 대해서는 성폭력처벌법 제9조(강간 등 살인·치사)가 적용되고, 공소시효가 배제된다(아청 §20④(iii)).

(2) 의의

(가) 입법취지 및 연혁

본조는 정신적으로 미성숙하고 충동적이며 경제적으로도 독립적이지 못한 아동·청소년의 특성을 고려하고, 아동·청소년성착취물(아청 §2(v))은 그 직접 피해자인 아동·청소년에게 치유하기 어려운 정신적 상처를 안겨줄 뿐 아니라, 이를 시청하는 사람들에게까지 성에 대한 왜곡된 인식과 비정상적 가치관을 조장하므로, 이를 제작하는 단계에서부터 원천적으로 차단함은 물론 그 이후 배포 등도 처벌함으로써 청소년을 성적 대상으로 보는 데서 비롯되는 잠재적 성범죄로부터 아동·청소년을 보호하기 위하여 마련된 규정이다.[71]

128

본조는 2000는 2월 3일 구 청소년의 성보호에 관한 법률(법률 제6261호)이 제정될 때 규정된 이후 2009년 6월 9일 위 법률이 전부 개정(법률 제9765호)되면서 법률명이 현행 청소년성보호법으로 변경될 때도 그 대략적인 체제가 유지되었고, 그 사이에 수차 개정되어 현재에 이르고 있다.

129

특히 2020년 발각된 n번방 사건·박사방 사건[72]을 계기로 2020년 6월 2일 개정된 벌률(법률 제17338호)에서는, ① 아동·청소년을 대상으로 하는 음란물은 그 자체로 아동·청소년에 대한 성착취 및 성학대를 의미하는 것임에도 불구하고, 막연히 아동·청소년을 '이용'하는 음란물의 의미로 가볍게 해석되는 경향이 있다는 반성에서, 종래의 '아동·청소년이용음란물'을 '아동·청소년성착취물'이라는 용어로 변경함으로써 아동청소년이용음란물이 '성착취·성학대'를 의미하는 것임을 명확히 하고(아청 §2(v), §11①. 다만, 실질적 내용에 변경은 없음), ② 아동·청소년성착취물을 광고·소개하거나 구입·시청한 사람에 대한 처벌 근거를 신설하며(아청 §11②, ⑤), ③ 아동·청소년성착취물 관련 범죄에 대한 법정형을 가중하는 한편, ④ 아동·청소년성착취물 관련 범죄를 저지른 사람을 수사기관에 신고한 사람에 대하여 포상금을 지급할 수 있는 근거를 마련하는(아청 §59①) 등의 개정이 이루어졌다.

130

---

71 주석형법 [각칙(4)](5판), 424(구회근).

72 2019년 2월경 텔레그램에 개설된 단체 채팅방을 통해 불법 음란물을 생성하고 거래 및 유포한 디지털 성범죄 사건으로, 널리 알려진 것으로는 ① 영상을 1번방부터 8번방까지 8개의 채팅방에서 판매한 닉네임 '갓갓'의 n번방 사건과 ② 입장 금액에 따라 채팅방 등급을 나눈 닉네임 '박사'의 박사방 사건이 있는데, 이를 통칭하여 n번방 사건이라고도 한다.

(나) 법적 성격

131   본조의 죄는 '아동·청소년대상 성범죄'(아청 § 2(ii)가목)이지만, '아동·청소년 대상 성폭력범죄'(아청 § 2(iii))는 아니다. 따라서 ① 공소시효의 정지(아청 § 20①)의 특례규정은 적용되지만 공소시효의 연장(아청 § 20②), 배제(아청 § 20③)의 특례규정은 적용되지 않고, ② 2020년 11월 20일 이후에 범행에 대하여는 신상정보 공개명령(아청 § 49①(i)) 및 고지명령(아청 § 50①(i))의 대상이 되고,[73] ③ 아동·청소년대상 성폭력범죄에만 적용되는 심신장애 등에 관한 특례(아청 § 19)는 적용되지 않는다.

132   본조의 죄는 성폭력처벌법 제14조 제1항, 제2항의 카메라등이용촬영·반포죄와 달리 피해자의 의사에 반할 것을 요하지 않으며, 특정강력범죄의 처벌에 관한 특례법(이하, 특정강력범죄법이라 한다.)상의 특정강력범죄(특강 § 2)에 해당하지 않는다.

(3) 제1항의 죄(아동·청소년성착취물의 제작 등)

133   본죄[청소년성보호법위반(성착취물제작·배포등)죄][74]는 '아동·청소년성착취물'을 제작·수입·수출하는 행위를 처벌하는 범죄이다.

(가) 객체

134   본죄의 객체는 '아동·청소년성착취물'로, 본조 각 항의 죄의 공통적인 객체에 해당한다.

135   '아동·청소년성착취물'은 '아동·청소년 또는 아동·청소년으로 명백하게 인식될 수 있는 사람이나 표현물'[75]이 등장하여 '① 성교 행위, ② 구강·항문 등

---

73 신상정보 공개명령 및 고지명령의 대상을 '아동·청소년대상 성폭력범죄'에서 '아동·청소년대상 성범죄'로 확대하도록 개정한 청소년성보호법(2020. 5. 19. 법률 제17282호로 개정, 2020. 11. 20. 시행) 제49조 제1항 제1호, 제50조 제1항 제1호는 같은 법 부칙 제3조, 제1조에 따라 개정 법률 시행 전에 저지른 피고인의 위 죄에는 적용되지 않는다.

74 공소장 및 불기소장에 기재할 죄명에 관한 예규(개정 대검예규 제1336호, 2023. 1. 18.)상 죄명은 본조 제1항 내지 제4항 모두 청소년성보호법위반(성착취물제작·배포등)로 같다.

75 청소년성보호법이 2012년 12월 18일 개정되기 전에는 '청소년 또는 청소년으로 인식될 수 있는 사람이나 표현물'이라고 정의되어 있었다('명백하게'라는 문구가 없었음). 헌법재판소는 '청소년으로 인식될 수 있는 사람이나 표현물이 등장하여 그 밖의 성적 행위를 하는 내용을 표현하는 것'이라는 문구에 대하여, 법관의 양식이나 조리에 따른 보충적인 해석에 의하여 판단기준이 구체화되어 해결될 수 있고, 무엇이 청소년을 대상으로 한 음란한 행위인지를 법에서 일률적으로 정해놓는 것은 곤란하여 포괄적 규정형식을 택한 불가피한 측면이 있으므로, 죄형법정주의의 명확성원칙에 위배되지 않는다는 취지로 판시하였다(헌재 2015. 6. 25, 2013헌가17).

신체의 일부나 도구를 이용한 유사 성교 행위, ③ 신체의 전부 또는 일부를 접촉·노출하는[76] 행위로서 일반인의 성적 수치심이나 혐오감을 일으키는 행위, ④ 자위 행위'(아청 §2(iv)가목 내지 라목)를 하거나 그 밖의 성적 행위를 하는 내용을 표현하는 것으로서 필름·비디오물·게임물 또는 컴퓨터나 그 밖의 통신매체를 통한 화상·영상 등의 형태로 된 것을 말한다(아청 §2(v)).

실제 '아동·청소년'인 피해자의 얼굴에 다른 나체의 여성이 성적 행위를 하는 몸통 사진을 합성한 '사진'은 '아동·청소년인 피해자가 등장하여 성적 행위를 하는 내용을 표현한 것'이므로 '아동·청소년성착취물'에 해당한다.[77] 애니메이션도 2011년 9월 15일 개정 청소년성보호법 제2조 제5호에 추가된 표현물에 해당된다.[78]　　136

그러나 화상·영상 등의 형태가 아닌 '소리파일'은 아동·청소년성착취물이 아니다. 소리 자체로는 등장인물이 특정되지 아니하고, 아동·청소년으로 명백하게 인식되기 어렵다는 것이 고려된 것으로 보인다.　　137

'아동·청소년 또는 아동·청소년으로 명백하게 인식될 수 있는 사람이나 표현물'이 등장하여야 한다. 따라서 성인인 피고인이 자신이 운영하는 사진관에 증명사진을 찍으러 찾아온 아동·청소년인 피해자(여, 15세)를 의자에 앉도록 한 다음 카메라가 피해자를 향하도록 한 후 촬영 타이머를 맞춘 상태에서 피해자가 앉아 있는 의자 바로 뒤쪽 옆으로 가서 자신의 트레이닝복 하의를 내리고 성기를 노출하거나 자위 행위를 하는 모습을 촬영한 것은 여기에 해당하지 않음이 명백하다.[79]　　138

'아동·청소년 또는 아동·청소년으로 명백하게 인식될 수 있는 사람이나 표현물'에 해당되기 위해서는 그 주된 내용이 아동·청소년의 성교 행위 등을 표　　139

---

76 판례는 피고인이 고등학교 여자기숙사의 여러 방실에서 여학생들이 옷을 갈아입는 등 일상생활을 하는 모습을 밤에 원거리에서 망원렌즈를 이용하여 창문을 통해 몰래 촬영한 동영상을 다운로드받은 사안에서, 위 동영상은 아동·청소년성착취물(아청 §2(iv)다목)에 해당한다고 판단하였다(대판 2023. 11. 16, 2021도4265).

77 대전고판 2021. 12. 2, 2021노237(확정).

78 대판 2019. 5. 30, 2015도863. 피고인이 게시한 만화 동영상에 등장하는 표현물의 외관이 19세 미만으로 보이고, 극 중 설정에서도 아동·청소년에 해당하는 표현물이 등장하여 성교 행위를 하는 점 등의 사정을 종합하여, 해당 만화 동영상을 구 청소년성보호법에서 정한 아동·청소년 이용음란물에 해당한다고 판시하였다.

79 대판 2013. 9. 12, 2013도502.

현하는 것이어야 할 뿐만 아니라, 그 등장인물의 외모나 신체발육 상태, 영상물의 출처나 제작 경위, 등장인물의 신원 등에 대하여 주어진 여러 정보 등을 종합적으로 고려하여 사회 평균인의 시각에서 객관적으로 관찰할 때 외관상 의심의 여지 없이 명백하게 아동·청소년으로 인식되는 경우라야 하고, 등장인물이 다소 어려 보인다는 사정만으로 쉽사리 '아동·청소년으로 인식될 수 있는 사람이 등장하는 아동·청소년 이용 음란물'이라고 단정해서는 안 된다.[80]

140   따라서 동영상 중 일부를 캡처한 사진에 교복으로 보이는 옷을 입은 여성이 자신의 성기를 만지고 있는 모습 등이 나타나 있지만, 사진 속에 등장하는 여성의 외모나 신체발육 상태 등에 비추어 위 여성이 아동·청소년에 해당한다고 보기 어려운 경우에는 본죄로 처벌할 수 없다.[81]

(나) 행위

141   본죄의 행위는 아동·청소년성착취물의 제작·수입 또는 수출이다.

(a) 제작

142   '제작'은 일정한 인적·물적 도구를 사용하여 작품을 만드는 것으로, 성폭력처벌법 제14조 제1항의 '촬영'보다 넓은 의미를 지니고 있다. 촬영의 방법으로 제작하는 경우, 피고인이 직접 아동·청소년의 면전에서 촬영행위를 하지 않았더라도 아동·청소년성착취물을 만드는 것을 기획하고 타인으로 하여금 촬영행위를 하게 하거나 만드는 과정에서 구체적인 지시를 하였다면 성착취물의 '제작'에 해당한다.[82] 촬영 외에 편집, 합성 등의 방법으로 제작할 수도 있다.

---

80 대판 2014. 9. 24, 2013도4503(2개의 동영상에 다소 어려보이는 여자나 교복과 유사한 형태의 옷을 입은 여자가 각각 등장하여 성적 행위를 하는 영상물로 보이지만, 각 동영상의 내용과 출처, 제작 경위, 등장인물의 신원 등에 대한 배경 정보가 전혀 없는 점, 각 등장인물은 그 외모나 신체발육의 상태로 볼 때 성인일 가능성을 배제할 수 없는 점 등에 비추어, '아동·청소년으로 인식될 수 있는 사람'이라고 단정하기는 어렵다고 판단한 사례). 본 판결 해설 및 평석은 고제성, "구 아동·청소년의 성보호에 관한 법률 제2조 제5호의 '아동·청소년으로 인식될 수 있는 사람이 등장하는 아동·청소년이용음란물'인지 판단하는 기준", 해설 102, 법원도서관(2015), 492-512; 이배근, "구 아동·청소년의 성보호에 관한 법률 제2조 제5호의 '아동·청소년으로 인식될 수 있는 사람이 등장하는 아동·청소년이용음란물'에 대한 판단기준", 특별형법 판례100선, 264-267; 이창섭, "'아동·청소년이용음란물'의 개념 및 판단기준", 형사판례연구 [24], 한국형사판례연구회, 박영사(2016), 527-556.

81 대판 2014. 9. 26, 2013도12607.

82 대판 2021. 3. 25, 2020도18285. 「아동·청소년이용음란물의 제작에 있어서는 피고인이 해당 영상을 직접 촬영할 것을 요하지 않는 것으로 해석되는바, 그 취지는 ① 모바일기기의 보급이 일

아동·청소년인 피해자를 협박하여 아동·청소년 스스로 청소년성보호법 제 143
2조 제4호의 어느 하나에 해당하는 행위를 내용으로 하는 영상을 생성하게 하
였다면, 간접정범의 형태로 성착취물을 제작하는 행위라고 보아야 한다.[83]

이러한 촬영을 마쳐 재생이 가능한 형태로 저장이 된 때에 제작은 기수에 144
이르고, 반드시 피고인이 그와 같이 제작된 아동·청소년성착취물을 재생하거나
피고인의 기기로 재생할 수 있는 상태에 이르러야만 하는 것은 아니다.[84] 따라
서 피고인이 아동·청소년으로 하여금 스스로 자신의 스마트폰에 부착된 카메라
로 자신을 대상으로 하는 음란물을 촬영하게 한 경우, 아동·청소년의 스마트폰
주기억장치에 입력되는 순간 성착취물 제작행위의 기수가 된다.[85]

한편, 아동·청소년의 음란행위가 표현물에 등장하면 되고 아동·청소년의 145
신체를 직접 촬영할 필요는 없는 것이므로, 인터넷 화상채팅에서 피촬영자의 카
메라로 촬영된 후 피고인에게 전송되어 온 영상을 핸드폰 내장 카메라로 촬영
한 행위는 성폭력처벌법 제14조의 반의사촬영죄에 해당하지 않지만,[86] 피촬영
자가 아동·청소년인 경우 본죄로는 인정될 것이다.

(b) 수입 또는 수출

'수입'은 외국에서 국내로 반입하는 것, '수출'은 국내에서 국외로 반출하는 146
것을 말한다.

반화됨에 따라 아동·청소년이용음란물의 제작은 매우 용이한 현실, ② 현재 정보통신매체의 기
술 수준에서는 단순히 촬영한 영상물이 존재한다는 것만으로도 즉시 대량 유포 및 대량 복제가
가능하고, 제작에 관여한 사람의 의도와 관계없이 무차별적으로 유통에 제공될 가능성이 있고,
음란물의 제작행위 자체에 그 유통의 위험성까지도 상당부분 내재되어 있는 점, ③ 청소년성보
호법의 입법 목적, 아동·청소년이용음란물이 미치는 사회적 영향력이 크고 성에 대한 왜곡된
인식과 비정상적 가치관을 심어줄 수 있는 점, 아동·청소년이 사회공동체 내에서 책임 있는 인
격체로 성장할 때까지 사회로부터 보호되어야 할 필요성과 아동·청소년의 '인간으로서의 존엄
성' 역시 온전히 보호되어야 할 필요성이 있는 점, 제작행위에 관여된 피해 아동·청소년에게 영
구히 씻을 수 없는 기록을 남기고 그러한 피해는 쉽사리 해결되기 어려운 점 등을 고려하면 아
동·청소년이용음란물 제작행위는 인간의 존엄과 가치에 정면으로 반하는 범죄로서 죄질과 범정
이 매우 무겁고 비난가능성 또한 대단히 높다는 점에서 찾을 수 있다」

83 대판 2018. 1. 25, 2017도18443.
84 대판 2021. 3. 25, 2020도18285.
85 대판 2018. 9. 13, 2018도9340. 본 판결 평석은 김한균, "아동·청소년 성착취물(아동·청소년 이
　용음란물)의 제작", 형사판례연구 〔29〕, 한국형사판례연구회, 박영사(2021), 381-408; 박미숙,
　"아동·청소년성착취물의 제작과 당사자 동의", 특별형법 판례100선, 268-271.
86 대판 2013. 6. 27, 2013도4279.

(다) 아동·청소년의 동의 여부

147   본죄는 아동·청소년성착취물이 '아동·청소년의 의사에 반하여 촬영된 것인지 여부' 내지 제작 의도를 범죄성립의 요건으로 부가하고 있지 않다. 그 이유는 본 조항의 취지가 아동·청소년을 이용한 음란물 '제작'을 원천적으로 봉쇄하여 아동·청소년을 성적 대상으로 보는 데서 비롯되는 잠재적 성범죄로부터 아동·청소년을 보호할 필요가 있다는 데 있고, 인터넷 등 정보통신매체의 발달로 음란물이 일단 제작되면 제작 후 제작자의 의도와 관계없이 언제라도 무분별하고 무차별적으로 유통에 제공될 가능성이 있기 때문으로 볼 수 있다.[87]

148   따라서 객관적으로 명백하게 아동·청소년이 등장하여 성적 행위를 하는 내용을 표현한 영상물을 '제작'한 이상, 그 대상이 된 아동·청소년의 동의하에 촬영한 것이라거나 사적인 소지·보관을 1차적 목적으로 제작한 것이라고 하더라도 '아동·청소년성착취물 제작'에 해당한다.[88]

149   다만 아동·청소년인 행위자 본인이 사적인 소지를 위하여 자신을 대상으로 '아동·청소년성착취물'에 해당하는 영상 등을 제작하거나 그 밖에 이에 준하는 경우로서, 영상의 제작행위가 헌법상 보장되는 인격권, 행복추구권 또는 사생활의 자유 등을 이루는 사적인 생활 영역에서 사리분별력 있는 사람의 자기결정권의 정당한 행사에 해당한다고 볼 수 있는 예외적인 경우에는, 위법성이 없다고 할 것이다.[89]

150   다만 아동·청소년은 성적 가치관과 판단능력이 충분히 형성되지 아니하여 성적 자기결정권을 행사하고 자신을 보호할 능력이 부족한 경우가 대부분이므로, 영상의 제작행위가 '위법성'이 없는 경우에 해당하는지 여부를 판단함에 있어서는 청소년의 나이와 지적·사회적 능력, 제작의 목적과 그 동기 및 경위, 촬영 과정에서 강제력이나 위계 혹은 대가가 결부되었는지 여부, 아동·청소년의 동의나 관여가 자발적이고 진지하게 이루어졌는지 여부, 아동·청소년과 영상

---

87 헌재 2019. 12. 2, 2018헌바46.

88 대판 2018. 9. 13, 2018도9340.

89 대판 2015. 2. 12, 2014도11501, 2014전도197. 본 판결 평석은 정서현, "아동·청소년성착취물 제작이 성적 자기결정의 대상이 될 수 있는가: 대법원 2015. 2. 12. 선고 2014도11501, 2014전도197 판결이 제시한 위법성조각사유에 대한 비판을 중심으로", 재판자료, 144, 젠더법 실무연구, 법원도서관(2023), 533-568.

등에 등장하는 다른 인물과의 관계, 영상 등에 표현된 성적 행위의 내용과 태양 등을 종합적으로 고려하여 신중하게 판단하여야 한다.[90]

　　따라서 피해자가 지적장애인으로서 피고인의 계속된 요청으로 촬영에 응하　　151
게 된 사정이 있는 경우,[91] 피해자의 명시적·묵시적 동의가 있었다고 볼 여지
가 있더라도 사리분별력이 충분한 청소년이 성적 행위에 관한 자기결정권을 자
발적이고 진지하게 행사한 것으로 보기 어려운 경우[92]에는 위법성이 조각된다
고 볼 수 없다.

　(라) 다른 죄와의 관계

　　① 아동·청소년성착취물 제작에 필수적으로 수반되는 소지행위는 불가벌　　152
적 수반행위로 제작죄에 흡수되지만, 제작한 성착취영상물을 별도의 저장장치
에 저장하거나 파일의 형태를 변경하는 경우에는 별도의 청소년성보호법위반
(성착취물소지등)죄(아청 § 11⑤)로 처벌된다.[93]

---

90 대판 2015. 2. 12, 2014도11501, 2014전도197; 대판 2015. 3. 20, 2014도17346.
91 대판 2015. 3. 20, 2014도17346. 피고인은 20대 중반의 회사원으로서 자신의 나이를 속이면서
　처음부터 피해자가 중학교 3학년생인 아동·청소년임을 알고도 단지 성적 행위를 목적으로 피해
　자에게 인터넷 채팅을 통해 접근하여 몇 차례 연락하고 만난 사이인 사실, 피해자는 지적장애
　3급으로서 사물을 분별하거나 의사를 결정할 능력이 미약한 사실, 피고인은 피해자와 처음 만난
　날에 성관계를 2회 가지는 등 몇 차례 만나 성관계를 가지면서 성관계를 갖는 장면 등 사진을
　촬영하였는데 그 후 얼마 안 되어 다른 아동·청소년을 만나 성관계를 가지면서 유사한 방법으
　로 사진을 촬영하여 보관해 온 사실, 피고인이 모텔에서 피해자와 성관계를 갖는 장면 또는 피
　해자의 나체 사진을 촬영할 당시 피해자는 순간적으로 거부감을 표시하기도 하였으나 피고인의
　계속된 요청에 할 수 없이 소극적으로 응한 것으로 보이고 일부 사진에 대해서는 지워 달라고
　요청하기도 한 사실 등에 비추어, 위법성이 조각되지 않는다고 판단하였다.
92 대판 2015. 2. 12, 2014도11501, 2014전도197. 30대의 기혼인 초등학교 교사인 피고인이 피해자
　들과는 처음부터 그들이 아동·청소년임을 알고도 단지 성적 행위를 목적으로 접근하여 스마트폰
　채팅 애플리케이션을 통하여 몇 차례 연락하고 만난 사이에 불과한 사실, 피고인은 단기간 내에
　만 12세에 불과한 아동들을 비롯한 여러 피해자를 만나 성적 행위를 하고 그중 일부를 동영상으
　로 촬영하여 보관해 온 사실, 범죄행위 중에는 피해자의 항문에 손가락을 집어넣는 등의 변태적
　인 성적 행위가 포함되어 있는 사실, 진지하게 피해자들의 동의를 구한 것으로 보이지 아니하는
　사실, 피해자 A(여, 12세)의 경우에는 위 피해자가 사진을 찍지 말라고 몇 번이나 만류하였음에
　도 이를 무시하고 계속 촬영하기도 한 사실에 비추어, 위법성이 조각되지 않는다고 판단하였다.
93 대판 2021. 7. 8, 2021도2993[구 청소년성보호법(2020. 6. 2. 법률 제17338호로 개정되기 전의 것)
　§ 11①에 관한 사례]. 「아동·청소년이용음란물을 제작한 사람이 그 음란물을 소지하게 되는 경우
　청소년성보호법위반(음란물소지)죄는 청소년성보호법위반(음란물제작·배포등)죄에 흡수된다고 봄
　이 타당하다. 다만 아동·청소년이용음란물을 제작한 사람이 제작에 수반된 소지행위를 벗어나 사
　회통념상 새로운 소지가 있었다고 평가할 수 있는 별도의 소지행위를 개시하였다면 이는 청소년성
　보호법위반(음란물제작·배포등)죄와 별개의 청소년성보호법위반(음란물소지)죄에 해당한다.」

153　　② 아동·청소년을 협박하여 자위 행위를 하는 장면을 촬영하게 한 후 이를 전송받는 행위는 본죄와 간접정범에 의한 청소년성보호법 제7조 제2항의 유사성행위죄[94] 또는 청소년성보호법 제7조 제3항의 강제추행죄에도 해당하고, 실무는 실체적 경합관계에 있다고 보는 듯하다.[95]

　　　　(마) 처벌 등

154　　무기 또는 5년 이상의 징역에 처한다.

155　　본죄의 미수범(아청 § 11⑥)은 처벌되고(본조 제2항 내지 제5항의 죄에 대한 미수범 처벌규정은 없음), 상습으로 본죄로 범한 때에는 상습범으로 위 형의 2분의 1까지 가중한다(아청 § 11⑦)(본조 제2항 내지 제5항의 죄에 대한 상습범 처벌규정은 없음).

156　　본죄를 포함하여 본조 제2항 내지 제5항의 죄는 양형기준의 적용대상이다(디지털 성범죄 양형기준).[96]

　　　(4) 제2항의 죄(영리 목적의 아동·청소년성착취물 판매 등)

　　　　(가) 구성요건

157　　본죄[청소년성보호법위반(성착취물제작·배포등)죄]는 영리를 목적으로 ① 아동·청소년성착취물을 판매·대여·배포·제공하거나, ② 이를 목적으로 소지·운반·광고·소개하거나, ③ 공연히 전시 또는 상영[97]한 때에 성립한다.

　　　　(a) 영리의 목적

158　　'영리를 목적'으로 한다는 것은 아동·청소년성착취물의 판매 등 구체적 위반행위를 함에 있어서 재산적 이득을 얻으려는 의사 또는 이윤을 추구하는 의사를 말하며, 이는 널리 경제적인 이익을 취득할 목적을 말하는 것으로서 반드시 아동·청소년성착취물 배포 등 위반행위의 직접적인 대가가 아니라 위반행위를 통하여 간접적으로 얻게 될 이익을 위한 경우에도 영리의 목적이 인정된다.[98]

---

94 부산고판 2020. 2. 6, 2019노536(상고기각으로 확정).
95 대판 2021. 3. 25, 2020도18285.
96 양형위원회, 2023 양형기준, 706-730.
97 본 조항의 문언상 위 ③의 '공연전시·상영'은 위 ②와 마찬가지로 ①의 목적으로 '공연전시·상영'하는 것으로 볼 여지도 있으나, 형법 제243조(음화반포등) 등에서 '공연전시·상영'은 '반포·판매·임대'와는 별개의 행위유형으로 규정된 점에 비추어, 위 ①의 목적과는 관계가 없는 별개의 행위유형으로 보아야 할 것이다.
98 대판 2020. 9. 24, 2020도8978(공연전시)[도박공간개설죄(§ 247)도 성립하고, 본죄와는 실체적 경합관계라고 한 사례]. 본 판결 평석은 윤지영, "아동·청소년성착취물배포·전시죄 등의 '영리목적'", 특별형법 판례100선, 272-275.

성인PC방에서 음란물이 저장된 컴퓨터 18대 및 위 컴퓨터를 서로 연결하여 159
놓은 통신망 등을 설치한 다음, 위 서버 컴퓨터에 인터넷 음란사이트로부터 내려받은 남녀 간의 성관계가 노골적으로 표현된 속칭 포르노물인 음란한 동영상 파일 32,739개를 저장하여 놓고, 손님들에게 돈을 받고 컴퓨터의 바탕화면에 있는 '즐겨찾기'라는 아이콘을 통하여 음란한 동영상을 볼 수 있도록 한 경우, 영리의 목적이 인정된다.[99] 그러나 산부인과에서 남성불임 여부 등 검사를 위해 편의상 컴퓨터에 저장해 놓고 고객들로 하여금 관련 동영상을 볼 수 있도록 한 경우에는, 영리의 목적을 인정하기 어렵다.[100]

한편 간접 이익의 경우에도 영리의 목적이 인정되므로, 사설 인터넷 도박사 160
이트를 운영하는 사람이 먼저 소셜 네트워크 서비스 앱에 오픈채팅방을 개설하여 아동·청소년성착취물 동영상을 게시하고 1:1 대화를 통해 불특정 다수를 위 오픈채팅방 회원으로 가입시킨 다음, 그 오픈채팅방에서 자신이 운영하는 도박 사이트를 홍보하면서 회원들이 가입 시 입력한 이름, 전화번호 등을 이용하여 전화를 걸어 위 도박사이트 가입을 승인해주는 등의 방법으로 가입을 유도하고 그 도박사이트를 이용하여 도박을 하게 한 경우에도 영리의 목적이 인정된다.[101]

(b) 행위의 유형[102]

1) 판매, 대여, 배포, 제공

'판매'란 유상으로 양도하는 행위를 말한다. 161

'대여'는 빌려주는 행위를 말하며, 유·무상을 묻지 않는다. 162

'배포'는 불특정 또는 다수인에게 교부하는 것을 말한다.[103] 조문에 따라서 163
는 '반포'[예컨대, 형법 §243(음화반포등), 성폭력처벌법 §14(카메라 등을 이용한 촬영), §14의2(허위영상물 등의 반포등)]라고도 한다. 링크의 게시를 포함한 일련의 행위가 불특정 또는 다수인에게 다른 웹사이트 등을 단순히 소개·연결하는 정도를 넘어 링크를 이용하여 별다른 제한 없이 아동·청소년성착취물에 바로 접할 수 있는 상태를 실제로 조성한다면, 이는 아동·청소년성착취물을 직접 '배포'한 것과

---

99 대판 2005. 9. 30, 2005도4051(공연전시).
100 주석형법 [각칙(4)](5판), 427(구회근).
101 대판 2020. 9. 24, 2020도8978.
102 이에 대한 상세는 **성폭력처벌법 제14조(카메라 등을 이용한 촬영) 제2항** 부분 참조.
103 대판 2023. 10. 12, 2023도5757.

실질적으로 다를 바 없다고 평가할 수 있어 배포죄가 성립한다.[104]

164　　　정보통신망을 이용한 유포행위에 대해서는 정보보통신망 이용촉진 및 정보보호 등에 관한 법률(이하, 정보통신망법이라 한다.) 제74조 제1항 제2호, 제44조의7 제1항 제1호[105]도 적용되고[정보통신망법위반(음란물유포)죄 성립], 본죄와는 상상적 경합관계로 보인다.[106]

165　　　'제공'이란 상대방이 이용할 수 있는 상태에 두는 모든 행위를 말한다. 무상인 경우를 말하고, 유상 제공은 판매가 된다. 컴퓨터로 성착취물 동영상을 제공한 제1 범죄행위로 서버컴퓨터가 압수된 이후 다시 장비를 갖추어 동종의 제2 범죄행위를 한 경우, 범의의 갱신이 있으므로 포괄일죄가 아니라 실체적 경합관계이다.[107]

　　　2) 소지, 운반, 광고, 소개

166　　　'소지'는 자기가 지배할 수 있는 상태에 두고 지배관계를 지속시키는 행위를 말한다.[108] 행위자가 아동·청소년성착취물을 실력적으로 지배할 의사를 가지고 언제든지 그 성착취물에 접근하여 이를 보관·유포·공유할 수 있는 상태에 두었다면, 이는 해당 아동·청소년성착취물을 '소지'한 것으로 해석할 수 있다. 그러나 아동·청소성착취물 파일을 구입하여 시청할 수 있는 상태 또는 접근할 수 있는 상태만으로 곧바로 이를 소지로 볼 수는 없다.[109]

---

104 대판 2023. 10. 12, 2023도5757. 위와 같은 경우 '공연히 전시하는 행위'로 평가할 수도 있다고도 판단하였다.
105 정보통신망법 제74조(벌칙) ① 다음 각 호의 어느 하나에 해당하는 자는 1년 이하의 징역 또는 1천만원 이하의 벌금에 처한다.
　　2. 제44조의7제1항제1호를 위반하여 음란한 부호·문언·음향·화상 또는 영상을 배포·판매·임대하거나 공공연하게 전시한 자
　　제44조의7(불법정보의 유통금지 등) ① 누구든지 정보통신망을 통하여 다음 각 호의 어느 하나에 해당하는 정보를 유통하여서는 아니 된다.
　　1. 음란한 부호·문언·음향·화상 또는 영상을 배포·판매·임대하거나 공공연하게 전시하는 내용의 정보
106 정서현, "디지털 성범죄의 유형 및 관련 법률 개관", 디지털환경과 성범죄의 진화: 디지털성범죄와 성매매를 중심으로, 대법원 현대사회와 성범죄 연구회(2021), 151.
107 대판 2005. 9. 30, 2005도4051.
108 대판 2023. 3. 16, 2022도15319; 대판 2023. 10. 12, 2023도5757.
109 대판 2023. 10. 12, 2023도5757.

[소지를 인정한 사례]

① 피해자가 '트위터' 어플리케이션 내의 대화방 기능을 이용하여 피고인에 167
게 전송해 준 원본 동영상을 피고인이 다른 휴대전화를 이용하여 재촬영하여
저장한 경우, 이와 같은 별개의 행위를 통해 재촬영한 영상이 무분별·무차별적
으로 유통될 가능성'이 새로이 생겼던 점에서 피해자가 피고인에게 보내준 원본
동영상과 별개의 아동·청소년성착취물을 '소지'한 행위에 해당한다.[110]

② 피고인이 동일한 아동·청소년성착취물 파일을 복사하여 별개의 저장장 168
치에 저장하는 행위는 별개의 행위에 해당하고, 나아가 피고인이 별도의 저장장
치에 파일을 저장함으로써 그 파일이 무분별하고 무차별적으로 유통될 가능성
이 발생하였으며(피고인의 스마트폰, 외장하드, USB가 도난, 해킹되는 등으로 제3자에게
파일이 전파될 가능성을 배제할 수 없음), 그러한 행위의 결과 종전 저장행위로 발생
한 위험과는 별개의 위험이 추가로 발생하였으므로, 피고인의 별도 저장장치에
대한 저장행위에 대하여는 별개의 소지죄가 성립한다.[111]

[소지를 부정한 사례]

피고인이 아동·청소년성착취물이 게시된 타인 개설의 7개 채널 및 텔레그 169
램 대화방에 '접속'하였지만, 그곳에 게시된 아동·청소년성착취물을 자신의 텔
레그램 채널 등에 전달하거나 자신의 저장매체에 다운로드하지는 않은 경우, 실
제로 이를 지배할 수 있는 상태로 나아가지는 않았으므로 소지한 것으로 평가
할 수는 없다.[112]

아동·청소년성착취물을 제작한 사람이 소지하게 된 경우 소지죄는 제작죄 170
에 흡수되지만, 사회통념상 새로운 소지가 있었다고 평가될 수 있는 별도의 소
지행위를 개시하였다면, 별개의 소지죄가 성립한다.[113]

소지죄는 아동·청소년성착취물임을 알면서 소지를 개시한 때부터 지배관 171

---

110 광주고판 2021. 10. 27, (전주)2021노107(상고기각으로 확정).
111 광주고판 2021. 7. 7, (제주)2021노5(상고기각으로 확정).
112 대판 2023. 10. 12, 2023도5757. 다만, 피고인이 자신이 지배하는 텔레그램 채널에 총 20개의
　　아동·청소년성착취물 영상을 게시하면서 그 접속 상태를 유지한 행위에 대해서는 소지죄를 인
　　정하였다.
113 대판 2021. 7. 8, 2021도2993.

계가 종료한 때까지 하나의 죄로 평가되는 이른바 계속범이다.[114]

172   '운반'은 옮겨 나르는 것, 즉 장소이동을, '광고'는 널리 알리거나 제시하는 것을, '소개'는 중간에서 관계를 맺어주는 것을 말한다. 광고와 소개행위는 2020년 6월 2일 청소년성보호법 개정으로 구성요건에 추가되었다.

173   소지·운반·광고·소개죄가 성립하기 위해서는 아동청소년성착취물을 판매·대여·배포·제공할 목적이 있어야 한다(아청 §11②).

3) 공연히 전시, 상영

174   '공연히 전시'하는 행위는 불특정 또는 다수인이 실제로 인식할 수 있는 상태에 두는 것을,[115] '공연히 상영'하는 행위는 상영기기를 이용하여 불특정 다수인이 시청할 수 있는 상태에 두는 것을 말한다.

(나) 처벌

175   5년 이상의 유기징역에 처한다. 법정형이 종래 10년 이하의 징역이었으나 2020년 6월 2일 청소년성보호법 개정으로 상향되어 합의부 관할 사건이 되었다.

(5) 제3항의 죄(아동·청소년상착취물의 배포 등)

176   본죄[청소년성보호법위반(성착취물제작·배포등)죄]는 아동·청소년성착취물을 배포·제공하거나 이를 목적으로 광고·소개하거나 공연히 전시한 때에 성립하고, 영리의 목적을 요하지 않는다.

177   본죄를 범한 사람은 3년 이상의 유기징역에 처한다.

178   2020년 6월 2일 청소년성보호법 개정으로, ① '광고·소개'가 구성요건에 추가되었고, ② 법정형이 '7년 이하의 징역 또는 5천만 원 이하의 벌금'에서 위와 같이 강화됨으로써 합의부 관할 사건이 되었으며, 벌금형이 없어져 신상정보등록 대상의 예외사유(성폭처벌 §42① 단서)는 그 적용의 여지가 없어졌다.

---

114 대판 2023. 3. 16, 2022도15319. 피고인이 2019. 5.경 아동·청소년성착취물을 복제·저장한 다음 2020. 8. 11.까지 소지하였는데, 소지행위가 계속되던 중인 2020. 6. 2. 청소년성보호법이 개정되어 법정형이 1년 이하의 징역 또는 2,000만 원 이상의 벌금형에서 1년 이상의 징역형으로 상향된 경우, 원칙적으로 계속범에 대해서는 실행행위가 종료되는 시점의 법률이 적용되므로(대판 2001. 9. 25, 2001도3990), 개정된 신법이 적용된다고 판단하였다.
115 대판 2009. 5. 14, 2008도10914; 대판 2023. 10. 12, 2023도5757.

(6) 제4항의 죄(제작자에게 아동·청소년 알선)

본죄[청소년성보호법위반(성착취물제작·배포등)죄]는 아동·청소년성착취물을 제　　179
작할 것이라는 정황을 알면서 아동·청소년을 아동·청소년성착취물 제작자에게
알선한 때에 성립한다.

여기서 '알선'은 아동청소년성착취물 제작자에게 아동·청소년이 제작에 이　　180
용되도록 중개하거나 편의를 도모하는 것을 말한다.

본죄를 범한 사람은 3년 이상의 유기징역에 처한다.　　181

(7) 제5항의 죄(아동청소년성착취물 구입 등)

본죄[청소년성보호법위반(성착취물소지등)죄]는 아동·청소년성착취물을 구입하　　182
거나 아동·청소년성착취물임을 알면서 이를 소지·시청한 때에 성립한다. 이는
아동·청소년성착취물의 소비행위를 처벌하는 규정이다.

'구입'은 유상으로 사실상의 지배를 취득하는 것을 말하고, '시청'은 영상정　　183
보를 화면에 구동하여 관람하는 것을 말한다.

본죄에서의 '소지'는 영리의 목적을 요하지 않는 '단순 소지'를 말한다.　　184

앞서 살펴본 대로, '소지'는 자기가 지배할 수 있는 상태에 두고 지배관계를　　185
지속시키는 행위를 말한다. 아동·청소년성착취물의 유통이 인터넷을 통한 교환
이나 배포, 파일 다운로드, 컴퓨터 파일 저장 등의 형태로 이루어지고 있으므로,
인터넷에서 이에 해당하는 파일을 다운로드받은 경우에 이것을 '소지'로 평가하
기 위해서는 파일을 다운로드하기 전에 아동·청소년성착취물임을 인식하여야
하고, 그와 달리 다운로드받은 파일을 시청한 후에서야 비로소 그것이 아동·청
소년성착취물임을 알게 되었다면, 단순히 1회적으로 시청한 정도를 넘어 반복
적인 시청이나 배포 등의 의도로 이를 사실상 지배하는 등의 행위가 있어야만
'소지'로 평가할 수 있을 것이다.[116]

따라서 피고인이 자신이 지배하지 않는 서버 등에 저장된 아동·청소년성착　　186
취물에 접근하여 다운로드받을 수 있는 인터넷 주소 등을 제공받은 것에 그쳤

---

116 서울북부지판 2013. 9. 26, 2013고단1213(확정). 본 판결에서는 파일을 다운로드받아 시청하면
　　서 바로소 아동·청소년성착취물임을 인식하고, 그 직후 파일을 삭제하였다면 본죄로 처벌할 수
　　없다고 판단하였다. 만일 아동·청소년성착취물인줄 몰랐지만 시청을 하면서 이를 알게된 후, 즉
　　시 파일을 삭제하지 않고 보관하고 있었다면 본죄의 성립을 인정할 수 있을 것이다.

거나,[117] 이에 접근하였지만 이를 다운로드하는 등 실제로 지배할 수 있는 상태로 나아가지는 않았다면,[118] 특별한 사정이 없는 한 아동·청소년성착취물을 '소지'한 것으로 평가하기는 어렵다.

187　　본죄를 범한 사람은 1년 이상의 유기징역에 처한다.

188　　2020년 6월 2일 청소년성보호법 개정으로 ① '구입·시청'이 구성요건에 추가되었고, ② 법정형이 '1년 이하의 징역 또는 2천만 원 이하의 벌금'에서 위와 같이 강화됨으로써 합의부 관할 사건이 되었으며, 벌금형이 없어져 신상정보등록 대상의 예외사유(성폭처벌 §42① 단서)는 그 적용의 여지가 없어졌다.

7. 아동·청소년 매매행위

제12조(아동·청소년 매매행위) ① 아동·청소년의 성을 사는 행위 또는 아동·청소년성착취물을 제작하는 행위의 대상이 될 것을 알면서 아동·청소년을 매매 또는 국외에 이송하거나 국외에 거주하는 아동·청소년을 국내에 이송한 자는 무기 또는 5년 이상의 징역에 처한다. 〈개정 2020. 6. 2., 2023. 4. 11.〉
② 제1항의 미수범은 처벌한다.

189　　본죄[청소년성보호법위반(매매)죄]는 아동·청소년의 성을 사는 행위나 아동·청소년성착취물을 제작하는 행위의 대상이 될 것을 알면서 아동·청소년을 매매 또는 국외에 이송하거나 국외에 거주하는 아동·청소년을 국내에 이송하는 때에 성립한다. 형법 제289조에도 인신매매를 처벌하는 규정이 있는데, 본조는 아동·청소년을 대상으로 한 인신매매행위를 가중처벌하기 위한 규정으로, 국제적으로 중대범죄로 분류되는 아동·청소년을 대상으로 한 인신매매행위(human trafficking)를 가중처벌하기 위한 규정이다.[119]

190　　본조는 청소년성보호법 제13조(아동·청소년의 성을 사는 행위 등), 제14조(아동·청소년에 대한 강요행위 등), 제15조(알선영업행위등)와 마찬가지로 2000년 2월 3일

---

117 대판 2023. 6. 29, 2022도6278.
118 대판 2023. 10. 12, 2023도5757.「아동·청소년성착취물 파일을 구입하여 시청할 수 있는 상태 또는 접근할 수 있는 상태만으로 곧바로 이를 소지로 보는 것은 소지에 대한 문언 해석의 한계를 넘어서는 것이어서 허용될 수 없다.」
119 김정환·김슬기, 형사특별법(2판), 131; 이주원, 특별형법(9판), 557.

구 청소년의 성보호에 관한 법률(법률 제6261호)이 제정될 때 처음 규정된 이래 지금까지 수차에 개정이 있었으나, 그 대략적인 체계가 유지된 채 오늘에 이르고 있다.

본죄의 행위는 ① 아동·청소년을 매매 또는 국외에 이송하거나 ② 국외에 거주하는 아동·청소년을 국내에 이송하는 것이다.　191

'매매'는 사고 파는 것, 즉 매수와 매도를 말한다. 매매죄가 성립하기 위해서는 매도자와 매수자 쌍방이 존재하여야 하므로 이는 대향범이고, 쌍방 모두 본죄로 처벌된다. '이송'은 다른 곳으로 옮기는 것을 말하는데, 여기서는 국외로 데리고 나가거나 국내로 데리고 오는 것을 말한다.　192

본죄는 고의 외에 '아동·청소년의 성을 사는 행위(아청 §13①) 또는 아동·청소년성착취물을 제작하는 행위의 대상이 될 것'이라는 사실을 알아야 한다. 이는 초과주관적 구성요건요소이다.[120]　193

본죄를 범한 사람은 무기 또는 5년 이상의 징역에 처하고(제1항), 그 미수범은 처벌된다(제2항).　194

형법상 인신매매의 죄는 양형기준 적용대상이지만(약취·유인·인신매매범죄 양형기준),[121] 본죄는 그 대상이 아니다.　195

본죄는 아동·청소년대상 성범죄(아청 §2(ii)가목)에는 해당하나, 아동·청소년대상 성폭력범죄(아청 §2(iii))는 아니다[공소시효의 특례, 심신장애 등에 관한 특례, 신상정보 공개·고지명령에 관한 사항은 **청소년성보호법 §11(아동청소년성착취물의 제작·배포 등)에 관한 6. (2) 법적 성격** 부분에서 살펴본 바와 같음].　196

8. 아동·청소년의 성을 사는 행위 등

(1) 규정

제13조(아동·청소년의 성을 사는 행위 등) ① 아동·청소년의 성을 사는 행위를 한 자는 1년 이상 10년 이하의 징역 또는 2천만원 이상 5천만원 이하의 벌금에 처한다. ② 아동·청소년의 성을 사기 위하여 아동·청소년을 유인하거나 성을 팔도록 권유한 자는 3년 이하의 징역 또는 3천만원 이하의 벌금에 처한다. 〈개정 2021. 3. 23.〉

---

120 박상기·전지연, 형사특별법(4판), 298.
121 양형기준위원회, 2023 양형기준, 121-141.

③ 16세 미만의 아동·청소년 및 장애 아동·청소년을 대상으로 제1항 또는 제2항의 죄를 범한 경우에는 그 죄에 정한 형의 2분의 1까지 가중처벌한다. 〈신설 2020. 5. 19., 2020. 12. 8.〉

(2) 의의

197　　본조는 ① 아동·청소년의 성을 사는 행위를 한 자(제1항), ② 아동·청소년의 성을 사기 위하여 아동·청소년을 유인하거나 성을 팔도록 권유한 자(제2항)를 처벌하고, ③ 그 대상이 16세 미만의 아동·청소년 및 장애 아동·청소년인 경우에는 위 ①, ②의 죄에 정한 형의 2분의 1까지 가중처벌하는(제3항) 규정이다.

198　　성매매에 관한 일반법이라고 할 수 있는 성매매알선 등 행위의 처벌에 관한 법률(이하, 성매매처벌법이라 한다.) 제21조(벌칙) 제1항은 "성매매를 한 사람은 1년 이하의 징역이나 300만 원 이하의 벌금·구류 또는 과료에 처한다."고 규정하고 있다. 본조가 성매매처벌법과 달리 '아동·청소년의 성매매 행위'가 아니라 '아동·청소년의 성을 사는 행위'라는 용어를 사용한 것은 아동·청소년은 보호대상에 해당하고 성매매의 주체가 될 수 없으므로, 아동·청소년의 성을 사는 사람을 그 주체로 표현한 것이다.[122]

199　　이처럼 본조는 아동·청소년의 성을 구매하는 행위자를 처벌하는 규정이다. 그중 제1항은 실제 성을 산 사람, 즉 기수에 이른 사람을 처벌하는 규정이고, 제2항은 성을 사려고 하는 사람이 아동·청소년을 유인하거나 권유하는 행위를 처벌하는 것이다.

200　　본죄[청소년성보호법위반(성매수등)죄][123]는 아동·청소년대상 성범죄(아청 § 2(ii)가목)에는 해당하나, 아동·청소년대상 성폭력범죄(아청 § 2(iii))는 아니다[공소시효의 특례, 심신장애 등에 관한 특례, 신상정보 공개·고지명령[124]에 관한 사항은 **청소년성보호법 § 11 (아동청소년성착취물의 제작·배포 등)에 관한 6. (2) 법적 성격** 부분에서 살펴본 바와 같음].

122　대판 2016. 2. 18, 2015도15664. 본 판결 평석은 박성민, "아동·청소년의 성매매알선행위의 요건", 특별형법 판례100선, 279-282.

123　본조 제1항, 제2항, 제3항의 죄명이 모두 청소년성보호법위반(성매수등죄)죄로 같으므로 이를 합하여 '본죄'라고 하고, 개별적으로는 제1항의 죄 등으로 표기한다.

124　대판 2016. 6. 23, 2015오3(법 개정 이전의 범죄에 대하여 공개, 고지명령을 부과한 원심판결을 파기하고 자판한 사례).

본죄는 특정강력범죄법상의 강력범죄(특강 §2)에도 해당하지 않는다.　　201

(3) 제1항의 죄(성을 사는 행위)

(가) 행위

제1항의 죄는 '아동·청소년의 성을 사는 행위'를 한 때에 성립한다.　　202

(a) 아동·청소년의 성을 사는 행위

'아동·청소년의 성을 사는 행위'란 아동·청소년, 아동·청소년의 성(性)을　　203
사는 행위를 알선한 자 또는 아동·청소년을 실질적으로 보호·감독하는 자 등
에게 금품이나 그 밖의 재산상 이익, 직무·편의제공 등 대가를 제공하거나 약
속하고, ① 성교 행위, ② 구강·항문 등 신체의 일부나 도구를 이용한 유사 성
교 행위, ③ 신체의 전부 또는 일부를 접촉·노출하는 행위로서 일반인의 성적
수치심이나 혐오감을 일으키는 행위, ④ 자위 행위의 어느 하나에 해당하는 행
위를 아동·청소년을 대상으로 하거나 아동·청소년으로 하여금 하게 하는 것을
말한다(아청 §2(iv)가목 내지 라목).

　위 ①의 성교 행위(가목)의 행위자가 아동·청소년을 상대로 성교 행위를 하　　204
는 경우뿐 아니라, 아동청소년이 제3자와 성교 행위를 하게 하는 것도 포함된다.

　위 ②의 유사 성교 행위(나목)는 유사성행위(아청 §7②)와 유사한 개념이다.　　205

　위 ③의 일반인의 성적 수치심이나 혐오감을 일으키는 행위(다목)에도 행위　　206
자가 아동·청소년의 신체를 접촉·노출시키는 경우뿐 아니라, 아동·청소년으로
하여금 타인의 신체를 접촉·노출하게 하는 것도 포함된다. 피고인이 아동·청
소년에게 담배를 대신 구입해 주고, 그로 하여금 피고인의 바지와 속옷을 벗기
게 한 뒤 성기를 보고 평가해달라고 요구하거나, 피고인의 성기를 쳐다보게 하
는 것이 이에 해당한다고 본 하급심 판례가 있다.[125]

　위 ④의 자위 행위(라목)에는 아동·청소년으로 하여금 자위 행위를 하게 하　　207
는 것뿐 아니라 행위자가 자위 행위를 하는 것을 아동·청소년으로 하여금 보게
하는 것도 포함된다는 것이 실무례이다.[126]

(b) 대가관계

성을 사는 행위가 되려면 '대가관계'가 필요하다. 따라서 아동·청소년과 합　　208

---

125 수원지법 평택지판 2022. 3. 18, 2021고합160.
126 서울남부지판 2022. 2. 10, 2021고합485; 대구지판 2022. 4. 8, 2021고합509(확정).

의하여 성관계를 가졌고, 그에 대한 대가를 전혀 제공하지 않았다면 제1항의 죄가 성립하지 않는다.[127]

209 　　대가는 아동·청소년에게 직접 지급하든, 성을 사는 행위를 알선한 자 또는 아동·청소년을 실질적으로 보호·감독하는 자에게 지급하든 관계없다.

210 　　'대가의 제공' 또는 '대가의 제공의 약속'이 있었다고 볼 수 있는지 여부는, 청소년성보호법 등 관련 법령의 규정내용 및 입법 취지, 성을 제공한 아동·청소년의 연령·직업·숙식상태·경제적 곤궁상태·이성관계, 아동·청소년의 성을 사는 행위를 한 사람의 연령·직업·이성관계, 제공된 금품의 액수 또는 재산상 이익이나 직무·편의제공의 내용, 아동·청소년을 만나게 된 경위, 연락방법, 성교장소 및 시간, 성교 행위 이후의 행태 등을 종합적으로 고려하여 건전한 상식과 사회통념에 따라 판단하여야 한다.[128]

211 　　판례에서 대가 제공을 인정한 사례로는, ① 가출한 아동·청소년에게 숙소를 제공하거나 찜질방 비용 등을 제공한 경우,[129] ② 아동·청소년에게 담배를 대리 구매해 주는 조건으로 음란한 행위를 시키는 경우[130] 등이 있다.

212 　　대가 제공으로 보기 어렵다고 한 사례로는, ① 23세 남성이 스마트폰 채팅 어플을 통하여 만난 13세의 여자 청소년과 합의하여 성관계를 하였는데, 성관계 전에 서로의 사진을 교환하는 등 서로에게 호감을 표시하였고, 성관계 전후로 청소년에게 대가를 지급하지 않았으며, 청소년도 대가를 요구한 적 없고, 다만 남성이 소주와 과자 등을 준비하여 청소년과 함께 모텔에 가서 모텔 비용을 지출한 후 소주 등을 먹다가 성관계를 하였고 그 후 함께 분식집에 가서 떡볶이와 음료수 등을 사서 먹고 남성이 그 비용을 지출한 것이 있는데, 이것만으로는 대가의 제공이라고 보기 힘들다고 한 경우,[131] ② 23세 남성이 스마트폰 채팅 어플을 통하여 만난 14세의 청소년과 합의하여 성관계를 하였는데, 성관계 전후로 청소년에게 대가를 지급하지 않았고, 청소년도 대가를 요구한 적 없으며, 다만 성관계 후 청소년에게 콜라를 사주고 차비로 3,000원을 준 경우[132] 등이 있다.

---

127 서울고판 2016. 12. 1, 2016노410(확정).
128 서울북부지판 2015. 6. 19, 2015고합28(항소기각으로 확정).
129 서울북부지판 2015. 6. 19, 2015고합28(항소기각으로 확정).
130 수원지판 2022. 5. 18, 2021고합619(확정).
131 서울고판 2016. 12. 1, 2016노410(확정).
132 제주지판 2015. 4. 23, 2015고합7(항소기각으로 확정).

(나) 고의

제1항의 죄는 고의범으로 상대방이 아동·청소년임을 알고 성을 사는 행위　213
를 하여야 한다. 본죄는 영업범이 아니므로 청소년유해매체 판매 시와 같이 행
위자에게 상대방의 나이를 확인할 의무를 부과한다고 보기는 어렵겠지만, 미필
적 인식으로 충분하다. 상대방이 아동·청소년이라는 사실 자체로 행위자가 이
를 인식하였다고 추정하는 것은 아니다.

상대방이 행위자에게 행위 전에 나이를 알려주었다고 진술하고 피고인은　214
이를 부인하는 경우, 재판 시 상대방의 체형, 말투, 태도, 대가로 지급된 액수,
상대방이 가출을 한 상태인지 여부, 조건만남 전 상대방의 나이, 직업(중·고등학
생인지 여부), 체형, 키와 같은 신체적 특징을 물어보는 경우가 많은데, 개별 사건
에서 위와 같은 사정 외에 행위자에게 유사 전과가 있는지 등과 같은 제반 사정
을 종합하여 상대방의 진술에 대한 신빙성을 판단한다.[133] 나아가 상대방이 행
위자에게 자신의 나이를 알리지 않은 사례에서도, 위와 같은 제반 사정에 비추
어 상대방이 아동·청소년에 해당하는지를 미필적으로나마 알았을 것으로 인정
한 하급심 판례가 있다.[134]

아동·청소년임을 알고 성을 사는 행위를 한 이상, 그 경위 등은 묻지 않는　215
다. 아동·청소년이 먼저 성을 사는 행위를 제안하였다고 하더라도 범죄의 성립
에는 지장이 없다.[135]

(다) 죄수

동일한 아동·청소년과 일정 기간 계속해서 성을 사는 행위를 했을 경우,　216
각 행위마다 1개의 범죄가 성립한다.[136]

(라) 처벌 등

1년 이상 10년 이하의 징역 또는 2천만 원 이상 5천만 원 이하의 벌금에　217
처한다.

16세 미만의 아동·청소년 및 장애 아동·청소년을 대상으로 한 범죄에 대　218

---

133 이러한 기준에 따라 상대방의 진술에 대한 신빙성을 인정한 사례로, 대전지판 2020. 12. 18,
　　2020고합269(대법원에서 확정).
134 대구지판 2017. 9. 1, 2017고합284(확정).
135 주석형법 [각칙(4)](5판), 430(구회근).
136 주석형법 [각칙(4)](5판), 431(구회근).

하여는 정한 형의 2분의 1까지 가중한다(제3항). 16세 미만 아동·청소년에 대한 가중처벌은 2020년 12월 8일 청소년성보호법 개정으로, 장애 아동·청소년에 대한 가중처벌은 2020년 5월 19일 개정으로 각 규정되었다.

219   제1항·제3항의 죄는 양형기준 적용대상이다(성매매범죄 양형기준).[137]

220   앞서 살펴본 것처럼 제1항의 죄의 성매매 상대방이 된 아동·청소년은 성매매처벌법 제21조 제1항에 불구하고 보호를 위하여 처벌하지 아니한다(아청 §38①).

(4) 제2항의 죄(아동·청소년 유인, 권유)

221   제2항의 죄는 ① 아동·청소년의 성을 사기 위하여 아동·청소년을 '유인'하거나 ② 성을 팔도록 '권유'한 때에 성립한다.

222   '아동·청소년의 성을 사는 행위의 상대방이 되도록 유인·권유하는 행위'를 처벌하는 청소년성보호법 제14조 제3항과의 관계에 비추어 보면, 제2항의 죄의 유인·권유의 주체는 성을 사려고 하는 사람이라고 해석해야 할 것이다. 따라서 성을 사려는 사람이 먼저 아동·청소년에게 성을 팔도록 권유한 후 성행위가 이루어지면, 제2항의 죄는 제1항의 죄에 흡수되어 별도의 성립하지 않는다고 보아야 한다.

223   '유인'은 기망 또는 유혹 등을 수단으로 사람을 꾀어 그 하자 있는 의사에 따라 그 사람을 자유로운 생활관계 또는 보호관계로부터 이탈하게 하여 자기 또는 제3자의 사실적 지배 아래로 옮기는 행위를 가리키고, 여기서 '사실적 지배'라고 함은 아동·청소년에 대한 물리적·실력적 지배관계를 의미한다.[138] 따라서 이미 가출한 상태에서 여러 남자들과 성매매를 여러 차례 한 경험이 있는 여자 청소년을 제3자가 운영하는 인터넷 채팅방에 들어가 소개받은 다음, 이미 성매매 의사를 가지고 나온 청소년을 자신의 승용차에 잠시 태우고 성매매 장소를 찾다가 그만둔 경우, 해당 청소년은 이미 성매매 의사가 있었고, 해당 청소년을 기망 또는 유혹하여 그 하자 있는 의사에 따라 자신의 물리적·실력적 지배 아래로 옮겼다고 볼 수 없으므로, '유인'에 해당하지 않는다.[139]

224   '권유'는 권하여 성을 팔도록 하는 것이므로, 아동·청소년이 이미 성매매

---

137 양형위원회, 2023 양형기준, 455-470.
138 대판 2007. 5. 11, 2007도2318.
139 대판 2013. 6. 13, 2012도14776.

의사를 가지고 있었던 경우에도 가능하다. 따라서 아동·청소년이 이미 성매매 의사를 가지고 먼저 인터넷 채팅사이트에서 성을 매수할 사람을 물색하고 있었다고 하더라도, 피고인이 위 채팅사이트에 접속하여 해당 아동·청소년과의 채팅을 통하여 성매매 장소, 대가, 연락방법 등에 관하여 구체적인 합의한 다음 약속장소 인근에 도착하여 전화로 "속바지를 벗고 오라."고 지시한 일련의 행위는 '아동·청소년에게 성을 팔도록 권유하는 행위'에 해당한다.[140]

　　본죄를 범한 사람은 3년 이하의 징역 또는 3천만 원 이하의 벌금에 처한다.[141]　　225

　　16세 미만의 아동·청소년 및 장애 아동·청소년을 대상으로 한 범죄에 대　　226
하여는 정한 형의 2분의 1까지 가중한다(제3항).

　　본죄는 미수범 처벌규정이 없고, 양형기준 적용대상이 아니다.　　227

9. 아동·청소년에 대한 강요행위 등

(1) 규정

제14조 (아동·청소년에 대한 강요행위 등) ① 다음 각 호의 어느 하나에 해당하는 자는 5년 이상의 유기징역에 처한다.

　1. 폭행이나 협박으로 아동·청소년으로 하여금 아동·청소년의 성을 사는 행위의 상대방이 되게 한 자

　2. 선불금(先拂金), 그 밖의 채무를 이용하는 등의 방법으로 아동·청소년을 곤경에 빠뜨리거나 위계 또는 위력으로 아동·청소년으로 하여금 아동·청소년의 성을 사는 행위의 상대방이 되게 한 자

　3. 업무·고용이나 그 밖의 관계로 자신의 보호 또는 감독을 받는 것을 이용하여 아동·청소년으로 하여금 아동·청소년의 성을 사는 행위의 상대방이 되게 한 자

　4. 영업으로 아동·청소년을 아동·청소년의 성을 사는 행위의 상대방이 되도록 유인·권유한 자

② 제1항제1호부터 제3호까지의 죄를 범한 자가 그 대가의 전부 또는 일부를 받거나 이를 요구 또는 약속한 때에는 7년 이상의 유기징역에 처한다.

---

140 대판 2011. 11. 10, 2011도3934.
141 법정형이 1년 이하의 징역 또는 1천만 원 이하의 벌금이었으나, 2021년 3월 23일 법률 개정(2021. 9. 24. 시행)으로 위와 같이 상향되었다.

③ 아동·청소년의 성을 사는 행위의 상대방이 되도록 유인·권유한 자는 7년 이하의 징역 또는 5천만원 이하의 벌금에 처한다.

④ 제1항과 제2항의 미수범은 처벌한다.

(2) 의의

228   본조는 아동·청소년으로 하여금 다른 사람의 성을 사는 행위의 상대방이 되도록 강요하는 행위 등을 처벌하는 규정이다. 본조는 2000년 2월 3일 구 청소년의 성보호에 관한 법률(법률 제6261호)이 제정될 때 규정된 이후 2009년 6월 9일 청소년성보호법으로 바뀌면서도 대략적인 체제가 유지되어 오늘에 이르고 있다.

229   본조의 체계를 살펴보면, ① 본조 제3항의 유인·권유 행위가 기본적 구성요건이라고 할 수 있다. 가중적 구성요건으로 ② 제1항의 폭행, 협박, 위계·위력의 수단을 사용하거나 자신의 보호·감독자로서의 지위를 이용하거나, 유인·권유 행위에 영업성이 있는 경우(제1항), ③ 제2항의 일부 강요행위를 하고 그 대가를 받거나 요구·약속한 경우(제2항)가 있다. 따라서 본조 제3항의 유인·권유에 따라 성행위가 이루어지고, 제1항 또는 제2항의 죄가 성립하면, 제3항의 죄는 이에 흡수되어 별도로 성립하지 않는다고 할 것이다.

230   본죄[142]는 아동·청소년대상 성범죄(아청 §2(ii)가목)에는 해당하나, 아동·청소년대상 성폭력범죄(아청 §2(iii))는 아니다[공소시효의 특례, 심신장애 등에 관한 특례, 신상정보 공개·고지명령에 관한 사항은 **청소년성보호법 §11(아동청소년성착취물의 제작·배포 등)에 관한 6. (2) 법적 성격** 부분에서 살펴본 바와 같음].

231   본죄는 특정강력범죄법상의 특정강력범죄(특강 §2)도 아니다.

(3) 제1항의 죄(강요행위 등)

232   제1항의 죄는 ① 폭행이나 협박(제1호), 2. 선불금, 그 밖의 채무를 이용하는 등의 방법으로 아동·청소년을 곤경에 빠뜨리거나 위계 또는 위력(제2호), ③ 업무·고용이나 그 밖의 관계로 자신의 보호 또는 감독을 받는 것을 이용(제3호), ④ 영업으로 유인·권유(제4호)을 그 수단으로 하여, 아동·청소년으로 하여금 아

---

142 본조 각 항의 죄명이 모두 청소년성보호법위반(강요행위등)죄로 같으므로 이를 합하여 '본죄'라고 하고, 개별적으로는 제1항의 죄 등으로 표기한다.

동·청소년의 성을 사는 행위의 상대방이 되게 한 경우에 성립한다. 이는 아동·청소년으로 하여금 성을 팔도록 강요하는 등 그 수단·방법의 불법성이 중한 것 등을 고려하여 제3항의 죄에 비해서는 물론, 성을 파는 사람을 아동·청소년에 한정하지 않는 성매매처벌법(성매매강요등)죄(성매매 §18①, ②)[143]에 비하여 가중처벌하는 것이다.

여기서, 폭행·협박은 형법 제297조(강간), 곤경에 빠뜨리는 것은 청소년성보호법 제8조의2(13세 이상 16세 미만 아동·청소년에 대한 간음 등), 위계·위력은 제7조(아동·청소년에 대한 강제추행 등) 제5항, 업무·고용·보호·감독은 형법 제303조(업무상위력 등에 의한 간음) 제1항, 유인·권유는 청소년성보호법 제13조(아동·청소년의 성을 사는 행위 등) 제2항에서와 같은 의미이다. 233

위 ④의 '영업으로' 한다는 것(영업범)은 행위자가 수입원으로서 반복성·계속성을 가지고 하는 것을 말하고,[144] '영업으로' 하는지 여부는 단순히 그에 필요한 인적 또는 물적 시설을 구비하였는지와 관계없이 해당 행위의 반복·계속성 여부, 영업성의 유무, 그 목적이나 규모, 횟수, 기간, 태양 등의 여러 사정을 종합적으로 고려하여 사회통념에 따라 판단하여야 한다.[145] 234

가출한 아동·청소년을 협박하여 함께 거주하면서 20일간 매일 1회씩 아 235

---

143 성매매처벌법 제18조(벌칙) ① 다음 각 호의 어느 하나에 해당하는 사람은 10년 이하의 징역 또는 1억원 이하의 벌금에 처한다.
  1. 폭행이나 협박으로 성을 파는 행위를 하게 한 사람
  2. 위계 또는 이에 준하는 방법으로 성을 파는 사람을 곤경에 빠뜨려 성을 파는 행위를 하게 한 사람
  3. 친족관계, 고용관계, 그 밖의 관계로 인하여 다른 사람을 보호·감독하는 것을 이용하여 성을 파는 행위를 하게 한 사람
  4. 위계 또는 위력으로 성교행위 등 음란한 내용을 표현하는 영상물 등을 촬영한 사람
② 다음 각 호의 어느 하나에 해당하는 사람은 1년 이상의 유기징역에 처한다.
  1. 제1항의 죄(미수범을 포함한다)를 범하고 그 대가의 전부 또는 일부를 받거나 이를 요구·약속한 사람
  2. 위계 또는 위력으로 미성년자, 사물을 변별하거나 의사를 결정할 능력이 없거나 미약한 사람 또는 대통령령으로 정하는 중대한 장애가 있는 사람으로 하여금 성을 파는 행위를 하게 한 사람
  3. 「폭력행위 등 처벌에 관한 법률」 제4조에 규정된 단체나 집단의 구성원으로서 제1항의 죄를 범한 사람
144 이재상·장영민·강동범, 형법총론(11판), §38/38.
145 대판 2012. 7. 12, 2012도4390(대부업); 창원지판 2015. 4. 30, 2014고합266, 2014고합320(청소년성보호법상 알선영업행위).

동·청소년인 피해자로 하여금 청소년의 성을 사는 행위의 상대방이 되게 한 행위는 단일한 범의에 기한 일련의 행위가 아니라 각기 다른 범의 아래 저질러진 별개의 행위라고 할 것이므로, 포괄일죄에 해당하지 아니하고 수개의 죄에 해당한다.[146]

236　　본죄를 범한 사람은 5년 이상 유기징역에 처한다.

237　　본죄의 미수범은 처벌하고(제4항), 본죄는 양형기준 적용대상이다(성매매범죄 양형기준).[147]

(4) 제2항의 죄(대가의 수령·요구·약속)

238　　제2항의 죄는 본조 제1항의 제1호부터 제3호까지의 죄를 범한 사람이 그 대가의 전부 또는 일부를 받거나 이를 요구 또는 약속한 때에 성립한다.

239　　위법성이 높은 방법으로 아동·청소년으로 하여금 아동·청소년의 성을 사는 행위의 상대방이 되게 한 것에서 더 나아가, 그 대가까지 취득하거나 요구·약속였으므로 불법성이 더 크다고 보아 가중 처벌하는 것이다.

240　　수령·요구·약속은 형법 제129조(수뢰, 사전수뢰)의 수수·요구·약속과 같은 의미이다.

241　　본죄를 범한 사람은 7년 이상 유기징역에 처한다.

242　　본죄의 미수범은 처벌하고(제4항), 본죄는 양형기준 적용대상이다(성매매범죄 양형기준).[148]

(5) 제3항의 죄(아동청소년의 유인·권유)

243　　제3항의 죄는 아동·청소년에게 성을 사는 행위의 상대방이 되도록 유인·권유한 때에 성립한다.

244　　유인, 권유에 따라 실제 성행위가 이루어졌을 것을 요하지 않는다.

245　　유인, 권유에 따라 실제 성행위가 이루어진 경우, 그것만으로 따로 처벌하는 규정은 보이지 않는다. 다만, 유인, 권유에 따라 이루어진 성행위가 본조 제1항 제1호 내지 제3호에 해당하는 경우 거기서 규정한 행위태양(폭행, 협박, 위계, 위력, 보호 또는 감독 관계 이용)에 유인·권유가 포함되어 있다고 볼 수 있으므로,

---

146 대판 2010. 9. 9, 2010도7118.
147 양형위원회, 2023 양형기준, 455-470.
148 양형위원회, 2023 양형기준, 455-470.

이 경우 제3항의 죄는 위 제1항 제1호 내지 제3호의 죄에 흡수된다고 보아야 할 것이다.

본죄를 범한 사람은 7년 이하의 징역 또는 5천만 원 이하의 벌금에 처한다.　246

본죄는 양형기준 적용대상이고(성매매범죄 양형기준),[149] 미수범 처벌규정은　247 없다.

10. 알선영업행위 등

(1) 규정

제15조(알선영업행위등) ① 다음 각 호의 어느 하나에 해당하는 자는 7년 이상의 유기징역에 처한다. 〈개정 2021. 3. 23.〉

　1. 아동·청소년의 성을 사는 행위의 장소를 제공하는 행위를 업으로 하는 자

　2. 아동·청소년의 성을 사는 행위를 알선하거나 정보통신망(「정보통신망 이용촉진 및 정보보호 등에 관한 법률」 제2조제1항제1호의 정보통신망을 말한다. 이하 같다)에서 알선정보를 제공하는 행위를 업으로 하는 자[150]

　3. 제1호 또는 제2호의 범죄에 사용되는 사실을 알면서 자금·토지 또는 건물을 제공한 자

　4. 영업으로 아동·청소년의 성을 사는 행위의 장소를 제공·알선하는 업소에 아동·청소년을 고용하도록 한 자

② 다음 각 호의 어느 하나에 해당하는 자는 7년 이하의 징역 또는 5천만원 이하의 벌금에 처한다.

　1. 영업으로 아동·청소년의 성을 사는 행위를 하도록 유인·권유 또는 강요한 자

　2. 아동·청소년의 성을 사는 행위의 장소를 제공한 자

　3. 아동·청소년의 성을 사는 행위를 알선하거나 정보통신망에서 알선정보를 제공한 자

　4. 영업으로 제2호 또는 제3호의 행위를 약속한 자

③ 아동·청소년의 성을 사는 행위를 하도록 유인·권유 또는 강요한 자는 5년 이하의 징역 또는 3천만원 이하의 벌금에 처한다.

---

149 양형위원회, 2023 양형기준, 455-470.

150 2021년 3월 23일 개정법에서 정보통신망의 의미를 "「정보통신망 이용촉진 및 정보보호 등에 관한 법률」 제2조제1항제1호의 정보통신망을 말한다. 이하 같다."라고 특정하였다.

(2) 의의

248　　본조는 주로 아동·청소년에 대하여 성을 사는 사람들에게 성을 사는 행위를 쉽게 해 주는 행위, 즉 성매매 알선을 무겁게 처벌함으로써 아동·청소년의 성을 보호한다는 취지를 가진 규정이다. 이처럼 본조는 아동·청소년에 대한 성을 사는 사람을 돕는 행위를 처벌하는 규정이므로,[151] 동일인이 성을 사는 사람과 그 상대방이 된 아동·청소년에게 모두 관여된 경우에는 본조의 죄 외에 청소년성보호법 제14조(아동·청소년에 대한 강요행위 등) 위반의 죄가 따로 성립할 수 있다.

249　　본조는 2000년 2월 3일 구 청소년의 성보호에 관한 법률(법률 제6261호)이 제정될 때 규정된 이후 2009년 6월 9일 청소년성보호법으로 바뀌면서도 대략적인 체제가 유지되어 오늘에 이르고 있다.

250　　본조의 규정체계를 살펴보면, 아동·청소년의 성을 사는 행위를 쉽게 해주는 일반규정을 두지 않고, 이에 해당하는 개별행위들을 법정형이 다른 각 호에

---

151 아동·청소년이 아닌 성인 대상 성매매를 처벌하는 성매매처벌법에서는 알선행위와 관련하여 아래와 같이 규정하고 있다.

성매매처벌법 제19조(벌칙) ① 다음 각 호의 어느 하나에 해당하는 사람은 3년 이하의 징역 또는 3천만원 이하의 벌금에 처한다.
　　1. 성매매알선 등 행위를 한 사람
　　2. 성을 파는 행위를 할 사람을 모집한 사람
　　3. 성을 파는 행위를 하도록 직업을 소개·알선한 사람
② 다음 각 호의 어느 하나에 해당하는 사람은 7년 이하의 징역 또는 7천만원 이하의 벌금에 처한다.
　　1. 영업으로 성매매알선 등 행위를 한 사람
　　2. 성을 파는 행위를 할 사람을 모집하고 그 대가를 지급받은 사람
　　3. 성을 파는 행위를 하도록 직업을 소개·알선하고 그 대가를 지급받은 사람
제20조(벌칙) ① 다음 각 호의 어느 하나에 해당하는 사람은 3년 이하의 징역 또는 3천만원 이하의 벌금에 처한다.
　　1. 성을 파는 행위 또는 「형법」 제245조에 따른 음란행위 등을 하도록 직업을 소개·알선할 목적으로 광고(각종 간행물, 유인물, 전화, 인터넷, 그 밖의 매체를 통한 행위를 포함한다. 이하 같다)를 한 사람
　　2. 성매매 또는 성매매알선 등 행위가 행하여지는 업소에 대한 광고를 한 사람
　　3. 성을 사는 행위를 권유하거나 유인하는 광고를 한 사람
② 영업으로 제1항에 따른 광고물을 제작·공급하거나 광고를 게재한 사람은 2년 이하의 징역 또는 1천만원 이하의 벌금에 처한다.
③ 영업으로 제1항에 따른 광고물이나 광고가 게재된 출판물을 배포한 사람은 1년 이하의 징역 또는 500만원 이하의 벌금에 처한다.

나열하면서, 유사한 규정들이 혼재해 있고,[152] 영업성을 요구하는 기준도 일관되지 않아,[153] 다양한 구성요건들을 체계적으로 이해하기 어렵게 되어 있다. 굳이 체계화시켜 본다면, 성을 사는 사람에 대한 조력의 기본적 구성요건을 본조 제3항(5년 이하 징역 또는 3천만 원 이하 벌금)으로 삼고, 거기서 행위태양의 무거움(유인·권유 또는 강요보다 알선을 무거운 행위로 보는 듯함) 또는 영업성이 부가된 행위을 기준으로 제2항(7년 이하 징역 또는 5천만 원 이하 벌금), 제1항(7년 이상의 유기징역) 순으로 가중된 구성요건을 규정하였다고 이해할 수 있을 것이다.

본죄[청소년성보호법위반(알선영업행위등)죄][154]는 아동·청소년대상 성범죄(아청 §2(ii)가목)에는 해당하나, 아동·청소년대상 성폭력범죄(아청§2(iii))는 아니다[공소시효의 특례, 심신장애 등에 관한 특, 신상정보 공개·고지명령에 관한 사항은 **청소년성보호법 §11(아동청소년성착취물의 제작·배포 등)에 관한 6. (2) 법적 성격** 부분에서 살펴본 바와 같음].   **251**

(3) 제1항의 죄

(가) 행위

제1항의 죄는 ① 아동·청소년의 성을 사는 행위의 장소를 제공하는 행위를 업으로 하는 때(제1호), ② 아동·청소년의 성을 사는 행위를 알선하거나 정보통신망(정보통신망법 §2①(i)[155])에서 알선정보를 제공하는 행위를 업으로 하는 자(제2호), ③ 위 ①, ②의 범죄에 사용되는 사실을 알면서 자금·토지 또는 건물을 제공한 때(제3호), ④ 영업으로 아동·청소년의 성을 사는 행위의 장소를 제   **252**

---

152 가령 본조 제1항 제2호의 '아동·청소년의 성을 사는 행위를 알선하는 것을 업으로 하는 자'와 제1호의 '영업으로 아동·청소년의 성을 사는 행위를 하도록 유인·권유한 자'는 구분이 분명하지 않다. 제2호에 대한 헌법재판소의 합헌결정(후술)이 있었지만, 구분이 모호하다는 의문은 여전히 남아 있다.

153 가령 7년 이상의 유기징역이라는 무거운 형을 적용하는 본조 제1항 중 제3호, 제4호의 행위에는 영업성을 요구하지 않고 있는데, 영업성을 요하는 제1호, 제2호의 범행에 영업성 없이 건물을 임대하였다거나 아동·청소년을 소개시켜 주었다는 것만으로 같은 법정형을 적용할 것인지 의문이 있다.

154 본조 각 항의 죄명이 모두 청소년성보호법위반(알선영업행위등)죄로 같으므로 이를 합하여 '본죄'라고 하고, 개별적으로는 제1항의 죄 등으로 표기한다.

155 정보통신망법 제2조(정의) ① 이 법에서 사용하는 용어의 뜻은 다음과 같다.
    1. "정보통신망"이란 「전기통신사업법」 제2조제2호에 따른 전기통신설비를 이용하거나 전기통신설비와 컴퓨터 및 컴퓨터의 이용기술을 활용하여 정보를 수집·가공·저장·검색·송신 또는 수신하는 정보통신체제를 말한다.

공·알선하는 업소에 아동·청소년을 고용하도록 한 때(제4호) 성립한다.

253   위 ①, ②는 '업으로', ④는 '영업으로' 할 것을 요하는데 그 의미는 같고, 이
미 **청소년성보호법 제14조 제1항 제4호** 부분에서 살펴본 바와 같다.

254   특히, 위 ②의 '알선'은 아동·청소년의 성을 사는 행위를 할 수 있도록 그
당사자의 중간에 서서 중개하거나 편의를 도모하는 것을 의미하므로, 알선이 되
기 위하여는 반드시 그 알선에 의하여 성을 사려는 사람이 실제로 성을 사거나
그 상대방과 서로 대면하는 정도에 이르러야만 하는 것은 아니고, 당사자들의
의사를 연결하여 더 이상 알선자의 개입이 없더라도 성을 살수 있을 정도의 주
선행위만 있으면 충분하다.[156] 이러한 알선영업은 유흥주점 등 아동·청소년을
대상으로 한 성매매가 행해지는 업소의 운영자에게 적용할 가능성이 높다.

      (나) 고의

255   본죄도 고의범이므로, 미필적으로나마 '성을 사는 행위'의 상대방이 아동·
청소년이라는 사실을 알고 있어야 한다.

256   미필적 고의의 인정 기준과 관련하여, 유흥주점과 같은 아동·청소년유해업
소의 업주에게는 아동·청소년을 당해 업소에 고용하여서는 아니 될 매우 엄중
한 책임이 부여되어 있으므로, 유흥주점의 업주가 당해 유흥업소에 종업원을 고
용하는 경우에는 주민등록증 등 공적 증명력이 있는 증거에 의하여 대상자의
연령을 확인하여야 하고, 대상자가 신분증을 분실하였다는 사유로 연령 확인에
응하지 아니하는 경우라면 공적 증명에 의하여 이를 확인할 수 있는 때까지 채
용을 보류하거나 거부하여야 할 의무가 있다는 이유로, 성을 사는 행위를 알선
하는 행위를 업으로 하는 사람이 성매매알선을 위한 종업원을 고용하면서 고용
대상자에 대하여 아동·청소년의 보호를 위한 위와 같은 연령확인의무의 이행을
다하지 아니한 채 청소년을 고용하였다면, 특별한 사정이 없는 한 적어도 아
동·청소년의 성을 사는 행위의 알선에 관한 미필적 고의는 인정된다는 것이 판
례의 태도이다.[157]

---

156 대판 2023. 6. 29, 2020도3626[성매매처벌법위반(성매매알선등)죄].
157 대판 2002. 6. 28, 2002도2425; 대판 2006. 3. 23, 2006도477; 대판 2013. 9. 27, 2013도8385;
    대판 2014. 7. 10, 2014도5173. 위 2013도8385 판결 해설 및 평석은 위광하, "청년유해업소에서
    종업원 고용 시 연령확인의무", 해설 98, 법원도서관(2014), 561-573; 이혜린, "청소년유해업소의
    종업원 고용시 연령확인의무의 내용", 특별형법 판례100선, 283-285.

미필적 고의의 인정 여부와 관련한 다른 사례로는, 알선행위 당시 알선의 257
대상이 된 사람이 실제 만 14세의 청소년으로서 외모로도 미성년자임을 금방
인식할 수 있었고, 화장을 한 경우 실제 나이보다 더 많아 보일 수는 있겠으나,
알선의 대상인 청소년과 상당한 기간 동안 함께 있으면서 화장하지 않은 얼굴
도 자주 보았고, 차로 태워다주거나 직접 성매매를 알선하여 주기도 하였으며,
해당 청소년은 성매매알선 조직의 구성원과 사귀는 사이일 정도로 성매매알선
조직의 구성원들과 개인적인 친분이 있었던 경우에는 청소년임을 충분히 알고
있었거나 적어도 이를 미필적으로 인식하고 있었다고 봄이 타당하다는 하급심
판결례가 있다.[158]

한편, '청소년의 성을 사는 행위를 알선하는 행위를 업으로 하는 사람'이 알 258
선의 대상이 청소년임을 인식하면서 알선행위를 하였다면, 알선행위로 인하여
실제로 '청소년의 성을 사는 행위를 한 사람'이 행위의 상대방이 청소년임을 인
식하고 있었는지 여부는 알선행위를 한 사람의 책임에 아무런 영향이 없다.[159]

(다) 처벌 등

7년 이상의 유기징역에 처한다. 259

위 법정형과 관련하여, 본조 제1항 제2호(아동·청소년의 성을 사는 행위를 알선 260
하는 등의 행위를 업으로 하는 자)와 제2항 제1호(영업으로 아동·청소년의 성을 사는 행위
를 하도록 유인·권유 또는 강요한 자)는 그 행위가 유사한데 법정형이 대단히 불균
등하다는 등의 위헌성 시비가 있었으나,[160] 헌법재판소는 본조 제1항 제2호와
유사한 내용을 가진 구 청소년성보호법(2010. 4. 15. 법률 10206호로 개정된 것) 제12
조 제1항 제2호에 대하여 합헌으로 결정한 바 있다.[161]

다만, 헌재에서 합헌으로 결정한 이유에서 알선을 업으로 한다는 내용의 구 261
청소년성보호법 제12조 제1항 제2호가 단순 알선을 내용으로 한 제12조 제2항
제3호(현행 청소년성보호법 15조 2항 3호와 유사한 내용이다)에 비하여 불법성이 크다
는 판단을 하였을 뿐 제2항 제1호와 비교하는 판단은 없었다.

---

158 서울고판 2016. 1. 15, 2015노2881(상고기각으로 확정).
159 대판 2016. 2. 18, 2015도15664.
160 성범죄재판실무편람, 성범죄재판실무편람 집필위원회(2018), 43.
161 헌재 2011. 10. 25, 2011헌가1.

262   제1항의 죄는 양형기준 적용대상이다(성매매범죄 양형기준).[162]

(4) 제2항의 죄

263   제2항의 죄는 ① 영업으로 아동·청소년의 성을 사는 행위를 하도록 유인·권유 또는 강요한 때(제1호), ② 아동·청소년의 성을 사는 행위의 장소를 제공한 때(제2호), ③ 아동·청소년의 성을 사는 행위를 알선하거나 정보통신망에서 알선정보를 제공한 때(제3호), ④ 영업으로 위 ②, ③의 행위를 약속한 때(제4호) 성립한다.

264   위 ①에서 유인·권유는 영업성이 있어야 하지만, ③의 알선은 영업성이 없더라도 처벌할 수 있는데, 유인이나 권유와 알선의 구분이 명백하지 않다. 알선은 두 사람 사이를 연결해 준다는 의미가 있지만, 유인이나 권유도 성을 파는 사람과의 관련성 없이는 이루어지기 어렵기 때문이다.

265   제2항의 죄를 범한 사람은 7년 이하의 징역 또는 5천만 원 이하의 벌금에 처한다.

266   제2항의 죄는 양형기준 적용대상이다(성매매범죄 양형기준).[163]

(5) 제3항의 죄

267   제3항의 죄는 아동·청소년의 성을 사는 행위를 하도록 유인·권유 또는 강요한 사람을 처벌하는 조항이다. 유인·권유 또는 강요의 상대방은 아동·청소년이 아니라 아동·청소년을 그 상대방으로 삼으려고 하는 사람이다.

268   제3항의 죄를 범한 사람은 5년 이하의 징역 또는 3천만 원 이하의 벌금에 처한다.

269   제3항의 죄는 양형기준 적용대상이다(성매매범죄 양형기준).[164]

---

162 양형위원회, 2023 양형기준, 455-470.
163 양형위원회, 2023 양형기준, 455-470.
164 양형위원회, 2023 양형기준, 455-470.

11. 아동·청소년에 대한 성착취 목적 대화 등

(1) 규정

제15조의2(아동·청소년에 대한 성착취 목적 대화 등) ① 19세 이상의 사람이 성적 착취를 목적으로 정보통신망을 통하여 아동·청소년에게 다음 각 호의 어느 하나에 해당하는 행위를 한 경우에는 3년 이하의 징역 또는 3천만원 이하의 벌금에 처한다.

1. 성적 욕망이나 수치심 또는 혐오감을 유발할 수 있는 대화를 지속적 또는 반복적으로 하거나 그러한 대화에 지속적 또는 반복적으로 참여시키는 행위
2. 제2조제4호 각 목의 어느 하나에 해당하는 행위를 하도록 유인·권유하는 행위

② 19세 이상의 사람이 정보통신망을 통하여 16세 미만인 아동·청소년에게 제1항 각 호의 어느 하나에 해당하는 행위를 한 경우 제1항과 동일한 형으로 처벌한다. [본조신설 2021. 3. 23.]

(2) 의의

본조는 최근 발생한 텔레그램 n번방 사건과 같이 아동·청소년대상 '온라인 그루밍'[165]의 경우 성착취물의 제작 및 유포에 따른 파급효과가 극심하고 피해의 회복이 어려운 점 등을 감안하여,[166] 아동·청소년에 대한 성적 착취를 목적으로 성적 욕망이나 수치심 또는 혐오감을 유발하는 대화를 지속적 또는 반복적으로 하는 행위 등을 범죄행위로 처벌하기 위하여 2021년 3월 23일 청소년성보호법 개정으로(2021. 9. 24. 시행) 신설되었다.

이전에는 아동·청소년에게 성을 사기 위하여 유인, 권유한 경우에 한하여 청소년성보호법 제13조 제2항에 따라 처벌할 수 있었으나, 본조의 신설로 성인이 아동·청소년을 대상으로 대가를 내걸지 않고 성적인 행위를 유인, 권유하는

270

271

---

165 일반적으로 그루밍(Grooming. '길들이기'로 번역 또는 사용되기도 함) 성범죄는 성범죄자들이 피해자들을 유혹하기 위해 사용하는 비폭력적 방법을 의미한다. 주로 아동·청소년 혹은 성적 주체성이 미숙한 대상을 상대로 하여 성적으로 심리적 길들이기를 하는 그루밍은 통상 ① 피해자 고르기 ② 피해자의 신뢰 얻기 ③ 욕구 충족시켜주기 ④ 아동 고립시키기 ⑤ 관계를 성적으로 만들기 ⑥ 통제 유지하기의 단계로 진행된다고 설명되고 있다. 행위의 특성상 연장자가 연소자를 상대로 벌이는 행위이다.
166 국회 법제사법위원회, 청소년성보호법일부개정법률안(대안), 제안이유(2021. 2).

것만으로 처벌할 수 있게 되었다. 다만, 법문에서 사용한 문장들이 명확하지 않아 구체적인 구성요건이나 역할은 앞으로 선례의 집적을 기다려야 할 것이다.

272   본죄[청소년성보호법위반(성착취대화등)][167]는 아동·청소년대상 성범죄(아청 §2(ii)가목)에는 해당하나, 아동·청소년대상 성폭력범죄(아청 §2(iii))는 아니다[공소시효의 특례, 심신장애 등에 관한 특례, 신상정보 공개·고지명령에 관한 사항은 **청소년성보호법 §11 (아동청소년성착취물의 제작·배포 등)에 관한 6. (2) 법적 성격** 부분에서 살펴본 바와 같음].

(3) 제1항의 죄(성착취 목적 대화 또는 대화에 참여시키는 행위)

(가) 주체 및 객체

273   제1항의 죄의 주체는 19세 이상의 사람, 객체는 아동·청소년이다.

(나) 행위

274   제1항의 행위는 정보통신망을 통하여 아동청소년에게 ① 성적 욕망이나 수치심 또는 혐오감을 유발할 수 있는 대화를 지속적 또는 반복적으로 하거나 그러한 대화에 지속 또는 반복적으로 참여시키는 행위(제1호), ② 성교 행위, 구강·항문 등 신체의 일부나 도구를 이용한 유사 성교 행위, 신체의 전부 또는 일부를 접촉·노출하는 행위로서 일반인의 성적 수치심이나 혐오감을 일으키는 행위, 자위 행위(아청 §②(iv)가목 내지 라목) 중 어느 하나에 해당하는 행위를 하도록 유인·권유하는 행위(제2호)이다.

275   어느 행위나 정보통신망을 통하여야 한다. 따라서 오프라인으로 행하여지는 행위는 여기에 포함되지 않는다.[168]

276   위 ①에서 '성적 수치심 또는 혐오감을 유발한다는 것'은 피해자에게 단순한 부끄러움이나 불쾌감을 넘어 인격적 존재로서의 수치심이나 모욕감을 느끼게 하거나 싫어하고 미워하는 감정을 느끼게 하는 것으로서 사회 평균인의 성적 도의관념에 반하는 것을 의미하며, 그 유발 여부는 일반적이고 평균적인 사람들을 기준으로 하여 판단함이 타당하고, 특히 성적 수치심의 경우 피해자와 같은 성별과 연령대의 일반적이고 평균적인 사람들을 기준으로 하여 그 유발

---

167 본조 각 항의 죄명이 모두 청소년성보호법위반(성착취목적대화등)죄로 같으므로 이를 합하여 '본죄'라고 하고, 개별적으로는 제1항의 죄 등으로 표기한다.

168 이에 대하여, 오프라인에서도 그루밍 행위가 충분히 발생할 수 있으므로 이를 포섭할 수 있도록 입법적으로 정보통신망으로 제한할 필요가 없다는 견해도 있다[박상기·전지연, 형사특별법(4판), 306].

여부를 판단하여야 한다.[169]

　　현재 일부 하급심 판결에서 유죄를 인정한 사례가 있는데,[170] 주로 피해자의 노출사진을 가지고 있음을 빌미로 더 수위가 높은 동영상을 요구하거나 노골적인 성행위 요구를 하는 행위를 청소년성보호법상 성착취물 제작, 소지, 청소년성보호법상 성폭력행위 등과 경합범으로 기소한 경우로, 이들 경합범죄에비하여 법정형이 낮고, 이들 범죄의 예비행위적 성격을 가진 경우가 많아 양형에 반영되는 비중이 작아 보인다. 아직 본죄만으로 구성된 공소사실로 기소된사건은 보이지 않는다. 다만 아동·청소년에게 성착취물 제작을 유인·권유하는행위 자체를 처벌하는 규정은 아직 없으므로, 앞으로 위와 같은 청소년성보호법상 성착취물 제작, 청소년성보호법상 성범죄 등의 예비행위를 처벌하는 규정으로 작동할 가능성이 있다.

　　(다) 고의 등

　　제1항의 죄는 고의범이고, 초과주관적 구성요건요소로서 '성적 착취'의 목적을 요한다.

　　청소년성보호법에는 본조 외에도 제4조(국가와 지방자치단체의 의무)[171]에서'성적 착취'라는 용어를 사용하고 있으나, '성적 착취'에 대한 정의규정이 없다.다만, 제2조 제5호에 '아동·청소년성착취물'에 대한 정의규정을 두고 있다. 일반적으로 '착취'는 부당하게 가로채거나 빼앗는 것을 말하는데, 여기서는 위 정의규정에 비추어 '성적 착취'는 아동·청소년의 성적 자기결정능력이 미약한 점을 이용한 성적 행위 정도로 해석할 수 있을 것이다.

　　(4) 제2항의 죄

　　제2항의 죄는 19세 이상의 사람이 정보통신망을 통하여 16세 미만인 아동·청소년에게 제1항 각 호의 어느 하나에 해당하는 행위를 한 때에 성립한다.

277

278

279

280

169　대판 2022. 9. 29, 2020도11185〔성폭력처벌법위반(통신매체이용음란)죄〕.
170　제주지판 2022. 2. 17, 2021고합209; 대구지판 2022. 6. 24, 2022고합165.
171　청소년성보호법 제4조(국가와 지방자치단체의 의무) ① 국가와 지방자치단체는 아동·청소년대　　상 성범죄를 예방하고, 아동·청소년을 성적 착취와 학대 행위로부터 보호하기 위하여 필요한 조　　사·연구·교육 및 계도와 더불어 법적·제도적 장치를 마련하며 필요한 재원을 조달하여야 한다.　　② 국가는 아동·청소년에 대한 성적 착취와 학대 행위가 국제적 범죄임을 인식하고 범죄 정보　　의 공유, 범죄 조사·연구, 국제사법 공조, 범죄인 인도 등 국제협력을 강화하는 노력을 하여야　　한다.

281　　　제1항의 죄와 비교해 볼 때, 구성요건의 측면에서 주체와 객체에 제한이 있고, '성적 착취의 목적'을 요하지 않는 점에서 다르지만, 법정형은 같다. 객체와 관련하여, 제1항의 죄는 16세 이상 19세 미만의 아동·청소년, 제2항의 죄는 16세 미만의 아동·청소년으로 해석할 수도 있다는 견해[172]도 있으나, 성적 착취의 목적 유무에 따라 적용규정이 달라진다고 보아야 할 것이다. 따라서 16세 미만의 아동·청소년에 대하여 성적 착취의 목적으로 제1항 각 호의 행위를 한 때에는, 제1항의 죄가 성립한다.

(5) 처벌 등

282　　　제1항 및 제2항의 죄 모두 3년 이하의 징역 또는 3천만 원 이하의 벌금에 처한다.

283　　　본죄의 미수범 처벌규정은 없고, 양형기준도 설정되어 있지 않다.

12. 피해자 등에 대한 강요행위

제16조 (피해자 등에 대한 강요행위) 폭행이나 협박으로 아동·청소년대상 성범죄의 피해자 또는 '아동복지법' 제3조제3호에 따른 보호자를 상대로 합의를 강요한 자는 7년 이하의 징역에 처한다. 〈개정 2023. 4. 11.〉

284　　　본조는 2009년 6월 9일 청소년성보호법이 전부 개정(법률 제9765호)되면서 신설된 조항이다. 아동·청소년 대상 '성범죄'의 피해자 등에게 합의를 강요하는 것은 성범죄에서 나아가 더 심각한 2차 피해를 양산하기 때문이다.[173]

285　　　본죄[청소년성보호법(합의강요)죄]의 객체는 아동·청소년대상 성범죄의 피해자 또는 아동복지법 제3조 제3호에 따른 보호자, 즉 친권자, 후견인, 아동을 보호·양육·교육하거나 그러한 의무가 있는 사람 또는 업무·고용 등의 관계로 사실상 아동을 보호·감독하는 사람이다.

286　　　본조의 행위는 폭행·협박으로 합의를 강요하는 것이다. 강요는 권리행사를 방해하거나 의무 없는 일을 하게 하는 것이다. '폭행·협박', '강요'에 대해서는 **주해 XI**(각칙 8) **제324조(강요)** 부분 참조.

---

172 박상기·전지연, 형사특별법(4판), 307.
173 주석형법 〔각칙(4)〕(5판), 438(구회근).

본죄를 범한 사람은 7년 이하의 징역에 처한다.   287

본죄는 아동·청소년대상 성범죄(아청 §2(ii))도 아동·청소년대상 성폭력범죄   288
(아청 §2(iii))도 아니므로, 성범죄에 고유한 부수처분을 명할 수 없고, 신상정보
등록 대상도 아니며,[174] 공소시효도 범행종료 시 진행한다.

13. 신고의무자의 성범죄에 대한 가중처벌

제18조 (신고의무자의 성범죄에 대한 가중처벌) 제34조제2항 각 호의 기관·시설 또
는 단체의 장과 그 종사자가 자기의 보호·감독 또는 진료를 받는 아동·청소년을
대상으로 성범죄를 범한 경우에는 그 죄에 정한 형의 2분의 1까지 가중처벌한다.

본조는 아동·청소년을 보호하거나 교육하는 등의 업무를 하는 기관·시설   289
또는 단체의 장과 그 종사자가 보호·감독 또는 진료를 받는 아동·청소년을 대
상으로 성범죄를 범한 경우에 가중처벌하는 규정이다.

본죄의 주체는 청소년성보호법 제34조 제2항 각 호의 기관시설 또는 단   290
체[175]의 장과 그 종사자이고, 객체는 위와 같은 기관 등의 보호·감독 또는 진료
를 받는 청소년이다.

가중처벌하는 범죄는 '아동·청소년대상 성범죄'로, 그 죄에 정한 형의 2분   291
의 1까지 가중 처벌된다.

본죄는 양형기준 적용대상이다.[176]   292

14. 양벌규정

제32조(양벌규정) 법인의 대표자나 법인 또는 개인의 대리인, 사용인, 그 밖의 종

---

174 따라서 본죄에 대하여 다른 성폭력범죄와 동시에 판결을 선고할 경우 신상정보 등록기간을 선고형
   에 따른 기간보다 더 단기의 기간으로 정할 필요가 있는지 여부를 판단해야 한다[서울고판 2022.
   5. 4, (춘천)2021노160].
175 각 관련 법률에서 정한 유치원, 학교, 학생상담지원시설 또는 위탁 교육시설, 국제학교, 의료기
   관, 아동복지시설 및 통합서비스 수행기관, 장애인복지시설, 어린이집, 시간제보육서비스지정기
   관, 학원 및 교습소, 성매매피해자등을 위한 지원시설 및 성매매피해상담소, 한부모가족복지시
   설, 가정폭력 관련 상담소 및 가정폭력피해자 보호시설, 성폭력피해상담소 및 성폭력피해자보호
   시설, 청소년활동시설, 청소년상담복지센터 및 청소년쉼터, 학교 밖 청소년 지원센터, 청소년 보
   호·재활센터, 체육단체, 대중문화예술기획업소를 말한다.
176 양형위원회, 2023 양형기준, 29-63.

업원이 그 법인 또는 개인의 업무에 관하여 제14조제3항, 제15조제2항·제3항 또는 제31조제3항의 어느 하나에 해당하는 위반행위를 하면 그 행위자를 벌하는 외에 그 법인 또는 개인에게도 해당 조문의 벌금형을 과(科)하고, 제11조제1항부터 제6항까지, 제12조, 제14조제1항·제2항·제4항 또는 제15조제1항의 어느 하나에 해당하는 위반행위를 하면 그 행위자를 벌하는 외에 그 법인 또는 개인을 5천만원 이하의 벌금에 처한다. 다만, 법인 또는 개인이 그 위반행위를 방지하기 위하여 해당 업무에 관하여 상당한 주의와 감독을 게을리하지 아니한 경우에는 그러하지 아니하다. 〈개정 2023. 4. 11.〉

293   본조는 청소년성보호법위반의 죄 중 일부 범죄에 대한 양벌규정이다. 즉, 법인의 대표자나 법인 또는 개인의 대리인, 사용인, 그 밖의 종업원이 그 법인 또는 개인의 업무에 관하여, ① 청소년성보호법 제14조(아동·청소년에 대한 강요행위 등) 제3항, 제15조(알선영업행위등) 제2항·제3항 또는 제31조(비밀누설금지) 제3항의 어느 하나에 해당하는 위반행위를 하면 그 행위자를 벌하는 외에 그 법인 또는 개인에게도 해당 조문의 벌금형을 과하고, ② 제11조(아동·청소년성착취물의 제작·배포 등) 제1항부터 제6항까지, 제12조(아동·청소년 매매행위), 제14조(아동·청소년에 대한 강요행위 등) 제1항·제2항·제4항 또는 제15조(알선영업행위등) 제1항의 어느 하나에 해당하는 위반행위를 하면 그 행위자를 벌하는 외에 그 법인 또는 개인을 5천만원 이하의 벌금에 처한다(본조 본문).

294   양벌규정에 의한 법인이나 개인의 법적 성질은 과실책임이므로,[177] 법인 또는 개인이 그 위반행위를 방지하기 위하여 해당 업무에 관하여 상당한 주의와 감독을 게을리하지 아니한 경우에는 처벌되지 않는다(본조 단서).

Ⅳ. 아동·청소년의 성보호에 관한 법률상 각종 특례규정

295   청소년성보호법은 아동·청소년대상 성범죄에 대한 엄정한 처벌과 재범 방지 및 피해자 보호 등을 위해 그 수사절차 및 재판절차 등에서 각종 특례를 규정하고 있다.

---

177 대판 2010. 4. 15, 2009도9624.

1. 형법상 감경규정에 관한 특례(제19조)

음주 또는 약물로 인한 심신장애 상태에서 아동·청소년대상 성폭력범죄(아 **296**
청 §2(iii))를 범한 때에는 형법 제10조 제1항(심신상실), 제2항(심신장애), 제11조(청
각 및 언어 장애인)를 적용하지 않을 수 있다.

성폭력처벌법에도 성폭력범죄(성폭처벌 §2. 다만, §2(i)의 죄는 제외)에 대하여 **297**
같은 내용의 특례규정(§20)이 있는데, 위 특례에 관한 내용은 **[특별법 I] 성폭력
처벌법 IV. 4.** 부분에서 살펴본 것과 같다.[178]

2. 공소시효에 관한 특례(제20조)

아동·청소년대상 성범죄(아청 §2(iii))에 대해서는 공소시효의 정지·연장·배 **298**
제에 관한 특례가 적용된다.

즉, ① 공소시효의 진행은 아동·청소년대상 성범죄로 피해를 당한 아동· **299**
청소년이 성년에 달한 날부터 진행하고(아청 §20①)(공소시효의 정지), ② 제7조(아
동·청소년에 대한 강간·강제추행 등)의 죄는 디엔에이(DNA)증거 등 그 죄를 증명할
수 있는 과학적인 증거가 있는 때에는 공소시효가 10년 연장되고(아청 §20②)(공
소시효의 연장), ③ 13세 미만의 사람 및 신체적인 또는 정신적인 장애가 있는 아
동·청소년에 대하여 제9조(강간 등 상해·치상) 및 제10조(강간 등 살인·치사)[179]의
죄를 범하거나(아청 §20③), 아동·청소년에 대하여 제10조(강간 등 살인·치사) 제1
항(살인) 및 제11조(아동·청소년성착취물의 제작·배포 등) 제1항(제작·수입·수출)의 죄
를 범한(아청 §20④) 때에는 공소시효를 적용하지 않는다(공소시효의 배제).

성폭력처벌법에도 일정한 성폭력범죄에 대하여 같은 내용의 공소시효의 정 **300**
지·연장·배제에 관한 특례규정(성폭처벌 §21)이 있는데, 위 특례에 관한 내용은
[특별법 I] 성폭력처벌법 IV. 5. 부분에서 살펴본 것과 같다.

---

178 편의상 성폭력처벌법상 각종 특례규정을 살펴보면서 청소년성보호법상의 특례도 함께 언급하였
　는데, 성폭력처벌법에 관한 내용은 그 고유한 내용이 아닌 한 청소년성보호법에도 그대로 부합
　한다.
179 앞서 살펴본 대로 청소년성보호법 제10조의 객체는 '13세 이상 19세 미만 아동·청소년'이므로
　'13세 미만 아동·청소년'에 대해서는 성폭력처벌법 제8조(강간 등 상해·치상), 제9조(강간 등
　살인·치사)가 적용되어 마찬가지로 공소시효가 배제된다(아청 §20④(iii)).

3. 형벌과 수강명령 등의 병과(제21조)

301   본조는 아동·청소년대상 성범죄를 범한 자에 대한 형벌과 수강명령 등의 병과에 대하여 규정하고 있다.

302   즉, ① 법원은 아동·청소년대상 성범죄를 범한 소년법 제2조의 소년, 즉 '19세 미만인 자'에 대하여 형의 선고유예 시 반드시 보호관찰을 명해야 하고(제1항), ② 아동·청소년대상 성범죄를 범한 자에 대하여 유죄판결 선고 또는 약식명령 고지 시 500시간의 범위에서 수강명령 또는 성폭력 치료프로그램의 이수명령(이하, 이수명령이라 한다.)을 병과하여야 하고(특별한 사정이 있는 경우 예외)(제2항), ③ 위 ②의 수강명령은 형집행유예 선고 시에는 그 기간 내에, 이수명령은 벌금형 선고 또는 약식명령 고지 시 병과하며(이수명령은 전자장치부착법에 따른 이수명령을 부과받은 때는 예외)(제3항), ④ 아동·청소년대상 성범죄를 범한 사람에 대하여 형집행유예 시는 위 수강명령 외에 그 집행유예기간 내에 보호관찰 또는 사회봉사 중 하나 이상의 처분을 병과할 수 있으며(제4항), ⑤ 수강명령 또는 이수명령은 형집행유예 시에는 그 집행유예기간 내에, 벌금형 선고 시에는 형 확정일부터 6개월 이내에, 징역형 이상의 실형 선고 시에는 형기 내에 각각 집행하며(성폭처벌 §16에 따른 수강명령·이수명령을 부과받은 때는 병과하지 않음)(제5항), ⑥ 수강명령 또는 이수명령이 형집행유예 도는 벌금형과 병과 시는 보호관찰소의 장이, 징역형 이상의 실형과 병과 시는 교정시설의 장이 각 집행하되, 후자의 경우 석방·가석방·미결구금일수 산입 등으로 형집행이 불가능한 때는 보호관찰소의 장이 나머지를 집행하고(제6항), ⑦ 수강명령 또는 이수명령은 '일탈적 이상행동의 진단·상담, 성에 대한 건전한 이해를 위한 교육, 그 밖에 성범죄를 범한 사람의 재범예방을 위하여 필요한 사항'을 내용으로 하며(제7항), ⑧ 보호관찰소의 장 또는 교정시설의 장은 수강명령 또는 이수명령 집행의 전부 또는 일부를 여성가족부장관에게 위탁할 수 있고(제8항), ⑨ 보호관찰, 사회봉사, 수강명령 및 이수명령에 관하여 청소년성보호법에서 규정한 외 사항에 대하여는 보호관찰 등에 관한 법률을 준용한다(제9항).

303   성폭력처벌법에도 일정한 성폭력범죄를 범한 사람에 대한 형벌과 수강명령 등의 병과에 관한 특례규정(성폭처벌 §16)이 있는데, 위 ⑧의 규정이 없는 대신,

가석방된 성폭력범죄자에 대하여 가석방기간 중 보호관찰을 받도록 하는 규정 (성폭처벌 § 16⑧)이 있는 점에서만 차이가 있다. 위 특례에 관한 내용은 **[특별법 I] 성폭력처벌법 IV. 1.** 부분에서 살펴본 것과 같다.

4. 판결 전 조사(제22조)

법원은 아동청소년대상 성범죄의 피고인에 대하여 청소년성보호법 제21조 304 에 따른 보호관찰, 사회봉사, 수강명령 또는 이수명령을 부과하기 위하여 필요 하다고 인정하면 그 법원의 소재지 또는 피고인의 주거지를 관할하는 보호관찰 소의 장에게 피고인의 신체적·심리적 특성 및 상태, 정신성적 발달과정, 성장배 경, 가정환경, 직업, 생활환경, 교우관계, 범행동기, 병력, 피해자와의 관계, 재 범위험성 등 피고인에 관한 사항의 조사를 요구할 수 있다(아청 § 22①). 이러한 요구를 받은 보호관찰소의 장은 지체 없이 이를 조사하여 서면으로 해당 법원 에 알려야 한다(아청 § 22②).

5. 친권상실청구 등(제23조)

아동·청소년 대상 성범죄 사건을 수사하는 검사는 그 사건의 피고인이 피 305 해 아동·청소년의 친권자나 후견인인 경우, 법원에 민법 제924조의 친권상실선 고 또는 민법 제940조의 후견인 변경 결정을 청구하여야 한다.

6. 아동·청소년대상 디지털 성범죄의 수사 특례(제25조의2 내지 제25조의9)

(1) 규정

제25조의2(아동·청소년대상 디지털 성범죄의 수사 특례) ① 사법경찰관리는 다음 각 호의 어느 하나에 해당하는 범죄(이하 "디지털 성범죄"라 한다)에 대하여 신분을 비 공개하고 범죄현장(정보통신망을 포함한다) 또는 범인으로 추정되는 자들에게 접근 하여 범죄행위의 증거 및 자료 등을 수집(이하 "신분비공개수사"라 한다)할 수 있다.
　1. 제11조 및 제15조의2의 죄
　2. 아동·청소년에 대한 「성폭력범죄의 처벌 등에 관한 특례법」 제14조제2항
　　및 제3항의 죄
② 사법경찰관리는 디지털 성범죄를 계획 또는 실행하고 있거나 실행하였다고 의심

할 만한 충분한 이유가 있고, 다른 방법으로는 그 범죄의 실행을 저지하거나 범인의 체포 또는 증거의 수집이 어려운 경우에 한정하여 수사 목적을 달성하기 위하여 부득이한 때에는 다음 각 호의 행위(이하 "신분위장수사"라 한다)를 할 수 있다.

  1. 신분을 위장하기 위한 문서, 도화 및 전자기록 등의 작성, 변경 또는 행사
  2. 위장 신분을 사용한 계약·거래
  3. 아동·청소년성착취물 또는 「성폭력범죄의 처벌 등에 관한 특례법」 제14조제2
     항의 촬영물 또는 복제물(복제물의 복제물을 포함한다)의 소지, 판매 또는 광고

③ 제1항에 따른 수사의 방법 등에 필요한 사항은 대통령령으로 정한다.

[본조신설 2021. 3. 23.]

제25조의3(아동·청소년대상 디지털 성범죄 수사 특례의 절차) ① 사법경찰관리가 신분비공개수사를 진행하고자 할 때에는 사전에 상급 경찰관서 수사부서의 장의 승인을 받아야 한다. 이 경우 그 수사기간은 3개월을 초과할 수 없다.

② 제1항에 따른 승인의 절차 및 방법 등에 필요한 사항은 대통령령으로 정한다.

③ 사법경찰관리는 신분위장수사를 하려는 경우에는 검사에게 신분위장수사에 대한 허가를 신청하고, 검사는 법원에 그 허가를 청구한다.

④ 제3항의 신청은 필요한 신분위장수사의 종류·목적·대상·범위·기간·장소·방법 및 해당 신분위장수사가 제25조의2제2항의 요건을 충족하는 사유 등의 신청사유를 기재한 서면으로 하여야 하며, 신청사유에 대한 소명자료를 첨부하여야 한다.

⑤ 법원은 제3항의 신청이 이유 있다고 인정하는 경우에는 신분위장수사를 허가하고, 이를 증명하는 서류(이하 "허가서"라 한다)를 신청인에게 발부한다.

⑥ 허가서에는 신분위장수사의 종류·목적·대상·범위·기간·장소·방법 등을 특정하여 기재하여야 한다.

⑦ 신분위장수사의 기간은 3개월을 초과할 수 없으며, 그 수사기간 중 수사의 목적이 달성되었을 경우에는 즉시 종료하여야 한다.

⑧ 제7항에도 불구하고 제25조의2제2항의 요건이 존속하여 그 수사기간을 연장할 필요가 있는 경우에는 사법경찰관리는 소명자료를 첨부하여 3개월의 범위에서 수사기간의 연장을 검사에게 신청하고, 검사는 법원에 그 연장을 청구한다. 이 경우 신분위장수사의 총 기간은 1년을 초과할 수 없다.

[본조신설 2021. 3. 23.]

제25조의4(아동·청소년대상 디지털 성범죄에 대한 긴급 신분위장수사) ① 사법경찰관리는 제25조의2제2항의 요건을 구비하고, 제25조의3제3항부터 제8항까지에 따른 절차를 거칠 수 없는 긴급을 요하는 때에는 법원의 허가 없이 신분위장수사를 할 수 있다.

② 사법경찰관리는 제1항에 따른 신분위장수사 개시 후 지체 없이 검사에게 허가를 신청하여야 하고, 사법경찰관리는 48시간 이내에 법원의 허가를 받지 못한 때에는 즉시 신분위장수사를 중지하여야 한다.

③ 제1항 및 제2항에 따른 신분위장수사 기간에 대해서는 제25조의3제7항 및 제8항을 준용한다.

[본조신설 2021. 3. 23.]

제25조의5(아동·청소년대상 디지털 성범죄에 대한 신분비공개수사 또는 신분위장수사로 수집한 증거 및 자료 등의 사용제한) 사법경찰관리가 제25조의2부터 제25조의4까지에 따라 수집한 증거 및 자료 등은 다음 각 호의 어느 하나에 해당하는 경우 외에는 사용할 수 없다.

　　1. 신분비공개수사 또는 신분위장수사의 목적이 된 디지털 성범죄나 이와 관련되는 범죄를 수사·소추하거나 그 범죄를 예방하기 위하여 사용하는 경우

　　2. 신분비공개수사 또는 신분위장수사의 목적이 된 디지털 성범죄나 이와 관련되는 범죄로 인한 징계절차에 사용하는 경우

　　3. 증거 및 자료 수집의 대상자가 제기하는 손해배상청구소송에서 사용하는 경우

　　4. 그 밖에 다른 법률의 규정에 의하여 사용하는 경우

[본조신설 2021. 3. 23.]

제25조의8(면책) ① 사법경찰관리가 신분비공개수사 또는 신분위장수사 중 부득이한 사유로 위법행위를 한 경우 그 행위에 고의나 중대한 과실이 없는 경우에는 벌하지 아니한다.

② 제1항에 따른 위법행위가 「국가공무원법」 제78조제1항에 따른 징계 사유에 해당하더라도 그 행위에 고의나 중대한 과실이 없는 경우에는 징계 요구 또는 문책 요구 등 책임을 묻지 아니한다.

③ 신분비공개수사 또는 신분위장수사 행위로 타인에게 손해가 발생한 경우라도

사법경찰관리는 그 행위에 고의나 중대한 과실이 없는 경우에는 그 손해에 대한 책임을 지지 아니한다.
[본조신설 2021. 3. 23.]

(2) 의의

306   수사도 공무집행에 해당하므로 통상적인 수사에서는 사법경찰관리가 피의자나 관련자에게 자신의 신분을 밝히는 것이 원칙이다. 그러나 n번방 사건에서 보듯이 폐쇄적인 온라인 사이트나 SNS를 통하여 이루어지는 아동·청소년대상 디지털 성범죄를 사전에 예방하고 증거능력 있는 자료를 확보하기 위하여는 사법경찰관리가 신분을 공개하지 않거나 위장하여 수사할 필요가 있다.[180]

307   이처럼 수사과정에서 정보나 증거를 수집하기 위하여 자신의 신분을 위장하거나 가공신분을 만들어 수사대상인 개인의 주변이나 단체의 조직원으로 몰래 들어가 수사하는 수법을 위장수사 또는 잠입수사(undercover operation)라고 하는데, 대상자의 의사에 반하여 권리이익을 제약하는 등 특별한 사정이 없는 한 임의수사로 가능하다고 할 것이다.[181]

308   2021년 3월 23일 개정(2021. 9. 4. 시행)된 청소년성보호법은 아동청소년대상 디지털 성범죄의 수사 등에 관한 특례로서, ① 신분비공개수사와 신분위장수사 등에 관한 규정(아청 §§ 25의2-25의4)을 신설하고, 동시에 ② 수집증거 및 자료 등의 사용제한(아청 § 25의5), ③ 사법경찰관리에 대한 면책(아청 § 25의8)에 관한 규정을 신설하였다.

309   이러한 신분비공개나 신분위장 수사에 의하여 영장주의나 기망에 의한 증거수집 등의 위법수집증거 시비에서 벗어나 효율적으로 증거를 수집할 수 있게 되었다.

(3) 대상범죄

310   디지털 성범죄이다.

311   디지털 성범죄는 ① 청소년성보호법 제11조(아동·청소년성착취물의 제작·배포 등)의 죄, 제15조의2(아동·청소년에 대한 성착취 목적 대화 등)의 죄(아청 § 25의2①(i)),

---

180 국회 법제사법위원회, 청소년성보호법 일부개정법률안(대안), 제안이유(2021. 2).
181 이재상·조균석·이창온, 형사소송법(15판), 박영사(2023), § 12/48.

② 아동·청소년에 대한 성폭력처벌법 제14조(카메라등을 이용한 촬영) 제2항(촬영물 등 반포 등) 및 제3항(영리 목적의 정보통신망을 이용한 촬영물 등 반포 등)의 죄(아청 §25의2①(ii))이다.

(4) 신분비공개수사

(가) 의의 및 절차

신분비공개수사는 신분을 비공개하고 범죄현장(정보통신망을 포함) 또는 범인으로 추정되는 자들에게 접근하여 범죄행위의 증거 및 자료 등을 수집하는 수사방법을 말한다(아청 §25의2①).　　312

사법경찰관리가 신분비공개수사를 진행하고자 할 때는 상급 경찰관서 수사부서의 장의 사전승인을 받아야 한다(아청 §25의3①). 승인은 바로 위 상급 경찰관서의 수사부서의 장에게 서면으로 받아야 하고, 사법경찰관리는 승인을 받으려면 신분비공개수사의 필요성·대상·범위·기간·장소 및 방법 등을 소명해야 하며, 사법경찰관리는 신분비공개수사를 종료한 때에는 종료 일시 및 종료 사유 등을 바로 위 상급 경찰관서의 수사부서의 장에게 보고해야 한다(아청 시행령 §5의4).　　313

(나) 수사 방법과 기간

신분비공개는 사법경찰관이 경찰관임을 밝히지 않거나 부인(신분위장수사에 이르지 않는 행위로서 경찰관 외의 신분을 고지하는 방식을 포함)하는 방법으로 하고, 범죄현장이나 범인추정자들에 대한 접근은 대화의 구성원으로서 관찰하는 등 대화에 참여하거나 아동·청소년성착취물, 성폭력처벌법 제14조 제2항의 촬영물 또는 복제물(복제물의 복제물을 포함)을 구입하거나 무상으로 제공받는 등의 방법으로 한다(아청 시행령 §5의3).　　314

수사기간은 원칙적으로 3개월을 초과할 수 없다(아청 §25의3①).　　315

(5) 신분위장수사

(가) 의의 및 요건

신분위장수사는 ① 신분을 위장하기 위한 문서, 도화 및 전자기록 등의 작성, 변경 또는 행사, ② 위장 신분을 사용한 계약·거래, ③ 아동·청소년성착취물 또는 성폭력처벌법 제14조 제2항의 촬영물 또는 복제물(복제물의 복제물을 포함)의 소지, 판매 또는 광고하는 수사방법을 말한다(아청 §②(i) 내지 (iii)).　　316

신분위장수사는 ① 디지털 성범죄를 계획 또는 실행하고 있거나 실행하였　　317

다고 의심할 만한 충분한 이유가 있고, ② 다른 방법으로는 그 범죄의 실행을 저지하거나 범인의 체포 또는 증거의 수집이 어려운 경우에 한정하여, ③ 수사 목적을 달성하기 위하여 부득이한 때에 해당하여야 한다(아청 §25의2②). 즉, 신분위장수사는 혐의의 충분성, 수사의 보충성을 요한다.

318 위 ①에서, 범죄의 '계획'이란 막연한 준비나 실행착수의 가능성만으로는 부족하고, 체계적인 준비를 거친 실행 직전의 단계를 의미한다. 신분위장수사가 별건수사나 첩보수집 등 수사편의 목적으로 남용되는 일이 없도록 '구체적으로 특정된 혐의'에 대하여 '충분한 소명'이 이루어졌는지를 신중하게 심사하여야 한다.

319 위 ②, ③의 보충성은 가입자 및 접속 IP 등의 확인이 어려운 해외 SNS 또는 폐쇄적으로 운영되어 인적사항이 확인된 가입자만이 접근 가능한 비밀대화방 등에 대한 수사가 필요하여 부득이한 경우를 예로 들 수 있다.[182]

(나) 절차

320 사법경찰관리는 검사에게 신분위장수사에 대한 허가를 신청하고, 검사는 법원에 그 허가를 청구하여 허가서를 받아야 한다(아청 §25의3②). 이는 영장주의 원칙이 적용된 것이다.

321 사법경찰관리의 신청은 필요한 신분위장수사의 종류·목적·대상·범위·기간·장소·방법 및 해당 신분위장수사가 위 요건을 충족하는 사유 등의 신청사유를 기재한 서면으로 하여야 하며, 신청사유에 대한 소명자료를 첨부하여야 한다(아청 §25의3④).

322 법원은 위 신청이 이유 있다고 인정하는 경우에는 신분위장수사를 허가하고, 이를 증명하는 서류(신분위장 허가서)를 신청인에게 발부한다(아청 §25의3⑤).

323 신분위장수사 허가청구사건은 지방법원 및 지원의 영장청구사건을 담당하는 판사가 처리한다(신분위장수사허가청구사건의 처리에 관한 예규[183] §2).

324 신분위장수사의 기간은 3개월을 초과할 수 없으며 그 수사기간 중 수사의 목적이 달성되었을 경우에는 즉시 종료하여야 하고(아청 §25의3⑦), 필요 시 법원의 수사기간 연장 허가를 받을 수 있으나, 총 기간은 1년을 초과할 수 없다(아청 §25의3⑧).

---

182 법원실무제요 형사(III), 사법연수원(2022), 440.
183 대법원재판예규 제1780호, 재형 2021-2(2021. 9. 23).

(다) 긴급신분위장수사

사법경찰관리는 신분위장수사의 요건을 요건을 구비하고, 그 절차를 거칠 325
수 없는 긴급을 요하는 때에는 법원의 허가 없이 신분위장수사를 할 수 있다(아
청 §25의4①). 이를 '긴급신분위장수사'라고 한다.

사법경찰관리는 긴급신분위장수사 개시 지체 없이 검사에게 허가를 신청하 326
여야 하고, 사법경찰관리는 48시간 이내에 법원의 허가를 받지 못한 때에는 즉
시 신분위장수사를 중지하여야 한다(아청 §25의4②).

(6) 신분비공개 수사 또는 신분위장 수사로 수집한 증거 및 자료의 사용 제한

신분비공개수사 또는 신분위장수사로 수집한 증거나 자료는 ① 그 목적이 327
된 디지털 성범죄나 이와 관련되는 범죄를 수사·소추하거나 그 범죄를 예방하
기 위하여 사용하는 경우, ② 그 목적이 된 디지털 성범죄나 이와 관련되는 범
죄로 인한 징계절차에 사용하는 경우, ③ 증거 및 자료 수집의 대상자가 제기하
는 손해배상청구소송에서 사용하는 경우, ④ 그 밖에 다른 법률의 규정에 의하
여 사용하는 경우 외에는 사용할 수 없다(아청 §25의5(i) 내지 (iv)).

(7) 사법경찰관리에 대한 면책

사법경찰관리가 신분비공개수사 또는 신분위장수사 중 부득이한 사유로 위 328
법행위를 한 경우 그 행위에 고의나 중대한 과실이 없는 경우에는 벌하지 아니
한다(아청 §25의8①). 그 외에 징계(아청 §25의8②)나 손해배상책임(아청 §25의8③)
에 대한 면책규정이 있다.

7. 영상물의 촬영·보존 등(제26조)

제26조(영상물의 촬영·보존 등) ① 아동·청소년대상 성범죄 피해자의 진술내용과
조사과정은 비디오녹화기 등 영상물 녹화장치로 촬영·보존하여야 한다.
② 제1항에 따른 영상물 녹화는 피해자 또는 법정대리인이 이를 원하지 아니하는
의사를 표시한 때에는 촬영을 하여서는 아니 된다. 다만, 가해자가 친권자 중 일방
인 경우는 그러하지 아니하다.
③ 제1항에 따른 영상물 녹화는 조사의 개시부터 종료까지의 전 과정 및 객관적
정황을 녹화하여야 하고, 녹화가 완료된 때에는 지체 없이 그 원본을 피해자 또는
변호사 앞에서 봉인하고 피해자로 하여금 기명날인 또는 서명하게 하여야 한다.

④ 검사 또는 사법경찰관은 피해자가 제1항의 녹화장소에 도착한 시각, 녹화를 시작하고 마친 시각, 그 밖에 녹화과정의 진행경과를 확인하기 위하여 필요한 사항을 조서 또는 별도의 서면에 기록한 후 수사기록에 편철하여야 한다.

⑤ 검사 또는 사법경찰관은 피해자 또는 법정대리인이 신청하는 경우에는 영상물 촬영과정에서 작성한 조서의 사본을 신청인에게 교부하거나 영상물을 재생하여 시청하게 하여야 한다.

⑥ 제1항부터 제4항까지의 절차에 따라 촬영한 영상물에 수록된 피해자의 진술은 공판준비기일 또는 공판기일에 피해자 또는 조사과정에 동석하였던 신뢰관계에 있는 자의 진술에 의하여 그 성립의 진정함이 인정된 때에는 증거로 할 수 있다.

⑦ 누구든지 제1항에 따라 촬영한 영상물을 수사 및 재판의 용도 외에 다른 목적으로 사용하여서는 아니 된다.

329   본조는 아동청소년대상 성범죄 피해자의 진술내용과 조사과정에 대한 촬영·보존 및 그 영상물의 증거능력에 관한 특례 등을 규정하고 있다.

330   본조는 2023년 7월 11일 개정(2023. 10. 2. 시행)되기 전 구 성폭력처벌법(개정 2021. 9. 24. 법률 제18465호) 제30조와 그 대상 피해자가 '19세 미만이거나 신체적인 또는 정신적인 장애로 사물을 변별하거나 의사를 결정할 능력이 미약한 성폭력범죄 피해자'로 서로 달랐을 뿐, 나머지 조항은 조문의 체계와 내용이 동일하였다.

331   그런데 헌법재판소는 2021년 12월 23일 피해자가 19세 미만인 경우 피해자의 증언 없이 수사기관의 조사에 동석한 신뢰관계인 또는 진술조력인의 증언만으로 영상물의 증거능력을 인정한 구 성폭력처벌법 제30조 제6항에 대하여 헌법에 위반된다고 결정하였다.[184] 이후 대법원에서도 본조 제6항에 대하여도 헌법재판소의 위헌 취지를 반영한 판결을 선고하였다.[185]

---

184 헌재 2021. 12. 23, 2018헌바524.

185 대판 2022. 4. 14, 2021도14530, 2021전도143〔피고인이 위력으로써 13세 미만 미성년자인 피해자 A(여, 12세)에게 유사성행위와 추행을 하였다는 성폭력처벌법위반의 공소사실에 대하여, 원심이 A의 진술과 조사 과정을 촬영한 영상물과 속기록을 중요한 증거로 삼아 유죄로 인정하였는데, 피고인은 위 영상물과 속기록을 증거로 함에 동의하지 않았고, 조사 과정에 동석하였던 신뢰관계인에 대한 증인신문이 이루어졌을 뿐 원진술자인 A에 대한 증인신문은 이루어지지 않은 사안에서, 헌법재판소는 2021. 12. 23. 성폭력처벌법 제30조 제6항 중 19세 미만 성폭력범죄 피해자의 진술을 촬영한 영상물의 증거능력을 규정한 부분(이하 '위헌 법률 조항'이라 한다)에

이에 따라 2023년 7월 11일 성폭력처벌법이 개정되어, 별도로 제30조의2(영 **332**
상녹화물의 증거능력 특례)이 신설되어 영상녹화물은 피고인 등에게 반대신문 기회
가 보장된 경우 등에 한해 증거로 할 수 있도록 규정되었고, 제30조에 일부 조
항이 추가되고 용어가 변경되었다.

이처럼 성폭력처벌법이 개정되었음에도 불구하고, 본조는 함께 개정되지 **333**
않은 채 그대로 유지되었다[[표 2] 참조]. 그러나 본조의 대상인 '아동·청소년대
상 성범죄 피해자'는 성폭력처벌법 제30조의2의 대상인 '19세미만피해자등'과 많
은 부분 중복되므로, 중복되는 범위 내에서는 새로 개정된 성폭력처벌법의 규정
이 적용된다고 할 것이다.

[표 2] 영상물의 촬영·보존 등에 관한 청소년성보호법과 성폭력처벌법 조문 비교

청소년성보호법		성폭력처벌법(개정)	
§ 26①	촬영·보존	§ 30①	○(녹화·보존)
	×	§ 30②	피해자에 대한 설명
§ 26②	불원 의사표시	§ 30③	○
§ 26③	전 과정 녹화, 봉인 등	§ 30④	봉인 등
§ 26④	진행경과 조서 기록	§ 30⑤	○
	×	§ 30⑥	기록사항
§ 26⑤	조서사본 등 발급·재생	§ 30⑦	○
§ 26⑥	영상물 촬영·보존	§ 30의2	녹화물 증거능력 특례
§ 26⑦	사용 제한	§ 30⑧	○
	×	§ 30⑨	형소법 준용

대해 과잉금지 원칙 위반 등을 이유로 위헌결정을 하였는데, 위 위헌결정의 효력은 결정 당시
법원에 계속 중이던 사건에도 미치므로 위헌 법률 조항은 위 영상물과 속기록의 증거능력을 인
정하는 근거가 될 수 없고, 한편 피고인의 범행은 청소년성보호법 제26조 제1항의 아동·청소년대
상 성범죄에 해당하므로 같은 법 제26조 제6항에 따라 영상물의 증거능력이 인정될 여지가 있
으나, 청소년성보호법 제26조 제6항 중 위헌 법률 조항과 동일한 내용을 규정한 부분은 위헌결
정의 심판대상이 되지 않았지만 위헌 법률 조항에 대한 위헌결정 이유와 마찬가지로 과잉금지
원칙에 위반될 수 있으므로, 청소년성보호법 제26조 제6항의 위헌 여부 또는 그 적용에 따른 위
헌적 결과를 피하기 위하여 甲을 증인으로 소환하여 진술을 듣고 피고인에게 반대신문권을 행사
할 기회를 부여할 필요가 있는지 여부 등에 관하여 심리·판단하였어야 한다는 이유로, 이와 같
은 심리에 이르지 않은 채 위 영상물과 속기록을 유죄의 증거로 삼은 원심판결에 법리오해 또는
심리미진의 잘못이 있다고 한 사례].

334　　　위 영상물의 촬영·보존 등의 특례에 관한 내용은 **[특별법 I] 성폭력처벌법 IV. 7.** 부분 참조.

8. 신상정보 등록 및 등록정보의 공개·고지명령(제49조 내지 제52조)

(1) 신상정보의 등록

335　　　종래 신상정보 등록과 등록정보의 공개·고지명령은 피해자가 아동·청소년인 경우에는 청소년보호법에서, 성인인 경우에는 성폭력처벌법에서 이원화되어 규율되었다. 그러던 것이 2012년 12월 18일 청소년성보호법과 성폭력처벌법이 함께 전부 개정되면서, 신상정보의 등록은 성폭력처벌법에서, 등록정보의 공개고지명령은 청소년성보호법에서 규율하는 것으로 바뀌었다.

336　　　아동·청소년과 관련하여, 신상정보의 등록대상자는 청소년성보호법 제2조 제2호 (가)목(아청 §7, §7의2, §8, §8의2, §§9-15의2의 죄) 및 (라)목(아동·청소년에 대한 아동복지법 §17(ii)의 죄)의 범죄(등록대상 성범죄)로 유죄판결이나 약식명령이 확정된 자 또는 청소년성보호법 제49조 제1항 제4호[186]에 따라 공개명령이 확정된 자[187]로서, 청소년성보호법 제11조 제3항 및 제5항의 범죄로 벌금형을 선고받은 자는 제외된다(성폭처벌 §42①).

337　　　신상정보 등록에 대해서는 **[특별법 I] 성폭력처벌법 IV. 12.** 부분에서 살펴본 것과 같다.

(2) 등록정보의 공개·고지명령

338　　　법원은 ① 아동·청소년대상 성범죄를 저지른 자(아청 §49①(i)), ② 위 ①의 죄를 범하였으나 형법 제10조 제1항(심신상실)에 따라 처벌할 수 없는 자로서 그 죄를 다시 범할 위험성이 있다고 인정되는 자(아청 §49①(iii))에 대하여, 판결로 공개정보(성명, 나이, 주소 및 실제 거주지, 신체정보, 사진 등)(아청 §49④)를 성폭력처벌법 제45조 제1항의 등록기간 동안 정보통신망을 이용하여 공개하도록 하는 명령(공개명령)을 등록대상 사건의 판결과 동시에 선고하여야 하되, 피고인이 아

---

186 2020년 5월 19일 청소년성보호법 개정으로 '제49조 제1항 제4호'가 '제49조 제1항 제3호'로 바뀌었음에도 성폭력처벌법 제42조 제1항에서 이를 반영하지 못하여 이전 조항이 그대로 기재되어 있다.

187 아동·청소년대상 성범죄를 범하였으나 형법 제10조 제1항(심신상실)에 따라 처벌할 수 없는 자로서 그 죄를 다시 범할 위험성이 있다고 인정되는 자를 말한다(아청 §49①(iii), (i)).

동·청소년인 경우 그 밖에 신상정보를 공개하여서는 아니 될 특별한 사정이 있다고 판단하는 경우에는 예외로 한다(아청 §49①).

　　한편 성폭력처벌법에서도 등록정보의 공개·고지에 대해서는 청소년성보호법 제49조 등을 적용하도록 규정하고 있어(성폭처벌 §47①), **[특별법 I] 성폭력처벌법 IV. 12.** 부분에서 청소년성보호법상의 등록정보의 공개·고지명령을 함께 살펴보았으므로, 해당 부분을 참조하면 될 것이다.

339

9. 아동·청소년 관련기관등에의 취업제한(제56조)

(1) 규정

제56조(아동·청소년 관련기관등에의 취업제한 등) ① 법원은 아동·청소년대상 성범죄 또는 성인대상 성범죄(이하 "성범죄"라 한다)로 형 또는 치료감호를 선고하는 경우에는 판결(약식명령을 포함한다. 이하 같다)로 그 형 또는 치료감호의 전부 또는 일부의 집행을 종료하거나 집행이 유예·면제된 날(벌금형을 선고받은 경우에는 그 형이 확정된 날)부터 일정기간(이하 "취업제한 기간"이라 한다) 동안 다음 각 호에 따른 시설·기관 또는 사업장(이하 "아동·청소년 관련기관등"이라 한다)을 운영하거나 아동·청소년 관련기관등에 취업 또는 사실상 노무를 제공할 수 없도록 하는 명령(이하 "취업제한 명령"이라 한다)을 성범죄 사건의 판결과 동시에 선고(약식명령의 경우에는 고지)하여야 한다. 다만, 재범의 위험성이 현저히 낮은 경우, 그 밖에 취업을 제한하여서는 아니 되는 특별한 사정이 있다고 판단하는 경우에는 그러하지 아니한다. 〈개정 2013. 3. 23., 2014. 1. 21,, 2016. 1. 19., 2016. 5. 29., 2018. 1. 16., 2018. 3. 13., 2019. 11. 26., 2020. 6. 2., 2020. 12. 8., 2021. 1. 12., 2023. 4. 11.〉

　1. ~ 25. (생략)
② 제1항에 따른 취업제한 기간은 10년을 초과하지 못한다. 〈신설 2018.1.16〉
③ 법원은 제1항에 따라 취업제한 명령을 선고하려는 경우에는 정신건강의학과 의사, 심리학자, 사회복지학자, 그 밖의 관련 전문가로부터 취업제한 명령 대상자의 재범 위험성 등에 관한 의견을 들을 수 있다. 〈신설 2018.1.16〉
④ 제1항 각 호(제10호는 제외한다)의 아동·청소년 관련기관등의 설치 또는 설립 인가·신고를 관할하는 지방자치단체의 장, 교육감 또는 교육장은 아동·청소년 관

련기관등을 운영하려는 자에 대한 성범죄 경력 조회를 관계 기관의 장에게 요청하여야 한다. 다만, 아동·청소년 관련기관등을 운영하려는 자가 성범죄 경력 조회 회신서를 지방자치단체의 장, 교육감 또는 교육장에게 직접 제출한 경우에는 성범죄 경력 조회를 한 것으로 본다. 〈개정 2016. 5. 29., 2018. 1. 16.〉

⑤ 아동·청소년 관련기관등의 장은 그 기관에 취업 중이거나 사실상 노무를 제공 중인 자 또는 취업하려 하거나 사실상 노무를 제공하려는 자(이하 "취업자등"이라 한다)에 대하여 성범죄의 경력을 확인하여야 하며, 이 경우 본인의 동의를 받아 관계 기관의 장에게 성범죄의 경력 조회를 요청하여야 한다. 다만, 취업자등이 성범죄 경력 조회 회신서를 아동·청소년 관련기관등의 장에게 직접 제출한 경우에는 성범죄 경력 조회를 한 것으로 본다. 〈개정 2016. 5. 29., 2018. 1. 16.〉

⑥ 제4항 및 제5항에 따라 성범죄 경력 조회 요청을 받은 관계 기관의 장은 성범죄 경력 조회 회신서를 발급하여야 한다. 〈신설 2016. 5. 29., 2018. 1. 16.〉

⑦ 제1항제7호의 육아종합지원센터 및 같은 항 제22호의 어린이급식관리지원센터의 장이 제5항에 따라 취업자등에 대하여 성범죄 경력 조회를 한 경우, 그 취업자등이 직무를 집행함에 있어서 다른 아동·청소년 관련기관등에 사실상 노무를 제공하는 경우에는 제5항에도 불구하고 다른 아동·청소년 관련기관등의 장이 성범죄 경력 조회를 한 것으로 본다. 〈신설 2019. 11. 26., 2023. 4. 11.〉

⑧ 제5항에도 불구하고 교육감 또는 교육장은 다음 각 호의 아동·청소년 관련기관등의 취업자등에 대하여는 본인의 동의를 받아 성범죄의 경력을 확인할 수 있다. 이 경우 아동·청소년 관련기관등의 장이 성범죄 경력 조회를 한 것으로 본다. 〈신설 2023. 4. 11.〉

    1-5. (생략)

⑨ 제4항부터 제6항까지에 따른 성범죄경력 조회의 요청 절차·범위 등에 관하여 필요한 사항은 대통령령으로 정한다. 〈개정 2016. 5. 29., 2018. 1. 16., 2019. 11. 26., 2023. 4. 11.〉

[제목개정 2018. 1. 16.]

[2018. 1. 16 법률 제15352호에 의하여 2013헌마585(2016. 3. 31.), 2015헌마98(2016. 4. 28.), 2015헌마359(2016. 7. 28.), 2015헌마914(2016. 7. 28.), 2014헌마709(2016. 10. 27.) 등 헌법재판소에서 위헌 결정된 이 조 제1항을 개정함.]

(2) 의의

취업제한명령은 아동·청소년대상 성범죄(아청 §2(ii)) 또는 성인대상 성범죄 **340**
(성폭력처벌법 §2에 따른 성폭력범죄를 말하고, 아동·청소년에 대한 형법 §302 및 §305의
죄는 제외[188])(아청 §2(iii의2))로(결국 아동·청소년대상 성범죄와 성폭력처벌법상 성폭력범
죄를 모두 포함) 형 또는 치료감호를 선고받는 자에 대하여[189] 취업제한기간 동안
아동·청소년 관련기관을 운영하거나 그 관련기관에 취업 또는 사실상 노무를
제공할 수 없도록 하는 명령을 말한다(아청 §56①).

취업제한명령 제도는 2006년 6월 30일 청소년의성보호에관한법률에서 처음 **341**
도입·시행되었는데, 청소년과 항상 접촉할 수 있는 학교, 학원, 청소년 보호시설
등에서 그 종사자에 의하여 청소년대상 성범죄가 발생하는 것을 방지하기 위하
여 청소년대상 성범죄자가 청소년과 접촉할 수 있는 기회를 최소화하고, 청소년
대상 성범죄자에 대하여 일정기간 청소년 관련기관에 취업하지 못하도록 함으로
써 청소년관련 교육기관 등에서 성범죄자가 발생하는 것을 예방하는 동시에 성
범죄자에 대하여는 반성의 시간을 제공하는 것을 목적으로 도입되었다.[190]

이후 관련 조항이 수차례 개정되고 2008년 2월 4일 시행된 위 법에서 청소 **342**
년 관련 교육기관에 취업뿐만 아니라 노무도 제공할 수 없도록 하고, 그 취업제
한기간도 10년으로 늘었으며, 2010년 1월 1일 청소년성보호법으로 전부 개정된
후 2010년 4월 15일 성인대상 성범죄가 추가되었고, 취업제한 관련 교육기관의
범위가 확대되었다.

한편, 2016년 5월 29일 개정된 청소년성보호법(제14236호)상 취업제한명령 **343**
조항(아청 §56①)에 대하여 입법목적의 정당성과 수단의 적합성은 인정되나, 아
동·청소년대상 성범죄 또는 성인대상 성범죄로 형 또는 치료감호를 선고받아
확정된 자이기만 하면 10년이라는 기간 동안 일률적으로 취업제한의 제재를 부
과하며, 이 기간 내에는 취업제한 대상자가 그러한 제재로부터 벗어날 수 있는
어떠한 기회도 존재하지 않고, 재범의 위험성에 대한 고려가 없는 점 등에서 침

---

188 아동·청소년에 대한 형법 302조 및 305조의 죄를 제외한 이유는 아동·청소년대상 성범죄 중에
　　포함되어(아청 §2(ii)다목) 있기 때문이다.
189 형 선고에는 징역형, 집행유예, 벌금형 선고 및 약식명령을 포함하고, 치료감호는 심신상실로 불
　　기소되었거나 무죄판결을 선고하는 경우에 의미가 있다.
190 성범죄재판실무편람, 성범죄재판실무편람 집필위원회(2018), 309.

해의 최소성원칙과 법익의 균형성원칙에 위배된다는 이유로 헌법재판소가 위헌으로 결정하였다.[191] 이에 따라 2018년 1월 16일 청소년성보호법을 개정하여 (2018. 7. 17. 시행) 죄의 경중 및 재범의 위험성을 고려하여 성범죄 사건의 판결과 동시에 취업제한명령을 최대 10년으로 선고하고, 재범의 위험성이 현저히 낮은 경우나 그 밖에 특별한 사정이 있다고 판단되는 경우에는 취업제한명령을 하지 않을 수 있게 되었다. 또한 취업제한을 받는 사람에 대해서는 부칙으로 주형의 범위에 따라 차등하여 정한 기간(5년, 3년, 1년)으로 취업제한기간을 정하되 (2018. 1. 16. 개정 아청 부칙 §4), 벌금형이 확정된 사람은 그 벌금형이 확정된 날부터 취업제한기간의 기산일이 시작되도록 하였다.

344   한편 취업제한대상자 또는 그 법정대리인은 제1심 판결을 선고한 법원에 취업제한기간 변경 또는 취업제한의 면제를 신청할 수 있고, 이에 대한 법원의 결정에 관하여 검사, 취업대상자 또는 그 법정대리인은 항고할 수 있다.

(3) 취업제한명령의 법적 성격

345   취업제한명령은 다른 성범죄 부수처분과 마찬가지로 보안처분으로 보는 것이 타당하다.[192]

346   법원은 아동·청소년대상 성범죄 또는 성인대상 성범죄로 형 또는 치료감호를 선고하는 경우, 면제사유가 없는 이상 별도의 청구 없이도 직권으로 취업제한 명령을 함께 선고하여야 한다. 실무상 검사가 취업제한명령을 구형에 포함시키는 경우가 많다.

(4) 요건 및 내용

(가) 취업제한명령의 요건

(a) 대상범죄 및 면제 여부

347   대상범죄는 아동·청소년대상 성범죄와 성폭력처벌법상 성폭력범죄를 모두 포함하고, 아동·청소년대상 성범죄에 국한하지 않는다.

348   취업제한명령 대상자에 해당하면, 취업제한명령을 선고하는 것이 원칙이다 (아청 §56① 본문). 다만, 재범의 위험성이 현저히 낮은 경우, 그 밖에 취업을 제

---

191 헌재 2016. 3. 31, 2013헌마585; 헌재 2016. 4. 28, 2015헌마98; 헌재 2016. 7. 28, 2015헌마 359; 헌재 2016. 7. 28, 2015헌마914; 헌재 2016. 10. 27, 2014헌마709.
192 헌재 2016. 3. 31, 2013헌마585 등(병합).

한하여서는 아니 되는 특별한 사정이 있다고 판단하는 경우에는 취업제한명령을 선고하지 않을 수 있다(아청 §56① 단서).

'재범의 위험성'을 판단함에 있어서 법무부는 전자장치부착법과 관련해 전자 349
감시대상자군의 재범위험성을 평가하기 위해 한국 성범죄자 위험성 평가척도인 'K-SORAS 척도'를 활용하고 있으나, 이는 입건 나이가 어릴수록, 성범죄 횟수가 많을수록 재범위험성이 높은 것으로 평가하는데, 취업제한명령과 관련하여서는 K-SORAS 척도뿐만 아니라, 성범죄자가 본래의 직업에 복귀할 경우 재범할 가능성, 범행의 특성, 성범죄자와 피해자의 관계 등을 함께 고려할 필요가 있다.[193]

'특별한 사정'의 존부를 판단함에 있어서는 취업 여부가 재범의 기회에 영 350
향을 미치지 않는 경우에 한정해야 하고, 피해자인 아동·청소년에 대한 보호차원에서 취업제한이 필요 없을 정도의 개선정황이 있어야 할 것이다. 취업제한명령이 성범죄자의 법익 침해성보다 아동·청소년을 보호해야 할 공익상의 필요성을 우위에 둔 제도임을 고려하여, 범행의 특성상 성범죄자가 자신의 직업, 지위를 이용하여 피해자에게 접근할 가능성, 범행의 용이성, 범행횟수와 내용, 피해자의 취약성, 범죄자의 특성(성도착증이나 소아성애자, 습관에 의한 성범죄자 인지 여부) 등 여러 사정을 종합하여 '특별한 사정'을 판단함이 타당하다. 초범이라거나 피해자와 합의하였다는 등의 사정을 이유로 취업제한명령을 면제하는 것은 특히 신중할 필요가 있다.

(b) 기간

법원이 10년 이내의 기간으로 정하여 판결(또는 약식명령)로 선고(고지)하여야 351
한다(아청 §56①, ②). 취업제한 기간은 등록정보 공개·고지 명령과 같이 형의 실효 등에 관한 법률 제7조에서 정한 형의 실효기간 이내로 한정되지 않고(아청 §49②), 집행유예를 선고하는 경우 취업제한 기간을 집행유예기간 이내로 한정할 필요도 없다고 본다.

(c) 법원의 판단

법원은 취업제한명령을 선고함에 있어 정신건강의학과 의사, 심리학자, 사 352
회복지학자, 그 밖의 관련 전문가로부터 취업제한명령 대상자의 재범 위험성 등

---

193 성범죄재판실무편람, 성범죄재판실무편람 집필위원회(2018), 313.

에 관한 의견을 들을 수 있다(아청 §56③).

(나) 취업제한기관

353   성범죄자에 대한 취업제한기관(현행 청소년성보호법상 취업제한 대상기관을 포괄적으로 표현하는 용어는 '아동·청소년 관련기관등'임)[194]은 청소년성보호법 제56조 제1항 제1호 내지 제25호에 열거되어 있는데, 각 관련 법률에 따른 유치원, 학교·위탁교육기관, 학생상담지원시설·위탁교육시설, 국제학교, 학원·교습소·개인과외교습자, 청소년 보호·재활센터, 청소년활동시설, 청소년상담복지센터·이주배경청소년지원센터·청소년복지시설, 학교 밖 청소년 지원센터, 어린이집·육아종합지원센터·시간제보육서비스지정기관, 아동복지시설·통합서비스 수행기관·다함께돌봄센터, 성매매피해자등 지원시설·성매매피해상담소, 성교육 전문기관·성매매 피해아동·청소년 지원센터, 공동주택 관리사무소(경비업무에 직접 종사하는 사람에 한정), 체육시설, 의료기관(의료인·간호조무사·의료기사로 한정), 인터넷컴퓨터게임시설제공업·복합유통게임제공업 사업장, 경비업(경비업무 직접 종사자에 한정), 청소년활동기획업소, 대중문화예술기획업소, 아동·청소년 고용·출입이 허용되는 일정 시설 등, 다음 각 목의 어느 하나에 해당하는 기관·시설 또는 사업장(이하 이 호에서 "시설등"이라 한다)으로서 대통령령으로 정하는 유형의 시설 등, 특수교육지원센터·특수교육 관련서비스 제공 기관·단체, 아동·청소년 이용 공공시설, 아동·청소년 대상 교육기관, 어린이급식관리지원센터, 아이돌봄서비스제공기관, 건강가정지원센터, 다문화가족지원센터이다.

354   이러한 취업제한 대상기관을 법원이 선별하여 선고하지는 않는다.

(다) 시제법

355   취업제한명령은 보안처분의 일종으로 대상자의 신체적 자유를 직접적으로 구속하는 것은 아니나 직업의 자유를 침해할 수 있어 피고인에게 불이익한 재판시법을 소급적용하라는 명시적인 경과규정이 없다면 행위시법을 적용하여야 한다. 취업제한 관련 규정에 여러 차례 개정이 있었으므로, 개정 내용에 따른

---

194 2012. 12. 18. 법률 제11572호로 개정되기 전의 청소년성보호법상 용어는 '아동·청소년 관련 교육기관 등'으로 되어 있었으나, 교육기관 이외의 기관들이 취업제한 대상 기관으로 추가되면서 현재와 같이 용어가 변경되었고, 그 후 대상 기관이 조금씩 추가되는 법률 개정이 여러 차례 있었다.

시제법에 대하여 살펴본다.

(a) 취업제한명령 선고 여부 및 취업제한 기간

2018년 1월 16일 개정 전의 청소년성보호법 제56조 제1항에 의하면, 아동·청소년대상 성범죄 또는 성인대상 성범죄로 형 또는 치료감호를 선고받아 확정된 자이기만 하면 취업제한 명령 없이도 10년 동안 일률적으로 취업제한의 제재를 받았으나, 앞서 본 바와 같이 헌법재판소의 결정[195]으로 위 규정이 위헌으로 선언된 후, 그 취지를 반영하여 2018년 1월 16일 개정된 청소년성보호법에서는 재판시법 적용에 관한 포괄적 경과규정을 두고 있으므로,[196] 개정법 시행일인 2018년 7월 17일 이후에는 범행 시기와 무관하게 10년의 범위 내에서 기간을 정하여 취업제한명령을 선고하여야 한다.

(b) 취업제한 대상기관에 관한 법률 개정

2018년 1월 16일 개정 이후에도 2023년 4월 11일까지 수차례에 걸쳐 취업제한 대상기관을 추가하는 취지로 청소년성보호법 제56조 제1항의 개정이 있어왔고, 추가된 기관에 대하여 재판시법을 적용할 수 있는지에 관한 경과규정이 분명하지 않아, 범행 일시에 따라 개정법률을 일일이 특정하여 표시하여야 하는지에 관한 문제가 있다.

실무례는 ① 범행 일시에 따라 개정법률을 나누어 표시하는 것과 ② 재판시법인 현행법으로만 표시하는 것으로 나누어져 있다. 최근 2023년 4월 11일 개정된 청소년성보호법 부칙 제3조에서 동법 시행 전에 취업제한 명령을 선고받고 동법 시행 이후 취업이 제한되거나 동법 시행 당시 취업제한 기간 중에 있는 사람에게도 추가된 취업제한 대상기관이 적용되는 것으로 규정하고 있는 취지에 비추어 볼 때,[197] 동법 시행 전에 저지른 범죄에 대한 재판을 함에 있어서도 재판시법을 적용하는 것이 집행의 일관성 측면에서 바람직하므로, 위 ②의

356

357

358

---

195 헌재 2016. 3. 31, 2013헌마585 등.
196 청소년성보호법 부칙(제15352호, 2018. 1. 16.) 부칙 제3조(아동·청소년 관련기관등에의 취업제한 등에 관한 적용례) 제56조의 개정규정은 이 법 시행 전에 성범죄를 범하고 확정판결을 받지 아니한 사람에 대해서도 적용한다.
197 청소년성보호법 부칙(제19337호, 2023. 4. 1.) 제3조(아동·청소년 관련기관등에의 취업제한 등에 관한 적용례) 제56조제1항제6호, 제7호부터 제9호까지, 제9호의2, 제12호, 제23호부터 제25호까지의 개정규정은 이 법 시행 전에 취업제한 명령을 선고받고 이 법 시행 이후 취업이 제한되거나 이 법 시행 당시 취업제한 기간 중에 있는 사람에게도 적용한다.

실무례가 타당하다고 본다.

(6) 다른 법률에 의한 취업제한명령

(가) 장애인복지법상 취업제한명령

359　　장애인복지법은 장애인학대관련범죄(장애인복지법 §2④)나 성범죄(성폭처벌 §2
에 따른 성폭력범죄 또는 청소년성보호법 §2(ii)에 따른 아동·청소년대상 성범죄)로 형 또
는 치료감호를 선고하는 경우에는, 장애인관련기관(장애인복지법 §59의3① 각 호)
에 대한 취업제한명령을 선고하도록 규정하고 있다(장애인복지법 §59의3① 본문).

360　　법문상의 '성범죄'가 장애인을 대상으로 하지 않은 경우에도 장애인복지법
에 따른 취업제한명령을 선고하여야 하는 점에서 주의를 요한다. 청소년성보호
법상 취업제한명령과는 취업제한기관에서 차이가 있다.

361　　장애인복지법상 취업제한명령의 대상범죄는 청소년성보호법상 대상범죄와
거의 일치하므로, 청소년성보호법상 취업제한명령과 함께 장애인복지법상 취업
제한명령도 선고하여야 할 경우가 많다.

362　　취업제한명령의 요건과 내용, 취업제한기간 등은 청소년성보호법상 취업제
한명령과 같다.

363　　성폭력범죄에 대하여 선고하는 청소년성보호법상 취업제한명령과 장애인복
지법상 취업제한명령은 취업제한기관에서 차이가 있어 별개로 피고인의 직업선
택의 자유를 제한하는 불이익처분이다. 따라서 청소년성보호법에 따른 취업제한
만 명한 제1심 판결에 대하여 피고인만 항소하였는데, 항소심에서는 같은 선고
형을 유지하면서도 장애인복지법에 따른 취업제한 명령 여부에 대한 판단이 제1
심에서 누락되었다는 이유로 직권으로 장애인복지법에 따른 장애인복지시설에의
취업제한명령을 더한 경우, 이는 불이익변경금지 원칙을 위반한 것이다.[198]

(나) 아동복지법상 취업제한명령

364　　아동복지법도 아동학대관련범죄(아동복지법 §3(vii의2))로 형 또는 치료감호를
선고하는 경우에는 판결(약식명령 포함)로 아동관련기관(아동복지법 §29의3① 각 호)
에의 취업제한명령을 선고하도록 규정하고 있다(아동복지법 §29의3① 본문)

365　　아동복지법상 취업제한명령의 대상범죄는 보호자에 의해 행해지는 아동학

---

198 대판 2020. 8. 20, 2020도6872.

대관련범죄로서 청소년성보호법상 대상범죄와 내용을 달리하나, 중복되는 부분이 있으므로, 청소년성보호법상 성범죄로 유죄판결을 선고할 경우 아동복지법상의 취업제한명령도 함께 하여야 하는 경우가 있다.

취업제한 대상기관은 '아동관련기관'(아동복지법 §29의3①)으로, 청소년성보호법상 취업제한 대상기관인 '아동·청소년관련기관등'과 차이가 있다. 366

취업제한명령의 요건과 내용, 취업제한기간 등은 청소년성보호법상의 취업제한명령과 같다. 367

10. 그밖의 특례 등

아동·청소년대상 성범죄에 대해서는, 위에서 살펴본 특례규정 외에도 증거보전의 특례(아청 §27), 법원과 수사기관에서 피해자의 진술 시 대한 신뢰관계에 있는 사람의 동석(아청 §28)(성폭력처벌법에도 같은 규정이 있으므로 그 상세는 **[특별법 I]** IV. 9. 참조), 서류·증거물의 열람·등사(아청 §29), 피해아동·청소년 등에 대한 변호사선임의 특례(아청 §30) 등이 인정되고 있다. 368

또한 성폭력범죄자에 대하여는 형벌 이외에 전자장치부착법에 따른 전자장치 부착명령이나 성폭력 범죄자의 성충동 약물치료에 관한 법률에 따른 약물치료명령, 치료감호 등에 관한 법률에 따른 치료감호명령의 보안처분이 이루어질 수 있는데, 이들 처분을 내리기 위하여는 검사의 별도 청구가 필요하고, 대상범죄도 개별 법률에 따로 규정되어 있다. 369

〔성 보 기〕

[부록] 제9권(각칙 6) 조문 구성

I. 제27장 낙태의 죄

조 문		제 목	구성요건	죄 명	공소시효
§269	①	낙태	ⓐ 부녀가 ⓑ 약물 기타의 방법으로 ⓒ 낙태	낙태	5년
	②		ⓐ 부녀의 촉탁 또는 승낙을 받아 ⓑ 낙태하게 함	(촉탁, 승낙)낙태	5년
	③		ⓐ ②의 죄를 범하여 ⓑ 부녀를 상해 또는 사망에 이르게 함	(제2항 죄명) (치상, 치사)	5년(치상) 7년(치사)
§270	①	의사 등의 낙태, 부동의낙태	ⓐ 의사, 한의사, 조산사, 약제사, 약종상이 ⓑ 부녀의 촉탁 또는 승낙을 받아 ⓒ 낙태하게 함	업무상(촉탁, 승낙)낙태	5년
	②		ⓐ 부녀의 촉탁 또는 승낙 없이 ⓑ 낙태하게 함	부동의낙태	5년
	③		ⓐ ①, ②의 죄를 범하여 ⓑ 부녀를 상해 또는 사망에 이르게 함	(제1항, 제2항 각 죄명)(치상, 치사)	7년(치상) 10년(치사)
	④		① 내지 ③의 경우 7년 이하 자격 정지 병과(필요적)		

II. 제28장 유기와 학대의 죄

조 문		제 목	구성요건	죄 명	공소시효
§271	①	유기, 존속유기	ⓐ 나이가 많거나 어림, 질병 그 밖의 사정으로 도움이 필요한 사람을 ⓑ 보호할 법률상 또는 계약상 보호할 의무가 있는 자가 ⓒ 유기	유기	5년
	②		ⓐ 자기 또는 배우자의 직계존속에 대하여 ⓑ ①의 죄를 지음	존속유기	10년
	③		ⓐ ①의 죄를 지어 ⓑ 사람의 생명에 위험을 발생하게 함	중유기	7년
	④		ⓐ ②의 죄를 지어 ⓑ 사람의 생명에 위험을 발생하게 함	중존속유기	10년
§273	①	학대, 존속학대	ⓐ 자기의 보호 또는 감독을 받는 사람을 ⓑ 학대	학대	5년
	②		ⓐ 자기 또는 배우자의 직계존속에 대하여 ⓑ ①의 죄를 범함	존속학대	7년
§274		아동혹사	ⓐ 자기의 보호 또는 감독을 받는 16세 미만의 자를 ⓑ 그 생명 또는 신체에 위험한 업무에 사용할 영업자 또는 그 종업자에게 ⓒ 인도하거나 인도를 받음	아동혹사	7년
§275	①	유기등 치사상	ⓐ §271, §273의 죄를 범하여 ⓑ 사람을 상해 또는 사망에 이르게 함	(§271①, ③, §273① 각 죄명) (치상, 치사)	7년(치상) 10년(치사)
	②		ⓐ 자기 또는 배우자의 직계존속에 대하여 ⓑ §271, §273의 죄를 범하여 ⓒ 상해 또는 사망에 이르게 함	(§271②, ④, §273② 각 죄명) (치상, 치사)	10년(치상) 15년(치사)

Ⅲ. 제29장 체포와 감금의 죄

조 문		제 목	구성요건	죄 명	공소시효
§276	①	체포, 감금, 존속체포, 존속감금	ⓐ 사람을 ⓑ 체포 또는 감금	체포, 감금	7년
	②		ⓐ 자기 또는 배우자의 직계존속 에 대하여 ⓑ ①의 죄를 범함	존속(체포, 감금)	10년
§277	①	중체포, 중감금, 존속중체포, 존속중감금	ⓐ 사람을 체포 또는 감금하여 ⓑ 가혹한 행위를 가함	중(체포, 감금)	7년
	②		ⓐ 자기 또는 배우자의 직계존속 에 대하여 ⓑ ①의 죄를 범함	중존속(체포, 감금)	10년
§278		특수체포, 특수감금	ⓐ 단체 또는 다중의 위력을 보이 거나 위험한 물건을 휴대하여 ⓑ §276, §277의 죄를 범함	특수 (§276, §277 각 죄명)	10년 (다만, 특수체포 ·감금 7년)
§279		상습범	상습으로 §276, §277를 범함	상습 (§276, §277 각 죄명)	
§280		미수범	§276 내지 §279의 미수	(§276 내지 §279 각 죄명)미수	
§281	①	체포, 감금등의 치사상	ⓐ §276①, §277①, §278, §279, §280의 죄를 범하여 ⓑ 사람을 상해 또는 사망에 이르 게 함	(§276①, §277① 각 죄명)(치상, 치사), (특수, 상습)(§276②, §277② 각 죄명) (치상, 치사)	10년
	②		ⓐ 자기 또는 배우자의 직계존속 에 대하여 ⓑ §276 내지 §280을 범하여 ⓒ 상해 또는 사망에 이르게 함	(§276②, §277② 각 죄명)(치상, 치사), (특수, 상습)(§276②, §277② 각 죄명) (치상, 치사)	10년(치상) 15년(치사)
§282		자격정지의 병과	§276 내지 §281 10년 이하의 자 격정지 병과(임의적)		

Ⅳ. 제30장 협박의 죄

조 문		제 목	구성요건	죄 명	공소시효
§283	①	협박, 존속협박	ⓐ 사람을 ⓑ 협박	협박	5년
	②		ⓐ 자기 또는 배우자의 직계존속에 대하여 ⓑ ①의 죄를 범함	존속협박	7년
	③		①, ②(반의사불벌죄)		
§284		특수협박	ⓐ 단체 또는 다중의 위력을 보이거나 위험한 물건을 휴대하여 ⓑ §283①, ②의 죄를 범함	특수 (§283 각 죄명)	7년
§285		상습범	상습으로 §283①, ② 또는 §284를 범함	상습 (§283, §284 각 죄명)	
§286		미수범	§283 내지 §285의 미수	(§283 내지 §285 각 죄명)미수	

Ⅴ. 제31장 약취, 유인 및 인신매매의 죄

조 문		제 목	구성요건	죄 명	공소시효
§287		미성년자의 약취, 유인	ⓐ 미성년자를 ⓑ 약취, 유인	미성년자 (약취, 유인)	10년
§288	①	추행 등 목적 약취, 유인 등	ⓐ 추행, 간음, 결혼 또는 영리의 목적으로 ⓑ 사람을 ⓒ 약취, 유인	(추행, 간음, 결혼, 영리) (약취, 유인)	10년
	②		ⓐ 노동력 착취, 성매매와 성적 착취, 장기적출을 목적으로 ⓑ 사람을 ⓒ 약취, 유인	(노동력착취, 성매매, 성적착취, 장기적출) (약취, 유인)	
	③		ⓐ 국외에 이송할 목적으로 ⓑ 사람을 ⓒ 약취, 유인	국외이송(약취, 유인), (피약취자, 피유인자) 국외이송	
			ⓐ 약취 또는 유인된 사람을 ⓑ 국외에 ⓒ 이송		

조 문		제 목	구성요건	죄 명	공소시효
§289	①	인신매매	ⓐ 사람을 ⓑ 매매	인신매매	7년
	②		ⓐ 추행, 간음, 결혼 또는 영리의 목적으로 ⓑ 사람을 ⓒ 매매	(추행, 간음, 결혼, 영리) 인신매매	10년
	③		ⓐ 노동력 착취, 성매매와 성적 착취, 장기적출을 목적으로 ⓑ 사람을 ⓒ 매매	(노동력착취, 성매매, 성적착취, 장기적출) 인신매매	
	④		ⓐ 국외에 이송할 목적으로 ⓑ 사람을 ⓒ 매매	국외이송인신매매	
			ⓐ 매매된 사람을 ⓑ 국외에 이송	피매매자국외이송	
§290	①	약취, 유인, 매매, 이송 등 상해·치상	ⓐ §287 내지 §289를 범하여 ⓑ 약취, 유인, 매매 또는 이송된 사람을 ⓒ 상해	(피약취자, 유인자, 피매매자, 국외이송자) 상해	10년
	②		ⓐ §287 내지 §289를 범하여 ⓑ 약취, 유인, 매매 또는 이송된 사람을 ⓒ 상해에 이르게 함	(피약취자, 유인자, 피매매자, 국외이송자) 치상	
§291	①	약취, 유인, 매매, 이송 등 살인·치사	ⓐ §287 내지 §289를 범하여 ⓑ 약취, 유인, 매매 또는 이송된 사람을 ⓒ 살해	(피약취자, 유인자, 피매매자, 국외이송자) 살해	배제
	②		ⓐ §287 내지 §289를 범하여 ⓑ 약취, 유인, 매매 또는 이송된 사람을 ⓒ 사망에 이르게 함	(피약취자, 유인자, 피매매자, 국외이송자) 치사	15년
§292	①	약취, 유인, 매매, 이송된 사람의 수수·은닉	ⓐ §287 내지 §289의 죄로 ⓑ 약취, 유인, 매매 또는 이송된 사람을 ⓒ 수수, 은닉	(피약취자, 유인자, 피매매자, 국외이송자) (수수, 은닉)	7년
	②		ⓐ §287 내지 §289를 범할 목적으로 ⓑ 사람을 ⓒ 모집, 운송, 전달	(§287 내지 §289 각 죄명) (모집, 운송, 전달)	

조 문	제 목	구성요건	죄 명	공소시효
§ 294	미수범	§ 287 내지 § 289, § 290①, § 291①, § 292①의 미수	(§ 287 내지 § 289, § 290①, § 291①, § 292① 각 죄명)미수	
§ 295	벌금의 병과	§ 288 내지 § 291, § 292①과 그 미수범 5천만 원 이하 벌금 병과(임의적)		
§ 295의2	형의 감경	ⓐ § 287 내지 § 290, § 292, § 294를 범한 사람이 ⓑ 약취, 유인, 매매 또는 이송된 사람을 ⓒ 안전한 장소로 풀어줌 (임의적 감경)		
§ 296	예비, 음모	ⓐ § 287 내지 § 289, § 290①, § 291①, § 292①를 범할 목적으로 ⓑ 예비, 음모	(§ 287 내지 § 289, § 290①, § 291①, § 292① 각 죄명) (예비, 음모)	5년
§ 296의2	세계주의	§ 287 내지 § 292, § 294 세계주의 적용		

VI. 제32장 강간과 추행의 죄

조 문	제 목	구성요건	죄 명	공소시효
§ 297	강간	ⓐ 폭행 또는 협박으로 ⓑ 사람을 ⓒ 강간	강간	10년 (일부 배제)
§ 297의2	유사강간	ⓐ 폭행 또는 협박으로 ⓑ 사람에 대하여 ⓒ 구강, 항문 등 신체(성기는 제외)의 내부에 성기를 넣거나 성기, 항문에 손가락 등 신체(성기는 제외)의 일부 또는 도구를 넣는 행위를 함	유사강간	10년 (일부 배제)
§ 298	강제추행	ⓐ 폭행 또는 협박으로 ⓑ 사람에 대하여 ⓒ 추행	강제추행	10년 (일부 배제)
§ 299	준강간, 준강제추행	ⓐ 사람의 심신상실 또는 항거불능의 상태를 이용하여 ⓑ 간음 또는 추행	준강간, 준유사강간, 준강제추행	10년 (일부 배제)

조 문	제 목	구성요건	죄 명	공소시효
§300	미수범	§297, §297의2, §298 및 §299의 미수	(§297, §297의2, §298 및 §299 각 죄명)미수	
§301	강간 등 상해·치상	ⓐ §297, §297의2, §§298-300의 죄를 범한 자가 ⓑ 사람을 상해하거나 상해에 이르게 함	(§297, §297의2, §298 및 §299 각 죄명)(상해·치상)	15년(일부 배제)
§301의2	강간등 살인·치사	ⓐ §297, §297의2, §§298-300의 죄를 범한 자가 ⓑ 사람을 살해하거나 사망에 이르게 함	(§297, §297의2, §298 및 §299 각 죄명)(살인·치사)	배제(살인) 15년(치사) (일부 배제)
§302	미성년자 등에 대한 간음	ⓐ 미성년자 또는 심신미약자에 대하여 ⓑ 위계 또는 위력으로써 ⓒ 간음 또는 추행	(미성년자, 심신미약자 (간음, 추행)	7년
§303 ①	업무상 위력 등에 의한 간음	ⓐ 업무, 고용 기타 관계로 인하여 자기의 보호 또는 감독을 받는 사람에 대하여 ⓑ 위계 또는 위력으로써 ⓒ 간음	(피보호자, 피감독자) 간음	7년
§303 ②		ⓐ 법률에 의하여 구금된 사람을 ⓑ 감호하는 자가 ⓒ 그 사람을 간음	피감호자간음	10년
§305 ①	미성년자에 대한 간음, 추행	ⓐ 13세 미만의 사람에 대하여 ⓑ 간음 또는 추행	미성년자의제(강간, 유사강간, 강제추행, 강간상해, 강간치상, 강간살인, 강간치사, 강제추행상해, 강제추행치상, 강제추행살인, 강제추행치사)	각 죄명에 의함(일부 배제)
§305 ②		ⓐ 19세 이상의 자가 ⓑ 13세 이상 16세 미만의 사람에 대하여 ⓒ 간음 또는 추행		
§305의2	상습범	상습으로 §297, §297의2, §§298-300, §302, §303 또는 §305를 범함	상습(§297, §297의2, §298 내지 §300, §302, §303, §305 각 죄명)	
§305의3	예비, 음모	ⓐ 297, §297의2, §299(준강간죄에 한정), §301(강간등 상해죄에 한정) 및 §305의 죄를 범할 목적으로 ⓑ 예비 또는 음모	[§297, §297의2, §305 각 죄명, 준강간, (§297, §297의2, §298, §299 각 죄명)상해] (예비, 음모)	5년

※ '일부 배제'는 '13세 미만의 사람 및 신체적·정신적 장애가 있는 사람'에 대하여 해당 범죄를
   범한 경우에 공소시효가 배제됨을 의미함.

사항색인

[ㄱ]

가공 [32-특-II]/585

가혹한 행위 §277/5

가혹행위 §273/12

간음 §297/92, §299/47, §302/54, §303/24

간접정범 §276/11 31, §297/8, §297의2/14, [32-특-I]/521, [32-특-II]/43 143

감금 §276/15

감독관계 §303/13

강간 §297/91

(강간·강제추행)(살인·치사)죄 §301의2/1

(강간·강제추행)(상해·치상)죄 §301/1

(강간·유사간강·강제추행·준간강·준유사강간
·준강제추행)(살인·치사)죄 §301의2/1

(강간·유사간강·강제추행·준간강·준유사강간
·준강제추행)(상해·치상)죄 §301/1

강간죄 §297/1

강요 [32-특-II]/286

강제추행죄 §298/1

거동범 §271/1, §273/3, §274/3

결과적 가중범 §269/57, §270/37, §275/1, §276/126, §290/9, §301/2, [32-특-I]/340 349, [32-특-II]/113 122

결합범 §277/1, §289/10, §290/5, §291/4, [31-특]/27, [32-총]/8, §297/10, §301/2, §301의 2/2, [32-특-I]/33 74 349, [32-특-II]/113 121

경향범 §273/15, §274/11, §298/97

계속범 §271/30, §276/1, §280/9, [31-총]/28,

[32-특-II]/171

고의 §269/22, §275/12, §283/54, §287/35, §301/91, §305/15, [32-특-I]/205

공공연한 전시 [32-특-I]/555

공동범 §276/102

공동양육권자 §287/28

공동정범 §269/32, §301/94

공모공동정범 §276/102

공범관계에서의 이탈 [32-특-I]/113

공소시효 [32-특-II]/298

공소시효의 배제 [32-특-I]/659

공소시효의 연장 [32-특-I]/667

공소시효의 정지 [32-특-I]/662

공소장변경 §299/67, §301/111, §302/69, [32-특-I]/278

공연 전시 [32-특-II]/174

공중밀집장소 [32-특-I]/395

광고 [32-특-II]/172

구성요건적 착오 §271/42

구입 [32-특-I]/568, [32-특-II]/183

국외이송 §288/49

국외이송약취·유인죄 §288/6

국외이송인신매매죄 §289/43

권리행사와 협박 §283/60

권유 [32-특-II]/224

과실 §301/92

기능적 행위지배 §276/102

기습강간죄 §297/76

판례색인

(판례 옆의 §과 고딕 글자는 판례가 소재한 조문(또는 총설)의 위치를, 옆의 명조 숫자는
방주번호를 나타낸다. 예컨대, [27-총]은 '제27장 [총설]'을, [32-특-Ⅰ]은 '제32장 [특별법 Ⅰ]'을 나타낸다.)

[미국 판례]

형법주해 IX - 각칙(6)

초 판발행   2024년 4월 30일

편집대표   조균석
펴낸이   안종만 · 안상준

편 집   장유나
기획/마케팅   조성호
표지디자인   이수빈
제 작   고철민 · 조영환

펴낸곳   (주) **박영사**
                서울특별시 금천구 가산디지털2로 53, 210호(가산동, 한라시그마밸리)
                등록 1959. 3. 11. 제300-1959-1호(倫)
전 화   02)733-6771
f a x   02)736-4818
e-mail   pys@pybook.co.kr
homepage   www.pybook.co.kr
ISBN   979-11-303-4112-5 94360
                979-11-303-4106-4 94360(세트)

* 파본은 구입하신 곳에서 교환해 드립니다. 본서의 무단복제행위를 금합니다.

정 가   98,000원

형법주해 [전 12권]